Deutscher Wortschatz
— deutsch erklärt

DUDEN — LANGENSCHEIDT

Deutscher Wortschatz
- deutsch erklärt

Ein einsprachiges Wörterbuch
mit 14 000 definierten Stichwörtern

Bearbeitet von
Paul Grebe, Wolfgang Müller
und weiteren Mitarbeitern
der Dudenredaktion

LANGENSCHEIDT
BERLIN · MÜNCHEN · WIEN · ZÜRICH

Die Wörter DUDEN und LANGENSCHEIDT
sind für Bücher des Bibliographischen Instituts
bzw. des Verlages Langenscheidt als Warenzeichen geschützt.

Weitere wissenschaftliche Mitarbeiter:
Dr. Dieter Berger, Dr. Maria Dose, Dr. Jakob Ebner,
Dieter Mang, Dr. Wolfgang Mentrup,
Dr. Charlotte Schrupp, Dr. Josef Werlin

Dieses Buch darf nicht in folgende Länder verkauft werden:
Bundesrepublik Deutschland, Österreich, Luxemburg, Schweiz,
Dänemark, Finnland, Niederlande, Norwegen, Schweden,
sowie die Länder des British Publishers' Traditional Market.

Lizenzausgabe des Schülerduden, Bedeutungswörterbuch.
Alle Rechte vorbehalten. Nachdruck, auch auszugsweise, verboten.
© Bibliographisches Institut AG · Mannheim 1970
Satz: Zechnersche Buchdruckerei, Speyer
Druck und Einband: Klambt-Druck GmbH, Speyer
Printed in Germany / ISBN 3-468-96100-6

Vorwort

Die Dudenredaktion hat sich mit diesem Bedeutungswörterbuch die Aufgabe gestellt, ein handliches und in sich geschlossenes Nachschlagewerk für Deutschlernende zu schaffen.

Es ging darum, die Wörter des deutschen Grundwortschatzes (etwa 14000) in ihren Bedeutungen und in ihren Verwendungsweisen darzustellen und dabei nach Möglichkeit kein Wort zu verwenden, das in diesem Buche nicht selbst erklärt ist.

Darüber hinaus haben wir uns bemüht, die Bedeutungen so einfach darzustellen, wie es der Gegenstand erlaubt, und die Anwendungsbeispiele so sprechend wie möglich zu machen.

Das Buch soll allen Benutzern ein Hilfsmittel sein, die Ausdruck und Stil verbessern wollen.

DIE DUDENREDAKTION

Die Behandlung der Stichwörter

1. Allgemeines

a) Die Stichwörter und die festen Wendungen sind **halbfett**, die Bedeutungsangaben *kursiv* gedruckt. Grammatische Angaben stehen in spitzen Klammern ⟨ ⟩:

achtgeben, gibt acht, gab acht, hat achtgegeben ⟨itr.⟩: *aufpassen, achten:* auf die Kinder, auf die Koffer gut a.

b) ein Stichwort mit verschiedenen Bedeutungen ist je nach dem Grad der Zusammengehörigkeit der einzelnen Bedeutungen durch arabische Ziffern (1.) oder durch kleine Buchstaben a) untergliedert:

anspringen, sprang an, hat/ist angesprungen: **1.** ⟨itr.⟩ *in Gang kommen:* der Motor ist nicht gleich angesprungen. **2.** ⟨in der Fügung⟩ angesprungen kommen: *sich springend nähern, herbeieilen:* als die Mutter rief, kamen die Kinder alle angesprungen. **3.** ⟨tr.⟩ **a)** *(an jmdn.) hochspringen:* der Hund hat ihn vor Freude angesprungen. **b)** *sich mit einem Sprung (auf jmdn./etwas) stürzen; (jmdn.) anfallen:* der Tiger hat den Dompteur angesprungen.

In besonderen Fällen (Zugehörigkeit zu verschiedenen Wortarten u. a.) werden auch römische Ziffern zur Gliederung verwendet:

anstatt: I. ⟨Konj.⟩ *statt; und nicht:* er schenkte ihr ein Buch a. Blumen ... **II.** ⟨Präp. mit Gen.⟩ *statt; an Stelle:* a. des Geldes gab sie ihm ihren Schmuck ...

c) Feste Wendungen werden durch halbfetten Druck hervorgehoben. Vor ihnen steht ein Sternchen (*), wenn sie eng zu der vorangehenden Bedeutungsangabe gehören:

aufmerksam ⟨Adj.⟩: **1.** *mit wachen Sinnen, mit Interesse folgend:* ein aufmerksamer Zuhörer. * **jmdn. auf jmdn./etwas a. machen** *(jmdn. auf jmdn./etwas hinweisen)* ...

Vor ihnen stehen zwei Sternchen, wenn sie im Hinblick auf die Bedeutung isoliert sind:

gut ... ** **guter Dinge sein** *(froh und lustig sein).*

d) Zwischen schrägen Strichen / / stehen allgemeine Angaben. Sie finden sich am häufigsten dort, wo ein Stichwort durch ein Bild erklärt wird:

Brezel, die; -, -n /ein Gebäck/ (siehe Bild).

e) Sind bestimmte Wörter, Verwendungsweisen o. ä. nicht normalsprachlich, dann wird dies angegeben.

Dabei werden folgende Stufen unterschieden:

geh. (gehoben)	= nicht alltägliche Ausdrucksweise, die in der gesprochenen Sprache feierlich wirkt.
ugs. (umgangssprachlich)	= gelockerte alltagssprachliche Ausdrucksweise; meist in der gesprochenen Sprache.
derb	= ungepflegte, grobe und gewöhnliche Ausdrucksweise.
abwertend	= Aussage, die das ablehnende Urteil, die persönliche Kritik des Sprechers enthält.

f) Bildlicher Gebrauch wird durch **bildl.** (bildlich) gekennzeichnet:

geizen, geizte, hat gegeizt ⟨itr.⟩: *in übertriebener Weise an seinem Besitz festhalten; übertrieben sparsam sein:* er geizt mit jedem Pfennig; bildl.: er geizt mit seinem Lob *(er lobt selten).*

g) In eckigen Klammern [ ] stehen die Ausspracheangaben (siehe unter Aussprache!) und Buchstaben, Silben oder Wörter, die weggelassen werden können:

Flug ... ** [wie] **im Flug[e]** *(sehr schnell).*

2. Substantive
a) Bei den Substantiven steht der Artikel, der Genitiv Singular und der Plural. Der dabei verwendete Strich (–) vertritt das Stichwort:
> **Mann,** der; -[e]s, Männer:

b) Hat ein Substantiv keinen Plural oder ist der Plural nicht gebräuchlich, dann steht nur der Genitiv Singular:
> **Hunger,** der; -s:

c) Substantive, die nur im Plural vorkommen, erhalten den Zusatz ⟨Plural⟩:
> **Ferien,** die ⟨Plural⟩:

d) Hat ein Substantiv in bestimmten Bedeutungen keinen Plural, dann wird dies durch den Zusatz ⟨ohne Plural⟩ gekennzeichnet:
> **Andacht,** die; -, -en: **1.** ⟨ohne Plural⟩ *innere Sammlung, Versunkenheit:* sie stand voller A. vor dem Gemälde ... **2.** *kurzer Gottesdienst:* die A. beginnt um fünf Uhr.

e) Bei substantivierten Adjektiven und Partizipien werden zunächst die schwachen Flexionsformen angegeben, die beim Gebrauch des bestimmten Artikels auftreten. In spitzen Klammern ⟨ ⟩ stehen dann die starken Flexionsformen, wie sie u. a. bei alleinstehendem Gebrauch üblich sind:
> **Angestellte,** der; -n, -n ⟨aber: [ein] Angestellter, Plural: Angestellte⟩: ...

3. Verben
a) In der Regel stehen beim Verb die 3. Person Präteritum und die 3. Person Perfekt:
> **arbeiten,** arbeitete, hat gearbeitet ...

Bei Verben mit Umlaut oder mit e/i-Wechsel steht auch die 3. Person Präsens:
> **fallen,** fällt, fiel, ist gefallen ...
> **brechen,** bricht, brach, hat/ist gebrochen ...

Wird das Perfekt eines Verbs mit *haben* und mit *sein* gebildet, dann wird dies bei den Konjugationsformen angegeben und in den Beispielen deutlich gemacht:
> **anbrechen,** bricht an, brach an, hat/ist angebrochen: **1.** ⟨tr.⟩ *zu verbrauchen, zu verwenden beginnen:* er hat die Schachtel Zigaretten bereits angebrochen. **2.** ⟨itr.⟩ (geh.) *beginnen, eintreten, kommen:* eine neue Epoche ist angebrochen.

Bei Schwankungen zwischen starker und schwacher Konjugation und zwischen fester und unfester Zusammensetzung werden alle Formen aufgeführt:
> **glimmen,** glomm/glimmte, hat geglommen/geglimmt ...
> **durchblättern,** blätterte durch, hat durchgeblättert; (auch:) durchblättern, durchblätterte, hat durchblättert ...

b) Verben, die eine Ergänzung im Akkusativ haben und ein persönliches Passiv bilden können, erhalten die Auszeichnung ⟨tr.⟩ = transitiv.

Verben mit dem reflexiven oder reziproken Pronomen im Akkusativ erhalten die Auszeichnung ⟨rfl.⟩ = reflexiv oder ⟨rzp.⟩ = reziprok, sofern das Pronomen *sich* nicht ausdrücklich genannt ist.

Alle übrigen Verben erhalten die Auszeichnung ⟨itr.⟩ = intransitiv.

c) Mit der Bezeichnung Funktionsverb werden Verben dann versehen, wenn sie neben ihrem Gebrauch als Vollverb in bestimmten Verbindungen mit Substantiven auftreten, in denen ihr eigentlicher Inhalt verblaßt ist und in denen sie dann nur Teil eines festen Gefüges sind, z. B. *bringen* in den Fügungen „in Gefahr bringen" (= gefährden), „zum Einsatz bringen" (= einsetzen).

d) Wird ein Verb häufig im 1. oder 2. Partizip gebraucht, dann steht die Angabe ⟨häufig im 1. Partizip⟩ oder ⟨häufig im 2. Partizip⟩:

   begründen, begründete, hat begründet ⟨tr.⟩: 1. *gründen, den Grund legen (zu etwas)*: jmds. Glück b. 2. *Gründe anführen (für etwas)*: seine Ansichten, Meinungen b.; ⟨häufig im 2. Partizip⟩ begründete *(berechtigte)* Zweifel hegen.

Partizipien, die sich inhaltlich verselbständigt haben, zählen zu den Adjektiven und erscheinen deshalb als eigenes Stichwort. So z. B. *bedeutend, reizend.*

4. Adjektive

a) Adjektive können als nähere Bestimmung bei einem Substantiv stehen:

   die schöne Rose

Man sagt dann, das Adjektiv wird *attributiv* gebraucht.

Adjektive können in Verbindung mit Verben auftreten, und zwar in Verbindung mit *sein:*

   Die Rose ist schön.

Man sagt dann, das Adjektiv wird *prädikativ* gebraucht. In Verbindung mit anderen Verben:

   Die Rose blüht schön.

Man sagt dann, das Adjektiv wird *adverbial* gebraucht.

Ist die Verwendung eines Adjektivs eingeschränkt, dann wird dies angegeben:

   alleinig ⟨Adj.; nur attributiv⟩: *ausschließlich, einzig:* der alleinige Vertreter, Erbe.
   allmählich ⟨Adj.; nicht prädikativ⟩: ...

Es kann auch sein, daß die Beschränkung nur für eine der verschiedenen Bedeutungen eines Adjektivs gilt:

   hölzern ⟨Adj.⟩: 1. ⟨nur attributiv⟩ *aus Holz bestehend*: ein hölzerner Löffel. 2. *nicht gewandt im Auftreten, linkisch*: der junge Mann ist recht h.

b) Vergleichsformen werden nur dann angegeben, wenn sie unregelmäßig sind oder wenn ein Umlaut auftritt:

   gut, besser, beste ⟨Adj.⟩:
   groß, größer, größte ⟨Adj.⟩:

5. Aussprache

a) Eine Aussprachebezeichnung steht nur hinter jenen Wörtern, deren Aussprache von der sonst üblichen abweicht, und zwar in eckigen Klammern. Die dabei verwendeten Zeichen sind die der Internationalen Lautschrift (vgl. hierzu Anhang S. 447):

   Camping ['kɛmpɪŋ], das; -s:

b) Bei allen übrigen Stichwörtern wurde nur der betonte Vokal gekennzeichnet. Ist der betonte Vokal kurz, dann steht unter ihm ein Punkt: bạcken.

Ist der betonte Vokal oder Diphthong lang, dann steht unter ihm ein Strich: baden; Bäckerei.

Es gibt auch Wörter, die zwei betonte Vokale haben: blutjung.

Die im Wörterverzeichnis verwendeten Abkürzungen

Adj.	Adjektiv	jmd.	jemand	östr.	österreichisch
Akk.	Akkusativ	jmdm.	jemandem		
bes.	besonders	jmdn.	jemanden	Präp.	Präposition
bildl.	bildlich	jmds.	jemandes	Rechtsw.	Rechtswesen
Bürow.	Bürowesen	Kauf-	Kaufmanns-	Rel.	Religion
dgl.	dergleichen	mannsspr.	sprache	rfl.	reflexiv
fachspr.	fachsprachlich	Kinderspr.	Kindersprache	Rundf.	Rundfunk
fam.	familiär	Konj.	Konjunktion	rzp.	reziprok
Filmw.	Filmwesen			scherzh.	scherzhaft
Fliegerspr.	Fliegersprache	landsch.	landschaftlich	schweiz.	schweizerisch
geh.	gehoben	Med.	Medizin	Sprachw.	Sprachwissenschaft
Geldw.	Geldwesen	Meteor.	Meteorologie	südd.	süddeutsch
Gen.	Genitiv	mitteld.	mitteldeutsch	tr.	transitiv
Ggs.	Gegensatz			ugs.	umgangssprachlich
hist.	historisch	Nom.	Nominativ		
Inf.	Infinitiv	nordd.	norddeutsch	z. B.	zum Beispiel
iron.	ironisch	o. ä.	oder ähnliches		
itr.	intransitiv				

Ein Verzeichnis der sprachwissenschaftlichen Ausdrücke, die im Wörterverzeichnis verwendet werden, befindet sich auf Seite 445 ff.

A

Aal, der; -[e]s, -e: /ein Fisch/ siehe Bild).

Aal

aalen, sich; aalte sich, hat sich geaalt (ugs.): *sich wohlig strecken, sich behaglich ausgestreckt ausruhen:* er aalte sich in der Sonne.

Aas, das -es, -e und Äser: 1. ⟨Plural: Aase⟩ *[verwesender] toter Körper eines Tieres, Kadaver.* 2. ⟨Plural: Äser⟩ (derb) /Schimpfwort/: so ein raffiniertes A.! * (derb) **kein Aas** *(niemand).*

aasen, aaste, hat geaast ⟨itr.⟩ (ugs.): *verschwenderisch umgehen:* mit dem Geld, mit den Kräften a.

ab: I. ⟨Präp. mit Dativ, bei Zeitangaben auch mit Akk.⟩ *von ... an, von:* ab [unserem] Werk, ab Hamburg; ab erstem, (auch:) ersten Mai. II. ⟨Adverb⟩ 1. a) *weg, fort; entfernt:* rechts ab von der Station; keine drei Schritte a. b) (ugs.) *hinweg, fort:* ab nach Hause! 2. *herunter, hinunter:* Mützen ab. * (ugs.) **Hut ab!** *(alle Achtung!, Respekt!).* * **ab und zu**/(landsch.) **ab und an** *(manchmal).*

abarbeiten, arbeitete ab, hat abgearbeitet /vgl. abgearbeitet/: 1. ⟨rfl.⟩ *sich müde arbeiten, sich [ab]plagen:* ich habe mich auf dem Acker völlig abgearbeitet. 2. ⟨tr.⟩ *durch Arbeit wegschaffen:* Schulden a.

Abart, die; -, -en: *von dem Üblichen abweichende Art.*

abartig ⟨Adj.⟩: *[in sexueller Hinsicht] abnorm, widernatürlich:* abartiges Verhalten; er ist a. veranlagt.

abbauen, baute ab, hat abgebaut: 1. ⟨tr.⟩: a) *in seine Bestandteile zerlegen, abbrechen:* Tribünen, ein Zeltlager a. b) *verringern:* Zölle a. 2. ⟨tr.⟩ *vorzeitig, zwangsweise in den Ruhestand versetzen:* Beamte a. 3. ⟨itr.⟩ (ugs.) *in der Leistung nachlassen:* von der zehnten Runde an baute der Europameister [körperlich] ab.

abbekommen, bekam ab, hat abbekommen ⟨itr.⟩: 1. *(einen Teil von etwas) erhalten:* viel [von dem Vermögen], sein[en] Teil a. 2. *erhalten, hinnehmen müssen:* einen Schlag a. 3. *lösen, entfernen:* den Rost [vom Messer], den Deckel a.

abberufen, berief ab, hat abberufen ⟨tr.⟩: *von seinem Posten zurückrufen:* der Minister wurde [von seinem Amt] abberufen * (geh.) **[aus dem Leben] abberufen werden** *(sterben).* **Abberufung,** die; -, -en.

abbestellen, bestellte ab, hat abbestellt ⟨itr.⟩: a) *eine Bestellung (von etwas) zurückziehen:* eine Zeitung, ein Zimmer a. b) *einen Auftrag (an jmdn.) zurückziehen:* den Monteur a. **Abbestellung,** die; -, -en.

abbiegen, bog ab, hat/ist abgebogen: 1. ⟨itr.⟩ *eine andere Richtung nehmen:* er ist plötzlich [nach] links abgebogen. 2. ⟨tr.⟩ (ugs.) *verhindern:* er hat die Ausführung des Planes abgebogen.

abbilden, bildete ab, hat abgebildet ⟨tr.⟩: *bildlich darstellen:* auf der Ansichtskarte war eine Burg abgebildet.

Abbildung, die; -, -en: 1. *das Abbilden;* etwas eignet sich nicht für eine A. 2. *das Abgebildete, bildliche Darstellung:* ein Lexikon mit vielen Abbildungen.

abbinden, band ab, hat abgebunden ⟨tr.⟩: 1. *losbinden, abnehmen:* die Krawatte a. 2. *abschnüren:* einen Bein [mit einem Tuch] a., damit das Blut nicht aus der Wunde strömt.

Abbitte: ⟨in den Wendungen⟩ [jmdm.] A. tun, leisten: *[jmdn.] um Verzeihung bitten.*

abbitten, bat ab, hat abgebeten ⟨tr.⟩ (geh.): *(jmdn. für ein Unrecht) um Verzeihung bitten:* sie bat ihren Fehltritt ab.

abblasen, bläst ab, blies ab, hat abgeblasen ⟨tr.⟩ (ugs.): *absagen, abbrechen:* eine Veranstaltung a.

abblenden, blendete ab, hat abgeblendet: 1. ⟨tr.⟩ *die Beleuchtung von etwas so einstellen, daß sie nicht blendet* /Ggs. aufblenden/: die Scheinwerfer des Autos a.; ⟨auch itr.⟩ der Fahrer des entgegenkommenden Autos blendet [nicht] ab. 2. ⟨tr./itr.⟩ Foto *die Blende klein stellen:* bei dieser Beleuchtung darfst du nicht a.

Abblendlicht, das; -[e]s: *abgeblendetes Scheinwerferlicht* /bei Kraftfahrzeugen/.

abbrechen, bricht ab, brach ab, hat/ist abgebrochen: 1. ⟨tr.⟩ *durch Brechen entfernen, abtrennen, wegbrechen:* er hat den Ast [vom Baum] abgebrochen. * **einer Sache die Spitze a.** *(einer Sache die Hauptwirkung nehmen).* 2. ⟨itr.⟩ *sich durch Brechen von etwas lösen, entzweigehen:* der Ast, die Nadel, das Gestein war abgebrochen. 3. ⟨tr.⟩ *niederreißen* /Ggs. aufbauen/: sie hatten das Haus abgebrochen; die Tribüne a. (abbauen). * **alle Brücken hinter sich (Dativ) a.** *(alle bisherigen Verbindungen lösen);* seine Zelte a. *(den bisherigen Aufenthaltsort und Lebenskreis aufgeben).* 4. ⟨tr.⟩ *vorzeitig, vor dem Abschluß beenden:* er hat das Studium abgebrochen. 5. ⟨itr.⟩ *plötzlich aufhören:* er hatte mitten im Satz abgebrochen.

abbrennen, brannte ab, hat/ist abgebrannt: a) ⟨tr.⟩ *durch Brand zerstören:* er hat das Unkraut auf den Äckern abgebrannt. b) ⟨itr.⟩ *durch Brand zerstört werden:* das Haus ist völlig abgebrannt.

abbringen, brachte ab, hat abgebracht ⟨tr.⟩: *abhalten; (jmdn.) dazu bringen, etwas aufzugeben:* jmdn. von einem Plan a.

abbürsten, bürstete ab, hat abgebürstet ⟨tr.⟩: a) *mit einer Bürste entfernen:* Schmutz [vom Mantel] a. b) *mit einer Bürste säubern:* das Kind, die Schuhe a.

Abc-Schütze, der; -n, -n: *Schulanfänger.*

abdanken, dankte ab, hat/ (nordd. auch:) ist abgedankt ⟨itr.⟩ /vgl. abgedankt/: *von einem Amt, Posten zurücktreten:* der Minister dankte ab.

abdecken, deckte ab, hat abgedeckt ⟨tr.⟩: 1. a) *ab-, weg-, herunternehmen:* das Laken

abdichten

[vom Bett] a. b) *frei machen:* das Bett a.; den Tisch a. *(abräumen).* 2. *zudecken:* einen Schacht [mit Brettern] a. 3. *schützen, abschirmen:* beim Schachspiel mit dem Turm die Dame a.

abdichten, dichtete ab, hat abgedichtet ⟨tr.⟩: *etwas undurchlässig machen:* die Tür [gegen Zugluft], einen Raum [gegen Lärm] a. **Abdichtung,** die; -, -en.

abdrängen, drängte ab, hat abgedrängt ⟨tr.⟩: *wegschieben, verdrängen, von einer Stelle drängen:* die Polizei drängte die Demonstranten in eine andere Straße ab.

abdrehen, drehte ab, hat abgedreht: 1. ⟨tr.⟩ *abstellen, abschalten* /Ggs. andrehen/: das Wasser, Licht, Gas a. 2. ⟨tr.⟩ *durch Drehen loslösen, abtrennen:* einen Knopf a. 3. ⟨itr.⟩ *eine andere Richtung einschlagen, einen anderen Kurs nehmen:* das Flugzeug drehte ab. 4. ⟨tr.⟩ Filmw. *(Filmaufnahmen) fertigstellen:* einen Film a.; ⟨auch itr.⟩ wir haben abgedreht.

abdrucken, druckte ab, hat abgedruckt ⟨tr.⟩: *in einer Zeitung u. ä. gedruckt erscheinen lassen, drucken:* einen Roman [in Fortsetzungen] a.

abdrücken, drückte ab, hat abgedrückt: 1. ⟨tr./itr.⟩ *(eine Schußwaffe) abfeuern:* er drückte [das Gewehr, den Revolver] ab. 2. ⟨tr.⟩ *[heftig] liebkosen, an sich drücken und küssen:* das Kind a.

abend ⟨Adverb⟩: in Verbindung mit der Angabe eines bestimmten Tages⟩: am Abend: heute, Dienstag a.

Abend, der; -s, -e: 1. *Ende des Tages* /Ggs. Morgen/: der heutige A.; eines Abends *(an einem nicht näher bestimmten Abend);* guten A.! /Grußformel/; zu A. essen *(die Abendmahlzeit einnehmen);* bildl. (geh.): am A. *(Ende) des Lebens.* * **es ist noch nicht aller Tage A.** *(es kann sich noch manches ändern);* **der Heilige A.** *(der Abend oder der Tag vor dem ersten Weihnachtstag, d. h. der 24. Dezember).* 2. *[geselliges] Beisammensein; Abendveranstaltung:* ein anregender A.; ein literarischer A.

Abendbrot, das; -[e]s: (bes. nordd.) *Abendessen.*

Abendessen, das; -s: *letzte Mahlzeit am Tage.*

Abendland, das; -es: *Europa* /in bezug auf die Kultur/.

Abendmahl, das; -[e]s: 1. *heilige Handlung im Gottesdienst, bei der vom Geistlichen Brot und Wein an die Gläubigen verteilt wird, besonders in der evangelischen Kirche.* 2. ⟨ohne Plural⟩ Rel. *Abschiedsmahl Christi mit seinen Jüngern:* das letzte A.

abends ⟨Adverb⟩: *jeden Abend, am Abend:* a. [um] 8 Uhr; von morgens bis a.

Abenteuer, das; -s, -: 1. *außergewöhnliches Geschehen, Erlebnis, gewagtes Unternehmen:* ein politisches A.; ein A. erleben, suchen. 2. *Liebeserlebnis:* ein galantes A.

abenteuerlich ⟨Adj.⟩: *voller Abenteuer, gefährlich, phantastisch:* eine abenteuerliche Reise; das klingt höchst a.

Abenteurer, der; -s, -: *jmd., der auf Abenteuer ausgeht.*

aber: I. ⟨Konj.⟩ 1. *dagegen, jedoch, doch, allerdings:* die Mutter bereitete das Frühstück, der Vater a. lag noch im Bett; es wurde dunkel, a. wir machten kein Licht; er ist streng, a. gerecht. 2. /dient zur Einleitung eines Widerspruchs oder zur Anknüpfung/: a. das stimmt doch gar nicht!; da es a. dunkel wurde, rasteten wir. II. ⟨Adverb⟩ 1. *wirklich* /emphatisch als Ausdruck der Bewunderung, Verwunderung u. a./: das ist a. reizend; a. ja!; du bist a. ganz schön frech; a., meine Herren, nur keine Aufregung! 2. ⟨gewöhnlich in bestimmten Fügungen⟩ *wiederum, noch einmal:* tausend und a. tausend; a. und abermals.

Aberglaube, der; -ns: *als irrig angesehener Glaube, daß überirdische Kräfte in bestimmten Menschen und Dingen wirksam sind:* es ist ein A., daß dreizehn eine Unglückszahl sei.

abergläubisch ⟨Adj.⟩: *im Aberglauben befangen; aus Aberglauben entstanden:* abergläubische Eingeborene, Vorstellungen.

aberkennen, erkannte ab, hat aberkannt ⟨tr.⟩: *durch einen [Gerichts]beschluß absprechen, entziehen:* jmdm. die bürgerlichen Ehrenrechte a.

abermals ⟨Adverb⟩: *noch einmal, zum zweiten Mal:* er kam a. zu mir.

abfahren, fährt ab, fuhr ab hat/ist abgefahren: 1. ⟨itr.⟩ *wegfahren, die Reise beginnen* er ist mit dem nächsten Zug abgefahren. 2. ⟨itr.⟩ Schisport *auf Schiern den Berg hinunter fahren:* er ist glänzend abgefahren. 3. ⟨in Verbindung mit *lassen*⟩ *abweisen; abblitzen lassen* sie hat den aufdringlichen Burschen a. lassen. 4. ⟨tr.⟩ *mit einem Fahrzeug fortschaffen:* sie hätten die Verwundeten abgefahren. 5. ⟨tr.⟩ *zur Kontrolle entlangfahren:* er hat/ist die Front abgefahren. 6. ⟨tr.⟩ *mit dem Fahrzeug aufsuchen:* er hatte/war einige Dörfer abgefahren. 7. ⟨tr.⟩ *durch Überfahren abtrennen:* der Zug hatte ihm beide Beine abgefahren. 8. ⟨tr.⟩ *durch Fahren abnutzen:* er hat die Reifen schnell abgefahren; ⟨auch rfl.⟩ die Hinterreifen haben sich schnell abgefahren. 9. ⟨tr.⟩ (ugs.) *(den Anspruch, mit einem Verkehrsmittel o. ä. befördert zu werden) ganz ausnutzen:* er hatte seinen Fahrschein abgefahren.

Abfahrt, die; -, -en: 1. *Abreise, Fahrtbeginn:* die A. des Zuges erfolgt um 8 Uhr. 2. Schisport a) *Fahrt den Berg hinunter:* eine rasende A. b) *Hang (zum Abfahren):* eine steile A. 3. *Ausfahrt von einer Autobahn:* die A. führte nach Köln.

Abfahrtslauf, der; -s, -abfahrtsläufe Schisport *Fahrt talwärts als sportlicher Wettkampf.*

Abfall, der; -s, Abfälle: 1. *[unbrauchbarer] Überrest:* schütte den A. in den Eimer. 2. ⟨ohne Plural⟩ *Loslösung von einem Bündnis, [Treu]bruch:* der A. vom Reich.

abfallen, fällt ab, fiel ab, ist abgefallen ⟨itr.⟩: 1. *sich lösen und herunterfallen:* Blüten, Früchte fallen ab. 2. *für jmdn. übrigbleiben:* mancher gute Bissen fällt dabei ab; für die Kinder fällt immer eine Kleinigkeit ab *(die Kinder bekommen auch immer eine Kleinigkeit).* 3. *jmdm., einer Sache abtrünnig, untreu werden:* von Gott, vom Glauben a. 4. *schräg nach unten verlaufen, sich neigen:* der Berg fällt steil, sanft ab. 5. a) *(im Vergleich zu jmdm./etwas) schlechter sein oder werden:* die Sängerin fiel [gegen die Sänger, neben den Sängern, am Ende des zweiten Aktes] stark ab. b)

abnehmen, nachlassen, weniger werden: die [Strom]spannung, der Druck des Wassers fällt rasch ab.

abfällig ⟨Adj.⟩: *mißbilligend; geringschätzig, verächtlich:* eine abfällige Kritik; sich a. [über jmdn./etwas] äußern.

abfangen, fängt ab, fing ab, hat abgefangen ⟨tr.⟩: 1. *daran hindern, zum Ziel zu gelangen; aufhalten:* einen Brief, einen Boten a. 2. *erwarten und aufhalten, abpassen:* den Briefträger, die Zeitungsfrau a. 3. *auffangen, abbremsen, abhalten, abwehren:* einen Stoß, Schlag, den Regen, die Gefahr a. 4. *unter Kontrolle bringen, in die Gewalt bekommen:* einen schleudernden Wagen a.

abfassen, faßte ab, hat abgefaßt ⟨tr.⟩: 1. *schriftlich formulieren:* einen Brief a. 2. *erreichen, abpassen; ertappen:* jmdn. vor der Abfahrt noch a.; einen Dieb a. **Abfassung,** die; -.

abfertigen, fertigte ab, hat abgefertigt ⟨tr.⟩: 1. *zur Beförderung, zum Versand fertigmachen:* Pakete, Waren a. 2. a) *der Reihe nach bedienen:* Reisende, Kunden a. b) *vor der Weiterfahrt usw. überprüfen, nachsehen, ob alles den Vorschriften entspricht:* das Gepäck wird vom Zoll abgefertigt. 3. (ugs.) *unfreundlich behandeln:* einen Bettler kurz, schroff a. **Abfertigung,** die; -, -en.

abfeuern, feuerte ab, hat abgefeuert ⟨tr.⟩: a) *(eine Schußwaffe) abdrücken, abschießen:* eine Pistole a. b) *(ein Geschoß) ab-, losschießen:* einen Schuß a.

abfinden, fand ab, hat abgefunden: 1. ⟨tr.⟩ *entschädigen, zufriedenstellen:* er hat seine Gläubiger nur zum Teil abgefunden. 2. ⟨rfl.⟩ *sich zufriedengeben, sich in etwas fügen, etwas akzeptieren:* sich mit seinem Schicksal a. **Abfindung,** die; -, -en: *Entschädigung.*

abflauen, flaute ab, ist abgeflaut ⟨itr.⟩: *allmählich schwächer werden, an Kraft verlieren:* der Wind, Lärm, die Spannung flaute ab.

abfliegen, flog ab, hat/ist abgeflogen: 1. ⟨itr.⟩ a) *weg-, davonfliegen:* die Singvögel sind schon abgeflogen. b) *den Flug beginnen:* das Flugzeug ist um 9 Uhr abgeflogen. 2. ⟨tr.⟩ *zur Kontrolle überfliegen:* er hat/ist das Gelände abgeflogen.

abfließen, floß ab, ist abgeflossen ⟨itr.⟩: a) *sich fließend entfernen, wegfließen:* das Wasser in der Badewanne fließt schlecht ab. b) *sich leeren:* die Badewanne fließt gut ab.

Abflug, der; -[e]s, Abflüge: *Start des Flugzeugs, Beginn des Fluges:* ein pünktlicher A.

Abfluß, der; Abflusses, Abflüsse: 1. ⟨ohne Plural⟩ *das Ab-, Wegfließen, Ablaufen:* den A. des Wassers regeln. 2. *Stelle, wo etwas abfließt; Öffnung, Rohr u. ä. für das Abfließen:* der A. [der Badewanne] ist verstopft.

abfragen, fragte ab, hat abgefragt ⟨tr.⟩: *(jmds. Kenntnisse) durch Einzelfragen überprüfen:* der Lehrer fragte [den/dem Schüler] die Vokabeln ab; den Schüler a.

Abfuhr, die; -: *Abtransport:* die A. von Holz. **(ugs.) **jmdm. eine A. erteilen** *(jmdn. zurückweisen);* (ugs.) **sich eine A. holen** *(zurückgewiesen werden):* er hat sich bei ihr eine kräftige A. geholt.

abführen, führte ab, hat abgeführt: 1. ⟨tr.⟩ *wegführen:* jmdn. gefesselt a. 2. a) ⟨tr.⟩ *ableiten:* Gase, schlechte Luft a. b) ⟨tr./itr.⟩ *(von etwas) wegführen, abbringen:* der Weg führt [uns] vom Ziel ab; bildl.: dieser Gedanke führt [uns] von unserm Thema ab. 3. ⟨tr.⟩ *zahlen:* Gewinne [an die Aktionäre] a. 4. ⟨itr.⟩ *für Stuhlgang sorgen, den Darm leeren:* Rhabarber führt ab.

Abgabe, die; -, -n: 1. ⟨ohne Plural⟩ *Aushändigung, Überreichung.* 2. ⟨ohne Plural⟩ *Verkauf.* 3. Sport *Ab-, Zuspiel.* 4. ⟨Plural⟩ *Geldleistung, Steuer:* öffentliche Abgaben.

Abgang, der; -[e]s, Abgänge: 1. ⟨ohne Plural⟩ a) *das Verlassen eines Schauplatzes, das Abtreten:* ein dramatischer A. b) *das Verlassen eines Wirkungskreises:* sein A. von der Schule. * **sich einen guten A. verschaffen** *(zum Schluß mit etwas einen guten Eindruck machen).* 2. ⟨ohne Plural⟩ *Abfahrt:* kurz vor A. des Zuges, Schiffes. 3. *jmd., der aus einer Tätigkeit ausscheidet, der einen bestimmten Lebensbereich verläßt:* die Firma hatte 50 Abgänge *(50 Personen gaben ihre Stellung bei dieser Firma auf);* im Krankenhaus gab es heute 20 Zugänge und 11 Abgänge *(kamen 20 neue Patienten und 11 wurden entlassen).*

abgearbeitet ⟨Adj.⟩: *durch Arbeit erschöpft, verbraucht.*

abgeben, gibt ab, gab ab, hat abgegeben: 1. ⟨tr.⟩ *übergeben, aushändigen:* einen Brief bei der Sekretärin a. 2. ⟨tr.⟩ *zur Aufbewahrung geben:* den Mantel an der Garderobe a. 3. ⟨tr.⟩ *überlassen, abtreten:* er hat mir etwas [von seinem Gewinn] abgegeben. 4. ⟨tr.⟩ *von sich geben:* eine Erklärung, ein Urteil a. 5. ⟨tr.⟩ *verkaufen, vermieten:* Erdbeeren billig a.; ein Zimmer a. 6. ⟨tr./itr.⟩ Sport *abspielen, jmdm. zuspielen:* der Verteidiger gab [den Ball] ab und stürmte vor. 7. ⟨tr.⟩ *(ein Geschoß) abfeuern:* einen Schuß a. 8. ⟨tr.⟩ *ausströmen, abtreten:* der Ofen gibt nur mäßig Wärme ab. 9. ⟨tr.⟩ *geeignet sein, (jmd. oder etwas) zu sein:* er gibt einen guten Redner ab. 10. ⟨rfl.⟩ (ugs.) *sich beschäftigen; (mit jmdm.) Umgang pflegen:* sie gibt sich viel mit Kindern ab.

abgebrüht ⟨Adj.⟩: *seelisch unempfindlich:* ein abgebrühter Bursche.

abgedankt ⟨Adj.; nur attributiv⟩: *aus dem Dienst entlassen:* ein abgedankter Offizier.

abgedroschen ⟨Adj.⟩ *schon zu oft gebraucht:* eine abgedroschene Redensart.

abgefeimt ⟨Adj.⟩: *in allen Schlechtigkeiten erfahren, durchtrieben:* ein abgefeimter Lügner.

abgehen, ging ab, hat/ist abgegangen: 1. ⟨itr.⟩ *weggehen; einen Platz, Ort verlassen:* das Schiff ist abgegangen; der Brief ist abgegangen *(abgeschickt worden);* die Gallensteine des Patienten sind nicht abgegangen. 2. ⟨itr.⟩ *aus seiner Tätigkeit ausscheiden, einen Wirkungskreis verlassen:* er ist von der Schule abgegangen. 3. ⟨itr.⟩ *(von etwas) ablassen, (etwas) aufgeben:* er ist von seiner Gewohnheit abgegangen. 4. ⟨tr.⟩ *bei einem Rundgang besichtigen, kontrollieren:* der Offizier hat/ist die Front abgegangen. 5. ⟨tr.⟩ (ugs.) *sich loslösen.* ein Knopf ist von dem Jackett abgegangen. 6. ⟨itr.⟩ *ablaufen; vor sich, vonstatten gehen:* es ist noch nicht einmal gut abgegangen. 7. ⟨itr.⟩ (ugs.) *fehlen:*

abgekämpft

was ihm an Begabung abgeht, ersetzt er durch Fleiß.
abgekämpft ⟨Adj.⟩ ⟨ugs.⟩: *von übermäßiger Anstrengung ermattet, erschöpft:* er macht einen abgekämpften Eindruck; a. sein.
abgelegen ⟨Adj.⟩: *abseits liegend:* ein abgelegenes *(einsames)* Haus.
abgeneigt: ⟨in der Verbindung⟩ jmdm./einer Sache nicht a. sein: *jmdm./einer Sache positiv gegenüberstehen:* wir sind diesem Plan nicht abgeneigt.
Abgeordnete, der; -n, -n ⟨aber: [ein] Abgeordneter, Plural: Abgeordnete⟩: a) *jmd., der zu etwas abgeordnet, mit etwas beauftragt worden ist.* b) *gewählter Volksvertreter, Mitglied eines Parlaments.*
abgerissen ⟨Adj.⟩: 1. *zerlumpt, zerschlissen:* abgerissene Kleider. 2. *unzusammenhängend:* abgerissene Sätze.
Abgesandte, der; -n, -n ⟨aber: [ein] Abgesandter, Plural: Abgesandte⟩: *jmd., der im Auftrag anderer verhandelt.*
abgeschieden ⟨Adj.⟩ ⟨geh.⟩: 1. a) *einsam gelegen:* ein abgeschiedenes Dorf. b) ⟨nicht prädikativ⟩ *von der Welt zurückgezogen:* a. leben. 2. ⟨nur attributiv⟩ *verstorben, tot:* abgeschiedene Seelen.
abgespannt ⟨Adj.⟩: *müde, ermattet, erschöpft:* einen abgespannten Eindruck machen.
abgestanden ⟨Adj.⟩: *durch langes Stehen schal; ohne rechten Geschmack:* abgestandenes Bier.
abgetan: ⟨in der Verbindung⟩ a. sein: *[für immer] erledigt sein:* die Sache ist damit a.
abgewinnen, gewann ab, hat abgewonnen ⟨tr.⟩: a) *im Spiel oder Wettkampf abnehmen:* jmdm. beim Kartenspiel Geld a. b) *abnötigen, abzwingen:* jmdm. ein Lächeln a. c) *(etwas Gutes) an einer Sache finden:* einer Situation positive Seiten abzugewinnen suchen.
abgewöhnen, gewöhnte ab, hat abgewöhnt ⟨itr.⟩: *(jmdm./sich) dazu bringen, eine Gewohnheit, Untugend abzulegen:* ich habe mir das Rauchen abgewöhnt.
abgießen, goß ab, hat abgegossen ⟨tr.⟩: a) *weggießen:* etwas Wasser a.; das Wasser [von den Kartoffeln] a. b) *das Kochwasser (von etwas) weggießen:* die Kartoffeln a.

Abgott, der; -[e]s, Abgötter: *jmd., der von jmdm. überschwenglich verehrt, geliebt wird:* das Kind war ihr A.
abgrasen, graste ab, hat abgegrast ⟨tr.⟩ ⟨ugs.⟩: *in bestimmter Absicht eine Gegend systematisch absuchen:* er hat das ganze Dorf nach Eiern abgegrast.
abgrenzen, grenzte ab, hat abgegrenzt ⟨tr.⟩: *die Grenzen (für etwas) festlegen:* die Rechte und Pflichten genau a. **Abgrenzung,** die; -, -en.
Abgrund, der; -[e]s, Abgründe: *steil abstürzende Schlucht:* in den A. stürzen; bildl.: die Abgründe *(die unergründliche Tiefe)* der Seele; ein wahrer A. *(ein übergroßes Maß)* von Gemeinheit; er lebt am Rande des Abgrunds *(des Verderbens).*
abgründig ⟨Adj.⟩ ⟨geh.⟩: 1. *unergründlich; geheimnisvoll, rätselhaft:* ein abgründiges Lächeln. 2. ⟨verstärkend bei Adjektiven⟩ *sehr:* a. tief, gemein.
abgucken, guckte ab, hat abgeguckt ⟨ugs.⟩: a) ⟨tr.⟩ *durch genaues Hinsehen lernen, sich aneignen:* jmdm. ein Kunststück a.; ich guck' dir nichts ab *(du brauchst dich nicht zu genieren/zu Kindern/).* b) ⟨itr.⟩ *unerlaubt abschreiben:* er hat beim Diktat von seinem Nachbarn abgeguckt.
abhalten, hält ab, hielt ab, hat abgehalten ⟨tr.⟩: 1. *nicht durchdringen lassen, abwehren:* die Wände halten den Lärm ab. 2. *(von etwas) zurückhalten; (jmdn.) daran hindern, etwas zu tun:* er hielt ihn von unüberlegten Handlungen ab. 3. *veranstalten, durchführen:* die Versammlung wurde am Mittwoch abgehalten. 4. *(ein kleines Kind) zur Verrichtung der Notdurft ein wenig hochhalten:* sie mußte den kleinen Jungen a.
abhandeln, handelte ab, hat abgehandelt ⟨tr.⟩: 1. *durch Überredung einen Rabatt erreichen:* er hatte 5 Mark vom Preis abgehandelt. 2. *darstellen, behandeln:* ein Thema eingehend a.
abhanden: ⟨in der Verbindung⟩ a. kommen: *verlorengehen:* meine Brieftasche ist [mir] a. gekommen.
Abhandlung, die; -, -en: *schriftliche Behandlung eines Themas, längerer Aufsatz:* eine umfangreiche A.

Abhang, der; -[e]s, Abhänge: *abfallende Seite eines Berges u. ä.:* ein bewaldeter A.
abhängen: I. hing ab, hat abgehangen ⟨itr.⟩: 1. *durch längeres Hängen mürbe werden:* das Fleisch muß noch a.; ⟨häufig im 2. Partizip⟩ gut abgehangenes Fleisch. 2. a) *(durch jmdn./etwas) bedingt sein:* das hängt letztlich von ihm, vom Wetter ab; für mich hängt viel davon ab *(für mich ist es sehr wichtig).* b) *(von jmdm./etwas) abhängig sein:* von seinen Eltern a. II. hängte ab, hat abgehängt ⟨tr.⟩: 1. *ab-, herunternehmen:* ein Bild a. 2. *abkuppeln:* einen Eisenbahnwagen a.; bildl. ⟨ugs.⟩: jmdn. a. *(seine Bindung zu jmdm. lösen).* 3. ⟨ugs.⟩ *hinter sich lassen:* den Gegner beim Wettlauf klar a.
abhängig ⟨Adj.⟩: *unselbständig:* in abhängiger Stellung sein. * a. von jmdm./etwas sein: a) *durch jmdn./etwas bedingt sein; für jmdn./etwas ausschlaggebend sein:* der Ausflug ist vom Wetter a. b) *auf jmdn., etwas angewiesen sein:* er ist finanziell von den Eltern a.; *etwas von etwas a. machen (etwas zur Bedingung von etwas machen):* er machte seine Zustimmung von einer Entscheidung seines Freundes a. **Abhängigkeit,** die; -.
abhärten, härtete ab, hat abgehärtet ⟨tr./itr./rfl.⟩: *widerstandsfähig machen:* er härtete seinen Körper, sich frühzeitig ab; kalte Duschen härten ab.
abhauen, hieb/haute ab, hat/ ist abgehauen: 1. ⟨tr.⟩ a) *abschlagen:* er hat einen Ast vom Baum gehauen. b) ⟨Prät.: hieb ab⟩ *(mit einer Waffe) abschlagen:* er hat ihm mit dem Schwert ein Ohr abgehauen. 2. ⟨itr.; Prät.: haute ab⟩ ⟨ugs.⟩ *sich entfernen:* er ist heimlich abgehauen.
abheben, hob ab, hat abgehoben: 1. ⟨tr.⟩ *anheben und abnehmen:* den Deckel, den Hörer des Telefons a. 2. ⟨itr.⟩ *sich in die Luft erheben* /vom Flugzeug/: die Maschine hebt schnell ab. 3. ⟨tr.⟩ *sich (Geld vom Konto) auszahlen lassen:* 100 Mark a. 4. ⟨rfl.⟩ *sich abzeichnen:* die Türme hoben sich gegen den Himmel ab.
abhelfen, hilft ab, half ab, hat abgeholfen ⟨itr.⟩: *(etwas Nega-*

ives) beseitigen; (etwas) in Ordnung bringen: einem Mangel, der Not a.

Abhilfe, die; -: *Beseitigung von etwas Negativem:* unverzüglich A. schaffen.

abhold ⟨in der Verbindung⟩ jmdm./einer Sache a. sein (geh.): *jmdm./einer Sache abgeneigt sein:* er ist jedem Streit a.

abholen, holte ab, hat abgeholt ⟨tr.⟩: **a)** *an eine bestimmte Stelle gehen und von dort (etwas) mit nehmen:* ein Paket [von der Post] a. **b)** *sich mit jmdm. treffen und gemeinsam den Weg fortsetzen:* einen Freund [von der Bahn] a.

abhorchen, horchte ab, hat abgehorcht ⟨tr.⟩: *das Ohr dicht an etwas legen, um Geräusche hören zu können:* den Boden a.; Med. der Arzt horchte die Lunge ab.

abhören, hörte ab, hat abgehört ⟨tr.⟩: **1.** *zur Überprüfung aufsagen lassen:* die Mutter hörte [ihn/ihm] die Vokabeln ab; den Schüler a. **2.** Med. *abhorchen:* das Herz, den Patienten a. **3. a)** *heimlich mithören, überwachen:* Telefone a. **b)** *[heimlich] hören:* einen fremden Sender a. **c)** Rundf., Film *prüfend anhören, kontrollieren:* ein Tonband a.

Abitur, das; -s: *Reifeprüfung; Abschlußexamen an höheren Schulen:* das A. machen.

Abiturient, der; -en, -en: **a)** *jmd., der die Reifeprüfung abgelegt hat.* **b)** *Schüler der letzten Klasse an einer höheren Schule.* **Abiturientin,** die; -, -nen.

abkanzeln, kanzelte ab, hat abgekanzelt ⟨tr.⟩ (ugs.): *scharf zurechtweisen, tadeln.*

abkapseln, sich; kapselte sich ab, hat sich abgekapselt: *sich isolieren und den Kontakt mit anderen meiden.*

abkaufen, kaufte ab, hat abgekauft ⟨tr.⟩: **1.** *(von jmdm. etwas [was er angeboten hat]) kaufen:* er kaufte dem kleinen Mädchen einen Strauß a. **2.** (ugs.) *glauben:* diese Geschichte kauft dir niemand ab.

abklappern, klapperte ab, hat abgeklappert ⟨tr.⟩ (ugs.): *zu einem bestimmten Zweck der Reihe nach aufsuchen:* er klapperte die ganze Gegend nach Kartoffeln ab.

abklingen, klang ab, ist abgeklungen ⟨itr.⟩ (geh.): **a)** *immer leiser werden:* der Lärm klingt ab. **b)** *schwächer werden, schwinden:* der Sturm, die Krankheit ist abgeklungen.

abklopfen, klopfte ab, hat abgeklopft: **1.** ⟨tr.⟩ **a)** *durch Klopfen entfernen:* Staub [von der Jacke] a. **b)** *durch Klopfen säubern:* das Kind, sich, die Jacke a. **2.** ⟨tr.⟩ *durch Klopfen untersuchen, prüfen:* die Wand, den Boden a.; Med.: einen Kranken, die Brust a. **3.** ⟨tr./itr.⟩ Musik *durch Klopfen mit dem Taktstock unterbrechen:* der Dirigent klopfte [das Konzert] ab.

Abkomme, der; -n, -n (geh.): *Nachkomme:* ein A. des Dichters.

abkommen, kam ab, ist abgekommen ⟨itr.⟩: **1. a)** *abweichen, sich ungewollt (von einer eingeschlagenen Richtung) entfernen:* vom Weg, Kurs a.; bildl.: von einem Problem, dem Wesentlichen a. **b)** *ablassen, (etwas) aufgeben:* von einem Plan, seinen Grundsätzen a. **2.** Sport *starten:* alle Läufer kamen gut ab.

Abkommen, das; -s, -: *Übereinkommen, Vereinbarung:* ein geheimes A.

abkömmlich ⟨Adj.; nicht adverbial⟩: *bei etwas nicht dringend erforderlich und frei für anderes:* alle abkömmlichen Personen mußten bei der Ernte helfen; er ist nicht a. *(er kann nicht von seiner Beschäftigung fort).*

abkoppeln, koppelte ab, hat abgekoppelt ⟨tr.⟩: **1.** *abkuppeln* /Ggs. ankuppeln/: einen Eisenbahnwagen, Anhänger a. **2.** *losbinden* /Ggs. ankoppeln/: Jagdhunde a.

Abkunft, die; -(geh.): *Abstammung; gesellschaftliche Herkunft:* von bürgerlicher A.

abkürzen, kürzte ab, hat abgekürzt ⟨tr.⟩: *verkürzen:* einen Namen a.; den Weg a. *(einen kürzeren Weg nehmen);* *(häufig im 2. Partizip)* ein abgekürztes *(vereinfachtes)* Verfahren.

Abkürzung, die; -, -en

abladen, lädt ab, lud ab, hat abgeladen ⟨tr.⟩: **a)** *von einem Transportmittel herunternehmen* /Ggs. aufladen/: Holz, Steine a.; bildl.: seinen Kummer bei anderen a.; die Schuld auf andere a. *(übertragen).* **b)** *durch Herunternehmen der Ladung leer machen:* ein Lastauto.

ablagern, lagerte ab, hat abgelagert: **1.** ⟨tr.⟩ *absetzen, anschwemmen:* das Wasser lagert Kalkstein ab; der Fluß lagert Schlamm ab. **2.** ⟨itr.⟩ *durch Lagern reifen:* der Wein muß nocha.

ablassen, läßt ab, ließ ab, hat abgelassen: **1.** ⟨tr.⟩ **a)** *herauslaufen, ausströmen lassen:* Wasser aus der Badewanne, Gas a. **b)** *durch Herauslaufenlassen der Flüssigkeit leer machen:* die Badewanne a. **2.** ⟨tr.⟩ *auf Wunsch verkaufen, abtreten:* er ließ es ihm für zehn Mark ab. **3.** ⟨tr.⟩ *einen Rabatt gewähren:* der Verlag läßt [der Agentur] 15% ab. **4.** ⟨itr.⟩ (geh.) **a)** *(von etwas) absehen, (etwas) aufgeben:* von einem Plan, der Verfolgung a.; sie ließen nicht ab *(sie hörten nicht auf)* zu feuern. **b)** *jmdn. nicht mehr bedrängen, verfolgen:* von dem Fliehenden a.

Ablauf, der; -s: *Verlauf:* der A. der Ereignisse. * **vor A.** *(vor Abschluß, Beendigung):* vor A. der Frist.

ablaufen, läuft ab, lief ab, hat/ ist abgelaufen: **1.** ⟨itr.⟩ **a)** *ab-, wegfließen:* das Wasser ist langsam abgelaufen. **b)** *sich leeren:* die Badewanne ist rasch abgelaufen. **2.** ⟨itr.⟩ **a)** *herunterfließen:* das Wasser ist von den Tellern abgelaufen; bildl.: an ihm läuft alles ab *(nichts berührt ihn).* **b)** *durch Abfließen trocken werden:* die Teller sind abgelaufen. **3.** ⟨tr.⟩ **a)** *zur Kontrolle entlanglaufen, besichtigen:* er hat/ ist die Strecke abgelaufen. **b)** *der Reihe nach, einen nach dem andern aufsuchen:* er hat/ist alle Geschäfte abgelaufen. **4.** ⟨tr.⟩ *durch vieles Gehen abnutzen:* er hat die Schuhe abgelaufen; ⟨auch rfl.⟩ die Sohlen haben sich schon wieder abgelaufen. **5.** ⟨itr.⟩ *abrollen; von Anfang bis Ende abgespielt werden:* das Kabel, Tonband ist abgelaufen. **6.** ⟨itr.⟩ *stehenbleiben:* die Uhr ist abgelaufen. **7.** ⟨itr.⟩ *vonstatten, vor sich gehen:* die erste Europameisterschaft lief 1956 ab; das ist noch nicht gut abgelaufen *(das ist noch einmal gut ausgegangen).* **8.** ⟨itr.⟩ *zu Ende sein:* die Frist ist abgelaufen, der Paß ist abgelaufen *(ungültig).* ** **jmdm. den Rang a.** *(jmdn. übertreffen).*

ablegen, legte ab, hat abgelegt: **1.** ⟨tr.⟩ *fort-, niederlegen:* eine Last a.; Bürow.: Briefe,

ablehnen

die Post a. *(in einen Hefter, einen Aktenordner einordnen);* Kartenspiel: Herzas a. *(beiseite legen).* 2. ⟨tr.⟩ *(den Mantel o. ä.) ausziehen:* die Jacke a.; ⟨auch itr.⟩ legen Sie bitte ab! 3. ⟨tr.⟩ *nicht mehr tragen:* die Trauerkleidung a.; bildl. (geh.): eine Gewohnheit a. *(aufgeben);* ⟨häufig im 2. Partizip⟩ er trägt abgelegte Schuhe *(Schuhe, die schon ein anderer getragen hat).* 4. ⟨tr.⟩ *machen, leisten:* eine Prüfung a. 5. ⟨itr.⟩ *ab-, wegfahren* /Ggs. anlegen/: das Schiff hatte abgelegt.

ablehnen, lehnte ab, hat abgelehnt ⟨tr.⟩: a) *(etwas Angebotenes) ab-, zurückweisen:* ein Geschenk a. b) *abschlagen, einer Forderung o. ä. nicht nachgeben:* einen Antrag a. c) *mißbilligen, (mit jmdm./etwas) nicht einverstanden sein, verwerfen:* einen Vorschlag a. d) *von sich weisen; nicht anerkennen:* eine Anklage a.; einen Richter als parteiisch a. **Ablehnung**, die; -.

ableiten, leitete ab, hat abgeleitet: 1. ⟨tr.⟩ *ablenken, wegführen:* den Fluß a. 2. a) ⟨tr.⟩ *herleiten, entwickeln:* eine Formel aus Versuchen a. b) ⟨rfl.⟩ *sich ergeben, folgen:* das eine leitet sich aus dem anderen ab. 3. a) ⟨tr.⟩ *auf seinen Ursprung zurückführen:* seine Herkunft von den Arabern a. b) ⟨rfl.⟩ *aus etwas stammen:* das Wort leitet sich aus dem Niederländischen ab.

ablenken, lenkte ab, hat abgelenkt: 1. ⟨tr.⟩ *in eine andere Richtung bringen,* lenken: Lichtstrahlen a.; ⟨auch itr.⟩ er lenkt vom Thema ab. 2. ⟨tr./rfl.⟩ *auf andere Gedanken bringen, zerstreuen:* jmdn., sich durch Musik ein wenig a.

ableugnen, leugnete ab, hat abgeleugnet ⟨tr.⟩: *mit Nachdruck leugnen, nicht zugeben:* seine Schuld, ein Verbrechen a.

abliefern, lieferte ab, hat abgeliefert ⟨tr.⟩: *nach Vorschrift übergeben, aushändigen:* den Rest des Geldes lieferte sie der Mutter ab. **Ablieferung**, die; -, -en.

ablösen, löste ab, hat abgelöst: 1. a) ⟨tr.⟩ *vorsichtig von seinem Untergrund lösen, entfernen:* Briefmarken a. b) ⟨rfl.⟩ *sich loslösen:* die Farbe, Haut löst sich ab. 2. a) ⟨tr.⟩ *die Tätigkeit, die Arbeit (von jmdm.) übernehmen, (an jmds. Stelle) treten:* einen Kollegen a.; der Frühling löst den Winter ab. b) ⟨rzp.⟩ *sich abwechseln, miteinander wechseln:* die Ärzte lösen sich/einander ab; Ebbe und Flut lösen sich ab.

abmachen, machte ab, hat abgemacht ⟨tr.⟩: 1. *loslösen und entfernen:* ein Schild von der Tür a. 2. a) *vereinbaren, verabreden:* wir hatten das so abgemacht; abgemacht! *(einverstanden!).* b) *erledigen:* die Sache war schnell abgemacht. **Abmachung**, die; -, -en: *Übereinkommen, Vereinbarung:* eine bindende A. * **eine A. treffen** *(etwas vereinbaren).*

abmelden, meldete ab, hat abgemeldet ⟨tr./rfl.⟩: *einer offiziellen Stelle den Ab-, Weggang, das Ausscheiden u. ä. mitteilen* /Ggs. anmelden/: ein Kind in der Schule, sich polizeilich a.; sein Radio a. *(offiziell mitteilen, daß man es nicht mehr benutzt).* * (ugs.) **bei jmdm. abgemeldet sein** *(jmd. will von jmdm. nichts mehr wissen; sich bei jmdm. unbeliebt gemacht haben):* sie ist bei ihm abgemeldet. **Abmeldung**, die; -, -en.

Abmessung, die; -, -en: *Maß, Größe:* der Herd hat die vorgeschriebenen Abmessungen.

abmühen, sich; mühte sich ab, hat sich abgemüht: *sich anstrengen, sich große Mühe geben:* vergeblich mühte er sich damit ab, sein Auto zu reparieren.

abnähen, nähte ab, hat abgenäht ⟨tr.⟩: *durch eine Naht, durch das Einnähen einer Stoffalte enger machen:* den Rock an der Seite a.

Abnahme, die; -: 1. *das Ab-, Wegnehmen:* die A. des Verbandes. 2. *Verminderung, Rückgang* /Ggs. Zunahme/: die A. der Kräfte. 3. *Kauf, Übernahme:* vor A. der Waren. 4. a) *offizielle Überprüfung, Kontrolle:* die A. einer Brücke. b) *Entgegennahme:* die A. eines Eides.

abnehmen, nimmt ab, nahm ab, hat abgenommen: 1. ⟨tr.⟩ *weg-, herunternehmen, entfernen:* das Tischtuch, den Hut a. 2. ⟨tr.⟩ *(jmdm.) aus der Hand nehmen und selbst tragen:* einer alten Frau den Koffer a. 3. ⟨tr.⟩ *entgegennehmen:* da sie nicht zu Hause war, hat ihre Nachbarin das Paket abgenommen. 4. ⟨tr.⟩ *prüfend begutachten, kontrollieren, beurteilen:* eine Brücke a. 5. ⟨tr.⟩ *fort-, wegnehmen:* jmdm. den Führerschein a. 6. ⟨tr.⟩ (ugs.) *abverlangen, abfordern:* er hat mir dafür 20 Mark abgenommen. 7. ⟨tr.⟩ *abkaufen:* jmdm. eine Ware a. 8. ⟨tr.⟩ (ugs.) *glauben:* diese Geschichte nimmt uns niemand ab. 9. ⟨tr.⟩ *übertragen, nachbilden:* die Fingerabdrücke, Totenmaske a. 10. ⟨itr.⟩ a) *an Gewicht verlieren* /Ggs. zunehmen/: sie hat sehr viel, drei Pfund abgenommen. b) *kleiner, geringer werden, nachlassen* /Ggs. zunehmen/: seine Kräfte nehmen ab; der Tag nimmt ab *(wird kürzer).*

Abneigung, die; -: *Widerwille, Antipathie* /Ggs. Zuneigung/: eine große, krankhafte A. gegen jmdn./etwas haben.

abnorm ⟨Adj.⟩: *von den Üblichen abweichend; nicht normal.*

abnutzen, nutzte ab, hat abgenutzt: a) ⟨tr.⟩ *durch Gebrauch in Wert und Brauchbarkeit mindern:* die Möbel sind schon sehr abgenutzt. b) ⟨rfl.⟩ *durch Gebrauch an Wert und Brauchbarkeit verlieren:* die Messer haben sich im Laufe der Zeit abgenutzt.

abnützen, nützte ab, hat abgenützt ⟨tr./rfl.⟩ (bes. südd.): *abnutzen.*

abonnieren, abonnierte, hat abonniert ⟨tr.⟩: *zum fortlaufenden Bezug bestellen, beziehen:* eine Zeitung a.

abordnen, ordnete ab, hat abgeordnet ⟨tr.⟩: *dienstlich entsenden, delegieren:* jmdn. zu einer Versammlung a. **Abordnung**, die; -, -en: 1. ⟨ohne Plural⟩ *dienstliche Entsendung.* 2. *Gruppe von abgeordneten Personen, Delegation:* eine A. schicken.

Abort, der; -s, -e (veraltend): *[einfache, primitive] Toilette.*

abpacken, packte ab, hat abgepackt ⟨tr.⟩: *in bestimmter Menge verpacken:* Zucker, Mehl in Tüten a.; ⟨häufig im 2. Partizip⟩ abgepackte Ware.

abpassen, paßte ab, hat abgepaßt ⟨tr.⟩ (ugs.): a) *den passenden Zeitpunkt für etwas abwarten, auf etwas lauern:* eine günstige Gelegenheit a. b) *(jmdn. auf seinem Wege) erwarten und aufhalten:* den Briefträger, die Zeitungsfrau a.

abpflücken, pflückte ab, hat abgepflückt ⟨tr.⟩: *pflücken, durch Pflücken entfernen:* das Obst vom Baum, Blumen a.

abprallen, prallte ab, ist abgeprallt ⟨itr.⟩: *federnd zurückspringen:* die Kugel prallte von/an der Panzerplatte ab; bildl.: die Kritik war an ihm abgeprallt *(hat ihn nicht beeindruckt).*

abraten, rät ab, riet ab, hat abgeraten ⟨itr.⟩: *empfehlen, etwas nicht zu tun* /Ggs. zuraten/: ich habe ihm von der Reise dringend abgeraten.

abräumen, räumte ab, hat abgeräumt ⟨tr.⟩: a) *wegschaffen:* die Teller a.; ⟨auch itr.⟩ er räumte ab. b) *leer, frei machen:* den Tisch a.

abrechnen, rechnete ab, hat abgerechnet: 1. ⟨tr.⟩ *abziehen:* die Unkosten vom Gewinn a. 2. ⟨itr.⟩ a) *die Schlußrechnung aufstellen:* am Ende des Tages wird im Geschäft abgerechnet. b) *Rechenschaft über die Ausgaben ablegen; Schulden und Forderungen verrechnen:* ich muß nachher noch mit dir a. 3. ⟨itr.⟩ *(jmdn.) zur Rechenschaft ziehen:* mit seinen Gegnern a.

Abreise, die; -, -n: *Abfahrt, Beginn der Reise:* die A. ist für Sonntag geplant.

abreisen, reiste ab, ist abgereist ⟨itr.⟩: *seinen Aufenthalt beenden und wieder zurückfahren:* er mußte plötzlich a.

abreißen, riß ab, hat/ist abgerissen /vgl. abgerissen/: 1. ⟨tr.⟩ *mit einem Ruck abtrennen, herunterreißen:* er hat ein Kalenderblatt abgerissen; bildl.: jmdm. die Maske [vom Gesicht] a. *(jmdn. entlarven, bloßstellen).* 2. ⟨tr.⟩ *niederreißen:* sie haben die Brücke abgerissen. 3. ⟨itr.⟩ a) *sich ablösen, abgehen;* der Knopf ist abgerissen. b) *zerreißen:* der Faden reißt ab. 4. ⟨itr.⟩ *plötzlich unterbrochen werden, aufhören:* die Funkverbindung ist abgerissen.

Abreißkalender, der; -s, -: *Kalender mit Blättern, die abgerissen werden können* (siehe Bild).

Abreißkalender

abrichten, richtete ab, hat abgerichtet ⟨tr.⟩: *ein Tier bestimmte Fertigkeiten lehren, dressieren:* den Hund als Blindenführer a.

abriegeln, riegelte ab, hat abgeriegelt ⟨tr.⟩: 1. *mit einem Riegel versperren:* die Tür a. 2. *absperren:* eine Straße, Stadtteil a.

Abriß, der; Abrisses, Abrisse: 1. ⟨ohne Plural⟩ *das Niederreißen eines Bauwerks:* der A. dauert einen Monat. 2. *knappe Übersicht, Zusammenfassung:* ein A. der deutschen Grammatik.

abrufen, rief ab, hat abgerufen ⟨tr.⟩: 1. *(von einer Beschäftigung) wegrufen, wegholen:* jmdn. von der Arbeit a. 2. a) Kaufmannsspr. *die Lieferung bestellter Waren verlangen:* den Rest der Ware a. b) *Geldw. vom Konto abheben:* eine hohe Summe a.

abrupt ⟨Adj.⟩: *plötzlich, unvermittelt:* er brach das Gespräch a. ab.

abrüsten, rüstete ab, hat abgerüstet ⟨itr.⟩: *die Rüstung einschränken* /Ggs. aufrüsten/: die Großmächte sollten beginnen abzurüsten. **Abrüstung**, die; -.

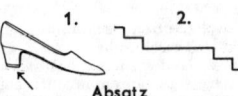

Absatz

Absage, die; -, -n: *Zurücknahme eines Übereinkommens; Ablehnung* /Ggs. Zusage/: er bekam eine briefliche A. auf seine Bewerbung.

absagen, sagte ab, hat abgesagt: 1. ⟨tr.⟩ *nicht stattfinden lassen:* ein Fest a. 2. ⟨tr./itr.⟩ *eine Zusage rückgängig machen, widerrufen* /Ggs. zusagen/: er sagte [seinen Besuch] a. 3. ⟨itr.⟩ (geh.) *entsagen; (etwas) aufgeben:* dem Alkohol a.

Absatz, der; -es, Absätze: 1. *unter der Ferse befindlicher Teil des Schuhs* (siehe Bild): hohe Absätze. 2. *kleinere Fläche, die die Fortführung der Treppe unterbricht* (siehe Bild): er stand auf dem zweiten A. 3. *Textschnitt:* er las zwei Absätze aus dem Buch vor. 4. ⟨ohne Plural⟩ *Verkauf, Umsatz:* den A. steigern.

abschaffen, schaffte ab, hat abgeschafft ⟨tr.⟩: *dafür sorgen, oder machen, daß etwas, was bisher üblich war, nicht mehr stattfindet oder gemacht wird; beseitigen, aufheben:* einen Brauch a.

abschalten, schaltete ab, hat abgeschaltet: 1. ⟨tr.⟩ a) *unterbrechen:* der Strom wurde drei Stunden lang abgeschaltet. b) *abstellen, ausschalten:* den Motor, den Fernsehapparat a. 2. ⟨itr.⟩ (ugs.) *sich nicht mehr mit etwas konzentriert beschäftigen:* er hatte schließlich einfach abgeschaltet.

abschätzig ⟨Adj.⟩: *geringschätzig, verächtlich:* a. von jmdm. sprechen.

Abscheu, der; -s: *physischer Ekel, Widerwille, starke Abneigung:* A. empfinden vor jmdm., gegen jmdn./etwas.

abscheulich ⟨Adj.⟩: a) *schändlich:* eine abscheuliche Tat. b) *widerwärtig, unangenehm:* ein abscheulicher Geruch. c) ⟨verstärkend bei Adjektiven⟩ (ugs.) *sehr:* a. kalt.

abschicken, schickte ab, hat abgeschickt ⟨tr.⟩: *versenden:* einen Brief, das Geld a.

Abschied, der; -s, -e: *Trennung:* ein tränenreicher A.; der A. von den Eltern. * **A. nehmen** *(sich von jmdm./etwas trennen; jmdn./etwas verlassen).*

abschießen, schoß ab, hat abgeschossen ⟨tr.⟩: 1. a) *(ein Geschoß) abfeuern:* Raketen, Torpedos a. b) *(eine Schußwaffe) gebrauchen:* eine Pistole a. 2. *niederschießen, erlegen:* Vögel, Wild a. * (ugs.) **den Vogel a.** *(alle anderen übertreffen).* 3. (ugs.) *aus seiner Stellung entfernen:* man versuchte, den Minister abzuschießen. 4. *mit einem Schuß loslösen, abtrennen:* im Krieg wurde ihm ein Arm abgeschossen.

abschirmen, schirmte ab, hat abgeschirmt ⟨tr.⟩: *schützen (vor, jmdm./etwas), absichern:* etwas gegen Störungen a.

abschlachten, schlachtete ab, hat abgeschlachtet ⟨tr.⟩: a) *schlachten:* ein Schwein a. b) *grausam töten:* bei den Unruhen wurden Hunderte von Menschen abgeschlachtet.

abschlagen, schlägt ab, schlug ab, hat abgeschlagen ⟨tr.⟩: 1. *durch Schlagen abtrennen, abhauen:* den Ast a. 2. *nicht gewähren, verweigern:* eine Bitte a. 3. *abwehren:* einen Angriff, den Feind a.

abschlägig ⟨Adj.⟩: *ablehnend:* er bekam eine abschlägige Antwort auf seine Bewerbung. * **jmdn. a. bescheiden** *(jmds. Gesuch oder Bitte nicht erfüllen).*

abschleifen, schliff ab, hat abgeschliffen: 1. ⟨tr.⟩ **a)** *durch Schleifen entfernen:* den Rost a. **b)** *durch Schleifen glätten:* scharfe Kanten a. 2. ⟨rfl.⟩ *durch Reibung abgenutzt werden:* der Bremsbelag schleift sich ab.

Abschleppdienst, der; -es, -e: *Unternehmen zum Abtransportieren beschädigter, nicht mehr fahrbereiter Autos.*

abschleppen, schleppte ab, hat abgeschleppt: 1. ⟨tr.⟩ *ziehend fortbewegen:* ein beschädigtes Auto a. 2. ⟨rfl.⟩ (ugs.) *mit großer Mühe an etwas tragen:* er hat sich mit dem Koffer abgeschleppt.

abschließen, schloß ab, hat abgeschlossen: 1. ⟨tr.⟩ *zuschließen:* das Zimmer, den Koffer a. 2. ⟨rfl.⟩ *sich absondern, fernhalten, isolieren:* sich von der Umwelt a. 3. ⟨tr.⟩ *beenden, zu Ende führen:* eine Untersuchung a.; ⟨häufig im 2. Partizip⟩ ein abgeschlossenes Studium. 4. ⟨itr.⟩ *enden, aufhören:* das Fest schließt mit einem Feuerwerk ab. 5. ⟨tr.⟩ *durch Vertrag vereinbaren:* ein Geschäft, Bündnis a.

Abschluß, der; Abschlusses; *Ende, Schluß* /Ggs. Beginn/: ein schneller A.; nach dem A. der Verhandlungen. * **etwas zum A. bringen** *(etwas beenden.)*

abschmecken, schmeckte ab, hat abgeschmeckt ⟨tr.⟩: *den Geschmack einer zubereiteten Speise prüfen:* die Soße, den Salat a.

abschmieren, schmierte ab, hat/ist abgeschmiert: 1. ⟨tr.⟩ *mit Fett versehen:* er hat das Auto abgeschmiert; den Wagen a. lassen. 2. ⟨itr.⟩ **Fliegerspr.** (ugs.) *abstürzen:* das Flugzeug ist abgeschmiert.

abschnallen, schnallte ab, hat abgeschnallt: 1. ⟨tr.⟩ *durch Öffnen von Schnallen losmachen, losschnallen* /Ggs. anschnallen/: Schier, Rollschuhe a. 2. ⟨itr.⟩ (ugs.) *aufgeben, nicht mehr wollen, können:* ich wollte mir den Vortrag über Atomphysik anhören, aber nach zehn Minuten schnallte ich ab.

abschneiden, schnitt ab, hat abgeschnitten: 1. ⟨tr.⟩ *durch Schneiden abtrennen:* Rosen a.

* (ugs.) **sich (Dativ) von jmdm./ etwas eine Scheibe a. [können]** *(sich an jmdm./etwas ein Beispiel nehmen [können]);* (geh.) **jmdm. die Ehre a.** *(jmdn. verleumden).* 2. ⟨tr.⟩ **a)** *abkürzen:* den Weg a. * **jmdm. das Wort a.** *(jmdn. unterbrechen).* **b)** *versperren:* er schnitt dem Verbrecher den Weg ab. 3. ⟨tr.⟩ *isolieren, trennen:* das Dorf war durch die Überschwemmung eine Woche lang von der Umwelt abgeschnitten. 4. ⟨itr.; in Verbindung mit einer näheren Bestimmung⟩ (ugs.) *in bestimmter Weise Erfolg haben:* sie hat bei der Prüfung gut, schlecht abgeschnitten.

Abschnitt, der; -s, -e: 1. *Teil, Teilstück, Teilbereich:* der erste A. des Textes: ein entscheidender A. im Leben. 2. *abtrennbarer Teil eines Formulars, einer Eintrittskarte o. ä.:* der A. der Postanweisung.

abschnüren, schnürte ab, hat abgeschnürt ⟨tr.⟩: *durch festes Zusammenziehen einer Schnur, eines Fadens eine Verbindung unterbrechen:* den Finger a.; jmdm. die Luft a. *(ihm keine Möglichkeit mehr zum Atmen lassen).*

abschrauben, schraubte ab, hat abgeschraubt ⟨tr.⟩: **a)** *durch Losdrehen von Schrauben lösen* /Ggs. anschrauben/: ein Schild [von der Wand] a. **b)** *durch Schrauben entfernen:* den Verschluß einer Flasche a.

abschreiben, schrieb ab, hat abgeschrieben: 1. **a)** ⟨tr.⟩ *(etwas, was bereits schriftlich vorliegt) noch einmal schreiben:* eine Stelle aus einem Buch a. **b)** ⟨tr./itr.⟩ *unerlaubt übernehmen:* er hat dies von ihm abgeschrieben; der Schüler hat von seinem Nachbarn abgeschrieben. 2. ⟨itr.⟩ *brieflich absagen:* sie wurde von ihm eingeladen, aber sie mußte ihm a. *(schreiben, daß sie nicht kommt).* 3. ⟨tr.⟩ *abziehen:* 500 Mark für die Abnutzung der Maschine a. 4. ⟨tr.⟩ (ugs.) *für verloren halten, mit jmdm./etwas nicht mehr rechnen:* sie hatten ihn, das Geld schon abgeschrieben. 5. ⟨tr.⟩ *durch Schreiben abnutzen:* einen Bleistift a.; ⟨auch rfl.⟩ der Bleistift schreibt sich schnell ab.

Abschrift, die; -, -en: *Zweitschrift, Kopie:* eine beglaubigte A.; eine A. anfertigen, machen.

Abschuß, der; Abschusses, Abschüsse: 1. *das Abfeuern:* der A. der Raketen. 2. ⟨ohne Plural⟩ *das Zerstören durch Beschuß:* der A. vieler Flugzeuge.

Abschußbasis, die; -, Abschußbasen: *Stelle, von der Raketen abgeschossen werden.*

abschüssig ⟨Adj.⟩: *steil, mit starkem Gefälle:* eine abschüssige Straße.

abschwächen, schwächte ab, hat abgeschwächt: 1. ⟨tr.⟩ *schwächer machen; mildern:* den Einfluß, einen Eindruck a. 2. ⟨rfl.⟩ *schwächer werden:* das Wetter wird schlechter, denn das Hoch schwächt sich ab.

abschweifen, schweifte ab, ist abgeschweift ⟨itr.⟩: *vorübergehend [vom eigentlichen Ziel] abweichen:* der Redner schweifte oft vom Thema ab.

abschwellen, schwillt ab, schwoll ab, ist abgeschwollen ⟨itr.⟩: 1. *dünner werden* /in bezug auf etwas Geschwollenes/: die Beine sind wieder abgeschwollen. 2. *leiser werden:* der Lärm, Gesang schwoll ab.

absehen, sieht ab, sah ab, hat abgesehen: 1. ⟨tr.⟩ *durch genaues Beobachten lernen:* er hat ihm dieser Trick abgesehen. 2. ⟨tr./itr.⟩ *unerlaubt abschreiben, übernehmen:* der Schüler hat [die Lösung von seinem Nachbarn] abgesehen. 3. ⟨itr.⟩ *voraussehen:* das Ende ist nicht abzusehen. 4. ⟨itr.⟩ *(auf etwas) verzichten; (etwas) nicht tun, was man tun wollte:* von einer Strafe a. 5. ⟨tr.⟩ *ausnehmen, außer Betracht lassen:* wenn man von der Entfernung absieht ...; ⟨häufig im 2. Partizip⟩ abgesehen von der Entfernung ist Südafrika ein ideales Ferienland. 6. ⟨itr.⟩ *begierig sein (auf etwas), (etwas) sehr gern haben wollen:* sie hat es nur auf sein Geld abgesehen.

abseitig ⟨Adj.⟩: *unüblich, ausgefallen:* abseitige Interessen; a. *(pervers)* veranlagt sein.

abseits: I. ⟨Präp. mit Gen.⟩ *(ein wenig) entfernt (von etwas):* a. des Weges steht ein Haus. **II.** ⟨Adverb⟩ *fern, außerhalb:* der Hof liegt a. vom Dorf; bildl.: die Jungen stehen a. *(beteiligen sich nicht, sind passiv).*

absenden, sandte/sendete ab, hat abgesandt/abgesendet ⟨tr.⟩

ab-, *losschicken:* einen Brief, einen Boten a.
Absender, der; -s, -: **1.** *der Absendende:* er ist der A. des Briefes. **2.** *Name und Adresse des Absendenden:* A. nicht vergessen!
absetzen, setzte ab, hat abgesetzt: **1.** ⟨tr.⟩ *ab-, herunternehmen* /Ggs. aufsetzen/: den Hut a. **2.** ⟨tr.⟩ *niedersetzen, hinstellen:* das Gepäck a. **3.** ⟨tr.⟩ *(jmdn.) bis an eine bestimmte Stelle fahren und dann aussteigen lassen:* ich setze ihn am Bahnhof ab. **4. a)** ⟨tr.⟩ *von etwas wegnehmen und dadurch eine Tätigkeit beenden:* er trank, ohne das Glas vom Munde abzusetzen. **b)** ⟨itr.⟩ *anhalten, unterbrechen:* sie trank, ohne abzusetzen. **5. a)** ⟨tr.⟩ *ablagern:* der Fluß setzt Sand ab. **b)** ⟨rfl.⟩ *sich ablagern, sich niederschlagen:* Schlamm setzt sich ab. **6.** ⟨tr.⟩ *aus dem Amt entfernen:* den Präsidenten a. **7.** ⟨tr.⟩ *[in größeren Mengen] verkaufen:* Waren schwer a. können. **8.** ⟨tr.⟩ *absagen, streichen:* einen Punkt von der Tagesordnung a. **9.** ⟨tr.⟩ *abziehen:* die Summe von der Steuer a. **10.** ⟨rfl.⟩ (ugs.) *sich entfernen:* er hat sich rechtzeitig ins Ausland abgesetzt.
Absicht, die; -, -en: *Plan, Ziel, das Bestreben, das Wollen:* er hat die A. zu kommen. * (ugs.) **ernste Absichten haben** *(jmdn. heiraten wollen).*
absichtlich [auch: abs|cht|lich] ⟨Adj.; nicht prädikativ⟩: *mit Absicht, vorsätzlich, mit Willen.*
absitzen, saß ab, hat/ist abgesessen: **1.** ⟨itr.⟩ *vom Pferd steigen:* er ist im Hof abgesessen. **2.** ⟨tr.⟩ (ugs.) **a)** *(eine Strafe) im Gefängnis verbüßen:* er hat drei Monate abgesessen. **b)** (abwertend) *nur durch Sitzen, Anwesendsein (eine bestimmte Zeit) hinter sich bringen:* er hat 8 Stunden im Büro abgesessen.
absolut ⟨Adj.⟩: **1.** *allein herrschend, souverän:* ein absoluter Monarch. **2.** (ugs.) *völlig, vollkommen:* absolute Ruhe; das ist a. unmöglich. **3.** ⟨nur adverbial⟩ (ugs.) *unbedingt, um jeden Preis:* er will das a. haben. ** **absolute Mehrheit** *(eine Mehrheit, die mehr als 50% der Stimmen vereinigt)* ; **a. nicht** *(überhaupt nicht):* er wollte es a. nicht tun.
Absolutismus, der; -: *Form der Regierung, in der die ganze Macht in der Hand des Monarchen liegt.*
absolvieren, absolvierte, hat absolviert ⟨tr.⟩: **a)** *bis zum Abschluß durchlaufen, erfolgreich beenden:* die Schule, einen Lehrgang [mit Erfolg] a. **b)** *erledigen:* eine Aufgabe, ein Pensum a. **c)** *bestehen:* er hat das Examen [mit Auszeichnung] absolviert.
absondern, sonderte ab, hat abgesondert: **1. a)** ⟨tr.⟩ *von andern fernhalten; isolieren:* die kranken Tiere von den gesunden a. **b)** ⟨rfl.⟩ *für sich bleiben; den Kontakt mit andern meiden:* er sondert sich von den andern Schülern ab. **2.** ⟨tr.⟩ *ausscheiden:* die Pflanze sondert einen dunklen Saft ab; Schweiß a. *(schwitzen, transpirieren).* **Absonderung,** die; -, -en.
abspenstig: ⟨in der Fügung⟩ **jmdm. jmdn. a. machen:** *jmdn. einem anderen wegnehmen und für sich gewinnen:* jmdm. die Freundin, die Kunden a. machen.
absperren, sperrte ab, hat abgesperrt ⟨tr.⟩: **1.** *durch eine Sperre unzugänglich machen:* die Straße a. **2.** (bes. südd.) *abzuschließen:* das Haus, die Schublade a. **Absperrung,** die; -, -en.
abspielen, spielte ab, hat abgespielt: **1.** ⟨tr.⟩ *vom Anfang bis zum Ende spielen, ablaufen lassen:* eine Schallplatte, ein Tonband a. **2.** ⟨tr.⟩ *(einen Ball) abgeben, jmdm. zuspielen:* er spielte den Ball ab. **3.** ⟨rfl.⟩ *geschehen, sich ereignen:* die geschilderten Vorgänge spielten sich auf dem Lande ab.
Absprache, die; -, -n: *Übereinkommen, Vereinbarung:* eine geheime A. treffen.
absprechen, spricht ab, sprach ab, hat abgesprochen: **1.** ⟨tr.⟩ *vereinbaren:* sie hatten ein Zusammentreffen abgesprochen. **2.** ⟨tr.⟩ *erklären, daß jmd. etwas nicht hat:* jmdm. alles Talent a.
abspringen, sprang ab, ist abgesprungen ⟨itr.⟩: **1. a)** *herunterspringen:* von der Straßenbahn a. **b)** *sich lösen, abgehen:* Lack springt ab. **2.** (ugs.) *sich (von etwas) zurückziehen:* von einem Plan a.
abstammen, stammte ab ⟨itr.⟩: *seinen Ursprung herleiten, haben:* der Mensch soll vom Affen a.

Abstammung, die; -, -en: *Herkommen, Abkunft:* von vornehmer A.
Abstand, der; -[e]s, Abstände: **1.** *Entfernung zwischen zwei Punkten:* **a)** /räumlich/: die Autos hielten weiten A. **b)** /zeitlich/ sie starteten in einem A. von zwei Stunden. * (geh.) **von etwas A. nehmen** *(von etwas absehen, auf etwas verzichten):* er nahm von der Anklage A.; **mit A.** *(bei weitem):* sie ist mit A. die Beste in der Klasse; **A. wahren** *(sich nicht aufdrängen).* **2.** ⟨ohne Plural⟩ *Abfindung:* für die übernommenen Möbel zahlte er einen A. von 1 000 DM.
abstatten, stattete ab, hat abgestattet: ⟨in den Wendungen⟩ **jmdm. seinen Dank a.** *(jmdm. [förmlich] danken);* **jmdm. einen Besuch a.** *(jmdn. besuchen).*
abstauben, staubte ab, hat abgestaubt ⟨tr.⟩: **1.** *vom Staub befreien:* ein Bild a. **2.** (ugs.) *sich heimlich aneignen:* ich habe ein paar Kugelschreiber abgestaubt.
abstechen, sticht ab, stach ab, hat abgestochen ⟨itr.⟩: *einen Kontrast bilden; sich abheben:* die beiden Farben stechen sehr voneinander ab.
Abstecher, der; -s, -: *kleiner Ausflug, Exkurs:* ein A. nach München.
abstehen, stand ab, hat abgestanden ⟨itr.⟩ /vgl. abgestanden/: *nicht anliegen, in die Höhe stehen:* der gestärkte Rock steht etwas a. ⟨im 1. Partizip⟩ abstehende Ohren.
absteigen, stieg ab, ist abgestiegen ⟨itr.⟩: **1.** *(von etwas) heruntersteigen; nach unten steigen* /Ggs. aufsteigen/: vom Fahrrad, Pferd a. **2.** (geh.) *Quartier nehmen, vorübergehend wohnen:* in einem Hotel a. **3.** *in eine niedrigere Klasse eingestuft werden* /Ggs. aufsteigen/: diese Fußballmannschaft wird a.
abstellen, stellte ab, hat abgestellt ⟨tr.⟩: **1. a)** *[vorübergehend] hinstellen:* eine Tasche a. **b)** *parken:* sein Auto a. **c)** *unterstellen, lagern:* Kisten im Keller a. **2.** *ausschalten* /Ggs. anstellen/: den Motor, das Radio, die Heizung a. **3.** *unterbinden, beseitigen, entfernen:* einen Mißbrauch a.; das Übel a. **4.** *einstellen; ausrichten (nach jmdm./etwas):* sie haben alles nur auf den äußeren Eindruck abgestellt.

absterben

absterben, stirbt ab, starb ab, ist abgestorben ⟨itr.⟩: 1. *aufhören zu leben* /von Teilen des menschlichen und tierischen Organismus und von Pflanzen[teilen]/: Gewebe, Haut, ein Organ stirbt ab; ⟨häufig im 2. Partizip⟩ abgestorbene *(verdorrte)* Bäume, Äste. 2. *durch Einwirkung von Kälte o. ä. gefühllos werden:* meine Füße sind [vor Kälte] abgestorben; abgestorbene Finger.

Abstieg, der; -s, -e: a) *das Abwärtssteigen* /Ggs. Aufstieg/: den A. vom Berg beginnen. b) *abwärts führender Weg* /Ggs. Aufstieg/: ein steiler A.

abstimmen, stimmte ab, hat abgestimmt: 1. ⟨itr.⟩ *durch Abgeben der Stimmen eine Entscheidung herbeiführen:* die Abgeordneten stimmten über das neue Gesetz ab; jetzt stimmen wir ab, ob wir schwimmen gehen oder zu Hause bleiben. 2. ⟨tr.⟩ *in Einklang bringen:* verschiedene Interessen aufeinander a. **Abstimmung,** die; -, -en.

abstinent ⟨Adj.⟩ (geh.): *enthaltsam:* er führt ein abstinentes Leben; er lebt a.

Abstinenzler, der; -s, -: *jmd., der sehr enthaltsam lebt.*

abstoßen, stößt ab, stieß ab, hat abgestoßen ⟨tr.⟩ /vgl. abstoßend/: 1. *mit einem kräftigen Stoß wegbewegen:* er hat das Boot vom Ufer abgestoßen. 2. *billig und schnell verkaufen:* sie haben alle Waren abgestoßen. * (ugs.) (Dativ) **die Hörner a.** *(durch Erfahrung lernen).* 3. *(jmdm.) unsympathisch, widerwärtig sein:* dieser Mensch hat mich abgestoßen.

abstoßend ⟨Adj.⟩: *widertig, abscheuerregend:* ein abstoßendes Benehmen; a. wirken.

abstottern, stotterte ab, hat abgestottert ⟨tr.⟩ (ugs.): *in kleineren Beträgen abzahlen:* seine Möbel a.; er hat von seinen Schulden tausend Mark abgestottert *(zurückgezahlt).*

abstrakt ⟨Adj.⟩: *nicht greifbar; nur gedacht* /Ggs. konkret/: abstraktes Denken; abstrakte *(gegenstandslose)* Malerei.

abstreiten, stritt ab, hat abgestritten ⟨tr.⟩: *zurückweisen, leugnen:* eine Tat, seine Schuld a.

abstumpfen, stumpfte ab, hat/ist abgestumpft: 1. ⟨tr.⟩ *stumpf machen:* er hat die Kanten abgestumpft. 2. a) ⟨tr./itr.⟩ *gefühllos, teilnahmslos machen:* die Not hat ihn abgestumpft; diese Arbeit stumpft ab. b) ⟨itr.⟩ *gefühllos, teilnahmslos werden:* er ist durch Gewöhnung abgestumpft.

Absturz, der; -es, Abstürze: *Sturz, Fall aus großer Höhe:* beim A. des Flugzeugs kamen 20 Menschen ums Leben.

abstürzen, stürzte ab, ist abgestürzt ⟨itr.⟩: *aus großer Höhe herunterstürzen:* das Flugzeug stürzte ab.

absuchen, suchte ab, hat abgesucht ⟨tr.⟩: 1. a) *den Blick suchend über etwas gleiten lassen:* er suchte den Himmel nach feindlichen Flugzeugen ab. b) *durchsuchen:* das Haus a.

absurd ⟨Adj.⟩: *unsinnig, sinnlos:* ein absurder Gedanke.

Abszeß, der; Abszesses, Abszesse: *[Eiter]geschwür.*

abtauen, taute ab, hat/ist abgetaut: a) ⟨tr.⟩ *von Eis befreien:* sie hat den Kühlschrank abgetaut. b) ⟨itr.⟩ *von Eis frei werden:* die Fenster sind abgetaut.

Abteil, das; -s, -e: *abgeteilter Raum in einem Wagen der Eisenbahn* (siehe Bild): ein A. für Raucher.

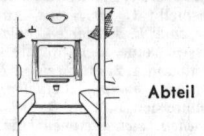

Abteil

abtragen, trägt ab, trug ab, hat abgetragen ⟨tr.⟩: 1. *vom Eßtisch wegtragen; abdecken:* die Speisen, Teller a. 2. (geh.) *nach und nach abzahlen:* eine Schuld a. 3. *(ein Kleidungsstück) so lange tragen, bis es nicht mehr brauchbar ist:* sie muß die Kleider ihrer älteren Schwester a.; abgetragene Schuhe.

abträglich ⟨in der Fügung⟩ etwas ist jmdm./einer Sache a.; *etwas ist für jmdn./etwas nachteilig, schädlich:* diese Blamage war seinem Ansehen a.

abtransportieren, transportierte ab, hat abtransportiert ⟨tr.⟩: *mit einem Fahrzeug wegbringen:* einen Kranken [im Auto] a.; Möbel a.

abtreiben, trieb ab, hat/ist abgetrieben: 1. a) ⟨tr.⟩ *in eine andere, nicht gewünschte Richtung bringen; von der Bahn abbringen:* die Strömung hat das Schiff abgetrieben. b) ⟨itr.⟩ *in eine andere, nicht gewünschte Richtung geraten; von der Bahn abkommen:* der Ballon ist langsam abgetrieben. 2. ⟨tr.⟩ *eine Fehlgeburt herbeiführen:* sie hat ihr Kind abgetrieben. **Abtreibung,** die; -, -en: *das Herbeiführen einer Fehlgeburt.*

abtrennen, trennte ab, hat abgetrennt ⟨tr.⟩: 1. *lostrennen, loslösen:* einen Knopf, Zettel a. 2. *abteilen, von etwas trennen:* einen Teil des Raumes durch eine Wand a.

abtreten, tritt ab, trat ab, hat/ist abgetreten: 1. ⟨itr.⟩ *(einen Ort) verlassen:* der Schauspieler ist [von der Bühne] abgetreten; bildl.: der Minister ist abgetreten *(ist zurückgetreten, hat sich zurückgezogen).* 2. ⟨tr.⟩ *durch festes Auftreten (mit dem Fuß) beseitigen:* er hat den Schnee von den Schuhen abgetreten. * **sich** (Dativ) **die Füße a.** *(den Sand, Schmutz o. ä. an den Schuhen vor dem Betreten einer Wohnung beseitigen).* 3. ⟨tr.⟩ *(auf jmdn.) übertragen:* er hat seine Rechte an uns abgetreten.

abtrocknen, trocknete ab, hat/ist abgetrocknet: 1. ⟨tr.⟩ *trocken machen:* die Mutter hat dem Kind das Gesicht abgetrocknet; ⟨tr./itr.⟩ er hat [das Geschirr] abgetrocknet. 2. ⟨itr.⟩ *trocken werden:* die Fahrbahn ist abgetrocknet.

abtrünnig ⟨Adj.⟩ (geh.): *untreu:* ein abtrünniger Verbündeter; jmdm. a. werden *(sich von jmdm. abwenden).*

abtun, tat ab, hat abgetan ⟨tr.⟩ /vgl. abgetan/: *als unwichtig ansehen und beiseite schieben:* einen Einwand mit einer Handbewegung a.

abwägen, wägte/wog ab, hat abgewägt/abgewogen ⟨tr.⟩: *genau, prüfend bedenken:* etwas kritisch a.

abwälzen, wälzte ab, hat abgewälzt ⟨tr.⟩: *(etwas Lästiges, Unangenehmes) von sich schieben und einem andern damit belasten:* seine Pflichten, die Verantwortung für etwas auf einen andern a.

abwandern, wanderte ab, ist abgewandert ⟨itr.⟩: *von einem Ort oder Bereich in einen an-*

dern ziehen: vom Land in die Stadt a.; in besser bezahlte Berufe a. **Abwanderung,** die; -, -en.

abwarten, wartete ab, hat abgewartet: a) ⟨tr./itr.⟩ *(auf das Eintreffen, Eintreten von jmdm./ etwas) warten:* er hat das Ende des Spiels nicht mehr abgewartet und ist gegangen; ⟨häufig im 1. Partizip⟩ eine abwartende Haltung. b) ⟨tr.⟩ *auf das Ende (von etwas) warten:* den Regen a.

abwärts ⟨Adverb⟩: *nach unten /Ggs. aufwärts/:* [den Weg] a. gehen.

abwaschen, wäscht ab, wusch ab, hat abgewaschen ⟨tr.⟩: a) *mit Wasser säubern:* wasch dir das Gesicht ordentlich ab!; ⟨tr./itr.⟩ wir müssen noch [das Geschirr] a. *(Geschirr spülen).* b) *mit Wasser [und Seife] beseitigen:* Schmutz [vom Auto] a.

Abwasser, das; -s, **Abwässer**: *durch Gebrauch verschmutztes abfließendes Wasser:* die Abwässer der Stadt fließen in den See.

abwechseln, wechselte ab, hat abgewechselt: ⟨itr./rzp.⟩ *ablösen, miteinander wechseln:* sie wechselten [sich] bei der Arbeit ab.

Abwechslung, die; -, -en: *Zerstreuung, angenehme Unterbrechung:* am Wochenende brauche ich etwas A.

abwechslungsreich ⟨Adj.⟩: *reich an Abwechslung, nicht eintönig:* die Landschaft ist sehr a.

abwegig ⟨Adj.⟩: *nicht der allgemeinen Erwartung entsprechend; völlig unmöglich:* ein abwegiger Gedanke; ich finde diesen Plan a.

abwehren, wehrte ab, hat abgewehrt: 1. ⟨tr.⟩ a) *zurückweisen, sich wehren (gegen etwas):* einen Verdacht, Vorwurf a. b) *abwenden:* eine Gefahr, einen Angriff, das Schlimmste a. c) *fernhalten:* die Fliegen, Neugierige a. 2. ⟨itr.⟩ *etwas von sich weisen, ablehnen:* erschrocken wehrte er ab, als man ihm diese Aufgabe übertragen wollte; ⟨im 1. Partizip⟩ mit einer abwehrenden Bewegung.

abweichen, wich ab, ist abgewichen ⟨itr.⟩: a) *sich entfernen:* vom Weg a. b) *von etwas abgehen:* von einer Gewohnheit a. c) *verschieden sein, sich unterscheiden:* unsere Ansichten weichen voneinander ab. **Abweichung,** die; -, -en.

abweisen, wies ab, hat abgewiesen ⟨tr.⟩: *zurückweisen, von sich weisen; ablehnen:* einen Bettler, einen Antrag a.; Hilfe, Geschenke a.

abwenden, wandte/wendete ab, hat abgewandt/abgewendet: 1. a) ⟨itr.⟩ *nach der Seite wenden, wegwenden:* den Blick von jmdm. a.; ⟨auch rfl.⟩ bei diesem Anblick wandte sie sich schnell ab. b) ⟨rfl.⟩ *sich zurückziehen:* er hat sich von uns abgewandt. 2. ⟨tr.; Prät.: wendete ab; 2. Partizip: abgewendet⟩ *verhindern; (von jmdm.) fernhalten:* ein Unglück a.; er wendete die Gefahr von uns ab.

abwerfen, wirft ab, warf ab, hat abgeworfen: 1. ⟨tr.⟩ *herab-, herunterwerfen; herabfallen lassen:* die Flugzeuge warfen Bomben [auf die Stadt] ab. 2. ⟨tr.⟩ (ugs.) *Gewinn bringen:* das Geschäft wirft viel ab.

abwerten, wertete ab, hat abgewertet ⟨tr.⟩: a) *in seinem Wert herabsetzen:* den Dollar, die Währung eines Landes a.; eine abwertende *(abschätzige)* Bemerkung. **Abwertung,** die; -, -en.

abwesend ⟨Adj.⟩: *nicht da; nicht anwesend:* er ist schon länger a.; er war ganz a. *(in Gedanken verloren, hörte nicht zu).*

Abwesenheit, die; -: *das Abwesendsein* /Ggs. Anwesenheit/: in seiner A. wurde das besprochen.

abwickeln, wickelte ab, hat abgewickelt ⟨tr.⟩: 1. *von einer Rolle wickeln:* er hat den Draht [von der Rolle] abgewickelt. 2. *ausführen, erledigen:* Aufträge, Geschäfte [rasch, ordnungsmäß] a. **Abwicklung,** die; -.

abwiegen, wog ab, hat abgewogen ⟨tr.⟩: *so viel von einer größeren Menge wiegen, bis man die gewünschte Menge hat:* das Mehl für den Kuchen a.; wiegen Sie mir bitte fünf Pfund Kartoffeln ab!

abwimmeln, wimmelte ab, hat abgewimmelt ⟨tr.⟩ (ugs.): *(etwas Lästiges, jmd., der einem lästig ist) mit Beredsamkeit, durch Vorwände, Ausreden o. ä. abweisen:* die Arbeit, einen Auftrag a.; einen Vertreter a.

abwürgen, würgte ab, hat abgewürgt ⟨tr.⟩ (ugs.): *im Entstehen unterdrücken:* die Kritik a.; den Motor a. *(durch ungeschicktes, falsches Bedienen zum Stillstand bringen).*

abzahlen, zahlte ab, hat abgezahlt ⟨tr.⟩: *nach und nach bezahlen:* ein Darlehen a.; das Auto a.

abzählen, zählte ab, hat abgezählt ⟨tr.⟩: *durch Zählen die Anzahl (von etwas) bestimmen:* er zählte ab, wieviel Personen gekommen waren; das Fahrgeld abgezählt *(passend)* in der Hand halten.

Abzeichen, das; -s, -: *Plakette oder Nadel zum Anstecken als Kennzeichen für die Zugehörigkeit zu einer Partei oder einem Verein, für eine Leistung o. ä.:* ein A. tragen.

abzeichnen, zeichnete ab, hat abgezeichnet: 1. ⟨tr.⟩ *kopieren, zeichnend nachbilden:* ein Bild a. 2. ⟨tr.⟩ *mit dem [abgekürzten] Namen versehen; als gesehen kennzeichnen:* ein Protokoll a. 3. ⟨rfl.⟩ *sich abheben; [in den Umrissen] erkennbar sein:* in der Ferne zeichnet sich der Gipfel des Berges ab.

abziehen, zog ab, hat/ist abgezogen: 1. ⟨tr.⟩ a) *weg-, herunterziehen so entfernen:* sie hat den Ring vom Finger abgezogen; die Bettwäsche a. b) *von etwas befreien:* einen Hasen a. *(sein Fell entfernen);* sie hat die Betten abgezogen *(die Bezüge von den Betten entfernt).* 2. a) ⟨itr.⟩ *sich wieder entfernen:* die Truppen sind abgezogen; das Gewitter ist abgezogen. b) ⟨tr.⟩ *zurückziehen:* sie haben die Truppen aus der Stadt abgezogen. 3. ⟨tr.⟩ *herausziehen:* er hat den Schlüssel abgezogen. 4. ⟨tr.⟩ *(einen Teil von einer Summe oder einem Betrag) wegnehmen:* ziehen Sie [davon] bitte fünf Mark ab!; die Firma hat den Betrag [von der Rechnung] abgezogen.

Abzug, der; -s, Abzüge: 1. ⟨ohne Plural⟩ *Rückzug, Abgang:* der A. der Truppen, der Besatzung aus dem besetzten Land. 2. *Öffnung, durch die etwas wegziehen, entweichen kann:* ein A. über dem Herd. 3. *das Abziehen, Abrechnen:* der A. von Steuern. 4. ⟨Plural⟩ *Steuern, Abgaben:* monatliche, einmalige Abzüge. 5. *Hebel zum Auslösen eines Schusses:* den Finger am A. halten. 6. *Bild von einem entwickelten Film:* weitere Abzüge von einer Aufnahme machen lassen.

abzweigen, zweigte ab, hat/ist abgezweigt: 1. ⟨itr.⟩ *eine andere Richtung nehmen:* der Weg ist hier früher nach rechts abgezweigt. 2. ⟨tr.⟩ *zu einem bestimmten Zweck wegnehmen:* er hat von seinem Gehalt viel für das neue Auto a. können.

Abzweigung, die; -, -en: *Stelle, an der von einer Straße eine andere wegführt:* an der nächsten A. müssen wir abbiegen.

Achse, die; -, -n: 1. *Teil einer Maschine, eines Wagens o. ä., an dessen Enden Räder sitzen:* der Wagen hat zwei Achsen; die A. ist gebrochen. * **(ugs.) auf A. sein** *(unterwegs sein)*. 2. *[gedachte] Linie in der Mitte von etwas:* die Erde dreht sich um ihre A.

Achsel, die; -, -n: *Schulter[gelenk]* (siehe Bild): er zuckte mit den Achseln (um zu zeigen, daß er ratlos war oder daß er es nicht wußte).

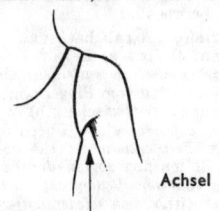

Achsel

acht: I. ⟨Kardinalzahl⟩ *8:* a. Personen. II. ⟨in bestimmten Fügungen⟩ **außer a. lassen** *(etwas nicht beachten);* **etwas in a. nehmen** *(etwas sorgsam, vorsichtig behandeln);* **sich in a. nehmen** *(vorsichtig sein).*

achten, achtete, hat geachtet: 1. ⟨tr.⟩ *schätzen, respektieren:* man achtet ihn sehr wegen seiner Zuverlässigkeit; das Gesetz a. *(befolgen).* 2. ⟨itr.⟩ a) *(einer Sache) Beachtung, Aufmerksamkeit schenken:* er achtete nicht auf ihre Worte. b) *aufpassen:* auf das Kind a.

achtgeben, gibt acht, gab acht, hat achtgegeben ⟨itr.⟩: *aufpassen, achten:* auf die Kinder, auf die Koffer gut a.

achtlos ⟨Adj.; nur adverbial⟩: *unachtsam, gleichgültig:* sie ließ die Blumen a. liegen. **Achtlosigkeit,** die; -.

Achtung, die; -: 1. *Respekt, hohe Meinung, die man von jmdm./etwas hat:* mit A. von jmdm. sprechen. * **vor jmdm./ etwas A. haben** *(jmdn./etwas achten);* (ugs.) **alle A.!** *(das verdient Anerkennung).* 2. */Warn-, Aufforderungsruf, warnende Aufschrift/:* A. *(Vorsicht),* Stufen!

ächzen, ächzte, hat geächzt ⟨itr.⟩: *vor Anstrengung o. ä. stöhnen:* er ächzte, als er die Treppe hinaufging; die Dielen ächzten *(knarrten)* unter seinem schweren Tritt.

Acker, der; -s, Äcker: *für den Anbau genutztes Stück Land, Feld:* steinige Äcker; /als Maßangabe/ zehn A. Land.

Ackerland, das; -[e]s: *für den Anbau geeignetes Land.*

Adamsapfel, der; -s, Adamsäpfel: *[stark] hervortretender Knorpel am Hals /bes. bei Männern/.*

adäquat ⟨Adj.⟩: *angemessen, entsprechend:* die adäquate Darstellung eines Themas.

addieren, addierte, hat addiert ⟨tr.⟩: *zusammenzählen, hinzufügen:* Zahlen a.

Addition, die; -, -en: *das Addieren, Zusammenzählen.*

Adel, der; -s: 1. *früher auf Grund der Geburt oder durch Verleihung mit besonderen Rechten ausgestatteter Stand der Gesellschaft:* bei dieser Hochzeit war der ganze A. des Landes anwesend. 2. *vornehme, edle Gesinnung:* sein Handeln zeugt von innerem A.

Ader, die; -, -n: *Blutgefäß:* die Adern schwellen an. * (ugs,) **eine künstlerische, dichterische A. haben** *(künstlerisch, dichterisch veranlagt sein).*

Adler, der; -s, -: /ein Vogel/ (siehe Bild).

Adler

adlig ⟨Adj.⟩: 1. *dem Adel angehörend:* ein adliges Fräulein er ist a. 2. *edel, vornehm:* ein Mensch von adliger Gesinnung.

adoptieren, adoptierte, hat adoptiert ⟨tr.⟩: *als eigenes Kind zu sich nehmen, annehmen:* sie haben das kleine Mädchen vor zwei Jahren adoptiert.

Adressat, der; -en, -en: *Empfänger [einer Postsendung].*

Adresse, die; -, -n: *Anschrift:* sich jmds. A. aufschreiben. * (ugs.) **die richtige A.** *(die zuständige Stelle):* sich an die richtige A. wenden; bist du nicht an der richtigen A.; (ugs.) **bei jmdm. an die falsche A. kommen** *(von jmdm. scharf abgewiesen werden):* bei ihm bist du an die falsche A. gekommen.

adressieren, adressierte, hat adressiert ⟨tr.⟩: *mit der Adresse versehen:* Pakete a.; der Brief ist an dich adressiert *(gerichtet).*

adrett ⟨Adj.⟩: *sauber; ordentlich und nett anzusehen:* sie ist immer a. gekleidet.

Advent, der; -[e]s: a) *die vier Sonntage einschließende Zeit vor Weihnachten.* b) *einer der vier Sonntage in der Zeit vor Weihnachten:* erster, zweiter A.

Affäre, die; -, -n: *[unangenehme] Angelegenheit:* sie konnte die peinliche A. nicht so schnell vergessen. * **sich aus der A. ziehen** *(sich von etwas Unangenehmem, Lästigem geschickt zurückziehen).*

Affe

Affe, der; -n, -n: /ein Tier/ (siehe Bild); /als Schimpfwort/ (derb): du blöder A.! * (ugs.) **einen Affen an jmdm. gefressen haben** *(jmdn. besonders gern mögen).*

Affekt, der; -[e]s, -e: *heftige Erregung:* im A. handeln.

affektiert ⟨Adj.⟩: *gekünstelt, eitel:* eine affektierte Person; sich a. benehmen.

Affenhitze, die; - (ugs.): *sehr große Hitze.*

Affenliebe, die; - (ugs.): *übertriebene Liebe zu seinen Kindern.*

Affenschande: ⟨in der Wendung⟩ **das/es ist eine A.** (ugs.): *das/es ist eine unerhörte, unglaubliche, ärgerliche Tatsache;* es ist unerhört: es ist eine A., wie man die alten Leute hier behandelt.

affig ⟨Adj.⟩ (ugs.): *eitel, eingebildet:* ein affiges Mädchen.

After, der; -s, -: *Ende, Ausgang des Darms.*

Agent, der; -en, -en: *Spion, der im Auftrag eines Staates geheime Aufträge ausführt:* er arbeitete als A. für eine feindliche Macht.

Aggression, die; -, -en: *Angriff, Überfall auf einen fremden Staat:* jede A. ablehnen, verurteilen.

aggressiv ⟨Adj.⟩: *immer geneigt, andere anzugreifen; streitsüchtig:* er ist ein aggressiver Mensch.

agil ⟨Adj.⟩: *beweglich, wendig, geschäftig:* ein sehr agiler Geschäftsmann.

agitieren, agitierte, hat agitiert ⟨itr.⟩: *politische Werbung, Propaganda betreiben:* für eine Partei, eine Idee a.

Ahle, die; -, -n: *Werkzeug, mit dem man Löcher in Leder stechen kann* (siehe Bild).

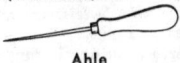

Ahle

ahnden, ahndete, hat geahndet ⟨tr.⟩ (geh.): *(begangenes Unrecht) bestrafen:* ein Vergehen [streng] a. **Ahndung,** die; -, -en.

ähneln, ähnelte, hat geähnelt ⟨itr.; rep.⟩: *gleichen; ähnlich aussehen (wie jmd.):* er ähnelt seinem Bruder; die beiden Kinder ähneln sich, einander sehr.

ahnen, ahnte, hat geahnt ⟨tr.⟩: *ein undeutliches Wissen (von etwas Kommendem) haben; vermuten:* das Unglück a.; ich konnte ja nicht a. *(wissen),* daß es so schnell gehen würde.

Ahnen, die ⟨Plural⟩: *Vorfahren:* meine A. lebten in der Schweiz.

ähnlich ⟨Adj.⟩: *zum Teil übereinstimmend, annähernd gleich:* ähnliche Bilder; er sieht seinem Bruder ähnlich *(gleicht ihm sehr).* * (ugs.) **das sieht dir/ihm ähnlich** *(das ist typisch für dich/ihn).* **Ähnlichkeit,** die; -, -en.

Ahnung, die; -, -en: *undeutliches Wissen, Gefühl von etwas Kommendem; Vermutung:* seine A. hat sich nicht bestätigt. * (ugs.) **keine A. haben** *(nicht wissen):* ich habe keine A., wo er ist.

ahnungslos ⟨Adj.⟩: *nichts ahnend:* er ist völlig a.

Ahorn, der; -s, -e: /ein Laubbaum/ (siehe Bild).

Ahorn

Ähre, die; -, -n: *Teil des Halmes, an dem die Blüten, Samen sitzen* (siehe Bild).

Ähre

akademisch ⟨Adj.⟩: 1. ⟨nur attributiv⟩ *auf der Universität erworben; wissenschaftlich:* akademische Bildung; akademischer Grad; die akademische Jugend *(die Studenten).* 2. *langweilig, trocken, theoretisch:* der Vortrag war sehr a.

akklimatisieren, sich; akklimatisierte sich, hat sich akklimatisiert: *sich (an eine neue Umwelt) gewöhnen, anpassen:* er hatte sich nach einigen Tagen [in der fremden Umgebung] bereits akklimatisiert.

Akkord, der; -[e]s, -e: *Zusammenklang verschiedener übereinanderliegender Töne:* einen A. auf dem Klavier anschlagen. ** **im A. arbeiten** *(nach der jeweiligen, möglichst schnell geleisteten Arbeit bezahlt werden).*

Akkordeon, das; -s, -s: /Musikinstrument/ (siehe Bild): auf dem A. spielen.

Akkordeon

akkurat ⟨Adj.⟩: *sehr sorgfältig, genau:* sie näht sehr a.

Akrobat, der; -en, -en: *jmd., der außergewöhnliche turnerische Kunststücke vollbringt.*

Akt, der; -[e]s, -e: 1. *Handlung, Tat:* sein Selbstmord war ein A. der Verzweiflung. 2. *größerer Abschnitt eines Schauspiels, einer Oper o. ä.; Aufzug:* Pause nach dem zweiten A. 3. *künstlerische Darstellung eines nackten menschlichen Körpers:* der Maler arbeitete an einem weiblichen A.

Akten, die ⟨Plural⟩: *[in Ordnern] gesammelte Schriftstücke:* ein Bündel A. * (ugs.) **etwas zu den A. legen** *(etwas als erledigt betrachten).*

Aktentasche, die; -, -n: *eine Tasche mit Griff zum Tragen* (siehe Bild).

Aktion, die; -, -en: *Unternehmung, Maßnahme; Handlung:* eine gemeinsame A. zur Unterstützung der Armen. * **in A.** *(in Tätigkeit):* die Polizei trat in A.; etwas ist in A.

aktiv [in Opposition zu *passiv* auch: aktiv] ⟨Adj.⟩: *tätig, rührig, zielstrebig* /Ggs. passiv/: er ist sehr a. * **aktive Bestechung** *(Angebot von Geschenken oder Vorteilen an Personen im öffentlichen Dienst, um sie in Entscheidungen zu beeinflussen);* **aktives Wahlrecht** *(Recht zu wählen).*

Aktentasche

aktivieren, aktivierte, hat aktiviert ⟨tr.⟩: *zu einer [verstärkten] Tätigkeit anregen; beleben:* die Jugend politisch a.; die gefährliche Lage aktivierte die Kräfte der Partei.

aktuell ⟨Adj.⟩: *im augenblicklichen Interesse liegend, zeitgemäß:* ein aktuelles Thema.

akustisch ⟨Adj.; nicht prädikativ⟩: *den Ton, Klang betreffend:* die akustischen Verhältnisse dieses Saales sind gut.

akut ⟨Adj.; nicht adverbial:⟩ *unvermittelt [mit Heftigkeit] auftretend; vordringlich:* eine akute Gefahr bekämpfen; eine akute *(plötzlich auftretende und heftig verlaufende)* Erkrankung; akute Fragen.

Akzent, der; -[e]s, -e: 1. *Zeichen über einem Buchstaben, das Aussprache oder Betonung an-*

akzeptabel

gibt. 2. *Betonung, Nachdruck:* in diesem Wort liegt der A. am Ende; er spricht mit fremdem A. *(Tonfall).* * **den A. auf etwas legen** *(etwas besonders betonen).*

akzeptabel ⟨Adj.⟩: *annehmbar, brauchbar:* akzeptable Vorschläge.

akzeptieren, akzeptierte, hat akzeptiert ⟨tr.⟩: *annehmen, billigen:* einen Vorschlag, ein Angebot a.

Alarm, der; -[e]s, -e: *Warnungszeichen, Aufruf zu sofortiger Bereitschaft bei Gefahr:* der A. kam zu spät. * **blinder A.** *(grundlose Aufregung, Beunruhigung);* A. schlagen *(auf Gefahr aufmerksam machen).*

alarmieren, alarmierte, hat alarmiert ⟨tr.⟩: 1. *zum Einsatz, zu Hilfe rufen:* die Polizei, die Feuerwehr a. 2. *beunruhigen, warnen:* die Nachricht hatte uns alarmiert; alarmierende Nachrichten.

albern: I. ⟨Adj.⟩ *(abwertend): einfältig, töricht, kindisch:* ein albernes Benehmen; du bist heute so a. **II.** albern, alberte, hat gealbert ⟨itr.⟩: *sich albern benehmen:* sie alberten schon drei Stunden.

Album, das; -s, Alben: *Buch mit leeren Blättern zum Sammeln von Briefmarken, Photographien o. ä.:* Bilder in ein A. einkleben.

Alkohol, der; -s: 1. *flüssiger, farbloser Stoff, der in bestimmter Konzentration wesentlicher Bestandteil der alkoholischen Getränke ist:* der Schnaps enthält 45 Prozent A. 2. *Getränk, das Weingeist enthält:* er trinkt keinen A.

alkoholisch ⟨Adj.⟩: *Alkohol enthaltend:* alkoholische Getränke.

all ⟨Indefinitpronomen und unbestimmtes Zahlwort⟩: **I. 1.** *aller, alle, alles* /unflektiert/ all ⟨Singular⟩ *ganz, gesamt:* aller erwiesene Respekt; trotz alles/allen guten Willens; alles, was; all[e] seine Habe; * **vor allem** *(hauptsächlich, besonders);* alles in allem *(im ganzen gesehen);* (scherzh. oder abwertend): Mädchen für alles *(Hilfskraft für alle Arbeiten).* 2. alle /unflektiert/ all ⟨Plural⟩ *sämtliche; jeder [von diesen]:* alle schönen Mädchen; all[e] seine Hoffnungen; alle beide. * **vor allen Dingen** *(besonders);* **aus aller Herren Ländern** *(von überall her);* (ugs.) **über alle Berge sein** *(weit weg, nicht mehr zu erreichen sein).* 3. (ugs.) **alles** ⟨Neutrum Singular⟩ *alle [Anwesenden]:* alles aussteigen! **II.** ⟨alle + Zeit- oder Maßangabe⟩ /bezeichnet eine bestimmte regelmäßige Wiederholung/: alle fünf Minuten *(jede fünfte Minute)* fährt ein Bus; alle vier Schritte steht ein Pfahl.

alle: ⟨in der Verbindung⟩ **a. sein** (ugs.): *zu Ende, verbraucht sein:* das Geld ist a.

Allee, die; -, -n: *breite Straße, breiter Weg mit Bäumen zu beiden Seiten* (siehe Bild).

Allee

Allegorie, die; -, -n: *bildliche Darstellung eines Begriffs:* die Gestalt auf diesem Bild ist eine A. der Gerechtigkeit.

allein: I. ⟨Adj.; nicht attributiv⟩ **a)** *ohne die Anwesenheit eines anderen, ohne Gesellschaft:* a. reisen. **b)** *einsam, verlassen:* in der Großstadt kann man sich sehr a. fühlen. **c)** *ohne Hilfe:* er will [ganz] a. damit fertig werden. **II.** ⟨Adverb⟩ *nur, ausschließlich; anderes nicht mitgerechnet:* a. er ist schuld; schon a. der Turm des Schlosses ist sehenswert. **III.** ⟨Konj.⟩ (geh.) *aber, jedoch, indes:* er rief um Hilfe, a. es war zu spät.

alleinig ⟨Adj.; nur attributiv⟩: *ausschließlich, einzig:* der alleinige Vertreter, Erbe.

allemal ⟨Adverb⟩ (ugs.): *auf jeden Fall:* das Geld reicht a. ** **ein für a.** *(für immer):* ich verbiete es dir ein für a.

allenfalls ⟨Adverb⟩: **a)** *höchstens, im besten Fall; gerade noch:* das reicht a. für zwei Personen. **b)** *möglicherweise, vielleicht, gegebenenfalls:* wir müssen warten, was a. noch zu tun ist.

allenthalben ⟨Adverb⟩ (veraltend): *überall:* man sprach a. von dieser Sache.

allerbeste ⟨Adj.⟩ (verstärkend): *beste (von allen):* die a. Sorte.

allerdings ⟨Adverb⟩: 1. *freilich, jedoch:* diese Frage konnte er a. nicht beantworten. 2. *aber gewiß, natürlich:* hast du das gewußt? A. habe ich das gewußt!

allererste: I. ⟨Zahlwort⟩ (verstärkend) *erste (von allen):* beim allerersten Mal. **II.** ⟨Adj.; nur attributiv⟩ (ugs.) *hervorragend:* Stoffe von allererster Qualität.

allergisch ⟨Adj.⟩: *besonders empfindlich gegenüber bestimmten Stoffen:* allergische Haut; er reagiert a. auf Erdbeeren; bildl.: *gegen Übertreibungen* ist er a.

allerhand ⟨unbestimmtes Zahlwort⟩: *allerlei, vielerlei; ziemlich viel:* a. Bücher lagen auf dem Tisch. * (ugs.) **das ist a.!** (das ist unerhört!).

allerhöchst ⟨Adj.⟩ (verstärkend): *höchste (von allen):* der allerhöchste Turm der Stadt. * **es ist allerhöchste Zeit** *(es kann nicht mehr aufgeschoben werden).*

allerlei ⟨unbestimmtes Zahlwort⟩: *mancherlei, vielerlei:* a. Gutes; a. Dinge.

Allerlei: ⟨in der Fügung⟩ ein buntes A.: *alles mögliche durcheinander.*

allerletzte ⟨Zahlwort⟩ (verstärkend): *letzte:* beim allerletzten Mal.

allerliebst ⟨Adj.⟩: 1. (verstärkend) *liebste (von allen):* es ist sein allerliebstes Spielzeug. 2. *reizend, entzückend, niedlich:* das Kind ist a.

allermeist ⟨Indefinitpronomen und unbestimmtes Zahlwort⟩ (verstärkend): *meist:* er hat die allermeisten Briefmarken.

allgemein: I. ⟨Adj.⟩ 1. ⟨nur attributiv⟩ *überall verbreitet:* die allgemeine Meinung. 2. ⟨nur attributiv⟩ **a)** *alle angehend; für alle geltend:* das allgemeine Wohl; die allgemeine Wehrpflicht. **b)** *gemeinsam:* der allgemeine Aufbruch. 3. **a)** *nicht speziell; nicht auf Einzelheiten eingehend:* etwas ganz a. schildern. **b)** *[alles] umfassend:* eine allgemeine Bildung. **c)** *unbestimmt, unklar:* allgemeine Redensarten. **II.** ⟨Adverb⟩ *überall, allseits:* a. beliebt sein. ** **im allgemeinen** *(meistens, für gewöhnlich).*

Allgemeinheit, die; -, -en: 1. ⟨ohne Plural⟩ *Gesamtheit; alle:* damit diente er der A. am besten. 2. ⟨ohne Plural⟩ *Unbe-*

stimmtheit: Erklärungen von [zu] großer A. 3. ⟨Plural⟩ *allgemeine, oberflächliche Redensarten, Bemerkungen:* seine Rede erschöpfte sich in Allgemeinheiten.

Allianz, die; -, -en: *Bündnis zwischen zwei oder mehreren Staaten.*

Alliierte, der; -n, -n ⟨aber: [ein] Alliierter, Plural: Alliierte⟩: *verbündeter Staat:* die Alliierten des ersten Weltkriegs.

alljährlich ⟨Adj.; nicht prädikativ⟩: *jedes Jahr [wiederkehrend]:* die alljährlichen Festspiele.

allmächtig ⟨Adj.⟩: *grenzenlos mächtig:* der allmächtige Gott.

allmählich ⟨Adj.; nicht prädikativ⟩: *langsam, nach und nach; kaum merklich:* der allmähliche Übergang; sich a. beruhigen.

allseits ⟨Adverb⟩: *allgemein, überall:* er war a. beliebt; es herrschte a. Zufriedenheit.

Alltag, der; -s, -e: 1. *Werktag:* sie trug das Kleid nur am A. 2. ⟨ohne Plural⟩ *gleichförmiges tägliches Einerlei:* der graue A.; nach den Ferien in den A. zurückkehren.

alltäglich ⟨Adj.⟩: 1. [alltäglich] *üblich; durchschnittlich:* alltägliche Ereignisse; ein alltäglicher Mensch. 2. ⟨nicht prädikativ⟩ [alltäglich] *jeden Tag [wiederkehrend]:* sein alltäglicher Spaziergang.

alltags ⟨Adverb⟩: *werktags, wochentags:* a. wie sonntags *(täglich).*

allwissend ⟨Adj.⟩: *alles wissend:* ich bin auch nicht a.

allzu ⟨Adverb⟩: *sehr, viel zu ...; übermäßig, übertrieben:* der a. frühe Abbruch seiner Studien; er war a. geschäftig.

Alm, die; -, -en: *Wiese in den Bergen, hochgelegener Weideplatz:* im Frühsommer treibt man die Kühe auf die A.

Alphabet, das; -[e]s, -e: *die in einer bestimmten Reihenfolge angeordneten Buchstaben einer Schrift:* Karteikarten nach dem A. ordnen.

als: I. ⟨temporale Konj.⟩ *zu der Zeit, da:* a. *(nachdem)* die Polizei ihn eingekreist hatte, erschoß er sich selbst; a. *(während)* sie in der Küche saß, klopfte es an die Tür; a. sie eintraf, hatten die anderen bereits einen Entschluß gefaßt. II. ⟨Vergleichspartikel⟩ 1. a) /nach einem Komparativ/: mehr rechts als links; er ist geschickter a. sein Bruder; das ist mehr a. traurig. b) /nach *ander[s], nichts, kein* u. ä./: das ist nichts a. Unsinn *(nur Unsinn);* (ugs.) das ist alles andere a. schön *(es ist nicht schön).* 2. /als Konj. in Vergleichssätzen/: er tat, a. habe er nichts gehört; er tat, a. ob/wenn er hier bleiben wollte. * (ugs.) **so tun, als ob** *(etwas vortäuschen):* er tut, als ob er krank sei. III. /schließt eine nähere Erläuterung an/: er fühlt sich a. Held. etwas a. angenehm empfinden. IV. /in bestimmten Verbindungen oder Korrelationen/: 1. **zu ..., als daß** /drückt eine Folge aus/: der Gedanke ist zu schwierig, a. daß man ihn in einem Satz ausdrücken könnte. 2. **insofern/insoweit, als:** *in dieser Hinsicht, daß:* er akzeptierte diese Antwort insoweit, a. sie die Aufrichtigkeit des Sprechers bewies. 3. **um so + Komparativ + als** /nennt einen Grund/: dieser Tag war um so geeigneter für den Ausflug, a. das Wetter gut war.

also ⟨Konj.⟩: *folglich, demnach, demzufolge:* er sprach nur gebrochen Deutsch, a. war er ein Ausländer; das ist a. der Dank!; a. kommst du jetzt? * (ugs.) **na a.!** *(endlich!).*

alt, älter, älteste ⟨Adj.⟩: 1. *nicht mehr jung, in vorgerücktem Alter, bejahrt:* ein altes Mütterchen; ein alter Baum; ein älterer *(nicht mehr junger)* Herr. *a. **und jung** *(jedermann).* 2. *ein bestimmtes Alter habend:* wie a. ist er?; ein drei Wochen altes Kind. 3. a) *nicht mehr neu, gebraucht, getragen:* alte Kleider, Schuhe; alte Häuser; er hat das Auto a. *(gebraucht)* gekauft. b) (ugs.) *wertlos:* alter Kram. 4. a) *nicht mehr frisch:* altes Brot; eine alte Spur. b) *vom letzten Jahr stammend:* die alte Ernte; die alten Kartoffeln. 5. a) *seit langem vorhanden, bekannt:* eine alte Tradition, Erfahrung; ein alter *(erfahrener)* Mitarbeiter. b) *langweilig, überholt:* ein alter Witz; ein altes Thema. 6. a) *einer früheren Zeit angehörend; eine vergangene Zeit betreffend:* eine alte Chronik; alte Meister. b) *antiquarischen Wert habend:* alte Münzen, Drucke, Bücher. 7. ⟨nur attributiv⟩ *vorherig; früher, ehemalig:* die alten Plätze wieder einnehmen; seine alten Schüler besuchen. 8. a) /in vertraulicher Anrede/: mein alter Junge. b) /verstärkend bei abwertenden Personenbezeichnungen/: ein alter Schwätzer.

Alt, der; -s: 1. *Stimme in der tiefen Lage* /von einer Sängerin, einem Knaben/: sie hat einen weichen A. 2. *Sängerin, Knabe mit einer Stimme in der tiefen Lage:* das Lied wurde von einem A. gesungen.

Alte, der; -n, -n ⟨aber: [ein] Alter, Plural: Alte⟩: 1. *alter Mann, Greis:* der Alte ging den Alten langsam die Treppe hinauf. 2. (ugs.) *Vater:* paß auf, dein Alter kommt! 3. (ugs.) *Ehemann:* ihr Alter ist eifersüchtig.

Altenteil, das; -s: *Wohnung und Lebensunterhalt, die sich jmd. bei Übergabe seines Besitzes vorbehält:* sich auf das A. zurückziehen; auf dem A. sitzen.

Alter, das; -s: 1. a) *Zustand des Altseins; letzter Abschnitt des Lebens* /Ggs. Jugend/: das A. macht sich bemerkbar; viele Dinge begreift man erst im A. *(wenn man alt ist).* b) *lange Dauer des Bestehens, Vorhandenseins:* man sieht diesem Mantel sein A. nicht an *(er sieht noch recht neu aus).* 2. a) *bestimmter Abschnitt des Lebens:* im kindlichen, im mittleren A. sein. b) *Anzahl der Jahre des Bestehens, Vorhandenseins:* im A. von 60 Jahren; das A. einer Münze, eines Gemäldes schätzen. 3. *alte Leute* /Ggs. Jugend/: Ehrfurcht vor dem A. haben.

ältern, alterte, ist gealtert ⟨itr.⟩: *alt werden:* sie ist auffallend gealtert.

Alternative, die; -, -n: 1. *Möglichkeit des Wählens zwischen zwei oder mehreren Dingen:* mehrere Alternativen anbieten: 2. *Entscheidung zwischen zwei Möglichkeiten:* er wurde vor die A. gestellt.

Altersheim, das; -[e]s, -e: *Heim für alte Leute.*

altertümlich ⟨Adj.⟩: *aus früherer Zeit stammend:* ein altertümliches Gebäude; eine altertümliche Einrichtung.

altklug ⟨Adj.⟩: *von unkindlicher, frühreifer Art; sich nicht mehr wie ein Kind, sondern schon wie ein Erwachsener benehmend:* ein altkluges Mädchen.

ältlich ⟨Adj.⟩: *nicht mehr ganz jung aussehend; nicht jugendlich:* eine ältliche Dame.

Altmaterial, das; -s: *Schrott, Abfälle, die noch verwertbar sind:* A. sammeln.

altmodisch ⟨Adj.⟩: *nicht mehr modern; veraltet, nicht zeitgemäß:* ein altmodisches Kleid; seine Ansichten sind a.

am ⟨Verschmelzung von *an* + *dem*⟩: 1. *an dem* a) /die Verschmelzung kann aufgelöst werden/: Das Haus liegt am Ende der Straße. b) /die Verschmelzung kann nicht aufgelöst werden/: er ist mit seinen Kräften am Ende. 2. ⟨mit folgendem Superlativ⟩ /drückt den höchsten Grad aus/: er läuft am schnellsten. 3. (landsch.) ⟨in Verbindung mit *sein* und einem substantivierten Infinitiv⟩ /bildet die Verlaufsform/: sie ist am Putzen *(putzt gerade)*.

Amateur [ama'tø:r] der; -s, -e: *jmd., der eine bestimmte Tätigkeit als Liebhaberei, nicht beruflich ausübt:* dieses Bild wurde von einem A. gemalt.

Amboß, der; Ambosses, Ambosse: *eiserner Block, auf dem das Eisen geschmiedet wird* (siehe Bild).

Amboß

ambulant ⟨Adj.⟩: *nicht an eine stationäre Aufnahme in einem Krankenhaus gebunden:* eine ambulante Untersuchung; einen Kranken a. behandeln.

Ameise, die; -, -n: /ein Insekt/ (siehe Bild).

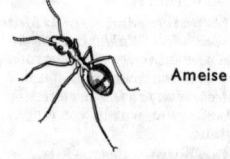

Ameise

Amme, die; -, -n: *weibliche Person, die fremde Kinder stillt [und aufzieht].*

Amnestie, die; -, -n: *allgemeiner, durch Gesetz festgelegter Erlaß von Strafen; Begnadigung:* nur die politischen Häftlinge fallen unter die A.

Amok: ⟨in der Fügung⟩ A. laufen: *in einem Anfall von Geistesgestörtheit mit einer Waffe umherlaufen und töten:* er hat/ist A. gelaufen.

Ampel, die; -, -n: 1. *Verkehrslicht* (siehe Bild): die A. steht auf Grün. 2. *kleinere hängende Lampe* (siehe Bild).

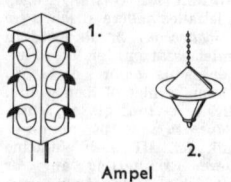

Ampel

amputieren, amputierte, hat amputiert ⟨tr.⟩: *durch eine Operation vom Körper abtrennen:* nach dem Unfall mußte ihm ein Bein amputiert werden.

Amsel, die; -, -n: /ein Singvogel/ (siehe Bild).

Amsel

Amt, das; -[e]s, Ämter: 1. a) *offizielle Stellung (in Staat, Gemeinde, Kirche o. ä.); Posten:* ein hohes, weltliches A. bekleiden; das A. des Bürgermeisters übernehmen. b) ⟨ohne Plural⟩ *Aufgabe, Verpflichtung:* er hat das schwere A. übernommen, den Tod des Sohnes mitzuteilen. 2. *Behörde, Dienststelle:* A. für Statistik; Auswärtiges A. *(Ministerium für auswärtige Politik).*

amtlich ⟨Adj.⟩: a) ⟨nicht prädikativ⟩ *behördlich:* ein amtlicher Bericht; eine amtliche Genehmigung. b) *dienstlich, offiziell:* in amtlichem Auftrag handeln. c) ⟨nicht prädikativ⟩ *von einem Amt stammend und daher zuverlässig, glaubwürdig:* die Untersuchung stützt sich auf amtliche Unterlagen.

Amtsschimmel, der; -s (abwertend): *übertrieben genaue Handhabung der dienstlichen Vorschriften; Bürokratie:* den Kampf mit dem A. aufnehmen.

Amulett, das; -[e]s, -e: *kleiner Gegenstand, der vor Zauber schützen soll.*

amüsant ⟨Adj.⟩: *lustig, belustigend:* ein amüsanter Abend; amüsante Geschichten erzählen.

amüsieren, amüsierte, hat amüsiert: 1. ⟨rfl.⟩ *sich vergnügen:* er amüsierte sich den ganzen Abend beim Tanz. 2. a ⟨itr.⟩ *erheitern:* der Gedanke an das lustige Ereignis amüsierte ihn. b) ⟨rfl.⟩ *sich lustig machen belustigt sein:* sie amüsierten sich über die Antwort des Kindes.

an: I. ⟨Präp. mit Dativ und Akk.⟩ 1. /räumlich/ a) ⟨mit Dativ; auf die Frage: wo?⟩ /drückt aus, daß etwas ganz in der Nähe von etwas ist, etwas berührt/: die Leiter lehnt an der Wand Trier liegt an der Mosel; b) ⟨mit Akk.; auf die Frage: wohin?⟩ /drückt eine Bewegung auf etwas zu, in eine bestimmte Richtung aus/: die Leiter an die Wand stellen; er trat ans Fenster. 2. ⟨mit Dativ; auf die Frage: wann?⟩ /bezeichnet einen Zeitpunkt/: Klaus ist an einem Sonntag geboren. 3. /in Abhängigkeit von bestimmten Wörtern/: er starb an einer unheilbaren Krankheit; Zweifel an einer Entscheidung. ** **an [und für] sich** *(eigentlich; im Grunde genommen)*. II. ⟨Adverb⟩ *ungefähr, nahezu, annähernd; gegen:* er hat an [die] 40 Mark verloren.

analog ⟨Adj.⟩: *entsprechend, ähnlich:* eine analoge Erscheinung; a. [zu] diesem Fall.

Analphabet, der; -en, -en: *jmd., der nicht lesen und schreiben kann.*

analysieren, analysierte, hat analysiert ⟨tr.⟩: *sehr genau, auf seine Merkmale hin untersuchen:* einen Satz a.

Ananas, die; -, -se: /eine tropische Frucht/ (siehe Bild).

Ananas

Anarchist, der; -en, -en: *jmd., der die Gewalt des Staates und jeden gesetzlichen Zwang ablehnt.*

Anatomie, die; -: a) *Lehre von Form und Aufbau des Körpers:* A. studieren. b) *Aufbau, Struktur des Körpers:* die A. des menschlichen Körpers.

anbahnen, bahnte an, hat angebahnt: 1. ⟨rfl.⟩ *sich zu entwickeln beginnen, sich andeuten:* zwischen den beiden bahnte sich eine Freundschaft an. 2.

⟨tr.⟩ *in die Wege leiten, vorbereiten:* eine Verständigung a.

anbändeln, bändelte an, hat angebändelt ⟨itr.⟩ (ugs.): *Beziehungen anzuknüpfen beginnen:* er versuchte auf der Straße mit ihr anzubändeln.

Anbau, der; -s, -ten: 1. ⟨ohne Plural⟩ *das Anbauen:* der A. eines Stalles war nötig geworden. 2. *Gebäude, das an ein größeres angebaut ist:* der häßliche A. stört.

anbauen, baute an, hat angebaut: 1. a) ⟨tr.⟩ *(etwas) an etwas bauen:* eine Garage [ans Haus] a. b) ⟨itr.⟩ *ein Gebäude durch einen Anbau erweitern, vergrößern:* wir müssen in diesem Jahr a. 2. ⟨tr.⟩ *systematisch, auf großen Flächen anpflanzen:* Gemüse, Wein a.

anbei ⟨Adverb⟩: *beiliegend, als Anlage (zu einer Briefsendung):* a. schicken wir Ihnen den gewünschten Zeitungsausschnitt.

anbeißen, biß an, hat angebissen: 1. ⟨tr.⟩ *(in etwas) beißen und es zu essen beginnen:* einen Apfel a. 2. ⟨itr.⟩ *an die Angel, an den Köder gehen:* die Fische wollen heute nicht a.; bildl. (ugs.): er biß nicht an *(ging auf den Vorschlag nicht ein).*

anbelangen: ⟨in der Fügung⟩ *was jmdn./etwas anbelangt: was jmdn./etwas betrifft, angeht:* was die Arbeit anbelangt, [so] war er zufrieden.

anberaumen, beraumte an, hat anberaumt ⟨tr.⟩: *(für etwas) einen Termin, Ort bestimmen:* eine Versammlung für 16 Uhr a.

anbeten, betete an, hat angebetet ⟨tr.:⟩ a) *betend verehren:* die Götter a. b) *übertrieben verehren:* sie betet ihren Mann an.

Anbetracht: ⟨in der Fügung⟩ in A. ⟨mit Gen.⟩: *im Hinblick auf:* in A. der schwierigen Lage, mußten sie ihre Pläne ändern.

anbiedern, sich; biederte sich an, hat sich angebiedert (abwertend): *sich beliebt machen wollen:* er biederte sich mit kleinen Geschenken bei ihr an.

anbieten, bot an, hat angeboten: 1. a) ⟨tr.⟩ *zur Verfügung stellen:* jmdm. einen Platz, [seine] Hilfe a.; jmdm. Zigaretten a. *(zum Zugreifen reichen).* b) ⟨rfl.⟩ *sich zu etwas bereit erklären:* er bot sich an, die Summe zu bezahlen. 2. ⟨tr.⟩ a) *vorschlagen:* jmdm. den Posten eines Ministers a. b) *zum Kauf, Tausch vorschlagen, offerieren:* eine neue Kollektion Mäntel a.

anbinden, band an, hat angebunden ⟨tr.⟩: *(an etwas) binden, befestigen, festmachen:* den Hund a.; das Boot am Ufer a. * (ugs.) **kurz angebunden** *(abweisend, unverbindlich, einsilbig):* er antwortete, zeigte sich aber kurz angebunden.

Anblick, der; -[e]s: a) *das Betrachten, Anblicken:* sie erschrak beim A. der Schlange. b) *etwas, was sich dem Auge bietet; Bild, Eindruck:* ein erfreulicher A.; der A. der Landschaft begeisterte sie.

anblicken, blickte an, hat angeblickt ⟨tr.⟩ (geh.): *ansehen:* jmdn. freundlich a.

anbrechen, bricht an, brach an, hat /ist angebrochen: 1. ⟨tr.⟩ *zu verbrauchen, zu verwenden beginnen:* er hat die Schachtel Zigaretten bereits angebrochen. 2. ⟨itr.⟩ (geh.) *beginnen, eintreten, kommen:* eine neue Epoche ist angebrochen.

anbrennen, brannte an, hat/ist angebrannt: 1. a) ⟨tr.⟩ *anzünden:* er hat die Kerzen angebrannt. b) ⟨itr.⟩ *anfangen zu brennen:* das nasse Holz ist schlecht angebrannt. 2. ⟨itr.⟩ *sich beim Kochen oder Braten im Topf ansetzen und zu dunkel werden, schwarz werden:* die Suppe ist angebrannt.

anbringen, brachte an, hat angebracht /vgl. angebracht/: 1. ⟨tr.⟩ (ugs.) *herbeitragen, herbeibringen:* die Kinder brachten ihr Spielzeug an. 2. ⟨tr.⟩ *festmachen, befestigen:* eine Lampe an der Wand a. 3. ⟨tr.⟩ *vorbringen, zur Sprache bringen:* eine Beschwerde bei jmdm. a.; sein Wissen a. *(zeigen, was man weiß).* 4. ⟨itr.⟩ (ugs.) *verkaufen:* eine solche Ware ist nicht anzubringen. 5. ⟨itr⟩ (ugs.) *unterbringen:* er konnte seinen Sohn bei dieser Firma als Lehrling a.

Anbruch: ⟨in den Fügungen⟩ bei/mit A. *(mit Anfang/Beginn):* bei A. des Tages zogen sie weiter; vor A. *(vor Beginn):* sie waren vor A. der Dunkelheit zu Hause.

Andacht, die; -, -en: 1. ⟨ohne Plural⟩ *innere Sammlung, Versunkenheit:* sie stand voller A. vor dem Gemälde; in tiefer A. standen sie vor dem Altar. 2. *kurzer Gottesdienst:* die A. beginnt um fünf Uhr.

andauern, dauerte an, hat angedauert ⟨itr.⟩ /vgl. andauernd/: *noch nicht aufgehört haben; fortdauern:* das schöne Wetter dauert an.

andauernd ⟨Adj.; nicht prädikativ⟩: *unausgesetzt, fortwährend:* die andauernden Störungen ärgerten ihn.

Andenken, das; -s, -: 1. ⟨ohne Plural⟩ *Erinnerung:* jmdn. in freundlichem A. behalten 2. *Gegenstand, Geschenk zur Erinnerung; Souvenir:* er brachte von der Reise ein A. mit.

andere ⟨Indefinitpronomen und unbestimmtes Zahlwort⟩ /vgl. anders/: 1. a) *nicht derselbe; der zweite, weitere:* der eine kommt, der and[e]re geht; alles and[e]re *(übrige)* später. b) *nicht derselbe, der nächste, folgende, vorausgehende:* von einem Tag zum ander[e]n. 2. *nicht gleich, andersartig:* er war anderer Meinung; man hat mich eines anderen *(Besseren)* belehrt; sie verdient alles andere als Lob *(gar kein Lob).*

ander[e]nfalls ⟨Adverb⟩: *sonst, im andern Fall:* er bat mich, ihm zu helfen, weil er a. zu spät komme; die Anweisungen müssen befolgt werden, a. können Schwierigkeiten auftreten.

and[e]rerseits ⟨Adverb⟩: *von der anderen Seite aus gesehen:* es kränkte ihn, a. machte es ihn hochmütig; ⟨oft in Verbindung mit *einerseits*⟩ einerseits machte es ihm Freude, a. Angst; ein Gewinn war nicht festzustellen, wie auch a. kein Verlust entstanden war.

andermal: ⟨in der Fügung⟩ ein a.: *bei einer anderen Gelegenheit; nicht jetzt, sondern später:* diese Arbeit machen wir lieber ein a.

ändern, änderte, hat geändert: 1. ⟨tr.⟩ a) *umarbeiten, umgestalten:* den Mantel ä.; seine Pläne ä. b) *wechseln, durch etwas anderes ersetzen:* die Richtung ä. 2. a) ⟨tr.⟩ *anders machen, wandeln:* das ändert die Sache; einen alten Menschen kann man nicht mehr ä. b) ⟨rfl.⟩ *anders werden, sich wandeln:* das Wetter ändert sich; er hat sich sehr geändert.

andernfalls /vgl. ander[e]nfalls/.

anders ⟨Adverb⟩: 1. *auf andere, abweichende Art:* er sieht a. aus als sein Vater; hier muß vieles a. werden *(muß sich vieles ändern);* gut gewürzt schmeckt die Suppe gleich a. *(besser).* 2. *sonst:* wer a. als er könnte das getan haben?

andersartig ⟨Adj.⟩: *von anderer Art:* er hat jetzt eine ganz andersartige Beschäftigung.

anderweitig ⟨Adj.; nicht prädikativ⟩: *sonstig, auf andere Weise⟩:* anderweitige Verpflichtung; etwas a. verwenden.

andeuten, deutete an, hat angedeutet: 1. ⟨tr.⟩ a) *kurz erwähnen:* er deutete mit ein paar Worten an, worum es ging. b) *durch einen Hinweis, vorsichtig zu verstehen geben:* sie deutete ihm an, er könne gehen. c) *nur flüchtig kennzeichnen; nicht vollständig ausführen:* mit ein paar Strichen eine Figur a.; eine Verbeugung nur a. 2. ⟨rfl.⟩ *sich abzeichnen; erkennbar werden:* eine Wendung zum Besseren deutete sich an. **Andeutung,** die; -, -en.

Andrang, der; -s: *Gedränge, das durch eine Menge von Menschen entsteht, die zu einer bestimmten Stelle wollen; Zulauf:* es war großer A. an der Kasse des Theaters.

andrehen, drehte an, hat angedreht ⟨tr.⟩: 1. *einschalten, anstellen* /Ggs. abdrehen/: Licht, das Radio a. 2. (ugs.; abwertend) *(jmdn.) dazu überreden, etwas zu kaufen:* ein Vertreter hat ihr die Ware angedreht.

andrerseits /vgl. and[e]rerseits/.

androhen, drohte an, hat angedroht ⟨tr.⟩: *(mit etwas) drohen:* jmdm. eine Strafe a.

anecken, eckte an, ist angeeckt ⟨itr.⟩ (ugs.): *unangenehm auffallen:* er ist heute morgen bei seinem Chef angeeckt, weil er zu spät kam.

aneignen, eignete an, hat sich angeeignet ⟨tr.⟩: 1. *zu eigen machen, erlernen:* ich habe mir diese Kenntnisse angeeignet. 2. *unrechtmäßig in Besitz nehmen:* du hast dir das Buch einfach angeeignet.

aneinander ⟨Adverb⟩: 1. *einer an den anderen* ⟨häufig zusammengesetzt mit Verben⟩: aneinanderbinden, aneinanderfügen, aneinanderstoßen. 2. *an sich gegenseitig; einer am andern, an den andern:* a. denken; sie hängen a.

aneinandergeraten, gerät aneinander, geriet aneinander, ist aneinandergeraten ⟨itr.⟩: *in Streit geraten:* sie sind wegen des Erbes a.; mit jmdm. a.

Anekdote, die; -, -n: *kurze, oft witzige Geschichte, die eine Persönlichkeit, eine Epoche o. ä. charakterisiert:* über diesen Künstler werden viele Anekdoten erzählt.

anerkennen, erkannte an, hat anerkannt ⟨tr.⟩: 1. *für rechtmäßig, gültig erklären; bestätigen:* einen Anspruch a.; er hat ihn nicht als Vorgesetzten anerkannt *(folgte seinen Anweisungen nicht).* 2. *achten, schätzen, würdigen:* jmds. Fleiß a. **Anerkennung,** die; -, -en.

anfahren, fährt an, fuhr an, hat/ist angefahren: 1. ⟨itr.⟩ *zu fahren beginnen:* das Auto ist langsam angefahren. 2. ⟨in der Fügung⟩ angefahren kommen (ugs.): *mit einem Fahrzeug heran-, ankommen:* er kam in großem Tempo angefahren. 3. ⟨tr.⟩ *mit einem Fahrzeug heranbringen:* er hat Steine, Holz angefahren. 4. ⟨tr.⟩ *mit einem Fahrzeug streifen, umstoßen:* er hat die Frau angefahren. 5. ⟨tr.⟩ *in Richtung (auf ein bestimmtes Ziel) fahren:* zunächst hat er Paris angefahren. 6. ⟨tr.⟩ *in heftigem Ton zurechtweisen:* er hat ihn grob angefahren.

Anfahrt, die; -, -en: 1. *das Heranfahren, -kommen:* die A. dauerte lange. 2. *kürzeres Stück einer Straße, eines Weges, auf dem man mit einem Fahrzeug zu einem Gebäude gelangt:* die A. zum Haus war versperrt.

Anfall, der; -[e]s, Anfälle: *plötzliches, heftiges Auftreten einer Krankheit:* einen schweren A. bekommen; in einem A. von Fieber; bildl.: in einem A. von Wut.

anfallen, fällt an, fiel an, hat/ist angefallen: 1. ⟨tr.⟩ *gewaltsam vorgehen (gegen jmdn.); angreifen, überfallen:* ein Unbekannter hatte ihn angefallen. 2. ⟨itr.⟩ *entstehen, sich ergeben:* in der letzten Zeit ist hier viel Arbeit angefallen.

anfällig ⟨Adj.; nicht adverbial⟩: *zum Krankwerden neigend, gegen Krankheiten nicht widerstandsfähig:* er ist sehr a. für Erkältungen. **Anfälligkeit,** die; -.

Anfang, der; -s, Anfänge: *das erste, der erste Teil, das erste Stadium von etwas; Beginn* /Ggs. Ende, Schluß/: ein neuer A.; der A. eines Romans; am/zu A. *(anfangs);* A. Februar *(in den ersten Tagen des Monats Februar);* der A. *(Ursprung)* der Welt; er kam über die Anfänge *(ersten Versuche)* nicht hinaus.

anfangen, fängt an, fing an, hat angefangen: 1. ⟨tr.⟩ *beginnen; mit einer Handlung, einem Vorgang einsetzen* /Ggs. beenden/: ein Gespräch a.; ⟨auch itr.⟩ mit dem Gespräch a.; fängt der Wald an; morgen fängt die Schule an. 2. a) ⟨tr.⟩ *tun, bewerkstelligen:* eine Sache richtig a. b) ⟨itr⟩ *machen, anstellen:* ich kann mit dem Buch nichts a. *(es interessiert mich nicht).*

Anfänger, der; -s, -: *jmd., der mit einer ihm neuen Tätigkeit, Beschäftigung beginnt; Neuling:* er spielt sehr gut Klavier, ist also kein A. mehr.

anfänglich ⟨Adj.; nicht prädikativ⟩: *zu Beginn [vorhanden]; erst:* sein anfänglicher Erfolg.

anfangs ⟨Adverb⟩: *am Anfang, zuerst:* ich glaubte es a. nicht.

anfassen, faßte an, hat angefaßt: 1. a) ⟨tr.⟩ *mit den Fingern, mit der Hand berühren; in die Hand nehmen, ergreifen:* sie faßte das Tuch vorsichtig an. b) ⟨tr.⟩ *bei der Hand nehmen:* sie faßte das Kind an und ging mit ihm über die Straße. c) ⟨itr.⟩ *helfen:* alle müssen [mit] a. 2. ⟨tr.⟩ *behandeln:* jmdn. grob a.; eine Aufgabe geschickt a. *(beginnen).*

anfeinden, feindete an, hat angefeindet ⟨tr.⟩: *mit Feindseligkeit begegnen; bekämpfen:* wegen seines Verhaltens wurde er von vielen angefeindet. **Anfeindung,** die; -, -en.

anfertigen, fertigte an, hat angefertigt ⟨tr.⟩: *herstellen, machen:* ein Protokoll, ein Kleid a. **Anfertigung,** die; -, -en.

anfeuchten, feuchtete an, hat angefeuchtet ⟨tr.⟩: *[ein wenig] feucht, naß machen:* die Briefmarke a.

anfeuern, feuerte an, hat angefeuert ⟨tr.⟩: *[durch Zurufe] antreiben; ermutigen, beflügeln:* die Zuschauer feuerten die Spieler [zu immer größeren Leistungen] an.

anflehen, flehte an, hat angefleht ⟨tr.⟩: *flehentlich bitten; sich flehend wenden (an jmdn.)*: sie flehte ihn [weinend] um Hilfe an.

anfliegen, flog an, hat angeflogen: 1. ⟨in der Fügung⟩ angeflogen kommen: *fliegend herankommen; heranfliegen:* ein Flugzeug, ein Vogel, ein Ball kam angeflogen. 2. ⟨tr.⟩ *in Richtung (auf ein bestimmtes Ziel) fliegen:* die Flugzeuge haben die Stadt angeflogen.

Anflug, der; -s, Anflüge: 1. a) *Annäherung im Flug, das Heranfliegen:* beim ersten A. glückte die Landung. b) *Weg, der beim Heranfliegen an ein Ziel zurückgelegt werden muß:* ein weiter A. 2. ⟨ohne Plural⟩ *Hauch, Spur, Andeutung:* auf ihrem Gesicht zeigte sich ein A. von Röte.

anfordern, forderte an, hat angefordert ⟨tr.⟩: *die Lieferung, Zusendung (von etwas) verlangen; bestellen:* Zeugnisse a.

Anforderung, die; -, -en: 1. ⟨ohne Plural⟩ *das Anfordern; Bestellung:* die A. von Prospekten. 2. ⟨Plural⟩ *Beanspruchungen, Forderungen:* die an ihn gestellten Anforderungen waren zu hoch.

Anfrage, die; -, -n: *Bitte um Auskunft oder Aufklärung; Erkundigung:* eine A. an jmdn. richten.

anfragen, fragte an, hat angefragt ⟨itr.⟩: *um Auskunft bitten, sich erkundigen:* er hat höflich bei ihm angefragt, ob er kommen könne.

anführen, führte an, hat angeführt ⟨tr.⟩: 1. *befehligen, leiten; (jmdm.) führend vorangehen:* eine Mannschaft a. 2. a) *wörtlich wiedergeben, zitieren:* eine Stelle aus einem Buch a. b) *vorbringen, erwähnen, aufzählen:* etwas zu seiner Entschuldigung a.; 3. (ugs.) *[zum Scherz] irreführen, zum besten halten:* sie haben ihn schön a.

Anführer, der; -s, -: *jmd., der andere zu etwas anstiftet, ihr Führer ist:* der A. einer Verbrecherbande.

Angabe, die; -, -n: *Mitteilung über einen bestimmten Sachverhalt:* genaue, wichtige Angaben über etwas machen; ich richte mich nach seinen Angaben *(Anweisungen).*

angeben, gibt an, gab an, hat angegeben: 1. ⟨tr.⟩ a) *mitteilen, nennen:* den Preis für eine Ware a.; die Richtung a. *(zeigen);* etwas als Grund a. *(bezeichnen).* b) *anordnen, bestimmen, festsetzen:* den Takt a. 2. ⟨itr.⟩ (ugs.) *prahlen, großtun:* der gibt aber an mit seinem neuen Auto!

Angeber, der; -s, -: *jmd., der gern prahlt, großtut.*

angeblich ⟨Adj.; nicht prädikativ⟩: *wie behauptet wird:* er soll a. das Geld gestohlen haben.

angeboren ⟨Adj.⟩: *von Geburt an vorhanden:* angeborene Eigenschaften.

Angebot, das; -s, -e: 1. a) *das Anbieten von etwas; Vorschlag:* er machte mir das A., während der Ferien in seinem Landhaus zu wohnen. b) *Bedingungen für den Erwerb von etwas für eine zu leistende Arbeit:* als ich sein Haus kaufen wollte, machte er mir ein großzügiges A.; machen Sie mir bitte für diese Arbeit ein A.! 2. *Waren, die zum Kauf oder Tausch angeboten werden:* ein großes A. an Kleidern, an Obst; A. und Nachfrage.

angebracht: ⟨in bestimmten Fügungen⟩: *etwas für a.* **halten** *(etwas für sinnvoll halten):* er hielt es nicht für a., früher zu reisen; *etwas ist a. (etwas paßt, ist [in einer bestimmten Situation] richtig, zweckmäßig):* diese Frage ist hier nicht a.

angeheitert ⟨Adj.⟩: *ein wenig betrunken und lustig:* in angeheitertem Zustand.

angehen, ging an, hat/ist angegangen /vgl. angehend/: 1. ⟨tr.⟩ *bitten:* er hat/ist seinen Vater um Geld angegangen. 2. ⟨itr.⟩ *betreffen:* diese Frage ist uns alle angegangen; das geht dich nichts an. 3. ⟨itr.⟩ (ugs.) a) *beginnen:* das Kino war bereits um 8 Uhr angegangen. b) *zu brennen, zu leuchten beginnen* ⟨Ggs. ausgehen⟩: die Lampe, das Feuer war angegangen.

angehend ⟨Adj.; nur attributiv⟩: *künftig; in der Ausbildung, Entwicklung stehend:* ein angehender Arzt.

angehören, gehörte an, hat angehört ⟨itr.⟩: *gehören (zu etwas), zugehören:* einem Verein a.; die Dampflokomotive gehört schon der Vergangenheit an.

Angehörige, der; -n, -n ⟨aber: [ein] Angehöriger, Plural: Angehörige⟩: 1. *jmd., der dem engsten Kreis der Familie angehört; nächster Verwandter:* seine Angehörigen besuchen. 2. *jmd., der einer bestimmten Gruppe angehört; Mitglied, Anhänger, Mitarbeiter:* der A. einer Partei, Firma.

Angeklagte, der; -n, -n ⟨aber: [ein] Angeklagter, Plural: Angeklagte⟩: *jmd., der vor Gericht angeklagt ist:* der A. wurde freigesprochen.

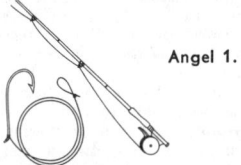

Angel 1.

Angel, die; -, -n: 1. *Gerät zum Fangen von Fischen* (siehe Bild). 2. *Vorrichtung, an der eine Tür, ein Fenster o. ä. beweglich aufgehängt ist.*

Angelegenheit, die; -, -en: *etwas, womit sich jmd. befaßt, befassen muß; Sache, Vorfall:* eine wichtige A.; sich in jmds. Angelegenheiten mischen *(sich einmischen).*

angeln, angelte, hat geangelt ⟨tr./itr.⟩: *mit der Angel fischen:* ich gehe [Forellen] a. * *sich* (Dativ) *jmdn. a. (jmdn., den man heiraten will, für sich gewinnen):* sie hat sich einen reichen Mann geangelt.

angemessen ⟨Adj.⟩: *den gegebenen Umständen entsprechend:* eine [dem Alter] angemessene Bezahlung.

angenehm ⟨Adj.⟩: *wohltuend, erfreulich:* ein angenehmer Geruch; eine angenehme Nachricht; eine angenehme *(willkommene)* Abwechslung; ein angenehmer *(freundlicher, nicht aufdringlicher)* Mensch.

angeregt ⟨Adj.⟩: *lebhaft, munter:* eine angeregte Diskussion; sich a. unterhalten.

angeschlagen ⟨Adj.⟩ (ugs.): *müde, erschöpft; der Ruhe, Erholung bedürfend:* er kam a. nach Hause.

angesehen ⟨Adj.⟩: *geachtet; Ansehen genießend:* ein angesehener Mann.

Angesicht

Angesicht, das; -[e]s (geh.): *Gesicht:* ich schaute ihm ins A. * (geh.) **im A.** *(im/beim Anblick):* im A. der Gefahr; **etwas im Schweiße seines Angesichts tun** *(etwas mit großer Anstrengung tun):* er grub das Land im Schweiße seines Angesichts um.

angesichts ⟨Präp. mit Gen.⟩: **a)** *beim Anblick:* a. des Todes. **b)** *im Hinblick (auf etwas); bei:* a. dieser Situation.

angespannt ⟨Adj.⟩: *kritisch, bedenklich:* die angespannte Lage.

Angestellte, der; -n, -n ⟨aber: [ein] Angestellter, Plural: Angestellte⟩: *jmd., der in einem Betrieb, bei einer Behörde angestellt ist und ein monatliches Gehalt bezieht.*

angetrunken ⟨Adj.⟩: *[leicht] betrunken:* sie waren alle a.

angewiesen: ⟨in der Verbindung⟩ **auf jmdn./etwas a. sein:** *von jmdm./etwas abhängig sein:* er ist auf deine Hilfe a.

angewöhnen, gewöhnte an, hat angewöhnt ⟨tr.⟩: **a)** *sich zur Gewohnheit machen:* ich habe mir das Rauchen angewöhnt. **b)** *(jmdn. zu etwas Bestimmtem) erziehen:* er hat seinen Kindern früh angewöhnt, pünktlich zu sein.

Angewohnheit, die; -, -en: *[schlechte] Gewohnheit, Eigenart:* das ist eine üble A. von ihm; er hat die A., mit sich selbst zu reden.

angezeigt: ⟨in bestimmten Fügungen⟩ **etwas ist a.** *(etwas ist ratsam oder angebracht);* **etwas für a. halten** *(etwas für angebracht halten).*

angleichen, glich an, hat angeglichen ⟨tr./rfl.⟩: *anpassen; ähnlich werden:* die Renten dem Lebensstandard a.; er hat sich [den Verhältnissen] angeglichen.

Angler, der; -s, -: *jmd., der der Angel fischt.*

angreifen, griff an, hat angegriffen ⟨tr.⟩: **1. a)** *in feindlicher Absicht vorgehen (gegen jmdn./ etwas);* *überfallen; den Kampf beginnen:* den Feind a.; ⟨auch itr.⟩ die feindlichen Truppen griffen plötzlich an. **b)** *heftig kritisieren:* jmdn. öffentlich a. **2.** *anbrechen, zu verbrauchen beginnen:* Vorräte a. **3. a)** *schwächen;* *(jmdm.) schaden:* diese Arbeit wird ihre Gesundheit sehr a.; ⟨im 2. Partizip⟩ sie sieht sehr angegriffen *(erschöpft, abgespannt)* aus. **b)** *zersetzen, beschädigen:* die Säure greift den Stoff, die Haut an.

Angriff, der; -s, -e: **1.** *das Angreifen; Überfall; Beginn eines Kampfes:* einen A. abwehren. **2.** *heftige Kritik, starker Vorwurf:* persönliche Angriffe gegen jmdn. richten. ** **etwas in A. nehmen** *(etwas beginnen, anpacken):* eine Arbeit in A. nehmen.

angst: ⟨in bestimmten Wendungen⟩ **jmdm. ist/wird [es] a. [und bange]** *(jmd. fürchtet sich, hat/bekommt Angst);* **jmdm. a. [und bange] machen** *(jmdn. in Angst versetzen).*

Angst, die; -, Ängste: **a)** *Gefühl, bedroht zu sein; Beklemmung; Furcht:* das Kind hat A. vor dem Hund. **b)** *Sorge, Unruhe:* mit großer A. erwartete sie seine Rückkehr; in A. um jmdn. sein.

Angsthase, der; -n, -n (abwertend): *jmd., der sehr ängstlich ist.*

ängstigen, ängstigte, hat geängstigt: **1.** ⟨tr.⟩ *in Angst versetzen:* diese Vorstellung ängstigte sie. **2.** ⟨rfl.⟩ *Angst haben, sich Sorgen machen:* er ängstigte sich sehr um sie.

ängstlich ⟨Adj.⟩: **1.** *von einem Gefühl der Angst, Unsicherheit, Besorgnis erfüllt; furchtsam:* ein ängstliches Gesicht machen; sie blickte sich ä. in dem dunklen Raum um; sie war schon immer sehr ä. *(scheu, unsicher).* **2.** ⟨nicht prädikativ⟩ *übertrieben genau, gewissenhaft:* sie war ä. darauf bedacht, keinen Fehler zu machen.

angucken, guckte an, hat angeguckt ⟨tr.⟩ (ugs.): *[aufmerksam] ansehen:* jmdn. von der Seite a.; ich habe mir das neue Bild angeguckt.

anhaben, hat an, hatte an, hat angehabt ⟨tr.⟩ (ugs.): *(ein Kleidungsstück) tragen:* einen Mantel, ein Kleid a. ** **jmdm./etwas nichts a. können** *(jmdm./etwas keinen Schaden zufügen können):* er hat keine Beweise und kann dir nichts a.

anhaften, haftete an, hat angehaftet ⟨itr.⟩: *(etwas Unangenehmes, Negatives) an sich haben; damit behaftet, belastet sein:* ihm haftet kein guter Ruf an.

anhalten, hält an, hielt an, hat angehalten: **1. a)** ⟨tr.⟩ *zum Stehen, Stillstand bringen:* ein Auto a.; den Atem a. *(nicht atmen).* **b)** ⟨itr.⟩ *stehenbleiben, zum Stillstand kommen:* das Auto hielt an der Ecke an. **2.** ⟨itr.⟩ *andauern, fortdauern:* der Winter hielt noch lange an; ⟨im 1. Partizip⟩ anhaltender Beifall. **3.** ⟨tr.⟩ *veranlassen, dafür sorgen, daß jmd. etwas Bestimmtes tut; ermahnen:* jmdn. zur Ordnung, Arbeit a.

Anhalter: ⟨in der Wendung⟩ **per A. fahren:** *Autos anhalten und sich umsonst mitnehmen lassen.*

Anhaltspunkt, der; -[e]s, -e: *etwas, worauf man sich zur Begründung einer Vermutung, einer Ansicht stützen kann; Hinweis:* es gibt keinen A. dafür, daß er der Täter war.

anhand ⟨Präp. mit Gen.⟩: *mit Hilfe, nach Anleitung:* a. eines Buches lernen.

Anhang, der; -s, Anhänge: *etwas, was ergänzend an ein Buch, an ein Schriftstück o. ä. angefügt ist:* die Anmerkungen stehen in diesem Buch im A.; der A. zu einem Vertrag.

anhängen: I. hängte an, hat angehängt ⟨tr.⟩: **1.** *an etwas hängen, befestigen:* einen Zettel [an ein Paket] a. **2.** *ankuppeln:* einen Anhänger, einen Eisenbahnwagen a. **3.** *am Schluß, Ende hinzufügen:* ein Kapitel, ein Nachwort a. **4.** (ugs., abwertend) *[jmdm. Übles] nachsagen, zufügen:* er hat seinem Nachbarn allerlei Schlechtes angehängt. **II.** hing an, hat angehangen ⟨itr.⟩: **1.** *ergeben sein, folgen; Anhänger sein (von jmdm.):* er hing ihm treu an; einer Lehre a. **2.** *deutlich anzumerken sein; lasten (auf jmdm.):* seine Vergangenheit hängt ihm an.

Anhänger, der; -s, -: **1.** *angehängter Wagen ohne Motor* (siehe Bild): der Lastkraftwagen

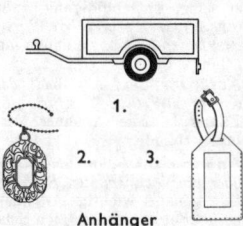

Anhänger

hat einen A. 2. *Schmuckstück, das an einer Kette, einem Band getragen wird* (siehe Bild). 3. *mit Namen oder Nummer versehenes Schild für Gepäckstücke* (siehe Bild). 4. *jmd., der einer Person oder einer Sache ergeben ist, sie gutheißt:* ein treuer A. dieser Partei.

anhänglich ⟨Adj.⟩: *jmdm. zugetan und gern dessen Nähe suchend; treu:* Hunde sind anhängliche Tiere. **Anhänglichkeit,** die; -.

anhäufen, häufte an, hat angehäuft: a) ⟨tr.⟩ *in Mengen zusammentragen, sammeln und aufbewahren:* Vorräte, Geld a. b) ⟨rfl.⟩ *immer mehr werden, sich ansammeln:* die Vorräte häufen sich im Lager an. **Anhäufung,** die; -, -en.

anheben, hob an, hat angehoben ⟨tr.⟩: 1. *(etwas) ein- [kleines] Stück in die Höhe heben:* sie mußten den Schrank a., um den Teppich darunterschieben zu können. 2. *erhöhen:* die Gehälter wurden schließlich doch angehoben.

anheimstellen, stellte anheim, hat anheimgestellt ⟨tr.⟩ (geh.): *überlassen, in jmds. Ermessen stellen:* er stellte ihm die Entscheidung anheim.

anheischig: ⟨in der Wendung⟩ sich a. machen (geh.): *sich verpflichten, sich zutrauen, etwas, was von andern für schwierig gehalten wird, zu tun:* er machte sich a., die Beweise zu liefern.

anheizen, heizte an, hat angeheizt ⟨tr.⟩ (ugs.): *zu einem Höhepunkt treiben, steigern:* die Jazzkapelle heizte die Stimmung im Saal rasch an.

anherrschen, herrschte an, hat angeherrscht ⟨tr.⟩: *in heftigem Ton zurechtweisen, anfahren:* er herrschte ihn wütend an, weil er zu spät gekommen war.

Anhieb: ⟨in der Fügung⟩ auf A.: *gleich zu Beginn, beim ersten Versuch:* etwas glückt auf A.

anhören, hörte an, hat angehört: 1. a) ⟨itr.⟩ *(etwas) aufmerksam bis zu Ende hören:* du mußt dir das Konzert a., sich jmds. Wünsche a. b) ⟨tr.⟩ *bereitwillig, aufmerksam zuhören, was jmd. als Wunsch oder Beschwerde vorträgt:* der Vorgesetzte hörte ihn geduldig an. c) ⟨tr.⟩ *zufällig mithören:* er hat das Gespräch der beiden Männer mit angehört. 2. ⟨rfl.; mit näherer Bestimmung⟩ *bei einem Hörer einen bestimmten Eindruck hervorrufen; klingen, wirken:* dein Vorschlag hört sich gut an.

ankämpfen, kämpfte an, hat angekämpft ⟨itr.⟩: *(etwas) bekämpfen; (einer Sache) Widerstand entgegensetzen:* gegen Wind und Regen a.; er kämpfte vergeblich gegen den Schlaf an.

Anker, der; -s, -: *schweres, eisernes Gerät, mit dem ein Schiff festgemacht wird* (siehe Bild).

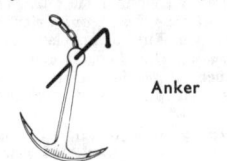

Anker

anklagen, klagte an, hat angeklagt ⟨tr.⟩: *[vor Gericht] Klage erheben (gegen jmdn.):* jmdn. [des Diebstahls, wegen Diebstahls] a.

Ankläger, der; -s, -: *jmd., der vor Gericht Klage erhebt.*

anklammern, klammerte an, hat angeklammert: 1. ⟨rfl.⟩ *sich mit klammerndem Griff festhalten:* ängstlich klammerte sie sich [an die Mutter] an. 2. ⟨tr.⟩ *mit Klammern festmachen:* die Wäsche a.

ankleben, klebte an, hat/ist angeklebt: 1. ⟨tr.⟩ *mit Klebstoff (an etwas befestigen):* er hat die Plakate angeklebt. 2. ⟨itr.⟩ *an etwas kleben, fest haften:* das Pflaster ist an der Wunde angeklebt.

ankleiden, kleidete an, hat angekleidet ⟨tr./rfl.⟩ (geh.): *anziehen* /Ggs. auskleiden/: ein Kind, sich schnell a.

anklopfen, klopfte an, hat angeklopft ⟨itr.⟩: *an die Tür klopfen [weil man eintreten will]:* er klopfte laut [an die Tür] an.

anknipsen, knipste an, hat angeknipst ⟨tr.⟩ (ugs.): *einschalten* /Ggs. ausknipsen/: das Licht a.

anknüpfen, knüpfte an, hat angeknüpft: 1. ⟨itr.⟩ *(etwas) als Ausgangspunkt benutzen; sich beziehen (auf etwas), anschließen:* er knüpfte in seiner Rede an die Worte seines Kollegen an. 2. ⟨tr.⟩ *beginnen, aufnehmen:* geschäftliche Beziehungen a.

Anknüpfungspunkt, der; -[e]s, -e: *etwas [gemeinsames, Verbindendes], was als Ausgangspunkt für ein Gespräch dienen kann:* er wollte sich mit ihr unterhalten, aber er fand keine Anknüpfungspunkte.

ankommen, kam an, ist angekommen ⟨itr.⟩: 1. *einen Ort erreichen; eintreffen:* sie kamen gegen 14 Uhr [in Berlin] an. 2. *sich nähern:* das Auto kam in/ mit großem Tempo an; (ugs.) er kam immer wieder mit seinen Fragen an mir *(wendete sich immer wieder mit seinen Fragen an mich).* 3. (ugs.) *eine Stellung, einen Arbeitsplatz o. ä. finden:* er kam [als Redakteur] bei einem Verlag an. 4. (ugs.) *Erfolg haben, Widerhall finden:* die Schauspielerin kam [mit dem ersten Film] gut beim Publikum an; mit seiner Bitte kam er bei ihr nicht an *(fand er kein Gehör, Verständnis).* 5. *sich durchsetzen können:* sie kam gegen die Vorurteile nicht an. 6. a) *wichtig, von Bedeutung sein (für jmdn.):* es kommt ihr auf die gute Behandlung an. b) *abhängen (von jmdm./etwas):* es kommt aufs Wetter an, ob wir morgen abreisen können; es kommt allein auf dich an. ** *es auf etwas a. lassen (etwas wagen, riskieren):* er läßt es auf einen Kampf a.

ankoppeln, koppelte an, hat angekoppelt ⟨tr.⟩: *anschließen, ankuppeln* /Ggs. abkoppeln/: einen Eisenbahnwagen, Anhänger a.

ankreiden, kreidete an, hat angekreidet ⟨tr.⟩ (ugs.): *(etwas) übelnehmen und seinen Unmut darüber zum Ausdruck bringen:* jmdm. ein Versäumnis a.

ankreuzen, kreuzte an, hat angekreuzt ⟨tr.⟩: *durch ein Kreuz hervorheben, anstreichen:* einen Namen in einer Liste, eine Stelle in einem Buch a.

ankündigen, kündigte an, hat angekündigt: a) ⟨tr.⟩ *(etwas Kommendes, demnächst Erscheinendes) bekanntgeben, mitteilen:* eine Veranstaltung, ein neues Buch a.; jmdm. seinen Besuch a.; die Wolken kündigen Regen an *(sind Anzeichen für Regen, lassen auf Regen schließen).* b) ⟨rfl.⟩ *sich in Anzeichen bemerkbar machen; sich anmelden:* ein Verhängnis, Unheil kündigt sich an. **Ankündigung,** die; -, -en.

Ankunft, die; -: *das Eintreffen, Ankommen am Ziel:* die A. des Zuges erwarten.

ankurbeln, kurbelte an, hat angekurbelt ⟨tr.⟩ (ugs.): *beleben:* die Industrie, die Wirtschaft a.

Anlage, die; -, -n: 1. ⟨ohne Plural⟩ *das Anlegen; Gestaltung:* die A. des Sportplatzes dauerte längere Zeit. 2. a) *mit öffentlichen Mitteln angelegte und erhaltene Grünfläche mit Blumen, Sträuchern o. ä.:* städtische Anlagen; die Anlagen am Ufer des Sees. b) *bebauter oder unbebauter Komplex [eines Betriebes]:* militärische Anlagen; die Anlagen (Gebäude und Einrichtungen) der Fabrik. c) *Vorrichtung, Einrichtung:* eine komplizierte A. bedienen. 3. ⟨ohne Plural⟩ *Plan, Entwurf, Aufbau:* die A. eines Romans. 4. *Veranlagung, Begabung:* das Kind hat gute Anlagen; er hat eine A. zu dieser Krankheit. ** *in der A./als A. [dem Brief] beiliegend):* in der A. übersenden wir Ihnen die gewünschten Unterlagen.

anlangen, langte an, ist angelangt ⟨itr.⟩ (geh.): *ankommen:* er ist glücklich zu Hause angelangt. * **was jmdm./etwas anlangt** *(was jmdn./etwas betrifft, anbelangt):* was die Arbeit anlangt, so war er zufrieden.

Anlaß, der; Anlasses, Anlässe: *etwas, wodurch eine Handlung ausgelöst wird; Grund:* 1. A. zu Lob oder Tadel; du hast keinen A., auf diese Arbeit besonders stolz zu sein. * **aus A.** *(anläßlich):* aus A. seines Geburtstages gab er eine Runde Bier. 2. *Gelegenheit, besonderes Ereignis:* ein festlicher A.

anlassen, läßt an, ließ an, hat angelassen: 1. ⟨tr.⟩ *in Gang setzen:* den Motor, Wagen a. 2. ⟨rfl.⟩ (ugs.) *(in bestimmter Weise) beginnen:* das Geschäft läßt sich gut an. 3. ⟨tr.⟩ (ugs.) *nicht ausziehen:* seinen Mantel, die Schuhe a. 4. ⟨tr.⟩ (ugs.) *eingeschaltet, brennen lassen:* das Radio a.; den Ofen, die Lampe a.

Anlasser, der; -s, -: *Vorrichtung zum Anlassen eines Motors.*

anläßlich ⟨Präp. mit Gen.⟩: *aus Anlaß; zu, bei:* a. des Geburtstages fand eine Feier statt.

Anlauf, der; -[e]s, Anläufe: *das Anlaufen; Lauf, dem ein Sprung folgt:* beim A. ist er zu langsam; bildl.: er bestand die Prüfung erst beim zweiten A. *(Versuch).* ** **einen [neuen] A. nehmen/machen** *(einen neuen Anfang, Versuch machen).*

anlaufen, läuft an, lief an, hat/ ist angelaufen: 1. ⟨itr.⟩ *zu laufen beginnen:* der Motor, die Maschine ist angelaufen. 2. ⟨tr.⟩ *einfahren (in etwas)* /von Schiffen/: das Schiff hat den Hafen angelaufen. 3. ⟨itr.⟩ *sich mit einer dünnen Schicht überziehen; beschlagen; seinen Glanz verlieren:* das Silber, die Scheiben sind angelaufen. 4. ⟨itr.⟩ *eine bestimmte Farbe annehmen:* er ist vor Wut rot angelaufen *(rot geworden).* ** **angelaufen kommen** *(herbeieilen):* als er rief, kamen die Kinder alle angelaufen.

anlegen, legte an, hat angelegt: 1. ⟨tr.⟩ *an etwas legen:* er legte das Lineal an; das Pferd legt die Ohren an *(legt die Ohren an den Kopf).* * **einen strengen Maßstab a.** *(etwas streng beurteilen);* **Hand a.** *(bei einer Arbeit helfen).* 2. ⟨itr.⟩ *festmachen, landen* /Ggs. ablegen/: das Schiff legte am Kai an. 3. ⟨tr.⟩ (geh.) *anziehen:* eine Uniform, ein festliches Gewand a. * **jmdm. einen Verband a.** *(jmdm. eine Wunde verbinden);* **jmdm. Fesseln a.** *(jmdn. fesseln).* 4. ⟨tr.⟩ *schaffen, einrichten, gestalten, ausführen:* einen Garten, Spielplatz a. 5. ⟨tr.⟩ a) *gewinnbringend verwenden:* sein Kapital in Aktien a. b) *bezahlen:* für einen Anzug 300 Mark a. ** **es auf etwas a.** *(ein bestimmtes Ziel verfolgen):* er hat es darauf angelegt, dich zu täuschen; **sich mit jmdm. a.** *(sich mit jmdm. in einen Streit einlassen):* er hat sich mit seinem Kollegen angelegt.

anlehnen, lehnte an, hat angelehnt: 1. ⟨tr./rfl.⟩ *lehnen (an etwas/jmdn.):* er lehnte das Fahrrad [an die Wand] an; das Kind lehnte sich an sie an. 2. ⟨rfl.⟩ *zum Vorbild nehmen; sich stützen, beziehen (auf etwas):* er lehnte sich in seiner Rede eng an den Aufsatz von Herrn Müller an. 3. ⟨tr.⟩ *ein wenig offenlassen:* das Fenster, die Tür nur a.

anleiten, leitete an, hat angeleitet ⟨tr.⟩: *in eine Arbeit einführen; unterweisen:* Lehrlinge a. **Anleitung, die**; -, -en.

anlernen, lernte an, hat angelernt ⟨tr.⟩: *für eine bestimmte berufliche Tätigkeit ausbilden; einarbeiten:* einen Lehrling a.

anliegen, lag an, hat angelegen ⟨itr.⟩: *dicht am Körper liegen:* das Trikot lag eng [am Körper] an.

Anliegen, das; -s, -: *Wunsch, Bitte:* ein großes A. haben.

Anlieger, der; -s, -: *jmd., dessen Besitz an etwas grenzt:* die Straße darf nur von den Anliegern benutzt werden.

anlügen, log an, hat angelogen ⟨tr.⟩: *(jmdm.) absichtlich die Unwahrheit sagen:* als ich ihn nach dem Grund fragte, hat er mich frech angelogen.

anmachen, machte an, hat angemacht ⟨tr.⟩ (ugs.): 1. *befestigen, anbringen:* Gardinen a. 2. a) *anschalten* /Ggs. ausmachen/: das Licht, Radio a. b) *anzünden* /Ggs. ausmachen/: das Feuer a. 3. *mit etwas mischen, anrühren:* Salat a. *(zubereiten).*

anmaßen, maßte an, hat angemaßt ⟨tr.⟩ /vgl. anmaßend/: *ohne Berechtigung für sich in Anspruch nehmen:* du hast dir diese Rechte angemaßt.

anmaßend ⟨Adj.⟩: *seine [vermeintliche] Überlegenheit auf herausfordernde Weise zum Ausdruck bringend; überheblich:* er ist sehr a.

anmelden, meldete an, hat angemeldet: 1. a) ⟨rfl.⟩ *sein Kommen ankündigen:* sich beim Arzt a. b) ⟨tr./rfl.⟩ *bei offizieller Stelle melden, registrieren lassen* /Ggs. abmelden/: ein Kind in der Schule, sich polizeilich a. 2. ⟨tr.⟩ *vorbringen; geltend machen:* seine Bedenken, seine Ansprüche a. **Anmeldung, die**; -, -en.

anmerken, merkte an, hat angemerkt ⟨itr.⟩: *an jmdm. feststellen, spüren:* jmdm. die Anstrengung a.; er ließ sich seinen Ärger nicht a. *(zeigte ihn nicht).*

Anmerkung, die; -, -en: *erläuternde, ergänzende Bemerkung zu einem Text; Fußnote:* einen Text mit Anmerkungen versehen.

Anmut, die; -: *zarte, angenehme Schönheit der Bewegung, Haltung; Liebreiz, Grazie:* sie bewegte sich mit natürlicher A.

anmuten, mutete an, hat angemutet ⟨itr.⟩: *auf jmdn. wirken:* sein Verhalten mutete [ihn] höchst merkwürdig an.

anmutig ⟨Adj.⟩: *voll Anmut, Liebreiz habend:* eine anmutige Erscheinung; sie lächelte a.

annähen, nähte an, hat angenäht ⟨tr.⟩: *(etwas) an etwas nähen:* sie nähte einen Knopf an den Rock.

annähernd ⟨Adj.; nicht prädikativ⟩: *ungefähr, fast:* mit annähernder Sicherheit; a. alle waren versammelt; es sind a. hundert Kilometer.

Annahme, die; -, -n: 1. ⟨ohne Plural⟩ a) *das Annehmen, Entgegennehmen:* er hat die A. des Pakets verweigert. b) *Billigung, Zustimmung:* die A. eines Vorschlags von etwas abhängig machen. 2. *Vermutung, Ansicht:* die A., daß er bereits abgereist sei, war falsch. 3. *Schalter, an dem etwas angenommen wird:* ein Paket an der A. abgeben.

annehmbar ⟨Adj.⟩: *so beschaffen, daß man darauf eingehen, es annehmen kann; zufriedenstellend:* annehmbare Bedingungen, Vorschläge.

annehmen, nimmt an, nahm an, hat angenommen: 1. ⟨tr.⟩ a) *nicht zurückweisen, sondern an sich nehmen; entgegennehmen:* ein Paket, ein Geschenk a. b) *von einem Angebot Gebrauch machen, es nicht ablehnen; akzeptieren, billigen:* jmds. Hilfe, eine Einladung, einen Vorschlag a. 2. ⟨tr.⟩ a) *für möglich, wahrscheinlich halten; vermuten, glauben:* ich nahm an, daß ihr mitkommen wolltet. b) *voraussetzen:* wir nehmen an, daß seine Angaben stimmen; ⟨im 2. Partizip⟩ angenommen, wir hätten Geld gewonnen, was würden wir dann tun? 3. ⟨tr.⟩ *aufnehmen; einstellen:* er wurde am Gymnasium angenommen; sie haben ihn bei der Firma angenommen; ein Kind a. *(adoptieren).* 4. ⟨rfl.; mit Gen.⟩ *sich um jmdn./etwas kümmern:* sie nahm sich der kranken Kinder an. 5. ⟨tr.⟩ *sich zulegen:* einen anderen Namen a. * Vernunft a. *(vernünftig werden).* 6. ⟨tr.⟩ *eindringen oder haften lassen:* das Papier nimmt keine Tinte, kein Wasser an.

Annehmlichkeit, die; -, -en: *das Angenehme; Bequemlichkeit, Vorzug:* das Leben in der Stadt hat viele Annehmlichkeiten.

Annexion, die; -, -en: *[gewaltsame] Aneignung von fremdem Gebiet.*

Annonce [a'nõ:sə], die; -, -n: *Anzeige in einer Zeitung oder Zeitschrift.*

anonym ⟨Adj.; nur in bestimmten Verwendungen⟩: *ein anonymer Brief (Brief, dessen Verfasser seinen Namen nicht nennt);* das Buch ist a. *(ohne Nennung des Verfassers)* erschienen; der Spender möchte a. bleiben *(möchte nicht genannt werden).*

anordnen, ordnete an, hat angeordnet ⟨tr.⟩: 1. *veranlassen, verfügen:* eine Untersuchung a. 2. *in eine bestimmte Ordnung bringen; nach einem bestimmten Plan ordnen, aufstellen:* die Bücher neu a. **Anordnung**, die; -, -en.

anpacken, packte an, hat angepackt: 1. ⟨tr.⟩ *anfassen:* alle müssen mit a. 2. ⟨tr.⟩ (ugs.) *in Angriff nehmen; handhaben:* eine Arbeit richtig a.

anpassen, paßte an, hat angepaßt: 1. ⟨rfl.⟩ *sich angleichen; sich (nach jmdm./etwas) richten:* sich der Zeit, den Umständen a. 2. ⟨tr.⟩ *für etwas passend machen; abstimmen (auf etwas):* die Kleidung der Jahreszeit a.

anpassungsfähig ⟨Adj.⟩: *fähig, sich anzupassen:* sie kommen gut miteinander aus, weil sie beide a. sind.

anpflanzen, pflanzte an, hat angepflanzt ⟨tr.⟩: a) *an eine bestimmte Stelle pflanzen:* Sträucher, Obstbäume a. b) *auf großen Flächen anbauen:* Wein, Tee, Tabak a.

anpöbeln, pöbelte an, hat angepöbelt ⟨tr.⟩ (ugs.; abwertend): *durch freche Worte beleidigen; belästigen:* er pöbelte ihn auf der Straße an.

anprangern, prangerte an, hat angeprangert ⟨tr.⟩: *(jmdn., etwas) öffentlich tadeln, (jmdn.) anklagen:* die Mißstände a. ; jmdn. als Verräter a.

anpreisen, pries an, hat angepriesen ⟨tr.⟩: *mit vielen Worten loben und nachdrücklich empfehlen:* der Händler preist seine Waren an.

Anprobe, die; -, -n: *das Anprobieren eines Kleidungsstückes, das nach den eigenen Maßen angefertigt wird:* der Schneider stellte bei der A. noch einige Mängel fest.

anprobieren, probierte an, hat anprobiert ⟨tr.⟩: *(ein Kleidungsstück o. ä.) anziehen, um zu sehen, ob es paßt:* die Schuhe, den Mantel a.

anpumpen, pumpte an, hat angepumpt ⟨tr.⟩ (ugs.): *sich (von jmdm.) Geld leihen:* wenn er kein Geld mehr hat, pumpt er seine Freunde an.

anraten, rät an, riet an, hat angeraten ⟨tr.⟩: *nachdrücklich (zu etwas) raten; dringend nahelegen, empfehlen:* jmdm. Ruhe a.; der Arzt riet ihm an, weniger zu essen.

anrechnen, rechnete an, hat angerechnet ⟨tr.⟩: a) *berechnen:* der Kellner hat einen Kaffee zu viel angerechnet. b) *mit in Zahlung nehmen, verrechnen:* das alte Radio [mit 20 Mark] a. * jmdm. etwas hoch a. *(jmds. Verhalten besonders anerkennen):* ich rechne es ihm hoch an, daß er mir damals geholfen hat.

Anrecht, das; ⟨in der Fügung⟩ auf etwas A. haben: *ein Recht, einen Anspruch auf etwas haben; etwas fordern können:* er hat ein A. auf Unterstützung.

Anrede, die; -, -n: *Bezeichnung, mit der man jmdn. anredet:* „gnädige Frau" ist eine höfliche A.

anreden, redete an, hat angeredet ⟨tr.⟩: *sich mit Worten (an jmdn.) wenden; das Wort (an jmdn.) richten; ansprechen:* jmdn. mit seinem Titel a.

anregen, regte an, hat angeregt ⟨tr.⟩ /vgl. angeregt/: 1. a) *den Anstoß (zu etwas) geben:* eine Arbeit a. b) *veranlassen, ermuntern, inspirieren:* etwas regt jmdn. zur Nachahmung an; diese Eindrücke haben ihn zu einem neuen Roman angeregt. 2. *vorschlagen:* er hat angeregt, jedes Jahr dieses Fest zu feiern. 3. *anreizen, beleben:* etwas regt den Appetit an; ⟨auch itr.⟩ Wein regt an; ⟨im 1. Partizip⟩ der Vortrag war anregend. **Anregung**, die; -, -en.

Anreise, die; -, -: *Fahrt zu einem bestimmten Ziel:* die A. dauert 3 Tage.

anreisen, reiste an, ist angereist ⟨itr.⟩: *an einen bestimmten Ort reisen:* die Sportler reisten an; ⟨häufig in der Fügung⟩ angereist kommen: auf diese Nachricht hin kam sie sofort angereist.

Anreiz, der; -es: *Verlockung, Antrieb:* einen A. zum Kauf bieten; gelegentliche Geldspenden sind ein A. zur Arbeit.

anreizen, reizte an, hat angereizt ⟨tr.⟩: *verlocken:* die bunte Reklame reizte viele zum Kauf an.

anrempeln, rempelte an, hat angerempelt ⟨tr.⟩ (ugs.): *im Vorübergehen [mit Absicht] heftig anstoßen:* die Passanten a.

anrichten, richtete an, hat angerichtet ⟨tr.⟩: 1. *zum Servieren fertigmachen, zum Essen bereitstellen:* das Mittagessen a. 2. *(etwas Übles) [ohne Absicht] verursachen:* Unheil a.; das Gewitter hat große Schäden angerichtet.

anrüchig ⟨Adj.⟩: *in schlechtem Ruf stehend, von sehr zweifelhaftem Ruf:* ein anrüchiges Lokal.

Anruf, der; -s, -e: 1. *Zuruf, der eine Aufforderung enthält:* er blieb auf den A. der Wache nicht stehen. 2. *Telefongespräch:* einen A. erwarten.

anrufen, rief an, hat angerufen: 1. ⟨tr./itr.⟩ *mit jmdm. eine telefonische Verbindung herstellen:* einen Freund a.; ich muß noch [bei ihm] a. 2. ⟨tr.⟩ (geh.) *sich bittend wenden (an jmdn./ etwas):* die Götter, ein höheres Gericht a.

anrühren, rührte an, hat angerührt ⟨tr.⟩: 1. *anfassen; mit der Hand berühren:* du darfst hier nichts a.; sie haben das Essen nicht angerührt *(sie haben nichts davon gegessen);* bildl.: er rührte diese Frage nicht an *(er brachte sie nicht ins Gespräch).* 2. *(etwas) durch das Mischen von Bestandteilen mit Flüssigkeit zubereiten:* einen Teig a.; Farben a.

ans ⟨Verschmelzung von *an + das*⟩: *an das:* er stellte sein Fahrrad ans *(an das)* Haus; ⟨nicht auflösbar in Wendungen⟩ jmdm. etwas ans Herz legen.

ansäen, säte an, hat angesät ⟨tr.⟩: *auf eine bestimmte Fläche gleichmäßig säen:* Rasen a.

Ansage, die; -, -n: *das Bekanntgeben:* auf die A. der Ergebnisse des Länderkampfes warten; die A. *(Ankündigung)* einer Sendung im Radio.

ansagen, sagte an, hat angesagt: 1. ⟨tr.⟩ a) *ankündigen, bekanntgeben:* ein Programm a. b) *anmelden:* seinen Besuch bei jmdm. a.; ⟨auch rfl.⟩ er sagte sich bei ihm [zu Besuch, für morgen] an.

Ansager, der; -s, -: *jmd., der als Sprecher beim Rundfunk oder im Fernsehen die Sendungen ansagt.*

ansammeln, sammelte an, hat angesammelt: a) ⟨tr.⟩ *sammeln und aufbewahren; anhäufen:* Vorräte, Schätze a. b) ⟨rfl.⟩ *immer mehr werden, in großen Mengen zusammenkommen; sich anhäufen:* in dem Lager haben sich die Vorräte angesammelt. **Ansammlung**, die; -, -en.

ansässig ⟨in der Verbindung⟩ a. sein: *an einem bestimmten Ort wohnen, seinen Wohnsitz haben:* in München a. sein.

Ansatz, der; -es, Ansätze: 1. *Versuch, Anlauf; Anfang:* der erste A. zur Verwirklichung seines Planes scheiterte; die ersten Ansätze des Romans lagen im Jahre 1962. 2. *Beginn der Entwicklung, Bildung von etwas:* der A. einer Knospe war zu sehen. 3. *Stelle, an der ein Körperteil ansetzt:* der A. des Halses.

anschaffen, schaffte an, hat angeschafft ⟨tr.⟩: *[wertvolle Gegenstände] käuflich erwerben:* hast du dir neue Möbel angeschafft? **Anschaffung**, die; -, -en.

anschalten, schaltete an, hat angeschaltet ⟨tr.⟩: *einschalten:* das Radio, das Licht a.

anschauen, schaute an, hat angeschaut ⟨tr.⟩: *ansehen; aufmerksam betrachten:* jmdn. nachdenklich a.; willst du dir nicht das Schloß a.?

anschaulich ⟨Adj.⟩: *leicht verständlich, deutlich, lebendig:* eine anschauliche Darstellung; a. erzählen.

Anschauung, die; -, -en: *Ansicht, grundsätzliche Meinung; Auffassung von etwas:* zu einer bestimmten A. gelangen; ich kenne seine politischen Anschauungen nicht.

Anschein: ⟨in bestimmten Fügungen⟩: **es hat den A.** *(es scheint so, sieht so aus):* es hat den A., als wollte es regnen; den A. erwecken *(den Eindruck machen):* er erweckt den A., als wäre ihm die Sache gleichgültig; allem A. nach *(wie es scheint, vermutlich).*

anscheinend ⟨Adverb⟩: *dem Anschein nach, wie es scheint: offenbar;* er hat sich anscheinend verspätet.

anschicken, sich; schickte sich an, hat sich angeschickt (geh.): *gerade anfangen, (etwas) tun wollen, im Begriff sein:* er schickte sich an wegzugehen.

anschieben, schob an, hat angeschoben ⟨tr.⟩: *durch Schieben in Bewegung setzen:* einen Wagen a.

anschießen, schoß an, hat angeschossen ⟨tr.⟩: *durch einen Schuß verletzen:* ein Tier a.

Anschlag, der; -s, Anschläge: 1. ⟨ohne Plural⟩ *das Anschlagen:* der weiche A. des Pianisten; der A. des Schwimmers am Rand des Beckens. 2. *verbrecherisches Vorhaben, Überfall, Attentat:* der A. ist gelungen, mißglückt. 3. *Bekanntmachung, die irgendwo öffentlich ausgehängt ist; Aushang:* die Anschläge an der Litfaßsäule lesen; etwas durch [einen] A. bekanntgeben. 4. ⟨ohne Plural⟩ *Stelle, bis zu der ein Teil einer Maschine o. ä. bewegt werden kann:* einen Hebel bis zum A. niederdrücken.

anschlagen, schlägt an, schlug an, hat/ist angeschlagen: 1. ⟨itr.⟩ *an etwas schlagen:* er hat als erster Schwimmer angeschlagen *(den Rand des Beckens berührt).* 2. ⟨itr.⟩ *gegen etwas stoßen [und sich dabei verletzen]:* ich bin mit dem Kopf [an die Wand] angeschlagen; ich habe mir das Knie angeschlagen. 3. ⟨tr.⟩ *durch Anstoßen beschädigen:* beim Spülen des Geschirrs hat er einen Teller angeschlagen; angeschlagene Tassen. 4. ⟨tr.⟩ a) *durch Druck nach unten betätigen:* sie hat die Tasten der Schreibmaschine kräftig angeschlagen. b) *auf einem Klavier, Cembalo o. ä. erklingen lassen:* er hatte einen Akkord [auf dem Klavier] angeschlagen. * **einen Ton a.** *(mit jmdm. in einer bestimmten Weise reden):* er hat einen unverschämten Ton angeschlagen. 5. ⟨tr.⟩ *öffentlich anbringen, aushändigen:* er hat eine Bekanntmachung, ein Plakat angeschlagen. ** *etwas* **schlägt an** *(etwas wirkt, hat Erfolg):* das Medikament hat bei ihm gut angeschlagen; das Essen schlug bei ihm an *(machte ihn dick).*

Anschlagsäule, die; -, -n: *Säule für Plakate, Anschläge; Litfaßsäule.*

anschließen, schloß an, hat angeschlossen: 1. ⟨tr.⟩ *an etwas anbringen und dadurch eine*

Verbindung herstellen: einen Schlauch [an die/der Leitung] a. 2. a) ⟨tr.⟩ *folgen lassen:* er schloß [an seine Rede] einige Worte des Dankes an. b) ⟨rfl.⟩ *(auf etwas) unmittelbar folgen:* an die Fahrt schloß sich ein Besuch im Museum an. 3. ⟨itr.⟩ *unmittelbar danebenliegen:* die Terrasse schließt an die Veranda an. 4. ⟨rfl.⟩ a) *(zu jmdm.) in engere Beziehung treten:* du hast dich in letzter Zeit wieder mehr deinen alten Freunden, an deine alten Freunde angeschlossen; sich leicht a. *(leicht Kontakt zu anderen Menschen finden).* b) *einer Meinung o. ä. zustimmen:* willst du dich nicht meinem Vorschlag a.? c) *sich (an einem Unternehmen) beteiligen; (mit jmdm.) mitgehen:* sich einem Streik a.; darf ich mich Ihnen a.?; sich einer Partei a. *(Mitglied einer Partei werden).*

anschließend ⟨Adverb⟩: *darauf, danach:* a. gingen wir ins Theater.

Anschluß, der; Anschlusses, Anschlüsse: 1. *Verbindung (mit etwas)* /in bezug auf Strom, Gas, Wasser, Telefon/: das Dorf hat noch keinen A. an Strom und Wasser; einen A. für den Telefonapparat legen lassen; er wollte gestern bei ihr anrufen, bekam aber keinen A. *(keine telefonische Verbindung).* 2. *Möglichkeit, eine Reise [ohne Unterbrechung mit einem anderen Zug o. ä.] fortzusetzen:* in Köln mußte er eine Stunde auf den A. warten. 3. ⟨ohne Plural⟩ *Kontakt (mit etwas), Beziehung, Verbindung (zu etwas):* den A. an das tägliche Leben finden; in der neuen Umgebung suchte er sofort A. * **im A. an** *(unmittelbar nach):* im A. an den Vortrag findet eine Diskussion statt.

anschnallen, schnallte an, hat angeschnallt ⟨tr.⟩: *mit Riemen, Gurten o. ä. festmachen; festschnallen* /Ggs. abschnallen/: die Schier a.; ⟨auch rfl.⟩ im Flugzeug mußten sie sich a.

anschneiden, schnitt an, hat angeschnitten ⟨tr.⟩: 1. *zu verbrauchen beginnen, indem man das erste Stück abschneidet:* den Kuchen a. 2. *(über etwas) zu sprechen beginnen; zur Sprache bringen:* ein Problem, eine Frage a.

anschrauben, schraubte an, hat angeschraubt ⟨tr.⟩: *mit Schrauben befestigen* /Ggs. abschrauben/: das Schild an die Wand a.

anschreiben, schrieb an, hat angeschrieben ⟨tr.⟩: 1. *für alle sichtbar auf eine senkrechte Fläche schreiben:* welcher Schüler schreibt den Satz [an die Tafel] an?; ⟨auch itr.⟩ du schreibst an! 2. *bis zur späteren Bezahlung notieren:* schreiben Sie den Betrag bitte an! 3. *sich schriftlich wenden an (jmdn./etwas):* er hat verschiedene Hotels angeschrieben, aber noch keine Antwort bekommen. ** (ugs.) **bei jmdm. gut/schlecht angeschrieben sein** *(von jmdm. sehr/nicht geschätzt werden).*

anschreien, schrie an, hat angeschrie[e]n ⟨tr.⟩: *(jmdn.) wütend und mit lauter Stimme anfahren:* der Chef hat den Lehrling angeschrieen.

Anschrift, die; -, -en: *Angabe [des Namens und] der Wohnung einer Person; Adresse.*

anschwellen, schwillt an, schwoll an, ist angeschwollen ⟨itr.⟩: 1. *dick werden, an Umfang zunehmen:* sein Fuß ist nach dem Unfall stark angeschwollen. 2. *immer lauter werden:* der Lärm schwoll immer mehr an. **Anschwellung,** die; -, -en.

anschwindeln, schwindelte an, hat angeschwindelt ⟨tr.⟩ (ugs.): *anlügen.*

ansehen, sieht an, sah an, hat angesehen ⟨tr.⟩ /vgl. angesehen/: 1. a) *den Blick richten (auf jmdn./etwas):* sie sah ihn an und lächelte. b) *[aufmerksam, prüfend] betrachten:* der Arzt sah sich (Dativ) den Patienten lange an; willst du dir diesen Film a.? * **etwas ist schön anzusehen** *(etwas bietet einen schönen Anblick):* dieses Bild ist schön anzusehen; **jmdm. etwas a.** *(an jmds. Äußerem dessen Stimmung o. ä. ablesen, erkennen):* man sieht ihm den Kummer an. 2. *eine bestimmte Meinung, Vorstellung haben (von jmdm./etwas); (für etwas) halten:* jmdn. als seinen Freund a.; etwas als seine Pflicht a. 3. *einschätzen, beurteilen:* er sieht den Fall ganz anders an als du.

Ansehen, das; -s: *[hohe] Meinung, die man von jmdm./etwas hat; Achtung:* sein A. in der Bevölkerung ist groß; das A. der Partei ist gesunken. ** **jmdn. nur vom A. kennen** *(jmdn. nur vom Sehen, nicht mit Namen kennen).*

ansehnlich ⟨Adj.⟩: 1. *ziemlich groß; beachtlich:* er hat ein ansehnliches Vermögen. 2. *gut aussehend:* er ist ein ansehnlicher Mann.

ansetzen, setzte an, hat angesetzt: 1. ⟨tr.⟩ *zur Verlängerung o. ä. an etwas anbringen, annähen:* einen Streifen Stoff an einen Rock a.; wir müssen hier noch ein Stück Rohr a. 2. ⟨tr.⟩ *(etwas) zu einem bestimmten Zweck an eine bestimmte Stelle bringen:* du mußt den Hebel genau an diesem Punkt a.; er setzte das Glas an *(führte es an den Mund)* und trank es aus. 3. ⟨tr.⟩ *beauftragen; einsetzen:* jmdn. als Bearbeiter auf ein neues Projekt a. 4. ⟨itr.⟩ *(mit einer Tätigkeit) beginnen; sich anschicken, etwas zu tun:* zum Sprung a.; der Redner setzte noch einmal [zum Sprechen] an. 5. ⟨tr.⟩ a) *(auf eine bestimmte Zeit) anordnen, festsetzen:* eine Verhandlung [auf neun Uhr] a. b) *veranschlagen, festlegen:* die Kosten für die Arbeit auf 200 Mark a.; für diese Arbeit muß man drei Tage a. *(rechnen).* 6. a) ⟨tr.⟩ *bilden, bekommen:* die Pflanzen setzen Knospen an; Fett a. *(dick werden);* ⟨auch itr.⟩ die Bäume setzen schon an *(bekommen Knospen).* b) ⟨itr.⟩ *hervorkommen, sich bilden:* ein neuer Trieb setzt an der Pflanze an. 7. a) ⟨itr.⟩ *eine Schicht um sich bilden, bekommen:* die Geräte haben bereits Rost angesetzt. b) ⟨rfl.⟩ *als Schicht an etwas entstehen:* an den Wänden des Gefäßes hat sich Kalk angesetzt. 8. ⟨tr.⟩ *bei der Zubereitung (von etwas) bestimmte Zutaten vorbereitend mischen:* eine Bowle, den Teig a.

Ansicht, die; -, -en: 1. *persönliche Meinung; Überzeugung:* er hat seine A. über ihn geändert; nach meiner A./meiner A. nach hat er nicht recht. 2. *Bild, Abbildung einer Landschaft u. a.:* er zeigte ihr einige Ansichten von Berlin. 3. *Seite, Front:* die hintere A. des Schlosses. ** **zur A.** *(vorerst nur zum Ansehen, ohne daß man es kaufen muß):* einige Muster zur A. bestellen.

Ansichtskarte, die; -, -n: *Postkarte mit der Ansicht einer Stadt, Landschaft o. ä.*

Ansichtssache: ⟨in der Fügung⟩ das ist A.: *darüber kann man verschiedener Meinung sein.*

ansiedeln, siedelte an, hat angesiedelt: 1. ⟨rfl.⟩ *sich an einem Ort niederlassen, seßhaft werden:* die Einwanderer siedelten sich zuerst am Fluß an. 2. ⟨tr.⟩ *an einem Ort ansässig machen:* man versuchte, diese Tiere in Europa anzusiedeln.

anspannen, spannte an, hat angespannt ⟨tr.⟩: 1. a) *(Zugtiere) vor einem Wagen festmachen:* die Pferde, Ochsen a.; ⟨auch itr.⟩ ich werde sofort a. lassen. b) *(einen Wagen) mit Zugtieren versehen:* die Kutsche a. 2. a) *straff spannen:* die Muskeln a. b) *anstrengen:* seine Kräfte a. **Anspannung,** die; -.

anspielen, spielte an, hat angespielt ⟨itr.⟩: *versteckt (auf etwas) hinweisen:* er spielte in seiner Rede auf den Vorfall von gestern an. **Anspielung,** die; -, -en.

Ansporn, der; -s: *Antrieb, Anreiz:* die Belohnung sollte ein A. für seine weitere Arbeit sein.

anspornen, spornte an, hat angespornt ⟨tr.⟩: *Antrieb, Anreiz geben:* ihr Lob spornte ihn zu noch größeren Leistungen an.

Ansprache, die; -, -n: *kurze Rede:* er hielt aus Anlaß des Jubiläums eine A. vor den Gästen.

ansprechen, spricht an, sprach an, hat angesprochen /vgl. ansprechend/: 1. ⟨tr.⟩ *das Wort (an jmdn.) richten; anreden:* jmdn. auf der Straße a., um nach dem Weg zu fragen; jmdn. mit seinem Namen a. 2. ⟨tr.⟩ *sich mit einer Frage an jmdn. wenden, um dessen Meinung zu etwas Bestimmtem zu erfahren:* er sprach ihn auf der Vorfall von gestern an. 3. ⟨tr.⟩ *bitten:* er sprach ihn um Hilfe an. 4. ⟨tr.⟩ *ansehen, betrachten, bezeichnen:* diese Bilder kann man nicht als Kunstwerke a. 5. ⟨itr.⟩ *eine Wirkung zeigen; reagieren:* der Patient sprach auf das Medikament nicht an. 6. ⟨tr.⟩ *beeindrucken; wirken (auf jmdn.):* das Bild sprach ihn nicht besonders an; dieses Lied spricht das Gefühl an.

ansprechend ⟨Adj.⟩: *gewinnend, für sich einnehmend; reizvoll:* ein ansprechendes Äußeres haben; diese Mode ist sehr a.

anspringen, sprang an, hat/ist angesprungen: 1. ⟨itr.⟩ *in Gang kommen:* der Motor ist nicht gleich angesprungen. 2. ⟨in der Fügung⟩ angesprungen kommen: *sich springend nähern, herbeieilen:* als die Mutter rief, kamen die Kinder alle angesprungen. 3. ⟨tr.⟩ a) *(an jmdm.) hochspringen:* der Hund hat ihn vor Freude angesprungen. b) *sich mit einem Sprung (auf jmdn./etwas) stürzen;* (jmdn.) *anfallen:* der Tiger ist den Dompteur angesprungen.

Anspruch, der; -s, Ansprüche: 1. *[berechtigte] Forderung:* seine Ansprüche an das Leben waren nicht zu groß. * A. auf etwas erheben/machen *(etwas verlangen, fordern, beanspruchen):* er erhob keinen A. auf Schadenersatz; etwas in A. nehmen: a) *von etwas Gebrauch machen; etwas benutzen:* jmds. Hilfe in A. nehmen. b) *etwas erfordern, brauchen:* diese Arbeit nimmt viel Zeit, alle seine Kräfte in A. 2. *bestimmtes Recht:* er hat den A. auf das Haus verloren. * [einen] A. auf etwas haben *(etwas berechtigt fordern, beanspruchen können):* er hat A. auf Unterstützung.

anspruchslos ⟨Adj.⟩: a) *keine großen Ansprüche stellend; genügsam:* er ist ein anspruchsloser Mensch. b) *nur geringen Ansprüchen genügend:* anspruchslose Lektüre.

anspruchsvoll ⟨Adj.⟩: a) *große Ansprüche stellend; unbescheiden:* sie ist eine sehr anspruchsvolle Frau. b) *kritisch:* ein anspruchsvolles Publikum.

anstacheln, stachelte an, hat angestachelt ⟨tr.⟩: *antreiben, anspornen:* jmds. Eifer, Ehrgeiz durch Lob a.

Anstalt, die; -, -en: *öffentliches Gebäude, Heim, das der Ausbildung, Erziehung, Heilung o. ä. dient:* er kam in eine A. für schwer erziehbare Kinder; der Trinker wurde in eine A. gebracht. ** [keine] Anstalten zu etwas machen *(sich [nicht] zu etwas vorbereiten, anschicken; etwas [nicht] tun wollen):* sie machten keine Anstalten zu gehen.

Anstand, der; -s: *gutes Benehmen; Sitte:* er hat keinen A., kein Gefühl für A.; den A. verletzen.

anständig ⟨Adj.⟩: 1. *dem Anstand, der Sitte entsprechend; ordentlich, höflich:* er ist ein anständiger Mensch; sich a. benehmen. 2. (ugs.) *zufriedenstellend, durchaus genügend:* sie spricht ein anständiges Englisch. 3. (ugs.) *ziemlich groß, viel; beträchtlich:* sie haben eine ganz anständige Summe verdient.

anstandshalber ⟨Adverb⟩: *um die Form zu wahren; nur aus Höflichkeit:* du mußt ihn a. fragen, ob er heute nachmittag mitgehen will.

anstandslos ⟨Adverb⟩ (ugs.): *ohne Zögern, Bedenken:* sie haben mir das Kleid a. umgetauscht.

anstarren, starrte an, hat angestarrt ⟨tr.⟩: *starr, ohne Unterbrechung ansehen:* alle starrten den Fremden an.

anstatt: I. ⟨Konj.⟩ *statt; und nicht:* er schenkte ihr ein Buch a. Blumen; du solltest lieber arbeiten, a. zu jammern. II. ⟨Präp. mit Gen.⟩ *statt; an Stelle:* a. des Geldes gab sie ihm ihren Schmuck; ⟨mit Dativ, wenn der Gen. nicht erkennbar ist⟩ a. Worten will er endlich Taten sehen.

anstaunen, staunte an, hat angestaunt ⟨tr.⟩: *staunend, bewundernd ansehen:* alle staunten das neue Auto an.

anstecken, steckte an, hat angesteckt: 1. ⟨tr.⟩ *mit einer Nadel befestigen; an etwas stecken:* sie steckte ihm eine Blume, eine Schleife an; er steckte ihr einen Ring an. 2. ⟨tr.⟩ *anzünden:* eine Kerze a.; du steckst dir eine Zigarette nach der andern an. 3. a) ⟨tr.⟩ *eine Krankheit (auf jmdn.) übertragen:* er hat mich [mit seinem Schnupfen] angesteckt. b) ⟨rfl.⟩ *durch Kontakt (mit einem Kranken selbst) krank werden:* er hat sich bei ihm, in der Bahn angesteckt. c) ⟨itr.⟩ *sich auf jmdn. übertragen:* diese Krankheit steckt nicht an; ⟨häufig im 1. Partizip⟩ ansteckende Krankheiten.

anstehen, stand an, hat angestanden ⟨itr.⟩: 1. *in einer Schlange warten, bis man an die Reihe kommt:* er hat lange nach den Karten für diese Vorstellung angestanden. 2. (geh.) *angemessen sein;* (zu jmdm.) *passen:* Bescheidenheit steht ihr gut

an. *(geh.) **nicht a.**, etwas zu tun (nicht zögern, etwas zu tun): ich stehe nicht an zu behaupten, daß du unrecht hast. **3.** *auf Erledigung warten:* diese Arbeit steht noch an. * **etwas a. lassen** *(etwas hinausschieben, mit etwas warten):* du darfst diese Arbeit nicht länger a. lassen.

ansteigen, stieg an, ist angestiegen ⟨itr.⟩: **1.** *aufwärts führen:* die Straße, das Gelände steigt an. **2. a)** *höher werden:* das Wasser steigt an; ansteigende Temperaturen. **b)** *zunehmen, wachsen:* die Zahl der Besucher ist im letzten Jahr stark angestiegen.

anstelle ⟨Präp. mit Gen.⟩: *statt; stellvertretend (für jmdn./ etwas):* sie fuhr a. ihrer Schwester mit.

anstellen, stellte an, hat angestellt: **1.** ⟨tr.⟩ *an etwas stellen:* eine Leiter [an die Wand] a. **2.** ⟨rfl.⟩ *sich einer wartenden Reihe von Personen anschließen:* sich an der Kasse des Theaters a. **3.** ⟨tr.⟩ *einschalten, andrehen* /Ggs. abstellen/: das Radio, die Heizung a. **4.** ⟨tr.⟩ *(jmdn.) einstellen, beschäftigen:* jmdn. als Verkäufer a.; er ist bei einer Behörde angestellt. **5.** ⟨tr.⟩ *tun, versuchen, anrichten:* er hat schon alles mögliche angestellt, aber nichts hat gegen diese Krankheit geholfen; Unfug a.; das hat er ganz geschickt angestellt *(eingerichtet, angefangen).* **6.** ⟨rfl.⟩ *sich benehmen:* sich bei einer Arbeit dumm, geschickt a. **7.** ⟨als Funktionsverb⟩ Überlegungen a. *(überlegen)*; Beobachtungen a. *(beobachten)*; mit jmdm. ein Verhör a. *(jmdn. verhören)*.

Anstellung, die; -, -en: *das Anstellen; Einstellung:* die A. weiterer Mitarbeiter; eine feste A. *(Stellung)* suchen.

Anstieg, der; -s: **1.** *das Ansteigen; Steigung:* der A. der Straße. **2.** *Erhöhung, Zunahme:* der A. der Temperaturen. **3.** *das Hinaufsteigen, Aufstieg:* ein beschwerlicher A.

anstiften, stiftete an, hat angestiftet ⟨tr.⟩: **1.** *(etwas Übles) veranlassen, ins Werk setzen:* Unfug, Verschwörungen a. **2.** *verleiten; (zu etwas Üblem) überreden:* jmdn. zu einem Betrug a. **Anstiftung,** die; -, -en.

anstimmen, stimmte an, hat angestimmt ⟨tr.⟩: *zu singen beginnen:* ein Lied, einen Choral a.

Anstoß, der; -es, Anstöße: *Anregung, Impuls:* er hat den ersten A. zu dieser Sammlung gegeben. ** **A. erregen** *(Ärger hervorrufen):* mit dieser Bemerkung hat er A. bei ihr erregt; **an etwas A. nehmen** *(etwas mißbilligen):* sie nahm A. an seinem Benehmen.

anstoßen, stößt an, stieß an, hat/ist angestoßen: **1. a)** ⟨tr.⟩ *einen Stoß geben:* er hat mich beim Schreiben versehentlich angestoßen; jmdn. freundschaftlich a. **b)** ⟨itr.⟩ *an etwas stoßen:* das Kind ist mit dem Kopf an den Tisch angestoßen. **2.** ⟨itr.⟩ *die Gläser aneinanderstoßen, um auf etwas zu trinken:* sie haben auf seine Gesundheit, auf den Erfolg des Buches angestoßen. **3.** ⟨itr.⟩ *(jmds.) Unwillen hervorrufen; Anstoß erregen:* er ist bei seinem Chef angestoßen.

anstößig ⟨Adj.⟩: *Anstoß erregend; unanständig:* sie sangen anstößige Lieder.

anstreben, strebte an, hat angestrebt ⟨tr.⟩: *zu erreichen suchen; (nach etwas) streben:* eine neue soziale Ordnung a.

anstreichen, strich an, hat angestrichen ⟨tr.⟩: **1.** *Farbe (auf etwas) streichen:* ein Haus anstreichen. **2.** *durch einen Strich [am Rand] hervorheben, kenntlich machen:* eine Stelle, einen Abschnitt in einem Buch a.; er hat in deinem Aufsatz fünf Fehler angestrichen.

anstrengen, strengte an, hat angestrengt: **1.** ⟨rfl.⟩ *seine Kräfte mehr als gewöhnlich einsetzen; sich große Mühe geben:* du mußt dich in der Schule mehr a.; ⟨auch tr.⟩ seinen Verstand, seine Stimme a. **2.** ⟨tr.⟩ *übermäßig beanspruchen; eine Belastung, Strapaze sein:* die viele Sprechen strengte den Kranken sehr an; ⟨auch itr.⟩ Turnen strengt an; ⟨häufig im 1. Partizip⟩ eine anstrengende Arbeit. **Anstrengung**, die; -, -en.

Ansturm, der; -s, Anstürme: **1.** *heftiges Herandrängen, Heranstürmen:* der Boxer konnte dem A. des Gegners standhalten. **2.** *großer Andrang:* es begann ein großer A. auf die Kasse des Theaters.

Anteil, der; -s, -e: *Teil eines Ganzen, der jmdm. gehört oder zukommt:* er verzichtete auf seinen A. an der Erbschaft. * **A. an etwas haben** *(an etwas beteiligt sein):* er hat großen A. an der Entwicklung des neuen Instrumentes; **A. an jmdm./etwas nehmen** *(Interesse, Mitgefühl für jmdn./etwas haben):* sie nahm persönlichen, besonderen A. an ihm und seinem Schicksal.

Anteilnahme, die; -: *Teilnahme, Interesse, Mitgefühl:* ein Ereignis mit lebhafter A. verfolgen; jmdm. seine A. *(sein Beileid nach dem Tod eines Verwandten)* aussprechen.

Antenne, die; -, -n: *Vorrichtung zum Ausstrahlen oder Empfangen von Sendungen des Rundfunks, Fernsehens o. ä.* (siehe Bild): eine A. auf dem Dach anbringen.

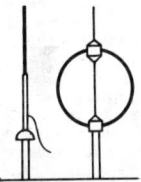

Antenne

Antipathie, die; -, -n: *dem Gefühl entspringende Abneigung gegen jmdn., etwas* /Ggs. Sympathie/: zwischen beiden besteht eine A.; er hat eine große A. gegen alles, was mit dem Militär zusammenhängt.

antippen, tippte an, hat angetippt ⟨tr.⟩: *leicht berühren:* er tippte seinen Nachbarn an und flüsterte ihm etwas ins Ohr; bildl.: eine heikle Angelegenheit nur a. *(vorsichtig im Gespräch berühren)*; ich werde bei ihm einmal [deswegen] a. *(vorsichtig anfragen)*.

Antiquariat, das; -s, -e: *Buchhandlung, in der man alte [wertvolle], gebrauchte Bücher o. ä. kaufen kann:* das Buch ist nur noch in einem A. zu erhalten.

antiquarisch ⟨Adj.; nicht prädikativ⟩: *gebraucht, alt [und wertvoll]* /von Büchern o. ä./: antiquarische Bücher; Noten, Schallplatten a. kaufen.

Antiquitäten, die ⟨Plural⟩: *wertvolle alte [Kunst]gegenstände:* er handelt mit A.

Antlitz, das; -es, -e (geh.): *Gesicht:* sie betrachteten schweigend das bleiche A. des Toten.

Antrag, der; -s, Anträge: **1.** *an eine Behörde gerichtete schriftliche Bitte; Gesuch, Eingabe:* einen A. auf Gewährung

antragen

eines Zuschusses stellen; sein A. wurde abgelehnt. 2. *zur Abstimmung eingereichter Entwurf, Vorschlag:* gegen einen A. stimmen; auf A. der Partei.

antragen, trägt an, trug an, hat angetragen ⟨tr.⟩ ⟨geh.⟩: *anbieten:* jmdm. ein Amt, seine Freundschaft a.

antreffen, trifft an, traf an, hat angetroffen ⟨tr.⟩: *an einem bestimmten Ort, in einem bestimmten Zustand vorfinden:* ich habe ihn nicht zu Hause angetroffen; er war froh, sie gesund anzutreffen; diese Pflanze trifft man nur in bestimmten Gegenden an *(findet man nur dort, kommt nur dort vor).*

antreiben, trieb an, hat/ist angetrieben: 1. ⟨tr.⟩ *vorwärtstreiben; zu rascherer Fortbewegung veranlassen:* weil es schon spät geworden war, hatte er die Pferde angetrieben. 2. ⟨tr.⟩ *drängen, (zu etwas) treiben:* der Chef hat sie zu schnellerem Arbeiten, zur Eile angetrieben; der Ehrgeiz, die Neugier hat ihn [dazu] angetrieben. 3. ⟨tr.⟩ *in Gang bringen und in Bewegung halten:* früher hat der Wind die Mühle angetrieben; eine Maschine elektrisch a. 4. a) ⟨tr.⟩ *ans Ufer treiben:* die Wellen haben den Toten [ans Ufer] angetrieben. b) ⟨itr.⟩ *ans Ufer getrieben werden:* das leere Boot ist erst nach Wochen an der/an die Küste angetrieben.

antreten, tritt an, trat an, hat/ist angetreten: 1. ⟨itr.⟩ *sich in einer bestimmten Ordnung aufstellen:* die Schüler waren der Größe nach angetreten. 2. ⟨itr.⟩ *sich (einem Gegner) zu einem Wettkampf stellen:* er ist gegen den Weltmeister angetreten. 3. ⟨tr.⟩ *(mit etwas) beginnen:* er hat eine Reise nach England, eine Tournee angetreten; seinen Dienst a.; ein Amt a. *(übernehmen);* jmds. Nachfolge a. *(jmds. Nachfolger werden).* * **den Beweis für etwas a.** *(etwas beweisen).*

Antrieb, der; -s, -e: 1. *innere Kraft, die jmdn. zu einem bestimmten Verhalten treibt:* Ehrgeiz und Egoismus waren die Antriebe seines Handelns. 2. *Kraft, die eine Maschine in Gang bringt und in Bewegung hält:* ein Motor mit elektrischem A.

antun, tat an, hat angetan ⟨tr.⟩: a) *erweisen:* jmdm. etwas Gutes, eine Ehre a. b) *zufügen:* jmdm. Unrecht, Schande, etwas Böses, Gewalt a. ** **sich** (Dativ) **etwas a.** *(Selbstmord begehen);* **es jmdm. angetan haben** *(jmdn. angenehm berühren, entzücken):* er hat es mir angetan; sein Spiel auf der Geige hatte es ihr angetan.

Antwort, die; -, -en: *Äußerung, die auf die Frage oder die Äußerung eines andern folgt; Entgegnung, Auskunft:* er bekam [auf seine Frage] nur eine kurze A. * **[keine] A. geben** *([nicht] antworten):* die Mutter rief, aber die Kinder gaben keine A.; **jmdm. Rede und A. stehen** *(jmdm. Rechenschaft geben über etwas).*

antworten, antwortete, hat geantwortet ⟨itr.⟩: *sich auf eine Frage hin äußern; eine Antwort geben; entgegnen, erwidern:* er antwortete [mir] höflich auf meine Frage; er wußte nicht, was er darauf a. sollte; er antwortete kein einziges Wort, etwas Unverständliches.

anvertrauen, vertraute an, hat anvertraut: 1. ⟨tr.⟩ a) *(jmdm.) die Verwaltung, Leitung (von etwas) übergeben:* jmdm. sein Vermögen, eine Abteilung seines Unternehmens a. b) *der Fürsorge eines anderen übergeben:* während seiner Reise vertraute er die Kinder seiner Schwester a. 2. a) ⟨tr.⟩ *im Vertrauen mitteilen:* jmdm. seine Pläne, ein Geheimnis a. b) ⟨rfl.⟩ *sich im Vertrauen an jmdn. wenden und ihm Persönliches mitteilen:* er hat sich nur seinem Freund anvertraut.

Anwalt, der; -[e]s, Anwälte: *Jurist, der beruflich jmdn. in rechtlichen Angelegenheiten berät oder vertritt:* sich durch seinen A. vertreten lassen. * **sich für jmdn./etwas zum A. machen** *(sich für jmdn./etwas einsetzen; für jmdn./etwas eintreten):* er machte sich zum A. der Armen.

Anwandlung, die; -, -en: *plötzlich auftretendes Gefühl:* sie folgte einer [plötzlichen] A. und reiste ab; eine A. von Heimweh befiel ihn.

Anwärter, der; -s, -: *jmd., der einen Anspruch, die Aussicht auf etwas hat:* er ist einer der Anwärter auf dieses Amt.

anweisen, wies an, hat angewiesen ⟨tr.⟩ /vgl. angewiesen/: 1. *zuteilen, zuweisen:* jmdm. einen Platz, ein Zimmer a. 2. *(jmdm.) einen bestimmten Auftrag erteilen, (jmdm.) etwas befehlen:* ich habe ihn angewiesen, sofort den Chef zu benachrichtigen; er war angewiesen, nicht darüber zu sprechen. 3. *die Auszahlung (von etwas) veranlassen; überweisen:* den Angestellten das Gehalt a. **Anweisung,** die; -, -en.

anwenden, wandte/wendete an, hat angewandt/angewendet ⟨tr.⟩: 1. *gebrauchen; (mit etwas) arbeiten:* bei einer Arbeit ein bestimmtes Verfahren, eine bestimmte Technik a.; er mußte eine List a., um seine Frau aus dem Zimmer zu schicken. 2. *(auf jmdn./etwas) beziehen, übertragen:* einen Paragraphen des Gesetzbuches auf einen Fall a. **Anwendung,** die; -, -en.

anwerben, wirbt an, warb an, hat angeworben ⟨tr.⟩: *für eine bestimmte Arbeit, einen Dienst werben:* er versuchte noch einige Leute anzuwerben, die ihm helfen sollten; Truppen a.

Anwesen, das; -s, - ⟨geh.⟩: *[größeres] Grundstück mit Haus, Gebäude.*

anwesend ⟨Adj.; nicht adverbial⟩: *sich an einem bestimmten Ort befindend, aufhaltend:* alle anwesenden Personen waren einverstanden, als dies beschlossen wurde, war er nicht a. **Anwesenheit,** die; -: *das Anwesendsein; Gegenwart* /Ggs. Abwesenheit/: man darf in seiner A. nicht davon sprechen.

anwidern, widerte an, hat angewidert ⟨tr.⟩: *jmdm. zuwider, widerlich sein; jmds. Ekel erregen:* dieser Mensch, sein Benehmen widert mich an; er fühlte sich von dem Gestank angewidert.

Anwohner, der; -s, -: *Anlieger, Nachbar:* alle Anwohner der Straße hörten den nächtlichen Lärm.

Anzahl, die; -: *vorhandene Zahl; gewisse Menge:* eine größere A. der Gäste war nicht gekommen.

anzahlen, zahlte an, hat angezahlt ⟨tr.⟩: a) *beim Kauf als ersten Teil des ganzen Betrags zahlen:* die Hälfte, 100 Mark a. b) *beim Kauf einen ersten Teil, die erste Rate für etwas zahlen:* einen Fernsehapparat a. **Anzahlung,** die; -, -en.

Anzeichen, das; -s, -: *Zeichen, das etwas Vorhandenes oder Kommendes anzeigt:* sie waren nach dem langen Marsch ohne jedes A. von Erschöpfung; die A. eines drohendes Krieges.

Anzeige, die; -, -n: **1.** *Bekanntgabe in der Zeitung, Annonce; gedruckte Mitteilung:* auf seine A. hin meldeten sich fünf Mädchen; jmdm. eine A. zur Verlobung schicken. **2.** *offizielle Meldung an die Polizei oder an eine entsprechende Behörde:* jmdm. mit einer A. drohen. * **gegen jmdn. A. erstatten, jmdn./ etwas zur A. bringen** *(jmdn./etwas anzeigen):* [gegen jmdn.] A. bei der Polizei erstatten.

anzeigen, zeigte an, hat angezeigt ⟨tr.⟩ /vgl. angezeigt/: **1.** *dem Betrachter zeigen; (auf etwas) hindeuten:* das Barometer zeigt schönes Wetter an. **2.** *mitteilen, bekanntmachen, ankündigen:* die Geburt eines Sohnes in der Zeitung a.; jmdm. seinen Besuch a. **3.** *der Polizei oder einer entsprechenden Behörde melden:* jmdn. wegen Betrugs, eines Diebstahls a.

anzetteln, zettelte an, hat angezettelt ⟨tr.⟩: *(etwas Übles) planvoll vorbereiten; anstiften:* eine Verschwörung, einen Krieg a.

anziehen, zog an, hat angezogen /vgl. anziehend/: **1.** ⟨tr.⟩ **a)** *den Körper mit der üblichen Kleidung bedecken, versehen* /Ggs. ausziehen/: die Mutter zog die Kinder rasch an.; ⟨auch rfl.⟩ du mußt dich jetzt a.; ⟨häufig im 2. Partizip⟩ eine gut angezogene (gekleidete) Frau. **b)** *(ein Kleidungsstück) überziehen, überstreifen* /Ggs. ausziehen/: einen Mantel, Handschuhe a. **2.** ⟨tr.⟩ *Anziehungskraft (auf etwas) ausüben und an sich heranziehen:* der Magnet zieht Eisen an; bildl.: die Ausstellung zog viele Besucher an. **3.** ⟨tr.⟩ *an den Körper ziehen:* ein Bein a. **4.** ⟨tr.⟩ *straffer spannen; durch Ziehen, Drehen fester machen:* das Seil, die Schraube a. **5.** ⟨itr.⟩ *[im Preis] steigen:* die Preise haben stark angezogen; die Kartoffeln ziehen auch wieder an. **6.** ⟨itr.⟩ *zu ziehen beginnen:* die Pferde ziehen an.

anziehend ⟨Adj.⟩: *reizvoll, reizend, attraktiv:* sie ist ein sehr anziehendes Mädchen.

Anziehungskraft, die; -, Anziehungskräfte: *magnetische Kraft, Schwerkraft:* die A. eines Magnets; die A. der Erde; bildl.: sie übt eine große A. auf ihn aus.

Anzug, der; -s, Anzüge: *aus Jacke [Weste] und Hose bestehendes Kleidungsstück* (siehe Bild): er trug einen dunklen A. ** **im A. sein** *(herankommen, sich nähern):* ein Gewitter ist im A.

Anzug

anzüglich ⟨Adj.⟩: *auf etwas Peinliches anspielend:* eine anzügliche Bemerkung machen.

anzünden, zündete an, hat angezündet ⟨tr.⟩: *zum Brennen bringen; anstecken:* eine Kerze, ein Streichholz a.; darf ich dir die Zigarette a.?

apart ⟨Adj.⟩: *durch seine Besonderheit angenehm auffallend; ungewöhnlich, nicht alltäglich und dadurch reizvoll:* eine aparte Dame; dieser Hut ist besonders a.

apathisch ⟨Adj.⟩: *teilnahmslos, gleichgültig:* er saß völlig a. in einer Ecke.

Apfel, der; -s, Äpfel: /eine Frucht/ (siehe Bild). * **in den sauren A. beißen** *(etwas Unangenehmes notgedrungen tun).*

Apfel

Apfelsine, die; -, -n: *Orange* /eine Südfrucht/ (siehe Bild).

Apfelsine

Apotheke, die; -, -n: *Geschäft, in dem Medikamente verkauft oder auch hergestellt werden.*

Apotheker, der; -s, -: *jmd., der die Berechtigung zur Leitung einer Apotheke erworben hat* /Berufsbezeichnung/.

Apparat, der; -s, -e: **1.** *[kompliziertes] aus mehreren Teilen zusammengesetztes technisches Gerät, das eine bestimmte Arbeit leistet:* er mußte den A. auseinandernehmen, weil er nicht mehr funktionierte; (ugs.) du wirst am A. *(am Telefon)* verlangt; (ugs.) stelle doch bitte den A. *(das Radio)* ab. **2.** *alle Menschen und Hilfsmittel, die für eine bestimmte größere Aufgabe benötigt werden:* der riesige A. der Verwaltung.

Apparatur, die; -, -en: *gesamte Anlage von Apparaten und Instrumenten, die einer bestimmten Aufgabe dient:* allein die A. kostete ein Vermögen.

appellieren, appellierte, hat appelliert ⟨itr.⟩: *sich nachdrücklich mit einer Aufforderung oder Mahnung (an jmdn.) wenden:* er appellierte an die Bewohner, Ruhe zu bewahren; an jmds. Einsicht a.

Appetit, der; -s: *Lust zu essen:* er bekam auf einmal großen A. auf Fisch. * **guten A.!** /Wunschformel/.

appetitlich ⟨Adj.⟩: *(durch die Art der Zubereitung, durch das Aussehen) den Appetit anregend:* die Brötchen sehen sehr a. aus.

Aprikose

applaudieren, applaudierte, hat applaudiert ⟨itr.⟩: *Beifall spenden, klatschen; seine Zustimmung äußern:* nach seiner Rede applaudierten die Zuhörer besonders lebhaft.

Applaus, der; -es: *Beifall, der sich durch Klatschen, Zurufe o. ä. äußert:* nach dem Konzert setzte stürmischer A. ein.

Aprikose, die; -, -n: /eine Frucht/ (siehe Bild).

April, der; -[s]: *vierter Monat des Jahres.*

Arbeit, die; -, -en: **1.** *körperliche oder geistige Tätigkeit, Betätigung; Ausführung eines Auftrags:* eine neue, interessante A. beginnen; er hat als Lehrling jeden Tag bestimmte Arbeiten zu verrichten. **2.** ⟨ohne Plural⟩ **a)** *das Beschäftigtsein mit etwas; das Tätigsein, Arbeiten:* du störst mich bei der A.; er hat viel A. *(hat viel zu tun).* * **etwas ist in A.** *(an etwas wird gerade gearbeitet).* **b)** *Anstrengung, Mühe, Beschwerlichkeit:* es war eine

arbeiten 40

ziemliche A., die Bücher neu zu ordnen; du hast dir viel A. gemacht mit der Vorbereitung des Festes. c) *berufliche Tätigkeit, Ausübung des Berufs:* er sucht eine neue A.; er hat zur Zeit keine A. *(ist arbeitslos).* 3. *Werk, Erzeugnis:* die Künstler stellten ihre Arbeiten aus; eine wissenschaftliche A. *(Abhandlung)* veröffentlichen; der Lehrer sammelte die Arbeiten *(schriftlichen Aufgaben)* ein. 4. *Gestaltung, Art der Ausführung:* dieser Schrank ist eine alte, solide A.

arbeiten, arbeitete, hat gearbeitet: 1. ⟨itr.⟩: *Arbeit leisten, verrichten; tätig sein:* er arbeitete sehr konzentriert; er arbeitet bei einer Behörde, für eine andere Firma; er hat lange an der Lösung dieser Aufgabe gearbeitet *(war lange damit beschäftigt);* ⟨auch rfl.⟩ er hat sich müde gearbeitet *(hat so lange gearbeitet, bis er müde war).* 2. ⟨itr.⟩ *in Tätigkeit, in Betrieb, in Funktion sein:* die Maschine arbeitet Tag und Nacht; sein Herz arbeitet wieder normal. 3. ⟨tr.⟩ *anfertigen, herstellen:* wer hat diesen Anzug gearbeitet? 4. ⟨rfl.⟩ *einen bestimmten Weg mühevoll zurücklegen:* es dauerte einige Zeit, bis er sich durch den Schnee gearbeitet hatte.

Arbeiter, der; -s, -: a) *jmd., der arbeitet:* er ist ein gewissenhafter A. b) *jmd., der gegen Lohn körperliche Arbeit verrichtet:* er ist ein gelernter A.; die Arbeiter bekommen ihren Lohn am Ende jeder Woche.

Arbeiterschaft, die; -: *Gesamtheit der Arbeiter.*

Arbeitgeber, der; -s, -: *jmd., der andere gegen regelmäßige Bezahlung beschäftigt:* er hat einen verständnisvollen A.

Arbeitnehmer, der; -s, -: *jmd., der nicht selbständig ist, sondern bei einem anderen gegen Bezahlung arbeitet.*

arbeitsam ⟨Adj.⟩: *fleißig und tüchtig:* ein arbeitsamer Mensch; dieses Volk ist sehr a. **Arbeitsamkeit**, die; -.

Arbeitsamt, das; -[e]s, Arbeitsämter: *behördliche Einrichtung zur Vermittlung von Arbeit.*

Arbeitskraft, die; -, Arbeitskräfte: 1. ⟨ohne Plural⟩ *Fähigkeit, etwas zu leisten, zu arbeiten:* die menschliche A. durch Maschinen ersetzen. 2. *Arbeit lei-*

stender Mensch: der Betrieb hat neue Arbeitskräfte eingestellt.

arbeitslos ⟨Adj.⟩: *unfreiwillig ohne berufliche Beschäftigung, keinen Arbeitsplatz habend:* er ist schon seit einem halben Jahr a. **Arbeitslose**, der; -n, -n ⟨aber: [ein] Arbeitsloser, Plural: Arbeitslose⟩.

Arbeitsplatz, der; -es, Arbeitsplätze: 1. *Platz, an dem man seine berufliche Arbeit verrichtet:* er hat einen schönen, sonnigen A. 2. *Stelle, Beschäftigung:* seinen A. wechseln, verlieren.

Arbeitstag, der; -[e]s, -e: 1. *Tag, an dem allgemein gearbeitet wird:* die Woche hat nur noch fünf Arbeitstage. 2. ⟨ohne Plural⟩ *festgelegte tägliche Arbeitszeit im Beruf:* sein A. hat acht Stunden.

Arbeitsverhältnis, das; -ses, -se: 1. *rechtliche Beziehung zwischen Arbeitnehmer und Arbeitgeber:* er will sein A. lösen *(seine Stelle aufgeben).* 2. ⟨Plural⟩ *Bedingungen, unter denen man beruflich arbeitet:* bei seiner Firma sind die Arbeitsverhältnisse nicht sehr erfreulich.

Arbeitszeit, die; -, -en: 1. *tägliche für die Arbeit vorgesehene oder festgelegte Zeit:* die A. wurde um eine halbe Stunde verkürzt. 2. *Zeit, die für eine bestimmte Arbeit benötigt wird:* der Handwerker berechnete A. und Material.

Archiv, das; -s, -e: 1. *Sammlung von Dokumenten, Urkunden o. ä.:* ein A. anlegen. 2. *Ort für die Aufbewahrung von Dokumenten, Urkunden o. ä.:* die alten Urkunden liegen im A.

arg, ärger, ärgste ⟨Adj.⟩: a) *schlimm, übel; unangenehm, groß, heftig:* in arge Not geraten; das war eine arge Enttäuschung für ihn. b) ⟨verstärkend bei Adjektiven und Verben⟩ (bes. südd.) *sehr, in auffallender Weise:* der Koffer ist a. schwer; er ist noch a. jung.

Ärger, der; -s, 1. *durch Mißfallen an etwas, durch Unzufriedenheit, Enttäuschung o. ä. hervorgerufenes Gefühl des Gereiztseins; Verdruß, Unwille:* sie konnte ihren Ä. über das Mißgeschick nicht verbergen. 2. *etwas, worüber man sich ärgert; Unannehmlichkeit:* heute gab es im Büro wieder [viel] Ä.

ärgerlich ⟨Adj.⟩: 1. *voll Ärger, Verdruß; verärgert, aufgebracht:* etwas in ärgerlichem Ton sagen; er war sehr ä. über die Störung. 2. *Ärger, Verdruß verursachend; unerfreulich, unangenehm:* eine ärgerliche Angelegenheit; er fand es sehr ä., so lange warten zu müssen.

ärgern, ärgerte, hat geärgert: 1. ⟨tr.⟩ a) *(jmdm.) Ärger, Verdruß bereiten; verstimmen:* er hat sie mit seiner Bemerkung geärgert; es ärgerte ihn, daß er alles falsch gemacht hat. b) *reizen, necken, hänseln:* er hat es darauf abgesehen, sie zu ä. 2. ⟨rfl.⟩ *Ärger, Verdruß empfinden; ärgerlich, erregt sein:* hast du dich über ihn geärgert?

Ärgernis, das; -ses, -se: *etwas, worüber man sich ärgert; Unannehmlichkeit:* seine häufige Abwesenheit war ein Ä. für den Chef.

arglos ⟨Adj.⟩: a) *ohne böse Absicht:* eine arglose Bemerkung. b) *nichts Böses ahnend, vertrauensselig:* das Mädchen folgte a. dem Manne. **Arglosigkeit**, die; -.

Argument, das; -[e]s, -e: *etwas, was zur Rechtfertigung, Begründung oder als Beweis vorgebracht wird.*

Argwohn, der; -s: *Mißtrauen, Verdacht.*

argwöhnen, argwöhnte, hat geargwöhnt ⟨tr.⟩: *(jmdm. gegenüber) mißtrauisch sein und befürchten, vermuten:* sie argwöhnte, daß er sie belog.

argwöhnisch ⟨Adj.⟩: *mißtrauisch.*

arm, ärmer, ärmste ⟨Adj.⟩: 1. *nur sehr wenig Geld zum Leben habend* /Ggs. reich/: seine Eltern waren a. und konnten ihn nicht studieren lassen. * **a. und reich** *(jedermann);* **a. an etwas sein** *(nur wenig von etwas haben):* die Banane ist a. an Vitaminen. 2. *bedauernswert, Mitleid erregend:* der arme Mann hat nur ein Bein.

Arm, der; -[e]s, -e: 1. /Glied des [menschlichen] Körpers/ (siehe Bild): der rechte, linke

Arm 1.

A.; bildl.: ein toter *(nicht weiterführender)* A. eines Flusses.

* (ugs.) jmdn. auf den A. nehmen *(jmdn. zum besten haben)*; jmdm. [mit Geld o. ä.] unter die Arme greifen *(jmdn. [mit Geld o. ä.] unterstützen)*; (ugs.) die Beine untern A. nehmen *(schnell weglaufen; sich beeilen)*. 2. fachspr. Ärmel: *ein Kleid mit kurzem A.*

Armee, die; -, -n: a) ⟨ohne Plural⟩ *alle Soldaten oder Truppen eines Staates; Heer.* b) *größere Einheit, Abteilung eines Heeres:* die zweite A. c) *große Menge:* eine A. von Arbeitslosen.

Ärmel, der; -s, -: *Teil eines Kleidungsstückes, der den Arm bedeckt.* * [sich (Dativ)] etwas aus dem Ä./aus den Ärmeln schütteln *(etwas mit Leichtigkeit leisten können)*.

ärmlich ⟨Adj.⟩: *[im Äußeren] von Armut zeugend; dürftig:* ärmliche Kleidung; er lebt sehr ä.

armselig ⟨Adj.⟩: *ärmlich, kümmerlich, unzulänglich:* er war sehr a. angezogen.

Armut, die; -: a) *materielle Not:* in dieser Familie herrschte bitterste A.; die A. war in diesem Lande groß. b) *Mangel:* die A. des Gefühls/an Gedanken.

Aroma, das; -s, Aromen und Aromas: 1. /von Genuß- und Lebensmitteln/ a) *angenehmer, stärker ausgeprägter Geschmack:* die Erdbeeren haben ein schönes A. b) *würziger Duft, Wohlgeruch:* die Zigarre hat ein besonderes A. 2. *Flüssigkeit mit besonderem Geschmack, die einer [süßen] Speise beigegeben wird:* ein Fläschchen A.

arrangieren [arã'ʒi:rən], arrangierte, hat arrangiert: 1. ⟨tr.⟩ a) *die Gestaltung (einer Veranstaltung o. ä.) übernehmen:* ein Fest a. b) *in die Wege leiten, bewerkstelligen:* etwas geschickt a. 2. ⟨rfl.⟩ *sich [mit jmdm.] verständigen und eine Lösung für etwas finden:* sie müssen sich a.

arrogant ⟨Adj.⟩: *anmaßend, dünkelhaft; so überheblich, daß man sich dadurch herausgefordert fühlt:* er benahm sich sehr a.

Arsch, der; -es, Ärsche (derb): *Gesäß*.

Art, die; -, -en: 1. ⟨ohne Plural⟩ *Eigenart, Wesen, Beschaffenheit, Natur:* ihre frische A. gefiel allen. 2. ⟨ohne Plural⟩ *Weise, Gewohnheit im Handeln:* er hat eine unangenehme A. zu fragen; auf diese A. kommst du nie ans Ziel; er tat dies in seiner gewohnten A.; sie glaubten dies nach kindlicher A. 3. *Sorte, Gattung:* Blumen aller A. * aus der A. schlagen *(niemandem aus der Familie in Anlage oder Wesen ähnlich sein):* der Sohn ist ganz aus der A. geschlagen.

artig ⟨Adj.⟩: 1. *gehorsam, folgsam, brav:* ein artiges Kind. 2. *höflich, galant:* er fragte sie a. nach ihrem Befinden. **Artigkeit**, die; -, -en.

Artikel, der; -s, -: 1. *schriftlicher Beitrag, Aufsatz in einer Zeitung o. ä.* 2. *in sich abgeschlossener Abschnitt innerhalb eines Textes:* das steht im A. 3 der Verfassung. 3. *verkäufliche Ware; Gegenstand:* dieser A. ist im Augenblick nicht vorhanden.

Artist, der; -en, -en: *Künstler im Zirkus oder Varieté.*

Arznei, die; -, -en: *Heilmittel.*

Arzt, der; -es, Ärzte: *jmd., der Medizin studiert hat und die staatliche Erlaubnis hat, Kranke zu behandeln.*

ärztlich ⟨Adj.; nicht prädikativ⟩: a) *zum Arzt gehörend:* die ärztliche Praxis. b) *vom Arzt [ausgehend]:* eine ärztliche Untersuchung; sich ä. behandeln lassen.

Asche, die; -: *etwas, was von verbranntem Material in Form von Pulver übrigbleibt.*

Aschenbecher, der; -s, -: *Schale für die Asche von Zigaretten o. ä.*

asozial ⟨Adj.⟩: *gegen die Gesellschaft gerichtet, der Gemeinschaft schadend.*

Aspekt, der; -[e]s, -e: *Art der Betrachtung oder Beurteilung von etwas; Gesichtspunkt:* die verschiedenen Aspekte eines Problems.

Ast, der; -es, Äste: *stärkerer Zweig eines Baumes* (siehe Bild).

Ast

ästhetisch ⟨Adj.⟩: a) ⟨nicht prädikativ⟩ *die Gesetze der Schönheit und der Kunst betreffend:* etwas vom ästhetischen Standpunkt aus betrachten. b) *durch seine Schönheit angenehm [wirkend], ansprechend:* ein ästhetischer Anblick.

Astronaut, der; -en, -en: *Insasse eines [amerikanischen] Weltraumfahrzeugs.*

Atelier [atəli'e:], das; -s, -s: *Raum für künstlerische o. ä. Arbeiten.*

Atem, der; -s: 1. *das Atmen:* der A. setzte aus. 2. *Luft, die ein- oder ausgeatmet wird:* A. holen; er ist außer A.

Athlet, der; -en, -en: 1. *stark muskulöser, kräftiger Mann.* 2. *jmd., der an einem sportlichen Wettkampf teilnimmt.*

Atlas, der; - und -ses, Atlanten: *zu einem Band zusammengefaßte Landkarten.*

atmen, atmete, hat geatmet: 1. ⟨itr.⟩ *Luft einziehen [und ausstoßen]:* durch die Nase a.; tief a. 2. ⟨tr.⟩ *einatmen:* frische Luft a. **Atmung**, die; -, -en.

Atom, das; -s, -e: *kleinstes Teilchen eines chemischen Grundstoffes.*

Attentat, das; -[e]s, -e: *Versuch, eine im öffentlichen Leben stehende Person zu töten; Anschlag:* das A. auf den Präsidenten mißglückte.

Attest, das; -[e]s,-e: *ärztliche Bescheinigung [über eine Krankheit].*

Attraktion, die; -, -en: *etwas, was durch seine besondere Art das Interesse auf sich zieht:* auf dem Fest gab es einige Attraktionen.

attraktiv ⟨Adj.⟩: a) *anziehend durch besondere Vorteile oder Gegebenheiten; einen Anreiz bietend:* der Dienst in der Verwaltung ist noch immer a. b) *anziehend auf Grund eines ansprechenden Äußeren; hübsch und voller Reiz:* eine attraktive Frau.

Attrappe, die; -, -n: *täuschend ähnliche Nachbildung einer Ware:* im Schaufenster lagen nur Attrappen aus Papier.

auch ⟨Adverb⟩: 1. *ebenfalls, genauso, gleichfalls:* sämtliche Mitglieder, a. die Vorsitzenden waren anwesend; sein Kopf tat ihm a. weh. 2. *außerdem, zudem, im übrigen:* das war a. der Grund, warum er nicht gekommen war. 3. *selbst, sogar:* a. die kleinste Gabe hilft den Armen; auf diese Weise wirst du a. nicht eine Mark sparen. 4. a) *tatsächlich, wirklich:* ich glaubte, er sei verreist, und er war es a.

b) *schließlich, denn:* sie ging viel ins Konzert. Warum a. nicht? **5.** /drückt Ärger, Vorwurf, Verwunderung o. ä. aus/ du bist a. eigensinnig; a. das noch!; warum bist du a. zu spät gekommen!

auf: I. ⟨Präp. mit Dativ oder Akk.⟩ **1.** /räumlich; kennzeichnet die Berührung von oben/ **a)** /Lage; mit Dativ/: das Buch liegt a. dem Tisch. **b)** /Richtung; mit Akk./: er legte das Buch a. den Tisch. **2.** /zeitlich; mit Akk./ **a)** /zeitliche Dauer/: a. zwei Jahre ins Ausland fahren. **b)** /zeitliches Nacheinander/: a. Regen folgt Sonne. **** a. der Stelle** *(sofort);* **a.** *einmal (plötzlich; gleichzeitig).* **II.** ⟨Adverb⟩ **1.** *empor, in die Höhe:* a., Leute! **2.** *los, vorwärts:* a. zur Stadt!

aufarbeiten, arbeitete auf, hat aufgearbeitet ⟨tr.⟩: **1.** *(etwas, was schon einige Zeit auf Bearbeitung wartet) erledigen:* nach seiner Reise mußte er erst einmal die liegengebliebene Post a. **2.** *erneuern, (einem Gegenstand) ein neues Aussehen geben:* Möbel a.

aufatmen, atmete auf, hat aufgeatmet ⟨itr.⟩: *erleichtert sein:* als er hörte, daß sie das Unglück gesund überstanden hatte, atmete er auf.

Aufbau, der; -s, -ten: **1.** ⟨ohne Plural⟩ *das Aufbauen, Errichtung:* den A. der Wirtschaft beschleunigen. **2.** *das Aufgebaute, Erhöhung:* das Haus hatte einen A. **3.** ⟨ohne Plural⟩ *Gliederung, Struktur:* der A. des Dramas.

aufbauen, baute auf, hat aufgebaut: **1.** ⟨tr.⟩ **a)** *aufstellen, zu einem Ganzen zusammenfügen, errichten:* ein Zelt a.; ein Haus wieder a. **b)** *nach und nach schaffen:* eine Armee a.; ich habe mir eine neue Existenz aufgebaut. **2.** ⟨itr.⟩ *ausgehen (von etwas), (etwas) zur Grundlage nehmen:* auf den neuesten Erkenntnissen a. **3.** ⟨tr.⟩ *jmds. Aufstieg im öffentlichen Leben vorbereiten und betreiben:* jmdn. als Kandidaten für eine Partei a. **4.** ⟨rfl.⟩ (ugs.) *sich hinstellen:* sich vor jmdm. a.

aufbäumen, sich; bäumte sich auf, hat sich aufgebäumt: **a)** *sich auf die hinteren Füße stellen und aufrichten:* das Pferd bäumte sich auf. **b)** *sich empören, Widerstand leisten:* er bäumte sich gegen die Ungerechtigkeit auf.

aufbauschen, bauschte auf, hat aufgebauscht ⟨tr.⟩ (abwertend): *(etwas) übertrieben oder schlimmer darstellen, als es in Wirklichkeit ist:* einen Vorfall a.

aufbegehren, begehrte auf, hat aufbegehrt ⟨tr.⟩: *sich auflehnen; sich gegen jmdn./etwas zur Wehr setzen:* keiner wagte aufzubegehren.

aufbewahren, bewahrte auf, hat aufbewahrt ⟨tr.⟩: *sorgsam aufheben:* jmds. Schmuck, Uhr a. **Aufbewahrung,** die; -, -en.

aufbieten, bot auf, hat aufgeboten ⟨tr.⟩: **1.** *(Vorhandenes) einsetzen (für etwas), um etwas zu erreichen:* die Polizei gegen Ausschreitungen a.; alle Kräfte a. **2.** *eine beabsichtigte Heirat amtlich bekanntgeben:* sie sind aufgeboten worden.

aufbinden, band auf, hat aufgebunden ⟨tr.⟩: **1.** *(etwas Gebundenes) lösen:* die Schürze a. **2.** *in die Höhe binden:* die Rosen a. **3.** (ugs.) *(Unwahres) erzählen:* wer hat dir denn dieses Märchen aufgebunden!

aufblasen, bläst auf, blies auf, hat aufgeblasen: **1.** ⟨tr.⟩ *durch Blasen prall werden lassen:* einen Ballon a. **2.** ⟨rfl.⟩ (abwertend) *sich wichtig tun:* blas dich nicht so auf!

aufbleiben, blieb auf, ist aufgeblieben ⟨itr.⟩: **1.** *noch nicht ins Bett gehen, sich noch nicht schlafen legen:* die Kinder bleiben Silvester bis 24 Uhr auf. **2.** *offenbleiben:* die Tür soll a.

aufblenden, blendete auf, hat aufgeblendet ⟨tr.⟩: *auf volle Stärke einschalten* /Ggs. abblenden/: die Scheinwerfer a.; ⟨auch itr.⟩ *der Fahrer blendet auf; der Scheinwerfer blendet auf (scheint mit voller Stärke).*

aufblühen, blühte auf, ist aufgeblüht ⟨itr.⟩ *zu blühen beginnen:* die Rosen sind aufgeblüht; bildl.: seitdem sie die neue Stellung hat, ist sie sichtlich aufgeblüht *(fühlt sie sich wohl).*

aufbocken, bockte auf, hat aufgebockt ⟨tr.⟩: *auf ein Gestell setzen:* ein Auto zur Reparatur a.

aufbrausen, brauste auf, ist aufgebraust ⟨itr.⟩: *schnell zornig werden und seinen Zorn erregt äußern:* als er das hörte, brauste er gleich auf.

aufbrechen, bricht auf, brach auf, hat/ist aufgebrochen: **1.** ⟨tr.⟩ *gewaltsam öffnen:* er hat den Tresor aufgebrochen. **2.** ⟨itr.⟩ *sich platzend öffnen:* die Knospe ist aufgebrochen. **3.** ⟨itr.⟩ *beginnen, den Ort, an dem man sich befindet, zu verlassen; sich aufmachen:* die Klasse ist gerade zu einer Wanderung aufgebrochen.

aufbringen, brachte auf, hat aufgebracht ⟨tr.⟩: **1.** *beschaffen; durch gewisse Anstrengungen oder Bemühungen (eine bestimmte Menge von etwas) zur Verfügung haben:* er konnte das Geld für die Reise nicht a.; bildl.: das nötige Verständnis für die Jugend a. *(haben).* **2.** *Urheber (von etwas) sein:* wer hat denn dieses Gerücht aufgebracht? **a)** *zornig machen:* diese Bemerkung brachte ihn auf; ⟨häufig im 2. Partizip⟩ er war sehr aufgebracht *(ärgerlich).* **b)** *aufwiegeln:* sie versuchte, die Mitarbeiter gegen ihn aufzubringen. **4.** *kapern:* ein Schiff a.

aufbrummen, brummte auf, hat aufgebrummt ⟨tr.⟩ (ugs.): *(jmdm. etwas als Strafe) auferlegen:* der Schüler bekam für besondere Arbeit wegen seines Benehmens aufgebrummt.

aufbürden, bürdete auf, hat aufgebürdet ⟨tr.⟩: *als Last auf jmdn. legen; übertragen:* er hat ihm die ganze Arbeit, die Verantwortung aufgebürdet.

aufdrängen, drängte auf, hat aufgedrängt: **1.** ⟨tr.⟩ *(jmdn.) dazu bringen, etwas zu nehmen oder zu übernehmen, was er anfänglich nicht annehmen wollte:* jmdm. eine Ware, ein Amt a. **2.** ⟨rfl.⟩ *jmdm. seine Hilfe o. ä. in aufdringlicher Weise anbieten:* er wollte sich nicht a. **3.** ⟨rfl.⟩ *sich zwangsläufig ergeben:* es drängt sich die Frage auf, ob diese Maßnahme nötig war.

aufdrehen, drehte auf, hat aufgedreht /vgl. aufgedreht/: **1.** ⟨tr.⟩ *durch Drehen öffnen:* den Hahn a. **2.** ⟨itr.⟩ **a)** *(das Radio) auf volle Lautstärke einstellen:* du mußt mehr a. **b)** (ugs.) *die Geschwindigkeit beschleunigen:* er hat tüchtig aufgedreht.

aufdringlich ⟨Adj.⟩: *sich ohne Hemmung [mit einem Anliegen] an einen anderen wendend und ihm lästig werdend:* die Mutter sagte dem Kind, es solle nicht a. sein. **Aufdringlichkeit,** die; -.

aufeinander ⟨Adverb⟩: **1.** *übereinander; etwas auf etwas:* die Bücher sollen nicht a. liegen, sondern nebeneinander stehen. **2.** *auf sich gegenseitig:* a. warten; ⟨oft zusammengesetzt mit Verben⟩ aufeinanderlegen, aufeinanderfolgen.

Aufenthalt, der; -[e]s, -e: **1.** *Zeit, in der man sich an einem Ort aufhält:* er verlängerte seinen A. in der Stadt. **2.** *Unterbrechung einer Fahrt o. ä. für bestimmte Zeit:* der Zug hat auf der Station nur fünf Minuten A. **3.** *Ort, an dem man sich aufhält:* die Insel ist ein angenehmer A.

auferlegen, erlegte auf, hat auferlegt ⟨tr.⟩: *(jmdm.) belasten (mit etwas), als Pflicht (von jmdm.) verlangen, verpflichten (zu etwas):* jmdm. eine Strafe a.; mit diesem Amt wurde ihm eine große Verantwortung auferlegt.

aufessen, ißt auf, aß auf, hat aufgegessen ⟨tr.⟩: *essen, ohne etwas übrigzulassen; alles, was vorhanden oder auf dem Teller ist, essen:* sie haben das ganze Brot aufgegessen.

auffahren, fährt auf, fuhr auf, hat/ist aufgefahren: **1.** ⟨itr.⟩ *gegen etwas fahren, aufprallen:* er ist auf einen Lastwagen aufgefahren. **2.** ⟨itr.⟩ *an jmdn., vor einem fährt, nahe heranfahren:* er war ganz dicht aufgefahren. **3.** ⟨tr.⟩ (ugs.) *sehr reichlich und gut zu essen vorsetzen:* als wir bei ihm zu Gast waren, hat er viel aufgefahren. **4.** ⟨itr.⟩ *sich vor Schreck in die Höhe richten, aufschrecken:* er ist aus dem Schlaf aufgefahren. **5.** ⟨itr.⟩ *(auf etwas) zornig reagieren:* bei dieser Bemerkung ist er gleich aufgefahren.

auffallen, fällt auf, fiel auf, ist aufgefallen ⟨itr.⟩: *durch besondere Art, Größe o. ä. bemerkt werden, Aufmerksamkeit erregen:* er fiel wegen seiner Größe auf; seine Höflichkeit fiel angenehm auf; ⟨im 1. Partizip⟩ eine auffallende Ähnlichkeit.

auffällig ⟨Adj.⟩: *auffallend; die Aufmerksamkeit auf sich ziehend:* ein auffälliges Kleid; es war a. *(verdächtig),* daß er schwieg.

auffangen, fängt auf, fing auf, hat aufgefangen ⟨tr.⟩: **a)** *(Fallendes, Fliegendes) fangen:* einen Ball a.; b i l d l.: eine Bemerkung a. *(zufällig hören).* **b)** *am Weiterbewegen hindern und in einen Behälter o. ä. leiten:* das Wasser [mit Eimern] a.

auffassen, faßt auf, faßte auf, hat aufgefaßt: **1.** ⟨tr.⟩ *auslegen, deuten, verstehen:* er hatte ihre Bemerkung als Tadel aufgefaßt; sie hatte seine Frage falsch aufgefaßt. **2.** ⟨tr./itr.⟩ *geistig erfassen, begreifen:* das Kind faßt [alles] schnell auf. **Auffassung**, die; -, -en.

auffinden, fand auf, hat aufgefunden ⟨tr.⟩: *(jmdn./etwas, was gesucht oder vermißt wird) finden, entdecken:* jmdn. erfroren a.

aufflackern, flackerte auf, ist aufgeflackert ⟨itr.⟩: **a)** *[von neuem oder von Zeit zu Zeit] schwach aufleuchten:* Lichter flackerten auf. **b)** *sich zu regen beginnen:* Hoffnungen flackerten auf; die Kämpfe waren wieder aufgeflackert.

aufflammen, flammte auf, ist aufgeflammt ⟨itr.⟩: **a)** *plötzlich aufleuchten:* überall flammten Fackeln auf. **b)** *sich plötzlich zu regen beginnen:* die Unruhen sind wieder aufgeflammt.

auffliegen, flog auf, ist aufgeflogen ⟨itr.⟩: **1.** *nach oben, in die Höhe fliegen:* als er vorbeiging, flog der Vogel auf. **2.** *sich plötzlich durch einen Druck öffnen:* der Deckel flog auf. **3.** (ugs.) *(als kriminelle Gruppe o. ä.) entdeckt und aufgelöst werden:* die Bande ist aufgeflogen.

auffordern, forderte auf, hat aufgefordert ⟨tr.⟩: *[nachdrücklich] bitten oder verlangen, etwas Bestimmtes zu tun:* jmdn. zur Mitarbeit a.; er wurde aufgefordert, seinen Ausweis zu zeigen; der junge Mann forderte sie zum Tanz auf *(bat sie, mit ihm zu tanzen).* **Aufforderung**, die; -, -en.

aufführen, führte auf, hat aufgeführt: **1.** ⟨tr.⟩ *vorführen, zeigen:* ein Schauspiel a. **2.** ⟨rfl.⟩ *sich in bestimmter (meist schlechter) Weise benehmen:* sie führten sich wie die Herren auf. **3.** ⟨tr.⟩ *(in einem Text o. ä.) nennen, anführen:* er war namentlich in dem Buch aufgeführt. **4.** ⟨tr.⟩ *in die Höhe bauen, errichten:* eine Mauer a. **Aufführung**, die; -, -en.

Aufgabe, die; -, -n: **1.** ⟨ohne Plural⟩ *das Aufgeben, das Aufhören (mit etwas):* sie verlangte von ihm A. seiner Stellung; er entschloß sich zur A. des Geschäftes. **2. a)** *Verpflichtung, Auftrag:* eine unangenehme A. **b)** ⟨Plural⟩ *Schulaufgaben; Arbeiten, die der Schüler nach dem Unterricht für die einzelnen Fächer zu machen hat:* Klaus hatte alle Aufgaben gemacht.

aufgabeln, gabelte auf, hat aufgegabelt ⟨tr.⟩ (ugs.): *(jmdn.) zufällig treffen oder kennenlernen:* wo hast du denn dieses Mädchen aufgegabelt?

Aufgang, der; -s, Aufgänge. **1.** ⟨ohne Plural⟩ *das Aufgehen:* beim A. der Sonne. **2. a)** *Treppe, die nach oben führt:* dieses Haus hat zwei Aufgänge. **b)** *Weg, der nach oben führt:* der A. zur Burg.

aufgeben, gibt auf, gab auf, hat aufgegeben: **1.** ⟨tr.⟩ *als Aufgabe übertragen:* jmdm. ein Rätsel a.; der Lehrer hat den Schülern ein Gedicht zu lernen aufgegeben. **2. a)** ⟨tr.⟩ *(auf etwas) verzichten, (von etwas) Abstand nehmen:* Pläne a. **b)** ⟨itr.⟩ *vorzeitig beenden, aufhören:* nach zehn Runden gab der Boxer auf. **3.** ⟨tr.⟩ *(in bezug auf jmdn.) keine Hoffnung mehr haben:* die Ärzte hatten ihn schon aufgegeben. **4.** ⟨tr.⟩ *zur Beförderung oder weiteren Bearbeitung übergeben:* den Koffer bei der Bahn a. * eine Bestellung a. *(bestellen).*

aufgeblasen ⟨Adj.⟩ (abwertend): *eingebildet, überheblich; bei innerer Leere sich bedeutendes Ansehen zu geben versuchend:* er konnte ihn nicht leiden, weil er immer so a. war.

aufgedreht ⟨Adj.⟩ (ugs.): *übertrieben lustig und gesprächig:* er ist heute ganz a.

aufgedunsen ⟨Adj.⟩: *aufgeschwollen:* ein aufgedunsenes Gesicht; der Körper des Toten war a.

aufgehen, ging auf, ist aufgegangen ⟨itr.⟩: **1. a)** *sichtbar werden, erscheinen:* die Sonne geht auf. **b)** *keimen, sprießend hervorkommen:* die Saat geht auf. **2. a)** *sich öffnen:* das Fenster ist durch den Wind aufgegangen. **b)** *sich öffnen lassen:* die Tür geht nur schwer auf. **c)** *sich entfalten:* die Knospen gehen auf. **3.** (ugs.) *(jmdm.) zum Bewußtsein kommen, deutlich werden:* erst später ging mir auf, daß seine Bemerkung eine Frechheit war. **4.** *ohne Rest verteilt oder geteilt wer-*

aufgekratzt

den können: die Karten gehen auf; er rechnete diese Aufgabe, doch sie ging nicht auf *(ließ sich nicht lösen)*. 5. *in etwas übergehen:* viele Betriebe gingen in den Konzernen auf. 6. *sich ganz einer Sache hingeben:* er geht in seinem Beruf auf.

aufgekratzt ⟨Adj.⟩: *gut gelaunt und lustig:* er ist heute sehr a.

aufgelegt ⟨Adj.; mit näherer Bestimmung⟩: *(in bestimmter Weise) gelaunt, sich (in einer bestimmten Stimmung) befindend:* schlecht, gut a. sein.

aufgeräumt ⟨Adj.⟩: *munter, gut gelaunt, in heiterer Stimmung:* „Da bist du ja!" rief er a.

aufgeschlossen ⟨Adj.⟩: *(Vorschlägen, Anregungen o. ä.) zugänglich, nicht abgeneigt; interessiert:* er ist immer a. für neue Ideen; sie ist Neuerungen gegenüber stets a.

aufgeschmissen ⟨in der Verbindung⟩: a. sein (ugs.): *sich in einer schwierigen Lage befinden und nicht mehr weiterwissen:* wenn du mir nicht hilfst, bin ich a.

aufgeschossen ⟨Adj.⟩: *recht groß und zugleich schmal gewachsen* /in bezug auf Jugendliche/.

aufgeschwemmt ⟨Adj.⟩ (abwertend): *ungesund dick [und ohne Kraft und Festigkeit]:* dieser aufgeschwemmte Mann ist kein schöner Anblick.

aufgesprungen ⟨Adj.⟩: *rissig:* er hat aufgesprungene Hände.

aufgeweckt ⟨Adj.⟩: *für sein Alter in auffallender Weise geistig entwickelt und aktiv:* er ist ein aufgeweckter Junge.

aufgreifen, griff auf, hat aufgegriffen ⟨tr.⟩: 1. *(einen Verdächtigen o. ä.) ergreifen, festnehmen:* die Polizei hatte einen Mann aufgegriffen, der keinen Ausweis bei sich hatte. 2. *als Anregung aufnehmen, eingehen (auf etwas):* einen Vorschlag, Plan a.

aufgrund /vgl. Grund/.

aufhaben, hat auf, hatte auf, hat aufgehabt ⟨tr.⟩ (ugs.): 1. *auf etwas (z. B. auf dem Kopf) tragen:* die Mütze a.; eine Brille a. *(aufgesetzt haben).* 2. *als Schulaufgabe machen müssen:* in Deutsch haben wir heute nichts auf. 3. a) *geöffnet haben:* wir haben unser Geschäft bis 18³⁰ Uhr auf; b) *geöffnet sein:* am Sonntag hat der Laden nicht auf.

aufhalten, hält auf, hielt auf, hat aufgehalten: 1. ⟨tr.⟩ *machen, daß sich etwas nicht weiter entwickeln kann; hemmen:* mit diesen Maßnahmen wurde die Katastrophe aufgehalten. 2. ⟨tr.⟩ *(jmdn.) nicht zum Arbeiten o. ä. kommen lassen:* er hat mich eine Stunde aufgehalten. 3. ⟨tr.⟩ *sich mit jmdm./etwas sehr ausführlich befassen, so daß man Zeit für anderes verliert:* er hat sich bei Einzelheiten zu lange aufgehalten. 4. ⟨tr.⟩ *(für jmdn.) geöffnet halten:* er hielt [ihm] die Tür auf; die Hand a. (um Geld zu bekommen). 5. ⟨rfl.⟩ *irgendwo vorübergehend leben:* sich im Ausland a. 6. ⟨rfl.⟩ *ärgerliche Bemerkungen (über jmdn./etwas) machen:* er hielt sich darüber auf, daß sie soviel rauchte.

aufhängen, hängte auf, hat aufgehängt: 1. ⟨tr.⟩ *auf etwas hängen:* die Wäsche [zum Trocknen] a. 2. ⟨tr./rfl.⟩ *durch Hängen töten:* sie hatten den Verräter an der Laterne aufgehängt; er wollte sich a.

aufheben, hob auf, hat aufgehoben 1. ⟨tr.⟩ *(jmdn./etwas, was liegt) in die Höhe heben:* das Papier [vom Boden] a. 2. ⟨tr.⟩ *rückgängig machen, wieder abschaffen:* eine Verordnung, ein Urteil a. 3. ⟨tr.⟩ *eine Beratung o. ä. beenden:* er hob die Sitzung auf; er hob die Tafel auf *(beendete [feierlich] die Mahlzeit).* 4. ⟨tr.⟩ *aufbewahren:* alte Briefe a. *(nicht wegwerfen);* er hatte mir ein Stück Kuchen aufgehoben *(für mich zurückgelegt).* * bei jmdm. gut aufgehoben sein *(bei jmdm. in guten Händen, gut versorgt sein).* 5. ⟨tr./rzp.⟩ *in gleicher Größe oder Höhe vorhanden sein und sich dadurch ausgleichen:* der Verlust hebt den Gewinn wieder auf; +2 und −2 heben sich auf.

Aufheben: ⟨in der Wendung⟩ viel Aufhebens von etwas machen *(etwas übertrieben wichtig nehmen und zuviel darüber sprechen).*

aufheitern, heiterte auf, hat aufgeheitert: 1. ⟨tr.⟩ *jmdn. (der traurig ist) in heitere Stimmung bringen:* ich hatte große Mühe, ihn nach der Niederlage aufzuheitern. 2. ⟨rfl.⟩ *heiter, freundlich werden:* seine Miene, sein Gesicht heiterte sich bei dieser freudigen Nachricht auf; das Wetter heitert sich auf *(wird schön und sonnig).* **Aufheiterung,** die; -, -en.

aufhetzen, hetzte auf, hat aufgehetzt ⟨tr.⟩: *(gegen jmdn.) aufbringen, aufreizen:* er hetzte ihn [gegen den Chef] auf.

aufholen, holte auf, hat aufgeholt: 1. ⟨tr.⟩ *durch besondere Anstrengungen (einen Rückstand) [wieder] ausgleichen:* er holte den Vorsprung seines Gegners auf; der Zug konnte die Verspätung nicht a. 2. ⟨itr.⟩ *den Vorsprung eines anderen [um ein bestimmtes Maß] durch eigene Leistung vermindern:* der Läufer hat [fünf Meter] aufgeholt.

aufhören, hörte auf, hat aufgehört ⟨itr.⟩: 1. *nicht länger dauern, zu Ende gehen:* der Regen hörte endlich auf. 2. *nicht fortfahren; etwas nicht weiterführen; nicht mehr tun:* er hörte nicht auf zu pfeifen; mit der Arbeit a.

aufkaufen, kaufte auf, hat aufgekauft ⟨tr.⟩: *alles [von einer bestimmten Sache] kaufen:* er kaufte alle Aktien auf.

aufklappen, klappte auf, hat aufgeklappt ⟨tr.⟩: a) *(etwas, was nur an einer Seite befestigt ist) in die Höhe heben:* den Deckel einer Kiste a. b) *(etwas) öffnen, indem man den dafür vorgesehenen Teil um seine Achse dreht:* den Koffer a.

aufklären, klärte auf, hat aufgeklärt: 1. ⟨tr.⟩ *Klarheit in etwas bringen:* einen Mord a. 2. ⟨rfl.⟩ a) *sich völlig klären:* die Sache hat sich aufgeklärt. b) *sonnig werden:* das Wetter klärt sich auf. 3. ⟨tr.⟩ *(jmdm.) über etwas (bes. über sexuelle Fragen) klare Vorstellungen vermitteln:* die Eltern hatten die Kinder nicht aufgeklärt.

Aufklärung, die; -, -en: 1. *völlige Klärung, Ergründung:* man wartete auf die A. des Verbrechens. 2. *Belehrung, Unterrichtung (bes. in sexuellen Fragen).* 3. *geistige Bewegung im 18. Jahrhundert, die für Vernunft und Menschenrechte eintritt:* das Zeitalter der A.

aufknöpfen, knöpfte auf, hat aufgeknöpft ⟨tr.⟩: *(etwas, was durch Knöpfe geschlossen wor-*

den ist) *wieder öffnen:* ich knöpfte [mir] den Mantel auf.

aufkommen, kam auf, ist aufgekommen ⟨itr.⟩: **1. a)** *entstehen, sich entwickeln:* Unruhe kam auf. **b)** *Mode werden, Verbreitung finden:* es kommen ständig neue Tänze auf. **2.** *(jmdm.) gewachsen sein, etwas gegen jmdn./etwas tun können /*meist verneint/: gegen diesen Konkurrenten kam er nicht auf. **3.** *(für einen Schaden o. ä., den man selbst oder ein anderer verursacht hat) die Kosten tragen:* er mußte für die Schulden seines Sohnes a. **4.** *[wieder] gesund werden:* ich glaube nicht, daß er wieder aufkommt.

aufkrempeln, krempelte auf, hat aufgekrempelt ⟨tr.⟩: *mehrmals umschlagen, so daß es kürzer wird:* die Ärmel a.

aufkündigen, kündigte auf, hat aufgekündigt ⟨tr.⟩: *mitteilen, daß man etwas nicht weiter fortsetzen will:* jmdm. die Freundschaft a.

aufladen, lädt auf, lud auf, hat aufgeladen ⟨tr.⟩: **1.** *zum Tragen oder zum Transport auf etwas laden/* Ggs. abladen/: Möbel a.; bildl.: jmdm. alle Verantwortung a. **2.** *elektrisch laden:* eine Batterie a.

Auflage, die; -, -n: **1.** *alle Exemplare eines Buches o. ä., die auf einmal gedruckt worden sind:* diese Zeitschrift hat eine A. von 5000 [Exemplaren]. **2.** *das Aufgelegte, Schicht:* das Besteck hat eine A. aus Silber. **3.** *auferlegte Verpflichtung:* er bekam die A., sich jeden Tag bei der Polizei zu melden.

auflassen, läßt auf, ließ auf, hat aufgelassen ⟨tr.⟩: **1.** *geöffnet lassen:* die Tür a. **2.** (ugs.) *auf dem Kopf behalten:* die Mütze a. **3.** (ugs.) *nicht ins Bett schicken, aufbleiben lassen:* die Mutter ließ die Kinder am Geburtstag eine Stunde länger auf.

auflauern, lauerte auf, hat aufgelauert ⟨itr.⟩: *in böser Absicht (auf jmdn.) lauern, warten:* er hatte seinem Opfer im Dunkeln aufgelauert.

Auflauf, der; -s, Aufläufe: **1.** *Menge von Menschen, die erregt zusammengelaufen ist; Tumult:* es gab einen großen A. vor dem Restaurant. **2.** *in einer Form gebackene Speise aus Mehl, Reis o. ä.*

aufleben, lebte auf, ist aufgelebt ⟨itr.⟩: **a)** *[wieder] fröhlich werden:* nach langer Zeit der Trauer lebt er nun wieder auf. **b)** *von neuem beginnen:* der alte Streit lebte wieder auf.

auflegen, legte auf, hat aufgelegt ⟨tr.⟩ /vgl. aufgelegt/: **1.** *auf etwas legen:* eine neue Decke a.; den Hörer a. (beim Telefon). **2.** *durch Drucken veröffentlichen:* das Buch wird nicht wieder aufgelegt.

auflehnen, sich; lehnte auf, hat sich aufgelehnt: *sich widersetzen; Widerstand leisten, rebellieren:* sich gegen Unterdrückung, gegen einen Diktator a. **Auflehnung,** die; -, -en.

auflesen, liest auf, las auf, hat aufgelesen ⟨tr.⟩: *sammelnd vom Erdboden aufheben:* sie kniete auf den Boden und las alle Perlen auf.

aufleuchten, leuchtete auf, hat/ist aufgeleuchtet ⟨itr.⟩: *[plötzlich] für kurze Zeit leuchten:* eine Lampe hat/ist aufgeleuchtet.

aufliegen, lag auf, hat aufgelegen: **1.** ⟨itr.⟩: *auf etwas liegen:* der Balken liegt auf der Mauer auf. **2.** ⟨itr.⟩ *offen zur Ansicht irgendwo liegen oder ausgelegt sein:* die neuesten Zeitschriften liegen in der Bibliothek auf. **3. a)** ⟨tr.⟩ *durch Liegen wund machen:* ich habe mir den Rücken aufgelegen. **b)** ⟨rfl.⟩ *durch Liegen wund werden:* ich habe mich aufgelegen.

auflockern, lockerte auf, hat aufgelockert ⟨tr.⟩: **a)** *locker machen:* er lockerte den Boden auf, damit der Regen gut eindringen konnte; bildl.: aufgelockerte (nicht geschlossene) Bewölkung. **b)** *zwangloser oder freundlicher gestalten:* der Unterricht muß aufgelockert werden; er war in aufgelockerter (ungezwungener und vergnügter) Stimmung.

auflösen, löste auf, hat aufgelöst: **1. a)** ⟨tr.⟩ *(in einer Flüssigkeit) zerfallen oder zergehen lassen:* eine Tablette in Wasser a. **b)** ⟨rfl.⟩ *zerfallen, zergehen:* die Tablette löst sich in Wasser auf. **2.** ⟨tr.⟩ *nicht mehr bestehen lassen:* einen Verein a.; ⟨auch rfl.⟩ der Verein hatte sich aufgelöst. **Auflösung,** die; -, -en.

aufmachen, machte auf, hat aufgemacht: **1. a)** ⟨tr.⟩ *öffnen:* ein Fenster a. **b)** ⟨itr.⟩ *zum Verkauf von Waren geöffnet werden:* die Geschäfte machen morgens um 8 Uhr auf. **2.** ⟨tr.⟩ *gründen, eröffnen:* einen Laden a. **3.** ⟨rfl.⟩ *sich schminken, zurechtmachen:* sie macht sich immer sehr auf. **4.** ⟨rfl.⟩ *sich zu etwas begeben; zu einem bestimmten Ziel zu kommen:* er machte sich gleich auf, um rechtzeitig zu Hause zu sein. **5.** ⟨tr.⟩ *aufstellen, zusammenstellen:* jmdm. eine Rechnung a.

Aufmachung, die; -, -en: *äußere Ausstattung, Äußeres:* in dieser A. willst du auf die Straße gehen?

aufmerksam ⟨Adj.⟩: **1.** *mit wachen Sinnen, mit Interesse folgend:* ein aufmerksamer Zuhörer. * **jmdn. auf jmdn./etwas a. machen** *(jmdn. auf jmdn./etwas hinweisen):* er machte mich auf dieses Mädchen, auf einen Fehler a.; **auf jmdn./etwas a. werden** *(jmdn./etwas bemerken).* **2.** *höflich und zuvorkommend:* das ist sehr a. von Ihnen.

Aufmerksamkeit, die; -, -en: **1.** ⟨ohne Plural⟩ *Konzentration der Sinne und des Geistes auf etwas.* **2.** *Gefälligkeit, höfliche und freundliche Handlung, kleines Geschenk.*

aufmuntern, munterte auf, hat aufgemuntert ⟨tr.⟩: *heiter stimmen:* jmdn. durch eine Unterhaltung a.; ⟨auch im 1. Partizip⟩ aufmunternde Worte.

Aufnahme, die; -, -n: **1. a)** ⟨ohne Plural⟩ *das Aufnehmen (eines Gastes, eines Patienten, eines Menschen in einen bestimmten Kreis):* die A. in eine Familie, in ein Krankenhaus, in einen Verein. **b)** ⟨ohne Plural⟩ *das Aufnehmen in einen Körper:* die A. der Nahrung. **c)** *das Photographieren, Filmen:* die Schüler hatten sich zu einer A. aufgestellt. **d)** *das Aufnehmen (auf eine Schallplatte, ein Tonband oder einen Filmstreifen):* die Aufnahmen für diese Schallplatte dauerten sechs Stunden. **e)** *das Aufnehmen (von etwas, indem man es aufschreibt):* die A. eines Protokolls. **f)** ⟨ohne Plural⟩ *das Beginnen (mit etwas):* die A. von Verhandlungen. **g)** ⟨ohne Plural⟩ *das Aufnehmen von Geld:* die A. eines Darlehens. **2. a)** *Photographie:* eine undeutliche A.; die Aufnahmen sind (der Film ist) zum Teil im Ausland gedreht worden. **b)** *auf* *eine Schallplatte oder auf ein Tonband aufgenommene akustische Darbietung:* die A. wurde mit mehreren Preisen ausgezeichnet. **3.** *Raum, in dem jmd. für die Unterbringung registriert wird:* der Patient mußte sich in der A. melden.

Aufnahmeprüfung, die; -, -en: *für die Aufnahme in eine Schule oder ein ähnliches Institut erforderliche Prüfung:* die höheren Schulen verlangen im allgemeinen eine A.

aufnehmen, nimmt auf, nahm auf, hat aufgenommen: **1.** ⟨tr.⟩ **a)** *[vom Boden] aufhebene:* die Tasche a. **b)** *(eine Laufmasche, eine verlorene Masche) heraufholen:* Laufmaschen a. **2.** ⟨tr.⟩ **a)** *(jmdm.) eine Unterkunft bieten:* das Hotel kann keine Gäste mehr a. **b)** *in einem bestimmten Kreis zulassen:* jmdn. in eine Gemeinschaft, in eine Schule a. **3.** ⟨itr.⟩ *fassen, Platz bieten (für jmdn/etwns);* das Flugzeug kann zweihundert Personen a. **4.** ⟨tr.⟩ *(in etwas mit hineinnehmen, mit einbeziehen:* eine Erzählung in eine Sammlung a. **5.** ⟨tr.⟩ *(einer Sache gegenüber) eine bestimmte Haltung einnehmen, (in bestimmter Weise auf etwas) reagieren:* eine Nachricht gelassen a. **6.** ⟨tr.⟩ *in sein Bewußtsein hineinnehmen; erfassen; auf sich wirken lassen und es geistig verarbeiten:* auf der Reise habe ich viele neue Eindrücke aufgenommen. **7.** ⟨tr.⟩ **a)** *(Nahrung) zu sich nehmen:* der Kranke nimmt wieder Nahrung auf. **b)** *in sich eindringen lassen:* der Stoff nahm die Farbe nicht gleichmäßig auf. **8.** ⟨tr.⟩ **a)** *(mit einer Tätigkeit, einem Unternehmen) beginnen:* nach seiner Krankheit nahm er die Arbeit wieder auf. **b)** *sich von neuem (mit etwas) befassen; aufgreifen:* der Prozeß wurde wieder aufgenommen; er hat die Arbeit an seinem Buch wieder aufgenommen. **c)** *beginnen; anknüpfen:* das Studium, die Vorlesungen a.; mit einem Staat Verhandlungen a. * *es mit jmdm./etwas a. [können] (stark genug für einen Kampf mit jmdm. sein; mit jmdm./etwas konkurrieren [können]):* dieses Theater kann es mit den besten Bühnen des Auslandes a. **9.** ⟨tr.⟩ **a)** *photographieren:* jmdn. im Profil a.; ein Bild a. **b)** *filmen:* eine Szene a. **c)** *auf einer Schallplatte oder einem Tonband festhalten:* eine Oper a. **d)** *schriftlich festhalten, aufzeichnen:* einen Unfall, ein Protokoll a. **10.** *[gegen eine Sicherheit] Geld borgen, um es zu investieren:* Kapital [für den Bau eines Krankenhauses] a.

aufnötigen, nötigte auf, hat aufgenötigt ⟨tr.⟩: *(jmdn.) drängen, (etwas) anzunehmen:* jmdm. bei Tisch etwas a.

aufopfern, sich; opferte sich auf, hat sich aufgeopfert: *sich ohne Rücksicht auf die eigene Person einsetzen:* die Eltern opfern sich für ihre Kinder auf; ⟨häufig im 1. Partizip⟩ sie pflegte ihn aufopfernd; ein aufopfernder (entsagungsvoller) Beruf. **Aufopferung,** die; -.

aufpassen, paßte auf, hat aufgepaßt ⟨itr.⟩: **a)** *aufmerksam sein, um etwas plötzlich Eintretendes rechtzeitig zu bemerken:* wenn ihr über die Straße geht, müßt ihr [auf die Autos] a.; paß mal auf! **b)** *(einer Sache) mit Interesse [und Verständnis] folgen:* bei einem Vortrag a.; er paßt auf alles auf, was ich tue. **c)** *(auf jmdn./etwas) achten, damit die betreffende Person oder Sache keinen Schaden erleidet oder anrichtet:* auf ein Kind a.

aufpeitschen, peitschte auf, hat aufgepeitscht: **1.** ⟨tr.⟩ *(das Meer o. ä.) in Aufruhr bringen, aufwühlen* /vom Wind/: der Orkan peitschte die Wellen auf; ⟨auch im 2. Partizip⟩ die aufgepeitschte See. **2.** ⟨tr./rfl.⟩ **a)** *durch starke Reize oder Eindrücke in heftige Erregung versetzen:* der Rhythmus peitschte die Sinne auf; die Tanzenden peitschten sich durch die Musik auf. **b)** *(seine Leistungsfähigkeit durch bestimmte Mittel) gewaltsam steigern:* sich, seine Nerven mit Kaffee a.

Aufprall, der; -s: *heftiger Aufschlag:* ein harter A.

aufprallen, prallte auf, ist aufgeprallt ⟨itr.⟩: *heftig auftreffen:* das abstürzende Flugzeug prallte auf dem Wasser auf; ihr Wagen war auf einen anderen aufgeprallt.

aufpulvern, pulverte auf, hat aufgepulvert ⟨tr./rfl.⟩: *durch geeignete Mittel die Leistungsfähigkeit künstlich steigern:* der schwarze Kaffee pulverte ihn auf.

aufpumpen, pumpte auf, hat aufgepumpt ⟨tr.⟩: *durch Pumpen mit Luft füllen:* die Reifen eines Autos a.

aufputschen, putschte auf, hat aufgeputscht (abwertend): **1.** ⟨tr.⟩ *aufhetzen:* die Bevölkerung a. **2. a)** ⟨tr.⟩ *in starke Erregung versetzen, aufreizen:* das Publikum war durch das Spiel aufgeputscht worden. **b)** ⟨tr./rfl.⟩ *(durch Drogen o. ä.) die Leistungsfähigkeit künstlich steigern:* das Mittel sollte ihn a.; er versuchte, sich mit Kaffee, Tabletten aufzuputschen.

aufraffen, raffte auf, hat aufgerafft: **1.** ⟨tr.⟩ *schnell sammeln und aufnehmen:* sie raffte die aus dem Portemonnaie gefallenen Scheine auf. **2.** ⟨rfl.⟩ **a)** *mühsam aufstehen:* er stürzte, raffte sich aber wieder auf. **b)** *sich mühsam (zu etwas) entschließen:* er raffte sich endlich auf, einen Brief zu schreiben.

aufräumen, räumte auf, hat aufgeräumt /vgl. aufgeräumt/: **1.** ⟨tr.⟩ *(irgendwo) Ordnung machen, indem man jeden Gegenstand an seinen Platz legt:* die Wohnung, den Schreibtisch a. **2.** ⟨itr.⟩ (ugs.) *(etwas/jmdn.) beseitigen; rücksichtslos Schluß machen (mit etwas):* mit unerholten Begriffen a.; der Staat soll endlich mit diesen Verbrechern a.

aufrecht ⟨Adj.⟩: **1.** *aufgerichtet, gerade:* er hat einen aufrechten Gang; bildl.: die Hoffnung allein hält ihn noch a. *(gibt ihm noch Kraft und Mut).* **2.** *in seinem Wesen echt [und für seine Überzeugung einstehend]; ehrlich, redlich:* ein aufrechter Mann.

aufrechterhalten, erhält aufrecht, erhielt aufrecht, hat aufrechterhalten ⟨tr.⟩: *weiterhin durchsetzen; beibehalten:* die Disziplin a.; gegen dieses Argument konnte er seine Behauptung nicht a.; er hat auch später die Verbindung mit ihm a.

aufregen, regte auf, hat aufgeregt: **1.** ⟨tr.⟩ *in Erregung versetzen [so daß dadurch die Gesundheit angegriffen wird]:* man darf Kranke nicht a.; der Lärm regt ihn auf; das braucht dich nicht weiter aufzuregen *(zu beunruhigen);* ⟨häufig im 1. Partizip⟩ ein aufregendes Ereignis; seine Leistung war nicht besonders aufregend *(war nicht außer-*

gewöhnlich, war nur mittelmäßig/; ⟨häufig im 2. Partizip⟩ er war sehr aufgeregt. 2. ⟨rfl.⟩ a) *in Erregung geraten [so daß dadurch die Gesundheit angegriffen wird]:* du darfst dich jetzt nicht a. b) (ugs.) *sich empören, entrüsten (über jmdn. /etwas):* das ganze Dorf regte sich über ihren Lebenswandel auf. **Aufregung**, die; -, -en.

aufreiben, rieb auf, hat aufgerieben: a) ⟨rfl.⟩ *seine Kräfte im Einsatz (für etwas) völlig verbrauchen:* er reibt sich in seinem Beruf auf; du reibst dich mit deiner Sorge für die Kinder völlig auf. b) ⟨tr.⟩ *(jmds.) Kraft aufzehren:* die ständige Sorge reibt seine Gesundheit auf; ⟨häufig im 1. Partizip⟩ eine aufreibende Tätigkeit.

aufreißen, riß auf, hat/ist aufgerissen: 1. ⟨tr.⟩ a) *mit heftiger Bewegung öffnen:* er hat das Fenster aufgerissen. * (derb) **das Maul a.** *(prahlerisch reden und sich wichtig tun).* b) *gewaltsam öffnen und dabei die Oberfläche zerstören; aufbrechen:* die Straße wurde aufgerissen, weil eine neue Wasserleitung gelegt wurde; er hat den Brief aufgerissen. 2. ⟨itr.⟩ *(die Haut) durch heftige Bewegung verletzen:* ich habe mir an dem Nagel den Finger aufgerissen. 3. ⟨itr.⟩ a) *sich zerteilen /von Wolken/:* der Himmel ist schon etwas aufgerissen. b) *sich durch heftige Bewegung wieder öffnen:* die Wunde, die Naht ist aufgerissen.

aufreizen, reizte auf, hat aufgereizt ⟨tr.⟩: 1. *zur Auflehnung veranlassen; aufhetzen:* jmdn. zum Widerstand a. 2. *stark erregen:* die Jugend wird durch diese Filme aufgereizt; ⟨häufig im 1. Partizip⟩ ein aufreizender Anblick.

aufrichten, richtete auf, hat aufgerichtet: 1. ⟨tr./rfl.⟩ *in die Höhe richten:* einen Verunglückten a.; sich aus seiner gebückten Haltung a. 2. ⟨tr.⟩ *[durch Anteilnahme und Zuspruch] neuen Mut zum Leben geben:* er hat sie in ihrer Verzweiflung wieder aufgerichtet; ⟨auch rfl.⟩ sie haben sich an seinen Worten aufgerichtet.

aufrichtig ⟨Adj.⟩: *dem innersten Gefühl entsprechend, ehrlich:* aufrichtige Reue; er ist nicht immer ganz a.; es tut mir a. leid. **Aufrichtigkeit**, die; -.

Aufruf, der; -s, -e: *öffentliche Aufforderung:* es wurde ein A. an die Bevölkerung erlassen, sich Vorräte anzulegen.

aufrufen, rief auf, hat aufgerufen ⟨tr.⟩: 1. *(einen Menschen aus einer Menge) laut beim Namen nennen:* einen Schüler a.; ⟨auch stellvertretend für den Menschen⟩: Nummern, Lose a. 2. *[durch einen öffentlichen Appell] zu einem bestimmten Handeln oder Verhalten auffordern:* die Bevölkerung wurde zu Spenden aufgerufen.

Aufruhr, der; -s: a) *Auflehnung einer empörten Menge gegen den Staat oder eine Führung:* einen A. unterdrücken. b) *(in jmdm.) wecken, hervorrufen:* die Leidenschaft in jmdm. a. b) *(etwas Unangenehmes) erneut erwähnen:* eine alte Geschichte a. 2. *in heftige Erregung versetzen, innerlich aufwühlen:* er hat ihn mit seinem Bericht im Innersten aufgerührt.

aufrührerisch ⟨Adj.⟩ a) *zum Aufruhr antreibend; aufrührerische Ideen.* b) *im Aufruhr begriffen:* aufrührerische Volksmassen.

aufrüsten, rüstete auf, hat aufgerüstet ⟨itr.⟩: *die Rüstung verstärken/Ggs.: abrüsten/:* im stillen a.

aufsagen, sagte auf, hat aufgesagt ⟨tr.⟩: *auswendig vortragen:* der Schüler sagt ein Gedicht auf.

aufsammeln, sammelte auf, hat aufgesammelt ⟨tr.⟩: *einzeln aufheben und sammeln:* er sammelte die Münzen auf, die aus dem Portemonnaie gefallen waren.

aufsässig ⟨Adj.⟩: *trotzig und widerspenstig:* ein aufsässiger Schüler. **Aufsässigkeit**, die; -.

Aufsatz, der; -es, Aufsätze: a) *kürzere schriftliche Arbeit über ein Thema, das der Lehrer dem Schüler stellt:* einen A. schreiben; Aufsätze korrigieren. b) *[wissenschaftliche] Abhandlung eines selbstgewählten Themas:* einen A. in einer Zeitschrift veröffentlichen.

aufsaugen, sog auf /(auch:) saugte auf, hat aufgesogen/ (auch:) aufgesaugt ⟨tr.⟩: a) *saugend in sich aufnehmen:* der Schwamm saugt das Wasser auf. b) *aufgehen (in etwas):* die kleinen Betriebe werden von den großen aufgesogen.

aufscheuchen, scheuchte auf, hat aufgescheucht ⟨tr.⟩: *(ein Tier) aufschrecken, hochjagen:* einen Vogel, ein Reh a.

aufschichten, schichtete auf, hat aufgeschichtet ⟨tr.⟩: *nach einer bestimmten Ordnung übereinanderlegen:* Bücher, Holz a.

aufschieben, schob auf, hat aufgeschoben ⟨tr.⟩: 1. *schiebend öffnen:* ein Fenster, eine Tür a. 2. *sich entschließen, (etwas) später zu tun:* eine Arbeit, eine Reise a.

Aufschlag, der; -s, Aufschläge: 1. *das Aufschlagen; heftiges, hartes Auftreffen im Fall:* als der Baum stürzte, hörte man einen dumpfen A. 2. *auf- oder umgeschlagener Teil an Kleidungsstücken:* eine Hose mit Aufschlägen. 3. *Erhöhung eines Preises um einen bestimmten Betrag:* für das Frühstück ist ein A. von 3 DM zu zahlen.

aufschlagen, schlägt auf, schlug auf, hat/ist aufgeschlagen: 1. ⟨itr.⟩ *im Fall hart auftreffen:* die Rakete ist auf das/ auf dem Wasser aufgeschlagen. 2. ⟨itr.⟩ *durch Schlagen öffnen:* er hat die Nüsse aufgeschlagen. 3. ⟨itr.⟩ *durch Schlagen verletzen:* ich habe mir beim Sturz das Bein aufgeschlagen. 4. ⟨tr.⟩ *(eine bestimmte Stelle eines Buches o. ä.) offen hinlegen, daß sie gelesen oder angesehen werden kann:* er hat die Seite 17 aufgeschlagen. 5. ⟨tr.⟩ *(etwas, was aus einzelnen Teilen besteht) zusammenfügen und aufstellen:* er hat das Zelt aufgeschlagen. 6. ⟨itr.⟩ a) *den Preis von etwas erhöhen:* der Kaufmann hat aufgeschlagen. b) *teurer werden:* Milch hat aufgeschlagen.

aufschließen, schloß auf, hat aufgeschlossen /vgl. aufgeschlossen/: 1. ⟨tr.⟩ *mit einem Schlüssel öffnen:* die Tür a. 2. ⟨itr.⟩ *einen größeren Abstand zwischen Marschierenden oder Autos so verringern, daß sie sich direkt hintereinander befinden:* ihr müßt mehr a.

Aufschluß, der; Aufschlusses, Aufschlüsse: *Klärung, Auskunft:* er suchte den endgültigen A. über das Leben; sein Tagebuch gibt A. über seine Leiden.

aufschlüsseln, schlüsselte auf, hat aufgeschlüsselt ⟨tr.⟩: *nach bestimmten Gesichtspunkten auf-*

aufschlußreich

teilen, gliedern: er hatte die Gefangenen für statistische Zwecke nach Alter, Beruf und Religion aufgeschlüsselt.

aufschlußreich ⟨Adj.⟩: *Aufschluß gebend, interessant, lehrreich:* seine Bemerkung war sehr a.

aufschnappen, schnappte auf, hat aufgeschnappt ⟨tr.⟩: **a)** *schnappend auffangen:* der Hund schnappte den Knochen auf, den man ihm hinwarf; bildl.: wo hast du denn die Grippe wieder aufgeschnappt? **b)** *zufällig hören oder erfahren:* die Kinder schnappten bei dem Gespräch manches auf, was sie nicht hören sollten.

aufschneiden, schnitt auf, hat aufgeschnitten: **1.** ⟨tr.⟩ *durch Schneiden öffnen:* der Arzt hatte ihm den Bauch a. müssen; den Verband a. *(durchschneiden).* **2.** ⟨tr.⟩ *durch Schneiden zerteilen, zerlegen, in Stücke schneiden:* den Braten vor dem Essen a. **3.** ⟨itr.⟩ *prahlen:* man glaubt ihm nicht mehr, weil er immer aufschneidet.

Aufschnitt, der; -s: *Scheiben von Wurst, Braten, Schinken und Käse, die aufs Brot gelegt werden.*

aufschrauben, schraubte auf, hat aufgeschraubt ⟨tr.⟩: *schraubend öffnen:* eine Flasche a.

aufschrecken: I. schreckt / (veraltend) schrickt auf, schreckte/schrak auf, ist aufgeschreckt ⟨itr.⟩: *sich vor Schreck plötzlich aufrichten, wegen eines Schrecks in die Höhe fahren:* nachts schreckte sie manchmal aus einem bösen Traum auf. **II.** schreckte auf, hat aufgeschreckt ⟨tr.⟩: *(jmdn.) so erschrecken, daß er darauf mit einer plötzlichen heftigen Bewegung o. ä. reagiert:* der Lärm hatte sie aufgeschreckt.

aufschreiben, schrieb auf, hat aufgeschrieben ⟨tr.⟩: **1.** *schriftlich festhalten, niederschreiben:* seine Erlebnisse a. **2.** *wegen eines Verstoßes o. ä. (jmds. Namen und Adresse) notieren:* er wurde vom Polizisten aufgeschrieben, weil er bei Rot über die Straße gegangen war.

Aufschrift, die; -, -en: *etwas, was oben auf etwas geschrieben steht; kurzer Text auf etwas:* die A. [auf dem Deckel] war mit roter Tinte geschrieben.

Aufschub, der; -s: *das Aufschieben oder Verschieben auf eine spätere Zeit; Verzögerung:* diese Angelegenheit duldet keinen A. *(darf nicht aufgeschoben werden).*

aufschwatzen, schwatzte auf, hat aufgeschwatzt ⟨tr.⟩: *(jmdn. zum Kauf von etwas überreden:* er hat mir dieses Buch aufgeschwatzt.

aufschwellen: I. schwillt auf, schwoll auf, ist aufgeschwollen ⟨itr.⟩: *durch Schwellen prall oder größer werden:* die Leiche war im Wasser sehr aufgeschwollen. **II.** schwellte auf, hat aufgeschwellt ⟨tr.⟩: *unnötig vergrößern; an Umfang größer werden lassen:* die Fußnoten haben das Buch sehr aufgeschwellt.

aufschwemmen, schwemmte auf, hat aufgeschwemmt ⟨itr.⟩ /vgl. aufgeschwemmt/: *[ungesund] dick machen:* Bier schwemmt auf.

aufschwingen, sich; schwang sich auf, hat sich aufgeschwungen: **a)** *sich in die Höhe schwingen:* der Adler schwang sich auf in die Wolken. **b)** *sich aufraffen, entschließen (zu etwas):* endlich hat er sich zu einem Brief an ihn aufgeschwungen.

Aufschwung, der; -s, Aufschwünge: **1.** Turnen *Schwung nach oben an einem Gerät.* **2.** *gute wirtschaftliche Entwicklung, Aufstieg:* der A. in der Wirtschaft. * **einen A. nehmen** *(sich gut und schnell entwickeln).*

aufsehen, sieht auf, sah auf, hat aufgesehen ⟨itr.⟩: *(zu jmdm./ etwas) in die Höhe sehen:* sie sah von ihrer Arbeit auf und beobachtete ihn; bildl.: sie sah zu ihm auf wie zu einem Gott *(sie bewunderte, verehrte ihn).*

Aufsehen, das; -s: *allgemeine Beachtung, die jmd./etwas durch andere findet:* er scheute das A. * **A. machen/erregen/verursachen** *(sehr auffallen).* **A. vermeiden** *(sich bewußt so verhalten, daß man nicht auffällt).*

Aufseher, der; -s, -: *jmd., der zur Aufsicht über etwas oder jmds. Tun eingesetzt ist* /Berufsbezeichnung/: er war A. in einem Museum.

aufsetzen, setzte auf, hat aufgesetzt: **1.** ⟨tr.⟩ *auf etwas setzen* /Ggs. absetzen/: einen Hut a. * **jmdm. Hörner a.** *(den Ehemann mit einem anderen Mann betrügen);* eine ernste Miene a. *(ernst werden).* **2.** *(einen Text) schriftlich entwerfen:* ein Gesuch a. **3.** ⟨rfl.⟩ *sich sitzend aufrichten:* der Kranke setzte sich im Bett auf. **4.** ⟨itr.⟩ *auf festen Boden gelangen, landen* /bes. von Flugzeugen/: das Flugzeug setzte leicht auf; die Sonde setzte weich [auf dem Mond] auf. **5.** ⟨tr.⟩ *auf etwas nähen:* einen Flicken [auf die Hose] a.

Aufsicht, die; -: **1.** *das Beaufsichtigen, Kontrolle, Überwachung:* sie hatte die A. über die Kinder. * **die A. führen** *(beaufsichtigen; darauf achten, daß sich alles ordentlich vollzieht).* **2.** *jmd., der die Kontrolle über etwas hat oder die Aufgabe hat, etwas zu überwachen:* gefundene Gegenstände bei der A. abgeben.

aufsitzen, saß auf, hat/ist aufgesessen ⟨itr.⟩: **1.** *aufrecht sitzen:* wenn der Kranke aufgesessen hätte, hätte er besser essen können. **2.** *aufbleiben, nicht schlafen gehen:* wir haben gestern noch lange aufgesessen. **3.** *aufs Pferd steigen:* er war aufgesessen und ritt davon. **4.** *auf jmdn. hereinfallen; nicht merken, daß etwas falsch oder unwahr ist:* ich bin einem Betrüger, einem Irrtum aufgesessen. * **jmdn. a. lassen** *(jmdn. im Stich lassen, indem man ein Versprechen nicht hält).*

aufspielen, spielte auf, hat aufgespielt: **1.** ⟨rfl.⟩ *(abwertend) sich wichtig tun; mehr sein wollen, als man ist; angeben:* er spielt sich vor andern immer sehr auf. **2.** ⟨itr.⟩ *zum Tanz oder zur Unterhaltung Musik machen:* eine Kapelle wird zur Hochzeit a.

aufspringen, sprang auf, ist aufgesprungen ⟨itr.⟩/vgl. aufgesprungen/: **1.** *plötzlich in die Höhe springen:* als er diese Beleidigung hörte, sprang er empört vom Stuhl auf. **2.** *auf ein sich bewegendes Fahrzeug springen:* er ist auf die Straßenbahn aufgesprungen. **3.** *sich springend öffnen:* das Schloß des Koffers sprang auf.

aufstacheln, stachelte auf, hat aufgestachelt ⟨tr.⟩: *aufhetzen; durch Reden bewirken, daß jmd. in bestimmter Weise handelt:* der Redner stachelte die Zuhörer zum Widerstand auf.

Aufstand, der; -[e]s, Aufstände: *Erhebung gegen eine beste-*

hende Ordnung; Rebellion, Revolte: der A. gegen die Regierung wurde niedergeschlagen.

Aufständische, der; -n, -n ⟨aber: [ein] Aufständischer, Plural; Aufständische⟩: jmd., der sich an einem Aufstand beteiligt.

aufstehen, stand auf, hat/ist aufgestanden ⟨itr.⟩: 1. *sich erheben:* a) */aus sitzender Stellung/:* bei der Begrüßung ist er aufgestanden. b) */aus liegender Stellung, aus dem Bett/:* er ist früh aufgestanden, um den Zug zu erreichen. 2. (ugs.) *offenstehen:* das Fenster hat den ganzen Tag aufgestanden. 3. (geh.) *sich gegen jmdn. erheben:* das Volk ist gegen seine Bedrücker aufgestanden.

aufsteigen, stieg auf, ist aufgestiegen ⟨itr.⟩: 1. *auf etwas steigen*/Ggs. absteigen/: auf das Fahrrad a. 2. a) *in die Höhe steigen:* Rauch stieg [aus dem Schornstein] auf. b) *(als Zweifelo. ä. in jmdm.) entstehen, lebendig werden:* Angst stieg in mir auf; ein Verdacht stieg in ihm auf. 3. a) *in eine bestimmte höhere [berufliche] Stellung gelangen:* er stieg zum Minister auf *(wurde Minister).* b) Sport *in eine höhere Klasse eingestuft werden* /Ggs. absteigen/: die Mannschaft stieg auf.

aufstellen, stellte auf, hat aufgestellt: 1. a) ⟨tr.⟩ *an eine Stelle, einen Ort stellen:* Stühle in einem Saal a. b) ⟨rfl.⟩ *sich hinstellen:* er stellte sich drohend vor ihm auf. 2. ⟨tr.⟩ *(jmdn., den andere wählen sollen) nennen, vorschlagen:* einen Kandidaten a. 3. ⟨tr.⟩ *(Personen zur Ausführung von etwas) zusammenstellen, vereinigen:* Truppen a. 4. ⟨tr.⟩ *im einzelnen schriftlich festhalten, formulieren:* ein Programm a.; eine Liste der vorhandenen Gegenstände a. *(machen).* * *eine Behauptung a. (behaupten).*

Aufstellung, die; -, -en: 1. *das Aufstellen:* die A. der Kandidaten für die Wahl. * A. nehmen *(sich aufstellen).* 2. *Liste:* er ließ sich die A. der Waren geben.

Aufstieg, der; -s, -e: 1. /Ggs. Abstieg/ a) *das Aufwärtssteigen:* er wagte den A. auf den steilen Berg. b) *das Aufwärtsentwickeln:* der wirtschaftliche A. 2. *Weg, der nach oben führt* /Ggs. Abstieg/.

aufstoßen, stößt auf, stieß auf, hat/ist aufgestoßen: 1. ⟨tr.⟩ *durch Stoßen öffnen:* er hat die Tür mit dem Fuß aufgestoßen. 2. ⟨itr.⟩ *durch Stoßen verletzen:* ich habe mir das Knie aufgestoßen. 3. ⟨itr.⟩ (ugs.) *Luft aus dem Magen hörbar durch den Mund ausstoßen:* er hat Brause getrunken und danach aufgestoßen. * *etwas stößt jmdm. übel auf (etwas wird von jmdm. mit Mißfallen bemerkt):* es ist ihm übel aufgestoßen, daß sie ihn nicht beachtet hat.

Aufstrich, der; -s: *etwas, was auf das Brot gestrichen wird:* als A. nehmen wir Butter.

aufstützen, stützte auf, hat aufgestützt ⟨tr./rfl.⟩: *auf etwas stützen:* den Arm a.; sich mit der Hand a.

aufsuchen, suchte auf, hat aufgesucht ⟨tr.⟩: 1. *(zu jmdm. oder etwas) aus einem bestimmten Grund hingehen:* den Arzt a. 2. *(an einer bestimmten Stelle) suchen:* eine Stadt auf der Landkarte a.

auftauchen, tauchte auf, ist aufgetaucht ⟨itr.⟩: *(aus dem Wasser o. ä.) wieder hervorkommen, zu sehen sein:* ab und zu tauchte der Kopf des Mannes aus den Wellen auf; bildl.: du bist ja schon lange nicht mehr bei uns aufgetaucht *(hast uns schon lange nicht mehr besucht).*

auftauen, taute auf, hat/ist aufgetaut: 1. ⟨tr.⟩ a) *zum Tauen, Schmelzen bringen:* die Sonne hat das Eis aufgetaut. b) *von Eis befreien:* er hat das Rohr aufgetaut. 2. ⟨itr.⟩ a) *sich tauend auflösen, schmelzen:* der Schnee ist aufgetaut. b) *von Eis frei werden:* der Fluß ist aufgetaut. 3. ⟨itr.⟩ *die Hemmungen verlieren und gesprächig werden:* erst war der neue Schüler sehr still, doch bald war er aufgetaut.

aufteilen, teilte auf, hat aufgeteilt ⟨tr.⟩: *(ein Ganzes) in Stücke o. ä. völlig verteilen:* den Kuchen a.; die Schüler in Klassen a. *(einteilen).*

Auftrag, der; -s, Aufträge: 1. *Bestellung einer Ware bei einem Kaufmann:* die Firma hat viele Aufträge bekommen. 2. *Anweisung (eine Arbeit auszuführen):* er bekam von dem A., einen Bericht über sie zu schreiben.

auftragen, trägt auf, trug auf, hat aufgetragen: 1. ⟨tr.⟩ (geh.) *auf den Tisch bringen, servieren:* das Essen a. 2. ⟨tr.⟩ *(etwas) auf etwas streichen:* Farbe a. * (ugs.) **dick a.** *(übertreiben):* er hat in seinem Bericht wieder sehr dick aufgetragen. 3. ⟨tr.⟩ (geh.) *den Auftrag geben, etwas zu tun oder eine Nachricht zu übermitteln:* er hat mir aufgetragen, seine kranke Mutter zu besuchen. 4. ⟨tr.⟩ *so lange tragen oder anziehen, bis es völlig abgenutzt ist:* die Kinder wachsen so schnell, daß sie ihre Kleidung gar nicht a. können. 5. ⟨itr.⟩ *dick machen:* diesen Pullover kann ich nicht unter dem Mantel tragen, weil er aufträgt.

auftreffen, trifft auf, ist aufgetroffen ⟨tr.⟩: *auf etwas treffen, aufprallen:* die Sonde traf auf die/auf der Oberfläche des Mondes auf.

auftreiben, trieb auf, hat aufgetrieben ⟨tr.⟩: 1. (ugs.) *nach längerem Suchen finden, sich beschaffen:* er konnte in der ganzen Stadt keinen Dolmetscher a. 2. *von innen her dick machen, schwellen lassen:* das Wasser hat den Leib des Toten aufgetrieben.

auftreten, tritt auf, trat auf, ist aufgetreten ⟨itr.⟩: 1. *den Fuß auf den Boden setzen:* er hatte sich am Fuß verletzt und konnte nicht a. 2. a) *sich in bestimmter Weise zeigen, benehmen:* er trat bei den Verhandlungen sehr energisch auf. b) *(in bestimmter Absicht) tätig sein:* als Zeuge, Redner a. c) *auf der Bühne spielen:* der Schauspieler tritt nicht mehr auf. 3. *sich (bei Gebrauch oder im Laufe der Zeit) herausstellen, ergeben:* Schwierigkeiten traten auf.

Auftreten, das; -s: *Art, sich zu benehmen; jmds. Benehmen vor anderen:* der Vertreter hat ein sicheres A.

Auftrieb, der; -s: *nach oben treibende Kraft; Schwung:* diese Nachricht gab ihm A. *(ermutigte ihn, machte ihn froh).*

Auftritt, der; -s, -e: 1. *das Auftreten (eines Schauspielers auf der Bühne):* der Schauspieler wartete auf seinen A. 2. *Teil eines Aufzugs, Szene:* im zweiten A. der ersten Szene spricht der Held einen Monolog. 3. *erregter Streit, Zank:* als der Sohn spät nach Hause kam, gab es einen A. in der Familie.

auftrumpfen, trumpfte auf, hat aufgetrumpft ⟨itr.⟩: *seine*

Meinung, seinen Willen oder eine Forderung (auf Grund seiner Überlegenheit) durchzusetzen versuchen: er versuchte bei seinen Eltern aufzutrumpfen; mit seinem Können a.

auftun, tat auf, hat aufgetan: 1. ⟨tr.⟩ (ugs.) *auf den Teller tun:* das Essen a. 2. a) ⟨tr.⟩ *(Augen, Mund o. ä.) öffnen:* die Augen a. b) ⟨rfl.⟩ *(geh.) sich öffnen:* die Tür tat sich auf und der Lehrer kam herein. c) ⟨rfl.⟩ *(geh.) plötzlich deutlich erkennbar oder vor jmdm. sichtbar werden:* auf der Reise tat sich ihm eine ganze neue Welt auf. 3. ⟨tr.⟩ (ugs.) *(etwas Günstiges o. ä.) entdecken, finden:* ich habe einen billigen Laden für Schokolade aufgetan.

aufwachen, wachte auf, ist aufgewacht ⟨itr.⟩: *wach werden:* durch den Lärm a.

aufwachsen, wächst auf, wuchs auf, ist aufgewachsen ⟨itr.⟩: *(in bestimmter Umgebung) seine Kindheit verbringen und dort groß werden:* er ist bei seinen Großeltern aufgewachsen.

Aufwand, der; -s: 1. *das Aufwenden; Einsatz:* dieser A. an Kraft war nicht erforderlich. 2. *Luxus, übertriebene Pracht, Verschwendung:* er leistete sich einen gewissen A. * **A. treiben** *(luxuriös, aufwendig leben)*.

Aufwandsentschädigung, die; -, -en: *Ersatz; extra gezahltes Geld für besondere Ausgaben im Dienst.*

aufwärmen, wärmte auf, hat aufgewärmt: 1. ⟨tr.⟩ a) *(Speisen) wieder warm machen:* das Essen a. b) *(etwas, [Unerfreuliches] was vergessen oder erledigt war) wieder in Erinnerung bringen, darüber sprechen:* warum mußt du immer wieder die alten Geschichten a.? 2. ⟨rfl.⟩ *sich wieder wärmen, weil einem kalt ist, weil man friert:* sich am Ofen a.

aufwärts ⟨Adverb⟩: *nach oben/Ggs. abwärts/:* der Lift fährt a.

aufwärtsgehen, ging aufwärts, ist aufwärtsgegangen ⟨itr.⟩ (ugs.): *in wirtschaftlicher o. ä. Hinsicht besser werden:* es geht wieder aufwärts mit der Firma; mit seiner Gesundheit geht es wieder aufwärts.

aufwecken, weckte auf, hat aufgeweckt ⟨tr.⟩ /vgl. aufgeweckt/: *wach machen:* der Lärm hat ihn aufgeweckt.

aufweisen, wies auf, hat aufgewiesen ⟨itr.⟩: *(durch etwas) gekennzeichnet sein und dies zeigen oder erkennen lassen; haben:* dieser Apparat weist einige Mängel auf.

aufwenden, wandte/wendete auf, hat aufgewandt/aufgewendet ⟨tr.⟩: *(für einen bestimmten Zweck, für ein Ziel) aufbringen, einsetzen:* er mußte viel Geld a., um das Haus renovieren zu lassen.

aufwendig ⟨Adj.⟩: *kostspielig, teuer, viel Geld o. ä. beanspruchend:* er lebt sehr a.

Aufwendungen, die ⟨Plural⟩: *Unkosten, Ausgaben.*

aufwerten, wertete auf, hat aufgewertet ⟨tr.⟩: 1. a) *eine Währung im Wert erhöhen:* wenn die DM aufgewertet wird, werden die Exporte geringer werden. b) *den ursprünglichen Wert abgewerteter geldlicher Forderungen zum Teil wieder herstellen:* nach dem Krieg wurden die alten Konten mit 10% aufgewertet. **Aufwertung,** die; -, -en.

aufwickeln, wickelte auf, hat aufgewickelt ⟨tr.⟩: 1. *auf etwas wickeln:* Wolle a. 2. *die Hülle (von etwas) entfernen, auseinanderwickeln:* ein Päckchen a.

aufwiegeln, wiegelte auf, hat aufgewiegelt ⟨tr.⟩: *zur Auflehnung (gegen Vorgesetzte o. ä.) aufhetzen:* er hat die Arbeiter gegen die Regierung aufgewiegelt. **Aufwiegelung,** die; -, -en.

aufwiegen, wog auf, hat aufgewogen ⟨tr.⟩: *denselben Wert wie etwas anderes haben; einen Ausgleich (für etwas) darstellen:* der Verlust des Ringes konnte mit Geld nicht aufgewogen werden.

aufwirbeln, wirbelte auf, hat/ist aufgewirbelt ⟨itr./tr.⟩: *in die Höhe wirbeln:* der Staub ist aufgewirbelt; der Wind hat den Staub aufgewirbelt; bildl.: der Skandal hat eine Menge Staub aufgewirbelt.

aufwühlen, wühlte auf, hat aufgewühlt ⟨tr.⟩: *wühlend (in etwas) eindringen; es durcheinanderbringen [und dabei Unteres nach oben befördern]:* der Bagger wühlte die Erde auf; mit einem Stock das trübe Wasser a.; bildl.: die Musik wühlte ihn auf *(erregte ihn innerlich stark).*

aufzählen, zählte auf, hat aufgezählt ⟨tr.⟩: *einzeln und nacheinander nennen:* jmds. Verdienste a. **Aufzählung,** die; -, -en.

aufzehren, zehrte auf, hat aufgezehrt ⟨tr.⟩: *durch ständige Beanspruchung o. ä. bewirken, daß nichts mehr (von etwas) vorhanden ist; völlig verbrauchen:* die Krankheit hatte seine Kräfte aufgezehrt.

aufzeichnen, zeichnete auf, hat aufgezeichnet ⟨tr.⟩: *schriftlich festhalten:* seine Beobachtungen a. **Aufzeichnung,** die; -, -en.

aufzeigen, zeigte auf, hat aufgezeigt ⟨tr.⟩: *deutlich (auf etwas) hinweisen; vor Augen führen:* Probleme a.

aufziehen, zog auf, hat/ist aufgezogen: 1. ⟨tr.⟩ *in die Höhe ziehen:* er hat den Rolladen aufgezogen. 2. ⟨tr.⟩ *durch Ziehen öffnen:* er hat den Vorhang aufgezogen. 3. ⟨tr.⟩ *(auf etwas) straff befestigen:* er hat das Bild auf Pappe aufgezogen. 4. ⟨tr.⟩ *großziehen:* die Großeltern haben das Kind aufgezogen. 5. ⟨tr.⟩ a) *(eine Uhr o. ä.) durch Straffen einer Feder zum Funktionieren bringen:* er hat den Wecker aufgezogen. b) *arrangieren; machen, daß eine Veranstaltung abgehalten werden kann:* er hat ein großes Fest aufgezogen. 6. ⟨tr.⟩ *hänseln; Scherz, Spott treiben (mit jmdm.):* seine Kameraden haben ihn wegen seines Namens aufgezogen. 7. ⟨itr.⟩ a) *herankommen, sich nähern:* im Gewitter ist aufgezogen. b) *sich (an einer bestimmten Stelle) aufstellen:* eine Wache war vor dem Schloß aufgezogen.

Aufzug, der; -s, Aufzüge: 1. a) *Anlage zum Befördern von Personen oder Sachen nach oben oder unten; Fahrstuhl, Lift:* in diesen A. gehen nur 4 Personen. b) *Vorrichtung zum Hochziehen von Lasten (siehe Bild).* 2. (abwertend) *Kleidung; äußere Aufmachung:* willst du in diesem A. auf die Straße gehen? 3. *Akt eines Dramas.*

Aufzug 1. b)

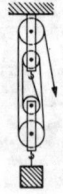

aufzwingen, zwang auf, hat aufgezwungen ⟨tr.⟩: *(jmdn.) zur Aufnahme oder Übernahme (von etwas) zwingen:* jmdm. seinen Willen a.

Auge, das; -s, -n: *Organ zum Sehen (siehe Bild):* blaue, strahlende Augen. * **ein A./beide Augen zudrücken** *(nachsichtig mit jmdm. sein):* der Schüler kam zu spät, aber der Lehrer drückte ein Auge zu und sagte nichts;

Auge

unter vier Augen *(zu zweit ohne Zeugen; ohne daß jmd. zuhört):* ein Gespräch unter vier Augen.

Augenblick [auch: ...bl[ck], ...er; -s, -e: **a)** *sehr kurzer Zeitraum, Moment:* warte noch einen A.! **b)** *bestimmter Zeitpunkt:* das war ein günstiger, wichtiger A. * **jeden A.** *(schon in den nächsten Minuten, gleich):* er kann jeden A. eintreffen; **im A.** *augenblicklich, jetzt, zur Zeit).*

augenblicklich [auch: ...bl[ck...] ⟨Adj.⟩ **1.** ⟨nicht prädikativ⟩ *sofort, sofortig:* du hast a. zu kommen. **2.** *gegenwärtig, jetzt, im Augenblick:* die augenblickliche Lage ist ernst; die Ware ist a. knapp.

Augenzeuge, der; -n, -n: *jmd., der einen Vorfall o. ä. mit angesehen hat [und den Hergang schildern kann]:* er wurde A. dieses Unfalls.

August, der; -[s]: *achter Monat des Jahres.*

Auktion, die; -, -en: *Versteigerung.*

Aula, die; -, Aulen und -s: *großer Raum für feierliche Veranstaltungen oder Versammlungen in Schulen und Universitäten.*

aus ⟨Präp. mit Dativ⟩: **1.** /lokal/ **a)** /gibt die Richtung von innen nach außen oder die Bewegung von etwas weg an/: aus dem Zimmer gehen. **b)** /bezeichnet Herkunft und Ursprung/: aus Berlin stammen. **2.** /in Verbindung mit Stoffbezeichnungen zur Angabe der Beschaffenheit/: ein Kleid aus Papier. **3.** /wirkt (durch etwas); vor /gibt den Grund an/: etwas aus Eifersucht tun.

ausarbeiten, arbeitete aus, hat ausgearbeitet ⟨tr.⟩: **1.** ⟨tr.⟩ *den Aufbau oder die Ausführung (von etwas) im einzelnen entwerfen und festlegen:* einen Vortrag a. **2.** ⟨rfl.⟩ *sich in angenehmer Weise durch körperliche Arbeit Bewegung verschaffen; sich zum Ausgleich körperlich betätigen:* er hat sich im Garten tüchtig ausgearbeitet. **Ausarbeitung,** die; -, -en.

ausarten, artete aus, ist ausgeartet ⟨itr.⟩: *sich über das normale Maß hinaus (zu etwas Schlechtem) entwickeln:* der Streit artete in eine Schlägerei aus; die Forschungen arteten zu einem Wettkampf aus.

ausatmen, atmete aus, hat ausgeatmet ⟨tr.⟩: *den Atem aus der Lunge entweichen lassen, ausstoßen.*

ausbaden, badete aus, hat ausgebadet ⟨tr.⟩: *(für etwas, was man selbst oder ein anderer verschuldet hat) die Folgen tragen, auf sich nehmen müssen:* seine Frechheiten hatten wir auszubaden.

ausbaldowern, baldowerte aus, hat ausbaldowert ⟨tr.⟩ (ugs.): *auf schlaue, geschickte Weise ausfindig machen; auskundschaften:* ein Versteck a.

Ausbau, der; -s: *das Ausbauen.*

ausbauen, baute aus, hat ausgebaut ⟨tr.⟩: **1.** *durch Bauen vergrößern, erweitern, verändern:* ein Haus a. **2.** *(etwas in etwas Eingebautes) wieder aus etwas herausnehmen:* den Motor [aus dem Auto] a.

ausbessern, besserte aus, hat ausgebessert ⟨tr.⟩: *(schadhafte Stellen an etwas) wieder in guten Zustand versetzen:* Wäsche, das Dach eines Hauses a. **Ausbesserung,** die; -, -en.

ausbeuten, beutete aus, hat ausgebeutet ⟨tr.⟩: **1.** *zum eigenen Vorteil ausnutzen:* die Arbeiter wurden ausgebeutet. **2.** *zum Nutzen gebrauchen, Nutzen ziehen (aus etwas):* den guten Boden a. **Ausbeutung,** die; -, -en.

ausbilden, bildete aus, hat ausgebildet ⟨tr.⟩: **a)** *längere Zeit in etwas unterweisen, um auf eine (berufliche) Tätigkeit vorzubereiten:* Lehrlinge a. **b)** *fördern, entwickeln:* seine Fähigkeiten a. **Ausbildung,** die; -, -en.

ausbleiben, blieb aus, ist ausgeblieben ⟨itr.⟩: *nicht eintreten oder eintreffen, obgleich es erwartet wird, obgleich man damit rechnet:* der Erfolg blieb aus; er hatte ein Hotel gekauft, aber die Gäste blieben aus; es konnte ja nicht a. *(es mußte ja so kommen),* daß er sich bei dem Wetter erkältete.

ausbooten, bootete aus, hat ausgebootet ⟨tr.⟩ (ugs.): *von einem Posten, aus einer beruflichen Stellung entfernen:* einige Dozenten sollten ausgebootet werden.

ausbrechen, bricht aus, brach aus, hat/ist ausgebrochen: **1.** ⟨tr.⟩ *durch Brechen (aus etwas) entfernen:* er hat einen Stein [aus einer Mauer] ausgebrochen. **2.** ⟨itr.⟩ *aus einem Gefängnis o. ä. fliehen, sich befreien:* drei Gefangene sind ausgebrochen. **3.** ⟨itr.⟩ **a)** *plötzlich und sehr rasch entstehen:* eine Panik, ein Feuer war ausgebrochen. * **in Tränen a.** *(heftig zu weinen beginnen);* **in Lachen a.** *(heftig zu lachen beginnen).* **b)** *plötzlich hervordringen:* ihm ist der Schweiß ausgebrochen. **4.** ⟨tr.⟩ *erbrechen:* er hat das Essen wieder ausgebrochen.

ausbreiten, breitete aus, hat ausgebreitet: **1.** ⟨tr.⟩ **a)** *in seiner ganzen Größe oder Breite hinlegen, zeigen:* die Zeitung vor sich a. **b)** *(zusammengehörige Gegenstände) nebeneinander hinlegen:* er breitete die Geschenke auf dem Tisch aus. **2.** ⟨rfl.⟩ *sich nach allen Richtungen ausdehnen:* das Feuer hat sich schnell weiter ausgebreitet.

Ausbruch, der; -s, Ausbrüche: *das Ausbrechen.* * **zum A. kommen** *(nach einer gewissen Zeit hervorbrechen, sich deutlich zeigen, sich entladen):* seine ganze Wut kam bei dieser Gelegenheit zum A.

ausbuhen, buhte aus, hat ausgebuht ⟨tr.⟩ (ugs.): *(jmdm.) sein Mißfallen über ihn zeigen, indem man "buh" ruft:* als sich der Intendant auf der Bühne zeigte, wurde er ausgebuht.

ausbürsten, bürstete aus, hat ausgebürstet ⟨tr.⟩: **a)** *mit einer Bürste entfernen:* Staub [aus dem Mantel] a. **b)** *mit einer Bürste reinigen:* die Hose a.

Ausdauer, die; -: *Fähigkeit, etwas (z. B. eine Anstrengung) längere Zeit auszuhalten; Beharrlichkeit:* es fehlt ihm beim Schwimmen noch die A.

ausdauernd ⟨Adj.⟩: *eine Anstrengung längere Zeit aushal-*

ausdehnen

tend; nicht so schnell ermüdend, nicht erlahmend: ein ausdauernder Schwimmer.

ausdehnen, dehnte aus, hat ausgedehnt: 1. ⟨rfl.⟩ a) *sich ausbreiten, sich auf ein weiteres Gebiet erstrecken:* der Handel dehnt sich immer weiter aus; ⟨im 2. Partizip⟩ ein ausgedehnter *(sich weit erstreckender)* Wald. b) *sich dehnen:* die Schienen dehnen sich bei Hitze aus; ausgedehnter *(nicht mehr elastischer)* Gummi. c) *(eine gewisse Zeit) andauern:* die Feier dehnte sich über den ganzen Abend aus. 2. ⟨tr.⟩ *ausweiten:* seinen Einfluß auf andere a. 3. ⟨tr.⟩ *verlängern:* seinen Besuch bis in die Nacht a. **Ausdehnung,** die; -, -en.

ausdenken, dachte aus, hat ausgedacht ⟨tr.⟩: *in Gedanken zurechtlegen, ausarbeiten, sich vorstellen:* ich hatte mir einen Trick ausgedacht; es ist nicht auszudenken *(es ist unvorstellbar)*, was ohne seine Hilfe passiert wäre.

Ausdruck, der; -s, Ausdrücke: 1. *Wort, Wendung:* er gebrauchte einen schlechten A.; diesen A. habe ich noch nie gehört. 2. ⟨ohne Plural⟩ *Stil oder Art und Weise die Formulierens, der künstlerischen Gestaltung:* sein A. ist schwerfällig. 3. ⟨ohne Plural⟩ *Spiegelung (einer seelischen Verfassung):* ein A. von Trauer zeigt sich auf seinem Gesicht; er schrieb das Gedicht als A. seiner Liebe. * **zum A. bringen** *([in Worten] deutlich werden lassen);* **zum A. kommen** *(deutlich werden).*

ausdrücken, drückte aus, hat ausgedrückt: 1. ⟨tr.⟩ a) *aus etwas pressen:* den Saft [aus der Zitrone] a. b) *Flüssigkeit durch Druck (aus etwas) entfernen:* den Schwamm a. 2. a) ⟨tr.⟩ *in bestimmter Weise formulieren:* seine Gedanken klar a. b) ⟨rfl.⟩ *sich in Worten äußern:* er kann sich nicht gut a. 3. a) ⟨tr.⟩ *aussprechen:* seinen Dank a. b) ⟨itr.⟩ *erkennen lassen:* seine Worte drücken große Sorge aus.

ausdrücklich [auch: ...drück...] ⟨Adj.; nicht prädikativ⟩: *mit Nachdruck [vorgebracht], extra [für diesen Fall erwähnt]:* ein ausdrückliches Verbot; ich habe a. gesagt, daß er das Geld sofort bezahlen muß.

Ausdrucksweise, die; -, -n: *Art und Weise, wie jmd.* *mündlich oder schriftlich ausdrückt.*

auseinander ⟨Adverb⟩: *einer vom anderen entfernt, weg:* die Schüler a. setzen; ⟨oft zusammengesetzt mit Verben⟩ auseinandergehen, auseinanderlaufen.

auseinandersetzen, setzte auseinander, hat auseinandergesetzt: 1. ⟨tr.⟩ *bis ins einzelne erklären, darlegen:* jmdm. seine Gründe für ein Verhalten a. 2. ⟨rfl.⟩ *sich eingehend (mit jmdm./etwas) beschäftigen oder befassen:* er hatte sich mit diesem Problem auseinanderzusetzen.

Auseinandersetzung, die; -, -en: 1. *heftige Debatte, Streit:* er hatte mit seinem Chef eine A. 2. *eingehende kritische Beschäftigung (mit etwas):* eine A. mit diesem Problem ist notwendig.

Ausfahrt, die; -, -en: 1. *das Hinausfahren:* am Sonntag machten sie eine A. 2. *Stelle, an der man aus etwas herausfährt:* vor einer A. darf man nicht parken.

Ausfall, der; -s, Ausfälle: *das Ausfallen:* der Streik verursachte einen großen A. in der Produktion.

ausfallen, fällt aus, fiel aus, ist ausgefallen ⟨itr.⟩ /vgl. ausfallend; ausgefallen/: 1. *aus etwas herausfallen; nicht mehr fest in etwas bleiben, sondern sich aus etwas lösen:* ihm fallen schon die Haare aus. 2. a) *[entgegen den Erwartungen] ausbleiben, wegfallen:* durch seine Krankheit fielen die Einnahmen aus. b) *nicht stattfinden:* das Konzert fiel aus. c) *nicht in der erwarteten Weise eingesetzt werden können:* drei Mitarbeiter fallen wegen Krankheit aus. 3. ⟨mit näherer Bestimmung⟩ *ein bestimmtes Ergebnis haben:* das Zeugnis ist gut ausgefallen.

ausfallend ⟨Adj.⟩: *grob, beleidigend, unverschämt:* eine ausfallende Bemerkung; er wird leicht a.

ausfällig ⟨Adj.⟩: *ausfallend.*

ausfindig: ⟨in der Wendung⟩ **jmdn./etwas a. machen:** *jmdn./ etwas nach längerem Suchen finden:* ich habe jetzt ein Geschäft a. gemacht, wo man billig einkaufen kann.

Ausflucht, die; -, Ausflüchte: 1. ⟨Plural⟩ *Ausreden, [falsche] Entschuldigungen:* seine Erklärungen klingen wie Ausflüchte. * **Ausflüchte machen** *(Vorwände vorbringen, um sich einer Forderung o. ä. zu entziehen).* 2 ⟨Singular⟩ *das Ausweichen, Flucht:* es gibt keine A.

Ausflug, der; -s, Ausflüge: *zur Erholung oder zum Vergnügen stattfindende Wanderung oder Fahrt in die Umgebung:* am Sonntag machen wir einen A.

ausfragen, fragte aus, hat ausgefragt ⟨tr.⟩: *eingehend (nach etwas/jmdm.) fragen; (jmdm.) viele Fragen stellen:* er hat ihn über seinen Chef ausgefragt.

Ausfuhr, die; -, -en: *Verkauf von Waren ins Ausland, Export.*

ausführen, führte aus, hat ausgeführt ⟨tr.⟩: 1. a) *verwirklichen; vollziehen, in die Tat umsetzen:* einen Plan a.; einen Befehl a. b) *durchführen, machen:* Reparaturen a. 2. *ins Ausland verkaufen, exportieren:* Maschinen a. 3. a) *(jmdn.) ins Freie führen, um ihm Bewegung zu verschaffen:* den Hund a. b) *(jmdn.) ins Theater, in ein Restaurant o. ä. einladen:* der Vater hat seine Tochter ausgeführt. 4. *[eingehend] darlegen, erklären:* wie ich vorhin ausgeführt habe, sind die Untersuchungen noch nicht abgeschlossen.

ausführlich [auch: ...führ...] ⟨Adj.⟩: *bis ins einzelne gehend, eingehend:* er gab einen ausführlichen Bericht über seine letzte Reise. **Ausführlichkeit** [auch: ...führ...], die; -.

Ausführung, die; -, -en: 1. *das Ausführen, Durchführung:* er übernahm die A. der Arbeiten. 2. ⟨Plural⟩ *Darlegungen, Erklärungen:* er konnte den Ausführungen des Redners nicht folgen.

ausfüllen, füllte aus, hat ausgefüllt ⟨tr.⟩: 1. a) *(Hohles mit etwas) [vollständig] füllen:* einen Graben mit Sand a. b) *(einen bestimmten begrenzten Raum) einnehmen:* der Schrank füllt die ganze Ecke des Zimmers aus. c) *(eine bestimmte Zeit mit etwas) zubringen, überbrücken:* er füllte die Pause mit Gesprächen aus. d) *erfüllen, innerlich befriedigen:* seine Tätigkeit füllte ihn ganz aus. 2. *(auf ein Formular o. ä.) alle erforderlichen Angaben eintragen:* einen Fragebogen a. 3. *(ein Amt o. ä.) in bestimmter Weise versehen:* er füllt seinen Posten gut aus.

Ausgabe, die; -, -n: 1. ⟨ohne Plural⟩ *das Ausgeben, Austeilen:* die A. der Bücher an die Schüler verzögerte sich. 2. *Kosten, finanzielle Aufwendung:* durch den Umzug hatte er große Ausgaben. 3. *Veröffentlichung eines Werkes in einer bestimmten Form oder unter einem bestimmten Datum; Druck (eines Buches o. ä.):* eine neue A. eines Buches vorbereiten.

Ausgang, der; -s, Ausgänge: 1. *Tür, Stelle oder Öffnung, die nach draußen führt:* der Saal hat zwei Ausgänge. 2. *Ergebnis:* der A. der Wahlen war überraschend. 3. ⟨ohne Plural⟩ *Erlaubnis zum Ausgehen, zum Verlassen des Hauses:* die Soldaten bekamen keinen A.

Ausgangspunkt, der; -s, -e: *Stelle o. ä., an der etwas anfängt; Beginn:* wir nehmen diesen Vorfall zum A. für die Diskussion.

ausgeben, gibt aus, gab aus, hat ausgegeben ⟨tr.⟩: 1. *(Geld) durch Kauf o. ä. verbrauchen:* auf der Reise hat er viel [Geld] ausgegeben. 2. *austeilen, (an einne Anzahl von Personen) geben:* neue Bücher wurden an die Schüler ausgegeben. 3. *(jmdn./etwas) als etwas bezeichnen, was er/es aber nicht ist:* er gab das Mädchen als seine Schwester aus; ⟨auch rfl.⟩ er gab sich als Arzt aus. 4. *(jmdm. etwas) spendieren; (für jmdn.) kaufen:* ein Bier für jmdn. a.

ausgebucht ⟨in der Fügung⟩ a. sein: *keinen Platz mehr frei haben:* das Flugzeug ist ausgebucht; (ugs.) ich bin ausgebucht *(habe keine Zeit mehr frei, kann keine Verpflichtungen mehr übernehmen).*

ausgefallen ⟨Adj.⟩: *ungewöhnlich, nicht alltäglich:* ein ausgefallener Wunsch.

ausgeglichen ⟨Adj.⟩: *harmonisch, in seinem Wesen gleichmäßig ruhig:* sie hat ein ausgeglichenes Wesen; er ist immer sehr a. **Ausgeglichenheit**, die; -.

ausgehen, ging aus, ist ausgegangen ⟨itr.⟩: 1. *zu einem Vergnügen, zum Tanz o. ä. gehen:* wir gehen heute abend aus. 2. *(von jmdm.) vorgetragen, vorgeschlagen werden, (auf jmdn.) zurückgehen:* dieser Vorschlag geht von ihm aus. 3. *(von jmdm.) hervorgebracht, ausgestrahlt werden:* große Wirkung ging von ihm aus. 4. *(etwas) als Ausgangspunkt nehmen, (etwas) voraussetzen:* von der Annahme a., daß ... 5. *(etwas) als Ziel haben:* er geht darauf aus, einen hohen Gewinn zu erzielen. 6. ⟨mit näherer Bestimmung⟩ *(in bestimmter Weise) enden:* die Angelegenheit wird nicht gut a. 7. *zu brennen oder leuchten aufhören* /Ggs. angehen/: das Feuer ist ausgegangen. 8. *zu Ende gehen:* der Vorrat ist ausgegangen. 9. *ausfallen:* ihm gehen die Haare aus.

ausgelassen ⟨Adj.⟩: *übermütig, wild und vergnügt:* die Kinder sind heute sehr a. **Ausgelassenheit**, die; -.

ausgenommen ⟨Konj.⟩: *außer, mit Ausnahme (von jmdm./etwas):* ich bin täglich zu Hause, a. am Sonntag; alle waren gekommen, a. einer; wir werden kommen, a. *(nur nicht wenn)* es regnet.

ausgeprägt ⟨Adj.⟩: *deutlich hervortretend:* er zeigt ein ausgeprägtes Interesse an der Technik.

ausgerechnet [auch: ...rech...] ⟨Adverb⟩: *gerade* /drückt Bedauern, Ärger o. ä. aus/: a. ihm mußte dieser Fehler passieren, a. gestern regnete es, als wir spazierengehen wollten.

ausgeschlossen [auch: ...schlos...]: ⟨in den Fügungen⟩ etwas ist a. *(etwas ist nicht möglich, kann nicht [vorgekommen] sein):* ein Irrtum ist a.; etwas für a. halten *(etwas für nicht möglich halten, an die Richtigkeit einer Nachricht o. ä. nicht glauben):* daß er dieses Unglück verschuldet hat, halte ich für a.

ausgeschnitten ⟨Adj.⟩: *mit einem Ausschnitt am Hals versehen:* ein weit ausgeschnittenes Kleid.

ausgesprochen ⟨Adj.; nur attributiv⟩: a) *besonders ausgeprägt, unverkennbar:* eine ausgesprochene Abneigung gegen Alkohol. b) ⟨verstärkend bei Adjektiven⟩ *ganz besonders:* ein a. heißer Sommer.

ausgestalten, gestaltete aus, hat ausgestaltet ⟨tr.⟩: *[in einer bestimmten Weise] gestalten:* eine Feier a. **Ausgestaltung**, die; -, -en.

ausgezeichnet [auch:...zeich...] ⟨Adj.⟩: *hervorragend (durch seine Qualität), sehr gut:* ausgezeichnete Zeugnisse; sie spielt a. Geige.

ausgiebig ⟨Adj.; nicht prädikativ⟩: *reichlich, in reichem Maße:* a. schlafen.

ausgießen, goß aus, hat ausgegossen ⟨tr.⟩: a) *(aus einem Gefäß) gießen:* das Wasser [aus der Schüssel] a. b) *(ein Gefäß) leer machen, indem man die sich darin befindliche Flüssigkeit weggießt:* eine Flasche a.

Ausgleich, der; -s: *Herstellung eines Zustandes, in dem Unterschiedliches oder Nachteile ausgeglichen sind; Versöhnung:* der Streit endete mit einem A.

ausgleichen, glich aus, hat ausgeglichen ⟨tr.⟩: *(Unterschiede, Nachteile o. ä.) durch einen anderen, dagegen wirkenden Faktor aufheben:* einen Mangel a.; eine schlechte Note in Latein durch eine Eins in Mathematik a.; ⟨auch rfl.⟩ die Unterschiede glichen sich allmählich aus *(verschwanden allmählich).*

Ausguß, der; Ausgusses, Ausgüsse: *Becken [in der Küche] mit Abfluß* (siehe Bild).

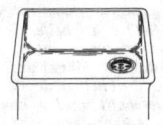

Ausguß

aushalten, hält aus, hielt aus, hat ausgehalten: 1. ⟨tr.⟩ *in der Lage sein, etwas zu überstehen oder hinzunehmen; ertragen:* Entbehrungen a. 2. ⟨itr.⟩ *ausharren, durchhalten; (irgendwo unter bestimmten Umständen) bleiben:* er hat [es] in dem Betrieb nur ein Jahr ausgehalten. 3. ⟨tr.⟩ *(für eine Geliebte o. ä.) den Lebensunterhalt bezahlen:* sie läßt sich von ihm a. 4. ⟨tr.⟩ *(einen Ton o. ä.) längere Zeit erklingen lassen:* die Sängerin hielt den hohen Ton lange aus.

aushändigen, händigte aus, hat ausgehändigt ⟨tr.⟩: *persönlich übergeben:* jmdm. eine Urkunde a. **Aushändigung**, die; -, -en.

Aushang, der; -s, Aushänge: *öffentlich ausgehängte Bekanntmachung:* er las auf dem A., daß jemand eine Wohnung suchte.

aushängen: I. hing aus, hat ausgehangen ⟨itr.⟩: *(als Aushang) öffentlich irgendwo hängen, angebracht sein:* die Liste der Kandidaten hing zwei Wo-

ausharren

chen aus. **II.** hängte aus, hat ausgehängt: 1. ⟨tr.⟩ *öffentlich anschlagen:* eine Bekanntmachung a. 2. ⟨tr.⟩ *aus den Angeln heben:* eine Tür a. 3. ⟨rfl.⟩ *durch Hängen wieder glatt werden:* das Kleid hat sich ausgehängt.

ausharren, harrte aus, hat ausgeharrt ⟨itr.⟩: *(irgendwo) trotz unangenehmer Umstände bleiben; (bis zum Ende) aushalten:* sie harrte bis zu seinem Tode bei ihm aus.

ausheben, hob aus, hat ausgehoben ⟨tr.⟩: 1. *durch Herausschaufeln (ein Loch o. ä.) herstellen:* einen Graben a. 2. *(eine Bande o. ä.) entdecken und verhaften:* die Diebe wurden in ihrem Versteck ausgehoben. **Aushebung,** die; -, -en.

aushecken, heckte aus, hat ausgeheckt ⟨tr.⟩ (ugs.): *sich heimlich (etwas Listiges oder Böses) ausdenken:* er hat wieder einige Streiche ausgeheckt.

aushelfen, hilft aus, half aus, hat ausgeholfen ⟨itr.⟩: a) *aus einer vorübergehenden Notlage (mit Geld o. ä.) helfen:* weil ich kein Geld mehr hatte, half er mir [mit 100 Mark] aus. b) *bei einer Arbeit helfen, damit die Arbeit geschafft werden kann; für jmdn. einspringen:* vor Weihnachten hilft sie immer im Geschäft aus; sie hat für vier Wochen im Geschäft ausgeholfen, weil eine Verkäuferin krank geworden war.

aushorchen, horchte aus, hat ausgehorcht ⟨tr.⟩ (ugs.): *ausfragen:* er versuchte, das Kind auszuhorchen.

auskennen, sich; kannte sich aus, hat sich ausgekannt: *sich auf Grund eingehender Kenntnisse zurechtfinden; gut Bescheid wissen:* ich kenne mich in Berlin gut aus; auf dem Gebiet kennt er sich aus.

ausklammern, klammerte aus, hat ausgeklammert ⟨tr.⟩: *nicht berücksichtigen, ausschließen:* diese Frage wollen wir bei diesem Gespräch a. **Ausklammerung,** die; -, -en.

auskleiden, kleidete aus, hat ausgekleidet ⟨rfl./tr.⟩ (geh.): *ausziehen* /Ggs. ankleiden/: sie kleidete sich, das Kind aus.

ausklingen, klang aus, ist/hat ausgeklungen ⟨itr.⟩ (geh.): 1. *aufhören zu klingen:* die Glocke hat ausgeklungen. 2. *zu Ende gehen:* die Feier ist mit einem Lied ausgeklungen.

ausklopfen, klopfte aus, hat ausgeklopft ⟨tr.⟩: a) *durch Klopfen säubern:* den Teppich a. b) *durch Klopfen entfernen:* den Staub aus dem Teppich a.

ausknipsen, knipste aus, hat ausgeknipst ⟨tr.⟩ (ugs.): *ausschalten* /Ggs. anknipsen/: die Lampe a.

auskommen, kam aus, ist ausgekommen ⟨itr.⟩: 1. *etwas in ausreichendem Maß haben:* er kommt mit seinem Geld gut aus. 2. *sich vertragen:* er kommt mit den Nachbarn gut aus.

Auskommen, das; -s: *ausreichendes Einkommen:* er hat ein gesichertes A. * **mit jmdm. ist kein A.** *(mit jmdm. kann man sich nicht vertragen).*

auskundschaften, kundschaftete aus, hat ausgekundschaftet ⟨tr.⟩: *in Erfahrung bringen; durch geschicktes Nachforschen erfahren:* er hatte bald ausgekundschaftet, wo sie wohnt.

Auskunft, die; -, Auskünfte: 1. *Mitteilung über etwas, die man auf eine Frage hin erhält; Information:* jmdn. um eine A. bitten. 2. *Stelle, bei der man über etwas Informationen erhält:* bei der A. am Bahnhof nach einem Zug fragen.

auslachen, lachte aus, hat ausgelacht: 1. ⟨tr.⟩ *über jmdn. spottend lachen:* sie lachten den Kameraden wegen seiner komischen Mütze aus. 2. ⟨rfl.⟩ *so lange lachen, bis man sich wieder beruhigt hat:* er soll sich erst a. und dann weitersprechen.

ausladen, lädt aus, lud aus, hat ausgeladen ⟨tr.⟩/vgl. ausladend/: **I.** a) *(aus einem Wagen o. ä.) herausnehmen* /Ggs. einladen/: Kartoffeln [aus dem Waggon] a. b) *durch Herausnehmen der Ladung leer machen:* den Lastwagen a. **II.** (ugs.) *eine Einladung wieder rückgängig machen:* du kannst die Gäste doch jetzt nicht mehr a.!

ausladend ⟨Adj.⟩: a) *deutlich herausragend; vorstehend:* ein ausladender Balkon. b) *nach außen gewölbt, bauchig:* ein ausladendes Gefäß. c) *mit großen Bewegungen [ausgeführt]:* der Redner machte weit ausladende Gesten.

Auslage, die; -, -n: 1. *[in einem Schaufenster] ausgestellte Ware:* die Auslagen eines Geschäftes betrachten. 2. ⟨Plural⟩ *Unkosten; Ausgaben, die ersetzt werden:* die Auslagen für Verpflegung und Hotel werden ersetzt.

Ausland, das; -s: *außerhalb des eigenen Staates liegendes Gebiet:* er arbeitet im A.; das Ergebnis der Wahlen wurde vom A. *(von den Regierungen, der Presse o. ä. der fremden Staaten)* ausführlich kommentiert. * **ins A. gehen** *(sich in einem fremden Land niederlassen).*

Ausländer, der; -s, -: *Angehöriger eines fremden Staates:* in Deutschland arbeiten viele A.

auslassen, läßt aus, ließ aus, hat ausgelassen: 1. ⟨tr.⟩ *herausfließen lassen:* das Wasser aus der Badewanne a. 2. ⟨tr.⟩ *weglassen, übergehen, sich entgehen lassen:* einen Satz beim Abschreiben a.; er läßt kein gutes Geschäft a. 3. ⟨tr.⟩ *(seine Wut, seinen Ärger o. ä.) andere ungehemmt fühlen lassen:* er ließ seinen Zorn an seinen Mitarbeitern aus. 4. ⟨rfl.⟩ *[ausführlich] erörtern:* er ließ sich in seinem Vortrag lang und breit über Afrika aus. 5. ⟨tr.⟩ *schmelzen:* Butter für die Pfanne a. 6. ⟨tr.⟩ *länger machen (von Kleidungsstücken/:* das Kleid, den Saum, die Hose a. **Auslassung,** die; -, -en.

Auslauf, der; -s, Ausläufe: 1. *Möglichkeit, sich zu bewegen:* in der Stadt haben die Kinder keinen A. 2. *Raum, Bereich hinter dem Ziel, in dem ein Sportler seinen Lauf abbremst:* der Skiläufer stürzte im A.

auslaufen, läuft aus, lief aus, ist ausgelaufen ⟨itr.⟩: 1. a) *aus etwas herausfließen:* die Milch ist ausgelaufen. b) *durch Herausfließen leer werden:* die Flasche läuft aus. 2. *den Hafen verlassen:* das Schiff läuft aus. 3. *[allmählich] aufhören, sich zu bewegen:* der Sportler läuft hinter dem Ziel aus; die Räder a. lassen. 4. *enden:* der Weg läuft im Wald aus; der Vertrag läuft am Ende dieses Jahres aus; die Angelegenheit ist gut ausgelaufen.

auslegen, legte aus, hat ausgelegt ⟨tr.⟩: 1. a) *so legen, daß es betrachtet werden kann:* die Bücher im Schaufenster a. b) *zu einem bestimmten Zweck [versteckt] legen:* Gift für die Ratten a. 2. *zur Verzierung, als Schutz* *o. ä. bedecken, mit etwas versehen:* den Boden mit Teppichen a.; das Badezimmer mit Fliesen a. **3.** *vorläufig für jmd. anders bezahlen:* kannst du für mich zwei Mark a.? **4.** *erklären, deuten, interpretieren:* ein Gesetz a.; du hast meine Äußerungen falsch ausgelegt *(falsch verstanden).* **Auslegung,** die; -, -en.

ausleihen, lieh aus, hat ausgeliehen: **a)** ⟨tr.⟩ *(jmdm. etwas) leihen:* er hat seinem Freund eine Leiter ausgeliehen. **b)** ⟨itr.⟩ *sich (etwas von jmdm.) leihen:* er lieh sich von seinem Freund ein Fahrrad aus.

Auslese, die; -, -n: **1.** *Auswahl:* bei der Wahl der Nationalmannschaft wurde eine strenge A. vorgenommen. **2.** *die besten aus einer Anzahl von Personen oder Dingen; Elite:* am Wettkampf nimmt eine A. der Sportler teil.

auslesen, liest aus, las aus, hat ausgelesen ⟨tr.⟩: **I.** *zu Ende lesen:* ein Buch a. **II.** *aus einer Anzahl von Personen oder Dingen diejenigen herausnehmen, die eine bestimmte Beschaffenheit haben:* die besten Schüler a.; die schlechten Kartoffeln a.

ausliefern, lieferte aus, hat ausgeliefert ⟨tr.⟩: **1.** *auf jmds. Forderung hin übergeben:* der Verbrecher wird der Polizei seines Heimatlandes ausgeliefert. * *jmdm./einer Sache ausgeliefert sein (gegen jmdn./etwas machtlos sein):* er war der Willkür des Herrschers, dem Schicksal ausgeliefert. **2.** *an den Handel zum Verkauf geben:* die neuen Bücher werden im Herbst ausgeliefert. **Auslieferung,** die; -, -en.

ausliegen, lag aus, hat ausgelegen ⟨itr.⟩: *so liegen, daß es öffentlich betrachtet oder geprüft werden kann:* die neuen Zeitschriften liegen in der Bibliothek aus.

auslöschen, löschte aus, hat ausgelöscht ⟨tr.⟩: **1.** *bewirken, daß etwas nicht mehr brennt:* die Kerze a. **2.** *bewirken, daß etwas nicht mehr vorhanden ist, aus dem Bewußtsein vertreiben:* er versuchte, die Erinnerung an das Unglück auszulöschen. **Auslöschung,** die; -, -en.

auslösen, löste aus, hat ausgelöst ⟨tr.⟩: **1.** *bewirken, daß sich etwas zu bewegen, zu funktionieren beginnt:* die Anlage wird durch einen Druck auf den Knopf ausgelöst. **2.** *hervorrufen:* der Sänger löste große Begeisterung aus. **Auslösung,** die; -, -en.

ausmachen, machte aus, hat ausgemacht: **1.** ⟨tr.⟩ (landsch.) *ernten, indem man es aus der Erde herausholt:* Kartoffeln, Rüben a. **2.** ⟨tr.⟩ (ugs.) *vereinbaren, verabreden:* einen Termin, Preis a. * *etwas mit sich selbst a. [müssen] (mit etwas allein innerlich fertig werden, etwas allein bewältigen).* **3.** ⟨tr.⟩ *in der Ferne nach längerem Suchen [mit einem Fernrohr o. ä.] erkennen:* er hat das Schiff am Horizont ausgemacht. **4.** ⟨tr.⟩ (ugs.) *ausschalten, auslöschen /Ggs. anmachen/:* das Licht a. **5.** ⟨itr.⟩ *betragen, sein:* der Unterschied macht 50 Meter aus. **6.** ⟨itr.⟩ *das sein, was etwas dazu macht, was es ist; das eigentliche Wesen von etwas darstellen:* ihm fehlt das Wissen, das einen großen Arzt ausmacht.

Ausmaß, das; -es, -e: **1.** *räumliche Ausdehnung, Größe:* die Ausmaße eines Gebäudes. **2.** *Umfang, Grad, in dem etwas zutrifft oder geschieht:* das A. der Katastrophe.

Ausnahme, die; -, -n: *etwas, was anders ist als das Übliche; Abweichung von der Regel:* eine A. machen; mit A. von Peter waren alle anwesend.

ausnahmsweise ⟨Adverb⟩: *als Ausnahme; nur in diesem Fall:* er darf a. früher weggehen.

ausnehmen, nimmt aus, nahm aus, hat ausgenommen: **1.** ⟨tr.⟩ **a)** *herausnehmen:* die Eingeweide [aus dem Huhn] a.; die Eier [aus dem Nest] a. **b)** *durch Herausnehmen leer machen:* eine Gans a. *(vor dem Kochen von den Eingeweiden befreien);* ein Nest a. *(einem brütenden Vogel die Eier aus dem Nest nehmen).* **2.** ⟨tr.⟩ *(jmdn. bei etwas) nicht mitzählen, als Ausnahme behandeln:* alle haben schuld; ich nehme keinen aus. **3.** ⟨rfl.⟩ *mit näherer Bestimmung* in *bestimmter Weise wirken, aussehen:* das farbige Bild nimmt sich gut zu den hellen Gardinen aus. **4.** ⟨tr.⟩ (ugs.) *(jmdn.) durch listiges, geschicktes Vorgehen [beim Spiel] möglichst viel Geld abnehmen:* sie haben ihn gestern beim Skat tüchtig ausgenommen.

ausnehmend ⟨Adverb⟩: *besonders, in besonderem Maße (so daß es auffällt):* das Kleid gefällt mir a. gut; sie ist a. hübsch.

ausnutzen, nutzte aus, hat ausgenutzt ⟨tr.⟩: **1.** *etwas günstig für einen Zweck verwenden:* eine Gelegenheit, einen Vorteil a. **2.** (abwertend) *die Möglichkeiten zur Vergrößerung seiner Macht oder zur persönlichen Bereicherung skrupellos benutzen:* er nutzte seine Schwächen, die Untergebenen rücksichtslos aus.

ausnützen, nützte aus, hat ausgenützt ⟨tr.⟩ (bes. südd.): ausnutzen.

auspacken, packte aus, hat ausgepackt: **1. a)** ⟨tr.⟩ *etwas aus seiner Verpackung herausnehmen:* eine Vase a. **b)** *etwas, worin etwas verpackt war, leeren:* den Koffer a. **2.** ⟨itr.⟩ (ugs.) *nachdem man lange an sich gehalten oder über etwas geschwiegen hat, schließlich doch erzählen, berichten:* der Verbrecher packte aus.

Auspuff, der; -s, -e: *Rohr, durch das bei Motoren [von Kraftfahrzeugen] die ausströmenden Gase abgeleitet werden:* der A. des Autos muß erneuert werden.

ausräumen, räumte aus, hat ausgeräumt ⟨tr.⟩: **1. a)** *aus etwas herausnehmen:* die Bücher [aus dem Regal] a. **b)** *durch Herausnehmenleermachen:* die Wohnung a. **c)** *(etwas, was Verhandlungen o. ä. im Wege steht) beseitigen:* Vorurteile, Bedenken a. **2.** (ugs.) *plündern:* die Diebe räumten den ganzen Geschäft aus.

ausrechnen, rechnete aus, hat ausgerechnet /vgl. ausgerechnet/: **1.** ⟨tr.⟩ *durch Rechnen finden:* die Kosten a. **2.** ⟨rfl.⟩ *durch Überlegung finden:* der Sportler rechnet sich seine Chancen aus.

Ausrede, die; -, -n (abwertend): *falscher oder nicht ganz zutreffender Grund, der als Entschuldigung für etwas angegeben wird:* eine faule A.; für sein Zuspätkommen gebrauchte er die A., daß die Straßenbahn so langsam gefahren sei.

ausreden, redete aus, hat ausgeredet: **1.** ⟨itr.⟩ *zu Ende sprechen:* laß ihn doch a. **2.** ⟨tr.⟩ *(jmdn.) durch Überreden (von etwas) abbringen:* er versuchte, ihm den Plan auszureden.

ausreichen, reichte aus, hat ausgereicht ⟨itr.⟩: *genügen:* das Geld reicht für den Bau des Hauses nicht aus; ⟨häufig im 1. Partizip⟩: er hat ausreichende Kenntnisse.

Ausreise, die; -, -n: *Überschreiten der Grenze bei einer Reise ins Ausland:* bei der A. wird der Paß kontrolliert; jmdm. die A. verweigern.

ausreisen, reiste aus, ist ausgereist ⟨itr.⟩: *über die Grenze ins Ausland reisen:* er ist bei Basel in die Schweiz ausgereist.

ausreißen, riß aus, hat/ist ausgerissen: 1. ⟨tr.⟩ *durch gewaltsames Herausziehen entfernen:* er hat das Unkraut ausgerissen. 2. ⟨itr.⟩ *sich [infolge zu großer Belastung] loslösen:* der Griff am Koffer ist ausgerissen. 3. ⟨itr.⟩ (ugs.) *seinen Vorgesetzten, Eltern o. ä. davonlaufen:* der Junge ist ausgerissen.

Ausreißer, der; -s, -: (ugs.) *jmd., der seinen Vorgesetzten, Eltern weggelaufen ist:* der A. wurde von der Polizei nach Hause gebracht.

ausrenken, sich; renkte sich aus, hat sich ausgerenkt: *(den Arm o. ä.) so unglücklich bewegen, daß er aus dem Gelenk springt:* er hat sich beim Turnen den Arm ausgerenkt.

ausrichten, richtete aus, hat ausgerichtet 1. ⟨tr.⟩: *(jmdm. etwas) mitteilen, wozu man von jmd. anderem gebeten worden ist:* jmdm. Grüße a.; richte ihm aus, daß ich erst später kommen kann. 2. ⟨tr.⟩ *erreichen; bei etwas Erfolg haben:* /in Verbindung mit *etwas, nichts, wenig*/ er konnte bei den Verhandlungen nichts a. 3. ⟨rfl.⟩ *sich in einer bestimmten Ordnung aufstellen:* sich a.; die Sportler standen in einer Linie ausgerichtet. **Ausrichtung**, die; -, -en.

ausrotten, rottete aus, hat ausgerottet ⟨tr.⟩: *völlig vernichten:* ein ganzes Volk wurde ausgerottet. **Ausrottung**, die; -, -en.

Ausruf, der; -s, -e: *spontane Äußerung als Ausdruck eines Gefühls:* ein freudiger A.; ein A. des Erschreckens.

ausrufen, rief aus, hat ausgerufen ⟨tr.⟩: 1. *spontan äußern:* „Herrlich!" rief sie aus. 2. *öffentlich bekanntgeben:* der Schaffner ruft die Station aus. 3. *öffentlich verkünden:* nach der Revolution wurde die Republik ausgerufen.

ausruhen, ruhte aus, hat ausgeruht ⟨rfl./itr.⟩: *ruhen, um sich zu erholen:* ich muß mich ein wenig a.; wir haben ein paar Stunden ausgeruht.

ausrüsten, rüstete aus, hat ausgerüstet ⟨tr.⟩: *mit allem versehen, was benötigt wird:* ein Schiff a.; das Krankenhaus wurde mit den modernsten Instrumenten ausgerüstet.

Ausrüstung, die; -, -en: 1. *alle Geräte, die man zu einem bestimmten Zweck braucht:* eine vollständige A. zum Schilaufen, Photographieren. 2. ⟨ohne Plural⟩ *das Ausrüsten:* die A. einer Expedition erfordert große finanzielle Mittel.

Aussaat, die; -: 1. *das Aussäen:* vor der A. wird der Acker gepflügt. 2. *Samen, der ausgesät wird:* die A. geht bald auf.

aussäen, säte aus, hat ausgesät ⟨tr.⟩: *auf einer größeren Fläche säen:* der Bauer sät im Herbst den Weizen aus.

Aussage, die; -, -n: 1. *Angabe, Mitteilung, die man auf eine Aufforderung hin vor einer Behörde macht:* vor Gericht eine A. machen; der Zeuge verweigerte die A. über den Unfall. 2. *geistiger Inhalt, Gehalt, der durch ein Kunstwerk o. ä. ausgedrückt wird:* die Sehnsucht nach Freiheit ist die wichtigste A. seines Werkes. 3. *Äußerung einer Meinung:* seine Aussagen über Staat und Politik sind wissenschaftlich nicht fundiert.

aussagen, sagte aus, hat ausgesagt: 1. ⟨itr.⟩ *[vor Gericht] mitteilen, was man [über etwas] weiß:* als Zeuge a. 2. ⟨tr.⟩ *deutlich zum Ausdruck bringen; äußern; darlegen:* in seinem Vortrag wurde Grundlegendes zu diesem Problem ausgesagt.

Aussatz, der; -es: *stark ansteckende Krankheit, bei der sich Geschwüre in der Haut bilden:* viele Bewohner der Insel waren vom A. befallen; sein Gesicht war vom A. ganz entstellt.

aussätzig ⟨Adj.⟩: *den Aussatz habend.*

ausschalten, schaltete aus, hat ausgeschaltet ⟨tr.⟩: 1. *durch Betätigen eines Hebels, eines Schalters außer Betrieb setzen:* den Motor, das Licht a. 2. a) *Maßnahmen ergreifen, um etwas [in Zukunft] zu verhindern:* Fehler bei der Produktion a.; eine Gefahr a. b) *verhindern, daß jmd., der den eigenen Bestrebungen im Wege ist, weiterhin handeln kann:* er konnte in den Verhandlungen seine Konkurrenten a.; der Diktator schaltete das Parlament aus. **Ausschaltung**, die; -, -en.

ausschauen, schaute aus, hat ausgeschaut ⟨itr.⟩: 1. *nach jmdm./etwas erwartend sehen:* er schaut nach dem Schiff aus. 2. ⟨mit näherer Bestimmung⟩ (bes. südd.) *aussehen:* er schaut schlecht aus.

ausscheiden, schied aus, hat/ist ausgeschieden: 1. ⟨itr.⟩ *eine Gemeinschaft, Gruppe oder Tätigkeit verlassen und sich nicht mehr darin betätigen:* er ist aus dem Dienst, aus dem Verein ausgeschieden. 2. ⟨itr.⟩ *die Beteiligung an einem Wettkampf aufgeben:* nach dem Sturz ist der Sportler ausgeschieden. 3. ⟨itr.; in den zusammengesetzten Formen der Vergangenheit und im 2. Partizip nicht gebräuchlich⟩ *nicht in Frage kommen:* diese Möglichkeit scheidet aus. 4. ⟨tr.⟩ *absondern:* der Körper hat die giftigen Stoffe ausgeschieden. 5. ⟨tr.⟩ *aussondern, entfernen:* er hat die wertlosen Bücher gleich ausgeschieden.

Ausscheidung, die; -, -en: 1. *Absonderung:* die Ausscheidungen des menschlichen Körpers. 2. Sport *Kampf, bei dem die Teilnehmer an weiteren Kämpfen ermittelt werden:* die zehn besten Mannschaften kamen in die A.

ausschenken, schenkte aus, hat ausgeschenkt ⟨tr.⟩: *(Getränke) ausgeben oder verkaufen:* Alkohol darf an Kinder nicht ausgeschenkt werden.

Ausschlag, der; -s, Ausschläge: 1. *auf der Haut auftretende krankhafte Veränderung.* 2. ⟨Singular⟩ *das Ausschlagen eines Pendels o. ä. vom Ausgangspunkt:* der A. der Nadel eines Kompasses. * **den A. geben** *(entscheidend sein):* die Meinung des Direktors gab bei dieser Sache den A.

ausschlagen, schlägt aus, schlug aus, hat/ist ausgeschlagen: 1. ⟨itr.⟩ *mit einem Bein stoßen [um sich zu wehren]* /bes. vom Pferd/: das Pferd hat ausgeschlagen. 2. ⟨tr.⟩ *durch Schlagen gewaltsam entfernen:* er hat ihm drei Zähne ausgeschlagen. 3. ⟨tr.⟩ *(die Wände eines Raumes, einer Kiste o. ä.) verkleiden, (mit etwas) bedecken:* er hat das Zimmer mit Stoff ausgeschlagen. 4. ⟨tr.⟩ *ablehnen, zurückweisen:* er hat das Angebot [mitzufahren] ausgeschlagen. 5. ⟨itr.⟩ *(als Zeiger oder Pendel) sich vom Ausgangspunkt wegbewegen:* der Zeiger hat/ist ausgeschlagen. 6. ⟨itr.⟩ *anfangen, grün zu werden:* die Bäume haben/(selten:) sind ausgeschlagen. 7. ⟨itr.⟩ *sich (zu etwas) entwickeln:* es ist schließlich zum Guten ausgeschlagen, daß er die Stellung nicht bekommen hat.

ausschließen, schloß aus, hat ausgeschlossen /vgl. ausgeschlossen/: 1. ⟨tr.⟩ a) *nicht teilnehmen lassen (an etwas):* er wurde vom Spiel ausgeschlossen. b) *(aus etwas) entfernen:* er wurde aus der Partei ausgeschlossen. 2. ⟨rfl.⟩ *sich fernhalten, absondern, nicht mitmachen:* du schließt dich immer [von allem] aus. 3. ⟨tr.⟩ *unmöglich machen, nicht entstehen lassen:* das Mißtrauen schließt jede Zusammenarbeit aus. 4. ⟨tr.⟩ *(eine Wohnung o. ä. verschließen und dadurch jmdm.) den Zutritt unmöglich machen:* sie hatten ihn ausgeschlossen.

ausschließlich [auch: ausschließlich]: I. ⟨Adj.; nur attributiv⟩ *alleinig, uneingeschränkt:* der Wagen steht zu seiner ausschließlichen Verfügung. II. ⟨Adverb⟩ *nur, allein:* er interessiert sich a. für Sport. III. ⟨Präp. mit Gen.⟩ *ohne, außer, ausgenommen:* die Kosten a. des Portos; ⟨aber: vor starken Substantiven, wenn sie ohne Artikel und ohne adjektivisches Attribut stehen, im Singular ohne Flexionsendung, im Plural dann mit Dativ⟩ a. Porto; a. Getränken.

ausschmücken, schmückte aus, hat ausgeschmückt ⟨tr.⟩: *(einen Raum) schmücken, mit Schmuck versehen, dekorieren:* einen Saal a.

ausschneiden, schnitt aus, hat ausgeschnitten ⟨tr.⟩ /vgl. ausgeschnitten/: *(aus etwas) herausschneiden:* einen Aufsatz aus einer Zeitung a.

Ausschnitt, der; -s, -e: 1. *Stelle, wo etwas ausgeschnitten worden ist (so daß eine Öffnung oder Lücke entstanden ist):* dieses Kleid hat einen tiefen A. 2. a) *das Ausgeschnittene:* er hat viele Ausschnitte aus Zeitungen gesammelt. b) *Teil (aus einem Ganzen), Abschnitt:* Ausschnitte aus einem Film zeigen.

ausschreiben, schrieb aus, hat ausgeschrieben ⟨tr.⟩: 1. *nicht abkürzen:* seinen Namen a. 2) *bekanntgeben und dadurch zur Beteiligung, Bewerbung o. ä. auffordern:* die Wahlen für September a.; einen Wettbewerb für Architekten a. 3. *austellen, als schriftliche Unterlage geben:* eine Rechnung a. **Ausschreibung,** die; -, -en.

Ausschreitungen, die ⟨Plural⟩: *Gewalttätigkeiten, bei denen die öffentliche Ordnung gestört ist:* bei den A. gab es zwei Verletzte.

Ausschuß, der; Ausschusses, Ausschüsse: 1. *aus einer größeren Versammlung o. ä. ausgewählte Gruppe von Personen, die eine bestimmte Aufgabe zu erfüllen hat; Gremium.* 2. ⟨ohne Plural⟩ *minderwertige Ware:* das ist alles nur A. 3. *Stelle, wo ein Geschoß aus einem Körper wieder herausgekommen ist.*

ausschütten, schüttete aus, hat ausgeschüttet ⟨tr.⟩ a) *(aus einem Gefäß) schütten:* das Obst [aus dem Korb] a. b) *(ein Gefäß) leer machen, indem man das, was sich darin befindet, herausoder wegschüttet:* einen Korb a.; den Mülleimer a. *.**jmdm. sein Herz a.** *(jmdm. seinen Kummer erzählen);* **sich vor Lachen a.** *(sehr lachen).*

ausschweifend ⟨Adj.⟩: a) *das gewohnte Maß überschreitend:* eine ausschweifende Phantasie. b) *im Genuß unmäßig; in sexueller Hinsicht zügellos:* ein ausschweifendes Leben führen.

Ausschweifungen, die ⟨Plural⟩: *zügellose Hingabe an ein unmäßiges Genießen; Orgien.*

aussehen, sieht aus, sah aus, hat ausgesehen ⟨itr.⟩; mit näherer Bestimmung: *ein bestimmtes Aussehen haben, einen bestimmten Eindruck machen:* er sieht sehr sportlich aus.

Aussehen, das; -s: *Äußeres eines Menschen oder eines Gegenstandes in seiner Wirkung auf den Betrachter:* ein gesundes A.

außen ⟨Adverb⟩: *an der äußeren Seite:* die Tasse ist a. schmutzig.

Außenseite, die; -, -n: *äußere Seite.*

Außenseiter, der; -s, -: *jmd., der sich von der Gesellschaft absondert und seine eigenen Ziele verfolgt; Sonderling:* er war schon als Junge ein A.

außer: I. ⟨Präp. mit Dativ⟩ *abgesehen (von jmdm./etwas), ausgenommen, nicht mitgerechnet:* alle a. ihm. ** **a. der Zeit** *(außerhalb der eigentlich vorgesehenen Zeit):* Sie müssen in meine Sprechstunde kommen, a. der Zeit kann ich Sie nicht behandeln; **a. sich** (Dativ) **sein** *(sehr aufgeregt sein).* II. ⟨Konj.⟩ *ausgenommen, mit Ausnahme [von ...]:* ich bin täglich zu Hause, a. diesen Sonntag; wir werden kommen, a. [wenn] es regnet.

außerdem [auch: ...dem] ⟨Adverb⟩: *auch, überdies, dazu, darüber hinaus:* er ist groß, a. sieht er gut aus; seine Leistungen sind schlecht, denn er hat einen Monat gefehlt und ist a. noch faul.

äußere ⟨Adj.; nur attributiv⟩ /vgl. äußerst/: a) *sich außen befindend, außen vorhanden:* die ä. Schicht. b) *von außen wahrnehmbar:* der ä. Anblick. c) *von außen, nicht aus dem Innern des Menschen kommend:* ein äußerer Anlaß. d) *auf das Ausland gerichtet:* innere und ä. Politik.

Äußere, das; -n ⟨aber: [sein] Äußeres⟩: *äußere Erscheinung, Aussehen:* auf sein Äußeres achten.

außergewöhnlich [auch: ...wöhn...] ⟨Adj.⟩: *vom Üblichen oder Gewohnten abweichend, über das übliche Maß hinaus:* eine außergewöhnliche Begabung.

außerhalb: I. ⟨Präp. mit Gen.⟩ *außen* a) *nicht innerhalb, vor einem bestimmten Raum, jenseits einer bestimmten Linie:* a. des Zimmers. b) *nicht in einem bestimmten Zeitraum:* a. der Arbeitszeit. II. ⟨Adverb⟩ *in der weiteren Umgebung, draußen, nicht in der Stadt:* er wohnt a. [von Berlin]; wir liefern auch nach a. *(auch in die weitere Umgebung).*

äußerlich ⟨Adj.⟩: a) ⟨nicht attributiv⟩ *nach außen, dem Äußeren nach:* a. machte er einen gefaßten Eindruck. b) *oberflächlich:* ein äußerlicher Mensch.

Äußerlichkeit, die; -, -en: *nicht wesentlicher, äußerer, unbedeutender Bestandteil; Unwe-*

äußern 58

sentliches: an Äußerlichkeiten hängen; sich über Äußerlichkeiten aufregen.

äußern, äußerte, hat geäußert: 1. ⟨tr.⟩ *zu erkennen geben:* seine Kritik durch Zischen ä. 2. ⟨rfl.⟩ *seine Meinung sagen:* sie hat sich [zu seinem Vorschlag] nicht geäußert. 3. ⟨rfl.⟩ *sich zeigen, in bestimmter Weise sichtbar werden:* seine Unruhe äußerte sich in seiner Schrift.

außerordentlich ⟨Adj.⟩: 1. *außerhalb der gewöhnlichen Ordnung stehend, stattfindend:* eine außerordentliche Versammlung. 2. *außergewöhnlich, herausragend:* ein außerordentlicher Erfolg. 3. ⟨verstärkend bei Adjektiven und Verben⟩ *sehr, ganz besonders:* das freut mich a.

äußerst ⟨Adj.⟩ /vgl. äußere/: **a)** ⟨nur attributiv⟩ *größt, stärkst:* ein Moment äußerster Spannung. **b)** ⟨verstärkend bei Adjektiven⟩ *sehr, in höchstem Maße:* er lebt ä. bescheiden.

Äußerung, die; -, -en: 1. *Bemerkung:* eine unvorsichtige Ä. 2. *sichtbares Zeichen (für etwas):* sein Benehmen war eine Ä. trotziger Unabhängigkeit.

aussetzen, setzte aus, hat ausgesetzt: 1. ⟨itr.⟩ *mitten in einer Tätigkeit o. ä. [für eine gewisse Zeit] aufhören:* der Motor setzte plötzlich aus. 2. ⟨tr.⟩ *vorübergehend unterbrechen:* den Kampf a. 3. ⟨tr.⟩ *an einen bestimmten Ort bringen und dort liegen lassen:* ein Kind a. 4. ⟨tr./rfl.⟩ *sich so verhalten, daß jmd./etwas oder man selbst durch etwas gefährdet ist oder ohne Schutz vor etwas ist:* er wollte ihn nicht dem Verdacht a.; sich der Sonne a. 5. ⟨tr.⟩ *(eine Summe als Belohnung) versprechen, anbieten:* für die Ergreifung des Täters wurden 1 000 Mark als Belohnung ausgesetzt. ** *etwas an jmdm./ etwas auszusetzen haben (mit jmdm./etwas nicht ganz zufrieden sein und sagen, was einem nicht gefällt).*

Aussicht, die; -, -en: 1. ⟨ohne Plural⟩ *Blick ins Freie, in die Ferne:* von dem Fenster hat man eine schöne A. [auf den Park]. 2. *bestimmte Erwartung, Hoffnung, Chance; sich für die Zukunft zeigende positive Möglichkeit:* seine Aussichten, die Prüfung zu bestehen, sind gering. ** *in A. nehmen (vorsehen):* für diese Arbeit sind vier Tage in A. genommen; **in A. stellen** *(versprechen):* eine hohe Belohnung ist in A. gestellt worden; **[keine] A. auf etwas haben** *(mit etwas Gutem o. ä. [nicht] rechnen können):* er hat A. auf den ersten Preis im Schwimmen; in dieser Firma hat er keine A. auf Beförderung.

aussichtslos ⟨Adj.⟩: *keinen Erfolg versprechend, ohne Aussicht auf Erfolg:* sich in einer aussichtslosen Lage befinden.

aussondern, sonderte aus, hat ausgesondert ⟨tr.⟩: *aus einer Anzahl auswählen [und entfernen]:* die schlechten Waren wurden ausgesondert.

ausspannen, spannte aus, hat ausgespannt: 1. ⟨itr.⟩ *für einige Zeit mit einer anstrengenden Tätigkeit aufhören, um sich zu erholen:* er mußte [vier Wochen] a. 2. ⟨tr.⟩ (ugs.) **a)** *nach langem Bitten (von jmdm.) bekommen und behalten dürfen:* der Sohn hatte dem Vater die Uhr ausgespannt. **b)** *(jmdm. einen Freund, eine Freundin) wegnehmen, abspenstig machen:* jmdm. die Freundin a.; darf ich dir heute abend deine Frau a.? *(darf ich heute abend mit ihr ausgehen?).* 3. ⟨tr.⟩ *breit spannen:* die Netze zum Trocknen a. 4. ⟨tr.⟩ *(ein Pferd o. ä.) vom Wagen losmachen:* der Bauer spannt die Pferde aus.

Aussprache, die; -, -n: 1. ⟨ohne Plural⟩ *Art, wie etwas gesprochen wird:* eine A. eines Wortes. 2. *klärendes Gespräch:* eine offene A.

aussprechen, spricht aus, sprach aus, hat ausgesprochen: 1. ⟨tr.⟩ *(in einer bestimmten Weise) sprechen:* ein Wort richtig a. 2. ⟨tr.⟩ *zum Ausdruck bringen, äußern, mit Worten ausdrücken:* eine Bitte a. 3. ⟨rfl.; mit näherer Bestimmung⟩ *seine Meinung (über jmdn./etwas in bestimmter Weise) äußern:* er hat sich lobend über ihn ausgesprochen. 4. ⟨rfl.⟩ *jmdm. sagen, was einen bedrückt, innerlich beschäftigt oder bewegt:* er hatte das Bedürfnis, sich auszusprechen. 5. ⟨tr.⟩ *(eine rechtliche Entscheidung) bekanntmachen, offiziell mitteilen, verkünden:* eine Kündigung a.

Ausspruch, der; -s, Aussprüche: *Satz [einer bedeutenden Persönlichkeit], in dem eine Ansicht o. ä. prägnant ausgespro-* *chen ist:* dieser A. stammt von Goethe.

ausstatten, stattete aus, hat ausgestattet ⟨tr.⟩: *mit etwas versehen:* ein Zimmer mit Möbeln a.

ausstehen, stand aus, hat ausgestanden ⟨itr.⟩: 1. *erwartet werden, noch nicht eingetroffen sein:* die Antwort auf mein Schreiben steht noch aus. 2. *ertragen, erdulden:* er hatte viel Angst ausgestanden. * (abwertend) **jmdn./etwas nicht a. können** *(jmdn./etwas nicht leiden können):* ich kann diesen Kerl nicht a.

aussteigen, stieg aus, ist ausgestiegen ⟨itr.⟩: **a)** *ein Fahrzeug verlassen, aus etwas steigen* /Ggs. einsteigen/: weil sich der Betrunkene in der Bahn schlecht benahm, wurde er aufgefordert auszusteigen. **b)** (ugs.) *sich nicht mehr (an einem Unternehmen) beteiligen* /Ggs. einsteigen/: aus einem Geschäft a.

ausstellen, stellte aus, hat ausgestellt ⟨tr.⟩: 1. *zur Ansicht, zum Verkauf hinstellen:* Waren a. 2. *ein Formular o. ä. (als Unterlage für etwas) ausfüllen und jmdm. geben:* jmdm. einen Paß a.; ich habe mir eine Quittung für den Kauf a. lassen.

Ausstellung, die; -, -en: 1. ⟨ohne Plural⟩ *das Ausstellen:* für die A. des Passes mußte er 5 Mark bezahlen. 2. *Gesamtheit der in einem Raum oder auf einem Gelände zur Besichtigung o. ä. ausgestellten Gegenstände:* eine A. besuchen.

Aussteuer, die; -: *das, was eine Tochter von ihren Eltern bei der Hochzeit in die Ehe mitbekommt.*

Ausstieg, der; -s, -e: *Öffnung, Stelle zum Aussteigen.*

ausstoßen, stößt aus, stieß aus, hat ausgestoßen ⟨tr.⟩: **a)** *(aus einer Gemeinschaft) ausschließen:* er wurde aus der Partei ausgestoßen. **b)** *als Äußerung des Schreckens o. ä. heftig hervorbringen:* einen Schrei a.

ausstrahlen, strahlte aus, hat ausgestrahlt: 1. ⟨itr.⟩ *verbreiten, von sich ausgehen lassen:* der Ofen strahlt Hitze aus; bildl.: ihr Wesen strahlt Ruhe aus. 2. ⟨tr.⟩ *Rundf., Fernsehen senden:* ein Programm a.

aussuchen, suchte aus, hat ausgesucht ⟨tr.⟩: *aus mehreren Dingen oder Personen (das Entsprechende) heraussuchen und *wählen:* er suchte für seinen Freund ein gutes Buch aus; ich hatte mir einen teuren Anzug ausgesucht.

Austausch, der; -s: *das Austauschen.*

austauschen, tauschte aus, hat ausgetauscht ⟨tr.⟩: 1. *wechselseitig (Gleichartiges) geben und nehmen:* Gefangene a.; sie tauschten Gedanken aus *(teilten sie sich mit und sprachen darüber);* sie tauschten Erfahrungen aus *(teilten sie sich mit).* 2. *auswechseln, durch Entsprechendes ersetzen:* einen Motor a. *(für einen alten einen neuen oder anderen einsetzen).*

austeilen, teilte aus, hat ausgeteilt ⟨tr.⟩: *(die Teile, Stücke o. dgl. einer vorhandenen Menge) einzeln an dafür vorgesehene Personen geben:* der Lehrer teilt die Hefte aus und läßt einen Aufsatz schreiben.

austoben, sich; tobte sich aus, hat sich ausgetobt: 1. *nicht mehr toben, wüten:* der Sturm hatte sich ausgetobt und hatte einige Häuser zerstört. 2. a) *seinem Gefühl, seiner Stimmung freien Lauf lassen, sich nicht zügeln:* sich auf dem Klavier a. b) *wild und vergnügt sein:* die Kinder konnten sich im Garten richtig a. 3. *[erschöpft] aufhören zu toben; mit einer wilden oder ausgelassenen Betätigung aufhören:* morgens hatte sich der Sturm endlich ausgetobt; habt ihr euch nun ausgetobt?; ⟨auch itr.⟩ habt ihr endlich ausgetobt?

austragen, trägt aus, trug aus, hat ausgetragen ⟨tr.⟩: 1. *(Post o. ä.) dem Empfänger ins Haus bringen:* die Zeitungen trägt eine ältere Frau aus. 2. a) *bis zur Entscheidung führen:* Streit a. * **ein Kind a.** *(ein Kind bis zur normalen Geburt im Mutterleib tragen).* b) *(durch etwas) eine Entscheidung herbeiführen oder feststellen, wer der Bessere oder Stärkere ist:* einen Wettkampf a.

austreiben, trieb aus, hat ausgetrieben ⟨tr.⟩: *durch geeignete drastische Maßnahmen bewirken, daß jmd. sein schlechtes Benehmen o. ä. aufgibt:* ich werde dir deine Frechheit, deine Faulheit schon a.!

austreten, tritt aus, trat aus, hat/ist ausgetreten: 1. ⟨tr.⟩ *durch Darauftreten bewirken, daß etwas nicht mehr glüht oder brennt* er hat die Glut, die brennende Zigarette ausgetreten. 2. ⟨tr.⟩ *dadurch, daß man oft darauf tritt, abnutzen, so daß eine Vertiefung entsteht:* die Besucher der Burg haben im Laufe der Jahre die Stufen sehr ausgetreten. 3. ⟨itr.⟩ *(aus einer Gemeinschaft) auf eigenen Wunsch ausscheiden* /Ggs. eintreten/: er ist aus dem Verein ausgetreten. ** (ugs.) a. [gehen] *(die Toilette aufsuchen).*

austrinken, trank aus, hat ausgetrunken ⟨tr.⟩: a) *trinken, bis nichts mehr übrig ist:* das Bier a. b) *leer trinken:* ein Glas a.

Austritt, der; -s, -e: 1. *das Ausscheiden aus einem Verein o. ä., dem man als Mitglied angehört:* seinen A. [aus der Partei] bekanntgeben. 2. *Platz in der Art eines kleinen Balkons, der das Hinaustreten aus dem Zimmer ins Freie ermöglicht.*

austüfteln, tüftelte aus, hat ausgetüftelt ⟨tr.⟩: *(sich etwas, was sehr kompliziert ist) durch sorgfältiges, bis ins kleinste gehendes Nachdenken ausarbeiten:* ich habe [mir] einen Plan ausgetüftelt.

ausüben, übte aus, hat ausgeübt ⟨tr.⟩: a) *regelmäßig oder längere Zeit ausführen:* eine Beschäftigung a.; sie übt keinen Beruf aus *(ist nicht beruflich tätig).* b) ⟨als Funktionsverb⟩ *in besonderer Weise auf jmdn./ etwas wirken lassen:* Terror, Druck a.; / Einfluß auf jmdn. a. *(jmdn. beeinflussen).*

auswählen, wählte aus, hat ausgewählt ⟨tr.⟩: *(aus einer Anzahl) heraussuchen:* er wählte unter den Bewerbern zwei aus, die für die Arbeit in Frage kamen.

auswandern, wanderte aus, ist ausgewandert ⟨itr.⟩: *seine Heimat verlassen, um in einem anderen Land eine neue Heimat zu finden* /Ggs. einwandern/: nach dem Krieg wanderten viele [aus Deutschland] aus. **Auswanderung,** die; -, -en.

auswärts ⟨Adverb⟩: a) *außerhalb des Hauses; nicht zu Hause:* a. essen. b) *außerhalb des Ortes; nicht am Ort:* a. studieren.

auswechseln, wechselte aus, hat ausgewechselt ⟨tr.⟩: *durch etwas Gleichartiges ersetzen:* den Motor a.

Ausweg, der; -s, -e: *Möglichkeit, sich aus einer unangeneh-* *men oder schwierigen Lage zu befreien:* nach einem A. suchen.

ausweglos ⟨Adj.⟩: *keinen Ausweg bietend, keine Möglichkeit der Rettung oder Hilfe aus einer Not erkennen lassend:* er befindet sich in einer ausweglosen Lage. **Ausweglosigkeit,** die; -.

ausweichen, wich aus, ist ausgewichen ⟨itr.⟩: a) *aus dem Weg gehen, Platz machen, (vor jmdm./ etwas) zur Seite weichen:* einem Betrunkenen a. b) *(etwas) vermeiden; (einer Sache) zu entgehen suchen:* einem Kampf a.

Ausweis, der; -es, -e: *Papier, das als Bestätigung oder Legitimation [amtlich] ausgestellt worden ist und Angaben zur betreffenden Person enthält:* die Ausweise kontrollieren.

ausweisen, wies aus, hat ausgewiesen: 1. ⟨tr.⟩ *zum Verlassen des Landes zwingen:* einen Ausländer a. 2. a) ⟨rfl.⟩ *sich durch Papiere o. ä. legitimieren:* er konnte sich als Besitzer des Koffers a. b) ⟨tr.⟩ *bestätigen, daß etwas/jmd. etwas Bestimmtes ist oder eine bestimmte Eigenschaft hat:* der Paß wies ihn als gebürtigen Berliner aus.

ausweiten, weitete aus, hat ausgeweitet: 1. ⟨tr.⟩ *durch längeren Gebrauch weiter machen, dehnen:* die Schuhe a. 2. ⟨rfl.⟩ *sich erweitern, sich vergrößern:* seine Macht hat sich ausgeweitet. **Ausweitung,** die; -, -en.

auswendig ⟨nur adverbial⟩: *aus dem Gedächtnis:* ein Gedicht a. vortragen. * (ugs.) *etwas in- und a. kennen (etwas sehr gut kennen; etwas schon zu oft gehört oder gelesen haben).*

auswerten, wertete aus, hat ausgewertet ⟨tr.⟩: *(etwas) im Hinblick auf Wichtigkeit und Bedeutung prüfen, um es für etwas nutzbar zu machen:* die Polizei wertete die Berichte aus; der Forscher wertete die Statistik aus. **Auswertung,** die; -, -en.

auswickeln, wickelte aus, hat ausgewickelt ⟨tr.⟩: *(etwas Eingepacktes) aus dem Papier o. ä. wickeln* /Ggs. einwickeln/: ein Geschenk a.

auswirken, sich; wirkte sich aus, hat sich ausgewirkt: *bestimmte Folgen haben(); in bestimmter Weise (auf etwas) wirken:* dieses Ereignis wirkte sich ungünstig auf die Wirtschaft aus. **Auswirkung,** die; -, -en.

Auswüchse

Auswüchse, die ⟨Plural⟩ (abwertend): *etwas, was sich aus etwas bildet und als schädlich oder übertrieben empfunden wird; Mißstände.*

auszahlen, zahlte aus, hat ausgezahlt ⟨tr.⟩: *(eine bestimmte Summe) an jmdn. zahlen:* das Gehalt a. * (ugs.) **etwas zahlt sich aus** *(etwas lohnt sich, macht sich bezahlt):* es hat sich doch ausgezahlt, daß er sich die Mühe gemacht hat.

auszählen, zählte aus, hat ausgezählt ⟨tr.⟩: 1. *durch Zählen die genaue Anzahl oder Menge (von etwas) feststellen:* nach der Wahl die Stimmen a. 2. Boxen *(einen auf dem Boden liegenden Boxer) nach Zählen von 1–10 zum Verlierer erklären.* **Auszählung,** die; -, -en.

auszeichnen, zeichnete aus, hat ausgezeichnet /vgl. ausgezeichnet/: 1. ⟨tr.⟩ *auf besondere Weise ehren:* der Schüler wurde wegen guter Leistungen [mit einem Preis] ausgezeichnet. 2. **a)** ⟨rfl.⟩ *sich (durch etwas) hervortun, (wegen guter Eigenschaften) auffallen:* er zeichnet sich durch Fleiß aus. **b)** ⟨itr.⟩ *(durch etwas Besonderes) von anderen deutlich unterschieden sein:* ihre große Geduld zeichnete sie aus.

Auszeichnung, die; -, -en: 1. *das Auszeichnen:* die A. der besten Schüler findet in der Aula statt. 2. *Orden, Preis o. ä.:* er erhielt eine A. für seine Verdienste. * **etwas ist für jmdn. eine A.** *(etwas bedeutet für jmdn. eine Ehre).*

ausziehen, zog aus, hat/ist ausgezogen: 1. ⟨tr./rfl.⟩ *(jmdm./ sich) die Kleidungsstücke vom Körper nehmen* /Ggs. anziehen/: die Mutter hat das Kind ausgezogen; ich habe mich ausgezogen. 2. ⟨tr.⟩ *aus etwas herausziehen:* er hat Unkraut ausgezogen. 3. ⟨tr.⟩ *(etwas, was zusammengeschoben ist) durch Auseinanderziehen länger machen:* sie hatten für die Feier den Tisch ausgezogen; diese Antenne kann man a. 4. ⟨itr.⟩ *aus der Wohnung ziehen:* wir sind vor Weihnachten [aus dem Haus] ausgezogen.

Auszug, der; -s, Auszüge: 1. *das Ausziehen:* nach unserm A. wurde die ganze Wohnung neu tapeziert. 2. *wichtiger Bestandteil, der aus etwas herausgenommen worden ist:* Auszüge aus einer Rede.

Auto, das; -s, -s: /ein Kraftfahrzeug/ (siehe Bild).

Auto

Autobahn, die; -, -en: *für Kraftfahrzeuge gebaute Straße mit mehreren Spuren* (siehe Bild).

Autobus, der; -ses, -se: *Omnibus.*

Autodidakt, der; -en, -en: *jmd., der sich sein Wissen ohne Hilfe eines Lehrers nur aus Büchern angeeignet hat.*

Autofahrer, der; -s, -: *jmd., der ein Auto fährt.*

Autobahn

Autogramm, das; -s, -e: *mit eigener Hand geschriebener Name einer bekannten oder berühmten Persönlichkeit, Unterschrift:* das Mädchen sammelt Autogramme von Schauspielern.

Automat, der; -en, -en: *Apparat, der nach Einwerfen einer Münze Waren ausgibt oder zu Leistungen bereit ist* (siehe Bild).

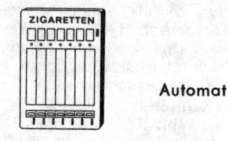

Automat

automatisch ⟨Adj.; nicht prädikativ⟩: **a)** *von selbst erfolgend, selbsttätig:* automatische Herstellung. **b)** *ohne eigenes Zutun, als Folge (von etwas) eintretend:* weil er Kunde ist, bekommt er die Prospekte a. zugeschickt; er hob a. das Knie.

Autonomie, die; -: *Selbständigkeit, Unabhängigkeit (bes. in bezug auf die Verwaltung).*

Autor, der; -s, -en: *Verfasser eines Textes; Schriftsteller.*

autoritär ⟨Adj.⟩: *sich auf Autorität stützend, diktatorisch:* etwas a. entscheiden.

Autorität, die; -, -en: 1. ⟨ohne Plural⟩ *durch Macht oder Können erworbenes Ansehen:* die A. des Vaters. 2. *Person, die sich durch Können auf einem be-* *stimmten Gebiet Ansehen erworben hat; anerkannter Fachmann.* sich auf das Urteil von Autoritäten stützen.

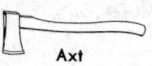

Axt

Axt, die; -, Äxte: /ein Werkzeug/ (siehe Bild).

B

Baby ['be:bi], das; -s, -s *Säugling, Kind im ersten Jahr seines Lebens:* ein B. haben, erwarten.

Bach, der; -[e]s, Bäche: *kleines fließendes Gewässer.*

Backe, die; -, -n (ugs.): *Teil des menschlichen Gesichtes zwischen Auge, Nase und Ohr; Wange.*

backen, bäckst, backte, hat gebacken: **a)** ⟨tr.⟩ *(Teig) durch Hitze mürbe und genießbar machen:* Kuchen, Brot b. **b)** ⟨itr.⟩ *gar, mürbe werden:* der Kuchen bäckt im Herd. **c)** ⟨tr.⟩ (landsch.) *braten:* Leber b.

Bäcker, der; -s, -: *jmd., der Brot u. ä. herstellt und verkauft* /Berufsbezeichnung/.

Bäckerei, die; -, -en: *Backstube und Laden des Bäckers.*

Backpfeife, die; -, -n (ugs.): *Schlag auf die Wange, Ohrfeige:* einem Kind eine B. geben.

Backstube, die; -, -n: *Raum, in dem Brot und Kuchen gebacken werden.*

Bad, das; -[e]s, Bäder: 1. **a)** *Badezimmer:* die Wohnung hat kein B. **b)** *Wasser zum Baden (in einer Wanne):* das B. ist zu heiß. * **ein B. nehmen** *(baden).* 2. *Ort, an dem man eine Kur macht:* in ein B. reisen.

Badeanzug, der; -s, Badeanzüge: *Kleidungsstück, das man beim Schwimmen, Baden trägt.*

Badehose, die; -, -n: *Kleidungsstück für Männer, das beim Schwimmen, Baden getragen wird.*

baden, badete, hat gebadet: **a)** ⟨tr./itr.⟩ *jmdn./sich in einer mit Wasser gefüllten Badewanne waschen:* sie badet [das Kind] täglich. **b)** ⟨itr.⟩ *(in einem*

Schwimmbad, Gewässer) schwimmen, sich erfrischen: wir haben in einem See gebadet.
Badewanne, die -, -n: im Badezimmer aufgestellte Wanne zum Baden.
Badezimmer, das; -s, -: zum Baden eingerichteter Raum.
Bagage [ba'ga:ʒə], die; - (abwertend): Gesindel; Gruppe von Menschen, über die man sich ärgert, die man verachtet.
Bagatelle, die; -, -n: Kleinigkeit; etwas Geringfügiges: dieser Vorfall war nur eine B.
Bagger, der; -s, -: große Maschine zum Abräumen von Erde u. ä. (siehe Bild).

Bagger

Bahn, die; -, -en: I. Verkehrsmittel, das sich auf Schienen bewegt: a) Eisenbahn, Zug: mit der B. reisen. b) Straßenbahn: eine B. verpassen. II. bestimmte Strecke [die ein Körper im Raum durchläuft]: die B. der Sonne, der Rakete. * auf die schiefe B. kommen/geraten (ein unordentliches, unmoralisches Leben beginnen). III. ein Stück Stoff o. ä. in seiner ganzen Breite: für die Gardine braucht sie vier Bahnen des Stoffes.
bahnbrechend ⟨Adj.⟩: bedeutungsvoll für die Zukunft; eine neue Entwicklung einleitend: eine bahnbrechende Erfindung.
bahnen, bahnte, hat gebahnt ⟨tr.⟩: einen Weg, freie Bahn (durch etwas) schaffen: [jmdm., sich] den Weg durch das Gebüsch b.
Bahnhof, der; -s, Bahnhöfe: Gelände und zugehöriges Gebäude, wo die Züge der Eisenbahn halten: jmdn. zum B. bringen. * großer B. (festlicher Empfang [für eine Person des öffentlichen Lebens] auf dem Bahnsteig oder Flugplatz, bei dem viele Personen zur Begrüßung anwesend sind): die ausländischen Gäste wurden mit großem B. empfangen.
Bahnsteig, der; -s, -e: erhöhte Plattform auf dem Gelände des Bahnhofs, wo die Züge halten.

Bahnsteigkarte, die; -, -n: Karte, die zum Betreten des Bahnsteigs berechtigt.
Bahnübergang, der; -s, Bahnübergänge: Stelle, an der eine Straße, ein Weg über die Gleise der Bahn führt.
Bahre, die; -, -n: Gestell, auf dem Verletzte oder Tote transportiert werden können: den Verletzten auf die B. legen.
Bakterien, die ⟨Plural⟩: sehr kleine pflanzliche Organismen; Krankheitserreger.
Balance [ba'lã:sə], die; -: Gleichgewicht: sie konnte sich eine Minute in der B. halten. * **die B. halten** (das Gleichgewicht beibehalten können); **die B. verlieren** (das Gleichgewicht nicht beibehalten können).
balancieren [balã'si:rən], balancierte, hat balanciert: a) ⟨itr.⟩ das Gleichgewicht haltend gehen: er balancierte auf einem Seil. b) ⟨tr.⟩ im Gleichgewicht halten: ein Tablett b.
bald: I. ⟨Adverb⟩ in kurzer Zeit: er wird b. kommen. II. ⟨in Verbindung⟩ bald ... bald ⟨Konj.⟩ /bezeichnet den Wechsel von zwei Situationen/: b. regnet es, b. schneites.
baldig ⟨Adj.; nur attributiv⟩: in kurzer Zeit erfolgend, kurz bevorstehend: er wünschte eine baldige Veröffentlichung der Ergebnisse.
balgen, sich; balgte sich, hat sich gebalgt: [aus Übermut] miteinander ringend kämpfen: die Jungen balgten sich auf der Straße.
Balken, der; -s, -: bearbeiteter Stamm eines Baumes, der beim Bauen verwendet wird: die Decke wird von Balken getragen.
Balkenüberschrift, die; -, -en: große, kräftige Schlagzeile (in einer Zeitung) u. ä.
Balkon [bal'koŋ], der; -s, -e; (bes. südd.:) [bal'ko:n], -s, -e: **1.** von einem Geländer o. ä. umgebender Teil an einem Gebäude, den man vom Inneren des Hauses aus betreten kann: eine Wohnung mit B. **2.** Rang im Theater, im Kino: er saß B. erste Reihe.
Ball, der; -[e]s, Bälle: I. Gegenstand zum Spielen in Form einer Kugel aus elastischem Material: den B. werfen, fangen; B. spielen (ein Spiel mit dem B.

machen). II. festliche Veranstaltung, bei der getanzt wird: einen B. geben, veranstalten.
Ballade, die; -, -n: längeres Gedicht mit einer dramatischen Handlung.
Ballast [auch: Ballast], der; -[e]s: **1.** Last, die zum Beschweren eines Fahrzeugs mitgenommen wird: das Schiff wirft seinen B. ab; **2.** etwas, was als unnütze Last empfunden wird: sie empfindet vieles von dem, was sie gelernt hat, als B.
ballen, ballte, hat geballt: a) ⟨tr.⟩ [durch Druck] in runde Form bringen: Schnee in der Hand b.; die Hand zur Faust b. b) ⟨rfl.⟩ sich zusammendrängen [zu einem runden Gebilde]: die Wolken ballten sich am Himmel.
Ballen, der; -s, -: I. fest zusammengeschnürtes größeres Bündel (von bestimmter Form): ein B. Stoff, Stroh. II. Polster von Muskeln an der Innenseite der Hand und unter dem vorderen Teil des Fußes bei Menschen und manchen Säugetieren.
Ballett, das; -s, -e: **1.** künstlerischer Tanz einer Gruppe von Tänzern auf der Bühne: klassisches und modernes B. tanzen. **2.** Gruppe von Tänzern einer Bühne: das B. trat auf.
Ballon [ba'lɔŋ], der; -s, -s; (bes. südd.:) [ba'lo:n] -s, -e: mit Gas gefüllter, schwebender, zum Fliegen geeigneter Körper von der Gestalt einer Kugel: ein B. steigt auf, fliegt.
Balustrade, die; -, -n: mit kleinen Säulen verziertes Geländer.
banal ⟨Adj.⟩: nichtssagend, ohne Gehalt, nicht bedeutungsvoll: banale Worte, Reden; die Sache ist ganz b.
Banane, die; -, -n: /eine Südfrucht/ (siehe Bild).

Banane

Bananenstecker, der; -s, -: Stecker mit einem Pol (siehe Bild).

Bananenstecker

Banause, der; -n, -n (abwertend): *jmd., der keinerlei Interesse für Kunst hat.*

Band: I. das; -[e]s, Bänder: **a)** *schmaler Streifen aus Stoff o. ä.:* ein buntes B.; ein B. im Haar tragen. **b)** *Tonband:* Musik auf B. aufnehmen. **II.** der; -[e]s, Bände: *einzelnes gebundenes Buch [das zu einer Reihe gehört]:* ein dicker B.; ein B. Gedichte. **III.** Band [bɛnt], die; -, -s: *Gruppe von Musikern, die besonders Jazz spielt.*

Bandage [banˈdaːʒə], die; -, -n: *Verband, der etwas stützen soll.*

Bande, die; -, -n: **1.** *Gruppe von Gleichgesinnten, die gemeinsam etwas Übles unternimmt:* eine bewaffnete B.; eine B. von Dieben. **2.** (scherzh.) *Schar von Kindern, Jugendlichen.*

Banderole, die; -, -n: *Streifen aus Papier, mit dem eine Ware (z. B. Zigaretten, Tabak) gekennzeichnet wird, für die die Steuer bezahlt worden ist:* die B. von dem Päckchen entfernen.

bändigen, bändigte, hat gebändigt ⟨tr.⟩: *bezähmen, beruhigen:* seine Leidenschaften b.; die lebhaften Kinder waren kaum zu b.

Bandwurm, der; -s, Bandwürmer: *langer, aus vielen Gliedern bestehender Wurm, der im Darm des Menschen und bestimmter Tiere vorkommt.*

bang[e], banger/(auch:) bänger, bangste/(auch:) bängste ⟨Adj.⟩: *ängstlich, angstvoll:* eine bange Ahnung; b. lauschen. * jmdm. ist angst und b. *(jmd. hat große Angst);* jmdm. b. machen *(jmdm. angst machen).*

bangen, bangte, hat gebangt ⟨itr.⟩ (geh.): *in großer Angst, Sorge (um jmdn.) sein:* er bangte um seinen kranken Vater, um sein Leben.

Bank: I. die; -, Bänke: *lange und schmale, meist aus Holz hergestellte Sitzgelegenheit für mehrere Personen:* sich auf eine B. im Park setzen. * **etwas auf die lange B. schieben** *(etwas Unangenehmes aufschieben).* **II.** die; -, Banken: *Unternehmen, das mit Geld handelt, Geld verleiht u. a.:* Geld von der B. holen, zur B. bringen.

Bankett, das; -s, -e: *festliches Essen mit offiziellem Charakter:* ein B. geben.

Bankier [baŋkiˈeː], der; -s, -s: *Inhaber einer Bank.*

Banknote, die; -, -n: *Geld in Form eines Scheines.*

bankrott ⟨Adj.⟩: *zahlungsunfähig; finanziell ruiniert:* ein bankrotter Geschäftsmann; b. sein. * **b. gehen** *(zahlungsunfähig werden).*

Bann, der; -[e]s: **1.** (hist.) *Ausschluß aus der [kirchlichen] Gemeinschaft:* Luther wurde mit dem B. belegt; den B. lösen, aufheben. **2.** (geh.) *zwingende, fesselnde Gewalt, beherrschender Einfluß:* jmdn. in seinen B. ziehen: im Bann[e] der Musik, des Geschehens.

Banner, das; -s, -: *Fahne, die an einer mit der Fahnenstange verbundenen Querleiste hängt* (siehe Bild).

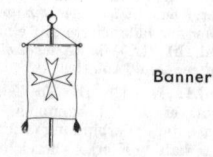

Banner

bar ⟨Adj.⟩: **1.** ⟨nicht prädikativ⟩ *in Geldscheinen oder Münzen [vorhanden]:* bares Geld; etwas [in] b. bezahlen. * **etwas für bare Münze nehmen** *(etwas wörtlich nehmen, arglos für wahr halten).* **2.** ⟨nur attributiv⟩ (geh.) *rein:* bares Entsetzen, bare Angst. **3.** (geh.) **a)** *bloß, unbekleidet:* mit barem Haupt. **b)** ⟨mit Gen.⟩ *ohne:* b. aller Vernunft; b. jeglichen Gefühls.

Bar, die; -, -s: **1.** *erhöhter Schanktisch:* er saß an der B. und trank Whisky. **2.** *kleineres, intimes [Nacht]lokal:* in die B. gehen.

Bär, der; -en, -en: /ein großes Raubtier/ (siehe Bild): stark wie ein B. * (ugs.) **jmdm. einen Bären aufbinden** *(jmdm. etwas Unwahres erzählen, was der andere auch glaubt).*

Bär

Baracke, die; -, -n: *leichter, flacher, meist zerlegbarer [Holz]bau:* in einer B. wohnen.

Barbar, der; -en, -en: *ungesitteter, roher, grausamer Mensch.*

Barbarei, die; -: *Roheit, Grausamkeit.*

barbarisch ⟨Adj.⟩: *ungesittet, roh, grausam:* barbarische Sitten; jmdn. b. behandeln.

bärbeißig ⟨Adj.⟩ (abwertend): *grimmig, brummig, mürrisch:* ein bärbeißiger Alter.

Bärendienst: ⟨in der Wendung⟩ **jmdm. einen B. erweisen/leisten** (ugs.): *jmdm. helfen, ihm dabei aber ungewollt Schaden zufügen.*

Bärenführer, der; -s, - (ugs.; scherzh.): *Fremdenführer:* bei ihrer Fahrt nach England spielte er den B.

Bärenhaut: ⟨in der Wendung⟩ **auf der B. liegen** (abwertend): *faulenzen, nichts tun:* wenn er den ganzen Tag auf der B. liegt, wird er es nie schaffen.

barfuß: ⟨in Verbindung mit bestimmten Verben⟩ *mit bloßen Füßen, ohne Schuhe und Strümpfe:* b. laufen, gehen.

Bargeld, das; -[e]s: *in Scheinen oder Münzen vorhandenes Geld:* er hat nur wenig b. bei sich.

Bariton, der; -s, -e: **1.** *Stimme in der mittleren Lage* /vom Sänger/: er hat einen wohlklingenden, weichen B. **2.** *Sänger mit einer Stimme der mittleren Lage:* er war ein berühmter B.

barmherzig ⟨Adj.⟩ (geh.): *von Mitleid erfüllt, hilfreich:* eine barmherzige Tat; er ist, handelt b. **Barmherzigkeit**, die; -.

Barometer, das; -s, -: *Gerät, das den Luftdruck mißt:* das B. steigt, fällt.

Barriere, die; -, -n: *Schranke, Sperre:* Barrieren errichten, aufstellen, niederreißen, beseitigen.

Barrikade, die; -, -n: *zur Verteidigung errichtetes Hindernis:* Barrikaden errichten, bauen. * **auf die Barrikaden gehen/steigen** *(heftig protestieren, sich heftig empören).*

barsch ⟨Adj.⟩: *grob, unfreundlich, hart:* barsche Worte; in barschem Ton sprechen; jmdn. b. anfahren.

Barschaft, die; -: *gesamte Summe des Bargeldes:* ihre ganze B. bestand aus zehn Mark.

Bart, der; -es, Bärte: **1. a)** *Haarwuchs um die Lippen, auf Wangen und Kinn:* sich einen B. wachsen lassen; jmdm. den B. abnehmen *(abrasieren)*. * (ugs.) **jmdm. um den Bart gehen** *(jmdm. schmeicheln).* **b)** *Haare an der Schnauze bestimmter Säugetiere:* der B. der Katze. **2.** *Teil des Schlüssels, der im Schloß den Riegel bewegt* (siehe Bild): der B. ist abgebrochen.

Bart 2.

bärtig ⟨Adj.⟩: *mit [dichtem, langem] Bart:* bärtige Gesichter, Männer; (ugs.) b. herumlaufen.

Basar, der; -s, -e: **1.** *offene Kaufhalle, Markt für allerlei Waren [im Orient].* **2.** *Verkauf von Waren zu einem wohltätigen Zweck.*

Baseball ['bɛːsboːl], der; -s: *amerikanisches Schlagballspiel.*

basieren, basierte, hat basiert ⟨itr.⟩ (geh.): *(auf etwas) beruhen, sich (auf etwas) stützen, gründen:* die Erzählung basiert auf einer wahren Begebenheit.

Basilika, die; -, Basiliken: **a)** *größeres Gebäude der Antike, meist eine weite offene Halle.* **b)** *Kirche, bei der nach älter christlicher Bauweise das [schmale] Mittelschiff die Seitenschiffe überragt.*

Basis, die; -, Basen: *Grundlage, Ausgangspunkt:* Forschungen auf breiter B. betreiben; etwas ist, bildet die B. für etwas.

Basketball, der; -[e]s: *Korbball[spiel].*

baß: ⟨gewöhnlich in der Wendung⟩ b. erstaunt / verwundert sein: *sehr, aufs höchste erstaunt / verwundert sein.*

Baß, der; Basses, Bässe: **1.** *tiefe Männerstimme:* er hat einen tiefen, rauhen, sonoren B. **2.** *Sänger mit einer tiefen Stimme.* **3. a)** *tiefste Stimme eines Musikstücks.* **b)** *sehr tief klingendes Streichinstrument.*

Bassin [ba'sɛ̃ː], das; -s, -s: *künstlich angelegtes Wasserbecken.*

Bastard, der; -s, -e: *Mischling:* das ist kein reinrassiger Hund, das ist ein B.

basteln, bastelte, hat gebastelt ⟨itr.⟩: *in der Freizeit, aus Liebhaberei, als Hobby kleinere handwerkliche Arbeiten selbst herstellen:* er bastelt gerne; ⟨auch tr.⟩ ein Spielzeug b.

Batterie, die; -, -n: *vom Stromnetz unabhängige elektrische Stromquelle:* die B. der Taschenlampe, im Auto ist verbraucht.

Bau, der; -[e]s, -e oder -ten: **1.** ⟨ohne Plural⟩ *das Bauen:* den B. eines Hauses planen, leiten. **etwas ist/befindet sich im B.** *(etwas wird gebaut):* das Schiff ist, befindet sich im B. **2.** ⟨ohne Plural⟩ *Gliederung, Aufbau, Struktur:* der B. eines Satzes, des menschlichen Körpers. **3. a)** ⟨Plural Bauten⟩ *etwas, was gebaut, errichtet ist; Gebäude:* die. neue Bank ist ein solider, zweckmäßiger und gewaltiger B. **b)** ⟨nur in bestimmten Fügungen⟩ *Baustelle:* er ist, arbeitet auf dem B.; er kommt gerade vom B. * (ugs.) **vom B. sein** *(Fachmann sein).* **c)** ⟨Plural Baue⟩ *von bestimmten Säugetieren als Behausung in die Erde gebaute Höhle:* der B. eines Fuchses, Dachses.

Bauch, der; -[e]s, Bäuche: **a)** *unterer Teil des Rumpfes zwischen Zwerchfell und Becken:* den B. einziehen; auf dem B. liegen; bildl.: der B. *(der Hohlraum, das Innere)* des Schiffes. (ugs.) **nichts im B. haben** *(noch nichts gegessen haben und daher hungrig sein).* **b)** *deutlich hervortretende Wölbung am unteren Teil des Rumpfes:* einen B. bekommen, ansetzen, haben; bildl.: der B. einer Vase, Flasche.

bauchig ⟨Adj.⟩: *[in seinem Umfang] eine Wölbung aufweisend:* eine bauchige Vase, Kanne.

bäuchlings ⟨Adverb⟩: *auf dem Bauch:* b. auf der Erde liegen, herumkriechen.

bauen, baute, hat gebaut: **1.** ⟨tr.⟩ **a)** *(etwas) nach einem bestimmten Plan ausführen, errichten [lassen]:* ein Haus, ein Schiff, eine Straße b.; der Vogel baut sich (Dativ) ein Nest; bildl. (ugs.): sich (Dativ) einen Anzug b. lassen; wir müssen noch unsere Betten b. *(in Ordnung bringen);* ⟨auch itr.⟩: er will demnächst b.; an dieser Kirche wird schon lange gebaut. **b)** *(etwas) entwickeln, konstruieren:* eine Maschine, einen Rennwagen, ein neues Modell b. **c)** (ugs.) *(etwas) machen, verursachen:* sein Examen b.; einen Unfall b. ** **einen Türken b.** *(etwas vortäuschen, vorspiegeln):* vor dem Gericht konnte er keinen Türken b. **2.** ⟨itr.⟩ *sich (auf jmdn./etwas) verlassen, (auf jmdn./etwas) fest vertrauen:* auf ihn, seine Erfahrung kannst du b. **3.** ⟨im 2. Partizip in Verbindung mit sein⟩ *in bestimmter Weise gewachsen sein:* gut, athletisch, zart gebaut sein. **4.** ⟨tr.⟩ *(selten) anbauen, anpflanzen:* Kartoffeln, Getreide, Wein b.

Bauer: I. der; -n, -n: **1.** *jmd., der [beruflich] Landwirtschaft betreibt; Landwirt:* der B. arbeitet auf dem Feld. **2.** *Figur im Schachspiel* (siehe Bild). **3.** *Spielkarte; Bube* (siehe Bild). **II.** das; -s, -: *Käfig für Vögel.*

2.

3.

Bauer

Bäuerin, die; -, -nen: **a)** *Frau, die [beruflich] Landwirtschaft betreibt.* **b)** *Frau eines Bauern.*

bäuerlich ⟨Adj.⟩: *den Bauern[hof] betreffend, zum Bauern[hof] gehörend, vom Bauern[hof] stammend; ländlich:* bäuerliche Erzeugnisse; die bäuerliche Bevölkerung.

Bauernhof, der; -s, Bauernhöfe: *Gut, Hof eines Bauern.*

bauernschlau ⟨Adj.⟩: *pfiffig, listig, schlau:* seine bauernschlaue Art gefiel ihr nicht.

Bauersfrau, die; -, -en: *Bäuerin.*

baufällig ⟨Adj.⟩: *vom Einsturz bedroht; nicht mehr stabil:* eine baufällige Hütte.

Bauherr, der; -n, -n: *Person, Instanz, die einen Bau errichten läßt:* B. dieses Heims ist der Staat.

Baukasten, der; -s, Baukästen: *Spielzeug mit kleinen Einzelteilen zum Bauen.*

Baum, der; -[e]s, Bäume: *großes Gewächs mit einem Stamm aus Holz* (siehe Bild):

die Bäume schlagen aus, blühen, lassen ihre Blätter fallen; einen B. fällen.

Baum

baumeln, baumelte, hat gebaumelt ⟨itr.⟩ (ugs.): *lose hängend hin und her schwingen, schaukeln:* an dem Ast baumelte ein Schild; die Füße b. lassen.

Baumschule, die; -, -n: *Gärtnerei, Pflanzung, in der Bäume gezogen werden.*

Baumwolle, die; -: *aus der Pflanze gleichen Namens gewonnenes Garn, Gewebe:* ein Kleid aus B.

bäurisch ⟨Adj.⟩ (abwertend): *nicht fein, plump:* sein bäurisches Benehmen fiel unangenehm auf.

bauschen, bauschte, hat gebauscht: 1. ⟨tr.⟩ *(etwas) schwellend auseinanderfalten, wölben:* der Wind bauscht die Segel. 2. ⟨rfl.⟩ *sich wölben, gebläht werden, anschwellen:* die Vorhänge bauschen sich im Wind.

Baustelle, die; -, -n: *Stelle, an der gebaut wird.*

Baustil, der; -s, -e: *Stil eines Bauwerks:* der gotische, romanische B.

Bauwerk, das; -[e]s, -e: *größeres, meist eindrucksvolles Gebäude:* ein mächtiges, historisches B.

Bazillus, der; -, Bazillen; *Krankheitserreger, Bakterie.*

beabsichtigen, beabsichtigte, hat beabsichtigt ⟨tr.⟩: *(tun, ausführen) wollen; die Absicht haben:* er beabsichtigt, in nächster Zeit den Wohnort zu wechseln; das war nicht beabsichtigt.

beachten, beachtete, hat beachtet ⟨tr.⟩: *(auf jmdn./etwas) achten; (jmdm./ einer Sache) Aufmerksamkeit schenken:* er beachtete ihn, seine Ratschläge überhaupt nicht.

beachtlich ⟨Adj.⟩: a) *ziemlich wichtig, bedeutsam, groß; Achtung, Anerkennung verdienend:* beachtliche Fortschritte, Summen. b) ⟨verstärkend bei Adjektiven und Verben⟩ *sehr, ziemlich:* der Baum ist b. groß; sein Guthaben auf der Bank ist im vergangenen Jahr b. angewachsen.

Beachtung, die; -: *das Beachten:* die B. der Verkehrszeichen. * (geh.) jmdm./ einer Sache B. schenken *(jmdm./etwas beachten); etwas verdient B. (etwas ist so interessant oder wichtig, daß man sich damit beschäftigen o. ä. sollte):* dieser Aufsatz verdient B.

Beamte, der; -n, -n ⟨aber: [ein] Beamter, Plural: Beamte⟩: *jmd., der [vom Staat] auf Lebenszeit angestellt ist und Pension erhält:* ein höherer, mittlerer Beamter; mehrere Beamte ernennen, pensionieren. **Beamtin**, die; -, -nen.

beängstigend ⟨Adj.⟩: *Angst hervorrufend, einflößend:* ein beängstigender Anblick; der Zustand des Kranken ist b.

beanspruchen, beanspruchte, hat beansprucht ⟨tr.⟩: a) *Anspruch erheben (auf etwas):* das gleiche Recht b.; er will ihre Hilfe weiter b. *(in Anspruch nehmen).* b) *[jmds. Kräfte] erfordern, nötig haben:* die Arbeit beansprucht ihn ganz; die Maschine wurde zu stark beansprucht *(belastet)*. **Beanspruchung**, die; -, -en.

beanstanden, beanstandete, hat beanstandet ⟨tr.⟩: *Anstoß nehmen an, bemängeln:* er beanstandete die Qualität der gelieferten Ware. **Beanstandung**, die; -, -en.

beantragen, beantragte, hat beantragt ⟨tr.⟩: *durch Antrag verlangen:* ein Stipendium, die Bestrafung des Schuldigen b.

beantworten, beantwortete, hat beantwortet ⟨tr.⟩: *(auf etwas) antworten:* eine Frage, einen Brief ausführlich, kurz b. **Beantwortung**, die; -, -en.

bearbeiten, bearbeitete, hat bearbeitet ⟨tr.⟩: 1. *in bestimmter Weise behandeln; an etwas arbeiten:* die Erde [mit dem Pflug], einen Stein [mit Hammer und Meißel] b.; ein Thema b.; ein Hörspiel für die Bühne b. 2. (ugs.) *hartnäckig zu überzeugen suchen, bedrängen:* sie bearbeitete ihn so lange, bis er ihr einen Pelzmantel kaufte. **Bearbeitung**, die; -, -en.

beaufsichtigen, beaufsichtigte, hat beaufsichtigt ⟨tr.⟩: *überwachen, Aufsicht führen (über jmdn./etwas):* die Kinder, eine Klasse, die Arbeit b. **Beaufsichtigung**, die; -, -en.

beauftragen, beauftragte, hat beauftragt ⟨tr.⟩: *(jmdm.) einen Auftrag geben; (jmdm.) auftragen, etwas zu tun:* jmdn. [dienstlich] mit einer Arbeit b.

bebauen, bebaute, hat bebaut ⟨tr.⟩: 1. *Gebäude, Häuser (auf einem Gelände) bauen:* Grundstücke, ein Gebiet [neu] b. 2. *(Land) bearbeiten, bepflanzen:* die Felder, Äcker b.

beben, bebte, hat gebebt ⟨itr.⟩: *[heftig] zittern:* die Erde, das Haus bebte; (geh.) sie bebte vor Angst, Kälte.

Becher, der; -s, -: *Trinkgefäß [ohne Henkel und ohne Fuß]* (siehe Bild): einen B. Milch trinken.

Becher

Becken, das; -s, -: 1. a) *rundes oder ovales flaches Gefäß; Schüssel* (siehe Bild): neben dem Krankenbett stand ein B. mit Wasser. b) *großer künstlich gefertigter Behälter für Wasser; Bassin:* das B. des Springbrunnens; das Schwimmbad hat mehrere B. 2. *aus Knochen gebildeter Ring, der den unteren Teil des Rumpfes mit den Beinen verbindet.* 3. *Schlaginstrument* (siehe Bild).

Becken 1. a)

Becken 3.

Bedacht: ⟨in den Fügungen⟩ *mit, voll, ohne Bedacht: mit, ohne Sorgfalt, Umsicht:* etwas mit, voll B. auswählen; er sagte es ohne B. *(ohne die Folgen zu bedenken).*

bedächtig ⟨Adj.⟩: *langsam [und sorgfältig]:* b. prüfte er die Papiere.

bedanken, sich; bedankte sich, hat sich bedankt: *(jmdm.) danken, seinen Dank aussprechen:* sich herzlich bei jmdm. b.; er bedankte sich. für die Einladung.

Bedarf, der; -s: *das Verlangen, Nachfrage nach etwas, was gebraucht wird; Bedürfnis:* es besteht B. an Lebensmitteln; mein B. ist gedeckt *(ich habe genug).*

bedauerlich ⟨Adj; nicht adverbial⟩: *nicht erfreulich; zu bedauern:* ein bedauerlicher Vorfall, Irrtum; das ist sehr b.

bedauern, bedauerte, hat bedauert ⟨tr.⟩: **a)** *(mit jmdm.) Mitgefühl empfinden; (jmdm. gegenüber) sein Mitgefühl äußern:* er bedauerte sie wegen ihres Mißerfolgs; er ist zu b. **b)** *ausdrücken, daß einem etwas leid tut:* er bedauerte den Vorfall sehr, aufrichtig, von Herzen; ich bedauere, daß ich ihn nicht mehr gesehen habe.

bedauernswert ⟨Adj.⟩: *Mitleid erregend:* sie ist ein bedauernswerter Mensch.

bedecken, bedeckte, hat bedeckt ⟨tr.⟩: *zudecken, verhüllen:* sie bedeckte das Kind mit ihrem Mantel; ⟨im 2. Partizip⟩ der Himmel ist bedeckt *(bewölkt);* der Boden war mit herumliegendem Papier bedeckt *(überall auf dem Boden lag Papier).*

bedenken, bedachte, hat bedacht: **1. a)** ⟨tr.⟩ *überlegen, in Betracht ziehen, beachten:* das hatte er nicht bedacht; jmdm. etwas zu b. geben. **b)** ⟨rfl.⟩ *sich besinnen, mit sich zu Rate gehen:* er bedachte sich nicht lange und nahm ein Stück Kuchen. **2.** ⟨tr.⟩ *(jmdm. etwas) schenken:* jmdn. mit einem Buch b. **** auf etwas bedacht sein** *(sorgfältig auf etwas achten, an etwas denken):* sie war stets auf ihr Äußeres, ihren guten Ruf bedacht.

Bedenken, das; -s, -: *Zweifel, Befürchtung:* seine B. äußern; ein B. gegen etwas vorbringen. jmds. B. teilen *([ebenso] wie der andere etwas befürchten):* ich teilte seine B. nicht.

bedenklich ⟨Adj.⟩: *Besorgnis, Zweifel, Mißtrauen erregend:* in einer bedenklichen Lage sein; er wiegte b. *(zweifelnd)* den Kopf.

Bedenkzeit, die; -: *Zeit, die jmd. hat, etwas zu überlegen, zu entscheiden:* zwei Tage B. haben; um B. bitten.

bedeuten, bedeutete, hat bedeutet: **1.** ⟨itr.⟩ *einen bestimmten Sinn haben:* ich weiß nicht, was dieses Wort b. soll; er wußte, was es bedeutet *(heißt),* kein Geld zu haben. **2.** ⟨itr.⟩ *wichtig sein, einen bestimmten Wert haben (für jmdn.):* er/dieses Bild bedeutet mir viel, nichts. **3.** ⟨tr.⟩ (geh.) *zu verstehen geben:* man bedeutete ihm, er könne jetzt hereinkommen.

bedeutend ⟨Adj.⟩: **a)** *wichtig, groß, wertvoll; Anerkennung verdienend:* ein bedeutendes Werk, Ereignis, Vermögen; der Mann ist nicht sehr b. **b)** ⟨verstärkend bei Verben und vor dem Komparativ⟩ *sehr, viel:* seine Schmerzen haben b. zugenommen; der neue Turm ist b. höher als der alte.

bedeutsam ⟨Adj.⟩: *wichtig für etwas, besondere Bedeutung für etwas habend:* eine bedeutsame Entdeckung; sie lächelte ihm b. *(vielsagend)* zu. **Bedeutsamkeit,** die; -.

Bedeutung, die; -, -en: **1.** *Sinn, Inhalt:* das Wort hat mehrere Bedeutungen; die eigentliche B. der Geschichte hatten sie nicht verstanden. **2.** ⟨ohne Plural⟩ *Wichtigkeit, Wert:* etwas hat große, besondere, politische, keine B.; das ist nicht von B. *(nicht wichtig).*

bedeutungsvoll ⟨Adj.⟩: *voll Bedeutung, wichtig:* ein bedeutungsvoller Tag; jmdn. b. ansehen.

bedienen, bediente, hat bedient: **1. a)** ⟨tr.⟩ *(für jmdn.) Dienste leisten:* seine Gäste, die Kunden b.; (ugs.) ich bin bedient *(ich habe genug, mir reicht es)!;* ⟨auch itr.⟩ welcher Kellner bedient *(serviert)* hier? **b)** ⟨rfl.⟩ *zugreifen, (sich) nehmen:* bitte, b. Sie sich *(höfliche Aufforderung).* **2.** ⟨tr.⟩ *in Gang setzen, handhaben:* eine Maschine, den Fahrstuhl b. **3.** ⟨rfl.; mit Gen.⟩ (geh.) *(etwas) benutzen, Gebrauch machen (von etwas):* er bediente sich eines Vergleichs. **4.** ⟨tr./itr.⟩ *Kartenspiel eine Karte der bereits ausgespielten Farbe spielen:* du mußt Herz b.; er hat nicht bedient.

Bedienstete, der; -n,- n ⟨aber: [ein] Bediensteter, Plural: Bedienstete⟩: *jmdm., der im öffentlichen Dienst beschäftigt ist.*

Bedienung, die; -, -en: **1.** ⟨ohne Plural⟩ *das Bedienen:* die B. erfolgte prompt; die B. einer Maschine. **2.** *jmd., der bedient:* die B. ließ lange auf sich warten.

bedingen, bedingte, hat bedingt: **1.** ⟨tr.⟩ *verursachen, zur Folge haben:* ihre abweisende Art bedingte sein Verhalten; ⟨häufig im 2. Partizip⟩ die schlechte Ernte ist durch das ungünstige Wetter bedingt *(wurde durch das ungünstige Wetter hervorgerufen).* **2.** ⟨tr.⟩ *erfordern, voraussetzen:* die Aufgabe bedingt Fleiß und Können.

bedingt ⟨Adj.; nicht prädikativ⟩ *unter bestimmten Voraussetzungen geltend:* eine bedingte Anerkennung, Zusage; etwas ist nur b. richtig; ein bedingter *(durch Dressur oder Gewohnheit entstandener)* Reflex.

Bedingung, die; -, -en: *Voraussetzung, Forderung:* der Vertrag enthält einige ungünstige Bedingungen; eine B. stellen.

bedingungslos ⟨Adj.; nicht prädikativ⟩: *ohne Einschränkung, unbedingt:* bedingungsloses Vertrauen; b. gehorchen.

bedrängen, bedrängte, hat bedrängt ⟨tr.⟩: *hartnäckig (zu einem bestimmten Handeln) zu bewegen suchen, keine Ruhe lassen:* jmdn. mit Forderungen, Fragen b.; Gedanken, Sorgen bedrängen jmdn.

bedrohen, bedrohte, hat bedroht ⟨tr.⟩: **a)** *(jmdm.) mit Anwendung von Gewalt drohen:* er bedrohte ihn mit dem Messer. **b)** *gefährlich sein (für etwas):* eine Seuche, das Hochwasser bedroht die Stadt.

bedrohlich ⟨Adj.⟩: *gefährlich; Unheil, Gefahr verratend:* eine bedrohliche Situation; die Wolken sehen b. aus, sind b. nahe.

bedrücken, bedrückte, hat bedrückt ⟨tr.⟩: *(auf jmdm.) lasten:* Sorgen bedrücken ihn.

bedrückt ⟨Adj.⟩: *niedergeschlagen, deprimiert:* er saß b. in einer Ecke.

bedürfen, bedarf, bedurfte, hat bedurft ⟨itr.; mit Gen.⟩ (geh.): *(etwas) nötig haben, brauchen:* er bedurfte seines Rates nicht; das bedarf einer Erklärung.

Bedürfnis, das; -ses, -se: *Gefühl, jmds./einer Sache zu be-*

bedürftig dürfen; Verlangen: ein großes, dringendes B. nach Ruhe fühlen.

bedürftig ⟨Adj.⟩: Mangel leidend, arm: einer bedürftigen Familie helfen; er ist nicht b. *(geh.) einer Sache b. sein (etwas brauchen).

beehren, beehrte, hat beehrt (geh.): 1. ⟨tr.⟩ a) (jmdm.) eine Ehre erweisen, auszeichnen: der Minister beehrte die Versammlung mit seiner Anwesenheit. b) besuchen: wann b. Sie uns wieder? 2. ⟨rfl.⟩ sich erlauben, sich die Ehre geben /gewöhnlich formelhaft in Anzeigen, Briefen o. ä./: wir beehren uns, unseren Kunden mitzuteilen...

beeiden, beeidete, hat beeidet ⟨tr.⟩: beschwören, (auf etwas) einen Eid leisten: eine Aussage [vor Gericht] b.

beeilen, sich; beeilte sich, hat sich beeilt: schnell machen: er muß sich [mit seiner Arbeit] sehr b.; sie beeilte sich (zögerte nicht), ihre Zustimmung zu geben.

beeindrucken, beeindruckte, hat beeindruckt ⟨tr.⟩: starken Eindruck machen, nachhaltige Wirkung haben (auf jmdn.): das Gemälde, die Aufführung beeindruckte ihn; ⟨häufig im 2. Partizip⟩ sie war tief beeindruckt von ihm.

beeinflussen, beeinflußte, hat beeinflußt ⟨tr.⟩: (auf jmdn.) Einfluß ausüben: jmdn. [in seinem Denken] stark, maßgeblich b.; ⟨häufig im 2. Partizip⟩ sein Werk ist von der Romantik beeinflußt.

beeinträchtigen, beeinträchtigte, hat beeinträchtigt ⟨tr.⟩: (auf jmdn./etwas) behindernd, hemmend einwirken: jmdn. in seiner Freiheit sehr b.; der Lärm beeinträchtigte ihren Schlaf.

beenden, beendete, hat beendet ⟨tr.⟩: enden lassen, zum Abschluß bringen /Ggs. anfangen, beginnen/: im Gespräch, die Arbeit b.; der Unfall beendete ihre Karriere.

beendigen, beendigte, hat beendigt ⟨tr.⟩: beenden. **Beendigung,** die; -.

beengen, beengte, hat beengt ⟨tr.⟩: (bei jmdm.) einen Zustand, ein Gefühl der Enge bewirken; einengen: der Kragen beengte seinen Hals; die niedrige Decke beengte sie.

beerben, beerbte, hat beerbt ⟨tr.⟩: etwas erben (von jmdm.), jmds. Erbe sein: seinen Onkel b.

beerdigen, beerdigte, hat beerdigt ⟨tr.⟩: begraben: den Toten, Verstorbenen b.

Beerdigung, die; -, -en: Begräbnis: zur B. gehen.

Beere, die; -, -n: kleine, runde oder ovale Frucht mit mehreren Samenkernen: Beeren pflücken, sammeln.

Beet, das; -[e]s, -e: kleineres abgegrenztes [bepflanztes] Stück Land in einem Garten, einer Anlage o. ä.: ein langes, rundes B.; Beete anlegen.

befähigen, befähigte, hat befähigt ⟨tr.⟩: die Voraussetzung, Grundlage (zu etwas) schaffen; in die Lage versetzen (etwas zu tun): Fleiß und Verstand befähigen ihn zu großen Leistungen; ein befähigter (begabter) Lehrer.

Befähigung, die; -: das Befähigtsein: er hat eine besondere, die beste B. zu diesem Beruf.

befahrbar ⟨Adj.⟩: zum Befahren geeignet: ein befahrbarer Weg.

befahren, befährt, befuhr, hat befahren ⟨tr.⟩: 1. fahren (auf etwas); mit einem Fahrzeug benutzen: eine Straße [mit dem Auto], einen Fluß mit dem Schiff b. 2. im Fahren (mit etwas) bestreuen: einen Weg mit Sand b.

befallen, befällt, befiel, hat befallen ⟨tr.⟩: plötzlich erfassen, ergreifen: eine Krankheit, Angst, Traurigkeit befällt jmdn.; die Bäume sind von Ungeziefer befallen.

befangen ⟨Adj.⟩: 1. in Verlegenheit, Verwirrung gebracht und daher gehemmt; schüchtern: jmdn. b. ansehen, machen. 2. voreingenommen, parteiisch, nicht objektiv: er kann es nicht entscheiden, weil er b. ist; einen Richter als b. ablehnen. **Befangenheit,** die; -.

befassen, befaßte, hat befaßt: 1. ⟨rfl.⟩ sich (mit jmdm./etwas) auseinandersetzen, beschäftigen: sich mit jmdm., mit einem Problem, einer Frage b. 2. ⟨tr.⟩ (jmdn.) veranlassen, sich (mit einer Sache) auseinanderzusetzen, zu beschäftigen: einen Beamten mit einer besonderen Aufgabe b.

befehden, befehdete, hat befehdet ⟨tr.⟩ (geh.): bekämpfen: sie, ihre Pläne wurden heftig befehdet.

Befehl, der; -[e]s, -e: Auftrag, Anordnung eines Vorgesetzten: ein strenger, geheimer B.; einen B. geben, befolgen; den B. (die Leitung, das Kommando) übernehmen.

befehlen, befiehlt, befahl, hat befohlen ⟨tr.⟩: 1. den Befehl, Auftrag geben (etwas zu tun): er befahl mir, mit ihm zu kommen. 2. (an einen bestimmten Ort) kommen lassen, beordern: er wurde zu seinem Vorgesetzten, dorthin befohlen. 3. (geh.) unter jmds. Schutz stellen, anvertrauen: sie befahl Haus und Garten dem Schutz des Bruders.

befehligen, befehligte, hat befehligt ⟨tr.⟩: über jmdn./etwas den Befehl haben: eine Armee b.

befestigen, befestigte, hat befestigt ⟨tr.⟩: 1. (an etwas) festmachen: ein Schild an der Tür b. 2. widerstandsfähig, tragfähig machen: eine Straße, den Damm b. 3. zur Verteidigung ausbauen, sichern: die Stadt, Grenze b. **Befestigung,** die; -, -en.

befeuchten, befeuchtete, hat feuchtet ⟨tr.⟩: ein wenig naß, feucht machen: die Lippen, eine Briefmarke b.

befinden, befand, hat befunden: 1. ⟨rfl.⟩ a) (an einem bestimmten Ort) sein, sich aufhalten: sich in einem Raum, auf der Straße b. b) sein: sich in einer unangenehmen Lage, in schlechtem Zustand, im Irrtum b.; wie befindet (fühlt) sich der Patient? 2. (geh.) a) ⟨tr.⟩ halten, erachten (für etwas); entscheiden: etwas für richtig, als gut b.; er befand, man solle jetzt gehen. b) ⟨tr.⟩ (über jmdn./etwas) urteilen, bestimmen: über ihn, über sein Schicksal b. befindet jetzt ein anderer.

Befinden, das; -s: gesundheitlicher Zustand: wie ist sein B.?

befleißigen, sich; befleißigte sich, hat sich befleißigt ⟨mit Gen.⟩ (geh.): sich eifrig (um etwas) bemühen: sich großer Höflichkeit, Zurückhaltung b.

beflissen ⟨Adj.⟩ (geh.): sehr eifrig, [in untertäniger Weise] um etwas bemüht: beflissene Höflichkeit; b. auf etwas eingehen. **Beflissenheit,** die; -.

beflügeln, beflügelte, hat beflügelt ⟨tr.⟩ (geh.): schneller, beschwingter machen; anregen: die

Freu..e beflügelt seine Schritte; das Lob beflügelt ihn.

befolgen, befolgte, hat befolgt ⟨tr.⟩: *handeln, sich richten (nach etwas):* einen Rat, Befehl, eine Vorschrift b.

befördern, beförderte, hat befördert ⟨tr.⟩: **1.** *von einem Ort an einen andern bringen:* Reisende in Omnibussen, Pakete mit der Bahn b. **2.** *in eine höhere Stellung aufrücken lassen:* er wurde [zum Direktor] befördert. **Beförderung,** die; -, -en.

befragen, befragte, hat befragt: a) ⟨tr.⟩ *nach etwas fragen; Fragen richten (an jmdn.):* jmdn. genau b.; den Arzt b. **b)** ⟨rfl.⟩ *sich erkundigen, Auskünfte holen (bei jmdm.):* sich bei seinem Anwalt b. **Befragung,** die; -, -en.

befreien, befreite, hat befreit ⟨tr.⟩: **a)** *frei machen, die Freiheit geben:* einen Gefangenen b.; ⟨auch rfl.⟩ er hat sich befreit. **b)** *(etwas Störendes, Unangenehmes) entfernen:* die Schuhe von Schmutz b.; er hat ihn von seiner Krankheit befreit *(ihn geheilt).* **c)** *(von etwas) freistellen, entbinden:* einen Schüler vom Unterricht b. **Befreiung,** die; -. -en.

befremden, befremdete, hat befremdet ⟨tr.⟩: *eigenartig anmuten, in Erstaunen setzen:* sein Verhalten befremdete ihn; ⟨häufig im 2. Partizip⟩ er sah ihn befremdet an (weil er von seinem Verhalten enttäuscht war, sein Verhalten nicht Verstand).

befreunden, sich; befreundete sich, hat sich befreundet: **1.** *Freundschaft schließen (mit jmdm.):* die beiden Kinder haben sich schnell [miteinander] befreundet. **2.** *sich (an etwas) gewöhnen:* sich mit einem Gedanken, der neuen Mode [nur langsam] b.

befriedigen, befriedigte, hat befriedigt ⟨tr.⟩: *zufriedenstellen, (jmds. Verlangen, Erwartung) erfüllen:* jmds. Wünsche, Forderungen b.; die Arbeit befriedigte ihn nicht; ⟨häufig im 1. Partizip⟩ eine befriedigende Lösung. **Befriedigung,** die; -.

befristen, befristete, hat befristet ⟨tr.⟩: *(auf eine bestimmte Zeit) beschränken:* die Bestimmungen befristen seine Tätigkeit auf zwei Jahre.

befruchten, befruchtete, hat befruchtet ⟨tr.⟩: **1.** *die Befruchtung vollziehen:* Insekten befruchten die Blüten. **2.** *wertvolle, wesentliche Anregungen geben; fruchtbar sein (für etwas):* seine Ideen befruchteten die gesamte Forschung.

Befruchtung, die; -, -en: *Vereinigung von männlicher und weiblicher Keimzelle:* künstliche B.

Befugnis, die; -, -se: *Berechtigung, Erlaubnis:* er hatte dazu keine B.

befugt ⟨in der Verbindung⟩ b. sein zu etwas: *berechtigt, ermächtigt sein zu etwas:* er ist [nicht] b., dies zu tun.

Befund, der; -[e]s, -e: *nach Unteruschung festgestelltes Ergebnis:* ein ärztlicher B.; Med. ohne Befund /Abk. o. B./ *(ohne erkennbare Krankheit).*

befürchten, befürchtete, hat befürchtet ⟨tr.⟩: *(Unangenehmes) fürchten, ahnen:* das Schlimmste b. **Befürchtung,** die; -, -en.

befürworten, befürwortete, hat befürwortet ⟨tr.⟩: *durch Empfehlung unterstützen, sich einsetzen (für etwas):* einen Antrag b. **Befürwortung,** die; -, -en.

begabt ⟨Adj.⟩: *mit besonderen Anlagen, Fähigkeiten ausgestattet:* ein [vielseitig, mäßig] begabter Schüler; er ist künstlerisch b.

Begabung, die; -, -en: *natürliche Anlage, angeborene Befähigung zu bestimmten Leistungen:* eine künstlerische, bemerkenswerte, große B. für/zu etwas haben.

begatten, begattete, hat begattet: **a)** ⟨rfl.⟩ *sich paaren.* **b)** ⟨tr.⟩ *die Paarung (mit jmdm.) vollziehen.*

begeben, sich; begibt sich, begab sich, hat sich begeben (geh.): **1.** *gehen:* sich an seinen Platz, nach Hause b.; sich auf eine Reise b.; sich in ärztliche Behandlung b. **2.** *sich ereignen, zutragen:* er erzählte, was sich begeben hatte. **3.** ⟨mit Gen.⟩ *verzichten (auf etwas), sich bringen (um etwas):* sich eines Anspruchs, eines Vorteils b.

Begebenheit, die; -, -en (geh.): *Ereignis:* eine seltsame, heitere, wahre B. erzählen.

begegnen, begegnete, ist begegnet ⟨itr.⟩: **1. a)** *zufällig zusammentreffen (mit jmdm.):* jmdm. auf der Straße b. **b)** *stoßen (auf etwas), antreffen:* sie begegneten überall großer Zurückhaltung. **2.** (geh.) *widerfahren, zustoßen:* hoffentlich begegnet ihnen nichts Schlimmes, Böses. **3.** (geh.) *(jmdm. in bestimmter Weise) behandeln:* jmdn. höflich, mit Spott b. **4.** (geh.) *entgegentreten, Maßnahmen treffen (gegen etwas):* den Schwierigkeiten, einer Gefahr, einem Angriff [mit Klugheit, Umsicht] b. **Begegnung,** die; -, -en.

begehen, beging, hat begangen ⟨tr.⟩: **1.** *gehen (auf etwas), als Fußgänger benutzen:* den neuen Weg kann man schon b. **2.** *(Schlechtes) ausführen; verüben:* einen Fehler, ein Verbrechen b. **3.** (geh.) *feiern; festlich, feierlich gestalten:* ein Fest, jmds. Geburtstag b.

begehren, begehrte, hat gehehrt ⟨tr.⟩ (geh.): **a)** *großes Verlangen haben (nach jmdm.):* er begehrte sie zur Frau *(wollte sie heiraten).* **b)** *bittend fordern:* er begehrte, sie zu sprechen; er begehrte Einlaß *(wollte hinein).*

begehrlich ⟨Adj.⟩: *starkes Verlangen zeigend:* begehrliche Blicke.

begeistern, begeisterte, hat begeistert: **1.** ⟨tr.⟩ *in freudige Erregung versetzen, hinreißen:* er, seine Rede begeisterte alle; jmdn. für eine Sache, zu einer Tat b.; ⟨auch im 2. Partizip⟩ sie waren alle von ihm begeistert; ein begeisterter Anhänger des Marxismus. **2.** ⟨rfl.⟩ *(durch etwas) in freudige Erregung geraten; ganz erfüllt sein (von etwas):* sie begeisterten sich an der Schönheit der Landschaft.

Begeisterung, die; -: *freudige Erregung; Enthusiasmus:* große, jugendliche ·B.; etwas mit B. tun. * **in B. geraten** *(begeistert sein).*

Begierde, die; -, -n: *auf Genuß, Befriedigung, Besitz gerichtetes leidenschaftliches Verlangen:* wilde, ungezügelte Begierden.

begierig ⟨Adj.⟩: *von großem Verlangen erfüllt:* etwas mit begierigen Blicken ansehen; sie war b., dies zu erfahren.

begießen, begoß, hat begossen ⟨tr.⟩: *Flüssigkeit (auf etwas) gießen:* die Blumen b.; bildl.

(ugs.): das müssen wir b. *(darauf müssen wir trinken)*.

Beginn, der; -s: *Anfang* /Ggs. [Ab]schluß/: bei, nach, vor B. der Vorstellung.

beginnen, begann, hat begonnen: 1. ⟨tr.⟩ *anfangen*: eine Arbeit, ein Gespräch b.; zu sprechen b. 2. ⟨itr.⟩*seinen Anfang nehmen, anfangen* /im Zeitlichen oder Räumlichen/: ein neues Jahr hat begonnen; der Wald beginnt hinter dem Haus. 3. ⟨tr.⟩ *in Angriff nehmen*: eine Sache richtig b.

beglaubigen, beglaubigte, hat beglaubigt ⟨tr.⟩: *amtlich als wahr bescheinigen*: die Abschrift eines Zeugnisses b. [lassen].

begleichen, beglich, hat beglichen ⟨tr.⟩ (geh.): *bezahlen*: eine Rechnung b.

begleiten, begleitete, hat begleitet ⟨tr.⟩: 1. *(mit jmdm.) mitgehen; (jmdn. an einen bestimmten Ort) bringen*: jmdn. nach Hause b. 2. *zu einem Solo auf einem oder mehreren Instrumenten spielen*: einen Sänger auf dem Klavier b.; ⟨auch itr.⟩ er begleitete gut. **Begleitung**, die; -, -en.

beglücken, beglückte, hat beglückt ⟨tr.⟩: *glücklich machen, erfreuen*: jmdn. mit einem Geschenk b., mit seiner Gegenwart b.

beglückwünschen, beglückwünschte, hat beglückwünscht ⟨tr.⟩: *Glück wünschen (zu etwas), gratulieren*: jmdn. [zu seinem Erfolg] b.

begnadigen, begnadigte, hat begnadigt ⟨tr.⟩: *(jmdm.) die Strafe vermindern oder erlassen*: einen Gefangenen b. **Begnadigung**, die; -, -en.

begnügen, sich; begnügte sich, hat sich begnügt: *(mit etwas) zufrieden sein, nicht nach mehr verlangen*: er begnügt sich mit dem [wenigen], was er hat.

begraben, begräbt, begrub, hat begraben ⟨tr.⟩: *ins Grab legen, in die Erde bringen*: einen Toten [in aller Stille] b.; bildl.: seine Hoffnungen b. *(aufgeben)*. *(ugs.)* **hier liegt der Hund begraben** *(das ist der entscheidende schwierige Punkt, an dem etwas scheitert)*.

Begräbnis, das; -ses, -se: *das feierliche Begraben eines Toten*: an einem B. teilnehmen.

begreifen, begriff, hat begriffen /vgl. begriffen/ b.: a) ⟨tr.⟩ *geistig erfassen; verstehen*: eine Aufgabe, den Sinn einer Sache b.; ⟨auch itr.⟩ sie begreift leicht, schlecht. b) ⟨itr.⟩ *Verständnis haben (für jmdn./etwas)*: ich begreife nicht, wie man so etwas tun kann.

begreiflich ⟨Adj.; nicht adverbial⟩: *verständlich*: ein begreiflicher Wunsch; es ist nicht b., wie er das tun konnte.

begrenzen, begrenzte, hat begrenzt ⟨tr.⟩: 1. *die Grenze (von etwas) bilden*: eine Hecke begrenzt den Garten. 2. *(einer Sache) eine Grenze setzen; beschränken*: durch ein Schild die Geschwindigkeit b.; ⟨häufig im 2. Partizip⟩ unser Wissen ist begrenzt. **Begrenzung**, die; -, -en.

Begriff, der; -[e]s, -e: 1. *gedankliche Einheit; Zusammenfassung der wesentlichen Merkmale von etwas; Sinngehalt*: ein philosophischer, fester B. 2. *Vorstellung, Meinung*: sich von etwas einen B. machen; das übersteigt alle Begriffe. ***im B. sein/stehen** *(gerade etwas anfangen, tun wollen)*: er war im B. fortzugehen; (ugs.) **schwer/ langsam von Begriff sein** *(nur langsam begreifen, verstehen)*: sei doch nicht so schwer von B.!

begriffsstutzig ⟨Adj.⟩, (abwertend): *nicht gleich begreifend*: er ist ein wenig b.

begründen, begründete, hat begründet ⟨tr.⟩: 1. *gründen, den Grund legen (zu etwas)*: jmds. Glück b. 2. *Gründe anführen (für etwas)*: seine Ansichten, Meinungen b.; ⟨häufig im 2. Partizip⟩ begründete *(berechtigte)* Zweifel hegen. **Begründung**, die; -, -en.

begrüßen, begrüßte, hat begrüßt ⟨tr.⟩: 1. *seinen Gruß entbieten, willkommen heißen*: seine Gäste herzlich b. 2. *zustimmend aufnehmen*: einen Vorschlag, jmds. Entschluß b. **Begrüßung**, die; -, -en.

begünstigen, begünstigte, hat begünstigt ⟨tr.⟩: *bevorzugen; fördern*: er hat ihn begünstigt; das Schicksal begünstigte seine Pläne. **Begünstigung**, die; -, -en.

begutachten, begutachtete, hat begutachtet ⟨tr.⟩: *fachmännisch beurteilen; ein Gutachten abgeben (über etwas)*: ein Manuskript, ein Bild b.

begütert ⟨Adj.⟩: *reich, wohlhabend*: eine begüterte Frau heiraten.

begütigen, begütigte, hat begütigt ⟨tr.⟩: *besänftigen, gut zureden*: er versuchte vergebens, ihn zu b.

behaart ⟨Adj.⟩: *mit Haaren versehen*: behaarte Beine.

behäbig ⟨Adj.⟩: a) *[beleibt und] schwerfällig*: ein behäbiger Mann. b) ⟨nur adverbial⟩ *bequem*: er saß b. im Sessel.

behagen, behagte, hat behagt ⟨itr.⟩: *zusagen, gefallen*: seine Pläne behagen ihr sehr.

Behagen, das; -s: *wohltuendes Gefühl der Zufriedenheit*: etwas mit großem, sichtlichem B. genießen.

behaglich ⟨Adj.⟩: a) *gemütlich; Behagen verbreitend*: ein behaglicher Raum. b) ⟨nur adverbial⟩ *bequem, mit Behagen*: sich b. ausstrecken. **Behaglichkeit**, die; -.

behalten, behält, behielt, hat behalten: 1. a) ⟨tr.⟩ *dort lassen, wo es ist; nicht hergeben, nicht fortlassen*: den Hut auf dem Kopf b.; den Gewinn [allein] b.; jmdn. als Gast [bei sich] b.; ein Geheimnis für sich [bei sich] b. *(nicht weitererzählen)*. b) ⟨itr.⟩ *nach wie vor in gleicher Weise haben*: seine gute Laune b.; ein Haus behält seinen Wert. 2. ⟨tr.⟩ *sich merken, nicht vergessen*: eine Adresse, eine Melodie b.; das kann ich nicht b.

Behälter, der; -s, -: *etwas, was zum Aufbewahren, Transportieren dient*: einen B. mit Benzin füllen; ein B. für Obst.

behandeln, behandelte, hat behandelt ⟨tr.⟩: 1. a) *verfahren, umgehen (mit jmdm./etwas)*: jmdn. unfreundlich, mit Nachsicht b.; eine Angelegenheit diskret b. b) *durch ein bestimmtes Verfahren zu heilen suchen*: eine Krankheit, einen Kranken b. 2. *bearbeiten*: den Boden mit Wachs b.; ein Thema, eine Frage [im Unterricht] b. **Behandlung**, die; -, -en.

beharren, beharrte, hat beharrt ⟨itr.⟩: *(an etwas) festhalten, nicht nachgeben*: auf seiner Meinung, bei seinem Entschluß b.

beharrlich ⟨Adj.⟩: *ausdauernd, hartnäckig*: mit beharrlichem Fleiß; b. schweigen. **Beharrlichkeit**, die; -.

behaupten, behauptete, hat behauptet: 1. ⟨tr.⟩ *mit Bestimmtheit aussprechen, als sicher ausgeben, hinstellen:* er behauptete, nichts davon gewußt zu haben. 2. (geh.) a) ⟨tr.⟩ *erfolgreich verteidigen:* seine Stellung b. b) ⟨rfl.⟩ *sich durchsetzen:* er, die Firma konnte sich nicht b. **Behauptung,** die; -, -en.

Behausung, die; -, -en: *[einfache] Wohnung, Unterkunft.*

beheben, behob, hat behoben ⟨tr.⟩: *wieder in Ordnung bringen, beseitigen:* einen Schaden b.

beheizen, beheizte, hat beheizt ⟨tr.⟩: *durch Heizen warm machen:* ein Haus b.

Behelf, der; -s, -e: *etwas, womit man sich behelfen muß; Provisorium:* diese Wohnung ist ein [notdürftiger] B., bis unser Haus fertig ist.

behelfen, sich; behilft sich, behalf sich, hat sich beholfen: ⟨itr.⟩ *sich mit Unzureichendem, mit einem Ersatz helfen:* heute müssen wir uns mit dem kleinen Tisch b.

behelfsmäßig ⟨Adj.⟩: *notdürftig, als Behelf dienend:* eine behelfsmäßige Unterkunft; sich b. einrichten.

behelligen, behelligte, hat behelligt ⟨tr.⟩: *belästigen, stören:* jmdn. mit Fragen, Forderungen b.

behende ⟨Adj.⟩: *schnell und gewandt, flink:* b. auf einen Baum klettern.

beherbergen, beherbergte, hat beherbergt ⟨tr.⟩: *(jmdm.) Unterkunft bieten:* jmdn. für eine Nacht b.

beherrschen, beherrschte, hat beherrscht: 1. a) ⟨tr.⟩ *Herr sein (über etwas/jmdn.), herrschen (über etwas/jmdn.), Macht haben (über etwas/jmdn.):* jmdn., ein Land b.; seit ein paar Jahren beherrscht dieses Produkt den Markt; bildl.: der Berg beherrscht die ganze Landschaft. b) ⟨tr./rfl.⟩ *bezähmen, zügeln, zurückhalten:* seinen Ärger b.; er konnte sich nicht b.; ⟨häufig im 2. Partizip⟩ mit beherrschter Stimme sprechen; er ist stets beherrscht. 2. *sehr gut können:* mehrere Sprachen b. **Beherrschung,** die; -.

beherzigen, beherzigte, hat beherzigt ⟨tr.⟩: *ernst nehmen und befolgen:* einen Rat, jmds. Worte b.

beherzt ⟨Adj.⟩: *mutig und entschlossen:* beherzte Männer; b. vorgehen.

behilflich: ⟨in der Verbindung⟩ jmdm. b. sein: *jmdm. helfen:* er war mir bei der Arbeit b.

behindern, behinderte, hat behindert ⟨tr.⟩: *erschweren, hindern (an etwas):* der Nebel behindert die Sicht; jmdn. bei der Arbeit b. **Behinderung,** die; -, -en.

Behörde, die; -, -n: *staatliche oder kommunale Stelle, Verwaltung:* das Finanzamt ist eine B.

behördlich ⟨Adj.⟩: *nicht prädikativ⟩: von einer Behörde ausgehend:* mit behördlicher Genehmigung.

behüten, behütete, hat behütet ⟨tr.⟩: *sorgsam wachen (über jmdn./etwas), beschützen:* jmdn. [vor Gefahr, Schaden] b. *⟨Gott⟩ behüte!/Ausruf der Ablehnung/.

behutsam ⟨Adj.⟩: *vorsichtig, zart:* mit behutsamen Händen; b. vorgehen, anfassen.

bei ⟨Präp. mit dem Dativ⟩: 1. /lokal; kennzeichnet räumliche Nähe, Berührung, Zugehörigkeit/: Offenbach bei Frankfurt; er wohnt bei seinen Eltern; er arbeitet bei einer Bank; sie nahm das Kind bei der Hand; bei ihm muß man vorsichtig sein; etwas bei sich tragen; ein Geheimnis bei sich behalten; auf dem Platz steht Zelt bei Zelt *(stehen die Zelte dicht nebeneinander).* 2. /temporal; in Verbindung mit Vorgängen oder Zuständen/: bei Tag, bei Abfahrt des Zuges; er lernte sie beim Tanzen kennen. 3. /kennzeichnet verschiedene Umstände/: a) /Zustand/: bei guter Gesundheit, bei Kräften sein. b) /konzessiv⟩: selbst bei größter Sparsamkeit reichte das Geld nicht. c) /konditional/: bei passender Gelegenheit; er tut es nur bei entsprechender Bezahlung. d) /kausal/: bei der hohen Miete kann er sich kein Auto leisten. 4. /in Formeln der Beteuerung/: bei Gott/bei meiner Ehre, das habe ich nicht getan.

beibringen, brachte bei, beigebracht ⟨tr.⟩: 1. *(jmdm. etwas) erklären, lehren, zeigen:* jmdm. das Lesen, einen Tanz b.; er bringt den Kindern allerlei Unsinn bei. 2. (ugs.) *(Unangenehmes) vorsichtig mitteilen:* man muß ihr diese Nachricht schonend b. 3. *zufügen:* dem Feind Verluste b. 4. *(Gefordertes) herbeischaffen, vorlegen:* Zeugnisse, ein Attest b.

beibehalten, behält bei, behielt bei, hat beibehalten ⟨tr.⟩: *festhalten (an etwas), nicht aufgeben:* den politischen Kurs b.

Beichte, die; -, -n: a) *Bekenntnis der Sünden in der christlichen Kirche:* zur B. gehen. b) *Geständnis, Bekenntnis:* ich hörte mir die B. meines Freundes an.

beichten, beichtete, hat gebeichtet ⟨tr.⟩: a) *eine Beichte seiner Sünden ablegen:* dem Priester alle seine Sünden b.; ⟨auch itr.⟩ in die Kirche gehen, um zu b. b) *gestehen, bekennen:* ich muß dir etwas b.

beide ⟨Pronomen und Zahlwort⟩: a) ⟨mit Artikel oder Pronomen⟩ *zwei /bezieht sich auf zwei Personen, Dinge, Vorgänge, die in bestimmter Hinsicht zusammengefaßt werden/:* diese beiden Bücher hat er mir geliehen; einer der beiden Männer; wir b. werden das tun; ihr beide[n] könnt jetzt gehen; wir, ihr beiden Armen; mit unser beider Hilfe; für uns, euch beide. b) ⟨ohne Artikel oder Pronomen⟩ *alle zwei /betont den Gegensatz zu nur einer Person, einem Ding, Vorgang/:* sie haben beide Kinder verloren; in beiden Fällen hatte er recht; sie konnten b. nichts finden. c) ⟨alleinstehend gebraucht als Singular in den Formen *beides* und *beidem*⟩ /bezieht sich auf zwei verschiedenartige Dinge oder Vorgänge, die als Einheit gesehen werden/: sie liebt beides, die Musik und den Tanz; er hat von beidem gegessen.

beiderlei ⟨Zahlwort⟩: *sowohl von dem einen als auch von dem andern; zweierlei:* Personen b. Geschlechts; in b. Hinsicht.

beiderseits ⟨Präp. mit dem Gen.⟩: *zu beiden Seiten:* b. des Weges.

beieinander ⟨Adverb⟩: *einer beim andern, nahe zusammen:* sie waren damals lange b.; ⟨häufig zusammengesetzt mit Verben⟩ beieinanderliegen, beieinanderstehen.

Beifahrer, der; -s, -: *jmd., der in einem Kraftfahrzeug [neben dem Fahrer sitzend] mitfährt.*

Beifall, der; -s: **1.** *Äußerung des Gefallens, der Begeisterung durch Klatschen, Zurufe u ä:* rauschender, herzlicher B.; der Schauspieler bekam viel, starken B. **2.** *Zustimmung, Billigung:* etwas findet allgemeinen B.
beifällig ⟨Adj.⟩: *zustimmend:* eine beifällige Äußerung; b. nicken.
beifügen, fügte bei, hat beigefügt ⟨tr.⟩: *hinzufügen, beilegen:* einer Sendung die Rechnung b.
Beigabe, die; -, -n: **1.** ⟨ohne Plural⟩ *das Beigeben, Hinzufügen:* nach der B. von Wein darf die Speise nicht mehr kochen. **2.** *das Beigegebene, Hinzugefügte:* etwas Obst als B.
beige ['be:ʒ] ⟨Adj.; indeklinabel⟩: *(in der Färbung) wie heller Sand [aussehend]:* die Tasche ist b.
beigeben, gibt bei, gab bei, hat beigegeben ⟨tr.⟩: *hinzufügen:* der Soße noch einige Gewürze b.; jmdm. einen Helfer b. *(zuordnen).* *(ugs.)* **klein beigeben** *(seinen Widerstand schließlich doch aufgeben und sich fügen):* sie bedrängten ihn solange, bis er klein beigab.
Beigeschmack, der; -s: *zusätzlicher Geschmack, der den eigentlichen Geschmack beeinträchtigt:* die Butter, der Wein hat einen [merkwürdigen, unangenehmen] B.
beikommen, kam bei, ist beigekommen ⟨itr.⟩: **a)** *[jmdn.] zu fassen bekommen; fertig werden (mit jmdm.):* diesem schlauen Burschen ist nicht, nur schwer beizukommen. **b)** *(etwas) bewältigen, Herr werden (über etwas):* er versuchte dem Problem, den Schwierigkeiten beizukommen.
Beil, das; -s, -e: *kleine Axt* (siehe Bild).

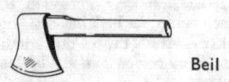

Beil

Beilage, die; -, -n: **1.** *etwas, was einer Zeitschrift, Zeitung o. ä. beigelegt ist:* samstags hat die Zeitung eine B. für die Frau. **2.** *etwas, was einem Gericht zum Fleisch beigegeben wird (Gemüse, Kartoffeln o.ä.):* Braten mit verschiedenen Beilagen.
beiläufig ⟨Adj.⟩: *nebenbei, wie zufällig [geäußert]:* beiläufige Fragen; etwas b. sagen, feststellen. **Beiläufigkeit, die;** -.
beilegen, legte bei, hat beigelegt ⟨tr.⟩: **1.** *zu etwas Vorhandenem legen; beifügen:* einem Brief Geld b. *einer Sache große Bedeutung b. (etwas als sehr wichtig betrachten).* **2.** *beenden, schlichten:* einen Streit b.
beileibe ⟨Adverb⟩: *durchaus, bestimmt* /verstärkt eine verneinende Aussage und wird in emotionaler Sprechweise gebraucht/: das soll b. kein Vorwurf sein; das habe ich b. nicht getan.
Beileid, das; -s: *Anteilnahme an der Trauer eines andern:* jmdm. sein [herzliches, aufrichtiges] B. ausdrücken.
beiliegen, lag bei, hat beigelegen ⟨itr.⟩: *beigefügt, beigelegt sein:* der Sendung liegt die Rechnung bei; ⟨häufig im 1. Partizip⟩ beiliegend finden Sie die gewünschten Unterlagen.
beim ⟨Verschmelzung von *bei + dem*⟩: **1.** *bei dem* **a)** /die Verschmelzung kann aufgelöst werden/: der Baum steht b. Haus. **b)** /die Verschmelzung kann nicht aufgelöst werden/: jmdn. b. Wort nehmen. **2.** ⟨in Verbindung mit *sein* und einem substantivierten Infinitiv⟩ /bildet der Verlaufsform/: er ist b. Schreiben *(schreibt gerade).*
Bein, das; -[e]s, -e: *Gliedmaße zum Gehen bei Menschen und Tieren:* schlanke, dicke, krumme Beine; bildl.: die Beine des Stuhls, des Tisches. *(ugs.)* **wieder auf den Beinen sein** *(wieder gesund sein);* *(ugs.)* **etwas auf die Beine bringen/stellen** *(etwas zustande bringen, schaffen);* *(ugs.)* **etwas kriegt/bekommt Beine** *(etwas verschwindet, wird gestohlen);* *(ugs.)* **jmdm. Beine machen** *(jmdn. zur Eile antreiben);* *(ugs.)* **jmdm. ein B. stellen** *(jmdn. zu Fall bringen; jmdm. Schaden zufügen);* **es friert Stein und B.** *(es friert sehr stark);* **durch Mark und B.** *(durch und durch):* der Schrei ging ihm durch Mark und B.
beinah[e] [beinah(e], beinah[e]] ⟨Adverb⟩: *fast, nahezu:* er wartete b. drei Stunden; b. hätte ich es vergessen.
beinhalten, beinhaltete, hat beinhaltet ⟨itr.⟩: *zum Inhalt haben:* das Schreiben beinhaltet einige wichtige Fragen.
beipflichten, pflichtete bei, hat beigepflichtet ⟨itr.⟩: *nachdrücklich beistimmen, recht geben:* viele pflichteten seinem Vorschlag bei.
beirren, beirrte, hat beirrt ⟨tr.⟩: *irremachen, unsicher machen:* er läßt sich nicht so leicht b.
beisammen ⟨Adverb⟩: *beieinander, zusammen:* wir stehen immer b.; sie sind nicht lange b. gewesen.
beisammensein, ist beisammen, war beisammen, ist beisammengewesen ⟨itr.⟩ *(ugs.):* **1.** *zusammengebracht, zusammengetragen sein:* er kauft das Haus erst, wenn die Summe beisammen ist. **2.** *in einer bestimmten gesundheitlichen Verfassung sein:* er ist wieder ganz gut b.
Beisammensein, das; -s: *das Zusammensein, das Beieinandersein:* ein geselliges, gemütliches B. der alten Freunde.
beiseite ⟨Adverb⟩: **a)** *zur Seite:* das Buch b. legen; b. springen. *(ugs.)* **etwas b. legen** *([für einen bestimmten Fall] Geld sparen).* **b)** *auf der Seite:* er stand b.
beisetzen, setzte bei, hat beigesetzt ⟨tr.⟩ (geh.): *[feierlich] begraben, beerdigen:* den Toten, die Urne b.
Beisetzung, die; -, -en (geh.): *Begräbnis, Beerdigung.*
Beispiel, das; -s, -e: *einzelner Fall, der etwas kennzeichnet, erklärt, beweist; Vorbild, Muster:* ein gutes, anschauliches B. nennen, anführen; er ist ein erfreuliches, abschreckendes B. für ihn; einige Farben mag sie nicht, zum Beispiel (Abk.: z.B.) grau und grün. *sich an jmdm./ etwas ein B. nehmen (jmdm./ einer Sache nacheifern);* **ohne B. sein** *(nicht seinesgleichen haben, noch nicht dagewesen sein):* seine Tat, Leistung, diese Frechheit ist ohne B.
beispielhaft ⟨Adj.⟩: *vorbildlich, mustergültig:* eine beispielhafte Ordnung; sich b. verhalten.
beispiellos ⟨Adj.⟩: *ohne Beispiel, unvergleichlich, unerhört:* beispiellose Erfolge, Triumphe; seine Frechheit ist b.
beispielsweise ⟨Adverb⟩: *zum Beispiel:* viele sind krank, in dieser Klasse b. dreizehn.

beispringen, sprang bei, ist beigesprungen ⟨itr.⟩: *zu Hilfe eilen:* einem Verletzten b.

beißen, biß, hat gebissen: **1. a)** ⟨itr.⟩ *mit den Zähnen (in etwas) eindringen:* in den Apfel b.; ich habe mir aus Versehen auf die Zunge gebissen. *(ugs.) **nicht viel zu b. haben** *(arm sein, nicht viel zu essen haben);* (ugs.) **in den sauren Apfel b.** *(etwas Unangenehmes auf sich nehmen);* (ugs.) **ins Gras b.** *(sterben).* **b)** ⟨tr.⟩ *mit den Zähnen fassen und verletzen:* ein Hund, eine Schlange hat ihn gebissen; ⟨auch itr.⟩ der Hund beißt *(ist bissig).* **c)** ⟨tr.⟩ *stechen, Blut aussaugen* /von Insekten/: ein Floh, eine Wanze hat ihn gebissen. **d)** ⟨rzp.⟩ (ugs.) *nicht zueinander passen, nicht harmonieren* /von Farben/: das Grün und das Blau, diese Farben beißen sich. **2.** ⟨itr.⟩ *scharf sein, brennen:* Pfeffer beißt auf der Zunge; der Rauch beißt in den Augen; ⟨häufig im 1. Partizip⟩ beißende *(scharfe)* Kälte.

Beistand, der; -[e]s: *Hilfe, Unterstützung:* jmds. B. benötigen. *** jmdm. B. leisten** *(jmdm. beistehen, helfen).*

beistehen, stand bei, hat beigestanden ⟨itr.⟩: *helfen, zur Seite stehen:* jmdm. mit Rat und Tat b.

beisteuern, steuerte bei, hat beigesteuert ⟨tr.⟩: *einen Beitrag (zu etwas) geben:* zu einer Sammlung eine Summe, seinen Teil b.

beistimmen, stimmte bei, hat beigestimmt ⟨itr.⟩: *zustimmen, recht geben:* er hat seinem Vorschlag sofort beigestimmt.

Beitrag, der; -s, Beiträge: **1.** *Anteil, mit dem sich jmd. an etwas beteiligt:* einen wichtigen, bedeutenden B. zur Entwicklung eines Landes, zur Lösung eines Problems leisten, liefern. **2.** *Betrag, der regelmäßig an eine Organisation zu zahlen ist:* die Beiträge für einen Verein, eine Partei kassieren. **3.** *schriftliche Arbeit, Aufsatz, Bericht für eine Zeitung, Zeitschrift o. ä.:* das Buch enthält mehrere Beiträge bekannter Autoren.

beitragen, trägt bei, trug bei, hat beigetragen ⟨itr.⟩: *seinen Beitrag leisten (zu etwas), mithelfen (bei etwas):* jeder wollte zum Gelingen des Festes b.; ⟨auch tr.⟩ etwas, seinen Teil dazu b., daß...

beitreten, tritt bei, trat bei, ist beigetreten ⟨itr.⟩: *Mitglied werden (in einem Verein o. ä.), sich anschließen:* einem Verein b.

Beitritt, der; -s: *das Beitreten:* seinen B. [zu einer Partei] erklären.

Beiwerk, das; -s: *etwas, was ergänzend, schmückend zu etwas hinzukommt; Zutat, Nebensächliches:* alles überflüssige, störende B. weglassen.

beiwohnen, wohnte bei, hat beigewohnt ⟨itr.⟩ (geh.): *anwesend sein (bei etwas), zugegen sein:* viele wohnten dem Fest, der Veranstaltung bei.

beizeiten ⟨Adverb⟩: *rechtzeitig:* morgen müssen wir b. aufstehen; b. vorsorgen.

bejahen, bejahte, hat bejaht ⟨tr.⟩: *ja sagen (zu etwas), (einer Sache) zustimmen; einverstanden sein (mit etwas):* eine Frage b.; er hat den Plan ohne weiteres bejaht.

bejahrt ⟨Adj.⟩ (geh.): *ziemlich alt; in vorgerücktem Alter:* ein bejahrter Herr.

bekämpfen, bekämpfte, hat bekämpft ⟨tr.⟩: *kämpfen, angehen (gegen jmdn./etwas):* einen Gegner, ein Übel, eine Krankheit b.

bekannt ⟨Adj.; nicht adverbial⟩: **1. a)** *von vielen gekannt, gewußt:* eine bekannte Melodie; die Geschichte ist [allgemein] b. ***für etwas b. sein** *(sich mit etwas einen Namen gemacht haben, durch etwas aufgefallen sein):* dieser Kaufmann ist für seine gute Ware b. **b)** *berühmt, angesehen:* ein bekannter Künstler, Arzt. **2.** ⟨in den Fügungen⟩ jmdm. b. sein: **a)** *jmdm. nicht fremd sein:* er ist mir gut b. **b)** *(von etwas) Kenntnis haben:* sein Fall ist mir b.; jmdm. b. vorkommen: *jmdm. nicht fremd erscheinen:* er, diese Gegend kommt mir b. vor. **3. a)** ⟨in der Fügung⟩ b. sein mit jmdm.: *jmdn. näher kennen; vertraut sein mit jmdm./etwas:* ich bin mit ihm, mit seinen Problemen [seit langem] b. **b)** ⟨in der Fügung⟩ b. werden mit jmdm.: *jmdn. kennenlernen:* sie sind gestern miteinander b. geworden. **c)** ⟨in der Fügung⟩ jmdn. mit jmdm./etwas b. machen: *jmdn. jmdm. vorstellen, jmdn. über etwas informieren, jmdn.*

mit etwas vertraut machen: ich werde dich mit ihm b. machen; jmdn. mit einer Maßnahme b. machen; sich mit der neuen Arbeit b. machen.

bekanntgeben, gibt bekannt, gab bekannt, hat bekanntgegeben ⟨tr.⟩: *öffentlich mitteilen:* das Ergebnis, seine Verlobung b.

bekanntlich ⟨Adverb⟩: *wie allgemein bekannt:* in den Bergen regnet es b. viel.

bekanntmachen, machte bekannt, hat bekanntgemacht ⟨tr.⟩: *von behördlicher Seite öffentlich mitteilen; der Allgemeinheit zur Kenntnis geben:* eine neue Verordnung b.

Bekanntmachung, die; -, -en: **1.** *das Bekanntmachen:* die B. erfolgt morgen. **2.** *öffentliche, behördliche Mitteilung:* eine B. lesen.

Bekanntschaft, die; -, -en: *Kreis von Menschen, die man kennt:* in seiner B. war niemand, der ihm helfen konnte. ****jmds. B. machen** *(jmdn. kennenlernen);* (ugs.) **mit etwas B. machen** *(mit etwas Unangenehmem in Berührung kommen):* mit dem Stock, mit der Polizei B. machen.

bekehren, bekehrte, hat bekehrt ⟨tr./rfl.⟩: *(bei jmdm.) eine innere Wandlung bewirken:* jmdn., sich zum christlichen Glauben b.; er ließ sich nicht b. **Bekehrung,** die; -, -en.

bekennen, bekannte, hat bekannt: **1.** ⟨tr.⟩ *offen aussprechen, zugeben, gestehen:* seine Schuld b.; er bekannte, daß er es nicht gewußt hatte. **2.** ⟨rfl.⟩ *(für jmdn./etwas) stehen, (für jmdn./etwas) eintreten:* sich zu seinem Freund, zu seinen Taten b.

Bekenntnis, das; -ses, -se: **1.** *Geständnis, das Zugeben:* das B. seiner Schuld. **2.** *Religionsgemeinschaft, Konfession:* welchem B. gehört er an?

beklagen, beklagte, hat beklagt: **1.** ⟨tr.⟩ (geh.) *als traurig empfinden, schmerzlich bedauern:* einen Verlust, den Tod des Freundes b. **2.** ⟨rfl.⟩ *sich beschweren, Klage führen:* sich über einen andern, über den Lärm b.

bekleiden, bekleidete, hat bekleidet **1.** ⟨in der Verbindung⟩ bekleidet sein: *angezogen sein:* er war nur leicht, nur mit

Bekleidung

einer Hose bekleidet. 2. ⟨tr.⟩ *(ein Amt) innehaben:* einen hohen Posten b.

Bekleidung, die; -, -en: *Kleidung:* warme B. für Herbst und Winter.

beklemmend ⟨Adj.⟩: *bedrückend, beengend, beängstigend:* ein beklemmendes Gefühl.

Beklemmung, die; -, -en: *beklemmendes Gefühl.*

beklommen ⟨Adj.⟩: *von einem Gefühl der Angst, Unsicherheit erfüllt; ängstlich:* mit beklommener Stimme antworten; ihr war b. zumute.

bekommen, bekam, hat/ist bekommen ⟨itr.⟩: 1. *in den Besitz (von etwas) kommen; erhalten; erlangen, für sich gewinnen:* ein Geschenk, eine Belohnung, einen Brief b.; eine Stellung b.; Einblick in etwas b.; er hat sein Recht bekommen; etwas zu essen, geliehen b.; eine Strafe, Prügel b.; eine Krankheit b. *(krank werden).* 2. *bekömmlich, zuträglich, förderlich sein (für jmdn.):* das Essen, die Kur ist ihr gut bekommen.

bekömmlich ⟨Adj.⟩: *zuträglich; leicht verträglich [und daher gesund]:* eine bekömmliche Speise.

bekräftigen, bekräftigte, hat bekräftigt ⟨tr.⟩: 1. *mit Nachdruck bestätigen:* ein Versprechen, eine Aussage b. 2. *unterstützen:* jmdn. in seinem Vorsatz b.

bekreuzigen, sich; bekreuzigte sich, hat sich bekreuzigt: *das Zeichen des Kreuzes mit einer Bewegung der Hand vor Kopf und Brust andeuten:* beim Eintreten in die Kirche bekreuzigten sie sich.

bekümmern, bekümmerte, hat bekümmert ⟨itr.⟩ /vgl. bekümmert/: *(jmdn.) Kummer, Sorge bereiten:* sein Zustand bekümmerte sie sehr.

bekümmert ⟨Adj.⟩: *voll Sorge, bedrückt:* mit bekümmertem Blick; er war tief b.

bekunden, bekundete, hat bekundet ⟨tr.⟩: *deutlich zum Ausdruck bringen; zeigen:* sein Interesse b.

beladen, belädt, belud, hat beladen ⟨tr.⟩: *mit einer Ladung, Fracht versehen:* einen Wagen, ein Schiff [mit Kisten] b.

Belag, der; -[e]s, Beläge: *dünne Schicht, mit der etwas be-*

deckt, belegt, überzogen ist: der B. des Fußbodens; seine Zunge hatte einen weißen B.

belagern, belagerte, hat belagert ⟨tr.⟩: *(einen Ort) mit Truppen o. ä. umschlossen halten:* eine Stadt, Burg b.; bildl.: eine Menge von Menschen belagerte die Kasse *(drängte sich an der Kasse).* **Belagerung,** die; -, -en.

belangen, belangte, hat belangt ⟨tr.⟩: *zur Rechenschaft, Verantwortung ziehen, verklagen:* jmdn. wegen eines Vergehens [gerichtlich] b.

belanglos ⟨Adj.; nicht adverbial⟩: *ohne große Bedeutung, unwichtig:* belanglose Dinge; das ist doch völlig b.

belasten, belastete, hat belastet ⟨tr.⟩: 1. ⟨tr.⟩ *mit einer Last versehen, beschweren:* einen Wagen zu stark b.; ⟨auch rfl.⟩ damit belaste ich mich nicht. 2. ⟨itr.⟩ *(auf jmdm.) lasten, (jmdn.) in Anspruch nehmen:* die Arbeit, die große Verantwortung belastet ihn sehr. 3. ⟨tr.⟩ *beschuldigen, als schuldig erscheinen lassen:* ihre Aussage belastete ihn am meisten.

belästigen, belästigte, hat belästigt ⟨tr.⟩: *stören, (jmdm.) lästig werden:* jmdn. mit Fragen b.; er belästigte sie auf der Straße *(wurde zudringlich).* **Belästigung,** die; -, -en.

belebt, belebte, hat belebt /vgl. belebt/: **a)** ⟨tr.⟩ *lebhaft[er] machen, anregen, lebendig gestalten:* das Getränk belebte ihn; die Wirtschaft b. **b)** ⟨rfl.⟩ *lebhaft, lebendiger werden:* die Unterhaltung belebte sich.

belebt ⟨Adj.⟩: *nicht [ganz] einsam, nicht menschenleer:* eine belebte Gegend; eine belebte *(verkehrsreiche)* Straße.

belegen, belegte, hat belegt ⟨tr.⟩: 1. *mit einem Belag versehen; bedecken:* den Boden mit einem Teppich b.; belegte Brötchen *(Brötchen, auf den sich Wurst, Käse u. a. befindet).* 2. *besetzen, reservieren:* einen Platz im Zug b.; ⟨häufig im 2. Partizip⟩ die Betten sind belegt. 3. *nachweisen:* einen Kauf mit einer Quittung b.

Belegschaft, die; -, -en: *alle Beschäftigten in einem Betrieb.*

belehren, belehrte, hat belehrt ⟨tr.⟩: *aufklären; (jmdm.) sagen, wie etwas wirklich ist, wie*

sich etwas verhält: er läßt sich nicht b. **Belehrung,** die; -, -en.

beleibt ⟨Adj.⟩: *dick:* ein sehr beleibter Herr.

beleidigen, beleidigte, hat beleidigt ⟨tr.⟩: *kränken, (durch eine Äußerung, Handlung) verletzen:* mit diesen Worten hat er ihn tief, sehr beleidigt. **Beleidigung,** die; -, -en.

belesen ⟨Adj.; nicht adverbial⟩: *durch vieles Lesen reich an [literarischen] Kenntnissen:* ein sehr belesener Mann.

beleuchten, beleuchtete, hat beleuchtet ⟨tr.⟩: *Licht werfen (auf etwas):* die Bühne, die Straße b.; bildl.: ein Thema [von allen Seiten] b. **Beleuchtung,** die; -.

belichten, belichtete, hat belichtet ⟨tr.⟩: *beim Photographieren das Licht (auf den Film) fallen lassen:* er hat den Film nicht lange genug belichtet; ⟨auch itr.⟩ bei trübem Wetter muß man länger b.

Belieben: ⟨in der Fügung⟩ nach B.: *nach eigenem Wunsch, Geschmack; wie man will:* etwas ganz nach B. ändern.

beliebig ⟨Adj.⟩: **a)** ⟨nur attributiv⟩ *irgendein:* einen beliebigen Namen auswählen; ein Stoff von beliebiger *(gleichgültig von welcher)* Farbe. **b)** ⟨nicht attributiv⟩ *nach Belieben, Gutdünken:* etwas b. ändern.

beliebt ⟨Adj.; nicht adverbial⟩ *allgemein gern gesehen; von vielen geschätzt:* ein beliebter Lehrer; er ist b.; eine oft gekaufte) Seife. * **sich b. machen** *(sich durch etwas die Zuneigung anderer erwerben).* **Beliebtheit,** die; -.

beliefern, belieferte, hat beliefert ⟨tr.⟩: *(an jmdn. etwas) [wiederholt] liefern:* seine Kunden mit Waren b.

bellen, bellte, hat gebellt ⟨itr.⟩: *kurze kräftige Laute von sich geben* /von Hunden und Füchsen/.

belohnen, belohnte, hat belohnt ⟨tr.⟩: **a)** *zum Dank mit etwas beschenken:* jmdn. für seine Bemühungen b. **b)** *vergelten:* eine gute Tat b. **Belohnung,** die; -, -en.

belügen, belog, hat belogen ⟨tr.⟩: *(jmdm.) die Unwahrheit sagen:* er hat ihn belogen.

bemächtigen, sich; bemächtigte sich, hat sich bemächtigt

⟨mit Gen.⟩ (geh.): *sich (etwas) mit Gewalt nehmen:* er bemächtigte sich [ganz einfach] des Geldes; bildl.: Angst bemächtigte sich seiner *(erfaßte ihn).*

bemängeln, bemängelte, hat bemängelt ⟨tr.⟩: *beanstanden, als Fehler vorhalten:* er bemängelte, daß sie immer zu spät kamen.

bemannt ⟨Adj.⟩: *mit einer Besatzung, einer Mannschaft versehen:* ein bemanntes Schiff.

bemerkbar: ⟨in der Wendung⟩ sich b. machen: *auf sich aufmerksam machen:* der eingesperrte Junge versuchte vergebens, sich b. zu machen.

bemerken, bemerkte, hat bemerkt ⟨tr.⟩: **1.** *aufmerksam werden (auf jmdn./etwas); entdecken, wahrnehmen:* er bemerkte die Fehler nicht; sie wurden in der Menge nicht bemerkt. **2.** *äußern, erwähnen:* etwas nebenbei b.

bemerkenswert ⟨Adj.⟩: *beachtlich, groß:* eine bemerkenswerte Leistung, Arbeit.

Bemerkung, die; -, -en: *kurze Äußerung:* eine treffende, abfällige, kritische B. **eine B. machen** *(etwas bemerken, sagen).*

bemitleiden, bemitleidete, hat bemitleidet ⟨tr.⟩: *bedauern, (mit jmdm.) Mitleid empfinden:* man darf ihn nicht so oft b.

bemühen, bemühte, hat bemüht: **1.** ⟨rfl.⟩ **a)** *sich anstrengen, Mühe geben:* er bemühte sich sehr, das Ziel zu erreichen. **b)** *sich (mit jmdm.) Mühe machen, sich (um jmdn.) kümmern:* sie bemühten sich alle um den Kranken. **c)** *für sich zu bekommen suchen:* sich um eine Stellung b. **d)** *sich (irgendwohin) begeben:* du mußt dich schon selbst in die Stadt b. **2.** ⟨tr.⟩ *(jmdm.) Mühe machen, (jmds.) Hilfe in Anspruch nehmen:* darf ich sie noch einmal b.? **Bemühung,** die; -, -en.

benachrichtigen, benachrichtigte, hat benachrichtigt ⟨tr.⟩: *(jmdn.) unterrichten (von etwas), (jmdm.) Nachricht geben:* wir müssen sofort seine Eltern [davon] b. **Benachrichtigung,** die; -, -en.

benachteiligen, benachteiligte, hat benachteiligt ⟨tr.⟩: *in seinen Rechten beeinträchtigen; zurücksetzen, schädigen:* er hat den ältesten Sohn immer benachteiligt.

benehmen, sich; benimmt sich, benahm sich, hat sich benommen: *sich (in einer bestimmten Weise) verhalten, betragen:* er hat sich ihm gegenüber anständig, höflich, schlecht, gemein benommen.

Benehmen, das; -s: *Verhalten, Art, wie sich jmd. benimmt:* ein gutes, schlechtes B.

beneiden, beneidete, hat beneidet ⟨tr.⟩: **a)** *gerne an jmds. Stelle sein wollen:* viele beneideten den erfolgreichen Mann. **b)** *selbst gerne haben wollen, was ein anderer besitzt:* ich beneide ihn um diese Sammlung.

benommen ⟨Adj.⟩: *leicht betäubt:* sie war von dem Sturz ganz b.

benötigen, benötigte, hat benötigt ⟨tr.⟩: *haben müssen, nötig haben, brauchen:* er benötigte noch etwas Geld.

benutzen, benutzte, hat benutzt ⟨tr.⟩: **a)** *in Gebrauch nehmen:* hast du das Handtuch schon benutzt? **b)** *verwenden:* das alte Gebäude wird als Stall benutzt; den vorderen Eingang b. *(vorne hineingehen);* die Bahn b. *(damit fahren);* die Gelegenheit b. *(ausnutzen).* **c)** *Gebrauch machen (von etwas), sich (einer Sache) bedienen:* ein Taschentuch b.

benützen, benützte, hat benützt ⟨tr.⟩ (bes. südd.): *benutzen.*

beobachten, beobachtete, hat beobachtet ⟨tr.⟩: *aufmerksam, genau betrachten; überwachen:* jmdn. lange, heimlich b.; die Natur b. **Beobachtung,** die; -, -en.

bequem ⟨Adj.⟩: **1.** *in seiner Art angenehm:* ein bequemer Sessel; bequeme *(nicht enge)* Schuhe; ein bequemes *(faules, nicht arbeitsreiches)* Leben führen; man kann den Ort b. *(ohne Mühe)* erreichen. **2.** *jeder Anstrengung, Mühe abgeneigt; träge:* zu weiten Spaziergängen ist er viel zu b.

bequemen, sich; bequemte sich, hat sich bequemt (abwertend): *sich endlich entschliessen:* es dauerte einige Zeit, bis er sich zu einer Auskunft bequemte.

Bequemlichkeit, die; -, -en: **1.** *das Angenehme;* bequeme *Einrichtung, Komfort:* auf die gewohnten Bequemlichkeiten nicht verzichten wollen; in diesem Hotel fehlt jede B. **2.** ⟨ohne Plural⟩ *Trägheit, Nachlässigkeit:* aus lauter B. ist er zu Hause geblieben.

beraten, berät, beriet, hat beraten ⟨tr.⟩: **1.** *(jmdm.) mit Rat beistehen:* er hat ihn bei seinem Kauf beraten. **2.** *gemeinsam überlegen und besprechen:* einen Plan b.; ⟨auch itr.⟩: sie haben lange über das Vorhaben beraten. **Beratung,** die; -, -en.

berappen, berappte, hat berappt ⟨tr.⟩ (ugs.): *[widerwillig] bezahlen:* seine Schulden, viel Geld b.

berechnen, berechnete, hat berechnet ⟨tr.⟩: **a)** *durch Rechnen feststellen, ermitteln:* den Preis, die Entfernung b. **b)** *anrechnen, in Rechnung stellen:* die Verpackung hat er [mir] nicht berechnet.

berechnend ⟨Adj.⟩ (abwertend): *stets auf Gewinn, eigenen Vorteil bedacht:* er ist sehr b.

Berechnung, die; -, -en: **1.** *das Berechnen:* die B. des Preises; alle Berechnungen waren falsch. **2.** (abwertend): *auf eigenen Vorteil zielende Überlegung, Absicht:* aus reiner, kalter B. handeln.

berechtigen, berechtigte, hat berechtigt ⟨itr.⟩: *das Recht, die Genehmigung geben:* die Karte berechtigt zum Eintritt; ⟨im 2. Partizip⟩ berechtigt sein *(das Recht haben):* er war nicht berechtigt, diesen Titel zu tragen. * *etwas ist berechtigt (etwas besteht zu Recht, ist begründet):* seine Hoffnung war durchaus berechtigt. **Berechtigung,** die; -, -en.

Bereich, der; -[e]s, -e: *Raum, Fläche, Gebiet von bestimmter Abgrenzung, Größe:* im B. der Stadt; das fällt in den B. der Kunst.

Beredsamkeit, die; -: *Gewandtheit im Reden; Fähigkeit, durch Reden zu überzeugen:* er widersprach mit großer B.

beredt ⟨Adj.⟩: *gewandt (im Reden); mit vielen Worten, Argumenten:* ein beredter Verteidiger seiner Ideen; mit beredten Worten; sich b. verteidigen.

Bereich, der; -[e]s, -e: *Raum, Fläche, Gebiet von bestimmter Abgrenzung, Größe:* im B. der

bereichern

Stadt; das fällt in den B. der Kunst.

bereichern, bereicherte, hat bereichert: 1. ⟨tr.⟩ *reicher machen, vergrößern:* seine Sammlung um einige wertvolle Stücke b. 2. ⟨rfl.⟩ *sich ohne Skrupel einen Gewinn verschaffen:* er hat sich im Krieg am Eigentum anderer bereichert. **Bereicherung,** die; -.

bereifen, bereifte, hat bereift ⟨tr.⟩: *ein Fahrzeug mit Reifen versehen:* er hat sein Auto neu bereift.

bereift ⟨Adj.⟩: *durch Frost mit Reif bedeckt:* bereifte Bäume.

Bereifung, die; -, -en: *die zu einem Fahrzeug gehörenden Reifen:* die B. [des Autos] erneuern.

bereinigen, bereinigte, hat bereinigt ⟨tr.⟩: *(etwas, was zu einer Verstimmung geführt hat) in Ordnung bringen und damit das normale Verhältnis wieder herstellen:* diese Angelegenheiten müssen bereinigt werden.

bereisen, bereiste, hat bereist ⟨tr.⟩: *(in einem Gebiet, Land) reisen; durch Reisen kennenlernen:* viele Städte, ein Land b.

bereit: ⟨in der Verbindung⟩ b. sein: 1. *fertig sein:* ich bin b., wir können gehen. 2. *den Willen haben, entschlossen sein:* er ist b., dir zu helfen.

bereiten, bereitete, hat bereitet ⟨tr.⟩: 1. *zubereiten, fertigmachen, zurechtmachen:* jmdm. ein Bad b. 2. *zuteil werden lassen, zufügen, verursachen:* jmdm. eine Freude, Kummer, einen schönen Empfang b.

bereithalten, hält bereit, hielt bereit, hat bereitgehalten ⟨tr./ rfl.⟩: *zur Verfügung halten; so vorbereiten, daß es gleich zur Verfügung steht, wenn es gebraucht wird:* die Feuerwehr muß sich ständig b.; das Geld b.

bereits ⟨Adverb⟩: *schon:* er wußte es b.

Bereitschaft, die; -: *das Bereitsein:* er erklärte seine B. zur Hilfe.

bereitstehen, stand bereit, hat bereitgestanden ⟨itr.⟩: *für den Gebrauch zur Verfügung stehen:* das Auto steht bereit.

bereitstellen, stellte bereit, hat bereitgestellt ⟨tr.⟩: *zur Verfügung stellen, bereithalten:* eine größere Summe Geld, Waren für bestimmte Zwecke b.

bereitwillig ⟨Adj.⟩: *gerne bereit, entgegenkommend:* ein bereitwilliger Helfer; b. gab er ihm Auskunft. **Bereitwilligkeit,** die; -.

bereuen, bereute, hat bereut ⟨tr.⟩: *Reue empfinden (über etwas); (etwas) sehr bedauern:* er bereute diese Tat, seine Worte; sie bereute, daß sie nicht mitgegangen war.

Berg, der; -[e]s, -e: 1. *größere Erhebung im Gelände:* ein hoher, steiler B.; auf einen B. steigen, klettern; bildl.: ein B. von Büchern, von Arbeit *(viel Arbeit).* * über alle Berge sein *(längst weit weg sein):* die Diebe waren über alle Berge, als die Polizei kam. 2. ⟨Plural⟩ *Gebirge:* in die Berge fahren.

bergen, birgt, barg, hat geborgen /vgl. geborgen/: 1. ⟨tr.⟩ *retten, in Sicherheit bringen:* die Verunglückten b. 2. ⟨tr.⟩ (geh.) *verstecken, verhüllen:* sie barg das Gesicht in den Händen. 3. ⟨itr.⟩ (geh.) *enthalten:* diese Lösung birgt viele Vorteile in sich.

bergig ⟨Adj.⟩: *reich an Bergen:* eine bergige Landschaft.

Bericht, der; -[e]s, -e: *Darstellung eines Sachverhalts; Mitteilung:* ein mündlicher, schriftlicher, ausführlicher, knapper B. * B. von etwas geben *(von etwas berichten).*

berichten, berichtete, hat berichtet ⟨tr./itr.⟩: *sachlich darstellen, mitteilen; melden:* er hat seinem Vorgesetzten alles genau berichtet; sie berichteten über ihre Erlebnisse, von ihrer Reise.

Berichterstatter, der; -s, -: *jmd., der für eine Zeitung o. ä. über aktuelle Ereignisse berichtet; Korrespondent:* er arbeitet als B. für eine Zeitung in Berlin.

berichtigen, berichtigte, hat berichtigt ⟨tr./rfl.⟩: *verbessern, korrigieren:* einen Fehler b.; er berichtigte sich sofort; ich muß dich b. *(auf einen Fehler, Irrtum aufmerksam machen),* die Sache war anders. **Berichtigung,** die; -, -en.

berieseln, berieselte, hat berieselt ⟨tr.⟩: 1. *feucht halten, indem man dünne Strahlen von Wasser über etwas fließen läßt:* die Felder b. 2. (abwertend) *ständig einwirken (auf jmdn.):* das Radio berieselte sie den ganzen Tag mit Musik.

beritten ⟨Adj.⟩: *auf Pferden reitend:* berittene Polizei.

bersten, birst, barst, ist geborsten ⟨itr.⟩ (geh.): *zerspringen, platzen; plötzlich und mit großer Gewalt gesprengt werden:* bei diesem Erdbeben barst die Erde; er ist vor Lachen bald geborsten.

berüchtigt ⟨Adj.; nicht adverbial⟩: *durch moralisch schlechte Eigenschaften, Taten bekannt [und gefürchtet]; verrufen:* ein berüchtigter Betrüger; die Gegend, das Lokal ist b.

berücksichtigen, berücksichtigte, hat berücksichtigt ⟨tr.⟩: *beachten; (an etwas) denken; in Betracht ziehen:* man muß sein Alter, seine schwierige Lage b. **Berücksichtigung,** die; -.

Beruf, der; -[e]s, -e: *[erlernte] Arbeit, Tätigkeit, mit der man sein Geld verdient:* einen B. ergreifen, ausüben; seinem B. nachgehen; er ist von B. Lehrer.

berufen: I. berufen, berief, hat berufen: 1. ⟨tr.⟩ *(jmdm. ein Amt) anbieten; in ein Amt einsetzen:* er wurde ins Ministerium berufen. 2. ⟨rfl.⟩ *als Zeugen, als Beweis nennen:* Sie können sich immer auf mich, auf diesen Befehl b. II. ⟨Adj.⟩ *besonders befähigt:* ein berufener Vertreter seines Fachs; er ist, fühlt sich b., Großes zu leisten.

beruflich ⟨Adj.; nicht prädikativ⟩: *den Beruf betreffend:* er hat berufliche Schwierigkeiten.

Berufsschule, die; -, -n: *Schule, in der Lehrlinge während ihrer Lehre unterrichtet werden.*

berufstätig ⟨Adj.; nicht adverbial⟩: *einen Beruf ausübend:* berufstätige Frauen; sie ist nicht mehr b.

Berufung, die; -, -en: 1. *Angebot eines Amtes:* eine B. als Professor annehmen. 2. ⟨ohne Plural⟩ *das Sichberufen, Sichstützen (auf jmdn./etwas):* die B. auf einen Zeugen, auf eine Aussage. 3. ⟨ohne Plural⟩ *besondere Befähigung, die man als Auftrag in sich fühlt:* es war seine B., den Menschen zu helfen.

beruhen, beruhte, hat beruht ⟨itr.⟩: *seine Ursache haben (in etwas); sich stützen (auf etwas):* seine Aussagen beruhen auf einem Irrtum. ** etwas auf sich b. lassen *(etwas nicht weiter un-*

beschließen

versuchen, so lassen, wie es ist): diesen Fall können wir auf sich b. lassen.
beruhigen, beruhigte, hat beruhigt: a) ⟨tr.⟩ *ruhig machen, zur Ruhe bringen:* das weinende Kind b.; die Medizin beruhigt die Nerven. b) ⟨rfl.⟩ *ruhig werden:* er konnte sich nur langsam b.; das Meer, der Sturm beruhigte sich allmählich. **Beruhigung,** die; -.
berühmt ⟨Adj.; nicht adverbial⟩: *durch besondere Leistung, Qualität weithin bekannt:* ein berühmter Künstler; ein berühmter Roman; sie wird eines Tages b. werden; dieses Buch hat ihn b. gemacht.
Berühmtheit, die; -, -en: 1. ⟨ohne Plural⟩ *das Berühmtsein:* ihre B. hat sie stolz gemacht. 2. *jmd., der berühmt ist:* an dem Fest nahmen mehrere Berühmtheiten teil.
berühren, berührte, hat berührt ⟨tr.⟩: *(zu jmdm./etwas) [mit der Hand] eine Verbindung, einen Kontakt herstellen; streifen:* jmdn./etwas leicht, zufällig b.; bildl.: eine Frage, eine Angelegenheit im Gespräch b. *(erwähnen).* **Berührung,** die; -, -en.
besagen, besagte, hat besagt ⟨itr.⟩: *ausdrücken, bedeuten:* das Schild besagt, daß man hier nicht halten darf; das will nichts b.
besagt ⟨Adj.; nur attributiv⟩: *bereits genannt, erwähnt:* das ist das besagte Buch.
besänftigen, besänftigte, hat besänftigt ⟨tr.⟩: *beruhigen, beschwichtigen:* er versuchte ihn, seinen Zorn zu b.
Besatzer, der; -s, - (abwertend): *Soldat, der zur Besatzung eines Landes gehört.*
Besatzung, die; -, -en: 1. *Mannschaft eines Schiffes, eines Flugzeugs o. ä.* 2. *Truppen, die ein fremdes Land besetzt halten:* die B. zog ab.
besaufen, sich; besäuft sich, besoff sich, hat sich besoffen (derb): *sich betrinken.*
beschädigen, beschädigte, hat beschädigt ⟨tr.⟩: *Schaden (an etwas) verursachen, (etwas) schadhaft machen:* das Haus wurde von Bomben beschädigt. **Beschädigung,** die; -, -en.
beschaffen: I. beschaffen, beschaffte, hat beschafft ⟨tr.⟩:

[unter Überwindung von Schwierigkeiten] holen; dafür sorgen, daß etwas, was gebraucht, benötigt wird, zur Verfügung steht: jmdm./sich Geld, Arbeit b. **II.** ⟨in der Fügung⟩ so b. sein, daß: *von der Art sein, daß:* das Material ist so b., daß es Wasser abstößt. **Beschaffenheit,** die; -.
beschäftigen, beschäftigte, hat beschäftigt ⟨tr.⟩: 1. a) ⟨rfl.⟩ *zum Gegenstand seiner Tätigkeit machen; arbeiten (an etwas); zu tun haben (mit jmdm./etwas):* ich beschäftige mich viel mit den Kindern; die Polizei beschäftigt sich mit diesem Fall b.; ⟨im 2. Partizip⟩ sie war damit beschäftigt *(war dabei),* das Essen zuzubereiten; er ist beschäftigt *(hat zu tun, zu arbeiten).* b) ⟨itr.⟩ *innerlich in Anspruch nehmen:* dieses Problem beschäftigte ihn. 2. ⟨tr.⟩ a) *(jmdm.) Arbeit geben:* er beschäftigt in seinem Betrieb hundert Arbeiter. b) *(jmdm.) zu tun geben:* die Kinder mit einem Spiel b. **Beschäftigung,** die; -, -en.
beschämen, beschämte, hat beschämt ⟨tr.⟩: *mit einem Gefühl der Scham erfüllen, demütigen:* seine Güte beschämte ihn; ⟨häufig im 1. Partizip⟩ seine Einstellung ist beschämend; das ist beschämend *(sehr)* wenig.
beschatten, beschattete, hat beschattet ⟨tr.⟩: *einem Auftrag gemäß heimlich überwachen, beobachten:* die Polizei beschattete ihn einige Zeit; einen Verdächtigen b. lassen.
beschaulich ⟨Adj.⟩: *geruhsam, besinnlich:* ein beschauliches Leben führen.
Bescheid, der; -[e]s: *Mitteilung, Nachricht:* haben Sie schon einen B. bekommen? * jmdm. B. geben/sagen *(jmdm. etwas mitteilen);* B. wissen *(von etwas Kenntnis haben, etwas gut kennen):* du brauchst es ihm nicht zu sagen, er weiß [schon] B.
bescheiden ⟨Adj.⟩: 1. *sich nicht in den Vordergrund stellend; genügsam:* ein bescheidener Mensch; er ist sehr b. 2. *einfach, klein:* ein bescheidenes Zimmer, Einkommen. **Bescheidenheit,** die; -.
bescheinigen, bescheinigte, hat bescheinigt ⟨tr.⟩: *schriftlich bestätigen; quittieren:* den Empfang des Geldes b.

Bescheinigung, die; -, -en: *Schriftstück, mit dem etwas bescheinigt wird:* er hat von ihm eine B. über seinen Aufenthalt im Krankenhaus verlangt.
beschenken, beschenkte, hat beschenkt ⟨tr.⟩: *(jmdm.) etwas schenken; mit Gaben, Geschenken bedenken:* jmdn. reich b.
bescheren, bescherte, hat beschert ⟨tr./itr.⟩: a) *(zu Weihnachten) schenken:* den Kindern wurde viel beschert; um 17 Uhr bescheren wir *(teilen wir die Geschenke aus);* bildl.: ihnen waren viele Jahre des Glücks beschert. b) *(etwas Unangenehmes) bringen, womit man nicht gerechnet hat:* der gestrige Tag bescherte uns eine böse Überraschung.
beschildern, beschilderte, hat beschildert ⟨tr.⟩: *mit Schildern versehen:* eine Straße b. **Beschilderung,** die; -, -en.
beschimpfen, beschimpfte, hat beschimpft ⟨tr.⟩: *mit groben Worten beleidigen:* er hat ihn beschimpft. **Beschimpfung,** die; -, -en.
Beschlag: ⟨in den Fügungen⟩ in B. nehmen/mit B. belegen: *ganz für sich in Anspruch nehmen:* die Kinder nahmen den Onkel die ganze Zeit über in B.
beschlagen: I. beschlagen, beschlug, hat/ist beschlagen: 1. *mit etwas versehen, was durch Nägel gehalten wird:* er hat das Pferd beschlagen. 2. ⟨itr./rfl.⟩ *sich mit einer dünnen Schicht überziehen, anlaufen:* das Fenster ist/hat beschlagen. **II.** ⟨Adj.; nicht adverbial⟩ *(auf einem Gebiet) gut* Bescheid wissend: ein beschlagener Fachmann; er ist auf seinem Gebiet sehr b.
beschlagnahmen, beschlagnahmte, hat beschlagnahmt ⟨tr.⟩: *in amtlichem Auftrag wegnehmen:* die Polizei beschlagnahmte alle Akten.
beschleunigen, beschleunigte, hat beschleunigt ⟨tr.⟩: a) *schneller werden lassen:* seine Schritte b.; ⟨auch itr.⟩ das Auto beschleunigt gut *(kommt leicht auf eine höhere Geschwindigkeit).* b) *früher, schneller geschehen, vonstatten gehen lassen:* seine Abreise, die Arbeit b. **Beschleunigung,** die; -.
beschließen, beschloß, hat beschlossen ⟨tr.⟩: 1. *einen be-*

Beschluß

stimmten Entschluß fassen: sie beschlossen, doch schon früher abzureisen. **2.** *beenden; enden lassen:* eine Feier [mit einem Lied] b.

Beschlụß, der; Beschlusses, Beschlüsse: *[gemeinsam] festgelegte Entscheidung; Ergebnis einer Beratung:* einen B. verwirklichen. * **einen B. fassen** *(etwas beschließen).*

beschmụtzen, beschmutzte, hat beschmutzt ⟨tr./rfl.⟩: *[unabsichtlich] schmutzig machen:* seine Kleider b.; du hast dich beschmutzt.

beschönigen, beschönigte, hat beschönigt ⟨tr.⟩: *(Negatives) positiver darstellen, vorteilhafter erscheinen lassen:* jmds. Fehler, Handlungen b.

beschrạ̈nken, beschränkte, hat beschränkt /vgl. beschränkt/: **a)** ⟨tr.⟩ *einschränken, begrenzen:* jmds. Rechte, Freiheit b.; ⟨im 2. Partizip⟩ die Zahl der Plätze ist beschränkt. **b)** ⟨rfl.⟩ *sich begnügen (mit etwas):* bei seiner Rede beschränkte er sich auf das Notwendigste.

beschrạnkt ⟨Adj.; nicht adverbial⟩: *mit Schranken versehen:* der Bahnübergang ist nicht b.

beschrạ̈nkt ⟨Adj.⟩ (abwertend): *von geringer Intelligenz, dumm:* er ist etwas b.

beschreiben, beschrieb, hat beschrieben ⟨tr.⟩: **1.** *mit Schrift bedecken; vollschreiben:* ein Blatt Papier b. **2.** *mit Worten in Einzelheiten darstellen:* einen Vorgang, einen Gegenstand [genau, ausführlich] b. **3.** *sich in einer bestimmten Bahn bewegen:* eine Kurve b.; er beschrieb *(zeichnete)* einen Kreis mit dem Zirkel.

beschreiten, beschritt, hat beschritten ⟨tr.⟩ (geh.): *(eine bestimmte Richtung) wählen:* in einer bestimmten Angelegenheit den richtigen, falschen Weg b.

beschrịften, beschriftete, hat beschriftet ⟨tr.⟩: *mit einer Aufschrift versehen:* ein Schild, einen Umschlag b.

beschụldigen, beschuldigte, hat beschuldigt ⟨tr.⟩: *(jmdm. etwas) zur Last legen; (jmdm.) die Schuld (an etwas) geben:* man beschuldigte ihn, einen Diebstahl begangen zu haben; jmdn. des Mordes b. **Beschụldigung,** die; -, -en.

beschụ̈tzen, beschützte, hat beschützt ⟨tr.⟩: *(von jmdm./etwas) Gefahr abhalten:* er beschützte seinen kleinen Bruder.

Beschụ̈tzer, der; -s, -: *jmd., der einen Schwächeren beschützt.*

Beschwerde, die; -, -n: **1.** *Klage, mit der man sich über jmdn., etwas beschwert, seine Unzufriedenheit ausdrückt:* die B. hatte nichts genutzt. * **gegen jmdn./über etwas B. führen** *(sich über jmdn./etwas beschweren).* **2.** ⟨Plural⟩ *körperliche Leiden:* die Beschwerden des Alters.

beschweren, beschwerte, hat beschwert: **1.** ⟨rfl.⟩ *sich beklagen:* sich bei jmdm. über/wegen etwas b. **2.** ⟨tr.⟩ *(mit etwas Schwerem) belasten:* Briefe mit einem Stein b.

beschwerlich ⟨Adj.; nicht adverbial⟩: *mit Anstrengung verbunden, mühsam:* eine beschwerliche Arbeit; der Weg war lang und b. **Beschwerlichkeit,** die; -, -en.

beschwịchtigen, beschwichtigte, hat beschwichtigt ⟨tr.⟩: *beruhigen, besänftigen:* er versuchte, seinen zornigen Freund zu b.

beschwịndeln, beschwindelte, hat beschwindelt ⟨tr.⟩: *belügen; (jmdm. gegenüber) nicht ganz ehrlich sein und eine Frage nicht der Wahrheit entsprechend beantworten:* er hat dich gestern ganz schön beschwindelt.

beschwịngt ⟨Adj.⟩: *voll Schwung; heiter:* er kam mit beschwingten Schritten; beschwingte Melodien.

beschwören, beschwor, hat beschworen ⟨tr.⟩: **1.** *beeiden:* seine Aussagen [vor Gericht] b. **2.** *eindringlich bitten:* er beschwor ihn, nicht zu reisen. **3.** *durch Zauber (über jmdn./etwas) Gewalt erlangen:* einen Geist, Tote b.

besẹhen, besieht, besah, hat besehen ⟨tr.⟩: *betrachten, ansehen:* du mußt dir den Schaden genau b.

beseitigen, beseitigte, hat beseitigt ⟨tr.⟩: *machen, daß etwas nicht mehr vorhanden ist:* den Schmutz, einen Fleck b.; alle Schwierigkeiten, die Ursache des Übels b. **Beseitigung,** die; -.

Bẹsen, der; -s, -: *Gerät zum Kehren, Fegen* (siehe Bild).

Besen

besẹssen: ⟨in der Verbindung⟩ b. sein von etwas: *heftig ergriffen, ganz erfüllt sein von etwas:* von einem Gedanken, einer Idee b. sein. **Besẹssenheit,** die; -.

besẹtzen, besetzte, hat besetzt ⟨tr.⟩: **1.** *mit Truppen belegen:* ein Land b. **2.** *an jmdn. vergeben:* einen Posten, eine Rolle beim Theater b. **3.** *zur Verzierung (mit etwas) versehen:* einen Mantel mit Pelz b. ** **besetzt sein** *(nicht mehr frei sein):* alle Tische sind besetzt.

besịchtigen, besichtigte, hat besichtigt ⟨tr.⟩: *aufsuchen und betrachten:* eine Kirche, eine neue Wohnung b. **Besịchtigung,** die; -, -en.

besiegen, besiegte, hat besiegt ⟨tr.⟩: *den Sieg (über jmdn.) erringen, (gegen jmdn.) gewinnen:* den Gegner [im Kampf] b.; bildl.: seine Zweifel, Leidenschaften b.

besịnnen, besann sich, hat sich besonnen: **1.** *nachdenken, überlegen:* er besann sich eine Weile, ehe er antwortete. **2.** *sich (an etwas) erinnern:* sich auf Einzelheiten b. können.

besịnnlich ⟨Adj.⟩: *nachdenklich; der Besinnung dienend:* eine besinnliche Stunde.

Besịnnung, die; -: *das ruhige Nachdenken; Sammlung:* nach einer Weile der B. war er ruhiger geworden. * **die B. verlieren** *(bewußtlos werden);* **ohne B. sein** *(bewußtlos sein).*

besịnnungslos ⟨Adj.⟩: *ohne Bewußtsein; ohnmächtig:* er lag b. am Boden.

Besịtz, der; -es: **1.** *etwas, was jmdm. gehört; Eigentum:* das Haus ist sein einziger B. **2.** *das Besitzen:* der B. eines Autos. * **im B. von etwas sein/etwas in B. haben** *(etwas besitzen);* **etwas in B. nehmen/von etwas B. ergreifen** *(sich einer Sache bemächtigen).*

besịtzen, besaß, hat besessen ⟨itr.⟩: *[als Eigentum] haben:* er besitzt ein Haus; er besaß die Frechheit, dies zu behaupten.

Besịtzer, der; -s, -: *jmd., der etwas Bestimmtes besitzt:* er ist der B. dieses Hauses.

besohlen, besohlte, hat besohlt ⟨tr.⟩: *mit neuen Sohlen versehen:* du mußt deine Schuhe b. lassen.
Besoldung, die; -, -en: *Gehalt von Beamten.*
besondere ⟨Adj.; nur attributiv⟩: *außerordentlich; nicht gewöhnlich, nicht alltäglich:* jmdm. eine besondere Freude machen. **Besonderheit,** die; -, -en.
besonders ⟨Adverb⟩: a) *für sich allein:* diese Frage müssen wir b. behandeln. b) *vor allem, nachdrücklich, insbesondere:* das möchte ich b. betonen. c) *sehr, außerordentlich:* dieses Eis schmeckt b. gut.
besonnen ⟨Adj.⟩: *ruhig und vernünftig; umsichtig und abwägend:* ein besonnener Mensch; b. handeln. **Besonnenheit,** die; -.
besorgen, besorgte, hat besorgt ⟨tr.⟩: 1. *etwas beschaffen, kaufen:* etwas zum Essen, Geschenke b.; ich muß mir noch ein Buch b. 2. *sich (um jmdn./etwas) kümmern, (jmdn./etwas) versorgen:* den Haushalt, das Baby b. * **besorgt sein um jmdn./etwas** (*bedacht sein auf etwas, Sorge haben um jmdn.*): er war sehr besorgt um ihre Gesundheit.
Besorgnis, die; -, -se: *das Besorgtsein; Sorge:* seine B. um den kranken Jungen war sehr groß.
Besorgung, die; -, -en: *das Besorgen, Beschaffen; Einkauf:* ich habe noch einige Besorgungen in der Stadt zu machen.
besprechen, bespricht, besprach, hat besprochen ⟨tr.⟩: 1. *gemeinsam ausführlich (über etwas) sprechen; (etwas) im Gespräch klären:* die neuesten Ereignisse b.; ⟨auch rfl.⟩ er besprach sich mit ihm über diesen Fall. 2. *eine Kritik (über etwas) schreiben; rezensieren:* ein Buch b. **Besprechung,** die; -, -en.
besser ⟨Adj.⟩: 1. /Komparativ von *gut*/: in den neuen Schuhen kann ich b. gehen. 2. ⟨nur attributiv⟩ *einer höheren Schicht in der Gesellschaft angehörend:* ein besserer Herr, bessere Leute.
bessern, besserte, hat gebessert: 1. ⟨rfl.⟩ *besser werden:* das Wetter, seine Laune hat sich gebessert. 2. ⟨tr.⟩ *besser machen —* damit besserst du auch nichts: die Strafe hat ihn nicht gebessert. **Besserung,** die; -.

Bestand, der; -[e]s, Bestände: 1. ⟨ohne Plural⟩ *das Bestehen:* den B. der Firma sichern. * **von B. sein** (*dauerhaft sein; sich lange halten*): die Freundschaft war nicht von B. 2. *vorhandene Menge (von etwas); Vorrat:* den B. der Waren ergänzen. * **eiserner B.** (*Vorrat für den Notfall*).
beständig ⟨Adj.⟩: a) *dauernd, ständig:* in beständiger Sorge leben. b) *gleichbleibend:* das Wetter ist b. **Beständigkeit,** die; -.
Bestandteil, der; -s, -e: *einzelner Teil eines Ganzen:* Fett ist ein notwendiger B. unserer Nahrung; etwas in seine Bestandteile zerlegen.
bestärken, bestärkte, hat bestärkt ⟨tr.⟩: *durch Zureden o. ä. unterstützen, sicher machen:* jmdn. in seinem Vorsatz b.
bestätigen, bestätigte, hat bestätigt: a) ⟨tr.⟩ *(etwas) für richtig, zutreffend erklären:* er bestätigte ihre Worte. b) ⟨tr.⟩ *mitteilen, daß man etwas erhalten hat:* einen Brief, eine Sendung b. c) ⟨tr.⟩ *als richtig erweisen:* das bestätigt meinen Verdacht. d) ⟨rfl.⟩ *sich als wahr, richtig erweisen:* die Nachricht, seine Befürchtungen haben sich bestätigt. **Bestätigung,** die; -, -en.
bestatten, bestattete, hat bestattet ⟨tr.⟩: *feierlich begraben:* einen Toten b. **Bestattung,** die; -, -en: *feierliches Begräbnis.*
bestaunen, bestaunte, hat bestaunt ⟨tr.⟩: *staunend ansehen, betrachten; (über jmdn./etwas) staunen:* sie bestaunten das neue Auto.
beste ⟨Adj.; Superlativ von *gut*⟩: sein bester Freund. * **etwas zum besten geben** (*etwas zur Unterhaltung beitragen*): ein Erlebnis zum besten geben; **jmdn. zum besten haben/halten** (*jmdn. verspotten, zum Narren halten*); (meist iron.) **auf dem besten Weg sein** (*im Begriff sein, nahe daran sein*): er ist auf dem besten Wege zu verkommen.
bestechen, besticht, bestach, hat bestochen: 1. ⟨tr.⟩ *durch Geschenke in nicht erlaubter Weise für seine Zwecke gewinnen:* einen Beamten [mit Geld] b. 2. ⟨tr./itr.⟩ *einen sehr guten Eindruck (auf jmdn.) machen; für sich einnehmen:* sein sicheres Auftreten hat alle bestochen;

sie bestach durch ihre Schönheit.
bestechlich ⟨Adj.; nicht adverbial⟩: *sich leicht bestechen lassend:* ein bestechlicher Polizist.
Bestechung, die; -, -en: *das Bestechen:* er wurde wegen B. bestraft.
Besteck, das; -[e]s, -e: *Geräte für eine Person, mit denen man die Speise zu sich nimmt; Messer, Gabel und Löffel.*
bestehen, bestand, hat bestanden: 1. ⟨itr.⟩ *vorhanden sein, dasein:* zwischen den beiden Sorten besteht kein Unterschied; das Geschäft besteht noch nicht lange (*wurde erst vor kurzem gegründet*). 2. ⟨itr.⟩ *sich zusammensetzen (aus etwas), gebildet sein (aus etwas):* ihre Nahrung bestand aus Wasser und Brot. 3. ⟨tr.⟩ *den Anforderungen (einer Prüfung o. ä.) entsprechen, gewachsen sein:* eine Prüfung mit Auszeichnung b.; ein Abenteuer, einen Kampf b.; ⟨auch itr.⟩ er konnte vor ihm/vor seinen Augen nicht b. (*konnte bei ihm keine Anerkennung finden*). 4. ⟨itr.⟩ a) (*etwas*) *mit Nachdruck fordern und nicht nachgeben:* auf seinem Recht b. b) (selten) *(auf etwas) dringen:* bestehen Sie auf dieser Summe!
bestellen, bestellte, hat bestellt ⟨tr.⟩: 1. a) *die Lieferung (von etwas) veranlassen:* Waren b.; sie bestellten beim Kellner eine Flasche Wein (*ließen sie sich bringen*). b) *reservieren lassen:* ein Zimmer, Karten für ein Konzert b. c) *(irgendwohin) kommen lassen:* jmdn. zu sich b. 2. *überbringen, übermitteln:* jmdm. Grüße, eine Botschaft b. 3. *ernennen, bestimmen (zu etwas):* jmdn. zu seinem Nachfolger b. 4. *bebauen, bearbeiten:* Felder, Äcker b. **Bestellung,** die; -, -en.
Bestie, die; -, -n: *wildes Tier.*
bestimmen, bestimmte, hat bestimmt ⟨tr.⟩: 1. a) *anordnen, festsetzen:* einen Termin, den Preis b. b) *vorsehen (als/für etwas/jmdn.):* der Vater hatte ihn zu seinem Nachfolger bestimmt; ⟨häufig im 2. Partizip⟩ sie waren vom Schicksal füreinander bestimmt. 2. *klären; ermitteln:* den Standort von etwas b.; einen Begriff b. (*definieren*).
bestimmt: I. ⟨Adj.⟩: 1. ⟨nur attributiv⟩ *genau festgelegt;*

Bestimmung 78

feststehend: einen bestimmten Zweck verfolgen. 2. *entschieden, fest, energisch:* etwas sehr b. ablehnen. **II.** ⟨Adverb⟩: *ganz sicher; gewiß:* er wird b. kommen. **Bestimmtheit,** die; -.

Bestimmung, die; -, -en: 1. ⟨ohne Plural⟩ *das Festlegen, Festsetzen:* die B. eines Termins, des Preises. 2. *Anordnung, Vorschrift:* die neuen Bestimmungen für den Verkehr in der Innenstadt müssen beachtet werden. 3. ⟨ohne Plural⟩ *das Bestimmtsein; Zweck, für den etwas verwendet werden soll:* ein neues Krankenhaus seiner B. übergeben. 4. ⟨ohne Plural⟩ *Klärung; Definition:* die B. eines Begriffs, einer Größe.

bestrafen, bestrafte, hat bestraft ⟨tr.⟩: *(jmdm.) für etwas eine Strafe geben:* der Lehrer bestrafte die Schüler streng, hart; jmdn. mit Gefängnis b. **Bestrafung,** die; -, -en.

bestrahlen, bestrahlte, hat bestrahlt ⟨tr.⟩: *mit Strahlen behandeln:* eine Entzündung, eine Geschwulst b. **Bestrahlung,** die; -, -en.

Bestreben, das; -s: *das Bemühen; Absicht:* es war sein B., ihnen zu helfen.

bestrebt: ⟨in der Verbindung⟩ b. sein: *bemüht sein:* er war immer bestrebt, ihnen zu helfen.

Bestrebungen, die ⟨Plural⟩: *Bemühungen, Anstrengungen:* alle seine B. waren vergebens; es sind B. im Gange, die das verhindern sollen.

bestreichen, bestrich, hat bestrichen ⟨tr.⟩: *streichend mit etwas versehen:* ein Brot mit Butter b.

bestreiken, bestreikte, hat bestreikt ⟨tr.⟩: *durch Streik stillegen:* einen Betrieb b.

bestreiten, bestritt, hat bestritten ⟨tr.⟩: 1. a) *für nicht richtig erklären:* jmds. Worte, Behauptungen b. b) *abstreiten, leugnen:* eine Tat, jede Schuld b. 2. *aufkommen (für etwas); übernehmen:* er muß die Kosten der Reise selbst b.; er hat die Unterhaltung allein bestritten *(dafür gesorgt).*

bestreuen, bestreute, hat bestreut ⟨tr.⟩: *streuend mit etwas versehen:* den Kuchen mit Zukker b.

Bestseller, der; -s, -: *Buch o. ä., das [innerhalb kurzer Zeit] besonders großen Absatz findet:* der Roman, die Schallplatte verspricht ein B. zu werden.

bestürmen, bestürmte, hat bestürmt ⟨tr.⟩: *heftig bedrängen:* die Kinder bestürmten die Mutter mit Bitten.

bestürzt ⟨Adj.⟩: *aufs tiefste erschüttert; fassungslos:* er war über den plötzlichen Tod des Freundes sehr b.

Bestürzung, die; -: *das Bestürztsein, tiefe Erschütterung:* die Nachricht erweckte, erregte allgemeine B.

Besuch, der; -[e]s, -e: 1. *das Besuchen:* den B. eines Freundes erwarten. * zu B. sein *(Gast sein).* 2. ⟨ohne Plural⟩ *jmd., der jmdn. besucht; Gast:* B. erwarten; den B. zur Bahn bringen.

besuchen, besuchte, hat besucht ⟨tr.⟩: a) *sich zu jmdm. [den man gern sehen möchte] begeben und dort einige Zeit verweilen; (jmdn.) aufsuchen:* einen Freund, Kranken b.; er besucht seine Kunden jede Woche. b) *sich irgendwohin begeben, um etwas zu besichtigen, an etwas teilzunehmen:* eine Ausstellung, ein Konzert, die Schule b.

Besucher, der; -s, -: a) *jmd., der einem andern [außerhalb des privaten Bereichs] einen Besuch macht:* die B. müssen jetzt das Krankenhaus verlassen. b) *Zuschauer, Zuhörer:* die B. des Konzerts.

besudeln, besudelte, hat besudelt ⟨tr./rfl.⟩ (abwertend): *stark beschmutzen:* du hast dich mit Farbe besudelt; er hat seine Kleider beim Essen besudelt.

betagt ⟨Adj.; nicht adverbial⟩ (geh.): *sehr alt:* ein betagter Herr.

betasten, betastete, hat betastet ⟨tr.⟩: *prüfend mit den Fingern [mehrmals] berühren:* der Arzt betastet die empfindliche Stelle.

betätigen, betätigte, hat betätigt: 1. ⟨rfl.⟩ *sich beschäftigen; tätig sein:* sich künstlerisch, politisch b. 2. ⟨tr.⟩ *in Gang setzen:* einen Hebel, die Bremse b. **Betätigung,** die; -, -en.

betäuben, betäubte, hat betäubt ⟨tr.⟩: *bewußtlos machen; (jmdm.) die Empfindung für Schmerz nehmen:* der Arzt betäubte ihn vor der Operation; ⟨häufig im 1. Partizip⟩ ein betäubender *(sehr starker)* Duft. **Betäubung,** die; -, -en.

beteiligen, beteiligte, hat beteiligt: 1. ⟨rfl.⟩ *teilnehmen (an etwas), mitmachen (bei etwas):* sich an einem Gespräch, bei einem Wettbewerb b.; ⟨häufig im 2. Partizip⟩ an einer Unterhaltung beteiligt sein; an einem Unternehmen, Gewinn beteiligt sein *(teilhaben).* 2. ⟨tr.⟩ *teilhaben lassen:* er beteiligte seine Brüder am Gewinn. **Beteiligung,** die; -, -en.

beten, betete, hat gebetet ⟨itr.⟩: *sich im Gebet an Gott wenden; ein Gebet sprechen:* die Kinder beteten am Abend.

beteuern, beteuerte, hat beteuert ⟨tr.⟩: *beschwörend, nachdrücklich versichern:* seine Unschuld, seine Liebe b. **Beteuerung,** die; -, -en.

betonen, betonte, hat betont ⟨tr.⟩: 1. *durch stärkeren Ton hervorheben:* ein Wort, eine Silbe, eine Note b. 2. *mit Nachdruck sagen, hervorheben:* das möchte ich noch einmal besonders b. **Betonung,** die; -, -en.

Betracht: ⟨in bestimmten Fügungen⟩ **in B. kommen** *(als möglich betrachtet werden):* das kommt nicht in B.; **in B. ziehen** *(erwägen, berücksichtigen):* mehrere Möglichkeiten in B. ziehen; **außer B. lassen** *(nicht berücksichtigen, absehen von etwas):* diese Frage lassen wir hier außer B.

betrachten, betrachtete, hat betrachtet ⟨tr.⟩: 1. *den Blick längere Zeit (auf jmdn./etwas) richten; genau ansehen:* jmdn./etwas neugierig b.; ein Bild b. 2. *eine bestimmte Meinung, Vorstellung haben (von jmdm./etwas); ansehen (als etwas):* jmdn. als seinen Freund b.; er betrachtete es als seine Pflicht.

beträchtlich ⟨Adj.⟩: a) *ziemlich groß; beachtlich:* eine beträchtliche Summe. b) ⟨verstärkend bei Adjektiven im Komparativ und Verben⟩ *sehr, viel:* er ist in letzter Zeit b. gewachsen; er war b. schneller als du.

Betrachtung, die; -, -en: 1. ⟨ohne Plural⟩ *das Betrachten:* die B. eines Bildes. 2. *[schriftlich formulierte] Gedanken über ein bestimmtes Thema:* eine politische, wissenschaftliche B.

Betrag, der; -[e]s, Beträge: *eine bestimmte Summe (an Geld):* ein B. von tausend Mark.

betragen, beträgt, betrug, hat betragen: 1. ⟨itr.⟩ *die Summe*

Größe erreichen (von einer bestimmten Höhe); sein: der Gewinn betrug 500 Mark; die Entfernung beträgt drei Meter. **2.** ⟨rfl.⟩ *sich benehmen, verhalten, aufführen:* er hat sich gut, schlecht betragen.

Betragen, das; -s: *das Benehmen:* sein gutes, schlechtes B. fiel auf.

betreffen, betrifft, betraf, hat betroffen ⟨tr.⟩ /vgl. betroffen/: *sich (auf jmdn./etwas) beziehen; angehen:* das betrifft uns alle; was dies betrifft, brauchst du dir keine Sorgen zu machen; ⟨im 1. Partizip⟩ die betreffende *(genannte, in Frage kommende)* Regel noch einmal lesen.

betreiben, betrieb, hat betrieben ⟨tr.⟩: **1. a)** *sich eifrig beschäftigen (mit etwas), vorantreiben:* sein Studium, seine Abreise mit Eifer b. **b)** *als Beruf ausüben; leiten, führen:* ein Handwerk, ein Geschäft, einen Handel b. **2.** *in Gang bringen, antreiben:* eine Fabrik, eine Maschine mit elektrischem Strom b.

betreten: I. betreten, betritt, betrat, hat betreten ⟨tr.⟩: **a)** *(auf etwas) treten, seinen Fuß (auf etwas) setzen:* den Rasen nicht b. **b)** *(in einen Raum) hineingehen:* ein Zimmer b. **II.** ⟨Adj.⟩ *in Verlegenheit, Verwirrung gebracht; unangenehm, peinlich berührt:* ein betretenes Gesicht; b. schweigen.

betreuen, betreute, hat betreut ⟨tr.⟩: *sich (um jmdn./etwas) kümmern; sorgen, die Verantwortung (für jmdn./etwas) haben:* einen Kranken, die Kinder b.; sie betreut in seiner Abwesenheit das Geschäft. **Betreuung,** die; -, -en.

Betrieb, der; -[e]s, -e: **1.** *Unternehmen, Firma:* einen B. leiten. **2.** *reges Leben; große Geschäftigkeit, Bewegung; Verkehr:* auf den Straßen ist/ herrscht großer B. ** **in B. sein** *(in Tätigkeit sein, arbeiten):* die Maschine ist in B. ** **außer B. sein** *(nicht mehr benutzt werden, ruhen):* die Mühle ist außer B.; **etwas in B. nehmen** *(mit einer Maschine o. ä. zu arbeiten beginnen):* die neuen Anlagen der Fabrik in B. nehmen; **etwas in B. setzen** *(etwas in Gang setzen, anlaufen lassen):* den Motor, die Maschine in B. setzen.

betriebsam ⟨Adj.⟩: *geschäftig; mit [allzu] großem Eifer tätig:* er ist ein betriebsamer Mensch.

betrinken, sich; betrank sich, hat sich betrunken /vgl. betrunken/: *eine größere Menge Alkohol trinken und dadurch in einen Rausch geraten:* sich [aus Kummer] b.

betroffen ⟨Adj.⟩: *voll plötzlicher, heftiger Verwunderung und Überraschung [über etwas Negatives, Ungünstiges]; unangenehm berührt:* sie war über seine groben Bemerkungen sehr b.; er blieb b. stehen.

betrüben, betrübte, hat betrübt ⟨tr.⟩: *traurig machen:* seine Worte betrübten sie sehr; ⟨häufig. im 2. Partizip⟩ sie machten betrübte *(traurige)* Gesichter.

betrüblich ⟨Adj.⟩: *traurig machend, Kummer verursachend:* eine betrübliche Nachricht.

Betrug, der; -[e]s: *das Täuschen, Hintergehen eines andern; Unterschlagung:* der B. wurde aufgedeckt; auf diesen B. *(Schwindel)* falle ich nicht herein.

betrügen, betrog, hat betrogen ⟨tr.⟩: *täuschen, hintergehen:* bei diesem Geschäft hat er mich betrogen; er hat ihn um hundert Mark betrogen *(hat ihm hundert Mark zu wenig gegeben).*

Betrüger, der; -s, -: *jmd., der einen andern betrügt.*

betrügerisch ⟨Adj.⟩: *betrügen wollend; nicht ehrlich:* in betrügerischer Absicht handeln.

betrunken ⟨Adj.⟩: *durch reichlichen Genuß von Alkohol ohne [völlige] Kontrolle über sich selbst; nicht nüchtern:* er war b.

Bett, das; -es, -en: *Gestell mit Matratze, Kissen und Decke, in dem man schläft (siehe Bild):* das B. steht an der Wand; sich ins B. legen. * **zu B. gehen** *(sich zum Schlafen ins Bett legen).*

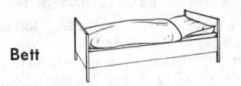

Bett

betteln, bettelte, hat gebettelt ⟨itr.⟩: **a)** *bei fremden Menschen um eine Gabe bitten:* auf der Straße b.; um ein Stück Brot b. **b)** *immer wieder, flehentlich bitten:* die Kinder bettelten, man solle sie doch mitnehmen.

Bettler, der; -s, -: *jmd., der bettelt, vom Betteln lebt:* einem B. Kleider geben.

Bettuch, das; -[e]s, Bettücher (bes. südd. und mitteld.): *Tuch, mit dem die Matratze des Bettes bedeckt wird; Laken.*

bettlägerig ⟨Adj.⟩; *nicht adverbial*⟩: *durch Krankheit gezwungen, im Bett zu liegen:* sie ist schon seit Wochen b.

betulich ⟨Adj.⟩: *gemächlich und etwas umständlich /bei der Ausführung einer Tätigkeit/:* in ihrer betulichen Art goß sie den Kaffee in die Tassen.

beugen, beugte, hat gebeugt: **1. a)** ⟨tr.⟩ *krumm machen:* den Arm, die Knie b. **b)** ⟨tr./rfl.⟩ *[über etwas hinweg] nach vorn, unten neigen:* den Kopf über das Buch b.; sich über das Geländer b. **2.** ⟨rfl.⟩ *sich fügen, unterordnen; nachgeben:* sich jmds. Willen, der Gewalt b.; er wird sich [ihm] nicht b. **3.** ⟨tr.⟩ *flektieren, konjugieren, deklinieren:* ein Substantiv, ein Verb b. **Beugung,** die; -, -en.

Beule, die; -, -n: **a)** *durch Stoß oder Schlag entstandene Schwellung der Haut:* eine B. am Kopf haben. **b)** *durch Stoß oder Schlag entstandene Vertiefung oder Wölbung in einem festen Material:* die Kanne war voller Beulen; das Auto hatte mehrere Beulen.

beunruhigen, beunruhigte, hat beunruhigt: **a)** ⟨tr.⟩ *in Unruhe, Sorge versetzen; unruhig machen:* die Nachricht beunruhigt sie. **b)** ⟨rfl.⟩ *in Unruhe, Sorge versetzt werden; unruhig werden:* du brauchst dich wegen ihrer Krankheit nicht zu b. **Beunruhigung,** die; -, -en.

beurlauben, beurlaubte, hat beurlaubt ⟨tr.⟩: **a)** *Urlaub, Freizeit gewähren:* einen Schüler [für ein paar Tage] b. **b)** *(jmdn. vorläufig, bis zur Klärung eines Vorfalls) seine dienstlichen Pflichten nicht mehr ausüben lassen:* bis zum Abschluß der Untersuchungen wurde der Beamte beurlaubt. **Beurlaubung,** die; -, -en.

beurteilen, beurteilte, hat beurteilt ⟨tr.⟩: *einschätzen; ein Urteil (über jmdn.) abgeben:* jmdn. nach seinem Äußeren b.; jmds. Arbeit, Leistung b. **Beurteilung,** die; -, -en.

Beute, die; -: *etwas Erbeutetes; etwas, was jmd. einem andern ge-*

Beutel

waltsam weggenommen hat: den Dieben ihre B. wieder abnehmen; ich habe mir die B. mit ihm geteilt.

Beutel, der; -s, -: *Behälter von der Form eines kleineren Sackes:* er nahm Tabak aus einem ledernen B.

bevölkern, bevölkerte, hat bevölkert ⟨tr.⟩: 1. *(in einem bestimmten Gebiet) die Bevölkerung bilden; bewohnen:* Menschen verschiedener Rassen bevölkerten dieses Land. 2. *in großer Zahl (in einem bestimmten Gebiet) vorhanden sein:* viele Menschen bevölkerten die Straßen; ⟨auch rfl.⟩ der Strand, das Stadion bevölkerte *(füllte)* sich rasch.

Bevölkerung, die; -: *alle Bewohner, Einwohner eines bestimmten Gebietes:* die gesamte B. des Landes.

bevollmächtigen, bevollmächtigte, hat bevollmächtigt ⟨tr.⟩: *jmdm. eine bestimmte Vollmacht geben:* der Chef hatte ihn bevollmächtigt, die Briefe zu unterschreiben. **Bevollmächtigung,** die; -.

bevor ⟨Konj.⟩: /drückt aus, daß etwas zeitlich vor etwas anderem geschieht/ a) *ehe:* b. wir verreisen, müssen wir noch alles erledigen. b) /nur verneint mit konditionaler Nebenbedeutung/: keiner geht nach Hause, b. nicht *(wenn nicht)* die Arbeit beendet ist.

bevormunden, bevormundete, hat bevormundet ⟨tr.⟩: *einem andern vorschreiben, was er tun soll, ihn in seinen Entscheidungen beeinflussen:* ich lasse mich nicht länger von dir b.

bevorstehen, stand bevor, hat bevorgestanden ⟨itr.⟩: *bald geschehen, erwartet werden:* seine Abreise, das Fest stand [unmittelbar, nahe] bevor.

bevorzugen, bevorzugte, hat bevorzugt ⟨tr.⟩: *(jmdm./einer Sache) den Vorzug geben; lieber mögen:* er bevorzugte diese Sorte Kaffee. **Bevorzugung,** die; -.

bewachen, bewachte, hat bewacht ⟨tr.⟩: *(über jmdn./etwas) wachen; beaufsichtigen:* die Gefangenen wurden streng, scharf bewacht; ein Lager b.

bewachsen: ⟨in der Verbindung⟩ b. sein: *(mit Pflanzen) bedeckt sein:* die Mauer war mit Moos b.

bewaffnen, bewaffnete, hat bewaffnet ⟨tr./rfl.⟩: *mit Waffen versehen:* die Rebellen hatten sich bewaffnet; (scherzh.) er hatte sich mit einem Fernglas bewaffnet *(ausgerüstet);* ⟨häufig im 2. Partizip⟩ die Polizisten waren bewaffnet.

bewahren, bewahrte, hat bewahrt: 1. ⟨tr.⟩ *behüten, schützen:* jmdn. vor einem Verlust, vor dem Schlimmsten, vor Enttäuschungen b. 2. ⟨tr.⟩ *(irgendwo) aufheben, aufbewahren:* sie bewahrte die Bilder in einem Kästchen; ein Geheimnis b. *(für sich behalten).* 3. ⟨itr.⟩ *weiterhin behalten, erhalten:* ich habe mir meine Freiheit bewahrt. * [die] **Ruhe** b. *(ruhig bleiben);* [die] **Haltung/Fassung** b. *(gefaßt bleiben).*

bewähren, sich; bewährte sich, hat sich bewährt: *sich als brauchbar, geeignet erweisen; (eine Probe) bestehen:* er muß sich in der neuen Stellung erst b.; der Mantel hat sich bei dieser Kälte bewährt; ⟨häufig im 2. Partizip⟩ ein bewährtes Mittel. **Bewährung,** die; -.

bewahrheiten, sich, hat sich bewahrheitet: *sich bestätigen; sich als wahr, richtig erweisen:* deine Vermutung, das Gerücht hat sich bewahrheitet.

bewältigen, bewältigte, hat bewältigt ⟨tr.⟩: *(mit etwas Schwierigem) fertig werden; erledigen können, meistern:* eine schwere Aufgabe allein, nur mit Mühe b. **Bewältigung,** die; -.

bewandert: ⟨in der Verbindung⟩ b. sein: *(auf einem bestimmten Gebiet) besonders erfahren sein, viel wissen:* er ist in der französischen Literatur sehr b.

Bewandtnis ⟨meist in der Fügung⟩ mit jmdm./etwas hat es seine eigene/besondere B.: *für jmdn./ etwas sind besondere Umstände maßgebend:* mit diesem Preis hat es seine besondere B.

bewegen: I. bewegte, hat bewegt: 1. ⟨tr./rfl.⟩ *die Lage, Stellung (von etwas) verändern; nicht ruhig halten:* die Beine, den Arm b.; die Blätter bewegten sich im Wind; er stand auf dem Platz und bewegte sich nicht. 2. ⟨tr.⟩ *innerlich beschäftigen; erregen, rühren:* der Plan, Wunsch bewegte sie lange Zeit; die Nachricht bewegte alle [tief, schmerzlich]; ⟨häufig im 2. Partizip⟩ er nahm sichtlich bewegt *(gerührt, ergriffen)* Abschied. **II.** bewog, hat bewogen ⟨tr.⟩: *veranlassen:* sie versuchten, ihn zum Bleiben zu b. *(zu überreden);* niemand wußte, was ihn zu dieser Tat bewogen hatte.

beweglich ⟨Adj.⟩: 1. *so beschaffen, daß es sich [leicht] bewegen läßt:* eine Puppe mit beweglichen Armen und Beinen. 2. *schnell [und lebhaft] reagierend; wendig:* sein beweglicher Geist, Verstand; er ist [geistig] sehr b. **Beweglichkeit,** die; -.

Bewegung, die; -, -en: 1. *das Bewegen; Veränderung der Lage, Stellung:* er machte eine rasche, abwehrende B. [mit der Hand]; seine Bewegungen waren geschmeidig, flink. * **sich in B. setzen** *(anfangen sich zu bewegen).* 2. ⟨ohne Plural⟩ *inneres Ergriffensein; Erregung, Rührung:* sie versuchte, ihre B. zu verbergen. 3. *gemeinsames Streben einer Gruppe:* sich einer politischen B. anschließen.

Beweis, der; -es, -e: a) *Nachweis der Richtigkeit, Wahrheit; Begründung einer Behauptung:* für seine Aussagen hatte er keine Beweise; etwas als/zum B. vorlegen. b) *Ausdruck, [sichtbares] Zeichen für etwas:* das Geschenk war ein B. seiner Dankbarkeit.

beweisen, bewies, hat bewiesen ⟨tr.⟩: a) *einen Beweis (für etwas) liefern; nachweisen:* seine Unschuld, die Richtigkeit einer Behauptung b. b) *erkennen, sichtbar werden lassen; zeigen:* Mut b.; ihre Kleidung beweist, daß sie Geschmack hat.

Beweismaterial, das; -s: *etwas, worauf sich ein Beweis stützt, was als Beweis für etwas dient:* B. sammeln.

bewenden: ⟨in der Fügung⟩ es bei etwas b. lassen: *es mit etwas genug sein lassen; sich mit etwas begnügen:* wir wollen es diesmal noch bei einer leichten Strafe b. lassen.

bewerben, sich; bewirbt sich, bewarb sich, hat sich beworben: *eine bestimmte Stellung zu bekommen suchen; sich um eine bestimmte Stellung bemühen:* sich um ein Amt, ein Stipendium b.; sich bei einer Firma b. **Bewerbung,** die; -, -en.

bewerkstelligen, bewerkstelligte, hat bewerkstelligt ⟨tr.⟩: *mit Geschick erreichen, zustande bringen:* er wird es, den Verkauf schon b.

bewerten, bewertete, hat bewertet ⟨tr.⟩: *beurteilen:* jmds. Leistungen, einen Aufsatz b. **Bewertung,** die; -, -en.

bewilligen, bewilligte, hat bewilligt ⟨tr.⟩: *genehmigen, zugestehen:* man hat ihm die Summe nicht bewilligt. **Bewilligung,** die; -, -en.

bewirken, bewirkte, hat bewirkt ⟨tr.⟩: *zur Folge haben; verursachen, hervorrufen:* sein Protest bewirkte, daß eine Besserung eintrat.

bewirten, bewirtete, hat bewirtet ⟨tr.⟩: *(einem Gast) zu essen und zu trinken geben:* sie wurden bei ihr gut, mit Tee und Gebäck bewirtet. **Bewirtung,** die; -, -en.

bewohnen, bewohnte, hat bewohnt ⟨tr.⟩: *wohnen (in etwas):* ein ganzes Haus b.

Bewohner, der; -s, -: *jmd., der an einem bestimmten Ort wohnt:* die B. des Hauses, der Stadt, der Insel.

bewölken, sich; bewölkte sich, hat sich bewölkt: *sich mit Wolken bedecken:* der Himmel bewölkte sich rasch. **Bewölkung,** die; -.

bewundern, bewunderte, hat bewundert ⟨tr.⟩: *staunend anerkennen, (zu jmdm.) aufsehen:* jmdn. wegen seiner Leistungen b.; jmds. Wissen b. *(imponierend finden).* **Bewunderung,** die; -.

bewußt ⟨Adj.⟩: **1.** ⟨nicht prädikativ⟩ **a)** *absichtlich:* eine bewußte Lüge, Irreführung; das hat er ganz b. getan. **b)** *klar erkennend; geistig wach:* er hat den Krieg noch nicht b. erlebt. **sich (Dativ) einer Sache b. sein (den Ernst, die Bedeutung usw. einer Sache klar erkennen):* ich bin mir der Gefahr durch aus b. **2.** ⟨nur attributiv⟩ *bereits erwähnt, bekannt:* wir treffen uns in dem bewußten Haus, zu der bewußten Stunde.

bewußtlos ⟨Adj.⟩: *ohne Bewußtsein; ohnmächtig:* er brach b. zusammen. **Bewußtlosigkeit,** die; -.

Bewußtsein, das; -s: **1.** *Zustand geistiger Klarheit:* bei dem schrecklichen Anblick verlor sie das B. **bei B. sein (in klarer geistiger Verfassung sein).* **2.** *das Wissen um etwas; persönliche Überzeugung, Gewißheit:* das B. ihrer Macht erfüllte sie mit Stolz. **das B. haben (davon überzeugt sein):* er hatte das B., seine Pflicht getan zu haben; etwas kommt jmdm. zu B. *(etwas wird jmdm. klar/deutlich).*

bezahlen, bezahlte, hat bezahlt ⟨tr.⟩: **a)** *eine Summe, den Preis oder den Lohn (für etwas) zahlen:* eine Ware, seine Schulden b.; er mußte viel [Geld] b.; ⟨auch itr.⟩ ich möchte bitte b.! **sich bezahlt machen (sich lohnen [in bezug auf das aufgewendete Geld]).* **b)** *(jmdm.) für etwas Geleistetes Geld geben:* einen Arbeiter, den Schneider b.; jmdn. für seine Arbeit b. **Bezahlung,** die; -.

bezähmen, bezähmte, hat bezähmt ⟨tr./rfl.⟩: *in Schranken halten, zügeln, zurückhalten:* er konnte sich, seinen Hunger, seine Neugier nicht länger b.

bezaubern, bezauberte, hat bezaubert ⟨tr.⟩ /vgl. bezaubernd/: *durch Anmut beeindrucken; (bei jmdm.) Entzücken hervorrufen; faszinieren:* sie, ihre Erscheinung bezauberte alle.

bezaubernd ⟨Adj.⟩: *besonders reizvoll, anmutig, entzückend:* ein bezauberndes junges Mädchen; b. lächeln.

bezeichnen, bezeichnete, hat bezeichnet ⟨tr.⟩: **1.** *kennzeichnen; kenntlich machen:* die einzelnen Kisten mit Buchstaben b.; ein Kreuz bezeichnet die Stelle, wo er verunglückt ist. **2. a)** *bedeuten, nennen:* das Wort bezeichnet verschiedene Dinge. **b)** *näher beschreiben:* er bezeichnete ihm noch einmal den Ort, wo sie sich treffen wollten. **c)** *hinstellen (als etwas; so von jmdm./etwas sprechen, daß ein bestimmter Eindruck entsteht):* eine Arbeit als gut b.; er bezeichnete ihn als Verräter.

bezeichnend ⟨Adj.⟩: *kennzeichnend, charakteristisch:* diese Äußerung war sehr b. für ihn.

Bezeichnung, die; -, -en: **1.** *passendes Wort; Name, Titel:* für diesen Gegenstand gibt es mehrere Bezeichnungen; die B. Redakteur trifft auf ihn nicht zu. **2.** *Kennzeichnung:* die genaue B. der einzelnen Kisten ist erforderlich.

bezichtigen, bezichtigte, hat bezichtigt ⟨tr.; mit Gen.⟩: *beschuldigen; (jmdm. etwas) zur Last legen:* jmdn. eines Diebstahls, eines Vergehens b.

beziehen, bezog, hat bezogen: **1.** *Stoff o. ä. (über etwas) spannen, ziehen:* einen Schirm, einen Sessel neu b.; die Betten frisch b. *(mit frischer Bettwäsche versehen).* **2.** *[regelmäßig] erhalten, geliefert bekommen:* eine Zeitung durch die Post b.; er bezieht eine Rente **3.** *(in eine Wohnung) einziehen:* ein Haus, ein Zimmer b. **4. a)** ⟨rfl.⟩ *sich (auf etwas) stützen, berufen, (an etwas) anknüpfen:* wir b. uns auf unser Gespräch von letzter Woche. **b.** ⟨rfl.⟩ *(mit jmdm./etwas) in Zusammenhang oder in Verbindung stehen:* der Vorwurf bezieht sich nicht auf dich. **c)** ⟨tr.⟩ *(mit jmdm./etwas) in Zusammenhang oder in Verbindung bringen:* er bezieht alles auf sich.

Beziehung, die; -, -en: **1.** *Verbindung zu jmdm./etwas:* die Beziehungen zu seinen Freunden pflegen, abbrechen; er hat überall Beziehungen *(Verbindungen zu Leuten, die ihm Vorteile bringen);* zur Kunst hat er keine B. *(kein inneres Verhältnis).* **2.** *Zusammenhang:* eine B. zwischen zwei Vorfällen erkennen, feststellen. ** etwas zu etwas in B. setzen (etwas auf etwas beziehen, miteinander verbinden):* man muß die beiden Taten zueinander in B. setzen; **in dieser B.** *(was dies betrifft/angeht):* in dieser B. ist er ganz zuverlässig.

beziehungsweise ⟨Konj.⟩ (Abk.: bzw.): *oder; [oder] vielmehr, besser gesagt:* er war mit ihm bekannt b. befreundet.

Bezirk, der; -s, -e: *Bereich, Gebiet von bestimmter Abgrenzung:* er wohnt in einem anderen B. der Stadt.

Bezug, der; -[e]s, Bezüge: **1.** *etwas, womit etwas bezogen oder überzogen wird:* der B. eines Kissens. **2.** ⟨ohne Plural⟩ *das Beziehen, das regelmäßige Bekommen, der B. von Waren, Zeitungen.* **3.** ⟨Plural⟩ *Gehalt, Einkommen:* die Bezüge eines Beamten. **4.** *Beziehung, Zusammenhang, Verbindung:* eine B. zu etwas herstellen. **B. nehmen auf etwas (sich beziehen auf etwas):* wir nehmen B. auf Ihren letzten Brief; **mit B. auf etwas** *(Bezug nehmend auf etwas);* **in bezug auf jmdn./etwas** *(was ihn/dies betrifft/an-*

bezüglich 82

geht; bezüglich): in bezug auf seine Wünsche hat er sich nicht geäußert.

bezüglich ⟨Präp. mit Gen.⟩: *in bezug (auf etwas), hinsichtlich:* b. seiner Pläne hat er sich nicht geäußert.

bezwecken, bezweckte, hat bezweckt ⟨tr.⟩: *beabsichtigen; einen Zweck verfolgen; zu erreichen suchen:* niemand wußte, was er damit bezweckte.

bezweifeln, bezweifelte, hat bezweifelt ⟨tr.⟩: *(an etwas) zweifeln, nicht glauben können:* jmds. Fähigkeiten b.; ich bezweifle, daß das richtig ist.

bezwingen, bezwang, hat bezwungen ⟨tr.⟩: *(über etwas/ jmdn.) Herr werden; (jmdn.) besiegen, bewältigen:* einen Gegner im [sportlichen] Kampf b.; seinen Ärger, sich selbst b.

Bibliographie, die; -, -n: *umfassendes Verzeichnis von Büchern über ein bestimmtes Gebiet oder einen bestimmten Autor.*

Bibliothek, die; -, -en: 1. *[größere] Sammlung von Büchern:* er besitzt eine schöne, große, beachtliche B. 2. *Räume, Gebäude, in dem sich eine große, der Öffentlichkeit zugängliche Sammlung von Büchern befindet:* sich ein Buch in/von der B. leihen; in der B. arbeiten.

biegen, bog, hat/ist gebogen: 1. a) ⟨tr.⟩ *krumm machen; durch Druck o. ä. eine gekrümmte Form geben:* er hat den Draht, das Blech gebogen. b) ⟨rfl.⟩ *krumm werden; durch Druck o. ä. eine gekrümmte Form bekommen:* die Zweige haben sich unter der Last des Schnees gebogen. 2. ⟨itr.⟩ *in seiner Bewegung einen Bogen beschreiben:* sie sind um die Ecke, in eine andere Straße gebogen.

biegsam ⟨Adj.; nicht adverbial⟩: *sich leicht biegen lassend; flexibel:* biegsames Material; ein biegsamer Körper.

Biegung, die; -, -en: *Stelle, an der sich die Richtung in Form eines Bogens ändert; Krümmung:* die B. des Flusses, der Straße.

Biene, die; -, -n: *Honig lieferndes Insekt.*

Bier, das; -s, -e: *alkoholisches Getränk, das aus Hopfen und Getreide, meist Gerste, hergestellt wird:* ein [Glas] helles, dunkles B. trinken; B. vom Faß.

bieten, bot, hat geboten: 1. a) ⟨tr.⟩ *zur Verfügung, in Aussicht stellen; geben, anbieten:* jmdm. eine Summe, einen Ersatz für etwas b.; jmdm. eine Chance b. *(die Möglichkeit zu etwas geben);* er bot *(reichte)* ihm die Hand zum Gruß; das lasse ich mir nicht b. *(gefallen).* b) ⟨rfl.⟩ *sich eröffnen, ergeben:* es bot sich ihm eine Chance, eine neue Möglichkeit. 2. a) ⟨tr.⟩ *zeigen; sehen, erkennen lassen:* die Stelle des Unfalls bot ein schreckliches Bild, ein Bild des Grauens. b) ⟨rfl.⟩ *sich zeigen, sichtbar werden:* ein herrlicher Anblick, ein Bild des Jammers bot sich ihnen, ihren Blicken.

bigott ⟨Adj.⟩: *übertrieben fromm [und scheinheilig]:* ein bigotter Mensch.

Bilanz, die; -, -en: *[aus einem vergleichenden Überblick gewonnenes] Ergebnis:* die B. des Tages, Jahres.

Bild, das; -es, -er: 1. *[mit künstlerischen Mitteln] auf einer Fläche Dargestelltes; Wiedergegebenes:* ein B. malen, betrachten, aufhängen. 2. *Anblick:* die Straße bot ein friedliches B. 3. *Vorstellung, Eindruck:* jmdm. ein richtiges, falsches B. von etwas geben, vermitteln; sie konnten sich von dieser Zeit, von den Vorgängen kein rechtes B. machen. **[über etwas] im Bilde sein ([über etwas bereits] Bescheid wissen).*

bilden, bildete, hat gebildet/ vgl. gebildet/: 1. a) ⟨tr.⟩ *herstellen, machen, formen:* Sätze b.; die Kinder bilden einen Kreis. b) ⟨rfl.⟩ *entstehen, sich entwickeln:* auf der gekochten Milch hat sich eine Haut gebildet. 2. ⟨tr.⟩ *sein, darstellen, ausmachen:* der Fluß bildet die Grenze; die Darbietung der Sängerin bildete den Höhepunkt des Abends. 3. ⟨itr./tr./rfl.⟩ *Kenntnisse, Wissen vergrößern:* die Lektüre hat ihn, seinen Geist gebildet; er versuchte, sich durch Reisen zu b.; Lesen bildet.

bildlich ⟨Adj.; nicht prädikativ⟩: *als Bild [gebraucht]; anschaulich:* bildliche Ausdrücke; das Wort war nur b. *(im übertragenen Sinne)* gemeint.

Bildschirm, der; -[e]s, -e *Teil des Fernsehapparates, auf dem das Bild erscheint:* sie saßen den ganzen Abend vor dem B.

Bildung, die; -, -en: 1. a) ⟨ohne Plural⟩ *das Bilden; Entstehung, Entwicklung:* die B. von Schaum, Rauch; die B. einer neuen Partei. b) *etwas in bestimmter Weise Gebildetes; Form:* die eigenartigen Bildungen der Wolken. 2. ⟨ohne Plural⟩ *Erziehung; Kenntnisse, Wissen; geistige Haltung:* er hat eine gründliche, gediegene B. erhalten; das gehört zur allgemeinen B.

Billett [bɪlˈjɛt], das; -s, -e und -s: a) *Fahrkarte:* am Schalter ein B. lösen. b) *Eintrittskarte:* ein B. fürs Theater kaufen.

billig ⟨Adj.⟩: 1. *niedrig im Preis; nicht teuer:* billige Waren; etwas b. einkaufen. 2. (abwertend) *nichtssagend, wertlos, dürftig:* eine billige Ausrede; ein billiger Trost. ***etwas ist recht und b. (etwas ist durchaus gerechtfertigt, angebracht):* deine Forderung ist nur recht und b.

billigen, billigte, hat gebilligt ⟨tr.⟩: *für richtig, angebracht erklären; gutheißen; (einer Sache) zustimmen:* jmds. Pläne, Vorschläge b. **Billigung,** die; -, -.

bimmeln, bimmelte, hat gebimmelt ⟨itr.⟩ (ugs.): *in hellen Tönen läuten; klingeln:* die Glöckchen an den Schlitten bimmelten während der ganzen Fahrt.

Binde, die; -, -n: *[schmaler] Streifen aus Stoff, der als Verband, Schutz o. ä. dient:* die B. von der Wunde nehmen; er trug eine schwarze B. über dem verletzten Auge.

binden, band, hat gebunden: 1. ⟨tr.⟩ a) *mit Faden, Schnur o. ä. befestigen, zusammenfügen:* das Pferd an einen Baum b.; Blumen zu einem Strauß b.; ein Buch b. *(die einzelnen Blätter mit dem Einband zu einem Ganzen verbinden).* b) *knüpfen, knoten:* die Krawatte, einen Schal b. 2. ⟨tr./rfl.⟩ *abhängig machen, verpflichten, festlegen:* das Versprechen bindet dich nicht; sich durch ein Versprechen b.; sie wollte sich noch nicht b. *(sie wollte noch nicht heiraten);* ⟨im 1. Partizip⟩ eine bindende Zusage. **gebunden sein (nicht frei entscheiden können):* er ist an bestimmte Vorschriften, durch das Gesetz gebunden.

Binder, der; -s, -: *Krawatte, Schlips.*

Bindfaden, der; -s, Bindfäden: *[dünne] Schnur zum Binden, Schnüren.*

Bindung, die; -, -en: **1. a)** *innere Verbundenheit:* seine B. an ihn, an die Heimat. **b)** *bindende Beziehung; Verbindung:* die B. zu jmdm. lösen. **2.** *Vorrichtung, mit der der Schi am Schuh befestigt wird* (siehe Bild).

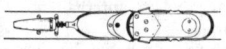

Bindung 2.

binnen ⟨Präp. mit Dativ, seltener Gen.⟩: *im Verlauf (von etwas), innerhalb:* b. drei Jahren; b. einem Monat/eines Monats muß die Arbeit fertig sein.

Binsenwahrheit: ⟨in der Fügung⟩ das ist eine B.: *das ist eine allgemein bekannte Tatsache, etwas, was jeder weiß.*

Biographie, die; -, n: *Beschreibung des Lebens einer bekannten Person:* die B. eines Dichters.

Birne, die; -, -n: **1.** */eine Frucht/* (siehe Bild). **2.** (ugs.) *Glühbirne* (siehe Bild).

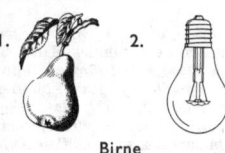

Birne

bis: I. 1. ⟨Präp. mit Akk.⟩ /zeitlich; gibt das Ende eines Zeitraums an; Frage: wie lange?/: die Konferenz dauert bis morgen, bis nächsten Sonntag; von 16 bis 18 Uhr; er ist bis 17 Uhr hier: *a) nach 17 Uhr ist er nicht mehr da.* **b)** *er wird bis 17 Uhr hier eingetroffen sein);* ⟨auch als Adverb in Verbindung mit bestimmten Präpositionen⟩ bis an den Morgen, bis zum Abend. **b)** /räumlich; gibt das Ende einer Strecke o. ä. an; Frage: wie weit?/: bis dorthin, bis Frankfurt, von unten bis oben; ⟨auch als Adverb in Verbindung mit bestimmten Präpositionen⟩ bis an, in das Haus; bis zur Mauer. **2.** ⟨in der Fügung⟩ bis auf: **a)** *einschließlich, inklusive:* der Saal war bis auf den letzten Platz besetzt. **b)** *mit Ausnahme (von),* alle waren einverstanden, bis auf einen. **3.** ⟨in Verbindung mit Zahlen⟩ /begrenzt einen nicht genau angegebenen Wert nach oben/: eine Strecke von 8 bis 10 Metern; in 3 bis 4 Stunden; Kinder bis zu 6 Jahren *(von höchstens 6 Jahren)* haben freien Eintritt. **II.** ⟨Konj.⟩ /kennzeichnet die zeitliche Grenze, an der ein Vorgang, eine Handlung endet/: wir warten, bis du kommst; /konditionale Nebenbedeutung/ du darfst nicht gehen, bis die Arbeit gemacht ist.

bisher ⟨Adverb⟩: *bis jetzt:* b. war alles in Ordnung.

bisherig ⟨Adj.; nur attributiv⟩: *bis jetzt, bisher gewesen, vorhanden:* seine bisherigen Erfolge.

Biß, der; Bisses, Bisse: **1.** *das Beißen:* der B. der Schlange ist gefährlich. **2.** *durch Beißen entstandene Verletzung:* der B. des Hundes war deutlich zu sehen.

bißchen: ⟨meist in der Fügung⟩ ein b.: *ein wenig; etwas:* du mußt mit ein b. mehr Zeit lassen; dazu braucht man ein b. Mut.

Bissen, der; -s, -: *kleine Menge einer Speise, die man auf einmal in den Mund stecken kann:* er schob den letzten B. in den Mund; der letzte B. blieb ihm fast im Halse stecken. *sich jeden B. vom Munde absparen (auf vieles verzichten; sehr sparsam leben).

bissig ⟨Adj.⟩: **1.** ⟨nicht adverbial⟩ *durch seine Neigung zum Beißen gefährlich* /von Tieren/: ein bissiger Hund. **2.** (abwertend) *durch scharfe Worte verletzend:* eine bissige Bemerkung; b. antworten.

bisweilen ⟨Adverb⟩: *manchmal.*

bitte /Formel der Höflichkeit bei der Äußerung einer Frage, eines Wunsches, als Antwort auf einen Dank o. ä./: was wünschen Sie b.?; b. setzen Sie sich; [wie] b.? vielen Dank! – b. [sehr]!

Bitte, die; -, -n: *Wunsch, den man jmdm. gegenüber äußert:* eine höfliche, große B.; eine B. aussprechen, erfüllen.

bitten, bat, hat gebeten: **a)** ⟨tr.⟩ *sich mit einer Bitte (an jmdn.) wenden:* jmdn. um Auskunft, um Hilfe b.; er bat mich, ihm zu helfen. **b)** ⟨tr.⟩ *einladen, bestellen:* jmdn. zum Essen/ zu sich b. **c)** ⟨itr.⟩ *eine Bitte aussprechen; höflich, nachdrücklich wünschen, daß etwas gemacht wird:* so sehr er auch bat, man erfüllte ihm seine Bitte nicht; er bat um Ruhe *(bat darum, ruhig zu sein).*

bitter ⟨Adj.⟩: **1.** *im Geschmack unangenehm streng, scharf; sehr herb, ohne Süße:* eine bittere Medizin; der Tee schmeckt sehr b.; bildl.: eine bittere *(schmerzliche)* Enttäuschung, Erfahrung; bittere *(scharfe)* Ironie; bittere *(große, beißende)* Kälte. **2.** meist negativ empfundenen Zusammenhängen verstärkend bei Adjektiven und Verben⟩ *sehr:* es war b. kalt; er hat sich b. beklagt, gerächt. **Bitterkeit,** die; -.

bitterlich: ⟨in Verbindung mit bestimmten Verben⟩ *sehr, heftig:* b. weinen, schluchzen; wir haben b. gefroren.

bizarr ⟨Adj.⟩: *seltsam, eigenwillig [geformt]:* bizarre Felsen, Formen.

blähen, blähte, hat gebläht: **1.** ⟨tr./rfl.⟩ *mit Luft füllen und dadurch prall machen, straffen:* der Wind blähte die Segel; den Vorhang, der Mantel blähte sich. **2.** ⟨itr.⟩ *übermäßig viel Gas in Darm und Magen bilden:* frisches Brot bläht. **Blähung,** die; -, -en.

blamabel ⟨Adj.⟩: *beschämend, bloßstellend:* eine blamable Situation; er fand das Ergebnis sehr b.

Blamage [bla'ma:ʒə] die; -, -n: *etwas sehr Peinliches, Beschämendes; Bloßstellung:* diese Niederlage war eine große B. für den Verein.

blamieren, blamierte, hat blamiert ⟨tr./rfl.⟩: *in eine peinliche Lage bringen; bloßstellen:* er hat sie, sich durch sein schlechtes Benehmen vor allen Leuten blamiert.

blank ⟨Adj.⟩: **1.** *sehr glatt und glänzend; blinkend:* blankes Metall; blanke Stiefel. **2.** ⟨nur attributiv⟩ *nicht bedeckt; bloß:* die blanke Haut; sie setzten sich auf die blanke Erde, den blanken Boden. **(ugs.) b. sein** *(kein Geld mehr haben).*

Blase, die; -, -n: **1.** *kleinerer, mit Luft gefüllter hohler Raum von rundlicher Form in einem festen oder flüssigen Stoff:* Blasen im Glas, Metall, Teig; im Wasser stiegen Blasen auf. **2.** *durch Reibung, Verbrennung o. ä. hervorgerufene, mit Flüssigkeit gefüllte Wölbung der Haut:* nach der Wanderung hatte er eine B.

blasen

am Fuß. **3.** *inneres Organ bei Menschen und bestimmten Tieren, in dem sich der Harn sammelt.*

bla**sen,** bläst, blies, hat geblasen: **1.** ⟨tr./itr.⟩ *Luft aus dem Mund ausstoßen:* durch ein Rohr b.; er blies ihm den Rauch ins Gesicht. **2.** ⟨tr.⟩ **a)** *(ein Blasinstrument) spielen:* die Flöte, Trompete b. **b)** *(etwas auf einem Blasinstrument) spielen:* eine Melodie, ein Signal [auf der Trompete] b.

blasiert ⟨Adj.⟩ (abwertend): *eingebildet, hochnäsig, hochmütig:* ein blasierter junger Mann; er hörte b. lächelnd zu.

Bla**sinstrument,** das; -[e]s, -e: *Musikinstrument, bei dem die Töne durch das Hineinblasen der Luft erzeugt werden.*

blaß ⟨Adj.⟩: **a)** *ohne die natürliche, frische Farbe des Gesichts; ein wenig bleich:* ein blasses junges Mädchen; b. sein, werden. **b)** *in der Färbung nicht kräftig; schwach, hell:* ein blasses Blau; die Schrift war nur noch ganz b.; bildl.: eine blasse (schwache) Erinnerung haben.

Blässe, die; -: *das Blaßsein; blasses Aussehen:* die B. ihres Gesichtes war auffallend.

Bla**tt,** das; -[e]s, Blätter: **1.** /Teil einer Pflanze/(siehe Bild): grüne, welke Blätter; die Blätter fallen *(es wird Herbst).* **2.** *rechteckiges [nicht gefaltetes, glattes] Stück Papier:* ein leeres B. [Papier]; von diesem Papier

Blatt 1.

habe ich nur noch einige Blätter; /als Mengenangabe/ hundert B. Papier. **ein unbeschriebenes B. sein (nicht bekannt oder noch ohne Kenntnisse, Erfahrungen sein):* der neue Mitarbeiter ist [noch] ein unbeschriebenes B. **3.** *Zeitung:* ein bekanntes, von vielen gelesenes B.

blättern, blätterte, hat geblättert ⟨itr.⟩: *die Seiten eines Heftes, Buches, einer Zeitung o. ä. flüchtig umwenden:* er blätterte hastig in den Akten.

blau ⟨Adj.⟩: *in der Färbung dem wolkenlosen Himmel ähnlich:* blaue Blüten. **(ugs.) sein blaues Wunder erleben (eine unangenehme Überraschung erleben); (ugs.) mit einem blauen Auge davonkommen (mit einem relativ geringen Schaden davonkommen); eine Fahrt ins Blaue (eine Fahrt ohne bestimmtes Ziel);* (ugs.) *b. sein (betrunken sein).*

bläu**lich** ⟨Adj.⟩: *leicht blau getönt:* ein bläulicher Schimmer.

blau**machen,** machte blau, hat blaugemacht ⟨tr.⟩ (ugs.): *nicht zur Arbeit gehen [und dafür bummeln]:* er macht heute blau.

Blech, das; -s, -e: *Metall in Form einer dünnen Platte:* ein B. anbringen. ***(ugs.) *B. reden (Unsinn reden).*

blechen, blechte, hat geblecht ⟨itr.⟩ (ugs.): *gezwungen sein, viel zu zahlen:* für diese Reparatur wirst du tüchtig b. müssen.

blecken, bleckte, hat gebleckt: ⟨in der Verbindung⟩ die Zähne b.: *die Lippen breit öffnen und dabei die Zähne sehen lassen:* der Hund bleckte die Zähne.

Blei: I. das; -[e]s /ein schweres Metall/: es liegt mir wie B. in den Gliedern *(die Glieder sind schwer und müde).* **II.** der oder das; -[e]s, -e: (Kurzform für:) Bleistift.

Bleibe, die; -: *Unterkunft, Herberge:* keine B. haben.

bleiben, blieb, ist geblieben ⟨itr.⟩: **1.** *nicht weggehen:* zu Hause b.; er blieb in Berlin; ⟨im 1. Partizip⟩ *ein bleibender (dauernder) Wert.* **2.** *seinen Zustand nicht ändern:* die Tür bleibt geschlossen. **am Leben b. (nicht sterben).* **3.** *übrig sein:* jetzt bleibt nur noch eins [zu tun].

bleich ⟨Adj.; nicht adverbial⟩: [sehr] blaß; *ohne die normale Farbe:* ein bleiches Gesicht; sie wurde b. vor Schrecken.

bleiern ⟨Adj.⟩: *bedrückend; [schwer] wie Blei:* er wachte aus einem bleiernen Schlaf.

Bleistift, der; -[e]s, -e: *zum Schreiben und Zeichnen verwendeter Stift:* einen B. spitzen.

blenden, blendete, hat geblendet ⟨tr.⟩ /vgl. blendend/: **1.** *durch sehr helles Licht am Sehen hindern:* die Sonne blendete mich; der Fahrer wurde durch entgegenkommende Au-

tos geblendet. **2.** *durch äußerliche Vorzüge beeindrucken, täuschen:* sein geschicktes Auftreten blendet die Kunden.

blendend ⟨Adj.⟩ (ugs.): *sehr eindrucksvoll, ausgezeichnet:* er hielt eine blendende Rede; wir haben uns b. unterhalten.

Blick, der; -[e]s, -e: **1.** *[kurzes] Blicken:* ein B. auf die Uhr; ein freundlicher B. **einen B. für etwas haben (die Gabe haben, etwas gleich festzustellen oder beurteilen zu können):* sie hat einen B. für geschmackvolle Kleidung. **2.** *Aussicht:* ein weiter B. ins Land.

blicken, blickte, hat geblickt ⟨itr.⟩: *die Augen auf ein Ziel richten, jmdn./etwas ansehen:* auf die Tür, aus dem Fenster, in die Ferne b. **sich nicht b. lassen (nicht erscheinen, nicht kommen).*

Blickfeld, das; -[e]s: *Bereich, der von einem bestimmten Standpunkt aus übersehen werden kann:* das lag außerhalb seines Blickfeldes.

blind ⟨Adj.⟩: **1.** *nicht sehen könnend:* ein blindes Kind. **2.** *ohne Einsicht, Überlegung:* blinder *(maßloser)* Haß; blindes Vertrauen. **3.** *nicht klar, trüb, angelaufen:* ein blinder Spiegel. ***blinder Alarm (grundlose Aufregung, Beunruhigung);* ein **blinder Passagier** *(jmd., der heimlich mitfährt oder -fliegt).*

Blinde, der; -n, -n ⟨aber: [ein] Blinder, Plural: Blinde⟩: *jmd., der nicht sehen kann.*

Blindflug, der; -[e]s, Blindflüge: *Flug (im Nebel u. ä.), bei dem der Pilot keine Sicht hat und sich auf seine Geräte verlassen muß.*

Blindgänger, der; -s, -: *abgeworfene Bombe o. ä., die nicht detoniert ist.*

blindlings ⟨Adverb⟩: *ohne Vorsicht und Überlegung:* er rannte b. in sein Verderben.

blinken, blinkte, hat geblinkt ⟨itr.⟩: **a)** *funkeln:* der Spiegel blinkt in der Sonne. **b)** *Signale geben, indem man ein Licht kurz aufleuchten läßt:* mit einer Lampe b.

blinzeln, blinzelte, hat geblinzelt ⟨itr.⟩: *die Augen zu einem schmalen Spalt verengen und die Augenlider schnell auf und ab bewegen:* er blinzelte in der hellen Sonne.

Blitz, der;-es,-e :*[im Zickzack] kurz und grell aufleuchtendes Licht /beim Gewitter/:* der B. hat in einen Baum eingeschlagen. **wie der B. (überraschend schnell, sehr schnell);* **wie ein B. aus heiterem Himmel** *(ohne daß man darauf vorbereitet gewesen ist, plötzlich ausbrechend, sich mit Heftigkeit ereignend in bezug auf etwas Unerfreuliches/):* die Nachricht von seinem Unfall traf uns wie ein B. aus heiterem Himmel.

blitzen, blitzte, hat geblitzt ⟨itr.⟩: **a)** *(als Blitz) aufleuchten:* bei dem Gewitter hat es oft geblitzt. **b)** *funkeln, glänzen:* der Ring blitzt am Finger.

Block, der; -s, Blöcke und Blocks: **1.** ⟨Plural: Blöcke⟩ *festes, großes Stück aus einheitlichem Material:* ein B. aus Beton. **2.** ⟨Plural: Blocks⟩ **a)** *Viereck von aneinandergebauten*

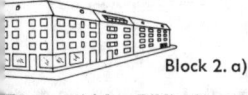

Block 2. a)

Häusern (siehe Bild). **b)** *zusammengeheftete Blätter, die einzeln abgerissen werden können (siehe Bild).* **3.** ⟨Plural: Blöcke oder Blocks⟩ *Gruppe, Verband:* die politischen Parteien bildeten einen B.

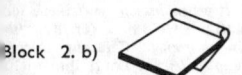

Block 2. b)

blockieren, blockierte, hat blockiert ⟨tr.⟩: *sperren, aufhalten, unmöglich machen:* durch den Unfall wurde der Verkehr blockiert; bildl.: durch seine ablehnende Haltung blockiert er die Verhandlungen.

blöd[e] ⟨Adj.⟩: **1.** (abwertend) *dumm:* ist das ein blöder Kerl! **2.** *schwachsinnig; geistig zurückgeblieben:* ein blödes Kind.

Blödsinn, der; -s (abwertend) *Unsinn, sinnloses Reden oder Handeln:* alles was er sagte, war B.

blöken, blökte, hat geblökt ⟨itr.⟩: *mit langem Ton schreien:* das Schaf, das Kalb blökt.

blond ⟨Adj.⟩: *hell /vom Haar/:* ein blondes Mädchen; das Haar b. färben.

bloß: **I.** ⟨Adj.⟩ **1.** *nicht bedeckt, nackt:* bloße Füße. **mit*

bloßem Auge *(ohne [Fern]glas).* **2.** ⟨nur attributiv⟩ *allein vorhanden, ausschließlich:* die bloße Nennung des Namens genügt nicht. **II.** ⟨Konj. oder Adverb⟩ *nur:* er ist nicht dumm, er ist b. faul.

Blöße: ⟨in der Wendung⟩ **sich eine B. geben:** *durch ungeschicktes Verhalten eine Schwäche zeigen:* der Politiker gab sich eine B.

bloßstellen, stellte bloß, hat bloßgestellt ⟨tr./rfl.⟩: *(bei jmdm.) eine schwache Stelle zeigen, (jmdn./sich) blamieren:* er hat den Beamten [in aller Öffentlichkeit] bloßgestellt. **Bloßstellung,** die; -, -en.

bluffen, bluffte, hat gebluffft ⟨tr./itr.⟩: *durch dreistes Auftreten täuschen:* er blufft [die Leute] gern.

blühen, blühte, hat geblüht ⟨itr.⟩: *Blüten hervorbringen, in Blüte stehen:* die Rosen blühen; bildl.: Künste und Wissenschaften blühen. **eine blühende Phantasie haben (sehr übertreiben).*

Blume, die; -, -n: **1. a)** *blühende grüne Pflanze:* die Rose ist eine B. **b)** *Blüte mit grünem Stiel und Blättern (siehe Bild):* Blumen pflücken. **etwas durch die B. sagen (etwas in verhüllter Weise, nicht direkt ausdrücken).* **2.** *Duft des Weines:* dieser Wein hat eine köstliche B.

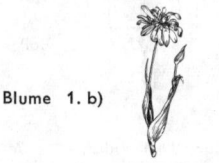

Blume 1. b)

Bluse, die; -, -n: *Kleidungsstück [für Damen], das den Oberkörper bedeckt (siehe Bild).*

Bluse

Blut, das; -es: *rote, zum Leben notwendige Flüssigkeit in den Adern:* in den Kriegen ist viel B. vergossen worden *(es hat viele Tote und Verwundete gegeben).* **ruhig B. behalten/be-*

wahren *(in einer schwierigen Lage ruhig bleiben, sich beherrschen).*

Blutbank, die; -, -en: *Einrichtung, wo konserviertes Blut gelagert und für Operationen zur Verfügung gehalten wird.*

Blüte, die; -, -n: **1.** *blühender Teil einer Pflanze (siehe Bild):*

Blüte 1.

ein Baum voller Blüten. **2.** ⟨ohne Plural⟩ *das Blühen:* in der Zeit der B. **in B. stehen (blühen).* **3.** *falscher Geldschein.*

bluten, blutete, hat geblutet ⟨itr.⟩: *Blut verlieren:* seine Nase blutete. **(ugs.)* **b. müssen** *(viel Geld hergeben müssen).*

Blutguß, der; Blutgusses, Blutergüsse: *Stelle unter der Haut, wo sich nach einer Verletzung Blut sammelt.*

blutig ⟨Adj.⟩: **a)** *mit Blut bedeckt, beschmutzt:* ein blutiges Gesicht. **b)** *mit Blutvergießen verbunden:* blutige Kämpfe. **es ist jmdm.* **blutiger Ernst** mit etwas *(jmd. meint etwas sehr ernst);* **ein blutiger Laie sein** *(von etwas überhaupt nichts verstehen).*

blutjung ⟨Adj.⟩: *noch sehr jung /im Verhältnis zu den Umständen und der Tätigkeit/:* ein blutjunger Offizier.

blutrünstig ⟨Adj.⟩: *an Grausamkeiten Freude habend:* eine blutrünstige Rede halten; diese Geschichte ist sehr b. *(voller Grausamkeiten).*

Bö, die; -, -en: *plötzlich und kurz auftretender Wind:* eine Bö erfaßte die Segel.

Bock, der; -[e]s, Böcke: **1.** *männliches Tier bestimmter Arten /Ziege, Reh u. a./.* **(ugs.)* **einen B. schießen** *(einen dummen Fehler machen);* (ugs.) **den B. zum Gärtner machen** *(einen*

Bock 2.

bockbeinig

Auftrag gerade an denjenigen geben, der dafür am allerwenigsten geeignet ist). **2.** /ein Turngerät/ (siehe Bild): [über den] B. springen.

bockbeinig ⟨Adj.⟩ (abwertend): *störrisch, widerspenstig:* sei doch nicht so b.!

bocken, bockte, hat gebockt ⟨itr.⟩: *störrisch, widerspenstig sein:* das Pferd bockt; bildl.: der Motor bockt *(läuft nicht mehr gleichmäßig).*

bockig ⟨Adj.⟩: *störrisch, eigensinnig:* ein bockiges Kind.

Bockshorn: ⟨in der Wendung⟩ sich ins B. jagen lassen: *sich unnötig angst machen lassen, sich durch Täuschung o. ä. erschrecken und verwirren lassen.*

Boden, der; -s, Böden: **1.** [nutzbare] *obere Schicht der Erde:* fruchtbarer B. **2.** *Grund, auf dem man steht; Grundfläche (eines Raumes oder Gefäßes):* das Buch ist auf den B. gefallen; der Teppich liegt auf dem B.; der Mantel schleift am B. **3.** *offener Raum unter dem Dach:* eine Kiste auf den B. bringen.

bodenlos ⟨Adj.; nur attributiv⟩: *unglaublich, unerhört:* eine bodenlose Gemeinheit.

bodenständig ⟨Adj.; nicht adverbial⟩: *fest zu einer Landschaft gehörend, in der Heimat verwurzelt:* ein bodenständiges Handwerk.

Bogen, der; -s, -: **I. 1.** *gekrümmte, gebogene Linie:* der Fluß fließt im B. um die Stadt. *einen B. um jmdn./etwas machen (jmdm./ einer Sache ausweichen, um Unannehmlich-

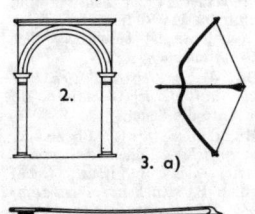

2.

3. a)

3. b)

Bogen

keiten zu vermeiden).* **2.** *gewölbter Teil eines Bauwerks* (siehe Bild). **3. a)** /eine alte Schußwaffe/ (siehe Bild): mit Pfeil und B. schießen. **b)** *Gerät zum Streichen der Saiten einer Geige u. ä.* (siehe Bild). **II.** *größeres, rechteckiges Blatt Papier:* einen B. falten.

Bohle, die; -, -n: *sehr dickes Brett:* die Brücke ist mit Bohlen belegt.

Bohne, die; -, -n: **a)** /eine Pflanze/. **b)** ⟨Plural⟩ *die als Gemüse o. ä. verwendeten Früchte und Samen dieser Pflanze* (siehe Bild): heute gibt es grüne Bohnen.

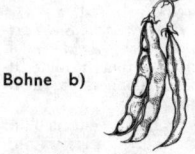

Bohne b)

bohnern, bohnerte, hat gebohnert ⟨tr.⟩: *(mit Hilfe von Wachs) blank machen:* den Fußboden b.

bohren, bohrte, hat gebohrt: **a)** ⟨tr./itr.⟩ *durch [drehende] Bewegung eines Werkzeugs ein Loch in etwas machen:* ein Loch in das Brett b.; in einem Zahn b. **b)** ⟨tr.⟩ *durch drehende Bewegung eines Werkzeugs (etwas) herstellen:* einen Brunnen b. **c)** ⟨rfl.⟩ *unter plötzlichem oder fortgesetztem Druck eindringen:* der Nagel bohrte sich durch die Sohle.

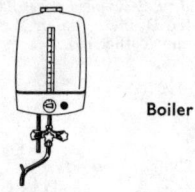

Boiler

Boiler ['bøylər] der; -s, -: *Gerät zur Bereitung von heißem Wasser* (siehe Bild).

Bolzen, der; -s, -: *kurzer, runder Stift aus Metall:* ein Rad mit einem B. befestigen.

bombardieren, bombardierte, hat bombardiert ⟨tr.⟩: *Bomben (auf etwas) werfen:* eine Stadt b.; bildl. (ugs.): jmdn. mit Fragen, Vorwürfen b. *(überschütten).*

bombastisch ⟨Adj.⟩ (abwertend): *schwülstig, prahlerisch:* ein bombastischer Stil.

Bombe, die; -, -n: /ein Sprengkörper/ (siehe Bild): eine B. legen, werfen; die Nachricht schlug wie eine B. ein *(erregte großes Aufsehen).*

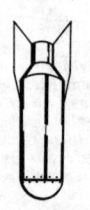

Bombe

Bon [bõ:], der; -s, -s: *als Gutschein oder Quittung dienende Zettel:* auf, für diesen B. bekommt sie ein Mittagessen.

Bonbon [bõ:'bõ:], der und das -s, -s: *[vor allem aus Zucker bestehende] Süßigkeit zum Lutschen.*

Boot, das; -es, -e: *kleines Schiff* (siehe Bild).

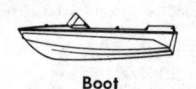

Boot

Bord: I. das; -[e]s, -e: *an der Wand befestigtes Brett für Bücher o. ä.;* Regal. **II.** *in bestimmten Wendungen* ⟨an B. *(auf dem Schiff);* über B. gehen *(ins Wasser fallen).*

borgen, borgte, hat geborgt **1.** ⟨tr.⟩ *sich für eine begrenzte Zeit geben lassen; entleihen:* ich muß mir Geld b. **2.** ⟨tr./itr.⟩ *für eine begrenzte Zeit zur Verfügung stellen:* er borgt ihm nicht gern [das Geld].

Borke, die; -, -n: *Rinde.*

borniert ⟨Adj.⟩: *engstirnig, unbelehrbar und dabei noch ungebildet.*

Börse, die; -, -n: **1.** *Gebäude, in dem Kaufleute zusammenkommen, um Geschäfte abzuschließen und den Preis von Wertpapieren festzulegen:* an der B. stiegen die Kurse. **2.** *Geldbeutel, Portemonnaie.*

Borste, die; -, -n: *sehr festes, dickes, steif stehendes Haar:* die Borsten des Schweins; die Borsten der Bürste.

borstig ⟨Adj.⟩: **1.** *kratzend, stachlig:* ein borstiges Schwein; sein Haar ist sehr b. **2.** *unfreundlich und grob:* er war heute sehr b.

Borte, die; -, -n: *Band aus Wolle, Seide u. ä., mit dem man Kleider u. a. verziert.*

bösartig ⟨Adj.⟩: *auf versteckte, heimtückische Weise böse:* der Hund ist b.; eine bösartige *(gefährliche)* Krankheit.

Böschung, die; -, -en: *schräg abfallende Fläche* (siehe Bild).

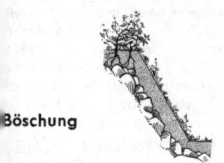

Böschung

böse ⟨Adj.⟩: **a)** *nicht gut, nicht freundlich gesinnt:* ein böser Mann. **b)** ⟨nicht prädikativ⟩ *unangenehm, schlimm, gefährlich:* eine b. Krankheit. **c)** *nicht folgsam, unartig:* der kleine Junge war sehr b. **d)** ⟨nicht attributiv⟩ *zornig; verärgert:* der Vater wurde ganz b.; er ist b. auf mich.

boshaft ⟨Adj.⟩: *bestrebt, anderen zu schaden; hinterhältig:* ein boshafter Mensch; er lächelt b.

böswillig ⟨Adj.⟩: *absichtlich boshaft, feindselig:* eine böswillige Verleumdung.

Bote, der; -n, -n: *jmd., der zur Ausführung eines Auftrags zu jmdm. geschickt wird:* der B. überbrachte eine Einladung.

Botschaft, die; -, -en: **1.** *wichtige Nachricht, Mitteilung.* **2.** *ständige diplomatische Vertretung eines Staates im Ausland.*

Botschafter, der; -s, -: *höchster diplomatischer Vertreter eines Staates in einem fremden Staat.*

Bottich, der; -s, -e: *größerer rundlicher Behälter aus Holz ohne Deckel für Flüssigkeiten.*

Bowle ['bo:lə], die; -, -n: *Getränk, das aus Wein, Zucker und Früchten hergestellt ist.*

boxen, boxte, hat geboxt ⟨tr./ itr.⟩: *mit den Fäusten schlagen/ ⟨gegen⟩ jmdn. b.*

Boykott [bɔy'kɔt], der; -s, -e: *gegen jmdn. gerichtete [wirtschaftliche] Maßnahme:* durch den B. wurde die Wirtschaft des Landes geschwächt.

boykottieren [bɔykɔ'ti:rən], boykottierte, hat boykottiert ⟨tr.⟩: *durch Boykott zu schaden versuchen.*

brachliegen, lag brach, hat brachgelegen ⟨itr.⟩: *nicht bebaut sein:* viele Äcker haben brachgelegen; bildl.: die besten Kräfte liegen brach *(werden leider nicht genutzt).*

Brand, der; -es, Brände: **1.** *starkes Brennen; Feuer:* die Feuerwehr löschte den B.; ***in B. stecken/setzen** *(anzünden).* **2.** *Material zum Heizen:* B. kaufen. ******(ugs.) **B. haben** *(sehr durstig sein).*

brandmarken, brandmarkte, hat gebrandmarkt ⟨tr.⟩: *öffentlich in scharfem Ton tadeln, scharf kritisieren:* er hat die soziale Ungerechtigkeit gebrandmarkt.

Brandung, die; -, -en: *sich brechende Wogen des Meeres an der Küste.*

braten, brät, briet, hat gebraten: **a)** ⟨tr.⟩ *durch Erhitzen in Fett gar und an der Oberfläche braun werden lassen:* eine Gans b. **b)** ⟨itr.⟩ *in Fett unter Hitze weich, gar und braun werden:* das Fleisch brät schon eine Stunde; bildl. (scherzh.): in der Sonne b. *(sich in die heiße Sonne legen und dann braun brennen lassen).*

Braten, der; -s, -: *Fleisch, das gebraten worden ist:* ein saftiger B. ***** (ugs.) **den B. riechen** *(etwas Unangenehmes rechtzeitig ahnen).*

Brauch, der; -[e]s, Bräuche: *[aus früherer Zeit] überkommene Sitte, Gewohnheit:* man will die ländlichen Bräuche bewahren; bei uns ist es B., zu Pfingsten einen Ausflug zu machen.

brauchbar ⟨Adj.⟩: *für einen bestimmten Zweck verwendbar:* der Spaten ist ein brauchbares Werkzeug. **Brauchbarkeit**, die; -.

brauchen, brauchte, hat gebraucht ⟨tr.⟩: *nötig haben, haben müssen:* der Kranke braucht Ruhe; ⟨auch tr.⟩ das wird noch gebraucht *(darf nicht weggeworfen werden);* ⟨als Modalverb; immer verneint⟩ ⟨nach vorangehendem Infinitiv⟩ hat... brauchen: er braucht nicht zu laufen *(muß nicht laufen);* er hat nicht zu kommen b.

brauen, braute, hat gebraut ⟨tr.⟩: *(ein alkoholisches Getränk) herstellen, zubereiten:* Bier, einen Punsch b.

braun ⟨Adj.; nicht adverbial⟩: *der Farbe von Schokolade und Kakao ähnlich:* sie hat braunes Haar.

Bräune, die; -: *braune Farbe der Haut, die durch längeren Aufenthalt in der Sonne entsteht.*

bräunen, bräunte, hat gebräunt: **a)** ⟨tr.⟩: *braun machen, braun werden lassen:* Zwiebel in Butter b.; die Sonne hat ihn gebräunt. **b)** ⟨itr.⟩ *braun werden:* meine Haut bräunt sehr schnell in der Sonne.

bräunlich ⟨Adj.; nicht adverbial⟩: *leicht braun getönt:* ein bräunlicher Stoff.

Brause, die; -, -n: **I.** *Anlage zum Duschen* (siehe Bild). **II.** *kohlensäurehaltiges Getränk ohne Alkohol; Limonade.*

Brause I.

brausen, brauste, hat/ist gebraust: **1.** ⟨rfl./tr.⟩ *duschen:* ich habe mich jeden Morgen gebraust; die Mutter hat die Kinder gebraust. **2.** ⟨itr.⟩ *in heftiger Bewegung sein und ein dumpfes, anhaltendes Geräusch hervorbringen:* der Wind, das Meer hat die ganze Nacht gebraust. **3.** ⟨itr.⟩ (ugs.) *schnell fahren:* er ist mit seinem Auto durch die Stadt gebraust.

Braut, die; -, Bräute: *[junge] Frau, die vor der Hochzeit steht; Verlobte.*

Bräutigam, der; -s, -e: *[junger] Mann, der vor der Hochzeit steht; Verlobter.*

brav ⟨Adj.⟩: **1. a)** *gehorsam, folgsam:* ein braves Kind; das Kind hat b. gegessen. **b)** ⟨nicht prädikativ⟩ *ordentlich, aber ohne besondere Leistung:* er hat seine Aufgaben b. gemacht. *** treu und b.** *(wie es verlangt worden ist [ohne selbst zu denken]):* er hat alles treu und b. gemacht.

brechen, bricht, brach, hat/ist gebrochen: **1.** ⟨itr.⟩ *in Stücke gehen:* das Eis auf dem See brach, als man es betrat; der Tisch ist unter der Last der Bücher gebrochen. **2. a)** ⟨tr./itr.⟩ *durch Druck, Gewalt in Teile zerlegen, von etwas abtrennen:* er hat einen Zweig vom Baum gebrochen; bildl.: die Polizei hat den Widerstand gebrochen; ich habe mir beim

Brei

Sturz von der Leiter das Bein gebrochen. b) ⟨tr.⟩; in Verbindung mit bestimmten Objekten⟩ *sich nicht an eine Verpflichtung halten:* er hat den Vertrag, die Ehe, den Eid gebrochen. 3. ⟨itr.⟩ *an Übelkeit leiden, sich übergeben:* er hat nach dem Essen gebrochen; 4. ⟨rfl.⟩ *auf etwas auftreffen und dadurch die ursprüngliche Richtung ändern:* das Licht hat sich im Wasser gebrochen. 5. ⟨itr.⟩ *die Freundschaft auflösen:* er hat mit ihm endgültig gebrochen.

Brei, der; -[e]s, -e: *dick gekochte Speise, dickflüssige Masse:* das Baby bekommt einen B. *(ugs.) **wie die Katze um den heißen B. gehen** *(sich nicht entschließen können, etwas Unangenehmes zu sagen oder zu tun).*

breit ⟨Adj.⟩: 1. *rechts und links weit ausgedehnt:* eine breite Straße, Hand. 2. ⟨in Verbindung mit Angaben von Maßen⟩ *eine bestimmte Breite habend:* der Stoff ist 2 Meter b. **lang und b.** *(sehr ausführlich):* etwas lang und b. erklären.

Breite, die; -, -n: a) ⟨ohne Plural⟩ *seitliche Ausdehnung:* die Straße hat eine B. von fünf Metern. b) *Abstand eines Ortes vom Äquator:* Berlin liegt unter 52 Grad nördlicher B.

breitmachen, sich; machte sich breit, hat sich breitgemacht (ugs.): *viel Platz für sich in Anspruch nehmen oder mit seinen Sachen belegen:* er hat sich in dem Zimmer sehr breitgemacht.

breitschlagen: ⟨in der Verbindung⟩ **sich b. lassen** (ugs.): *sich überreden lassen:* er ließ sich endlich b. und gab seine Zustimmung.

Bremse, die; -, -n: *Einrichtung, mit der man in Bewegung befindliche Fahrzeuge o. ä. verlangsamt oder zum Stillstand bringt:* er trat auf die B., und das Auto hielt an.

bremsen, bremste, hat gebremst: a) ⟨itr.⟩ *die Bremse betätigen:* er hat zu spät gebremst. b) ⟨tr.⟩ *die Geschwindigkeit von etwas verringern, zum Stillstand bringen:* das Auto b.; bildl.: die Ausgaben müssen gebremst *(eingeschränkt)* werden.

brennen, brannte, hat gebrannt: 1. a) ⟨itr.⟩ *eine Flamme hervorbringen; in Flammen stehen:* das Öl, das Haus brennt; bildl.: die Sonne brennt *(ist sehr heiß);* er brannte darauf *(war begierig),* ihn zu sehen. b) ⟨tr.⟩ *als Heizmaterial verwenden:* Koks, Öl, Holz b. 2. ⟨itr.⟩ *leuchten:* die Lampe brennt. 3. ⟨tr.⟩ *durch Hitze für den Gebrauch zubereiten:* Kaffee, Mehl b. 4. a) ⟨itr.⟩ *schmerzen;* die Füße b. [mir] von langem Laufen; die Wunde brennt. b) ⟨rfl.⟩ *sich durch Hitze oder Feuer verletzen:* ich habe mich [am Ofen] gebrannt.

brenzlig ⟨Adj.⟩ (ugs.): *bedenklich, gefährlich:* die Sache wird [mir] b.

Bresche: ⟨in bestimmten Wendungen⟩ **für etwas eine B. schlagen** *(für etwas durch das Beseitigen von Widerständen den Weg frei machen);* **für jmdn. in die B. springen** *(für jmdn. helfend einspringen).*

Brett, das; -[e]s, -er: *flache, längliche Platte aus Holz:* eine Wand aus Brettern. **Schwarzes B.** *(Tafel für Mitteilungen, Anschläge).*

Brettspiel, das; -s, -e: *Spiel, bei dem die Figuren in bestimmter Weise auf einem Brett zu bewegen sind:* Schach ist ein B.

Brezel, die; -, -n: /ein Gebäck/ (siehe Bild).

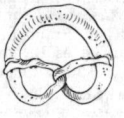

Brezel

Brief, der; -[e]s, -e: *schriftliche Mitteilung, die an jmdn. in einem Umschlag geschickt wird:* einen B. schreiben.

Briefkasten, der; -s, Briefkästen: *Behälter, in den Post eingeworfen werden soll:* a) *die befördert werden soll:* wo ist der nächste B.? b) *die dem Empfänger zugestellt wird:* er nimmt die Post aus dem B.

Briefmarke, die; -, -n: *von der Post ausgegebene Marke, die man auf Briefe, Karten usw. klebt.*

Brieföffner, der; -s; -: *Gegenstand in Form eines kleinen Messers zum Öffnen von Umschlägen o. ä.*

Brieftasche, die; -, -n: *kleine Mappe für Ausweise, Geld usw. die man bei sich trägt.*

Briefträger, der; -s, -: *jmd. der die Post zustellt.*

Briefumschlag, der; -s, Briefumschläge: *Hülle eines Briefes:* er kaufte mehrere Briefumschläge.

Briefwechsel, der; -s: *häufige schriftlicher Kontakt zwischen Personen durch das Schreiben von Briefen; Korrespondenz:* der B. zwischen ihnen ist sehr rege **mit jmdm. in B. stehen** *(mit jmdm. korrespondieren).*

brillant [brɪl'jant] ⟨Adj.⟩ *glänzend, fein; großartig:* ein brillantes Spiel; eine brillant Rede.

Brille, die; -, -n: *Gestell mit Gläsern für die Augen* (siehe Bild).

Brille

bringen, brachte, hat gebracht: 1. ⟨tr.⟩ *an einen Ort tragen, befördern, bewegen:* der Briefträger bringt die Post; er brachte den Koffer zum Bahnhof. 2. ⟨tr.⟩ a) *begleiten:* jmdn. nach Hause, zum Zug b. b) *mit Gewalt an einen Ort schaffen:* den Betrunkenen auf die Polizei b. 3. ⟨itr.⟩ *ergeben; erreichen; erzielen:* das Geschäft brachte ihm viel Geld, hohen Gewinn, große Verluste. 4. ⟨tr.⟩ *bieten, veröffentlichen:* das Programm bringt nichts Neues; die Zeitung brachte nur einen kurzen Artikel über den Unfall. 5. ⟨als Funktionsverb⟩ etwas zur Sprache b. *(etwas diskutieren, besprechen);* etwas jmdn. in Gefahr b. *(etwas/jmdn. gefährden);* zum Einsatz b *(einsetzen).*

bröckeln, bröckelte, ist gebröckelt ⟨itr.⟩: *in kleine Brocken zerfallen:* das Brot bröckelt sehr stark; der Putz bröckelte von den Wänden.

Brocken, der; -s, -: *größeres, unförmiges [abgebrochenes] Stück:* ein schwerer B.; bildl.: er spricht nur ein paar B. *(nur wenig)* Englisch; ein harter B. *(eine schwierige Sache).*

brodeln, brodelte, hat gebrodelt ⟨itr.⟩: *[beim Kochen] Blasen bilden und in starker Bewegung sein:* das kochende Wasser brodelt im Topf.

Brombeere, die; -, -n: /eine schwarze Beere in der Form der Himbeere/.

Brosche, die; -, -n: /ein Schmuckstück für Damen/ (siehe Bild).

Brosche

Broschüre, die; -, -n: kleine Druckschrift ohne festen Einband.

Brot, das; -[e]s, -e: /ein Nahrungsmittel/ (siehe Bild): frisches, trockenes B. *jmdm. Arbeit und B. geben (jmdn. beschäftigen und ihm damit seine Existenz ermöglichen).

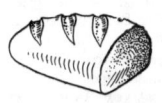

Brot

Brötchen, das; -s, -: /ein Nahrungsmittel/ (siehe Bild): morgens gibt es frische B.

Brötchen

brotlos ⟨Adj.; nur prädikativ⟩: erwerbslos, arbeitslos: durch die wirtschaftliche Krise ist er b. geworden. *brotlose Kunst (Tätigkeit, die nichts einbringt).

Bruch, der -[e]s, Brüche: 1. das Brechen, Zerbrechen: der B. des Rades verursachte große Kosten. 2. Math.: Verhältnis zwischen zwei Zahlen in der Schreibweise ⅗ oder ³/₅. 3. das Heraustreten von Eingeweiden durch eine Lücke in der Bauchwand: einen B. operieren.

brüchig ⟨Adj.⟩: so beschaffen, daß es leicht bricht, zerfällt: alte Seide ist b.

Bruchstücke, die ⟨Plural⟩: [übriggebliebene] Teile (von einem zusammenhängenden Ganzen): er hörte nur B. der Unterhaltung; das Gedicht ist nur in Bruchstücken überliefert.

Brücke, die; -, -n: /ein Bauwerk/ (siehe Bild): eine B. bauen, schlagen. *alle Brücken hinter sich abbrechen (alle Verbindungen zu seinem bisherigen Lebensbereich lösen).

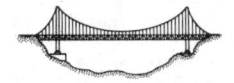

Brücke

Bruder, der; -s, Brüder: Kind männlichen Geschlechts in einer Geschwisterreihe.

brüderlich ⟨Adj.⟩: wie bei Brüdern üblich; im Geiste von Brüdern: etwas b. teilen.

Brüderschaft: ⟨in der Wendung⟩ mit jmdm. B. trinken/ schließen: bei einem Glas Wein o. ä. mit jmdm. Freundschaft schließen und sich danach duzen.

Brühe, die; -: a) durch Kochen von Fleisch oder Knochen gewonnene Flüssigkeit: eine heiße B. trinken. b) (abwertend) trübe, schmutzige Flüssigkeit: in dieser B. soll ich baden?

brüllen, brüllte, hat gebrüllt ⟨itr.⟩: 1. [aus Erregung oder Wut] sehr laut sprechen: er brüllte so laut, daß man ihn im Nebenzimmer hörte. 2. a) laut schreien: er brüllte vor Schmerzen. b) (ugs.) sehr laut und heftig weinen: das Kind brüllte die ganze Nacht.

brummen, brummte, hat gebrummt: 1. ⟨itr.⟩ längere tiefe Töne von sich geben: der Bär brummt; ein brummender Motor. 2. ⟨itr./tr.⟩ [in mürrischer Weise] undeutliche Laute von sich geben: er brummte etwas ins Telefon.

brummig ⟨Adj.⟩: (aus Ärger oder schlechter Laune) unfreundlich, mürrisch: ein brummiger Mann.

Brunnen, der; -s, -: [eingefaßte] Stelle, an der man Wasser entnehmen kann.

brüsk ⟨Adj.⟩: kurz und knapp, schroff: einen Vorschlag b. ablehnen.

brüskieren, brüskierte, hat brüskiert ⟨tr.⟩: schroff, in verletzender Weise behandeln und dadurch kränken, beleidigen: mit dieser Äußerung brüskierte der Minister die verbündeten Staaten.

Brust, die; -, Brüste: a) ⟨ohne Plural⟩ vordere Hälfte des Rumpfes: jmdn. an seine B. drücken. b) milchgebende Organe am weiblichen Oberkörper: dem Kind die B. geben (es stillen).

brüsten, sich; brüstete sich, hat sich gebrüstet (abwertend); sich (einer Sache) prahlend rühmen: sie brüstete sich mit ihrer guten Stellung.

Brüstung, die; -, -en: starkes Geländer oder Mauer in Brusthöhe: er beugte sich über die B.

brutal ⟨Adj.⟩: roh, gewalttätig: ein brutaler Mensch.

Brutalität, die; -: rohes, gewalttätiges, rücksichtsloses Verhalten.

brüten, brütete, hat gebrütet ⟨itr.⟩: 1. ein Ei so lange mit dem Körper erwärmen, bis ein junges Tier hervorkommt/ von Hühnern, Vögeln usw./. 2. (ugs.) lange über etwas nachdenken: der Schüler brütete über diesem Aufsatzthema.

Bub, der; -en, -en (südd.): Junge: er ist ein frecher B.

Buch, das; -[e]s, Bücher: größeres Druckwerk mit festem Einband: er hat ein B. über dieses Thema geschrieben.

buchen, buchte, hat gebucht ⟨tr.⟩: 1. in ein Buch für geschäftliche Angelegenheiten eintragen: er hat Einnahmen und Ausgaben gebucht. 2. beim Reisebüro (einen Platz für eine Reise) im voraus bestellen: er hat einen Flug nach New York gebucht.

Buchhandlung, die; -, -en: Geschäft, in dem Bücher verkauft werden.

Büchse, die; -, -n: /ein Gefäß/ (siehe Bild).

Büchse

Buchstabe, der; -ns, -n: Zeichen einer Schrift, das einem Laut entspricht.

buchstabieren, buchstabierte, hat buchstabiert ⟨tr.⟩: die Buchstaben eines Wortes nacheinander nennen.

buchstäblich ⟨Adverb⟩: wirklich, in der Tat, im wahrsten Sinne des Wortes: mir wurden bei dem Andrang b. die Eintrittskarten aus der Hand gerissen.

Bucht, die; -, -en: *in das Festland ragender Teil eines Meeres oder Sees.*

Buckel, der; -s, -: 1. (ugs.) *Rücken:* er nahm den Rucksack auf den B. *er kann mir den B. runterrutschen *(er ist mir völlig gleichgültig).* 2. *krankhafte Ausbuchtung des Rückens:* er hat einen B.

bücken, sich; bückte sich, hat sich gebückt: *den Oberkörper nach vorn beugen:* er bückte sich nach dem heruntergefallenen Bleistift.

bucklig ⟨Adj.; nicht adverbial⟩: 1. *eine krankhafte Ausbuchtung des Rückens habend:* eine bucklige, alte Frau. 2. *holprig, uneben:* eine bucklige Straße.

buddeln, buddelte, hat gebuddelt ⟨itr.⟩ (ugs.): *[im Sand, in der Erde] wühlen, graben:* Kinder buddeln im Sand.

Bude, die; -, -n (ugs.): a) *meist aus Brettern primitiv und leicht gebaute Hütte.* b) *baufälliges und altes Haus.* c) *[einfach] möbliertes Zimmer [eines Studenten].*

Büfett, das; -s, -e und **Buffet** [by'fe:], das; -s, -s: *Schrank für Geschirr.* 2. *Schanktisch in Gaststätten, Theke.* *kaltes B. *(kalte Speisen, auf einem Tisch zur Selbstbedienung).*

büffeln, büffelte, hat gebüffelt ⟨tr./itr.⟩ (ugs.): *angestrengt und mit Ausdauer lernen:* Mathematik b.; für die Prüfung b.

Bug, der; -s: *vorderer Teil des Schiffes* /Ggs. Heck/.

Bügel, der; -s, -: *bogenförmiger Gegenstand aus Holz oder Metall [zum Aufhängen von Kleidern]:* er hängte den Mantel über, auf den B.

Bügeleisen, das; -s, -: *[elektrisch geheiztes] Gerät, mit dem man Kleider, Stoffe glatt macht.*

bügeln, bügelte, hat gebügelt ⟨tr./itr.⟩: *mit einem Bügeleisen glatt machen:* das Kleid b.; ich habe lange gebügelt.

Bühne, die; -, -n: a) *Plattform im Theater, auf der gespielt wird:* er betrat die B. b) *Theater:* sie will zur B. *(will Schauspielerin, Sängerin werden).*

Bulle, der; -n, -n: I. *geschlechtsreifes männliches Rind.* II. (derb, abwertend) *Polizist, Kriminalbeamter.*

bummeln, bummelte, hat/ist gebummelt ⟨itr.⟩: 1. *zum Vergnügen langsam durch die Straßen gehen:* er ist durch die Innenstadt gebummelt. 2. *eine Arbeit langsam ausführen:* er hat bei dieser Arbeit sträflich gebummelt.

Bummelstreik, der; -s, -s: *Art des Streiks, bei der nur sehr langsam gearbeitet wird.*

Bund: I. der; -[e]s, Bünde: 1. *Vereinigung; das Sichzusammenschließen zu gemeinsamem Handeln:* diese drei Staaten haben einen B. geschlossen. *(geh.) **den B. fürs Leben schließen** *(heiraten).* 2. *oberer, auf der Innenseite eingefaßter Rand bei Hosen und Röcken:* der B. der Hose ist ihm zu eng. II. das; -[e]s, -e: *eine Vielzahl gleichartiger Dinge, die geordnet zusammengebunden sind:* ein B. Stroh; ein B. Radieschen.

Bündel, das; -s, -: *mehrere Dinge, die zu einem Ganzen zusammengebunden sind:* ein B. Akten, Briefe; ein B. schmutziger Wäsche.

bündeln, bündelte, hat gebündelt ⟨tr.⟩: *zu einem Bund binden:* Stroh b.

bündig ⟨Adj.; nur attributiv⟩: *sicher, überzeugend:* ein bündiger Beweis. ***kurz und b.** *(kurz und bestimmt).*

Bündnis, das; -ses, -se: *Zusammenschluß aus gemeinsamen Interessen:* ein B. schließen, lösen, erneuern; ein B. zwischen zwei Staaten.

Bungalow ['bungalo], der; -s, -s: *[leicht gebautes] einstöckiges Haus mit flachem Dach und meist mit Garten.*

Bunker, der; -s -: a) *meist unterirdische Anlage zum Schutz gegen militärische Angriffe.* b) *großer Raum oder Behälter zum Sammeln und Lagern bestimmter Stoffe, z. B. von Kohle.*

bunt ⟨Adj.⟩: a) *viele Farben habend:* der Stoff ist sehr b. b) *aus verschiedenen Dingen zusammengesetzt; vielgestaltig, abwechslungsreich:* ein buntes Programm; ein bunter Abend.

Bürde, die; -, -n: *seelische Last, Mühsal:* die B. des Alters.

Burg, die; -, -en: *durch einen Graben und eine dicke Mauer vor Feinden geschütztes Gebäude aus alter Zeit:* am Rhein stehen viele alte Burgen.

Bürge, der; -n, -n: *jmd., der für einen anderen eine Sicherheit leistet:* für dieses Darlehen brauche ich zwei Bürgen.

bürgen, bürgte, hat gebürgt ⟨itr.⟩: *haften, Sicherheit leisten:* er hat für ihn gebürgt; ich bürge dafür, daß alles pünktlich bezahlt wird.

Bürger, der; -s, -: *Angehöriger einer Gemeinde oder eines Staates.*

Bürgermeister, der; -s, -: *Leiter einer Gemeinde.*

Bürgersteig, der; -s, -e: *für Fußgänger bestimmter Weg neben der Fahrbahn.*

Bürgschaft, die; -, -en: *das Bürgen, das Haften für jmdn.:* eine B. übernehmen.

Büro, das; -s, -s: *Dienstzimmer, Geschäftsstelle:* ins B. gehen.

bürokratisch ⟨Adj.⟩ (abwertend): *peinlich genau, kleinlich, engstirnig:* sei doch nicht so b.!

Bursche, der; -n, -n: *[jüngerer] kräftiger Mann:* ein gesunder, toller B.; (abwertend) ein gerissener B.

burschikos ⟨Adj.⟩: *frei und ungezwungen, flott, jungenhaft [meist von Mädchen gesagt]:* sie hat ein burschikoses Wesen.

Bürste, die; -, -n: *Gegenstand zum Entfernen von Staub und Schmutz (siehe Bild).*

Bürste

bürsten, bürstete, hat gebürstet ⟨tr./itr.⟩: *mit der Bürste [be]arbeiten:* den Mantel, Teppich b.; du mußt kräftig b.

Bus, der; -ses, -se: *Omnibus:* mit dem B. fahren.

Busch, der; -es, Büsche: 1. *Strauch (siehe Bild):* in den Büschen sangen die Vögel. 2. ⟨ohne Plural⟩ *tropischer Urwald:* diese Elefanten kommen aus dem afrikanischen B.

Busch 1.

Büschel, das; -s, -: *Bündel vieler langgewachsener, zusammengerafter gleichartiger Dinge:* ein B. Gras, Stroh, Haare.

buschig ⟨Adj.⟩: **1.** *mit Büschen bewachsen:* ein buschiges Gelände. **2.** *dicht mit Haaren bewachsen:* der Fuchs hat einen buschigen Schwanz.

Busen, der; -s, -: *weibliche Brust:* ein üppiger B.; bildl.: am B. der Natur *(mitten in der Schönheit oder Ruhe der Natur).*

Buße, die; -, -n: **1.** *Reue mit dem Willen zur Besserung:* B. tun. **2.** *Geldstrafe für ein kleineres Rechtsvergehen:* er mußte eine B. zahlen, weil er die Verkehrsregel nicht beachtet hatte.

büßen, büßte, hat gebüßt ⟨tr./ itr.⟩: *Strafe erleiden oder auf sich nehmen:* seinen Leichtsinn mit dem Leben b.; das mußt du [mir] b.!

Büste, die; -, -n: *plastische Darstellung des Oberkörpers eines Menschen.*

Butter, die; -: *aus Milch gewonnenes Fett.* * sich (Dativ) **die B. nicht vom Brot nehmen lassen** *(sich nichts gefallen lassen, sich gegenüber anderen behaupten).*

C

Café, das; -s, -s: *Lokal, in dem man vorwiegend Kaffee und Kuchen verzehrt:* ein kleines, gemütliches, modernes C.; ins C. gehen.

Camping ['kɛmpɪŋ], das; -s: *Leben, Aufenthalt [während der Ferien] in Zelt oder Wohnwagen auf dafür eingerichteten Plätzen:* zum C. fahren.

Cello [ˈtʃɛlo u. ʃɛlo], das; -s, -s und Celli:/ein Streichinstrument/ (siehe Bild).

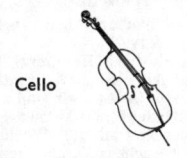

Cello

Chalet [ʃaˈleː], das; -s, -s: *Haus in ländlichem Stil.*

Champion ['tʃæmpjən], der; -s, -s: *Meister einer sportlichen Disziplin.*

Chance [ˈʃãːs(ə)], die; -, -n: **a)** *Möglichkeit, günstige Gelegenheit:* eine [große] C. erhalten, nützen, vergeben. **b)** *Aussicht auf Erfolg:* er hat die beste, keine C. [auf den Sieg].

changieren [ʃãˈʒiːrən], changierte, hat changiert ⟨itr.⟩: *in mehreren Farben schillern /von Stoffen/:* changierende Seide.

Chanson [ʃãˈsõː], das; -s, -s: *ironisch-witziges, manchmal freches, leicht sentimentales und melancholisches Lied.*

Chaos ['kaːɔs], das; -: *völliges Durcheinander, Wirrwar, Auflösung jeder Ordnung:* es herrschte ein unbeschreibliches C.; er stürzte sein Land ins C.

Charakter, der; -s, -e: **1.** *Gesamtheit der geistig-seelischen Eigenschaften eines Menschen, seine Wesensart, Veranlagung:* er hat einen guten C. **2.** ⟨ohne Plural⟩ *Gepräge, Art:* eine Stadt mit ländlichem C.

charakterisieren, charakterisierte, hat charakterisiert ⟨tr.⟩: *den Charakter einer Person oder Sache beschreiben:* er hat ihn gut charakterisiert.

charakteristisch ⟨Adj.⟩: *die besondere Art, das Typische einer Person oder Sache kennzeichnend:* eine charakteristische Kleidung; die Farben sind für seine Bilder c.

charakterlich ⟨Adj.; nicht prädikativ⟩: *den Charakter betreffend:* die charakterlichen Qualitäten eines Menschen.

charmant ⟨Adj.⟩: *entzückend, anmutig, bezaubernd:* eine charmante Dame; sie ist sehr c.

chartern ['tʃartərn], charterte, hat gechartert ⟨tr.⟩: *ein Flugzeug oder Schiff (zum Transport von Personen oder Sachen) mieten.*

Chauffeur [ʃɔˈføːr], der; -s, -e: *jmd., der berufsmäßig andere in einem Auto fährt.*

Chaussee [ʃɔˈseː], die; -, -n: *Landstraße.*

Chef [ʃɛf], der; -s, -s: *jmd., der anderen Personen vorgesetzt ist; Leiter einer Gruppe von Personen, einer Abteilung, Firma usw.:* .ich möchte den C. sprechen.

Chemie, die; -: *Teil der Naturwissenschaften, der von den Eigenschaften, der Zusammensetzung und der Umwandlung der Stoffe handelt:* C. studieren.

chemisch ⟨Adj.⟩: *die Chemie betreffend, zu ihr gehörend, von ihr herrührend:* die chemische Industrie; etwas c. reinigen.

Chirurg, der; -en, -en: *Arzt, der auf dem Gebiet der Chirurgie tätig ist.*

Chirurgie, die; -: *[Lehre von der] Behandlung der Krankheiten durch Operation.*

Chor, der; -[e]s, Chöre: *Gruppe singender Personen:* ein mehrstimmiger C.; ein gemischter C. *(ein Chor mit Frauen- und Männerstimmen).*

Choral, der; -s, Choräle: *Lied für den Gottesdienst.*

Choreographie [koreograˈfiː], die; -: *Entwurf und Gestaltung des künstlerischen Tanzes.*

Christbaum, der; -[e]s, Christbäume (bes. südd. und mitteld.): *Weihnachtsbaum (siehe Bild).*

Christbaum

Christentum, das; -s: *die von Jesus Christus gestiftete Religion.*

christlich ⟨Adj.⟩: *zum Christentum gehörend; im Geiste des Christentums:* christliche Lehre, Kunst, Moral.

Chronik, die; -, -en: *Aufzeichnung geschichtlicher Ereignisse nach ihrem zeitlichen Ablauf.*

chronisch ⟨Adj.⟩: **1.** ⟨nicht adverbial⟩ *langsam verlaufend, langwierig:* ein chronisches Leiden; diese Krankheit ist bei ihm c. **2.** (scherzh.) *gar nicht mehr aufhörend, nicht mehr zu beheben:* er leidet an chronischer Faulheit.

Clique ['klɪkə], die; -, -n: *kleinere Gruppe von Menschen, die sich gegenseitig unterstützen und sich Vorteile verschaffen.*

Clown [klaun], der; -s, -s: *jmd., der im Zirkus oder im Varieté mit allerlei lustigen Vorführungen zum Lachen reizt.*

Cocktail ['kɔktɛɪl], der; -s, -s: *Getränk, das aus verschiedenen Spirituosen, Früchten, Säften usw. hergestellt ist.*

Computer [kɔmˈpjuːtər], der; -s, -: *elektronische Rechenanlage.*

Couch [kautʃ], die; -, -es: *flaches, gepolstertes Möbelstück zum Liegen* (siehe Bild).

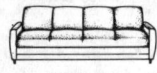

Couch

Courage [kuˈraːʒə], die; -: *Mut, Unerschrockenheit, Beherztheit:* er zeigte in dieser schwierigen Situation viel C.; er hat Angst vor der eigenen C. *(er bekommt Angst vor den Folgen seines mutvoll begonnenen Vorhabens).*

couragiert [kuraˈʒiːrt] ⟨Adj.⟩ (ugs.): *beherzt, energisch und zielstrebig, ohne Furcht vorgehend:* eine couragierte Dame.

Creme [krɛːm], die; -, -s/vgl. Krem/: *Salbe zur Pflege der Haut.*

D

da: I. ⟨Adverb⟩ **1.** ⟨lokal⟩ **a)** *an einer bestimmten Stelle, dort:* da hinten; der Mann da; da steht er. **b)** *hier:* da sind wir; das hast du den Schlüssel. **2.** ⟨temporal⟩ *zu einem bestimmten Zeitpunkt, dann:* von da an war sie wie verwandelt; da lachte er; da werde ich hoffentlich Zeit haben. **3.** ⟨konditional⟩ *unter dieser Bedingung:* wenn ich schon gehen muß, da gehe ich lieber gleich. **II.** ⟨Konj.⟩ **1.** ⟨kausal⟩ *weil:* da er verreist war, konnte er nicht kommen. **2.** ⟨temporal⟩ (geh.) *als, während:* da er noch reich war, hatte er viele Freunde.

dabei [nachdrücklich auch: dabei] ⟨Pronominaladverb⟩: **1.** *nahe bei der betreffenden Sache:* ich habe das Paket ausgepackt; die Rechnung lag nicht d.* (ugs.) **d. bleiben** *(seine Meinung nicht ändern);* (ugs.) **es ist nichts d.** *(es schadet nichts).* **2.** *während dieser Zeit:* sie hatte sich einer längeren Kur zu unterziehen und mußte d. viel liegen. **3.** *obwohl:* er hat seine Arbeit noch nicht abgeschlossen, d. beschäftigt er sich schon jahrelang damit. **4.** *hinsichtlich des eben Gesagten:* das ist eben seine Einstellung, d. kann man nichts machen; wichtig ist d., daß ...

dabeisein, ist dabei, war dabei, ist dabeigewesen ⟨itr.⟩: **1.** *beteiligt sein, anwesend sein:* er will überall d. **2.** *im Begriff sein:* er war gerade dabei, den Brief abzuschicken.

dableiben, blieb da, ist dageblieben ⟨itr.⟩: *an einem Ort bleiben, nicht fortgehen:* ich wäre gern noch länger dageblieben.

Dach, das; -[e]s, Dächer: *Überdeckung eines Gebäudes zum Schutz gegen Regen, Wind u. ä.:* ein flaches, niedriges D.; das D. mit Ziegeln, Stroh decken. * **etwas unter D. und Fach bringen** *(etwas abschließen, in Sicherheit bringen):* ein Geschäft unter D. und Fach bringen; **etwas ist unter D. und Fach** *(etwas ist fertig geworden);* (ugs.) **jmdm. aufs D. steigen** *(jmdn. rügen, tadeln);* (ugs.) **eins aufs D. bekommen** *(einen Tadel erhalten, einen Verlust erleiden).*

Dachgarten, der; -s, Dachgärten: *wie ein Garten angelegte Fläche auf einem Dach.*

Dachgesellschaft, die; -, -en: *Gesellschaft zur einheitlichen Leitung mehrerer Unternehmen.*

Dachpfanne, die; -, -n: *Dachziegel.*

Dachrinne, die; -, -n: *Rinne am Dach für das Auffangen des Regens.*

Dachschaden; ⟨in der Wendung⟩ **einen Dachschaden haben** (ugs.; scherzh.): *nicht ganz normal sein oder scheinen.*

Dachstuhl, der; -s, Dachstühle: *alle Balken, die das Dach tragen.*

Dachziegel, der; -s, -: *Ziegel zum Decken des Daches.*

Dackel, der; -s, -: /ein Hund/ (siehe Bild).

Dackel

dadurch [nachdrücklich auch: dadurch] ⟨Pronominaladverb⟩ **1.** *durch etwas hindurch:* das Loch im Zaun war so groß, daß er d. kriechen konnte. **2.** *durch dieses Mittel, auf Grund dieser Sache:* d. wirst du wieder gesund; er hat uns d. sehr geholfen, daß er uns vorübergehend sein Auto zur Verfügung stellte

dafür [nachdrücklich auch: dafür] ⟨Pronominaladverb⟩: **1.** *für diesen Zweck, für dieses Ziel:* das ist kein Werkzeug d.; Voraussetzung d. ist, daß ...; du mußt den Klassenlehrer fragen d. bist du der Klassensprecher *(denn du bist ja der Klassensprecher).* **2. a)** *statt dessen, zum Tausch:* ich gebe dir d. eine andere Briefmarke; das Schauspiel fällt aus, d. wird eine Oper aufgeführt. **b)** *als Entgegnung (auf etwas), als Preis (für etwas):* das ist nun der Dank d., daß wir ihm geholfen haben; d. brauchte ich nicht viel zu bezahlen. **3.** *zum Vorteil, zugunsten einer Sache:* d. muß etwas getan werden; alle stimmten d., daß ... * **dafür sein** *(zustimmen).* **4.** *für diese Sache, was das betrifft; hinsichtlich dieser Sache:* d. habe ich kein Verständnis; d. kann ich nichts *(daran bin ich schuldlos);* ich mache Sie d. verantwortlich, wenn etwas passiert; d. *(im Hinblick darauf),* daß er noch nicht in Frankreich war, spricht er gut französisch.

dagegen ⟨Pronominaladverb⟩ [nachdrücklich auch: dagegen]: **1.** *gegen das Betreffende:* **a)** /drückt ein räumliches Verhältnis aus/ ein Brett d. halten. **b)** /drückt eine gegensätzliche Einstellung aus/: sich d. auflehnen, sich d. ...; d. muß man etwas tun. **2.** *im Vergleich dazu:* die Aufsätze der anderen waren glänzend, seiner ist nichts d. **3.** *jedoch:* die meisten Gäste gingen vor Mitternacht aus dem Haus, einige d. blieben zum Morgen.

daheim ⟨Adverb⟩ (südd., österr., schweiz.): *zu Hause:* d. bleiben; bei uns d.

daher [nachdrücklich auch: daher] ⟨Adverb⟩: **1.** *von dort:* fahren Sie nach Hamburg? D. komme ich gerade. **2.** *deshalb, aus diesem Grunde:* wir sind zur Zeit in Urlaub und können Sie d. leider erst in drei Wochen später besuchen; d. also seine Aufregung.

daherreden, redete daher, hat dahergeredet ⟨tr.⟩ (ugs.; abwertend): *ohne Überlegung erzählen, sagen:* er hat das nur so

dahergeredet; ⟨auch itr.⟩ leichtfertig, dumm d.

dahin [nachdrücklich auch: dahin] ⟨Adverb⟩: **1.** *an diesen Ort, dorthin:* es ist nicht mehr weit bis d. **2.** *in dem Sinne:* sie haben sich d. geäußert, daß ... **3.** ⟨in Verbindung mit *bis*⟩ *bis zu dem Zeitpunkt:* bis d. muß ich mit der Arbeit fertig sein. **** d. sein** *(verloren, vorbei sein):* mein Geld ist d.; sein Leben ist d.

dahingestellt: ⟨in bestimmten Verbindungen⟩ *unentschieden, offen:* wir wollen es d. sein lassen; es sei, bleibt d., ob er wirklich nicht kommen konnte.

dahinter [nachdrücklich auch: dahinter] ⟨Pronominaladverb⟩: **1. a)** *hinter der betreffenden Sache:* ein Haus mit einem Garten d. **b)** *hinter die betreffende Sache:* sie stellte die Teller in den Schrank und die Gläser d. **2.** *hinter diesem Verhalten:* wer weiß, was sich bei ihm d. verbirgt.

dahinterkommen, kam dahinter, ist dahintergekommen ⟨itr.⟩ (ugs.): *etwas, was man gern wissen möchte, herausfinden:* wir kommen schon dahinter, was ihr vorhabt.

daliegen, lag da, hat dagelegen ⟨itr.⟩: *so an einer bestimmten Stelle liegen, daß es allgemein, deutlich zu sehen ist:* der Patient lag völlig teilnahmslos da; weil der Schmuck offen dalag, wurde er gestohlen.

damals ⟨Adverb⟩: *zu einem weiter zurückliegenden Zeitpunkt:* d., bei unserem letzten Besuch, ging es ihm noch besser.

Dame, die; -, -n: **1.** *gebildete, gepflegte Frau:* eine feine, vornehme D.; /als höfliche Anrede/ meine Damen! **2.** *altes Brettspiel* (siehe Bild). **3.** *Figur im Schachspiel* (siehe Bild). **4.** *Spielkarte* (siehe Bild).

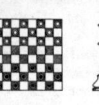

2.   3.   4.
Dame

Damenwahl, die; -: *beim Tanz Aufforderung der Herren durch die Damen.*

damit ⟨Partikel⟩: **I.** ⟨Pronominaladverb⟩ [nachdrücklich auch: damit] **1.** *mit der betreffenden Sache:* er ist d. einverstanden; d. habe ich nichts zu tun; unser Gespräch endet jedesmal d., daß wir in Streit geraten. **2.** *auf diese Weise:* d. schließt das Buch. **II.** ⟨finale Konj.⟩ *zu dem Zweck, daß:* ihm wurde eine Kur verordnet, d. er wieder voll arbeitsfähig werde.

dämlich ⟨Adj.⟩ (ugs.; abwertend): *dumm:* dämliche Fragen; der ist viel zu d., um das zu begreifen.

Damm, der; -[e]s, Dämme: **1.** *langer Wall aus Erde und Steinen:* einen D. bauen; der D. *(Deich)* ist gebrochen. ***** (ugs.) **nicht auf dem D. sein** *(nicht gesund sein).* **2.** (landsch.) *Fahrbahn:* über den D. gehen.

dämmern, dämmerte, hat gedämmert ⟨itr.⟩: *Morgen, Abend werden:* es dämmert; der Morgen, der Abend dämmert *(bricht an).* ***** (ugs.) **es dämmert** [jmdm.] *(jmdm. wird langsam ein Zusammenhang klar);* **vor sich hin d.** *(sich in einem apathischen Zustand befinden):* der Kranke dämmerte vor sich hin.

Dämmerung, die; -: *Übergang von der Helle des Tages zum Dunkel der Nacht [und umgekehrt]:* die D. bricht herein.

Dämon, der; -s, -en: *[böser] Geist, schicksalhafte Macht:* er ist von einem D. besessen; von seinem D. getrieben, arbeitete er trotz Krankheit an seinem Werk weiter.

dämonisch ⟨Adj.⟩ *von einem bösen Geist beherrscht; eine unwiderstehliche Macht ausübend; unheimlich:* ein dämonischer Mensch; dämonische Triebe.

Dampf, der; -[e]s, Dämpfe: *sichtbarer feuchter Dunst, der beim Erhitzen von Flüssigkeit entsteht:* die Küche war voller D. ***** (ugs.) **jmdm. D. machen** *(jmdn. bei der Arbeit antreiben);* (ugs.) **hinter etwas D. machen/setzen** *(eine Arbeit beschleunigen).*

dampfen, dampfte, hat gedampft ⟨itr.⟩: *Dampf von sich geben:* die Kartoffeln dampfen in der Schüssel.

dämpfen, dämpfte, hat gedämpft ⟨tr.⟩: **1.** *in Dampf kochen, dünsten:* Kartoffeln, Gemüse d. **2.** *Dampf (auf etwas) einwirken lassen:* das Kleid wird nicht gebügelt, sondern gedämpft. **3.** *die Stärke von etwas reduzieren:* die Stimme d.; seine Begierden d.

Dampfer, der; -s, -: *mit Dampf betriebenes Schiff:* mit dem D. fahren.

danach [nachdrücklich auch: danach] ⟨Pronominaladverb⟩: **1.** *zeitlich nach etwas, hinterher, später:* erst wurde gegessen, d. getanzt. **2.** *in der Reihenfolge nach der betreffenden Person, Sache:* voran gingen die Eltern, d. kamen die Kinder. **3.** *nach etwas /im Hinblick auf ein Ziel/:* er hielt einen Ball in der Hand, das Kind griff sofort d.; er hatte sich immer d. gesehnt, wieder nach Italien zurückzukehren. **4.** *entsprechend:* ihr kennt seinen Willen, nun handelt d.; die Ware ist billig, aber sie ist auch d. *(entsprechend schlecht).*

daneben [nachdrücklich auch: daneben] ⟨Pronominaladverb⟩: **1. a)** *neben einer Sache:* auf dem Tisch steht eine Lampe, d. liegt ein Buch. **b)** *neben eine Sache:* das Bild paßte so gut zu den andern, daß sie es d. hängte. **2.** *darüber hinaus, außerdem:* sie steht den ganzen Tag im Beruf, d. hat sie noch ihren Haushalt zu besorgen.

danebengehen, ging daneben, ist danebengegangen ⟨itr.⟩ (ugs.): *das Ziel verfehlen, mißlingen:* der Schuß ging daneben; der Versuch ist danebengegangen.

daniederliegen, lag danieder, hat daniedergelegen ⟨itr.⟩ (geh.): *krank sein und im Bett liegen:* an einer schweren Krankheit d.; bildl.: der Handel liegt danieder *(floriert nicht).*

dank ⟨Präp. mit Gen.; im Singular auch mit Dativ⟩: *durch:* d. der Beziehungen seines Freundes hat er die Stelle erhalten.

Dank, der; -[e]s: *[in Worten geäußertes] Gefühl der Verpflichtung gegenüber jmdm., von dem man etwas Gutes erfahren hat:* jmdm. D. sagen, schulden; von D. erfüllt; zum D. schenkte er mir ein Buch; herzlichen D.!

dankbar ⟨Adj.⟩: **1.** *vom Gefühl des Dankes erfüllt:* ein dankbares Kind; jmdm. d. sein. **2.** ⟨nicht adverbial⟩ *lohnend:* eine dankbare Arbeit, Aufgabe; diese Pflanze ist sehr d. *(gedeiht, blüht, ohne viel Arbeit zu machen).*

Dankbarkeit, die; -: *Gefühl des Dankes:* jmdm. seine D. zeigen; etwas aus D. tun.

danken, dankte, hat gedankt ⟨itr.⟩: **1. a)** *seine Dankbarkeit (jmdm. gegenüber) äußern, aussprechen:* jmdm. für seine Hilfe d.; er dankte ihm mit einer Widmung; ich danke Ihnen; (iron.) für solchen Rat danke ich *(auf solchen Rat verzichte ich).* **b)** *einen Gruß erwidern:* freundlich d. **2.** *verdanken:* jmdm., seinem Fleiß etwas d.

dann ⟨Adverb⟩: **1.** *zeitlich, in der Reihenfolge unmittelbar danach:* erst badeten sie, d. sonnten sie sich. **2.** *zu dem betreffenden späteren Zeitpunkt:* bald habe ich Urlaub, d. besuche ich euch. **3.** *in dem Fall:* wenn er sich etwas vorgenommen hat, d. führt er es auch aus. **4.** *außerdem:* und d. vergiß bitte nicht, zur Post zu gehen.

daran [nachdrücklich auch: daran] ⟨Pronominaladverb⟩: **1. a)** *an der betreffenden Sache:* vergiß nicht, den Brief in den Kasten zu werfen, wenn du d. vorbeikommst; seine Einstellung kannst du schon d. erkennen, daß ... * *nahe d. sein, etwas zu tun (beinahe etwas tun):* er war nahe d. zu verzweifeln. **b)** *an die betreffende Sache:* sie suchten sich einen Tisch und setzten sich d.; sie besichtigten die Kirche, d. anschließend stiegen sie auf den Turm. **2.** *im Hinblick auf etwas, in bezug auf eine bestimmte Sache:* ich kann mich kaum d. erinnern. * *nicht d. denken, etwas zu tun (es liegt jmdm. fern, etwas zu tun):* er dachte nicht d., seine Schulaufgaben zu machen.

darauf [nachdrücklich auch: darauf] ⟨Pronominaladverb⟩: **1. a)** *auf der betreffenden Sache:* er bekam eine Geige geschenkt und kann auch schon d. spielen. **b)** *auf die betreffende Sache:* nachdem ein Platz frei geworden war, wollten sich sogleich mehrere d. setzen. * (ugs.) **d. kannst du Gift nehmen** *(das ist ganz sicher).* **2.** *danach, im Anschluß daran:* ein Jahr d. starb er. **3.** *deshalb:* man hatte ihn auf frischer Tat ertappt, d. war er verhaftet worden. **4.** *im Hinblick auf etwas, in bezug auf eine bestimmte Sache:* d. versessen sein.

daraufhin [nachdrücklich auch: daraufhin] ⟨Adverb⟩: **1.** *deshalb, im Anschluß daran:* es kam zu einer so heftigen Auseinandersetzung, daß d. das Gespräch abgebrochen wurde. **2.** *in bezug auf etwas, unter einem bestimmten Aspekt:* er prüfte seine Bekannten in Gedanken d., von wem er noch Geld leihen könnte.

daraus [nachdrücklich auch: daraus] ⟨Pronominaladverb⟩: *aus der betreffenden Sache:* sie öffnete ihren Koffer und holte d. ein Kissen hervor; sie kaufte ein paar Reste, um d. etwas für die Kinder zu nähen; d. kannst du viel lernen.

darben, darbte, hat gedarbt ⟨itr.⟩ (geh.): *Mangel [an Nahrung] leiden, eingeschränkt leben:* im Krieg hatten sie d. müssen.

Darbietung, die; -, -en: *etwas, was innerhalb einer Veranstaltung aufgeführt, vorgetragen wird:* die musikalischen Darbietungen waren besonders schön.

darbringen, brachte dar, hat dargebracht ⟨tr.⟩ (geh.): *aus Verehrung, Dank zuteil werden lassen; geben, schenken:* jmdm. Glückwünsche, ein Ständchen d.; ein Opfer d.

darein [nachdrücklich auch: darein] ⟨Adverb⟩ (geh.): *in die betreffende Sache:* ich besitze das Buch schon lange, hatte aber noch keine Zeit, mich d. zu vertiefen.

darin [nachdrücklich auch: darin] ⟨Pronominaladverb⟩ *in der betreffenden Sache:* sie mieteten einen Bungalow, um d. die Ferien zu verbringen; d. ist er dir weit überlegen.

darlegen, legte dar, hat dargelegt ⟨tr.⟩: *ausführlich erläutern, erklären:* jmdm. seine Ansicht, seine Gründe d. **Darlegung**, die; -, -en.

Darlehen, das; -s, -: *[gegen Zinsen] geliehene größere Geldsumme:* ein D. aufnehmen, beantragen; jmdm. ein [zinsloses] D. gewähren.

Darm, der; -[e]s, Därme: *Verdauungskanal zwischen Magen und After.*

darstellen, stellte dar, hat dargestellt: **1.** ⟨tr.⟩ *in einem Bild zeigen, abbilden:* das Gemälde stellt ihn im Kostüm des Hamlet dar. **2.** ⟨tr.⟩ *als Schauspieler eine bestimmte Rolle spielen:* er hatte den Wallenstein schon an mehreren Bühnen dargestellt; die darstellenden Künste *(Schauspiel, Oper, Ballett)* * (ugs.) **nichts/etwas d.** *(nichts/etwas Besonderes sein):* dieser Mann stellt doch nichts dar. **3.** ⟨tr.⟩ *schildern:* einen Sachverhalt ausführlich, falsch d. **4.** ⟨itr.⟩ *bedeuten, sein:* das Ereignis stellte einen Wendepunkt in seinem Leben dar. **5.** ⟨rfl.⟩ *einen bestimmten Eindruck machen; sich herausstellen, erweisen (als etwas):* mir stellte sich die Angelegenheit sehr verwickelt dar.

Darsteller, der; -s, -: *jmd., der eine Rolle auf der Bühne o. ä. spielt:* der D. des Hamlet. **Darstellerin**, die; -, -nen.

darüber [nachdrücklich auch: darüber] ⟨Pronominaladverb⟩: **1. a)** *über der betreffenden Sache:* die Bücher stehen in den unteren Fächern, d. liegen die Noten. **b)** *über die betreffende Sache:* er packte Schuhe und Wäsche in den Koffer, d. legte er die Anzüge; ihm war dieses Thema unangenehm, deshalb ging er mit ein paar Sätzen d. hinweg. **2.** *über die betreffende Maß, die betreffende Grenze hinaus:* das Alter der Abiturienten ist heute im Durchschnitt achtzehn Jahre und d. **3.** *währenddessen, dabei:* er hatte gewartet und war d. eingeschlafen; d. habe ich völlig vergessen, daß ... **4.** *in bezug auf die betreffende Sache:* wir wollen uns nicht d. streiten.

darum [nachdrücklich auch: darum] ⟨Pronominaladverb⟩: **1.** *um die betreffende Sache:* den Blumenstrauß hatten sie in die Mitte gestellt und d. herum die Geschenke aufgebaut. **2.** *im Hinblick auf etwas, in bezug auf die betreffende Sache:* d. brauchst du dir keine Sorgen zu machen, das erledige ich schon. **3.** *aus diesem Grund, deshalb:* d. ist er auch so schlecht gelaunt. **4.** *aus diesem Grund, zu dem Zweck:* wir wollen uns Möbel anschaffen, d. müssen wir uns jetzt für einige Zeit sehr einschränken und eisern sparen.

darunter [nachdrücklich auch: darunter] ⟨Pronominaladverb⟩: **1. a)** *unter der betreffenden Sache:* im Stockwerk d. wohnen die Großeltern. **b)** *unter die betreffende Sache:* er drehte die Dusche auf und stellte sich d. **2.** *unter, zwischen den betreffenden Personen:* er hatte eine große Anzahl Schüler, einige d. waren sehr begabt. **3.** *unter dem betreffendem Maß, unter der betreffenden Grenze:* eine Mark das Pfund, d. kann ich die Ware nicht verkaufen. **4.** *in bezug auf die betreffende Sache:* d. kann ich mir nichts vorstellen.

dasein, ist da, war da, ist dagewesen ⟨itr.⟩: *gegenwärtig, anwesend, vorhanden sein:* ich weiß nicht, ob ich d. werde; so etwas ist noch nicht dagewesen *(so etwas hat es noch nie gegeben).*

Dasein, das; -s **1.** *Leben:* der Kampf ums D.; ein bescheidenes D. führen. **2.** *Existenz:* er leugnet das D. Gottes.

datieren, datierte, hat datiert: **1.** ⟨tr.⟩ **a)** *mit einem Datum versehen:* eine Urkunde d.; der Brief ist vom 5. Februar datiert. **b)** *die Entstehungszeit (von etwas) bestimmen:* eine alte Handschrift, ein Gemälde d. **2.** ⟨itr.⟩ *stammen:* diese Einrichtung datiert aus alter Zeit.

Datenbank, die; -, -en: *Stelle, auf der bestimmte Daten, Fakten gespeichert werden und auf Verlangen nach bestimmten Gesichtspunkten durch Maschinen ermittelt werden können.*

Datum, das; -s, Daten: **1.** *Zeitpunkt, Tagesangabe nach dem Kalender:* der Brief ist ohne D.; die wichtigsten Daten der Weltgeschichte. **2.** ⟨Plural⟩ *Angaben, Tatsachen:* statistische Daten.

Dauer, die; -: *bestimmte ununterbrochene Zeit:* die D. seines Aufenthaltes; für die D. von einem Jahr. * *auf die D. (wenn es noch lange dauert):* auf die D. macht mir die Arbeit keinen Spaß; keine D. haben/nicht von [langer] D. sein *(keinen Bestand haben, nicht andauern).*

dauerhaft ⟨Adj.⟩: *sich lange Zeit erhaltend, beständig:* ihre Neigungen waren nicht sehr d.

Dauerlauf, der; -s, Dauerläufe: *[dem körperlichen Training dienender] längerer Lauf in gemäßigtem Tempo:* einen D. machen; es ging im D. zum Bahnhof.

dauern, dauerte, hat gedauert ⟨itr.⟩: **I. 1.** *sich über eine bestimmte Zeit erstrecken:* die Verhandlung dauerte einige Stunden. **2.** (geh.) *Bestand haben:* sie glaubten, eine solche Freundschaft müsse d. **II.** (geh.) *jmds. Mitleid erregen, jmdm. leid tun:* das alte Pferd dauerte ihn; die Zeit, das Geld dauert mich *(es ist schade um die Zeit, das Geld).*

dauernd ⟨Adj.⟩: *ständig, immer wieder:* eine dauernde Wiederholung; er ist d. unterwegs; er kommt d. zu spät.

Dauerwelle, die; -, -n: *gegenüber Einflüssen der Witterung relativ beständige Wellung des Haares:* ich muß mir wieder bei meinem Frisör eine D. machen lassen.

Daumen, der; -s, -: *aus zwei Gliedern bestehender erster Finger der Hand:* ein kurzer, langer, dicker D. * (ugs.) *etwas über den D. peilen (etwas grob, ungefähr schätzen);* auf etwas den D. halten *(etwas festhalten, nicht ohne weiteres hergeben);* jmdm./für jmdn. den D. halten *(in Gedanken bei jmdm. sein und ihm einen guten Ausgang seiner Sache wünschen).*

davon [nachdrücklich auch: dav̱on] ⟨Pronominaladverb⟩: **1.** *von der betreffenden Sache /in bezug auf Abstand oder Trennung/:* nicht weit d. [entfernt] befindet sich das Museum; der Schmuck ist von meiner Großmutter, ich kann mich nur schwer d. trennen. * *auf und d. (weg).* **2.** *von der betreffenden Sache herrührend, dadurch:* du hast zu laut gesprochen, d. ist sie wach geworden. **3.** *von der betreffenden Menge, Sorte:* d. fehlen mir noch einige Exemplare. **4.** *im Hinblick auf etwas, über die betreffende Sache:* d. hat er sich inzwischen erholt; d. weiß ich nichts. **5.** *mit, aus der betreffenden Sache:* d. werde ich mir ein neues Kleid nähen; d. läßt sich durchaus leben.

davonkommen, kam davon, ist davongekommen ⟨itr.⟩: *einer drohenden Gefahr entrinnen, sich retten können:* da bist du noch einmal davongekommen; er ist mit dem [bloßen] Schrecken davongekommen *(außer dem Schrecken hat er keinen Schaden erlitten);* er ist mit dem Leben davongekommen *(hat sein Leben retten können).*

davonlaufen, läuft davon, lief davon, ist davongelaufen ⟨itr.⟩: *weglaufen:* er ist aus Angst davongelaufen.

davonmachen, sich; machte sich davon, hat sich davongemacht (ugs.): *sich [heimlich] entfernen:* als die Polizei kam, hatte er sich längst davongemacht.

davor [nachdrücklich auch: dav̱or] ⟨Pronominaladverb⟩: **1. a)** *vor der betreffenden Sache:* ein Haus mit einem Garten d. **b)** *vor die betreffende Sache:* damit das Haus nicht so kahl aussah, pflanzten sie Sträucher d. **2.** *vor der betreffenden Zeit, vorher:* nach der Pause fiel das entscheidende Tor, d. stand das Spiel 2 : 2. **3.** *im Hinblick auf die betreffende Sache:* er fürchtet sich d., allein die Verantwortung zu tragen.

dazu [nachdrücklich auch: daẕu] ⟨Pronominaladverb⟩: **1.** *zu der betreffenden Sache:* ich lasse mich von niemandem d. zwingen. **2.** *im Hinblick auf etwas, in bezug auf die betreffende Sache:* er wollte sich nicht näher d. äußern. **3.** *zu der betreffenden Art:* er ist von Natur kein verschlossener Mensch, seine Erfahrungen haben ihn erst d. gemacht. **4.** *zu diesem Zweck:* d. ist er gewählt worden.

dazugehören, gehörte dazu, hat dazugehört ⟨itr.⟩: *zu der betreffenden Sache, zu den betreffenden Personen gehören:* alles, was dazugehört, fehlt mir noch; in ihrem Kreis weiß man erst nach einiger Zeit, ob man wirklich dazugehört.

dazwischen [nachdrücklich auch: dazw̱ischen] ⟨Pronominaladverb⟩: **1.** *zwischen den betreffenden Sachen, Personen:* wir reisen nach Florenz und Rom, werden d. aber mehrmals Station machen. **2.** *zwischen den betreffenden Ereignissen:* am Nachmittag gibt es Reportagen und d. Musik. **3.** *darunter, dabei:* wir haben alle Briefe durchsucht, aber Ihren Antrag nicht d. gefunden.

dazwischenfahren, fährt dazwischen, fuhr dazwischen, ist dazwischengefahren ⟨itr.⟩: *mit lauter Stimme eingreifen, um Lärm oder Streit zu beenden:* sie machen einen furchtbaren Krach, da müßte mal jemand d.

dazwischenfunken, funkte dazwischen, hat dazwischengefunkt ⟨itr.⟩ (ugs.): **a)** *dazwischenfahren:* nachdem der Vater

dazwischengefunkt hatte, waren die Kinder plötzlich ruhig. b) *störend eingreifen:* wir wären längst fertig, wenn du nicht dauernd dazwischengefunkt hättest.

dazwischenkommen, kam dazwischen, ist dazwischengekommen ⟨itr.⟩: *sich unvorhergesehen ereignen und dadurch etwas unmöglich machen oder verzögern:* wenn nichts dazwischenkommt, werden wir euch noch in diesem Jahr besuchen.

dazwischenreden, redete dazwischen, hat dazwischengeredet ⟨itr.⟩: *sich unhöflich in ein Gespräch einschalten, jmdn. unterbrechen:* du darfst nicht ständig d.

dazwischenschlagen, schlägt dazwischen, schlug dazwischen, hat dazwischengeschlagen ⟨tr.⟩: *durch Anwendung von Gewalt etwas, was man mißbilligt, zu beenden suchen* /üblich in Sätzen mit Konjunktiv, die Wunsch nach Beseitigung übler Zustände o. ä. ausdrücken/: da sollte man doch d.; am liebsten hätte ich dazwischengeschlagen.

dazwischentreten, tritt dazwischen, trat dazwischen, ist dazwischengetreten ⟨itr.⟩: *sich einschalten, um einen Streit zu schlichten:* als die Schüler nicht aufhörten sich zu streiten, mußte der Lehrer d.

Debatte, die; -, -n: *lebhafte Erörterung, Aussprache [im Parlament]:* die D. eröffnen; in die D. eingreifen; das steht hier nicht zur D.

debattieren, debattierte, hat debattiert ⟨itr./tr.⟩: *lebhaft erörtern, besprechen.*

Debüt [de'by:], das; -s, -s: *erstes Auftreten:* er gab gestern sein D.

Deck, das; -s, -s: a) *oberstes Stockwerk eines Schiffes:* alle Mann an D.! b) *der oberen Abschluß der Schiffsrumpfes liegendes Stockwerk:* das Kino befindet sich im unteren D.

Deckadresse, die; -, -n: *Adresse, die jmd. angibt, um seine eigentliche Anschrift zu verheimlichen.*

Decke, die; -, -n: 1. *Gegenstand aus Stoff, mit dem man jmdn./ etwas bedeckt:* eine wollene, warme D. * (ugs.) *sich nach der D. strecken müssen (mit wenig auskommen müssen;* spar-sam sein müssen); (ugs.) mit jmdm. unter einer D. stecken *(mit jmdm. insgeheim die gleichen schlechten Ziele verfolgen).* 2. *obere, äußerste Schicht, Umhüllung:* die Straße ist voller Löcher, die D. muß an mehreren Stellen repariert werden. 3. *oberer Abschluß eines Raumes:* das Zimmer hat eine niedrige, hohe D.

Deckel, der; -s, -: 1. *abnehmbarer, aufklappbarer Teil eines Gefäßes, der die Öffnung verdeckt:* den D. des Topfes abnehmen. 2. *vorderes und hinteres Blatt des steifen Umschlags, in den ein Buch gebunden ist:* den D. aufschlagen. 3. (ugs.; scherzh.) *Hut, Kopfbedeckung.* * (ugs.) jmdm. eins auf den D. geben *(jmdm. zurechtweisen);* (ugs.) eins auf den D. kriegen *(zurechtgewiesen werden).*

decken, deckte, hat gedeckt: 1. a) ⟨tr.⟩ *(etwas) auf etwas legen:* das Dach [mit Ziegeln] d.; [den Tisch] für drei Personen d. *(Tischtuch und Bestecke auf den Tisch legen).* b) ⟨itr.⟩ *(als Farbe) nichts mehr durchscheinen lassen:* diese Farbe deckt gut. 2. a) ⟨tr./rfl.⟩ *schützen:* den Rücken d. der Truppen d.; der Boxer deckte sich schlecht. b) ⟨tr.⟩ *sich (vor etwas oder jmdn., der rechtswidrig gehandelt hat) schützend stellen:* seinen Komplicen, ein Verbrechen d. c) ⟨tr.⟩ Ballspiele *ständig in der Nähe des gegnerischen Spielers sein und ihm keine Möglichkeit zum Spielen lassen:* die Verteidigung deckte den gegnerischen Mittelstürmer nicht konsequent. 3. ⟨tr.⟩ *eine Sicherheit, Geldmittel bereithalten (für etwas):* das Darlehen wurde durch eine Hypothek gedeckt; ⟨häufig im 2. Partizip⟩ er wollte wissen, ob der Scheck gedeckt sei. b) *die notwendigen Mittel bereitstellen, jmdn. versorgen:* die Nachfrage, den Bedarf d.; mein Bedarf ist gedeckt. 4. ⟨tr.⟩ *begatten:* die Stute wurde gedeckt. 5. ⟨rzp.⟩ *einander gleich sein:* die beiden Dreiecke decken sich.

Deckname, der; -ns, -n: *angenommener Name, um den eigentlichen geheimzuhalten:* er trieb unter einem Decknamen Spionage.

Defätist, der; -en, -en: *jmd., der die eigene Mutlosigkeit auch auf andere überträgt.*

defekt ⟨Adj.⟩: *schadhaft:* der Motor ist d.

Defekt, der; -[e]s, -e: *Schaden:* einen D. an einer Maschine beheben.

defensiv ⟨Adj.⟩: *verteidigend, abwehrend* /Ggs. offensiv/: der Gegner verhielt sich d.; d. *(rücksichtsvoll)* Autofahren.

definieren, definierte, hat definiert ⟨tr.⟩: *[den Inhalt eines Begriffes] bestimmen, erklären:* einen Begriff d.

Definition, die; -, -en: *Bestimmung, Erklärung eines Begriffes:* eine D. geben.

Defizit, das; -s, -e: *Fehlbetrag; Verlust:* ein D. von 1000 DM haben.

Degen, der; -s, -: *Hieb- und Stichwaffe [zum Fechten]* (siehe Bild).

Degen

degradieren, degradierte, hat degradiert ⟨tr.⟩: *auf eine tiefere Rangstufe stellen, erniedrigen:* der Offizier wurde degradiert; die Tragödie wurde zum Musical degradiert. **Degradierung,** die; -, -en.

dehnbar ⟨Adj.⟩: *sich in die Länge, Breite dehnen lassend:* ein sehr dehnbares Gummiband; bildl.: ein dehnbarer *(nicht klar umrissener, nicht genau bestimmter)* Begriff.

dehnen, dehnte, hat gedehnt: 1. ⟨tr.⟩ *durch Auseinanderziehen, Spannen länger, breiter machen:* dieses Gewebe kann man nicht d. 2. ⟨rfl.⟩ *breiter, länger, größer werden:* der Pullover dehnt sich am Körper.

Deich, der; -[e]s, -e: *Damm an der Küste, am Flußufer zum Schutz gegen Überschwemmung:* einen D. bauen; der D. ist gebrochen.

dekadent ⟨Adj.⟩: *krankhaft verfeinert:* seine Gedichte waren etwas d.

deklamieren, deklamierte, hat deklamiert ⟨tr.⟩: *mit Pathos vortragen:* Verse d.

deklinieren, deklinierte, hat dekliniert ⟨tr.⟩: *ein Wort in seinen Formen abwandeln, beugen:* ein Substantiv, ein Adjektiv d.

Dekoration, die; -, -en: a) ⟨ohne Plural⟩ *schmückendes, künstlerisches Ausgestalten eines Raumes, Schmücken eines Gegen-*

standes: die D. der Schaufenster, der Tische nahm lange Zeit in Anspruch. **b)** *Dinge, mit denen etwas ausgeschmückt, künstlerisch ausgestaltet wird, ist:* die Dekorationen zu „Figaros Hochzeit"; die festlichen Dekorationen auf dem Podium wurden von allen bewundert.

dekorativ ⟨Adj.⟩: *schmückend, [nur] als Dekoration dienend:* eine dekorative Anordnung; dekorative Einzelheiten.

dekorieren, dekorierte, hat dekoriert ⟨tr.⟩: **1.** *künstlerisch ausgestalten, ausschmücken:* die Schaufenster, den Saal d. **2.** *mit Orden auszeichnen:* der Präsident ist auf seiner Reise mehrfach dekoriert worden.

Delegation, die; -, -en: *Abordnung:* eine D. entsenden.

delegieren, delegierte, hat delegiert ⟨tr.⟩: **1.** *abordnen:* jmdn. zu einem Kongreß d. **2.** *(jmdm.) eine Aufgabe, Befugnis übertragen:* der Manager delegiert einen Teil seiner Arbeit auf andere.

Delegierte, der; -n, -n ⟨aber: [ein] Delegierter, Plural: Delegierte⟩: *jmd., der zu etwas abgeordnet ist.*

delikat ⟨Adj.⟩: **1.** *besonders fein, wohlschmeckend:* das Gemüse ist, schmeckt d. **2. a)** ⟨nicht adverbial⟩ *heikel:* eine delikate Angelegenheit. **b)** *taktvoll, mit Feingefühl:* die Sache will d. behandelt sein.

Delikatesse, die; -, -n: *Leckerbissen, besonders feine Speise:* Lachs ist eine D.

Delikt, das; -[e]s, -e: *Vergehen, geringe Straftat:* ein D. begehen.

Delinquent, der; -en, -en: *jmd., der eine geringe Straftat begangen hat.*

Demagoge, der; -n, -n: *jmd., der andere [politisch] aufhetzt, durch leidenschaftliche Reden verführt.*

demagogisch ⟨Adj.⟩: *Hetze treibend:* demagogische Reden.

demaskieren, demaskierte, hat demaskiert: **a)** ⟨rfl.⟩ *die Maske abnehmen:* um Mitternacht demaskieren sich alle. **b)** ⟨rfl.⟩ *sein wahres Gesicht zeigen:* durch sein Verhalten hat er sich demaskiert. **c)** ⟨tr.⟩ *jmdn. zwingen, sein wahres Gesicht zu zeigen:* einen Hochstapler d. **Demaskierung,** die; -, -en.

dementieren, dementierte, hat dementiert ⟨tr.⟩: *(eine Nachricht, Behauptung anderer) öffentlich für unwahr erklären:* eine Meldung d.

demnach ⟨Adverb⟩: *auf Grund des vorher Gesagten; folglich:* er fährt einen großen Wagen, d. müßte es ihm sehr gut gehen.

demnächst ⟨Adverb⟩: *in nächster Zeit:* d. erscheint die zweite Auflage des Buches.

Demokratie, die; -, -n: *Staatsform, in der das Volk durch seine gewählten Vertreter die Herrschaft ausübt:* in einer D. leben.

demokratisch ⟨Adj.⟩: *den Grundsätzen der Demokratie entsprechend:* eine demokratische Einstellung.

demolieren, demolierte, hat demoliert ⟨tr.⟩: *mutwillig stark beschädigen [und dadurch unbrauchbar machen]:* die Betrunkenen demolierten die Möbel.

Demonstrant, der; -en, -en: *jmd., der an einer Demonstration teilnimmt:* mehrere Demonstranten wurden verhaftet.

Demonstration, die; -, -en: **1.** *Massenkundgebung:* eine D. veranstalten. **2.** *anschauliche Beweisführung:* ein Unterricht mit Demonstrationen. **3.** *sichtbarer Ausdruck einer bestimmten Absicht:* die Olympischen Spiele sind eine D. der Völkerfreundschaft; seine Rede wurde als eindrucksvolle D. gegen den Krieg verstanden.

demonstrativ ⟨Adj.⟩: **a)** *betont auffällig:* daraufhin erklärte er d. seinen Rücktritt. **b)** *anschaulich:* eine demonstrative Darlegung schwieriger Probleme.

demonstrieren, demonstrierte, hat demonstriert: **1.** ⟨tr.⟩ *seine ablehnende Haltung gegen etwas öffentlich mit anderen zusammen kundtun:* gegen den Krieg d.; die Arbeiter demonstrierten gemeinsam mit den Studenten. **2.** ⟨tr.⟩ *veranschaulichen, zeigen:* er demonstrierte, wie sich der Unfall ereignet hatte.

demontieren, demontierte, hat demontiert ⟨tr.⟩: *auseinandernehmen, abbauen:* eine Maschine, Fabrik d.

Demoskopie, die; -, -n: *Meinungsforschung, Volksbefragung:* Institut für D.

Demut, die; -: *Ergebenheit; Bereitschaft zu dienen, sich zu unterwerfen:* christliche D.

demütig ⟨Adj.⟩: *von Demut erfüllt, untertänig:* d. bitten.

demütigen, demütigte, hat gedemütigt: **a)** ⟨tr.⟩ *(jmdn.) erniedrigen, in seinem Ehrgefühl und Stolz verletzen:* es macht ihm Freude, andere zu d. **b)** ⟨rfl.⟩ *sich in Demut beugen:* sich vor Gott d.

demzufolge ⟨Adverb⟩: *demnach, folglich:* er kam heute morgen sehr früh hier an, d. müßte er gestern abend schon abgefahren sein.

denkbar ⟨Adj.⟩: **a)** ⟨nicht adverbial⟩ *möglich [gedacht zu werden]:* ohne Luft und Licht ist kein Leben d. **b)** ⟨verstärkend bei Adjektiven⟩ *äußerst:* dieser Termin ist d. ungünstig; zwischen uns besteht das d. beste *(allerbeste)* Verhältnis.

denken, dachte, hat gedacht: **1. a)** ⟨itr.⟩ *die menschliche Fähigkeit des Erkennens und Urteilens (auf etwas) anwenden:* logisch d.; bei dieser Arbeit muß man d. **b)** ⟨tr.⟩ *einen bestimmten Gedanken haben:* jeder denkt im geheimen dasselbe; er dachte bei sich, ob es nicht besser wäre, wenn... **2.** ⟨itr.⟩ *gesinnt sein:* rechtlich d. **b)** *(über jmdn./etwas) eine bestimmte [vorgefaßte] Meinung haben:* die Leute denken nicht gut von dir; ⟨auch tr.⟩ so weiß ich nicht, was ich davon d. *(halten)* soll. **3.** ⟨itr.⟩ **a)** *annehmen, glauben, meinen:* ich dachte, ich hätte dir das Buch schon gegeben. **b)** *(etwas) vermuten:* du hättest dir doch d. können, daß ich später komme. **c)** *sich (jmdn./etwas) in einer bestimmten Weise vorstellen:* ich denke mir das Leben auf dem Lande sehr erholsam. **4.** ⟨itr.⟩ *beabsichtigen, vorhaben:* eigentlich denke ich, morgen abzureisen. **5.** ⟨itr.⟩ **a)** *sich erinnern, in Gedanken (bei jmdm./etwas) sein:* er denkt an seine verstorbenen Eltern. **b)** *auf jmds. Wohl bedacht sein, (für etwas) Vorsorge treffen:* sie denkt immer zuerst an die Kinder; ans Alter d. **c)** *(jmdn.) für eine Aufgabe o. ä. vorgesehen haben:* wir hatten bei dem Projekt an Sie gedacht.

Denkmal, das; -s, Denkmäler: **1.** *zum Gedächtnis an eine Person, ein Ereignis errichtete größere plastische Darstellung, Monument:* das D. Schillers und Goethes. * *sich* (Dativ) *ein*

D. setzen *(durch eine besondere Leistung in der Erinnerung weiterleben).* **2.** *erhaltenswertes Werk, das für eine frühere Kultur Zeugnis ablegt:* diese Handschrift gehört zu den wichtigen Denkmälern des Mittelalters.

Denkweise, die; -: *Art und Weise zu denken; Einstellung:* seine D. unterschied sich von der seines Freundes.

denkwürdig ⟨Adj.⟩: *wert, im Gedächtnis bewahrt zu werden; bedeutungsvoll:* ein denkwürdiges Ereignis.

Denkzettel, der; -s, - (ugs.): *längere Zeit im Gedächtnis bleibende Strafe oder unangenehme Erfahrung, die auf das eigene Verhalten zurückzuführen ist:* jmdm. einen D. geben.

denn ⟨Partikel⟩: **I.** ⟨kausale Konj.⟩: wir gingen wieder ins Haus, d. auf der Terrasse war es zu kühl geworden. **II.** ⟨Vergleichspartikel⟩ (selten) *als:* er ist bedeutender als Gelehrter d. als Künstler; ⟨häufig in Verbindung mit *je* nach Komparativ⟩ mehr, besser d. je. **III.** ⟨Adverb⟩ /dient der Verstärkung/: was ist d. [nur]?; nun d. *(also)*!

dennoch ⟨Adverb⟩: *auch unter den genannten Umständen noch, trotzdem:* er war krank, d. wollte er seine Reise nicht verschieben.

denunzieren, denunzierte, hat denunziert ⟨tr.⟩ (abwertend): *aus niedrigen Motiven anzeigen, verraten:* er hat ihn [bei der Polizei] denunziert.

deplaciert ⟨Adj.⟩: *unangebracht, unpassend:* diese Bemerkung war absolut deplaciert.

deponieren, deponierte, hat deponiert ⟨tr.⟩: *hinterlegen, in Verwahrung geben:* seinen Schmuck im Safe d.

Depression, die; -, -en: *Niedergeschlagenheit, traurige Verstimmung:* an Depressionen leiden.

deprimieren, deprimierte, hat deprimiert ⟨tr.⟩: *mutlos machen, niederdrücken:* dieser Vorfall hat mich sehr deprimiert; ⟨häufig im 2. Partizip⟩ nach seiner Niederlage war er völlig deprimiert.

derb ⟨Adj.⟩: **1.** *kräftig:* ein derber Menschenschlag. **2.** *unfein, grob:* ein derber Scherz.

derzeit ⟨Adverb⟩: **1.** *augenblicklich, gegenwärtig:* ich habe d. nichts davon auf Lager. **2.** (selten) *damals, seinerzeit:* d. war er der beste Läufer.

derzeitig ⟨Adj.; nur attributiv⟩: **1.** *augenblicklich, gegenwärtig:* dies ist die beste derzeitige Ausgabe der Werke dieses Dichters. **2.** (selten) *damalig:* der derzeitige Leiter des Unternehmens war zugleich ein großer Sportler.

Deserteur [dezɛr'tøːr], der; -s, -e: *Fahnenflüchtiger, Überläufer.*

desertieren, desertierte, hat/ist desertiert ⟨itr.⟩: *fahnenflüchtig werden, zum Feind überlaufen.*

deshalb ⟨Adverb⟩: **1.** *wegen dieser Sache:* ich hatte meine Brille vergessen und ging d. **2.** *aus diesem Grund:* sie macht in einigen Tagen ihr Examen, d. kann sie an der Reise nicht teilnehmen.

desinfizieren, desinfizierte, hat desinfiziert ⟨tr.⟩: *Krankheitserreger (an etwas) unschädlich machen; keimfrei machen:* die Kleidung, einen Raum d.

Dessert [dɛˈsɛːr], das; -s, -s: *Nachtisch, Nachspeise.*

desodorieren, desodorierte, hat desodoriert ⟨tr./itr.⟩: *unangenehme Gerüche des menschlichen Körpers beseitigen;* ⟨meist im 1. Partizip⟩ desodorierende Seife.

deswegen ⟨Adverb⟩: **1.** *wegen dieser Sache:* d. hättest du mich nicht anzurufen brauchen, daran hätte ich so wieso gedacht. **2.** *aus diesem Grund:* ich ahnte schon, daß du später kommen würdest, d. habe ich noch keinen Kaffee gekocht, sondern bis jetzt gewartet.

Detail [deˈtaɪ, auch deˈtaː(l)], deˈtaɪ], das; -s, -s: *Einzelheit:* einen Vorgang bis ins kleinste D. schildern; er ging bei seiner Beschreibung allzusehr ins D. (*ins einzelne*).

Detektiv, der; -s, -e: *jmd., dessen Beruf es ist, jmdn. zu beobachten und unauffällig Ermittlungen über dessen Tun und Verhalten anzustellen:* jmdn. durch einen D. beobachten lassen.

detonieren, detonierte, hat/ist detoniert ⟨itr.⟩: *explodieren:* eine Granate detonierte.

deuten, deutete, hat gedeutet: **1.** ⟨itr.⟩ **a)** *hinzeigen, weisen:* auf etwas, jmdn. [mit dem Finger] d. **b)** *hinweisen, ankündigen:* alles deutet auf kommende Veränderungen. **2.** ⟨tr.⟩ *(einer Sache) einen bestimmten Sinn beilegen; erklären, auslegen:* Träume, Zeichen d.; die Zukunft d. *(vorhersagen).*

deutlich ⟨Adj.⟩: **a)** *klar, gut wahrnehmbar:* eine deutliche Stimme; eine deutliche *(lesbare)* Schrift; sich d. *(genau)* [an etwas] erinnern. **b)** *unmißverständlich, unverhüllt:* ein deutlicher Hinweis; sich d. ausdrücken. * d. werden *(bisher zurückgehaltene Kritik äußern).* **Deutlichkeit,** die; -.

Devise, die; -, -n: **1.** ⟨Plural⟩ *Zahlungsmittel in ausländischer Währung:* keine Devisen haben. **2.** *Wahlspruch, Losung:* mehr Freizeit lautet heute die D.

devot ⟨Adj.⟩ (abwertend): *unterwürfig, übertrieben ergeben:* eine devote Haltung; er verneigte sich d.

Dezember, der; -[s]: *zwölfter Monat im Jahr.*

dezent ⟨Adj.⟩: *unaufdringlich, zurückhaltend; nur leicht andeutend:* ein dezentes Kleid, Parfum; eine dezente *(gedämpfte)* Beleuchtung; d. *(taktvoll)* auf einen Fehler hinweisen.

dezimieren, dezimierte, hat dezimiert ⟨tr.⟩: *durch gewaltsamen Eingriff verringern:* der Krieg hat die Bevölkerung stark dezimiert.

Dia, das; -s, -s: *durchsichtiges photographisches Bild, das auf eine große Fläche projiziert werden kann:* Dias vom Urlaub vorführen.

Diagnose, die; -, -n: *Bestimmung einer Krankheit:* eine richtige, falsche D. * **eine D. stellen** *(eine Krankheit auf Grund bestimmter Anzeichen feststellen).*

Dialekt, der; -s, -e: *Mundart:* der oberdeutsche, sächsische D.; er spricht D.

Dialog, der; -s, -e: **a)** *Gespräch zwischen zwei oder mehr Personen* /Ggs. Monolog/: ein langer, gut geführter D. **b)** *Gespräche, die zwischen zwei Interessengruppen geführt werden, um die gegenseitigen Standpunkte kennenzulernen:* der D. zwischen der Kirche und den Atheisten.

Diarrhö, die; -: *Durchfall.*

Diät, die; -: *bestimmte Ernährung für einen Kranken:* eine strenge D. einhalten.

Diäten, die ⟨Plural⟩: *Aufwandsentschädigung (für Abgeordnete), Tagegelder.*

dicht ⟨Adj.⟩: **1.** *undurchdringlich, nur mit wenig Zwischenraum:* ein dichtes Gebüsch; dichter Nebel; die Pflanzen stehen zu d. **2.** *undurchlässig:* die Stiefel sind nicht mehr d. **3.** ⟨in Verbindung mit einer Präp.⟩ *in unmittelbarer Nähe (von etwas):* d. am Ufer; d. vor mir machte er halt.

dichten, dichtete, hat gedichtet: **I.** ⟨itr./tr.⟩ *ein sprachliches Kunstwerk hervorbringen:* ein Gedicht, ein Lied d. **II. a)** ⟨tr.⟩ *abdichten, undurchlässig machen:* das Fenster, das Dach, den Wasserhahn d. **b)** ⟨itr.⟩ *als Mittel zum Abdichten geeignet sein:* der Kitt dichtet gut, nicht mehr.

Dichter, der; -s, -: *Schöpfer eines sprachlichen Kunstwerks:* einen D. zitieren.

Dichtung, die; -, -en: **I.** *gedichtetes Werk, Literatur:* die D. des Mittelalters. **II. a)** ⟨ohne Plural⟩ *das Dichtmachen.* **b)** *Schicht aus einem geeigneten Material, die zwischen zwei Teile eines Gerätes o. ä. zur Abdichtung gelegt wird:* die D. am Wasserhahn muß erneuert werden.

dick ⟨Adj.⟩: **1. a)** *von beträchtlichem, mehr als normalem Umfang; massig* /Ggs. dünn/: ein dicker Mann, Ast; ein dickes (umfangreiches) Buch; sie ist in den letzten Jahren dicker geworden. **b)** *angeschwollen:* eine dicke Backe, Lippe haben. **2.** ⟨in Verbindung mit Angaben von Maßen⟩ *eine bestimmte Dicke habend, stark:* das Brett ist 2 cm d. **3.** *zähflüssig:* dicker Brei; dicke (saure) Milch. **4. a)** *dicht, undurchdringlich:* dicker Nebel. **b)** ⟨in Verbindung mit bestimmten Verben⟩ *in großer Menge, sehr stark:* das Brot d. mit Butter bestreichen. * (ugs.) **ein dickes Fell haben** *(Vorwürfe, Aufforderungen o. ä. gar nicht reagieren; sich unbeeindruckt zeigen);* (ugs.) **es ist dicke Luft** *(es herrscht eine schlechte, gefährliche Stimmung);* (ugs.) **d. auftragen** *(übertreiben);* (ugs.) **mit jmdm. durch dick und dünn gehen** *(schwierige Situationen gemeinsam mit jmdm. durchstehen).* **5.** ⟨nicht prädikativ⟩ (ugs.) *groß, bedeutend:* eine dicke Freundschaft; ein dickes

Lob. ** (ugs.) **etwas dick[e] haben** *(von einer Sache genug haben, einer Sache überdrüssig sein).*

dickfellig ⟨Adj.⟩ (ugs.; abwertend): *gleichgültig gegenüber Vorwürfen, Aufforderungen o. ä.*

dickflüssig ⟨Adj.⟩: *langsam, zäh fließend:* ein dickflüssiges Öl.

Dickicht, das; -s, -e: *dichtes Gebüsch, dichter junger Wald:* das Reh hat sich im D. versteckt.

dickköpfig ⟨Adj.⟩ (ugs.; abwertend): *trotzig, auf seinem Willen beharrend, eigensinnig.*

Dieb, der; -[e]s, -e: *jmd., der stiehlt:* einen D. auf frischer Tat ertappen. **Diebin**, die; -, -nen.

Diebstahl, der; -s, Diebstähle: *das Stehlen; rechtswidrige Aneignung fremden Eigentums:* einen D. begehen, aufdecken; er wurde beim D. ertappt. * **geistiger D.** *(Aneignung fremden Gedankengutes, Plagiat).*

Diele, die; -, -n: **I.** *Brett für den Fußboden:* eine knarrende D.; Dielen legen. **II.** *[geräumiger] Flur:* in der D. warten.

dienen, diente, hat gedient ⟨itr.⟩: **1. a)** *für eine Institution, in einem bestimmten Bereich tätig sein:* er hat fast sein ganzes Leben dem Staat, der Wissenschaft gedient. **b)** *dem Militärdienst nachkommen:* bei der Luftwaffe d. **2.** *nützlich sein (für jmdn./etwas):* ihre Forschungen dienten friedlichen Zwecken, der ganzen Menschheit. **3.** *in bestimmter Weise verwendet werden, einen bestimmten Zweck erfüllen:* das Schloß dient heute als Museum; der Graben dient dazu, das Wasser abzuleiten.

Dienst, der; -es, -e: *bestimmte Pflichten umfassende berufliche Arbeit [in einer staatlichen, kirchlichen Institution]:* ein anstrengender D.; der militärische D. * **außer D.** *(aus seinem Amt, Beruf ausgeschieden;* Abk.: a.D.): ein Leutnant a. D.; **jmdm. einen [schlechten] D. mit etwas erweisen** *(jmdm. mit etwas [k]eine Hilfe sein, [nicht] nützen);* **jmdm. seine Dienste anbieten** *(sich bereit erklären, jmdm. zu helfen).*

Dienstag, der; -s, -e: *dritter Tag der mit Sonntag beginnenden Woche.*

diensteifrig ⟨Adj.⟩: *äußerst eifrig um jmdn. bemüht:* jmdn.

d. die Tür aufmachen; er ist ein dienstfertiger Kellner.

Dienstgrad, der; -[e]s, -e: *Rang, Rangstufe:* er hat den D. eines Leutnants.

dienstlich ⟨Adj.⟩: **a)** *die Ausübung des Amts, des Berufs betreffend; hinsichtlich des Dienstes:* eine dienstliche Angelegenheit; ich bin d. (durch meinen Dienst) verhindert. **b)** *amtlich, streng offiziell:* das ist dienstlicher Befehl. *. **d. werden** *(in einem Gespräch von einem persönlichen auf einen formellen Ton übergehen).*

Dienststelle, die; -, -n: *amtliche Stelle:* Hinweise nimmt jede polizeiliche D. entgegen.

diesig ⟨Adj.⟩: *dunstig, nicht klar:* diesiges Wetter.

diesseits ⟨Präp. mit Gen.⟩: *auf dieser Seite*/Ggs. jenseits/: d. des Flusses.

diffamieren, diffamierte, hat diffamiert ⟨tr.⟩ (abwertend): *verleumden, in einen schlechten Ruf bringen:* eine diffamierende Äußerung. **Diffamierung**, die; -, -en.

Differenz, die; -, -en: **1.** *Unterschied zwischen zwei Zahlen, Größen:* die D. zwischen Einnahme und Ausgabe; die D. zwischen 25 und 17 ist 8. **2.** ⟨Plural⟩ *Meinungsverschiedenheiten:* er hatte ständig Differenzen mit ihm.

diffizil ⟨Adj.; nicht adverbial⟩: **a)** *schwierig, schwer zu behandeln:* eine diffizile Aufgabe. **b)** *peinliche Genauigkeit erfordernd:* diffizile medizinische Untersuchungen.

Diktat, das; -s, -e: **1. a)** *Ansage eines Textes, der wörtlich niedergeschrieben werden soll:* nach D. schreiben; die Sekretärin wurde zum D. gerufen. **b)** *nach einer Ansage wörtlich niedergeschriebener Text:* ein D. aufnehmen, übertragen; die Schüler schreiben ein D. *(eine Übung zur Rechtschreibung).* **2.** *aufgezwungene Verpflichtung:* das Volk wollte sich dem D. des Siegers nicht fügen; das D. der Mode.

diktatorisch ⟨Adj.⟩: *keinen Widerspruch duldend, autoritär.*

Diktatur, die; -, -en: *[Staat mit einer] Herrschaft, die sich nicht an das Recht gebunden fühlt und willkürlich entscheiden kann:* in einer D. leben.

diktieren, diktierte, hat diktiert ⟨tr.⟩: **1.** *zum wörtlichen Niederschreiben ansagen:* jmdm. einen Brief d. **2.** *aufzwingen:* jmdm. seinen Willen d.; eine von politischen Erwägungen diktierte *(gelenkte, bestimmte)* Äußerung.

Dilemma, das; -s: *Situation, in der man gezwungen ist, sich zwischen zwei gleichermaßen unangenehmen Dingen zu entscheiden:* er wußte nicht, wie er aus dem D. herauskommen sollte.

Dilettant, der; -en, -en (oft abwertend): *jmd., der sich auf einem bestimmten Gebiet als Laie, nicht als Fachmann betätigt.*

Dimension, die; -, -en: **1.** *Ausdehnung in die Länge, Höhe oder Breite:* jeder Körper hat drei Dimensionen. **2.** ⟨Plural⟩ *Ausmaß:* die Katastrophe nahm ungeheure Dimensionen an.

Ding, das; -[e]s, -e und (ugs.) -er: **I.** ⟨Plural: Dinge⟩: **1.** *bestimmtes Etwas, nicht näher bezeichneter Gegenstand:* ein wertloses D.; Dinge zum Verschenken. **2.** ⟨Plural⟩ **a)** *das, was geschieht, geschehen ist:* die Dinge nicht ändern können; nach Lage der Dinge. * *etwas geht nicht mit rechten Dingen zu (etwas geschieht nicht auf natürliche, rechtmäßige Weise);* **unverrichteter Dinge** *(ohne etwas verwirklicht, erreicht zu haben);* **über den Dingen stehen** *(sich nicht allzusehr von etwas beeindrucken lassen).* **b)** *Angelegenheiten:* persönliche und geschäftliche Dinge. * **vor allen Dingen** *(vor allem andern, besonders).* **II.** ⟨Plural: Dinger⟩ (ugs.): **1.** *Mädchen:* ein liebes, kleines albernes D.; es waren alles junge Dinger. **2. a)** *etwas, was [absichtlich] nicht mit seinem Namen benannt wird:* ein riesiges D.; die alten Dinger solltest du endlich wegwerfen. **b)** *Sache, Affäre:* das ist ein [tolles] D.! * (ugs.) **ein D. drehen** *(etwas Übles tun, etwas anstellen).*

Diplomat, der; -en, -en: *bei einem fremden Staat als Vertreter seines Landes beglaubigter Beamter im auswärtigen Dienst;* bildl.: *jmd., der sich so geschickt verhält, daß er mit allen gut auskommt und dadurch seine Ziele erreicht:* er ist ein guter D.

direkt ⟨Adj.⟩: **1. a)** ⟨nur attributiv⟩ *in geradem Weg auf ein Ziel zulaufend:* ein direkter Weg; eine direkte Verbindung (bei der man nicht umzusteigen braucht). **b)** ⟨nur adverbial⟩ *unmittelbar, ohne einen Zwischenraum, eine Verzögerung oder eine Mittelsperson:* wir kaufen das Gemüse d. vom Bauern. **2.** ⟨nicht prädikativ⟩ *sich unmittelbar auf die betreffende Person oder Sache beziehend* /Ggs. indirekt/: ein direktes Interesse. * S p r a c h w. **die direkte Rede** *(wörtliche Wiedergabe von etwas Gesprochenem).* **3.** (ugs.) *unmißverständlich, eindeutig:* sie ist immer sehr d. in ihren Äußerungen. **4.** (ugs.) *geradezu, tatsächlich:* mit dem Wetter habt ihr d. Glück gehabt.

Direktion, die; -, -en: **1.** *Leitung:* die D. übernehmen, übertragen bekommen. **2.** *leitende Person[en] eines Unternehmens [und deren Büro]:* die neue D. führte einige Änderungen durch; an die D. schreiben.

Direktor, der; -s, -en: *Leiter einer Institution, eines Unternehmens:* der D. einer Schule, einer Bank.

Direktübertragung, die; -, -en: *Sendung des Rundfunks, Fernsehens, die ein Geschehen direkt übermittelt.*

Dirigent, der; -en, -en: *Leiter eines Orchesters, eines Chors.*

dirigieren, dirigierte, hat dirigiert ⟨tr.⟩: **1.** *(die Aufführung eines musikalischen Werkes, ein Orchester o. ä.) leiten:* eine Oper, ein Orchester d.; ⟨auch itr.⟩ er dirigiert ohne Taktstock. **2.** *in eine bestimmte Richtung lenken; an einen bestimmten Platz, Ort leiten, bringen:* man dirigierte den Betrunkenen in sein Zimmer.

Disharmonie, die; -, -n: **1.** *nicht gut klingende Verbindung von Tönen, Mißklang.* **2.** *Unstimmigkeit, Mißstimmung* /Ggs. Harmonie/: diese Disharmonien führten schließlich zu immer größeren Spannungen zwischen ihnen.

Diskjockei ['dɪskdʒɔke], der; -s, -s: *jmd., der Schallplatten mit leichter Musik zusammenstellt, auflegt und die verbindenden Worte dazu spricht.*

Diskothek, die; -, -en: **a)** *Sammlung, Archiv von Schallplatten.* **b)** *unter einem bestimmten Gesichtspunkt zusammengestelltes Verzeichnis von Schallplatten:* am Schluß des Buches finden Sie eine D.

Diskrepanz, die; -, -en: *Mißverhältnis, Unstimmigkeit:* man merkt bei ihm eine D. zwischen Reden und Handeln.

diskret ⟨Adj.⟩: **a)** *taktvoll* /Ggs. indiskret/: ein diskretes Benehmen; sich d. abwenden. **b)** *unauffällig:* ein diskreter Hinweis. **c)** *vertraulich:* etwas d. behandeln; eine diskrete *(sehr persönliche)* Frage.

diskriminieren, diskriminierte, hat diskriminiert ⟨tr.⟩: **a)** *durch [unzutreffende] Aussagen jmds. Ruf schaden; herabsetzen:* jmdn. in der Öffentlichkeit d. **b)** *durch unterschiedliche Behandlung zurücksetzen:* in einigen Ländern werden die Schwarzen immer noch diskriminiert. **Diskriminierung,** die; -, -en.

Diskussion, die; -, -en: *[lebhaftes, wissenschaftliches] Gespräch über ein bestimmtes Thema, Problem:* eine lange, politische D.; eine D. führen, eröffnen; sich auf keine D. mit jmdm. einlassen. * **etwas zur D. stellen** *(etwas als Thema zur Erörterung vorschlagen).*

diskutabel ⟨Adj.; nicht adverbial⟩ *der Erwägung, Überlegung wert* /Ggs. indiskutabel/: ein diskutables Angebot.

diskutieren, diskutierte, hat diskutiert ⟨tr.⟩: *[in einer lebhaften Auseinandersetzung] seine Meinungen über ein bestimmtes Thema austauschen:* eine Frage ausführlich d.; ⟨auch itr.⟩ über diesen Punkt wurde heftig diskutiert.

dispensieren, dispensierte, hat dispensiert ⟨tr.⟩: *(von einer bestimmten Pflicht oder Aufgabe) befreien:* einen Schüler vom Unterricht d.

disponieren, disponierte, hat disponiert ⟨itr.⟩: **a)** *verfügen:* über sein Vermögen, seine Zeit d. [können]. **b)** *etwas richtig einteilen:* er versteht nicht zu d. (er versteht nicht, sein Geld, seine Arbeit richtig einzuteilen).

disponiert: ⟨in der Verbindung⟩ d. sein: **a)** *in einer bestimmten körperlich-seelischen Verfassung sein:* der Künstler war ausgezeichnet, nicht d. **b)** *Veranlagung (zu etwas) haben, (zu etwas) neigen:* er ist für diese Krankheit d.

Disput, der; -[e]s, -e: *Wortwechsel, Streitgespräch [zwischen zwei Personen] über einen bestimmten Gegenstand.*

disqualifizieren, disqualifizierte, hat disqualifiziert ⟨tr.⟩: *wegen grober Verletzung der sportlichen Regeln von der weiteren Teilnahme an einem Wettkampf ausschließen.*

Dissonanz, die; -, -en: *Mißklang.*

Distanz, die; -, -en: **1.** *räumlicher, zeitlicher oder innerer Abstand:* die D. zwischen beiden Läufern betrug nur wenige Meter, Sekunden; kein Gefühl für D. haben; sehr auf D. bedacht sein; alles aus der D. sehen. **2.** ⟨ohne Plural⟩ Sport *zurückzulegende Strecke:* er war Sieger über eine D. von 200 Metern.

Disziplin, die; -, -en: **I.** ⟨ohne Plural⟩: *Zucht, Ordnung:* in der Klasse herrscht keine D. **II. a)** *wissenschaftliche Fachrichtung:* die mathematische D. **b)** *Sportart:* er beherrscht mehrere Disziplinen.

dividieren, dividierte, hat dividiert ⟨tr.⟩: *in einem bestimmten Verhältnis zweier Zahlen die Zahl suchen, die angibt, wie oft die niedrigere von beiden in der höheren enthalten ist; teilen:* zwanzig dividiert durch fünf ist vier.

doch: I. ⟨Konj. oder Adverb⟩ *aber, jedoch* /leitet meist knappe Aussagen ein/: sie sind arm, doch nicht unglücklich. **II.** ⟨Adverb⟩ **1.** *dennoch, trotzdem* /steht als freie, betonte Angabe im Satz/: er fühlte sich nicht gesund, und d. machte er die Reise mit. **2.** (ugs.) *das Gegenteil ist der Fall* /als Antwort auf eine Frage, die etwas in Zweifel zieht/: hast du denn die Arbeit nicht gemacht? D.! **3.** /drückt die Stellungnahme des Sprechers aus/: **a)** /bekräftigt einen Tatbestand/: das kommt mir d. bekannt vor. **b)** /drückt in Fragesätzen eine gewisse Besorgnis aus/: du wirst d. nicht etwa absagen? **c)** /verleiht einem Wunsch, einer Aufforderung Nachdruck/: wäre d. alles schon vorüber!

Docht, der; -[e]s, -e: *Faden aus Baumwolle, der durch eine Kerze verläuft, an dem die Kerze angezündet und mit dem sie am Brennen gehalten wird.*

Dogma, das; -s, Dogmen: *[kirchlicher] Lehrsatz mit dem Anspruch unbedingter Geltung.*

dogmatisch ⟨Adj.⟩: *an ein Dogma gebunden, im Sinne eines Dogmas:* eine dogmatische Einstellung.

Doktor, der; -s, -en (Abk.: Dr.): **1.** *akademischer Grad [der auf Grund einer schriftlichen Arbeit und einer mündlichen Prüfung durch eine Fakultät verliehen wird]:* jmdn. zum D. promovieren; (ugs.) seinen, den D. machen (promovieren); Dr. h. c. (honoris causa) /auf Grund besonderer Verdienste ohne Prüfung verliehener akademischer Grad/. **2.** *jmd., der den Grad des Doktors besitzt.* **3.** (ugs.) *Arzt:* den D. holen, rufen.

Dokument, das; -[e]s, -e: **a)** *Urkunde:* Dokumente einsehen, einreichen. **b)** *Schriftstück, das als Beweis dient:* ein wichtiges D. für den Prozeß.

Dolch, der; -[e]s, -e: *kurze Stichwaffe (siehe Bild).*

Dolch

dolmetschen, dolmetschte, hat gedolmetscht ⟨itr./tr.⟩: *ein Gespräch zwischen Personen, die verschiedene Sprachen sprechen, wechselweise übersetzen:* er mußte auf dem Kongreß d.; ein Gespräch, eine Rede d.

Dolmetscher, der; -s, -: *jmd., der berufsmäßig ein Gespräch o. ä. dolmetscht.* **Dolmetscherin**, die; -, -nen.

dominieren, dominierte, hat dominiert ⟨itr.⟩: *vorherrschen, stärker als jmd./etwas hervortreten; überwiegen:* in den meisten Ländern dominiert Englisch als Fremdsprache.

Dompteur [dɔmp'tø:r], der; -s, -e: *jmd., der wilde Tiere für Vorführungen abrichtet.*

Donner, der; -s, -: *dumpf rollendes, dröhnendes Geräusch, das dem Blitz folgt:* der D. rollt, grollt; bildl.: der D. der Kanonen.

donnern, donnerte, hat gedonnert ⟨itr.⟩: **a)** *ein krachendes, polterndes Geräusch ertönen lassen:* es donnert; bildl.: die Kanonen donnerten den ganzen Tag; der Zug donnert (fährt mit einem dem Donner vergleichbaren Geräusch) über die Brücke. **b)** *mit lauter, dröhnender Stimme sprechen; schimpfen:* er hat furchtbar gedonnert, weil wir zu spät gekommen waren.

Donnerstag, der; -[e]s, -e: *fünfter Tag der mit Sonntag beginnenden Woche.*

doof ⟨Adj.⟩ (ugs.; abwertend): **a)** *dumm:* er ist zu d., um das zu kapieren. **b)** *nicht schön, langweilig:* das war gestern ein doofer Abend.

dopen, dopte, hat gedopt ⟨tr.⟩: Sport *(jmdm.) bei einem Wettkampf unerlaubterweise Mittel zur Steigerung der Leistung geben;* ⟨auch rfl.⟩ der Sieger im Kugelstoßen hatte sich gedopt.

doppeldeutig ⟨Adj.⟩: *auf doppelte Weise zu deuten:* die Aussage war d.

Doppelgänger, der; -s, -: *jmd., der einem andern zum Verwechseln ähnlich sieht:* einen D. haben.

Doppelpunkt, der; -[e]s, -e: /ein Satzzeichen/ (Zeichen :).

doppelt ⟨Adj.⟩: **a)** *zweifach; zweimal:* ein Koffer mit doppeltem Boden; er ist d. so alt wie du. * **eine doppelte Moral** (*unterschiedliche moralische Beurteilung eines Tatbestandes, die davon abhängt, wer etwas gemacht hat, ob z. B. eine Frau oder ein Mann*); **ein doppeltes Spiel spielen** (*mit zwei gegnerischen Parteien in Verbindung stehen und beide täuschen*). **b)** ⟨nicht prädikativ⟩ *erst recht, besonders [groß]:* etwas mit doppelter Anstrengung noch einmal versuchen; wir müssen uns jetzt d. vorsehen.

Dorf, das; -[e]s, -e: **a)** *ländliche Siedlung mit bäuerlichem Charakter.* * **das sind jmdm. / für jmdn. böhmische Dörfer** (*das ist jmdm. unklar, unverständlich*). **b)** (ugs.) *die Einwohner einer ländlichen Siedlung mit bäuerlichem Charakter:* das ganze D. lief zusammen.

Dorn, der; -[e]s, -en: *am Stengel einer Pflanze hervorragender Stachel:* diese Rosen haben keine Dornen. * **jmdm. ein D. im Auge sein** (*jmdm. unbequem und deshalb verhaßt sein*).

dort ⟨lokales Adverb⟩: *an jenem Platz, Ort; nicht hier:* von d. aus ist die Stadt leicht zu erreichen.

Dose, die; -, -n: **a)** *kleiner Behälter mit Deckel.* **b)** *Büchse* /für Konserven/: eine D. [Erbsen].

Dozẹnt, der; -en, -en: *jmd., der an einer Hochschule, Universität unterrichtet.*

Drạche, der; -n, -n: *großes, furchterregendes, feuerspeiendes Tier in der Sage.*

Drạchen, der; -s, -: **1.** *mit Papier bespanntes Gestell aus Holz, das Kinder im Herbst an einer langen Schnur steigen lassen:* einen D. steigen lassen. **2.** (ugs.; abwertend) *streitsüchtige, böse Frau:* sie ist ein richtiger D.

Drạht, der; -[e]s, Drähte: *Material, Gegenstand aus Metall in der Form eines Fadens oder einer Schnur:* ein Stück D.; Drähte spannen. * (ugs.) **auf D. sein** *(äußerst wachsam, wendig sein).*

Drạma, das; -s, Dramen: **1.** *Schauspiel [in dem ein tragischer Konflikt dargestellt wird]:* ein D. in fünf Akten. **2.** *Vorgang mit tragischen Folgen:* das D. der Kapitulation. * **etwas ist ein D.** *(etwas Bestimmtes ist besonders schwierig durchzuführen, zu erreichen):* es war ein D., in den überfüllten Zug hineinzukommen.

dramạtisch ⟨Adj.⟩: **1.** ⟨nicht prädikativ⟩ *das Drama, die Gattung des Dramas betreffend:* die dramatische Dichtung des 18. Jahrhunderts. **2.** *aufregend, spannend:* ein dramatischer Zwischenfall, Augenblick.

dramatisieren, dramatisierte, hat dramatisiert ⟨tr.⟩: *aufregender darstellen, als es in Wirklichkeit ist:* sie muß immer alles d.

Drạng, der; -[e]s: *starker innerer Antrieb, Bedürfnis, etwas zu tun oder zu verwirklichen:* der D. nach Freiheit; ich verspürte keinen D. mitzumachen.

drängeln, drängelte, hat gedrängelt ⟨itr.⟩. **1.** *in einer Menge andere zur Seite schieben, um möglichst schnell irgendwohin zu gelangen oder an die Reihe zu kommen:* du brauchst nicht zu d., du kommst deshalb doch nicht eher dran. **2.** (fam.) *immer wieder ungeduldig (auf jmdn.) einreden und (ihn) zu etwas zu bewegen suchen:* die Kinder drängelten, endlich nach Hause zu gehen.

drängen, drängte, hat gedrängt /vgl. gedrängt/: **1.** ⟨tr./rfl.⟩ *(in eine bestimmte Richtung, beiseite) schieben:* jmdn. an die Seite d.; sich durch die Menge d.; ⟨auch im 2. Partizip⟩ dicht aneinander gedrängt *(eng nebeneinander) stehen;* der Saal war gedrängt voll. **2.** ⟨tr./itr.⟩ *(jmdn.) ungeduldig (zu einem bestimmten Handeln) zu bewegen suchen:* er hat den Freund zu dieser Tat gedrängt; die Gläubiger drängten wegen der Bezahlung; ⟨im 2. Partizip⟩ sich zu etwas gedrängt fühlen. **3.** ⟨itr.⟩ *rasches Handeln verlangen:* die Zeit drängt.

drạstisch ⟨Adj.⟩: *etwas sehr deutlich zum Ausdruck bringend:* drastische Maßnahmen; eine drastische *(derbe)* Schilderung.

Draufgänger, der; -s, -: *jmd., der verwegen, kühn auf sein Ziel losgeht.*

draußen ⟨Adverb⟩: **a)** *außerhalb eines Raumes; im Freien* /Ggs. drinnen/: er sitzt d. und wartet; bei dem Wetter könnt ihr nicht d. spielen. **b)** *irgendwo weit entfernt; auf dem Meer, an der Front:* d. in der Welt.

Dreck, der; -s (ugs.): *gröberer Schmutz:* den D. [von den Schuhen] abkratzen; bildl. (derb; abwertend) /als Ausdruck des Ärgers oder ärgerlicher Ablehnung/: macht euern D.! *(eure Arbeit)* alleine!; um jeden D. *(jede Kleinigkeit)* muß man sich kümmern. * **etwas in den D. ziehen** *(häßlich, verächtlich über etwas reden);* **die Karre aus dem D. ziehen** *(etwas wieder in Ordnung bringen).*

dreckig ⟨Adj.⟩ (ugs.): **1.** *[sehr] schmutzig:* dreckige Schuhe. * (ugs.) **es geht jmdm. d.** *(jmd. befindet sich [finanziell] in einer sehr schlechten Lage).* **2.** *unanständig:* ein dreckiger Witz; d. lachen.

Drehbuch, das; -[e]s, Drehbücher: *Manuskript, das den Text und alle Anweisungen für einen Film oder eine Inszenierung des Fernsehens enthält.*

drehen, drehte, hat gedreht: **1. a)** ⟨tr./rfl.⟩ *im Kreise bewegen:* den Schalter am Radio [nach links] d.; sich um sich selbst, seine eigene Achse d.; ⟨gelegentlich auch itr.⟩ du sollst nicht daran d. **b)** ⟨tr.⟩ *durch eine dem Zweck entsprechende [rollende] Tätigkeit herstellen:* Zigaretten d.; einen Film d. **2.** ⟨rfl.⟩ (ugs.) *sich handeln (um etwas/jmdn.):* in der Diskussion drehte es sich um wichtige Dinge. **3.** ⟨tr./rfl.⟩ *wenden:* den Kopf, sich seit-wärts, hin und her d.; ⟨auch itr.⟩ der Wind hat gedreht *(die Richtung geändert).* **Drehung,** die; -, -en.

Dreiklang, der; -s, Dreiklänge: *Akkord von drei Tönen.*

dreist ⟨Adj.⟩: *[in unbefangener Weise] zudringlich, frech, unverfroren:* ein dreister Bursche; eine dreiste Behauptung.

dreschen, drischt, drosch, hat gedroschen ⟨tr.⟩: **1.** *mit einer Maschine die Körner aus den Ähren des Getreides, herausbringen:* Korn, Weizen d.; ⟨auch itr.⟩ auf dem Felde d. * (ugs.; abwertend) **Phrasen d.** *(mit großen Worten Nichtssagendes äußern).* **2.** (ugs.) *prügeln:* er hat den Jungen grün und blau gedroschen.

Dreß, der; - und Dresses, Dresse: *besondere Kleidung [der Sportler].*

dressieren, dressierte, hat dressiert ⟨tr.⟩: *(einem Tier) bestimmte Kunststücke beibringen; abrichten:* einen Hund, Pferde, Tiger d.

drịbbeln, dribbelte, hat gedribbelt ⟨itr.⟩ Sport: *den Fußball durch kurze Stöße vorwärts treiben.*

drịllen, drillte, hat gedrillt ⟨tr.⟩: *in bestimmten einförmigen Übungen streng ausbilden:* Rekruten, Schüler d.

drịngen, drang, hat/ist gedrungen ⟨itr.⟩ /vgl. dringend/: **1.** *durch etwas hindurch an eine bestimmte Stelle gelangen:* Wasser ist in den Keller gedrungen; bildl.: das Gerücht drang bis zum Minister. **2.** *darauf bestehen, daß (etwas) durchgeführt wird:* er hat auf die Einführung von Änderungen im Unterricht gedrungen. **3.** *(auf jmdn. durch Reden) in einer bestimmten Absicht) einzuwirken versuchen:* der Vater ist [mit Bitten] in sein Kind gedrungen, ihm alles zu gestehen.

drịngend ⟨Adj.⟩: *unbedingt Erledigung verlangend:* eine dringende Angelegenheit; etwas d. *(unbedingt und sofort)* benötigen, nötig haben.

drịnnen ⟨Adverb⟩: *innerhalb eines Raumes* /Ggs. draußen/: er sitzt schon d. und wartet auf dich; bei dem Wetter sollte man lieber d. bleiben.

Drịttel, das; -s, -: *dritter Teil von etwas.*

Droge, die; -, -n: *als Heilmittel verwendeter pflanzlicher oder tierischer Rohstoff, Substanz.*

Drogerie, die; -, -n: *Geschäft für den Verkauf von Drogen, Chemikalien und kosmetischen Artikeln.*

drohen, drohte, hat gedroht ⟨itr.⟩: **1. a)** *(jmdn.) mit Worten oder Gesten einzuschüchtern versuchen, warnen:* mit dem Finger d. **b)** *darauf hinweisen, daß man etwas für jmdn. Unangenehmes veranlassen wird, falls er sich nicht den Forderungen entsprechend verhält:* mit einer Klage d.; er drohte, mich verhaften zu lassen. **2.** *möglicherweise eintreffen; bevorstehen /*von etwas Unangenehmem/*:* ein Gewitter, Regen droht; ⟨auch im 1. Partizip⟩ drohende Gefahren. **3.** ⟨d. + zu + Inf.⟩ *in Gefahr sein (etwas zu tun):* das Haus drohte einzustürzen.

dröhnen, dröhnte, hat gedröhnt ⟨itr.⟩: **1.** *mit durchdringendem lautem Schall tönen;* der Lärm der Motoren dröhnt mir in den Ohren. **2.** *von lautem vibrierenden Schall erfüllt sein:* die Fabrik dröhnt vom Lärm der Maschinen; mir dröhnt der Kopf.

Drohung, die; -, -en: *Ankündigung von etwas Unangenehmem, falls jmd. nicht einer Forderung nachkommt:* eine offene, schreckliche D.; seine D. wahr machen.

drollig ⟨Adj.⟩: *belustigend wirkend:* ein drolliges Kind; eine drollige Geschichte; sie hat drollige (komische) Einfälle.

Drops, der; -, -: *säuerlich schmeckender Bonbon.*

drosseln, drosselte, hat gedrosselt ⟨tr.⟩: **a)** *die Zufuhr (von etwas) behindern:* den Dampf d.; den Motor d. *(seine Leistung verringern).* **b)** *einschränken:* die Ausgaben, die Einfuhr d.

drüben ⟨Adverb⟩: **1. a)** *auf der anderen, gegenüberliegenden Seite:* d. am Ufer. **b)** *(ugs.) auf die andere, gegenüberliegende Seite:* ich gehe nach d. **2.** *jenseits der Grenze, des Ozeans:* ihr Sohn lebt d. in Amerika; es sind wieder Flüchtlinge von d. gekommen.

Druck: I. der; -s, Drücke: **1.:** Physik *senkrecht auf eine Fläche wirkende Kraft.* **2.** ⟨ohne Plural⟩ *das Drücken:* der kräftige D. seiner Hand. **3.** ⟨ohne Plural⟩ *Zwang:* er konnte den ständigen politischen D. nicht mehr aushalten. ** einen D. auf jmdn. ausüben / jmdn. unter D. setzen (jmdn. durch Forderungen, Drohungen bedrängen);*(ugs.) **im/in D.** *(in Bedrängnis):* in D. kommen, geraten; im D. sein. **II.** der; -s, -e **1.** ⟨ohne Plural⟩ *Vorgang, bei dem man Typen durch Maschinen auf Papier oder Stoff preßt und überträgt:* die Kosten für den D. der Broschüre berechnen. ** etwas in D. geben (etwas drucken lassen).* **2.** *Art der Schrift, in der etwas gedruckt ist:* ein [un]klarer, kleiner D. **3.** *Reproduktion eines Bildes.* Drucke von berühmten Gemälden.

drucken, druckte, hat gedruckt ⟨tr.⟩: **a)** *durch Druck herstellen und vervielfältigen:* Bücher, Zeitungen d. **b)** *durch Druck auf etwas übertragen:* ein Muster in verschiedenen Farben d.

drücken, drückte, hat gedrückt /vgl. drückend, gedrückt/: **1.** ⟨itr./tr.⟩ *unter Anwendung von Kraft in eine bestimmte Richtung bewegen; (etwas) durch Druck betätigen:* auf den Knopf d.; jmdn. auf einen Stuhl d. **2.** ⟨tr.⟩ *durch Zusammenpressen herauslösen:* Wasser aus dem Schwamm d. **3.** ⟨itr.⟩ *lastend (auf jmdm.) liegen; belasten:* Sorgen drücken ihn. **4.** ⟨tr.⟩ *[allzu] fest umschließen:* die Mutter drückte das Kind; ⟨auch itr.⟩ die Schuhe drücken *(sind zu eng).* **5.** ⟨tr.⟩ *bewirken, daß etwas niedriger wird:* Preise drücken **6.** ⟨rfl.⟩ (ugs.) *sich [unauffällig] einer Arbeit, Verpflichtung entziehen:* sich gern [vor/von der Arbeit] d.

drückend ⟨Adj.⟩: *schwül:* eine drückende Hitze; es ist heute d.

Druckmittel, das; -s, -: *Mittel, mit dem man Druck auf jmdn. ausüben kann.*

Drucksache, die; -, -n: *von der Post beförderte Sendung, die nur gedruckte Schriften enthält.*

Drüse, die; -, -n: *Organ, das einen Saft produziert und diesen an den Körper oder nach außen abgibt.*

Dübel, der; -s, -: *in eine Wand eingelassener Pflock zur Befestigung von Schrauben o. ä.*

ducken, duckte, hat geduckt: **1.** ⟨rfl.⟩ *[vor irgendeiner Gefahr]* den Kopf einziehen und dabei den Rücken etwas gekrümmt

ducken 1.

halten (siehe Bild): *sich vor einem Schlag d.* **2.** ⟨tr.⟩ (ugs.) *demütigen:* dieser freche Bursche muß einmal geduckt werden.

Duckmäuser, der; -s, - (ugs.; abwertend): *jmd., der seine Meinung nicht vertritt und sich ohne Widerspruch dem Willen eines anderen beugt.*

Duell, das; -s, -e: *Zweikampf.*

Duett, das; -s, -e: *Komposition für zwei Singstimmen.*

Duft, der; -[e]s, Düfte: *angenehmer, feiner Geruch:* der D. einer Blume, eines Parfums.

duften, duftete, hat geduftet ⟨itr.⟩: *angenehmen Geruch ausströmen:* die Rosen duften stark, zart; es duftet nach Veilchen.

duftig ⟨Adj.⟩: *fein und leicht wie ein Hauch:* duftige Spitzen, Kleider.

dulden, duldete, hat geduldet: **1.** ⟨itr.⟩ *über sich ergehen lassen:* Not und Verfolgung d.; still d. *(leiden).* **2.** ⟨tr.⟩ **a)** *zulassen:* keinen Widerspruch d.; die Sache duldet keinen Aufschub. **b)** *(jmdn.) in seiner Nähe leben, sich aufhalten lassen:* sie duldeten ihn nicht in ihrer Mitte.

duldsam ⟨Adj.⟩: *eine andere Denk- und Handlungsweise tolerierend.*

dumm ⟨Adj.⟩: **1. a)** *mangelnde Begabung et intellektuellem Gebiet aufweisend:* ein dummer Mensch. *** (ugs.) **sich nicht für d. verkaufen lassen** *(nicht glauben, was ein anderer einem einzureden versucht).* **b)** *unklug in seinem Tun:* das war aber d. von dir, ihm das jetzt zu sagen. **2.** (ugs.) *unangenehm:* das ist eine dumme Geschichte.

Dummheit, die; -, -en: **1.** ⟨ohne Plural⟩ *mangelnde Begabung auf intellektuellem Gebiet, Unwissenheit.* **2.** *unkluge Handlung:* eine D. begehen.

Dummkopf, der; -[e]s, Dummköpfe (abwertend): *dum-*

dumpf

mer, unverständiger Mensch: er ist ein D.; sei kein D.!

dumpf ⟨Adj.⟩: 1. gedämpft und dunkel klingend: sie fiel mit dumpfem Aufprall zu Boden. 2. muffig: das Mehl riecht d. 3. (als Schmerz, Gefühl o. ä.) nicht ausgeprägt hervortretend: ein dumpfes Gefühl im Kopf. 4. untätig und ohne Anteilnahme am äußeren Geschehen: d. vor sich hinbrüten.

Düne, die; -, -n: durch den Wind entstandene hügelartige Ablagerung von Sand.

Dung, der; -s: natürlicher Dünger.

düngen, düngte, hat gedüngt ⟨tr.⟩: (dem Boden) Dünger zuführen: das Feld, den Kohl d.

Dünger, der; -s, -: Stoffe, durch deren Zufuhr der Ertrag des Bodens erhöht wird: künstlicher D.

dunkel ⟨Adj.⟩: 1. a) finster; nicht hell [genug]: dunkle Straßen; es wird schon früh d. b) sich in der Farbe dem Schwarz nähernd: ein dunkler Anzug. 2. unbestimmt: dunkle Vorstellungen von etwas haben. 3. undurchschaubar: eine dunkle Vergangenheit, Existenz.

dünkelhaft ⟨Adj.⟩: eingebildet, überheblich.

Dunkelheit, die; - : [fast] lichtloser Zustand, Finsternis: bei Einbruch der D.

Dunkelziffer, die; -, -n: offiziell nicht bekanntgewordene Anzahl (von bestimmten sich negativ auf die Gesellschaft auswirkenden Vorkommnissen): die D. der Abtreibungen, der von Krebs Befallenen ist wesentlich höher als die Anzahl der statistisch erfaßten Fälle.

dünken, dünkte, hat gedünkt: 1. ⟨itr.⟩ (jmdm. in einer bestimmten Weise) erscheinen, vorkommen: die Sache dünkt mir/mich zweifelhaft. 2. (abwertend) ⟨rfl.⟩ sich aus Überheblichkeit zu Unrecht (für etwas) halten: sich besser d. als andere.

dünn ⟨Adj.⟩: 1. von [zu] geringem Umfang, Durchmesser /Ggs. dick/: ein dünner Ast; sie ist d. 2. a) beinahe durchsichtig: ein dünner Schleier. b) spärlich: dünnes Haar; das Land ist d. bevölkert. c) ⟨in Verbindung mit bestimmten Verben⟩ in geringer Menge: eine Salbe d. auftragen. 3. wenig gehaltvoll, wäßrig: dünner Kaffee.

dünnmachen, sich; machte sich dünn, hat sich dünngemacht (ugs.): sich unauffällig entfernen: ehe man sie fassen konnte, hatten sie sich dünngemacht.

Dunst, der; -es, Dünste: leichte Trübung der Atmosphäre; Nebel, Rauch: die Berge sind in D. gehüllt.

dünsten, dünstete, hat gedünstet ⟨tr.⟩: (Nahrungsmittel) in verschlossenem Topf in [Fett und] Wasserdampf weich, gar werden lassen: Gemüse d.

dunstig ⟨Adj.⟩: durch Dampf oder Nebel trübe.

Duo, das; -s, -s: a) Komposition für zwei Instrumente. b) Vereinigung zweier Solisten: sie sind öfter als D. aufgetreten.

Duplikat, das; -s, -e: zweite Ausfertigung eines Schriftstücks: das D. eines Vertrages.

durch ⟨Präp. mit Akk.⟩: 1. /kennzeichnet eine Bewegung, die auf der einen Seite in etwas hinein- und auf der anderen Seite wieder hinausführt/: d. die Tür, den Wald gehen. 2. /kennzeichnet die vermittelnde, bewirkende Person, das Mittel, die Ursache, den Grund/: etwas d. das Los entscheiden; die Stadt wurde d. ein Erdbeben zerstört. * (ugs.) d. und d. (völlig, total): er ist d. und d. verdorben.

durcharbeiten, arbeitete durch, hat durchgearbeitet: 1. ⟨tr.⟩ genau durchlesen und sich mit dem Inhalt auseinandersetzen: ein Buch gründlich d. 2. ⟨itr.⟩ ohne Pause arbeiten: sie arbeiten mittags durch.

durchaus [durchaus] ⟨Adverb⟩: a) unter allen Umständen: er will d. dabei sein. b) völlig, ganz: was Sie sagen, ist d. richtig.

durchbeißen, biß durch, hat durchgebissen: 1. ⟨tr.⟩ ganz durch etwas beißen und es in zwei Stücke zerteilen: einen Faden d. 2. (ugs.) ⟨rfl.⟩ verbissen und zäh alle Schwierigkeiten überwinden: mach dir nur keine Sorgen, ich werde mich schon d.

durchblättern, blätterte durch, hat durchgeblättert; (auch:) durchblättern, durchblätterte, hat durchblättert ⟨tr.⟩: (Blätter eines Buches, einer Zeitschrift o. ä.) umschlagen, um sich dabei kurz über den Inhalt zu informieren: die Zeitungen d.

durchbohren: I. durchbohren, bohrte durch, hat durchgebohrt ⟨tr.⟩: (in etwas) durch Bohren eine Öffnung herstellen: ein Loch durch die Wand d. II. durchbohren, durchbohrte, hat durchbohrt ⟨tr.⟩: bohrend (durch etwas) dringen: ein Brett d.; das Geschoß durchbohrte die Tür des Autos.

durchbrechen: I. durchbrechen, bricht durch, brach durch hat/ist durchgebrochen: 1. a) ⟨tr.⟩ in zwei Teile zerbrechen: er hat den Stock durchgebrochen. b) ⟨itr.⟩ durch Brechen entzweigehen: der Stuhl ist durchgebrochen. 2. ⟨tr.⟩ (eine Öffnung) in eine Wand brechen: wir haben eine Tür durch die Wand durchgebrochen. 3. ⟨itr.⟩ unter Überwindung von Hindernissen durch etwas dringen oder an die Oberfläche gelangen: die Mutter stellte fest, daß bei ihrem Kind der erste Zahn durchgebrochen war. II. durchbrechen, durchbricht, durchbrach, hat durchbrochen ⟨tr.⟩: mit Gewalt durch eine Absperrung dringen: die Fluten durchbrachen den Deich.

durchbrennen, brannte durch, ist durchgebrannt ⟨itr.⟩: 1. durch langes Brennen, starke Belastung mit Strom entzweigehen: die Sicherung ist durchgebrannt. 2. bis zum Glühen brennen: die Kohlen sind noch nicht durchgebrannt. 3. (ugs.) sich heimlich und überraschend davonmachen: mit der Kasse d.

durchbringen, brachte durch, hat durchgebracht (ugs.): 1. a) ⟨tr.⟩ durch ärztliche Kunst erreichen, daß jmd. eine Krise übersteht und gesund wird: die Ärzte haben den Patienten durchgebracht. b) ⟨tr./rfl.⟩ mit gewisser Anstrengung dafür sorgen, daß das Nötigste zum Leben [für jmdn., für die eigene Person] vorhanden ist: sie sind sieben Kinder ehrlich d. c) ⟨tr.⟩ gegen eine mögliche Opposition durchsetzen: einen Kandidaten d. 2. ⟨tr.⟩ (Geld, Besitz) in kurzer Zeit bedenkenlos verschwenden: sein Vermögen, Erbe d.

Durchbruch, der; -[e]s, Durchbrüche: 1. das Durchbrechen, [deutliches Hervortreten nach] Überwindung von Hindernissen: ein D. durch die Stellung des Feindes. 2. Öffnung in etwas: den D. im Deich schließen.

durchdenken: I. durchdenken, dachte durch, hat durchgedacht ⟨tr.⟩: *bis zu Ende denken:* ich habe die Sache noch einmal durchgedacht. II. durchdenken, durchdachte, hat durchdacht ⟨tr.⟩: *hinsichtlich der Möglichkeiten und Konsequenzen bedenken:* etwas gründlich d.; ⟨häufig im 2. Partizip⟩ ein in allen Einzelheiten durchdachter Plan.

durchdrehen, drehte durch, hat durchgedreht: 1. ⟨tr.⟩ *durch eine Maschine drehen:* Fleisch d. 2. ⟨itr.⟩ (ugs.) *kopflos werden, die Nerven verlieren:* kurz vor dem Examen hat er durchgedreht; ⟨häufig im 2. Partizip⟩ er ist völlig durchgedreht.

durchdringen: I. durchdringen, drang durch, ist durchgedrungen ⟨itr.⟩: *Hindernisse überwinden, gegen etwas ankommen:* bei dem Lärm konnte er [mit seiner Stimme] nicht d.; er konnte mit seinem Vorschlag nicht d. *(konnte seinen Vorschlag nicht durchsetzen).* II. durchdringen, durchdrang, hat durchdrungen ⟨tr.⟩: 1. *trotz Behinderung (durch etwas) dringen und wahrnehmbar sein:* einzelne Strahlen durchdringen die Wolken. 2. *erfüllen:* ein Gefühl der Begeisterung durchdrang alle. **Durchdringung,** die; -.

durchdrücken, drückte durch, hat durchgedrückt ⟨tr.⟩ (ugs.): *gegenüber starken Widerständen durchsetzen:* seinen Willen d.

durcheinander ⟨Adverb⟩: 1. *ungeordnet;* ⟨häufig zusammengesetzt mit Verben⟩ durcheinanderlaufen, durcheinanderliegen. 2. *wahllos (das eine und das andere):* alles d. essen und trinken.

Durcheinander [Durch...], das; -s: *Unordnung, allgemeine Verwirrung:* in seinem Zimmer herrschte ein großes D.

durcheinanderbringen, brachte durcheinander, hat durcheinandergebracht ⟨tr.⟩: 1. *in Unordnung bringen:* meine Bücher waren alle durcheinandergebracht worden. 2. *verwechseln:* zwei verschiedene Begriffe d. 3. *verwirren:* die Nachricht hat mich ganz durcheinandergebracht.

durcheinander sein, ist durcheinander, war durcheinander, ist durcheinander gewesen ⟨itr.⟩ (ugs.): *verwirrt, konfus sein:* ich war ganz durcheinander.

durchfahren: I. durchfahren, fährt durch, fuhr durch, ist durchgefahren ⟨itr.⟩: *ohne Halt durch einen Ort, ein Gebiet fahren:* wir konnten d. II. durchfahren, durchfährt, durchfuhr, hat durchfahren 1. ⟨tr.⟩: a) *(einen bestimmten Weg) zurücklegen:* eine Strecke d. b) *[nach allen Richtungen] durch einen Ort, ein Gebiet fahren:* eine Stadt, ein Land d. 2. ⟨itr.⟩ *plötzlich in jmds. Bewußtsein dringen und eine heftige Empfindung auslösen:* ein Schreck, ein Gedanke durchfuhr mich.

Durchfahrt, die; -, -en: 1. ⟨ohne Plural⟩: *das Durchfahren durch etwas:* auf der D. von Berlin nach Hamburg sein. 2. *Öffnung, Tor zum Durchfahren:* neben der D. parken.

Durchfall, der; -s, Durchfälle: *[durch Infektion hervorgerufene] häufige Entleerung von dünnem, flüssigem Stuhl; Diarrhö.*

durchfallen, fällt durch, fiel durch, ist durchgefallen ⟨itr.⟩: a) *eine Prüfung nicht bestehen:* im Examen d. b) *keinen Erfolg beim Publikum haben:* das neue Stück des Autors ist durchgefallen.

durchführen, führte durch, hat durchgeführt ⟨tr.⟩: a) *verwirklichen:* ein Vorhaben d. b) *ausführen:* eine Untersuchung d. c) *stattfinden lassen, veranstalten:* eine Abstimmung d. **Durchführung,** die; -.

Durchgang, der; -s, Durchgänge: 1. ⟨ohne Plural⟩ *das Durchgehen durch etwas:* D. verboten. 2. *Stelle zum Durchgehen:* kein öffentlicher D. 3. a) *sich in bestimmten Abständen wiederholende Belegung eines Hauses für die Ferien:* die Häuser werden in vier Durchgängen bewohnt. b) *Phase innerhalb eines Wettbewerbs, Wettkampfes, einer Wahl:* ein Wettbewerb mit drei Durchgängen.

durchgeben, gibt durch, gab durch, hat durchgegeben ⟨tr.⟩: *durch Rundfunk, Telefon als Information übermitteln:* eine Nachricht d.

durchgehen, ging durch, ist durchgegangen /vgl. durchgehend/: 1. ⟨itr.⟩ *durch etwas gehen:* ich ließ ihn vor mir [durch die Tür] d. 2. ⟨itr.⟩ *plötzlich nicht mehr den Zügeln gehorchen und davonlaufen:* die Pferde sind [dem Bauern] durchgegangen; bildl. (ugs.): *sein Temperament ist mit ihm durchgegangen.* 3. ⟨itr.⟩ a) *durch etwas hindurchkommen:* der dicke Faden geht nur schwer [durch die Nadel] durch. b) *ohne Beanstandung angenommen werden:* der Antrag ging durch. c) ⟨in der Verbindung⟩ d. lassen: *unbeanstandet lassen:* sie ließ alle Unarten d. 4. ⟨tr.⟩ *durchsehen:* eine Rechnung noch einmal d.

durchgehend ⟨Adj.⟩: 1. ⟨nur attributiv⟩ *direkt bis ans eigentliche Ziel einer Reise fahrend:* ein durchgehender Zug. 2. ⟨nur adverbial⟩ *ohne Pause oder Unterbrechung:* die Geschäfte sind d. geöffnet.

durchgreifen, griff durch, hat durchgegriffen ⟨itr.⟩: *mit drastischen Maßnahmen gegen Mißstände o. ä. vorgehen:* die Polizei hat rücksichtslos durchgegriffen.

durchhalten, hält durch, hielt durch, hat durchgehalten ⟨itr.⟩: *einer Belastung standhalten:* bis zum Äußersten d.; ⟨auch tr.⟩ das halte ich [gesundheitlich] nicht durch.

durchkommen, kam durch, ist durchgekommen ⟨itr.⟩: 1. *an einer Stelle vorbeikommen:* der Zug kommt hier durch. 2. *trotz räumlicher Behinderung durch etwas an sein Ziel gelangen:* durch die Menge war kaum durchzukommen. 3. (ugs.) a) *sein Ziel erreichen:* er wird nicht überall mit seiner Faulheit d.; mit Englisch kommt er überall durch *(kann man sich überall verständigen).* b) *eine Prüfung bestehen:* alle Schüler sind durchgekommen. c) *die Krise überstehen, gesund werden:* der Patient ist durchgekommen. d) *(eine Arbeit) bewältigen können:* ich komme [mit der Arbeit] nicht durch. 4. (ugs.) *gemeldet, bekanntgegeben werden:* die Meldung vom Putsch kam gestern in den Nachrichten durch.

durchkreuzen: I. durchkreuzen, kreuzte durch, hat durchgekreuzt ⟨tr.⟩: *mit einem Kreuz durchstreichen:* eine Zahl d. II. durchkreuzen, durchkreuzte, hat durchkreuzt ⟨tr.⟩: *durch Gegenmaßnahmen behindern, vereiteln:* jmds. Pläne d.

durchlassen, läßt durch, ließ durch, hat durchgelassen ⟨tr.⟩: a)

durchlaufen 106

⟨tr.⟩ *durchgehen, vorbeigehen lassen:* ohne Ausweis wird niemand durchgelassen. **b)** ⟨itr.⟩ *eindringen lassen:* die Schuhe lassen Wasser durch.

durchlaufen: I. dụrchlaufen, läuft durch, lief durch, ist durchgelaufen ⟨itr.⟩: *durch eine Öffnung laufen:* durch ein Tor d. **II.** durchlaufen, durchläuft, durchlief, hat durchlaufen ⟨tr.⟩: **1.** *(einen Weg, eine Strecke) laufend zurücklegen.* **2.** *(etwas, was der Ausbildung, dem Fortkommen dient)* in Etappen hinter sich bringen: sie hat die höhere Schule durchlaufen.

dụrchlesen, liest durch, las durch, hat durchgelesen ⟨tr.⟩: *von Anfang bis Ende lesen:* ein Buch d.

dụrchmachen, machte durch, hat durchgemacht ⟨tr.⟩: **1.** *erleiden:* wer weiß, was er alles durchgemacht hat. **2.** *(einen Lehrgang bis zum Ende) besuchen:* er hat nach dem Studium noch eine praktische Ausbildung durchgemacht.

Dụrchmesser, der; -s, -: *durch den Mittelpunkt eines Kreises bis zur Peripherie verlaufende gerade Linie:* ein Baum mit einem D. von 1,50 m.

dụrchnehmen, nimmt durch, nahm durch, hat durchgenommen ⟨tr.⟩: *im Unterricht behandeln:* der Lehrer nahm den schwierigen Stoff noch einmal durch.

dụrchpausen, pauste durch, hat durchgepaust ⟨tr.⟩: *durch durchsichtiges Papier in den Umrissen nachzeichnen:* eine Zeichnung d.

dụrchpeitschen, peitschte durch, hat durchgepeitscht ⟨tr.⟩ (abwertend): *dafür sorgen, daß etwas in aller Eile noch behandelt und schnell erledigt wird:* ein Gesetz im Parlament d.

durchquẹren, durchquerte, hat durchquert ⟨tr.⟩: *sich gehend, fahrend quer von einer Seite auf die andere bewegen:* er durchquerte den Saal; Schiffe durchqueren die See.

dụrchregnen, regnete durch, hat durchgeregnet ⟨itr.⟩: *durch etwas durchdringen* /vom Regen/: es hatte an mehreren Stellen der Decke durchgeregnet.

Dụrchreise, die; -, -n: *Reise durch einen Ort, ein Land:* sich auf der D. befinden.

durchschauen: I. dụrchschauen, schaute durch, hat durchgeschaut ⟨itr.⟩ (landsch.): *durch etwas sehen:* durch das Mikroskop d. **II.** durchschauen, durchschaute, hat durchschaut ⟨tr.⟩: *(über Hintergründe und Zusammenhänge in bezug auf jmdn./etwas) Klarheit gewinnen; erkennen:* jmdn., jmds. Motive nicht sogleich d.

Dụrchschlag, der; -s, Durchschläge: **1.** *durch die zusätzliche Verwendung von Kohlepapier hergestelltes zweites Exemplar eines Schriftstücks:* etwas mit zwei Durchschlägen auf der Schreibmaschine schreiben.

durchschlagen, schlägt durch, schlug durch, hat/ist durchgeschlagen: **1.** ⟨itr.⟩ *in die äußerer Erscheinung, jmds. Wesen sichtbar, spürbar werden:* im Enkel ist der Großvater durchgeschlagen. **2.** ⟨rfl.⟩ *mühsam seine Existenz behaupten:* nach dem Krieg haben sie sich kümmerlich durchgeschlagen.

Dụrchschnitt, der; -s, -e: *mittleres Ergebnis zwischen zwei Extremen der Qualität oder Quantität; Mittelwert:* seine Leistungen liegen über dem D. * **im D.** *(durchschnittlich).*

dụrchschnittlich ⟨Adj.⟩: **1.** ⟨nicht prädikativ⟩ *dem Durchschnitt entsprechend; im allgemeinen:* ein durchschnittliches Einkommen von 1 000 DM; sie sind d. nicht älter als 15 Jahre. **2.** ⟨nicht adverbial⟩ *von mittlerer Qualität, mittelmäßig:* eine durchschnittliche Bildung.

dụrchsehen, sieht durch, sah durch, hat durchgesehen: **1.** ⟨itr.⟩ *durch etwas sehen:* laß mich einmal [durch das Fernrohr] d.! **2.** *auf etwas hin untersuchen, durchlesen:* die Arbeiten der Schüler [auf Fehler] d.

durchsetzen: I. dụrchsetzen, setzte durch, hat durchgesetzt: **1. a)** ⟨tr.⟩ *gegenüber Widerständen verwirklichen:* Reformen d. **b)** ⟨rfl.⟩ *Widerstände überwinden und sich Geltung verschaffen:* du wirst dich schon d. **II.** durchsetzen, durchsetzte, hat durchsetzt ⟨tr.⟩: *in wenig auffallender Weise sich negativ auswirkende Gedanken o. ä. in einen Kreis von Personen hineinbringen und ihn dadurch zu beeinflussen suchen:* das Volk mit aufrührerischen Ideen d.

dụrchsichtig ⟨Adj.⟩: **1.** *[als Materie] so beschaffen, daß man hindurchsehen kann:* durchsichtiges Papier. **2.** (abwertend) *leicht zu durchschauen:* seine Absichten waren sehr d.

dụrchsprechen, spricht durch, sprach durch, hat durchgesprochen ⟨tr.⟩: *ausführlich (über etwas) sprechen:* einen Plan d.

dụrchstehen, stand durch, hat durchgestanden ⟨tr.⟩: *sich (in einer schwierigen Lage) behaupten und sie bis zu Ende ertragen:* wir wissen selbst nicht, wie wir alles d. sollen.

dụrchstreichen, strich durch, hat durchgestrichen ⟨tr.⟩: *einen Strich durch etwas ziehen und es damit entwerten, ungültig machen:* eine Zeile, ein Wort d.

durchsụchen, durchsuchte, hat durchsucht ⟨tr⟩: *an einer Stelle gründlich nach jmdm./etwas suchen:* eine Wohnung [nach Waffen] d. **Durchsụchung,** die; -, -en.

durchtrịeben ⟨Adj.⟩ (abwertend): *[schon] in allen Listen erfahren; verschlagen:* ein durchtriebener Bursche; dieses Mädchen ist schon ganz d.

dụrchweg [...wẹg] ⟨Adverb⟩: *meist, fast ohne Ausnahme:* das Wetter war d. gut.

durchziehen: I. dụrchziehen, zog durch, ist durchgezogen: ⟨itr.⟩ *durch eine Gegend ziehen:* ein Treck von Flüchtlingen ist hier durchgezogen. **II.** durchziehen, durchzog, hat durchzogen ⟨tr.⟩: *sich in einer Linie, in Linien in einem Gebiet ausdehnen:* viele Flüsse durchziehen das Land.

dụ̈rfen, darf, durfte, hat gedurft/ nach vorangehendem Inf.) hat...dürfen ⟨itr.⟩: **1. a)** *die Erlaubnis haben (etwas zu tun):* du darfst hereinkommen; wenn er gedurft hätte, wären sie ins Kino gegangen. **b)** *(jmdm.) gestattet sein (etwas zu tun):* hier darf nicht geraucht werden. **2. a)** *aus moralischen Gründen wagen können, etwas zu tun; sollen:* ich darf keinen von euch vorziehen. **b)** *Grund haben (sich in bestimmter Weise zu verhalten):* sie durften auf ihre Erfolge stolz sein. **3.** ⟨im 2. Konjunktiv + Inf.⟩ *es ist wahrscheinlich, daß ... :* morgen dürfte schönes Wetter sein.

dụ̈rftig ⟨Adj.⟩: **1.** *unergiebig; kümmerlich:* eine dürftige Leistung. 2. *karg, ärmlich:* dürftige Verhältnisse; d. leben.

dürr ⟨Adj.⟩: 1. *trocken, abgestorben:* ein dürrer Ast. 2. *trocken und deshalb unfruchtbar:* dürrer Boden. 3. (abwertend) *sehr mager und schmal:* ein dürrer Mensch.

Durst, der; -es: *Bedürfnis zu trinken:* großen D. haben; seinen D. löschen, stillen.

dürsten, dürstete, hat gedürstet ⟨itr.⟩: 1. (geh.) *dursten:* mich dürstet. 2. *Verlangen haben (nach etwas):* er dürstet/ihn dürstet es nach Ruhm.

dursten, durstete, hat gedurstet ⟨itr.⟩: *Durst erleiden:* er mußte d.

durstig ⟨Adj; nicht adverbial⟩: *Durst habend:* hungrig und d. kamen wir zu Hause an.

Dusche, die; -, -n: 1. *Brause:* unter die D. gehen. 2. *das Duschen:* eine kalte, warme D.

duschen, duschte, hat geduscht ⟨itr., tr., rfl.⟩: *[sich] unter einer Brause erfrischen, reinigen:* kalt, warm d.

düster ⟨Adj.⟩: *dunkel und unfreundlich:* ein düsteres Zimmer; d. blicken.

Dutzend, das; -s, -e: *Menge von zwölf Stück:* zwei D. Eier. * Dutzende von *(sehr viele):* Dutzende von Beispielen; zu Dutzenden *(in großer Anzahl).*

duzen, duzte, hat geduzt ⟨tr.⟩: *mit ,,du" anreden:* er duzte ihn.

D-Zug ['de:...], der; -s, D-Züge: *sehr schnell fahrender Zug, der nur an wichtigen Stationen hält.*

E

Ebbe, die; -: *regelmäßig wiederkehrendes, im Zurückgehen des Wassers sichtbar werdendes Fallen des Meeresspiegels* /Ggs. Flut/: es ist E.

eben: I. ⟨Adj.⟩: a) *flach:* ebenes Land. b) *glatt, ohne Hindernis:* ein ebener Weg; den Boden e. machen. * zu ebener Erde *(in Höhe des Erdbodens, im Erdgeschoß).* II. ⟨Adverb⟩: 1. ⟨temporal⟩: *soeben* a) *gerade jetzt, in diesem Augenblick:* e. tritt er ein. b) *gerade vorhin;* sie war e. [noch] im Zimmer. 2. ⟨modal⟩ a) (verstärkend) *gerade, genau:* e. das wollte ich sagen. b) *gerade noch:* mit dem Geld komme ich e. aus. c) *nun einmal, einfach:* das ist e. so.

ebenbürtig ⟨Adj.⟩: *gleichwertig:* ein ebenbürtiger Gegner; er ist ihm geistig e.

Ebene, die; -, -n: *flaches Land:* eine weite, fruchtbare E. * auf höchster E. *(im Kreis der höchsten Vertreter einer Institution):* ein Gespräch auf höchster E.

ebenfalls ⟨Adverb⟩: *auch, gleichfalls, genauso:* er war e. verhindert zu kommen.

ebenso ⟨Adverb⟩: *in dem gleichen Maße:* er war über das Ergebnis e. froh wie du.

Eber, der; -s, -: *männliches Schwein.*

Echo, das; -s, -s: *Widerhall:* ein mehrfaches E.; bildl.: seine Vorschläge fanden ein starkes E.

echt ⟨Adj; nicht adverbial⟩: 1. a) *nicht künstlich hergestellt, nicht imitiert:* ein echter Pelz; e. *(reines)* Gold. b) *nicht gefälscht:* ein echter Picasso *(ein Original Picassos).* 2. *wahr, wirklich, wie es die Bezeichnung ausdrückt:* echte Freundschaft; ein echtes Talent. 3. *in der Farbe beständig:* echte Farben; das Blau ist e.

Ecke, die; -, -n: a) *Stelle, an der zwei Seiten eines Raumes aufeinanderstoßen; Winkel:* die vier Ecken des Zimmers. b) *spitz hervorstehender Rand; Kante:* die Ecken des Tisches. c) *Stelle, an der zwei Reihen von Häusern, zwei Straßen aufeinanderstoßen:* an der E. stehen.

eckig ⟨Adj.⟩: 1. *nicht rund; kantig:* ein eckiger Tisch. 2. *in steifer, verkrampfter Weise unbeholfen:* seine Bewegungen waren e.

edel ⟨Adj.⟩: a) ⟨nicht adverbial⟩ *besonders wertvoll:* ein edles Holz, ein edles Tier. b) (geh.) *von hoher Gesinnung [zeugend], selbstlos:* ein edles Streben; ein edler Mensch; e. handeln. c) *schön geformt:* er bewunderte die edlen Züge dieses Gesichts.

Effekt, der; -[e]s, -e: *Wirkung:* einen großen E. mit etwas erzielen; die Effekte dieses Bildes liegen allein in den Farben.

eggl ⟨Adj.; nicht attributiv (ugs.).⟩: 1. *gleich [in der Art]:* die Kleider sind e. gearbeitet. 2. *einerlei, gleichgültig:* das ist [mir] doch e.

egojstisch ⟨Adj.⟩: *nur an sich denkend, eigennützig, selbstsüchtig:* ein egoistischer Mensch; er ist sehr e.

eh /vgl. ehe/: ⟨in der Wendung⟩ [seit] eh und je: *seit jeher, schon immer:* seit eh und je war er dieser Ansicht.

ehe ⟨Konj.⟩: /drückt aus, daß etwas vor etwas anderem geschieht/ a) *bevor:* es vergingen drei Stunden, ehe das Flugzeug landen konnte. b) /nur verneint mit konditionaler Nebenbedeutung/: ehe ihr das Sprechen nicht einstellt, werde ich die Sonate nicht vorspielen.

Ehe, die; -, -n: *gesetzlich anerkannte Gemeinschaft von Mann und Frau:* eine glückliche E.; die E. wurde nach 5 Jahren geschieden. * eine E. schließen/ eingehen *(heiraten).*

Ehebruch, der; -[e]s: *Verletzung der ehelichen Treue.*

Ehefrau, die; -, -en: *weiblicher Partner in der Ehe.*

Eheleute, die ⟨Plural⟩: *Ehemann und Ehefrau, Ehepaar.*

ehelich ⟨Adj.⟩: 1. ⟨nur attributiv⟩ *auf die Ehe bezogen, in der Ehe [üblich]:* die eheliche Gemeinschaft. 2. ⟨nicht adverbial⟩ *aus gesetzlicher Ehe stammend:* sie hat drei eheliche Kinder.

ehelichen, ehelichte, hat geehelicht ⟨tr.⟩: *heiraten:* er ehelichte das junge Mädchen.

ehemalig ⟨Adj., nur attributiv⟩: *früher:* ein ehemaliger Soldat; mein ehemaliger Freund.

ehemals ⟨Adverb⟩: *früher, einst, vor langer Zeit:* er war e. Beamter.

Ehemann, der; -[e]s, Ehemänner: *männlicher Partner in der Ehe.*

Ehepaar, das; -[e]s, -e: *verheiratetes Paar.*

eher ⟨Adverb⟩: a) *früher:* je e. du kommst, desto besser; ich konnte nicht e. kommen. b) *lieber, vielmehr:* er wird es um so e. tun, als es für ihn ja von Vorteil ist; es ist e. möglich, daß er einfach keine Lust hat zu kommen, als daß er krank ist. c) *mehr, vielmehr:* das ist e. eine Frage des Geschmacks.

Ehre, die; -, -n: 1. *äußeres Ansehen, Geachtetsein durch andere*

ehren

[und dessen Ausdruck in einer besonderen Auszeichnung], Anerkennung: hohe, sportliche Ehren; jmdn. mit Ehren überhäufen. * **jmdm. die letzte E. erweisen** *(an jmds. Begräbnis teilnehmen);* (geh.:) **der Wahrheit die E. geben** *(etwas in seinem wahren Sachverhalt darstellen, wenn es auch unangenehm ist).* 2. ⟨ohne Plural⟩ *innerer Wert, persönliche Würde:* die E. eines Menschen, einer Familie. * **jmdn. bei seiner E. packen** *(an jmds. Ehrgefühl appellieren).*

ehren, ehrte, hat geehrt: 1. ⟨tr.⟩ *achten, verehren; (jmdm.) Ehre erweisen:* seine Eltern soll man e.; jmdn. mit einem Orden e. *(auszeichnen).* 2. ⟨itr.⟩ *Anerkennung verdienen:* seine Großmut ehrt ihn. 3. (geh.) ⟨tr.⟩ *respektieren, gelten lassen:* er ehrte ihre Trauer.

ehrenamtlich ⟨Adj.⟩: *ohne Bezahlung ausgeübt:* eine ehrenamtliche Tätigkeit.

ehrenhaft ⟨Adj.⟩: *entsprechend den Geboten der Ehre, untadelig:* ein ehrenhafter Charakter, Mensch; e. sein, denken.

ehrenrührig ⟨Adj.⟩: *die Ehre verletzend:* ein ehrenrühriges Verhalten, Wort.

Ehrensache: ⟨in der Fügung⟩ **etwas ist E.:** *etwas ist eine selbstverständliche Pflicht:* die Teilnahme an dieser Veranstaltung ist für uns E.

Ehrenwort, das; -s: *feierliche Bekräftigung, festes Versprechen:* er gab mir sein E., rechtzeitig wieder zurückzukehren.

Ehrerbietung, die; -: *Ausdruck der Hochachtung und Verehrung gegenüber jmdm.:* jmdm. mit E. begegnen; jmdn. mit E. grüßen.

Ehrfurcht, die; -: *Scheu, große Achtung, Verehrung (für jmdn.):* E. vor jmdm., dem Menschen haben.

Ehrgefühl, das; -s: *feines Empfinden für die eigene Ehre:* ein ausgeprägtes E.; aus verletztem E. heraus handeln.

Ehrgeiz, der; -es: *stark ausgeprägtes Streben nach Erfolg, Geltung, Anerkennung:* ein starker, unbändiger, politischer E.; er ist von E. besessen.

ehrgeizig ⟨Adj.⟩: *voll Ehrgeiz; nach Erfolg, Geltung, Anerkennung strebend:* ein ehrgeiziger Politiker; er ist sehr e.

ehrlich ⟨Adj.⟩: 1. *in geldlichen Angelegenheiten zuverlässig:* ein ehrlicher Kassierer, e. abrechnen; ein ehrlicher Finder *(jmd., der gefundene Wertsachen nicht behält, sondern abliefert).* 2. *ohne Lüge, Verstellung; aufrichtig:* ein ehrliches Kind; sei e.!; es e. mit jmdm. meinen.

Ehrlichkeit, die; -: 1. *Zuverlässigkeit in geldlichen Dingen:* die E. des Beamten. 2. *Aufrichtigkeit, Wahrhaftigkeit:* an der E. seiner Bemühungen ist nicht zu zweifeln.

Ei, das; -[e]s, -er: *von einer Henne oder einem weiblichen Vogel hervorgebrachtes Produkt,*

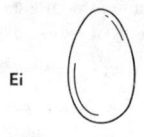

Ei

das den Keim zu einem neuen Lebewesen enthält (siehe Bild): Eier legen, ausbrüten; ein frisches Ei; ein Ei kochen.

Eiche, die; -, -n: /ein Baum/ (siehe Bild).

Eiche

Eichel, die; -, -n: *Frucht der Eiche* (siehe Bild).

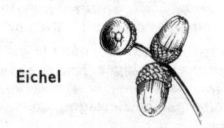

Eichel

eichen, eichte, hat geeicht ⟨tr.⟩: a) *(dem Maß und Gewicht) die Größe bzw. Schwere geben, die das Gesetz vorschreibt:* Maße, Gewichte e.; geeichte Gläser. b) *auf das richtige Gewicht, Maß prüfen:* die Waage muß noch geeicht werden. * (ugs.) **auf etwas geeicht sein** *(sich auf etwas sehr gut verstehen, etwas besonders gut können).*

Eid, der; -[e]s, -e: *in feierlicher Form [vor Gericht] abgegebene Versicherung, daß eine Aussage der Wahrheit entspricht oder* ein Versprechen gehalten wird; Schwur: einen E. [auf die Verfassung] schwören, leisten. * **an Eides Statt** *(wie wenn man vereidigt worden wäre):* etwas an Eides Statt erklären, versichern.

eidesstattlich ⟨Adj.; nicht prädikativ⟩: *für einen Eid stehend, an Eides Statt:* eine eidesstattliche Erklärung abgeben; etwas e. versichern.

Eifer, der; -s: *unablässiges, ständiges Streben, Bemühen; Fleiß:* ein unermüdlicher, fieberhafter E.; sein E. erlahmte bald.

Eiferer, der; -s, - (abwertend): *jmd., der etwas übertrieben, fanatisch vertritt:* ein religiöser, politischer E.

Eifersucht, die; -: *leidenschaftliches und neidisches Streben, jmdn./etwas allein zu besitzen:* eine rasende, blinde E.; er quält seine Frau mit seiner E.

eifersüchtig ⟨Adj.⟩: *voll Eifersucht, Eifersucht zeigend:* eifersüchtiger Mensch, Blick; jmdn. e. beobachten; er ist e.

eifrig ⟨Adj.⟩: *voll Eifer [tätig], unermüdlich:* ein eifriger Verfechter einer Idee; er war e. um sie bemüht; ein eifriger *(fleißig mitarbeitender)* Schüler.

eigen ⟨Adj.⟩: 1. ⟨nur attributiv⟩ a) *jmdm. selbst gehörend:* ein eigenes Haus, Auto; sie hat keine eigenen Kinder; etwas am eigenen Leib *(an sich selbst)* erfahren; in eigener Person *(persönlich);* das ist sein e. *(gehört ihm).* * (geh.) **sich** (Dativ) **etwas zu e. machen** *(sich etwas aneignen).* b) *selbständig, unabhängig:* eine eigene Meinung, einen eigenen Willen haben. c) *besonders, gesondert:* Wohnung mit eigenem Eingang. 2. ⟨nicht adverbial⟩ *für jmdn. bezeichnend, typisch; jmdn./etwas kennzeichnend:* ein ihm eigener Zug, ein Hang zum Grübeln war ihm e. 3. ⟨nicht adverbial⟩ (landsch.) *genau, sorgam:* er ist sehr e. in seinen Angelegenheiten.

Eigenart, die; -, -en: *etwas, was für jmdn. etwas typisch ist; besondere Art:* es war eine E. von ihm, seine Vorträge mit langen Zitaten zu beginnen.

eigenartig ⟨Adj.⟩: *[auffallend] fremd anmutend, ungewöhnlich, seltsam, sonderbar:* ein eigenartiges Wesen; eine eigenartige Veranlagung.

Eigenbrötler, der; -s, -: *Einzelgänger, Sonderling;* er ist im Alter ein richtiger E. geworden.

eigenhändig ⟨Adj.⟩: *von der eigenen Hand ausgeführt:* ein Bild mit eigenhändiger Unterschrift des Schauspielers; der Brief ist e. *(persönlich)* abzugeben.

Eigenheim, das; -[e]s, -e: *Einfamilienhaus, das der Hausbesitzer selbst bewohnt.*

Eigenlob, das; -[e]s: *auf die eigene Person gerichtetes Lob.*

eigenmächtig ⟨Adj.⟩: *nach eigenem Ermessen; ohne Auftrag oder Befugnis [ausgeführt]:* eine eigenmächtige Handlung; e. verfahren, handeln.

Eigenname, der; -ns, -n: *einem bestimmten Wesen oder Ding zugehörender Name.*

eigennützig ⟨Adj.⟩: *auf eigenen Vorteil, Nutzen bedacht, bezogen; selbstsüchtig:* ein eigennütziges Verhalten; e. denken.

eigens ⟨Adverb⟩: a) *besonders, extra, ausdrücklich:* er hatte noch e. Wein bestellt; ich habe es ihm e. gesagt. b) *nur, speziell:* der Tisch war e. für ihn gedeckt worden.

Eigenschaft, die; -, -en: *zum Wesen einer Person oder Sache gehörendes Merkmal:* gute, schlechte Eigenschaften haben; die Eigenschaften von Mineralien, Tieren. * **in** jmds. **E. als** *(ĺin jmds. Funktion] als):* in seiner E. als Vormund handeln.

Eigensinn, der; -s (abwertend): *beharrliches Festhalten an einer Meinung, einem Vorhaben:* sein E. verärgerte die andern.

eigensinnig ⟨Adj.⟩: *auf seinem Willen, seiner Meinung beharrend, verstockt, starrköpfig:* ein eigensinniger Mensch; e. seine Ansicht vertreten; im Alter wurde er immer eigensinniger.

eigenständig ⟨Adj.⟩: *nach eigenen Gesetzen gewachsen, selbständig [hervorgebracht]:* eine eigenständige Kultur, Dichtung.

eigentlich: I. ⟨Adj.⟩: 1. ⟨nur attributiv⟩ *ursprünglich:* die eigentliche Bedeutung eines Wortes. 2. *wirklich, tatsächlich:* das ist der eigentliche Grund für diese Entwicklung. II. ⟨Adverb⟩: 1. *in Wirklichkeit, tatsächlich:* er heißt e. Karl, doch alle nennen ihn Bill. 2. *im Grunde, genau-, strenggenommen:* ich mußte zugeben, daß er e. recht hatte; das Wort bedeutet e. etwas anderes; e. geht das nicht. 3. *überhaupt:* wie heißt du e.?; was denkst du dir denn e.?

Eigentum, das; -s: *materielles Gut, das jmdm. gehört und worüber er allein verfügen kann:* persönliches E.; das Grundstück ist sein E. * **geistiges E.** *(selbständige geistige Leistung, Erfindung eines einzelnen, über die ein anderer nicht nach Belieben verfügen darf).*

Eigentümer, der; -s, -: *jmd., dem etwas als Eigentum gehört:* der E. eines Geschäftes, Hauses.

eigentümlich ⟨Adj.⟩: 1. [auch: ...tümlich] *merkwürdig, sonderbar:* eine eigentümliche Person, Sprechweise. 2. ⟨nicht adverbial⟩ *als typisch zu jmdm. gehörend:* mit dem ihm eigentümlichen Stolz lehnte er jede Hilfe ab.

eigenwillig ⟨Adj.⟩: *seine eigene Art deutlich und nachdrücklich zur Geltung bringend, durchsetzend:* einen eigenwilligen Stil entwickeln; der kleine Junge ist sehr e. *(dickköpfig).*

eignen, eignete, hat geeignet: 1. ⟨rfl.⟩ *Befähigung [zu etwas] haben:* er eignet sich für diese Beschäftigung; ich eigne mich nicht zum Lehrer. b) *sich gut [für/als etwas] verwenden lassen:* dieser Teppich eignet sich nicht für das Büro. 2. ⟨itr.⟩ (geh.) *als Merkmal oder Eigenart (zu jmdm.) gehören:* ihr eignet eine gewisse Schüchternheit. **Eignung,** die; -.

Eile, die; -: *Hast; Bestreben, etwas rasch zu erledigen:* in großer E. handeln. * **etwas hat E.** *(etwas ist eilig);* **mit etwas hat es keine E.** *(etwas eilt nicht).*

eilen, eilte, hat/ist geeilt: 1. ⟨itr.⟩ *sich schnell (irgendwohin) begeben:* er war sofort nach dem Einbruch zur Polizei geeilt; jmdm. zu Hilfe e. *(sich schnell zu jmdm. begeben, um ihm zu helfen).* 2. ⟨itr.⟩ *schnell erledigt werden müssen:* dieses Schreiben hat sehr geeilt; ⟨auch unpersönlich⟩ es eilt mir nicht damit.

eilends ⟨Adverb⟩ (geh.): *sogleich, so schnell wie möglich, ohne sich aufzuhalten:* als er davon hörte, schrieb er e. einen Brief.

eilfertig ⟨Adj.⟩: *übertrieben bestrebt, einem andern einen Dienst zu erweisen:* er öffnete ihr e. die Tür.

eilig ⟨Adj.⟩: 1. *rasch, schnell:* eilige Schritte hören; e. davonlaufen; er hat es immer e. *(ist immer in Eile).* 2. ⟨nicht adverbial⟩ *keinen Aufschub zulassend:* ein eiliger Auftrag.

Eilzug, der; -s, Eilzüge: *Zug, der schneller als ein Personenzug fährt und nicht auf jeder Station hält.*

Eimer, der; -s, -: *größeres, tragbares Gefäß* (siehe Bild).

Eimer

ein: I. ⟨unbestimmter Artikel⟩ a) /individualisierend/: eine [große] Freude. b) /klassifizierend/: er ist ein Künstler; dies ist ein Rembrandt *(ein Bild von Rembrandt).* c) /generalisierend/: ein Baum ist eine Pflanze. II. ⟨Indefinitpronomen⟩ /alleinstehend/ a) *jemand, irgendeiner:* einer von uns; die Rückkehr eines meiner Mitarbeiter. b) (ugs.) *man:* da kann einer doch völlig verrückt werden. c) (ugs.) *ich, wir:* das tut einem *(mir)* gut. III. ⟨Kardinalzahl⟩ /betont/: ein Mann und zwei Frauen saßen auf der Bank. * (ugs.) **in einem fort** *(ununterbrochen);* **jmds. ein und alles sein** *(das Liebste, Schönste für jmdn. sein):* das Kind ist ihr ein und alles.

einander ⟨reziprokes Pronomen⟩: *sich, uns, euch [gegenseitig]:* wir müssen e. helfen.

einarbeiten, arbeitete ein, hat eingearbeitet: 1. a) ⟨tr.⟩ *mit der neuen Arbeit vertraut machen:* er ist gründlich eingearbeitet worden. b) ⟨rfl.⟩ *mit einer neuen Arbeit vertraut werden:* er muß sich noch e. 2. ⟨tr.⟩ *einfügen:* Nachträge in einen Aufsatz e.

einäschern, äscherte ein, hat eingeäschert ⟨tr.⟩: 1. *(einen Toten) verbrennen:* die Leiche e. 2. *niederbrennen, durch Brand zerstören:* ein Haus e.

einatmen, atmete ein, hat eingeatmet: ⟨itr./tr.⟩ *(den Atem in die Lunge) einziehen* /Ggs. ausatmen/: die frische Luft e.

Einbahnstraße, die; -, -n: *Straße, die nur in einer Richtung befahren werden darf.*

Einband, der; -[e]s, Einbände: *Rücken und Deckel eines Buches:* das Buch hat einen E. aus Leinen.

einbauen, baute ein, hat eingebaut ⟨tr.⟩: 1. *montieren (in etwas), hineinbauen:* einen Schrank e. 2. *nachträglich einfügen:* eine kurze Szene in das Schauspiel e.

einbegriffen ⟨Adj.; nur prädikativ⟩: *inbegriffen, mit erfaßt, mit berücksichtigt:* in dem Preis für die Reise sind Unterkunft und Verpflegung einbegriffen.

einberufen, berief ein, hat einberufen ⟨tr.⟩: a) *zu einer Versammlung zusammenrufen; (Mitglieder, Abgeordnete o. ä.) auffordern, sich zu versammeln:* das Parlament e. b) *zum Dienst beim Militär heranziehen:* als der Krieg ausbrach, wurde er sofort einberufen. **Einberufung**, die; -, -en.

einbeziehen, bezog ein, hat einbezogen ⟨tr.⟩: a) *berücksichtigen (bei/für etwas), aufnehmen (in etwas):* ein Ergebnis in seine Arbeit [mit] e. b) *(bei etwas) hinzunehmen; teilnehmen lassen (an etwas):* jmdn. in eine Unterhaltung [mit] e. **Einbeziehung**, die; -.

einbiegen, bog ein, ist eingebogen ⟨itr.⟩: *um die Ecke biegen und in eine andere Straße hineinfahren:* das Auto bog in eine Straße ein.

einbilden, sich; bildete sich ein, hat sich eingebildet ⟨itr.⟩ /vgl. eingebildet/: 1. *irrtümlich der Meinung sein:* du bildest dir ein, krank zu sein. 2. *ohne rechten Grund (auf etwas) stolz sein:* er bildet sich viel auf sein Wissen ein.

Einbildung, die; -, -en: *Vorstellung, die nicht der Wirklichkeit entspricht, Phantasie:* diese Probleme gibt es nur in deiner E.; ihre Krankheit ist reine E.

einblenden, blendete ein, hat eingeblendet ⟨tr.⟩: *in eine Sendung oder einen Film einschalten, einfügen:* eine Reportage e.; ⟨auch rfl.⟩ wir werden uns in wenigen Minuten wieder e.

einbleuen, bleute ein, hat eingebleut ⟨tr.⟩ (ugs.): *mit viel Mühe beibringen, einschärfen:* sie hat den Kindern eingebleut, sich von fremden Leuten nichts schenken zu lassen.

Einblick: ⟨in den Wendungen⟩ **einen E. bekommen in etwas** *(etwas kennenlernen):* er versuchte, einen E. in ihr Leben zu bekommen; **einen E. haben in etwas** *(Bescheid wissen über etwas, etwas kennen):* er hatte keinen E. in die Verhandlungen; **sich (Dativ) einen E. in etwas verschaffen** *(sich etwas ansehen, etwas durch eigenes Anschauen kennenlernen):* er verschaffte sich einen E. in die Arbeit.

einbrechen, bricht ein, hat/ist eingebrochen ⟨itr.⟩: 1. *gewaltsam, unbefugt eindringen, um zu stehlen:* Diebe waren in den Raum eingebrochen; man hatte in dem einsamen Haus eingebrochen *(gestohlen).* 2. *durch die Oberfläche brechen:* der Junge war auf dem zugefrorenen See eingebrochen.

Einbrecher, der; -s, -: *jmd., der gewaltsam, unbefugt in ein Gebäude eindringt, um zu stehlen.*

einbringen, brachte ein, hat eingebracht ⟨tr.⟩: 1. *in etwas hineinschaffen, -bringen:* die Ernte, das Heu e. 2. *zum Beschluß vorlegen:* ein Gesetz e. 3. *Gewinn, Ertrag bringen:* die Arbeit bringt [mir] viel, nichts ein; das bringt nichts ein *(lohnt sich nicht, hat keinen Erfolg).*

einbrocken, brockte ein, hat eingebrockt ⟨tr.⟩ (ugs.): *(jmdn./sich) in eine unangenehme Situation bringen:* diese Sache hast du dir selbst eingebrockt.

Einbruch, der; -, Einbrüche: 1. *gewaltsames, unbefugtes Eindringen in ein Gebäude, um zu stehlen:* an dem E. waren drei Männer beteiligt. * **einen E. verüben** *(einbrechen).* 2. (geh.) ⟨ohne Plural⟩ *das Herannahen, der Beginn:* sie wollten vor E. der Nacht zurückkehren.

einbürgern, bürgerte ein, hat eingebürgert: 1. ⟨tr.⟩ *die Staatsangehörigkeit geben:* er wird bald eingebürgert werden. 2. ⟨rfl.⟩ *heimisch, zur Gewohnheit werden:* diese Sitte hat sich allmählich bei uns eingebürgert.

Einbuße, die; -, -n: *Verlust, Verringerung, Abnahme:* seine Äußerung bedeutete für ihn eine E. an Ansehen; sein Besitz hat einige Einbußen erlitten *(ist weniger geworden).*

einbüßen, büßte ein, hat eingebüßt ⟨tr.⟩: *(bei einem Unternehmen, durch ein Geschehen) verlieren:* bei diesem Spiel hat er einen Teil seines Vermögens eingebüßt; im Kriege hatte er einen Arm eingebüßt.

eindämmen, dämmte ein, hat eingedämmt ⟨tr.⟩: *aufhalten, begrenzen:* das Hochwasser, einen Waldbrand, eine Seuche e.

eindecken, sich; deckte sich ein, hat sich eingedeckt: *sich mit Vorräten versorgen:* sich mit Kartoffeln, Kohlen e.; (ugs.) ich bin mit Arbeit eingedeckt *(habe viel Arbeit).*

eindeutig ⟨Adj.⟩: *keine zweite Deutung zulassend, unmißverständlich:* eine eindeutige Anordnung; er bekam eine eindeutige Abfuhr *(wurde sehr deutlich abgewiesen).*

eindringen, drang ein, ist eingedrungen ⟨itr.⟩: 1. a) *(in etwas) gelangen, hineindringen:* Wasser drang in den Keller ein. b) *(etwas) erforschen, ergründen:* in die Geheimnisse der Natur e. 2. a) *sich gewaltsam und unbefugt Zutritt verschaffen:* Diebe drangen in das Geschäft ein. b) *einfallen:* feindliche Truppen drangen in das Land ein.

eindringlich ⟨Adj.⟩: *nachdrücklich, mahnend:* e. auf etwas hinweisen; mit eindringlichen Worten sprach er auf sie ein. **Eindringlichkeit**, die; -.

Eindringling, der; -s, -e: *jmd., der in etwas eindringt, sich mit Gewalt Zutritt verschafft.*

Eindruck, der; -s, Eindrücke: *Bild oder Vorstellung, die durch eine Einwirkung von außen in jmdm. hervorgerufen wird:* ein positiver, bleibender, flüchtiger E.; einen falschen E. bekommen. * **E. machen** *(beeindrucken, eine starke Wirkung ausüben);* den E. haben, daß ... *(nach allem, was man wahrgenommen hat, annehmen müssen, daß ...).*

eindrücken, drückte ein, hat eingedrückt ⟨tr.⟩: *durch Druck auf etwas* a) *beschädigen, eine Vertiefung hervorrufen:* den Kotflügel e. b) *zerbrechen:* die Einbrecher haben die Fensterscheibe eingedrückt.

eindrucksvoll ⟨Adj.⟩: *einen nachhaltigen Eindruck hinterlassend, bewirkend:* eine eindrucksvolle Aufführung; etwas e. darstellen.

einebnen, ebnete ein, hat eingeebnet ⟨tr.⟩: *eben, flach machen:* ein Grab e.

einengen, engte ein, hat eingeengt ⟨tr.⟩: *die Bewegungsfreiheit einschränken:* das Kleid engt mich ein; ⟨häufig im 2. Partizip⟩ er fühlte sich durch diese Vorschrift eingeengt; sie saßen sehr eingeengt.

einerlei ⟨Adj.; nur prädikativ⟩ (ugs.): *gleich[gültig]:* das ist [mir] alles e.; denke immer daran, e., was du tust.

Einerlei, das; -s: *Eintönigkeit, langweilige Gleichförmigkeit:* sie versuchten, etwas Abwechslung in das ewige E. des Alltags zu bringen.

einerseits ⟨nur in Verbindung mit *and[e]rerseits*⟩ **einerseits ... and[e]rerseits** ⟨Adverb⟩: *von der einen Seite aus gesehen:* e. machte es Freude, andererseits kostete es besondere Anstrengung.

einfach: I. ⟨Adj.⟩ 1. *schlicht, ohne großen Aufwand oder Anspruch:* sie ist e. gekleidet; das Essen war e. 2. *leicht [verständlich, durchschaubar]:* die Sache ist ganz e. 3. *einmal vorhanden, gemacht, nicht doppelt:* ein einfacher Knoten, eine einfache Fahrt *(Fahrkarte für eine Fahrt ohne Rückfahrt /bei der Eisenbahn/).* II. ⟨Adverb⟩ (verstärkend): das ist e. *(überhaupt)* nicht wahr; das ist e. *(nun einmal)* so; das ist e. *(völlig, ganz und gar)* unmöglich; das ist ja e. *(geradezu)* herrlich; er ist e. *(ohne weiteres)* weggelaufen.

einfädeln, fädelte ein, hat eingefädelt: 1. ⟨tr.⟩ **a)** *durch ein Nadelöhr ziehen:* einen Faden e. **b)** *mit einem Faden versehen:* eine Nadel e. 2. ⟨tr.⟩ *in geschickter Weise bewerkstelligen, ins Werk setzen:* eine Intrige, eine Verbindung klug, fein e. 3. ⟨rfl.⟩ *sich [beim Einbiegen in eine stark befahrene Straße] in eine Kolonne von Autos einreihen.*

einfahren, fährt ein, fuhr ein, hat/ist eingefahren: 1. ⟨itr.⟩ *fahrend (in etwas) kommen; hineinfahren (in etwas):* der Zug ist soeben in den Bahnhof eingefahren. 2. ⟨tr.⟩ *einbringen, in die Scheune fahren:* der Bauer hat die Ernte eingefahren. 3. ⟨tr.⟩ *(ein neues Fahrzeug) so lange mit begrenzter Geschwindigkeit fahren, bis der Motor voll leistungsfähig ist:* er hat das neue Auto eingefahren. 4. ⟨rfl.⟩ (ugs.) *zur Gewohnheit werden:* inzwischen hat es sich eingefahren, daß wir uns nur noch zu Weihnachten schreiben.

Einfahrt, die; -, -en: 1. *das Hineinfahren:* die E. in das enge Tor war schwierig; der Zug hat keine E. *(darf noch nicht einfahren).* 2. *Stelle, an der man hineinfährt:* die E. in den Hafen; die E. muß freigehalten werden.

Einfall, der; -s, Einfälle: 1. *plötzlicher Gedanke, plötzliche Idee:* ein guter E.; einen E. haben. 2. *gewaltsames, feindliches Eindringen:* einen E. in ein Land planen.

einfallen, fällt ein, fiel ein, ist eingefallen ⟨itr.⟩ /vgl. eingefallen/: 1. *einstürzen, in sich zusammenfallen:* die Mauer ist eingefallen. 2. *eindringen, kommen:* der Feind fiel in unser Land ein. 3. *(jmdm.) [unerwartet] in den Sinn, ins Gedächtnis kommen:* mir fällt sein Name nicht ein.

einfältig ⟨Adj.⟩: *wenig kritisch und leichtgläubig; naiv:* ein einfältiger Mensch; er sah sie e. an.

Einfamilienhaus, das; -es, Einfamilienhäuser: *Haus, in dem nur eine Familie wohnt.*

einfangen, fing ein, hat eingefangen ⟨tr.⟩: 1. *fangen:* einen Vogel, Hund [wieder] e. 2. (geh.) *in Bild oder Wort in seiner Eigenart wiedergeben, zum Ausdruck bringen:* er hat die Stimmung gut eingefangen.

einfarbig ⟨Adj.⟩: *nur eine Farbe habend, nicht bunt:* ein einfarbiger Stoff; ein einfarbiges Kleid.

einfassen, faßte ein, hat eingefaßt ⟨tr.⟩: *mit einem Rahmen, Rand, einer Borte umgeben:* einen Edelstein in Gold e.; einen Garten mit einer Hecke e. **Einfassung**, die; -, -en.

einfinden, sich; fand sich ein, hat sich eingefunden: *an einem festgelegten Ort, zu einem festgelegten Zeitpunkt erscheinen:* sich in der Hotelhalle um 18 Uhr e.

einflechten, flicht ein, flocht ein, hat eingeflochten ⟨tr.⟩: *in eine Rede o. ä. einfügen, einfließen lassen; beiläufig bemerken:* Beispiele, Zitate in einen Vortrag e.; er flocht ein, daß er gerade erst von einem längeren Aufenthalt im Ausland zurück sei.

einfliegen, flog ein, hat/ist eingeflogen: 1. ⟨itr.⟩ *hineinfliegen:* ein Flugzeug ist in ein fremdes Gebiet eingeflogen. 2. ⟨tr.⟩ *in einen [eingeschlossenen] Ort, ein [gefährdetes] Gebiet mit dem Flugzeug transportieren:* das Militär hat Lebensmittel in die überschwemmten Gebiete eingeflogen. 3. ⟨tr.⟩ *(ein neues Flugzeug) zur Erprobung, Kontrolle fliegen und auf volle Leistung bringen:* der neue Typ ist eingeflogen worden.

einfließen: ⟨in der Verbindung⟩ **e. lassen:** *beiläufig bemerken:* ganz unauffällig ließ er ins Gespräch e., daß er die Absicht habe zu heiraten.

einflößen, flößte ein, hat eingeflößt ⟨tr.⟩: 1. *in kleinsten Mengen vorsichtig zu trinken geben:* einem Kranken Medizin e. 2. *(in jmdm. ein bestimmtes Gefühl) hervorrufen:* seine Worte flößten mir Angst ein.

Einfluß, der; Einflusses, Einflüsse: *Wirkung auf das Verhalten einer Person oder Sache:* sie übte keinen guten E. auf ihn aus; der E. der französischen Literatur auf die deutsche; er stand unter ihrem E. *(wurde von ihr beeinflußt);* großen E. haben *(auf Grund seiner Stellung etwas durchsetzen können).*

einflußreich ⟨Adj.⟩: *[großen] Wirkung habend, mächtig:* eine einflußreiche Persönlichkeit; er ist sehr e.

einförmig ⟨Adj.⟩: *keine Abwechslung bietend, gleichförmig:* ihr Leben war sehr e.

einfrieren, fror ein, ist/hat eingefroren: 1. ⟨itr.⟩ *durch Frost an seiner Funktion gehindert werden:* der Motor ist eingefroren; die Wasserleitungen sind eingefroren. 2. ⟨tr.⟩ *durch Frost konservieren:* wir haben das Fleisch eingefroren. 3. ⟨itr.⟩ *vom Eis umgeben und dadurch festgehalten werden:* das Schiff ist eingefroren. 4. **a)** ⟨tr.⟩ *auf dem gegenwärtigen Stand ruhen lassen, nicht weiterführen:* sie haben die Verhandlungen eingefroren; eingefrorene Guthaben *(Guthaben, über die man nicht verfügen kann).* **b)** ⟨itr.⟩ *auf dem gegenwärtigen Stand ruhen:* die Beziehungen zwischen ihnen waren eingefroren.

einfügen, fügte ein, hat eingefügt: 1. ⟨tr.⟩ *in etwas fügen, einsetzen:* ein Zitat in einen Text

e. 2. ⟨rfl.⟩ *sich einordnen, sich (jmdm./einer Sache) anpassen:* er muß sich [in die Gemeinschaft] e.

einfühlen, sich; fühlte sich ein, hat sich eingefühlt: *sich (in die Situation eines anderen) hineinversetzen:* er konnte sich nur schwer in die Stimmung seines Freundes e.

Einfühlungsvermögen, das; -s: *Fähigkeit, sich in jmdn./etwas hineinzuversetzen:* er hat überhaupt kein E.

Einfuhr, die; -, -en: *Einkauf von Waren im Ausland, Import:* die E. soll nicht die Ausfuhr übersteigen.

einführen, führte ein, hat eingeführt ⟨tr.⟩: 1. *aus dem Ausland beziehen, importieren* /Ggs. ausführen/: Erdöl, Getreide [aus Übersee] e. 2. *bekannt machen:* er hat sie bei den Eltern eingeführt; in den ersten drei Monaten wurde er [in seine Arbeit] eingeführt. 3. *(Neuerungen, Neuheiten) verbreiten:* neue Lehrbücher, Artikel e.; eine neue Währung e. *(an die Stelle der alten setzen).* 4. *durch eine Öffnung (in etwas) hineinschieben, -stecken:* eine Sonde in den Magen e. **Einführung,** die; -.

Eingabe, die; -, -n: *an eine Behörde gerichtete schriftliche Bitte oder Beschwerde:* eine E. prüfen.

Eingang, der; -s, Eingänge: 1. *Tür, Öffnung nach innen* /Ggs. Ausgang/: das Haus hat zwei Eingänge. 2. *⟨ohne Plural⟩ das Eintreffen (einer Sendung):* den E. der Post, des Geldes abwarten. 3. ⟨Plural⟩ *eingehende Post, Ware* /Ggs. Ausgang/: die Eingänge sortieren.

eingängig ⟨Adj.; nicht adverbial⟩: *leicht faßlich; in der Art, daß es ohne Mühe verstanden und leicht behalten wird:* ein eingängiger Spruch.

eingangs ⟨Adverb⟩: *zu Beginn (einer Rede o. ä.):* er kam in seinem Vortrag auf das e. erwähnte Beispiel zurück.

eingebildet ⟨Adj.⟩: *von sich, seinen Fähigkeiten allzusehr überzeugt; überheblich:* ein eingebildeter Mensch; sie ist e.

Eingeborene, der; -n, -n ⟨aber: [ein] Eingeborener, Plural: Eingeborene⟩: *ursprünglicher Bewohner eines nicht zivilisierten Gebietes:* im Urwald lebende Eingeborene.

Eingebung, die; -, -en: *plötzlich auftauchender Gedanke, der jmds. Tun oder Denken entscheidend beeinflußt:* in einer plötzlichen E. änderte er seinen Entschluß.

eingefallen ⟨Adj.⟩: *hohle Wangen habend:* ein eingefallenes Gesicht.

eingefleischt ⟨Adj.; nur attributiv⟩: *in seiner Anschauung, Lebensweise nicht mehr zu ändern; unverbesserlich:* ein eingefleischter Junggeselle.

eingehen, ging ein, ist eingegangen /vgl. eingehend/: 1. ⟨itr.⟩ *eintreffen:* es geht täglich viel Post ein. 2. ⟨itr.⟩ *aufhören zu existieren:* das Pferd ist eingegangen; der Baum ist eingegangen *(abgestorben);* die Zeitung ist eingegangen *(erscheint nicht mehr).* 3. ⟨als Funktionsverb⟩ *sich (auf etwas) einlassen und sich daran gebunden fühlen:* einen Handel, Vertrag e.; eine Wette e. *(wetten);* Ehe E e. *(heiraten);* ein Risiko e. *(etwas riskieren).* 4. ⟨itr.⟩ **a)** *(etwas) aufgreifen und weiterführen:* auf eine Frage, einen Gedanken, ein Problem e. **b)** *(etwas) annehmen, akzeptieren:* auf einen Plan, Vorschlag, jmds. Bedingung e. ** **in den ewigen Frieden, zur ewigen Ruhe e.** *(sterben).*

eingehend ⟨Adj.⟩: *gründlich, ausführlich:* eine eingehende Beschreibung; sich mit jmdm., etwas e. befassen.

Eingemachte, das; -n ⟨aber: Eingemachtes⟩: *eingekochtes Obst:* im Keller steht noch Eingemachtes vom letzten Jahr.

eingepfercht ⟨Adj.⟩: *eng zusammengedrängt, dicht gedrängt (in etwas) eingeschlossen:* sie standen e. in der Straßenbahn.

Eingeständnis, das; -ses, -se: *Geständnis (eigenen Versagens, eigener Schuld):* das E. seiner Schuld fiel ihm äußerst schwer.

eingestehen, gestand ein, hat eingestanden ⟨tr.⟩: *schließlich gestehen, zugeben:* eine Tat, einen Irrtum e.; ich wollte mir diese Schwäche nicht e. *(wollte sie nicht vor mir selbst zugeben).*

Eingeweide, die ⟨Plural⟩: *alle Organe im Innern des Leibes:* einem geschlachteten Huhn die E. herausnehmen.

eingewöhnen, sich; hat sich eingewöhnt: *sich an eine neue Umgebung, an neue Verhältnisse gewöhnen:* sie hat sich inzwischen bei uns eingewöhnt.

eingießen, goß ein, hat eingegossen ⟨tr.⟩: *(in ein Gefäß) gießen:* den Wein e.

eingreifen, griff ein, hat eingegriffen ⟨itr.⟩: *sich entscheidend einschalten; einschreiten:* in die Diskussion e.; die Polizei mußte bei der Schlägerei e.; das Erlebnis hat tief in sein Leben eingegriffen *(auf sein Leben eingewirkt).*

Eingriff, der; -s, -e: 1. *mit ärztlichen Instrumenten durchgeführtes Öffnen des Körpers und Entfernung von krankem Gewebe oder kranken Teilen, Operation:* ein chirurgischer E.; der Arzt mußte einen E. machen. 2. *ungebührliches oder unberechtigtes Eingreifen in den Bereich eines andern:* ein E. in die private Sphäre, in die Rechte eines andern.

Einhalt: ⟨in der Wendung⟩ E. gebieten: *(ein Übel, ein gefährliches Geschehen) energisch bekämpfen und verhindern, daß sich die betreffende Sache weiter ausbreitet:* einer Seuche E. gebieten; die Regierung versuchte der Abwanderung in die Städte E. zu gebieten.

einhalten, hält ein, hielt ein, hat eingehalten: 1. ⟨tr.⟩ *(etwas, was als verbindlich gilt) [weiterhin] befolgen, sich (an etwas) halten:* eine Bestimmung e.; einen Termin e. *(etwas nicht später als zum festgesetzten Zeitpunkt tun).* 2. ⟨tr.⟩ *nicht von etwas abweichen:* eine Richtung, einen Kurs e. 3. ⟨itr.⟩ *(mit seinem Tun) plötzlich für kürzere Zeit innehalten, aufhören; (etwas) unterbrechen:* im Lesen, in der Arbeit e.

einhändigen, händigte ein, hat eingehändigt ⟨tr.⟩: *persönlich übergeben:* jmdm. Geld, einen Schlüssel e.

einheimisch ⟨Adj.; nicht adverbial⟩: *an einem Ort, in einem Land seine Heimat habend und mit den Verhältnissen dort vertraut seiend:* die einheimische Bevölkerung eines Landes.

Einheit, die; -, -en: 1. ⟨ohne Plural⟩ *Ganzheit:* eine territoriale, nationale, wirtschaftliche E. 2. Mil. *zahlenmäßig nicht festgelegter militärischer Verband:* eine motorisierte E. 3. *bei* *der Bestimmung eines Maßes zugrunde gelegte Größe:* die E. der Längenmaße ist der Meter.

einheitlich ⟨Adj.⟩: **a)** *eine Einheit erkennen lassend, zum Ausdruck bringend:* ein einheitliches System; die Struktur ist e. **b)** *für alle in gleicher Weise beschaffen, geltend:* eine einheitliche Kleidung, Regelung.

einhellig ⟨Adj.⟩: *in beeindruckender Weise einstimmig:* nach der einhelligen Meinung der Kritiker war dieses das schwächste Stück des Autors.

einholen, holte ein, hat eingeholt ⟨tr.⟩: **1. a)** *(jmdn., der einen Vorsprung hat), [schließlich] erreichen:* er konnte ihn noch e. **b)** *(einen Rückstand [gegenüber jmdm.]) aufholen:* einen Vorsprung e.; jmdn. in seinen Leistungen e. **2.** *sich geben lassen:* jmds. Rat, Zustimmung, Erlaubnis e.; Erkundigungen, Auskünfte über jmdn. e. *(einziehen).* **3.** (landsch.) *einkaufen:* Brot, Wurst e.; sie ist e. gegangen.

einig ⟨in bestimmten Wendungen⟩: sich (Dativ) / mit jmdm. e. werden *(zur Übereinstimmung kommen):* ich bin mir mit ihm, wir sind uns schließlich e. geworden; sich (Dativ)/ mit jmdm. e. sein *(übereinstimmen):* in diesem Punkt bin ich mit ihm, sind wir uns völlig e.; sich (Dativ) /mit sich selbst [noch nicht] e. sein *(sich [noch nicht] klar über etwas sein):* ich war mir, mit mir selbst noch nicht ganz e., ob ich das Angebot annehmen sollte.

einige ⟨Indefinitpronomen und unbestimmtes Zahlwort⟩: **1.** einiger, einige, einiges ⟨Singular⟩ *ein wenig, ein bißchen, nicht viel:* mit einigem guten Willen hätte man dieses Problem lösen können; er wußte wenigstens einiges. **2. einige** ⟨Plural⟩ *ein paar, mehrere; mehr als zwei bis drei, aber nicht viele:* er war einige Wochen verreist; in dem Ort gibt es einige Friseure; er hat nur einige *(wenige)* Fehler. **3.** *beträchtlich, ziemlich groß, nicht wenig, ziemlich viel:* das wird noch einigen Ärger bringen; das wird einige Überlegungen erfordern.

einigen, einigte, hat geeinigt ⟨rzp.⟩: *(mit jmdm.) zu einer Übereinstimmung kommen:* sich auf einen Kompromiß e.; sie haben sich über den Preis geeinigt.

einigermaßen ⟨Adverb⟩: *ziemlich; bis zu einem gewissen Grade:* auf diesem Gebiet weiß er e. Bescheid; die Arbeit ist ihm e. gelungen.

Einigkeit, die; -: *Übereinstimmung, Einmütigkeit:* E. war nicht zu erreichen; darüber herrschte völlige E., daß etwas an dem bestehenden System geändert werden müsse.

Einigung, die; -: *Übereinkunft:* eine E. kam nicht zustande; es wurde keine E. erzielt *(man konnte sich nicht einigen).*

einimpfen, impfte ein, hat eingeimpft ⟨tr.⟩: (ugs.) *(jmdm. etwas) tief einprägen; (bei jmdm.) eine bestimmte Einstellung bewirken:* jmdm. eine Überzeugung, einem Mutlosen Hoffnung e.; man hatte ihm diesen Haß eingeimpft; die Mutter hatte ihren Kindern eingeimpft *(eingeschärft),* mit keinem Fremden mitzugehen.

einjagen, jagte ein, hat eingejagt ⟨als Funktionsverb⟩: jmdm. Angst e. *(jmdn. ängstigen);* jmdm. einen Schreck e. *(jmdn. erschrecken).*

einkassieren, kassierte ein, hat einkassiert ⟨tr.⟩: *(einen fälligen Betrag) einziehen, kassieren:* Beiträge, das Geld für ein Abonnement e.

Einkauf, der; -s, Einkäufe: *das Einkaufen:* sie erledigten ihre Einkäufe und fuhren nach Hause; dieser Mantel war wirklich ein guter E.

einkaufen, kaufte ein, hat eingekauft ⟨tr./itr.⟩: *Benötigtes, Gewünschtes kaufen:* Material, Waren e.; en gros e.; er kauft immer im Warenhaus ein; sie ist e. gegangen.

einkehren, kehrte ein, ist eingekehrt ⟨itr.⟩: *unterwegs eine Gaststätte besuchen:* sie sind auf ihrer Wanderung zweimal in einem Lokal eingekehrt.

einklammern, klammerte ein, hat eingeklammert ⟨tr.⟩: *in einem Text durch Klammern einschließen:* die Erklärung des Wortes wurde eingeklammert.

Einklang: ⟨in den Wendungen⟩ in E. stehen mit etwas: *mit etwas übereinstimmen:* seine Worte und seine Taten stehen nicht miteinander in E.; in E. bringen mit etwas: *auf etwas abstimmen:* man muß versuchen, die eigenen Wünsche mit den Forderungen des Partners in E. zu bringen.

einkleiden, kleidete ein, hat eingekleidet ⟨tr.⟩: *mit [neuer] Kleidung ausstatten:* seine Kinder neu e.; die Rekruten wurden eingekleidet *(erhielten ihre Uniform).*

einkochen, kochte ein, hat eingekocht ⟨tr.⟩: *so lange kochen, bis die betreffende Sache haltbar gemacht ist:* Kirschen, Marmelade e.

Einkommen, das; -s, -: *Einnahmen in einem bestimmten Zeitraum; Gehalt, Lohn:* ein hohes monatliches E. haben.

Einkünfte, die ⟨Plural⟩: *Summe der Einnahmen:* seine E. waren im Jahre 1968 geringer als im Jahre 1967; E. aus Grundbesitz haben.

einladen, lädt ein, lud ein, hat eingeladen ⟨tr.⟩: **I.** *in ein Fahrzeug zum Transport bringen* /Ggs. ausladen/: Pakete, Kisten e. **II.** *als Gast zu sich bitten:* jmdn. zu sich, zum Geburtstag e. b) *(zur Teilnahme an etwas auffordern und (für ihn) bezahlen:* jmdn. ins Theater, zum Ball, zu einer Autofahrt e.

Einladung, die; -, -en.

Einlage, die; -, -n: **1.** *etwas, was in etwas hineingebracht wird:* eine Suppe mit E.; eine E. im Kragen (zur Versteifung); der Zahnarzt machte eine E. *(provisorische Füllung).* **2.** *stützende Unterlage für den Fuß, die in den Schuh eingelegt wird:* in den Sandalen kann er keine Einlagen tragen. **3.** *Darbietung, die als Unterbrechung in ein Programm eingeschoben wird:* ein Konzert mit tänzerischen Einlagen.

Einlaß ⟨in bestimmten Wendungen⟩ E. begehren / um E. bitten *(wünschen, eingelassen zu werden);* E. erhalten/ finden *(eingelassen werden);* sich (Dativ) E. verschaffen *(erreichen, daß man eingelassen wird).*

einlassen, läßt ein, ließ ein, hat eingelassen: **1.** ⟨tr.⟩ *jmdm. Zutritt gewähren;* er wollte niemanden e. **2.** ⟨tr.⟩ *eine Flüssigkeit in einen Behälter einlaufen lassen:* Wasser in die Wanne e. **3.** ⟨rfl.⟩ **a)** (abwertend) *mit jmdm., der es nicht wert ist, Kontakt aufnehmen:* wie konnte er sich nur mit diesem gemeinen Kerl e. b) *(bei etwas) mitmachen:* sich auf ein Abenteuer e.; sich nicht in ein Gespräch mit jmdm. e. *(mit jmdm. nicht diskutieren).*

Einlauf, der; -s, Einläufe: *Einführung von Wasser in den Darm zur Entleerung; Klistier:* die Krankenschwester machte bei dem Patienten einen E.

einlaufen, läuft ein, lief ein, hat/ist eingelaufen: 1. ⟨itr.⟩ *hineinfließen:* das Wasser ist in die Wanne eingelaufen. 2. ⟨itr.⟩ *hineinfahren* /Ggs. auslaufen/: das Schiff ist in den Hafen eingelaufen. 3. ⟨itr.⟩ *eintreffen:* es sind viele Spenden, Beschwerden eingelaufen. 4. ⟨itr.⟩ *(beim Waschen) kleiner werden, schrumpfen:* das Kleid ist beim Waschen eingelaufen. 5. ⟨tr.⟩ *(neue Schuhe) durch Tragen bequemer machen:* er hat die Schuhe allmählich eingelaufen. ** (ugs., abwertend) jmdm. die Bude, das Haus, die Tür e. *(jmdn. [in bestimmter Absicht] ständig aufsuchen).*

einleben, sich; lebte sich ein, hat sich eingelebt: *in neuer Umgebung heimisch werden:* er hat sich gut bei uns eingelebt.

einlegen, legte ein, hat eingelegt ⟨tr.⟩: 1. *(in etwas) hineinlegen:* einen neuen Film in den Photoapparat e.; Sohlen in die Schuhe e. 2. *in eine in bestimmter Weise zubereitete Flüssigkeit legen [und dadurch konservieren]:* Heringe, Gurken e. 3. *als Verzierung einfügen:* in die Tischplatte war ein Muster eingelegt. 4. *einfügen, einschieben:* zwischen die Szenen wurden Tänze eingelegt; bei starkem Verkehr Züge zur Entlastung e. ** **bei jmdm. ein gutes Wort für jmdn. e.** *(sich bei jmdm. für jmdn. verwenden; jmdn. durch eine positive Aussage helfen);* **Protest e.** *(protestieren);* **Beschwerde e.** *(sich beschweren).*

einleiten, leitete ein, hat eingeleitet ⟨tr.⟩: 1. *(ein Werk, eine Veranstaltung mit etwas) beginnen; eröffnen:* eine Feier mit Musik e. 2. *(einen Vorgang) vorbereiten und in Gang setzen:* einen Prozeß, ein Verfahren gegen jmdn. e.

Einleitung, die; -, -en: *Teil, mit dem eine Veranstaltung, ein Werk o. ä. beginnt:* eine kurze E.; die E. eines Buches.

einlenken, lenkte ein, hat eingelenkt ⟨itr.⟩: 1. *einbiegen:* er lenkte in die Seitenstraße ein. 2. *nach anfänglicher Ablehnung zu gewissen Kompromissen bereit sein:* nach dieser scharfen Entgegnung lenkte er sofort wieder ein.

einleuchten, leuchtete ein, hat eingeleuchtet ⟨itr.⟩: *(jmdm.) verständlich, begreiflich sein:* es leuchtete mir ein, daß er wegen seiner vielen Arbeit nicht kommen konnte; ⟨häufig im 1. Partizip⟩ *plausibel, überzeugend:* eine einleuchtende Erklärung.

einliefern, lieferte ein, hat eingeliefert ⟨tr.⟩: *einer entsprechenden Stelle zur besonderen Behandlung, zur Beaufsichtigung übergeben:* die Verletzten wurden ins Krankenhaus eingeliefert; jmdn. in eine Heilanstalt, ins Gefängnis e. **Einlieferung,** die; -, -en.

einlösen, löste ein, hat eingelöst ⟨tr.⟩: *sich auszahlen, übergeben lassen; zurückkaufen:* einen Scheck, ein Pfand e.; bildl.: ein Versprechen e. *(wirklich tun, was man versprochen hat).*

einmachen, machte ein, hat eingemacht ⟨tr.⟩: *(Gemüse, Obst) kochen und konservieren:* Bohnen, Kirschen e.

einmal ⟨Adverb⟩: 1. *ein einziges Mal, nicht zweimal oder mehrmals:* er war nur e. da; ich versuche es noch e. *(wiederhole den Versuch).* * **auf e.:** a) *gleichzeitig:* sie kamen alle auf e. b) *plötzlich:* auf e. stand sie auf und ging. 2. a) *eines Tages, später:* er wird sein Verhalten e. bereuen. b) *einst, früher:* es ging ihm e. besser als heute; /formelhafter Anfang im Märchen/ es war e. ** **nicht e.** *(selbst, sogar nicht; auch nicht):* nicht e. an seine Eltern schrieb er eine Karte.

einmalig ⟨Adj.⟩: a) ⟨nicht adverbial⟩ *nur ein einziges Mal vorkommend:* eine einmalige Zahlung. b) *großartig, unvergleichlich:* dieser Film ist e.

Einmarsch, der; -es, Einmärsche: *das Einmarschieren:* der E. der Truppen in die Stadt.

einmarschieren, marschierte ein, ist einmarschiert ⟨itr.⟩: *(in etwas) hineinmarschieren:* die Truppen sind gestern in die Stadt einmarschiert.

einmischen, sich; mischte sich ein, hat sich eingemischt: *sich redend oder handelnd an etwas beteiligen, womit man eigentlich nichts zu tun hat:* die Erziehung der Kinder ist eure Sache, ich will mich da nicht e. **Einmischung,** die; -.

einmotten, mottete ein, hat eingemottet ⟨tr.⟩: *(Kleidung o. ä., was eine längere Zeit nicht gebraucht wird) mit einem Mittel gegen Motten schützen:* Pullover, Mäntel, Pelze e.

einmummeln, mummelte ein, hat eingemummelt ⟨tr./rfl.⟩ (ugs.): *fest in warme Kleider oder Decken hüllen:* die Mutter hatte die Kinder gut eingemummelt; sie legte sich auf die Couch und mummelte sich ein.

einmütig ⟨Adj.⟩: *völlig übereinstimmend, einstimmig:* die Abgeordneten stimmten e. dem Vorschlag zu. **Einmütigkeit,** die; -.

Einnahme, die; -, -n: 1. *eingenommenes Geld; Verdienst* /Ggs. Ausgabe/: seine monatlichen Einnahmen schwanken. 2. ⟨ohne Plural⟩ *das Einnehmen, Zusichnehmen:* die E. von Tabletten einschränken. 3. ⟨ohne Plural⟩ *Eroberung:* bei der E. der Stadt wurde kein Widerstand geleistet.

einnehmen, nimmt ein, nahm ein, hat eingenommen ⟨tr.⟩: 1. *(Geld) in Empfang nehmen, erhalten, verdienen:* wir haben heute viel eingenommen; er gibt mehr aus, als er einnimmt. 2. *zu sich nehmen, essen:* Pillen, Tabletten e.; täglich werden drei Mahlzeiten eingenommen. 3. *eine Fläche, einen Raum ausfüllen:* der Schrank nimmt viel Platz ein; das Bild nimmt die halbe Seite ein. * **seinen Platz e.** *(sich setzen, Platz nehmen).* 4. *erobern, besetzen:* die Stadt, Festung konnte eingenommen werden. 5. *(für sich) gewinnen:* durch seine Liebenswürdigkeit nahm er alle Gäste für sich ein; ⟨im 1. Partizip⟩ *gewinnend, anziehend:* sie legte sich ein einnehmendes Äußeres. 6. ⟨in Verbindung mit bestimmten Substantiven⟩ *innehaben; besitzen:* er nimmt einen wichtigen Posten ein; er hat in dieser Frage keinen festen Standpunkt eingenommen; er hat eine abwartende Haltung eingenommen *(er hat sich abwartend verhalten).*

einnicken, nickte ein, ist eingenickt ⟨itr.⟩ (ugs.): *[über einer Tätigkeit] für kurze Zeit einschlafen:* er ist beim Lesen eingenickt.

Einöde, die; -: *einsame Gegend.*

einordnen, ordnete ein, hat eingeordnet: **1.** ⟨tr.⟩ *in eine bestehende Ordnung einfügen:* die neuen Bücher in den Bücherschrank e. **2.** ⟨rfl.⟩ **a)** *sich einfügen, sich (einer Sache) anpassen:* sich in eine Gemeinschaft e. **b)** *auf eine vorgeschriebene Fahrbahn überwechseln:* der Fahrer muß sich rechtzeitig vor dem Abbiegen e.

einpacken, packte ein, hat eingepackt ⟨tr.⟩: *zum Transport (in etwas) packen; mit einer Hülle aus Papier o. ä. umwickeln und zu einem Paket machen:* er packte einen Anzug für die Reise ein; Geschenke e.

einpflanzen, pflanzte ein, hat eingepflanzt ⟨tr.⟩: *in die Erde pflanzen:* im Herbst pflanzt man Rosen ein.

einprägen, prägte ein, hat eingeprägt: **a)** ⟨tr.⟩ *nachdrücklich dafür sorgen, daß etwas im Gedächtnis haften bleibt; einschärfen:* du mußt dir diese Vorschrift genau e.; er hat den Kindern eingeprägt, nicht mit Fremden mitzugehen. **b)** ⟨rfl.⟩ *im Gedächtnis bleiben:* der Text prägt sich leicht ein.

einquartieren, quartierte ein, hat einquartiert ⟨tr.⟩: *(jmdm.) ein Quartier geben, zuweisen:* die Flüchtlinge wurden bei einem Bauern einquartiert. **Einquartierung,** die; -, -en.

einrahmen, rahmte ein, hat eingerahmt ⟨tr.⟩: *mit einem Rahmen einfassen:* ein Bild e.; bildl.: hohe Tannen rahmten das Haus ein *(umgaben das Haus).*

einrammen, rammte ein, hat eingerammt ⟨tr.⟩: *mit einem schweren Hammer in die Erde schlagen:* Pfähle e.

einräumen, räumte ein, hat eingeräumt ⟨tr.⟩: **1. a)** *(in etwas) stellen, legen, bringen:* die Möbel [ins Zimmer] e.; das Geschirr [in den Schrank] e. **b)** *mit Gegenständen ausstatten, versehen:* das Zimmer, den Schrank e. **2.** *(jmdm.) zugestehen, gewähren:* jmdm. ein Recht, eine gewisse Freiheit e.

einreden, redete ein, hat eingeredet: **1.** ⟨tr.⟩ *(jmdn.) dazu überreden, etwas zu tun oder zu glauben:* er hatte ihr eingeredet, eine Aussage zu machen, die ihn entlasten sollte; er hat sich eingeredet, er hätte das verschuldet. **2.** ⟨itr.⟩ *ständig und eindringlich zu jmdm. sprechen:* er redete unablässig auf ihn ein.

einreichen, reichte ein, hat eingereicht ⟨tr.⟩: *(einer Behörde, einer Instanz etwas Schriftliches) zur Prüfung oder Bearbeitung übergeben:* eine Arbeit, einen Plan, Rechnungen e. * **einen Antrag e.** *(etwas beantragen);* **Klage e.** *(gegen jmdn. klagen);* **Beschwerde e.** *(sich beschweren).*

einreihen, reihte ein, hat eingereiht: **a)** ⟨rfl.⟩ *sich innerhalb einer geordneten Gruppe an einen bestimmten Platz stellen:* ich reihte mich noch in den Zug der Demonstranten ein. **b)** *einordnen:* Frauen in den Arbeitsprozeß e.

Einreise, die; -, -n: *das ordnungsmäße Überschreiten der Grenze eines Landes* /Ggs. Ausreise/: die E. in ein Land beantragen; jmdm. die E. verweigern.

einreisen, reiste ein, ist eingereist ⟨itr.⟩: *ordnungsgemäß in ein Land reisen* /Ggs. ausreisen/.

Einreißen, riß ein, hat/ist eingerissen: **1. a)** ⟨itr.⟩ *vom Rand aus einen Riß bekommen:* die Zeitung ist eingerissen. **b)** ⟨tr.⟩ *vom Rand aus einen Riß in etwas machen:* sie hat die Seite an der Ecke eingerissen. **2.** ⟨tr.⟩ *niederreißen, abbrechen:* er hat das alte Haus eingerissen. **3.** ⟨itr.⟩ *zur schlechten Gewohnheit werden, um sich greifen:* eine Unordnung ist eingerissen; wir wollen das nicht erst e. lassen.

einrenken, renkte ein, hat eingerenkt: **1.** ⟨tr.⟩ *(ein ausgerenktes Glied) wieder in das Gelenk drehen und in die richtige Lage bringen:* einen Arm, ein Bein e. **2.** ⟨tr.⟩ (ugs.): *(etwas, was zu einer Verstimmung geführt hat) in Ordnung bringen, bereinigen:* ich weiß nicht, ob ich das wieder e. kann, was ihr angestellt habt; ⟨auch rfl.⟩ zum Glück hat sich alles wieder eingerenkt *(ist alles wieder in Ordnung gebracht worden).*

einrichten, richtete ein, hat eingerichtet: **1.** ⟨tr.⟩ *mit Möbeln, Geräten ausstatten:* sie haben ihre Wohnung neu eingerichtet. **2.** ⟨tr.⟩ *nach bestimmten Gesichtspunkten gestalten, anordnen:* wir müssen es so e., daß wir uns um 17ʰ am Bahnhof treffen. **3.** ⟨tr.⟩ *zur öffentlichen Nutzung gründen; eröffnen:* in den Vororten werden Filialen der Bank eingerichtet. **4.** ⟨rfl.⟩ (ugs.) *sich (auf etwas) einstellen, vorbereiten:* sie hatte sich nicht auf einen längeren Aufenthalt eingerichtet. ** **sich e. müssen** *(sich einschränken müssen).*

Einrichtung, die; -, -en: **1.** ⟨ohne Plural⟩ *das Einrichten:* die E. einer Wohnung dauert längere Zeit. **2.** *Möbel, die zu einem Raum gehören:* eine geschmackvolle E. **3.** *etwas, was von einer Institution zur öffentlichen Nutzung geschaffen worden ist:* die sozialen Einrichtungen eines Landes, eines Betriebes; die Müllabfuhr ist eine nützliche E.

einrosten, rostete ein, ist eingerostet ⟨itr.⟩: *sich allmählich stark mit Rost überziehen und unbrauchbar werden:* das Schloß der Tür war eingerostet; bildl.: er treibt regelmäßig Sport, um nicht einzurosten *(unbeweglich zu werden).*

einsam ⟨Adj.⟩: **a)** *völlig allein, ohne Anschluß an andere:* sie lebt sehr e. **b)** *wenig von Menschen besucht:* eine einsame Gegend; der Bauernhof liegt völlig e. *(abgelegen).* **Einsamkeit,** die; -.

einsammeln, sammelte ein, hat eingesammelt ⟨tr.⟩: *sich von jedem einzelnen einer Gruppe geben lassen:* Ausweise, Schulhefte, Geld e.

Einsatz, der; -es, Einsätze: **1.** *das Einsetzen:* der E. von Flugzeugen, Soldaten im Krieg; der Beruf verlangt den vollen E. *(die ganze Arbeitskraft) der Persönlichkeit.* **2.** *einsetzbarer Teil:* zu dem Topf gehört ein E. **3.** *bei einer Wette, einem Spiel eingezahlter Betrag:* er spielte sofort mit einem hohen E. **4.** Musik *das Beginnen, Einsetzen einer Stimme oder eines Instruments in einem musikalischen Werk:* die Einsätze waren ungenau; der Dirigent gab den E. *(das Zeichen zum Beginn)* zu spät.

einschalten, schaltete ein, hat eingeschaltet: **1.** ⟨tr.⟩ *durch Schalten in Gang setzen:* den Strom, die Maschine e. **2.** ⟨rfl.⟩ *(in eine Angelegenheit) eingrei-*

fen: er schaltete sich in die Verhandlungen ein; ⟨auch tr.⟩ die Polizei zur Aufklärung eines Verbrechens e. *(der Polizei die Aufklärung eines Verbrechens übertragen).*

einschärfen, schärfte ein, hat eingeschärft ⟨tr.⟩: *(jmdm.) eindringlich (zu einem bestimmten Verhalten, zur Befolgung einer Vorschrift) anhalten; dringend (zu etwas) ermahnen:* einem Kind e., mit keinem Fremden mitzugehen.

einschätzen, schätzte ein, hat eingeschätzt ⟨tr.⟩: *beurteilen, bewerten:* er hatte die Lage völlig falsch eingeschätzt. **Einschätzung,** die; -, -en.

einschenken, schenkte ein, hat eingeschenkt ⟨tr.⟩: *jmdm. eingießen:* [jmdm.] Kaffee e.; ⟨auch itr.⟩ wenn er ausgetrunken hatte, schenkte sie ihm immer wieder ein.

einschicken, schickte ein, hat eingeschickt ⟨tr.⟩: *[zur Verwertung, Prüfung] (an eine Stelle) schicken:* er hatte die Lösung des Rätsels an die Zeitung eingeschickt.

einschieben, schob ein, hat eingeschoben ⟨tr.⟩: *in etwas einfügen:* in den Aufsatz hat er noch einige Zitate eingeschoben.

einschiffen, schiffte ein, hat eingeschifft: a) ⟨tr.⟩ *auf ein Schiff bringen:* Truppen e. b) ⟨rfl.⟩ *sich zu einer Reise an Bord eines Schiffes begeben:* er schiffte sich in Genua nach Amerika ein.

einschlafen, schläft ein, schlief ein, ist eingeschlafen ⟨itr.⟩: 1. *in Schlaf versinken, fallen:* sofort, beim Lesen e. 2. *vorübergehend das Gefühl verlieren:* mein Bein ist beim Sitzen eingeschlafen. 3. *[ruhig, ohne große Qualen] sterben:* sie ist friedlich eingeschlafen. 4. (ugs.) *allmählich nachlassen, aufhören:* der Briefwechsel zwischen uns ist eingeschlafen; die Sache schläft mit der Zeit ein *(gerät in Vergessenheit).*

einschläfern, schläferte ein, hat eingeschläfert ⟨tr.⟩: 1. *in Schlaf versetzen:* diese Musik schläfert mich ein. 2. *sorglos und sicher machen:* diese Rede sollte nur die Gegner e.

einschlagen, schlägt ein, schlug ein, hat eingeschlagen: 1. ⟨tr.⟩ *schlagend in etwas hineintreiben:* einen Nagel in die Wand e. 2. ⟨tr.⟩ *durch Schlagen zerstören:* eine Tür e. 3. ⟨itr.⟩ *(etwas) treffen und beschädigen oder zerstören:* der Blitz, die Bombe hat [in das Haus] eingeschlagen. 4. ⟨itr.⟩ *(jmdn.) immerzu schlagen:* er hat ständig auf ihn eingeschlagen. 5. ⟨itr.⟩ *mit Papier umwickeln, einpacken:* eine Ware e. 6. ⟨itr.⟩ *eine entgegengestreckte Hand als Zeichen der Zustimmung ergreifen:* er bot mir die Hand, und ich schlug ein. 6. ⟨tr.⟩ *(einen bestimmten Weg, in eine bestimmte Richtung) gehen:* sie schlugen den Weg nach Süden ein; bildl.: er will die technische Laufbahn e. 8. a) ⟨tr.⟩ (ugs.) *sich gut einarbeiten:* der neue Mitarbeiter hat [gut] eingeschlagen. b) *Erfolg haben:* das neue Produkt schlägt ein. 9. ⟨tr.⟩ *durch Umlegen des Stoffes nach innen kürzer machen:* die Ärmel e.

einschlägig ⟨Adj.; nicht prädikativ⟩ *zu etwas Bestimmtem gehörend, für etwas Bestimmtes in Frage kommend:* er kennt die einschlägige Literatur zu diesem Problem; diese Ware kann man in allen einschlägigen Geschäften erhalten.

einschleichen, sich; schlich sich ein, hat sich eingeschlichen: *sich heimlich und leise (in etwas) begeben:* die Diebe hatten sich in das Haus eingeschlichen; bildl.: einige Fehler haben sich in die Arbeit eingeschlichen *(sind unbemerkt in die Arbeit hineingekommen).*

einschleppen, schleppte ein, hat eingeschleppt ⟨tr.⟩: *(eine Krankheit o. ä.) [aus einem Gebiet] mitbringen und auf andere übertragen:* die Seuche wurde durch Reisende aus Indien eingeschleppt.

einschleusen, schleuste ein, hat eingeschleust ⟨tr.⟩: *(jmdn./etwas) unbemerkt (in etwas) hineinbringen:* Agenten, Spione, Opium e.

einschließen, schloß ein, hat eingeschlossen: 1. a) ⟨tr.⟩ *(jmdn.) durch Abschließen der Tür daran hindern, einen Raum zu verlassen:* sie haben die Kinder eingeschlossen. b) ⟨rfl.⟩ *durch Abschließen der Tür niemanden zu sich hereinkommen lassen:* sie hat sich seit einigen Tagen in ihrem Zimmer eingeschlossen. c) ⟨tr.⟩ *zur Aufbewahrung in einen Behälter legen,* den man abschließt: Schmuck in einen Tresor e. 2. ⟨tr./rfl.⟩ *mit erfassen, mit berücksichtigen:* Bedienung ist in dem Betrag eingeschlossen; jmdn. ins Gebet e. *(für jmdn. mitbeten).*

einschließlich: *(jmdm./etwas) mit einbegriffen:* I. ⟨Präp. mit Gen.⟩ /Ggs. ausschließlich/: die Kosten e. des Portos, der Gebühren; ⟨aber: ohne Flexionsendung vor starken Substantiven im Singular, wenn sie ohne Artikel und ohne adjektivisches Attribut stehen; im Plural dann mit Dativ⟩ e. Porto; e. Getränken. II. ⟨Adverb⟩ bis zum 20. März e.

einschnappen, schnappte ein, ist eingeschnappt ⟨itr.⟩: 1. *zufallen und sich dabei fest schließen:* das Schloß ist nicht sofort eingeschnappt; die Tür ist eingeschnappt. 2. (ugs., abwertend) *sich beleidigt oder zurückgesetzt fühlen und schnell böse mit jmdm. sein:* wenn man ihn einmal korrigiert, schnappt er gleich ein; ⟨häufig im 2. Partizip⟩ *beleidigt:* jetzt ist sie eingeschnappt, weil wir sie nicht mitnehmen.

einschneiden, schnitt ein, hat eingeschnitten /vgl. einschneidend/: 1. ⟨itr.⟩ *scharf (in die Haut) dringen:* der Riemen schnitt in den Arm ein. 2. ⟨tr.⟩ *mit dem Messer zerkleinern und in einen Behälter legen:* Apfelsinen und Äpfel e.

einschneidend ⟨Adj.⟩: *sich stark auswirkend, tiefgreifend:* einschneidende Änderungen, Maßnahmen.

einschränken, schränkte ein, hat eingeschränkt: 1. ⟨tr.⟩ *auf ein geringeres Maß herabsetzen; reduzieren:* seine Ausgaben e. 2. ⟨rfl.⟩ *bescheiden, sparsam leben:* sie müssen sich sehr e. **Einschränkung,** die; -, -en.

einschreiben, schrieb ein, hat eingeschrieben: 1. ⟨tr./rfl.⟩ *[sich] in etwas schreiben, eintragen:* Einnahmen und Ausgaben in ein Heft e.; ich habe mich in die Liste der Teilnehmer eingeschrieben. 2. ⟨tr.⟩ *bei der Post in eine Liste eintragen und dadurch versichern lassen:* er ließ den Brief e.; ein eingeschriebener Brief.

Einschreiben, das; -s, -: *bei der Post eingeschriebene Sendung:* einen Brief als E. schicken.

einschreiten, schritt ein, ist eingeschritten ⟨itr.⟩: *(gegen jmdn./etwas) vorgehen, hemmend (auf jmdn./etwas) einwirken:* die Polizei mußte gegen die randalierenden Jugendlichen, gegen den Handel mit Waffen e.

einschüchtern, schüchterte ein, hat eingeschüchtert ⟨tr.⟩: *jmdn. in Angst versetzen und den Mut zu etwas nehmen:* wir ließen uns durch nichts e.; ein eingeschüchtertes Kind. **Einschüchterung,** die; -.

einschulen, schulte ein, hat eingeschult ⟨tr.⟩: *in die Grundschule aufnehmen:* er wurde mit sechs Jahren eingeschult. **Einschulung,** die; -, -en.

Einschuß, der; Einschusses, Einschüsse: *Stelle, wo eine Kugel eingedrungen ist:* das Auto wies an der Seite fast ein Dutzend Einschüsse auf.

einsegnen, segnete ein, hat eingesegnet ⟨tr.⟩: **a)** /ev./ *konfirmieren:* er wurde am Sonntag vor Ostern eingesegnet. **b)** /kath./ *(jmdn./etwas) segnen:* den Toten e.; ein Grab e. **Einsegnung,** die; -, -en.

einsehen, sieht ein, sah ein, hat eingesehen ⟨tr⟩: **1. a)** *zu der Überzeugung kommen, daß etwas, was man eigentlich nicht wahrhaben wollte, sich doch so verhält:* seinen Irrtum, seine Niederlage e. **b)** *begreifen, verstehen:* ich sehe ein, daß du unter diesen Umständen nicht kommen kannst. **2.** *(in etwas) suchend, prüfend lesen:* Akten, Briefe e.

Einsehen: ⟨in der Fügung⟩ ein E. haben: *Verständnis (für jmdn./etwas) haben und sich deshalb nachgiebig und freundlich zeigen:* eigentlich sollte er erst seine Aufgaben für die Schule machen, aber die Mutter hatte bei dem schönen Wetter ein E. und ließ ihn draußen spielen.

einseitig ⟨Adj.⟩: **1. a)** *nur auf einer Seite [bestehend]:* er ist e. gelähmt; eine einseitige *(nur von einer Seite ausgehende)* Zuneigung. **b)** *auf eine Seite beschränkt, nicht vielseitig:* er ist nur e. interessiert; eine einseitige Begabung. **2.** *nur einen Gesichtspunkt berücksichtigend, nicht erschöpfend, subjektiv:* eine einseitige Beurteilung. **Einseitigkeit,** die; -.

einsenden, sandte / sendete ein, hat eingesandt/eingesendet ⟨tr.⟩: *[zur Verwertung, Prüfung] an eine zuständige Stelle schicken:* Unterlagen, Manuskripte e.

einsetzen, setzte ein, hat eingesetzt: **1.** ⟨tr.⟩ *als Teil in etwas setzen, hineinbringen, einfügen:* eine Fensterscheibe e.; einen Flicken in die Hose e.; Sträucher im Garten e. *(einpflanzen).* **2.** ⟨tr.⟩ **a)** *ernennen, (für etwas) bestimmen:* einen Kommissar, Ausschuß e.; er wurde als Verwalter eingesetzt. **b)** *arbeiten lassen, in Aktion treten lassen:* jmdn. in einer neuen Abteilung e.; Polizei, Truppen, Flugzeuge e. **c)** *zusätzlich (für etwas) heranziehen; einschieben:* zur Entlastung des Verkehrs weitere Busse, Züge e. **3.** ⟨tr.⟩ **a)** *einen bestimmten Betrag anbieten, um den gespielt werden soll:* er hat fünf Mark eingesetzt. **b)** *aufs Spiel setzen; riskieren:* sein Leben e. **4.** ⟨itr.⟩ *zu einem bestimmten Zeitpunkt beginnen:* bald setzte eine starke Kälte ein. **5.** ⟨rfl.⟩ *sich bemühen; etwas oder jmdn. in etwas zu unterstützen:* er hat sich stets für dieses Projekt, für diesen Mann eingesetzt; ⟨auch tr.⟩ seine ganze Kraft (für etwas/jmdn.) e. *(voll und ganz [für etwas/jmdn.] tätig sein):* er setzte seine ganze Kraft für die Verwirklichung dieses Planes ein. **Einsicht,** die; -, -en: *Erkenntnis:* er hat neue Einsichten gewonnen; er kam zu der E., daß seine Bemühungen erfolglos geblieben waren. * **zur E. kommen** *(vernünftig werden).* ** **E. nehmen in etwas** *(etwas durchlesen oder durchsehen).*

einsichtig ⟨Adj.⟩: **1.** *vernünftig, verständnisvoll:* er war e. und versprach, sich zu bessern. **2.** *[leicht] einzusehen und verständlich:* ein einsichtiger Grund; es ist nicht e., warum er die Prüfung nicht gemacht hat.

einsilbig ⟨Adj.⟩: *nur zu wenigen Äußerungen geneigt; wortkarg:* ein einsilbiger Mann; er antwortete sehr e. **Einsilbigkeit,** die; -.

einspannen, spannte ein, hat eingespannt ⟨tr.⟩ **1.** *(ein Zugtier) vor den Wagen befestigen:* er hat heute den Schimmel eingespannt. **2.** (ugs.): *(zu etwas) heranziehen, (für etwas) arbeiten lassen:* er hat ihn für seine Pläne eingespannt; ⟨im 2. Partizip⟩ wir sind den ganzen Tag eingespannt *(haben den ganzen Tag zu tun).*

einsparen, sparte ein, hat eingespart ⟨tr.⟩: *nicht brauchen und daher sparen [keine Ausgaben dafür haben]:* die Firma will eine Million Mark, Arbeitskräfte, Material e.; die eingesparte *(gewonnene)* Zeit wird abgezogen. **Einsparung,** die; -, -en.

einsperren, sperrte ein, hat eingesperrt ⟨tr.⟩: **a)** *in etwas sperren; in einen Raum bringen und dort einschließen:* den Hund in der Wohnung e. **b)** (ugs.) *in ein Gefängnis bringen:* einen Verbrecher e.

einspielen, spielte ein, hat eingespielt: **1.** ⟨rfl.⟩ *zur Gewohnheit werden und keine Schwierigkeiten mehr bereiten:* die neue Regelung hat sich gut eingespielt. * **aufeinander eingespielt sein** *(gut zusammenarbeiten).* **2.** ⟨rfl.⟩ *bei einem Spiel erst einige Zeit brauchen, bis man die höchste Form erreicht:* die Mannschaft mußte sich erst e. **3.** ⟨tr.⟩ *(die Ausgaben) wieder einbringen* /vom Film/: in wenigen Monaten spielte der Film die Kosten der Produktion ein.

einspringen, sprang ein, ist eingesprungen ⟨itr.⟩: *sich kurzfristig als Ersatz für jmdn. zur Verfügung stellen:* als er krank wurde, ist ein Sänger aus Frankfurt für ihn eingesprungen.

Einspruch, die; ⟨in der Wendung⟩ E. erheben: *(gegen etwas) Einwände vorbringen, protestieren:* gegen ein Urteil Einspruch e.

einst ⟨Adverb⟩: **a)** *früher, vor längerer Zeit:* e. stand hier ein Denkmal. **b)** *in ferner Zukunft:* du wirst es e. bereuen.

einstecken, steckte ein, hat eingesteckt ⟨tr.⟩: **1. a)** *in etwas stecken:* er hat den Brief eingesteckt *(in den Briefkasten gesteckt).* **b)** *in die Tasche stecken, mitnehmen:* den Schlüssel e.; sich (Dativ) etwas Geld e. **2.** (ugs.) *hinnehmen:* die Mannschaft mußte eine schwere Niederlage e.

einstehen, stand ein, ist eingestanden ⟨itr.⟩: **a)** *sich verbürgen; (für jmdn./etwas) ein-

treten: ich stehe dafür ein, daß er seine Sache gut macht; er wollte nicht für seine frühere Behauptung e. **b)** *die Folgen (von etwas) tragen, auf sich nehmen:* die Eltern müssen für den Schaden e., den ihre Kinder verursacht haben.

einsteigen, stieg ein, ist eingestiegen ⟨itr.⟩: **1. a)** *(in etwas steigen/*Ggs. aussteigen/: in eine Straßenbahn, ein Auto e. **b)** (ugs.) *sich (an einem Unternehmen) beteiligen* /Ggs. aussteigen/: er ist mit einer hohen Summe in das Projekt eingestiegen; in die große Politik e. **2.** *heimlich (in etwas) klettern, um etwas zu stehlen:* ein Unbekannter ist während der Nacht in das Geschäft eingestiegen.

einstellen, stellte ein, hat eingestellt: **1.** ⟨tr.⟩ *(in etwas) hineinstellen, (an einen dafür bestimmten Platz) stellen:* Bücher [ins Regal] e. **2.** ⟨tr.⟩ *Arbeit, eine Stelle geben:* neue Mitarbeiter e. **3.** ⟨tr.⟩ *(mit etwas) [eine Zeit lang] aufhören:* die Produktion, die Arbeit e.; das Rauchen e. **4.** ⟨tr.⟩ *(ein Gerät) so richten, daß es nach Wunsch funktioniert:* das Radio leise e.; einen Photoapparat auf eine Entfernung e.; er hatte keine Lust mehr, Schlager zu hören, und stellte einen anderen Sender ein. **5.** ⟨rfl.⟩ *zu einem festgelegten Zeitpunkt kommen, sich einfinden:* er wird um 8 Uhr bei uns e. **6.** ⟨rfl.⟩ **a)** *sich innerlich (auf etwas) vorbereiten:* sie hatten sich auf großen Besuch eingestellt. **b)** *sich (jmdm.) anpassen, sich (nach jmdm.) richten:* man muß sich auf sein Publikum e.

Einstellung, die; -, -en: **1.** *das Einstellen.* **2.** ⟨ohne Plural⟩ *Meinung, Ansicht, Verhalten:* wie ist deine E. zu diesen politischen Ereignissen?

Einstieg, der; -s, Einstiege: *Stelle (an einem Fahrzeug), an der man einsteigen kann* /Ggs. Ausstieg/: bei dieser Straßenbahn ist der E. hinten.

einstimmig ⟨Adj.⟩: *mit allen Stimmen, einmütig:* der Präsident wurde e. gewählt; der Vorschlag fand einstimmige Billigung. **Einstimmigkeit,** die; -.

einstufen, stufte ein, hat eingestuft ⟨tr.⟩: *einordnen:* jmdn. in eine bestimmte Klasse, Gruppe e. **Einstufung,** die; -, -en.

Einsturz, der; -s, Einstürze: *das Einstürzen, Zusammenfallen:* beim E. der Ruine wurden zwei Menschen verletzt.

einstürzen, stürzte ein, ist eingestürzt ⟨itr.⟩: *in Trümmer zerfallen:* das baufällige Haus stürzte ein.

einstweilen ⟨Adverb⟩: *vorläufig, fürs erste, zunächst einmal:* e. arbeitete er in der Fabrik.

eintauschen, tauschte ein, hat eingetauscht ⟨tr.⟩: *hingeben und dafür etwas von gleichem Wert erhalten, (gegen etwas) tauschen:* Briefmarken gegen andere e.; sie tauschten ihre Zigaretten gegen Brot ein.

einteilen, teilte ein, hat eingeteilt ⟨tr.⟩: **1.** *in Teile zerlegen, teilen, gliedern:* ein Buch in Kapitel e. **2.** *sinnvoll aufteilen:* er teilte sich (Dativ) seine Zeit, sein Geld gut e.; ich habe mir die Arbeit genau eingeteilt. **Einteilung,** die; -, -en

eintönig ⟨Adj.⟩ (abwertend): *keine Abwechslung bietend, gleichförmig, monoton:* ein eintöniges Leben; eine eintönige Gegend. **Eintönigkeit,** die; -.

Eintracht, die; -: *Zustand der Einmütigkeit, der Harmonie mit anderen:* in [Frieden und] E. leben.

einträchtig ⟨Adj.⟩: *friedlich, einmütig, in Harmonie mit anderen lebend:* e. beieinander sitzen.

eintragen, trägt ein, trug ein, hat eingetragen: **1. a)** ⟨tr.⟩ *in etwas schreiben:* einen Namen in eine Liste e. **b)** ⟨rfl.⟩ *sich einschreiben, seinen Namen in etwas schreiben:* er hat sich in das Buch der Stadt eingetragen. **2.** ⟨itr.⟩ *für jmdn. einen Gewinn, Erfolg) ergeben:* sein Fleiß trug ihm Anerkennung ein.

einträglich ⟨Adj.⟩: *Gewinn oder Vorteil bringend; lohnend:* ein einträgliches Geschäft; diese Tätigkeit war für ihn sehr e.

einträufeln, träufelte ein, hat eingeträufelt ⟨tr.⟩: *(in etwas) tropfenweise fallen lassen:* ein Medikament ins Auge e.

eintreffen, trifft ein, traf ein, ist eingetroffen ⟨itr.⟩: **1.** *ankommen:* pünktlich e.; die Pakete sind eingetroffen. **2.** *entsprechend einer Voraussage oder Ahnung wahr werden:* alles ist eingetroffen, wie er es vermutet hatte.

eintreiben, trieb ein, hat eingetrieben ⟨tr.⟩: **1.** *einschlagen:* Pfähle in den Boden e. **2.** *einziehen, kassieren:* Schulden, Gelder e.

eintreten, tritt ein, hat/ist eingetreten: **1.** ⟨itr.⟩ *(einen Raum) betreten, hineingehen:* er war in das Zimmer eingetreten. **2.** ⟨itr.⟩ **a)** *(ein neues Stadium) erreichen:* die Verhandlungen sind in eine neue Phase eingetreten. **b)** ⟨als Funktionsverb/ /drückt den Beginn einer Handlung oder eines Geschehens aus, das über einen längeren Zeitraum andauert/: in ein Gespräch, in den Krieg, in Verhandlungen e. *(mit ihnen beginnen);* eine Stille war eingetreten *(es war still geworden);* eine Besserung ist eingetreten *(es ist besser geworden).* **c)** *sich ereignen:* der Tod war unerwartet eingetreten; wenn der Fall eintritt, daß er stirbt *(wenn er stirbt).* **3.** ⟨itr.⟩ *Mitglied werden* /Ggs. austreten/: er ist in eine Partei, einen Verein eingetreten. **4.** ⟨tr.⟩ *durch einen Tritt mit dem Fuß zerstören:* er hat die Tür eingetreten. **5.** ⟨itr.⟩ *sich (für jmdn./etwas) einsetzen:* er ist mutig eingetreten für mich, seinen Glauben.

eintrichtern, trichterte ein, hat eingetrichtert ⟨tr.⟩ (ugs.): *mit großer Mühe verständlich machen und einprägen:* einem Schüler Vokabeln e.; ich habe ihm eingetrichtert *(wiederholt gesagt, ihn ermahnt),* daß er sich gut benehmen soll.

Eintritt, der; -[e]s, -e: **1.** ⟨ohne Plural⟩ *das Eintreten:* beim E. in das Zimmer schwiegen alle plötzlich; bei Eintritt *(mit Beginn)* der Krise, der Pubertät. **2.** *[gegen eine Gebühr erhältliche] Berechtigung zum Besuch oder zur Besichtigung von etwas:* den E. ins Museum bezahlen; der E. ist frei *(kostet nichts).*

Eintrittskarte, die; -, -n: *Karte, die zum Besuch oder zur Besichtigung von etwas berechtigt:* eine E. lösen, kaufen.

einverleiben, verleibte ein, hat einverleibt ⟨tr.⟩: **1.** *in ein Ganzes hineinnehmen, einfügen:* er hat das Gebiet seinem Reich einverleibt. **2.** (scherzh.) *(etwas) essen, trinken:* ich habe mir drei Stücke Kuchen einverleibt.

Einvernehmen, das; -s: *Zustand, in dem Übereinstimmung, Einigkeit herrscht:* ein herzliches gutes E. erzielen; im E. mit *(in Zusammenarbeit, in Übereinstimmung mit, mit Billigung von).*

einverstanden: ⟨in der Verbindung⟩ e. sein mit jmdm./etwas: *keine Einwände gegen jmdn./etwas haben, einer Sache zustimmen:* er war mit dem Vorschlag e.

Einverständnis, das; -ses: *das Einverstandensein, Übereinstimmung:* sein E. erklären; im E. mit seinem Partner handeln.

Einwand, der; -[e]s, Einwände: *Äußerung einer abweichenden Auffassung:* ein berechtigter E.

einwandern, wanderte ein, ist eingewandert ⟨itr.⟩: *sich in einem fremden Land niederlassen, um dort eine neue Heimat zu finden* /Ggs. auswandern/: er ist 1848 eingewandert. **Einwanderung,** die; -, -en.

einwandfrei ⟨Adj.⟩: **a)** *zu keiner Beanstandung Anlaß gebend, ohne Fehler:* eine einwandfreie Ware; ein einwandfreies Verhalten; e. funktionieren. **b)** *eindeutig, zu keinem Zweifel Anlaß gebend:* es ist e. erwiesen, daß ...

einwecken, weckte ein, hat eingeweckt ⟨tr.⟩: *in bestimmten Gläsern einkochen, konservieren:* Erbsen, Kirschen e.

Einwegflasche, die; -, -n: *Flasche [für Bier], die nicht mehr zurückgegeben zu werden braucht, sondern nach Gebrauch weggeworfen werden kann.*

einweichen, weichte ein, hat eingeweicht ⟨tr.⟩: **a)** *(Wäsche) vor dem Waschen in eine bestimmte Lauge legen, damit sich der Schmutz löst:* Wäsche e. **b)** *in Wasser legen, damit es weich wird:* Erbsen, Brötchen e.

einweihen, weihte ein, hat eingeweiht ⟨tr.⟩: **1. a)** *im Rahmen einer Feier seiner Bestimmung übergeben:* ein Theater, eine Kirche e. **b)** (ugs., scherzh.) *zum erstenmal gebrauchen, tragen:* eine neue Handtasche e.; beim letzten Spaziergang hat sie ihr neues Kleid eingeweiht. **2.** *(in ein Geheimnis) wissen lassen:* sie weihten ihn in ihre Pläne ein. **Einweihung,** die; -.

einweisen, wies ein, hat eingewiesen ⟨tr.⟩: **1.** *veranlassen, daß jmd. [zur Behandlung] an einen bestimmten Ort gebracht wird:* jmdn. ins Krankenhaus, in ein Heim e. **2.** *(jmdm.) an einem neuen Arbeitsplatz die nötigen Erklärungen zu seiner Arbeit geben:* der Chef hat ihn [in seine neue Arbeit] eingewiesen. **3.** *einem [Auto]fahrer, dem der Blick verstellt ist, durch Zeichen die Richtung angeben:* er wies ihn beim Parken in die Lücke ein. **Einweisung,** die; -, -en.

einwenden, wandte ein/wendete ein, hat eingewandt/eingewendet ⟨tr.⟩: *einen Einwand, Bedenken vorbringen:* gegen diesen Vorschlag hatte er nichts einzuwenden.

einwerfen, wirft ein, hat eingeworfen ⟨tr.⟩: **1.** *in etwas werfen:* eine Postkarte [in den Briefkasten] e. **2.** *durch Werfen zerbrechen:* ein Fenster e. **3.** *in einer Diskussion einen kurzen Einwand vorbringen:* eine kritische Bemerkung e.; er warf ein, daß...

einwickeln, wickelte ein, hat eingewickelt ⟨tr.⟩: **1.** ⟨tr.⟩ *in etwas wickeln, einpacken* /Ggs. auswickeln/: ein Geschenk in buntes Papier e.; einen Kranken in warme Decken e. **2.** ⟨tr.⟩: *durch geschicktes Reden für sich gewinnen:* sie hat ihn vollkommen eingewickelt.

einwilligen, willigte ein, hat eingewilligt ⟨tr.⟩: *(einer Sache) zustimmen, (mit etwas) einverstanden sein:* er willigte [in den Vorschlag] ein. **Einwilligung,** die; -, -en.

Einwohner, der; -s -: *jmd., der fest an einem Ort wohnt:* die Stadt hat zwei Millionen E.

Einwurf, der; -[e]s, Einwürfe: **1.** *kurzer Einwand:* ein berechtigter E. **2.** *Sport das Wiederins-Spiel-bringen des Balles:* die gegnerische Mannschaft hatte den E.

einzahlen, zahlte ein, hat eingezahlt ⟨tr.⟩: *(einen bestimmten Betrag) an eine Kasse o. ä. zahlen:* er zahlte seine Miete auf ein Konto ein. **Einzahlung,** die; -, -en.

einzäunen, zäunte ein, hat eingezäunt ⟨tr.⟩: *mit einem Zaun umgeben:* einen Garten e.

Einzelgänger, der; -s, -: *jmd., der sich von der Gemeinschaft absondert; Sonderling:* er ist ein E.

Einzelheit, die; -, -en: *einzelner Teil innerhalb eines größeren Ganzen, Detail:* interessante E.; er berichtete den Vorfall in allen Einzelheiten; auf Einzelheiten kann ich jetzt nicht weiter eingehen.

einzeln: I. ⟨Adj.; nicht prädikativ⟩ *einer für sich allein; von andern getrennt und abgesondert:* der einzelne [Mensch]; jeder einzelne; die Gäste kamen e. *(jeder für sich).* **II.** ⟨Indefinitpronomen und unbestimmtes Zahlwort⟩ *manche[s], einige[s]:* einzelnes ⟨Neutrum Singular⟩ einzelnes hat mir gefallen; einzelne ⟨Plural⟩ einzelne sagen, daß ...

einziehen, zog ein, hat/ist eingezogen: **1.** ⟨tr.⟩ *nach innen ziehen, zurückziehen:* den Kopf, die Fühler e.; der Hund hat den Schwanz eingezogen *(zwischen die Beine geklemmt).* **2.** ⟨tr.⟩ **a)** *(privaten Besitz) beschlagnahmen:* der Staat hat ihren Besitz eingezogen. **b)** *(Beträge, zu deren Zahlung man [gesetzlich] verpflichtet ist) kassieren; eintreiben:* Steuern e. * **Erkundigungen e.** *(sich erkundigen).* **3.** ⟨tr.⟩ *zum [Militär]dienst einberufen:* man hat einen weiteren Jahrgang eingezogen. **4.** ⟨itr.⟩ *einmarschieren; in einem feierlichen Zug hineingehen* /Ggs. ausziehen/: die Soldaten sind in die Stadt eingezogen; die Mannschaften ziehen in das Stadion ein. **5.** ⟨itr.⟩ *in eine Wohnung ziehen* /Ggs. ausziehen/: wir sind [in das neue Haus] eingezogen. **6.** ⟨itr.⟩ *eindringen:* die Salbe ist [in die Haut] eingezogen.

einzig: I. Adj. **a)** (verstärkend) *nur einmal vorhanden; nur einer:* ihre einzige Tochter; ein einziger überlebte; der einzigen *(alleinigen)* Zuschauer. **b)** *einmalig, unvergleichlich:* diese Leistung steht e. da. **II.** ⟨Adverb⟩ *allein, nur, ausschließlich:* e. er ist schuld.

einzigartig ⟨Adj.⟩: *einmalig, hervorragend:* eine einzigartige Leistung.

Einzug, der; -[e]s, Einzüge: **1.** *das Einziehen, Beziehen* /Ggs. Auszug/: der E. in die neue Wohnung. **2.** *[feierliches] Hineingehen, Einmarschieren* /Ggs. Auszug/: der E. in die Sieger in die Stadt.

Eis, das; -es: **a)** *gefrorenes Wasser* (siehe Bild): das E. schmilzt. * (ugs.) *etwas auf E. legen* (*etwas aufschieben, vorläufig nicht weiter bearbeiten*): der Plan

Eisen 120

wurde vorerst auf E. gelegt. **b)** *süße Speise, die in gefrorenem Zustand gegessen wird* (siehe Bild): E. am Stiel.

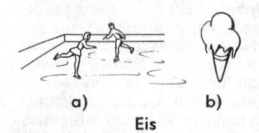

a) Eis b)

Eisen, das; -s, -: *leicht rostendes Metall:* die Tür ist aus E. * (ugs.) **ein heißes E.** *(eine heikle Sache);* **mehrere E. im Feuer haben** *(mehrere Möglichkeiten zur Erreichung eines Zieles haben);* (ugs.) **zum alten E. werfen** *(als unbrauchbar ausscheiden).*

Eisenbahn, die; -, -en: *mit einem Motor oder mit Dampf angetriebenes, auf Schienen fahrendes Verkehrsmittel, das weit[er] voneinander entfernt liegende Orte verbindet* (siehe Bild): er fuhr mit der E. nach Paris.

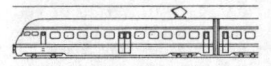

Eisenbahn

eisern ⟨Adj.⟩: **1.** ⟨nur attributiv⟩ *aus Eisen bestehend:* ein eisernes Geländer; der eiserne Vorhang *(feuersicherer Vorhang zwischen Bühne und Zuschauerraum im Theater).* * **der Eiserne Vorhang** *(Grenze zwischen kommunistischen und nichtkommunistischen Ländern in Europa);* **die eiserne Lunge** *(Apparat für künstliche Atmung).* **2. a)** *unerschütterlich:* ein eiserner Wille; e. schweigen. **b)** *unnachgiebig, unerbittlich:* eiserne Strenge; * **eine eiserne Ration** *(Vorrat für den Notfall).* **c)** *unermüdlich:* eiserner Fleiß; e. sparen, arbeiten.

eisig ⟨Adj.⟩: *sehr kalt:* ein eisiger Wind; bildl.: eisiges *(ablehnendes)* Schweigen.

eiskalt ⟨Adj.⟩: *sehr kalt, eisig:* ein eiskalter Raum; bildl.: jmdn. e. *(ungerührt, erbarmungslos)* anblicken.

Eislauf, der; -s: *Sportart, bei der man auf Schlittschuhen läuft.*

eislaufen, läuft eis, lief eis, ist eisgelaufen ⟨itr.⟩: *sich mit Schlittschuhen auf dem Eis bewegen.*

eitel ⟨Adj.⟩: **1. a)**: *stark von seinen [vermeintlichen] Vorzügen überzeugt und bestrebt, sie zur Schau zu stellen:* ein eitler Mensch. **b)** *übertriebene Sorgfalt auf sein Äußeres verwendend;* das kleine Mädchen ist recht e. geworden. **2.** [unflektiert, nur attributiv] *rein:* es herrschte e. Freude. **Eitelkeit,** die; -.

Eiter, der; -s: *dicke gelbe Flüssigkeit, die sich bei einer Entzündung absondert:* in der Wunde hat sich E. gebildet.

eitern, eiterte, hat geeitert ⟨itr.⟩: *Eiter absondern:* die Wunde eitert.

eitrig ⟨Adj.; nicht adverbial⟩: *Eiter absondernd:* eine eitrige Wunde.

Ekel: I. der; -s: *Abscheu, Widerwille, Übelkeit erregendes Gefühl:* einen E. vor fettem Fleisch haben; sich voll E. von jmdm. abwenden. **II.** das, -s, - (ugs.): *widerliche Person, unangenehmer Mensch:* er ist ein E.

ekelhaft ⟨Adj.⟩: *Abscheu, Widerwillen erregend; Ekel hervorrufend:* ein ekelhaftes Tier; eine ekelhafte Tat.

ekeln, ekelte, hat geekelt ⟨rfl./itr.⟩: **a)** *Ekel empfinden:* ich ekele mich davor. **b)** *jmdm. Ekel einflößen:* es ekelt mich/mir vor ihm.

eklig ⟨Adj.⟩: *unangenehm und widerwärtig:* eine eklige Kröte.

Ekstase, die; -, -n: *rauschhafter Zustand, in dem jmd. der Kontrolle des normalen Bewußtseins entzogen ist; überschäumende Begeisterung:* mit seinem Spiel versetzte der Geiger das Publikum in E.; sie gerieten, kamen in E.

Ekzem, das; -s, -e: *juckende Entzündung der Haut.*

Elan, der; -s: *Schwung, Begeisterung:* er ging mit großem E. an seine Aufgabe.

elastisch ⟨Adj.⟩: **1.** *dehnbar:* eine Uhr mit einem elastischen Armband. **2.** *nicht schwerfällig und plump, sondern federnd und kraftvoll gespannt:* ein elastischer Gang; er wirkt noch jung und e.

elegant ⟨Adj.⟩: **1.** *durch Vornehmheit, Geschmack (in der Kleidung) hervorstechend:* eine elegante Dame. **2.** *gewandt, geschickt:* eine elegante Verbeugung.

elektrifizieren, elektrifizierte, hat elektrifiziert ⟨tr.⟩: *(eine bisher mit Dampf betriebene Eisenbahn) auf elektrischen Antrieb umstellen:* die Strecke zwischen Hannover und Hamburg ist inzwischen elektrifiziert worden.

Elektriker, der; -s, -: *Fachmann, der für Arbeiten an elektrischen Anlagen zuständig ist.*

elektrisch ⟨Adj.⟩: **1.** *durch Elektrizität bewirkt:* elektrische Energie. **2.** *durch Elektrizität angetrieben:* ein elektrisches Gerät.

elektrisieren, elektrisierte, hat elektrisiert: **1.** ⟨tr.⟩ *einen elektrischen Strom durchleiten:* seine Hand wurde elektrisiert. **2.** ⟨rfl.⟩ *seinen Körper aus Unachtsamkeit mit elektrischem Strom (in einem schadhaften elektrischen Gerät o. ä.) in Kontakt bringen und dadurch einen leichten Schlag bekommen:* er hat sich an einer defekten Leitung elektrisiert; ⟨oft im 2. Partizip⟩ bildl.: als er ihn kommen sah, sprang er wie elektrisiert *(plötzlich, schnell)* auf. **3.** ⟨tr.⟩ *in eine spontane Begeisterung versetzen; entflammen:* diese Musik elektrisierte die jugendlichen Zuhörer.

Elektrizität, die; -: *Energieart, die auf der Anziehung oder Abstoßung von Elementarteilchen beruht.*

Element, das; -[e]s, -e: **1.** *grundlegender Bestandteil, Stoff:* Sauerstoff ist ein chemisches E. **2.** *Naturgewalt, z. B. Feuer, Wasser:* der Kampf mit den Elementen. **3.** *Bestandteil, Wesenszug:* die Elemente eines Baustils. **4.** *Grundzüge; Anfangskenntnisse:* er ist nicht über die Elemente der Mathematik hinausgekommen. **5.** *Umgebung, die jmdm. lieb ist:* er ist in seinem E. *(er fühlt sich wohl);* Haushalt war ihr E. **6.** ⟨Plural⟩ (abwertend) *Menschen, die wegen ihres Verhaltens von der Gesellschaft abgelehnt werden:* kriminelle, asoziale Elemente.

elementar ⟨Adj.⟩: **1.** *so gewaltig, ungestüm, daß man sich nicht widersetzen kann:* mit elementarer Gewalt. **2.** ⟨nicht adverbial⟩ *grundlegend; für den Anfang notwendig:* elementare Begriffe; er beherrscht nicht die elementarsten *(einfachsten)* Kenntnisse.

elend ⟨Adj.⟩: **a)** *von Kummer und Sorge bedrückt:* eine elende Lage. **b)** *armselig, ärmlich:* eine

elende Unterkunft. **c)** (ugs.) *kränklich:* ein elendes Aussehhen; sich e. fühlen. **d)** ⟨nur attributiv⟩ (ugs.; abwertend) *gemein, scheußlich:* ein elender Schurke.

Elend, das; -s: *Unglück, Not:* das E. der Armen; ein großer Teil der Bevölkerung lebte in E.

Elfenbein, das; -s: *Substanz der Zähne des Elefanten:* eine Kette aus E.

Elite, die; -, -n: *Auslese, die Besten; führende soziale Schicht:* die [geistige] E. eines Volkes.

Eltern, die ⟨Plural⟩: *Vater und Mutter:* die Eltern spielten mit ihren Kindern.

Elternhaus, das; -es, Elternhäuser: *Haus, in dem ein Kind unter der Obhut der Eltern aufwächst:* Schule und E. sind von großer Bedeutung für die Entwicklung eines Kindes.

emanzipieren, sich; emanzipierte sich, hat sich emanzipiert: *sich aus einem Zustand der Abhängigkeit befreien:* in einigen Ländern haben sich die Frauen auch heute noch nicht emanzipiert; ⟨häufig im 2. Partizip⟩ die emanzipierte Frau.

Emigrant, der; -en, -en: *jmd., der sein Land verlassen hat, um der Verfolgung auf Grund seiner Überzeugung, seiner Rasse o. ä. zu entgehen.*

emotional ⟨Adj.⟩: *gefühlsmäßig:* eine emotionale Sprache; dieser Ausdruck ist e. gefärbt.

Empfang, der; -s, Empfänge: **1.** ⟨ohne Plural⟩ **a)** *das Empfangen, Entgegennehmen:* den E. einer Ware bestätigen. * *etwas* **in E. nehmen** *(etwas entgegennehmen).* **b)** *das Hören, Sehen einer Sendung:* ein gestörter, guter E. im Radio. **2.** ⟨ohne Plural⟩ *Begrüßung:* ein freundlicher E. **3.** *feierliche gesellschaftliche Veranstaltung von kürzerer Dauer [bei einer Person des öffentlichen Lebens]:* der E. beim Botschafter.

empfangen, empfängt, empfing, hat empfangen ⟨tr.⟩: **1. a)** *entgegennehmen, erhalten:* Geschenke e. **b)** ⟨als Funktionsverb⟩ Eindrücke e. *(angeregt werden);* Lob und Tadel e. *(gelobt und getadelt werden).* **2.** *eine Sendung im Radio, Fernsehen hören bzw. sehen:* dieser Sender ist nicht gut zu e. **3.** *(einen Gast)* *bei sich begrüßen:* jmdn. freundlich e.

empfänglich: ⟨in der Verbindung⟩ e. sein für etwas: *für Eindrücke, Einflüsse zugänglich sein:* für die Schönheit der Natur e. sein. **Empfänglichkeit,** die; -.

Empfängnis, die; -: *das Schwangerwerden, die Befruchtung des Eis.*

empfehlen, empfiehlt, empfahl, hat empfohlen: **a)** ⟨tr.⟩ *(zu etwas) raten; (jmdm. etwas) als besonders vorteilhaft vorschlagen:* er empfahl mir, meinen Urlaub im Süden zu verbringen; der Arzt empfahl mir eine Kur in einem Moorbad. **b)** ⟨rfl.⟩ *ratsam sein:* es empfiehlt sich, einen Regenschirm mitzunehmen. **c)** ⟨rfl.⟩ (ugs.) *sich verabschieden:* nach einer halben Stunde empfahl er sich wieder.

Empfehlung, die; -, -en: **1. a)** *etwas, was man zur Anwendung auf einem bestimmten Gebiet oder in einer bestimmten Situation empfiehlt; Vorschlag, Rat:* auf Empfehlung des Arztes zur Kur reisen. **b)** *lobende Beurteilung, Fürsprache:* durch die E. eines Vorgesetzten wurde er befördert. **2.** (geh.) *Gruß:* bitte eine freundliche E. an ihre Eltern!; /am Ende eines Briefes/: mit den besten Empfehlungen!

empfinden, empfand, hat empfunden ⟨tr.⟩: **a)** *sinnlich wahrnehmen, spüren:* Durst, körperlichen Schmerz e. **b)** *von etwas im Gemüt bewegt werden; fühlen:* Ekel, Reue e.; Liebe für jmdn. e.

empfindlich ⟨Adj.⟩: **1. a)** *leicht auf Reize reagierend:* eine empfindliche Haut. **b)** *anfällig:* ein empfindliches Kind; gegen Hitze empfindlich sein. **2.** *von zartem Gemüt und daher seelisch leicht verletzbar; feinfühlig:* die empfindliche Natur eines Künstlers; er ist sehr e. *(ist leicht beleidigt).* **3.** ⟨nicht adverbial⟩ **a)** *fein reagierend:* das Barometer ist ein empfindliches Gerät. **b)** *leicht schmutzig werdend:* eine empfindliche Tapete; diese Farbe ist sehr e. **4.** ⟨nicht prädikativ⟩ *spürbar, hart treffend; schmerzlich:* eine empfindliche Strafe.

empfindsam ⟨Adj.; nicht adverbial⟩: *feinfühlig und sich einfühlen, sich in jmdn./etwas hineinversetzen könnend:* ein empfindsamer Künstler; empfindsame Nerven besitzen.

Empfindung, die; -, -en: **a)** *Wahrnehmung durch den Tastsinn:* eine E. von Schmerz; das gelähmte Glied war ohne E. **b)** *seelische Regung, Gefühl:* eine echte E.; ihn bewegten die widersprechendsten Empfindungen.

empirisch ⟨Adj.; nicht prädikativ⟩: *durch Erfahrung, Beobachtung gewonnen; auf Grund von Erfahrungen, Beobachtungen:* diese Ergebnisse wurden e. gewonnen.

empor ⟨Adverb⟩ (geh.): *in die Höhe, hinauf;* ⟨oft in Verbindung mit Verben⟩ emporblicken, emporkommen, emporziehen.

empören, empörte, hat empört: **1.** ⟨rfl.⟩ *sich auflehnen, erheben, Widerstand leisten:* sich gegen eine Diktatur, ein Unrecht e. **2. a)** ⟨rfl.⟩ *sich erregen, entrüsten:* ich empörte mich über diese Ungerechtigkeit; ⟨häufig im 2. Partizip⟩ empört sein (über etwas): er war über sein Verhalten empört. **b)** ⟨tr.⟩ *wütend machen, erregen, entrüsten:* diese Behauptung empörte ihn; ⟨im 1. und 2. Partizip⟩ sein Benehmen war empörend *(war so, daß es Ärger, Unwillen hervorrief);* die empörten *(wütenden, erregten)* Zuschauer.

emporkommen, kam empor, ist emporgekommen ⟨itr.⟩: *sich hocharbeiten; hochkommen:* er wollte rasch in dieser Firma e.

Emporkömmling, der; -s, -e (abwertend): *jmd., der aus einer niedrigen sozialen Schicht rasch aufgestiegen und zu Reichtum gekommen ist.*

Empörung, die; -: **1.** *Aufstand, Erhebung:* die E. des Volkes wurde niedergeschlagen. **2.** *Erregung, Entrüstung:* er war voller E. über diese Ungerechtigkeit.

emsig ⟨Adj.⟩: *rastlos tätig:* emsige Bienen; e. arbeiten.

Ende, das; -s, -n: **1. a)** *Stelle, wo etwas aufhört/Ggs. Anfang/:* das E. des Zuges, der Straße. **b)** *Zeitpunkt, an dem etwas aufhört /Ggs. Anfang/:* das E. der Veranstaltung; E. Oktober *(die letzten Tage im Oktober);* sein E. *(seinen Tod)* nahen fühlen. * **letzten Endes** *(schließlich);* (ugs.) **am E. sein** *(sehr müde, erschöpft sein);* (ugs.) **das dicke E.**

enden

kommt noch *(die eigentlichen Schwierigkeiten stehen noch bevor)*; **es geht mit jmdm. zu E.** *(jmd. liegt im Sterben)*. **2.** (ugs.) **a)** *kleines Stück:* ein E. Draht. **b)** ⟨ohne Plural⟩ *Strecke:* das letzte E. mußte sie laufen.

enden, endete, hat geendet ⟨itr.⟩: **a)** *eine Stelle erreichen, an der es nicht weitergeht:* der Weg endet hier. **b)** *nicht länger andauern, sondern aufhören; zu einem Abschluß kommen:* der Vortrag endete pünktlich.

endgültig ⟨Adj.⟩: *für alle Zeit entschieden, nicht mehr zu ändern:* das ist noch keine endgültige Lösung.

endlich ⟨Adverb⟩: *schließlich; nach längerer Zeit, längerem Warten:* e. wurde das Wetter etwas freundlicher.

endlos ⟨Adj.⟩: *sich sehr in die Länge ziehend:* eine endlose Straße; ein endloser Streit; etwas dauert e. lange.

Energie, die; -, -n: **1.** *Tatkraft, Schwung, Ausdauer:* große E. besitzen; sie hat nicht mehr die nötige E. haben. **2.** Physik *Kraft, die Arbeit leisten kann:* elektrische E.; Energien nutzen.

energisch ⟨Adj.⟩: **a)** *tatkräftig entschlossen:* ein energischer Mann; e. handeln. **b)** *nachdrücklich:* energische Maßnahmen; ich habe mir diesen frechen Ton e. verbeten.

eng ⟨Adj.⟩: **1. a)** *schmal, räumlich sehr begrenzt:* ein enger Raum; enge Straßen. **b)** *dicht, gedrängt:* e. nebeneinander sitzen. **c)** *dem Körper fest anliegend:* ein enges Kleid; der Rock ist mir zu eng. **2.** *beschränkt:* einen engen Gesichtskreis haben. **3.** *nah, intim:* eine enge Freundschaft; e. mit jmdm. befreundet sein. * **in die engere Wahl kommen** *(als Bewerber ernsthaft in Betracht gezogen werden)*.

engagieren [āga'ʒi:rən], engagierte, hat engagiert: **1.** ⟨tr.⟩ **a)** *auf Grund eines Vertrages zur Erfüllung bestimmter künstlerischer oder anderer beruflicher Aufgaben verpflichten:* der Schauspieler wurde nach seinem Erfolg an ein größeres Theater engagiert; für das Fest wurden zusätzlich zwei Köche engagiert. **2.** ⟨rfl.⟩ *sich zu etwas bekennen und sich dafür einsetzen:* die Jugend ist heute wieder bereit, sich zu e.

Enge, die; -: *Mangel an Raum oder an Möglichkeit, sich zu bewegen:* die E. einer kleinen Wohnung. * **jmdn. in die E. treiben** *(jmdn. dahin bringen, daß er keine ausweichende Antwort mehr geben kann)*.

Engel, der; -s, -: **a)** *überirdisches Wesen als Bote Gottes:* der E. der Verkündigung. * (ugs.) **die E. im Himmel singen hören** *(vorübergehend bei etwas sehr starke Schmerzen empfinden)*. **b)** *Mensch von sanftem, gutmütigem Wesen, der andern durch seine Hilfe Gutes tut:* du bist ein E., daß du mir die Arbeit abnimmst.

engherzig ⟨Adj.⟩: *in seinem Handeln durch Ängstlichkeit und kleinliche Bedenken bestimmt:* ein engherziger Mensch; er ist sehr e.; e. urteilen. **Engherzigkeit**, die; -.

en gros [ā'gro] ⟨Adverb⟩: *in großen Mengen:* Waren en gros einkaufen.

engstirnig ⟨Adj.⟩ (abwertend): *nicht fähig, über seinen beschränkten Gesichtskreis, Horizont hinaus zu sehen; ohne Bereitschaft, neue Gedanken aufzunehmen:* ein engstirniger Mensch; e. handeln.

Enkel, der; -s, -: *Kind des Sohnes oder der Tochter:* der Großvater liest den Enkeln ein Märchen vor.

enorm ⟨Adj.⟩: **a)** ⟨nicht adverbial⟩ *in seiner Größe, seinem Ausmaß, seiner Kraft o. ä. über alles Gewohnte oder Erwartete hinausgehend:* ein enormer Aufwand; diese Leistung war e. **b)** ⟨verstärkend bei Adjektiven und Verben⟩ (ugs.) *sehr, äußerst:* das neue Gerät ist e. praktisch; die Preise sind e. gestiegen.

Ensemble [ā'sābəl], das; -s, -s: *Gruppe von Künstlern, die gemeinsam auftreten:* einem E. angehören.

entbehren, entbehrte, hat entbehrt: **a)** ⟨tr.⟩ *(auf etwas/jmdn.) verzichten; vermissen:* er kann ihn, seinen Rat nicht e.; er hat in seiner Kindheit viel e. müssen; ich entbehre den Kaffee sehr. **b)** (geh.) ⟨itr.⟩ ⟨mit Gen.⟩ *ohne etwas Bestimmtes sein:* diese Behauptung entbehrt jeder Grundlage; seine übertriebene Angst entbehrt nicht einer gewissen Komik *(ist recht komisch)*.

entbehrlich ⟨Adj.; nicht adverbial⟩: *nicht unbedingt nötig, so daß man darauf verzichten kann:* ein entbehrlicher Luxus.

Entbehrung, die; -, -en: *als unangenehm empfundener Mangel, fühlbare Einschränkung:* sie mußten viele Entbehrungen auf sich nehmen.

entbinden, entband, hat entbunden: **1.** ⟨tr.⟩ *von einer Verpflichtung lösen, befreien:* jmdn. von einer Aufgabe, seinem Versprechen e. **2.** ⟨itr.⟩ *ein Kind gebären, zur Welt bringen:* seine Frau hat heute entbunden; ⟨auch tr.⟩ seine Frau ist heute von einem Jungen entbunden worden. **Entbindung**, die; -, -en.

entblößen, entblößte, hat entblößt ⟨tr.⟩: *(einen Körperteil) von seiner Bedeckung befreien:* den Oberkörper e.; mit entblößtem Kopf *(ohne Kopfbedeckung)* stand er vor dem Grab.

entdecken, entdeckte hat entdeckt ⟨tr.⟩: **1.** *als erster etwas finden, das der Wissenschaft und der Forschung dient:* einen Bazillus, einen neuen Stern e. **2.** *jmdn./etwas, was verborgen ist, versteckt wird, überraschend bemerken, gewahr werden:* einen Fehler e.; er hat ihn in der Menge entdeckt.

Entdecker, der; -s, -: *jmd., der etwas entdeckt, was für die Wissenschaft interessant ist*.

Entdeckung, die; -, -en: *das Entdecken:* die E. eines neuen Planeten; das Zeitalter der Entdeckungen; eine E. machen *(etwas entdecken)*.

Ente, die; -, -n: **I.** /ein Vogel/ (siehe Bild). **II.** (ugs.) *falsche Meldung:* die Nachricht von einem geheimen Treffen der Minister erwies sich als eine E.

Ente I.

enteignen, enteignete, hat enteignet ⟨tr.⟩: **a)** *(jmdm.) durch Anordnung oder Gesetz sein Eigentum nehmen:* er wurde enteignet. **b)** *durch Anordnung oder Gesetz dem Eigentümer wegnehmen:* die Fabriken wurden enteignet. **Enteignung**, die; -, -en.

enterben, enterbte, hat enterbt ⟨tr.⟩: *vom gesetzlich zuste-*

enden Erbe ausschließen: der Vater hatte seine Kinder entrbt.

entfachen, entfachte, hat entacht ⟨tr.⟩ (geh.): *erregen, entfesseln:* einen Streit e.; ein Gefühl in jmdm. e.

entfallen, entfällt, entfiel, ist entfallen ⟨itr.⟩ **1.** *(jmdm.) plötzlich aus dem Gedächtnis kommen:* der Name ist mir entfallen. **2.** *(jmdm.) bei einer Teilung als Anteil zugesprochen werden:* vom Gewinn entfallen 500 Mark auf ihn. **3.** *sich erübrigen, ausfallen, weil die Voraussetzungen für den betreffenden Fall nicht gelten:* dieser Punkt des Antrags entfällt. **4.** (geh.) *aus der Hand fallen:* die Tasse war ihr entfallen.

entfalten, entfaltete, hat entfaltet: **1.** ⟨tr./rfl.⟩ *auseinanderfalten:* die Pflanze entfaltet ihre Blätter; die Blüten haben sich entfaltet. **2.** ⟨tr./rfl.⟩ *[voll] entwickeln; zeigen:* sein Können e.; ich beruflich nicht voll e. können; seine Begabung soll sich frei e. **3.** ⟨tr.⟩ *(mit etwas) beginnen:* eine fieberhafte Tätigkeit e.

entfernen, entfernte, hat entfernt /vgl. entfernt/: **1.** ⟨tr.⟩: *fortschaffen; beseitigen:* ein Schild e.; Flecke e.; jmdn. aus einem Amt e. **2.** ⟨rfl.⟩ *weggehen, einen Ort verlassen:* er hat sich heimlich entfernt.; bildl.: er hat sich von der Wahrheit entfernt *(ist nicht bei der Wahrheit geblieben).*

entfernt ⟨Adj.⟩: **1.** *weit fort von jmdm./etwas; abgelegen:* bis in die entferntesten Teile des Landes; der Ort liegt weit e. von der nächsten Stadt. **2. a)** *weitläufig:* entfernte Verwandte; sie ist e. mit mir verwandt. **b)** *gering, schwach, undeutlich:* eine entfernte Ähnlichkeit haben; ich kann mich ganz e. daran erinnern.

Entfernung, die; -, -en: **1.** *kürzester Abstand zwischen zwei Punkten:* die E. beträgt 100 Meter. **2.** *das Entfernen, Beseitigen:* die E. der Trümmer; die E. aus dem Amt.

entfesseln, entfesselte, hat entfesselt ⟨tr.⟩: (geh.) *zu einem heftigen Ausbruch kommen lassen:* einen Aufruhr e.; entfesselte Naturgewalten.

entführen, entführte, hat entführt ⟨tr.⟩: *(jmdn.) gewaltsam fortschaffen:* ein Kind e.

entgegen: I. ⟨Präp. mit Dativ⟩ *im Widerspruch, Gegensatz zu etwas:* e. seinem Versprechen schrieb er nicht gleich nach seiner Ankunft. **II.** ⟨Adverb⟩ *[in Richtung] auf jmdn./etwas hin/zu:* dem Feind e.; ⟨auch zusammengesetzt mit Verben⟩ entgegenlaufen, entgegengehen.

entgegenbringen, brachte entgegen, hat entgegengebracht ⟨tr.; in Verbindung mit bestimmten Substantiven⟩: jmdm. Vertrauen e. *(vertrauen);* einer Sache Interesse e. *(sich für etwas interessieren).*

entgegengesetzt ⟨Adj.⟩: **a)** *sich an einem Ort befindend, der in völlig anderer Richtung liegt:* der Bahnhof liegt am entgegengesetzten Ende der Stadt. **b)** *umgekehrt:* sie liefen in entgegengesetzter Richtung. **c)** *gegenteilig, völlig verschieden:* bei der Diskussion wurden ganz entgegengesetzte Standpunkte vertreten.

entgegenkommen, kam entgegen, ist entgegengekommen ⟨itr.⟩: **1.** *auf jmdn. zukommen:* sie kam mir auf der Treppe entgegen; ⟨häufig im 1. Partizip⟩: das entgegenkommende Auto blendete ihn. **2.** *Zugeständnisse machen, (auf jmds. Wünsche) eingehen:* wir wollen Ihnen e., indem wir Ihnen die Hälfte des Betrages zurückzahlen; ⟨häufig im 1. Partizip⟩ der Chef war sehr entgegenkommend und ließ mich am Geburtstag früher nach Hause gehen.

Entgegenkommen, das; -s: *sich in einer Handlung, einem Verhalten ausdrückende Freundlichkeit.*

entgegennehmen, nimmt entgegen, nahm entgegen, hat entgegengenommen ⟨tr.⟩: *(etwas, was von jmdm. gebracht wird) annehmen:* ein Geschenk, ein Paket e.; Glückwünsche, eine Bestellung e.

entgegentreten, tritt entgegen, trat entgegen, ist entgegengetreten ⟨itr.⟩: *energische Maßnahmen (gegen etwas) ergreifen; (etwas) bekämpfen:* Vorurteilen e.; man suchte nach einem wirksamen Mittel, um der Krankheit entgegenzutreten.

entgegnen, entgegnete, hat entgegnet ⟨itr.⟩: *antworten, erwidern:* jmdm. etwas auf eine Frage e.; er entgegnete, daß er darauf nicht geachtet habe.

Entgegnung, die; -, -en: *Antwort, Erwiderung.*

entgehen, entging, ist entgangen ⟨itr.⟩: **a)** *sich einer drohenden Gefahr o. ä. entziehen:* dem Tod knapp e. **b)** ⟨in der Fügung⟩ sich (Dativ) etwas e. lassen *(die Gelegenheit, etwas Wichtiges, Interessantes wahrzunehmen) ungenützt vorübergehen lassen:* diesen Vorteil wollte er sich nicht e. lassen. **c)** *nicht bemerken:* das ist mir ganz entgangen.

entgeistert ⟨Adj.⟩: *sprachlos und sichtbar verstört durch etwas, was völlig unerwartet kommt:* entgeisterte Blicke; er starrte mich e. an.

Entgelt, das; -[e]s: *für eine Arbeit oder aufgewandte Mühe gezahlte Entschädigung:* er mußte gegen ein geringes E., ohne E. arbeiten.

entgleisen, entgleiste, ist entgleist ⟨itr.⟩: **1.** *aus dem Gleis springen:* der Zug ist entgleist. **2.** *sich taktlos, unanständig benehmen:* wenn er betrunken ist, entgleist er leicht. **Entgleisung,** die; -, -en.

entgleiten, entglitt ist entglitten (geh.) ⟨itr.⟩: *aus der Hand gleiten:* das Messer entglitt ihm, seiner Hand; bildl.: das Kind war ihrer Führung entglitten *(hatte sich ihrem Einfluß entzogen).*

enthalten, enthält, enthielt, hat enthalten: **1.** ⟨tr.⟩ *zum Inhalt haben:* die Flasche enthält Alkohol; das Buch enthält alle wichtigen Vorschriften. * **in etwas enthalten sein:** *(in etwas vorhanden sein):* im Obst sind wertvolle Vitamine e. **2.** ⟨rfl.⟩ (geh.) *darauf verzichten, sich in einer bestimmten Form zu äußern:* ich enthalte mich eines Urteils; ich konnte mich nicht e., laut zu lachen. * **sich der Stimme e.** *(bei einer Wahl keine Stimme abgeben).*

enthaltsam ⟨Adj.⟩: *auf Genüsse weitgehend verzichtend; abstinent:* durch seine enthaltsame Lebensweise erreichte er ein hohes Alter. **Enthaltsamkeit,** die; -.

enthemmen, enthemmte, hat enthemmt ⟨tr.⟩: *(jmdm.) alle Hemmungen und somit die Kontrolle über ihn selbst nehmen:* der Alkohol hat ihn völlig enthemmt.

enthüllen, enthüllte, hat enthüllt ⟨tr.⟩: 1. *durch Entfernen einer Hülle der Öffentlichkeit übergeben:* ein Denkmal e. 2. (geh.) *etwas vor jmdm. nicht länger geheimhalten, sondern es ihm [im Vertrauen] mitteilen;* jmdm. ein Geheimnis, einen Plan e.

Enthusiasmus, der; -: *überschwengliche [schwärmerische] Begeisterung:* der E. des Publikums kannte keine Grenzen; mit jugendlichem E. traten sie für die neue Idee ein.

enthusiastisch ⟨Adj.⟩: *überschwenglich begeistert:* enthusiastischer Beifall; e. setzte er sich für den Bau einer Schule ein.

entkleiden, entkleidete, hat entkleidet: 1. (geh.) ⟨tr./rfl.⟩ *die Kleider ausziehen:* einen Kranken, ein Kind, sich e. 2. (geh.) ⟨itr.; mit Gen.⟩ *jmdm./ einer Sache etwas nehmen:* jmdm. seiner Macht, seines Amtes e.; das Gebäude wurde seines Schmuckes entkleidet.

entkommen, entkam, ist entkommen ⟨itr.⟩: *sich glücklich (einer Gefahr o. ä.) entziehen; fliehen können:* seinen Verfolgern e.; über die Grenze e.; er ist aus dem Gefängnis entkommen.

entkräften, entkräftete, hat entkräftet ⟨tr.⟩: 1. *von Kräften kommen lassen, seiner Kräfte berauben:* die Überanstrengung hat ihn völlig entkräftet. 2. *widerlegen:* Beweise, einen Verdacht e.

entladen, entlädt, entlud, hat entladen: 1. ⟨tr.⟩ *leeren, eine Ladung (von etwas) herunternehmen:* einen Wagen e. 2. ⟨rfl.⟩: *losbrechen, heftig zum Ausbruch kommen:* ein Unwetter entlud sich; sein Zorn entlud sich auf uns.

entlang ⟨Präp.⟩: *an der Seite, am Rand (von etwas Langgestrecktem) hin:* ⟨bei Nachstellung mit Akk., selten Dativ⟩ die Straße, den Wald e.; ⟨bei Voranstellung mit Dativ, selten Gen.⟩ e. dem Fluß; ⟨Adverb⟩ am Ufer e.

entlarven, entlarvte, hat entlarvt ⟨tr./rfl.⟩: *den wahren Charakter einer Person, Sache, jmds. verborgene [üble] Absichten aufdecken:* jmds. Pläne e.; jmdn. als Betrüger e.; damit hat er sich selbst entlarvt.

entlassen, entläßt, entließ, hat entlassen ⟨tr.⟩: 1. *(jmdm.) erlauben, etwas zu verlassen:* einen Gefangenen, die Schüler aus der Schule e. 2. *nicht weiter beschäftigen, jmdm. kündigen:* einen Angestellten fristlos e.; jmdn. aus seinem Amt e. *(entfernen).* **Entlassung**, die; -, -en.

entlasten, entlastete, hat entlastet ⟨tr.⟩: 1. a) *jmdm. etwas von seiner Arbeit abnehmen:* den Chef, einen Kollegen [bei der Arbeit] e. b) *die Beanspruchung von etwas mindern, verringern:* den Verkehr e.; das Herz e. c) *von seelischer Belastung freimachen, indem man sich einem anderen anvertraut:* sein Gewissen e. 2. *durch seine Aussage teilweise von einer Schuld freisprechen:* einen Angeklagten e.

entlaufen, entläuft, entlief, ist entlaufen ⟨itr.⟩: *davonlaufen, fortlaufen:* der Hund war entlaufen.

entledigen, sich; entledigte sich, hat sich entledigt ⟨mit Gen.⟩ (geh.): *sich befreien (von etwas):* sich seiner Feinde, seiner Sorgen e.; sich eines Mantels e. *(seinen Mantel ausziehen);* sich eines Auftrags e. *(einen Auftrag ausführen).*

entleeren, entleerte, hat entleert ⟨tr.⟩: 1. *leer machen:* einen Behälter, den Darm e. 2. *seines eigentlichen Inhalts berauben; hohl werden lassen:* allzu häufige Verwendung hat dieses Wort mit der Zeit entleert. **Entleerung**, die; -, -en.

entlegen ⟨Adj.; nicht adverbial⟩: *von allem Verkehr weit entfernt:* eine entlegene Gegend.

entleihen, entlieh, hat entliehen ⟨tr.⟩: *(von einem andern) für sich leihen:* ich habe mir ein Buch von ihm entliehen.

entlocken, entlockte, hat entlockt ⟨tr.⟩: *(jmdm.) durch Geschick dazu bringen, daß er etwas mitteilt oder sich in einer gewünschten Weise äußert:* jmdm. ein Geständnis e.; er entlockte ihm einen Blick des Einverständnisses.

entmachten, entmachtete, hat entmachtet ⟨tr.⟩: *(jmdm.) seinen Einfluß nehmen; seiner Macht berauben:* die Regierung, einen Konzern e.

entmilitarisieren, entmilitarisierte, hat entmilitarisiert ⟨tr.⟩: *(ein Gebiet) von militärischen Einrichtungen befreien:* nach dem Krieg wurde das Land entmilitarisiert; ⟨auch in 2. Partizip⟩ eine entmilitarisierte Zone. **Entmilitarisierung**, die; -.

entmutigen, entmutigte, hat entmutigt ⟨tr.⟩: *(jmdm.) den Mut, das Selbstvertrauen nehmen:* der Mißerfolg hat ihn entmutigt; er ließ sich durch nicht e.

entnehmen, entnimmt, entnahm, hat entnommen ⟨tr.⟩: 1. *(aus einem Behälter o. ä., aus einer Menge gleichartiger Dinge einen Teil) herausnehmen:* der Kasse Geld e.; das Zitat einem Buch e. 2. *(aus etwas) erkennen:* wie ich [aus] Ihrem Schreiben entnehme, wollen Sie Ihr Geschäft aufgeben.

entpuppen, sich; entpuppte sich, hat sich entpuppt (ugs.): *sich überraschend (als etwas) erweisen:* er entpuppte sich als große musikalische Begabung; die Sache hat sich als Schwindel entpuppt.

entreißen, entriß, hat entrissen ⟨tr.⟩: *gewaltsam mit einer heftigen Bewegung wegnehmen:* er entriß ihr die Tasche; bildl. der Tod hat ihm seine Kinder entrissen; etwas der Vergessenheit e. *(wieder ins Bewußtsein bringen);* jmdn. seinen Träumen e. *(in die Wirklichkeit zurückführen).*

entrichten, entrichtete, hat entrichtet ⟨tr.⟩: *(eine festgelegte Summe) [be]zahlen:* Steuern, eine Gebühr e.

entrüsten, entrüstete, hat entrüstet: a) ⟨rfl.⟩ *seiner Empörung über etwas Ausdruck geben:* er hat sich über diese Zustände entrüstet. b) ⟨tr.⟩ *zornig machen:* deine Beschuldigung entrüstete sie sehr; ich war entrüstet über diese Ungerechtigkeit. **Entrüstung**, die; -.

entsagen, entsagte, hat entsagt ⟨itr.⟩ (geh.): *in einer schmerzlichen, aber freiwilligen Verzicht (etwas) aufgeben, was einem besonders lieb ist und worauf man eigentlich ein gewisses Recht hat:* der Herrschaft, den Freuden des Lebens, einer Gewohnheit e.; er hatte in seinem Leben zu. gelernt. **Entsagung**, die; -, -en.

entschädigen, entschädigte, hat entschädigt ⟨tr.⟩: *(jmdm. für einen Schaden [für den man selbst verantwortlich ist]) eine*

angemessenen Ausgleich zukommen lassen, einen Ersatz geben: jmdn. für einen Verlust e. **Entsch‌ädigung,** die; -, -en: *angemessener Ausgleich, Ersatz für einen erlittenen Schaden:* eine E. erhalten.
entscheiden, entschied, hat entschieden /vgl. entschieden/: 1. a) ⟨tr.⟩ *(in einer Sache) ein Urteil fällen; zu einem abschließenden Urteil kommen:* das Gericht wird den Streit, den Fall e.; etwas von Fall zu Fall e. b) ⟨itr./tr.⟩ *bestimmen:* der Arzt entscheidet über die Anwendung dieses Medikaments; er soll e., was zu tun ist. c) ⟨tr./ itr.⟩ *in einer bestimmten Richtung festlegen, den Ausschlag (für etwas) geben:* der erneute Angriff hat die Schlacht entschieden; das Los entscheidet; ⟨oft im 1. Partizip⟩ ein entscheidendes Ereignis. 2. ⟨rfl.⟩ *nach [längerem] Prüfen oder kurzem Besinnen den Entschluß fassen, jmdn. oder etwas für eine Zwecke auszuersehen:* ich habe mich für ihn, für dieses Angebot entschieden; du mußt dich so oder so e. 3. ⟨rfl.⟩ *sich herausstellen, zeigen:* morgen wird es sich e., wer recht behält. **Entscheidung,** die; -, -en: a) *Lösung eines Problems durch eine hierfür zuständige Person oder Instanz:* eine klare gerichtliche E. b) *das Sichentscheiden für eine von mehreren Möglichkeiten:* einer E. ausweichen; die E. ist ihm schwergefallen.
entschieden ⟨Adj.⟩: 1. *eine eindeutige Meinung vertretend, fest entschlossen [seine Ansicht vertretend]:* er war ein entschiedener Gegner dieser Richtung; etwas e. ablehnen. 2. ⟨nicht prädikativ⟩ *eindeutig, klar ersichtlich:* das bedeutet einen entschiedenen Gewinn für die Sache; das geht e. zu weit. **Entschiedenheit,** die; -.
entschließen, sich; entschloß sich, hat sich entschlossen /vgl. entschlossen/: *sich etwas überlegen und beschließen, etwas Bestimmtes zu tun:* sich rasch e.; ich habe mich entschlossen *(bin bereit)*, mit dir zu kommen; ⟨häufig im 2. Partizip⟩ er ist entschlossen, nicht nachzugeben *(er will unter keinen Umständen nachgeben).*
entschlossen ⟨Adj.⟩: *schnell zu einer Absicht gelangend und an ihr festhaltend; energisch:* ein entschlossener Mensch, Charakter; e. für etwas kämpfen; e. handeln. **Entschlossenheit,** die; -.
Entschluß, der; Entschlusses, Entschlüsse: *durch Überlegung gewonnene Absicht, etwas Bestimmtes zu tun:* ein weiser, rascher E.; einen E. bereuen.
entschuldbar ⟨Adj.; nicht adverbial⟩: *von solcher Art, daß man es entschuldigen, verzeihen kann:* ein entschuldbarer Fehler.
entschuldigen, entschuldigte, hat entschuldigt: 1. a) ⟨rfl.⟩ *(für etwas) um Nachsicht, Verständnis, Verzeihung bitten:* sich für eine Bemerkung, seine Vergeßlichkeit e. b) ⟨tr.⟩ *jmds. Fehlen mitteilen und begründen:* sie hat ihr Kind beim Lehrer entschuldigt. 2. ⟨tr.⟩ *Nachsicht zeigen (für etwas):* ich kann dieses Verhalten nicht e.; entschuldigen Sie bitte die Störung; ⟨auch itr.⟩ /Höflichkeitsformel/ entschuldigen Sie bitte. 3. ⟨tr.⟩ a) *verständlich, entschuldbar erscheinen lassen:* seine Krankheit entschuldigt seinen Mißmut. b) *begründen und rechtfertigen:* er entschuldigte sein Verhalten mit Nervosität.
Entschuldigung, die; -, -en: 1. *Begründung und Rechtfertigung:* keine E. gelten lassen. 2. *Mitteilung über das Fehlen in der Schule:* er gab bei dem Lehrer die E. ab. 3. ⟨in der Wendung⟩ [ich bitte um] E.: *entschuldigen Sie bitte.*
entsetzen, entsetzte, hat entsetzt: a) ⟨rfl.⟩ *in Schrecken, außer Fassung geraten:* alle entsetzten sich bei diesem Anblick. b) ⟨tr.⟩ *in Schrecken versetzen, aus der Fassung bringen:* dieser Anblick hat mich entsetzt; er war darüber entsetzt.
Entsetzen, das; -s: *mit Grauen, Angst verbunden heftiger Schrecken:* ein lähmendes, furchtbares E.; bleich vor E. sein.
entsetzlich ⟨Adj.⟩: 1. *Schrecken und Entsetzen erregend:* ein entsetzliches Unglück. 2. (ugs.) *sehr [groß], stark;* /dient im allgemeinen der negativen Steigerung/: entsetzliche Schmerzen haben; er war e. müde; es sieht ihm e. ähnlich.
entsinnen, sich; entsann sich, hat sich entsonnen ⟨mit Gen.⟩: *sich (einer Person, einer Sache) erinnern:* ich kann mich dieser Sache nicht mehr e.; ich entsinne mich gern an diesen Tag.
entspannen, entspannte, hat entspannt: a) ⟨tr.⟩ *lockern, von einer Anspannung befreien:* den Körper, die Muskeln e. b) ⟨rfl.⟩ *sich körperlich und seelisch für kurze Zeit von seiner anstrengenden Tätigkeit ganz frei machen und auf diese Weise neue Kraft schöpfen:* sich im Urlaub, auf einem Spaziergang e. c) ⟨rfl.⟩ *sich beruhigen, friedlicher werden:* die Lage, die Stimmung hat sich entspannt. **Entspannung,** die; -.
entsprechen, entspricht, entsprach, hat entsprochen /vgl. entsprechend/ ⟨itr.⟩: a) *angemessen sein; gleichkommen; übereinstimmen (mit etwas):* das entspricht [nicht] der Wahrheit, seinen Fähigkeiten, meinen Erwartungen; dieser Kunststoff entspricht in seinen Eigenschaften dem Holz. b) *(etwas) durch sein Handeln erfüllen:* den Wünschen, Anforderungen e.
entsprechend: I. ⟨Adj.⟩ a) *angemessen; [zu etwas] passend:* eine [dem Unfall] entsprechende Entschädigung erhalten. b) ⟨nur attributiv⟩ *zuständig, kompetent:* bei der entsprechenden Behörde anfragen. II. ⟨Präp. mit Dativ⟩ *gemäß, zufolge, nach:* seinem Vorschlag e.; seinem Vorschlag e.
entspringen, entsprang, ist entsprungen ⟨itr.⟩: 1. *als Quelle aus dem Boden kommen:* der Rhein entspringt in den Alpen. 2. *stammen, sich erklären lassen:* aus dieser Haltung entspringt seine Fürsorge für andere.
entstammen, entstammte, ist entstammt ⟨itr.⟩: *stammen von jmdm. oder etwas:* einer vornehmen Familie e.; dieser Gedanke entstammt der Antike.
entstehen, entstand, ist entstanden ⟨itr.⟩: *ins Dasein treten, seinen Anfang nehmen; sich bilden, entwickeln:* aus Vorurteilen können Kriege e.; immer größere Pausen entstanden. **Entstehung,** die; -.
entstellen, entstellte, hat entstellt ⟨tr.⟩: 1. *fast bis zur Unkenntlichkeit verunstalten, häßlich machen:* diese Verletzung entstellte ihn, sein Gesicht. 2. *verändern, so daß etwas einen falschen Sinn erhält:* einen Text

e.; einen Vorfall entstellt wiedergeben.
enttäuschen, enttäuschte, hat enttäuscht ⟨tr.⟩: *jmds. Hoffnungen oder Erwartungen nicht erfüllen und ihn dadurch betrüben:* er hat mich sehr enttäuscht; ihr Verhalten enttäuschte uns; ich will sein Vertrauen nicht e.; ⟨auch im 2. Partizip⟩ ich bin enttäuscht.
Enttäuschung, die; -, -en: *Nichterfüllung einer Hoffnung oder Erwartung:* eine bittere, schmerzliche E.; das war für ihn eine große E.
entvölkern, entvölkerte, hat entvölkert ⟨tr.⟩: *[zum größten Teil] menschenleer machen:* der Krieg hatte das Land entvölkert; ⟨häufig im 2. Partizip⟩ eine entvölkerte Insel.
entwachsen, entwächst, entwuchs, ist entwachsen ⟨itr.⟩: *durch seine Entwicklung über ein bestimmtes Stadium hinaus sein, bestimmten Einflüssen nicht mehr unterliegen:* sie ist dem Kindergarten, dem Elternhaus entwachsen.
entwaffnen, entwaffnete, hat entwaffnet ⟨tr.⟩: 1. *(jmdm.) die Waffe[n] abnehmen:* die gefangenen Soldaten e. 2. *durch sein entgegenkommendes Wesen in Erstaunen setzen und etwa bestehende Antipathien besiegen:* jmdn. durch seine Liebenswürdigkeit e.; seine Unbekümmertheit ist entwaffnend *(macht mich sprachlos).*
entweder [auch: ɛnt...] ⟨nur in Verbindung mit *oder*⟩ **entweder ... oder** ⟨Konj.⟩: */betont nachdrücklich, daß von [zwei] Möglichkeiten nur die eine oder andere besteht/:* e. kommt mein Vater oder mein Bruder; e. er kommt heute, oder er kommt erst nächste Woche.
entweichen, entwich, ist entwichen ⟨itr.⟩: a) *strömen (aus etwas):* Dampf, Gas entweicht dem Behälter. b) *sich (aus etwas oder von jmdm.) entfernen, um sich in Sicherheit zu bringen oder die Freiheit zu erlangen:* aus dem Gefängnis e.
entwenden, entwendete, hat entwendet ⟨tr.⟩ (geh.): *wegnehmen und sich unbemerkt aneignen, stehlen:* Geld aus der Kasse, jmdm. ein Buch e.
entwerfen, entwirft, entwarf, hat entworfen ⟨tr.⟩: a) *in Umrissen zeichnend andeuten, skizzieren:* ein neues Modell, ein Gemälde e. b) *(etwas bisher nur Gedachtes) in eine schriftliche Form bringen [um es später noch einmal zu überarbeiten]:* einen Vortrag, einen Brief, eine Ansprache e. * **ein Bild von etwas e.** *(etwas eingehend und eindrucksvoll schildern):* er entwarf ein Bild von der Not der Bevölkerung.
entwerten, entwertete, hat entwertet ⟨tr.⟩: a) *für eine nochmalige Verwendung ungültig machen:* eine Eintrittskarte, Fahrkarte e. b) *den Wert (von etwas) mindern:* das Geld ist entwertet; Butter wird bei langer Lagerung in ihrem Nährwert entwertet.
entwickeln, entwickelte, hat entwickelt: 1. ⟨rfl.⟩ *durch das Wirken bestimmter Kräfte allmählich entstehen, sich herausbilden:* aus der Raupe entwickelt sich der Schmetterling; das Werk hat sich aus bescheidenen Anfängen entwickelt. 2. ⟨rfl.⟩ *Fortschritte machen:* sie hat sich schnell entwickelt; die Verhandlungen e. sich ausgezeichnet. 3. ⟨rfl.⟩ *(zu etwas Neuem) werden, (in etwas anderes) übergehen:* das Dorf entwickelt sich zur Stadt; sich zu einer Persönlichkeit e. 4. ⟨tr.⟩ *ausbilden, entstehen lassen:* das Feuer entwickelt Hitze; der Same entwickelt den Keim. 5. ⟨tr.⟩ *(eine neue Art, einen neuen Typ) konstruieren, erfinden:* ein schnelleres Flugzeug e.; ein neues Verfahren, Heilmittel e. 6. ⟨tr.⟩ *auseinandersetzen, darlegen:* einen Plan, einen Gedanken e. 7. ⟨tr.⟩ *zeigen, erkennen lassen:* Geschmack, Talent, einen eigenen Stil e. 8. ⟨tr.⟩ *durch Chemikalien (ein Bild auf einem Film) sichtbar werden lassen:* einen Film, ein Negativ e. **Entwicklung**, die; -, -en.
entwischen, entwischte, ist entwischt ⟨itr.⟩ (ugs.): *schnell und unauffällig weglaufen; einer Bedrohung, Ergreifung oder Bewachung (durch eine List) entkommen:* noch einmal wird er ihnen nicht e.; der Gefangene ist entwischt.
entwöhnen, entwöhnte, hat entwöhnt ⟨tr.⟩: a) *nicht mehr stillen:* einen Säugling e. b) ⟨in der Fügung⟩ *einer Sache entwöhnt sein: etwas nicht mehr gewöhnt sein:* sie sind jeder Disziplin entwöhnt.

Entwurf, der; -[e]s, Entwürfe: *etwas, was entworfen ist; Skizze, vorläufige Aufzeichnung:* der E. zu einem Drama, Gemälde; etwas im E. lesen; einen E. anfertigen, annehmen.
entziehen, entzog, hat entzogen: 1. ⟨tr.⟩ a) *wegziehen:* sie entzog mir ihre Hand. b) *nicht mehr geben oder zuteil werden lassen:* jmdm. die Unterstützung e.; jmdm. das Vertrauen e. *(kein Vertrauen mehr zu jmdm. haben)/* in bezug auf Personen des öffentlichen Lebens/; jmdm. den Alkohol e. *(Alkoholgenuß untersagen);* jmdm. die Nahrung e. *(jmdn. hungern lassen).* c) *fortnehmen, nicht länger lassen:* jmdm. den Führerschein e.; jmdm. die Möglichkeit e., sich zu betätigen; jmdm. das Wort e. *(untersagen, in seiner Rede fortzufahren).* d) *bewahren, (vor jmdm./etwas) schützen:* jmdn. der Wut der Menge e. 2. ⟨rfl.⟩ a) (geh.) *sich lösen, sich (aus etwas) befreien:* sie entzog sich seiner Umarmung. b) (geh.) *sich zurückziehen, sich (von etwas/jmdm.) fernhalten:* sie entzog sich ihrer Umwelt. c) (geh.) *sich verbergen:* er entzog sich unseren Blicken. d) *(eine Aufgabe) nicht erfüllen:* er entzog sich seinen Pflichten. e) *entgehen, entkommen:* sich einer Verhaftung durch die Flucht e. * **etwas entzieht sich jmds. Kenntnis** *(etwas ist jmdm. nicht bekannt):* das kann ich nicht sagen, das entzieht sich meiner Kenntnis.
entziffern, entzifferte, hat entziffert ⟨tr.⟩: *(etwas schwer Lesbares) lesen:* eine Handschrift, einen Brief mühsam e.
entzückend ⟨Adj.⟩: *überaus reizvoll und besonderen Gefallen erregend, sehr hübsch:* ein entzückendes Kind, Kleid; e. aussehen.
entzünden, entzündete, hat entzündet 1. ⟨tr.⟩ a) *zum Brennen bringen, anzünden:* ein Streichholz, eine Zigarette e.; ⟨auch rfl.⟩ das Heu hat sich entzündet. b) (geh.) *erregen:* ihre Schönheit entzündete seine Leidenschaft; ⟨auch rfl.⟩ seine Phantasie entzündete sich an diesem Bild *(geriet durch dieses Bild in Bewegung).* 2. ⟨rfl.⟩ *sich auf einen schädigenden Reiz hin schmerzend röten, anschwellen:* der Hals, die Wunde hat sich entzündet; ⟨oft im 2. Par-

tizip⟩ entzündete Augen; Entzündung, die; -, -en.

entzwei ⟨Adj.; nur prädikativ⟩: *in Stücke gegangen, in einzelne Teile auseinandergefallen* /Ggs. ganz/: das Glas, der Teller ist e.

entzweigehen, ging entzwei, ist entzweigegangen ⟨itr.⟩: *[in Stücke] gehen, in einzelne Teile auseinanderfallen:* das Schaufenster, meine Brille ist entzweigegangen.

Epidemie, die; -, -n: *das massenhafte Auftreten einer ansteckenden Krankheit in einem bestimmten Gebiet; Seuche.*

Episode, die; -, -n: 1. *flüchtiges Erlebnis, nebensächliches Ereignis:* eine kurze, traurige E.; eine E. in seinem Leben. 2. *in die Handlung eines Romans, Dramas o. ä. eingeschobenes Geschehen:* in die Erzählung sind skurrile Episoden eingestreut.

Epoche, die; -, -n: *durch jmdn./ etwas geprägter geschichtlicher, zeitlicher Abschnitt:* der Beginn, das Ende einer E.; eine E. des Aufschwungs begann. * **E. machen** *(einen neuen Zeitabschnitt einleiten):* dieses Werk machte E.

erachten, erachtete, hat erachtet ⟨tr.⟩ (geh.): *(für etwas) halten; [be]finden:* ich erachte dies für eine übertriebene Forderung; jmdn. einer Ehrung für würdig e.

Erachten: ⟨in der Fügung⟩ meines Erachtens *(meiner Meinung nach):* meines Erachtens ist dies nicht nötig.

erarbeiten, erarbeitete, hat erarbeitet ⟨tr.⟩: 1. *durch Arbeit erwerben, schaffen:* mit viel Mühe habe ich mir ein kleines Vermögen erarbeitet. 2. *sich durch intensives Studium geistig aneignen:* du hast dir ein umfassendes Wissen erarbeitet. 3. *ausarbeiten, entwerfen:* ein Ausschuß soll die Richtlinien e.

erbärmlich ⟨Adj.⟩: 1. a) *heruntergekommen und armselig [so daß man lebhaftes Mitgefühl mit dem Betreffenden hat]:* er lebt in erbärmlichen Verhältnissen; das Gebäude befindet sich in einem erbärmlichen Zustand. b) *in seiner Qualität sehr schlecht:* eine erbärmliche Leistung, Arbeit. c) (abwertend) *moralisch minderwertig [und unverschämt]:* ihr Freund war nur ein erbärmlicher Lump; das ist eine erbärmliche Gemeinheit. 2. ⟨nicht prädikativ⟩ (ugs.) *sehr groß, stark; sehr:* sie hatte erbärmliche Angst; wir froren [ganz] e.

erbauen, erbaute, hat erbaut: 1. ⟨tr.⟩ *(ein größeres, bedeutendes Gebäude) errichten [lassen]:* die Kirche wurde in fünf Jahren erbaut. 2. a) ⟨tr.⟩ *(das Gemüt) erheben, erfreuen:* solche religiöse Literatur erbaut ihn; ⟨auch rfl.⟩ an dieser Musik kann man sich e. b) ⟨in der Fügung⟩ von etwas nicht erbaut sein: *von etwas nicht begeistert sein, über etwas nicht glücklich sein:* von dieser Nachricht wird er nicht erbaut sein.

Erbe: I. das; -s: *Vermögen, das jmd. nach seinem Tode hinterläßt und das einer Person zufällt, die gesetzlich dazu berechtigt ist:* sein E. antreten; auf sein E. [nicht] verzichten. **II.** der; -n, -n: *jmd., der etwas erbt oder erben wird:* der alleinige E.; jmdn. als Erben einsetzen.

erben, erbte, hat geerbt ⟨tr.⟩: 1. *jmds. Eigentum nach dessen Tod erhalten:* der Sohn hat Geld und Häuser geerbt. 2. *als Veranlagung von den Vorfahren mitbekommen:* dieses Talent hat er von seinem Großvater geerbt.

erbeuten, erbeutete, hat erbeutet ⟨tr.⟩: *durch Raub, Plünderung, Einbruch in den Besitz (von etwas) gelangen und [es] mitnehmen; als Beute erwerben:* Waffen, Pelze e.

erblicken, erblickte, hat erblickt ⟨tr.⟩ (geh.): 1. *mit den Augen wahrnehmen:* am Horizont erblickten sie die Berge; sie erblickte sich im Spiegel. 2. *(in jmdm./etwas) zu erkennen glauben:* hierin erblickte er den eigentlichen Fortschritt, die wichtigste Aufgabe.

erbrechen, erbricht, erbrach, hat erbrochen: 1. ⟨tr.⟩ *aufbrechen, gewaltsam öffnen:* der Brief war erbrochen worden. 2. ⟨tr./itr./rfl.⟩ *aus Übelkeit den Mageninhalt durch den Mund wieder von sich geben:* er hat das ganze Essen erbrochen.

Erbschaft, die; -, -en: *Erbe:* eine E. antreten, ausschlagen.

Erbse: a) /eine Pflanze/ (siehe Bild). **b)** *als Gemüse verwendeter kugelförmiger grüner oder gelber Samen:* als Gemüse gab es grüne Erbsen.

Erbse a)

Erdbeere, die; -, -n: /eine rote Beere/ (siehe Bild).

Erdbeere

Erde, die; -: 1. *Stoff, aus dem [fruchtbares] Land besteht:* feuchte E.; E. in einen Blumentopf füllen. 2. *Fußboden, Grund, auf dem man steht:* etwas von der E. aufnehmen; weil kein Bett frei war, mußte er auf der E. schlafen. 3. *der von Menschen bewohnte Planet:* die Bevölkerung der E.; die E. dreht sich um die Sonne.

erdrücken, erdrückte, hat erdrückt ⟨tr.⟩: 1. *zu Tode drücken:* zehn Menschen wurden auf einem Ausflug von einer Lawine erdrückt. 2. *(jmdn). übermäßig belasten:* seine Schulden, Sorgen erdrückten ihn.

erdulden, erduldete, hat erduldet ⟨tr.⟩: *(Schweres oder Schreckliches) [mit Geduld und Tapferkeit] auf sich nehmen oder über sich ergehen lassen:* Leid, Schmerzen, Erniedrigungen e.; er hat in seinem kurzen Leben viel e. müssen.

ereifern, sich; eiferte sich, hat sich ereifert: *sich leidenschaftlich erregen, heftig werden:* er hat sich bei dem Gespräch über nebensächliche Dinge ereifert.

ereignen, sich; ereignete sich, hat sich ereignet: *als etwas Bemerkenswertes innerhalb eines überschaubaren Zeitraumes in Erscheinung treten, geschehen:* gestern ereigneten sich in der Stadt 20 Unfälle; es hat sich nichts Besonderes ereignet.

Ereignis, das; -ses, -se: *etwas, was den normalen alltäglichen Ablauf als etwas Bemerkenswertes unterbricht:* ein historisches E. * **ein freudiges E.** *(die Geburt eines Kindes).*

erfahren I. erfahren, erfährt, erfuhr, hat erfahren ⟨tr.⟩: 1. *(von etwas) Kenntnis erhalten:* etwas durch jmdn., durch Zufall e. 2. *erleben, zu spüren bekommen:* sie hat viel Leid, aber auch viel Gutes erfahren; ⟨häufig in der Rolle eines Funktionsverbs⟩ das Buch soll eine Überarbeitung e. *(soll überarbeitet werden);* der Verlag wird eine beträchtliche Erweiterung e. *(wird beträchtlich erweitert werden).* II. ⟨Adj.; nicht adverbial⟩: *Erfahrung, Routine habend; versiert:* ein erfahrener Arzt; er ist auf seinem Gebiet sehr e.

Erfahrung, die; -, -en: 1. *bei der praktischen Arbeit erworbene Kenntnis, Routine:* er hat viel E. 2. *das Erleben, Erlebnis [durch das man klüger wird]:* das weiß ich aus eigener E.; ich habe mit ihm schlechte Erfahrungen gemacht. ** **etwas in E. bringen** *(durch Nachforschen etwas Bestimmtes erfahren):* er versuchte in E. zu bringen, wo sie wohnt.

erfassen, erfaßte, hat erfaßt ⟨tr.⟩: 1. **a)** *erreichen, packen:* der Radfahrer wurde von der Straßenbahn erfaßt und zur Seite geschleudert. **b)** *als heftige Empfindung (von jmdm.) Besitz ergreifen; überkommen:* Angst, Furcht erfaßte ihn. 2. *verstehen, begreifen:* etwas mit dem Gefühl e.; er erfaßt den Zusammenhang nicht. 3. **a)** *in einem Verzeichnis aufführen, festhalten; registrieren:* die Statistik soll alle Personen über 65 Jahre e. **b)** *einbeziehen, berücksichtigen:* die Versicherung erfaßt auch die Angestellten.

erfinden, erfand, hat erfunden; ⟨tr.⟩: 1. *durch Forschen und Experimentieren (etwas Neues) hervorbringen:* er hat einen neuen Motor erfunden. 2. *durch Phantasie hervorbringen; ausdenken:* diese Ausrede hat er erfunden; die Handlung des Romans ist frei erfunden.

Erfinder, der; -s, -: *jmd., der etwas erfindet.*

erfinderisch ⟨Adj.⟩: *immer eine Lösung findend, reich an Einfällen:* ein erfinderischer Geist; er ist e. [veranlagt].

Erfindung, die; -, -en: 1. ⟨ohne Plural⟩ *das Erfinden, Hervorbringen:* die E. dieser Maschine bedeutet einen großen Fortschritt. 2. *etwas, was erfunden;* *neu entwickelt ist:* der neue Motor ist eine bahnbrechende E. * **eine E. machen** *(etwas erfinden).* 3. *etwas, was ausgedacht ist und nicht auf Wahrheit beruht:* diese Behauptung ist eine reine E.

Erfolg, der; -s, -e: *positives Ergebnis, das man mit einer Bemühung erzielt:* das Experiment führte zum E.; die Aufführung war ein großer E.; er war immer unfreundlich und mürrisch, mit dem E. *(die Folge war),* daß keiner mehr mit ihm sprach.

erfolgen, erfolgte, ist erfolgt ⟨itr.⟩: 1. *als Folge (von etwas) geschehen:* der Tod erfolgte wenige Stunden nach dem Unfall. 2. ⟨als Funktionsverb⟩ /drückt aus, daß etwas vollzogen wird/: die Preisverleihung erfolgt im Rahmen einer Feier *(der Preis wird im Rahmen einer Feier verliehen);* es erfolgt keine weitere Benachrichtigung *(man wird nicht noch einmal benachrichtigt).*

erfolglos ⟨Adj.⟩: *ohne Erfolg, ohne positives Ergebnis; vergeblich:* alle Versuche waren e.

erfolgreich ⟨Adj.⟩: **a)** *sich durch viele Erfolge auszeichnend:* ein erfolgreicher Mann; eine erfolgreiche Laufbahn. **b)** *ein positives Ergebnis aufweisend:* ein erfolgreiches Experiment; eine erfolgreiche Politik.

erforderlich ⟨Adj.; nicht adverbial⟩: *für einen bestimmten Zweck notwendig:* die erforderlichen Mittel bereitstellen; für die Teilnahme an der Expedition ist eine Untersuchung e.

erfordern, erforderte, hat erfordert ⟨tr.⟩: *zu seiner Verwirklichung notwendig machen, verlangen:* das Projekt erfordert viel Geld; das Studium erfordert mehrere Jahre.

erforschen, erforschte, hat erforscht ⟨tr.⟩: *wissenschaftlich genau untersuchen:* den Weltraum e.; historische Zusammenhänge e.; sein Gewissen e. *(prüfen).* **Erforschung,** die; -.

erfreuen, erfreute, hat erfreut: 1. **a)** ⟨tr.⟩ *(jmdm.) Freude bereiten, machen:* jmdn. mit einem Geschenk e.; sein Besuch hat ihn sehr erfreut. **b)** ⟨rfl.⟩ *sich (durch etwas) in angenehme Stimmung versetzen:* sie erfreuten sich am Anblick der Blumen. 2. ⟨rfl.; mit Gen.⟩ (geh.) *(etwas) genießen, in glücklichem Besitz (von etwas) sein:* er erfreut sich großer Beliebtheit; sie erfreut sich trotz ihres Alters bester Gesundheit *(gesundheitlich ging es ihr trotz ihres Alters gut).*

erfreulich ⟨Adj.⟩: *angenehm und eine gewisse Freude verursachend:* eine erfreuliche Mitteilung; das ist nicht gerade e.

erfrieren, erfror, ist erfroren ⟨itr.⟩: *durch Frost sterben:* er wurde erfroren aufgefunden; die Finger sind erfroren *(abgestorben);* viele Pflanzen sind erfroren *(durch Frost eingegangen).*

erfrischen, erfrischte, hat erfrischt: 1. ⟨rfl.⟩ *sich frisch machen, sich durch Kühlung erquicken:* du kannst dich im Badezimmer e. 2. ⟨tr./itr.⟩ *(aus jmdn.) belebend, anregend wirken:* dieses Getränk wird dich e.; Obst erfrischt sehr; ⟨häufig auch im 1. Partizip⟩ ein erfrischendes Bad nehmen; bildl. er besitzt einen erfrischenden Humor.

erfüllen, erfüllte, hat erfüllt: 1. ⟨tr.⟩ *sich (in einem Raum) ausbreiten:* Lärm erfüllte das Haus, die Straßen. 2. ⟨tr.⟩ *(einer Bitte, Forderung) entsprechen, (einen Wunsch) befriedigen:* eine Bitte, Pflicht e.; er hat seine Aufgabe zur Zufriedenheit erfüllt. 3. ⟨tr.⟩ **a)** *beschäftigen, in Anspruch nehmen:* die neue Aufgabe erfüllt ihn ganz. **b)** *(jmdn.) völlig beherrschen:* die Leistung des Kindes erfüllte die Eltern mit Stolz. 4. ⟨rfl.⟩ *eintreffen, Wirklichkeit werden:* mein Wunsch, seine Prophezeiung hat sich erfüllt. **Erfüllung,** die; -.

ergänzen, ergänzte, hat ergänzt: 1. ⟨tr.⟩ *vervollständigen, (einer Sache etwas) hinzufügen, nachtragen:* eine Liste, einen Satz, eine Sammlung e. 2. ⟨rzp.⟩ *sich in seinen Eigenschaften ausgleichen:* Mann und Frau ergänzen sich. **Ergänzung,** die; -, -en.

ergattern, ergatterte, hat ergattert ⟨tr.⟩ (ugs.): *mit List, Ausdauer und Geschick bekommen, sich verschaffen:* er hat noch einen Platz, eine Eintrittskarte ergattert.

ergeben: I. ergeben, ergibt, ergab, hat ergeben: 1. **a)** ⟨itr.⟩ *zur Folge haben:* die verschiedenen Waren ergeben eine Rechnung von 80 Mark; die Untersuchung ergab keinen Beweis seiner Schuld. **b)** ⟨rfl.⟩ *als Folge* entstehen, zustande kommen: aus der veränderten Lage ergeben sich ganz neue Probleme. 2. ⟨rfl.⟩ a) *sich hingeben:* er hat sich ganz dem Willen seines Freundes ergeben. b) *sich widerstandslos fügen:* sich in sein Schicksal e. c) *kapitulieren:* die Truppen haben sich ergeben. II. ⟨Adj.⟩ a) ⟨meist Prädikativ⟩ *jmdm.) demütig zugeneigt:* er ist ihm bedingungslos, blind e. b) *devot:* sein Verhalten war so e., daß es peinlich war; er verneigte sich e.

Ergebnis, das; -ses, -se: *das, was sich als Folge aus etwas ergibt; Resultat, Ertrag:* ein gutes, negatives E.; das E. einer mathematischen Aufgabe; die Verhandlungen führten zu keinem E.

ergebnislos ⟨Adj.⟩: *ohne Ergebnis [bleibend]:* ein ergebnisloser Versuch; die Verhandlung wurde e. abgebrochen.

ergehen, erging, ist/hat ergangen: 1. ⟨itr.⟩ *erlassen, verfügt, verordnet werden:* eine Anweisung ist ergangen; ein [gerichtliches] Urteil e. lassen. * **etwas über sich e. lassen** *(etwas geduldig mit sich geschehen lassen):* er hat die Untersuchung über ich e. lassen. 2. ⟨itr.⟩ *(jmdm.) als eine bestimmte Erfahrung zuteil werden:* es ist ihm dort nicht besser ergangen als den anderen. 3. ⟨rfl.⟩ *sich langatmig äußern:* er hat sich in langen Reden über diese Sache ergangen.

ergiebig ⟨Adj.; nicht adverbial⟩: *reiche Erträge bringend; für einen bestimmten Zweck sehr brauchbar und von großem Nutzen:* ein ergiebiges Vorkommen an Kohle; das Thema war nicht sehr e.

ergreifen, ergriff, hat ergriffen ⟨tr.⟩: 1. *zupacken und festhalten:* eine Hand, ein Seil e. 2. *als [plötzliche] Empfindung (in jmds. Bewußtsein) dringen und (ihn) ganz erfüllen:* Angst, Begeisterung ergriff sie. 3. *(jmds. Gemüt) im Innersten bewegen, (jmdm.) nahegehen:* sein Schicksal hat sie tief ergriffen; ⟨häufig im 1. Partizip⟩ eine ergreifende Szene; ⟨häufig im 2. Partizip⟩ die Zuhörer waren tief ergriffen. ... ⟨in der Rolle eines Funktionsverbs⟩ /drückt den Entschluß zu etwas aus/: einen Beruf e. *wählen*); die Flucht e. *(fliehen)*; die Initiative e. *(zu handeln beginnen).* **Ergreifung,** die; -.

ergründen, ergründete, hat ergründet ⟨tr.⟩: *eine Sache bis zum Ursprung, in alle Einzelheiten erforschen:* die Ursache von etwas, ein Geheimnis e. **Ergründung,** die; -.

erhaben ⟨Adj.⟩: 1. ⟨nur attributiv⟩ *durch seine Großartigkeit feierlich stimmend:* ein erhabener Anblick; ein erhabener Gedanke. 2. ⟨nicht attributiv⟩ *sich nicht mehr von etwas berühren lassend:* er fühlte sich über alles e.; über solche kleinliche Kritik muß man e. sein.

erhalten, erhält, erhielt, hat erhalten: 1. ⟨tr.⟩ *bekommen:* ein Paket, eine Nachricht e. b) *(etwas Unangenehmes) erteilt bekommen:* einen Tadel, eine Strafe e.; (ugs.) er erhielt fünf Jahre Gefängnis. c) *(eine bestimmte Vorstellung) gewinnen:* einen falschen Eindruck von etwas e. d) *ein Endprodukt (aus etwas) gewinnen:* Teer erhält man aus Kohle. 2. ⟨tr.⟩ *dafür sorgen, daß (jmd./etwas) in seinem Zustand weiterbesteht:* jmdn. künstlich am Leben e.; ein Gebäude e.; du mußt versuchen, dir deine Gesundheit zu e. 3. ⟨tr.⟩ *versorgen, für (jmds.) Unterhalt sorgen:* mit seinem Verdienst konnte er die Familie kaum e.

erhältlich ⟨in der Verbindung⟩ e. sein: *im Handel zu haben sein:* der neue Artikel ist noch nicht in allen Geschäften e.

erhärten, erhärtete, hat erhärtet ⟨tr.⟩: *durch Argumente untermauern, bekräftigen:* eine Behauptung e.

erheben, erhob, hat erhoben /vgl. erhebend/: 1. ⟨tr.⟩ *in die Höhe heben:* die Hand zum Schwur e.; sie erhoben ihr Glas, um auf die Gesundheit des Jubilars zu trinken. 2. ⟨rfl.⟩ a) *(von einem Sitz oder Bett) aufstehen:* das Publikum erhob sich dem greisen Künstler zu Ehren von den Plätzen; während der Ferien erhoben sie sich erst gegen Mittag. b) *in die Höhe ragen:* in der Ferne erhebt sich ein Gebirge. 3. ⟨tr.⟩ *einen Aufstand machen, sich empören:* das Volk erhob sich gegen die Diktatur. 4. ⟨tr.⟩ *(einer Sache) einen höheren Rang geben:* der Ort wurde zur Stadt erhoben. 5. ⟨tr.⟩ *(einen bestimmten Betrag für etwas) verlangen:* der Verein erhebt einen monatlichen Beitrag von 5 Mark. 6. ⟨als Funktionsverb⟩ /drückt eine Äußerung, das Vorbringen von etwas aus/: Einspruch gegen jmds. Forderungen e.; er erhob Anspruch auf sein Erbe *(beanspruchte sein Erbe).*

erhebend ⟨Adj.; nicht adverbial⟩: *in eine feierliche Stimmung versetzend; großartig:* ein erhebendes Gefühl; ein erhebender Augenblick.

erheblich ⟨Adj.⟩: *beträchtlich, durch sein Ausmaß bedeutend:* er muß erhebliche Steuern zahlen; die Preise wurden e. erhöht.

Erhebung, die; -, -en: 1. *sich aus der Ebene erhebende Form im Gelände:* der Montblanc ist die höchste E. *(der höchste Berg)* Europas. 2. *das Erheben:* die E. von Steuern. 3. *Aufstand:* die E. des Volkes gegen die Diktatur. ** **über etwas Erhebungen anstellen** *(etwas [statistisch, wissenschaftlich] untersuchen).*

erheitern, erheiterte, hat erheitert ⟨tr.⟩ *heiter, lustig stimmen:* seine Späße erheiterten das Publikum; ⟨oft im 1. Partizip⟩ eine erheiternde Episode; sein Vorschlag hat etwas Erheiterndes *(über seinen Vorschlag muß man lachen).* **Erheiterung,** die; -.

erhöhen, erhöhte, hat erhöht: 1. ⟨tr.⟩ *höher machen:* einen Damm e. 2. ⟨tr./rfl.⟩ *steigern, heraufsetzen:* der starke Erfolg bei den Wahlen erhöhte das Ansehen der Partei; die Preise erhöhen sich jährlich um zehn Prozent; ⟨oft im 2. Partizip⟩ er hat erhöhte Temperatur *(leichtes Fieber).* **Erhöhung,** die; -, -en.

erholen, sich; erholte sich, hat sich erholt: a) *(durch Krankheit oder anstrengende Tätigkeit verlorene Kräfte) wiedererlangen:* er hat sich im Urlaub gut erholt; ⟨im 2. Partizip⟩ er sieht sehr erholt aus. b) *(etwas, was einen aus der Fassung gebracht hat) überwinden:* ich kann mich von dem Schreck noch gar nicht e. **Erholung,** die; -.

erinnern, sich; erinnerte sich, hat sich erinnert: 1. ⟨rfl.⟩ *(jmdn./etwas) im Gedächtnis bewahrt haben und sich (der betreffenden Person oder Sache) wieder bewußt werden:* ich erinnere mich noch an ihn, an diesen Vorfall. 2. ⟨tr.⟩ *veranlassen, an (jmdn./etwas) zu denken, (jmdn./etwas) nicht zu vergessen:* jmdn. an einen Termin,

Erinnerung

an sein Versprechen e. 3. ⟨tr.⟩ *(jmdm. jmdn./etwas) durch seine Ähnlichkeit ins Bewußtsein, Gedächtnis bringen:* sie erinnert mich an meine Tante.

Erinnerung, die; -, -en: 1. ⟨ohne Plural⟩ *Fähigkeit, sich an etwas zu erinnern:* meine E. setzt hier aus. 2. ⟨ohne Plural⟩ *Besitz aller Eindrücke, die man in sich aufgenommen hat; Gedächtnis:* ich versuchte, mir sein Gesicht in die E. zurückzurufen. 3. *Eindruck, an den man sich erinnert:* bei dem Gedanken an seine Flucht wurden schreckliche Erinnerungen in ihm wach. 4. ⟨ohne Plural⟩ *Gedenken, Andenken:* er behielt ihn in guter E.; ein Denkmal zur E. an die Opfer des Krieges.

erkälten, sich; erkältete sich, hat sich erkältet: *eine Erkältung bekommen:* ich habe mich im Zug erkältet.

Erkältung, die; -, -en: *durch Kälte oder plötzliche Abkühlung hervorgerufene und mit Schnupfen und Husten verbundene Erkrankung der Atmungsorgane:* eine leichte, schwere E.; sich (Dativ) eine E. zuziehen, holen.

erkämpfen, erkämpfte, hat erkämpft ⟨tr.⟩: *durch Kampf, durch entschiedenes Sicheinsetzen erreichen:* einen Sieg e.; ich habe mir diesen Erfolg mühsam erkämpft.

erkennbar ⟨Adj.; nicht adverbial⟩: *in seiner Gestalt sichtbar, wahrnehmbar:* das andere Ufer des Flusses war durch Nebel nur schwer e.

erkennen, erkannte, hat erkannt: 1. ⟨tr.⟩ *so deutlich sehen, daß man weiß, wen oder was man vor sich hat:* in der Dämmerung konnte man die einzelnen Personen, die Farben nicht e. ⟨tr.⟩ a) *auf Grund bestimmter Merkmale feststellen:* der Täter wurde an seiner Kleidung erkannt; der Arzt hatte die Krankheit sofort erkannt. b) *Klarheit (über jmdn./etwas) gewinnen:* einen Freund erkennt man oft erst, wenn man in Not gerät; die Bedeutung dieses Buches wurde zunächst kaum erkannt; er erkannte seinen Irrtum *(sah seinen Irrtum ein).* 3. ⟨itr.⟩ *ein bestimmtes Urteil fällen [und das Maß der Strafe festlegen]:* das Gericht erkannte auf Freispruch, auf drei Jahre Gefängnis.

erkenntlich: ⟨in der Fügung⟩ sich e. zeigen: *seinen Dank für eine Gefälligkeit durch eine andere Gefälligkeit ausdrücken:* mit ihrem Geschenk wollte sie sich für unsere Hilfe e. zeigen.

Erkenntnis, die; -, -se: 1. *etwas, was man durch geistige Verarbeitung von Eindrücken und Erfahrungen gewinnt; Einsicht:* eine wichtige E.; neue Erkenntnisse der Forschung; er kam zu der E., daß es besser sei nachzugeben. 2. ⟨ohne Plural⟩ *das Erkennen, Fähigkeit des Erkennens:* bei diesen Fragen stößt man an die Grenzen der menschlichen E.

erklären, erklärte, hat erklärt /vgl. erklärt/: 1. a) ⟨tr.⟩ *(jmdm. etwas) [was er nicht versteht] deutlich machen, in den Einzelheiten auseinandersetzen:* einen Text, Zusammenhänge e.; ⟨tr.⟩ *deuten, begründen:* ich wußte nicht, wie ich mir sein plötzliches Verschwinden e. sollte; er versuchte, ihr ungewöhnliches Verhalten psychologisch zu e. c) ⟨rfl.⟩ *seine Begründung (in etwas) finden:* der hohe Preis des Buches erklärt sich aus der geringen Auflage. 2. ⟨tr.⟩ *äußern, [offiziell] mitteilen:* der Minister erklärte, er werde zu Verhandlungen nach Amerika fliegen; ⟨meist in bestimmten Fügungen⟩ seinen Rücktritt e. *(zurücktreten);* jmdm. den Krieg e. *(mit jmdm. einen Krieg beginnen);* ⟨rfl.; in Verbindung mit bestimmten Adjektiven⟩ sich einverstanden e. *(einverstanden sein);* sich bereit e. *(bereit sein).* 3. ⟨tr./rfl⟩ *[amtlich] bezeichnen als:* jmdn. für tot e.; die alten Ausweise wurden für ungültig erklärt; der Beamte erklärte sich für unsere Angelegenheit nicht zuständig.

erklärlich ⟨Adj.; nicht adverbial⟩: *sich aus etwas erklären lassend:* ihr Verhalten ist durchaus e., wenn man ihre Situation bedenkt.

erklärt ⟨Adj.; nur attributiv⟩: *sich deutlich zu erkennen gebend, entschieden:* er ist ein erklärter Gegner, Feind der Abrüstung.

Erklärung, die; -, -en: 1. *das Erklären (von etwas durch etwas); Deutung, Begründung:* diese Stelle im Text bedarf keiner weiteren E.; ich habe keine E. für sein Verhalten *(ich kann mir sein Verhalten nicht erklären).* 2 *offizielle Äußerung, Mitteilung:* eine eidesstattliche E. abgeben die E. einer Regierung, eines Ministers.

erkranken, erkrankte, ist erkrankt ⟨itr.⟩: *krank werden (von einer Krankheit) befallen werden:* sie ist an Grippe erkrankt. **Erkrankung,** die; -, -en.

erkunden, erkundete, hat erkundet ⟨tr.⟩: *nachforschen, auskundschaften:* militärische Geheimnisse, ein Gelände e.

erkundigen, sich; erkundigte sich, hat sich erkundigt: *jmdn. nach etwas fragen, jmdn. um Auskunft bitten:* er hat sich nach dem Programm erkundigt. **Erkundigung,** die; -, -en.

erlahmen, erlahmte, ist erlahmt ⟨itr.⟩: a) *(durch körperliche Anstrengung) müde und schwach werden:* vom schweren Tragen erlahmt mir der Arm b) *in seiner Intensität nachlassen:* sein Eifer war bald erlahmt das Interesse des Publikums erlahmte immer mehr.

erlangen, erlangte, hat erlangt ⟨tr.⟩: *nach einer gewissen Zeit erreichen, gewinnen, bekommen:* sein Buch hat eine große Bedeutung erlangt; er erlangte eine wichtige Position; er war froh, endlich Gewißheit über seine Krankheit zu erlangen.

Erlaß, der; des Erlasses, die Erlasse: 1. *von einer Behörde oder höheren Stelle ausgehende Anordnung:* ein amtlicher E. ein E. des Ministers. 2. *Befreiung von einer unangenehmen Verpflichtung; Nachlaß:* der E. einer Strafe, Schuld.

erlassen, erließ, hat erlassen ⟨tr.⟩: 1. *amtlich anordnen:* ein Gesetz, eine Verordnung e. 2 *(jmdn. von einer unangenehmen Verpflichtung) entbinden, frei (von einer Strafe) erklären* ihm wurde die Steuer, der Rest der Strafe erlassen.

erlauben, erlaubte, hat erlaubt: 1. ⟨tr.⟩ *(jmdm.) die Zustimmung (zu einem geplanten Tun) geben:* meine Eltern haben es erlaubt; ich habe ihm erlaubt, die Reise mitzumachen 2. ⟨itr.⟩ *in die Lage setzen, (etwas zu tun):* der Termin der Arbeit erlaubt es nicht, jetzt in Urlaub zu gehen; seine Mittel erlauben es ihm, sich einen An

walt zu nehmen. 3. ⟨rfl.⟩ a) *sich die Freiheit nehmen (etwas [nicht Erwartetes] zu tun):* solche Frechheiten, Scherze darfst du dir nicht noch einmal e. b) *sich leisten:* ich kann mir diese teure Anschaffing nicht e.
Erlaubnis, die; -: *Bestätigung, daß jmd. etwas tun darf; Zustimmung, Genehmigung:* jmdm. die E. zu etwas verweigern, geben; ihm ist die E. erteilt worden, zu unterrichten.
erläutern, erläuterte, hat erläutert ⟨tr.⟩: *(etwas Kompliziertes) durch größere Ausführlichkeit, durch Beispiele o. ä. näher erklären und verständlich machen:* einen Text, eine geographische Zeichnung e.; ⟨im 1. Partizip⟩ erläuternde Zusätze, Anmerkungen.
erleben, erlebte, hat erlebt **1. a)** ⟨tr.⟩ *(durch etwas) betroffen und in seiner Empfindung beeindruckt werden:* er hat Schreckliches erlebt; eine Überraschung, Enttäuschungen e. **b)** ⟨itr.⟩ *(an einem Geschehen) teilnehmen und (es) auf sich wirken lassen:* das Publikum erlebte eine außergewöhnliche Aufführung. **2.** ⟨itr.⟩ *an sich erfahren:* die Industrie erlebte einen neuen Aufschwung; das Buch erlebte die zehnte Auflage *(wurde zum zehnten Mal aufgelegt).* **3.** ⟨itr.⟩ *(zu einer bestimmten Zeit) [noch] leben:* er möchte das Jahr 2000 noch e.
Erlebnis, das; -ses, -se: *Geschehen, an dem jmd. beteiligt war und durch das er stark und nachhaltig beeindruckt wurde:* die Ferien auf dem Land waren ein schönes E. für die Kinder; auf ihrer Reise hatten sie einige aufregende Erlebnisse.
erledigen, erledigte, hat erledigt ⟨tr.⟩ /vgl. erledigt/: *ausführen, zu Ende führen:* er wollte erst seine Arbeit e.; die Bestellung wurde sofort erledigt.
erledigt ⟨Adj.; nicht attributiv⟩ (ugs.) *nach großer Anstrengung völlig erschöpft:* ich bin [völlig] e.; sie kam ganz e. heim.
erlegen, erlegte, hat erlegt ⟨tr.⟩ (geh.): *(Wild) als Beute mit dem Gewehr töten:* auf der Jagd wurden Hasen und Rehe erlegt.
erleichtern, erleichterte, hat erleichtert: **1.** ⟨tr.⟩ **a)** *leichter machen:* um sein Gepäck zu e.,

aß er seinen Proviant auf. **b)** *bequemer machen, vereinfachen:* ein neues Verfahren erleichtert ihnen die Arbeit; du mußt versuchen, dir das Leben zu e. **2.** ⟨rfl./tr.⟩ *(sich, sein Inneres) von einer seelischen Belastung befreien:* er hat sich, sein Gewissen, sein Herz in einer Aussprache erleichtert. **3.** ⟨tr.⟩ (ugs., scherzh.) **a)** *(jmdm. Geld oder einen Gegenstand von gewissem Wert) [durch Bitten] abnehmen:* sie erleichterte ihre Mutter um fünfzig Mark und um einige Kleider. **b)** *stehlen:* in Hotels hatte sie die Gäste um Schmuck und Bargeld erleichtert.
erleichtert ⟨Adj.; nicht attributiv⟩: *von einer Sorge oder Angst wieder befreit:* sie war e., als sie hörte, daß ihrem Kind nichts bei dem Unfall passiert war; er atmete e. auf.
erleiden, erlitt, hat erlitten ⟨tr.⟩: **1.** (geh.) *Leiden körperlicher oder seelischer Art ausgesetzt sein, die einem von anderen bewußt zugefügt werden:* es ist kaum zu fassen, was sie alles in diesem Haus e. mußte. **2.** *(Schaden) zugefügt bekommen:* die Truppen erlitten schwere Verluste; eine Niederlage e. **3.** ⟨als Funktionsverb⟩ *Demütigungen* e. *(gedemütigt werden);* Spott e. *(verspottet werden).*
erlernen, erlernte, hat erlernt ⟨tr.⟩: *sich mit einer bestimmten Sache so lange und so intensiv beschäftigen, bis man sie beherrscht:* einen Beruf, ein Handwerk e.; er wollte das Reiten e.
erliegen, erlag, ist erlegen ⟨itr.⟩: **a)** *(gegen jmdn./etwas) mit seinen Kräften nicht ausreichen, (von jmdm./etwas) besiegt werden:* dem Feind, seiner Leidenschaft e.; er ist seinen Verletzungen erlegen *(an seinen Verletzungen gestorben).* * zum E. kommen *(zum Stillstand kommen, zusammenbrechen):* durch den starken Schneefall kam der Verkehr in einigen Orten zum E. **b)** ⟨als Funktionsverb⟩ *einer Täuschung* e. *(sich täuschen);* einer Verlockung e. *(sich verlocken lassen).*
Erlös, der; -es, -e: *Einnahme aus einem Verkauf, finanzieller Ertrag:* einen Teil des Erlöses für sein Auto verwendet er, um seine Schulden zu bezahlen; der E. der Veranstaltung war für die Armen bestimmt.

ermächtigen, ermächtigte, hat ermächtigt ⟨tr.⟩: *(jmdm.) ein besonderes Recht, eine Vollmacht erteilen:* die Regierung ermächtigte den Botschafter, offizielle Verhandlungen zu führen; dazu ist er nicht ermächtigt.
Ermächtigung, die; -, -en.
ermahnen, ermahnte, hat ermahnt ⟨tr.⟩: *jmdn. mit eindringlichen Worten an eine bestimmte Pflicht, an ein bestimmtes Verhalten erinnern:* mehrmals wurde er zur Pünktlichkeit, zur Vorsicht ermahnt; sie ermahnten die Kinder, ruhig zu sein.
Ermahnung, die; -, -en.
ermäßigen, ermäßigte, hat ermäßigt ⟨tr.⟩: *(Kosten o. ä.) senken, herabsetzen:* für Familienmitglieder wurden die Beiträge ermäßigt; ein Angebot zu stark ermäßigten Preisen. **Ermäßigung,** die; -, -en.
ermessen, ermißt, ermaß, hat ermessen ⟨tr.⟩: *in seinem Ausmaß, seiner Bedeutung erfassen und einschätzen:* die Arbeit ist noch gar nicht zu e.; du kannst daran e., wie wertvoll mir diese Kritik ist.
Ermessen: ⟨in bestimmten Wendungen⟩ *etwas in jmds. E. stellen (etwas jmds. Entscheidung überlassen);* nach menschlichem E. *(aller Wahrscheinlichkeit nach, soweit man es beurteilen kann).*
ermitteln, ermittelte, hat ermittelt ⟨tr.⟩: *durch geschicktes Nachforschen feststellen, herausfinden:* den Täter e.; es läßt sich nicht e., ob und wann sie hier angekommen sind. **Ermittlung,** die; -, -en.
ermöglichen, ermöglichte, hat ermöglicht ⟨tr.⟩: *möglich machen:* sein Onkel hatte ihm das Studium ermöglicht; die veränderte politische Situation ermöglichte die Aufnahme diplomatischer Beziehungen.
ermorden, ermordete, hat ermordet ⟨tr.⟩: *vorsätzlich töten:* aus Eifersucht hat er seine Frau ermordet; weil er ihnen im Wege stand, wurde er heimtückisch ermordet.
ermüden, ermüdete, hat/ist ermüdet: **1.** ⟨itr.⟩ *müde, matt, schläfrig werden:* auf der langen Fahrt sind die Kinder ermüdet; ⟨häufig im 2. Partizip⟩ ganz ermüdet kamen wir abends an. **2.** ⟨tr.⟩ *müde, matt, schläfrig machen:* die schlechte Strecke hat

den Fahrer schnell ermüdet; ⟨häufig im 1. Partizip⟩ sein Vortrag war ermüdend; eine ermüdende Arbeit. **Ermüdung,** die; -.

ermuntern, ermunterte, hat ermuntert ⟨tr.⟩: *(jmdn. durch Worte oder Beispiel) Mut oder Lust (zu etwas) geben:* jmdn. zu einer Arbeit, zu einem Spaziergang e.; diese Versprechungen ermunterten niemanden mehr [zu großen Taten]; ⟨auch im 1. Partizip⟩ er blickte ihn ermunternd an. **Ermunterung,** die; -, -en.

ermutigen, ermutigte, hat ermutigt ⟨tr.⟩ /Ggs. entmutigen/: *(jmdm.) Mut machen;* (jmdm. zu etwas) den Antrieb geben oder (ihn in seinen Absichten) bestärken: der Professor hat ihn zur Bearbeitung dieses Themas ermutigt; ⟨oft im 1. Partizip⟩ ermutigende Worte, Blicke. **Ermutigung,** die; -, -en.

ernähren, ernährte, hat ernährt ⟨tr.⟩: 1. *mit Nahrung [regelmäßig] versorgen:* das Kind muß noch mit der Flasche ernährt werden; ⟨auch rfl.⟩ er ernährt sich hauptsächlich von Obst. 2. *für jmds. Lebensunterhalt sorgen:* er hat eine große Familie zu e.; ⟨auch rfl.⟩ von dieser Tätigkeit kann er sich kaum e. **Ernährung,** die; -.

ernennen, ernannte, hat ernannt ⟨tr.⟩: *(jmdm. ein bestimmtes Amt)* übertragen, *(als etwas) einsetzen, (zu etwas) bestimmen:* jmdn. zum Nachfolger, Botschafter, Minister e. **Ernennung,** die; -, -en.

erneuern, erneuerte, hat erneuert ⟨tr.⟩: 1. *durch Neues ersetzen, gegen Neues auswechseln:* den Fußboden, die Reifen des Autos e. 2. a) *etwas fast Vergessenes neu wirksam werden lassen:* ihre Freundschaft wurde jetzt erneuert. b) *ein weiteres Mal für gültig erklären; verlängern; wiederholen:* einen Paß, einen Vertrag, eine Einladung e. **Erneuerung,** die; -, -en.

erneut ⟨Adj.; nicht prädikativ⟩: *von neuem, wieder [unternommen, auftretend]:* ein erneuter Versuch; es kam zu erneuten Zusammenstößen zwischen beiden Parteien; er versuchte e. zu fliehen.

erniedrigen, erniedrigte, hat erniedrigt ⟨tr./rfl.⟩: *moralisch herabsetzen:* diese Arbeit erniedrigte ihn [zur Maschine]; durch eine solche Tat würdest du dich selbst e. **Erniedrigung,** die; -, -en.

ernst ⟨Adj.⟩: 1. *vbn Ernst, Nachdenklichkeit ergriffen; nicht heiter oder fröhlich:* ein ernstes Gesicht; ein ernster Mensch; sie wurde plötzlich e. *(lachte plötzlich nicht mehr).* 2. *eindringlich, gewichtig, bedeutungsvoll:* die Kinder erhielten ernste Ermahnungen; ernste Bedenken sprachen gegen seine Entscheidung. 3. *wirklich so gemeint, aufrichtig:* es ist seine ernste Absicht, uns auf seine nächste Reise mitzunehmen. 4. *sehr gefahrvoll; zur Besorgnis Anlaß gebend:* eine ernste Situation; sein Zustand ist e. *(lachte etwas wahr machen).* 2. *Bedrohlichkeit, Gefährlichkeit:* jetzt erkannte er den E. der Lage. 3. *Bedeutung, Gewichtigkeit:* der E. seiner Rede übertrug sich auf die Hörer; Ostern kommt er in die Schule, dann beginnt für ihn der E. *(die rauhe Wirklichkeit)* des Lebens.

Ernst, der; -es: 1. *strenge Gesinnung, nicht oberflächliche oder scherzhafte Einstellung:* die Ärzte gingen mit großem E. an ihre schwierige Aufgabe; das ist mein voller E. *(das meine ich wirklich so).* * mit etwas E. machen *(etwas wahr machen).* 2.

Ernstfall, der; -[e]s, Ernstfälle: *Zeitpunkt, in dem ein nur für möglich gehaltenes [gefährliches] Ereignis tatsächlich eintritt:* sich, alles für den E. vorbereiten; die E.; mit dem E. rechnen.

ernsthaft ⟨Adj.; nicht prädikativ⟩: 1. *nicht scherzend oder zum Scherzen aufgelegt, sondern sachlich, allen Spaß beiseite lassend:* ein ernsthafter Charakter; e. mit jmdm. sprechen. 2. *eindringlich, gewichtig, bedeutungsvoll:* eine ernsthafte Mahnung; ernsthafte Mängel. 3. *wirklich so gemeint, aufrichtig:* ein ernsthaftes Angebot. 4. *sehr, stark:* er fühlte sich e. angegriffen.

ernstlich ⟨Adj.; nicht prädikativ⟩: 1. *gewichtig, bedeutungsvoll; eindringlich:* ernstliche Bedenken hielten ihn davon ab, sofort zuzusagen; sie wurden e. ermahnt. 2. *wirklich so gemeint, aufrichtig:* sie hatte e. die Absicht zu kommen. 3. *sehr, gefährlich:* sie ist e. krank.

Ernte, die; -, -n: 1. *das Ernten:* die E. hat begonnen; Kinder helfen in den Ferien bei der E. 2. *auf dem Feld oder im Garten geerntete Früchte:* es gab dieses Jahr reiche Ernten an Getreide und Obst; das Unwetter vernichtete die E.

ernten, erntete, hat geerntet ⟨tr.⟩: *(die reifen Früchte des Feldes oder Gartens) einsammeln und einbringen:* Weizen, Obst, Kartoffeln e.; bildl.: Undank e. *(keinen Dank erhalten);* der Dirigent erntete *(bekam)* riesigen Applaus.

ernüchtern, ernüchterte, hat ernüchtert ⟨tr.⟩: *aus dem Rausch der Begeisterung oder Illusion in die Realität zurückholen:* ihre kühle Begrüßung ernüchterte uns; nach dem heftigen Streit war er ernüchtert. **Ernüchterung,** die; -.

erobern, eroberte, hat erobert ⟨tr.⟩: 1. *(fremdes Gebiet) durch eine militärische Aktion gewinnen, an sich bringen:* der Feind konnte zwei wichtige Städte e. 2. *(für sich) gewinnen:* der Minister eroberte sich (Dativ) die Sympathien der Bevölkerung. **Eroberung,** die; -, -en.

eröffnen, eröffnete, hat eröffnet: 1. ⟨tr.⟩ *der Öffentlichkeit, dem Publikum zugänglich machen:* ein Geschäft, eine Ausstellung e. 2. ⟨tr.⟩ *(mit etwas) beginnen:* einen Kongreß, eine Diskussion e. 3. ⟨tr.⟩ *jmdm. etwas Unerwartetes mitteilen:* der Sohn eröffnete den Eltern seine Absicht, das Studium abzubrechen. 4. ⟨rfl.⟩ *sich (jmdm. als Möglichkeit) bieten:* nach dieser Prüfung eröffnen sich ihm bessere Aussichten in seinem Beruf. **Eröffnung,** die; -, -en.

erörtern, erörterte, hat erörtert ⟨tr.⟩: *(über etwas, was geklärt werden muß) miteinander sprechen, diskutieren:* eine Frage, einen Fall e.; neue Möglichkeiten e. *(untersuchen);* ein Problem wissenschaftlich e. *(abhandeln).* **Erörterung,** die; -, -en.

erotisch ⟨Adj.⟩: *die Liebe betreffend:* erotische Beziehungen; erotische Literatur; im erotischen Bereich.

erpressen, erpreßte, hat erpreßt ⟨tr.⟩: 1. *(jmdn.) durch Androhung von Gewalt (zu etwas) zwingen:* die Entführer des Kindes haben die Eltern zu einem hohen Lösegeld erpreßt. 2. *durch*

Androhung von Gewalt (von jmdm.) erhalten: Geld, eine Unterschrift e.; das Geständnis war nur erpreßt. **Erpressung,** die; -, -en.

erquicken, erquickte, hat erquickt ⟨tr./rfl.⟩: *(jmdm.) neue Kraft geben; beleben, stärken:* das Getränk hatte ihn erquickt; sie erquickten sich an einem kühlen Bad; ⟨häufig im 1. Partizip⟩ ein erquickender Schlaf.

erraten, errät, erriet, hat erraten ⟨tr.⟩: *(etwas Unbekanntes) durch Raten herausfinden:* du hast meinen Wunsch erraten; das ist nicht schwer zu e.

erregen, erregte, hat erregt: 1. ⟨tr./rfl.⟩ *(jmds. Gefühl) in heftige Bewegung bringen; aufregen:* ihn erregt jede Kleinigkeit; sie erregte sich darüber so sehr, daß es ihr Herz angriff; ⟨häufig im 1..Partizip⟩ ein erregendes Schauspiel; ⟨häufig im 2. Partizip⟩ eine erregte Diskussion; man versuchte, die erregte Menge zu beruhigen. 2. ⟨als Funktionsverb⟩: jmds. Neugier e. *(jmdn. neugierig machen);* Aufsehen e. *(auffallen);* Anstoß e. *(unangenehm auffallen; sich den Unwillen anderer zuziehen).* **Erregung,** die; -, -en.

erreichen, erreichte, hat erreicht ⟨tr.⟩: 1. *mit dem ausgestreckten Arm an etwas reichen, um etwas zu ergreifen:* sie erreichte das oberste Regal, ohne auf die Leiter steigen zu müssen. 2. *(mit jmdm.) in [telefonische] Verbindung treten; antreffen:* unter welcher Nummer kann ich Sie e.?; du warst gestern nirgends zu e. 3. *(zu jmdm., an ein Ziel, eine Grenze) gelangen:* mein letzter Brief hat ihn nicht mehr vor seiner Abfahrt erreicht; der kleine Ort ist nur mit dem Auto zu e.; sie mußten sich beeilen, um den Zug zu e.; er hat ein hohes Alter erreicht *(er ist sehr alt geworden).* 4. *durchsetzen, gegen Widerstände verwirklichen:* er hat alles erreicht, was er wollte; bei ihm wirst du [damit] nichts e.

errichten, errichtete, hat errichtet ⟨tr.⟩: *bauen, aufstellen:* ein Gebäude e.; eine Tribüne, ein Denkmal e. **Errichtung,** die; -.

erringen, errang, hat errungen ⟨tr.⟩: *(um etwas) kämpfen und (es) schließlich erreichen, gewinnen:* er errang den ersten Preis; die Partei konnte weitere Sitze im Parlament e.; sie wollten die errungene Freiheit verteidigen.

erröten, errötete, ist errötet ⟨itr.⟩: *im Gesicht rot werden und dadurch seine Verwirrung zeigen:* vor Scham, Verlegenheit e.; sie errötete tief, leicht.

Errungenschaft, die; -, -en: *etwas, was durch große Anstrengung erreicht wurde und einen Fortschritt bedeutet:* eine E. der Forschung; die Fabrik ist mit den neuesten Errungenschaften der Technik ausgestattet.

Ersatz, der; -es: *Person oder Sache, die an die Stelle einer nicht mehr vorhandenen oder nicht mehr geeigneten Person oder Sache tritt:* für den erkrankten Sänger mußte ein E. gefunden werden; er bot ihm ein neues Buch als E. für das beschädigte an; er muß für den Verlust E. leisten *(er muß den Verlust ersetzen).*

erscheinen, erschien, ist erschienen ⟨itr.⟩: 1. a) *sich einfinden, wo man erwartet wird:* er ist heute nicht zum Dienst erschienen. b) *(in jmds. Blickfeld) treten:* der Vater erschien in der Tür und forderte die Kinder auf, leise zu sein; die Küste erschien am Horizont. 2. *als Buch, Zeitung o. ä. herausgebracht werden [und in den Handel kommen]:* sein neuer Roman erscheint im Herbst; die Zeitschrift erscheint einmal im Monat. 3. *sich (jmdm.) in einer bestimmten Weise darstellen:* es erscheint mir merkwürdig, daß er plötzlich seinen Plan wieder aufgegeben hat; seine Erklärung erscheint mir unverständlich. **Erscheinung,** die; -, -en.

erschießen, erschoß, hat erschossen ⟨tr.⟩: *mit der Schußwaffe töten:* einige Aufständische wurden erschossen; sie haben die Flüchtenden erschossen; ⟨auch rfl.⟩ sich e. *(mit einer Schußwaffe Selbstmord begehen).* **Erschießung,** die; -, -en.

erschlagen, erschlägt, erschlug, hat erschlagen ⟨tr.⟩: a) *(mit einem harten Gegenstand) töten:* er schlug sein Opfer mit einem Hammer erschlagen; der Gesuchte wurde erschlagen aufgefunden. b) *durch Herabstürzen töten:* Dachziegel, die sich durch den Sturm gelöst hatten, erschlugen einen Passanten; der Bauer wurde vom Blitz erschlagen *(durch Blitzschlag getötet).* ** (ugs.) **erschlagen sein:** a) *(sehr müde, erschöpft sein):* nach der langen Reise waren wir ganz erschlagen. b) *(fassungslos, völlig verwirrt sein):* er war geradezu erschlagen, als er den Brief gelesen hatte.

erschließen, erschloß, hat erschlossen: 1. ⟨tr.⟩: a) *zugänglich machen:* einzelne Gebiete Afrikas sind noch nicht erschlossen. b) *nutzbar machen:* es wurden neue Möglichkeiten zur Gewinnung von Energie erschlossen. 2. ⟨rfl.⟩ *verständlich werden:* diese Dichtung erschließt sich nur sehr schwer. 3. ⟨tr.⟩ *durch logischen Schluß ermitteln, folgern:* der ursprüngliche Text mußte aus den verschiedenen Überlieferungen erschlossen werden. **Erschließung,** die; -, -en.

erschöpft ⟨Adj.⟩: 1. ⟨nicht adverbial⟩ *durch große Anstrengungen völlig am Ende seiner Kräfte seiend:* man fand ihn in völlig erschöpftem Zustand auf; er kam ganz e. nach Hause. 2. ⟨nur prädikativ⟩ *vollständig aufgebraucht:* meine Vorräte sind e.

Erschöpfung, die; -, -en: *Zustand, in dem man durch große Anstrengungen am Ende seiner Kräfte ist:* sie arbeiteten bis zur völligen E.; sie ist vor E. umgefallen.

erschrecken: I. erschrickt, erschrak, ist erschrocken ⟨itr.⟩: *einen Schrecken bekommen:* er erschrak, als er einen Knall hörte; ich bin bei der Nachricht furchtbar erschrocken; erschrocken sprang sie auf. II. erschreckte, hat erschreckt ⟨tr.⟩: *(jmdn.) in Angst versetzen:* die Explosion erschreckte die Bevölkerung; diese Nachricht hat uns furchtbar erschreckt; ⟨häufig im 1. Partizip⟩ die Seuche nimmt erschreckende *(beängstigende) Ausmaße* an.

erschüttern, erschütterte, hat erschüttert ⟨tr.⟩: 1. *in zitternde, schwankende Bewegung bringen:* die Explosion erschütterte die Häuser im Umkreis; bildl.: schwere Unruhen erschütterten den Staat. 2. *im Innersten ergreifen und in Trauer versetzen:* der Tod des Kollegen hat uns tief erschüttert. **Erschütterung,** die; -, -en.

erschweren, erschwerte, hat erschwert ⟨tr.⟩: *(ein Tun oder Vorhaben) durch Widerstand oder Hindernisse schwierig und mühevoll machen:* seine unnachgiebige Haltung erschwert die Verhandlungen; durch Glatteis wird das Fahren sehr erschwert.

erschwinglich ⟨Adj.; nicht adverbial⟩: *eine Summe erfordernd, die man noch bezahlen kann:* kaum erschwingliche Preise; die Kosten für einen Urlaub sind dort noch e.

ersetzen, ersetzte, hat ersetzt ⟨tr.⟩: **1. a)** *an die Stelle (einer nicht mehr vorhandenen oder ungeeigneten Person oder Sache) setzen:* in der zweiten Halbzeit wurde in beiden Mannschaften je ein Spieler ersetzt; seine mangelnde Begabung ersetzt er durch großen Fleiß *(gleicht er durch großen Fleiß aus).* **b)** *an die Stelle (einer nicht mehr vorhandenen oder ungeeigneten Person oder Sache) treten:* sein Onkel mußte ihm jetzt den Vater e. **2.** *(einen erlittenen Schaden) ausgleichen, (für den beschädigten Gegenstand) einen neuen geben:* Sie müssen mir den Mantel e., den mir Ihr Hund zerrissen hat.

ersichtlich ⟨Adj.⟩: *erkennbar, deutlich:* aus dem Schreiben ist seine Auffassung klar e.; ohne ersichtlichen Grund begann er zu weinen.

erspähen, erspähte, hat erspäht ⟨tr.⟩: *durch angestrengtes Sehen, Schauen in einer größeren Entfernung erblicken:* in den Wolken erspähten sie ein Flugzeug; er hatte mich erspäht und kam sofort auf mich zu.

ersparen, ersparte, hat erspart ⟨tr.⟩: **1.** *durch Sparen zusammentragen, erwerben:* einige tausend Mark e.; er hat sich (Dativ) ein kleines Haus erspart. **2.** *(etwas Unangenehmes von jmdm.) fernhalten:* ich möchte ihm die Aufregungen, den Ärger e.; es bleibt einem nichts erspart *(man muß auch das noch erledigen oder ertragen);* die neue Einteilung erspart *(erübrigt)* viel Arbeit.

Ersparnis, die; -, -se: **a)** *das Ersparen; Einsparung:* der neue Entwurf bringt eine E. von mehreren tausend Mark. **b)** ⟨Plural⟩ *ersparte Summe:* er besitzt beträchtliche Ersparnisse; er hat alle seine Ersparnisse verloren.

ersprießlich ⟨Adj.⟩: *einigen Nutzen oder Gewinn bringend:* eine ersprießliche Zusammenarbeit; was wir hier tun, ist alles nicht sehr e.

erst ⟨Adverb⟩: **1.** *zuerst, zunächst:* e. kommt er an die Reihe, danach die andern; du mußt ihn e. näher kennenlernen, um ihn zu beurteilen; /abgeschwächt/ wenn du e. einmal so alt bist wie wir, wirst du anders darüber denken; wären wir e. schon zu Hause! **2. a)** *nicht eher als:* er will e. morgen abreisen; ich schreibe ihm e. nach dem Fest wieder. **b)** *nicht mehr als:* ich habe e. dreißig Seiten in dem Buch gelesen. **3.** *um wieviel mehr, aber:* sie ist sowieso schon unfreundlich, aber e., wenn sie schlechte Laune hat!; nun ist e. recht *(nun gerade)!*

erstarren, erstarrte, ist erstarrt ⟨itr.⟩: **1.** *vor Kälte steif, unbeweglich werden:* meine Finger sind ganz erstarrt. **2. a)** *plötzlich eine starre Haltung annehmen:* er war vor Schreck erstarrt; sie erstarrten in Ehrfurcht *(waren von großer Ehrfurcht ergriffen).* **b)** *nicht mehr mit Leben erfüllt sein und sich (auf etwas) reduzieren:* ihre Briefe waren zur bloßen Form erstarrt; das gesellschaftliche Leben war in Konventionen erstarrt. **Erstarrung**, die; -, -en.

erstatten, erstattete, hat erstattet ⟨tr.⟩: **1.** *(entstandene Unkosten) durch einen entsprechenden Geldbetrag ausgleichen; zurückzahlen; ersetzen:* Unkosten, Auslagen werden erstattet. **2.** ⟨als Funktionsverb⟩ Bericht e. *(in sachlicher Form über etwas berichten);* Anzeige e. *(jmdn./etwas anzeigen);* Meldung e. *(etwas melden).*

erstaunen, erstaunte, hat/ist erstaunt ⟨itr.⟩: **1.** *jmds. Vorstellungen, Erwartungen übertreffen oder nicht entsprechen und dadurch Bewunderung oder leichtes Befremden in ihm auslösen:* seine großen Erfolge haben mich erstaunt; ihre Unfreundlichkeit erstaunte mich nicht weiter. **2.** *von etwas Unvermutetem oder Eindrucksvollem zum Staunen gebracht werden:* er war über den Luxus der Einrichtung erstaunt; ⟨häufig im 2. Partizip⟩ sie blickte mich erstaunt an.

erstaunlich ⟨Adj.; nicht adverbial⟩: **1.** *Erstaunen oder Be-* wunderung hervorrufend: eine erstaunliche Begebenheit; seine Leistungen sind e. **2. a)** *sehr groß:* ein Flugzeug mit einer erstaunlichen Geschwindigkeit. **b)** ⟨verstärkend bei Adjektiven⟩ *sehr:* die Wirtschaft hat sich e. schnell wieder erholt.

erste ⟨Ordnungszahl⟩: *in einer Reihe oder Folge den Anfang bildend:* die e. Etage; den ersten Schritt zur Versöhnung tun; am ersten Juli; am Ersten [des Monats] gibt es Geld; das e. Grün *(die ersten Blätter im Frühjahr);* er war der E. *(der beste Schüler)* der Klasse; das e. *(beste)* Hotel am Ort. * fürs e. *(zunächst, vorläufig);* **der/die/das e. beste** *(der/die/das zunächst sich Anbietende):* er ergriff die erste beste Gelegenheit.

erstehen, erstand, hat erstanden ⟨tr.⟩: *[mit Glück, Mühe] käuflich erwerben:* er hat noch drei Eintrittskarten erstanden; das Buch habe ich billig im Antiquariat erstanden.

erstellen, erstellte, hat erstellt ⟨tr.⟩ (Papierdt.): **a)** *bauen, errichten:* ein Gebäude, Wohnungen e. **b)** *anfertigen:* ein Gutachten, eine Kartei, einen Plan e.

ersticken, erstickte, hat/ist erstickt: **1.** ⟨itr.⟩ *durch Mangel an Luft, an Sauerstoff sterben:* ich wäre fast an einer Gräte erstickt; die Luft ist zum E. *(sehr schlecht).* **2.** ⟨tr.⟩ *durch Hemmen der Atmung, Entziehen der Luft töten:* Sie hat das Kind mit einem Kissen erstickt; sie ersticken *(löschten)* die Flammen mit einer Decke.

erstklassig ⟨Adj.⟩: *ausgezeichnet, von der besten Qualität:* eine erstklassige Arbeit; Unterkunft und Verpflegung waren e.

erstreben, erstrebte, hat erstrebt ⟨tr.⟩: *zu erreichen, erhalten suchen:* er erstrebt einen leitenden Posten; sie erstreben Freiheit und Wohlstand für alle.

erstrebenswert ⟨Adj.⟩: *so beschaffen, daß man es gerne erreichen, haben möchte:* ein eigenes Haus ist eine erstrebenswerte Sache; eine Arbeit, wie er sie hat, finde ich nicht sehr e.

erstrecken, sich; erstreckte sich, hat sich erstreckt: *eine bestimmte räumliche oder zeitliche Ausdehnung haben:* der Wald erstreckt sich bis zur Stadt; seine Forschungen erstrecken sich über zehn Jahre; 2. *sich auf einen bestimmten Bereich ausdehnen, sich (auf etwas) beziehen:* seine Aufgabe erstreckt sich nur auf die Planung.

ersuchen, ersuchte, hat ersucht ⟨tr.⟩: *(jmdn.) höflich und nachdrücklich (um etwas) bitten:* jmdn. um eine Aussprache e.; wir ersuchen Sie, den Betrag sofort zu überweisen.

Ersuchen, das; -s: *Bitte, Aufforderung:* ein E. an jmdn. richten; auf sein E. [hin] wurde er versetzt.

ertappen, ertappte, hat ertappt ⟨tr.⟩: *bei heimlichem oder verbotenem Tun überraschen:* der Dieb wurde auf frischer Tat ertappt; ⟨auch rfl.⟩ er ertappte sich bei dem Wunsch, von zu Hause fortzulaufen.

erteilen, erteilte, hat erteilt ⟨als Funktionsverb⟩ /drückt aus, daß man jmdm. etwas offiziell zuteil werden oder zukommen läßt/: jmdm. eine Abfuhr e. *(jmdn. schroff abweisen);* jmdm. eine Genehmigung e. *(jmdm. etwas genehmigen);* jmdm. einen Auftrag e. *(jmdn. mit etwas beauftragen).*

Ertrag, der; -[e]s, Erträge: a) *bestimmte Menge von Produkten, die in bestimmten Abständen in der Landwirtschaft als Ergebnis erzielt wird:* gute Erträge; der E. eines Ackers. b) *Einnahme, Gewinn:* seine Häuser bringen einen guten E.

ertragen, erträgt, ertrug, hat ertragen ⟨tr.⟩: *(etwas Quälendes, Bedrückendes oder Lästiges) hinnehmen/aushalten, ohne sich dagegen aufzulehnen oder sich davon überwältigen zu lassen:* er mußte furchtbare Schmerzen e.; ich weiß nicht, wie ich diese Ungewißheit e. soll.

erträglich ⟨Adj.⟩ a:) *so beschaffen, daß es sich aushalten läßt:* die Schmerzen sind e.; man muß versuchen, ihr Leben erträglicher zu gestalten. b) *nicht besonders schlecht oder übel, wenn auch nicht gerade besonders gut, mittelmäßig:* er möchte ein erträgliches Auskommen haben; es ging ihm e.

ertragreich ⟨Adj.⟩: *reichen Gewinn bringend, reich an Erträgen, ergiebig:* eine ertragreiche Ernte; das Geschäft war sehr e.

ertränken, ertränkte, hat ertränkt ⟨tr./rfl.⟩: *durch Untertauchen im Wasser töten:* sie hat die jungen Katzen im See ertränkt; er hat sich ertränkt; bildl.: seine Sorgen im Alkohol e.

ertrinken, ertrank, ist ertrunken ⟨itr.⟩: *durch einen Unglücksfall im Wasser ums Leben kommen:* das Kind ist beim Baden ertrunken; jmdn. vor dem Tod des Ertrinkens retten.

erübrigen, erübrigte, hat erübrigt: 1. ⟨tr.⟩ *durch Sparsamkeit gewinnen, übrigbehalten:* ich habe diesmal einen größeren Betrag erübrigt; für etwas [keine] Zeit e. können *(Zeit haben).* 2. ⟨rfl.⟩ *überflüssig sein:* weitere Nachforschungen erübrigen sich; das hat sich jetzt alles erübrigt *(das ist jetzt alles nicht mehr nötig).*

erwachen, erwachte, ist erwacht ⟨itr.⟩: a) *wach werden:* als er erwachte, war es schon Tag; er erwachte erst nach mehreren Tagen aus der Bewußtlosigkeit. b) *sich (in jmdm.) regen, erheben:* sein Ehrgeiz ist plötzlich erwacht.

erwachsen: I. erwachsen, erwächst, erwuchs, ist erwachsen ⟨tr.⟩: *als Folge von etwas allmählich entstehen:* daraus kann ihm nur Schaden e.; aus dieser Erkenntnis erwuchs die Forderung nach härteren Maßnahmen. II. ⟨Adj.; nicht adverbial⟩: *dem Jugendalter entwachsen; volljährig:* die Kinder sind e.; sie haben drei erwachsene Töchter; er benimmt sich schon sehr e. *(wie ein Erwachsener).*

Erwachsene, der und die; -n, -n ⟨aber: [ein] Erwachsener, Plural: Erwachsene⟩: *dem Jugendalter entwachsener Mensch:* ein Film nur für Erwachsene; sie benehmen sich wie Erwachsene.

erwägen, erwog, hat erwogen ⟨tr.⟩: *durchdenken und auf alle möglichen Konsequenzen hin prüfen:* eine Möglichkeit ernstlich e.; er erwog, den Vertrag zu kündigen. **Erwägung,** die; -, -en.

erwähnen, erwähnte, hat erwähnt ⟨tr.⟩: *nur kurz (von etwas) sprechen, beiläufig nennen:* er hat die letzten Ereignisse mit keinem Satz erwähnt; er hat dich lobend in seinem Brief erwähnt. **Erwähnung,** die; -, -en.

erwarten, erwartete, hat erwartet ⟨tr.⟩: 1. *jmds. Kommen oder dem Eintreffen von etwas mit Spannung entgegensehen:* ich erwarte Sie um 9 Uhr am Flugplatz; ein Paket e.; ein Kind e. *(schwanger sein).* 2. *(ein kommendes Ereignis) für sehr wahrscheinlich halten; (mit etwas) rechnen:* etwas Ähnliches hatte ich erwartet; es ist wider E. *(überraschenderweise)* gut gegangen. **Erwartung,** die; -, -en.

erweisen, erwies, hat erwiesen: 1. a) ⟨rfl.⟩ *sich herausstellen, sich zeigen als:* er erwies sich als Betrüger; ihre Behauptung erwies sich als wahr. b) ⟨tr.⟩ *nachweisen; den Beweis (für etwas) liefern:* der Prozeß hat seine Unschuld erwiesen; ⟨oft im 2. Partizip⟩ es ist noch nicht erwiesen, ob er recht hatte. 2. ⟨in Verbindung mit bestimmten Substantiven⟩ /drückt aus, daß man jmdm. etwas zuteil werden läßt, was eine Hilfe für ihn bedeutet oder die persönliche Achtung ihm gegenüber zum Ausdruck bringt/: jmdm. einen Dienst, eine Gunst e.; wir danken Ihnen für das uns erwiesene Vertrauen.

erweitern, erweiterte, hat erweitert ⟨tr.⟩: *ausdehnen, vergrößern:* seinen Horizont, seine Kenntnisse, die Produktion e.

Erwerb, der; -s: 1. a) *Tätigkeit, durch die man seinen Lebensunterhalt verdient:* seinem E. nachgehen. b) *Kauf:* der E. eines Grundstückes. 2. *Verdienst:* von seinem E. leben.

erwerben, erwirbt, erwarb, hat erworben ⟨tr.⟩: a) *durch Arbeit in den Besitz (von etwas) gelangen:* er hat sich ein beträchtliches Vermögen erworben; bildl.: durch seine Tat hat er (Dativ) großen Ruhm erworben *(hat er großen Ruhm erlangt).* b) *sich aneignen:* er hatte sein Wissen durch Lektüre erworben. c) *(etwas) nach Verhandlungen durch Kauf gewinnen:* das Museum hat drei wertvolle Gemälde erworben; ein noch unbekannter Verlag hat die Rechte für das Buch erworben.

erwerbslos ⟨Adj.⟩; nicht adverbial⟩: *arbeitslos und ohne Einkommen:* nach dem Krieg waren viele lange Zeit e.

erwerbstätig ⟨Adj.⟩; nicht adverbial⟩: *für den Lebensunterhalt tätig; berufstätig:* immer mehr Frauen sind heute e.

Erwerbung, die; -, -en: 1. *das Erwerben:* die E. eines Hauses. 2. *etwas, was man erworben hat:* das Museum zeigt seine neuen Erwerbungen.

erwidern, erwiderte, hat erwidert: 1. ⟨itr.⟩ *antworten, entgegnen:* er wußte nichts zu e.; sie erwiderte, daß sie das nicht glauben könne. 2. ⟨tr.⟩ *(auf etwas) in gleicher Weise reagieren:* jmds. Gefühle, Gruß e.; sie haben den Besuch erwidert.

erwischen, erwischte, hat erwischt ⟨tr.⟩ (ugs.): a) *gerade noch ergreifen können:* er hat den Dieb am Ärmel erwischt. b) *(einen Gesuchten, Verfolgten) verhaften:* die Polizei erwischte den Verbrecher, als er in ein Auto steigen wollte. c) *gerade noch erreichen:* ich habe den Zug noch erwischt; ich erwischte ihn gerade, als er fortgehen wollte. d) *bei verbotenem Tun überraschen, ertappen:* wir erwischten ihn, als er gerade Geld aus der Kasse entwendete. e) *(etwas Begehrtes) durch Geschicklichkeit bekommen:* dank unserer Pünktlichkeit hatten wir gute Plätze erwischt. ** (ugs.) jmdn. hat es erwischt: a) *jmd. ist krank geworden, hat sich schwer verletzt:* vorige Woche hatte ich die Grippe, jetzt hat es ihn erwischt. b) *jmd. ist verunglückt, gestorben:* bei dem Flugzeugabsturz hat es siebzehn Personen erwischt.

erwünscht ⟨Adj.; nicht adverbial⟩: *willkommen, angenehm:* du bist hier nicht e.

erzählen, erzählte, hat erzählt ⟨tr.⟩: a) *(etwas Geschehenes oder frei Erfundenes) anschaulich und auf unterhaltsame Art in Worten wiedergeben, schildern:* eine Geschichte e.; er hat nie viel von Ihnen erzählt. b) *in vertraulicher Unterhaltung mitteilen:* ihm kann man alles e., was einen innerlich beschäftigt.

Erzählung, die; -, -en: 1. ⟨ohne Plural⟩ *das Erzählen:* sie hörte aufmerksam seiner E. zu. 2. *Form der erzählenden Dichtung:* er schrieb mehrere Erzählungen.

erzeugen, erzeugte, hat erzeugt ⟨tr.⟩: 1. *entstehen lassen, hervorrufen:* durch seine lebendige Darstellung erzeugte er großes Interesse bei den Schülern. 2. *durch bestimmte Arbeitsvorgänge gewinnen; produzieren:* Waren, Maschinen e.

Erzeuger, der; -s, -: 1. *jmd., der etwas erzeugt, produziert:* sie beziehen Kartoffeln, Gemüse, Eier direkt vom E. 2. *leiblicher Vater eines Kindes:* der E. muß für den Lebensunterhalt des Kindes sorgen.

Erzeugnis, das; -ses, -se: *Produkt, Ware:* landwirtschaftliche Erzeugnisse; diese Vase ist ein deutsches E.

erziehen, erzog, hat erzogen ⟨tr.⟩: *im jugendlichen Alter jmds. Charakter bilden, seine Fähigkeiten entwickeln und ihn fördern:* ein Kind e.; er wurde in einem Internat erzogen; jmdn. zur Sparsamkeit e.

Erzieher, der; -s, -: *Person, die die Persönlichkeit junger Menschen bildet und ihnen gültige Werte vermittelt:* er ist der geborene E.

Erziehung, die; -: *Formung der Persönlichkeit der jungen Menschen nach bestimmten Vorstellungen oder Gesichtspunkten:* sie haben ihre Kinder eine gute E. gegeben; die musische E. steht in diesen Schulen an erster Stelle.

erzielen, erzielte, hat erzielt ⟨tr.⟩: *(ein bestimmtes Ziel) erreichen:* trotz langer Verhandlungen wurde keine Einigkeit erzielt; dieser Wagen hat eine hohe Geschwindigkeit erzielt.

erzwingen, erzwang, hat erzwungen ⟨tr.⟩: *durch Zwang, trotzige Beharrlichkeit erreichen:* eine Entscheidung, Genehmigung e.; das Geständnis war erzwungen worden.

Esel

Esel, der; -s, -: /ein Tier/ (siehe Bild); /als Schimpfwort/ (ugs.): du [alter] E.!

eßbar ⟨Adj.; nicht adverbial⟩: *zum Essen geeignet [und nicht schädlich]:* eßbare Pilze; er konnte nirgends etwas Eßbares finden.

essen, ißt, aß, hat gegessen: a) ⟨tr.⟩ *als Nahrung zu sich nehmen:* einen Apfel e.; er ißt kein Fleisch. b) ⟨itr.⟩ *Nahrung zu sich nehmen:* im Restaurant e.; ich habe noch nicht zu Mittag gegessen; heute Abend werde ich warm e.

Essen, das; -s, -: 1. *Speise, die für eine Mahlzeit zubereitet ist:* das E. kochen, das E. schmeckte uns nicht; warmes, kaltes E. 2. a) *Einnahme einer Mahlzeit:* ich lud ihn zum E. ein; mit dem E. pünktlich anfangen. b) *größere Mahlzeit mit offiziellem oder festlichem Charakter:* der Minister gab ein E.; im Anschluß an die Trauung findet ein E. statt.

Etage [e'ta:ʒə], die; -, -n: *Stockwerk:* sie wohnen in der ersten E.

Etappe, die; -, -n: 1. a) *Teil einer Strecke:* eine anstrengende E.; eine Strecke in Etappen zurücklegen. b) *Zeitabschnitt:* eine kurze, lange E.; diese Erfindung leitet eine neue E. *(ein neues Stadium)* in der technischen Entwicklung ein.

Etat [e'ta:], der; -s, -s: *Haushaltsplan; Geldmittel, die über einen begrenzten Zeitraum für bestimmte Zwecke zur Verfügung stehen:* in der letzten Sitzung des Parlaments wurde über den E. beraten; (scherzh.) das geht über meinen E. *(die Ausgaben sind zu hoch für mich).*

Etikett, das; -s, -e[n] und -s: *Zettel, der zur Kennzeichnung oder Auszeichnung von Waren o. ä. aufgeklebt oder angehängt wird:* Flaschen mit Etiketten versehen; das E. ist inzwischen abgegangen.

etwa ⟨Adverb⟩: 1. *mit mehr oder weniger Genauigkeit, ungefähr:* er mag e. dreißig Jahre alt sein. 2. *zum Beispiel:* wenn du dein Einkommen e. mit dem deines Freundes vergleichst, so kannst du ganz zufrieden sein; auf ihrer Tournee werden sie sicher einige wichtige Städte, wie e. München, Köln, Hamburg, besuchen. 3. ⟨in Frage- und Konditionalsätzen⟩ *vielleicht, womöglich:* er ist doch nicht e. krank?; wenn er e. glaubt, damit durchzukommen, so hat er sich geirrt. 4. ⟨in Verbindung mit *nicht*⟩ *durchaus nicht, auf keinen Fall* /verstärkt die verneinte Aussage/: ich habe deine Angelegenheit nicht e. vergessen, sondern nur noch keine Zeit gehabt, mich näher damit zu befassen.

etwas ⟨Indefinitpronomen⟩: a) *ein bißchen, ein wenig* /bezeichnet eine kleine, nicht näher bestimmte Menge von etwas/: er nahm e. Salz. b) *irgendeine Sache, irgendein Ding o. ä.* /bezeichnet eine nicht näher bestimmte Sache o. ä./: er wird ihm schon e. schenken; er kauft e., was ihr Freude macht; e. Schönes. * e. **gelten** *(für bedeutend, wichtig gehalten werden):* sein Wort gilt e. bei ihnen.

evangelisch ⟨Adj.⟩: *zu den auf die Reformation zurückgehenden Kirchen gehörend, protestantisch:* sie gehörte zur evangelischen Kirche; er ist e.

ewig ⟨Adj.⟩: 1. a) *zeitlich unendlich, unvergänglich:* das ewige Leben. b) *immer bestehend:* sie gelobten sich ewige Treue; zum ewigen Andenken! ⟨ugs.⟩ a) ⟨nicht prädikativ⟩ *sich immer wiederholend; dauernd, nicht endend:* sie lebte in ewiger Angst um ihre Kinder; ich habe das ewige Einerlei satt; soll das e. so weitergehen? b) ⟨nur adverbial⟩ *sehr lange:* ich habe ihn e. nicht gesehen.

Ewigkeit, die; -, -en: 1. ⟨ohne Plural⟩ *das, was jenseits der Zeit, jenseits dieses Lebens liegt; das Ewige, Unwandelbare:* von E. zu E. 2. *zeitliche Unendlichkeit:* heute baut man nicht mehr für die E.; die Minuten dehnten sich zu Ewigkeiten. * **in alle E.** *(für immer);* ⟨ugs.⟩ **eine E.** *(sehr lange Zeit).*

exakt ⟨Adj.⟩: *genau:* eine exakte Beschreibung; er war nicht in der Lage, mir e. zu antworten. **Exaktheit,** die; -.

Examen, das; -s, - und Examina: *Prüfung:* ein schweres E.; er hat das E. bestanden.

Exemplar, das; -s, -e: *einzelnes Stück einer Serie, einer Menge gleicher Dinge:* die ersten tausend Exemplare des Buches waren schon verkauft.

exerzieren, exerzierte, hat exerziert: 1. ⟨itr.⟩ *militärische Übungen machen:* die Truppe hat den ganzen Tag exerziert. 2. ⟨ugs.⟩ ⟨itr./tr.⟩ *(mit jmdm.) üben:* der Vater hat die neuen Rechenaufgaben mehrere Stunden mit ihm exerziert.

existent ⟨Adj.; nicht adverbial⟩ *existierend, vorhanden:* für ihn waren irgendwelche Vorschriften anscheinend nicht e.

Existenz, die; -, -en: 1. ⟨ohne Plural⟩ a) *Vorhandensein in der Realität:* die E. eines Staates.

b) *Leben, Dasein:* eine armselige E.; viele kleine Betriebe kämpfen heute um ihre E. 2. (abwertend) *Mensch:* es gibt seltsame Existenzen. * ⟨ugs.⟩ **eine verkrachte E.** *(jmd., der im Leben gescheitert ist).* 3. ⟨ohne Plural⟩ *materielle Grundlage für den Lebensunterhalt:* eine E. haben; ich baue mir eine neue E. auf.

existieren, existierte, hat existiert ⟨itr.⟩: 1. *in bestimmter Weise vorhanden sein:* diese Person existiert nur in deinen Träumen; das alte Haus existiert noch. 2. *von einem [geringen] Geldbetrag leben, damit auskommen*/oft in Verbindung mit *können*/: von zweihundert Mark im Monat kann man kaum e.; sie hat wenigstens das Notwendigste, um e. zu können.

Exkremente, die ⟨Plural⟩: *Ausscheidungen, Kot.*

Expansion, die; -, -en: *Erweiterung des Macht- oder Einflußbereiches:* eine politische, wirtschaftliche E. betreiben; der Drang nach E. trieb das Land in den Krieg.

Expedition, die; -, -en: I. *Reise, die von einer Gruppe von Menschen zur Erforschung eines unbekannten Gebietes unternommen wird:* eine E. zum Nordpol; an einer E. teilnehmen. II. *Abteilung einer Firma, die für den Versand von Waren zuständig ist.*

Experiment, das; -[e]s, -e: a) *wissenschaftlicher Versuch:* ein E. durchführen; das E. ist gelungen. b) *gewagter Versuch, mit einem Risiko verbundenes Unternehmen:* das ist ein E.; wir wollen keine Experimente machen *(uns auf kein Risiko einlassen).*

explodieren, explodierte, ist explodiert ⟨itr.⟩: 1. *durch übermäßigen Druck von innen plötzlich unter lautem Geräusch zerspringen:* eine Mine, eine Bombe ist explodiert. 2. *plötzlich in Zorn ausbrechen:* er explodierte, weil er ungerecht behandelt wurde.

Explosion, die; -, -en: 1. *heftiges lautes Zerplatzen durch übermäßigen Druck von innen:* die E. einer Bombe. 2. *heftiger, lauter Zornesausbruch:* die gespannte Stimmung ließ eine baldige E. ahnen.

explosiv ⟨Adj.⟩: 1. *leicht explodierend:* Dynamit ist ein explosiver Stoff. 2. a) *zu Gefühlsausbrüchen neigend:* ein explosiver Charakter. b) *spannungsgeladen:* eine explosive Stimmung.

exponieren, sich; exponierte sich, hat sich exponiert: *sich der Gefahr, der Kritik aussetzen:* du solltest dich nicht immer so e.

exponiert ⟨Adj.⟩: *herausgehoben und dadurch Angriffen oder der Kritik ausgesetzt:* eine exponierte Stellung; er suchte einen Posten, auf dem er weniger e. war.

Export, der; -[e]s, -e: *Ausfuhr von Waren, Gütern ins Ausland* /Gsg. Import/: den E. fördern.

extra ⟨Adverb⟩: 1. *gesondert, für sich:* etwas e. einpacken; meine Ansicht darüber schreibe ich dir noch e. 2. *über das Übliche hinaus:* es kostet noch etwas e. 3. *eigens; ausschließlich zu einem bestimmten Zweck:* deinetwegen habe ich es getan.

extravagant [auch: ...gant] ⟨Adj.⟩: *in seiner äußeren Erscheinung, in seinen Gewohnheiten und Ansichten ungewöhnlich auffallend:* eine extravagante Aufmachung; sie ist e. gekleidet; sein Lebensstil ist mir allzu e.

extrem ⟨Adj.⟩: a) ⟨nicht adverbial⟩ *bis an die äußerste Grenze gehend:* extreme Temperaturen. b) *übertrieben, radikal:* er hat extreme Ansichten.

Extremitäten, die ⟨Plural⟩: *Gliedmaßen, Arme und Beine.*

Exzeß, der; Exzesses, Exzesse: *Ausschreitung, Ausschweifung:* es kam zu wilden Exzessen; etwas bis zum E. *(bis zur Maßlosigkeit)* betreiben.

F

Fa.: *Firma.*

Fabel, die; -, -n: *[kurze] von Tieren handelnde Geschichte mit belehrendem Inhalt:* die F. vom Fuchs und dem Raben.

fabelhaft ⟨Adj.⟩: *wunderbar, großartig:* er hat eine fabelhafte Stellung; seine Wohnung ist f. eingerichtet.

Fabrik, die; -, -en: *Gebäude eines Betriebes der Industrie, in dem bestimmte Produkte hergestellt werden.*

Fabrikat

Fabrikat, das; -[e]s, -e: *[bestimmtes] Erzeugnis der Industrie.*

fabrizieren, fabrizierte, hat fabriziert ⟨tr.⟩: *mit einfachen Mitteln herstellen, basteln:* die Kinder haben ihr Spielzeug selbst fabriziert.

Fach, das; -[e]s, Fächer: **1.** *abgeteilter Raum (in einem Schrank, Behälter o. ä.):* ein F. im Schrank, in der Handtasche. **2.** *Gebiet des Wissens, einer praktischen Tätigkeit:* er studiert das F. Geschichte; er beherrscht sein F.

Fächer, der; -s, -: *Gegenstand, den man in der Hand hin und her bewegt und sich damit kühlt* (siehe Bild).

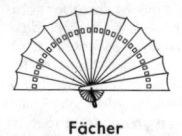

Fächer

Fachgeschäft, das; -[e]s, -e: *Geschäft, das nur bestimmte Waren verkauft:* ein F. für optische Geräte.

fachlich ⟨Adj.; nicht prädikativ⟩: *ein bestimmtes Fach betreffend:* er hat ein großes fachliches Wissen.

Fachmann, der; -[e]s, Fachleute und Fachmänner: *jmd., der in einem bestimmten Fach ausgebildet ist und entsprechende Kenntnisse hat.*

fachmännisch ⟨Adj.; nicht prädikativ⟩: *sachkundig, als Fachmann:* etwas f. reparieren.

Fachrichtung, die; -, -en: *Fach an der Universität oder Hochschule:* die philosophische Fakultät hat mehrere Fachrichtungen.

fachsimpeln, fachsimpelte, hat gefachsimpelt ⟨itr.⟩ (abwertend): *sich [zum Ärger anderer Anwesender] lange, mit Ausdauer über seine beruflichen Interessen unterhalten:* er fachsimpelte den ganzen Abend mit seinen Freunden.

Fackel, die; -, -n: *Stab [aus Holz] mit einer brennbaren Schicht am oberen Ende* (siehe Bild).

Fackel

fade ⟨Adj.⟩: **a)** *ohne Geschmack, schlecht gewürzt:* die Suppe ist sehr f. **b)** (ugs.) *langweilig, geistlos:* ein fader Mensch; er redet immer nur fades Zeug.

Faden, der; -s, Fäden: *Gebilde aus gesponnenen Fasern:* zum Nähen braucht man Nadel und F. * **den F.** **verlieren** *(beim Sprechen [plötzlich, vorübergehend] nicht mehr wissen, wie man das Thema weiterführen soll, was man sagen wollte).*

fadenscheinig ⟨Adj.⟩ (abwertend): *leicht durchschaubar; nicht glaubwürdig:* ein fadenscheiniger Grund.

fähig ⟨Adj.⟩: *begabt, tüchtig:* ein fähiger Beamter; f. sein *(in der Lage, imstande sein);* er ist zu dieser Tat, dieses Verbrechens fähig *(es ist ihm zuzutrauen).*

Fähigkeit, die; -, -en: *besondere Begabung, Befähigung:* er hat große schöpferische Fähigkeiten. * **die F. haben** *(fähig, in der Lage sein):* er hat nicht die F. zuzuhören.

fahl ⟨Adj.⟩: *bleich, ohne Farbe:* ein fahles Gesicht; der Himmel war f.

fahnden, fahndete, hat gefahndet ⟨itr.⟩: *zu finden suchen:* nach einem Verbrecher f. **Fahndung,** die; -, -en.

Fahne, die; -, -n: *an einer Stange befestigtes Tuch in den Farben, mit den Zeichen eines Landes, Vereins o. ä.:* ein Gebäude mit Fahnen schmücken; die F. weht, flattert im Wind. * (ugs.) **eine F. haben** *(nach Alkohol riechen).*

Fahrausweis, der; -es, -e: *Karte, Schein, der zum Benutzen eines öffentlichen Verkehrsmittels berechtigt; Fahrschein:* bitte die Fahrausweise vorzeigen!

Fahrbahn, die; -, -en: *Teil der Straße, auf dem die Fahrzeuge fahren:* die F. überqueren.

fahrbereit ⟨Adj.⟩: *sich in einem solchen Zustand befindend, daß man gleich damit fahren könnte:* der Wagen ist f.

Fähre, die; -, -n: *Schiff, mit dem die Fahrzeuge und Personen über einen Fluß o. ä. übergesetzt werden können.*

fahren, fährt, fuhr, hat/ist gefahren: **1. a)** ⟨itr.⟩ *sich auf Rädern fortbewegen:* das Auto, der Zug ist schnell gefahren. **b)** ⟨itr.⟩ *ein Fahrzeug, Verkehrs-* *mittel benutzen:* er ist mit der Eisenbahn gefahren. **c)** ⟨itr.⟩ *sich mit einem Fahrzeug, Verkehrsmittel an einen bestimmten Ort begeben:* er ist nach Frankfurt gefahren. **d)** ⟨itr.⟩ *ein Fahrzeug führen:* er ist bis jetzt immer gut gefahren. **e)** ⟨tr.⟩ *(ein bestimmtes Fahrzeug) besitzen:* er hat einen Mercedes gefahren. **2.** ⟨itr.⟩ *mit der Hand eine Bewegung machen:* er ist dem Kind, sich mit der Hand durchs Haar gefahren.

Fahrer, der; -s, -: *jmd., der ein Fahrzeug führt:* der F. eines Autos.

Fahrerflucht, die; -: *absichtliches Weiterfahren nach einem selbstverschuldeten Unfall, ohne sich um die Folgen zu kümmern:* er wurde wegen F. bestraft.

Fahrgast, der; -es, Fahrgäste: *jmd., der in einem öffentlichen Verkehrsmittel fährt:* die Fahrgäste der Straßenbahn.

Fahrgeld, das; -[e]s, -er: *Betrag, den man für die Benutzung eines öffentlichen Verkehrsmittels bezahlen muß.*

fahrig ⟨Adj.⟩ (abwertend): *unruhig und hastig (in seinen Bewegungen):* fahrige Bewegungen; er ist sehr f.

Fahrkarte, die; -, -n: *Ausweis, der zum Fahren [mit der Eisenbahn] berechtigt.*

fahrlässig ⟨Adj.⟩: *die nötige Vorsicht nicht beachtend [und dadurch Schaden verursachend]:* sein Handeln war sehr f.

Fahrlehrer, der; -s, -: *jmd., der Unterricht im Autofahren gibt.*

Fahrplan, der; -[e]s, Fahrpläne: *Plan, der die Zeiten von Ankunft und Abfahrt der Züge o. ä. enthält.*

Fahrrad, das; -[e]s, Fahrräder: */ein Fahrzeug/* (siehe Bild).

Fahrrad

Fahrschein, der; -[e]s, -e: *Schein, der zum Fahren mit der Straßenbahn o. ä. berechtigt.*

Fahrschule, die; -, -n: *Unterrichtsstätte, in der man das Fah-*

en eines Kraftfahrzeugs lernen kann: eine F. besuchen.

Fahrstuhl, der; -[e]s, Fahrstühle: *Aufzug, Lift:* bitte benutzen Sie den F.!

Fahrt, die; -, -en: **a)** ⟨ohne Plural⟩: *das Fahren:* während der F. ist die Unterhaltung mit dem Fahrer verboten. * **in F. kommen** *(in heftige Erregung, Schwung kommen):* nach einigen Gläschen Wein kam er in F. **b)** *Reise:* eine F. nach München. **c)** *Wanderung junger Leute [mit Zelten]:* ihre F. dauerte mehrere Wochen. * **auf F. gehen** *(eine Wanderung [mit Zelten] unternehmen):* im Sommer gehen sie immer auf F.

Fährte, die; -, -n: *Spur der Tritte (bestimmter Tiere im Boden):* die F. des Fuchses verfolgen. * **auf der richtigen/falschen F. sein** *(die richtige/falsche Spur verfolgen):* die Polizei war auf der falschen F.

Fahrzeug, das; -s, -e: *etwas, mit dem man fahren und mit dem man fahrend Menschen und Lasten befördern kann.*

fair [fɛːr] ⟨Adj.⟩: *anständig, gerecht in seinem Verhalten gegenüber anderen:* ein fairer Kampf; sein Spiel war f.

Fairneß ['fɛːrnɛs], die; -: *anständiges Verhalten:* er hat große F. gezeigt.

Fakultät, die; -, -en: *wissenschaftliche Richtung; Abteilung einer Hochschule.*

fakultativ ⟨Adj.⟩: *der freien Wahl überlassen /Ggs. obligatorisch/:* die Vorlesung ist f.

Fall, der; -[e]s, Fälle: **1.** ⟨ohne Plural⟩ *Sturz, das Fallen:* er hat sich beim F. schwer verletzt. * **etwas zu F. bringen** *(die Ausführung von etwas verhindern):* er hatte seinen Plan zu F. gebracht. **2.** *Sache, Angelegenheit:* dieser Prozeß ist ein schwieriger F. **3.** *das Auftreten, Vorkommen [von Krankheiten]:* Fälle von schweren Erkrankungen. * **auf jeden F.** *(ganz bestimmt, was auch geschieht):* wir kommen auf jeden F.

Falle, die; -, -n: *Vorrichtung zum Fangen von Tieren:* eine F. aufstellen; Mäuse mit der F. fangen. * **jmdm. eine F. stellen** *(jmdn. hereinzulegen suchen);* **in eine F. gehen** *(in einen Hinterhalt geraten).*

fallen, fällt, fiel, ist gefallen ⟨itr.⟩: **1. a)** *sich (durch sein Gewicht) rasch abwärts bewegen:* die Tasse ist vom Tisch gefallen. **b)** *stürzen:* das Kind ist gefallen. **2. a)** *niedriger werden, sinken:* die Temperatur, das Barometer fällt. **b)** *(im Wert) geringer werden:* die Preise sind gefallen. **3.** *sein Leben im Kampf, Krieg verlieren:* er ist im letzten Krieg gefallen. ** **in Ohnmacht f.** *(ohnmächtig werden);* **in Schlaf f.** *(plötzlich, schnell einschlafen).*

Fallschirm

fällen, fällte, hat gefällt ⟨tr.⟩: *einen Baum mit der Axt o. ä. umschlagen:* Bäume f. ** **eine Entscheidung f.** *(etwas entscheiden);* **ein Urteil f.** *(ein Urteil sprechen, urteilen).*

fällig ⟨Adj.; nicht adverbial⟩: **a)** *(zu einem bestimmten Zeitpunkt) zahlbar, zu zahlen:* der fällige Betrag; die Miete ist am ersten Tag des Monats f. **b)** *nötig:* den fälligen Dank abstatten; eine Renovierung der Wohnung ist f.

falls ⟨Konj.⟩: *für den Fall, daß; wenn:* f. du Lust hast, kannst du mitgehen.

Fallschirm, der; -[e]s, -e: *Gerät, mit dessen Hilfe man aus einem Flugzeug abspringen oder Lasten langsam zur Erde fallen lassen kann* (siehe Bild).

falsch ⟨Adj.⟩: **1. a)** *verkehrt, nicht richtig:* ein falsches Wort gebrauchen; die Antwort ist f.; f. singen; falsche *(nicht angebrachte)* Bescheidenheit. **b)** ⟨nicht adverbial⟩ *nicht echt; nachgebildet:* falsche Zähne; falsche Haare; falsches *(gefälschtes)* Geld. **2.** *unaufrichtig, tückisch:* ein falscher Mensch; er ist f.

fälschen, fälschte, hat gefälscht ⟨tr.⟩: *in betrügerischer Absicht etwas nachbilden, um es als echt auszugeben:* Geld, eine Unterschrift f.; ein gefälschtes Gemälde.

Fälscher, der; -s, -: *jmd., der fälscht, eine Fälschung begeht.*

Falschgeld, das; -[e]s: *gefälschtes Geld.*

fälschlich ⟨Adj.; nicht prädikativ⟩: *nicht richtig, irrtümlich:* eine fälschliche Behauptung; er wurde f. beschuldigt.

Fälschung, die; -, -en: **1.** *das Fälschen:* die F. des Bildes. **2.** *gefälschter Gegenstand, etwas Gefälschtes:* dieses Bild ist eine F.

Falte, die; -, -n: **1.** *Knick, der beim Bügeln oder durch Druck in einem Stoff entsteht:* das Kleid hat Falten. **2.** *(durch das Altern entstandene) Linie in der Haut des Gesichtes; Runzel:* sie hat schon viele Falten; Falten des Zorns zeigten sich auf seiner Stirn.

falten, faltete, hat gefaltet ⟨tr.⟩: *sorgfältig zusammenlegen:* einen Brief, eine Zeitung f. * **die Hände f.** *(die Hände [zum Beten] zusammenlegen).*

faltig ⟨Adj.⟩: *mit vielen Falten; runzlig:* ein faltiges Gesicht.

familiär ⟨Adj.⟩: **1.** ⟨nicht prädikativ⟩ *die Familie betreffend:* familiäre Sorgen, Pflichten. **2.** *vertraut:* sie redeten in familiärem Ton miteinander.

Familie, die; -, -n: **a)** *Gemeinschaft von Eltern und Kindern:* eine F. mit vier Kindern; eine F. gründen *(heiraten);* er hat eine große F. *(viele Kinder).* **b)** *alle, die verwandtschaftlich zusammengehören; Sippe:* das Haus ist schon seit zweihundert Jahren im Besitz der F.

Familienname, der; -ns, -n: *Name einer Familie, der von den Eltern auf die Kinder vererbt wird:* sein F. ist Meyer.

famos ⟨Adj.⟩ (ugs.): *so geartet, daß man daran Vergnügen findet:* sie ist ein famoses Mädchen; das ist eine famose Idee.

Fan [fɛn], der; -s, -s: *begeisterter Anhänger /bezogen auf Künstler, Musik, Sport/:* viele Fans kamen, um die Band zu hören.

fanatisch ⟨Adj.⟩: *mit leidenschaftlichem und rücksichtslos für etwas einsetzend; von etwas besessen:* ein fanatischer Anhänger des Fußballs; f. für eine Idee kämpfen.

Fanatiker, der; -s, -: *jmd., der einer Idee oder einer Sache mit Leidenschaft anhängt, sie mit [rücksichtslosem] Eifer vertritt.*

Fang, der; -[e]s, Fänge: **1. a)** ⟨ohne Plural⟩ *das Fangen:* der F. von Fischen. **b)** ⟨ohne Plural⟩ *etwas, was man gefangen hat; Beute:* der Fischer hat seinen F. nach Hause getragen. * (ugs.) **einen guten F. machen** *(etwas günstig bekommen).* **2.**

⟨Plural⟩ *Füße des Raubvogels:* die Fänge des Adlers.

fangen, fängt, fing, hat gefangen: **1.** ⟨tr.⟩ *(ein Tier, einen Menschen) [verfolgen und] ergreifen:* einen Dieb f.; Fische f. *(fischen).* **2.** ⟨tr.⟩ *etwas, was geworfen wird, mit der Hand ergreifen, auffangen:* einen Ball f. **3.** ⟨rfl.⟩ *wieder ins Gleichgewicht kommen; die Balance wiedergewinnen:* fast wäre er gestürzt, aber er fing sich im letzten Augenblick; bildl.: er hat sich wieder gefangen *(sein seelisches Gleichgewicht wiedergewonnen).*

Farbe, die; -, -n: *vom Auge wahrgenommene Tönung von etwas:* die F. des Kleides ist rot. * F. bekennen *(seine Einstellung zu etwas nicht mehr länger verschweigen).*

färben, färbte, hat gefärbt: **a)** ⟨tr.⟩ *farbig machen; mit einer Farbe versehen:* zu Ostern Eier bunt f.; sie hat sich die Haare gefärbt. **b)** ⟨rfl.⟩ *eine bestimmte Farbe bekommen:* die Blätter der Bäume färben sich *(werden)* gelb.

farbig ⟨Adj.⟩: *eine oder mehrere Farben habend; bunt; nicht weiß:* ein farbiger Druck; die farbige Bevölkerung *(die Neger).*

farblos ⟨Adj.⟩: *ohne Farbe; nicht gefärbt:* eine farblose Flüssigkeit; bildl.: seine Darstellung war sehr f. *(nicht lebendig).*

Färbung, die; -, -en: *Art, in der etwas gefärbt ist; Tönung:* der Stein, die Federn des Vogels haben eine schöne F.

Farm, die; -, -en: **a)** *großer Betrieb der Landwirtschaft* /bes. in Amerika und Afrika/. **b)** *Betrieb, der bestimmte Tiere züchtet:* sie haben eine F. mit vielen Hühnern.

Fasching, der; -s: *Karneval.*

Faser, die; -, -n: *dünnes, feines Gebilde, aus dem Fäden, Gewebe hergestellt werden können:* der Stoff ist aus künstlichen Fasern hergestellt.

fasern, faserte, hat gefasert ⟨itr.⟩: *sich in Fasern auflösen:* dieser Stoff fasert sehr.

Faß, das; Fasses, Fässer: *großer Behälter aus Holz oder Metall*

Faß

(siehe Bild): das Wasser läuft in ein F.; /als Maßangabe/ sie kauften 3 F. Bier.

Fassade, die; -, -n: *vordere Seite (eines Gebäudes):* das Haus hat eine schöne F.

fassen, faßt, faßte, hat gefaßt: **1.** ⟨tr.⟩ *ergreifen und festhalten:* jmdn. am Arm, an der Hand f.; den Dieb f. **2.** ⟨tr.⟩ *(als Inhalt) aufnehmen können:* das Gefäß faßt einen Liter Flüssigkeit. **3.** ⟨als Funktionsverb⟩ einen Plan f. *(etwas Bestimmtes planen);* einen Entschluß f. *(sich zu etwas entschließen).*

faßlich ⟨Adj.⟩: *so, daß es verstanden wird; verständlich:* eine leicht faßliche Geschichte; ein Thema f. darstellen.

Fasson [fa'sõ], die; -, -s: *Form:* das Kleid hat keine gute F.

fassungslos ⟨Adj.⟩: *erschüttert und völlig verwirrt:* sie machte ein fassungsloses Gesicht; f. sah sie ihn an.

fast ⟨Adverb⟩: *beinahe:* er ist mit seiner Arbeit f. fertig; f. hätte sie den Zug nicht mehr erreicht *(sie hat ihn gerade noch erreicht).*

fasten, fastete, hat gefastet ⟨itr.⟩: *(für eine bestimmte Zeit) wenig oder nichts essen:* weil sie zu dick ist, will sie eine Woche f.

Fastenzeit, die; -: *von der Kirche gebotene Zeit des Fastens.*

Fastnacht, die; -: *Tag vor der beginnenden Fastenzeit, an dem der Karneval seinen Höhepunkt erreicht.*

faszinierend ⟨Adj.⟩: *von sehr großem Reiz; fesselnd:* eine faszinierende Persönlichkeit; sein Spiel war f.

fatal ⟨Adj.⟩: *sehr unangenehm, peinlich:* seine Situation war sehr f.

fatalistisch ⟨Adj.⟩: *von der Unabänderlichkeit des Schicksals überzeugt; dem Schicksal gegenüber resignierend:* er hat eine fatalistische Einstellung.

fauchen, fauchte, hat gefaucht ⟨itr.⟩: *zischende Laute ausstoßen* /von bestimmten Tieren/: die Katze fauchte wütend.

faul ⟨Adj.⟩: **I.** *verdorben; ungenießbar geworden:* faule Äpfel; bildl. (ugs.): diese Sache ist f. *(nicht in Ordnung, nicht einwandfrei).* **II.** *nicht gern arbeitend; bequem, nicht fleißig:* er ist ein fauler Mensch; er saß f. im

Sessel, während die anderen arbeiteten.

faulen, faulte, ist gefault ⟨itr.⟩: *durch Fäulnis verderben, ungenießbar werden.*

faulenzen, faulenzte, hat gefaulenzt ⟨itr.⟩: *nicht arbeiten; ohne etwas zu tun den Tag verbringen:* er hat während der ganzen Ferien gefaulenzt.

Faulenzer, der; -s, - (abwertend): *jmd., der nichts arbeitet oder nur wenig arbeiten will.*

Faulheit, die; -: *das Faulsein; Bequemlichkeit:* alle ärgern sich über seine F.

faulig ⟨Adj.⟩: *nach Fäulnis riechend; von Fäulnis befallen:* ein fauliger Geruch; das Wasser war f.

Fäulnis, die; -: *das Faulen, Faulwerden:* ein Teil des Obstes war durch F. zerstört.

Faulpelz, der; -es, -e (scherzh.): *jmd., der träge und faul ist, nicht arbeitet.*

Faust, die; -, Fäuste: *fest geschlossene Hand* (siehe Bild): er schlug mit der F. gegen die Tür. * auf eigene F. *(selbständig; ohne jmdn. zu Rate zu ziehen):* er hat in der schwierigen Situation auf eigene F. gehandelt.

Faust

Faustregel, die; -, -n: *einfache (auf Erfahrung gegründete) Regel:* es ist eine F., daß man bei Glatteis langsam fahren muß.

Favorit, der; -en, -en: *jmd., dem bei einem [sportlichen] Wettkampf, Wettbewerb o. ä. die größten Chancen für einen Erfolg gegeben werden:* er ist der F. in diesem Rennen.

Faxen, die ⟨Plural⟩ (ugs.): *Späße, Dummheiten:* er hat immer F. im Kopf.

Fazit, das; -s: *Ergebnis, Summe:* das F. der Untersuchungen war in beiden Fällen gleich. * das F. ziehen *(das Ergebnis zusammenfassen):* er muß jetzt das F. aus seinen Erfahrungen ziehen.

Februar, der; -[s]: *zweiter Monat des Jahres.*

fechten, ficht, focht, hat gefochten ⟨itr.⟩: *mit einer be-*

stimmten Waffe in sportlichem Wettkampf miteinander kämpfen: diese Studenten fechten mit Säbeln.

Feder, die; -, -n: **1.** Gebilde, das in großer Zahl den Körper der Vögel bedeckt (siehe Bild). **2.** spitzer Gegenstand aus Metall, der Teil eines Gerätes zum Schreiben ist (siehe Bild). **3.** elastisches Gebilde aus gebogenem Metall, durch das eine Spannung erzeugt werden kann (siehe Bild).

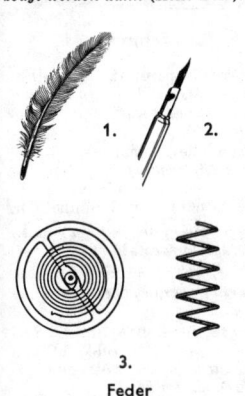

Feder

federn, federte, hat gefedert ⟨itr.⟩: bei einer Belastung nachgeben und danach wieder in die alte Lage zurückkehren: die Matratzen federn gut; ⟨im 2. Partizip⟩ der Sitz ist gut gefedert (ist sehr elastisch).

Fee, die; -, -n: weibliche Gestalt aus dem Märchen, die Gutes oder Böses bewirkt.

fegen, fegte, hat gefegt ⟨tr.⟩ (bes. nordd.): **a)** mit einem Besen säubern: er hat die Straße gefegt. **b)** mit dem Besen entfernen: sie hat den Schmutz aus dem Zimmer gefegt.

Fehde, die; -, -n (geh.): Streit, Feindschaft: ihre F. dauerte mehrere Jahre.

fehlen, fehlte, hat gefehlt ⟨itr.⟩: **1. a)** nicht anwesend, nicht vorhanden sein: er fehlte unter den Gästen. **b)** mangeln: es fehlt ihm an Zeit, Geld (er hat nicht genug Zeit, Geld). **2.** entbehrt, vermißt werden: die Mutter fehlt ihnen sehr. * **jmdm. fehlt etwas** (jmd. ist krank, bekümmert o. ä.): was fehlt dir denn? Mir fehlt nichts.

Fehler, der; -s, -: **1. a)** etwas, was falsch ist, was von der richtigen Form abweicht: er macht beim Schreiben viele F.; in dem Gewebe, dem Material sind einige F. (fehlerhafte, schlechte Stellen). **b)** falsches Verhalten: einen F. wiedergutmachen; es war ein F. (es war falsch), so schnell zu handeln. **2.** schlechte Eigenschaft: er hat viele F. und Eigenarten.

fehlerhaft ⟨Adj.⟩: Fehler aufweisend; nicht einwandfrei: fehlerhaftes Material.

fehlerlos ⟨Adj.⟩: ohne Fehler: er schreibt f.

Fehlgeburt, die; -, -en: vorzeitige Geburt, bei der das Kind nicht lebt.

fehlschlagen, schlägt fehl, schlug fehl, ist fehlgeschlagen ⟨itr.⟩: keinen Erfolg haben; mißlingen: alle Versuche zur Rettung des Verunglückten schlugen fehl.

Feier, die; -, -n: Fest, mit dem man ein besonderes Ereignis begeht: zu seinem Jubiläum fand eine große F. statt.

Feierabend, der; -s, -e: **a)** Ende der Arbeitszeit: in diesem Betrieb ist um fünf Uhr F. **b)** Zeit am Abend nach der Arbeit: er verbringt seinen F. mit Lesen.

feierlich ⟨Adj.⟩: festlich; würdevoll: ein feierlicher Augenblick; es herrschte feierliche Stille; die Trauung war sehr f.; er versprach f. (mit Ernst, nachdrücklich), ihnen immer zu helfen.

feiern, feierte, hat gefeiert ⟨tr.⟩: **1.** festlich begehen: einen Geburtstag, eine Verlobung f. **2.** (durch lebhaften Beifall) ehren: der Sänger, Sieger, Sportler wurde sehr gefeiert.

Feiertag, der; -s, -e: gesetzlich festgelegter Tag, an dem nicht gearbeitet wird: der 1. Mai ist ein F.; ein kirchlicher, gesetzlicher, hoher F.

feige ⟨Adj.⟩: ohne Mut; ängstlich: er ist ein feiger Mensch; er hat sich f. versteckt.

Feigheit, die; -: Ängstlichkeit; das Fehlen von Mut.

Feigling, der; -s, -e (abwertend): jmd., der feige ist: er ist ein großer F.

Feile, die; -, -n: Werkzeug zum Bearbeiten von Metall oder Holz (siehe Bild).

feilen, feilte, hat gefeilt ⟨itr.⟩: mit einer Feile bearbeiten: er hat

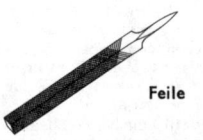

Feile

an dem Schlüssel so lange gefeilt, bis er paßte; bildl.: er feilt lange an seinem Stil (sucht ihn zu verbessern).

feilschen, feilschte, hat gefeilscht ⟨itr.⟩ (abwertend): hartnäckig um einen niedrigeren Preis handeln: bei allen Käufen versucht er zu f.

fein ⟨Adj.⟩: **1.** dünn; nicht grob: feines Gewebe; ihre Haare sind sehr f.; du mußt den Kaffee f. mahlen. **2.** gut; von hoher Qualität: das war ein feines Essen. **3.** empfindlich; exakt: er hat ein feines Gehör; ein Instrument f. einstellen. **4.** gebildet; vornehm (in seinem Denken): er ist ein feiner Mensch; sein Benehmen war nicht f. **5.** (ugs.) schön: das ist eine feine Sache; es ist f., daß ihr gekommen seid; das hast du f. gemacht.

Feind, der; -es, -e: **a)** jmd., der einem anderen übel gesinnt ist; Gegner: er ist seit langem sein F.; bildl.: er ist ein F. des Alkohols. **b)** die gegnerischen Truppen: der F. steht vor der Hauptstadt.

feindlich ⟨Adj.; nur attributiv⟩: **a)** gegnerisch: ein feindliches Land; feindliche Truppen. **b)** nicht freundlich gesinnt; feindselig: eine feindliche Haltung einnehmen.

Feindschaft, die; -, -en: feindliche Einstellung, Gesinnung: sie lebten miteinander in F.

feindselig ⟨Adj.⟩: voll Haß und Feindschaft; feindlich gesinnt: er schaute seinen Gegner mit feindseligen Blicken an.

feinfühlig ⟨Adj.⟩: fein empfindend; sensibel: er ist ein sehr feinfühliger Mensch.

feixen, feixte, hat gefeixt ⟨itr.⟩ (ugs.): sich mit boshaftem, schadenfrohem Grinsen lustig machen über jmdn.: die Schüler feixten hinter dem Rücken des Lehrers.

Feld, das; -[e]s, -er: **1.** für den Anbau genutzter Boden; Acker: die Bauern arbeiten auf dem F. **2.** ⟨ohne Plural⟩ Bereich: das F. der Wissenschaft, der For-

Feldfrucht

schung. ** *etwas ins F. führen (etwas als Argument anführen);* **das F. behaupten** *(sich nicht verdrängen lassen);* **das F. räumen** *(sich zurückziehen);* **im Felde stehen** *(im Krieg sein).*

Feldfrucht, die; -, Feldfrüchte: *durch Ackerbau gewonnenes Produkt:* Kartoffeln und Rüben sind Feldfrüchte.

Feldwebel, der; -s, -: *Soldat im Rang eines Unteroffiziers:* der F. führt eine Gruppe von Soldaten.

Feldweg, der; -[e]s, -e: *Weg, der durch Felder, Äcker führt:* sie gingen über einen F.

Fell, das; -[e]s, -e: *dicht behaarte Haut (bestimmter Tiere):* er hat dem toten Hasen das F. abgezogen. * (ugs.) **ein dickes F. haben** *(nicht empfindlich sein):* er hat so ein dickes F., man kann ihn nicht aus der Ruhe bringen.

Fels, der; -en: *hartes Gestein:* beim Graben stießen sie auf F.

Felsen, der; -s, -: *großer Block aus hartem Gestein:* sie kletterten auf einen F.

felsenfest ⟨Adj.⟩: *(in seiner Überzeugung) ganz fest; nicht zu erschüttern:* er war f. überzeugt, alles richtig gemacht zu haben.

felsig ⟨Adj.⟩: *aus hartem Gestein bestehend; mit vielen Felsen:* eine felsige Küste; das Gelände ist sehr f.

Fenster, das; -s, -: **1.** *Öffnung in der Wand von Gebäuden, Fahrzeugen o. ä., die durch eine oder mehrere Glasscheiben verschlossen ist* (siehe Bild): das Zimmer hat zwei F.; er schaut zum F. hinaus; die F. *(Fensterscheiben)* müssen geputzt werden. **2.** (ugs.) *Schaufenster; Auslage eines Geschäftes:* ein Buch aus dem F. holen.

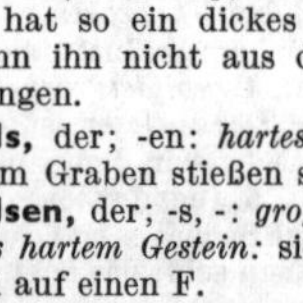

Fensterladen, der; -s, Fensterläden: *[hölzerne] Vorrichtung, mit der Fenster von außen verschlossen werden.*

Fensterscheibe, die; -, -n: *Scheibe aus Glas in einem Fen-*

ster: die Fensterscheiben sind sehr schmutzig.

Ferien, die ⟨Plural⟩: **a)** *Zeit von mehreren Tagen oder Wochen, in der Schule, Universität u. a. öffentliche Einrichtungen geschlossen sind, nicht arbeiten:* das Theater hat im Sommer F.; die F. beginnen bald. **b)** *Urlaub; Zeit der Erholung:* er braucht dringend F.

Ferkel, das; -s, -: *junges Schwein.*

fern ⟨Adj.⟩: **1.** *(räumlich) weit entfernt* /Ggs. nah/: er erzählte von fernen Ländern. **2. a)** *lange vergangen; der Vergangenheit angehörend:* das ist eine Geschichte aus fernen Tagen. **b)** *(zeitlich) weit entfernt:* diese Pläne wird man erst in ferner Zukunft verwirklichen können.

fernbleiben, blieb fern, ist ferngeblieben ⟨itr.⟩: *nicht hingehen (zu etwas), nicht teilnehmen (an etwas):* er ist dem Unterricht ferngeblieben.

Ferne, die; -, -n: *große räumliche oder zeitliche Entfernung; Abstand* /Ggs. Nähe/: in der F. war ein Schuß zu hören; das Vorhaben ist in weite F. gerückt.

ferner ⟨Adverb⟩: *außerdem, ebenfalls:* die Kinder brauchen neue Mäntel, f. Kleider und Schuhe.

fernerhin ⟨Adverb⟩: **1.** *in Zukunft:* man versprach ihm, daß er f. nicht gestört würde. **2.** *außerdem; ferner:* der Apparat hat f. den Vorteil, daß er leicht zu bedienen ist.

Ferngespräch, das; -s, -e: *Telefongespräch, das über den Bereich des eigenen Ortes hinausgeht* /Ggs. Ortsgespräch/.

Fernglas, das; -es, Ferngläser: *optisches Gerät zum genaueren Erkennen entfernter Objekte:* der Jäger beobachtete die Tiere mit dem F. (siehe Bild).

fernhalten, hält fern, hielt fern, hat ferngehalten ⟨tr./rfl.⟩: *nicht in die Nähe kommen lassen; verhindern, daß jmd. oder etwas mit jmdm. oder einer Sache*

142

in Berührung kommt: sie hat den Kranken von den Kindern ferngehalten; sie hat sich lange Zeit von den anderen ferngehalten *(keine Beziehung aufgenommen).*

Fernrohr, das; -s, -e: *größeres optisches Gerät, mit dem weit entfernte Objekte erkannt werden können* (siehe Bild): sie betrachteten die Sterne durch das F.

Fernrohr

Fernsehapparat, der; -[e]s, -e: *Gerät, mit dem man Sendungen des Fernsehens empfangen kann.*

Fernsehen, das; -s: *technische Einrichtung, die Bild und Ton sendet; Television:* das F. zeigt heute einen Kriminalfilm.

Fernseher, der; -s, -: **a)** (ugs.) *Fernsehapparat.* **b)** *jmd., der einen Fernsehapparat besitzt.*

Fernsprecher, der; -s, -: *Telefon.*

Ferse, die; -, -n: **a)** *hinterer Teil des Fußes* (siehe Bild). **b)** *Teil des Strumpfes:* der Strumpf hat ein Loch an der F.

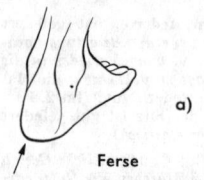

Ferse

fertig ⟨Adj.⟩: **1.** *abgeschlossen, vollendet:* er lieferte die fertige Arbeit ab; das Haus ist f. **2.** ⟨nur adverbial⟩ *zu Ende:* du mußt erst f. essen; er ist noch rechtzeitig f. geworden *(hat seine Arbeit rechtzeitig beendet).* **3.** ⟨nicht attributiv⟩ *bereit:* sie sind f. zur Abfahrt; bist du endlich f., daß wir gehen können? * (ugs.) **f. sein** *(erschöpft, sehr müde sein):* er ist völlig f.; (ugs.) **mit etwas f. werden** *(etwas bewältigen, schaffen):* er ist mit seiner schwierigen Aufgabe f. geworden; (ugs.) **mit jmdm. f. werden** *(sich jmdm. gegenüber durchsetzen, seiner Herr werden):* sie wird mit ihren Kindern nicht f.

fertigbringen, brachte fertig, hat fertiggebracht ⟨itr.⟩: *erreichen; zustande bringen:* er hat es

fertiggebracht, den Posten zu bekommen; er bringt es nicht fertig *(vermag es nicht),* den Bettler wegzuschicken.

fertigen, fertigte, hat gefertigt ⟨tr.⟩ (geh.): *herstellen:* sie fertigen Spielzeug in ihrer Fabrik.

Fertigkeit, die; -, -en: *Geschicklichkeit (beim Ausführen bestimmter Arbeiten):* er hat große F. im Malen.

fertigmachen, machte fertig, hat fertiggemacht: 1. ⟨tr.⟩ *beenden; zu Ende bringen:* er muß die begonnene Arbeit f. 2. ⟨tr.⟩ *vorbereiten:* das Kind zur Abreise f. 3. ⟨itr.⟩ (ugs.) *erschöpfen, sehr ermüden:* der Marsch hat sie ganz fertiggemacht. 4. ⟨tr.⟩ (ugs.) *scharf zurechtweisen; tadeln:* er wurde wegen des Fehlers von seinem Chef fertiggemacht.

Fessel, die; -, -n: I. *Kette, Strick o. ä., womit jmd. [an etwas] gefesselt ist* (siehe Bild): der Gefangene hatte Fesseln an Händen und Füßen. II. *Teil des Beines zwischen Fuß und Wade* (siehe Bild): sie hat schlanke Fesseln.

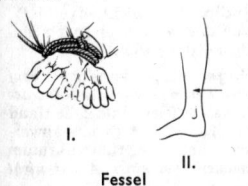

I.

II.

Fessel

fesseln, fesselte, hat gefesselt ⟨tr.⟩: 1. a) *an den Händen [und Füßen] binden:* der Verbrecher wurde gefesselt und ins Gefängnis gebracht. b) *(mit einem Strick o. ä.) fest an etwas binden, so daß keine Bewegung möglich ist:* sie fesselten den Gefangenen an einen Baum. * **ans Bett gefesselt sein** *(wegen Krankheit im Bett liegen müssen):* er war lange ans Bett gefesselt. 2. *jmds. ganze Aufmerksamkeit auf sich lenken; Spannung wecken:* der Vortrag fesselte die Zuhörer; ⟨häufig im 1. Partizip⟩ *spannend; großes Interesse weckend:* ein fesselndes Buch.

fest ⟨Adj.⟩: 1. *nicht flüssig; hart:* Metall ist ein fester Stoff; das Wachs ist f. geworden. 2. *haltbar; stabil:* feste Schuhe; das Material ist sehr f. 3. *nicht locker:* den Schuh f. binden. 4. *sicher; nicht zu erschüttern:* eine feste (bindende) Zusage; ein festes Versprechen; sich etwas f. vornehmen; er ist f. *(für die Dauer)* angestellt.

Fest, das; -[e]s, -e: 1. *[größere] gesellschaftliche Veranstaltung:* nach dem Einzug in das neue Haus gaben sie ein großes F. 2. *kirchlicher Feiertag:* die Kirche feiert mehrere Feste im Laufe des Jahres.

festhalten, hält fest, hielt fest, hat festgehalten: 1. ⟨tr.⟩ *nicht loslassen; mit der Hand halten:* sie hielt das Kind am Arm fest. 2. ⟨rfl.⟩ *sich an etwas halten (um nicht zu fallen):* sie hielten sich am Geländer fest; in der Straßenbahn mußt du dich f. 3. ⟨itr.⟩ *nicht aufgeben; (bei etwas) bleiben:* er hält an seiner Meinung, Überzeugung fest.

festigen, festigte, hat gefestigt ⟨tr./rfl.⟩: *stärken; fester machen:* der Aufenthalt in den Bergen festigte seine Gesundheit; durch den Erfolg festigte sich seine Position.

Festland, das; -[e]s: *festes Land /im Gegensatz zu den Inseln/:* das europäische F.

festlegen, legte fest, hat festgelegt: a) ⟨tr.⟩ *verbindlich beschließen, bestimmen:* sie legten den Tag für ihre Reise fest. b) ⟨rfl.⟩ *sich binden; sich endgültig entscheiden:* er hat sich durch seine Unterschrift festgelegt.

festlich ⟨Adj.⟩: *einem Fest angemessen; glanzvoll:* ein festliches Kleid; die Veranstaltung war sehr f.

festmachen, machte fest, hat festgemacht: 1. ⟨tr.⟩ *fest anbringen, binden (an etwas):* das Boot am Ufer f.; sie machte den Hund an die Kette fest. 2. ⟨tr.⟩ *fest vereinbaren:* einen Termin f. 3. ⟨tr.⟩ *anlegen /von Schiffen/:* die Jacht hat im Hafen festgemacht.

festnageln, nagelte fest, hat festgenagelt ⟨tr.⟩ (ugs.): *jmdn. zwingen, bei einer eingenommenen Haltung zu bleiben:* man hat ihn auf sein Versprechen festgenagelt.

Festnahme, die; -, -n: *das Festnehmen.*

festnehmen, nimmt fest, nahm fest, hat festgenommen ⟨tr.⟩: *verhaften:* die Polizei nahm den Verbrecher fest.

festschnallen, schnallte fest, hat festgeschnallt ⟨tr./rfl.⟩: *mit einem Gurt o. ä. festmachen:* die Schier f.; der Fahrer des Autos schnallt sich am Sitz fest.

festsetzen, setzte fest, hat festgesetzt: 1. ⟨tr.⟩ *bestimmen, vereinbaren:* sie setzten einen Tag für ihre Reise fest. 2. ⟨rfl.⟩ *haftenbleiben:* der Schnee setzt sich an den Schiern, der Schmutz an den Schuhen fest. 3. ⟨tr.⟩ *in Haft nehmen; verhaften:* einige der Demonstranten wurden vorübergehend festgesetzt. **Festsetzung,** die; -, -en.

Festspiele, die ⟨Plural⟩: *sich [jährlich] wiederholende zusammenhängende Folge festlicher Aufführungen von Schauspielen, Filmen, Werken der Musik an einem bestimmten Ort:* er möchte F. in diesem Jahr die Salzburger F. besuchen.

feststehen, stand fest, hat festgestanden ⟨itr.⟩: *sicher, gewiß sein:* es steht fest, daß er morgen kommt; der Termin steht noch nicht genau fest *(er ist noch nicht endgültig).*

feststellen, stellte fest, hat festgestellt: 1. ⟨tr.⟩ *ermitteln; ausfindig machen:* man hat seinen Geburtsort nicht f. können. 2. ⟨tr.⟩ *bemerken:* er stellte plötzlich fest, daß sein Portemonnaie nicht mehr da war. 3. ⟨itr.⟩ *mit Entschiedenheit sagen, zum Ausdruck bringen:* ich möchte feststellen, daß dies nicht zutrifft.

Festzug, der; -[e]s, Festzüge: *Umzug von geschmückten Wagen, Gruppen von Personen o. ä. bei einem Fest:* ein F. zog durch die Straßen.

fett ⟨Adj.⟩: 1. *viel Fett enthaltend:* das Fleisch ist sehr f. 2. *dick; gut genährt:* ein fettes Schwein. 3. *üppig, kräftig:* fettes Gras; eine fette Weide.

Fett, das; -[e]s, -e: a) *im Körper von Menschen und Tieren vorkommendes weiches Gewebe:* die Gans hat viel F. b) *aus tierischen und pflanzlichen Zellen gewonnenes Nahrungsmittel:* der Arzt empfahl ihm, tierische Fette zu meiden.

fettig ⟨Adj.⟩: *in unerwünschter oder unangenehmer Weise mit Fett durchsetzt; mit Fett bedeckt, beschmutzt, schmierig:* fettiges Papier; die Haare waren f. geworden.

Fetzen, der; -s, -: *abgerissenes Stück (Stoff, Papier o. ä.):* F. von Papier lagen auf dem Boden.

feucht ⟨Adj.⟩: *ein wenig naß; ein wenig mit Wasser o. ä. bedeckt:* die Wäsche ist noch f.; feuchte *(Feuchtigkeit enthaltende)* Luft.

Feuchtigkeit, die; -: *das Feuchtsein; leichte Nässe:* die F. der Luft, des Bodens war gering.

Feuer, das; -s, -: **1. a)** *sichtbarer Vorgang der Verbrennung, bei dem sich Flammen und Hitze entwickeln:* das F. im Ofen brennt gut. * **F. fangen: a)** *von einem Brand erfaßt werden:* bei dem Unfall hatte das Auto F. gefangen. **b)** (ugs.) *sich verlieben:* er fängt leicht F.; **für jmdn./etwas die Hand ins F. legen** *(sich für jmdn./etwas verbürgen):* für seine Zuverlässigkeit lege ich die Hand ins F.; **jmdm./für jmdn. die Kastanien aus dem F. holen** *(für jmdn. eine unangenehme Aufgabe ausführen, wovon nur der andere einen Vorteil hat);* (ugs.) **F. und Flamme sein** *(sehr begeistert sein):* als er von dem Plan erfuhr, war er sofort F. und Flamme. **b)** *Brand:* das F. vernichtete mehrere Häuser. **2.** ⟨ohne Plural; in bestimmten Verwendungen⟩ *das Schießen:* die Feinde haben das F. eröffnet *(zu schießen begonnen).*

Feuereifer, der; -s (ugs.): *großer Eifer, Schwung (bei einer Tätigkeit):* er hat sich mit F. an die Arbeit gemacht.

feuern, feuerte, hat gefeuert: **1.** ⟨itr.⟩ *schießen:* die Soldaten feuerten ohne Unterbrechung. **2.** ⟨tr.⟩ (ugs.) *schleudern, werfen:* die Kinder feuerten ihre Schultaschen in die Ecke. **3.** ⟨tr.⟩ (ugs.) *entlassen; hinauswerfen:* er ist nach dem Skandal [aus dem Amt] gefeuert worden.

Feuerwehr, die; -, -en: *Mannschaft, die Brände bekämpft und die dazugehörende Ausrüstung.*

Feuerwerk, das; -s, -e: *durch das Abschießen von bestimmten explosiven Stoffen hervorgebrachte farbige Effekte am dunklen Himmel:* das Fest endete mit einem F.

Feuerzeug, das; -s, -e: *kleines Gerät zum Entzünden einer Flamme:* er zündete seine Zigarette mit einem F. an.

Fieber, das; -s: *Temperatur des Körpers, die höher ist als normal /als Anzeichen einer Krankheit/:* er hat hohes F.

fieberhaft ⟨Adj.; nicht prädikativ⟩ *eifrig und mit großer Eile:* sie arbeiteten f. an ihrer Aufgabe.

fiebern, fieberte, hat gefiebert ⟨itr.⟩: **1.** *Fieber haben:* der Kranke fiebert seit zwei Tagen. **2.** *(vor Erwartung) sehr aufgeregt sein:* die Kinder fieberten jedesmal vor Erwartung am Tage vor ihrem Geburtstag.

fiebrig ⟨Adj.⟩: *mit Fieber verbunden:* eine fiebrige Erkrankung.

Figur, die; -, -en: **1.** *Wuchs (des menschlichen Körpers); äußere Erscheinung:* sie hat eine gute F. * **eine gute, schlechte F. machen** *(einen guten, schlechten Eindruck machen):* er hat bei seinem ersten Auftreten keine gute F. gemacht. **2.** *[künstlerische] plastische Darstellung von einem Menschen oder Tier:* dieser Künstler schafft Figuren aus Holz und Stein. **3.** *Gebilde aus Linien oder Flächen:* er malte Figuren auf ein Papier.

Filigle, die; -, -n: *kleineres Geschäft, Unternehmen o. ä., das zu einem größeren entsprechenden Geschäft oder Unternehmen gehört; Zweigstelle:* dieses Geschäft hat noch eine F. in einem anderen Teil der Stadt.

Film, der; -[e]s, -e: **1.** *zu einer Rolle aufgewickelter Streifen aus einem bestimmten Material für photographische Aufnahmen:* er kauft einen neuen F. für seinen Photoapparat. **2.** *mit der Filmkamera aufgenommenes Stück oder Spiel, das in einem Kino vorgeführt wird:* in diesem F. spielen bekannte Schauspieler. **3.** *dünne Schicht, die die Oberfläche von etwas bedeckt:* das Glas war mit einem dünnen F. von Öl bedeckt.

filmen, filmte, hat gefilmt: **1.** ⟨tr./itr.⟩ *(einen Vorgang, ein Geschehen) mit der Kamera aufnehmen:* das Fußballspiel wurde gefilmt; er filmt gern. **2.** ⟨itr.⟩ *bei einem Film mitwirken:* dieser Schauspieler filmt häufig im Ausland.

Filter, der; -s, -: **a)** *Vorrichtung, mit deren Hilfe feste Stoffe von Flüssigkeiten oder Gasen getrennt werden:* eine Zigarette mit F. **b)** *Vorrichtung, durch die bestimmte Strahlen von etwas ferngehalten werden:* bei Sonne und Schnee muß man mit einem F. photographieren.

finanziell ⟨Adj.; nicht prädikativ⟩: *das Geld, Vermögen betreffend:* er hat finanzielle Schwierigkeiten.

finden, fand, hat gefunden: **1. a)** ⟨tr.⟩ *zufällig oder durch Suchen oder Überlegen entdecken:* ein Geldstück, den verlorenen Schlüssel, einen Fehler f. **b)** ⟨rfl.⟩ *wieder entdeckt werden; zum Vorschein kommen:* das gesuchte Buch hat sich jetzt gefunden. * **das wird sich [alles] f.** *(das wird sich [alles] herausstellen; das wird [alles] in Ordnung kommen).* **2.** ⟨tr./rfl.⟩ *halten (für etwas), der Meinung sein:* sie findet sich schön; ich finde, daß er recht hat. * **keinen Schlaf f.** *(nicht einschlafen können);* **Hilfe f.** *(in einer Handlung o. ä. unterstützt werden);* **keine Ruhe f.** *(ruhelos sein und bleiben).*

Finder, der; -s, -: *jmd., der etwas, was ein anderer verloren hat, findet:* der F. wird belohnt.

Finderlohn, der; -s: *Belohnung, die der Finder eines verlorenen Gegenstandes vom Eigentümer bekommt.*

findig ⟨Adj.; nicht adverbial⟩: *klug und gewitzt:* er ist ein findiger Kopf *(Mensch).*

Finger, der; -s, -: *eines der fünf beweglichen Glieder des Menschen* (siehe Bild): die Hand hat fünf F. * (ugs.; abwertend) **keinen F. rühren/krumm machen** *(bei einer Arbeit nicht*

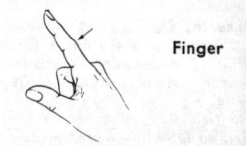

Finger

helfen); (ugs.) **die F. von etwas lassen** *(sich auf etwas nicht einlassen);* (ugs.) **sich (Dativ) etwas an den fünf Fingern abzählen können** *(etwas ohne große Überlegung einsehen, sich leicht vorstellen können):* daß er dich nach euerem Streit nicht mehr grüßen würde, hättest du dir an den fünf Fingern abzählen können.

Fingerspitzengefühl, das; -s: *feines Gefühl; Einfühlungsvermögen im Umgang mit Menschen und Dingen:* für diese schwierige Aufgabe fehlt ihm das F.

finster ⟨Adj.⟩: 1. *sehr dunkel:* draußen war finstere Nacht. 2. *düster, unheimlich:* er macht ein finsteres Gesicht; ein finsterer Bursche.

Finsternis, die; -: *tiefe, undurchdringliche Dunkelheit:* er fürchtete sich in der F. des Waldes.

Finte, die; -. -n: *Vorwand; List, mit der man jmdn. zu täuschen sucht:* er versuchte seine Gegner mit einer F. zu täuschen.

Firma, die; -, Firmen: *Geschäft; Unternehmen der Wirtschaft, Industrie* (Abk.: Fa.).

Fisch, der; -es, -e: *im Wasser lebendes Tier mit Kiemen, Schwimmblase und Flossen* (siehe Bild).

Fisch

fischen, fischte, hat gefischt ⟨tr./itr.⟩: *Fische fangen:* sie fischen [Heringe] mit Netzen.

Fischer, der; -s, -: *jmd., dessen Beruf das Fangen von Fischen ist /Berufsbezeichnung/:* die F. sind mit ihren Schiffen auf dem Meer.

fit ⟨Adj.; nicht attributiv⟩ (ugs.): *in gutem körperlichem, gesundheitlichem Zustand:* in seinem Beruf muß er immer f. sein.

fix ⟨Adj.⟩ (ugs.): *schnell und wendig:* er arbeitet sehr f. ** (ugs.) **fix und fertig sein** *(völlig erschöpft sein);* (ugs.) **jmdn. fix und fertig machen** *(jmdn. ruinieren, vernichten).*

flach ⟨Adj.⟩: 1. *eine Fläche bildend; eben:* flaches Gelände; er mußte sich f. hinlegen *(so, daß der Körper ganz waagerecht liegt).* 2. *niedrig; von geringer Höhe:* ein flacher Bau; sie trägt flache Absätze. 3. *nicht sehr tief:* ein flaches Gewässer; ein flacher Teller.

Fläche, die; -, -n: 1. *Gebiet mit einer Ausdehnung in Länge und Breite; ebener Bereich:* eine F. von 1000 Quadratmetern. 2. *[glatte] Seite, Oberfläche (eines Gegenstandes):* er hat die Flächen des Schrankes farbig gestrichen.

flachsen, flachste, hat geflachst ⟨itr.⟩ (ugs.): *scherzen, im Scherz Unsinn reden:* was er sagte, war nicht ernst gemeint, er hat nur geflachst.

flackern, flackerte, hat geflackert ⟨itr.⟩: *unruhig brennen, zucken /von einer Flamme/:* die Kerzen flackerten im Wind.

Flagge, die; -, -n: *Fahne /bes. auf Schiffen/* (siehe Bild).

Flagge

Flamme, die; -, -n: *leuchtende Erscheinung, die bei der Verbrennung von Holz, Kohle usw. entsteht:* die F. der Kerze brennt ruhig. * **in Flammen aufgehen** *(plötzlich und vollständig verbrennen):* das Dorf ging in Flammen auf; **ein Raub der Flammen werden** *(völlig verbrennen, niederbrennen):* das Gebäude wurde ein Raub der Flammen.

flankieren, flankierte, hat flankiert ⟨tr.⟩: *zu beiden Seiten (von jmdm./etwas) stehen, gehen:* viele Neugierige flankierten den Ausgang des Gebäudes.

Flasche, die; -, -n: *meist aus Glas hergestelltes Gefäß zum Aufbewahren von flüssigen Stoffen* (siehe Bild).

Flasche

Flaschenzug, der; -s, Flaschenzüge: *Vorrichtung zum Heben von Lasten* (siehe Bild).

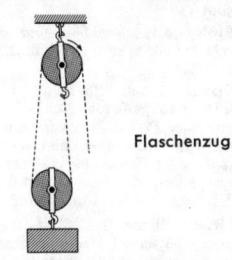

Flaschenzug

flatterhaft ⟨Adj.⟩ (abwertend): *unbeständig und oberflächlich:* sie ist sehr f.

flattern, flatterte, ist/hat geflattert ⟨itr.⟩: 1. *mit schnellen Bewegungen der Flügel [aufgeregt hin und her] fliegen:* Schmetterlinge sind um die Blüten geflattert; bildl.: die Blätter der Bäume flatterten zur Erde *(fielen, von der Luft hin und her bewegt, zu Boden).* 2. *im Wind wehen; heftig hin und her bewegt werden:* eine Fahne hat auf dem Dach geflattert.

flau ⟨Adj.⟩ (ugs.): *schwach, leicht übel:* er hat ein flaues Gefühl im Magen; ihm ist, wird f.

Flaum, der; -[e]s: a) *die weichen, zarten Federn unter dem eigentlichen Gefieder der Vögel.* b) *die ersten, feinen Haare des Säuglings; die ersten feinen Barthaare des Jünglings.*

Flaute, die; -, -n: a) *sehr geringe Bewegung der Luft, Windstille:* wegen der F. konnten sie nicht segeln. b) *Zeit, in der die Wirtschaft keinen oder nur geringen Absatz hat:* in der Wirtschaft herrscht seit einiger Zeit eine F.

flechten, flicht, flocht, hat geflochten ⟨tr.⟩: *mehrere Stränge aus biegsamen Material ineinanderschlingen:* einen Korb, Kranz f.; die Haare zu Zöpfen f.

Fleck, der; -[e]s, -e: a) *verschmutzte Stelle:* das Tischtuch hat mehrere Flecke. b) *Stelle, die eine andere Farbe hat als ihre Umgebung:* das Pferd hat einen weißen F. auf der Stirn. ** **nicht vom F. kommen** *(nicht vorankommen [mit etwas]):* heute bin ich nicht vom F. gekommen mit meiner Arbeit.

Flegel, der; -s, - (abwertend): *grober, ungezogener Bursche:* er hat sich benommen wie ein F.

flegelhaft ⟨Adj.⟩ (abwertend): *sehr ungezogen; wie ein Flegel:* er ist ein flegelhafter Bursche; sein Benehmen war f.

flehen, flehte, hat gefleht ⟨itr.⟩ (geh.): *demütig bitten:* der Gefangene flehte um sein Leben; ⟨häufig im 1. Partizip⟩ sie blickte ihn flehend an.

flehentlich ⟨Adj.; nicht prädikativ⟩ (geh.): *mit Flehen; inständig:* eine flehentliche Bitte.

Fleisch, das; -[e]s: 1. *aus Muskeln bestehende weiche Teile des menschlichen und tierischen Körpers:* er hat sich mit dem Messer tief ins F. geschnitten. * (ugs.) **sich ins eigene F. schnei-**

den *(sich selber schaden)*: mit diesem Verhalten schneidest du dir ins eigne F. **2. a)** *eßbare Teile des tierischen Körpers*: das Essen bestand aus F., Kartoffeln und Gemüse. **b)** *weiche, eßbare Teile von Früchten*: das F. der Pfirsiche ist sehr saftig.

Fleischer, der; -s, -: *jmd., der Vieh schlachtet, das Fleisch verarbeitet und verkauft* /Berufsbezeichnung/.

fleischig ⟨Adj.; nicht adverbial⟩: **a)** *dick; viel Fleisch habend*: er hat sehr fleischige Arme. **b)** *viel weiche Substanz habend*: diese Früchte sind sehr f.

Fleiß, der; -es: *strebsames Arbeiten; Arbeitsamkeit*: sein F. ist sehr groß; durch F. hat er sein Ziel erreicht.

fleißig ⟨Adj.⟩: *unermüdlich tätig; viel arbeitend*: er ist ein sehr fleißiger Mensch; das ist eine fleißige *(großen Fleiß beweisende)* Arbeit.

flektieren, flektierte, hat flektiert ⟨tr.⟩: *ein Wort in seinen Formen abwandeln; beugen*: ein Substantiv, Adjektiv f.

fletschen, fletschte, hat gefletscht: ⟨in der Verbindung⟩ *die Zähne f.*: *drohend die Zähne zeigen*: der Hund, der Löwe fletschte die Zähne.

flexibel ⟨Adj.⟩: **1.** *biegsam; nicht steif*: das Buch hat einen flexiblen Einband. **2.** *anpassungsfähig; beweglich*: bei den Verhandlungen blieb er sehr f.

flicken, flickte, hat geflickt ⟨tr.⟩: *(etwas, was schadhaft geworden ist) ausbessern; wieder ganz machen*: eine zerrissene Hose, Wäsche f.

Flicken, der; -s, -: *kleines Stück Stoff, Leder o. ä., das zum Ausbessern von etwas gebraucht wird*: seine Hose hatte mehrere Flicken *(war geflickt)*.

Fliege, die; -, -n: **1.** *ein Insekt/* (siehe Bild). **2.** *steife Schleife, die an Stelle einer Krawatte getragen wird* (siehe Bild).

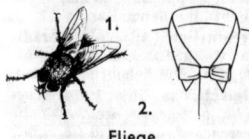

Fliege

fliegen, flog, ist/hat geflogen: **1.** ⟨itr.⟩ *sich (mit Flügeln oder durch die Kraft eines Motors) in der Luft fortbewegen*: die Vögel sind nach Süden geflogen; die Flugzeuge fliegen sehr hoch. **2.** ⟨itr.⟩ *mit einem Flugzeug reisen*: er ist nach Amerika geflogen. **3.** ⟨tr.⟩ *(ein Flugzeug o. ä.) führen*: er sucht den Piloten, der das Flugzeug geflogen hat. **4.** ⟨itr.⟩ *sich (durch einen Anstoß) in der Luft fortbewegen*: Blätter, Steine sind durch die Luft geflogen. **5.** ⟨itr.⟩ *sich flatternd hin und her bewegen; wehen*: die Fahnen sind im Wind geflogen. * **in fliegender Eile/Hast** *(sehr eilig/hastig)*: in fliegender Eile packte sie ihre Koffer. **6.** ⟨itr.⟩ (ugs.) *hinausgewiesen, entlassen werden*: nach dem Skandal ist er [aus seiner Stellung] geflogen.

fliehen, floh, ist geflohen ⟨itr.⟩: *aus Furcht heimlich und in großer Eile einen bestimmten Ort verlassen*: sie flohen vor den Feinden aus der Stadt.

Fließband, das; -[e]s, Fließbänder: *langsam laufendes Band in der Fabrik, auf dem ein Gegenstand in einzelnen Arbeitsgängen stufenweise hergestellt wird*: in diesem Betrieb wird am F. gearbeitet.

fließen, floß, ist geflossen ⟨itr.⟩ /vgl. fließend/: *sich gleichmäßig fortbewegen, strömen* /von flüssigen Stoffen, bes. Wasser/: ein Bach fließt durch die Wiesen; Blut floß aus der Wunde *(kam aus der Wunde heraus)*; ein Zimmer mit fließendem Wasser *(mit Anschluß an die Wasserleitung)*; bildl.: die Arbeit fließt gut *(geht gut voran)*.

fließend ⟨Adj.⟩: **1.** ⟨nicht prädikativ⟩ *ohne Stocken, Schwierigkeiten*: das Kind liest schon f.; er spricht f. Englisch. **2.** *ohne feste Abgrenzung*: die Grenzen sind f.

flink ⟨Adj.⟩: *schnell und geschickt*: sie arbeitet mit flinken Händen.

flirten [auch: 'flø:rtən], flirtete, hat geflirtet ⟨itr.⟩: *sich mit einer Person des anderen Geschlechts unterhalten und scherzend seine Zuneigung zu erkennen geben*: die beiden flirteten den ganzen Abend miteinander.

flitzen, flitzte, ist geflitzt ⟨itr.⟩ (ugs.): **a)** *schnell laufen; rennen*: er flitzte über die Straße. **b)** *schnell fahren; rasen*: er flitzte mit seinem schnellen Wagen über die Autobahn.

Flocke, die; -, -n: **a)** *kleines Teilchen von einer leichten Materie*: Flocken von Wolle lagen auf dem Boden. **b)** *Schneeflocke*: es schneite den ganzen Tag dicke Flocken.

Floh, der; -s, Flöhe: *kleines Insekt, das sich hüpfend fortbewegt und Blut saugend auf anderen Tieren lebt* (siehe Bild).

Floh

Floskel, die; -, -n: *nichtssagende Worte; Redensart*: seine Ansprache enthielt viele Floskeln.

Flosse, die; -, -n: *Organ, mit dem sich Fische und bestimmte andere im Wasser lebende Tiere fortbewegen*.

Flöte, die; -, -n: /ein Blasinstrument/ (siehe Bild).

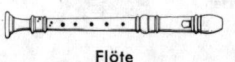

Flöte

flott ⟨Adj.⟩ (ugs.): **1.** *schnell, flink*: eine flotte Bedienung; er arbeitet sehr f.; die Kapelle spielte flotte *(schwungvolle)* Musik. **2.** *schick*: ein flotter Hut.

Flotte, die; -, -n: **a)** *alle Schiffe, die einem Land oder einem privaten Eigentümer gehören*: die englische F.; dieser Reeder hat eine große F. **b)** *größere Anzahl von Schiffen, Booten o. ä.*: eine F. von Fischerbooten verließ den Hafen.

Fluch, der; -[e]s, Flüche: **1.** *im Zorn gesprochenes böses Wort [mit dem man jmdn. oder etwas verwünscht]*: mit einem kräftigen F. verließ er das Haus. **2.** ⟨ohne Plural⟩ *Unheil, Verderben*: ein F. liegt über dieser Familie.

fluchen, fluchte, hat geflucht ⟨itr.⟩: *mit heftigen oder derben Ausdrücken schimpfen*: die Soldaten fluchten über das schlechte Essen, das man ihnen gab.

Flucht, die; -: *eiliges Flüchten (vor einer Gefahr o. ä.)*: er rettete sich durch eine schnelle F. * **[vor jmdm./etwas] die F. ergreifen** *([vor jmdm./etwas] davonlaufen, fliehen)*: als die Kinder den Hund sahen, ergriffen sie die F.; **jmdn. in die F. schlagen** *(jmdn. besiegen und damit erreichen, daß der andere flieht)*: er hat alle seine Gegner in die F. geschlagen; **auf der F.** *(während des Flüchtens):* er wurde auf der F. erschossen.

fluchtartig ⟨Adj.: nicht prädikativ⟩: *in großer Eile; sehr schnell:* als es zu regnen begann, verließen sie f. den Park.

flüchten, flüchtete, ist/hat geflüchtet ⟨itr./rfl.⟩: *(vor einer Gefahr) davonlaufen; sich in Sicherheit bringen:* als die fremden Soldaten kamen, flüchteten die Bewohner der Stadt; sie sind vor dem Gewitter in ein nahes Gebäude geflüchtet; die Kinder haben sich aus Furcht zur Mutter geflüchtet.

flüchtig ⟨Adj.⟩: 1. ⟨nicht adverbial⟩ *flüchtend; geflüchtet:* der flüchtige Verbrecher wurde wieder gefangen. 2. ⟨nicht prädikativ⟩ *schnell; kurz:* ein flüchtiger Blick; er hat die Bilder nur f. angesehen. 3. *oberflächlich:* er arbeitet sehr f. 4. ⟨nur attributiv⟩ *vergänglich; von kurzer Dauer:* flüchtige Augenblicke des Glücks.

Flüchtling, der; -s, -e: *jmd., der vor jmdm. oder etwas flieht oder geflohen ist:* ein politischer F.

Flug, der; -[e]s, Flüge: 1. *das Fliegen; Fortbewegung in der Luft* /von bestimmten Tieren, von Flugzeugen u. ä./: er beobachtete den F. der Vögel, der Flugzeuge. 2. *Reise im Flugzeug o. ä.:* sie buchten einen F. nach Amerika. ** **[wie] im Flug[e]** *(sehr schnell):* die Zeit des Urlaubs verging wie im F.

Flugblatt, das; -[e]s, Flugblätter: *Nachricht, Aufruf o. ä. auf einem einzelnen Blatt, das in großen Mengen verteilt wird:* sie warfen Flugblätter aus dem Flugzeuge.

Flügel, der; -s, -: 1. *Organ zum Fliegen:* /bei Vögeln und Insekten/ (siehe Bild): ein Schmetterling mit gelben Flügeln. 2. (ugs.) *Tragfläche eines Flugzeuges.* 3.

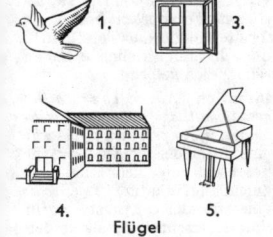

Flügel

beweglicher Teil eines Ganzen (siehe Bild): er öffnet die Flügel des Fensters, der Tür, des Altars; die Flügel (beide Hälften) der Lunge. 4. *seitlicher Teil eines Gebäudes* (siehe Bild): sein Zimmer lag im linken F. des Krankenhauses. 5. *Klavier, bei dem die Saiten horizontal angeordnet sind* (siehe Bild).

Flughafen, der; -s, Flughäfen: *Gelände und dazugehörende Gebäude und technische Einrichtungen, wo Flugzeuge aus aller Welt landen und starten.*

Flugplatz, der; -es, Flugplätze: a) *für den privaten Verkehr nicht zugelassener Platz, auf dem Flugzeuge landen und starten:* militärische Flugplätze. b) *kleineres Gelände für den allgemeinen Flugverkehr.*

Flugzeug, das; -s, -e: *ein Luftfahrzeug* (siehe Bild): er ist mit dem F. nach Amerika geflogen.

Flugzeug

Fluidum, das; -s: *Wirkung, die von einer Person oder Sache ausgeht und die eine bestimmte Atmosphäre schafft:* diese Stadt hat ein besonderes F.

flunkern, flunkerte, hat geflunkert ⟨itr.⟩ (ugs.): *(beim Erzählen) nicht ganz bei der Wahrheit bleiben; schwindeln:* man kann nicht alles glauben, was er sagt, denn er flunkert gerne.

Fluß

Flur, der; -s, -e: *Gang, der die einzelnen Räume einer Wohnung oder eines Gebäudes miteinander verbindet:* er wartete auf dem F., bis er ins Zimmer gerufen wurde.

Fluß, der; Flusses, Flüsse: 1. *größeres fließendes Gewässer* (siehe Bild): sie badeten in einem F. 2. *das ununterbrochene Fließen:* der F. der Rede, des Straßenverkehrs.

flüssig ⟨Adj.⟩: 1. ⟨nicht adverbial⟩ *nicht fest; so beschaffen, daß es fließt:* flüssige Nahrung; die Butter ist durch die Wärme f. geworden. 2. *ohne Stocken; fließend:* er liest und schreibt sehr f. 3. ⟨in bestimmten Verwendungen⟩: flüssiges *(verfügbares)* Kapital.

Flüssigkeit, die; -, -en: *ein Stoff in flüssigem Zustand:* in der Flasche war eine helle F.

flüstern, flüsterte, hat geflüstert ⟨itr./tr.⟩: *mit leiser Stimme sprechen:* er flüstert immer; sie hat ihm etwas ins Ohr geflüstert.

Flut, die; -, -en: 1. ⟨ohne Plural⟩ *das Ansteigen des Meeres, das auf die Ebbe folgt:* sie badeten bei F. 2. ⟨Plural⟩ *[tiefes] strömendes Wasser:* viele Tiere waren in den Fluten umgekommen. * **eine F. von etwas** *(eine große Menge von etwas):* er bekam eine F. von Briefen.

Fohlen, das; -s, -: *junges Pferd* (siehe Bild).

Fohlen

Folge, die; -, -n: 1. *Auswirkung, Ergebnis (einer Handlung):* sein Leichtsinn hatte schlimme Folgen. * **etwas hat zur F.** *(etwas führt zu etwas):* seine Krankheit hatte eine Verzögerung der Arbeit zur F.; **die Folgen tragen müssen** *(für etwas zur Verantwortung gezogen werden):* du wirst für dein unvorsichtiges Verhalten die Folgen tragen müssen. 2. *das Aufeinanderfolgen; Reihe:* es kam zu einer ganzen F. von Unfällen; in rascher F. erschienen mehrere Romane dieses Autors. ** **einer Sache F. leisten** *(etwas befolgen):* er leistete der Aufforderung nicht F.

folgen, folgte, ist/hat gefolgt: ⟨itr.⟩ 1. *jmdm., einer Sache nachgehen; hinter jmdm., einer Sache hergehen:* er ist dem Vater ins Haus gefolgt; er folgte den Spuren im Schnee; er folgte ihnen mit den Augen. 2. *zuhören:* sie sind aufmerksam seinem Vortrag gefolgt. * **jmdm., einer Sache f. können** *(jmdn., etwas verstehen):* er konnte den

folgenschwer 148

Ausführungen des Redners nicht f. 3. *sich anschließen: [unmittelbar] nach etwas kommen:* dem kalten Winter ist ein schönes Frühjahr gefolgt; ⟨häufig im 1. Partizip⟩ die dem Sommer folgende Jahreszeit ist der Herbst. 4. *sich aus etwas ergeben; aus etwas hervorgehen:* aus seinem Brief folgte, daß er sich geärgert hatte. 5. *sich von etwas leiten lassen:* sie ist immer ihrem Gefühl gefolgt. 6. *gehorchen:* die Kinder haben der Mutter immer gefolgt.

folgenschwer ⟨Adj.; nicht adverbial⟩: *entscheidende, schwerwiegende Folgen habend:* er hat einen folgenschweren Fehler gemacht.

folgern, folgerte, hat gefolgert ⟨tr.⟩: *schließen, den Schluß ziehen:* aus seinen Worten folgerte man, daß er zufrieden sei mit der Arbeit. **Folgerung,** die; -, -en.

folglich ⟨Adverb⟩: *darum; aus diesem Grunde:* es regnet, f. müssen wir zu Hause bleiben.

folgsam ⟨Adj.⟩: *sich den Wünschen der Erwachsenen ohne Widerspruch fügend; gehorsam:* die Kinder waren sehr f.

Folie, die; -, -n: *aus Metall oder einem Kunststoff in mehr oder weniger breiten Bahnen hergestelltes sehr dünnes Material.*

foltern, folterte, hat gefoltert ⟨tr.⟩: *mißhandeln, quälen, um Geständnisse zu erzwingen:* die Gefangenen wurden gefoltert; bildl.: die Angst folterte ihn.

Fön, der; -s, -e: *elektrisches Gerät zum Trocknen der Haare* (siehe Bild).

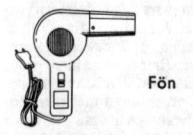

Fön

Fontäne, die; -, -n: *Springbrunnen* (siehe Bild).

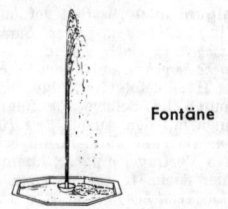

Fontäne

foppen, foppte, hat gefoppt ⟨tr.⟩ (ugs.): *im Scherz etwas sagen, was nicht stimmt, und einen anderen damit irreführen:* er foppt gerne andere.

forcieren, forcierte, hat forciert ⟨tr.⟩: *beschleunigen; mit größerer Energie betreiben:* das Tempo der Arbeit mußte forciert werden, damit sie rechtzeitig fertig wurden.

Förderer, der; -s, -: *jmd., der eine Person oder Sache durch [finanzielle] Unterstützung fördert; Mäzen:* er ist ein großer F. der Kunst.

förderlich ⟨Adj.⟩: *so beschaffen, daß es jmdn. oder etwas fördert; nützlich:* der Aufenthalt im Ausland war für ihn senr f.

fordern, forderte, hat gefordert: 1. ⟨tr.⟩ *mit Nachdruck verlangen; haben wollen:* er forderte die Bestrafung der Täter; er hat 100 Mark für seine Arbeit gefordert. 2. ⟨tr./rfl.⟩ *von jmdm./ sich eine Leistung verlangen, die alle Kräfte beansprucht:* der Mensch wird vom Alltag gefordert; du mußt dich f.! **Forderung,** die; -, -en.

fördern, förderte, hat gefördert ⟨tr.⟩: 1. *in seiner Entfaltung, bei seinem Vorankommen unterstützen:* er hat viele junge Künstler gefördert. 2. *(aus dem Innern der Erde) gewinnen:* in dieser Gegend wird Kohle gefördert. **Förderung,** die; -.

Forelle

Forelle, die; -, -n: /ein Fisch/ (siehe Bild).

Form, die; -, -en: 1. *Art der Gestaltung; Gestalt; Fasson:* das Gefäß hat eine schöne F., hat die F. einer Kugel; die Formen (der Bau) des menschlichen Körpers; die F. dieses Gedichtes ist die Ballade. * *etwas nimmt feste Formen an (etwas festigt sich, bekommt eine bestimmte Form):* ihre Pläne haben inzwischen feste Formen angenommen; *etwas nimmt gefährliche Formen an (etwas wird gefährlich):* der Streit nahm plötzlich gefährliche Formen an. 2. ⟨in bestimmten Verwendungen⟩ *gute Formen (ein gutes Benehmen) haben;* die F. wahren, der F. genügen *(sich nach den Vorschriften des Anstandes verhalten);* in aller F. *(so, wie es der Anstand gebietet; förmlich):* er hat sich in aller F. entschuldigt. 3. *Gefäß, in das eine weiche Masse gegossen wird, damit sie darin die gewünschte feste Gestalt bekommt:* sie hat den Kuchenteig in eine F. gefüllt. 4. ⟨in bestimmten Verwendungen⟩ der Sportler war heute gut in F. *(war in guter körperlicher Verfassung).*

formal ⟨Adj.⟩ *die Form betreffend:* seine Arbeit bereitet ihm manche formale Schwierigkeiten.

Formalität, die; -, -en: a) *behördliche Vorschrift:* vor seinem Aufenthalt im Ausland mußte er viele Formalitäten erledigen. b) *Äußerlichkeit; etwas, was nur der Form wegen geschieht:* sie hielten sich nicht mit Formalitäten auf.

Formqt, das; -[e]s, -e: 1. *bestimmte [festgelegte] Form, Größe:* das Buch, Bild hat ein großes F. 2. ⟨ohne Plural⟩ *Bedeutung, Rang:* er ist ein Künstler von großem F.; dieser Mann hat kein F. *(ist keine Persönlichkeit).*

Formel, die; -, -n: 1. *fester sprachlicher Ausdruck, feste Formulierung für etwas Bestimmtes:* die F. des Eides sprechen. 2. *Folge von Zeichen (Buchstaben, Zahlen), die etwas Bestimmtes bezeichnen:* es gibt Formeln in der Chemie, der Physik und der Mathematik; die F. für Wasser ist H_2O. * *etwas auf eine einfache F. bringen (etwas in einfacher Form ausdrücken):* es ist schwierig, diese Vorgänge auf eine einfache F. zu bringen.

formell ⟨Adj.⟩: *sich streng an die Formen haltend; förmlich, unpersönlich:* eine formelle Begrüßung; er ist immer sehr f.

formen, formte, hat geformt ⟨tr.⟩: *(einer Sache) eine bestimmte Form geben; bilden:* sie formten Gefäße aus Ton; bildl.: die schweren Erlebnisse haben sein Wesen geformt.

förmlich ⟨Adj.⟩: 1. *streng die gesellschaftlichen Formen beachtend; steif, unpersönlich:* das war eine förmliche Begrüßung; er verabschiedete sich sehr f. 2. ⟨nicht prädikativ⟩ *regelrecht:* eine förmliche Angst ergriff ihn; er erschrak f., als er den

Kranken sah. **Förmlichkeit,** die; -, -en.

formlos ⟨Adj.⟩: *ohne feste Gestalt oder Form:* der Schneemann war zu einem formlosen Klumpen geschmolzen.

Formular, das; -s, -e: [*von einer Behörde ausgegebenes Blatt, auf dem bestimmte Fragen schriftlich zu beantworten sind*]: er mußte bei seiner Anmeldung ein F. ausfüllen.

formulieren, formulierte, hat formuliert ⟨tr.⟩: *in sprachliche Form bringen; in Worten ausdrücken:* er hat seine Fragen klar formuliert.

forsch ⟨Adj.⟩: *frisch, schneidig, unternehmend:* ein forscher junger Mann.

forschen, forschte, hat geforscht ⟨itr.⟩: *durch intensives Bemühen zu erkennen oder zu finden suchen:* er forschte nach den Ursachen des Unglücks; die Polizei forschte nach den Tätern; ⟨häufig im 1. Partizip⟩ er sah mit forschendem Blick in die Ferne.

Forscher, der; -s, -: *jmd., der auf einem bestimmten .Gebiet* [*wissenschaftliche*] *Forschung betreibt:* er war einer der größten Forscher seiner Zeit.

Forschung, die; -, -en: a) *das Arbeiten an wissenschaftlichen Erkenntnissen; das Forschen:* seine Forschungen beschäftigten ihn viele Jahre. b) *die forschende Wissenschaft:* in den letzten Jahren machte die F. große Fortschritte.

Forst, der; -es, -e (auch: -en): *Wald, der wirtschaftlich genutzt wird.*

Förster, der; -s, -: *Beamter, der mit der Pflege des Waldes beauftragt ist* [*Berufsbezeichnung*] (siehe Bild).

Förster

fort ⟨Adverb⟩: *nicht anwesend; nicht da;* [*von einem Ort*] *weg:* die Kinder sind f. *(sind weggegangen, nicht zu Hause);* wir müssen morgen f. von hier; ⟨häufig in Verbindung mit Verben⟩ fortgehen; fortlaufen; fortwerfen. ** **in einem f.** *(ununterbrochen, ohne aufzuhören):* er spricht in einem f.; **und so f.** (Abk.: usf.) *(und so weiter):* zum Obst gehören Äpfel, Birnen, Trauben usf.

fortbewegen, bewegte fort, hat fortbewegt ⟨rfl./tr.⟩ *vorwärtsbewegen; von einer Stelle entfernen:* der Kranke kann sich nur mit Stöcken f.; er versuchte den schweren Stein fortzubewegen. **Fortbewegung,** die; -.

fortdauern, dauerte fort, hat fortgedauert ⟨itr.⟩: *eine lange Dauer haben; anhalten:* das schlechte Wetter dauert fort.

fortfahren, fährt fort, fuhr fort, ist/hat fortgefahren ⟨itr.⟩: 1. *(mit einem Fahrzeug) einen Ort verlassen; abreisen:* er ist gestern mit dem Auto fortgefahren. 2. *(nach einer Unterbrechung) wieder beginnen:* nach einer kurzen Pause fuhr er fort zu erzählen.

fortführen, führte fort, hat fortgeführt ⟨tr.⟩: *fortsetzen, weiterführen* [*was ein anderer begonnen hat*]: der Sohn führt das Geschäft des Vaters fort. **Fortführung,** die; -, -en.

fortgehen, ging fort, ist fortgegangen ⟨itr.⟩: *einen Ort verlassen; sich entfernen; weggehen:* er war fortgegangen, ohne sich zu verabschieden.

fortgesetzt ⟨Adj.; nicht prädikativ⟩: *andauernd; immer wieder:* er stört den Unterricht f. durch sein Schwätzen.

fortlaufen, läuft fort, lief fort, ist fortgelaufen ⟨itr.⟩: *weglaufen; sich heimlich von einem Ort entfernen:* aus Angst vor einer Strafe sind die Kinder fortgelaufen.

fortpflanzen, pflanzte fort, hat fortgepflanzt ⟨rfl.⟩: 1. *sich vermehren; Nachkommen hervorbringen:* manche Tiere pflanzen sich in der Gefangenschaft nicht fort. 2. *sich verbreiten:* das Licht pflanzt sich schnell fort. **Fortpflanzung,** die; -.

fortschicken, schickte fort, hat fortgeschickt ⟨tr.⟩: 1. *auffordern, einen Ort zu verlassen; wegschicken:* er schickte den Bettler fort. 2. *(mit der Post) an einen anderen Ort senden; absenden:* er hat die Briefe bereits fortgeschickt.

fortschreiten, schritt fort, ist fortgeschritten ⟨itr.⟩: *Fortschritte machen; sich weiterentwickeln:* die Arbeit schreitet gut fort; die Krankheit ist bei ihm schon weit fortgeschritten; ⟨häufig im 1. Partizip⟩ man erkennt den fortschreitenden *(zunehmenden) Verfall des Körpers.*

Fortschritt, der; -[e]s, -e: *Weiterentwicklung; das Wachsen:* der F. der Technik. * **Fortschritte machen** *(vorankommen; besser werden):* er macht gute Fortschritte in der Schule.

fortschrittlich ⟨Adj.⟩: *für den Fortschritt eintretend; modern:* er ist ein fortschrittlicher Mensch; er denkt sehr f.

fortsetzen, setzte fort, hat fortgesetzt ⟨tr.⟩: *(eine begonnene Tätigkeit) nach einer Unterbrechung wieder aufnehmen, beginnen:* nach einer kurzen Pause setzte er seine Arbeit fort.

fortwährend ⟨Adj.; nicht prädikativ⟩: *dauernd; anhaltend; ständig:* das fortwährende Reden ist es regnete f.

Foto /Kurzform von Photographie und Photoapparat/(ugs.): I. das; -s, -s: *photographische Aufnahme.* II. der; -s, -s: *Photoapparat.*

foto..., Foto...: vgl. photo..., Photo...

Frage, die; -, -n: 1. *Äußerung, mit der man sich an jmdn. wendet, um eine Antwort zu erhalten:* er konnte die Fragen des Lehrers nicht beantworten. * **jmdm. eine F. stellen** *an jmdn.* **eine F. richten** *(jmdn. etwas fragen);* **in F. kommen** *(in Betracht kommen; geeignet sein (für etwas)):* er kommt für dieses Amt nicht in F.; **etwas in F. stellen** *(etwas gefährden):* das schlechte Wetter stellt den Ausflug in F.; **ohne F.** *(ohne Zweifel):* das war ohne F. eine große Leistung. 2. *Thema; Problem; Angelegenheit (die besprochen werden muß):* sie diskutierten über politische Fragen.

Fragebogen, der; -s, -: [*amtliches*] *Formular, das bestimmte Fragen enthält, die beantwortet werden sollen:* man gab ihm einen F., den er ausfüllen sollte.

fragen, fragte, hat gefragt: 1. ⟨tr.⟩ *sich mit einer Frage an jmdn. wenden; eine Frage an jmdn. richten:* er fragte, ob er nach Hause gehen dürfe. 2. ⟨rfl.⟩ *sich etwas überlegen, sich*

fraglich

die Frage stellen: er fragte sich, wie er sein Ziel am schnellsten erreichen könne. 3. ⟨itr.⟩ *sich um jmdn./etwas nicht kümmern* ⟨nur verneinend⟩: der Vater fragt überhaupt nicht nach seinen Kindern. * **etwas ist/wird gefragt** *(etwas wird verlangt, gekauft):* Badeanzüge sind im Sommer sehr gefragt.

fraglich ⟨Adj.⟩: 1. ⟨nicht adverbial⟩ *unsicher, ungewiß:* es ist noch sehr f., ob wir kommen können. 2. ⟨nur attributiv⟩ *in Frage kommend, betreffend:* zu der fraglichen Zeit war er nicht zu Hause.

Fragment, das; -[e]s, -e: *nicht vollendetes Kunstwerk; Bruchstück:* sein letzter Roman ist F. geblieben.

fragwürdig ⟨Adj.⟩: *zu Bedenken Anlaß gebend; zweifelhaft; verdächtig:* die Angelegenheit kam ihm sehr f. vor; sie betraten ein fragwürdiges Lokal.

frankieren, frankierte, hat frankiert ⟨tr.⟩: *(einen Brief, ein Paket o. ä., was man mit der Post verschicken will) mit Briefmarken versehen:* er frankierte die Briefe und brachte sie zur Post.

Frau, die; -, -en: 1. *erwachsene weibliche Person:* auf der Straße gingen drei Frauen. 2. *Ehefrau:* er brachte seiner Frau Blumen mit; Herr Müller und F. 3. ⟨in der Anrede⟩ guten Tag, F. Müller!; gnädige F.

Fräulein, das; -s, - /Abk.: Frl./: 1. *nicht verheiratete weibliche Person:* in dieser Wohnung wohnt ein älteres F. 2. ⟨in der Anrede⟩ guten Tag, F. Müller!; gnädiges F. 3. ⟨Anrede für eine Verkäuferin, Kellnerin⟩: F., bitte zahlen!

frech ⟨Adj.⟩: *ungezogen; unverschämt:* eine freche Antwort; er war sehr f. zu seiner Mutter; er lachte f.

Frechheit, die; -, -en: a) ⟨ohne Plural⟩ *freches Benehmen:* seine F. muß bestraft werden. b) *freche Handlung oder Äußerung:* solche Frechheiten darfst du dir nicht gefallen lassen.

frei ⟨Adj.⟩: 1. *unabhängig; nicht gebunden:* er ist ein freier Mann; ein freier *(nicht fest angestellter)* Mitarbeiter; er kann völlig f. arbeiten. 2. *nicht behindert; nicht beeinträchtigt:* er ist f. von Sorgen; der Gefangene ist wieder f. *(wieder in Freiheit; entlassen).* 3. ⟨nicht adverbial⟩ *verfügbar; nicht besetzt:* dieser Platz ist noch f.; er hat heute einen freien Tag *(braucht nicht zu arbeiten).* 4. *nicht begrenzt, offen:* mitten in der Stadt ist ein freier Platz; sie übernachteten auf freiem Feld; das Haus steht ganz f. *(es grenzen keine anderen Häuser daran).* * **im Freien** *(draußen):* er hat sich den ganzen Tag im Freien aufgehalten.

Freibad, das; -[e]s, Freibäder: *Schwimmbad, das sich unter freiem Himmel befindet.*

freigebig ⟨Adj.⟩: *gerne bereit, anderen etwas zu geben; großzügig:* er ist ein sehr freigebiger Mensch.

freihalten, hält frei, hielt frei, hat freigehalten ⟨tr.⟩: 1. *in einem Lokal (für jmdn.) bezahlen:* ich werde euch heute f. 2. *belegen, reservieren:* kannst du mir einen Platz f.?

freihändig ⟨Adj.; nicht prädikativ⟩: *ohne sich mit der Hand festzuhalten:* er fährt f. [auf dem Fahrrad].

Freiheit, die; -, -en: 1. ⟨ohne Plural⟩ *das Freisein von Abhängigkeit oder Zwang:* sie fordern die F. der Presse; sie kämpften für ihre F. 2. ⟨ohne Plural⟩ *Möglichkeit, sich frei und ungehindert zu bewegen:* dem Gefangenen die F. wiedergeben. * **wieder in F. sein** *(aus der Gefangenschaft entlassen sein):* nach langer Haft ist er endlich wieder in F. 3. *Recht (das man jmdm. einräumt oder das sich jmd. nimmt):* er nimmt sich die F., zu kommen und zu gehen, wann er will; er genießt als Künstler viele Freiheiten.

freilassen, läßt frei, ließ frei, hat freigelassen ⟨tr.⟩: *aus der Gefangenschaft entlassen; die Freiheit wiedergeben:* die Gefangenen wurden freigelassen; er hat den Vogel wieder freigelassen. **Freilassung,** die; -, -en.

Freilauf, der; -s, Freiläufe: *Vorrichtung am Fahrrad, an Motorfahrzeugen u. a., die dazu dient, die Verbindung zwischen Antrieb und Rädern auszuschalten.*

Freimarke, die; -, -n: *Briefmarke.*

freisprechen, spricht frei, sprach frei, hat freigesprochen ⟨tr.⟩: *in einem gerichtlichen Urteil feststellen, daß jmd., der angeklagt war, nicht schuldig ist oder daß seine Schuld nicht bewiesen werden kann:* der Angeklagte wurde freigesprochen.

Freispruch, der; -[e]s, Freisprüche: *gerichtliches Urteil, durch das ein Angeklagter freigesprochen wird.*

freistellen, stellte frei, hat freigestellt ⟨tr.⟩: *(jmdm.) die Entscheidung überlassen:* man stellte ihm frei, in München oder in Berlin zu studieren.

Freitag, der; -s, -e: *sechster Tag der mit dem Sonntag beginnenden Woche.*

Freitod, der; -[e]s, -e: *Tod, durch den man aus eigenem Entschluß sein Leben beendet; Selbstmord.*

freiwillig ⟨Adj.⟩: *aus eigenem freiem Willen; ohne Zwang:* er hat f. auf einen Teil seines Gewinns verzichtet.

Freizeit, die; -: *Zeit, in der man nicht zu arbeiten braucht, über die man frei verfügen kann:* er liest viel in seiner F.

fremd ⟨Adj.⟩: 1. *unbekannt; nicht vertraut:* ein fremder Mann sprach ihn an; er ist f. in dieser Stadt. 2. ⟨nur attributiv⟩ *von anderer Herkunft:* fremde Völker; eine fremde Sprache. 3. ⟨nur attributiv⟩ *einem anderen gehörend; einen anderen betreffend:* fremdes Eigentum; das ist eine fremde Angelegenheit. 4. *ungewohnt:* das ist ein fremder Ton an ihm; in der neuen Frisur sieht sie f. aus.

fremdartig ⟨Adj.⟩: *ungewöhnlich; fremd wirkend:* der Unbekannte hatte ein fremdartiges Aussehen.

Fremde: I. der; -n, -n ⟨aber: [ein] Fremder, Plural: Fremde⟩: a) *jmd., der an einem Ort fremd ist, der an diesem Ort nicht wohnt:* im Sommer kommen viele Fremde in die Stadt. b) *jmd., den man nicht kennt; Unbekannter:* die Kinder fürchteten sich vor dem Fremden. II. die; - (geh.): *Land fern der Heimat:* er lebt in der F. *(fern von der Heimat);* er ist aus der F. *(aus dem Ausland)* heimgekehrt.

Fremdenführer, der; -s, -: *jmd., dessen Aufgabe es ist, Touristen die Sehenswürdigkeiten einer Stadt o. ä. zu zeigen und zu erläutern.*

Fremdkörper, der; -s, -: *in den Körper, Organismus einge-*

drungenes kleines Teilchen: ein F. mußte aus seinem Auge entfernt werden.

Fremdsprache, die; -, -n: *fremde Sprache, die man sich durch Lernen aneignet* /Ggs. Muttersprache/: er lernt in der Schule zwei Fremdsprachen.

Fremdwort, das; -[e]s, Fremdwörter: *aus einer fremden Sprache übernommenes Wort.*

fressen, frißt, fraß, hat gefressen: 1. ⟨itr./tr.⟩ *feste Nahrung zu sich nehmen* /von Tieren/: die Tiere f. [Heu]; /in bezug auf den Menschen/ (derb): er frißt *(ißt gierig)* den ganzen Tag. * (ugs.) **jmdn. gefressen haben** *(jmdn. nicht leiden können);* (ugs.) *etwas gefressen haben (etwas begriffen haben):* endlich hat er die grammatischen Regeln gefressen. 2. ⟨tr.⟩ (ugs.) *verbrauchen, verschlingen:* der Motor frißt viel Benzin. 3. ⟨itr.⟩ *angreifen; zerstören:* Rost frißt am Eisen.

Freude, die; -, -n: 1. ⟨ohne Plural⟩ *das Frohsein; Gefühl innerer Heiterkeit:* ihre F. über den Besuch war groß; die Kinder lachten vor F.; er hat keine F. an dieser Arbeit *(macht diese Arbeit nicht gern).* * **jmdm. eine F. machen/bereiten** *(jmdm. mit etwas erfreuen):* er wollte ihr mit den Blumen eine F. machen. 2. ⟨Plural⟩ *etwas, was jmdm. erfreut; was er genießt:* er wollte die Freuden des Lebens genießen.

freudig ⟨Adj.⟩: a) *voll Freude, froh:* die Kinder waren in freudiger Erwartung; er wurde von allen f. begrüßt. b) ⟨nicht adverbial⟩ *Freude bereitend:* eine freudige Nachricht bringen; sie gratulierten zum freudigen Ereignis *(zur Geburt eines Kindes).*

freuen, freute, hat gefreut: a) ⟨rfl.⟩ *Freude empfinden:* er freute sich, daß sie gekommen waren; sie hat sich über die Blumen gefreut; er freut sich an seinem Besitz; die Kinder freuen sich auf Weihnachten *(erwarten Weihnachten voll Freude).* b) ⟨itr.⟩ *(jmdm.) Freude bereiten, (jmdn.) erfreuen:* die Anerkennung freute ihn.

Freund, der; -es, -e: a) *jmd., der einem in Freundschaft zugetan ist, der jmdm. nahesteht:* er war mein F. b) *Mann, der mit einem Mädchen befreundet ist;* *Liebhaber:* sie hat einen F. c) *jmd., der etwas besonders schätzt, der für etwas besonderes Interesse hat:* er ist ein F. der Oper, der modernen Malerei.

freundlich ⟨Adj.⟩: a) *liebenswürdig und entgegenkommend:* er ist immer sehr f.; würden Sie so f. sein, mir zu helfen? b) *angenehm:* an der See herrschte freundliches Wetter; die Farben des Kleides sind sehr f. *(hell und dadurch ansprechend).* **Freundlichkeit,** die; -.

Freundschaft, die; -, -en: *durch gegenseitige Zuneigung entstandene Verbundenheit:* ihre F. dauerte ein ganzes Leben lang.

freundschaftlich ⟨Adj.; nicht prädikativ⟩: *in Freundschaft:* sie haben freundschaftliche Beziehungen *(sind miteinander befreundet);* er war ihm f. zugetan.

frevelhaft ⟨Adj.⟩ (geh.): *schändlich, verwerflich:* eine frevelhafte Tat begehen; sein Leichtsinn ist f.

Friede, der; -ns und **Frieden,** der; -s: a) *Zustand von Ruhe und Sicherheit; Zeit, in der kein Krieg herrscht:* der F. dauerte nur wenige Jahre; den Frieden sichern. b) *Zustand der Eintracht:* in dieser Familie herrscht kein F.; er versuchte zwischen den Streitenden Frieden zu stiften *(sie zu versöhnen).*

friedfertig ⟨Adj.⟩: *verträglich; nicht zum Streiten neigend:* er ist ein sehr friedfertiger Mensch.

Friedhof, der; -s, Friedhöfe: *Ort, an dem die Toten beerdigt werden:* der Verstorbene wurde auf dem F. des Dorfes beerdigt.

frieren, fror, hat/ist gefroren ⟨itr.⟩: 1. *Kälte empfinden:* sie friert sehr leicht; es fror ihn an den Händen. 2. a) *unter den Gefrierpunkt sinken* /von der Temperatur/: heute nacht hat es gefroren. b) *zu Eis werden, erstarren:* der Boden, das Wasser ist gefroren.

frisch ⟨Adj.⟩: 1. *erst vor kurzer Zeit hergestellt oder geerntet; nicht alt:* frisches Brot, Obst; die Waren sind f. 2. *sauber; noch nicht benutzt:* ein frisches Hemd anziehen; die Handtücher sind f. 3. ⟨nicht adverbial⟩ *kühl:* es weht ein frischer Wind; heute ist es sehr f. draußen. 4. *gesund, munter:* ein frisches Mädchen; sie hat ein frisches Aussehen; er fühlt sich wieder f.

Friseur [fri'zø:r], der; -s, -e: *jmd., der anderen die Haare wäscht, schneidet, frisiert o. ä.* /Berufsbezeichnung/.

frisieren, frisierte, hat frisiert: 1. ⟨rfl./tr.⟩ *die Haare kämmen, eine Frisur machen:* du mußt dich noch f.; sich beim Friseur f. lassen; die Mutter hat ihre Tochter frisiert. 2. ⟨tr.⟩ (ugs.) *verändern, beschönigen, um etwas vorteilhafter erscheinen zu lassen:* man hat die Nachricht frisiert.

Frist, die; -, -en: *Zeitraum in dem oder nach dem etwas geschehen soll:* er gab ihm eine F. von 8 Tagen für seine Arbeit; nach einer F. von einem Monat muß er bezahlen.

fristen, fristete, hat gefristet: ⟨in der Wendung⟩ sein Leben f. *([sein Dasein] mit Mühe erhalten):* er fristete sein Leben in ärmlichen Verhältnissen.

fristlos ⟨Adj.⟩: *ohne Frist, ab sofort:* er wurde f. entlassen; eine fristlose Kündigung.

Frisur, die; -, -en: *Form, in der man die Haare trägt:* sie hat eine moderne F.

frivol ⟨Adj.⟩: *leichtfertig; ohne Bedenken:* er hat f. gehandelt.

froh ⟨Adj.⟩: *von einem Gefühl der Freude erfüllt; innere Freude widerspiegelnd:* frohe Menschen, Gesichter; sie ist f. *(glücklich, dankbar),* daß die Kinder gesund zurückgekehrt sind.

fröhlich ⟨Adj.⟩: *vergnügt, in froher Stimmung:* fröhliche Gesichter; sie lachten f.; fröhliche Weihnachten, Ostern! /Wunschformel/. **Fröhlichkeit,** die; -.

frohlocken, frohlockte, hat frohlockt ⟨itr.⟩: *sich [heimlich] über den Schaden eines anderen freuen:* er frohlockte über die Niederlage seines Gegners.

fromm, frommer/frömmer, frommste/frömmste ⟨Adj.⟩: *vom Glauben an Gott erfüllt:* er ist ein sehr frommer Mensch. * **ein frommer Wunsch** *(eine Illusion):* es ist ein frommer Wunsch, zu hoffen, daß wir bald mit der Arbeit fertig werden.

Frömmigkeit, die; -: *das Frommsein, Glauben:* er ist ein Mensch ohne F.

frönen, frönte, hat gefrönt ⟨itr.⟩: *sich (einer Leidenschaft) ergeben:* einem Laster, einer Leidenschaft f.

Front, die; -, -en: 1. a) *vordere Seite (eines Gebäudes):* die F. des Hauses ist 10 Meter lang.

frontal

b) *vordere Linie einer Truppe, die angetreten ist:* vor die F. treten. 2. *vorderste Linie (der kämpfenden Truppe):* an der F. kämpfen.
frontal ⟨Adj.; nicht prädikativ⟩: *an der vorderen Seite; von vorn kommend:* ein frontaler Angriff; die Autos stießen f. zusammen.
Frosch, der; -[e]s, Frösche: *am Wasser, im Gras lebendes Tier* (siehe Bild).

Frosch

Froschmann, der; -[e]s, Froschmänner: *Taucher mit besonderer Ausrüstung, der unter Wasser bestimmte Arbeiten ausführt, Hilfe leistet.*
Frost, der; -es, Fröste: *Temperatur unter dem Gefrierpunkt:* draußen herrscht strenger Frost *(ist es sehr kalt).*
frösteln, fröstelte, hat gefröstelt ⟨itr.⟩: *vor Kälte leicht zittern:* sie fröstelte in ihrem dünnen Kleid.
frostig ⟨Adj.⟩: *sehr kalt:* heute herrscht frostiges Wetter; bildl.: er wurde sehr f. *(unfreundlich, abweisend)* begrüßt.
frotzeln, frotzelte, hat frotzelt ⟨tr.⟩ (ugs.): *mit spöttischen Bemerkungen necken:* er wurde von seinen Kameraden häufig gefrotzelt.
Frucht, die; -, Früchte: 1. *eßbares Produkt bestimmter Pflanzen (bes. von Bäumen und Sträuchern).* 2. *Ergebnis, Erfolg:* die Früchte des Fleißes ernten; das Buch ist eine F. langjähriger Arbeit.
fruchtbar ⟨Adj.; nicht adverbial⟩: *Frucht tragend; ertragreich:* das Land ist sehr f.; fruchtbarer Boden. **Fruchtbarkeit**, die; -.
frugal ⟨Adj.⟩: /ursprünglich nur/ *einfach, bescheiden,* /heute bereits (ugs.) oft/ *üppig, kräftig* /von einer Mahlzeit/: sie bekamen bei dem Bauern ein frugales Frühstück.
früh: I. ⟨Adj.⟩ a) *am Beginn eines bestimmten Zeitraumes liegend:* am frühen Morgen; in früher Jugend. b) *zeitig:* er steht f. auf. II. ⟨Adverb⟩ *morgens; am Morgen:* heute f.; um sechs Uhr f. * *von f. bis spät*

(den ganzen Tag, unentwegt): sie arbeitet von f. bis spät.
früher: I. ⟨Adj.; nur attributiv⟩ a) *vergangen:* in früheren Zeiten. b) *einstig, ehemalig:* der frühere Eigentümer des Hauses; frühere Freunde. II. ⟨Adverb⟩ a) *einst, ehemals:* alles sieht noch aus wie f.; f. ging es ihm besser. b) ⟨in Verbindung mit einer Zeitangabe⟩ /vor einem festgelegten Zeitpunkt/ *davor, vorher:* er kam 3 Stunden f. zurück.
frühestens ⟨Adverb⟩: *nicht vor (einem bestimmten Zeitpunkt):* er kommt f. morgen; er kann f. um 12 Uhr *(nicht vor 12 Uhr)* zu Hause sein.
Frühjahr, das; -s: *Frühling.*
Frühling, der; -s: *Jahreszeit zwischen Winter und Sommer* /im Kalender festgelegt auf die Zeit vom 20. März bis 20. Juni/.
frühreif ⟨Adj.⟩: *körperlich, geistig über sein Alter hinaus entwickelt* /von Kindern/: sie ist ein frühreifes Mädchen.
Frühstück, das; -s: *erste Mahlzeit am Tag:* ein kräftiges F.
frühstücken, frühstückte, hat gefrühstückt ⟨itr.⟩: *das Frühstück einnehmen:* wir wollen jetzt f.; er hat ausgiebig gefrühstückt.
frühzeitig ⟨Adj.⟩: *besonders früh; vorzeitig:* eine frühzeitige Bestellung der Karten; er ist f. aufgebrochen.
Fuchs, der; -es, Füchse: 1. *kleineres Raubtier* (siehe Bild). * (ugs.) *ein* [schlauer] *F.* (*ein besonders listiger, schlauer Mensch*). 2. *Pferd mit rötlich-braunem Fell.*

Fuchs

1.

fuchsen, fuchste, hat gefuchst ⟨tr.⟩ (ugs.): *sehr ärgern:* es fuchste ihn, daß ich sein Geheimnis entdeckt hatte.
Fuchsschwanz, der; -es, Fuchsschwänze: /eine Säge/ (siehe Bild).

Fuchsschwanz

fuchtig ⟨Adj.⟩ (ugs.): *sehr ärgerlich:* er wird sehr leicht f.
Fuge, die; -, -n: I. *schmaler Raum zwischen zwei [zusammengefügten] Teilen; Spalte:* er versucht die Fugen in der Wand zu schließen. II. *streng aufgebautes Musikstück mit mehreren Stimmen.*
fügen, fügte, hat gefügt: 1. ⟨rfl.⟩ *gehorchen; sich anpassen:* nach anfänglichem Widerstand fügte er sich. * *es fügt sich (das Geschehen bringt es mit sich):* es fügte sich, daß wir uns an der Ecke trafen. 2. ⟨tr.⟩ *machen, daß etwas an/auf/zu etwas kommt:* einen Satz an den anderen f.; einen Stein auf den anderen f.
fügsam ⟨Adj.⟩: *leicht zu leiten; gehorsam, folgsam:* die Kinder sind sehr f.
Fügung, die; -, -en: *schicksalhaftes Geschehen:* es war wie eine F., daß er nicht mit dem abgestürzten Flugzeug geflogen war.
fühlbar ⟨Adj.⟩: *spürbar, merklich:* in seinem Befinden trat eine fühlbare Besserung ein.
fühlen, fühlte, hat gefühlt, ⟨nach vorangehendem Infinitiv auch⟩ hat ... fühlen: 1. ⟨tr.⟩ *durch Betasten oder Berühren feststellen:* man konnte die Beule am Kopf f. 2. a) *(körperlich) empfinden; verspüren:* er fühlte heftige Schmerzen im Bein; er hat seine Kräfte wieder fühlen. b) *seelisch empfinden, spüren:* sie fühlten Abneigung, Mitleid. 3. ⟨rfl.⟩ a) *sich (in einem inneren Zustand) befinden:* sie fühlt sich glücklich, krank. b) *sich halten für:* er fühlte sich schuldig, verantwortlich.
Fühler, der; -s, -: *Organ zum Tasten, z. B. bei Insekten und Schnecken:* die Schnecke hat zwei F. * (ugs.) *die F. ausstrecken (sich vorsichtig erkundigen, etwas zu erfahren suchen).*
Fuhre, die; -, -n: *Ladung eines Wagens:* er kaufte eine F. Holz.
führen, führte, hat geführt: 1. ⟨tr.⟩ *(auf einem Weg) geleiten:* einen Fremden durch die Stadt f.; einen Blinden f. 2. ⟨tr.⟩ *leiten:* ein Geschäft, eine Firma f.; ein Heer f. *(befehligen).* 3. ⟨itr.⟩ *(in einem Wettbewerb o. ä.) an erster Stelle sein:* er führte bei dem Rennen; ⟨häufig im 1. Partizip⟩ diese Zeitung ist führend in Deutschland; eine führende

(wichtige) Rolle spielen. **4.** ⟨tr.⟩ *steuern, lenken:* ein Fahrzeug, Flugzeug f. **5.** ⟨itr.⟩ *sich in eine bestimmte Richtung erstrecken:* die Straße führt in die Stadt; die Brücke führt über den Fluß. * *etwas führt zu nichts (etwas hat keinen Erfolg).* **6.** ⟨tr.⟩ *(eine bestimmte Ware) zum Verkauf vorrätig haben:* das Geschäft führt diese Ware nicht. **7.** ⟨als Funktionsverb⟩: Klage f. *(klagen)*, einen Beweis f. *(beweisen)*, Verhandlungen f. *(verhandeln)*, die Aufsicht f. *(beaufsichtigen)*. **8.** ⟨rfl.⟩ *sich (in bestimmter Weise) betragen:* er hat sich während seiner Lehrzeit gut geführt.

Führer, der; -s, -: **1.** *jmd., der eine Gruppe von Personen führt:* der F. einer Gruppe von Wanderern, Touristen. **2.** *Buch, das Informationen gibt, z. B. über eine Stadt, ein Museum o. ä.:* sie kauften einen F. durch Paris.

Führerschein, der; -s, -e: *behördliche Erlaubnis zum Führen eines Kraftfahrzeugs.*

Fuhrpark, der; -s, -s: *alle Fahrzeuge eines Betriebes, eines Besitzers.*

Führung, die; -, -en: **1.** *Leitung:* der Sohn hat die F. des Geschäftes übernommen. * *die F. haben (bei einem Wettkampf an erster Stelle sein):* dieser Läufer hatte von Anfang an die F. **2.** *Besichtigung mit Erläuterungen:* die nächste F. durch das Schloß findet um 15 Uhr statt.

Fuhrwerk, das; -s, -e: *von einem oder mehreren Zugtieren gezogener Wagen.*

Fülle, die; -: *große Menge, Vielfalt:* es gibt eine F. von Waren im Kaufhaus. * *in Hülle und F. (in großer Menge).*

füllen, füllte, hat gefüllt: **1. a)** ⟨tr.⟩ *vollmachen [mit]:* einen Sack mit Kartoffeln f.; die Schokolade ist gefüllt *(hat eine Füllung).* **b)** ⟨rfl.⟩ *voll werden:* der Sack füllte sich. **2.** ⟨tr.⟩ *gießen, schütten (in ein Gefäß):* Milch in eine Flasche, Kohle in einen Sack f. **3.** ⟨tr.⟩ *(Platz) einnehmen, beanspruchen:* der Aufsatz füllte viele Seiten.

füllig ⟨Adj.⟩: *dick und rundlich; von vollen Formen:* eine füllige Dame; sie ist etwas f. geworden.

Füllung, die; -, -en: **a)** *etwas, womit etwas gefüllt ist:* die F. der Schokolade. **b)** *das Füllen:* die F. des Behälters war schwierig.

Fund, der; -[e]s, -e: *gefundener Gegenstand:* ein F. aus alter Zeit; einen F. *(eine Entdeckung)* machen.

Fundament, das; -[e]s, -e: *[unter der Oberfläche des Bodens liegende] Mauern, die ein Gebäude tragen:* das F. des Hauses.

Funke, der; -ns, -n und **Funken**, der; -s, -: *glimmendes, glühendes Teilchen, das sich von einer brennenden Materie löst und durch die Luft fliegt:* bei dem Brand flogen Funken durch die Luft.

funkeln, funkelte, hat funkelt ⟨itr.⟩: *glitzernd leuchten, einen strahlenden Glanz haben:* die Sterne, die Gläser funkelten.

funkelnagelneu ⟨Adj.; nicht adverbial⟩ (ugs.): *noch ganz neu:* ein funkelnagelneues Auto.

Funken, der; -s, -n: *Funke.*

Funktion, die; -, -en: **a)** *Amt, Aufgabe [in einem größeren Ganzen]:* er hat die F. eines Kassierers; er erfüllt seine F. gut. **b)** *Tätigkeit, das Arbeiten:* die F. des Herzens, der inneren Organe war in Ordnung. * *in F. treten (zu arbeiten beginnen).*

Funktionär, der; -s, -e: *jmd., der im Auftrag einer Partei, einer bestimmten Organisation arbeitet.*

funktionieren, funktionierte, hat funktioniert ⟨itr.⟩: *[ordnungsgemäß] arbeiten:* wie funktioniert diese Maschine?; der Apparat funktionierte wieder.

für ⟨Präp. mit Akk.⟩: **a)** /bezeichnet den bestimmten Zweck/: er arbeitet f. sein Examen. **b)** /bezeichnet den Empfänger, die Bestimmung/: das Buch ist f. dich. **c)** /drückt aus, daß jmd./etwas durch jmdn./etwas vertreten wird/: er springt f. den kranken Kollegen ein. **d)** /drückt ein Verhältnis aus/: f. den Preis ist der Stoff zu schlecht. **e)** /bei der Nennung eines Preises, Wertes/: er hat ein Haus f. viel Geld gekauft. **f)** /bei der Nennung eines Grundes/: f. seine Frechheit bekam er eine Strafe. **g)** /bei der Nennung einer Dauer/: er geht f. zwei Jahre nach Amerika.

Furche, die; -, -n: *[mit dem Pflug hervorgebrachte] Vertiefung im Boden:* die Furchen im Acker.

Furcht, die; -: *Gefühl, bedroht zu sein; Angst:* große F. haben; seine F. überwinden; die F. vor Strafe.

furchtbar ⟨Adj.⟩: **1.** *(in seinen Folgen) schrecklich:* ein furchtbares Unwetter, Verbrechen; die Wunde war f. anzusehen. **2.** (ugs.) ⟨verstärkend bei Adjektiven und Verben⟩ *sehr:* es war f. nett, daß sie mir geholfen haben.

fürchten, fürchtete, hat gefürchtet **a)** ⟨tr./rfl.⟩ *Furcht haben (vor jmdm./etwas):* er fürchtet den Tod; er fürchtet sich vor dem Hund. **b)** ⟨tr.⟩ *die Befürchtung haben:* er fürchtete, zu spät zu kommen. **c)** ⟨itr.⟩ *in Sorge sein (um jmdn./etwas):* sie fürchtete für seine Gesundheit.

fürchterlich ⟨Adj.⟩: **a)** *sehr schlimm, schrecklich:* fürchterliche Schmerzen; ein fürchterliches Unglück; der Lärm war f. **b)** ⟨verstärkend bei Adjektiven und Verben⟩ *sehr:* sie hat sich f. aufgeregt; es war f. kalt.

furchtlos ⟨Adj.⟩: *ohne Furcht:* ein furchtloser Mensch.

furchtsam ⟨Adj.⟩: *ängstlich; voll Furcht:* ein furchtsames Kind; er blickte sich f. um.

Fürsorge, die; -: *Pflege; Hilfe, die man jmdm. zuteil werden läßt; Betreuung:* nur durch ihre F. ist der Kranke wieder gesund geworden.

fürsorglich ⟨Adj.⟩: *liebevoll um jmdn./etwas besorgt:* eine fürsorgliche Mutter; etwas f. *(sorgsam)* behandeln.

Fürsprache, die; -: *das Eintreten für einen anderen; Empfehlung:* jmdn. um seine F. bitten.

fürwahr ⟨Adverb⟩: *tatsächlich, wahrhaftig* /bekräftigt eine Aussage/: Klaus ist f. ein beliebter Lehrer.

Fusel, der; -s, - (abwertend): *schlechter Schnaps.*

Fuß, der; -es, Füße: **1.** *unterster Teil des Beines* (siehe Bild): im Schnee bekam er kalte Füße. * *auf eignen Füßen stehen (selbständig sein);* jmdn. *auf freien F. setzen (jmdn. aus der Gefangenschaft entlassen);* etwas

1. Fuß

Fußball

hat Hand und F. *(etwas ist sinnvoll):* sein Vorschlag hatte Hand und F.; **auf großem F. leben** *(großen Aufwand treiben, verschwenderisch leben).* 2. *Teil, auf dem ein Gegenstand steht:* die Füße des Schrankes. 3. ⟨ohne Plural⟩ *Stelle, an der ein Berg oder ein Gebirge sich aus dem Gelände erhebt:* eine Siedlung am Fuße des Berges.

Fußball, der; -[e]s, Fußbälle: 1. *im Fußballspiel verwendeter Ball.* 2. ⟨ohne Plural⟩ /Sportart des Fußballspiels/.

Fußboden, der; -s, Fußböden: *untere, begehbare Fläche eines Raumes:* ein F. aus Stein.

Fußballspiel, das; -[e]s, -e: *Spiel von zwei Mannschaften mit je elf Spielern, bei dem der Ball mit dem Fuß, Kopf oder Körper möglichst oft in das Tor des Gegners geschossen werden soll.*

Fußgänger, der; -s, -: *jmd., der auf der Straße zu Fuß geht.*

Fußnote, die; -, -n: *Anmerkung, die unter dem Text einer gedruckten Seite steht.*

Fussel, die; -, -n und der; -s, -[n] (ugs.): *kleiner Faden o. ä., der sich irgendwo störend festgesetzt hat:* an deiner Jacke hängen viele Fusseln.

fusseln, fusselte, hat gefusselt ⟨itr.⟩: *so beschaffen sein, daß sich leicht Fäden o. ä. davon lösen:* der Stoff fusselt sehr.

fußen, fußte, hat gefußt ⟨itr.⟩: *sich gründen, stützen (auf etwas):* diese Theorie fußt auf genauen Untersuchungen.

Futter, das; -s: I. *Nahrung der Tiere:* den Hühnern F. geben. II. *Stoff auf der Innenseite von Kleidungsstücken.*

futtern, futterte, hat gefuttert ⟨tr./itr.⟩: (ugs.) *(mit großem Appetit) essen:* die Kinder haben die ganze Schokolade gefuttert.

füttern, fütterte, hat gefüttert ⟨tr.⟩: I. a) *(einem Tier) Futter geben:* er füttert die Vögel im Winter. b) *(einem Kind, einem hilflosen Kranken) Nahrung geben:* das Baby, der Kranke muß gefüttert werden. c) *(als Futter, Nahrung) geben:* sie füttern ihre Schweine mit Kartoffeln; das Baby wird mit Brei gefüttert. II. *(ein Kleidungsstück) mit Futter versehen:* der Schneider hat den Mantel gefüttert. **Fütterung**, die; -, -en.

G

Gabe, die; -, -n: 1. *Geschenk:* er verteilte die Gaben; er gab dem Bettler eine kleine G. *(Almosen).* 2. *Begabung:* er hat die G. der Rede.

Gabel, die; -, -n: *Gerät zum Essen* (siehe Bild).

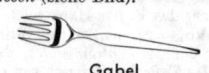

Gabel

gabeln, sich; gabelte sich, hat sich gegabelt: *sich verzweigen; in mehrere Richtungen auseinandergehen:* der Weg gabelt sich hinter der Brücke.

gackern, gackerte, hat gegackert ⟨itr.⟩: *helle, kurze Töne in rascher Folge ausstoßen* /vom Huhn/: die Henne gackert, wenn sie ein Ei gelegt hat.

gaffen, gaffte, hat gegafft (abwertend) ⟨itr.⟩: *neugierig, aufdringlich starren:* beim Unfall standen die Leute gaffend herum.

Gag [gæg], der; -s, -s: *witziger Einfall in Theater, Film o. ä.*

Gage ['ga:ʒə], die; -, -n: *Gehalt, Honorar eines Künstlers.*

gähnen, gähnte, hat gegähnt ⟨itr.⟩: 1. *vor Müdigkeit oder Langeweile den Mund weit öffnen und dabei tief atmen:* er gähnte laut. 2. *erschreckend tief hinabreichen; klaffen:* ein Abgrund gähnte vor ihnen; (im 1. Partizip) *auffallend schwach besucht* /in bezug auf Veranstaltungen/: im Saal war gähnende Leere.

galant ⟨Adj.⟩ (geh.): *einer Dame gegenüber sehr höflich:* er bot ihr g. den Arm.

Galle, die; -, -n: *Organ im Körper, in dem sich der von der Leber ausgeschiedene Saft sammelt:* sie wurde an der G. operiert; * (ugs.) **jmdm. läuft die G. über** *(jmd. wird wütend).*

Galopp, der; -s, -s und -e: *springender Lauf des Pferdes:* er ritt im G. davon.

gammeln, gammelte, hat gegammelt ⟨itr.⟩ (ugs.; abwertend): *die Zeit nutzlos und untätig verbringen.*

Gammler, der; -s, -: *junger Mann, der sein Äußeres bewußt und in provozierender Absicht vernachlässigt und keine feste Arbeit hat.*

gang: ⟨in der Wendung⟩ g. und gäbe sein: *häufig vorkommen; allgemein üblich sein:* solche Ausdrücke sind hier g. und gäbe.

Gang, der; -es, Gänge: 1. ⟨ohne Plural⟩ *Art des Gehens:* er erkannte ihn an seinem Gang. 2. ⟨ohne Plural⟩ *das Gehen:* ein G. durch den Park. * **einen G. machen** *(gehen).* 3. ⟨ohne Plural⟩ *Bewegung der einzelnen Teile der Maschine:* der Motor hat einen ruhigen G. * **etwas in G. bringen** *(bewirken, daß etwas beginnt):* er brachte die Verhandlungen in G.; **etwas in G. halten** *(verhindern, daß etwas zum Stillstand kommt):* die Maschinen müssen Tag und Nacht in G. gehalten werden.; **in G. kommen** *(beginnen):* der Verhandlungen kamen endlich in G. 4. ⟨ohne Plural⟩ *Verlauf:* der G. der Geschichte. 5. *schmaler, langer, an beiden Seiten abgeschlossener Weg; Korridor:* zu seinem Zimmer kam man durch einen langen Gang. 6. *jeweils besonders aufgetragenes Gericht, Speise eines größeren Mahles:* das Essen beim Botschafter hatte vier Gänge. 7. *Stufe der Übersetzung eines Getriebes bei einem Kraftfahrzeug:* er fährt auf der Autobahn im vierten G.

gangbar: ⟨in der Fügung⟩ ein gangbarer Weg: *Methode, die so beschaffen ist, daß sie auch verwirklicht werden kann:* jmdm. einen gangbaren Weg zeigen.

gängeln, gängelte, hat gegängelt ⟨tr.⟩ (ugs.): *jmdm. in angenehmer Weise dauernd vorschreiben, wie er sich zu verhalten hat:* der junge Mann wollte sich nicht länger von seiner Mutter g. lassen.

gängig ⟨Adj.; nicht adverbial⟩: 1. *allgemein bekannt:* eine gängige Meinung. 2. *oft gekauft; leicht zu verkaufen:* eine gängige Ware.

Gangster ['gɛŋstər], der; -s, -: *Verbrecher [der zu einer organisierten Bande gehört].*

Ganove, der; -n, -n (abwertend): *Betrüger, Gauner.*

Gans

Gans, die; -, Gänse /ein Vogel/ (siehe Bild): die Gänse schnattern; /als Schimpfwort für Mädchen/ die dumme G. kichert die ganze Zeit.

Gänsehaut, die; -: *rauher Zustand der Haut, bei dem die kleinen Haare hoch stehen:* er hat vor Kälte eine G. bekommen. * **jmdm. läuft eine G. über den Rücken** *(jmdm. schaudert):* bei dem spannenden Kriminalfilm lief ihm eine G. über den Rücken.

Gänsemarsch: ⟨in der Fügung⟩ im G.: *hintereinander:* die Kinder gingen im G. durch den tiefen Schnee.

ganz ⟨Adj.⟩: **1.** ⟨nur attributiv⟩ *gesamt:* er kennt g. Europa; die Sonne hat den ganzen Tag geschienen. **2.** ⟨nicht prädikativ⟩ *vollkommen:* es war g. still. * **g. und gar** *(vollständig, vollkommen):* das verstehe ich g. und gar; **voll und g.** *(ohne jede Einschränkung):* ich unterstütze deine Pläne voll und g. **3.** (ugs.) *heil, unbeschädigt, nicht entzwei:* sie hat kein ganzes Paar Strümpfe mehr; beim Sturm ist kein Fenster g. geblieben. **4.** ⟨einschränkend bei Adjektiven, die ausdrücken, daß etwas gut ist⟩: *ziemlich, aber nicht ausreichend:* der neue Nachbar ist ganz nett.

gänzlich ⟨Adj.; nicht prädikativ⟩: *völlig, vollkommen, ganz:* er hat es g. vergessen; zwei g. verschiedene Meinungen.

ganztägig ⟨Adj.⟩: *den ganzen Tag hindurch:* das Geschäft ist g. geöffnet; seine Frau arbeitet g. *(ist den ganzen Tag beruflich tätig).*

gar **I.** ⟨Adj.⟩: *genügend gekocht, gebraten oder gebacken:* die Kartoffeln sind gar. **II.** ⟨Adverb⟩ **a)** ⟨verstärkend bei Vermutungen, Befürchtungen o. ä.⟩ *etwa, vielleicht:* ist sie g. schon verlobt? **b)** ⟨verstärkend bei einer Behauptung⟩ *wirklich ja:* er tut g., als ob ich ihn beleidigt hätte. **c)** ⟨in Verbindung mit *kein* oder *nicht*⟩ *absolut:* er hat gar kein Interesse; das ist gar nicht wahr.

Garage [ga'ra:ʒə], die; -, -n: *Raum, in dem man ein Kraftfahrzeug einstellen kann.*

Garantie, die; -, -n: *Versicherung, daß man für etwas aufkommt, daß etwas den Abmachungen entspricht:* die Firma leistet für den Kühlschrank ein Jahr G. * **unter G.** *(ganz sicher):* du bekommst unter G. einen Schnupfen, wenn du deinen Rock nicht anziehst.

garantieren, garantierte, hat garantiert ⟨tr./itr.⟩: *versichern, daß etwas den Anforderungen entspricht; Garantie geben:* wir garantieren [für] die gute Qualität der Ware.

Garbe, die; -, -n: **1.** *Bündel geschnittener und gleichmäßig zusammengelegter Halme von Getreide* (siehe Bild). **2.** *größere Anzahl von schnell aufeinanderfolgenden Schüssen:* eine G. abfeuern.

1. Garbe

Garderobe, die; -, -n: **1.** *abgeteilte Stelle im Foyer eines Theaters o. ä., bei der man Mäntel o. ä. ablegen kann.* **2.** *Raum, in dem sich ein Künstler für eine Vorstellung umkleiden kann.* **3.** ⟨ohne Plural⟩ *gesamte Kleidung, die jmd. besitzt:* sie beneidete die Freundin um ihre G.

Gardine, die; -, -n: *Vorhang aus leichtem Stoff für die Fenster:* die Gardinen aufhängen. * (ugs.) **hinter schwedischen Gardinen** *(im Gefängnis).*

gären, gärte/gor, ist/hat gegärt/gegoren ⟨itr.⟩: *sich in bestimmter Weise durch chemische Zersetzung verändern:* der Wein hat gegoren; der Saft ist gegoren *(nicht mehr zu trinken);* bildl.: vor dem Aufstand hatte es schon lange im Volk gegärt *(war man schon lange im Volke unzufrieden und unruhig).* **Gärung,** die; -.

Garn, das; -[e]s, -e: *Faden, der aus Fasern gesponnen ist:* sie kaufte eine Rolle G. ** **jmdm. ins G. gehen** *(auf jmds. List hereinfallen).*

Garnitur, die; -, -en: **1.** *mehrere zusammengehörende und zusammenpassende Stücke, die einem bestimmten Zweck dienen:* eine G. Wäsche. **2.** (ugs.) *Gruppe von Menschen, die innerhalb eines Ensembles, einer Mannschaft o. ä. ein bestimmtes Niveau in der Leistung hat:* die Mannschaft mußte wegen Verletzungen mit der zweiten G. antreten; das Theater bestreitet sein Gastspiel mit der ersten G.

garstig ⟨Adj.⟩: **a)** *abscheulich, häßlich:* ein garstiger Geruch. **b)** *ungezogen, lästig:* ein garstiges Kind.

Garten, der; -s, Gärten: *[kleines] Stück Land, in dem Gemüse, Obst oder Blumen gepflanzt werden /oft in Verbindung mit einem Haus/.*

Gärtner, der; -s, -: *jmd., der beruflich Pflanzen züchtet und betreut.*

Gärtnerei, die; -, -en: *Betrieb eines Gärtners.*

Gas, das; -es, -e: *unsichtbarer Stoff in der Form wie Luft:* giftige Gase. * **Gas geben** *([beim Auto] die Geschwindigkeit [stark] erhöhen).*

Gasse, die; -, -n: *schmale Straße zwischen zwei Reihen von Häusern.*

Gast, der; -es, Gäste: **a)** *jmd., der jmdm. eingeladen wurde:* wir haben heute abend Gäste; **b)** *Künstler, der vorübergehend an einem fremden Ort wirkt:* der Schauspieler tritt als G. auf. **c)** *jmd., der sich an einem Ort nur vorübergehend aufhält:* der Wirt begrüßt seine Gäste.

Gastarbeiter, der; -s, -: *ausländischer Arbeiter, der vorübergehend außerhalb seines Landes sein Geld verdient:* die Gastarbeiter fahren zu Weihnachten in ihre Heimat.

Gästehaus, das; -es, Gästehäuser: *zu einer Organisation, einem Hotel o. ä. gehörendes Haus, in dem die Gäste untergebracht werden:* die ausländischen Besucher wohnten im G.

gastfreundlich ⟨Adj.⟩: *gern bereit, Gäste zu empfangen und zu bewirten:* eine gastfreundliche Familie. **Gastfreundlichkeit,** die; -.

Gastgeber, der; -s, -: *jmd., bei dem man Gast ist:* der G. erwartet seine Gäste an der Haustür.

Gasthaus, das; -es, Gasthäuser: *Haus, in dem man gegen Bezahlung essen [und übernachten] kann.*

gastieren, gastierte, hat gastiert ⟨itr.⟩: *an einer fremden Bühne als Gast auftreten:* er gastierte als Hamlet in Berlin.

gastlich ⟨Adj.⟩: *behaglich, gemütlich für den Gast:* er fühlte

Gastspiel

sich in dem gastlichen Haus sehr wohl. **Gastlichkeit,** die; -.

Gastspiel, das; -[e]s, -e: *Aufführung, die von einem Künstler oder Ensemble an einer fremden Bühne geboten wird:* sie geben in allen größeren Städten des Landes ein G.

Gaststätte, die; -, -n: *Unternehmen, in dem man Essen und Getränke gegen Bezahlung erhalten kann, Restaurant.*

Gastwirt, der; -[e]s, -e: *jmd., der eine Gaststätte besitzt oder führt.*

Gastwirtschaft, die; -, -en: *[einfache, ländliche] Gaststätte.*

Gatte, der; -n, -n (geh.): 1. *Ehemann:* sie besuchte in Begleitung ihres Gatten das Konzert. 2. ⟨Plural⟩ *Eheleute:* beide Gatten stammen aus München.

Gatter, das; -s, -: *Zaun, Tür aus breiten Latten:* die Schafe werden in ein G. gesperrt.

Gattin, die; -, -nen (geh.): *Ehefrau:* darf ich Sie und Ihre G. zum Essen einladen?

Gattung, die; -, -en: *Gruppe von Dingen, Lebewesen, die wichtige Merkmale oder Eigenschaften gemeinsam haben:* eine G. in der Dichtung ist das Drama; die Kuh gehört zur Gattung der Säugetiere.

Gaul, der; -[e]s, Gäule: ⟨abwertend⟩ *[altes, schwaches] Pferd.*

Gaumen, der; -s, -: *obere Wölbung im Innern des Mundes:* er hatte Durst, sein G. war ganz trocken.

Gauner, der; -s, - (abwertend): *[schlauer] Betrüger, Schwindler.*

Gebäck, das; -[e]s, -e: *[kleine, süße] gebackene Speise (z. B. Keks)* (siehe Bild): zum Tee aßen wir G.

Gebäck

Gebärde, die; -, -n: *Bewegung der Arme oder des ganzen Körpers, die eine Empfindung o. ä. ausdrückt:* er machte eine drohende G., als wollte er mich angreifen.

gebärden, sich; gebärdete sich, hat sich gebärdet (abwertend): *sich in einer bestimmten auffälligen Weise verhalten:* er gebärdet sich, als ob er verrückt wäre.

Gebaren, das; -s: *auffälliges Benehmen:* er fiel durch sein sonderbares G. auf.

gebären, gebar, hat geboren ⟨tr.⟩ /vgl. geboren/: *(ein Kind) zur Welt bringen:* die Frau hat zwei Kinder geboren; er wurde im Jahre 1950 in München geboren.

Gebäude, das; -s, -: *größerer Bau, in dem meist Büros, Schulen, Wohnungen o. ä. untergebracht sind:* das neue G. des Theaters wird im nächsten Jahr fertiggestellt.

geben, gibt, gab, hat gegeben: 1. ⟨tr.⟩ *(jmdm.) reichen, aushändigen, überreichen:* der Lehrer gibt dem Schüler das Heft; jmdm. zu essen geben. 2. ⟨rfl.⟩ *sich in einer bestimmten Weise benehmen:* er gibt sich, wie er ist; er gibt sich *(tut)* gelassen. 3. ⟨in der Fügung⟩ es gibt jmdn./etwas: *jmd./etwas kommt vor, ist vorhanden:* es gibt heute weniger Bauern als vor zwanzig Jahren. 4. ⟨als Funktionsverb⟩: einen Bericht geben über etwas *(über etwas berichten);* einen Befehl g. *(etwas befehlen);* [eine] Antwort g. *(antworten);* [eine] Auskunft g. *(etwas, wonach man gefragt wurde, mitteilen);* einen Rat g. *(raten);* ein Versprechen g. *(versprechen);* die Erlaubnis g. *(erlauben);* eine Garantie g. *(garantieren);* einen Stoß g. *(stoßen);* einen Kuß geben *(küssen);* ein Fest, Konzert, eine Party g. *(ein Fest, Konzert, eine Party veranstalten);* die Räuber von Schiller g. *(aufführen).*

Gebet, das; -[e]s, -e: *an Gott gerichtete Bitte, Worte der Dankbarkeit:* er faltete seine Hände und sprach ein G. * (ugs.) jmdn. ins G. nehmen *(jmd. wegen wiederholter Verfehlungen eindringlich zurechtweisen; jmdm. Vorhaltungen machen).*

Gebiet, das; -[e]s, -e: 1. *Fläche von bestimmter Ausdehnung:* weite Gebiete des Landes sind überschwemmt. 2. *Bereich, Fach:* dieses Land ist auf wirtschaftlichem G. führend.

gebieten, gebot, hat geboten (geh.): 1. ⟨tr.⟩ *befehlen, verlangen:* er gebot Ruhe. 2. ⟨in der Fügung⟩ etwas ist geboten: *etwas ist erforderlich, nötig:* für das kranke Kind ist rasche Hilfe dringend geboten.

gebieterisch ⟨Adj.⟩: *befehlend, herrisch:* er rief ihn in gebieterischem Ton zu sich.

Gebilde, das; -s, -: *etwas, was in nicht näher bestimmter Weise gestaltet, geformt ist:* diese Wolken waren feine, luftige Gebilde.

gebildet ⟨Adj.⟩: *großes Wissen, Bildung [und feine Umgangsformen] habend:* ein gebildeter Mann.

Gebirge, das; -s, -: *zusammenhängende Gruppe von hohen Bergen:* auch dieses Jahr fahren wir ins G.

gebirgig ⟨Adj.; nicht adverbial⟩: *mit vielen hohen Bergen:* eine gebirgige Gegend.

Gebiß, das; Gebisses, Gebisse: a) *die Kiefer mit den Zähnen.* b) *vollständiger Zahnersatz:* sie muß leider schon ein Gebiß tragen.

geboren ⟨Adj.; nur attributiv⟩: 1. /zur Angabe des Mädchennamens bei einer verheirateten Frau/ (Abk.: geb.): Frau Marie Berger, geb. Schröder; sie ist eine geborene Schröder. 2. *von Natur aus zu etwas begabt:* er ist ein geborener Schauspieler. * zu etwas geboren sein *(alle Anlagen zu etwas haben).*

geborgen: ⟨in der Fügung⟩ sich g. fühlen: *sich gut beschützt, sicher fühlen:* sie fühlt sich bei ihm g. **Geborgenheit,** die; -.

Gebot, das; -[e]s, -e: *göttliches, moralisches Gesetz:* im Konfirmandenunterricht lernte er die Zehn Gebote; Nächstenliebe ist das dringende Gebot seines Handelns. * etwas ist das G. der Stunde *(etwas ist jetzt gerade am dringendsten, notwendigsten):* Besonnenheit ist das G. der Stunde.

Gebrauch, der; -s, Gebräuche: 1. ⟨ohne Plural⟩ *Benützung, Verwendung, Anwendung:* vor allzu häufigem G. des Medikamentes wird gewarnt. * von etwas G. machen *(etwas ausnützen, gebrauchen):* er macht von seinem Recht G.; etwas in G. nehmen *(etwas zu verwenden beginnen).* 2. ⟨nur Plural⟩ *Sitten, Bräuche:* im Dorf gibt es noch viele alte Gebräuche.

gebrauchen, gebrauchte, hat gebraucht ⟨tr.⟩/vgl. gebraucht/: *benutzen, verwenden, anwenden:* Werkzeuge richtig gebrauchen; er gebraucht gern Beispiele, um etwas zu erklären.

gebräuchlich ⟨Adj.; nicht adverbial⟩: *üblich, allgemein verwendet:* ein gebräuchliches Sprichwort. **Gebräuchlichkeit**, die; -.

Gebrauchsanweisung, die; -, -en: *Anleitung, wie man etwas gebrauchen, anwenden soll:* vor der Benutzung des Gerätes die G. lesen.

Gebrauchsgegenstand, der; -[e]s, Gebrauchsgegenstände: *Gegenstand für den täglichen Gebrauch:* Kamm, Löffel, Bleistift sind Gebrauchsgegenstände.

gebraucht ⟨Adj.; nicht adverbial⟩: *bereits benutzt; nicht mehr neu, frisch:* das Handtuch ist schon g.

Gebrauchtwagen, der; -s, -: *ein zum Verkauf bestimmtes Auto, das von einem früheren Besitzer bereits gekauft wurde.*

Gebrechen, das; -s, -: *dauernder Schaden der Gesundheit oder des Körpers:* er wurde in der Kur von seinen G. geheilt; die G. des Alters.

gebrechlich ⟨Adj.; nicht adverbial⟩: *durch Alter körperlich schwach:* er ist alt und g. **Gebrechlichkeit**, die; -.

gebrochen ⟨Adj.⟩: a) ⟨nicht attributiv⟩ *vollkommen mutlos; sehr niedergeschlagen:* sie stand ganz g. am Grab ihres Mannes. b) ⟨nicht prädikativ⟩ *holprig, nicht fließend* /von einer Sprache/: er spricht g. Englisch; sich in gebrochenem Deutsch unterhalten.

Gebühr, die; -, -en: *Betrag, der für öffentliche Leistungen zu bezahlen ist:* die G. für einen neuen Paß beträgt 5 Mark. *** nach G.** *(angemessen):* seine Arbeit wird nach G. bezahlt; **über G.** *(sehr, übertrieben):* sein neuer Roman wurde über G. gelobt.

gebühren, gebührte, hat gebührt ⟨itr.⟩: *zustehen; angemessen sein (für jmdn.):* für seinen Fleiß gebührt ihm eine gute Note.

gebührend ⟨Adj.⟩ *angemessen; seinem Rang, Verdienst entsprechend:* der Gast wurde mit der [ihm] gebührenden Achtung begrüßt.

gebührenfrei ⟨Adj.⟩: *kostenlos:* die Auskunft ist g.

gebührenpflichtig ⟨Adj.⟩: *mit einer Gebühr verbunden; nicht kostenlos:* das Ausstellen eines Reisepasses ist g.

Geburt, die; -, -en: *das Heraustreten des Kindes aus dem Leib der Mutter; Entbindung:* die Frau hat die G. ihres Kindes gut überstanden.

Geburtenkontrolle, die; -: *von den Eltern geplante Beschränkung der Zahl ihrer Kinder.*

gebürtig ⟨Adj.; nicht adverbial⟩: *geboren (in), stammend (aus):* er ist aus Berlin g.; er ist gebürtiger Schweizer.

Geburtstag, der; -[e]s, -e: *Jahrestag der Geburt:* er feiert seinen 50. Geburtstag.

Geburtsurkunde, die; -, -n: *amtliche Bescheinigung über die Geburt.*

Gebüsch, das; -es, -e: *mehrere dicht beisammenstehende Büsche:* sich im G. verstecken.

Geck, der; -en, -en: *eitler junger Mann, der ein geziertes Benehmen hat und übertriebenen Wert auf Mode legt:* er kleidet sich wie ein G.

Gedächtnis, das; -ses: 1. *Fähigkeit, sich an etwas zu erinnern:* er hat ein gutes G. 2. *Erinnerung:* die Erlebnisse seiner Jugend sind ihm deutlich im G. geblieben. ** **zum G. an jmdn./etwas** *(zum Andenken an jmdn./etwas).*

Gedanke, der; -ns, -n: *etwas, was gedacht wird; Vorstellung, Plan, Idee:* das war ein kluger G. * **seine Gedanken sammeln** *(sich konzentrieren)*; **seine Gedanken beisammenhaben** *(konzentriert sein)*; **sich über/wegen etwas/jmdn. Gedanken machen** *(sich über/wegen etwas/jmdn. sorgen):* er macht sich Gedanken über seinen Sohn, weil er lange nicht mehr geschrieben hat; er macht sich Gedanken wegen seiner Dummheiten; **sich mit dem Gedanken tragen** *(etwas vorhaben, beabsichtigen):* er trägt sich mit dem Gedanken, den Beruf zu wechseln; **mit einem Gedanken spielen** *(etwas als möglich erwägen):* er spielt mit dem Gedanken, dieses Grundstück zu kaufen.

Gedankengut, das; -[e]s: *alle Ideen, Gedanken einer bestimmten Person, einer bestimmten Zeit o. ä.:* das G. des Christentums.

gedankenlos ⟨Adj.⟩: 1. *unbedacht, unüberlegt; ohne daran zu denken, daß man mit seinen Worten o. ä. jmdn. verletzen kann:* es war sehr g. von dir, ihr dies in dieser Situation zu erzählen. 2. ⟨nicht prädikativ⟩ *zerstreut, in Gedanken:* er ging ganz g. über die Straße. **Gedankenlosigkeit**, die; -.

Gedankenstrich, der; -s, -e: *Satzzeichen, das eine Pause oder einen eingeschobenen Teil im Satz kennzeichnet (Zeichen: —).*

gedanklich ⟨Adj.; nicht prädikativ⟩: *das Denken betreffend:* er hat das Buch g. noch nicht verarbeitet.

Gedärm, das; -[e]s, -e: *Eingeweide.*

Gedeck, das; -[e]s, -e: a) *Geräte, die eine Person zum Essen braucht; Teller und Besteck:* ein G. für den Gast auflegen. b) *auf der Speisekarte festgelegte Folge von Speisen:* er bestellte im Restaurant zwei Gedecke.

gedeihen, gedieh, ist gediehen ⟨itr.⟩: *[gut] wachsen, sich [gut] entwickeln:* diese Pflanze gedeiht nur bei viel Sonne; das neue Haus ist schon weit gediehen (der Bau des Hauses ist gut vorangekommen).

gedenken, gedachte, hat gedacht ⟨geh.⟩: 1. ⟨mit Gen.⟩ *(an jmdn.) in ehrfürchtiger Weise denken:* er gedachte seines toten Vaters. 2. *beabsichtigen:* was gedenkst du jetzt zu tun?

Gedenkmünze, die; -, -n: *nicht zum Zahlen verwendbare Münze zur Erinnerung an ein Ereignis oder eine Persönlichkeit:* nach dem Tod des Präsidenten wurde eine G. mit seinem Bild geprägt.

Gedenkstätte, die; -, -n: *Stätte, die zur Erinnerung an ein Ereignis oder eine Person angelegt ist:* eine G. für die Opfer des Krieges.

Gedicht, das; -[e]s, -e: *sprachliches Kunstwerk in Versen, Reimen oder in besonderem Rhythmus:* der Dichter veröffentlichte einen Band Gedichte.

gediegen ⟨Adj.⟩: a) *gut, solide, verläßlich:* er hat eine gediegene Ausbildung; ein gediegener Charakter. b) *geschmackvoll; sorgfältig hergestellt:* gediegener Schmuck; gediegene Möbel. **Gediegenheit**, die; -.

Gedränge, das; -s: *dichte, drängelnde Menschenmenge:* in der Straßenbahn war ein großes Gedränge.

gedrängt ⟨Adj.⟩: *knapp; kurz zusammengefaßt:* eine gedrängte Schreibweise; eine gedrängte Übersicht über die Geschichte des Mittelalters.

gedrückt ⟨Adj.⟩: *niedergeschlagen:* nach der Niederlage war die Stimmung der Mannschaft sehr g.

gedrungen ⟨Adj.⟩: *nicht sehr groß und ziemlich breit gebaut:* der Mann hat eine gedrungene Gestalt.

Geduld, die; -: *ruhiges und beherrschtes Ertragen von etwas, was unangenehm ist oder sehr lange dauert; Ausdauer:* der Lehrer hat sehr viel G. mit dem schlechten Schüler; er trug seine Krankheit mit viel G.

gedulden, sich; geduldete sich, hat sich geduldet: *geduldig warten:* du mußt dich noch ein bißchen g.

geduldig ⟨Adj.⟩: *Geduld habend, mit Ruhe:* er hörte mir g. zu.

geeignet ⟨Adj.⟩: *passend; zu einer bestimmten Aufgabe fähig:* der Betrieb sucht einen geeigneten Mitarbeiter für die Werbung.

Gefahr, die; -, -en: *drohender Schaden, drohendes Unheil:* die Kälte ist eine große G. für die Pflanzen. * **jmd. läuft G.** *(für jmdn. besteht die G., daß ...):* die Partei läuft G., ihre Wähler zu verlieren.

gefährden, gefährdete, hat gefährdet ⟨tr.⟩ /vgl. gefährdet/: *(jmdn.) in Gefahr bringen:* der Fahrer des Omnibusses gefährdete die Fahrgäste durch sein unvorsichtiges Fahren.

gefährdet ⟨Adj.⟩: *in Gefahr, bedroht:* das Unternehmen ist wegen der schlechten Konjunktur gefährdet.

gefährlich ⟨Adj.⟩: **a)** *mit Gefahr verbunden, Gefahr bringend:* an der gefährlichen Kurve sind schon viele Unfälle geschehen; der Verbrecher ist für seine Mitmenschen gefährlich. **b)** *gewagt; in seinen Folgen mit Gefahr verbunden:* er ließ sich auf dieses gefährliche Unternehmen nicht ein.

gefahrlos ⟨Adj.⟩: *nicht mit Gefahr verbunden; ungefährlich:* der Weg auf diesen Berg ist ganz g.

Gefährte, der; -n, -n ⟨geh.⟩: *Kamerad.* Vgl. Lebensgefährte, Spielgefährte.

Gefälle, das; -s, -: *Höhenunterschied, Grad der Neigung:* das Gelände hat ein starkes G.; das G. des Wassers wird zur Erzeugung von elektrischem Strom ausgenutzt; bildl.: das soziale G. in der Bevölkerung *(der Unterschied in der sozialen Stellung).*

gefallen, gefällt, gefiel, hat gefallen ⟨itr.⟩: *zusagen; in Aussehen, Eigenschaften o. ä. für jmdn. angenehm sein:* dieses Bild gefällt mir; das Mädchen hat ihm sehr [gut] gefallen; ⟨auch rfl.⟩ (abwertend) er gefiel sich in der Rolle des Helden. * **sich etwas g. lassen** *(etwas ohne Aufbegehren geschehen lassen, hinnehmen):* diese Beleidigung darfst du dir nicht g. lassen.

Gefallen: I. der; -s, -: *Gefälligkeit, Freundschaftsdienst:* er hat mir den G. erwiesen, den Brief zur Post mitzunehmen. **II.** das; -s ⟨nur in den Fügungen⟩ G. finden/haben an jmdm./etwas: *jmdn./etwas sehr gern haben;* sich an jmdm./etwas freuen: er findet kein G. am Fußballspiel.

Gefallene, der; -n, -n ⟨aber: [ein] Gefallener; Plural: Gefallene⟩: *Soldat, der im Krieg sein Leben verloren hat:* ein Denkmal für die Gefallenen des letzten Krieges.

gefällig ⟨Adj.⟩: **a)** *gern bereit, einen Gefallen zu tun; hilfsbereit:* er ist sehr g. und gibt immer Auskunft, wenn man etwas fragt. **b)** *angenehm in Aussehen und Benehmen; hübsch:* sie hat ein gefälliges Wesen; sie ist g. gekleidet.

Gefälligkeit, die; -, -en: *kleiner, aus Freundlichkeit erwiesener Dienst:* jmdm. eine G. erweisen.

gefälligst ⟨Adverb⟩: /als Ausdruck des Unwillens und emotionale Verstärkung eines Vorwurfs/: *paß g. auf!*

Gefangene, der; -n, -n ⟨aber: [ein] Gefangener; Plural: Gefangene⟩: **a)** *jmd., der im Krieg gefangengenommen wurde:* die Gefangenen kehrten heim. **b)** *Häftling:* der G. wurde aus dem Gefängnis entlassen.

gefangenhalten, hält gefangen, hielt gefangen, hat gefangengehalten ⟨tr.⟩: *in Gefangenschaft halten; nicht freilassen:* er wurde nach dem Krieg noch vier Jahre gefangengehalten.

gefangennehmen, nimmt gefangen, nahm gefangen, hat gefangengenommen ⟨tr.⟩: **1.** *(einen Soldaten) im Krieg festnehmen:* einen Soldaten g. **2.** *sehr begeistern, beeindrucken:* diese Musik hat mich ganz gefangengenommen.

Gefangenschaft, die; -: *Situation eines Soldaten, der vom Feind gefangengehalten wird:* er ist in G. geraten.

Gefängnis, das; -ses, -se: *Gebäude, in dem Häftlinge ihre Strafen abbüßen:* das G. wird bewacht.

Gefäß, das; -es, -e: *kleinerer Behälter:* er holte in einem G. Wasser.

gefaßt ⟨Adj.⟩: *in einer schwierigen, schicksalhaften Situation nach außen hin ruhig, beherrscht:* der Angeklagte hörte g. das Urteil des Gerichts; sie war ganz g., als sie die Nachricht vom Tod ihres Mannes erhielt. * **auf etwas g. machen [müssen]** *(mit etwas Unangenehmem rechnen [müssen]):* wir müssen uns auf das Schlimmste g. machen. **Gefaßtheit**, die; -.

Gefecht, das; -[e]s, -e: *kleinerer militärischer Kampf:* an der Grenze gab es ein blutiges G. * **etwas ins G. führen** *(etwas als Argument vorbringen):* er konnte bei der Verhandlung wichtige Gründe ins G. führen; **außer G. setzen** *([durch eine schnelle, plötzliche Maßnahme] bewirken, daß jmd. nicht mehr kämpfen kann):* er hat seinen Gegner gleich am Anfang der Diskussion mit überzeugenden Argumenten außer G. gesetzt; **in der Hitze des Gefechts** *(unabsichtlich, in der Eile, Aufregung):* in der Hitze des Gefechts hat er dies übersehen.

gefeit: ⟨in der Verbindung⟩ g. sein gegen etwas (geh.): *geschützt sein vor etwas:* durch die Impfung ist er gegen Grippe g.

Gefieder, das; -s: *alle Federn eines Vogels:* der Hahn hat ein buntes G.

Geflecht, das; -[e]s, -e: *etwas, was durch Flechten hergestellt wurde:* sie bastelte ein G. aus Bast, Stroh.

geflissentlich ⟨Adj.⟩: *absichtlich; so, daß es auch nach außen* sichtbar ist: er vermeidet es g., mit seinem Rivalen zu sprechen.

Geflügel, das; -s: *alle Vögel, die der Mensch als Haustier hält:* Hühner, Gänse, Enten gehören zum G.

Geflüster, das; -s: *[dauerndes] Flüstern, leises Sprechen:* in der Klasse gab es ein lebhaftes G.

Gefolge, das; -s: *alle Personen, die eine Person von hohem Rang begleiten:* im G. des Präsidenten waren mehrere Minister; der König trat mit großem G. auf. * etwas hat etwas im G. *(etwas hat etwas zur Folge, verursacht etwas):* Kriege haben oft politische Veränderungen im G.

Gefolgschaft, die; -, -en: *alle Anhänger (von jmdm.):* sie gehören zu seiner G.

gefräßig ⟨Adj.⟩ (abwertend): *übermäßig viel essend.* **Gefräßigkeit,** die; -.

gefrieren, gefror, ist gefroren ⟨itr.⟩: *infolge von Kälte erstarren; zu Eis werden:* der Regen gefror augenblicklich zu Eis.

Gefrierpunkt, der; -[e]s, -e: *Temperatur, bei der eine Flüssigkeit gefriert:* der G. von Wasser liegt bei 0°Celsius.

Gefüge, das; -s, -: *innerer Aufbau, Struktur:* das wirtschaftliche und soziale G. eines Staates.

gefügig ⟨Adj.⟩ (abwertend): *sich dem Willen eines andern beugend; willig:* er war ein gefügiges Werkzeug der Partei. * sich jmdn. g. machen *(jmdn. nach anfänglichem Widerstand dazu bringen, daß er sich willig unterordnet):* er hat ihn durch Erpressung g. gemacht.

Gefühl, das; -[e]s, -e: 1. ⟨ohne Plural⟩ *Wahrnehmung durch den [Tast]sinn:* vor Kälte kein G. in den Fingern haben. 2. *seelische Regung, Empfindung:* ein G. der Freude; es ist ein herrliches G., im Meer zu schwimmen; er zeigte nie seine Gefühle. * seinen Gefühlen freien Lauf lassen *(sich nicht zurückhalten, sondern ohne Hemmung zeigen, was man denkt und fühlt);* mit gemischten Gefühlen *(nicht unbedingt mit Freude):* er nahm die Nachricht vom Besuch seiner Tante mit gemischten Gefühlen auf; (ugs.) das höchste der Gefühle *(das Höchste, was man erreichen kann):* wenn du für dieses alte Auto 1 000 Mark bekommst, so ist das das höchste der Gefühle; ein G. für etwas haben *(die Fähigkeit haben, sich in etwas einzufühlen):* der Dirigent hat ein gutes G. für Rhythmus. 3. ⟨ohne Plural⟩ *Ahnung; undeutlicher Eindruck:* er hatte das G., als sei er nicht allein im Zimmer. * etwas im G. haben *(etwas instinktiv wissen):* er hat es im G., wie schnell er auf einer nassen Straße fahren darf.

gefühllos ⟨Adj.⟩: 1. *mit dem Tastsinn nichts fühlen könnend:* seine Hand war vor Kälte steif und g. 2. *ohne Mitgefühl, herzlos:* ein gefühlloser Mensch; wie kannst du nur so g. sein.

Gefühlsduselei, die; -, -en (abwertend): *übertriebene Sentimentalität.*

gefühlsmäßig ⟨Adj.⟩: *einem inneren Gefühl folgend; durch Fühlen, Empfinden bedingt:* seine Abneigung gegen ihn ist g.; er hat sich g. so entschieden.

gefühlvoll ⟨Adj.⟩: a) *tiefer Empfindungen, Gefühle fähig, empfindsam:* sie ist sehr g. und sorgt sich um ihre Mitmenschen. b) (abwertend) *sentimental:* ein gefühlvolles Gedicht.

gegebenenfalls ⟨Adverb⟩: *wenn es nötig, passend ist; wenn der betreffende Fall eintritt; eventuell:* g. muß auch die Polizei eingesetzt werden; ich nenne dir einen Arzt, an den du g. wenden kannst.

Gegebenheiten, die ⟨Plural⟩: *Tatsachen, Zustände, mit denen man rechnen muß und von denen das Tun des Menschen bestimmt wird:* man muß beim Bau eines Hauses die natürlichen G. der Landschaft berücksichtigen.

gegen: I. ⟨Präp. mit Akk.⟩: 1. *wider /bezeichnet einen Gegensatz, Widerstand, eine Abneigung/:* g. jmdn. kämpfen; die Polizei schreitet g. die rücksichtslosen Autofahrer ein; die Opposition stimmte im Parlament g. den Antrag; ein Medikament g. Husten; eine Versicherung g. Feuer *(zum Schutz gegen Schaden durch Feuer)*. 2. *gegenüber /bezeichnet eine Beziehung zu jmdm./etwas/:* der Chef ist freundlich g. seine Mitarbeiter; der Lehrer ist streng g. die Schüler. 3. *im Verhältnis (zu jmdm./etwas); verglichen (mit jmdm./etwas)* /drückt einen Vergleich aus/: g. ihn ist er sehr klein; was bin ich g. diesen berühmten Mann? 4. (landsch.) /bezeichnet eine räumliche oder zeitliche Annäherung an ein Ziel oder einen Zeitpunkt/: er wandte sich g. das Haus *(dem Haus zu).* II. ⟨Adverb⟩ *ungefähr:* g. 1 000 Menschen befanden sich im Saal; es war schon g. *(nahezu)* Mitternacht, als er zu Bett ging.

Gegend, die; -, -en: *bestimmtes, aber nicht näher abgegrenztes Gebiet:* eine schöne G. *(Landschaft)*; durch die G. spazieren *(ohne bestimmtes Ziel spazieren);* er lebt jetzt in der G. *(Nähe)* von Hamburg; ein Haus in einer vornehmen G. *(einem vornehmen Teil)* von Paris; die ganze G. spricht *(alle Einwohner sprechen)* von dem Ereignis; er hat Schmerzen in der G. der Niere *(ungefähr da, wo sich die Niere befindet).*

gegeneinander ⟨Adverb⟩: *einer gegen den andern:* g. kämpfen; sie sind nett und freundlich g. *(zueinander);* ⟨auch zusammengesetzt mit Verben⟩ gegeneinanderstellen, gegeneinanderstoßen.

Gegenleistung, die; -, -en: *Leistung, mit der eine empfangene Leistung ausgeglichen wird:* er verlangte keine G. für seine Hilfe.

Gegensatz, der; -es, Gegensätze: *etwas, was einem anderen völlig entgegengesetzt ist:* der G. von „kalt" ist „warm"; zwischen den beiden Parteien besteht ein tiefer G. *(ihre Auffassungen stehen sich schroff gegenüber).*

gegensätzlich ⟨Adj.⟩: *einen Gegensatz bildend; ganz verschieden:* die beiden Parteien vertreten gegensätzliche Ansichten.

Gegenschlag, der; -[e]s, Gegenschläge: *[schnell durchgeführte] Aktion, die gegen jmdn. gerichtet ist, der vorher angegriffen hat:* einen G. vorbereiten; die Mannschaft holte zum G. aus.

gegenseitig ⟨Adj.⟩: a) *einer für den anderen und umgekehrt; wechselseitig:* sie helfen sich g. bei den Schulaufgaben. b) *beide Seiten betreffend:* sie schlossen den Vertrag im gegenseitigen Einverständnis. **Gegenseitigkeit,** die; -.

Gegenstand, der; -[e]s, Gegenstände: 1. *nicht näher bezeichneter Körper:* ein schwerer, runder G.; auf dem Tisch lagen verschiedene Gegenstände. 2. ⟨ohne Plural⟩ *etwas, womit man sich beschäftigt; Thema:* als G. seines Vortrags wählte er ein Problem aus der modernen Literatur.

gegenständlich ⟨Adj.⟩: *so, daß man es sich vorstellen kann; konkret; anschaulich:* er malt nicht abstrakt, sondern g.; einen komplizierten Vorgang g. darstellen.

gegenstandslos ⟨Adj.; nicht adverbial⟩: a) *überflüssig; nicht [mehr] notwendig:* nachdem die Verbesserungen vorgenommen wurden, waren seine Einwände g. geworden. b) *grundlos:* gegenstandslose Verdächtigungen; seine Befürchtungen waren ganz g.

Gegenteil, das; -[e]s, -e: *etwas, was den genauen Gegensatz zu etwas darstellt:* er behauptete das G.; mit deinem dauernden Schimpfen erreichst du nur das G.; ⟨auch auf Personen bezogen⟩ er ist ganz das G. von seinem Vater *(er ist ganz anders als sein Vater)*.

gegenteilig ⟨Adj.⟩: *das Gegenteil bildend; entgegengesetzt:* gegenteilige Behauptungen; das Mittel hatte gerade gegenteilige Wirkung.

gegenüber ⟨Präp. mit Dativ⟩: 1. *auf der entgegengesetzten Seite von etwas* /räumlich/: die Schule steht g. der Kirche; Mannheim liegt g. von Ludwigshafen; seine Verlobte wohnt schräg g. *(etwas weiter links oder rechts auf der anderen Seite der Straße).* 2. ⟨nachgestellt⟩ *in bezug (auf jmdn.):* er ist dem Lehrer g. sehr höflich; seinem Vater g. *(zu seinem Vater)* wagt er das nicht zu sagen. 3. *verglichen (mit jmdm./etwas); im Vergleich (zu jmdm./etwas):* seinen Kameraden g. ist er noch sehr klein; g. den vergangenen Jahren hatten wir dieses Jahr viel Schnee.

gegenüberstellen, stellte gegenüber, hat gegenübergestellt ⟨tr.⟩: a) *nebeneinanderstellen, in Beziehung bringen, um vergleichen zu können:* zwei Werke eines Dichters g. b) *(zwei Gegner) zu einer Begegnung zusammenbringen, um eine Entscheidung herbeizuführen:* dem Angeklagten wurde vor Gericht ein Zeuge gegenübergestellt. **Gegenüberstellung**, die; -, -en.

Gegenverkehr, der; -s: *Verkehr in entgegengesetzter Richtung:* auf der Autobahn ist kein G.; bei G. muß man die Scheinwerfer abblenden.

Gegenwart, die; -: 1. *Zeit, in der wir gerade leben:* die Kunst der G. 2. *Anwesenheit:* seine G. ist nicht erwünscht. * **in jmds. G.** *(während jmd. anwesend ist):* der Schüler wurde in G. der ganzen Klasse gelobt.

gegenwärtig ⟨Adj.⟩: 1. ⟨nicht prädikativ⟩ *jetzt; in der Gegenwart [vorkommend]; augenblicklich:* die gegenwärtige Lage; er ist g. im Urlaub. 2. ⟨nur prädikativ⟩ *anwesend:* der Vorsitzende war bei der Sitzung nicht g. ** **etwas g. haben** *(sich an etwas genau erinnern können)*; **jmdm. ist etwas g.** *(jmd. kann sich an etwas erinnern)*.

Gegner, der; -s, -: 1. *jmd., der gegen jmdn./etwas eingestellt ist und ihn/es bekämpft:* er wollte den G. mit Argumenten überzeugen; ein G. der Diktatur; der G. wurde in die Flucht geschlagen. 2. *gegenüberstehender Sportler oder gegenüberstehende Mannschaft:* der G. war für uns viel zu stark.

gegnerisch ⟨Adj.; nur attributiv⟩: *der Partei des Gegners angehörend; vom Gegner, Feind ausgehend:* die gegnerische Mannschaft läuft auf das Spielfeld; der gegnerische Angriff konnte abgewehrt werden.

Gehalt: I. das; -[e]s, Gehälter: *regelmäßige [monatliche] Bezahlung der Beamten und Angestellten:* ein G. beziehen; die Gehälter werden erhöht. II. der; -[e]s, -e: 1. *gedanklicher, ideeller Inhalt:* der G. einer Dichtung. 2. *Anteil eines Stoffes in einer Mischung:* der G. an Gold in diesem Erz ist gering.

gehässig ⟨Adj.⟩ (abwertend): *in bösartiger Weise feindlich gesinnt:* g. über jmdn. sprechen.

Gehäuse, das; -s, -: *feste Hülle:* das G. der Uhr, eines Apparates; das G. *(Kerngehäuse)* aus dem Apfel schneiden.

Gehege, das; -s, -: *umzäunte Stelle, Gebiet für Tiere:* ein G. für Affen im Zoo; in einem G. im Wald werden Rehe gehalten.

* (ugs.) **jmdm. ins G. kommen** *(jmdn. in seinen Plänen o. ä. durch eigenes Handeln stören).*

geheim ⟨Adj.⟩: *nicht öffentlich bekannt; verborgen:* es fanden geheime Verhandlungen statt; ein geheimer Wunsch; eine geheime Wahl *(Wahl, bei der die Meinung des einzelnen Wählers nicht bekannt wird).* * **im geheimen** *(von anderen nicht bemerkt):* das Fest wurde ganz im geheimen vorbereitet.

geheimhalten, hält geheim, hielt geheim, hat geheimgehalten ⟨tr.⟩: *verhindern, daß etwas allgemein bekannt wird; nicht verraten:* das Ergebnis der Verhandlungen wurde geheimgehalten.

Geheimnis, das; -ses, -se: 1. *etwas, was geheim bleiben soll:* ein G. verraten. * **jmdn. in ein G. einweihen** *(jmdm. im Vertrauen etwas Geheimes sagen)*; **ein offenes G.** *(etwas, was offiziell geheimgehalten wird, aber bereits allgemein bekannt ist).* 2. *etwas, was nicht erklärt werden kann:* die Geheimnisse (unerforschten Tatsachen) der Natur.

geheimnisvoll ⟨Adj.⟩: *unerklärlich, rätselhaft:* eine geheimnisvolle Angelegenheit; er ist sehr g. *(sehr wichtig).*

Geheiß: ⟨in der Fügung⟩ auf [jmds.] G.: *auf [jmds.] Befehl, Aufforderung:* er tat es auf G. seines Vorgesetzten.

gehen, ging, ist gegangen ⟨itr.⟩: 1. *sich in aufrechter Haltung auf den Füßen fortbewegen:* über die Straße g.; er muß auf Krücken g. * **mit jmdm. g.** *(mit jmdm. vom anderen Geschlecht eng befreundet sein).* 2. a) *sich (zu einem bestimmten Zweck) an einen Ort begeben:* schwimmen, tanzen g. b) *regelmäßig besuchen:* das Kind geht noch nicht zur Schule. 3. a) *sich von einem Ort entfernen:* ich muß jetzt leider g. b) *seine berufliche Stellung aufgeben:* er hat gekündigt und wird nächsten Monat g. c) [laut Fahrplan] *abfahren:* der nächste Zug geht erst in zwei Stunden. 4. *in Gang sein, funktionieren; verlaufen:* die Uhr geht richtig; es geht alles wie geplant. * (ugs.) **etwas geht wie am Schnürchen** *(etwas verläuft tadellos);* **vor sich g.** *(gerade stattfinden):* was geht hier vor sich? *(was ist hier los?; was geschieht hier?)*. 5. *möglich sein* das wird nur schwer g.; das geht bestimmt nicht. 6. *sich (bis zu einem bestimmten Punkt) ausdehnen:* sein kleiner Bruder geht ihm nur bis zur Schulter. * **jmdm. über alles g.** *(für jmdn. das Höchste, Wertvollste sein).* 7. *sich (in einem bestimmten seelischen oder körperlichen Zustand) befinden:* es geht ihm nach der Kur wieder besser; Wie geht es Ihnen? 8. *sich (um jmdn./etwas) handeln:* es geht um meine Familie; es geht gegen dich *(das ist gegen dich gerichtet).* 9. ⟨als Funktionsverb⟩ /drückt den Beginn eines Zustands oder Vorgangs aus/: in die Hocke g. *(sich hocken);* an die Arbeit g. *(zu arbeiten beginnen);* auf Reisen g. *(verreisen).*

gehenlassen, läßt gehen, ließ gehen, hat gehen[ge]lassen: 1. ⟨rfl.⟩ *sich nicht beherrschen, nachlässig sein:* zu Hause läßt er sich einfach gehen. 2. ⟨itr.⟩ (ugs.) *in Ruhe lassen:* laß den Hund endlich gehen.

geheuer: ⟨in der Verbindung⟩ nicht g. sein: *unheimlich, nicht ganz sicher sein:* die ganze Sache war mir nicht g.; so allein nachts im Wald war es nicht ganz g.

Gehirn, das; -[e]s, -e: 1. *weiche Masse im Innern des Kopfes, in der das Bewußtsein seinen Sitz hat:* er zog sich bei dem Unfall eine Verletzung des Gehirns zu. 2. (ugs.) *Verstand:* er hatte verschiedene Pläne in seinem G. * **sein G. anstrengen** *(scharf nachdenken).*

gehoben ⟨Adj.⟩: 1. ⟨nicht adverbial⟩ *sozial auf einer höheren Stufe stehend; leitend:* eine gehobene Position bei einem Ministerium haben. 2. *sich über das Alltägliche erhebend; festlich, froh gestimmt:* bei der Feier herrschte eine gehobene Stimmung; eine gehobene Sprache, Rede.

Gehör, das; -s: *Fähigkeit, Töne durch die Ohren wahrzunehmen:* er hat ein gutes G.; das G. verlieren, ein gutes musikalisches G. *(ein Gehör, das musikalisches Verständnis ermöglicht).* ** **sich** (Dativ) **G. verschaffen** *(dafür sorgen, daß man angehört wird);* **etwas zu G. bringen** *(etwas vortragen);* **um G. bitten** *(darum bitten, daß man angehört, beachtet wird);* **jmdm. G. schenken** *(jmdn. anhören; auf seine Bit-* ten o. ä. eingehen); **G. finden** *(mit seinen Bitten o. ä. bereitwillig gehört werden).*

gehorchen, gehorchte, hat gehorcht ⟨itr.⟩: *so handeln, wie es eine höhergestellte Person will, befiehlt:* das Kind gehorchte den Eltern; einem Befehl g.

gehören, gehörte, hat gehört ⟨itr.⟩ 1. ⟨mit Dativ⟩ *von jmdm. rechtmäßig erworben sein; jmds. Eigentum sein:* das Buch gehört mir; bildl.: dem Kind gehört ihre ganze Liebe. 2. *(an einer bestimmten Stelle den richtigen Platz haben, passend sein:* das Fahrrad gehört nicht in die Wohnung; diese Frage gehört nicht hierher; die Kinder gehören abends um neun ins Bett *(sollen um neun im Bett sein).* * **zu etwas/jmdm. g.** *(Teil von etwas/jmdm. sein):* der Junge gehört nicht zu unserer Familie; er gehört zu den besten Spielern seiner Mannschaft; **etwas gehört zu etwas dazu** *(etwas ist für etwas Voraussetzung):* es gehört viel Mut dazu, diese Aufgabe zu übernehmen; da gehört etwas dazu, sich so zu benehmen!; **etwas gehört sich** [nicht] *(etwas ziemt sich [nicht]; etwas entspricht [nicht] den üblichen Regeln von Sitte und Anstand):* es gehört sich, älteren Leuten den Platz anzubieten.

gehörig ⟨Adj.⟩: 1. ⟨nur attributiv⟩ *angemessen, geziemend:* der Sache wurde nicht die gehörige Aufmerksamkeit geschenkt; der gehörige Respekt. 2. (ugs.) ⟨verstärkend bei Substantiven und Verben⟩ *sehr; tüchtig, dem Anlaß entsprechend [hoch oder groß]:* eine gehörige Strafe; jmdm. g. die Meinung sagen.

gehorsam ⟨Adj.⟩: a) *sich dem Willen eines Vorgesetzten unterordnend:* der Beamte war immer ein gehorsamer Diener des Staates. b) *die Anordnungen der Erwachsenen, Eltern willig befolgend; folgsam; brav:* Kinder müssen lernen, g. zu sein.

Gehorsam, der; -s: *das Gehorchen; Unterordnung unter den Willen der Vorgesetzten:* die Soldaten sind zu unbedingtem G. verpflichtet; jmdm. den G. verweigern *(nicht mehr gehorchen).*

Geige, die; -, -n: /ein Musikinstrument/ (siehe Bild). * **die erste G. spielen** *(die führende Rolle innehaben).*

Geige

Geist, der; -es, -er: 1. a) ⟨ohne Plural⟩ *Bewußtsein; Fähigkeit, zu denken; Verstand:* der menschliche G.; sein lebendiger G. brachte viele neue Ideen hervor; sein G. wird durch diese Arbeit nicht befriedigt; den G. anstrengen *(nachdenken);* ein Mann von G. *(von hohem intellektuellem Niveau).* * **im G.** *(in Gedanken, nicht wirklich):* im G. stellte er sich schon seine Reise vor; (geh.) **den G. aufgeben** *(sterben).* b) *Mensch mit außergewöhnlicher künstlerischer oder intellektueller Begabung:* ein genialer, schöpferischer G. 2. ⟨ohne Plural⟩ *Gesinnung, Sinn; geistige Haltung; grundsätzliche Einstellung gegenüber jmdm./etwas:* es herrschte ein G. der Kameradschaft; der G. der Freiheit; der G. der Zeit. 3. *unsichtbares Wesen, Gespenst:* der G. des Toten erschien ihm. * **von allen guten Geistern verlassen sein** *(völlig töricht, konfus, aller Vernunft beraubt sein* /in bezug auf eine Handlung/*).*

geistesabwesend ⟨Adj.⟩: *zerstreut; ohne dabei zu denken:* g. stand er am Fenster.

Geistesblitz, der; -es, -e (ugs.): *plötzlicher guter Einfall.*

Geistesgegenwart, die; -: *Fähigkeit, bei überraschenden Vorfällen nicht verwirrt zu sein und entschlossen handeln zu können:* durch seine G. rettete er das Kind; die G. verlieren.

geistesgestört ⟨Adj.⟩: *infolge einer krankhaften Störung des Verstandes oder Gemüts [zeitweise] nicht mehr fähig zu normalem Denken und Handeln:* er ist g. und muß in einer Anstalt leben. **Geistesgestörtheit**, die; -.

geisteskrank ⟨Adj.⟩: *[infolge einer Erkrankung des Gehirns] nicht mehr fähig, normal zu denken und zu handeln.* **Geisteskrankheit**, die; -, -en.

Geisteszustand, der; -[e]s: *gesundheitlicher Zustand des Gei-*

stes: *der Verbrecher wurde auf seinen G. hin untersucht.*

geistig ⟨Adj.⟩: 1. ⟨nicht prädikativ⟩ *den Geist, Verstand betreffend:* geistige Arbeit; geistige Fähigkeiten; das Kind ist g. zurückgeblieben. * **geistiges Eigentum** *(eigene Gedanken, Ideen, die urheberrechtlich geschützt sind).* 2. ⟨nur attributiv⟩ *alkoholisch:* geistige Getränke.

geistlich ⟨Adj.; nur attributiv⟩: *die Religion betreffend:* geistliche Lieder; der geistliche Stand; der geistliche Herr *(Pfarrer).*

Geistliche, der; -n, -n ⟨aber: [ein] Geistlicher, Plural: Geistliche⟩: *Pfarrer, Priester.*

geistlos ⟨Adj.⟩: *dumm und langweilig; ohne Einfälle:* er machte nur geistlose Bemerkungen; seine Witze sind g.

geistreich ⟨Adj.⟩: *viel Geist und Witz zeigend, einfallsreich:* eine geistreiche Unterhaltung.

Geiz, der; -es (abwertend): *übertriebene Sparsamkeit:* vor lauter G. hungert er.

geizen, geizte, hat gegeizt ⟨itr.⟩: *in übertriebener Weise an seinem Besitz festhalten; übertrieben sparsam sein:* er geizt mit jedem Pfennig; bildl.: er geizt mit seinem Lob *(er lobt selten).*

Geizhals, der; -es, Geizhälse (abwertend): *geiziger Mensch.*

geizig ⟨Adj.⟩ (abwertend): *sehr darauf bedacht, daß sich der eigene Besitz nicht verringert; übertrieben sparsam:* er ist sehr g., er wird dir nichts schenken.

Geizkragen, der; -s, Geizkragen (ugs.; abwertend): *geiziger Mensch.*

gekonnt ⟨Adj.⟩: *[in der technischen, handwerklichen Ausführung] von hohem Können zeugend; gut gemacht:* die Mannschaft zeigte ein sehr gekonntes Spiel; die Bilder des Künstlers sind g.

gekünstelt ⟨Adj.⟩: *in verkrampfter Weise bemüht, angenehm oder originell zu erscheinen; nicht natürlich:* sie benimmt sich in Gesellschaft immer so g.; ein gekünsteltes Lächeln.

Gelächter, das; -s: *[anhaltendes] lautes Lachen:* die Zuhörer brachen in schallendes G. aus.

gelbden: ⟨in der Verbindung⟩ g. sein (ugs.): *zornig, wütend,*

gereizt sein: sprich heute nicht mit ihm, er ist sehr g.

Gelage, das; -s, - (abwertend): *üppiges und übermäßiges Essen und Trinken in größerem Kreis:* ein wüstes G. fand statt.

Gelände, das; -s: a) *Landschaft, Fläche in ihrer natürlichen Beschaffenheit:* ein hügliges G.; das ganze G. ist mit Büschen bewachsen. b) *größeres Grundstück, das einem bestimmten Zweck dient:* das G. der Fabrik, des Bahnhofs.

Geländer, das; -s, -: *Vorrichtung zum Schutz vor dem Abstürzen und zum Festhalten bei Treppen, Brücken o. ä., ähnlich einem Zaun (siehe Bild):* sie beugte sich über das G. und schaute ins Wasser.

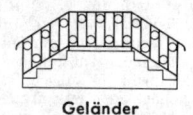

Geländer

gelangen, gelangte, ist gelangt: 1. ⟨itr.⟩ *(ein bestimmtes Ziel) erreichen; (an ein bestimmtes Ziel) kommen:* der Brief gelangte nicht in seine Hände; durch diese Straße gelangt man zum Bahnhof. 2. ⟨als Funktionsverb in Verbindung mit *zu*⟩ a) /drückt aus, daß ein angestrebter Zustand erreicht wird/ zu Ansehen g. *(angesehen, berühmt werden);* zur Erkenntnis g. *(erkennen);* zur Blüte g. *(einen Höhepunkt erreichen):* das geistliche Lied gelangte im 17. Jahrhundert zur Blüte. b) /dient zur Umschreibung des Passivs/ zum Druck g. *(gedruckt werden);* zur Aufführung g. *(aufgeführt werden);* zur Auszahlung g. *(ausgezahlt werden).*

gelassen ⟨Adj.⟩: *beherrscht, ruhig, gefaßt; das seelische Gleichgewicht bewahrend:* er nahm die traurige Nachricht auf. **Gelassenheit,** die; -.

gelaunt ⟨Adj.; in Verbindung mit einer näheren Bestimmung⟩: *in einer bestimmten Stimmung, Laune seiend:* er ist gut g.; ein immer schlecht gelaunter Kerl; wie ist er heute g.?

gelb ⟨Adj.⟩: *in der Farbe einer Zitrone ähnlich:* sie hatte eine gelbe Bluse an.

gelblich ⟨Adj.⟩: *leicht gelb getönt:* ein gelbliches Licht.

Geld, das; -[e]s, -er: 1. ⟨ohne Plural⟩: *vom Staat herausgegebenes Mittel zum Zahlen in Form von Münzen und Banknoten:* G. verdienen; G. vom Konto abheben. * **zu G. kommen** *(reich werden);* **das G. zum Fenster hinauswerfen** *(verschwenderisch sein);* (ugs.) **im G. schwimmen/G. wie Heu haben** *(übermäßig reich sein).* 2. ⟨Plural⟩: *[zu einem bestimmten Zweck zur Verfügung gestellte] größere Geldsumme:* die Straße wird mit staatlichen Geldern gebaut.

Geldbeutel, der; -s, -: *Portemonnaie.*

Geldmittel, die ⟨Plural⟩: *Geld, das für gewisse öffentliche Aufgaben zur Verfügung steht:* für den Bau der neuen Schule wurden die nötigen G. bewilligt.

Geldstück, das; -[e]s, -e: *Münze (siehe Bild).*

gelegen ⟨Adj.; nicht adverbial⟩: 1. *zu einem günstigen Zeitpunkt; passend:* zu gelegener Zeit; sein Besuch ist mir jetzt nicht g. * **etwas kommt jmdm. g.** *(etwas geschieht zu einem Zeitpunkt, der für jmdn. günstig ist).* 2. ⟨in Verbindung mit einer näheren Bestimmung⟩ /räumlich/: *liegend:* die Stadt ist an der Mündung des Flusses g.; ein ruhig gelegenes Haus.

Geldstück

Gelegenheit, die; -, -en: 1. *günstige Umstände für die Ausführung von etwas Geplantem:* eine G. suchen, nützen, verpassen; jmdm. G. geben, etwas zu tun. * **bei G.** *(wenn es sich gerade ergibt, gelegentlich).* 2. *Anlaß:* mir fehlt ein Kleid für besondere Gelegenheiten.

gelegentlich ⟨Adj.⟩: a) ⟨nicht prädikativ⟩ *bei passenden Umständen geschehend:* ich werde dich g. besuchen. b) ⟨nur adverbial⟩ *manchmal:* er trinkt g. ein Glas Bier.

gelehrig ⟨Adj.⟩: *schnell eine bestimmte Fertigkeit erlernend:* der Hund ist sehr g. * (ironisch) **ein gelehriger Schüler sein** *(sehr schnell die Gewohnheiten o. ä. eines anderen annehmen).*

gelehrt ⟨Adj.⟩: a) *wissenschaftlich gründlich gebildet:* ein

gelehrter Mann. b) *auf wissenschaftlicher Grundlage beruhend:* ein gelehrtes Buch. **c)** *wegen wissenschaftlicher Ausdrucksweise schwer verständlich:* er drückt sich sehr g. aus.

Gelehrte, der; -n, -n ⟨aber: [ein] Gelehrter, Plural: Gelehrte⟩: *gelehrter Mann, Wissenschaftler:* ein berühmter Gelehrter.

Geleit, das; -[e]s: *Begleitung von Personen zu deren Schutz oder Ehrung:* der Gast wurde mit großem G. zum Flughafen gebracht. * (geh.) **jmdm. das letzte G. geben** *(jmdn. feierlich beerdigen, an jmds. Beerdigung teilnehmen).*

geleiten, geleitete, hat geleitet ⟨tr.⟩ (geh.): *(jmdn.) begleiten, um ihn zu schützen oder zu ehren:* einen Blinden sicher über die Straße g.; sie geleiteten den Verstorbenen zur letzten Ruhe *(trugen ihn zu Grabe).*

Geleitzug, der; -[e]s, Geleitzüge: *von Kriegsschiffen begleiteter Verband von Handelsschiffen; Konvoi:* die Schiffe fuhren im G.

Gelenk, das; -[e]s, -e: **a)** *bewegliche Verbindung zwischen Knochen:* das G. ist geschwollen, entzündet. **b)** *bewegliche Verbindung zwischen Teilen einer Maschine:* das G. muß geölt werden.

gelenkig ⟨Adj.⟩: *[leicht] beweglich, gewandt, flink:* er sprang g. über den Zaun.

gelernt ⟨Adj.; nur attributiv⟩: *vollständig für ein Handwerk o. ä. ausgebildet:* er ist [ein] gelernter Mechaniker.

gelinde ⟨Adj.⟩: *sanft, mild; nicht stark:* mit einer gelinden Strafe davonkommen; (ugs.) das war, g. *(schonend, vorsichtig)* gesagt, sehr kühn.

gelingen, gelang, ist gelungen ⟨itr.⟩: *mit Erfolg zustande kommen, glücken, geraten:* die Arbeit ist ihm gut gelungen; es gelang mir nicht, ihn zu überzeugen; ⟨häufig im 2. Partizip⟩ eine gelungene Aufführung.

gellen, gellte, hat gellt ⟨itr.⟩: *laut und durchdringend ertönen:* das Geschrei gellte mir in den Ohren; ⟨häufig im 1. Partizip⟩ ein gellendes Lachen.

geloben, gelobte, hat gelobt ⟨tr.⟩: *feierlich versprechen:* jmdm. Treue g.; ich habe mir gelobt *(fest vorgenommen),* nicht mehr zu trinken.

gelten, gilt, galt, hat gegolten ⟨itr.⟩: **1.** *gültig sein:* diese Briefmarke gilt nicht mehr. * **etwas [nicht] g. lassen** *(etwas [nicht] anerkennen).* **2.** *wert sein:* sein Wort gilt [nicht] viel. **3.** *betrachtet, angesehen werden:* er gilt als reich, als guter Kamerad; es gilt als sicher, daß er kommt. **4.** *(für jmdn.) bestimmt sein:* der Vorwurf hat ihm gegolten, nicht dir. ** **es gilt** (*[in dieser Situation] muß man, ist es nötig):* jetzt gilt es, Zeit zu gewinnen.

Geltung: ⟨in bestimmten Wendungen⟩ **G. haben** *(gültig sein);* **etwas zur G. bringen** *(etwas vorteilhaft wirken lassen);* **zur G. kommen** *(vorteilhaft wirken):* in diesem Licht kommt dein Schmuck erst recht zur G.

gemächlich [auch: gemächlich] ⟨Adj.⟩: *ruhig, bequem, gemütlich; ohne Eile:* ein gemächlicher Spaziergang.

Gemahl, der; -s, -e (geh.): *Ehemann.*

Gemälde, das; -s, -: *künstlerisch gemaltes Bild:* ein G. an die Wand hängen.

gemäß ⟨Präp. mit Dativ⟩: *entsprechend, angemessen:* dem Vertrag, seinem Wunsche g.; ⟨selten⟩ g. dem Vertrag, seinem Wunsche.

gemäßigt ⟨Adj.⟩: **a)** *maßvoll; nicht radikal:* eine gemäßigte Politik betreiben. **b)** *ausgeglichen; nicht extrem:* ein gemäßigtes Klima.

gemein ⟨Adj.⟩: **a)** *niederträchtig:* ein gemeiner Betrüger; er hat g. gehandelt. **b)** *unverschämt, frech; unanständig:* jmdm. einen gemeinen Streich spielen; gemeine Redensarten. ** **etwas [mit jmdm./etwas] g. haben** *(eine gemeinsame Eigenschaft haben; in bestimmter Weise zusammengehören):* die beiden Verlage haben nur g., daß sie den gleichen Namen haben; ich will nichts mit ihm g. haben *(ich will nichts mit ihm zu tun haben).*

Gemeinde, die; -, -n: **1.** *unterster politischer oder kirchlicher Bezirk mit eigener Verwaltung:* wir wohnen in der gleichen G.; die beiden Gemeinden grenzen aneinander. **2.** *die Einwohner, Angehörigen eines solchen Bezirks:* er hat das Vertrauen der G. **3.** *die Teilnehmer eines Gottesdienstes:* die G. sang einen Choral.

Gemeinderat, der; -s, Gemeinderäte: **1.** *die von den Angehörigen einer Gemeinde gewählte Vertretung:* der G. hält seine Sitzungen im Rathaus. **2.** *Mitglied der gewählten Vertretung:* wir haben zwei neue Gemeinderäte.

gemeingefährlich ⟨Adj.⟩: *eine Gefahr für die Allgemeinheit bildend:* ein gemeingefährlicher Verbrecher.

Gemeinheit, die; -, -en: **a)** ⟨ohne Plural⟩ *gemeine, niederträchtige Gesinnung:* seine Gemeinheit stößt mich ab. **b)** *gemeine Handlung, gemeine Worte:* er ist zu jeder G. fähig.

gemeinnützig ⟨Adj.⟩: *dem allgemeinen Nutzen dienend:* das Geld wird für gemeinnützige Zwecke verwendet.

Gemeinplatz, der; -es, Gemeinplätze: *allgemeine, nichtssagende Redensart:* er redet fast nur in Gemeinplätzen.

gemeinsam ⟨Adj.; nicht prädikativ⟩: **1.** *mehreren Personen oder Sachen [an]gehörend:* unser gemeinsamer Garten; die beiden Häuser haben einen gemeinsamen Hof. **2.** *zusammen, miteinander; von mehreren zusammen unternommen:* wir gingen g. ins Theater.

Gemeinschaft, die; -, -en: **1.** ⟨ohne Plural⟩ *das Zusammensein, das Zusammenleben:* mit jmdm. in G. leben; eheliche G. **2.** *Gruppe von Personen, die durch gemeinsame Gedanken, Ideale o. ä. verbunden sind:* eine G. bilden; einer G. angehören.

gemeinschaftlich ⟨Adj.; nicht prädikativ⟩: *mehreren Personen gehörend; von mehreren gemeinsam durchgeführt:* das Haus ist unser gemeinschaftlicher Besitz; ein gemeinschaftlicher Spaziergang; etwas g. verwalten.

Gemeinschaftsschule, die; -, -n: *nicht an eine Konfession gebundene Grund- und Hauptschule.*

gemeinverständlich ⟨Adj.⟩: *so abgefaßt, daß jeder es verstehen kann:* ein Vortrag war g.; eine gemeinverständliche Abhandlung.

gemessen ⟨Adj.⟩: **a)** *langsam und würdevoll:* er kam mit ge-

messenen Schritten daher. **b)** *würdevoll, zurückhaltend:* sein Benehmen war ernst und g. **c)** ⟨nur attributiv⟩ *angemessen, geziemend:* er folgte uns in gemessenem Abstand.

Gemüse, das; -s, -: /Pflanzen, die als Nahrung zubereitet werden, z. B. Kohl/ (siehe Bild); G. anbauen, kochen; heute mittag gibt es G.

Gemüse

Gemüt, das; -s, -er: **a)** ⟨ohne Plural⟩ *seelische Empfindung, fühlendes Herz:* sie hat ein kindliches, liebevolles G. * (ugs.) *sich etwas zu Gemüte führen (etwas Gutes mit Genuß essen oder trinken).* **b)** *Mensch als empfindendes Wesen:* er ist ein ängstliches G.; der Vorfall beunruhigte die Gemüter.

gemütlich ⟨Adj.⟩: **a)** *behaglich, bequem:* ein gemütliches Zimmer; wir plauderten g. miteinander. **b)** *ruhig, umgänglich, freundlich:* ein gemütlicher Beamter saß am Schalter. **Gemütlichkeit,** die; -.

Gemütsruhe: ⟨in der Fügung⟩ in aller G. (ugs.): *[trotz Unruhe o. ä.] mit größter Gelassenheit, ohne Eile:* er frühstückte in aller G.

genau: I. ⟨Adj.⟩: **a)** *einwandfrei stimmend, zuverlässig, exakt:* eine genaue Waage; genaue Angaben machen; sich g. an etwas erinnern; das ist g. das gleiche; haben Sie genaue Zeit? *(können Sie mir genau sagen, wie spät es ist?)* **b)** ⟨nicht prädikativ⟩ *sorgfältig:* das mußt du g. unterscheiden; er arbeitet sehr g. * **es mit etwas [nicht] g. nehmen** *(auf die korrekte Einhaltung, Erfüllung einer Sache [nicht] sehr bedacht):* er nimmt es mit der Wahrheit nicht so g. **II.** ⟨Adverb⟩: **a)** *gerade, eben [noch]:* er kam g. zur rechten Zeit; das reicht g. [noch] für zwei Personen. **b)** ⟨verstärkend⟩ *gerade, eben:* g. das wollte ich sagen. **Genauigkeit,** die; -.

genauso ⟨Adverb⟩: *[genau] in der gleichen Weise:* er hat es g. gemacht wie sein Chef; g. muß man auch bei dieser Sache verfahren.

genehmigen, genehmigte, hat genehmigt ⟨tr.⟩: *erlauben, (einer Sache) zustimmen:* man hat seinen Antrag, sein Gesuch genehmigt. * (ugs.) **sich** (Dativ) **einen g.** *(ein Glas Bier o. ä. trinken).*

Genehmigung, die; -, -en: *Erlaubnis, Zustimmung:* du brauchst eine schriftliche G. [der Polizei]; etwas ohne G. tun.

geneigt: ⟨in der Verbindung⟩ **g. sein:** *bereit sein, die Absicht haben:* ich bin [nicht] g., auf seinen Vorschlag einzugehen. **Geneigtheit,** die; -.

Genergl, der; -s, -e und Generäle: /hoher Offizier/.

Generaldirektor, der; -s, -en: *oberster Direktor eines großen Unternehmens der Wirtschaft.*

Generalstreik, der; -s, -s: *Streik aller Arbeiter und Angestellten eines Landes:* den G. ausrufen.

Generation, die; -, -en: *alle Angehörigen einer Altersstufe:* die G. der Eltern; die junge G.

genesen, genas, ist genesen ⟨itr.⟩ (geh.): *gesund werden:* er ist endlich von seiner langen Krankheit genesen; kaum genesen, begann er wieder zu arbeiten. **Genesung,** die; -.

Genick, das; -s, -e: *Nacken:* ein steifes G. haben; wenn du von der Leiter fällst, wirst du dir das G. brechen *(wirst du tödlich verunglücken).* * **etwas bricht jmdm. das G.** *(an etwas scheitert jmd. [und daran geht er auch zugrunde]):* sein Leichtsinn brach ihm das G.

genieren [ʒe'ni:rən], genierte, hat geniert: **1.** ⟨rfl.⟩ *sich (vor jmdm.) gehemmt, unsicher fühlen; nicht den Mut (zu etwas) haben:* er genierte sich, sie anzusprechen; du brauchst dich vor mir nicht zu g. **2.** ⟨itr.⟩ *stören:* das geniert mich wenig.

genießbar ⟨Adj.⟩: *[noch] eßbar oder trinkbar:* diese Wurst, diese Milch ist nicht mehr g.; **bildl.** (ugs.): der Chef ist heute nicht g. *(nicht zu ertragen, weil er schlecht gelaunt ist).*

genießen, genoß, hat genossen ⟨tr.⟩: **1.** *mit Vergnügen, Befriedigung zu sich nehmen oder auf sich wirken lassen:* eine gute Speise g.; er genoß die herrliche Aussicht. **2.** *(einer Sache) teilhaftig werden; erhalten:* sie hat eine gründliche Ausbildung genossen; er genießt (hat) unser Vertrauen.

Genießer, der; -s, -: *jmd., fähig ist, etwas mit Vergnügen zu genießen:* er ist ein G.; ein stiller G. *(jmd., der still für sich genießt, ohne daß es andere merken).*

Genosse, der; -n, -n: *Mitglied einer sozialistischen Partei.*

Genossenschaft, die; -, -en: *Zusammenschluß mehrerer Personen zu einem bestimmten [wirtschaftlichen] Zweck:* eine G. gründen; einer G. beitreten.

genug ⟨Adverb⟩: *genügend, ausreichend:* ich habe g. Geld, Geld g.; der Schrank ist groß g.; ich habe lange g. gewartet *(ich will nicht länger warten);* jetzt habe ich g. [davon]! *(jetzt ist es mit meiner Geduld zu Ende!; jetzt bin ich es überdrüssig).*

genügen, genügte, hat genügt ⟨itr.⟩: *genug sein, ausreichen:* dies genügt für unsere Zwecke; zwei Zimmer genügen mir [nicht]; ⟨häufig vom 1. Partizip⟩ seine Leistungen waren nicht genügend.

genügsam ⟨Adj.⟩: *anspruchslos, mit wenigem zufrieden:* er ist sehr g. [im Essen].

Genuß, der; Genusses, Genüsse: **1.** *Freude, Wohlbehagen:* dieses Konzert war ein besonderer G.; ein Buch mit G. lesen. **2.** ⟨ohne Plural⟩ *Aufnahme von Nahrung u. ä.:* er ist nach dem G. von altem Fleisch krank geworden. ** **in den G. von etwas kommen** *(an einer Vergünstigung o. ä. teilhaben):* er kam in den G. einer Rente.

Genußmittel, das; -s, -: *Speise oder Getränk, das gut schmeckt und anregend wirkt, ohne nahrhaft zu sein:* Kaffee und Tee sind G.

Gepäck, das; -s: *in Koffern u. ä. verpackte Ausrüstung für eine Reise* (siehe Bild): das G. aufgeben, versichern.

Gepäck

Gepflogenheit, die; -, -en: *bewußt gepflegte Gewohnheit:* das entspricht nicht unseren Gepflogenheiten.

Gepräge, das; -s: *kennzeichnendes Aussehen, Eigenart:* eine Stadt von altertümlichem G.; der große Staatsmann gab seiner Zeit das G.

gerade: I. ⟨Adj.⟩: 1. *in immer gleicher Richtung verlaufend, nicht gekrümmt:* eine g. Linie. 2. *aufrecht:* g. gewachsen sein; bildl.: er ist ein g. *(aufrichtiger, offener)* Mensch. ** **eine g. Zahl** *(eine durch 2 teilbare Zahl);* (ugs.) **fünf g. sein lassen** *(es nicht sehr genau nehmen mit etwas).* II. ⟨Adverb⟩: 1. ⟨temporal⟩: **a)** *in diesem Augenblick:* er ist g. hier. **b)** *unmittelbar vorher:* er ist g. hinausgegangen. 2. ⟨modal⟩: **a)** (verstärkend) *genau, eben:* g. dies will ich sagen; g. *(ausgerechnet)* heute muß es regnen. **b)** *genau, eben [noch]:* er kam g. zur rechten Zeit; das reicht g. [noch] für zwei Personen. **c)** *erst recht:* nun werde ich es g. tun!

geradeaus ⟨Adverb⟩: *ohne die Richtung zu ändern:* g. fahren.

geradebiegen, biegt gerade, hat geradegebogen ⟨tr.⟩: *etwas Gebogenes, Verbogenes in gerade Form bringen:* einen Draht g.; bildl. (ugs.): wir werden die Sache schon g. *(in Ordnung bringen).*

gerade[n]wegs ⟨Adverb⟩: *direkt, ohne Umweg:* er ging g. nach Hause; bildl.: er ging g. *(ohne Umschweife)* auf sein Ziel los.

gerädert: ⟨in der Verbindung⟩ [wie] g. sein (ugs.): *erschöpft, abgespannt, zerschlagen sein:* er war nach dem langen Marsch wie g.

geradeso ⟨Adverb⟩: *ebenso.*

geradestehen, stand gerade, hat geradegestanden ⟨itr.⟩: *aufrecht stehen.* * **nicht mehr g. können** *(betrunken sein);* **für etwas g.** *(für etwas die Verantwortung übernehmen):* wir sind rechtzeitig zu Hause, dafür stehe ich gerade.

geradezu ⟨Adverb⟩: **a)** *direkt; ausdrücklich:* man muß das g. als Betrug bezeichnen. **b)** *wirklich* /verstärkend/: das ist ja g. fürchterlich! ** **g. sein** *([in verletzender Weise] offen sein und seine Meinung sagen):* er ist immer sehr g.

Gerät, das; -[e]s, -e: *[beweglicher] Gegenstand, mit dessen Hilfe etwas bearbeitet, bewirkt oder hergestellt wird:* die Geräte instand halten; ein elektrisches G. anschließen.

geraten, gerät, geriet, ist geraten ⟨itr.⟩: 1. *gelingen:* alles, was er tat, geriet ihm gut; der Kuchen ist heute nicht geraten. 2. **a)** *ohne Absicht an eine Stelle kommen:* in einen Sumpf g. **b)** ⟨als Funktionsverb⟩ *in eine bestimmte Lage, einen bestimmten Zustand kommen:* in Not, in Verlegenheit g.; in Brand. *(zu brennen anfangen);* in Vergessenheit g. *(vergessen werden).*

Geratewohl: ⟨in der Fügung⟩ aufs G.: *in der Hoffnung, daß es gelingt; auf gut Glück:* etwas aufs G. versuchen.

geräumig ⟨Adj.⟩: *viel Platz, Raum bietend:* eine geräumige Wohnung.

Geräusch, das; -[e]s, -e: *unbestimmter [aus mehreren Tönen gemischter] Schall:* ein kratzendes, gedämpftes G.

Geräuschkulisse, die; -: *andauernde, aus dem Hintergrund kommende Geräusche (Musik, Straßenlärm u. ä.), die nur unvollkommen ins Bewußtsein dringen:* er hört beim Arbeiten stets Musik, weil er diese G. braucht.

geräuschlos ⟨Adj.⟩: *kein Geräusch verursachend, nicht hörbar:* g. eintreten.

gerben, gerbte, hat gegerbt ⟨tr.⟩: *(Häute) zu Leder verarbeiten:* Häute g.; *(ugs.) **jmdm. das Fell g.** *(jmdm. verprügeln).*

gerecht ⟨Adj.⟩: **a)** *dem Recht und den allgemeinen Auffassungen vom Recht entsprechend; auf einem Recht beruhend:* etwas g. beurteilen; eine gerechte Strafe erhalten; gerechte Forderungen stellen. **b)** *nach dem Recht denkend und handelnd:* ein gerechter Richter. * **jmdm./einer Sache g. werden** *(jmdn./etwas angemessen beurteilen);* **einer Aufgabe, einem Anspruch g. werden** *(eine Aufgabe, einen Anspruch erfüllen [können]).*

Gerechtigkeit, die; -: *Gerechtsein, gerechtes Verhalten:* die G. des Richters. * **jmdm. G. zuteil werden lassen** *(jmdn. gerecht behandeln).*

Gerede, das; -s (abwertend): *nichtssagendes Reden:* das ist nur dummes G. * **jmdn. ins G. bringen** *(schuld daran sein, daß Nachteiliges über jmdn. geredet wird).*

gereift ⟨Adj.⟩: *in seiner Entwicklung zum Abschluß gekommen:* ein gereifter Mann.

gereizt ⟨Adj.⟩: *durch etwas Unangenehmes erregt, verärgert:* in gereizter Stimmung sein.

Gereiztheit, die; -.

Gericht, das; -[e]s, -e: I. *öffentliche Institution, die Verstöße gegen die Gesetze bestraft und Streitigkeiten schlichtet* (siehe Bild): jmdn. bei[m] G. verklagen; eine Sache vor das G. bringen. * **vor G. stehen** *(angeklagt sein);* **mit jmdm. scharf ins G. gehen** *(jmdn. streng zurechtweisen).* II. *zubereitete Speise* (siehe Bild): ein G. auftragen.

I. II.
Gericht

gerichtlich ⟨Adj.; nicht prädikativ⟩: *das öffentliche Gericht betreffend, zu ihm gehörend:* eine gerichtliche Entscheidung; jmdn. g. bestrafen.

Gerichtsvollzieher, der; -s, -: *Beamter, der gerichtliche Urteile zugunsten eines Gläubigers vollstreckt:* der G. hat die Möbel gepfändet.

gerieben ⟨Adj.⟩ (ugs.): *geschickt und schlau seinen Vorteil wahrend, gerissen:* er ist ein geriebener Bursche.

gering ⟨Adj.⟩: 1. *wenig, klein, niedrig:* nur geringe Einkünfte haben; die Kosten sind [nicht] g. * **nicht im geringsten** *(überhaupt nicht):* er kümmerte sich nicht im geringsten darum; **kein Geringerer als** ... *(ein so bedeutender Mann wie ...):* das hat kein Geringerer als Goethe geschrieben. 2. *gewöhnlich; sozial niedrig gestellt:* von geringer Herkunft sein.

geringfügig ⟨Adj.⟩: *unbedeutend, nicht ins Gewicht fallend:* er hatte nur geringfügige Verletzungen.

geringschätzig ⟨Adj.⟩: *verächtlich, in herabsetzender Weise:* eine geringschätzige Bemerkung; jmdn. g. behandeln.

Geringschätzung, die;-: *Einstellung, Haltung einer Person oder Sache gegenüber, die erkennen läßt, daß man sie nicht hoch schätzt, sie verachtet.*

gerinnen, gerann, ist geronnen ⟨itr.⟩: *zusammengehen, (in Form von Klumpen und Flocken) fest werden:* saure Milch gerinnt beim Kochen; ⟨häufig im 2. Partizip⟩ geronnenes Blut.

Gerippe, das; -s, -: *Skelett von toten Menschen oder Tieren:* in dem alten Keller hat man ein G. gefunden; bildl.: das G. *(die tragende Konstruktion)* eines Schiffes.

gerissen ⟨Adj.⟩ (ugs.): *überaus schlau und verschlagen:* ein gerissener Betrüger.

gern[e], lieber, am liebsten ⟨Adverb⟩: *bereitwillig, mit Vergnügen, mit Vorliebe:* g. lesen; ich helfe Ihnen g.; er geht g. früh schlafen; das kannst du g. tun. * **jmdn. g. haben** *(Zuneigung zu jmdn. empfinden);* **etwas g. haben** *(Gefallen an etwas finden):* ich habe es g., wenn das Radio leise spielt.

Geröll, das; -s: *Ansammlung loser Steine:* der Bach fließt durch G.

Gerste, die; -: /eine Getreideart/ (siehe Bild).

Gerste

Gerte, die; -, -n: *dünner, biegsamer Stock:* sich eine G. schneiden; sie ist schlank wie eine G.

Geruch, der; -[e]s, Gerüche: 1. ⟨ohne Plural⟩ *Fähigkeit zu riechen:* einen feinen G. haben. 2. *Art, wie etwas riecht:* Zwiebeln haben einen scharfen G.

Gerücht, das; -[e]s, -e: *unter den Leuten verbreitete, unerwiesene Nachricht:* das ist nur ein G.; es geht das G., daß er wieder heiraten wolle.

geruhsam ⟨Adj.⟩: *ruhig, nicht von Eile getrieben, behaglich:* ein geruhsamer Abend.

Gerümpel, das; -s: *alte, wertlose Gegenstände:* das G. aus der Wohnung entfernen.

Gerüst, das; -[e]s, -e: *Gestell aus Stangen, Brettern, Balken o. ä., mit Hilfe dessen ein Bau errichtet oder ausgebessert wird* (siehe Bild): ein G. aufstellen.

gesalzen ⟨Adj.; nicht adverbial⟩ (ugs.): **a)** *übermäßig hoch:* eine gesalzene Rechnung bekommen. **b)** *derb:* ein gesalzener Witz; jmdm. einen gesalzenen *(deutlichen)* Brief schreiben.

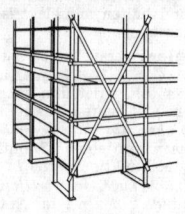

Gerüst

gesamt ⟨Adj.; nur attributiv⟩: *alle[s] ohne Ausnahme umfassend; vollständig, ganz:* die gesamte Bevölkerung.

Gesamtheit, die; -: *als Einheit erscheinende Menge von Personen, Dingen, Vorgängen o. ä.; das Ganze:* die G. der Einwohner.

Gesandtschaft, die; -, -en: *[ständige] Vertretung eines Staates im Ausland.*

Gesang, der; -[e]s, Gesänge: 1. ⟨ohne Plural⟩ *das Singen:* froher G. ertönte; der G. der Vögel. 2. *Lied:* geistliche, weltliche Gesänge.

Gesangbuch, das; -s, Gesangbücher: *Sammlung geistlicher Lieder für Gottesdienste.*

Gesäß, das; -es, -e: *Teil des Körpers, auf dem man sitzt.*

Geschäft, das; -[e]s, -e: 1. *gewerbliches Unternehmen mit einem oder mehreren Räumen, in denen etwas verkauft wird:* ein G. eröffnen; das G. ist heute geschlossen. 2. **a)** *Aufgabe; Tätigkeit, die einen bestimmten Zweck verfolgt:* er hat viele Geschäfte zu erledigen. **b)** *Handel, abgeschlossener Verkauf:* die Geschäfte gehen gut. * **ein [gutes] Geschäft [mit etwas] machen** *(an etwas [gut] verdienen).*

geschäftig ⟨Adj.⟩: *unentwegt tätig:* ein geschäftiger Diener; g. hin und her laufen. **Geschäftigkeit**, die; -.

geschäftlich ⟨Adj.⟩: *ein Geschäft betreffend:* geschäftliche Dinge besprechen; mit jmdm. g. verhandeln; er hat hier g. zu tun.

Geschäftsführer, der; -s, -: *Angestellter, der ein Unternehmen verantwortlich leitet.*

Geschäftsmann, der; -s, Geschäftsleute: *Kaufmann:* er ist ein schlechter G.

Geschäftsstelle, die; -, -n *Stelle, Büro einer Institution wo die laufenden Geschäfte erledigt und Kunden bedient werden.* die G. des Vereins befindet sich im Rathaus.

geschäftstüchtig ⟨Adj.⟩: *geschickt im Erreichen eines Gewinns:* dein Freund ist sehr g.

geschehen, geschieht, geschah ist geschehen ⟨itr.⟩: 1. *sich ereignen; eintreten und vor sich gehen; passieren:* es ist ein Unglück geschehen; das geschieht *(das tut man)* zu deinem Besten. * **etwas g. lassen** *(einen Vorgang, ein Ereignis dulden):* er ließ es g., daß sie abreiste; es **ist um jmdn. g.** *(jmd. ist dem Einfluß von jmdm. erlegen):* als sie ihn sah, da war es um ihn geschehen; **es ist um etwas g.** *(etwas ist dahin, verloren):* als die Kinder nach Hause kamen, war es um seine Ruhe g. 2. *(jmdm.) zustoßen, widerfahren, passieren.* ihm ist Unrecht g.; das geschieht dir ganz recht *(das hast du verdient);* dem Kind ist bei dem Unfall nichts geschehen.

gescheit ⟨Adj.⟩: *klug:* ein gescheiter Junge; ein gescheiter Einfall; er ist sehr g. * **du bist wohl nicht ganz, recht gescheit?** *(du bist wohl nicht bei Verstand!).*

Geschenk, das; -[e]s, -e: *Gegenstand, den man jmdm. gibt, schenkt, um ihm eine Freude zu machen:* ein G. überreichen.

Geschichte, die; -, -n: 1. **a)** ⟨ohne Plural⟩ *politische oder kulturelle Entwicklung, Folge von Ereignissen:* die G. des römischen Reiches; der Musik; G. studieren. **b)** *wissenschaftliche Darstellung einer Entwicklung:* er hat eine G. des Dreißigjährigen Krieges geschrieben. 2. *Bericht, Erzählung:* die G. von Robinson Crusoe; eine spannende G. erzählen. 3. (ugs.) *Vorfall; Angelegenheit, Sache:* er hat von der ganzen G. nichts gewußt; das sind alte Geschichten *(längst bekannte Tatsachen).* * (ugs.) **mach keine Geschichten!** *(mach keine Dummheiten!).*

geschichtlich ⟨Adj.⟩: *die politische oder kulturelle Entwicklung betreffend:* ein geschichtliches Ereignis.

Geschick: **I.** das; -[e]s, -e: *Schicksal:* ihn traf ein schweres

Geselle

G. II. das; -[e]s: *Geschicklichkeit.* etwas mit großem G. tun; [kein] G. zu etwas haben.

Geschicklichkeit, die; -: *Fertigkeit, besondere Gewandtheit (in bestimmten Dingen):* alle bewunderten seine G. bei den Verhandlungen.

geschickt ⟨Adj.⟩: *Geschicklichkeit zeigend; gewandt:* ein geschickter Handwerker; etwas g. einrichten.

Geschirr, das; -s, -e: **I.** *Gefäße aus Porzellan o. ä. im Haushalt* (siehe Bild): das G. abwaschen, spülen. **II.** *Riemen, mit denen Zugtiere vor den Wagen gespannt werden* (siehe Bild): dem Pferd das G. anlegen. * (ugs.) **sich tüchtig ins G. legen** *(angestrengt arbeiten).*

Geschirr

Geschlecht, das; -[e]s, -er: **1.** *die beiden Formen, männlich oder weiblich, nach denen sich Lebewesen unterscheiden:* junge Leute beiderlei Geschlechts. * (ugs.) **das schwache, schöne G.** *(die Frauen);* **das starke G.** *(die Männer).* **2.** *Gattung, Stamm, [alte]Familie:* das G. der Hohenstaufen. **3.** *Generation:* die kommenden Geschlechter.

geschlechtlich ⟨Adj.⟩: *das Geschlecht betreffend, sexuell:* geschlechtliche Fragen; mit jmdm. g. verkehren.

Geschlechtsteil, das; -s, -e: *äußeres Organ, das der Fortpflanzung dient.*

geschlossen ⟨Adj.⟩: **a)** ⟨nur adverbial⟩ *einheitlich, ohne Ausnahme:* sie stimmten g. für die neue Verfassung. **b)** ⟨nur attributiv⟩ *zusammenhängend [gebaut]:* eine geschlossene Ortschaft. ** **geschlossene Gesellschaft** *(nicht allgemein zugängliche Veranstaltung in einem öffentlichen Lokal).* **Geschlossenheit,** die; -.

Geschmack, der; -s: **1. a)** *Fähigkeit, etwas zu schmecken:* er hat wegen seines Schnupfens keinen G. **b)** *Art, wie etwas schmeckt:* die Suppe hat einen kräftigen G. **2.** *Fähigkeit zu ästhetischem Urteil:* einen guten G. haben. **3.** *das, was jmd. schön findet; Richtung, Art des Geschmacks:* das ist nicht mein, nach meinem G.; über den G. läßt sich [nicht] streiten. * **G. an etwas finden** *(an etwas Gefallen finden);* **auf den G. kommen** *(allmählich das Angenehme an etwas herausfinden und nun immer genießen wollen):* nachdem er einige Zigaretten geraucht hatte, war er auf den G. gekommen.

geschmacklos ⟨Adj.⟩: **1.** *keinen Sinn für Schönheit erkennen lassend, ohne [künstlerischen] Geschmack:* ein geschmackloses Bild; sie war g. gekleidet. **2.** *unfein, taktlos:* ich finde seine Antwort g. **Geschmacklosigkeit,** die; -.

Geschmack[s]sache, ⟨in der Fügung⟩ *das ist G.: darüber kann man verschiedener Ansicht sein, je nach dem persönlichen Geschmack.*

geschmackvoll ⟨Adj.⟩: *den Sinn für Schönheit erkennen lassend, mit [künstlerischem] Geschmack:* eine geschmackvolle Ausstattung; das Schaufenster ist g. dekoriert.

geschmeidig ⟨Adj.⟩: *schmiegsam, elastisch; gewandt:* dieses Leder ist g.; geschmeidige Glieder haben.

Geschöpf, das; -[e]s, -e: *Lebewesen; geschaffenes Wesen:* alle Geschöpfe müssen sterben; der Dichter liebt seine Geschöpfe *(die Personen in seinen Werken).*

Geschoß, das; Geschosses, Geschosse: **I.** *aus einer Waffe geschossener, meist länglicher Körper:* das G. traf ihn am Arm. **II.** *der auf gleicher Höhe liegenden Räume umfassende Teil eines Gebäudes; Stockwerk:* er wohnt im vierten G.; in einem der oberen Geschosse.

geschraubt ⟨Adj.⟩: *im Ausdruck gewollt gewählt und umständlich:* das Buch hat einen geschraubten Stil; er drückte sich sehr g. aus.

Geschrei, das; -s: *längere Zeit andauerndes Schreien:* man hörte lautes G. * (ugs.) **viel G. um etwas machen** *(unnötig viel über etwas reden).*

Geschütz, das; -es, -e: *fahrbare oder fest montierte schwere Schußwaffe* (siehe Bild).

Geschütz

Geschwätz, das; -es (ugs.; abwertend): *nichtssagendes, überflüssiges Reden:* das ist nur leeres, dummes G.

geschwätzig ⟨Adj.⟩ (abwertend): *viel und in aufdringlicher Weise redend:* eine geschwätzige alte Frau.

geschweige ⟨Konj.; oft in der Verbindung mit *denn*⟩: *erst recht nicht:* ich kann kaum gehen, g. [denn] Treppen steigen; so etwas sagt man nicht, g. [denn], daß man es täte.

geschwind ⟨Adj.⟩ (landsch.): *schnell, rasch:* komm g.!; es geht nicht so g.

Geschwindigkeit, die; -, -en: *Schnelligkeit; Verhältnis der Zeit zu dem in ihr zurückgelegten Weg:* die G. erhöhen; das Auto fuhr mit einer G. von 150 km in der Stunde.

Geschwister, die ⟨Plural⟩: *Kinder gleicher Eltern, meist beiderlei Geschlechts:* meine G. gehen noch zur Schule.

geschwollen ⟨Adj.⟩: *im Ausdruck überflüssig kompliziert, hochtrabend, schwülstig:* sein Stil ist g.; er redet immer so g.

Geschworene, der; -n, -n ⟨aber: [ein] Geschworener, Plural: Geschworene⟩: *Mitglied eines Schwurgerichts, der kein Jurist ist.*

Geschwulst, die; -, Geschwülste: *krankhafte Anschwellung oder Wucherung von Gewebe im Körper:* eine G. operieren.

Geschwür, das; -s, -e: *[eitrige] Entzündung, bei der Gewebe zerstört wird:* das G. mußte geschnitten werden.

Geselle, der; -n, -n: **1.** *Handwerker, der seine Lehre mit einer Prüfung abgeschlossen hat:* der Meister beschäftigt zwei Gesel-

gesellig

len. 2. *(meist abwertend) Bursche, [junger] Mann:* ein wüster, langweiliger G.

gesellig ⟨Adj.⟩: **a)** *sich leicht und gern an andere anschließend;* ein geselliger Mensch; g. leben. **b)** *in zwangloser Gesellschaft stattfindend; unterhaltsam:* ein geselliger Abend.

Geselligkeit, die; -, -en: **a)** ⟨ohne Plural⟩ *gesellschaftlicher Umgang:* er liebt die G. **b)** *geselliges Beisammensein:* eine G. veranstalten.

Gesellschaft, die; -, -en: **1. a)** ⟨ohne Plural⟩ *Umgang, Begleitung:* man sah sie in [der] G. von zwei Herren. * **jmdm. G. leisten** *(bei jmdm. sein und ihn unterhalten).* **b)** *geselliges, festliches Beisammensein:* eine G. geben. **c)** *Kreis von Menschen:* eine gemischte *(sehr unterschiedlich zusammengesetzte)* G.; (ugs.) das ist eine langweilige G. **2.** ⟨ohne Plural⟩ *die unter bestimmten Verhältnissen und Formen zusammenlebenden Menschen:* die bürgerliche G. **3.** *Vereinigung mit bestimmten Zwecken:* eine wissenschaftliche G. * **G. mit beschränkter Haftung** (Abk.: GmbH /bestimmte Form eines wirtschaftlichen Unternehmens/).

gesellschaftlich ⟨Adj.; nicht prädikativ⟩: *die Gesellschaft betreffend, in der Gesellschaft üblich:* die gesellschaftlichen Formen beachten; politische und gesellschaftliche Verhältnisse.

Gesellschaftsreise, die; -, -n: *organisierte Reise einer Gruppe:* das Reisebüro führt eine G. nach Griechenland durch.

Gesellschaftsschicht, die; -, -en: *Gruppe von höherem oder niederem Rang, die sich im Zusammenleben der Menschen herausgebildet hat:* zur gehobenen G. gehören.

Gesellschaftsspiel, das; -s, -e: *Spiel, das zur geselligen Unterhaltung dient.*

Gesetz, das; -es, -e: **1.** *[vom Staat erlassene] rechtlich bindende Vorschrift:* ein G. beschließen; gegen ein G. verstoßen. **2.** *festes Prinzip, das das Verhalten oder den Ablauf von etwas bestimmt:* die Gesetze der Natur; das G. der Serie; nach dem G. von Angebot und Nachfrage.

gesetzgebend ⟨Adj.⟩: *[auf Grund der Verfassung] Gesetze erlassend:* die gesetzgebende Versammlung.

gesetzlich ⟨Adj.⟩: *dem Gesetz entsprechend, vom Gesetz bestimmt:* die Eltern sind die gesetzlichen Vertreter des Kindes; ich bin g. zu dieser Abgabe verpflichtet.

gesetzmäßig ⟨Adj.⟩: *einem inneren Gesetz folgend:* eine gesetzmäßige Entwicklung; etwas läuft g. ab. **Gesetzmäßigkeit,** die; -, -en.

gesetzt ⟨Adj.⟩: *reif, ruhig:* für seine Jugend wirkt er überraschend g.; in gesetztem Alter *(nicht mehr ganz jung)* sein.

Gesicht, das; -s, -er: **1.** *vordere Seite des Kopfes:* ein ovales G.; das G. abwenden. * **jmdm. etwas ins G. sagen** *(seine Kritik an jmdm. dem Betreffenden selbst sagen; und es nicht hinter seinem Rücken, nicht heimlich tun);* **das G. wahren** *(so tun, als ob alles in Ordnung sei);* **sein G. verlieren** *(sein Ansehen verlieren);* **den Dingen ins G. sehen** *(etwas realistisch einschätzen).* **2.** *Miene:* ein freundliches, böses G. zeigen, machen. * **ein langes G. machen** *(enttäuscht blicken).*

Gesichtskreis, der; -es, -e: *geistiger Horizont; Kreis, den man von einem bestimmten Standpunkt aus überblickt:* er konnte seinen G. erweitern.

Gesichtspunkt, der; -[e]s, -e: *Möglichkeit, eine Sache anzusehen und zu beurteilen:* das ist ein neuer G.; er geht von einem politischen G. aus.

Gesindel, das; -s (abwertend): *Menschen, die man verachtet; Pack:* ich kann dieses G. nicht ausstehen.

gesinnt ⟨Adj.; in Verbindung mit einer näheren Bestimmung⟩: *eine bestimmte Gesinnung habend; (jmdm. gegenüber) in bestimmter Weise eingestellt sein:* er ist sozial g.; jmdm. freundlich g. sein.

Gesinnung, die; -, -en: *charakterliche Haltung des Menschen, Denkweise:* von anständiger G. sein; jmdm. feindliche G. zeigen; seine [politische] G. wechseln.

gesonnen: ⟨in der Verbindung⟩ g. sein: *die Absicht haben, gewillt sein:* ich bin nicht g., meinen Plan aufzugeben.

gespannt ⟨Adj.⟩: **1.** *voller Erwartung den Ablauf eines Geschehens verfolgend; neugierig:* ich bin g., ob es ihm gelingt; wir sahen dem Spiel g. zu. **2.** *kritisch; leicht in Streit übergehend:* die politische Lage ist g.; gespannte Beziehungen. * **mit jmdm. auf gespanntem Fuß stehen** *(jmdm. feindselig gegenüberstehen).*

Gespenst, das; -es, -er: *umgehender Geist [eines Toten]:* er glaubt an Gespenster; bildl.: das G. *(die drohende Gefahr)* des Krieges.

gespenstisch ⟨Adj.⟩: *unheimlich; düster drohend:* eine gespenstische Nacht, Erscheinung.

Gespinst, das; -es, -e: *gesponnenes Garn; [lockeres] Gewebe:* ein feines, grobes G.; bildl.: ein G. von Lüge und Betrug.

Gespräch, das; -s, -e: *mündlicher Austausch von Gedanken zwischen zwei oder mehreren Personen:* ein G. führen; an einem G. teilnehmen.

gesprächig ⟨Adj.⟩: *zum Reden, Erzählen aufgelegt, sich gern unterhaltend:* er ist [heute] nicht sehr g.

Gestalt, die; -, -en: **1. a)** ⟨ohne Plural⟩ *äußere Erscheinung:* er hat eine kräftige G. **b)** *nicht genau erkennbares Lebewesen:* auf dem Hof stand eine dunkle G. **2. a)** *Persönlichkeit:* eine der großen Gestalten des Abendlandes. **b)** *von einem Dichter geschaffene Figur:* die G. des Hamlet. **3.** *Form eines Gegenstandes:* die Wurzel hat die G. eines Sternes. * **G. annehmen** *(feste Formen gewinnen):* der Plan nimmt allmählich G. an.

gestalten, gestaltete, hat gestaltet: **a)** ⟨tr.⟩ *(einer Sache) eine bestimmte Form, ein bestimmtes Aussehen geben:* einen Stoff literarisch g.; der Park wurde völlig neu gestaltet. **b)** ⟨rfl.⟩ *eine bestimmte Form annehmen:* das Fest gestaltete sich ganz anders, als wir erwartet hatten; in der Zukunft wird sich manches anders g. *(wird manches anders aussehen).* **Gestaltung,** die; -.

geständig: ⟨in der Verbindung⟩ g. sein: *[etwas] zugeben, gestehen:* der Angeklagte ist g.

Geständnis, das; -ses, -se: *das Gestehen, Bekennen; Erklärung, mit der man Schuld zugibt:* jmdm. ein G. machen *(jmdm. etwas gestehen);* ein G. ablegen

Gestank, der; -s (abwertend): übler Geruch: ein abscheulicher G.; der G. war nicht mehr zu ertragen.

gestatten, gestattete, hat gestattet: a) ⟨tr.⟩ *erlauben, bewilligen:* er gestattete mir, die Bibliothek zu benutzen; Rauchen nicht gestattet!; ⟨auch rfl.⟩ er gestattete sich gewisse Freiheiten. b) ⟨itr.⟩ *die Möglichkeit geben:* mein Einkommen gestattet mir keine großen Reisen.

Geste, die; -, -n: 1. *Bewegung der Hände oder Arme, die die Rede begleitet oder auch ersetzt:* er sprach mit lebhaften Gesten; sie machte eine zustimmende G. 2. *Handlung oder Mitteilung, die etwas indirekt ausdrücken soll:* dieser Brief war nur eine höfliche G.

gestehen, gestand, hat gestanden ⟨tr.⟩: *zugeben, bekennen:* er hat das Verbrechen gestanden; er gestand ihr seine Liebe; ⟨auch itr.⟩ der Angeklagte hat gestanden.

Gestein, das; -s, -e: *die festen Bestandteile in der Erde; Masse aus Stein.*

Gestell, das; -s, -e: a) *Aufbau aus Stangen, Brettern o. ä., auf den man etwas stellen oder legen kann:* die Flaschen liegen auf einem G. b) *fester Rahmen:* das G. der Maschine.

gestern ⟨Adverb⟩: 1. *einen Tag vor heute:* ich habe ihn g. gesehen; g. abend. 2. *früher:* die Mode von g.; (ugs.) er ist nicht von g. *(er hat Erfahrung, weiß Bescheid).*

gestreift ⟨Adj.⟩: *mit Streifen versehen:* der Tiger hat ein gestreiftes Fell.

gestrig ⟨Adj.; nur attributiv⟩: *am vorangegangenen Tage gewesen; von gestern:* es stand in der gestrigen Zeitung; unser gestriges Gespräch.

Gestrüpp, das; -s, -e: *Sträucher, deren Zweige wild durcheinanderwachsen:* vor dem Wald wuchs niedriges G.; bildl.: ein G. *(eine verworrene Menge)* von Paragraphen.

Gesuch, das; -s, -e: *Antrag, schriftlich abgefaßte Bitte [an eine Behörde]:* ein G. einreichen, ablehnen.

gesund, gesünder, gesündeste ⟨Adj.⟩: 1. a) *frei von Krankheiten:* ein gesundes Kind; gesunde Zähne haben; g. sein, werden. b) *natürlich, normal:* er hat gesunde Anschauungen. 2. *die Gesundheit fördernd:* gesunde Luft; Wandern ist g.

Gesundheit, die; -: *das Gesundsein, Wohlbefinden:* du mußt etwas für deine [angegriffene] G. tun.

gesundheitlich ⟨Adj.; nicht prädikativ⟩: *die Gesundheit betreffend:* er hat gesundheitlichen Schaden erlitten; es geht ihm g. nicht gut.

Getränk, das; -[e]s, -e: *zum Trinken zubereitete Flüssigkeit:* Getränke verkaufen; er bat um ein erfrischendes G.

Getreide, das; -s: /alle Pflanzen, die angebaut werden, um aus den Körnern Mehl u. ä. zu gewinnen/: das G. wird reif; Weizen ist ein wichtiges G.

Getriebe, das; -s, -: *Vorrichtung in Maschinen und Fahrzeugen, die Bewegungen überträgt:* das G. des Autos.

getrost ⟨Adj.; nicht attributiv⟩: *vertrauensvoll, ruhig, ohne etwas fürchten zu müssen:* du kannst g. zu ihm gehen.

Getümmel, das; -s: *erregtes Durcheinander von Menschen:* das G. eines Kampfes, eines Festes.

Gewächs, das; -es, -e: 1. *Pflanze:* in seinem Garten gibt es seltene Gewächse. 2. *Geschwulst:* ein bösartiges G.

gewählt ⟨Adj.⟩: *gehoben, vornehm* /in bezug auf die Sprache/: er drückt sich sehr g. aus.

Gewähr, die; -: *Garantie, Sicherheit:* G. für etwas bieten, leisten; die Angaben erfolgen ohne G. [für die Richtigkeit].

gewahren, gewahrte, hat gewahrt ⟨tr.⟩ (geh.): *wahrnehmen, bemerken; [unvermutet] erblicken:* da gewahrte er ein Licht in der Ferne.

gewähren, gewährte, hat gewährt ⟨tr.⟩: a) *(jmdm. etwas Gewünschtes o. ä.) zugestehen, bewilligen:* die Bank gewährte dem Unternehmen einen hohen Kredit; er gewährte *(gab, bot)* den Flüchtlingen Unterkunft und Schutz. b) (geh.) *(jmdm. Wunsch o. ä.) nachkommen, erfüllen:* er hat ihm die Bitte gewährt. ** **jmdn. g. lassen** *(jmdn. bei seinem Tun nicht stören, nicht hindern).*

gewährleisten, gewährleistete, hat gewährleistet ⟨tr.⟩: *garantieren, sichern, verbürgen:* die Sicherheit g. **Gewährleistung**, die; -.

Gewahrsam: ⟨in bestimmten Wendungen⟩ *etwas in G. haben/halten/nehmen (etwas verwahren, sicher aufbewahren);* jmdn. in G. nehmen/setzen *(jmdn. in Haft nehmen, verhaften);* in [polizeilichem] G. sein *(in Haft sein).*

Gewährsmann, der; -[e]s, Gewährsmänner und Gewährsleute: *Bürge; jmd., auf dessen Aussage man sich berufen kann:* er ist mein G.

Gewalt, die; -, -en: 1. *Macht und Befugnis, Recht und die Mittel, über jmdn./etwas zu bestimmen, zu herrschen:* die elterliche, staatliche G.; G. über jmdn. haben. * **sich in der G. haben** *(sich beherrschen [können]).* 2. ⟨ohne Plural⟩ *rücksichtslos angewandte Macht; unrechtmäßiges Vorgehen; Zwang:* G. leiden müssen; in diesem Staat geht G. vor Recht; bildl.: der Wahrheit G. antun *(die Wahrheit verfälschen).* 3. ⟨ohne Plural⟩ *körperliche Kraft; Anwendung physischer Stärke:* er öffnete die Tür mit G.; der Betrunkene wurde mit G. aus der Gaststätte gebracht. * **mit aller G.** *(unbedingt):* unter allen Umständen): er wollte mit aller G. Leiter des Unternehmens werden. 4. *elementare Kraft; Stärke, Heftigkeit:* die G. des Sturmes, der Wellen; den Gewalten des Unwetters trotzen; bildl.: von der G. einer Idee, einer Leidenschaft erfaßt werden.

gewaltig ⟨Adj.⟩: 1. *über eine große Macht verfügend:* er war der gewaltigste Herrscher in Europa. 2. (ugs.) a) *sehr groß, sehr stark, mächtig:* ein gewaltiger Felsen; er hat gewaltige Schmerzen; der Fortschritt ist g.; ein gewaltiger Hunger. b) ⟨verstärkend bei Adjektiven und Verben⟩ *sehr:* er hat sich g. angestrengt.

gewaltsam ⟨Adj.; nicht prädikativ⟩: 1. *unter Anwendung physischer Kraft [durchgeführt]:* er öffnete g. die Tür. 2. *mit Zwang [durchgeführt]; rücksichtslos:* der Streik wurde g. unterdrückt. ** **einen gewaltsamen Tod sterben** *(auf nicht natürliche Weise sterben).* **Gewaltsamkeit**, die; -.

gewalttätig ⟨Adj.⟩: *seinen Willen mit [roher] Gewalt durchsetzend; roh, brutal, rücksichtslos:* er ist ein gewalttätiger Mensch. **Gewalttätigkeit,** die; -, -en.

Gewand, das; -[e]s, Gewänder (geh.): *[festliche] Kleidung; langes [festliches] Kleidungsstück:* ein prächtiges, wallendes G.; bildl.: das Buch erscheint in einem neuen G. *(in einer neuen Aufmachung).*

gewandt ⟨Adj.⟩: *sicher und geschickt; wendig:* er hat ein gewandtes Auftreten; er ist sehr g. und weiß mit Menschen umzugehen. **Gewandtheit,** die; -.

gewärtig: ⟨in der Fügung⟩ (einer Sache) g. sein (geh.): *[etwas] erwarten; [auf etwas] gefaßt sein:* er war des Äußersten an Schikane g.; er war g., von ihr angesprochen zu werden; ⟨gelegentlich auch ohne *sein*⟩ sie hatte seit Wochen in Angst gelebt, stets g. des brutalsten Überfalls.

Gewässer, das; -s, -: 1. *Ansammlung von [stehendem] Wasser, deren Größe nicht näher bestimmt ist:* ein stilles, mit Schilf fast zugewachsenes G. 2. ⟨Plural⟩ /zusammenfassende Bezeichnung für Flüsse, Kanäle, Seen u. ä./: Finnland hat viele G.

Gewebe, das; -s, -: 1. *Stoff aus kreuzförmig gewebten Fäden:* ein feines, leinenes G. 2. *Verband von Zellen mit gemeinsamer Aufgabe und gleichem Bau* /bei Pflanzen, Tieren und dem Menschen/: viele Krankheiten zerstören das G. des Körpers.

Gewehr, das; -s, -e: *Schußwaffe mit langem Lauf* (siehe Bild): das G. laden.

Gewehr

Geweih, das; -[e]s, -e /Gebilde auf der Stirn des Hirsches/ (siehe Bild): der Hirsch hatte sein G. abgeworfen.

Geweih

Gewerbe, das; -s, -: *auf Erwerb ausgerichtete berufsmäßige Tätigkeit:* ein G. ausüben.

gewerbsmäßig ⟨Adj.; nicht prädikativ⟩: *auf regelmäßigen Erwerb ausgerichtet; wie ein Gewerbe [betrieben]:* gewerbsmäßige Bettelei; einen Handel g. betreiben.

Gewerkschaft, die; -, -en: *Organisation der Arbeitnehmer zur Durchsetzung ihrer [sozialen] Interessen:* er ist Mitglied der G.

Gewicht, das; -[e]s, -e: 1. a) ⟨ohne Plural⟩ *Größe der Kraft, mit der ein Körper auf seine Unterlage drückt oder nach unten zieht; Schwere, Last eines Körpers:* das Paket hatte ein G. von

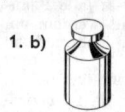

1. b)

Gewicht

3 kg. b) *Körper mit einer bestimmten Schwere* (siehe Bild): er legte drei Gewichte auf die Waage. 2. *Bedeutung, Wichtigkeit:* dieser Vorfall hat kein G., ist ohne G.; er legt großes G. *(großen Wert)* auf gute Umgangsformen.

gewichtig ⟨Adj.⟩: *bedeutend, wichtig:* er hat gewichtige *(schwerwiegende, ernste)* Gründe für diese Ansicht; er tat sehr g. **Gewichtigkeit,** die; -.

gewieft ⟨Adj.⟩ (ugs.): *schlau, gerissen:* ein gewiefter Bursche; g. sein.

gewiegt ⟨Adj.⟩ (ugs.): *durch Erfahrung geschickt und mit allen Kniffen vertraut; schlau, durchtrieben:* ein gewiegter Rechtsanwalt.

gewillt: ⟨in der Verbindung⟩ g. sein: *entschlossen, willens sein:* er war g., seinen Plan in die Tat umzusetzen.

Gewinde, das; -s, -: *an einer Schraube oder in der Mutter einer Schraube fortlaufende eingeschnittene Rille* (siehe Bild).

Gewinde

Gewinn, der; -s, -e: 1. *materielle Bereicherung; Verdienst, Überschuß:* das Unternehmen arbeitet mit G.; bildl.: dies Buch wirst du mit G. *(mit großem Nutzen; mit innerer Berei-* cherung) lesen. 2. a) *Los, das gewinnt; Treffer:* jedes Los ist ein G. b) *das, was durch Glück gewonnen werden kann; als Preis ausgesetzter Gegenstand oder Betrag:* die Gewinne wurden verteilt, ausgezahlt.

gewinnen, gewann, hat gewonnen: 1. ⟨tr.⟩ *(einen Kampf) zu seinen Gunsten, für sich entscheiden; in etwas Sieger sein:* ein Spiel, einen Kampf, Prozeß g.; er gewann den 100-m-Lauf *(wurde Erster);* ⟨auch itr.⟩ er hat [in diesem Spiel] hoch gewonnen. 2. a) ⟨tr.⟩ *durch eigene Anstrengungen und zugleich durch günstige Umstände erwerben, erlangen, bekommen:* einen Vorteil, Vorsprung g.; Reichtümer g.; großes Ansehen, jmds. Gunst, Einblick in etwas g. ⟨tr./itr.⟩ *durch Glück erlangen, bekommen:* er hat im Lotto [100 Mark] gewonnen; bei der Verlosung ein Auto g.; jedes Los gewinnt *(jedes Los ist ein Treffer, bringt einen Preis).* c) ⟨itr.⟩ *erhalten, bekommen:* diese Angelegenheit gewinnt durch diesen Vorfall ein ganz neues Aussehen, eine besondere Bedeutung. d) ⟨itr.⟩ *(an etwas) zunehmen:* das Flugzeug gewann an Höhe; er hat an Ansehen gewonnen; das Problem gewinnt an Klarheit *(wird klarer);* durch den Rahmen hat das Bild sehr gewonnen *(ist das Bild eindrucksvoller, schöner geworden).* 3. ⟨tr.⟩ *(jmdn.) überreden, dazu bringen, sich an etwas zu beteiligen oder sich für etwas einzusetzen:* die Firma hat mehrere Fachleute für das neue Projekt gewonnen; sie haben einen bekannten Professor für diesen Abend als Redner gewonnen; du hast ihn zum Freund gewonnen *(er ist dein Freund geworden);* ⟨häufig im 1. Partizip⟩ er hat gewinnende *(sympathische, einnehmende)* Umgangsformen. * jmdn. für sich g. *(jmds. Sympathien erwerben; jmdn. für sich einnehmen).* 4. ⟨tr.⟩ *aus der Erde herausholen, fördern:* Kohlen g.; Saft aus Äpfeln g. *(herstellen).* 5. ⟨itr.⟩ (geh.) *mit Mühe erreichen:* das Schiff gewann den rettenden Hafen. * (geh.) **das Weite** g. *(fliehen).*

gewiß: I. ⟨Adj.⟩: 1. ⟨nicht attributiv⟩ *ohne jeden Zweifel; gesichert; sicher:* seine Niederlage, Bestrafung ist g.; er war sich seines Erfolges g. *(war von* seinem Erfolg überzeugt); so viel ist g. (steht fest), daß wir dieses Jahr nicht verreisen können; etwas als g. (gesichert) ansehen. 2. ⟨nur attributiv⟩ a) *nicht näher bezeichnet; nicht genauer bestimmt:* ich habe ein gewisses Gefühl, als ob...; aus einem gewissen Grunde möchte ich zu dieser Frage nicht Stellung nehmen; in gewissen Kreisen spricht man über diese Vorgänge. b) *nach Menge oder Art bestimmt und begrenzt; nicht allzu groß:* eine gewisse Distanz einhalten; sein Buch erregte ein gewisses Aufsehen. II. ⟨Adverb⟩: *sicherlich, wahrscheinlich; sicher; auf jeden Fall; ohne jeden Zweifel:* g. hast du recht, aber wir können es doch noch einmal überprüfen; er wird g. bald kommen.

Gewissen, das; -s: *sittliches Bewußtsein von Gut und Böse:* er hat ein sehr kritisches G. * **ein schlechtes G. haben** *(sich schuldig fühlen; sich Vorwürfe machen);* **jmdn. auf dem G. haben** *(schuld an jmds. Tod sein).*

gewissenhaft ⟨Adj.⟩: *mit großer Genauigkeit und Sorgfalt vorgehend; verantwortungsvoll und sorgfältig:* ein gewissenhafter Beamter; g. arbeiten. **Gewissenhaftigkeit,** die; -.

gewissenlos ⟨Adj.⟩: *ohne jedes sittliche Empfinden für Gut und Böse [seiend]; skrupellos:* ein gewissenloser Verbrecher; g. handeln. **Gewissenlosigkeit,** die; -.

Gewissensbisse, die ⟨Plural⟩: *quälendes Bewußtsein, unrecht gehandelt zu haben; Bewußtsein, schuld an etwas zu sein:* heftige G. haben.

gewissermaßen ⟨Adverb⟩: *sozusagen, gleichsam, so viel wie:* er war g. nur Helfer.

Gewißheit, die; -: *sichere Kenntnis (von etwas); nicht zu bezweifelndes Wissen; Sicherheit:* es war keine G. über den Vorfall zu erlangen; ich muß G. darüber bekommen, ob er uns betrügt oder nicht; man kann mit G. *(ohne jeden Zweifel)* sagen, daß er überaus intelligent ist; sich G. *(Klarheit)* über etwas verschaffen; ich habe die G. *(ich bin der festen Überzeugung, Meinung),* daß sie uns betrügen wollen.

Gewitter, das; -s, -: *vorübergehendes Unwetter mit Blitz, Donner [und heftigen Niederschlägen]:* ein schweres, nächtliches G.; bildl.: ein häusliches G. *(ein häuslicher Streit).*

gewitzigt: ⟨in der Wendung⟩ **durch Erfahrung g. sein:** *durch Erfahrung schlau geworden sein.*

gewitzt ⟨Adj.⟩: *mit praktischem Verstand begabt, schlau:* ein gewitzter Geschäftsmann.

gewöhnen, gewöhnte, hat gewöhnt ⟨tr./rfl.⟩: *(jmdm./sich etwas) zur Gewohnheit machen; (mit jmdm.) vertraut machen:* ein Kind an Sauberkeit g.; sie konnte sich nicht an die Kälte g.; ⟨häufig im 2. Partizip in Verbindung mit *sein*⟩ das Kind ist daran gewöhnt, sich regelmäßig die Zähne zu putzen; er ist an schwere Arbeit gewöhnt *(er hat schon oft schwer arbeiten müssen, so daß ihm schwere Arbeit nicht fremd ist).*

Gewohnheit, die; -, -en: *das, was man immer wieder tut, so daß es schon selbstverständlich ist; zur Eigenschaft gewordene Handlungsweise; übliches Verhalten:* er hat die üble G. zu schnarchen; die Macht der G.; mit einer G. brechen.

gewöhnlich ⟨Adj.⟩: **1.** *alltäglich, üblich; nicht von besonderer Art:* unsere gewöhnliche Beschäftigung; ein Mensch wie er findet sich im gewöhnlichen Leben nur schwer zurecht; [für] g. *(im allgemeinen)* kommt er um sieben. **2.** *in seinem Erscheinen oder Auftreten niedriges Niveau verratend; gemein, unfein, ordinär:* ein äußerst gewöhnlicher Mensch; er benahm sich sehr g.

gewohnt ⟨Adj.⟩: *bekannt, vertraut; nicht fremd:* die gewohnte Arbeit, Umgebung; in gewohnter Weise; ⟨häufig in Verbindung mit *sein*⟩ er war es g. *(es war eine feste Gewohnheit von ihm),* pünktlich zu kommen; er ist schwere Arbeit g. *(es ist für ihn nichts Ungewöhnliches, schwer arbeiten zu müssen).*

Gewölbe, das; -s, -: **1.** *gewölbte Decke eines Raumes:* das G. der Kapelle wird von acht Säulen getragen. **2.** *Raum unter der Erde mit gewölbter Decke:* ein dunkles, bombensicheres G.

Gewühl, das; -s: *wirres Durcheinander; Getümmel:* er verschwand im G. der Tanzenden.

gewürfelt ⟨Adj.⟩: *kariert:* gewürfelte Kissenbezüge.

Gewürz, das; -es, -e: *[aus Pflanzen gewonnenes] Mittel, mit dem man Speisen einen bestimmten Geschmack gibt:* ein scharfes G.

gezackt ⟨Adj.⟩: *mit Zacken versehen:* ein gezacktes Blatt.

Gezeiten, die ⟨Plural⟩: *Ebbe und Flut; das Steigen und Fallen des Meeres:* der Wechsel der G.

Giebel, der; -s, -: **a)** *dreieckige Wand unter Dächern* (siehe Bild): der G. hatte keine Fenster. **b)** *dreieckige Fläche über Fenstern, Türen o. ä.* (siehe Bild): der G. über dem Portal war verziert.

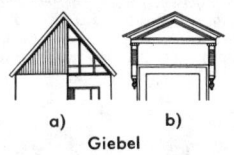

a)   b)
Giebel

Gier, die; -: *heftige, ungezügelte Begierde:* seine G. nicht bezähmen können.

gierig ⟨Adj.⟩: *von Gier erfüllt:* gierige Blicke; etwas g. verschlingen.

gießen, goß, hat gegossen: **1.** ⟨tr.⟩ *(eine Flüssigkeit) durch Neigen des Behälters aus diesem fließen lassen:* Tee in die Tasse g.; ⟨auch itr.⟩ ich habe mir den Kaffee aufs Kleid gegossen. **2.** ⟨tr.⟩ *begießen:* Blumen, die Beete g. **3.** ⟨tr.⟩ **a)** *(eine geschmolzene Masse) in eine Form fließen lassen:* Eisen, Blei g. **b)** *(etwas) herstellen, indem man eine geschmolzene Masse in eine Form fließen läßt:* Kugeln, Glocken g.; eine Statue aus Metall g. **4.** ⟨itr.⟩ (ugs.) *sehr stark regnen:* es gießt in Strömen.

Gift, das; -[e]s, -e: *Stoff, der im Körper eine schädliche oder tödliche Wirkung hervorruft:* ein sofort wirkendes, schleichendes G.; sie hat G. genommen *(hat sich vergiftet);* bildl. (ugs.): zu kleine Buchstaben sind G. *(äußerst schädlich)* für die Augen. * (ugs.) **darauf kannst du G. nehmen!** *(das wird ganz sicher eintreten);* (ugs.) **G. und Galle speien/spucken** *(äußerst wütend und heftig sein).*

giftig ⟨Adj.⟩: **1.** *Gift enthaltend:* giftige Pflanzen, Pilze. **2.** (ugs.) **a)** *boshaft, haßerfüllt:* gif-

gigantisch 172

tige Blicke; er wird leicht g. in seinen Reden. b) *grell:* ein giftiges Grün.

gigantisch ⟨Adj.⟩: *riesig, gewaltig; von ungeheurem Ausmaß:* ein gigantisches Unternehmen.

Gipfel, der; -s, -: 1. *oberer Teil, Spitze eines Berges:* einen G. besteigen. 2. *Höhepunkt:* er war damals auf dem G. seines Ruhmes. * (ugs.) **das ist der G.!** *(das ist die größte Frechheit!).*

gipfeln, gipfelte, hat gegipfelt ⟨itr.⟩: *seinen Höhepunkt erreichen, finden:* seine Rede gipfelte in der Feststellung, daß ...

Girlande, die; -, -n: *bandförmiges Geflecht aus Laub, Blumen oder buntem Papier* (siehe Bild): die Straßen waren mit Girlanden geschmückt.

Girlande

Gischt, die; -: *Schaum, der bei Brandung auf dem Meerwasser entsteht:* die weiße G. leuchtete.

Gitter, das; -s, -: *Vorrichtung zum Absperren* (siehe Bild): ein Haus mit Gittern vor den Fenstern. * (ugs.) **hinter Gittern** *(im Gefängnis).*

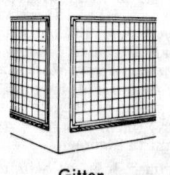

Gitter

Glanz, der; -es: 1. *Licht, das bestimmte Körper reflektieren:* der G. der Sterne, des Goldes; sein seidiger G. 2. *strahlende Kraft:* der G. der Jugend, der Schönheit, des Ruhmes. * (ugs.) **mit G.** *(sehr gut, hervorragend):* er hat sein Examen mit G. bestanden.

glänzen, glänzte, hat geglänzt ⟨itr.⟩: 1. *Glanz ausstrahlen; leuchten:* die Sterne glänzen am Himmel; das Gold glänzt in der Sonne; seine Augen glänzten vor Freude. 2. *in Bewunderung erregender Weise hervorragen:* er glänzte unter seinen Kameraden durch sein Wissen; ⟨häufig im 1. Partizip⟩ er hat glänzende (*hervorragende, ausgezeichnete*) Zeugnisse erhalten. * (ugs.) **durch Abwesenheit g.** *(nicht dasein).*

glanzvoll ⟨Adj.⟩: *voll von Ruhm und Ansehen; hervorragend, ausgezeichnet:* ein glanzvoller Sieg; eine glanzvolle Laufbahn.

Glas, das; -es, Gläser: 1. ⟨ohne Plural⟩ *durch Zusammenschmelzung entstandener harter, leicht zerbrechlicher durchsichtiger Stoff:* farbiges, trübes G.; G. blasen, schleifen. 2. *gläsernes Gefäß:* sein G. erheben, leeren; sie hatte zehn Gläser Marmelade eingemacht; /als Maßangabe/ er hatte fünf G. Bier zu bezahlen. 3. *Fernglas o. ä.:* mit einem G. etwas in der Ferne sehen.

glasieren, glasierte, hat glasiert ⟨tr.⟩: *mit einer Glasur überziehen:* eine Vase aus Ton g.; einen Kuchen g.

glasig ⟨Adj.⟩: **a)** *trüben, feuchten Schimmer habend* /in bezug auf die Augen/: mit glasigen Augen starrte der Betrunkene ins Leere. **b)** *wie Glas aussehend:* er aß glasige Früchte.

Glasur, die; -, -en: *wie Glas aussehender glänzender Überzug:* die G. an der Vase ist abgesprungen; der Kuchen war mit einer hellen G. überzogen.

glatt ⟨Adj.⟩: 1. *von allen Unebenheiten frei; ganz eben:* eine glatte Fläche; das Parkett ist g. 2. ⟨nicht prädikativ⟩ *mühelos, einfach; ohne Komplikationen:* eine glatte Landung; die Operation ist g. verlaufen. 3. ⟨nicht prädikativ⟩ (ugs.) *eindeutig:* eine glatte Lüge; das hätte ich g. *(völlig)* vergessen; das sagte er mir g. *(ohne zu zögern, ohne sich zu scheuen)* ins Gesicht. 4. (abwertend) *allzu gewandt:* ein glatter Mensch; seine glatte Art ist mir unangenehm.

Glätte, die; -: 1. *das Glattsein, das Ebensein:* die G. der Wasseroberfläche, des Eises. 2. (abwertend) *allzu große Gewandtheit:* die G. seines Auftretens verdeckt vieles.

glätten, glättete, hat geglättet: 1. ⟨tr.⟩ *glattmachen:* die Falten des Kleides g. 2. ⟨rfl.⟩ *glatt werden:* die Wogen der See glätten sich.

glattmachen, machte glatt, hat glattgemacht ⟨tr.⟩: *ebnen, glätten:* die Bettdecke g.

glattweg ⟨Adverb⟩: *einfach, ohne Bedenken, ohne weiteres:* sie hat die Kritik g. ignoriert.

Glatze, die; -, -n: *haarlose Stelle am Kopf, Kahlkopf:* eine G. bekommen, haben.

glatzköpfig ⟨Adj.⟩: *kahlköpfig, ohne Haare:* g. sein.

Glaube, der; -ns: *gefühlsmäßige, nicht zu beweisende Überzeugung:* blinder, christlicher, [felsen]fester, starker, unerschütterlicher G.; * **den Glauben an etwas/jmdn. verlieren.** *(von etwas/jmdn. enttäuscht worden sein und von seiner Kraft o. ä. nicht mehr überzeugt sein);* **im guten/in gutem Glauben** *(in der Annahme, daß es richtig sei);* **jmdm. Glauben schenken** *(jmdm. glauben);* **auf Treu und Glauben** *(ungeprüft, ohne Bedenken).*

glauben, glaubte, hat geglaubt: 1. ⟨tr.⟩ **a)** *annehmen, vermuten:* wir g., daß er krank ist. **b)** *für wahr halten:* er glaubte [ihm] seine Entschuldigung nicht. 2. ⟨itr.⟩: *bauen (auf jmdn./etwas) vertrauen (auf jmdn./etwas):* an Gott g.; jmdm. g. ** (ugs.) **dran g. müssen** *(sterben müssen):* er hat im Krieg auch dran g. müssen.

glaubhaft ⟨Adj.⟩: *einleuchtend, überzeugend:* eine glaubhafte Entschuldigung; etwas g. darstellen; etwas klingt g.

gläubig ⟨Adj.⟩: 1. *fromm, religiös:* ein gläubiger Christ; g. sein. 2. ⟨nicht prädikativ⟩ *ergeben, vertrauensselig, nicht zweifelnd:* alles g. hinnehmen.

Gläubiger, der; -s, -: *jmd., der Forderungen an einen Schuldner hat:* seine G. befriedigen und alle Schulden bezahlen.

glaubwürdig ⟨Adj.⟩: *vertrauenswürdig, glaubhaft;* eine glaubwürdige Aussage; dieser Zeuge ist g. **Glaubwürdigkeit,** die; -.

gleich: I. ⟨Adj.⟩ *nicht verschieden, in allen Merkmalen übereinstimmend:* die gleiche Farbe, Wirkung; das gleiche Ziel haben; g. alt, groß sein. * (ugs.) **etwas ist jmdm. g.** *(etwas ist jmdm. gleichgültig).* **II.** ⟨Partikel⟩: 1. ⟨Adverb⟩ *sofort* *bald:* ich komme g. 2. ⟨Präp. mit Dativ⟩ *(geh.) entsprechend, wie: g.* einem roten Ball ging die Sonne unter.

gleichaltrig ⟨Adj.⟩: *ebenso alt, gleich alt, von gleichem Alter:* zwei gleichaltrige Kinder.

gleichartig ⟨Adj.⟩: *von gleicher Art, sehr ähnlich:* zwei gleichartige Fälle von Kinderlähmung.

gleichberechtigt ⟨Adj.⟩: *rechtlich gleichgestellt, mit gleichen Rechten ausgestattet:* Fußgänger sind gleichberechtigte Verkehrsteilnehmer; Weiße und Farbige sind g.

gleichbleiben, blieb gleich, ist gleichgeblieben ⟨itr./rfl.⟩: *sich nicht ändern, unverändert bleiben:* die Prüfungsbedingungen bleiben gleich; du bist dir in Glück und Unglück gleichgeblieben; kürzere Arbeitszeit bei gleichbleibendem Lohn.

gleichen, glich, hat geglichen ⟨itr./rzp.⟩: *gemeinsame Eigenschaften haben, jmdm. sehr ähneln:* die Brüder g. sich, einander wie ein Ei dem andern; er gleicht seinem Bruder aufs Haar.

gleichermaßen ⟨Adverb⟩: *in gleichem Maße, ebenso, genauso:* als Architekt und Konstrukteur hatte er g. Erfolg; Presse und Rundfunk waren g. daran beteiligt.

gleichfalls ⟨Adverb:⟩ *ebenfalls, auch:* der Mann blieb g. stehen; danke, g. *(ich wünsche Ihnen das gleiche)!*

gleichförmig ⟨Adj.⟩: *unverändert, ohne Abwechslung, eintönig und einförmig:* der gleichförmige Rhythmus; eine gleichförmige Bewegung; ein gleichförmiges Leben; die gleichförmige Kost.

gleichgesinnt ⟨Adj.⟩: *von gleicher Gesinnung, gleiche Gedanken und Wünsche habend:* gleichgesinnte Freunde.

Gleichgewicht, das; -s: *ausbalancierter Zustand eines Körpers, in dem sich die entgegengesetzt wirkenden Kräfte aufheben; Balance:* die Balken sind im G.; bildl.: auf das politische G. bedacht sein; das seelische G. wiederherstellen.

gleichgültig ⟨Adj.⟩: 1. *teilnahmslos, nicht interessiert:* ein gleichgültiger Schüler. 2. *unwichtig, bedeutungslos:* über gleichgültige Dinge sprechen; er war ihr nicht g.

gleichkommen, kam gleich, ist gleichgekommen ⟨itr.⟩: *gleichwertig sein:* an Fleiß kam mir keiner gleich.

gleichmachen, machte gleich, hat gleichgemacht ⟨tr.⟩: *angleichen, anpassen, nivellieren:* sie lehnten eine Weltanschauung, die alles gleichmacht, ab. *dem Erdboden g. (völlig zerstören).

gleichmäßig ⟨Adj.:⟩ *regelmäßig, beständig; in gleicher Weise erfolgend, fortbestehend:* ein gleichmäßiger Puls; die Beute g. verteilen. **Gleichmäßigkeit,** die; -.

Gleichmut, der; -s: *Gelassenheit, innere Ausgeglichenheit, Fassung:* mit stoischem G. alles ertragen.

gleichnamig ⟨Adj.; nur attributiv⟩: *den gleichen Namen habend.*

Gleichnis, das; -ses, -se: *Erzählung, die einem anderen Sachverhalt in vereinfachender, anschaulicher Weise ähnlich ist und dadurch lehrreich sein soll:* er erläuterte die Situation durch ein G.

gleichrangig ⟨Adj.⟩: *von gleichem Rang:* der Minister und der Staatssekretär sind nicht g.; gleichrangige Straßen.

gleichsam ⟨Adverb⟩: *sozusagen, wie, gewissermaßen:* sein Brief ist g. eine Anklage.

gleichstellen, stellte gleich, hat gleichgestellt ⟨tr.⟩: *in gleicher Weise behandeln:* die Arbeiter wurden den Angestellten gleichgestellt.

Gleichung, die; -, -en: *Gleichsetzung mathematischer Größen:* eine G. mit mehreren Unbekannten; die G. geht auf.

gleichviel [auch: gleichviel] ⟨Adverb⟩: *einerlei, wie dem auch sei, ohne Rücksicht darauf:* ich tu's, g. ob es Zweck hat oder nicht; er bestieg den Bus, um fortzufahren, g. wohin.

gleichwertig ⟨Adj.⟩: *ebensoviel wert, von gleichem Wert:* gleichwertige Gegner.

gleichwie [auch: gleichwie] ⟨Konj.⟩: *nicht anders als, wie:* etwas mit neuen Augen ansehen, g. zum ersten Mal.

gleichwohl [auch: gleichwohl] ⟨Adverb⟩: *dennoch, trotzdem, doch:* g. spricht manches gegen ihn.

gleichzeitig ⟨Adj.⟩: *zur gleichen Zeit [stattfindend]:* eine gleichzeitige Überprüfung aller Teile; g. losrennen. * g. ... und *(sowohl ... als auch):* der Raum ist g. Eß- und Schlafzimmer.

Gleis, das; -es, -e: *mit Schienen angelegte Fahrbahn für [Eisen]-bahnen:* die Gleise überqueren; bildl.: die Politik bewegte sich in ausgefahrenen Gleisen; auf ein falsches G. geraten; aus dem G. *(aus der Bahn)* geworfen werden. * etwas ins rechte G. bringen *(etwas in Ordnung bringen).* * etwas auf ein totes G. schieben *(etwas nicht benutzen, zurückstellen).*

gleiten, glitt, ist geglitten ⟨itr.⟩: 1. *sich leicht und gleichmäßig auf einer Fläche fortbewegen, rutschen:* Schlitten gleiten über das Eis, Segelboote gleiten in die Bucht. 2. (geh.) *schwebend fliegen:* Adler gleiten durch die Luft.

Gleitflug, der; -s, Gleitflüge: *schwebender Flug ohne Antrieb:* das Segelflugzeug ging im G. nieder.

Gletscher, der; -s, -: *große zusammenhängende Masse von Eis im Gebirge.*

Glied, das; -[e]s, -er: 1. a) *[beweglicher] Teil eines Ganzen:* das G. eines Fingers, einer Kette, eines Satzes; er ist ein nützliches G. der Gesellschaft; der Schreck fuhr mir in die Glieder *(ich habe mich sehr erschreckt);* vor Schmerzen kein G. rühren können. * das männliche G. *(Penis).* b) *Teil des menschlichen Körpers:* gesunde, heile, krumme Glieder. 2. *eine von mehreren, hintereinander angetretenen Reihen einer Mannschaft:* im ersten G., in Reih und G. stehen.

gliedern, gliederte, hat gegliedert ⟨tr.⟩: *ordnen, einteilen:* ein Buch in 20 Kapitel g.; der Vortrag war gut, schlecht gegliedert. **Gliederung,** die; -, -en.

Gliedmaßen, die ⟨Plural⟩: *Extremitäten, Arme und Beine:* die vorderen, hinteren G. des Hundes.

glimmen, glomm/glimmte, hat geglommen/geglimmt ⟨itr.⟩: *schwach glühen:* Kohlen glimmen unter der Asche; bildl.: in seinen Augen glomm Haß.

glimpflich ⟨Adj.; nicht prädikativ⟩: 1. *ohne schwere Folgen [abgehend]:* g. davonkommen, verlaufen; ein glimpflicher Ausgang. 2. *nachsichtig, rücksichtsvoll:* g. mit jmdm. umgehen.

glitschig ⟨Adj.⟩: *feucht und glatt; schlüpfrig:* der Boden ist g.

glitzern, glitzerte, hat geglitzert ⟨itr.⟩: *funkeln, glänzend aufblitzen:* Eis, Schnee glitzert.

global ⟨Adj.⟩: **1.** *die ganze Erde betreffend:* eine globale Lösung politischer Krisen. **2.** *umfassend, allgemein:* man kann nicht ein ganzes Volk g. verurteilen.

Globus, der; - und -ses, -se: *verkleinerte Nachbildung der Erde in Form einer Kugel* (siehe Bild).

Globus

Glocke, die; -, -n: **1. a)** *Gegenstand aus Metall zum Läuten* (siehe Bild): die Glocken läuten. * **etwas an die große G. hängen** *(etwas Unangenehmes oder Privates überall erzählen);* **wissen, was die G. geschlagen hat** *(erkennen wie ernst die Lage ist).* **b)** (landsch.) *Klingel, Schelle:* wenn die G. schellt, beginnt der Unterricht. **2.** *glockenförmiger Gegenstand:* der Käse liegt unter der G.

Glocke 1. a)

glorifizieren, glorifizierte, hat glorifiziert ⟨tr.⟩: *verherrlichen:* ich will die Tat nicht g.

glorios ⟨Adj.⟩: *großartig, glanzvoll* /oft ironisch/: eine gloriose Idee.

glorreich ⟨Adj.⟩: *glanzvoll, ruhmreich, herrlich, glorios:* eine glorreiche Vergangenheit; der glorreiche Feldherr.

Glosse, die; -, -n: **1.** *spöttischer Kommentar:* die beste G. in dieser Zeitung; seine Glossen über etwas machen. **2.** [auch: Glosse] Sprachw. *Erklärung einer schwierigen Textstelle:* die althochdeutschen Glossen.

glotzen, glotzte, hat geglotzt ⟨itr.⟩ (abwertend): *[mit dummer Miene] starren:* glotz nicht so blöd!

Glück, das; -[e]s: **1.** *zufälliger günstiger Umstand, Gunst des Schicksals, gutes Geschick, Fortuna* /Ggs. Pech/: großes, blindes, launisches G.; das G. lacht, winkt jmdm., ist jmdm. hold; G. [bei den Frauen] haben; ein G., daß du da bist; mehr G. als Verstand haben; G. wünschen; du kannst von G. sagen, daß nichts Schlimmeres passiert ist. * **auf gut G.** *(ohne die Gewißheit, daß es Erfolg, Zweck hat).* **2.** *Zustand froher Zufriedenheit:* das häusliche, ungetrübte, unverdiente G.; sein G. genießen; etwas bringt G.; jmdn. zu seinem G. zwingen. * **zum G.** *(glücklicherweise, Gott sei Dank!);* **sein G. machen** *(erfolgreich sein);* **sein G. versuchen** *(etwas in der Hoffnung auf Erfolg beginnen).*

Glucke, die; -, -n: *Henne, die brütet oder ihre Jungen führt* (siehe Bild): die Küken verstecken sich unter den Flügeln der G.

Glucke

glücken, glückte, ist geglückt ⟨itr.⟩: *gelingen, nach Wunsch gehen:* alles glückt ihm; das Bild will mir nicht g.

gluckern, gluckerte, hat gegluckert ⟨itr.⟩: *als in Bewegung befindliche Flüssigkeit ein leises, dunkel klingendes Geräusch hervorbringen:* den Wein ins Glas g. lassen.

glücklich: I. ⟨Adj.⟩ **1.** *beglückt, von tiefer Freude erfüllt:* ein glückliches Paar; glückliche Tage; eine glückliche Zeit; jmdn. g. machen. **2.** *erfolgreich, vom Glück begünstigt:* der glückliche Gewinner. * **eine glückliche Hand haben** *(etwas geschickt, gut anfassen, wodurch es gelingt).* **3.** ⟨nicht prädikativ⟩ *ohne Störung verlaufend, gut:* eine glückliche Reise; g. landen, wiederkehren, enden. **4.** *günstig:* ein glücklicher Zufall; ein glücklicher Gedanke; etwas nimmt einen glücklichen Verlauf. **II.** ⟨Adverb⟩ *nun endlich:* hast du es g. geschafft?

glücklicherweise ⟨Adverb⟩: *zum Glück, erfreulicherweise:* g. wurde niemand verletzt.

Glücksfall, der; -[e]s, Glücksfälle: *günstiger Umstand:* ein G. tritt ein; etwas als einen G. betrachten.

Glückspilz, der; -es, -e: *jmd., der Glück hat, dem der Erfolg leicht zufällt:* so ein G.!

Glück[s]sache, die; ⟨in der Fügung⟩ **etwas ist G.:** *etwas hängt vom glücklichen Zufall ab:* das ist [reine] G.

Glücksspiel, das; -[e]s, -e: *Spiel, bei dem Gewinn und Erfolg nur vom Zufall abhängen.*

Glückwunsch, der; -es, Glückwünsche: *guter Wunsch aus Anlaß eines besonderen Ereignisses; Gratulation:* herzlichen G.!; die besten Glückwünsche zum Geburtstag!

Glühbirne, die; -, -n: *elektrischer Leuchtkörper* (siehe Bild).

glühen, glühte, hat geglüht ⟨itr.⟩: **1.** *ohne Flamme [rot] leuchtend brennen:* Kohlen, Öfen glühen; das Eisen glüht im Feuer. * **wie auf glühenden Kohlen sitzen** *(weil man nur wenig Zeit hat oder weil es einem peinlich ist, ungeduldig auf die Beendigung von etwas warten);* bildl.: vor Erregung, Eifer g.; in glühenden Farben; die glühende Sonne; Berge glühen in der Abendsonne; ⟨im 1. Partizip⟩ *leidenschaftlich:* glühende Blicke; ein glühender Anhänger, Verehrer Mozarts; mit glühenden Worten. **2.** *vor Hitze rot sein:* Wangen glühen; das Gesicht glüht vor Hitze, Fieber.

Glühbirne

Glühlampe, die; -, -n: *Glühbirne.*

Glühwein, der; -s, -e: *heißer, gewürzter und gesüßter Wein.*

Glut, die; -, -en. **1.** *glühende Masse:* im Ofen ist noch ein wenig G. **2.** *sehr große Hitze:* eine furchtbare G. liegt über der Stadt. **3.** *leidenschaftliches Gefühl; tiefe Empfindung (für jmdn.):* die G. seiner Begeisterung, Liebe.

Gnade, die; -: **1.** *Güte, Gunst, Wohlwollen:* jmdm. eine G. erweisen, gewähren. * **jmdn. in Gnaden wieder aufnehmen** *(mit jmdm. wieder freundschaftlich verkehren und ihm nichts mehr nachtragen).* **2.** *Milde, Nachsicht:*

Granate

um G. bitten; keine G. finden, verdienen; G. vor Recht ergehen lassen *(nachsichtig sein)*.

Gnadengesuch, das; -s, -e: *Gesuch mit der Bitte um Begnadigung:* ein G. einreichen.

gnädig ⟨Adj.⟩: **1.** *gütig, wohlwollend, herablassend /oft ironisch/:* g. lächeln; jmdn. g. anhören. **2.** *schonungsvoll, mild:* seien Sie g. mit ihm; das ist noch einmal g. *(glimpflich)* abgegangen.

Gnom, der; -en, -en: *Zwerg, Kobold.*

Gockel, der; -s, -: *Hahn:* er stolziert wie ein G. über die Straße.

Gold, das; -es: *wertvolles, gelblich-rot glänzendes Edelmetall:* feines, 24karätiges, gediegenes G.; bildl.: das G. ihrer Locken. * **etwas ist nicht mit G. aufzuwiegen** *(etwas ist unersetzbar);* **G. in der Kehle haben** *(besonders gut singen können [und damit viel Geld verdienen]).*

golden ⟨Adj.⟩: **1.** ⟨nur attributiv⟩ *aus Gold bestehend:* eine goldene Uhr, Münze; ein goldener Ring; bildl.: goldener Humor; goldene Freiheit, Zeit. * **der goldene Mittelweg** *(die rechte Entscheidung, Lösung zwischen zwei Extremen);* **die goldene Hochzeit** *(der 50. Jahrestag der Eheschließung);* **jmdm. goldene Brücken bauen** *(jmdm. entgegenkommen, die Verständigung erleichtern).* **2.** *goldfarben, gelb:* goldenes Haar; goldene Ähren.

goldig ⟨Adj.⟩: *reizend, entzückend in Aussehen und Benehmen:* ein goldiges Kind; der Kleine ist ja g.!

goldrichtig ⟨Adj.⟩ (ugs.): *gerade richtig, passend:* deine Entscheidung war g.

Goldschmied, der; -[e]s, -e: *Handwerker, der in künstlerischer Weise Waren aus Edelmetallen anfertigt.*

Goldwaage: ⟨in der Wendung⟩ **jedes Wort auf die G. legen: a)** *sehr leicht wegen einer gar nicht ernstgemeinten Äußerung gekränkt oder beleidigt sein:* der legt jedes Wort auf die G. **b)** *sich jedes Wort, das man einem anderen gegenüber äußert, sehr genau überlegen, weil der andere überaus empfindlich und leicht beleidigt ist:* bei dem muß man jedes Wort auf die G. legen.

Gong, der; -s, -s: *Scheibe aus Metall, auf die man schlägt, um damit einen [dumpfen] Ton zu erzeugen:* der G. ertönt; der G. ruft zum Mittagessen.

gönnen, gönnte, hat gegönnt **1.** ⟨tr.⟩ *(jmdm. etwas) neidlos zugestehen:* dem Lehrer die Ferien g.; (iron.) die Niederlage habe ich ihm gegönnt. **2.** ⟨itr.⟩ *(sich/jmdm.) etwas zukommen lassen:* ich gönne mir kaum eine Pause; er gönnt ihr kein gutes Wort.

Gönner, der; -s, -: *jmd., der einen anderen in dessen guten Bestrebungen [finanziell] fördert:* einen reichen G. haben.

gönnerhaft ⟨Adj.⟩ (abwertend): *sich wie ein Gönner, mit betonter Distanz benehmend:* er klopfte mir g. auf die Schulter.

Gosse, die; -, -n: *[Abfluß]rinne zwischen Fahrbahn und Gehweg:* die G. ist verstopft; bildl.: jmdn. aus der G. ziehen *(aus der sittlichen Verkommenheit herausholen);* in der G. enden *(verkommen).*

Gott, der; -es, Götter: *höchstes gedachtes und verehrtes überirdisches Wesen:* der liebe, gütige, allmächtige G.; die germanischen Götter; G. lieben, loben, anbeten, fürchten; es steht, liegt in Gottes Hand. * **G. sei Dank!** *(glücklicherweise);* **in Gottes Namen!** *(nun denn, meinetwegen);* **grüß G.!** *(bes. südd. und österr. Gruß);* **um Gottes Willen!** */Ausdruck des Entsetzens/.*

Gottesdienst, der; -es, -e: *religiöse Feier zur Verehrung Gottes:* am G. teilnehmen.

göttlich ⟨Adj.⟩: **1.** *von Gott herkommend:* göttliche Allmacht, Gerechtigkeit, Ordnung; eine göttliche Eingebung haben. **2.** *sehr schön, vortrefflich:* eine göttliche Stimme.

gottlos ⟨Adj.⟩: *Gott nicht achtend:* ein gottloser Mensch.

gottverlassen ⟨Adj.⟩: *völlig verlassen, sehr einsam:* eine gottverlassene Gegend.

gottvoll ⟨Adj.⟩ (ugs.): **1.** *komisch, fast unmöglich, nicht schön:* du hast ja einen gottvollen Hut auf!; der Bauer war ja g. **2.** *herrlich, köstlich, vortrefflich:* ein gottvoller Spaß.

Grab, das; -[e]s, Gräber: *letzte Ruhestätte, Ort der Beerdigung:* ein G. schaufeln; bildl.: verschwiegen sein wie ein G.; wenn er das wüßte, würde er sich im Grabe umdrehen. * **mit einem Fuß im Grabe stehen** *(dem Tode nahe sein);* **jmdn. zu Grabe tragen** *(jmdn. beerdigen).*

graben, gräbt, grub, hat gegraben: **1.** ⟨itr.⟩ *mit dem Spaten Erde ausheben:* er hat den ganzen Tag gegraben; nach Gold, Schätzen g. *(suchen).* **2.** ⟨tr.⟩ *in etwas eindringen, [mit dem Spaten] eine Vertiefung machen:* eine Grube g.; bildl. (geh.): die Sorgen haben tiefe Furchen in sein Gesicht gegraben.

Graben, der; -s, Gräben: *längere, in die Erde gegrabene Vertiefung:* ein tiefer, langer, breiter G.; einen G. ziehen, damit das Wasser abfließen kann.

Grabesstille, die; -: *tiefe Stille:* es herrschte G.

Grabmal, das; -[e]s, Grabmäler und (geh.) Grabmale: *Monument [aus Stein] an einem Grabe:* ein G. errichten.

Grabschändung, die; -, -en: *Beschädigung, Beraubung eines Grabes.*

Grabscheit, das; -[e]s, -e (landsch.): *Schaufel, Spaten.*

Grabstätte, die; -, -n: *[mit einem Grabmal geschmückte] Stelle, wo jmd. begraben ist.*

Grad, der; -[e]s, -e: **1.** *Maßeinheit in gleiche Teile geteilten Ganzen (Zeichen °):* wir haben heute 20 G. Celsius im Schatten; es sind/(östr.) hat 20 G.; der Winkel hat genau 45 G.; Wien liegt 48 G. nördlicher Breite. **2.** *Rang, Stufe, Abstufung:* einen akademischen G. erwerben; Verbrennungen dritten Grades erleiden; jmdm. bis zu einem gewissen G. entgegenkommen; ein hoher G. der Vollkommenheit.

grade...: siehe gerade...

gram: ⟨in der Verbindung⟩ jmdm. g. sein (geh.): *auf jmdn. böse sein:* ich bin ihr deshalb nicht g.

Gram, der; -[e]s: *Kummer, Trauer, große Sorge:* G. zehrt an ihr; von G. gebeugt.

grämen, sich; grämte sich, hat sich gegrämt (geh.): *bekümmert sein:* gräm[e] dich nicht wegen ihres Schweigens!; sich zu Tode (*sehr*) g.

Gramm, das; -s, -e: /Maß für Gewicht/: ein Kilogramm hat 1000 G.

Granate, die; -, -n: *mit Sprengstoff gefülltes Geschoß.*

grantig ⟨Adj.⟩ (landsch.): *mißmutig, mürrisch:* er war heute besonders g.

Graphologie, die; -: *Lehre von der Deutung der Handschrift als Ausdruck des Charakters.*

Gras, das; -es, Gräser: **1.** *grüne, in Halmen wachsende Pflanze:* seltene Gräser sammeln. **2.** ⟨ohne Plural⟩ *Wiese, Rasen:* im G. liegen. ** das G. wachsen hören *(mehr zu wissen glauben, als eigentlich gewußt werden kann);* über etwas G. wachsen lassen *(warten, bis etwas Unangenehmes vergessen ist);* (ugs.) ins G. beißen *(sterben).*

grasen, graste, hat gegrast ⟨itr.⟩: *Gras fressen, weiden:* die Kühe grasen auf der Weide.

Grasnarbe, die; -, -n: *dicht mit Gras bewachsene, sich von der Umgebung abhebende Schicht des Bodens:* an den Rändern der Straße, wo die G. beginnt ...

gräßlich ⟨Adj.⟩: *schrecklich, ekelhaft, entsetzlich, abscheulich:* ein gräßliches Unglück; ein gräßlicher Anblick; ein gräßliches Wetter; dieser Mensch ist g.

Grat, der; -[e]s, -e: *schmaler Gebirgsrücken* (siehe Bild): den G. entlanggehen.

Grat

Gräte, die; -, -n: *Knochen des Fisches:* er hat eine G. verschluckt.

Gratifikation, die; -, -en: *[freiwillige] Vergütung, Entschädigung, [einmalige] finanzielle Zuwendung neben dem regelmäßigen Gehalt:* zu Weihnachten bekamen alle Angestellten eine G.

gratis ⟨Adverb⟩: *kostenlos, frei:* der Eintritt ist g.; das kannst du g. bekommen.

Grätsche, die; -, -n: *Turnen Übung, bei der die Beine gespreizt werden:* er sprang in der G. über den Kasten.

Gratulation, die; -, -en: *Glückwunsch.*

gratulieren, gratulierte, hat gratuliert ⟨itr.⟩: *(jmdm.) zu einem besonderen Anlaß seine freudige Teilnahme ausdrücken, (jmdn.) beglückwünschen:* ich gratuliere [dir zum Geburtstag, zu dem Erfolg]!

grau ⟨Adj.⟩: **1.** *[in der Färbung] zwischen schwarz und weiß liegend:* der graue Anzug; graue Augen. * sich keine grauen Haare wachsen lassen *(sich keine Sorgen machen).* **2.** *trostlos, öde:* der graue Alltag. * alles g. in g. sehen *(ohne Hoffnung sein);* (ugs.) das graue Elend kriegen *(erschüttert, deprimiert sein).* **3.** ⟨nur attributiv⟩ *in unbestimmter, weit entfernter Zeit liegend:* in grauer Vorzeit, Zukunft.

Grauen, das; -s: *schreckliche Angst, Entsetzen, Furcht:* ein G. überkam mich.

grauenhaft ⟨Adj.⟩: *gräßlich, furchtbar:* ein grauenhafter Anblick; die Leiche war g. verstümmelt.

grauenvoll ⟨Adj.⟩: *grauenhaft:* da herrschen grauenvolle Zustände; er mußte diese grauenvolle Tat mitansehen.

graulen, sich; graulte sich, hat sich gegrault (ugs.; landsch.): *sich fürchten:* ich graule mich, wenn ich in den Keller gehe.

grausam ⟨Adj.:⟩ **1.** *gefühllos, herzlos, roh, brutal:* ein grausamer Mensch, Herrscher; eine grausame Strafe; sich g. rächen. **2.** *hart, schlimm:* eine grausame Kälte, Enttäuschung; ein grausames Urteil.

grausen, grauste, hat gegraust: **1.** ⟨itr.⟩ *sich fürchten:* mir/mich graust; es grauste ihm/ihn bei diesem Anblick. **2.** ⟨rfl.⟩ *sich ekeln, Furcht empfinden:* sie graust sich davor, die Leiche anzusehen.

grausig ⟨Adj.⟩: *entsetzlich, gräßlich, schrecklich:* eine grausige Entdeckung machen.

gravierend ⟨Adj.⟩: *einschneidend, erschwerend, belastend:* gravierende Umstände; diese Tatsache ist g.; etwas als g. ansehen, werten.

gravitätisch ⟨Adj.⟩: *ernst, steif, würdevoll:* eine gravitätische Miene aufsetzen; er verbeugte sich g.

Grazie, die; -: *Anmut:* die Gazelle bewegt sich mit viel G.

graziös ⟨Adj.⟩: *[in der Bewegung] anmutig:* mit graziösen Bewegungen; eine graziöse Haltung; g. tanzen.

Greenhorn ['gri:n...] das; -s, -s (abwertend): *Neuling, Anfänger.*

greifbar ⟨Adj.⟩: **1.** *ganz nah, wie zum Greifen nah:* der Berg ist in greifbarer Nähe; das Ziel scheint g. nah zu sein. **2.** *offenkundig, sichtbar, deutlich:* greifbare Erfolge, Ergebnisse, Vorteile.

greifen, griff, hat gegriffen: **1.** ⟨tr.⟩ *fassen [und festhalten]:* eine Taube, ein Huhn, einen Dieb g. * das ist mit Händen zu g. *(das ist klar und deutlich);* etwas aus der Luft g. *(etwas frei erfinden);* einen Akkord g. *(einen Akkord anschlagen).* **2.** ⟨itr.⟩ ⟨nach etwas, an etwas⟩ langen: er griff in den Korb und nahm sich einen Apfel; nach dem Buch g.; ich greife mir an den Kopf (vor Verständnislosigkeit). * in die Tasten, Saiten g. *(zu spielen anfangen);* etwas greift jmdm. ans Herz *(etwas rührt jmdn.);* in die Tasche g. *(zahlen);* jmdm. unter die Arme g. *(jmdn. finanziell unterstützen);* um sich g. *(sich ausbreiten):* das Feuer griff rasch um sich.

greinen, greinte, hat gegreint ⟨itr.⟩ (ugs.; abwertend): *leise und jämmerlich weinen:* du darfst nicht gleich zu g. anfangen!

Greis, der; -es, -e: *sehr alter [schwacher] Mann.*

grell ⟨Adj.⟩: **1.** *in unangenehmer Weise blendend hell:* in der grellen Sonne; das Licht ist sehr g. **2.** *in auffallender, unangenehmer Weise hervorstechend, stark kontrastierend:* in grellen Farben. **3.** *schrill, durchdringend:* grelle Pfiffe, Dissonanzen.

Gremium, das; -s, Gremien: *zur Erfüllung einer bestimmten Aufgabe ausgewählte Kommission, Ausschuß:* darüber wird ein G. bekannter Gelehrter entscheiden.

Grenze, die; -, -n: *Trennungslinie zwischen zwei Bereichen:* die alte, ehemalige G. Deutschlands; Flüsse sind oft natürliche Grenzen; eine G. ziehen; die G. nach Österreich überschreiten; bildl.: meine Geduld hat Grenzen. * etwas kennt keine Grenzen *(etwas ist sehr groß, unerschöpflich, grenzenlos/vor Gefühlen/):* seine Freude, seinen Freund wiederzusehen, kannte keine Grenzen; jmdm. gegenüber die Grenzen wahren *(jmdm. gegenüber zu-*

rückhaltend sein); über die grüne G. gehen (die Grenze illegal überschreiten).

grenzen, grenzte, hat gegrenzt ⟨itr.⟩: **1.** *eine gemeinsame Grenze haben (mit etwas):* Mexiko grenzt an Guatemala. **2.** *fast gleichkommen, erreichen:* das grenzt ans Unglaubliche, an Wahnsinn.

grenzenlos ⟨Adj.⟩: *überaus groß, unendlich, unbegrenzt:* grenzenlose Liebe zu seinen Kindern; eine grenzenlose Ausdauer haben; g. (sehr) glücklich sein.

Greuel, der; -s, -: *Abscheulichkeit, Schrecken:* die G. des Krieges; das ist mir ein G.

greulich ⟨Adj.⟩: *abscheulich, entsetzlich:* ein greulicher Anblick; ein greuliches Verbrechen.

Griebe, die; -, -n (landsch.): **1. a)** *Stückchen Speck in Form eines Würfels.* **b)** *Rückstand von ausgebratenem Fett.* **2.** (ugs.; landsch.) *Ausschlag am Mund.*

Griebs, der; -es, -e: *Kerngehäuse:* er warf den G. des Apfels weg.

grienen, griente, hat gegrient ⟨itr.⟩ (ugs.; landsch.): *schmunzeln, belustigt und verschmitzt lächeln, grinsen:* er grient nur, er lacht nicht.

griesgrämig ⟨Adj.⟩: *mürrisch, verdrossen, übellaunig:* der griesgrämige Alte.

Grieß, der; -es: *zu feinen Körnchen gemahlener Weizen, Reis oder Mais:* den G. für das Kind mit Milch kochen.

Griff, der; -[e]s, -e: **1.** *Teil eines Gegenstandes, der zum Tragen oder Halten dient:* der G. der Aktentasche, des Degens, des Messers, der Tür. **2.** *das Greifen, der Zugriff:* ein energischer, geübter G.; er faßte nach dem Hut. * **mit etwas einen guten G. getan haben** *(gut gewählt haben);* **etwas im G. haben** *(aus Erfahrung wissen, wie etwas gemacht wird).*

griffbereit ⟨Adj.⟩: *fertig zum Gebrauch:* alles ist, liegt g.

grillen, grillte, hat gegrillt ⟨tr.⟩: *auf dem Rost braten, rösten:* das Fleisch g.

Grimasse, die; -, -n: *verzerrtes Gesicht, Fratze:* das Gesicht zu einer G. verziehen; er zog eine G., weil er in einen sauren Apfel gebissen hatte. * **Grimassen schneiden/machen** *(das Gesicht verzerren).*

grimmig ⟨Adj.⟩: **1.** *wütend, wild, zornig:* ein grimmiges Aussehen. **2.** *sehr heftig, übermäßig:* grimmige Schmerzen; eine grimmige Kälte.

grinsen, grinste, hat gegrinst ⟨itr.⟩: *breit, aber auch dumm oder schadenfroh lächeln:* der Schüler grinste unverschämt.

Grippe, die; -: *von einer Erkältung ausgehende Krankheit mit hohem Fieber:* an G. erkrankt sein.

grob ⟨Adj.⟩: **1.** *nicht fein:* grobes Tuch; grobe Hände; g. gemahlener Kaffee; grobe (schwere) Arbeit; in groben Zügen, Umrissen (ungefähr). **2.** *sehr unhöflich, roh:* ein grober Mensch; eine grobe Behandlung. **3.** *schlimm, arg:* ein grober Unfug, Verstoß, Fehler. * **aus dem Gröbsten heraus sein** *(das Schwierigste überstanden haben).*

grobschlächtig ⟨Adj.⟩: *von derber, unfeiner, plumper Art:* ein grobschlächtiger Mensch.

Grog, der; -s, -s: *heißes Getränk mit Rum.*

groggy ⟨in der Verbindung⟩ g. sein (ugs.): *erschöpft, sehr müde, matt sein.*

grölen, grölte, hat gegrölt ⟨itr.⟩ (ugs.; abwertend): *mit häßlicher Stimme aufdringlich laut [und falsch] singen:* Betrunkene grölen im Lokal; ⟨auch tr.⟩ ein Lied g.

Groll, der; -s: *verborgener Haß, Ärger:* ein bitterer, heimlicher G.; einen G. auf jmdn. haben, gegen jmdn. hegen.

grollen, grollte, hat gegrollt ⟨itr.⟩: **1.** *zürnen, Groll hegen:* jmdm. g. **2.** *dumpf rollend tönen:* der Donner grollt.

Gros [gro:], das; -[gro:, gro:s], -[gro:s]: *Hauptmasse, Mehrheit:* das G. der Bevölkerung.

Groschen, der; -s, -: **1.** *Münze in Österreich* ⟨Zeichen g⟩: *ein Schilling hat hundert G.* **2.** (ugs.) *Zehnpfennigstück:* das kostet nur einen G.

groß, größer, größte ⟨Adj.⟩: **1.** *räumlich und zeitlich ausgedehnt* /Ggs. klein/ **a)** *von beachtlichem Ausmaß, Umfang; voluminös, in Mengen vorhanden:* der große Wald; das große Haus; die große Stadt, Zehe; große Vorräte, Massen; im großen verkaufen; die Schuhe sind mir zu g.; das Kind ist für sein Alter recht g.; etwas g. schreiben. **b)** ⟨nur attributiv⟩ *lange dauernd, sich über eine längere Zeit hinziehend:* die große Pause; die großen Ferien. * (ugs.) **große Augen machen** *(staunen);* **im großen und ganzen** *(im allgemeinen);* **auf großem Fuße leben** *(verschwenderisch leben);* **große Stücke auf jmdn. halten** *(jmdn. hochachten, sehr schätzen);* **auf großer Fahrt gehen** *(eine weite Reise antreten);* **jmdn. g. ansehen** *(jmdn. mit großen Augen ansehen);* **nur großes Geld haben** *(kein Kleingeld haben).* **2.** *stark, intensiv; nicht gering, schwach:* großen Hunger, große Angst haben; bei großer Kälte; große Schmerzen; großes Aufsehen erregen; ein großer Gauner, Narr, Lügner; die Konkurrenz ist g.; * (ugs.) **etwas ist große Mode** *(ist sehr modern):* Miniröcke sind jetzt große Mode; (ugs.) **große Töne spucken** *(angeben, prahlen, sich brüsten).* **3.** *bedeutend, hervorragend, wichtig:* große Taten; ein großer Name, Dichter, Redner, Geist, Tag; eine große Aufgabe, Sache; in großer Gesellschaft. **4.** *erwachsen, älter:* mein großer Bruder ist schon verheiratet; wenn ich g. bin; g. und klein *(jedermann, alle).* **5.** ⟨in Verbindung mit bestimmten Verben; oft verneint⟩ (ugs.): *sehr, in besonderer Weise:* nicht g. auf etwas achten; der Verlag hat diesen Autor g. herausgebracht *(sehr bekanntgemacht).*

großartig ⟨Adj.⟩: *herrlich, prachtvoll, einducksvoll:* eine großartige Leistung, Idee; das hast du g. gemacht!

Größe, die; -, -n: **1.** *bestimmtes [Aus]maß:* die G. einer Stadt, eines Landes; die G. des Betrages, des Unheils, der Katastrophe; sie trägt G. 38. **2.** *Mensch, der Bedeutendes leistet; Kapazität:* er ist eine G. auf diesem Gebiet. **3.** ⟨ohne Plural⟩ *Bedeutung:* die G. des Werkes; sich der G. des Augenblicks, der Stunde bewußt sein.

Großeltern, die ⟨Plural⟩: *Vater und Mutter der Eltern; Großvater und Großmutter.*

Größenwahn, der; -s: *übertrieben hohe Meinung von sich selbst, krankhaftes Überschätzen der eigenen Person:* er leidet an G.

Großhandel, der; -s: *[An]kauf und Verkauf von Waren in großen Mengen.*

Großmacht, die; -, Großmächte: *großer, mächtiger Staat.*

Großmut, die; -: *großzügige, edle Gesinnung; Toleranz:* er ist für seine G. bekannt.

Großmutter, die; -, Großmütter: *die Mutter der Mutter oder des Vaters.*

großsprecherisch ⟨Adj.⟩: *angeberisch, prahlerisch:* ein großsprecherischer Mensch.

großspurig ⟨Adj.⟩: *anmaßend, protzig, überheblich:* seine großspurige Art ist ihr zuwider; sein Benehmen war recht g.

Großstadt, die; -, Großstädte: *Stadt, die mehr als 100 000 Einwohner hat.*

größtenteils ⟨Adverb⟩: *zum großen Teil, überwiegend:* viele Ausländer kamen, g. Türken.

großtun, sich, tat sich groß, hat sich großgetan (ugs.): *prahlen, sich brüsten:* er tut sich immer groß mit seinen Leistungen.

Großvater, der; -s, Großväter: *der Vater des Vaters oder der Mutter.*

großziehen, zog groß, hat großgezogen ⟨itr.⟩: *ein Kind oder ein junges Tier so lange betreuen, bis es selbständig ist:* sie mußte ihren Sohn allein g.

großzügig ⟨Adj.⟩: *nicht kleinlich, tolerant, nicht engherzig:* diese bedeutende Spende entsprach seiner großzügigen Natur; g. handeln; dieser Bau wurde g. *(in großem Maßstab)* geplant.

grotesk ⟨Adj.⟩: *durch Übersteigerung und Verzerrung komisch oder unsinnig wirkend; lächerlich:* eine groteske Geschichte, Situation; dieser Einfall ist geradezu g.

Grotte, die; -, -n: *[künstliche] Höhle oder Nische [im Fels].*

Grübchen, das; -s, -: *kleine Vertiefung in der Wange:* beim Lachen zeigen sich in ihrem Gesicht zwei G.

Grube, die; -, -n: 1. *Vertiefung, größeres Loch in der Erde:* eine tiefe G. graben; in eine G. fallen. 2. *Schacht[anlage] eines Bergwerks, Mine, Stollen:* diese G. ist reich an Erz.

grübeln, grübelte, hat gegrübelt ⟨itr.⟩: *lange (über etwas) nachdenken:* er grübelt zuviel; ich habe oft über dieses Problem gegrübelt.

Grübler, der; -s, -: *jmd., der grübelt.*

Gruft, die; -, Grüfte: *[gemauerte] Grabstätte.*

grün ⟨Adj.⟩: 1. *in der Färbung zwischen Gelb und Blau liegend:* grünes Gras; grüne Blätter; das grüne Licht der Ampel. * **grünes Licht** *(freie Fahrt);* **grüne Welle haben** *(bei allen Ampeln grünes Licht haben);* **auf keinen grünen Zweig kommen** *(nichts erreichen, erfolglos bleiben);* **jmdn. über den grünen Klee loben** *(jmdn. übermäßig, außerordentlich loben);* **dasselbe in g.** *(so gut wie dasselbe, auch nichts anderes):* ob man an die Adria oder an die Riviera fährt, ist praktisch dasselbe in g.; **am grünen Tisch** *(in der Theorie, ohne Erfahrung auszugehen);* (ugs.) **sich g. und blau über etwas ärgern** *(sich sehr über etwas ärgern).* 2. a) *unreif:* grünes Obst; der Apfel ist noch g. b) *roh:* grüner Hering. 3. (abwertend) *unerfahren, zu wenig Erfahrung und innere Reife besitzend:* ein grüner Junge.

Grün, das; -s: *Farbe zwischen Gelb und Blau:* ein giftiges G.; das erste frische G. *(Blätter im Frühjahr);* bei Mutter G. *(im Freien);* bei G. *(bei grünem Licht)* über die Straße gehen.

Grüne: ⟨in der Verbindung⟩ ins G.: *in die Natur:* ins G. fahren.

Grünanlage, die; -, -n: *mit öffentlichen Mitteln angelegte und erhaltene Grünfläche mit Blumen, Sträuchern u. ä.*

Grund, der; -es, Gründe: 1. ⟨ohne Plural⟩ *Boden, Acker, Stück Land:* auf steinigem, fremdem G.; G. und Boden *(Grundbesitz).* * **in G. und Boden** *(völlig, ganz und gar):* jmdn. in G. und Boden verdammen; **von G. auf/aus** *(gründlich; ganz und gar):* er hat sein Handwerk von G. auf erlernt; das Wetter soll sich von G. auf ändern. 2. ⟨ohne Plural⟩ *der Boden eines Gewässers, eines Gefäßes:* das Schiff lief auf G.; das Glas bis auf den G. leeren. * **einer Sache auf den G. gehen** *(einen Sachverhalt klären, erforschen).* 3. *Ursache, Motiv:* ein einleuchtender, stichhaltiger G.; der G. für ein Verbrechen. * **aus d[ies]em Grunde** *(deshalb);* **im Grunde [genommen]** *(eigentlich);* **auf G./aufgrund** *(wegen).* 4. *innerste, verborgene Stelle:* im Grunde meiner Seele, ihres Herzens. 5. . (selten) *kleines Tal:* die Mühle liegt im G.

Grundbegriff, der; -[e]s, -e: *Begriff, auf dem man weiter aufbauen kann; elementare Voraussetzung:* bevor wir die Diskussion eröffnen, müssen wir die Grundbegriffe klären.

Grundbesitz, der; -es: *Eigentum, Besitz an Land.*

gründen, gründete, hat gegründet: 1. ⟨tr.⟩ *das Fundament (für etwas) legen; ins Leben rufen:* eine Familie, Partei g. 2. ⟨rfl.⟩ *sich stützen (auf etwas):* der Vorschlag gründet sich auf diese Annahme. **Gründung, die;** -, -en.

Gründer, der; -s, -: *jmd., der etwas gründet, erbaut.*

grundfalsch ⟨Adj.⟩: *völlig falsch, unrichtig:* eine grundfalsche Vorstellung von der Ehe haben.

Grundfläche, die; -, -n: *unterste, ebene Fläche; Basis:* die G. eines Kegels; eine rechteckige G.

grundieren, grundierte, hat grundiert ⟨tr.⟩: *die unterste Schicht Farbe auftragen, das erstemal anstreichen:* diese Wand ist schon grundiert worden.

Grundlage, die; -, -n: *Basis, Unterlage, Fundament:* die G. für fruchtbare Arbeit schaffen.

grundlegend ⟨Adj.⟩: *entscheidend, wesentlich:* ein grundlegender Unterschied; sie hat ihre Ansicht darüber g. geändert.

gründlich ⟨Adj.⟩: 1. *sorgfältig, genau; nicht oberflächlich:* eine gründliche Untersuchung; sich g. waschen; überleg[e] es dir g.! 2. ⟨verstärkend bei Verben⟩ *sehr:* g. danebengehen; du hast dich g. geirrt.

grundlos ⟨Adj.⟩: *keine Ursache habend; ohne Begründung:* das grundlose Lachen; g. verärgert sein.

Gründonnerstag, der; -[e]s, -e: *der Donnerstag vor Ostern; der Tag vor Karfreitag.*

Grundrecht, das; -[e]s, -e: *elementares Recht, in das einzelne dem Staat gegenüber beanspruchen kann:* die politischen und sozialen Grundrechte; das G. anerkennen, garantieren, genießen.

Grundriß, der; Grundrisses, Grundrisse: 1. *Zeichnung, Darstellung der Grundfläche eines Gebäudes, einer geometrischen*

Figur u. a.: den G. eines Hauses entwerfen. **2.** *Leitfaden, Zusammenfassung, Auszug:* ein G. der deutschen Grammatik.

Grundsatz, der; -es, Grundsätze: *feste Regel, nach der jmd. handelt; Prinzip:* strenge, sittliche, moralische Grundsätze; Grundsätze haben.

grundsätzlich ⟨Adj.⟩: **a)** *einen Grundsatz betreffend:* eine grundsätzliche Frage; von grundsätzlicher Bedeutung. **b)** *prinzipiell, ohne Ausnahme:* sie gibt g. keinem Bettler etwas. **c)** ⟨in Verbindung mit entgegensetzenden Konjunktionen wie *aber, doch* u. a.⟩ *im allgemeinen, meist, eigentlich:* ich bin g. für Gleichberechtigung, aber ...; der Direktor hat g. nichts gegen das Rauchen, aber im Klassenzimmer erlaubt er es nicht.

Grundschule, die; -,-n: *Schule, die die ersten vier Schuljahre umfaßt.*

Grundstück, das; -[e]s, -e: *ein Stück Land, das jmdm. gehört:* ein G. kaufen, erben.

grundverkehrt ⟨Adj.⟩: *völlig falsch:* eine grundverkehrte Haltung; das hast du g. gemacht!; das war g. von ihr.

grundverschieden ⟨Adj.⟩: *völlig verschieden:* grundverschiedene Ansichten, Vorstellungen haben.

Grundzahl, die; -, -en: *ganze Zahl, Kardinalzahl.*

grünen, grünte, hat gegrünt ⟨itr.⟩: *grün werden, sprießen, treiben:* Büsche, Bäume grünen; im Frühjahr grünt und blüht es.

Grünfläche, die; -, -n: *mit Gras bewachsene Fläche im Stadtgebiet.*

grünlich ⟨Adj.⟩: *mit grünem Farbton, leicht grün:* ein g. schimmerndes Licht.

Grünschnabel, der; -s, Grünschnäbel: *junger, unwissender und vorlauter Mensch.*

Grünspan, der; -s: *grüner, giftiger Belag auf Gegenständen aus Kupfer oder Messing.*

grunzen, grunzte, hat gegrunzt ⟨itr.⟩: *dumpfe und rauhe Laute ausstoßen:* das Schwein grunzt.

Gruppe, die; -, -n: **a)** *kleinere [zusammengehörige] Anzahl von Menschen:* eine G. von Kindern, Schauspielern, Touristen. **b)** *Anzahl von Dingen, Tieren mit gemeinsamen Eigenschaften:* eine G. von Inseln, Säugetieren.

gruppieren, gruppierte, hat gruppiert: **1.** ⟨tr.⟩ *ordnen, einteilen:* der Lehrer gruppiert die Kinder. **2.** ⟨rfl.⟩ *sich aufstellen, sammeln:* sie gruppieren sich um ihn. **Gruppierung,** die; -, -en.

Grus, der; -es: *stark zerbröckelte Kohle, Kohlenstaub:* im Keller liegt viel G.

grus[e]lig ⟨Adj.⟩: *unheimlich, furchterregend:* eine gruslige Geschichte.

Gruß, der; -es, Grüße: *höfliche, freundliche Worte oder Geste der Verbundenheit bei der Begegnung, beim Abschied, im Brief:* einen G. ausrichten; mit vielen, besten, freundlichen, herzlichen Grüßen... (als Briefschluß).

grüßen, grüßte, hat gegrüßt ⟨tr./itr.⟩: *(jmdm.) einen Gruß zurufen, zunicken, ausrichten:* jmdn. freundlich, ehrfürchtig, höflich g.; bildl.: Fahnen grüßen von den Gebäuden.

gucken, guckte, hat geguckt ⟨itr⟩. (ugs.; landsch.): *sehen, schauen, blicken:* aus dem Fenster, in die Luft g.

Guillotine [gɪljo'ti:nə, gijo'ti:nə], die; -, -n: *Apparat, mit dem man jmdn. durch Abschlagen des Kopfes hinrichtet.*

Gulasch, das oder der; -s, -e und -s: *aus kleineren Stücken Rindfleisch bestehendes, [scharf] gewürztes Gericht.*

Gully ['guli], der; -s, -s (landsch.): *durch ein Gitter geschütztes Loch am Rand der Straße, wo das Regenwasser in die Kanalisation abfließen kann.*

gültig ⟨Adj.⟩: *in Geltung, geltend:* ein gültiger Ausweis, [Reise]paß; diese Eintrittskarte ist nicht mehr g.

Gummi, der oder das; -s, -[s]: *Produkt aus Kautschuk.*

Gunst, die; -: *Auszeichnung durch eine höhergestellte Person, wohlwollende Gesinnung, Geneigtheit:* jmds. G. erwerben, genießen; um eine G. bitten; jmdm. seine G. (*Liebe*) schenken; in jmds. G. stehen. * **zu seinen Gunsten** (*zu seinem Vorteil*).

günstig ⟨Adj.⟩: *erfreulich, vorteilhaft, positiv:* ein günstiger Eindruck, Verlauf; die günstige Lage, Bedingung; ein günstiges Angebot, Klima, Vorzeichen; etwas g. (*wohlwollend*) aufnehmen.

Gurgel, die; -, -n ⟨meist abwertend in bestimmten Wendungen, die eine aggressive Haltung kennzeichnen⟩: *Teil des Halses, Kehle:* jmdn. an/bei der G. packen; jmdm. die G. zuschnüren, abschneiden; er wollte, sprang ihr an die G.

gurgeln, gurgelte, hat gegurgelt ⟨itr.⟩: *mit Hervorbringung bestimmter dumpfer Laute den Hals spülen, indem man die in der Kehle befindliche Flüssigkeit durch Ausstoßen der Luft in Bewegung setzt:* er gurgelt nach dem Zähneputzen immer lange; bildl.: das Bächlein gurgelt (*gluckst*) munter über die Steine.

Gurke, die; -, -n: **1.**/*eine Art Gemüse*/(siehe Bild): *saure, eingelegte Gurken;* Gurken schälen. **2.** (ugs.) *Nase.*

Gurke 1.

Gurt, der; -[e]s, -e: *starkes Band, breiter Gürtel.*

Gürtel, der; -s, -: *[breites] Band aus Stoff oder Leder zum Zusammenhalten der Kleidung.*

Guß, der; Gusses, Güsse: **1. a)** *das Gießen von Metall in eine Form:* beim G. der Glocke zusehen. **b)** *gegossener Gegenstand:* ein gelungener, fehlerhafter G. * **wie aus einem G.** (*einheitlich, vollendet*). **2. a)** *geschüttete, gegossene Menge Wasser:* Pfarrer Kneipp verordnete kalte Güsse. **b)** (ugs.) *kurzer starker Regenschauer:* ein plötzlicher G. **3.** *Überzug auf Gebäck; Glasur:* die Torte mit einem süßen G. überziehen.

gut, besser, beste ⟨Adj.⟩: **1. a)** *besonderen Ansprüchen, Zwecken entsprechend; vortrefflich:* ein guter Schüler, Arzt, Maler, Redner; ein gutes Mittel gegen Husten; gute Dienste, Arbeit leisten; eine gute Lösung des Problems; ein gutes Geschäft machen; der Anzug sitzt g.; gute Bücher lesen; kein gutes Deutsch schreiben. * **jmdm. ist nicht g.** (*jmdm. ist übel*). **b)** *ordentlich. anständig, angemessen, lobenswert:* ein gutes Gewissen; gute Manieren; sein Betragen, Benehmen war g.; das hast du

Gut

g. gemacht; mir geht es g. 2. *edel, selbstlos:* ein guter Mensch; eine gute Tat; seine Absicht war g. 3. *erfreulich, günstig, schön:* eine gute Ernte; ein gutes Zeugnis bekommen; gutes Wetter; guten Tag!; guten Morgen!; gute Nacht!; gute Reise!; alles Gute! 4. *wohlmeinend, freundlich, vertraut, freundschaftlich verbunden:* ein guter Freund, Bekannter; sei so g.!; er versuchte es noch einmal im guten mit ihm. 5. ⟨nicht prädikativ⟩ *nur für besondere [feierliche] Anlässe vorgesehen:* die gute Stube; der gute Anzug. 6. *reichlich, viel:* eine gute Stunde von hier; da ist g. Platz für zwei. 7. ⟨nur adverbial⟩ *leicht, ohne Mühe:* er ist g. zu Fuß *(kann ohne Mühe zu Fuß gehen);* du hast g. lachen; das ist nicht g. möglich. ** **guter Dinge sein** *(froh und lustig sein);* **guter Hoffnung sein** *(schwanger sein);* **guten Mutes sein** *(voller Hoffnung sein);* **der gute Ton** *(das gute Benehmen);* **ein gutes Wort einlegen für jmdn.** *(sich einsetzen für jmdn.);* **kein gutes Haar an jmdm. lassen** *(nur Schlechtes von jmdm. reden);* **jmdm. g. sein** *(jmdm. gern haben);* **g. angeschrieben sein bei jmdm.** *(von jmdm. geschätzt werden);* g. und gern *(sicher, bestimmt):* er ist g. und gern schon 30 Jahre in dem Betrieb tätig.

Gut, das; -[e]s, Güter: I. *Besitz, Ware, Eigentum:* gestohlenes G.; Gesundheit ist das höchste G.; bewegliches G. (z. B. Möbel); sein ganzes Hab und G. *(alles, was jmd. besitzt).* II. *Bauernhof mit Grundbesitz, Landwirtschaft:* er hat ein großes G.

Gutachten, das; -s, -: *fachmännisches Urteil:* ein G. abgeben, einholen; das ärztliche G.

Gutdünken: ⟨in der Fügung⟩ nach G.: *nach Belieben:* das kannst du nach deinem eigenen G. entscheiden.

Güte, die; -: 1. *Freundlichkeit, wohlwollende Nachsicht:* mit G. kommst du da nicht weit; würden Sie die G. haben, das Fenster zu schließen! 2. *Beschaffenheit, Qualität (einer Ware):* ein Stoff erster G. ** **ach du meine G.!** *(Ausruf der Verwunderung).*

Güterabfertigung, die; -, -en: *Annahme und Ausgabe von Waren und Frachten bei der Eisenbahn.*

Güterbahnhof, der; -s, Güterbahnhöfe: *Bahnhof, auf dem Güter abgefertigt werden.*

Gütertrennung, die; -, -en: *Recht eines Ehepartners, in und nach der Ehe über sein mitgebrachtes und dazuverdientes Vermögen allein zu verfügen:* in G. leben.

gutgläubig ⟨Adj.⟩: *voll Vertrauen, guten Glaubens, nichts Böses vermutend:* eine gutgläubige Frau; er ist sehr g.

Guthaben, das; -s, -: a) *zur Verfügung stehendes, gespartes Geld [bei einer Bank]:* ein großes G. auf der Bank haben; sie hat ein kleines G. bei mir. b) Wirtsch. *Differenz zwischen der Summe der Gutschriften und der Forderungen, wenn die Forderungen überwiegen:* beim Abschluß des Kontos ergab sich für die Bank ein G. von 20 Mark.

gutheißen, hieß gut, hat gutgeheißen ⟨tr.⟩: *billigen, für richtig halten:* einen Plan, Entschluß g.

gütig ⟨Adj.⟩: *voller Güte, verzeihend:* ein gütiger Mensch; das ist sehr g. von ihm.

gütlich ⟨Adj.; nicht prädikativ⟩: *im guten [erfolgend], ohne Streit:* ein gütlicher Ausgleich; sich g. einigen. ** **sich an etwas g. tun** *(etwas mit Genuß essen).*

gutmachen, machte gut, hat gutgemacht ⟨tr.⟩: *(etwas Böses oder Falsches, was man getan hat) wieder in Ordnung bringen:* einen Fehler, Schaden g.

gutmütig ⟨Adj.⟩: *von geduldigem, hilfsbereitem, freundlichem Wesen:* ein gutmütiger Mensch; ihr gutmütiges Gesicht; g. sein.

Gutschein, der; -[e]s, -e: *Schein, der den Anspruch auf einen Betrag oder eine Ware bestätigt;* Bon.

gutschreiben, schrieb gut, hat gutgeschrieben ⟨tr.⟩: *anrechnen, als Guthaben eintragen:* das Geld wurde ihm gutgeschrieben.

Gutschrift, die; -, -en: *[Eintragung eines] Guthaben[s].*

guttun, tat gut, hat gutgetan ⟨itr.⟩: *angenehm sein, eine gute Wirkung haben:* der Schnaps tut gut; die Sonne wird ihr g.

gutwillig ⟨Adj.⟩: a) *guten Willen zeigend:* ein gutwilliger Junge. b) *freiwillig, ohne Schwierigkeiten zu machen:* g. mitkommen.

Gymnasium, das; -s, Gymnasien: *höhere, zum Abitur führende Schule.*

Gymnastik, die; -: *sportliche Betätigung, bei der rhythmische Bewegungen ausgeführt werden.*

Gynäkologe, der; -n, -n: Med. *Frauenarzt.*

H

Haar, das; -[e]s, -e: 1. *auf der Haut von Menschen und Tieren wachsendes, fadenartiges Gebilde:* die Haare kämmen, bürsten; die Haare fallen ihm aus, hängen ihm ins Gesicht; bildl: vor Angst standen ihm die Haare zu Berge. * **ein H. in der Suppe finden** *(etwas auszusetzen, zu kritisieren haben);* **Haare auf den Zähnen haben** *(schroff und rechthaberisch sein);* **sich** (Dativ) **keine grauen Haare über etwas wachsen lassen** *(sich über etwas keine Sorgen machen);* **um ein H.** *(beinahe);* **sich in den Haaren liegen** *(sich streiten);* **kein gutes H. an jmdm. lassen** *(nur Schlechtes über jmdn. sagen; alles, was jmd. tut, schlecht finden und es kritisieren).* 2. ⟨ohne Plural⟩ *Gesamtheit der Haare:* blondes, schwarzes, graues, schütteres, spärliches, lockiges, langes H.; das H. kurz tragen; sich das H. färben lassen. * **mit Haut und H.** *(ganz):* sie hat sich mit Haut und Haar der Wissenschaft verschrieben.

haaren, haarte, hat gehaart ⟨itr./rfl.⟩: *Haare verlieren:* die Katze haart [sich].

Haaresbreite: ⟨in der Verbindung⟩ um H.: *beinah, fast;* es hätte nicht viel gefehlt, so ...: um H. wäre er von der Leiter gefallen.

haargenau ⟨Adj.⟩ (ugs.): *sehr genau, ganz genau:* h. dasselbe erzählen.

haarig ⟨Adj.⟩: 1. *stark behaart:* haarige Beine. 2. (ugs.) *unangenehm, böse, schlimm:* eine haarige Sache.

haarklein ⟨Adverb⟩ (ugs.): *sehr, ganz genau:* sie hat mir den Vorgang h. erzählt.

Haarnadel, die; -, -n: *Nadel zum Feststecken des Haars* (siehe Bild).

Haarnadel

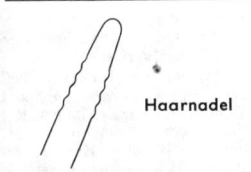

haarscharf ⟨Adverb⟩ (ugs.): *sehr nahe, sehr dicht:* der Wagen raste h. an den Zuschauern vorbei.
Haarschnitt, der; -s, -e: *Art, in der das Haar geschnitten ist; Frisur:* ein kurzer H.
Haarspalterei, die; -, -en: *Heranziehen unwichtiger Kleinigkeiten als Argumente für oder gegen etwas; Spitzfindigkeit:* das ist H.!
Haarspray ['haːrspreː, 'haːrʃpreː], der oder das; -s, -s: *Flüssigkeit, die auf das Haar gesprüht wird, damit die Frisur hält.*
haarsträubend ⟨Adj.⟩ (ugs.): *entsetzlich, unglaublich, schrecklich:* ein haarsträubender Unsinn; das ist ja h.!
Habe, die; -: *Besitz, Eigentum, Vermögen:* seine ganze H. ging verloren.
haben, hat, hatte, hat gehabt: 1. ⟨itr.⟩ a) *besitzen, sein eigen nennen:* einen Wagen, Hund, Garten h.; Anspruch h. auf etwas; Geld [auf der Bank] h. * **zu h. sein** *(zu bekommen sein):* Theaterkarten sind noch zu haben. b) *versehen, ausgestattet sein (mit etwas):* blaue Augen, ein gutes Herz h. c) ⟨in Verbindung mit Substantiven⟩ *bedrückt werden (von etwas):* Kummer, Sorgen h. * **etwas gegen jmdn. h.** *(jmdn. nicht leiden können).* 2. ⟨h. + zu + Inf.⟩ *müssen:* als Schüler hat man viel zu lernen. ** **sich h.** *(sich zieren);* **jmdn. zum besten h.** *(jmdm. zum Narren halten).*
Haben, das; -s: *alles, was jmd. hat oder einnimmt; Guthaben:* ihr H. ist klein; Soll und H. *(Ausgaben und Einnahmen).*
Habgier, die; - (abwertend): *von anderen als unangenehm empfundenes Streben nach Vermehrung des Besitzes.*
habgierig ⟨Adj.⟩ (abwertend): *habsüchtig:* ein habgieriger Mensch; die Beute h. an sich reißen.
habhaft: ⟨in der Verbindung⟩ jmds./einer Sache h. werden (geh.): a) *jmdn., den man gesucht hat, finden und festnehmen:* die Polizei wurde des Täters h. b) *bekommen; erlangen [können]:* alles Geld, dessen er h. wurde, ...
habilitieren, habilitierte, hat habilitiert: a) ⟨rfl.⟩ *die Berechtigung erwerben, an einer Universität oder einer entsprechenden Hochschule zu lehren:* sich mit einer Untersuchung über mittelalterliche Geschichte h. b) ⟨tr.⟩ *(jmdm.) die Berechtigung erteilen, an einer Universität oder einer entsprechenden Hochschule zu lehren:* er wurde von der Fakultät habilitiert.
Habseligkeiten, die ⟨Plural⟩: *dürftige, kümmerliche Habe, die aus wenigen [wertlosen] Dingen besteht:* seine H. einpacken.
habsüchtig ⟨Adj.⟩ (abwertend): *in unangenehmer Weise bestrebt, seinen Besitz zu vermehren:* h. sein.
Hacke, die; -, -n: I. /ein Gerät/ (siehe Bild): eine spitze H. II. (landsch.) 1. *Ferse:* jmdm. auf die Hacken treten. 2. *Absatz des Schuhes.*

Hacke I.

hacken, hackte, hat gehackt ⟨tr.⟩: a) *mit einer Hacke den Boden locker machen.* b) *mit einem Beil zerkleinern:* Holz h.
Hacken, der; -s, - (landsch.): a) *Ferse:* er trat ihm auf den H. b) *Absatz des Schuhs:* der Soldat schlug die H. zusammen. * (ugs.) **sich (Dativ) die H. [nach etwas] ablaufen** *(sich sehr bemühen, etwas zu bekommen).*
Hackfrucht, die; -, Hackfrüchte: *Feldfrucht, die zum Gedeihen lockeren Boden braucht:* Rüben und Kartoffeln sind Hackfrüchte.
Häcksel, der oder das; -s: *klein gehacktes Stroh, das als Futter verwendet wird.*
hadern, haderte, hat gehadert ⟨itr.⟩ (geh.): a) *unzufrieden sein:* er hadert mit seinem Schicksal. b) *streiten:* mit jmdm. h.
Hafen, der; -s, Häfen: *Ort oder Anlage, wo Schiffe anlegen können:* ein eisfreier H.; einen [fremden] H. anlaufen.
Hafer, der; -s: /Getreideart/ (siehe Bild): H. anbauen. * **ihn sticht der H.** *(er ist [zu] übermütig).*

Hafer

Haft, die; -: 1. *Entzug der Freiheit:* jmdn. mit drei Tagen H. bestrafen. 2. *polizeilicher Gewahrsam:* in H. nehmen *(verhaften).*
haften, haftete, hat gehaftet ⟨itr.⟩: 1. *kleben, festsitzen:* das Etikett haftet nicht an/auf der Flasche. 2. *bürgen, verantwortlich sein:* Eltern haften für ihre Kinder *(müssen für den Schaden aufkommen, den ihre Kinder verursachen);* für die Garderobe wird nicht gehaftet *(bei Verlust wird der Schaden nicht ersetzt).*
Häftling, der; -s, -e: *jmd., der in Haft ist; Gefangener:* politische Häftlinge.
Haftpflicht, die; -: *Rechtsw. Verpflichtung zum Ersatz entstandenen Schadens.*
Hagel, der; -s: *Niederschlag, der aus Körnern von Eis besteht:* der H. zerstörte die Saat; bildl.: ein H. von Steinen, Drohungen.
hageln, hagelte, hat gehagelt ⟨itr.⟩: *in Form von Hagel niederfallen:* es fing an zu h.; bildl.: es hagelt Proteste, Bomben, Vorwürfe, Schläge.
hager ⟨Adj.⟩: *mager [und groß], knochig:* eine hagere Gestalt; er ist sehr h.
Hagestolz, der; -es, -e: *älterer [etwas kauziger] Junggeselle.*
Hahn, der; -[e]s, Hähne und Hahnen: 1. ⟨Plural: Hähne⟩: *männliches Tier mancher Arten von Vögeln, bes. das männliche Huhn:* der H. macht kikeriki. * **danach kräht kein H.** *(danach fragt niemand);* **H. im Korb[e] sein** *(als einziger Mann in einem Kreis von Frauen Hauptperson sein).* 2. ⟨Plural: Hähne, fachspr. auch Hahnen⟩ *Vorrichtung zum Absperren von Rohrleitungen:* den H. zudrehen; der H. tropft.
Hahnrei, der; -s, -e: *Ehemann, den seine Frau mit einem andern Mann betrogen hat:* sie hat ihn zum H. gemacht.

Hai, der; -[e]s, -e: *gefräßiger Raubfisch der warmen Meere* (siehe Bild).

Hai

Hain, der; -[e]s, -e (geh.): *[kleiner] Wald*.

häkeln, häkelte, hat gehäkelt: 1. ⟨tr./itr.⟩ *eine Handarbeit aus Wolle o. ä. mit einem besonderen, hakenartigen Gerät anfertigen:* eine Tischdecke, ein Kleid h. 2. ⟨rfl.⟩ (ugs.) *halb im Ernst, halb im Scherz streiten:* sie häkelt sich öfter mit ihm.

Haken, der; -s, -: 1. *Gegenstand, an dem etwas aufgehängt werden kann* (siehe Bild): einen

Haken 1.

H. einschlagen. * (ugs.) **die Sache hat einen H.** *(die Sache hat eine Schwierigkeit, unangenehme Seite; zur Sache noch zu bedenken)*. 2. B o x e n *Schlag mit angewinkeltem Arm.* ** **einen H. schlagen.***(beim Laufen plötzlich die Richtung ändern).*

halb ⟨Adj.; nicht prädikativ⟩: 1. a) *die Hälfte von etwas umfassend; zur Hälfte:* h. Dänemark; eine halbe Stunde; das Glas ist h. voll; das Schiff fährt mit halber Kraft; auf halber Höhe des Berges; nur h. so fleißig, groß sein [wie der andere]. * **auf halbem Wege stehenbleiben** *(etwas nicht abschließen, vollenden)*; **halb ... halb** *(teils ... teils):* h. lachend, h. weinend ... **b)** ⟨in Verbindung mit *nur*⟩: *nicht ordentlich, nicht richtig:* etwas nur h. tun; nur h. angezogen sein. 2. *fast [ganz], so gut wie:* h. verdurstet; (ugs.) das dauert eine halbe Ewigkeit *(dauert sehr lange);* etwas h. und h. versprechen.

halber ⟨Präp. mit Gen.; nachgestellt⟩: *wegen:* der Ordnung h.

halbieren, halbierte, hat halbiert ⟨tr.⟩: *in zwei gleiche Teile teilen*.

Halbinsel, die; -, -n: *an einer Seite mit dem Festland zusammenhängendes, an den übrigen Seiten vom Wasser umgebenes Stück Land*.

Halbkreis, der; -es, -e: *halber Kreis:* einen H. bilden *(im H. aufgestellt, angeordnet sein)*.

Halbkugel, die; -, -n: *eine halbe Kugel.* * **die nördliche, südliche H.** *(die nördliche, südliche vom Äquator begrenzte Hälfte der Erdkugel)*.

halbmast: ⟨in der Verbindung⟩ **auf h.**: *in halber Höhe des Mastes:* die Fahnen auf h. setzen (als Zeichen der Trauer).

Halbschuh, der; -s, -e: *Schuh, der nur bis unter die Knöchel reicht* (siehe Bild).

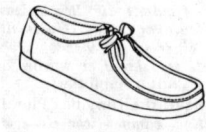

Halbschuh

halbwegs ⟨Adverb⟩ (ugs.): *einigermaßen:* der Lehrer ist mit ihm h. zufrieden.

Halbwaise, die; -, -n: *minderjähriges Kind, das nur noch Vater oder Mutter hat*.

Halbwelt, die; - (abwertend): *elegant auftretende, aber zwielichtige und anrüchige Gesellschaftsschicht*.

Halbwüchsige, der; -n, -n ⟨aber: [ein] Halbwüchsiger, Plural: Halbwüchsige⟩: *noch nicht ganz erwachsener, junger Mensch; Jugendlicher*.

Halbzeit, die; -: **S** p o r t **a)** *die Hälfte der Dauer eines Spiels.* **b)** *der Zeitpunkt nach der ersten Hälfte [eines Spiels]*.

Hälfte, die; -, -n: **a)** *der halbe Teil:* die H. des Apfels, des Vermögens. **b)** (ugs.) *einer von zwei Teilen eines Ganzen:* die größere H.

Halle, die; -, -n: 1. *größeres Gebäude mit hohem, weitem Raum:* die Hallen für Flugzeuge heißen Hangars; in [der] H. 2 werden Bücher der wissenschaftlichen Verlage ausgestellt; die H. des Bahnhofs. 2. *größerer Raum in einem Gebäude:* er wartete in der H. des Hotels auf ihn.

hallen, hallte, hat gehallt ⟨itr.⟩: *mit lautem, hohlem Klang weithin tönen; schallen:* die Schritte hallten im Gang; ein Schrei hallt durch die Nacht.

Hallenbad, das; -[e]s, Hallenbäder: *Schwimmbad, das sich in einem eigens dafür errichteten Gebäude befindet*.

Halm, der; -[e]s, -e: *[biegsamer] Stengel der Gräser und aller Arten von Getreide*.

Hals, der; -es, Hälse: 1. *Teil des Körpers zwischen Kopf und Rumpf:* ein kurzer, langer H.; jmdm. vor Freude um den H. fallen. * **H. über Kopf** *(überstürzt);* **sich jmdm. an den H. werfen** *(sich freund. aufdrängen);* (ugs.) **jmdm. auf dem Halse haben** *(sich mit jmdm. beschäftigen müssen, der einem lästig ist);* **sich etwas vom Hals[e] schaffen** *(etwas von sich abwälzen)*. 2. *Kehle:* der H. ist trocken, entzündet; der H. tut mir weh. * (ugs.) **etwas hängt jmdm. zum Hals[e] heraus** *(jmd. ist einer Sache sehr überdrüssig);* **den H. nicht vollkriegen können** *([aus Habgier] nie genug bekommen können)*.

Halsabschneider, der; -s, - (ugs.; abwertend): *Wucherer; Geschäftsmann, der sehr hohe Preise verlangt*.

halsbrecherisch ⟨Adj.⟩: *lebensgefährlich:* ein halsbrecherischer Weg.

halsstarrig ⟨Adj.⟩: *eigensinnig, starrköpfig, unnachgiebig:* ein halsstarriger Mensch; h. sein.

Halstuch, das; -[e]s, Halstücher: *Tuch, das man als Teil der Kleidung um den Hals trägt*.

Halt, der; -[e]s: 1. *Stütze, Rückhalt:* H. suchen; keinen H. finden; den H. verlieren; er war der einzige H. in ihrem Leben; in diesem Schuh hat der Fuß keinen H.; jmd. ist ohne inneren H. 2. (geh.) *das Anhalten, Stillstand:* den Ausschreitungen H. gebieten; der Zug fährt ohne H.

haltbar ⟨Adj.⟩: **a)** *nicht leicht verderbend:* haltbare Lebensmittel. **b)** *nicht leicht zuzweigehend:* diese Schuhe sind sehr h.

halten, hält, hielt, hat gehalten: 1. ⟨tr.⟩ *gefaßt haben und nicht loslassen:* etwas in der Hand h. * **sich an etwas h.** *(etwas befolgen)*. 2. ⟨tr./rfl.⟩ *erfolgreich verteidigen:* die Festung, Stellung h.; sich nicht h. können *(im Geschäft, Beruf nicht bestehen können)*. 3. ⟨tr.⟩ *bewahren:* Abstand, Kurs, Richtung h. 4. ⟨tr.⟩ *erfüllen, einhalten:* sein Wort, ein Versprechen h.; Disziplin, Ordnung, Schritt h.; ⟨auch itr.⟩ man kann es h. *(machen),* wie man will; ih

Handel

hältst du es mit der Treue? *(bist du treu?).* 5. ⟨tr.⟩ *veranstalten, abhalten:* Vorlesungen h.; eine Rede h.; einen Vortrag über etwas h.; Gericht h. über jmdn. *(jmds. Verhalten scharf kritisieren).* 6. ⟨itr.⟩ *zum eigenen Nutzen angestellt, angeschafft haben; unterhalten:* ich halte mir einen Diener; Katzen, Hunde h. 7. ⟨tr./rfl.; mit näherer Bestimmung⟩ *darauf bedacht sein, einen bestimmten Zustand zu bewahren:* seine Kinder streng h.; das Essen warm h.; etwas in Ehren h.; sich im Gleichgewicht h. * etwas hält sich die Waage *(etwas gleicht sich aus):* Gewinn und Verlust h. sich die Waage; **jmdn zum Narren h.** *(jmdn. anführen).* 8. ⟨rfl.⟩ *nicht schnell verderben, verwelken:* diese Äpfel, die Rosen halten sich nicht lange. 9. ⟨tr.⟩ *zurückhalten, bremsen:* den Urin halten h. können; mich hält nichts mehr. * **den Mund h.** *(nichts sagen; ein Geheimnis nicht verraten).* 10. ⟨tr.⟩ *ansehen, betrachten (als etwas):* jmdn. für ehrlich, aufrichtig, tot h.; etwas für wahrscheinlich, denkbar h. * (ugs.) **große Stücke auf jmdn. h.** *(jmdn. sehr schätzen, hochachten);* **nicht viel von jmdm. h.** *(keine gute Meinung von jmdm. haben).* 11. ⟨itr.⟩ *haltmachen, stoppen:* der Zug hält nicht auf jeder Station. 12. ⟨itr.⟩ *fest sein, in einem bestehenden Zustand bleiben:* der Stoff, die Farbe hält. 13. ⟨itr.⟩ *besonders achten (auf etwas):* auf Ordnung, Sauberkeit h.; auf sich halten *(sich pflegen).*

Haltestelle, die; -, -n: *Stelle, an der man in den Bus oder in die Straßenbahn einsteigen kann.*

haltlos ⟨Adj.⟩: 1. *willensschwach, willenlos:* ein haltloser junger Mensch. 2. ⟨nicht adverbial⟩ *unbegründet, aus der Luft gegriffen:* haltlose Behauptungen; seine Beschuldigung ist völlig h.

Haltung, die; -, -: 1. *Art, in der man seinen Körper hält; Stellung, Positur:* eine aufrechte H.; Militär H. annehmen *(strammstehen).* 2. *Verhalten, Auftreten:* eine ablehnende, feindliche, klare, undurchsichtige H. * **H. bewahren** *(sich nicht gehenlassen).* 3. *Besitz und Unterhalt:* die H. von Haustieren; die H. eines Autos kommt [ihm] zu teuer.

Halunke, der; -n, -n: a) *Gauner, Betrüger, Schurke.* b) (scherzh.) *Schelm; durchtriebener, frecher [junger] Mann.*

hämisch ⟨Adj.⟩: *boshaft und heimlich Freude empfindend, schadenfroh:* h. grinsen, lächeln.

Hammel, der; -s, - und Hämmel: 1. *kastriertes männliches Schaf.* 2. ⟨Schimpfwort⟩ *Dummkopf:* du H.!

Hammelsprung, der; -s, Hammelsprünge Politik: *Abstimmung im Parlament, bei der alle Abgeordneten den Saal verlassen und ihn durch eine von drei Türen wieder betreten, wodurch sie ihr Ja, Nein oder ihre Stimmenthaltung ausdrücken.*

Hammer, der; -s, Hämmer: 1. *Werkzeug zum Schlagen:* mit dem H. einen Nagel in die Wand schlagen. * **unter den H. kommen** *(versteigert werden).* 2. Sport *an einem Draht befestigte Kugel aus Metall, die geschleudert wird:* er wirft den H. 60 Meter weit.

hämmern, hämmerte, hat gehämmert ⟨itr.⟩: 1. a) *mit dem Hammer schlagen:* er hämmert schon den ganzen Tag. b) *in kurzen Abständen [heftig] (auf etwas) schlagen:* er hämmerte mit den Fäusten gegen das Tor; auf die Tasten [eines Klaviers] h.; der Specht hämmert. 2. *stark und rasch in Tätigkeit sein:* das Blut, Herz hämmert.

Hamster, der; -s, -: /ein Tier/ (siehe Bild).

Hamster

hamstern, hamsterte, hat gehamstert ⟨tr./itr.⟩ (ugs.; abwertend): *Vorräte sammeln, horten:* Lebensmittel h.

Hand, die; -, Hände /vgl. unterderhand/: *Teil des Armes* (siehe Bild): die linke, rechte H.;

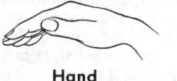

Hand

jmdm. die H. geben, schütteln; Hände hoch! *(Aufforderung, sich zu ergeben);* bildl.: sich mit Händen und Füßen *(sehr heftig)* gegen etwas wehren. * **H. in H. gehen** *(angefaßt nebeneinander laufen);* **H. in H. arbeiten** *(zusammenarbeiten);* **von H. zu H. gehen** *(oft den Besitzer wechseln);* **alle Hände voll zu tun haben** *(viel Arbeit haben);* **die Hände in den Schoß legen** *(untätig sein);* **in andere Hände übergehen** *(den Besitzer wechseln);* **jmdn. etwas in die H. versprechen** *(jmdm. etwas feierlich geloben);* **jmds. rechte H. sein** *(jmds. vertrauter und wichtigster Mitarbeiter sein);* **das liegt auf der H.** *(das ist offenkundig);* **H. und Fuß haben** *(gut durchdacht sein);* **jmdm. an die/zur H. gehen** *(jmdm. helfen);* **etwas ist nicht von der H. zu weisen** *(etwas ist sehr zu erwägen, zu beachten);* **etwas geht jmdm. schnell von der H.** *(etwas fällt jmdm. leicht);* **in festen Händen sein** *(jmdm. fest verbunden sein);* das Mädchen ist in festen Händen; **um jmds. H. anhalten** *(jmdn. zu heiraten begehren);* **H. an sich legen** *(sich das Leben nehmen);* **die öffentliche H.** *(der Staat);* **etwas von langer H. vorbereiten** *(etwas, was gegen andere gerichtet ist, gründlich vorbereiten);* **aus zweiter H.** *(gebraucht);* **an H. [von]** *(mit Hilfe, nach Anleitung):* an H. von Unterlagen; an H. eines Buches lernen.

Handarbeit, die; -, -en: 1. *Arbeit, die mit der Hand ausgeführt wird:* ihm liegt die H. mehr als die Kopfarbeit. 2. *manuell hergestellter Gegenstand:* Handarbeiten anfertigen; diese Tischdecke ist sehr wertvoll, denn sie ist H.

Handball, der; -s, Handbälle: 1. *leichter Ball aus Leder.* 2. ⟨ohne Plural⟩ *Spiel zweier Mannschaften, bei dem der Ball mit der Hand geworfen wird:* H. spielen.

Handbewegung, die; -, -en: *Bewegung mit der Hand:* eine einladende, abwehrende H. machen.

Handbremse, die; -, -n: *Bremse, die mit der Hand angezogen wird.*

Händedruck, der; -s: *Druck der Hand [bei der Begrüßung]:* er verabschiedete sich von ihm mit einem kräftigen H.

Handel, der; -s: 1. *Kauf und Verkauf von Waren:* internationaler H. * **schwunghaften H.**

handeln 184

mit etwas treiben *(etwas in reichlicher Menge und nicht ganz legal weiterverkaufen)*. **2.** *Geschäft, Abmachung:* ein vorteilhafter, schlechter H.; einen H. abschließen, rückgängig machen.

handeln, handelte, hat gehandelt ⟨itr.⟩: **1. a)** *etwas [mit Entschlossenheit] tun:* er durfte nicht zögern, er mußte h.; auf eigene Faust *(eigenmächtig)* h.; gegen seine Überzeugung h. **b)** ⟨mit näherer Bestimmung⟩ *sich in bestimmter Weise verhalten:* großzügig, als Freund h. **2. a)** *kaufen und verkaufen, Geschäfte machen:* mit Wein, Obst h. **b)** *durch vieles Reden oder Bitten zu erreichen versuchen, daß man nicht soviel wie gefordert zu tun oder zu bezahlen braucht:* als er den Preis, die Bedingungen erfuhr, versuchte er zu h. **3.** *zum Inhalt haben; behandeln:* das Werk handelt vom Untergang, über den Untergang des Dritten Reiches. **** es handelt sich um jmdn./etwas** *(es betrifft jmdn./etwas):* es handelt sich [dabei] um ein schwieriges Problem.

handelseinig: ⟨in der Verbindung⟩ h. sein/werden: *sich einig sein/werden über den Abschluß eines Geschäfts:* endlich wurden die beiden Kaufleute h.

Handelsschule, die; -, -n: *Schule, die auf kaufmännische Berufe vorbereitet.*

handelsüblich ⟨Adj.⟩: *im Handel üblich:* handelsübliche Waren, Erzeugnisse.

Handfeger, der; -s, -: *kleiner Besen, der mit einer Hand geführt wird* (siehe Bild).

Handfeger

handfest ⟨Adj.⟩: *kräftig-derb:* einige handfeste Burschen; handfeste *(nicht zu widerlegende)* Beweise.

Handfläche, die; -, -n: *Innenseite der Hand.*

Handgelenk, das; -[e]s, -e: *Gelenk der Hand:* ein kräftiges, schmales H. *** etwas aus dem H. schütteln** *(etwas ohne Mühe zustande bringen).*

handgemein: ⟨in der Verbindung⟩ h. werden: *sich schlagen; ins Handgemenge kommen:* die Streitenden sind schließlich h. geworden.

Handgemenge, das; -s: *Schlägerei:* es kam zu einem H.

Handgepäck, das; -s: *Gepäck, das der Reisende bei sich hat.*

handgreiflich ⟨Adj.⟩: *offenbar:* eine handgreifliche Lüge. *** h. werden** *(anfangen zu schlagen).*

Handhabe, die; -, -n: *Grund, gegen jmdn. wegen bestimmter Vorkommnisse vorzugehen:* etwas dient jmdm. als H. gegen jmdn.; sie bieten keine H. zum Einschreiten.

handhaben, handhabte, hat gehandhabt ⟨tr.⟩: *(ein Werkzeug) richtig gebrauchen:* er lernte es bald, das neue Gerät zu h.

Handikap ['hɛndikɛp] das; -s, -s: *sich auf eine Tätigkeit, einen Wettkampf auswirkendes Hindernis; Nachteil.*

Handlanger, der; -s, -: *jmd., der nur untergeordnete Arbeiten für andere zu verrichten hat:* ich brauche noch einen H. für meine Arbeit; bildl. (abwertend): er wurde zum H. *(zum willfährigen Helfer)* des Feindes.

handlich ⟨Adj.⟩: *bequem zu benutzen:* ein handlicher Schirm.

Handlung, die; -, -en: **1.** *Tat, Tun:* eine strafbare, symbolische, unzüchtige H. **2.** *Geschehen:* die H. des Romans, Films.

Handschrift, die; -, -en: **1.** *Art der Schrift, die jmdm. eigen ist:* eine unleserliche *(schwer zu lesende)* H. **2.** *mit der Hand geschriebener [sehr alter] Text* ⟨Abk.: Hs., Plural: Hss.⟩: eine H. des 14. Jahrhunderts.

Handschuh, der; -s, -e: *Bekleidungsstück, das über die Hand gezogen wird:* gefütterte Handschuhe; Handschuhe anziehen, anhaben, ausziehen.

Handtuch, das; -s, Handtücher: *Tuch zum Abtrocknen des Körpers.*

Handwerk, das; -s, -e: *Beruf, der manuell und mit einfachen Werkzeugen ausgeführt wird:* das H. des Schuhmachers erlernen. *** sein H. verstehen** *(viel in seinem Fach können);* **jmdm. ins H. pfuschen** *(sich in einem Bereich betätigen, für den ein anderer zuständig ist):* ich lasse mir nicht ins H. pfuschen; **jmdm. das H. legen** *(jmds. schlechtem Tun ein Ende setzen):* die Polizei legte den Dieben das H.

Handwerker, der; -s, -: *jmd., der ein Handwerk betreibt.*

Hang, der; -[e]s, Hänge: **1.** *Seite eines Berges, die nicht sehr steil abfällt:* das Haus liegt am H. **2.** ⟨ohne Plural⟩ *Neigung, Vorliebe:* ein H. zur Bequemlichkeit, Übertreibung.

Hangar [auch: Hangar], der; -s, -s: *Halle, in der Flugzeuge abgestellt werden.*

hängen: I. hing, hat gehangen ⟨itr.⟩: *oben, an seinem oberen Teil befestigt sein und von unten keinen Halt haben:* der Mantel hing am Haken. *** an jmdm./etwas h.** *(jmdn./etwas gern haben und sich nicht von jmdm., davon trennen wollen).* **II.** hängte, hat gehängt ⟨tr.⟩: **1.** *etwas oben, an seinem oberen Teil befestigen, wobei es von unten her keinen Halt hat:* er hat den Mantel auf den Haken gehängt. *** den Mantel nach dem Wind h.** *(sich stets der herrschenden Meinung anpassen).* **2.** *durch Aufhängen am Galgen töten:* der Mörder wurde gehängt.

Hänger, der; -s, -: *gürtelloser, gerade geschnittener Mantel.*

hänseln, hänselte, hat gehänselt ⟨tr.⟩: *necken, foppen:* die Jungen hänselten ihn wegen seiner schmutzigen Finger.

Hanswurst, der; -es, -e: *Spaßmacher, lustige Person.*

Hantel, die; -, -n: *Sportgerät für Freiübungen und Übungen zum Gewichtheben* (siehe Bild).

Hantel

hantieren, hantierte, hat hantiert ⟨itr.⟩: *an, mit etwas tätig sein, geschäftig sein:* die Mutter hantiert am Herd; mit einem Werkzeug h.

hapern, haperte, hat gehapert ⟨itr.⟩ (ugs.): *fehlen, mangeln:* es hapert am Geld; in Latein hapert es bei ihm *(ist er schwach).*

Happen, der; -s, - (ugs.): *Bissen:* ein H. Fleisch; ich habe noch keinen H. *(noch nichts)* gegessen. *** ein fetter H.** *(ein gewinnbringendes Geschäft).*

Happening ['hæpənɪŋ] das; -s, -s: *überraschendes Verhalten, das provozieren und demonstrieren will (und das als Kunstwerk* *gelten soll):* ein H. machen, veranstalten.

Happy-End ['hæpi'ɛnd], das; -[s], -s: *glücklicher Ausgang eines Geschehens:* der Film hat ein H.

Harfe, die; -, -n: /ein Saiteninstrument/ (siehe Bild): die H. spielen, schlagen.

Harfe

Harke, die; -, -n (bes. nordd.): *Gerät des Bauern und Gärtners* (siehe Bild).

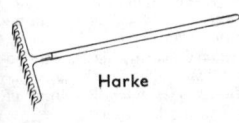

Harke

Harlekin, der; -s, -e: *Spaßmacher, Hanswurst.*

härmen, sich; härmte sich, hat sich gehärmt (geh.): *sich grämen; sich sorgen:* die Mutter härmt sich um ihr Kind, das nicht nach Hause zurückkam.

harmlos ⟨Adj.⟩: a) *ungefährlich:* der Hund ist h., der tut dir nichts; ein harmloses *(unschädliches)* Medikament. b) *arglos; friedlich:* ein harmloser Mensch; ein harmloses Vergnügen.

Harmonie, die; -, -n: 1. *Wohlklang, Übereinstimmung* /Ggs. Disharmonie/: H. der Töne; H. der Farben. 2. ⟨ohne Plural⟩ *Eintracht:* sie lebten in bester H. miteinander.

harmonisch ⟨Adj.⟩: 1. *wohlklingend, übereinstimmend:* harmonische Klänge. 2. a) *einträchtig:* ein harmonisches Zusammenleben. b) *ausgeglichen, angenehm:* er hat ein harmonisches Wesen.

Harn, der; -[e]s: *Urin.* * **H. lassen** *(urinieren).*

harren, harrte, hat geharrt ⟨itr.⟩ (geh.): *sehnsüchtig warten:* sie harrten seiner; auf Gottes Hilfe h.

hart: I. ⟨Adj.⟩: 1. *fest:* hartes Brot; ein harter Knochen; hartes *(kalkreiches)* Wasser; eine harte *(sichere)* Währung. 2. *schwer, schmerzlich:* ein hartes Schicksal, Los; ein harter Schlag; die Geduld auf eine harte Probe stellen; das Unglück trifft ihn h. 3. *streng, grausam, böse:* ein hartes Herz haben. * **mit jmdm. h. ins Gericht gehen** *(jmdn. schonungslos kritisieren).* 4. *heftig, scharf:* ein harter Aufprall; ein hartes *(mit großem Einsatz geführtes)* Spiel; harte Worte. * **h. im Nehmen sein** *(viel vertragen);* **es geht h. auf h.** *(keiner will nachgeben).* **II.** ⟨Adverb⟩ *nahe, ganz dicht:* er fuhr h. am Abgrund vorbei; h. an der Grenze.

Härte, die; -, -n: 1. *Festigkeit:* die H. des Gesteins. 2. *Benachteiligung, Ungerechtigkeit:* soziale Härten. 3. *Strenge, Grausamkeit:* er bekam die H. des Gesetzes zu spüren. 4. ⟨ohne Plural⟩ *Schärfe, Anstrengung:* die H. des Kampfes.

Hartgeld, das; -[e]s /Ggs. Papiergeld/: *Metallgeld, Münzen.*

hartherzig ⟨Adj.⟩: *unbarmherzig, ohne Mitleid:* eine hartherzige Frau.

Hartholz, das; -es, Harthölzer: *festes, widerstandsfähiges Holz.*

hartnäckig ⟨Adj.⟩: *beharrlich, eigensinnig, störrisch:* er bestand h. auf seinen Forderungen; eine hartnäckige *(trotz intensiver Behandlung lange dauernde)* Krankheit.

Harz, das; -es, -e: *[zähflüssige, klebrige] Masse, die von Nadelbäumen ausgeschieden wird.*

Hase, der; -n, -n: /ein Tier/ (siehe Bild): der H. wird von den Hunden verfolgt. * **falscher H.** *(Braten aus gehacktem*

Hase

Fleisch); (ugs.) **ein alter H. sein** *(ein erfahrener Fachmann sein);* (ugs.) **mein Name ist H.** *(ich weiß von nichts).*

Haselnuß, die; -, Haselnüsse: /eine Frucht/ (siehe Bild).

Hasenscharte, die; -, -n: *angeborene Spaltung der Oberlippe.*

Haß, der; Hasses: *feindselige Abneigung:* tödlicher H.; einen H. auf, gegen jmdn. haben.

hassen, haßt, haßte, hat gehaßt ⟨tr.⟩: *Haß empfinden:* jmdn. bis auf den Tod h.; jmdn., etwas wie die Pest *(sehr)* h.

häßlich ⟨Adj.⟩: 1. *im Aussehen nicht schön, abstoßend, widerwärtig:* ein häßliches Mädchen, Gebäude. * **klein und h.** *(kleinlaut und nicht mehr zu widersprechen wagend).* 2. *unschön, unfreundlich:* häßliches Wetter; ein häßliches Benehmen; er war h. zu ihr.

Hast, die; -: *überstürzte Eile:* mit wilder H.; er ging ohne H. zum Bahnhof.

hasten, hastete, ist gehastet ⟨itr.⟩: *unruhig, aufgeregt eilen, hetzen:* zum Bahnhof h.

hastig ⟨Adj.⟩: *eilig, überstürzt:* h. essen; eine hastige Sprechweise.

hätscheln, hätschelte, hat gehätschelt ⟨tr.⟩: *zärtlich liebkosen, mit übertriebener Sorgfalt behandeln:* ein Kind h.

Haube, die; -, -n: 1. *Kopfbedeckung für Frauen, die dicht am Kopf anliegt:* die alte Frau trug im Bett eine H. * (ugs.) **jmdn. unter die H. bringen** *(jmdn. verheiraten);* **unter die H. kommen** *(sich [schließlich] verheiraten).* 2. *etwas, was etwas bedeckt, umschließt; gewölbte Umhüllung:* a) *Kühlerhaube:* die H. des Motors aufklappen. b) *Trockenhaube:* nach dem Waschen der Haare mußte sie sich unter die H. setzen.

Hauch, der; -[e]s: 1. a) *sichtbarer oder fühlbarer Atem:* in der Kälte war der H. zu sehen. b) *leichter Luftzug:* ein sanfter, kühler H. 2. *spürbares Vorhandensein, Wirkung (von etwas):* der H. der Vergangenheit. * **ein H. von** *(ein wenig):* einen H. von Rouge auftragen.

hauchdünn ⟨Adj.⟩: *sehr dünn, fein:* hauchdünne Strümpfe.

hauchen, hauchte, hat gehaucht: 1. ⟨itr.⟩ *Hauch ausstoßen:* er hauchte gegen die gefrorene Fensterscheibe. 2. ⟨tr.⟩ *nur sehr leise sprechen, flüstern:* die Braut hauchte ein leises Ja.

hauen, haute/hieb, hat gehauen: 1. a) ⟨tr. haute, hat ge-

Haselnuß

hauen ⟩ *schlagen; prügeln:* er haute den Jungen. * **jmdn. übers Ohr h.** *(jmdn. betrügen).* **b)** ⟨itr. haute/(geh.) hieb, hat gehauen⟩ *schlagen (gegen, auf, in etwas):* der Betrunkene haute gegen die Tür. **c)** ⟨itr. hieb/(ugs.) haute, gehauen⟩ *(mit einer Waffe) schlagen:* er hieb mit dem Schwert auf den Feind. **2.** ⟨tr. haute, hat gehauen⟩ *(mit einem Werkzeug) etwas in etwas schlagen:* er haute den Nagel in die Wand; Stufen in den Felsen h.

Haufen, der; -s, -: **1.** *Menge übereinanderliegender Dinge:* ein H. Steine; alles auf einen H. legen. * **etwas über den H. werfen** *(etwas, was geplant war, wieder ändern, zunichte machen):* die politischen Ereignisse haben unsere Pläne über den H. geworfen. **2.** (ugs.) *eine große Menge:* ein H. Menschen sammelte sich an.

häufen, häufte, hat gehäuft: **1.** ⟨tr.⟩ *in größerer Menge sammeln, stapeln:* Vorräte h. **2.** ⟨rfl.⟩ *bedeutend zunehmen, mehr werden:* die alten Kartons häufen sich im Keller; bildl.: die Klagen, Schulden häuften sich.

häufig ⟨Adj.⟩: *oft [vorkommend], sich oft wiederholend:* häufige Krankheiten, Reisen; er kam h. zu spät.

Haupt, das; -[e]s, Häupter (geh.): **1.** *Kopf:* das H. neigen; er geht mit bloßem H. *(ohne Kopfbedeckung);* das H. des Löwen. **2.** *Führer, wichtigste Person:* das H. der Familie, des Staates.

Hauptbahnhof, der; -[e]s, Hauptbahnhöfe; *größter [zentral gelegener] Bahnhof eines Ortes* (Abk.: Hbf.).

Hauptfach, das; -[e]s, Hauptfächer: *wichtiges Fach in der Schule, beim Studieren:* er studiert Germanistik im H.

Hauptperson, die; -, -en: *wichtigste Person einer [dramatischen] Dichtung:* die H. tritt im zweiten Akt nicht auf; bildl.: sie war die H. des Festes.

Hauptschule, die; -, -n: *Fortsetzung der Grundschule, und zwar die Klassen 5–9.*

Hauptstadt, die; -, Hauptstädte: *Stadt mit dem Sitz der Regierung eines Staates* (Abk.: Hptst.).

Hauptstraße, die; -, -n: *breite, wichtige [Geschäfts]straße.*

Haus, das; -es, Häuser: **1.** *Gebäude:* ein modernes, baufälliges, einstöckiges H.; ein H. bauen, beziehen, bewohnen; bei dieser Oper haben wir ein ausverkauftes H. *(bei dieser Oper haben wir alle Karten für die Vorstellung verkauft).* * **das Hohe H.** *(das Parlament);* **das Weiße H.** *(das Regierungsgebäude der USA);* **zu Hause** *(in der eigenen Wohnung, im eigenen Haus);* **nach Hause** *(der eigenen Wohnung zu);* **von H. aus** *(ursprünglich);* **mit der Tür ins H. fallen** *(unvermittelt und ohne den anderen darauf vorzubereiten sagen, was man möchte).* **2.** *Herrschergeschlecht:* das H. Habsburg.

Hausangestellte, die; -n, -n ⟨aber: [eine] Hausangestellte, Plural: Hausangestellte-⟩: *Angestellte für Arbeiten in einem Haushalt.*

hausbacken ⟨Adj.⟩ (abwertend): *bieder, langweilig und ohne Reize:* ein hausbackenes Mädchen.

hausen, hauste, hat gehaust ⟨itr.⟩: **1.** (abwertend) *[in dürftigen, ärmlichen Verhältnissen] wohnen:* nach dem Erdbeben hausten die Menschen in zerfallenen Häusern. **2.** *wüten, große Unordnung machen:* der Sturm hat hier schlimm gehaust.

Häuserblock, der; -s, -s: *Block von zusammenhängend gebauten Häusern.*

Hausflur, der; -s, -e: *Vorraum, Gang, der sich zwischen der Haustür und der Treppe befindet.*

Hausfrau, die; -, -en: *Frau, die ihren Haushalt besorgt [und keinen Beruf ausübt].*

Haushalt, der; -s, -e: **1.** *gemeinsame Wirtschaft der in einer Gruppe lebenden Personen [bes. einer Familie]:* jmdm. den H. führen. **2.** *Einnahmen und Ausgaben eines Staates o. ä.:* über den H. beraten.

haushalten, hält haus, hielt haus, hat hausgehalten ⟨itr.⟩: *sparsam umgehen (mit etwas):* er kann mit seinem Geld nicht h.; mit seinen Kräften h.

Haushaltsplan, der; -[e]s, Haushaltspläne: *Plan für die Einnahmen und Ausgaben eines Staates o. ä.; Budget.*

Hausherr, der; -n, -en: **1.** *Haupt der Familie.* **2.** (südd.) *Besitzer, Vermieter eines Hauses.*

hausieren, hausierte, hat hausiert ⟨itr.⟩: *(mit etwas) handeln, indem man von Haus zu Haus geht und die Ware anbietet:* er hausierte mit bunten Tüchern; bildl.: mit seinen Ideen h. gehen *(allen davon erzählen, damit prahlen).*

Hausierer, der; -s, -: *Händler, der mit seinen Waren von Haus zu Haus geht.*

Hausmeister, der; -s, -: *jmd., der angestellt ist, um das Haus in Ordnung zu halten.*

Hausmusik, die; -: *Musik, die im Kreis der Familie ausgeübt wird.*

Hausrat, der; -[e]s: *alle Möbel und Geräte eines Haushalts.*

Hausschlüssel, der; -s, -: *Schlüssel für die Haustür.*

Hausschuh, der; -s, -e: *leichter, bequemer Schuh, den man zu Hause trägt.*

Haussuchung, die; -, -en: *polizeiliche Durchsuchung eines Hauses oder einer Wohnung:* eine H. durchführen.

Haustier, das; -[e]s, -e: *zahmes Tier, das der Mensch [zum Nutzen] hält:* Rinder und Schafe gehören zu den nützlichsten Haustieren.

Haustür, die; -, -en: *[Haupt]eingang eines Hauses.*

Hauswart, der; -[e]s, -e: *Hausmeister.*

Hauswirt, der; -[e]s, -e: *Besitzer eines Hauses mit Mietwohnungen.*

Haut, die; -, Häute: **1.** *das den Körper eines Menschen oder eines Tieres umgebende schützende Gewebe; Hülle:* eine dünne, dicke, lederne H.; die H. des Menschen, des Aales. * **nur H. und Knochen sein** *(sehr mager sein);* (ugs.) **auf der faulen H. liegen** *(faul sein);* (ugs.) **aus der H. fahren** *(wütend werden);* (ugs.) **aus seiner H. nicht heraus können** *(sich nicht ändern können);* **mit H. und Haaren** *(ganz und gar):* die Katze verschlingt die Maus mit H. und Haaren. **2.** *dünne [umhüllende] Schicht:* die heiße Milch hat eine H.; die H. der Wurst, des Pfirsichs.

häuten, häutete, hat gehäutet: **1.** ⟨tr.⟩ *einem Tier die Haut, das Fell abziehen:* einen Hasen häuten. **2.** ⟨rfl.⟩ *die Haut abstreifen:* die Schlange häutet sich.

Hebamme, die; -, -n: *ausgebildete Helferin bei einer Geburt.*

Hebel, der; -s, -: **1.** *länglicher Körper, der sich um einen festen Punkt bewegen läßt und mit dem man eine Last heben kann* (siehe Bild). * **alle H. in Bewegung setzen** *(alle Möglichkeiten nüt-*

Hebel 1.

zen, um etwas zu erreichen). **2.** *Griff zum Einschalten oder Steuern einer Maschine.*

heben, hob, hat gehoben ⟨tr.⟩ /vgl. gehoben/: **1.** *in die Höhe bewegen:* eine Kiste h.; die Hand [zum Schwur] h.; ein gesunkenes Schiff h. **2.** *etwas verbessern, steigern:* den Umsatz, die Stimmung h.

Hecht, der; -[e]s, -e: /ein Raubfisch/ (siehe Bild).

Hecht

Heck, das; -s, -s und -e: *hinterer Teil des Schiffes.*

Hecke, die; -, -n: *dicht in einer Reihe stehende Sträucher:* die H. [be]schneiden.

Heckenschütze, der; -n, -n ⟨abwertend⟩: *Schütze, der aus dem Hinterhalt, einem Versteck schießt.*

Heer, das; -[e]s, -e: **1.** *alle Truppen eines Staates, Armee:* ein siegreiches H.; ein H. aufstellen. **2.** *große Menge:* ein H. von Beamten.

Hefe, die; -: *Mittel, das beim Backen zum Treiben, Aufgehen des Teigs und bei der Herstellung von Bier zum Gären verwendet wird.*

Heft, das; -[e]s, -e: **I. a)** *zusammengeheftete und mit einem Einband versehene Blätter aus Papier, auf die geschrieben werden kann, vor allem für die Schule* (siehe Bild): der Lehrer sammelte die Hefte ein. **b)** *einzelne Nummer einer Zeitschrift; dünnes Buch:* von dieser Zeitschrift sind nur drei Hefte erschienen. **II.** (geh.) *Griff an einer Stichwaffe o. ä.* (siehe Bild): das H. des Messers. * **das H. in der Hand haben** *(anderen gegenüber die Macht behaupten und bestim-*

men, was gemacht werden soll): der Vater hat noch immer das H. in der Hand.

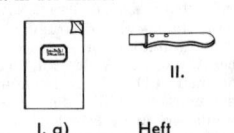

II.

I. a) Heft

heften, heftete, hat geheftet ⟨tr.⟩: **1.** *mit Nadeln, Klammern o. ä. befestigen, locker verbinden:* er heftete das Foto an den Brief. **2.** *mit großen Stichen lose nähen (für die Anprobe):* den Saum am Kleid h. * **sich an jmds. Fersen h.** *(jmdm. folgen).*

heftig ⟨Adj.⟩: **a)** *stark, gewaltig:* ein heftiger Sturm; heftige Schmerzen. **b)** *unwillig und unbeherrscht; jähzornig:* h. reagieren; er wird leicht h. **Heftigkeit,** die; -.

hegen, hegte, hat gehegt ⟨tr.⟩ (geh.): **1.** *behüten und pflegen:* der Jäger hegt das Wild. **2.** *(etwas) in sich tragen, empfinden:* Liebe, Haß h.; ⟨als Funktionsverb⟩ Zweifel, Wünsche h. *(zweifeln, wünschen).*

Hehler, der; -s, -: **a)** *jmd., der Gestohlenes heimlich von jmdm. erwirbt und wieder verkauft.* **b)** *heimlicher Mitwisser (beim Diebstahl).*

Heide: I. der; -n, -n: *jmd., der nicht an [einen] Gott glaubt.* **II.** die; -, -n: *[trockene] weite Landschaft, in der nur kleine Sträucher und Gräser wachsen:* die blühende, unfruchtbare H.

Heiden...: ⟨emotional verstärkend als Bestimmungswort von Substantiven⟩: *sehr viel, sehr groß, sehr stark:* Heidengeld, Heidenlärm, Heidenrespekt.

heikel ⟨Adj.⟩: **1.** *bedenklich, schwierig, peinlich:* ein heikles Thema; er geriet in eine heikle Situation. **2.** ⟨nicht adverbial⟩ (bes. südd., öst.) *[beim Essen] wählerisch:* sei nicht so h.!

heil ⟨Adj.⟩: **a)** *unverletzt, unbeschädigt:* er hat den Unfall h. überstanden. **b)** *gesund:* das Knie ist wieder h. **c)** *ganz, nicht zerrissen:* er hatte kein heiles Hemd.

heilen, heilte, hat/ist geheilt: **1.** ⟨tr.⟩ **a)** *gesund machen:* er hat den Kranken geheilt. **b)** *[mit Medikamenten o. ä.] erfolgreich behandeln:* der Arzt

hat die Krankheit geheilt. **2.** ⟨itr.⟩ *vergehen, verschwinden /in bezug auf eine Verletzung/:* die Wunde ist langsam geheilt.

heilfroh: ⟨in der Verbindung⟩ h. sein: *sehr froh sein (daß man etwas Unangenehmes hinter sich gebracht hat oder ihm entgehen konnte):* ich bin h., daß die Prüfung vorbei ist.

heilig ⟨Adj.⟩: *(von Gott) geweiht, gesegnet:* das heilige Abendmahl. * **der Heilige Abend** *(Abend, Tag vor dem ersten Weihnachtstag);* **etwas ist jmdm. h.** *(jmd. respektiert etwas):* deine Gefühle sind mir h.

Heiligabend, der; -s, -e: *Abend, Tag vor dem ersten Weihnachtstag.*

Heilmittel, das; -s, -: *Mittel zum Heilen von Krankheiten; Medikament.*

heilsam ⟨Adj.⟩: *nützlich dadurch, daß man aus schlechter Erfahrung die Lehre zieht:* es war mir eine heilsame Lehre, Mahnung; diese Erfahrung war für mich h.

heim ⟨Adverb⟩: *nach Hause;* ⟨oft zusammengesetzt mit Verben, die eine Bewegung ausdrücken⟩: heimfahren, heimgehen, heimholen, heimschicken, heimtragen.

Heim, das; -[e]s, -e: **1.** (geh.) ⟨ohne Plural⟩ *ständige Wohnung [in der man sich wohlfühlt]:* ein gemütliches H. **2.** *Haus, Unterkunft einer Gruppe von Menschen:* die alten Leute wohnten in einem H.

Heimat, die; -: *Bereich, Land, wo jmd. zu Hause ist, woher jmd., etwas stammt:* die Gastarbeiter reisten in ihre H. zurück; er hat in Deutschland eine neue H. gefunden; die H. der Kartoffel ist Amerika.

Heimatvertriebene, der; -n, -n ⟨aber: [ein] Heimatvertriebener, Plural: Heimatvertriebene⟩: *jmd., der nach dem zweiten Weltkrieg gezwungen worden ist, seine Heimat zu verlassen.*

heimisch ⟨Adj.⟩: **a)** ⟨nicht adverbial⟩ *aus der Heimat stammend:* die heimischen Pflanzen; die Produkte der heimischen (inländischen) Industrie. **b)** ⟨nicht attributiv⟩ *wie zu Hause:* er fühlte sich, war, wurde in der fremden Stadt h.

Heimkehr, die; -: *Rückkehr.*

heimkehren, kehrte heim, ist heimgekehrt ⟨itr.⟩: *[nach lan-*

Heimkehrer

ger Zeit] nach Hause zurück-kommen.

Heimkehrer, der; -s, -: *Soldat, der aus der Gefangenschaft in die Heimat zurückkehrt.*

heimlich ⟨Adj.⟩: *geheim; verborgen:* eine heimliche Zusammenkunft; sie trafen sich h.

heimsuchen, suchte heim, hat heimgesucht ⟨tr.⟩: *als Unglück (über jmdn.) kommen; befallen:* eine schwere Krankheit suchte ihn heim; das Land wurde von einem schweren Unwetter heimgesucht.

heimtückisch ⟨Adj.⟩: *hinterhältig, böse:* ein heimtückischer Mensch; eine heimtückische *(bösartige)* Krankheit.

Heimweh, das; -s: *sehnsüchtiger Wunsch, zu Hause zu sein.*

heimzahlen, zahlte heim, hat heimgezahlt ⟨tr.⟩: *angetanes Übel [in gleicher Weise] vergelten; rächen:* ich werde es dir schon h.!

Heirat, die; -, -en: *Verbindung zweier Menschen zu einer Ehe; Vermählung.*

heiraten, heiratete, hat geheiratet ⟨tr./itr.⟩: *eine Ehe schließen; sich vermählen:* sie hat [ihren Mann] früh, jung, aus Liebe geheiratet.

heiser ⟨Adj.⟩: *rauh; nicht mit klarer Stimme sprechen könnend:* eine heisere Stimme; weil er h. ist, kann er nicht singen.

heiß ⟨Adj.⟩: **1.** *sehr warm* /Ggs. kalt/: heiße Würstchen; ein heißer Sommer. * **etwas ist nur ein Tropfen auf den heißen Stein** *(das ist zu wenig, kaum spürbar);* **ein heißes Eisen** *(eine heikle Sache, mit der man sich nur ungern beschäftigt):* die Forderung nach Mitbestimmung ist ein heißes Eisen; **um etwas herumgehen wie die Katze um den heißen Brei** *(zögern, etwas Unangenehmes vorzubringen, zu sagen).* **2.** *leidenschaftlich, erregend:* ein heißer Kampf; sich h. nach jmdm. sehnen; heiße Rhythmen.

heiß..., Heiß...: ⟨als Bestimmungswort vor Adjektiven und Substantiven⟩: *sehr stark, heftig:* heißgeliebt, heißumstritten, Heißhunger.

heißen, hieß, hat geheißen/ (nach vorangehendem Infinitiv auch) hat ... heißen: **1.** ⟨itr.⟩ *den Namen haben; genannt werden:* er heißt Wolfgang. **2.** ⟨itr.⟩ *bedeuten:* was soll das h.? Ich kann es nicht lesen; heißt das, daß ich gehen soll?; jetzt heißt es *(ist es nötig),* bereit [zu] sein; ⟨häufig als Erklärung oder Einschränkung von etwas vorher Gesagtem in der Fügung⟩ das heißt (Abk. d. h.): ich komme morgen zu dir, das heißt, wenn ich nicht selbst Besuch habe. **3.** ⟨tr.⟩ *nennen; bezeichnen (als etwas):* er heißt ihn einen Betrüger. * **willkommen h.** *(begrüßen).* **4.** ⟨tr.⟩ *befehlen:* wer hat dich geheißen, das zu tun?; wer hat dich kommen h.? ** **es heißt** *(man sagt):* es heißt, er wolle nächste Woche kommen.

heiter ⟨Adj.⟩: **a)** *froh, lustig, vergnügt:* eine heitere Geschichte; ein heiteres Gemüt. **b)** *klar, sonnig; nicht trübe* /vom Wetter/: h. bis wolkig. **Heiterkeit,** die; -.

heizen, heizte, hat geheizt: **1.** ⟨tr.⟩ **a)** *(einen Raum) erwärmen:* eine Wohnung h. **b)** *Feuer machen (in etwas):* den Ofen h. **2.** ⟨itr.⟩ *Wärme hervorbringen, erzeugen* /vom Ofen u. ä./: der Ofen heizt gut.

Heizung, die; -, -en: *Anlage, Gerät zum Heizen.*

hektisch ⟨Adj.⟩: *übertrieben eilig; gehetzt:* auf der Straße herrschte ein hektisches Treiben.

Held, der; -en, -en: **1.** *Mensch, der sich durch besondere Tapferkeit auszeichnet:* ein kühner H. **2.** *Hauptperson [einer Dichtung usw.]:* der tragische, jugendliche H.

heldenhaft ⟨Adj.⟩: *sehr kühn; tapfer; wie ein Held:* er führte einen heldenhaften Kampf.

helfen, hilft, half, hat geholfen/ (nach vorangehendem Infinitiv auch) hat ... helfen ⟨itr.⟩: **1.** *(jmdn.) unterstützen; bei etwas behilflich sein:* sie half ihrem Bruder bei den Schulaufgaben; ich habe ihm tragen helfen/geholfen. **2.** *nützen:* das Mittel hilft gegen Schmerzen; seine Lügen halfen ihm nicht. * **sich** (Dativ) **zu h. wissen** *(einen Ausweg finden, wenn etwas fehlt, das zur Ausführung von etwas erforderlich ist).*

hell ⟨Adj.⟩: **1. a)** *viel Licht ausstrahlend:* eine helle Lampe. **b)** *von Licht erfüllt:* ein heller Raum. **2.** *nicht dunkel* /von der Farbe/: ein helles Blau. **3.** *hoch im Ton:* eine helle Stimme. **4.** *ganz, völlig:* ich war h. begeistert.

Helligkeit, die; -: *das Hellsein:* er mußte seine Augen erst an die H. gewöhnen.

Hellseher, der; -s, -: *jmd., der zukünftige oder nicht wahrnehmbare, weit entfernte Ereignisse zu sehen behauptet:* der H. hatte ihm den Unfall vorausgesagt.

Hemd, das; -[e]s, -en: *Teil der Wäsche zur Bekleidung des Oberkörpers:* ein reines H. anziehen; (abwertend) die Freunde wie das H. wechseln *(oft wechseln).*

hemmen, hemmte, hat gehemmt ⟨tr.⟩: *in der Bewegung, Entwicklung aufhalten, behindern:* eine Entwicklung h.; den Fortschritt h.

Hemmung, die; -, -en: **1.** *seelische Unfähigkeit, frei und ungezwungen zu handeln:* Hemmungen haben; er kann sich von seinen Hemmungen nicht lösen; wenn er betrunken war, verlor er jede H. **2.** *Behinderung einer Bewegung, eines Vorgangs:* eine H. des Wachstums.

hemmungslos ⟨Adj.⟩: *ohne moralische oder sittliche Bedenken:* ein hemmungsloser Mensch; er gab sich h. seinen Leidenschaften hin.

Hengst, der; -es, -e: *männliches Tier* /bes. beim Pferd/.

Henkel, der; -s, -: *[gebogener] Griff zum Heben oder Tragen:* der H. der Tasse ist abgebrochen.

Henker, der; -s, -: *jmd., der ein Todesurteil vollstreckt.*

Henkersmahlzeit, die; -, -en (scherzh.): *letzte Mahlzeit vor einem Abschied, der einem schwerfällt.*

Henne, die; -, -n: *weibliches Tier mancher Vögel, bes. das weibliche Huhn:* die H. gackert, legt ein Ei.

her ⟨Adverb⟩: **1.** ⟨räumlich⟩ *von dort nach hier:* h. mit dem Geld! ⟨oft zusammengesetzt mit Verben⟩: herfahren, hertragen. **2.** ⟨zeitlich⟩ *zurückliegend:* es ist schon drei Jahre h. * **von alters h.** *(seit langem).*

herab ⟨Adverb⟩: *von dort oben nach hier unten; herunter* ⟨oft in Verbindung mit Verben⟩: herablaufen, herabsteigen.

herablassend ⟨Adj.⟩ (abwertend): *gönnerhaft, arrogant:* der Direktor grüßte mich h.

heran ⟨Adverb⟩: *von dort nach hier;* ⟨oft zusammengesetzt mit Verben⟩: heranbringen, herantreten.

herauf ⟨Adverb⟩: *von dort unten nach hier oben;* ⟨oft zusammengesetzt mit Verben⟩ heraufliegen, heraufkommen.

heraufbeschwören, beschwor herauf, hat heraufbeschworen ⟨tr.⟩: 1. *durch [unüberlegte, unbedachte] Handlungen (ein Unglück) verursachen:* die Äußerungen des Ministers beschworen eine ernste Krise herauf. 2. *[zur Mahnung] in Erinnerung rufen:* der Redner beschwor die Schrecken des letzten Krieges herauf.

heraus ⟨Adverb⟩: *von dort drinnen nach hier draußen;* ⟨oft zusammengesetzt mit Verben⟩: heraustreten, herausziehen.

herausfordern, forderte heraus, hat herausgefordert: **a)** ⟨tr.⟩ *zum Kampf auffordern:* er hatte seinen Beleidiger herausgefordert. **b)** ⟨itr.⟩ *zum Widerspruch reizen:* seine Worte forderten zur Kritik heraus.

herausgeben, gibt heraus, gab heraus, hat herausgegeben: 1. ⟨tr./itr.⟩ *[für die Bezahlung einer Ware großes Geld erhalten und] den zuviel bezahlten Betrag in Kleingeld zurückgeben:* ich kann Ihnen nicht h.; können Sie zwanzig Pfennig, auf hundert Mark h.? 2. ⟨tr.⟩ *(als Autor oder Verleger) veröffentlichen:* ein Buch über Goethe h. 3. ⟨tr.⟩ *jmdn./etwas, was man in seinem Besitz festgehalten hat, freigeben, dem eigentlichen Besitzer wieder überlassen:* die Beute, einen Gefangenen h.

herausstellen, stellte heraus, hat herausgestellt: 1. ⟨rfl.⟩ *deutlich werden; sich zeigen:* es stellte sich heraus, daß der Mann ein Betrüger war. 2. ⟨tr.⟩ *hervorheben, in den Mittelpunkt stellen:* das Wesentliche h.; (ugs.) der Sänger wurde groß herausgestellt.

herb ⟨Adj.⟩: **a)** *leicht bitter, scharf:* ein herber Wein; ein herbes *(hartes, schweres)* Schicksal; die herben Züge seines Gesichts. **b)** *von kräftigem, nicht süßlichem Geruch:* ein herbes Parfüm.

herbei ⟨Adverb⟩ (geh.): *von dort nach hier; hierher;* ⟨oft zusammengesetzt mit Verben⟩ herbeieilen, herbeischaffen, herbeiwünschen.

herbeiführen, führte herbei, hat herbeigeführt ⟨tr.⟩: *bewirken:* eine Entscheidung h.

Herberge, die; -, -n: *vorübergehende [einfache, billige] Unterkunft.* Vgl. Jugendherberge.

Herbst, der; -[e]s: *Jahreszeit zwischen Sommer und Winter* /im Kalender festgelegt vom 23. September bis 22. Dezember/: ein sonniger H.; bildl.: der H. des Lebens.

Herd, der; -[e]s, -e: 1. *Vorrichtung zum Kochen und Bakken:* auf dem H. stehen Töpfe. 2. *Stelle, von der etwas Übles ausgeht, sich weiter verbreitet:* der H. der Krankheit.

Herde, die; -, -n: *Schar von [bestimmten] Säugetieren gleicher Art, die in Gruppen zusammenleben:* eine H. Rinder, Schafe, Elefanten.

herein ⟨Adverb⟩: *von dort draußen nach hier drinnen;* ⟨oft zusammengesetzt mit Verben⟩ hereinbrechen, hereinkommen, hereinschauen.

hereinfallen, fällt herein, fiel herein, ist hereingefallen ⟨itr.⟩: *getäuscht, betrogen werden (bei etwas, von jmdm.):* mit dem Kauf des billigen Kühlschranks bin ich hereingefallen; auf jmdn. h.

hereinlegen, legte herein, hat hereingelegt ⟨tr.⟩ (ugs.): *betrügen:* er wollte mich h.

Hergang, der; -[e]s, Hergänge: *Beginn und Verlauf eines Geschehens:* der Zeuge erzählte den H. des Unfalls.

Hering, der; -s, -e: /ein Fisch/ (siehe Bild).

Hering

herkömmlich ⟨Adj.⟩: *[wie früher] üblich; gewohnt:* etwas in herkömmlicher Weise tun.

Herkunft, die; -: 1. *[gesellschaftliche] Abstammung:* seine H. ist unbekannt; er ist adliger H. 2. *Ort, Bereich, woher etwas stammt:* die Ware ist ausländischer H.

heroisch ⟨Adj.⟩: *heldenhaft, mutig:* eine heroische Tat; ein heroischer Entschluß.

Herr, der; -n, -en: 1. *Mann:* ein feiner H. 2. ⟨als Teil der Anrede⟩ H. Müller; H. Professor; Meine [Damen und] Herren! 3. *jmd., der über andere oder über etwas herrscht:* er ist H. über große Güter. * *einer Sache H. werden (eine Schwierigkeit überwinden);* sein eigener H. sein *(selbständig sein);* nicht H. über sich selbst sein *(sich nicht beherrschen können);* nicht H. seiner Sinne sein *(nicht wissen, was man tut).*

herrenlos ⟨Adj.⟩: *anscheinend niemandem gehörend:* ein herrenloser Hund; hier liegt eine herrenlose Brieftasche, wem gehört sie?

herrisch ⟨Adj.⟩: *immer herrschen wollend:* er hat ein herrisches Auftreten.

herrlich ⟨Adj.⟩: *ganz besonders schön, gut:* ein herrlicher Wein; eine herrliche Aufführung; im Urlaub war es h.

Herrschaft, die; -, -en: 1. ⟨ohne Plural⟩ *das Herrschen über etwas/jmdn.; Macht; Gewalt:* die H. über ein Land ausüben. * *die H. über den Wagen verlieren (nicht mehr fähig sein, den Wagen richtig zu lenken).* 2. ⟨Plural⟩ *Damen und Herren:* die Herrschaften werden gebeten, ihre Plätze einzunehmen.

herrschen, herrschte, hat geherrscht ⟨itr.⟩: 1. *regieren; die Herrschaft, Macht haben:* der Kaiser herrschte über viele Länder. 2. *sein (in einer bestimmten auffallenden Weise):* es herrschte völlige Stille; im Haus herrscht [Un]ordnung; damals herrschten furchtbare Zustände.

herrschsüchtig ⟨Adj.⟩: *immer herrschen wollend.*

herrühren, herrührte, hat hergerührt ⟨itr.⟩: *in etwas den Ursprung haben; (von etwas) kommen:* die Schmerzen rühren von einer früheren Verletzung her.

herstellen, stellte her, hat hergestellt ⟨tr.⟩: 1. *erzeugen, produzieren:* das Radio wurde in Deutschland hergestellt. 2. *zustande bringen:* eine [Telefon]verbindung h.; das Gleichgewicht h.

herüber ⟨Adverb⟩: *von [der anderen Seite] drüben nach hier;* ⟨oft zusammengesetzt mit Verben⟩: herüberfahren, herüberkommen, herüberschwimmen.

herum ⟨Adverb⟩: in Verbindung mit *um:* 1. ⟨räumlich⟩ *in [kreisförmiger] Anordnung (um etwas):* um das Haus herum standen

herumgehen

Bäume. 2. ⟨zeitlich⟩ *ungefähr, etwa (um): ich rufe dich um die Mittagszeit h. an.*

herumgehen, ging herum, ist herumgegangen ⟨itr.⟩: 1. *(um etwas/ jmdn.) gehen:* um das Haus h. 2. *ohne bestimmtes Ziel planlos gehen; spazieren:* ich möchte ein wenig im Garten h.

herumkommen, kam herum, ist herumgekommen ⟨itr.⟩: *weit, oft reisen; viel sehen, erleben:* er ist viel in der Welt herumgekommen. * **um etwas h.** *(etwas nicht tun müssen, vermeiden können):* um diese Arbeit wirst du nicht h.

herumlungern, lungerte herum, hat herumgelungert ⟨itr.⟩: *sich an einem Ort faul, untätig aufhalten; faul herumstehen, herumliegen:* arbeite etwas, statt herumzulungern!

herumtreiben, sich; trieb sich herum, hat sich herumgetrieben: *kein geordnetes Leben führen; ohne Beschäftigung sich bald hier, bald dort aufhalten:* er hat seine Arbeit aufgegeben und treibt sich jetzt nur noch herum.

herunter ⟨Adverb⟩: *von dort oben nach hier unten:* vom Berg h. weht ein kalter Wind; ⟨oft zusammengesetzt mit Verben⟩ heruntergehen, herunterlassen.

heruntergekommen ⟨Adj.⟩: *in einem gesundheitlich, moralisch, wirtschaftlich schlechten Zustand; verwahrlost:* eine heruntergekommene Familie, Firma.

herunterhauen, haute herunter, hat heruntergehauen: ⟨in der Fügung⟩ (ugs.) jmdm. eine h.: *jmdm. eine Ohrfeige geben.*

herunterleiern, leierte herunter, hat heruntergeleiert ⟨tr.⟩: *[etwas, was auswendig gelernt wurde] schlecht und eintönig vortragen:* er gab sich keine Mühe und leierte das Gedicht einfach herunter.

hervor ⟨Adverb⟩: 1. *von dort hinten nach hier vorn:* aus der Ecke h. kam ein kleiner Junge. 2. *heraus:* aus dem Wald h. sprang ein Reh.

hervorbringen, brachte hervor, hat hervorgebracht ⟨tr.⟩: *schaffen; [aus eigener künstlerischer Leistung] entstehen lassen:* der Dichter hat bedeutende Werke hervorgebracht; die Stadt hat schon viele Musiker hervorgebracht. * **kein Wort h.** *(vor Aufregung o. ä. nichts sagen können).*

hervorgehen, ging hervor, ist hervorgegangen ⟨itr.⟩: *(aus etwas) entstehen, stammen:* aus dieser Schule gingen bedeutende Männer hervor. * **[aus einem Kampf] als Sieger h.** *(bei, in etwas siegen).*

hervorheben, hob hervor, hat hervorgehoben ⟨tr.⟩: *besonders betonen; in den Vordergrund stellen:* seine sozialen Verdienste wurden besonders hervorgehoben.

hervorkehren, kehrte hervor, hat hervorgekehrt ⟨tr.⟩: *in auffallender, aufdringlicher Weise zeigen:* er kehrt seine Überlegenheit hervor.

hervorragend ⟨Adj.⟩: *vortrefflich, ausgezeichnet in Qualität, Begabung, Leistung:* wir sahen im Theater eine hervorragende Aufführung; er arbeitet h.

hervorrufen, rief hervor, hat hervorgerufen ⟨tr.⟩: *bewirken; verursachen:* seine Worte riefen heftigen Widerspruch hervor.

hervortreten, tritt hervor, trat hervor, ist hervorgetreten ⟨itr.⟩: a) *deutlich erkennbar sein:* seine Begabung trat schon früh hervor. b) *bekannt werden; sich auszeichnen:* mit einem Buch über Goethe h.

Herz, das; -ens, -en: 1. *Organ [des Menschen], das den Kreislauf des Blutes im Körper regelt:* das H. schlägt schnell, gleichmäßig; das H. setzt aus; bildl.: im Herzen *(in der Mitte)* Europas. * **ein gutes H. haben** *(mitfühlend, hilfsbereit sein);* **schweren Herzens** *(nur ungern);* **mit jmdm. ein H. und eine Seele sein** *(mit jmdm. eng befreundet sein);* **sich ein H. fassen** *(nach einigem Zögern sich doch zu etwas entschließen; etwas wagen).* 2. /eine dem Organ ähnliche symbolische Figur/ (siehe Bild): ein H. zeichnen; ein H. aus Schokolade. 3. /eine Farbe beim Kartenspiel/ (siehe Bild).

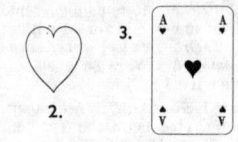

herziehen, zog her, ist hergezogen ⟨itr.⟩: *(über jmdn.) schlecht, bewußt abfällig, gehässig reden:* die Nachbarn zogen heftig über das Mädchen her.

herzig ⟨Adj.⟩: *lieb, lieblich, reizend:* ein herziges Kind.

Herzklopfen: ⟨in der Fügung⟩ H. haben: *ängstlich, aufgeregt sein.*

herzlich ⟨Adj.⟩: 1. *vom Herzen kommend; besonders freundlich:* herzliche Worte; jmdn. h. begrüßen; herzlichen Dank! (Dankesformel). 2. ⟨verstärkend bei Verben⟩ *sehr:* ich mußte h. lachen.

herzlos ⟨Adj.⟩: *hartherzig, ohne Mitgefühl:* ein herzloser Mensch.

Herzschlag, der; -s, Herzschläge: 1. *Tätigkeit, Schlagen des Herzens:* der H. setzt aus. 2. *plötzlicher Stillstand des Herzens [durch eine Blutung]:* einen H. erleiden; an einem H. sterben.

Hetze, die; -, -n: 1. *Hast:* in großer H. leben; die Fahrt zum Bahnhof war eine furchtbare H. *(ging in größter Eile vor sich).* 2. *(abwertend) gezielte, absichtliche Schädigung des Rufes; Anstiftung zum Haß (gegen jmdn.):* die Zeitungen begannen eine wilde H. gegen den Präsidenten.

hetzen, hetzte, hat gehetzt: 1. ⟨tr.⟩ *[längere Zeit] jagen, treiben:* der Hund hetzt das Reh. 2. ⟨itr.⟩ *zum Haß (gegen jmdn.) reizen:* gegen die Regierung h. 3. ⟨itr.⟩ *hasten, etwas hastig tun:* es ist noch Zeit, wir müssen nicht h.

Heu, das; -s: *getrocknetes Gras, das als Futter verwendet wird:* das H. wenden. * **Geld wie H. haben** *(sehr reich sein).*

heucheln, heuchelte, hat geheuchelt ⟨tr.⟩: *(eine nicht vorhandene gute Eigenschaft, ein Gefühl) vortäuschen:* Liebe, Trauer, Überraschung h.

heuer ⟨Adverb⟩ (südd., östr., schweiz): *in diesem Jahr:* h. haben wir dauernd schlechtes Wetter.

Heuer, die; -: *Lohn, den ein Seemann erhält:* die H. auszahlen, bekommen.

heulen, heulte, hat geheult ⟨tr.⟩: 1. *laute, langgezogene und dumpfe [klagende] Töne von* *sich geben:* die Wölfe heulen; der Wind heult. 2. (abwertend) *weinen:* hör endlich auf zu h.!

He̱uschrecke, die; -, -n: /ein Insekt/ (siehe Bild).

Heuschrecke

he̱ute ⟨Adverb⟩: 1. *an diesem Tag:* h. ist Sonntag. 2. *in der Gegenwart:* früher arbeitete man mit der Hand, h. machen alles die Maschinen.

He̱xe, die; -, -n: *[alte, böse] Frau, die zaubern kann.*

Hie̱b, der; -[e]s, -e: *Schlag:* ein H. mit der Axt genügte, um das Holz zu spalten.

hie̱r ⟨Adverb⟩: *an dieser Stelle, 'iesem Punkt; nicht dort:* h. ist ›er Weg!; h. machte der Red ›er eine Pause.

›ie̱sig ⟨Adj.; nur attributiv⟩: ›ier *[in dieser Gegend] vorhan ‹en, von hier stammend:* die hie ›ige Bevölkerung besteht vor ›llem aus Bauern; die hiesigen ‹eitungen berichten, daß ...

Hi̱lfe, die; -, -n: 1. ⟨ohne Plu ·ral⟩ *Tat o. ä., die dazu beiträgt, ›ine Schwierigkeit zu überwinden ›der eine Aufgabe zu erfüllen; Unterstützung:* H. in der Not; finanzielle H. * **Erste H.** *(erste, vorläufige Hilfe bei Unfällen [bis der Arzt kommt]).* 2. *jmd., der für Arbeiten in einem Haushalt, Geschäft angestellt ist:* die Frau braucht eine H. für den Haushalt.

hi̱lflos ⟨Adj.⟩: a) *sich selbst nicht helfen könnend; Hilfe nötig habend:* er lag h. auf der Straße. b) *unbeholfen, verwirrt:* h. blickte er um sich.

hi̱lfreich ⟨Adj.⟩ 1. *hilfsbereit.* 2. *nützlich:* diese Kritik war sehr h.

hi̱lfsbereit ⟨Adj.⟩: *bereit zu helfen:* ein hilfsbereiter Mensch; h. sein.

Hi̱mbeere, die; -, -n: /eine rote Beere/ (siehe Bild).

Himbeere

Hi̱mmel, der; -s: 1. *Decke, die sich scheinbar über die Erde wölbt;* der H. ist blau, wolkig. * **unter freiem H.** *(im Freien).* 2. Rel. *Ort, an dem Gott und die Seligen als wohnend gedacht wer den* /Ggs. Hölle/: in den H. kommen. * **etwas schreit zum H.** *(etwas ist ungeheuerlich, uner hört);* **im siebenten H. sein** *(höch stes Glück fühlen);* **H. und Hölle in Bewegung setzen** *(alles versu chen, um etwas zu erreichen).*

Hi̱mmelfahrtskommando, das; -s, -s (ugs.): *Auftrag, bei dessen Ausführung man damit rechnen muß, ums Leben zu kom men.*

Hi̱mmelsrichtung, die; -, -en: *eine der vier Seiten des Ho rizonts:* die vier Himmelsrich tungen sind Norden, Süden, Osten, Westen.

hi̱n ⟨Adverb⟩: 1. ⟨räumlich⟩ *nach dort; zu einem bestimmten Punkt;* ⟨oft zusammengesetzt mit Verben⟩ hinlaufen, hin tragen. 2. ⟨zeitlich⟩ *dauernd:* durch Jahre h. * **h. und wieder** *(manchmal).* 3. ⟨kausal⟩ *in der Fügung* **auf ... hin** a) *auf Grund:* er wurde auf seine An zeige h. verhaftet. b) *in Hin blick (auf etwas):* jmdn. auf Tuberkulose h. untersuchen.

hina̱us ⟨Adverb⟩: *aus dem Inneren von etwas nach draußen:* h. aus dem Zimmer mit euch!; ⟨oft zusammengesetzt mit Ver ben⟩ a) *von hier drinnen nach dort draußen:* hinausgehen, sich hinauslehnen. b) *von der Nähe in die Ferne:* hinauswandern, hinausschwimmen. ** **auf ... h.** *(für):* er hat auf Jahre h. vor gesorgt; **über ... h.** *(etwas über schreitend):* er übte täglich zwei Stunden über das geforderte Maß h.

hina̱usgehen, ging hinaus, ist hinausgegangen ⟨itr.⟩: 1. a) *von drinnen nach draußen gehen.* b) *in die Ferne gehen; wandern.* 2. *den Weg, die Sicht in eine be stimmte Richtung ermöglichen:* die Tür geht in den Garten, das Fenster geht auf die Straße hinaus. 3. *eine Grenze, ein ge wisses Maß überschreiten:* sein Wissen ging weit über den Durchschnitt hinaus.

hina̱uslaufen, läuft hinaus, lief hinaus, ist hinausgelaufen ⟨itr.⟩: 1. *von drinnen nach dort draußen laufen.* 2. ⟨in der Ver bindung mit *auf*⟩ *zur Folge haben:* es läuft darauf hinaus, daß ich die Arbeit allein machen muß.

hina̱uswerfen, wirft hinaus, warf hinaus, hat hinausgewor fen ⟨tr.⟩: 1. *nach draußen wer fen:* das Papier zum Fenster h. * **sein Geld zum Fenster h.** *(sein Geld verschwenden).* 2. a) *zum Verlassen eines Raumes zwin gen:* der Wirt warf den Betrun kenen hinaus. b) *wütend, zornig entlassen:* der Chef hat ihn so fort aus dem Betrieb hinausge worfen.

hina̱uszögern, zögerte hinaus, hat hinausgezögert ⟨tr.⟩: *mit etwas warten; auf später ver schieben:* er zögerte seine Reise jahrelang hinaus.

Hi̱nblick: ⟨in der Fügung⟩ **in/ im H. auf: mit Rücksicht auf:** in H. auf die besondere Lage kann hier eine Ausnahme gemacht werden.

hi̱nderlich ⟨Adj.⟩: *störend, hemmend:* der Verband am Knie ist sehr h.

hi̱ndern, hinderte, hat gehin dert ⟨tr.⟩: 1. *behindern (bei et was):* du hinderst mich am Schreiben. 2. *bewirken, daß et was nicht geschieht; verhindern:* ich kann es nicht h.

Hi̱ndernis, das; -ses, -se: *et was, was für etwas hinderlich ist, im Wege steht; Schwierigkeit:* das Pferd sprang beim Rennen über alle Hindernisse; wir muß ten viele Hindernisse überwin den.

hindu̱rch ⟨Adverb; nachge stellt⟩: *durch* a) ⟨räumlich⟩ ich konnte ihn durch den Vorhang h. sehen. b) ⟨zeitlich⟩ wir blei ben die ganze Nacht h. auf.

hine̱in ⟨Adverb⟩: *von hier draußen nach dort drinnen;* ⟨oft zusammengesetzt mit Verben⟩ hineingehen, hineinspringen.

hine̱inversetzen, sich; ver setzte sich hinein, hat sich hin einversetzt ⟨tr.⟩: *sich in jmds. Lage versetzen; jmdn. in seinem Den ken, Empfinden gut verstehen:* er konnte sich in seinen Freund, seine Situation gut h.

Hi̱nfahrt, die; -, -en: *Fahrt von einem Ort zu einem ande ren (wobei eine spätere Rückfahrt vorgesehen ist)* /Ggs. Rückfahrt/: auf der H. traf ich einen Freund, auf der Rückfahrt war ich allein.

hi̱nfallen, fällt hin, fiel hin, ist hingefallen ⟨itr.⟩: *zu Boden fallen, stürzen:* das Kind ist hin gefallen.

hi̱nfällig ⟨Adj.⟩: 1. *inzwischen nicht mehr notwendig:* meine

Hingabe

Einwände sind h. geworden (gelten nicht mehr). 2. *gebrechlich; [im Alter] körperlich schwach:* er ist schon sehr h.

Hingabe, die; -: 1. *völliges Aufgehen (in etwas), großer Eifer (für etwas):* er spielte mit H. Klavier. 2. *Aufgabe, Opferung seiner selbst für eine Sache, Idee, Person:* sie pflegte ihn mit selbstloser H.

hingeben, gibt hin, gab hin, hat hingegeben: 1. ⟨tr.⟩ *opfern:* sein Leben für jmdn. h. 2. ⟨rfl.⟩ *sich einer Sache, Person völlig überlassen:* sich seinen Träumen, dem Trunk h.; sie gab sich ihm hin *(verkehrte geschlechtlich mit ihm).*

hinhalten, hält hin, hielt hin, hat hingehalten ⟨tr.⟩: 1. *so halten, daß es von jmdm. ergriffen werden kann:* eine Packung Zigaretten h. * **den Kopf für jmdn. h.** *[müssen] (für das Vergehen eines anderen büßen [müssen].* 2. *warten lassen:* mit der Rückgabe des Buches hat er sie lange hingehalten.

hinhauen, haute hin, hat hingehauen (ugs.): 1. ⟨tr.⟩ *[zornig, entmutigt] aufgeben:* die Arbeit h. 2. ⟨itr.⟩ *gut gelingen:* das haut hin! 3. ⟨rfl.⟩ *sich schlafen legen:* ich bin müde, ich haue mich hin. 4. ⟨tr.⟩ *nachlässig machen:* er hat den Aufsatz schnell hingehauen.

hinken, hinkte, hat/ist gehinkt ⟨itr.⟩: 1. *lahm gehen, so daß der Körper bei jedem Schritt auf einer Seite tiefer sinkt:* er ist nach Hause gehinkt. 2. *auf einem Fuß nicht richtig gehen, auftreten können:* seit seiner Verletzung hat er auf dem rechten Fuß gehinkt. 3. *nicht passen, nicht zutreffen:* deine Vergleiche haben gehinkt.

hinlänglich ⟨Adj.⟩: *ausreichend; so, daß es schon genügt:* das ist h. bekannt.

hinnehmen, nimmt hin, nahm hin, hat hingenommen ⟨tr.⟩: *mit Gleichmut aufnehmen; sich (etwas) gefallen lassen:* etwas als selbstverständlich h.; er nahm die Vorwürfe gelassen hin.

hinreißen, riß hin, hat hingerissen ⟨tr.⟩: *begeistern, entzücken:* er konnte das Publikum h.; ⟨oft im 2. Partizip⟩ wir waren ganz hingerissen von ihrem Gesang. * **sich [zu etwas] h. lassen** *(aus einem plötzlichen*

Gefühl heraus etwas unüberlegt tun [was man später bereut]): sich von seinen Gefühlen h. lassen; sich zu einer Beleidigung h. lassen.

hinrichten, richtete hin, hat hingerichtet ⟨tr.⟩: *ein Todesurteil an jmdm. vollstrecken:* der Verräter wurde öffentlich hingerichtet. **Hinrichtung,** die; -, -en.

hinsein, ist hin, war hin, ist hingewesen (ugs.) ⟨itr.⟩: a) *entzwei, zerstört, nicht mehr brauchbar sein:* der Teller, das Auto ist hin. b) *erschöpft, sehr müde sein:* nach dem Marsch war ich ganz hin. c) *tot sein:* der Hund ist hin. d) *begeistert sein:* wir waren ganz h. von der Musik.

Hinsicht: ⟨in der Fügung⟩ in ... H.: *in ... Beziehung:* in dieser, mancher H.; in finanzieller H. ging es der Familie gut.

hinsichtlich ⟨Präp. mit Gen.⟩: *in bezug auf (etwas); bezüglich:* h. eines neuen Termins wurde keine Einigung erzielt *(man konnte sich nicht über ein neues Datum einigen).*

hinstellen, stellte hin, hat hingestellt: 1. ⟨tr./rfl.⟩ *auf eine Stelle, an einen bestimmten Platz stellen:* stell den Stuhl hier hin!; stell dich dort hin! 2. ⟨tr.⟩ *bezeichnen (als etwas); so (von jmdm.) sprechen, daß ein bestimmter Eindruck (von ihm) entsteht:* er hat ihn als Betrüger hingestellt.

hinten ⟨Adverb⟩: 1. *auf der entfernter gelegenen Seite; im entfernter gelegenen Teil:* er ist ganz h. im Garten. 2. *an letzter Stelle [einer Reihe]; im hinteren Teil:* du mußt dich h. anstellen; h. einsteigen. 3. (ugs.) *auf der Rückseite:* h. auf dem Buch.

hinter ⟨Präp. mit Dativ und Akk.⟩ 1. ⟨Dativ; in Bezug auf die Lage⟩ *auf der Rückseite (von etwas/jmdn.):* h. dem Haus, Vorhang. * **h. verschlossenen Türen** *(geheim);* **etwas h. jmds. Rücken tun** *(etwas ohne jmds. Wissen, heimlich tun);* **etwas h. sich haben** *(etwas überstanden haben).* 2. ⟨Akk.; in Bezug auf die Richtung⟩ *auf die Rückseite (von etwas/jmdn.):* h. das Haus, den Vorhang gehen.

Hinterbliebenen, die ⟨Plural; ohne Artikel: Hinterbliebene⟩: *Verwandte eines Verstorbenen:* die trauernden H.

hinterbringen, hinterbrachte, hat hinterbracht ⟨tr.⟩: *heimlich berichten:* die Pläne des Ministers waren dem Präsidenten hinterbracht worden.

hintere ⟨Adj.; nur attributiv⟩: *sich hinten befindend:* wir wohnen im hinteren Teil des Hauses.

hintereinander ⟨Adverb⟩: 1. ⟨räumlich⟩ a) *einer hinter dem andern:* sich h. aufstellen. b) *einer hinter dem andern;* ⟨zusammengesetzt mit Verben⟩ hintereinanderstellen. 2. ⟨zeitlich⟩ *ununterbrochen, aufeinanderfolgend:* ich arbeitete acht Stunden h.; die Vorträge finden an drei Abenden h. statt.

Hintergedanke, der; -ns, -n: *heimliche, nicht ausgesprochene Absicht:* ohne Hintergedanken; etwas mit einem Hintergedanken sagen; er hatte dabei keine Hintergedanken *(er meinte es genau so, wie er es sagte).*

hintergehen, hinterging, hat hintergangen ⟨tr.⟩: *durch ein heimliches Tun betrügen:* sie hat ihn die ganze Zeit mit einem anderen Mann hintergangen.

Hintergrund, der; -[e]s, Hintergründe: 1. *hinterer Teil von etwas* (z. B. eines Raumes), *was im Blickfeld liegt:* im H. des Saales; das Gebirge bildet einen prächtigen H. für die Stadt. 2. ⟨Plural⟩ *innere Zusammenhänge:* die Hintergründe der Affäre reichen mehrere Jahre zurück.

Hinterhalt, der; -[e]s, -e: *Versteck, von dem aus man jmdn. angreifen will:* den Gegner aus einem H. überfallen; in einen H. geraten.

hinterhältig ⟨Adj.⟩: *mit einem anscheinend harmlosen Verhalten einen bösen Zweck verfolgend; heimtückisch:* er hat sein Ziel mit hinterhältigen Methoden erreicht.

hinterher ⟨Adverb⟩: 1. ⟨räumlich⟩ *nach jmdm./etwas:* sie ging vor und er h. 2. ⟨zeitlich⟩ *danach, nachher:* ich gehe essen und werde h. ein wenig schlafen.

hinterlassen, hinterläßt, hinterließ, hat hinterlassen ⟨tr.⟩: *zurücklassen:* eine Nachricht für jmdn. h.; er hinterläßt eine Frau und zwei Kinder (bei seinem Tod): das Erlebnis hat Spuren in ihm hinterlassen.

Hinterlassenschaft, die; -: *Güter und Verpflichtungen, die jmd. bei seinem Tod hinterläßt.*

seine H. ging an seinen Sohn über.

hinterlegen, hinterlegte, hat hinterlegt ⟨tr.⟩: **a)** *an einen sicheren Ort bringen, deponieren:* Geld auf der Bank h.; einen Vertrag beim Notar h. **b)** *als Pfand, Sicherheit geben:* er hinterlegte beim Makler eine Kaution von 200 Mark.

hinterlistig ⟨Adj.⟩: *heimlich bestrebt, jmdm. zu schaden; heimtückisch; hinterhältig:* auf hinterlistige Art und Weise hat er das Vermögen seines Vaters an sich gebracht.

Hintern, der; -s, - ⟨ugs.⟩: *Gesäß:* jmdm. den H. verhauen. * **jmdm. in den H. kriechen** *(jmdm. auf unwürdige Art schmeicheln, um sich bei ihm beliebt zu machen).*

hinterrücks ⟨Adverb⟩ (abwertend): *von hinten; heimtückisch:* jmdn. h. überfallen, erschlagen.

hintertreiben, hintertrieb, hat hintertrieben ⟨tr.⟩: *insgeheim versuchen, das Vorhaben eines anderen zu vereiteln:* sie wollte die Heirat ihres Sohnes h.

hinüber ⟨Adverb⟩: *von hier nach drüben;* ⟨oft zusammengesetzt mit Verben⟩: hinübergehen, hinüberschwimmen.

hinunter ⟨Adverb⟩: *von hier oben nach dort unten,* ⟨oft zusammengesetzt mit Verben⟩ hinuntersteigen, hinunterstürzen, hinunterwürgen.

hinweg ⟨Adverb⟩: **1.** *fort, weg:* h. mit dir! **2.** ⟨zusammengesetzt mit Verben⟩ *völlig (über etwas) hin:* hinweggehen, hinwegfliegen über etwas.

hinwegsetzen, sich; setzte sich hinweg, hat sich hinweggesetzt: *(etwas) bewußt nicht beachten; ignorieren:* er setzte sich über die Warnungen, Befehle hinweg.

Hinweis, der; -es, -e: *kurze Mitteilung, die auf etwas aufmerksam machen oder zu etwas anregen soll:* einen H. geben [auf etwas]; einem H. folgen.

hinweisen, wies hin, hat hingewiesen ⟨tr.⟩: *aufmerksam machen:* jmdn. auf eine Gefahr, eine günstige Gelegenheit h.

hinwerfen, wirft hin, warf hin, hat hingeworfen ⟨tr.⟩: **1.** *an eine Stelle werfen:* er warf das Buch hin; ⟨auch rfl.⟩ er hat sich hingeworfen. * **die Arbeit**

h. *(aus Unwillen nicht mehr weiterarbeiten).* **2.** *fallen lassen:* er hat den Teller hingeworfen.

hinziehen, sich; zog sich hin, hat sich hingezogen: *lange dauern; sich über lange Zeit erstrecken:* die Verhandlungen zogen sich hin.

hinzufügen, fügte hinzu, hat hinzugefügt ⟨tr.⟩: *(etwas durch etwas) ergänzen; (etwas um etwas) erweitern; beifügen:* dem ist nichts hinzuzufügen.

hinzuziehen, zog hinzu, hat hinzugezogen ⟨tr.⟩: *zu Rate ziehen; bitten, in einer Angelegenheit ein Urteil abzugeben:* einen Fachmann h.

Hirn, das; -[e]s, -e: *Gehirn.*

Hirngespinste, die ⟨Plural⟩: *verworrene Gedanken; abwegige Ideen.*

Hirsch, der; -[e]s, -e: /ein Tier/ (siehe Bild).

Hirsch

Hirt, der; -en, -en: *jmd., der eine Herde hütet:* der H. hütet die Schafe, die Herde.

hissen, hißte, hat gehißt ⟨tr.⟩: *in die Höhe ziehen:* die Fahne, das Segel h.

historisch ⟨Adj.⟩: **a)** *die Geschichte betreffend:* die historische Entwicklung Deutschlands; ein historischer Roman. **b)** *für die Geschichte bedeutend:* ein historischer Augenblick.

Hitze, die; -: *große Wärme:* eine glühende H.

hitzefrei ⟨Adj.⟩: *frei wegen zu großer Hitze* /in der Schule/.

hitzig ⟨Adj.⟩: *leicht [über etwas Kränkendes, Beleidigendes] erregt; heftig:* ein hitziger Mensch, Kopf; er wird leicht h.

Hobby, das; -s, -s: *Beschäftigung, die man in der Freizeit als Ausgleich zur Arbeit ausübt:* Autofahren ist sein H.

Hobel, der; -s, -: *Werkzeug des Tischlers, das benutzt wird, um die rauhe Oberfläche oder Unebenheiten des Holzes zu beseitigen* (siehe Bild).

Hobel

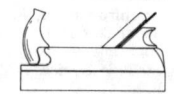

hobeln, hobelte, hat gehobelt ⟨tr.⟩: *die Oberfläche mit einem Hobel glätten:* ein Brett h.

hoch, höher, höchste ⟨Adj.⟩ /vgl. höchst/: **1. a)** *nach oben weit ausgedehnt:* ein hoher Turm; h. aufragen. **b)** *in großer Höhe:* das Flugzeug fliegt sehr h. **2.** ⟨in Verbindung mit Angaben von Maßen⟩ **a)** *eine bestimmte Höhe habend:* das Zimmer ist drei Meter h. **b)** *sich in einer bestimmten Höhe befindend:* der Ort liegt 800 Meter h. **3.** *[gesellschaftlich] bedeutend, angesehen:* ein hoher Beamter, Rang; hoher Adel. **4.** *groß:* ein hoher Gewinn; hohe Strafe, Leistung. **5.** *durch eine große Zahl von Schwingungen hell klingend:* hoher Ton; hohe Stimme. **6.** ⟨verstärkend bei Adjektiven⟩ *sehr:* dieser Vortrag war h. interessant.

Hoch, das; -s, -s: **I.** Meteor. *Gebiet mit hohem Luftdruck:* ein H. wandert über Europa, bildet sich; ein kräftiges H. **II.** *Ruf, mit dem jmd. gefeiert, geehrt, beglückwünscht wird:* ein dreifaches H. auf den Jubilar.

Hochachtung, die; -: *besondere Achtung:* jmdm. mit größter H. begegnen; mit vorzüglicher H.

hocharbeiten, sich; arbeitete sich hoch, hat sich hochgearbeitet (ugs.): *durch Zielstrebigkeit und Fleiß eine höhere berufliche Stellung erlangen:* er hat sich in kurzer Zeit vom Buchhalter zum Prokuristen hochgearbeitet.

hochfahrend ⟨Adj.⟩: *stolz; andere nur geringschätzig behandelnd:* hochfahrendes Benehmen.

hochgehen, ging hoch, ist hochgegangen ⟨itr.⟩ (ugs.): **1.** *in Zorn, Erregung geraten:* reize ihn nicht, er geht leicht hoch. **2.** *von der Polizei gefaßt, aufgedeckt werden:* die Bande ist hochgegangen.

hochhalten, hält hoch, hielt hoch, hat hochgehalten ⟨tr.⟩: **1.** *in die Höhe halten:* den Arm h. **2.** *aus Achtung weiterhin bewahren, pflegen:* eine alte Tradition h.

hochkommen, kam hoch, ist hochgekommen ⟨itr.⟩ (ugs.): *eine höhere berufliche, soziale Stellung erreichen:* durch Fleiß h.

hochmütig ⟨Adj.⟩: *stolz; herablassend:* sie ist so h., daß sie nicht einmal grüßt.

hochnehmen, nimmt hoch, nahm hoch, hat hochgenommen ⟨tr.⟩ (ugs.): *jmdn. wegen irgendwelcher Schwächen mit scherzhaften, spöttischen Reden reizen:* der Junge wurde von seinen Kameraden hochgenommen.

Hochschule, die; -, -n: *Anstalt für wissenschaftliche Ausbildung und Forschung, die man nach abgelegtem Abitur besuchen kann:* an einer H. studieren.

hochspielen, spielte hoch, hat hochgespielt ⟨tr.⟩: *etwas stärker als gerechtfertigt ins Licht der Öffentlichkeit rücken:* eine Affäre h.

höchst ⟨Adj.⟩: 1. ⟨Superlativ von hoch⟩ der höchste Berg. 2. ⟨verstärkend bei Adjektiven⟩ *sehr:* h. seltsam; das kommt h. selten vor.

Hochstapler, der; -s, -: *jmd., der in betrügerischer Absicht den Eindruck erwecken möchte, eine höhere gesellschaftliche Stellung innezuhaben:* sie ist auf einen H. hereingefallen.

höchstens ⟨Adverb⟩: 1. *nicht mehr als:* er schläft h. sechs Stunden. 2. *im äußersten Falle, es sei denn:* er geht nicht oft aus, h. gelegentlich ins Kino.

Höchstgeschwindigkeit, die; -, -en: *höchste erlaubte oder mögliche Geschwindigkeit:* das Auto erreicht eine H. von 150 Kilometern in der Stunde.

hochtrabend ⟨Adj.⟩: *prahlerisch, schwülstig:* er hält hochtrabende Reden; hochtrabende Worte.

Hochverrat, der; -s: *Verbrechen, das die Sicherheit eines Staates gefährdet:* der Minister wurde wegen Hochverrats angeklagt.

Hochzeit, die; -, -en: *Heirat [und die damit verbundene Feier]:* wann ist denn deine H.?; H. feiern, halten.

Hocke, die; -, -n: 1. *turnerische Übung, bei der mit angezogenen Beinen über ein Gerät gesprungen werden muß:* eine H. machen. 2. *Haltung, bei der die Beine an den Oberkörper herangezogen werden:* in der H. sitzen.

hocken, hockte, hat gehockt: 1. ⟨itr./rfl.⟩ *mit an den Oberkörper angezogenen Beinen so sitzen, daß das Gewicht des Kör-*

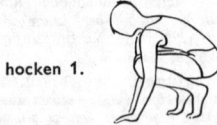

hocken 1.

pers auf den Ballen lastet (siehe Bild): die Kinder hocken am Boden; sich ins Gras h. 2. ⟨itr.⟩ (abwertend) *längere Zeit an einem Ort [untätig] sitzen, sich aufhalten:* er hockt den ganzen Tag zu Hause, im Wirtshaus.

Hof, der; -[e]s, Höfe: 1. *an mehreren Seiten von Häusern, Mauern o. ä. umgebener Platz:* die Kinder spielen auf dem H. 2. *Bauernhof:* der Bauer hat einen großen H. 3. *Wohnsitz und Haushalt eines Fürsten:* der kaiserliche H.; am Hofe.

hoffen, hoffte, hat gehofft ⟨itr.⟩: *wünschen, daß etwas in Erfüllung geht:* ich hoffe, daß alles gut wird; ich hoffe auf schönes Wetter.

hoffentlich ⟨Adverb⟩: *wie ich hoffe:* Du bist doch h. gesund.

Hoffnung, die; -, -en: *Erwartung, daß etwas Gewünschtes geschieht:* er hatte keine H. mehr.

höflich ⟨Adj.⟩: *anderen [den Umgangsformen gemäß] mit Achtung und Freundlichkeit begegnend:* ein höflicher Mensch; jmdn. h. grüßen.

Höflichkeit, die; -, -en: 1. ⟨ohne Plural⟩ *zuvorkommendes, freundliches Benehmen.* 2. *höfliche Handlung oder Äußerung.*

Höhe, die; -, -n: 1. *Ausmaß, Größe [von unten nach oben]:* der Berg hat eine H. von 2000 m; die H. der Miete. 2. *Lage in der Entfernung über dem Boden:* das Flugzeug fliegt in großer H. 3. *Anhöhe, Hügel:* dort auf der H. wohnen wir.

Höhensonne, die; -, -n: 1. *Lampe, die wegen ihrer besonderen Strahlen als Heilmittel verwendet wird:* mit einer H. bestrahlen. 2. *Strahlen, die als Heilmittel verwendet werden:* er bekam beim Arzt H.

Höhepunkt, der; -[e]s, -e: *wichtigster, [schönster] Teil innerhalb eines Vorgangs, einer Entwicklung:* der H. des Abends, der Vorstellung.

höher: vgl. hoch.

hohl ⟨Adj.⟩: *innen leer:* ein hohler Baum; bildl.: er redet nur hohle (nichtssagende) Phrasen.

Hohn, der; -[e]s: *unverhohlener, lauter Spott.*

höhnisch ⟨Adj.⟩: *spöttisch, voll Verachtung:* h. grinsen.

holen, holte, hat geholt: 1. ⟨tr.⟩ *an einen Ort gehen und von dort herbringen:* das Buch aus der Bibliothek h. 2. ⟨itr.⟩ *sich (um etwas) bemühen und es bekommen:* ich wollte mir bei ihm Rat, Trost h. 3. ⟨itr.⟩ (ugs.) *sich (etwas) zuziehen:* ich habe mir eine Erkältung geholt.

Hölle, die; -: a) *Rel. Ort, an dem die Teufel und die nach dem Tod Verdammten als wohnend gedacht werden* /Ggs. Himmel/: in die H. kommen. * **jmdm. die H. heiß machen** *(jmdn. stark bedrängen).* b) *Zustand großer Qualen:* sie machte ihrem Mann das Leben zur H.

höllisch ⟨Adj.⟩: 1. *außerordentlich groß, stark:* höllische Schmerzen. 2. ⟨verstärkend bei Adjektiven und Verben⟩ (ugs.) *sehr, äußerst:* er mußte h. aufpassen, daß man ihn nicht betrog.

holpern, holperte, ist geholpert ⟨itr.⟩: *auf unebener Strecke und daher nicht gleichmäßig und ruhig fahren:* der Wagen holpert über das schlechte Pflaster.

holprig ⟨Adj.⟩: 1. *infolge Löcher, Steine o. ä. nicht eben:* ein holpriger Weg. 2. *nicht gleichmäßig, ruhig:* eine holprige Fahrt; bildl.: eine holprige (im Ausdruck ungeschickte) Rede; holpriges Deutsch.

Holz, das; -es, -es: *aus Bäumen und Sträuchern gewonnenes Material:* weiches, hartes H.; der Tisch ist aus H.

hölzern ⟨Adj.⟩: 1. ⟨nur attributiv⟩ *aus Holz bestehend:* ein hölzerner Löffel. 2. *nicht gewandt im Auftreten, linkisch:* der junge Mann ist recht h.

holzig ⟨Adj.⟩ (abwertend): *nicht mehr jung und weich* /vom Gemüse/: die Kohlrabi, die Radieschen sind h.

Holzwolle, die; -: *Material aus Spänen von Holz, das zum Verpacken verwendet wird:* das Geschirr, die Gläser in H. verpacken.

Honig, der; -s: *von Bienen aus Blüten gewonnenes süßes, klebriges Nahrungsmittel:* flüssiger, fester, echter H.

Honorar, das; -s, -e: *Entgelt, das Angehörige der freien Berufe für einzelne (wissenschaftliche oder künstlerische) Leistungen erhalten:* der Arzt, Sänger erhielt ein hohes H.

honorieren, honorierte, hat honoriert ⟨tr.⟩: **a)** *für etwas/ jmdn. ein Honorar zahlen:* einen Vortrag h.; bildl.: mit der Beförderung wollte man seine Verdienste h. *(würdigen, belohnen)*.

Hopfen, der; -s: *rankende Pflanze, die bei der Herstellung von Bier als Würze verwendet wird:* H. anbauen.

hopsen, hopste, ist gehopst ⟨itr.⟩: *kleine unregelmäßige Sprünge machen:* die Kinder hopsen; der Ball hopst.

hörbar ⟨Adj.⟩: *mit dem Gehör wahrnehmbar:* im Flur wurden Schritte h.; seine leise Stimme war kaum h.

horchen, horchte, hat gehorcht ⟨itr.⟩: *sich bemühen, etwas zu hören:* wir horchten, ob sich Schritte näherten; [neugierig] an der Tür h.

hören, hörte, hat gehört/⟨nach vorangehendem Infinitiv auch⟩ hat ... hören: **1.** ⟨tr.⟩ *mit dem Gehör wahrnehmen:* eine Stimme h. **2.** ⟨itr.⟩ *fähig sein, mit dem Gehör wahrzunehmen:* gut, schlecht h. **3.** ⟨itr.⟩ *erfahren:* hast du etwas Neues gehört?; ich habe gehört, er sei krank; ich habe nur Gutes von ihm/ über ihn gehört; er hat ihn nicht kommen gehört/h. **4.** ⟨itr.⟩ ⟨landsch.⟩ *gehorchen:* der Junge will nicht h. * **auf jmdn. h.** *(jmds. Rat befolgen):* auf die Eltern h.

Hörer, der; -s, -: **1.** *Zuhörer beim Rundfunk:* Verehrte H.! **2.** *Teil des Telefons, den man beim Telefonieren in der Hand hält:* den H. abheben, auflegen.

hörig ⟨Adj.⟩: *an jmdn. [triebhaft] so stark gebunden, daß man sich von dieser Bindung nicht mehr frei machen kann:* sie ist ihm h.

Horizont, der; -[e]s: **1.** *Linie in der Ferne, an der sich Himmel und Erde scheinbar berühren:* am H. sind die Alpen sichtbar. **2.** *Teil der Umwelt, den man geistig zu bewältigen fähig ist;* Gesichtskreis: einen beschränkten, engen, weiten H. haben.

Horn, das; -[e]s, Hörner: **1.** ⟨ohne Plural⟩ *harte [von Tieren an den Hörnern und Hufen gebildete] Substanz.* **2.** *spitzes, oft gebogenes Gebilde am Kopf mancher Tiere:* der Stier verletzte ihn mit den Hörnern. **3.** /ein Blasinstrument/ (siehe Bild): das H. blasen.

Horn 3.

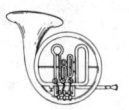

Hörspiel, das; -s, -e: *für den Rundfunk geschriebenes oder bearbeitetes Stück.*

Hort, der; -[e]s, -e: **1.** *Heim, in dem Kinder während des Tages untergebracht werden können.* **2.** ⟨geh.⟩ *Zentrum, geistiger Mittelpunkt von etwas:* die Schweiz gilt als H. der Freiheit.

horten, hortete, hat gehortet ⟨tr.⟩: *als Vorrat sammeln und aufbewahren:* Geld, Lebensmittel h.

Hose, die; -, -n: *Teil der Kleidung* (siehe Bild): eine enge, weite, kurze, lange H.; die Hose[n] bügeln.

Hose

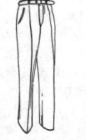

Hosenträger, die ⟨Plural⟩: *über den Schultern getragene dehnbare Riemen, die das Rutschen der Hose verhindern.*

Hostess, die; -, -en: *Mädchen, das in einem Flugzeug, Hotel, auf einer Ausstellung o. ä. die Gäste und Kunden betreut.*

Hotel, das; -s, -s: *größeres Haus, in dem man gegen Bezahlung übernachten und essen kann.*

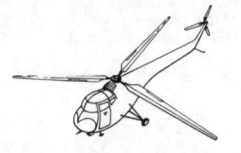

Hubschrauber

hübsch ⟨Adj.⟩: **1.** *in Art, Aussehen angenehm, reizvoll:* ein hübsches Mädchen; eine hübsche Melodie. **2.** ⟨ugs.⟩ *beachtlich [groß]:* eine hübsche Summe Geld; der Ort ist eine hübsche Strecke von hier entfernt.

Hubschrauber, der; -s, -: /ein Flugzeug/ (siehe Bild).

Huf, der; -[e]s, -e: *mit Horn überzogener unterer Teil des Fußes bei manchen Tieren:* der H. des Pferdes, Rindes.

Hufeisen, das; -s, -: *gebogenes Stück Eisen, das als Schutz an der Unterseite des Hufes befestigt wird* (siehe Bild).

Hufeisen

Hüfte, die; -, -n: *Teil des Körpers vom oberen Ende des Schenkels bis zur Taille:* schmale, breite Hüften.

Hügel, der; -s, -: *leicht ansteigende Erhebung in einer sonst ebenen Landschaft;* Anhöhe.

hüglig ⟨Adj.⟩: *nicht eben, bergig:* eine hüglige Landschaft.

Huhn, das; -[e]s, Hühner: **a)** *wegen der Eier und des Fleisches als Haustier gehaltener Vogel:* ein H. schlachten; ein gebratenes H. **b)** *Henne:* das H. hat ein Ei gelegt.

Hühnerauge, das; -s, -n: *schmerzhafte harte Stelle am Fuß, vor allem an den Zehen:* er hat Hühneraugen; sich die Hühneraugen schneiden lassen.

Hülle, die; -, -n: *etwas, was einen Gegenstand, Körper ganz umschließt:* die H. entfernen. * **in H. und Fülle** *(im Überfluß);* ⟨geh.⟩ **die sterbliche H.** *(der Leichnam).*

Hülse, die; -, -n: *fester, kleiner Behälter, der einen Gegenstand, Kern ganz umschließt:* die H. der Erbsen, Bohnen; den Bleistift in die H. stecken.

human ⟨Adj.⟩: *dem Menschen und seiner Würde entsprechend; menschlich; freundlich:* eine humane Tat; die Gefangenen h. behandeln.

Humor, der; -s: **a)** *Art, die Unzulänglichkeit der Welt und des Lebens heiter und gelassen zu betrachten und zu ertragen:* [keinen] H. haben. **b)** *Spaß, Frohsinn, Heiterkeit:* köstlicher, ausgelassener H.

humpeln, humpelte, ist/hat gehumpelt ⟨itr.⟩ ⟨ugs.⟩: **a)** *sich*

Hund

hinkend (irgendwohin) bewegen: er ist allein nach Hause gehumpelt. **b)** *auf einem Fuß nicht richtig gehen, auftreten können; hinken:* nach dem Unfall hat/ist er noch lange gehumpelt.

Hund, der; -es, -e: /ein Haustier/ (siehe Bild): ein bissiger H.; der H. bellt, beißt. * (ugs.) **auf den H. kommen** *(wirtschaftlich ganz herunterkommen);* **wie H. und Katze leben** *(sich nicht*

Hund

gut vertragen, in Feindschaft miteinander leben); (ugs.) **vor die Hunde gehen** *([jämmerlich] zugrunde gehen);* (ugs.) **mit allen Hunden gehetzt sein** *(durch viele Erfahrungen alle Schliche und Tricks kennen und sie anwenden).*

hundertprozentig ⟨Adj.⟩: *vollständig; ausnahmslos; ganz und gar:* ich kann mich h. auf ihn verlassen; die Kapazität der Maschine wird h. ausgenützt.

Hüne, der; -n, -n: *sehr großer Mensch; Riese.*

Hunger, der; -s: *Bedürfnis zu essen:* H. bekommen; großen H. haben.

hungern, hungerte, hat gehungert ⟨itr.⟩: *Hunger haben:* mich hungert; im Krieg mußte die Bevölkerung h.

hungrig ⟨Adj.⟩: *Hunger empfindend:* h. sein.

Hupe, die; -, -n: *Vorrichtung an Fahrzeugen, mit der hörbare Signale gegeben werden können.*

hupen, hupte, hat gehupt ⟨itr.⟩: *mit der Hupe ein Signal ertönen lassen:* der Fahrer hupte mehrmals.

hüpfen, hüpfte, ist gehüpft ⟨itr.⟩: *kleine Sprünge machen:* der Frosch hüpft durch das Gras.

Hürde, die; -, -n: **1.** Sport *Hindernis, über das der Läufer oder das Pferd springen muß:* eine H. nehmen. **2.** *von einem Zaun umgebene Fläche für Tiere:* Schafe, Vieh in die H. treiben.

hurtig ⟨Adj.⟩: *lebhaft, geschäftig in der Bewegung:* h. laufen, arbeiten.

huschen, huschte, ist gehuscht ⟨itr.⟩: *sich lautlos und flink fortbewegen:* leise huschte das Mädchen ins Zimmer; schnell über die Straße h.

hüsteln, hüstelte, hat gehüstelt ⟨itr.⟩: *mehrmals kurz und schwach husten:* ärgerlich, verlegen h.

husten, hustete, hat gehustet ⟨itr.⟩: *Luft stoßweise, krampfhaft [und laut] ausstoßen:* er ist erkältet und hustet stark.

Husten, der; -s: *durch Erkältung hervorgerufene Krankheit, bei der man oft und stark husten muß.*

Hut, der; -[e]s, Hüte: /eine Kopfbedeckung/: den H. abnehmen, aufsetzen. * (ugs.) **alle unter einen H. bringen** *(alle zu übereinstimmender Ansicht bringen).*

hüten, hütete, hat gehütet **1.** ⟨tr.⟩ *aufpassen (auf etwas/ jmdn.); achten, daß jmd./ etwas nicht geschädigt wird oder keinen Schaden verursacht:* das Vieh [auf der Weide] h.; die Kinder h. * **das Bett, Haus h. müssen** *(im Bett, zu Hause bleiben müssen).* **2.** ⟨rfl.⟩ *sich in acht nehmen; sich vorsehen:* hüte dich vor dem Hund! * **sich h., etwas zu tun** *(etwas auf keinen Fall tun).*

Hütte, die; -, -n: *kleines, einfach eingerichtetes Haus:* eine kleine, niedrige H.; die Wanderer übernachteten in einer H. im Gebirge.

hutzlig ⟨Adj.⟩: *klein, vertrocknet, dürr, welk:* ein altes hutzliges Männchen.

hygienisch ⟨Adj.⟩: *sauber; für die Gesundheit nicht schädlich:* das ist nicht h.; h. verpackt.

Hypothese, die; -, -n: *Annahme, die noch nicht bewiesen ist, aber als Grundlage für weitere wissenschaftliche Forschung dient.*

hysterisch ⟨Adj.⟩: *in übertriebener Weise aufgeregt; in krankhafter Weise reizbar:* h. schreien; eine hysterische Frau.

I

ideal ⟨Adj.⟩: *den höchsten Vorstellungen entsprechend, vollkommen:* ideale Bedingungen; ein ideales Klima; die Voraussetzungen waren i.

Ideal, das; -s, -e: *Inbegriff des Vollkommenen, höchstes erstrebtes Ziel; Vorbild:* einem I. nachstreben.

Idealist, der; -en, -en: *jmd. der Idealen folgt; Schwärmer.*

Idee, die; -, -n: *Gedanke, Einfall:* eine gute, geniale I.; auf eine I. kommen; eine I. haben * **fixe I.** *(zwanghafte Vorstellung);* (ugs.) **eine I.** *(ein wenig)* dem Gericht eine I. Salz beifügen.

ideell ⟨Adj.⟩: *geistig; nicht materiell:* etwas aus ideellen Gründen tun.

identifizieren, identifizierte hat identifiziert ⟨tr.⟩: *den Namen, die Herkunft u. ä. feststellen:* einen Toten i.

identisch ⟨Adj.⟩: *völlig gleich übereinstimmend, eins.*

Ideologie, die; -, -n: *Basis einer politischen Theorie.*

ideologisch ⟨Adj.⟩: *eine Ideologie betreffend.*

Idiot, der; -en, -en (ugs. abwertend): *stupider Mensch Dummkopf:* so ein I.!

idiotisch ⟨Adj.⟩ (abwertend) *unsinnig; verrückt, dumm:* ein idiotischer Plan; es war i., die zu tun.

Idol, das; -s, -e: *jmd., den ma schwärmerisch als Vorbild verehrt:* er ist das I. der Jugend I. der Turnerinnen.

idyllisch ⟨Adj.⟩: *voll Harmo nie und Frieden:* dieses Tal lieg sehr i.

Igel, der; -s, -: *kleines, auf der Rücken mit Stacheln bedeckte Säugetier* (siehe Bild).

Igel

ignorieren, ignorierte, ha ignoriert ⟨tr.⟩: *nicht beachten nicht zur Kenntnis nehmen:* si hat ihn, es ignoriert.

illegal ⟨Adj.⟩: *nicht rechtmä ßig; ohne Erlaubnis, Genehmi gung:* illegale Geschäfte.

Illusion, die; -, -en: *Einbil dung, falsche Hoffnung:* sic keine Illusionen machen.

illustrieren, illustrierte, ha illustriert ⟨tr.⟩: **1.** *mit Bilder ausschmücken:* ein Märchenbu i. **2.** *erläutern, deutlich macher* den Vorgang an einem Beispiel

Illustrierte, die; -n, -n ⟨ohne bestimmten Artikel im Plural: Illustrierte⟩: *Zeitschrift mit Bildern und Artikeln allgemein interessierenden und unterhaltenden Inhalts.*

im: ⟨Verschmelzung von *in + dem*⟩.

Imbiß, der; Imbisses, Imbisse: *kleine Mahlzeit:* einen I. einnehmen.

imitieren, imitierte, hat imitiert ⟨tr.⟩: *nachahmen, nachbilden:* die Stimme eines Vogels, einen Clown i.

Imker, der; -s, -: *jmd., der Bienen züchtet.*

immer ⟨Adverb⟩: *stets, fortwährend, dauernd:* sie ist i. fröhlich.

immerhin ⟨Adverb⟩: *auf jeden Fall, wenigstens:* er hat sich i. Mühe gegeben.

immerzu ⟨Adverb⟩: *ständig [sich wiederholend], immer wieder:* er ist i. krank.

immun ⟨Adj.; nicht adverbial⟩: **1.** *nicht empfänglich (für Krankheiten):* i. sein; bildl.: er ist i. gegen jede Beeinflussung. **2.** *unter dem Schutz des Rechts stehend* /von Angehörigen des Parlaments, Diplomaten/.

Imperialismus, der; -: *Streben einer Großmacht nach ständiger Ausdehnung ihrer Macht und ihres Einflusses.*

impfen, impfte, hat geimpft ⟨tr.⟩: *[jmdm.] einen Schutzstoff gegen eine bestimmte gefährliche Krankheit zuführen:* Kinder [gegen Pocken] i. **Impfung,** die; -, -en.

imponieren, imponierte, hat imponiert ⟨itr.⟩: *Bewunderung hervorrufen (bei jmdm.), großen Eindruck machen (auf jmdn.):* seine Leistungen imponierten den Zuschauern.

Import, der; -[e]s, -e: *Einfuhr von Waren, Gütern aus dem Ausland* /Ggs. Export/: den I. beschränken.

importieren, importierte, hat importiert ⟨tr.⟩: *(Waren aus dem Ausland) einführen:* Südfrüchte [aus Israel] i.

imposant ⟨Adj.⟩ (geh.): *sehr eindrucksvoll, durch Größe auffallend:* eine imposante Erscheinung; ein imposanter Anblick.

imprägnieren, imprägnierte, hat imprägniert ⟨tr.⟩: *(einen Stoff o. ä.) wasserdicht machen:* einen Mantel i.

improvisieren, improvisierte, hat improvisiert ⟨tr.⟩: *ohne Vorbereitung, aus dem Stegreif ausführen:* eine Rede i.; ⟨auch itr.⟩ er improvisiert gern; am Klavier. i.

Impuls, der; -es, -e: *Anstoß, Antrieb (zu etwas); Anregung:* einen I. geben, empfangen.

impulsiv ⟨Adj.⟩: *spontan, einem plötzlichen Antrieb folgend:* eine impulsive Handlung; er ist sehr i.

imstande: ⟨in der Verbindung⟩ i. sein: *fähig, in der Lage sein zu etwas:* er war nicht i., ruhig zu sitzen; er ist zu einer großen Leistung i.

in ⟨Präp. mit Dativ und Akk.⟩: **1.** ⟨räumlich⟩ **a)** ⟨mit Dativ; auf die Frage: wo?⟩ /drückt aus, daß etwas/jmd. von etwas umgeben ist, sich auf das Innere von etwas bezieht/: i. der Stadt leben. **b)** ⟨mit Akk.; auf die Frage: wohin?⟩ /drückt aus, daß eine Bewegung auf das Innere, die Mitte von etwas gerichtet ist/: i. den Garten gehen. **2.** ⟨zeitlich; mit Dativ⟩ /drückt einen Zeitpunkt oder Zeitraum aus/: i. diesem Augenblick; etwas i. zwei Stunden schaffen können.

Inbegriff, der; -s: *vollkommenste, reinste Verkörperung:* der I. der Schönheit, des Bösen.

inbegriffen ⟨Adj.; nur prädikativ⟩: *eingeschlossen:* alles i.; [die] Bedienung [ist] i.

indem ⟨Konj.⟩: **1.** ⟨zeitlich⟩ *während:* i. er sprach, öffnete sich die Tür. **2.** ⟨instrumental⟩ *dadurch, daß; damit, daß:* er öffnete das Paket, i. er die Schnur zerschnitt.

indes ⟨Konj. und Adverb⟩: *indessen.*

indessen: **I.** ⟨Konj.; temporal⟩ *während:* i. er las, unterhielten sich die anderen. **II.** ⟨Adverb⟩: **1.** *unterdessen, inzwischen:* es hatte i. begonnen zu regnen; du kannst i. anfangen. **2.** *jedoch, aber:* man machte ihm mehrere Angebote. Er lehnte i. alles ab.

indirekt ⟨Adj.⟩: *nicht unmittelbar; über einen Umweg* /Ggs. direkt/: indirekte Beleuchtung *(bei der man die Lichtquelle selbst nicht sieht);* etwas i. beeinflussen.

indiskret ⟨Adj.⟩: *taktlos, zudringlich* /Ggs. diskret/: eine indiskrete Frage; i. sein, fragen; er war so i., den Namen zu verraten.

Indiskretion, die; -, -en: *Mangel an Verschwiegenheit; das Weitergeben einer geheimen oder vertraulichen Nachricht:* die geheimen Verhandlungen sind durch eine I. bekanntgeworden.

indiskutabel [auch: ...tạ...] ⟨Adj.; nicht adverbial⟩: *nicht in Frage kommend; nicht der Erörterung, Diskussion wert* /Ggs. diskutabel/: ein indiskutabler Vorschlag; diese Pläne sind i.

individuell ⟨Adj.⟩: **a)** *das Individuum betreffend; dem Individuum eigentümlich; persönlich:* die individuellen Bedürfnisse, Ansichten; die Wirkung ist i. *(bei den einzelnen)* verschieden. **b)** *mit besonderer Note; in besonderer Weise:* eine individuelle Verpackung; einen Raum i. gestalten.

Individuum, das; -s, Individuen: *der Mensch als einzelnes Wesen:* das I. in der Masse; ein verdächtiges I. *(eine verdächtige Person).*

Industrie, die; -, -n: **a)** *Gesamtheit der Unternehmen, die Produkte entwickeln und herstellen:* eine I. aufbauen; in dieser Gegend gibt es nicht viel I. **b)** *bestimmter Bereich der Wirtschaft:* auf dem Gebiet der chemischen I. wurden große Fortschritte gemacht.

ineinander ⟨Adverb⟩: *eins ins andere, eins im anderen:* die Fäden sind i. verwoben; ⟨oft zusammengesetzt mit Verben⟩ ineinanderfügen, ineinanderlegen.

infam ⟨Adj.⟩ (abwertend): *niederträchtig, schändlich:* eine infame Lüge; sein Handeln war i.

Infektion, die; -, -en: *Ansteckung durch Krankheitserreger.*

infizieren, infizierte, hat infiziert ⟨tr./rfl.⟩: *anstecken:* jmdn. mit Krankheitserregern i.; er hat sich bei dem Kranken infiziert.

infolge ⟨Präp. mit Gen.⟩: *wegen* /weist auf die Ursache, die etwas Bestimmtes zur Folge hat/: das Spiel mußte i. schlechten Wetters ausfallen.

Information, die; -, -en: **a)** ⟨ohne Plural⟩ *Unterrichtung, Benachrichtigung, Aufklärung:* die I. des Parlaments durch die Regierung war ungenügend. **b)** *Nachricht, Auskunft:* Informationen erhalten, bekommen.

informieren, informierte, hat informiert: **a)** ⟨tr.⟩ *[offiziell] unterrichten, in Kenntnis setzen:* er hat die Öffentlichkeit über die Ereignisse informiert. **b)** ⟨rfl.⟩ *sich unterrichten, sich Kenntnis verschaffen:* er informierte sich über die Vorgänge.

Infrastruktur, die; -, -en: *Einrichtungen, die der Wirtschaft und dem Militär eines Landes indirekt dienen, z. B. Straßen, Flugplätze u. a.*

Ingenieur [inʒeni'øːr], der; -s, -e: *jmd., der [an einer Hochschule] eine technische Ausbildung erhalten hat.*

Inhaber, der; -s, -: *jmd., der etwas besitzt, innehat; Eigentümer:* der I. eines Geschäftes, eines Amtes, eines Ordens. **Inhaberin**, die; -, -nen.

inhaftieren, inhaftierte, hat inhaftiert ⟨tr.⟩: *festnehmen; in Haft nehmen, halten:* einen Betrüger, Verdächtigen i.; er war vier Wochen inhaftiert.

Inhalt, der; -[e]s, -e: **1.** *etwas, was in einem Gefäß, in einer Umhüllung enthalten ist:* der I. der Flasche, des Pakets. **2.** *das Ausgedrückte, Mitgeteilte; der Gehalt:* der I. des Briefes; den I. eines Romans erzählen.

Initiale, die; -, -n: *großer, häufig durch Verzierungen ausgeschmückter Buchstabe:* eine alte Handschrift mit schönen Initialen.

Initiative, die; -, -n: *Antrieb zum Handeln, Entschlußkraft:* etwas aus eigener I. tun; I. haben, aufbringen, entfalten; die I. ergreifen *(eine Sache selbst in die Hand nehmen; zu handeln beginnen).*

inklusive: **I.** ⟨Präp. mit Gen.⟩ *einschließlich, inbegriffen:* i. aller Gebühren; ⟨aber: ohne Flexionsendung vor starken Substantiven im Singular, wenn sie ohne Artikel und ohne adjektivisches Attribut stehen; im Plural dann mit Dativ⟩ i. Getränken. **II.** ⟨Adverb⟩ bis zum 4. April i.

inkognito ⟨Adj.; nicht attributiv⟩: *unter einem fremden Namen:* er reiste i.; er hat sich i. hier aufgehalten.

inkonsequent ⟨Adj.⟩: *ohne Folgerichtigkeit; nicht konsequent:* eine inkonsequente Haltung; sein Verhalten ist i.; er handelte i.

inkorrekt ⟨Adj.⟩: *nicht so, wie es den Regeln entspricht:* ein inkorrektes Verhalten; er war i. gekleidet.

Inland, das; -[e]s: *Bereich innerhalb der Grenzen eines Landes:* die Erzeugnisse des Inlandes.

innehaben, hat inne, hatte inne, hat innegehabt ⟨itr.⟩: *bekleiden, verwalten:* einen Posten, ein Amt i.

innen ⟨Adverb⟩: *im Innern, inwendig, nicht außen:* ein Gebäude i. renovieren.

Innenseite, die; -, -n: *nach innen gewendete Seite von etwas:* die I. des Stoffes.

innere ⟨Adj.; nur attributiv⟩: *sich innen befindend, inwendig vorhanden:* die inneren Bezirke der Stadt; die inneren Organe.

Innere, das; Inner[e]n ⟨aber: [sein] Inneres⟩: **1.** *umschlossener Raum; Mitte; Tiefe; etwas, was innen ist:* das I. des Hauses, des Landes. **2.** *Kern des menschlichen Wesens; Herz:* sein Inneres offenbaren.

innerhalb ⟨Präp. mit Gen.⟩: **a)** *im Bereich, in, nicht außerhalb:* i. des Hauses; i. der Familie. **b)** *während:* i. der Arbeitszeit. **c)** *im Verlauf (von etwas), binnen:* i. eines Jahres; ⟨mit Dativ, wenn der Gen. formal nicht zu erkennen ist⟩ i. fünf Monaten; ⟨auch als Adverb in Verbindung mit *von*⟩ i. von zwei Jahren.

innerlich ⟨Adj.⟩: **a)** *nach innen gewandt, auf das eigene Innere gerichtet:* ein innerlicher Mensch. **b)** *im Innern:* er war i. belustigt.

innig ⟨Adj.⟩: *herzlich, tief empfunden:* eine innige Verbundenheit; sich i. lieben.

inoffiziell ⟨Adj.⟩: *nicht offiziell, nicht amtlich:* eine inoffizielle Mitteilung.

ins: ⟨Verschmelzung von *in* + *das*⟩.

Insasse, der; -n, -n: *jmd., der sich in einem Fahrzeug befindet, in einem Heim, einer Anstalt lebt:* die Insassen des Flugzeugs, des Gefängnisses; alle Insassen des Flugzeugs kamen ums Leben.

insbesondere ⟨Adverb⟩: *vor allem, besonders:* er hat große Kenntnisse, i. in englischer Literatur.

Inschrift, die; -, -en: *Text, der meist zum Gedenken an jmdn. oder etwas an einer bestimmten Stelle angebracht ist:* eine alte I. auf einem Grabstein.

Insekt, das; -s, -en: *kleines Tier einer niederen Gattung.*

Insel, die; -, -n: *Land, das von Wasser umgeben ist:* eine einsame I.; eine I. bewohnen.

Inserat, das; -s, -e: *Anzeige, Annonce in einer Zeitung, Zeitschrift:* viele Leute lasen das I.

inserieren, inserierte, hat inseriert ⟨itr.⟩: *ein Inserat (in einer Zeitung, Zeitschrift) abdrucken lassen:* er inserierte in der Zeitung.

insgeheim ⟨Adverb⟩: *im stillen, heimlich:* i. beneidete er die anderen.

insgesamt ⟨Adverb⟩: *im ganzen; zusammen:* er war i. 10 Tage krank.

insofern ⟨Konj.⟩: **a)** insofern: *in dieser Hinsicht:* i. hat er recht. **b)** insofern: *wenn, falls:* ich komme, i. es dir paßt.

insoweit ⟨Konj.⟩: **a)** insoweit: *darum, bis zu dem Punkte:* i. hat er recht. **b)** insoweit: *wenn; in dem Maße, wie:* i. es möglich ist, wird man ihm helfen.

Inspektion, die; -, -en: *das Inspizieren, Überprüfung von etwas:* die I. des Autos, des Gebäudes.

inspirieren, inspirierte, hat inspiriert ⟨tr.⟩: *anregen, begeistern (zu etwas):* das Ereignis inspirierte ihn zu seiner Dichtung.

inspizieren, inspizierte, hat inspiziert ⟨tr.⟩: *prüfend besichtigen, untersuchen:* die Truppe, ein Gebäude i.

installieren, installierte, hat installiert ⟨tr.⟩: *(ein Gerät) anbringen, anschließen:* den Kühlschrank, Herd i.

instand: ⟨in Verbindung mit bestimmten Verben⟩ i. halten, setzen: *in brauchbarem Zustand halten, setzen.*

inständig ⟨Adj.; nicht prädikativ⟩: *sehr dringlich, flehend:* i. bitten.

Instanz, die; -, -en: *zuständige Behörde, Stelle:* sich an eine höhere I. wenden.

Instinkt, der; -s, -e: *natürlicher Antrieb zu bestimmten Verhaltensweisen; sicheres Gefühl für etwas:* seinem I. folgen.

instinktiv ⟨Adj.⟩: *dem Instinkt folgend, seinem sicheren Gefühl folgend:* i. handeln.

Institut, das; -(e)s, -e: *Unternehmen mit eigenen Räumlichkeiten, das sich mit Forschung, Erziehung u. a. befaßt:* das I. für deutsche Sprache.

Institution, die; -, -en: *Einrichtung, die für bestimmte Aufgaben zuständig ist, bestimmte Befugnisse hat:* die Universitäten sind Institutionen des öffentlichen Rechts.

Instruktion, die; -, -en: *Anweisung für das Verhalten u. ä.:* jmdm. Instruktionen geben; von jmdm. Instruktionen erhalten.

instruktiv ⟨Adj.⟩: *belehrend, Kenntnisse vermittelnd:* ein instruktiver Vortrag; der Aufsatz in der Zeitung ist sehr i.; etwas i. darstellen.

Instrument, das; -s, -e: 1. *Gerät zur Bearbeitung, Behandlung von etwas:* die Instrumente reinigen. 2. *Gerät zur Ausübung von Musik:* ein wertvolles I. besitzen; er spielt mehrere Instrumente.

inszenieren, inszenierte, hat inszeniert ⟨tr.⟩: *[als Regisseur] die Aufführung (eines Werkes auf der Bühne) vorbereiten:* ein Drama i. **Inszenierung**, die; -, -en.

intakt ⟨Adj.⟩: *in Ordnung; richtig funktionierend:* die Maschine ist nicht i.

integer ⟨Adj.⟩: *von hohem moralischem Rang; von lauterem, untadeligem Charakter:* eine integre Persönlichkeit.

Integration, die; -, -en: *Einbeziehung in ein größeres Ganzes, Zusammenschließung zu einem größeren Ganzen:* die politische I.; die I. in eine Gemeinschaft.

integrieren, integrierte, hat integriert ⟨tr.⟩: *zusammenschließen, zusammenfassen (zu einem größeren Ganzen):* alle politischen Kräfte i.

Intellekt, der; -s: *Vermögen zu denken, Verstand.*

intellektuell ⟨Adj.⟩: *geistig, den Intellekt betreffend:* die intellektuellen Fähigkeiten.

intelligent ⟨Adj.⟩: *mit Intelligenz begabt; gescheit; klug:* ein intelligenter Mensch, er ist sehr i.

Intelligenz, die; -: *Fähigkeit des Denkens, Klugheit:* ein Mann von hoher I.

Intendant, der; -en, -en: *[künstlerischer] Leiter eines Theaters, eines Rundfunk-, Fernsehsenders.*

intensiv ⟨Adj.⟩: *sehr eindringlich, heftig:* intensive Forschungen; i. arbeiten, nachdenken; sich i. um etwas bemühen.

intensivieren, intensivierte, hat intensiviert ⟨tr.⟩: *intensiver machen, steigern, verstärken:* seine Bemühungen, Anstrengungen i.

Intention, die; -, -en: *Plan, Absicht:* bestimmte Intentionen haben.

interessant ⟨Adj.⟩: *Interesse hervorrufend:* eine interessante Geschichte; i. erzählen.

Interesse, das; -s, -n: 1. *Anteilnahme, Aufmerksamkeit, Beachtung:* etwas mit I. verfolgen; für/an etwas I. haben *(sich für etwas interessieren).* 2. ⟨Plural⟩ *Nutzen, Vorteil:* die Interessen des Betriebes vertreten. * **etwas liegt/ist in jmds. I.** *(etwas ist für jmdn. nützlich, vorteilhaft):* diese Sache ist nicht in meinem I.

Interessengruppe, die; -, -n: *Gruppe, Zusammenschluß von Personen, die bestimmte Interessen vertreten.*

Interessent, der; -en, -en: *jmd., der an etwas Bestimmtem interessiert ist, der etwas Bestimmten haben, kaufen möchte:* für die alten Möbel gab es viele Interessenten.

interessieren, interessierte, hat interessiert ⟨tr.⟩: a) ⟨rfl.⟩ *Interesse haben (für etwas/jmdn.):* ich interessiere mich nicht für Kunst; ⟨häufig im 2. Partizip⟩ er ist an diesen Dingen interessiert. b) ⟨itr.⟩ *(jmds.) Interesse wecken:* der Fall interessiert ihn sehr. c) ⟨tr.⟩ *(jmds.) Aufmerksamkeit lenken (auf etwas); jmds. Anteilnahme wecken (für etwas):* er hat ihn für seine Pläne interessiert.

Intermezzo, das; -s, -s: *kurzer [ungewöhnlicher] Zwischenfall.*

intern ⟨Adj.⟩: *einen geschlossenen Kreis angehend; in einem geschlossenen Bereich stattfindend; nicht öffentlich:* eine interne Angelegenheit, Besprechung; i. über etwas beraten.

Internat, das; -(e)s, -e: *Schule mit angeschlossenem Heim, in dem die Schüler wohnen.*

international ⟨Adj.⟩: *mehrere Staaten umfassend, einschließend:* ein internationales Abkommen; er ist i. *(in vielen Teilen der Welt)* bekannt.

internieren, internierte, hat interniert ⟨tr.⟩: *(jmdn. als Angehörigen eines feindlichen Staates) [für die Dauer des Krieges] in Haft nehmen:* er wurde bei Beginn des Krieges sofort interniert. **Internierung**, die; -, -en.

Internist, der; -en, -en: *Arzt, dessen Fach die innere Medizin ist.*

Interpretation, die; -, -en: *Auslegung, Deutung:* die I. eines Textes, seiner Worte.

interpretieren, interpretierte, hat interpretiert ⟨tr.⟩: *auslegen, darstellen:* einen Text i.; Lieder von Schubert i. *(vortragen).*

Intervall, das; -s, -e: a) *zeitlicher Abstand.* b) Musik *Abstand zwischen zwei Tönen.*

intervenieren, intervenierte, hat interveniert ⟨itr.⟩: *sich vermittelnd (in eine fremde Angelegenheit) einschalten; offiziell Einspruch erheben, protestieren:* bei einem Zwischenfall i. **Intervention**, die; -, -en.

Interview [ɪntɐrˈvjuː, (auch:) ˈɪntɐr...], das; -s, -s: *zur Veröffentlichung bestimmtes Gespräch (zwischen einer (bekannten) Person und einem Reporter):* jmdm. ein I. gewähren.

interviewen [ɪntɐrˈvjuːən], interviewte, hat interviewt ⟨tr.⟩: *(in einem zur Veröffentlichung bestimmten Gespräch) Fragen richten (an jmdn.):* einen Politiker i.

intim ⟨Adj.⟩: 1. *genau, sehr gut:* seine intime Kenntnis der alten Kunst. 2. *vertraut, innig:* eine intime Freundschaft; i. sein mit jmdm.

intolerant ⟨Adj.⟩: *nicht tolerant, ohne Toleranz:* eine intolerante Haltung; er ist sehr i.

Intrige, die; -, -n: *Machenschaften, mit denen man jmdm. zu schaden sucht.*

intrigieren, intrigierte, hat intrigiert ⟨itr.⟩: *gegen jmdn. arbeiten, mit Intrigen vorgehen:* er hat gegen seinen Kollegen intrigiert.

introvertiert ⟨Adj.⟩: *nach innen, auf das eigene Innere gerichtet:* ein introvertierter Mensch, Typ.

Intuition, die; -, -en: *spontanes, geistiges Erfassen, Erkennen:* er folgte seiner I.

intuitiv ⟨Adj.⟩: *nicht prädikativ): unmittelbar gefühlsmäßig;*

Invalide

auf Intuition beruhend: etwas i. erkennen, erfassen.

Invalide, der; -n, -n: *jmd., der infolge von Krankheit, Verletzung oder Verwundung körperlich behindert ist.*

Invasion, die; -, -en: *das Eindringen feindlicher Truppen in ein Land:* eine I. planen.

Inventar, das; -s, -e: *alle Gegenstände der Einrichtung eines Raumes, Gebäudes; das bewegliche Eigentum:* das ganze I. wurde versteigert.

Inventur, die; -, -en: *Aufstellung und Feststellung des Eigentums eines Unternehmens:* I. machen.

investieren, investierte, hat investiert ⟨tr.⟩: **a)** *(Geld) anlegen:* er hat sein Vermögen in Häusern investiert. **b)** *(einem Unternehmen o. ä.) zur Verfügung stellen (damit es Gewinn bringt):* er hat sein Geld in dieses Geschäft investiert.

inwendig ⟨Adj.⟩: *im Inneren; auf der Innenseite:* die Äpfel waren i. faul.

inzwischen ⟨Adverb⟩: *unterdessen:* /drückt aus, daß etwas in der abgelaufenen Zeit geschehen ist oder gleichzeitig mit etwas anderem geschieht/: ich muß noch arbeiten, du kannst i. einkaufen gehen; i. ist das Haus fertig geworden.

irdisch ⟨Adj.⟩: *der Welt angehörend:* irdische Güter.

irgend ⟨Adverb⟩: **1.** /drückt in Verbindung mit *jemand, etwas* aus, daß es sich nicht um eine bestimmte, sondern um eine beliebige Person oder Sache handelt/: i. jemand muß helfen; i. etwas war falsch gemacht worden. **2.** *nur immer:* er nahm soviel mit, wie i. möglich.

irgendwann ⟨Adverb⟩: /zu einer nicht näher bestimmten Zeit/: i. wird er schon kommen.

irgendwie ⟨Adverb⟩: /auf eine nicht näher bestimmte Weise/: es muß doch i. möglich sein.

irgendwo ⟨Adverb⟩: /an einem nicht näher bestimmten Ort/: ich habe ihn i. schon einmal gesehen.

Ironie, die; -: *versteckter Spott (der durch scheinbare Zustimmung etwas Negatives aufdeckt).*

ironisch ⟨Adj.⟩: *spöttisch, voll Ironie:* eine ironische Bemerkung machen; er lächelte i.

irrational ⟨Adj.⟩: *mit dem Verstand nicht zu fassen.*

irr[e] ⟨Adj.⟩: *verwirrt, verstört:* mit irrem Blick; er wirkte völlig i. **an jmdm./etwas i. werden (den Glauben an jmdn./etwas verlieren).*

irreal ⟨Adj.⟩: **a)** *nicht zu verwirklichen:* irreale Pläne. **b)** *unwirklich:* eine irreale Landschaft; er lebt in einer irrealen Welt.

irreführen, führte irre, hat irregeführt ⟨tr.⟩: *zu einer falschen Überzeugung führen:* jmdn. durch falsche Angaben i.; ⟨oft im 1. Partizip⟩ seine Darstellung der Ereignisse ist irreführend *(erweckt einen falschen Eindruck).* **Irreführung,** die; -, -en.

irregehen, ging irre, ist irregegangen ⟨itr.⟩: *einen falschen Weg gehen:* auf diesem Weg kannst du nicht i.; bildl.: er ist mit seinem Verdacht irregegangen.

irreleiten, leitete irre, hat irregeleitet ⟨tr.⟩: *auf den falschen Weg bringen, falsch leiten:* jmdn. durch falsche Angaben i.

irrelevant ⟨Adj.⟩: *belanglos:* diese Frage ist i.

irremachen, machte irre, hat irregemacht ⟨tr.⟩: *in Zweifel stürzen, unsicher machen:* du darfst dich nicht i. lassen.

irren, irrte, hat/ist geirrt: **1.** ⟨rfl./itr.⟩ *eine falsche Meinung haben, sich täuschen:* in diesem Fall hat er [sich] geirrt; darin, in ihm hast du dich geirrt. **2.** ⟨itr.⟩ *ohne Ziel durchqueren:* er ist durch die Stadt geirrt.

Irrfahrt, die; -, -en: *Fahrt, bei der man den richtigen Weg nicht findet und darum sein Ziel nicht erreicht:* erst nach langer I. fanden sie das Hotel.

irrig ⟨Adj.⟩: *falsch; nicht zutreffend:* eine irrige Ansicht haben; diese Meinung ist i.

irritieren, irritierte, hat irritiert ⟨tr.⟩: *verwirren, irremachen:* das Licht, das Gerede irritierte ihn.

Irrsinn, der; -s ⟨abwertend⟩: *Unsinn, Dummheit:* so ein I., bei diesem Wetter zu baden!

irrsinnig ⟨Adj.⟩ ⟨ugs.⟩: *sehr [groß]:* er hat irrsinnigen Hunger; der Turm ist i. hoch; er hat sich i. gefreut.

Irrtum, der; -s, Irrtümer: *falsche Meinung von etwas, Versehen:* ein großer I.; seine Annahme erwies sich als I.

irrtümlich ⟨Adj.; nicht prädikativ⟩: *aus einem Irrtum beruhend, versehentlich:* er hat die Rechnung i. zweimal bezahlt.

isolieren, isolierte, hat isoliert: **1.** ⟨tr./rfl.⟩ *(von etwas/jmdm.) streng absondern, trennen:* Kranke i.; er hat sich in der letzten Zeit ganz isoliert *(zurückgezogen).* **2.** ⟨tr.⟩ Technik *eine Leitung o. ä. zum Schutz gegen etwas mit etwas versehen.*

J

ja: **I.** ⟨Adverb⟩ **1.** /Äußerung der Zustimmung auf eine Frage; Ggs. nein/: kommst du? ja; ja natürlich; oh ja. **2.** *nur:* /trägt den Ton im Satz/ tu das ja nicht! **3.** *doch:* du kennst ihn ja; ich habe es ja gewußt. **II.** ⟨Konj.⟩ *sogar:* das kann ich verstehen, ja billigen.

Jacht, die; -, -en: *großes [Segel]boot [mit dem sportliche Wettkämpfe ausgetragen werden].*

Jacke, die; -, -n: *Kleidungsstück, das den Oberkörper bedeckt:* eine J. tragen.

Jackett, das; -s, -s: *Jacke [die zum Anzug für Männer gehört].*

Jagd, die; -, -en: *das Jagen von Wild:* die J. auf Hasen; die J. fand nicht statt; bildl.: die J. auf den Verbrecher, nach dem Glück. ** auf die J. gehen (zum Jagen gehen).*

jagen, jagte, hat/ist gejagt: **1.** ⟨tr./itr.⟩ *Wild verfolgen, um es zu fangen oder zu töten:* er hat [Hasen] gejagt; bildl.: einen Verbrecher j. **2.** ⟨itr.⟩ *rasen:* er ist mit seinem Auto durch die Stadt gejagt.

Jäger, der; -s, -: *jmd., der auf die Jagd geht.*

Jägerlatein, das; -s: *übertreibende Darstellung eines Erlebnisses, bes. von der Jagd:* was er erzählte, war J.

jäh ⟨Adj.⟩: **1.** *plötzlich:* ein jähes Ende nehmen. **2.** *steil abfallend:* ein jäher Abgrund.

Jahr, das; -es, -e: *Zeitraum von zwölf Monaten:* er ist sechs Jahre alt; Kinder bis zu 14 Jahren.

Jahrestag, der; -s, -e: *jährlich wiederkehrender Tag, an dem ein besonderes Ereignis stattgefunden hat.*

Jahreszeit, die; -, -en: *eine bestimmte Zeit des Jahres:* die kalte J. hat begonnen; die vier Jahreszeiten sind: Frühling, Sommer, Herbst und Winter.

Jahrgang, der; -s, Jahrgänge: a) *die in dem gleichen Jahr geborenen Menschen:* der J. 1936 wurde zum Militär einberufen. b) *alle Weine aus den in einem Jahr geernteten Trauben:* ein guter J. c) *alle Nummern einer Zeitung oder Zeitschrift, die in einem Jahr erschienen sind:* ein J. der Berliner Zeitung.

Jahrhundert, das; -s, -e: *Zeitraum von hundert Jahren:* das 20. J.

jährlich ⟨Adj.; nicht prädikativ⟩: *im Jahr, in jedem Jahr [erfolgend]:* der jährliche Ertrag; die Bezahlung erfolgt j.

Jahrmarkt, der; -s, Jahrmärkte: *jährlich stattfindender Markt mit Karussells u. a.*

Jähzorn, der; -s: *plötzlich ausbrechende Wut.*

jähzornig ⟨Adj.⟩: *zu Jähzorn neigend:* er ist ein jähzorniger Mensch.

Jalousie [ʒaluˈziː], die; -, -n: *Vorrichtung am Fenster, die Licht, Sonne am Eindringen hindern soll:* eine J. herunterlassen.

Jammer, der; -s: a) *[lautes] weinerliches Klagen:* der J. um die zerbrochene Puppe war groß. b) *Elend, zu beklagender Zustand:* sie boten ein Bild des Jammers.

jämmerlich ⟨Adj.⟩: a) *voll Jammer, erbärmlich:* er begann ein jämmerliches Geschrei. b) ⟨verstärkend bei Adjektiven und Verben⟩ *sehr:* es war j. kalt.

jammern, jammerte, hat gejammert ⟨itr.⟩: *[laut und] heftig klagen:* sie jammerte über das verlorene Geld.

Januar, der; -[s]: *erster Monat des Jahres.*

Jargon [ʒarˈgõː], der; -s, -s: *besondere [saloppe] Ausdrucksweise einer bestimmten durch Fach, Beruf verbundenen Gruppe von Personen:* der J. der Schüler.

Jauche, die; -: *in einer Grube gesammelte, als Dünger verwendete tierische Ausscheidungen in flüssiger Form:* den Acker mit J. düngen.

jauchzen, jauchzte, hat gejauchzt ⟨itr.⟩ (geh.): *Laute der Freude ausstoßen; jubeln:* die Kinder jauchzten vor Freude.

jaulen, jaulte, hat gejault ⟨itr.⟩: *laut, klagend heulen* /von Hunden/.

jawohl ⟨Adverb⟩: *ja* /verstärkt den Ausdruck der Zustimmung/: j., ich bin bereit.

Jazz [dʒɛs], der; -: *Musik für bestimmte Schlag- und Blasinstrumente, die ihren Ursprung in der Musik der Neger hat.*

je: I. ⟨Adverb⟩ **1.** *jemals:* sie war schöner als je zuvor. **2.** ⟨in Verbindung mit einem Zahlwort⟩ *jeweils:* je drei Küsse, je zwei Stück. **II.** ⟨Konj.⟩: in der Verbindung⟩ **je...je/desto/setzt zwei Komparative zueinander in Beziehung:** je länger, je lieber; je größer, desto besser.

jedenfalls ⟨Adverb⟩: *soviel ist sicher; gewiß:* er hat j. nichts davon gewußt; er wird das nicht tun.

jeder, jede, jedes ⟨Indefinitpronomen und unbestimmtes Zahlwort⟩: */alle einzelnen von einer Gesamtheit:* jeder bekam ein Geschenk; jedes der Kinder; das kann jeder.

jedermann ⟨Indefinitpronomen und unbestimmtes Zahlwort⟩: *jeder [ohne Ausnahme]:* j. wußte davon.

jederzeit ⟨Adverb⟩: *immer; zu jeder Zeit:* er ist j. bereit, dir zu helfen.

jedesmal ⟨Adverb⟩: *immer; in jedem einzelnen Fall:* er kommt j. zu spät.

jedoch ⟨Konj. oder Adverb⟩: *aber, doch:* die Sonne schien, j. es war kalt.

jemals ⟨Adverb⟩: *überhaupt einmal, irgendwann:* es ist nicht sicher, ob er j. kommt; er bestritt, ihn j. gesehen zu haben.

jemand ⟨Indefinitpronomen⟩: */bezeichnet eine nicht näher bestimmte, beliebige Person; Ggs. niemand/:* er sucht jemand[en], der ihm hilft; es steht j. vor der Tür.

jenseits ⟨Präp. mit Gen.⟩: *auf der anderen Seite* /Ggs. diesseits/: j. des Flusses.

jetzt ⟨Adverb⟩: *in diesem Augenblick; nun:* ich habe es j. gesehen; j. ist es zu spät.

jeweils ⟨Adverb⟩: *immer, jedesmal:* er muß j. die Hälfte abgeben; er kommt j. am ersten Tag des Jahres.

Job [dʒɔb], der; -s, -s: *[beliebige] Arbeit, durch die man seinen Unterhalt verdient:* er hat einen guten J. gefunden.

Johannisbeere, die; -, -n: */eine Frucht/* (siehe Bild).

Johannisbeere

johlen, johlte, hat gejohlt ⟨itr.⟩: *wild schreien und lärmen:* die Menschen johlten auf der Straße.

Journalist [ʒʊrnaˈlɪst], der; -en, -en: *jmd., der Artikel für Zeitungen schreibt.*

jovial ⟨Adj.⟩: *betont wohlwollend; leutselig im Umgang mit Untergebenen und einfacheren Menschen:* er ist ein jovialer Chef; jmdn. j. begrüßen.

Jubel, der; -s: *große, lebhaft geäußerte Freude:* sie begrüßten den Vater mit großem J.

jubeln, jubelte, hat gejubelt ⟨itr.⟩: *seine Freude laut und lebhaft äußern:* die Kinder jubelten, als sie die Mutter sahen.

Jubilar, der; -s, -e: *jmd., der ein Jubiläum feiert.*

Jubiläum, das; -s, Jubiläen: *[festlich begangener bestimmter] Jahrestag eines Ereignisses:* das hundertjährige J. der Firma feiern.

jucken, juckte, hat gejuckt: **1.** ⟨itr.⟩ *von dem Reiz, sich zu kratzen, befallen sein; kribbeln:* die Hand juckt [mir]. **2.** ⟨rfl.⟩ (ugs.) *sich kratzen:* der Hund juckt sich.

Jugend, die; -: **1.** *Zeit des Jungseins* /Ggs. Alter/: er verbrachte seine J. auf dem Lande. **2.** *junge Leute:* die J. tanzte bis in die Nacht.

jugendfrei ⟨Adj.⟩: *für Jugendliche zugelassen:* der Film ist j.

Jugendherberge 202

Jugendherberge, die; -, -n: *durch eine Organisation geschaffene Möglichkeit zur Übernachtung für Jungen und Mädchen auf Wanderung:* in einer J. übernachten.

jugendlich ⟨Adj.⟩: a) *jung:* die jugendlichen Zuschauer, Käufer. b) *jung wirkend:* eine jugendliche Erscheinung. **Jugendlichkeit,** die; -.

Jugendliche, der; -n, -n ⟨aber: [ein] Jugendlicher, Plural: Jugendliche⟩: *junger Mensch.*

Juli, der; -[s]: *siebenter Monat des Jahres.*

jung ⟨Adj.⟩: *sich in jugendlichem Alter befindend; erst am Beginn der Reife stehend:* ein junges Mädchen; ein junges Pferd; eine junge *(erst wenige Jahre bestehende)* Firma; ein junges *(erst seit kurzer Zeit verheiratetes)* Ehepaar. * j. und alt *(alle).*

Junge: I. der; -n, -n: *Kind männlichen Geschlechts.* II. das; -n, -n ⟨aber: [ein] Junges, Plural: Junge⟩: *junges [gerade geborenes] Tier:* die Jungen füttern.

jungenhaft ⟨Adj.⟩: *wie ein Junge im Benehmen:* dieses Mädchen ist sehr j.; ihr jungenhaftes Benehmen fiel auf.

Junggeselle, der; -n, -n: *Mann, der [noch] nicht geheiratet hat.*

jüngst: I. ⟨Adj.; nur attributiv⟩ *vor kurzer Zeit geschehen:* die jüngsten Ereignisse. II. ⟨Adverb⟩ (geh.) *vor kurzem:* dieser Vorfall hat sich erst j. zugetragen.

Juni, der; -[s]: *sechster Monat des Jahres.*

Junior, der; -s, -en: **1.** *Sohn* /in bezug zum Senior/: der J. hilft dem Vater im Geschäft. **2.** ⟨Plural⟩ *junge Sportler bis zu einem bestimmten Alter:* die Junioren haben gewonnen.

Jurist, der; -en, -en: *jmd., der die Rechte studiert [hat].*

Jury [ʒy'ri:, 'ʒy:ri], die; -, -s: *Gruppe von Personen, die die Aufgabe hat, aus einer Anzahl von Personen oder Sachen die besten auszuwählen.*

Juwel, das; -s, -en: *kostbarer Schmuck, Kostbarkeit.*

Juwelier, der; -s, -e: *jmd., der mit Schmuck u. ä. handelt* /Berufsbezeichnung/.

Jux, der; -es (ugs.): *Spaß, Scherz:* das war nur ein J.

K

Kabarett, das; -s, -e und -s: **1.** *[künstlerische] Darbietung, bei der besonders in satirischen Chansons und Sketchs Kritik an meist politischen Zuständen oder Ereignissen geübt wird.* **2.** *[drehbare] in Fächer aufgeteilte Platte, auf der Speisen angeboten werden.*

Kabel, das; -s, -: *isolierte elektrische Leitung:* ein K. legen.

Kabine, die; -, -n: *kleiner Raum, in dem man wohnt oder sich umkleidet.*

Kachel, die; -, -n: *gebrannte, meist glasierte Platte aus Ton.*

kacheln, kachelte, hat gekachelt ⟨tr.⟩: *mit Kacheln ausstatten:* ein gekacheltes Bad.

Kadaver, der; -s, -: *toter Körper eines Tieres.*

Kadavergehorsam, der; -s: *blinder Gehorsam, das Ausführen eines Befehls ohne Widerspruch.*

Kader, der; -s, -: *Gruppe von erfahrenen Personen, die den Kern einer Truppe oder Mannschaft bildet:* er gehört zum K. der Nationalmannschaft.

Käfer, der; -s, -: /*ein Insekt*/ (siehe Bild).

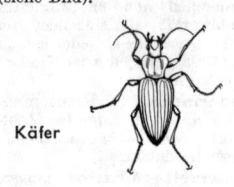

Käfer

Kaffee, der; -s: **1.** *Samen, der die Form einer Bohne hat und der gemahlen und geröstet zur Herstellung eines anregenden Getränks dient:* K. mahlen. **2.** /*ein Getränk*/: K. trinken.

Käfig, der; -s, -e: *mit Gittern hergestellter Raum für bestimmte Tiere:* im K. sitzen drei Affen.

kahl ⟨Adj.⟩: *frei, entblößt von etwas, leer:* er hat einen kahlen Kopf *(hat keine Haare);* (landsch.) er geht mit kahlem Kopf *(geht ohne Hut o. ä.);* die Bäume sind k. *(ohne Laub);* kahle Berge; kahle Wände.

Kahn, der; -s, Kähne: **1.** *kleines Boot zum Rudern:* [mit dem] K. fahren. **2.** *kleines Schiff zum Befördern von Lasten.*

Kai, der; -s, -e und -s: *befestigtes Ufer zum Beladen und Entladen von Schiffen:* ein Schiff liegt am K.

Kaiser, der; -s, -: *oberster Herrscher in einer bestimmten Staatsform:* er wurde zum K. gekrönt. **Kaiserin,** die; -, -nen.

Kaiserschnitt, der; -s, -e: *Entbindung durch einen operativen Schnitt.*

Kajüte, die; -, -n: *Wohnraum auf einem Schiff.*

Kakao, [auch: kakáu], der; -s: **1.** *tropische Frucht, die die Form einer Bohne hat und die gemahlen zur Herstellung eines nahrhaften Getränks dient.* **2.** /ein Getränk/: eine Tasse K. trinken.

Kaktus, der; -, Kakteen: /ein [sub]tropisches Gewächs/ (siehe Bild).

Kaktus

Kalauer, der; -s, -: *wenig geistreicher Witz, meist in Form eines Wortspiels.*

Kalb, das; -[e]s, Kälber: *junges Rind.*

Kalender, der; -s, -: *Verzeichnis der Tage, Wochen, Monate eines Jahres.*

Kalkulation, die; -, -en: *Kosten[vor]anschlag.*

kalkulieren, kalkulierte, hat kalkuliert: a) ⟨tr.⟩ *festsetzen, berechnen:* den Preis sehr niedrig k. b) ⟨itr.⟩ *auf einen bestimmten Ausgang einer Sache und den damit verbundenen Vorteil spekulieren, vermuten:* in dieser Sache hat er richtig kalkuliert.

Kalorie, die; -, -n: *Maßeinheit für die Wärmemenge.*

kalt, kälter, kälteste ⟨Adj.⟩: *ohne Wärme, abgekühlt* /Ggs. warm, heiß/: das Essen ist k.; die Getränke k. stellen *(damit sie kühl werden);* bildl.: kalte Farben; die Räume wirken k. * kalte Küche *(nicht warme, zum Essen fertige Speisen);* kalter Krieg *(feindselige Handlungen ohne militärische Aktionen);* jmdm. die kalte Schulter zeigen *(jmdm. wenig Beachtung schenken);* kaltes Blut bewahren *(sich nicht aufregen).*

kaltblütig ⟨Adj.⟩: **1.** *trotz Gefahr sehr ruhig bleibend, be-*

herrscht: k. stellte er sich den Einbrechern entgegen. 2. *kein Mitleid habend, ungerührt*: ein kaltblütiger Verbrecher.

Kälte, die; -: a) *die Empfindung des Mangels an Wärme*: bei der K. kann man nicht arbeiten; bildl.: der Minister empfing ihn mit eisiger K. b) *Temperatur unter 0 Grad Celsius*: Berlin meldet 15 Grad K.

kaltlassen, läßt kalt, ließ kalt, hat kaltgelassen ⟨itr.⟩ (ugs.): *nicht beeindrucken*: ihre Tränen ließen ihn kalt.

kaltschnäuzig ⟨Adj.⟩ (ugs.): *nicht beeindruckt, ungerührt, ohne Mitgefühl*: sie gab ihrer Mutter eine kaltschnäuzige Antwort.

kaltstellen, stellte kalt, hat kaltgestellt ⟨tr.⟩ (ugs.): *aus einflußreicher Stellung verdrängen, des Einflusses berauben*: jmdn. politisch k.

Kamel, das; -s, -e: 1. *in der Wüste lebendes Tier* (siehe Bild): auf einem K. reiten. 2. (ugs.; abwertend) *dummer Mensch, Dummkopf*: du bist doch ein K.!

Kamel 1.

Kamera, die; -, -s: *Gerät, mit dem man Bilder aufnehmen, Photographien machen kann.*

Kamerad, der; -en, -en: *Gefährte; jmd., mit dem man durch gemeinsame Tätigkeiten oder Interessen verbunden ist.*

kameradschaftlich ⟨Adj.⟩: *sich wie ein Kamerad verhaltend; durch gleiche Gesinnung oder Ziele verbunden*: k. sein; ein kameradschaftliches Verhältnis.

Kameramann, der; -s, Kameramänner und Kameraleute: *jmd., der bei Film oder Fernsehen die Kamera führt.*

Kamin, der; -s, -e: 1. (bes. südd.) *Schornstein*. 2. *in einem Zimmer befindliche offene Feuerstelle mit Abzug*: am K. sitzen.

Kaminfeger, der; -s, - : (bes. südd.) *jmd., der den Kamin von Ruß säubert; Schornsteinfeger /Berufsbezeichnung/.*

Kamm, der; -[e]s, Kämme: 1. *Gegenstand zum Glätten, gleich-* *mäßigen Legen des Haares* (siehe Bild). * (ugs.) **alle[s] über einen K. scheren** *(alle[s] ohne eigentlich erforderliche Berücksichtigung der Unterschiede gleich behandeln, beurteilen)*. 2. *am Kopf von Hühnern befindlicher länglicher, rötlicher, fleischiger Teil* (siehe Bild). * **jmdm. schwillt der K.** *(jmd. wird übermütig, eingebildet)*. 3. *der sich in die Länge erstreckende, fast gleichmäßig verlaufende obere Teil eines Gebirges* (siehe Bild).

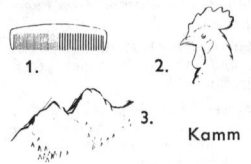

1. 2.
3.
Kamm

kämmen, kämmte, hat gekämmt ⟨tr./rfl.⟩: *mit dem Kamm bearbeiten*: das Mädchen hat die Puppe gekämmt; ich habe mir das Haar gekämmt; sie kämmt sich.

Kammer, die; -, -n: *kleiner Raum.*

Kammermusik, die; -: *Musik für ein kleines Ensemble.*

Kampf, der; -[e]s, Kämpfe: a) *Gefecht, Schlacht*: es tobt ein blutiger K. um die Hauptstadt. b) *Ringen (um etwas), heftiges Streben (nach etwas)*: der K. für die Freiheit; der K. um die Macht. c) *das Kämpfen*: der K. gegen den Hunger in der Welt. ** **einen erbitterten K. gegen etwas führen** *(erbittert gegen etwas kämpfen).*

kämpfen, kämpfte, hat gekämpft ⟨itr.⟩: *seine Kräfte [im Kampf] (gegen, für etwas) einsetzen*: bis zur Erschöpfung, um seine Existenz, für seinen Glauben, gegen die Unterdrückung k.

kampflos ⟨Adj.; nicht prädikativ⟩: *ohne Kampf [verlaufend]*: die Stadt k. einnehmen; die kampflose Übergabe der Insel.

Kampfrichter, der; -s, -: *Schiedsrichter bei bestimmten sportlichen Wettkämpfen.*

kampfunfähig ⟨Adj.⟩: *nicht mehr fähig zu kämpfen.*

kampieren, kampierte, hat kampiert ⟨itr.⟩ (ugs.): *notdürftig wohnen, übernachten*: in der Scheune, im Zelt, auf dem Feld k.

Kanal, der; -s, Kanäle: a) *künstlich hergestellte Verbindung an der Oberfläche der Erde oder unter der Erde, besonders als Weg für Schiffe; Strecke, auf der etwas weitergeleitet wird*: die Flüsse sind durch Kanäle verbunden. b) *Leitung aus Rohren unter der Erde zum Ableiten der Abwässer*: den K. reinigen; bildl.: das Geld fließt in dunkle Kanäle *(es läßt sich nicht genau feststellen, wo das Geld bleibt oder wofür es ausgegeben wird)*. c) Rundf., Fernsehen: *bestimmter Frequenzbereich*: die Sendung ist auf K. 10 zu empfangen.

Kanalisation, die; -, -en: a) *System aus Rohren und Kanälen zum Ableiten der Abwässer und des Wassers von Regen oder Schnee*: das Dorf hat keine K. b) *das Kanalisieren*: die K. des Flusses kostet vier Millionen Mark.

kanalisieren, kanalisierte, hat kanalisiert ⟨tr.⟩: a) *schiffbar machen*: einen Fluß k. b) *in eine bestimmte Richtung, Bahn lenken*: Vorstellungen, den Verkehr k.

Kanalisierung, die; -, -en: *das Regulieren und Ausbauen eines Flusses für den Schiffsverkehr*: die K. der Mosel.

Kandidat, der; -en, -en: a) *jmd., der sich um etwas bewirbt*: um diesen Posten bewerben sich drei Kandidaten. b) *jmd., der sich einer Prüfung unterzieht*: die Kandidaten für das Examen.

kandidieren, kandidierte, hat kandidiert ⟨itr.⟩: *sich um einen Posten bewerben; sich als Vertreter einer Gruppe zur Wahl stellen*: er kandidierte für das Amt des Präsidenten.

Kaninchen, das; -s, -: /ein Nagetier/ (siehe Bild).

Kaninchen

Kanister, der; -s, -: *tragbarer Behälter für Flüssigkeiten*: drei K. Benzin.

Kanne, die; -, -n: /ein Gefäß/ (siehe Bild S. 204): eine K. Milch.

Kante, die; -, -n: *Linie, Stelle, an der zwei Flächen aneinanderstoßen; Rand einer Fläche*: eine scharfe K. * **etwas auf die hohe**

Kantine

K. legen *(Geld auf ein Sparkonto einzahlen).*

Kanne

Kantine, die; -, -n: *Speisesaal in Fabriken, Kasernen o. ä.*

Kanzel, die; -, -n: **1.** *erhöhter Platz in der Kirche für den Geistlichen:* auf der K. stehen und predigen. **2.** *Raum für den Piloten im Flugzeug.*

Kapelle, die; -, -n: **I. 1.** *kleine Kirche.* **2.** *kleiner Raum innerhalb einer Kirche.* **II.** *kleineres Orchester, das Musik zur Unterhaltung, zum Tanz spielt.*

kapern, kaperte, hat gekapert ⟨tr.⟩: **1.** *(ein Schiff) erbeuten:* sie haben zwei Schiffe gekapert. **2.** (ugs.) *(sich) gewinnen:* er will dich nur für seinen Plan k.

kapieren, kapierte, hat kapiert ⟨tr./itr.⟩ (ugs.): *verstehen, begreifen:* hast du [das] kapiert?

Kapital, das; -s: *Besitz an Geld usw.; Vermögen:* sein K. in ein Geschäft stecken. * (ugs.) **aus etwas K. schlagen** *(Gewinn aus etwas ziehen).*

Kapitalismus, der; -: *eine Form der Wirtschaft und Gesellschaft auf dem Boden des freien Wettbewerbs und des Strebens nach Kapital des einzelnen.*

Kapitän, der; -s, -e: **a)** *jmd., der die Leitung und Verantwortung auf einem Schiff, in einem Flugzeug hat.* **b)** Sport *Anführer einer Mannschaft.*

Kapitel, das; -s, -: *größerer Abschnitt eines Buches o. ä.:* ein K. lesen.

kapitulieren, kapitulierte, hat kapituliert ⟨itr.⟩: *die Waffen niederlegen, sich ergeben:* alle Truppen haben kapituliert; bildl.: vor seinen Argumenten mußte ich k.

Kapsel, die; -, -n: *kleines, rundes oder ovales Gehäuse.*

kaputt ⟨Adj.⟩ (ugs.): *defekt, entzwei, zerbrochen, zerstört:* das Auto, der Teller ist k.

kaputtgehen, ging kaputt, ist kaputtgegangen ⟨itr.⟩ (ugs.): *defekt, unbrauchbar werden:* die Maschine ist kaputtgegangen.

kaputtmachen, machte kaputt, hat kaputtgemacht ⟨tr.⟩ (ugs.): *zerstören, unbrauchbar machen, zerschlagen:* er hat die Lampe kaputtgemacht.

Kapuze, die; -, -n: *[an einem Kleidungsstück befindliche spitze] Kopfbedeckung, die weit über den Kopf zu ziehen ist.*

Karabiner, der; -s, -: /ein kurzes Gewehr/.

Karambolage [karambo'la:ʒə], die; -, -n (ugs.): *Zusammenstoß, Zusammenprall [von Fahrzeugen].*

Kardinalzahl, die; -, -en: *Grundzahl* (z. B. eins) /Ggs. Ordinalzahl/.

karg ⟨Adj.⟩: *ärmlich, armselig, mager, dürftig:* die Ausstattung ist sehr k.; eine karge *(nicht fruchtbare)* Gegend.

kärglich ⟨Adj.⟩: *wenig, kümmerlich, ärmlich:* eine kärgliche Mahlzeit; in kärglichen Verhältnissen leben.

kariert ⟨Adj.⟩: *ein Muster aus Karos habend* /bes. bei Stoffen/: ein kariertes Hemd.

Karies, die; -: *das Faulen der Zähne.*

Karikatur, die; -, -en: *Zeichnung, bei der auf spöttische Weise charakteristische Merkmale übertrieben hervorgehoben werden:* eine K. zeichnen; er wirkt wie eine K.

Karneval, der; -s: *Zeit vieler Feste mit Kostümen [und Masken], die der Fastenzeit vorausgeht.*

Karnickel, das; -s, - (landsch.): *Kaninchen.*

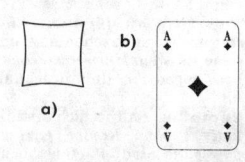

Karo

Karo, das; -s, -s: **a)** *Viereck* (siehe Bild). **b)** /eine Farbe beim Kartenspiel/ (siehe Bild): K. ausspielen.

Karosserie

Karosserie, die; -, -n: *der auf dem Fahrgestell in Form eines Kastens ruhende [Blech]teil des Autos* (siehe Bild).

Karpfen, der; -s, -: /ein Fisch/ (siehe Bild).

Karpfen

Karre, die; -, -n: **1.** *kleiner Wagen, zum Schieben oder Ziehen.* **2.** (ugs.; abwertend) *[altes] Auto:* die alte K. hatte eine Panne nach der anderen.

Karren, der; -s, -: *Karre.*

Karriere, die; -, -n: *rascher und erfolgreicher Aufstieg im Beruf:* eine große K. vor sich haben. * **K. machen** *(im Beruf in auffallender Weise Erfolg haben und aufsteigen).*

Karte, die; -, -n: **1.** *steifes Papier von verschiedener Größe zu bestimmten Zwecken:* **a)** *Postkarte:* jmdm. eine K. schicken. **b)** *Eintrittskarte:* zwei billige Karten kaufen. **c)** *Fahrkarte:* wo hast du die K. für die Rückfahrt? **d)** *Speisekarte:* bringen Sie mir bitte die K.! **e)** *Spielkarte:* die Karten mischen, geben. * **alles auf eine K. setzen** *(alles riskieren).* **f)** *Karteikarte:* die Karten alphabetisch ordnen. **2.** *Landkarte:* einen Ort auf der K. suchen.

Kartei, die; -, -en: *für einen bestimmten Zweck mit besonderen Aufzeichnungen versehene [alphabetisch] geordnete Sammlung von Karten.*

Kartenspiel, das; -s; -e: **1.** *Spiel mit Spielkarten.* **2.** *Gesamtheit der zu einem Spiel nötigen Spielkarten.*

Kartoffel, die; -, -n: /ein Nahrungsmittel/ (siehe Bild): neue *(frisch geerntete)* Kartoffeln; Kartoffeln kochen, braten.

Kartoffel

Karton [kar'tõ:], der; -s, -s: **1.** *Pappe, sehr festes Papier:* die Verpackung ist aus K. **2.** *Behälter aus Pappe:* die Ware in einen K. verpacken.

Karussell, das; -s, -s und -e: *sich drehende, zur Belustigung* *dienende Vorrichtung mit Sitzen, bes. auf Jahrmärkten:* [mit dem] K. fahren.

Käse, der; -s: *aus geronnener Milch hergestelltes Nahrungsmittel.*

Kaserne, die; -, -n: *Gebäude, das als Unterkunft von Truppen dient:* eine K. bewachen, bauen.

Kasse, die; -, -n: **1. a)** *Behälter für Geld.* **b)** *Stelle, wo Geld bezahlt wird:* an der K. bezahlen. **c)** *Bestand an Bargeld, der sich aus Einnahmen und Ausgaben ergibt:* prüfen, ob die K. stimmt. ****** (ugs.) **gut/schlecht/knapp bei K. sein** *(reichlich/wenig Geld haben).* **2. a)** *Krankenkasse:* die K. zahlt die Behandlung. **b)** *Sparkasse:* das Geld auf die K. bringen.

Kassette, die; -, -n: **a)** *kleinerer, verschließbarer Behälter für Geld oder für kleinere wertvolle Gegenstände.* **b)** *Hülle aus festem Material für Bücher, Schallplatten, Filme, Tonbänder, Dias.*

kassieren, kassierte, hat kassiert ⟨tr.⟩: *einziehen:* das Geld, die Beiträge k.

Kassierer, der; -s, -: *jmd., der zu zahlende Beträge einnimmt, sie verwaltet.*

Kastanie, die; -, -n: *ein Baum und seine runde, harte, braune Frucht (siehe Bild):* Kastanien sammeln. *** jmdm./für jmdn. die Kastanien aus dem Feuer holen** *(für jmdn. eine unangenehme Aufgabe ausführen, wovon nur der andere einen Vorteil hat).*

Kasten, der; -s, Kästen: *[rechtwinkliger] Behälter [mit Deckel].* ***** (ugs.) **etwas auf dem K. haben** *(viel können).*

Katalog, der; -s, -e: *Verzeichnis [nach einem bestimmten System] von Sachen, Büchern o. ä.:* einen K. aufstellen; etwas in den K. aufnehmen.

katastrophal ⟨Adj.⟩: *verhängnisvoll, entsetzlich, furchtbar:* es herrschen katastrophale Zustände; der Mangel an Wasser war k.

Katastrophe, die; -, -n: *Unheil, Verhängnis, Zusammenbruch:* es kam beinahe zur K.; eine K. verhindern.

Kategorie, die; -, -n: *Klasse, Gattung, Art:* das gehört nicht in diese K.

kategorisch ⟨Adj.⟩: *keinen Widerspruch zulassend:* etwas k. ablehnen, behaupten.

Kater, der; -s, -: **1.** *männliche Katze.* **2.** (ugs.) *schlechte körperliche und seelische Verfassung nach starkem Genuß von Alkohol:* am nächsten Morgen hatte er einen K.

Katheder, das; -s, -: *Pult für Lehrer.*

katholisch ⟨Adj.⟩: *der vom Papst als Stellvertreter Jesu Christi geleiteten Kirche angehörend, von ihr bestimmt, sie betreffend:* ein katholischer Geistlicher; er ist k.

Katze, die; -, -n /ein Haustier/ (siehe Bild). ***** (ugs.) **die K. aus dem Sack lassen** *(seine wahre Absicht erkennen lassen, zeigen);*

Katze

die K. im Sack kaufen *(etwas kaufen, ohne sich vorher von der Güte, Zweckmäßigkeit usw. überzeugt zu haben).*

Katzenauge, das; -s, -n: *Rückstrahler:* ein K. am Fahrrad anbringen.

Katzenjammer, der; -s (ugs.): *Ernüchterung, Niedergeschlagenheit nach Ausschweifungen, Exzessen:* nach der langen nächtlichen Feier kam der große K.; mit einem K. aufwachen.

Katzensprung: ⟨in der Fügung⟩ *es ist nur ein K. (es ist nicht weit entfernt).*

Katzenwäsche, die; - (ugs.): *kurzes, oberflächliches Sichwaschen:* K. machen.

Kauderwelsch, das; -[s] -: *verworrenes, unverständliches Sprechen:* er spricht ein furchtbares K.

kauen, kaute, hat gekaut ⟨tr./itr.⟩: *mit den Zähnen auf etwas beißen, es zerkleinern:* du mußt [das Brot] gut k.

kauern, kauerte, hat gekauert ⟨itr./rfl.⟩: *zusammengekrümmt hocken:* die Gefangenen kauerten auf dem Boden; die Kinder kauerten sich in die Ecke.

Kauf, der; -s, Käufe: *Erwerb von etwas für Geld:* ein günstiger K.; ein Haus zum K. anbieten. *** etwas in K. nehmen** *(sich wegen bestimmter Vorteile mit etwas Schlechtem oder Ungünstigem, das damit verbunden ist, abfinden):* wenn man in einer ruhigen Gegend außerhalb der Stadt wohnen will, muß man es in K. nehmen, daß man einen weiteren Weg zur Arbeit hat.

kaufen, kaufte, hat gekauft ⟨tr.⟩: *etwas für Geld erwerben:* ich will [mir] ein Auto k.; etwas billig k.; bildl.: er will ihn k. *(durch Bestechung für seinen Gedanken gewinnen).* *** sich** (Dativ) **jmdn. k.** *(jmdn. zur Rede stellen).*

Käufer, der; -s, -: *jmd., der etwas kauft.*

Kaufhaus, das; -es, Kaufhäuser: *Unternehmen, in dessen Gebäude viele verschiedenartige Waren angeboten werden; Warenhaus.*

käuflich ⟨Adj.⟩: **a)** *gegen Geld erhältlich:* das Gemälde ist k.; etwas k. erwerben. **b)** *bestechlich:* ein käuflicher Beamter.

Kaufmann, der; -s, Kaufleute: *jmd., der eine kaufmännische Ausbildung hat, der im Handel oder Gewerbe tätig ist:* er ist selbständiger K.

kaufmännisch ⟨Adj.⟩: *die Arbeit, Stellung des Kaufmanns betreffend, nach Art eines Kaufmanns:* er ist kaufmännischer Lehrling, Angestellter; kaufmännisches Rechnen; er ist k. veranlagt.

kaum ⟨Adverb⟩: **1. a)** *wahrscheinlich nicht, vermutlich nicht:* sie wird es k. tun. **b)** *fast nicht, nur mit Mühe:* das ist k. zu glauben; ich kann es k. erwarten. **2.** *gerade, soeben:* k. war er zu Hause, rief er mich an.

Kaution, die; -, -en: *Bürgschaft; Hinterlegen von Geld als Garantie für etwas:* er muß 1000 Mark K. für die Wohnung zahlen. *** eine K. stellen** *(Geld für etwas hinterlegen).*

Kauz, der; -es, Käuze: **1.** *Vogel aus der Gattung der Eulen:* der Ruf des Kauzes. **2.** (ugs.) *sonderbarer Mensch:* er ist ein komischer K.

kauzig ⟨Adj.⟩: *sonderbar, seltsam, komisch:* ein kauziger Mensch.

Kavalier, der; -s, -e: *höflicher, taktvoller Mann, besonders gegenüber Frauen.*

keck ⟨Adj.⟩: *munter, forsch, dreist.*

Kegel, der; -s, -: 1. /eine geometrische Figur/ (siehe Bild). 2. *schmale hohe Figur für das Kegelspiel* (siehe Bild): alle K. gleichzeitig umwerfen. ** (ugs.) **mit Kind und K.** *(mit der gesamten Familie (trotz der damit verbundenen Umstände)):* sie fuhren mit Kind und K. ins Grüne.

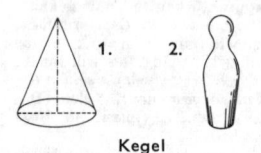

Kegel

kegeln, kegelte, hat gekegelt ⟨itr.⟩: *Kegel mit einer Kugel umzuwerfen versuchen:* wir wollen heute abend k.

kegelschieben, schob Kegel, hat Kegel geschoben ⟨itr.⟩: *kegeln.*

Kehle, die; -, -n: 1. *vordere Seite des Halses beim Menschen:* er packte ihn an der K. * **jmdm. das Messer an die K. setzen** *(jmdn. zu etwas zwingen, jmdn. erpressen).* 2. *Luft- und Speiseröhre:* als er den Fisch aß, blieb ihm eine Gräte in der K. stecken. * **etwas in die falsche K. bekommen** *(etwas falsch verstehen und böse werden).*

kehren, kehrte, hat gekehrt: I. ⟨tr./itr.⟩ (bes. südd.): *mit einem Besen säubern:* die Straße k.; ich muß jetzt noch k. II. ⟨tr./rfl.⟩: *wenden; die andere Seite zeigen:* das Oberste zuunterst, das Unterste zuoberst k. *(alles durcheinander bringen);* * **sich nicht an etwas k.** *(sich nicht um etwas kümmern);* **jmdm./einer Sache den Rücken k.** *(sich von jmdm./etwas abwenden).*

kehrtmachen, machte kehrt, hat kehrtgemacht ⟨itr.⟩: *sich umdrehen, umkehren:* er machte kehrt und ging weg.

keifen, keifte, hat gekeift ⟨itr.⟩: *laut schimpfen, schreien:* die Frauen keiften.

Keil

Keil, der; -s, -e: *Gegenstand aus Holz oder Metall, der in etwas getrieben wird, um es zu spalten* (siehe Bild).

Keilkissen, das; -s, -: *kleine Matratze in Form eines Keils am Kopfende des Bettes.*

Keim, der; -[e]s, -e: a) *Trieb einer Pflanze, der sich aus dem Samen entwickelt:* die jungen Keime der Pflanzen. b) *Ursprung, Erreger, Kern, von dem etwas ausgeht:* den K. einer Krankheit zerstören. * **etwas im K. ersticken** *(etwas schon beim Entstehen unterdrücken):* die Revolution wurde im K. erstickt.

keimen, keimte, hat gekeimt ⟨itr.⟩: *sich entwickeln, zu wachsen beginnen:* die Bohnen keimen; bildl.: Hoffnung, Liebe keimt in den Herzen der Menschen.

keimfrei ⟨Adj.⟩: *frei von Erregern einer Krankheit; steril:* Instrumente, Milch k. machen.

kein ⟨Indefinitpronomen⟩: *nicht ein, nicht irgendein:* er hat keinen Pfennig Geld; keiner will die Arbeit erledigen. * **auf keinen Fall** *(überhaupt nicht, unter keinen Umständen).*

keinerlei ⟨unbest. Zahlwort⟩: *in keiner Weise; nicht der, die, das geringste; keine Art von:* er will k. Verpflichtungen eingehen; es lagen k. tatsächliche Feststellungen zugrunde.

keinesfalls ⟨Adverb⟩: *gewiß nicht, auf keinen Fall:* ich werde ihn k. besuchen.

keineswegs ⟨Adverb⟩: *durchaus nicht, nicht im geringsten:* das ist k. der Fall.

Keks, der; -es und -, -e und -: *kleines, trockenes und haltbares Gebäck:* diese K. esse ich nicht gern; ich habe drei Kekse gegessen.

Kelch

Kelch, der; -[e]s, -e: *Trinkgefäß mit Fuß für feierliche Zwecke* (siehe Bild).

Kelle, die; -, -n: *Gerät:* a) *mit dem man Putz auf die Wand aufträgt* (siehe Bild). b) *mit dem man Suppe usw. schöpft* (siehe Bild).

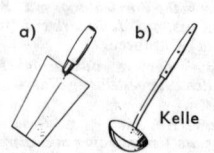

a) b)

Kelle

Keller, der; -s, -: *meist unter der Erde liegender Raum, liegendes Geschoß eines Hauses.*

Kellner, der; -s, - /Berufsbezeichnung/: *jmd., der in Restaurants oder Cafés den Gästen Speisen oder Getränke serviert und das Geld dafür kassiert.* **Kellnerin, die;** -, -nen.

keltern, kelterte, hat gekeltert ⟨tr.⟩: *Obst, bes. Trauben, auspressen.*

kennen, kannte, hat gekannt ⟨itr.⟩: 1. *wissen (von, um etwas):* ich kenne den Grund für sein Verhalten. 2. *Bescheid wissen (in, über etwas):* ich kenne Berlin, die Geschichte. 3. *jmdn. kennengelernt haben; mit jmdm. bekannt geworden sein; wissen, wer oder was gemeint ist:* kennen Sie den Chef?; er kennt die Mannschaft. * **keine Rücksicht k.** *(unbarmherzig sein);* **keine Grenzen k.** *(maßlos sein).*

kennenlernen, lernte kennen, hat kennengelernt ⟨itr.⟩: *mit jmdm./etwas bekannt, vertraut werden:* ich habe ihn, die Stadt letztes Jahr kennengelernt.

Kenntnis, die; -, -se: *Wissen, Erfahrung:* besondere Kenntnisse auf einem Gebiet haben. * **etwas von etwas in K. setzen** *(jmdm. etwas mitteilen);* **etwas zur K. nehmen:** a) *bestätigen, daß man über etwas informiert worden ist [damit man sich entsprechend verhalten kann]:* ich habe die neuen Bestimmungen zur K. genommen. b) *sich etwas nur anhören:* er nahm es zur Kenntnis, ohne irgendein Urteil abzugeben; **etwas entzieht sich jmds. K.** *(jmd. weiß etwas nicht).*

Kennzeichen, das; -s, -: *Merkmal; Zeichen, wodurch etwas zu erkennen ist:* Disziplin ist das K. eines guten Sportlers.

kennzeichnen, kennzeichnete, hat gekennzeichnet ⟨tr.⟩: /vgl. kennzeichnend/: *mit einem Kennzeichen versehen:* alle Waren k. *(mit Preisen versehen).*

kennzeichnend ⟨Adj.; nicht adverbial⟩: *charakteristisch, ty-*

pisch: die Farben sind k. für diesen Maler.

kentern, kenterte, ist gekentert ⟨itr.⟩: *umkippen* /von Schiffen usw./: das Boot kenterte; zum Kentern bringen.

Kerker, der; -s, - (heute nur noch östr.): *Zuchthaus:* jmdn. zu lebenslänglichem K. verurteilen.

Kerl, der; -s, -e und (abwertend auch:) -s (ugs.): *Mann, Mensch* /gelegentlich auch für eine weibliche Person, dann bes. im positiven Sinn/: ein anständiger, tüchtiger, grober, gemeiner K.; ich kann den K. nicht leiden.

Kern, der; -s, -e: *kleinster innerer Bestandteil, aus dem sich etwas entwickelt; Ursprung, Ausgangspunkt:* der K. einer Pflanze; die Kerne eines Apfels; der K. eines Atoms; bildl.: der K. einer Sache, Frage.

Kerngehäuse, das; -s, -: *die Kerne umschließende Hülle im Innern von Apfel, Birne o. ä.*

kernig ⟨Adj.⟩: *urwüchsig, kräftig, kraftvoll:* ein kerniger Ausspruch.

Kerze, die; -, -n: *aus Wachs und Docht bestehendes Licht* (siehe Bild): eine K. anzünden.

Kerze

keß, kesser, kesseste ⟨Adj.⟩: *nicht scheu; dreist, draufgängerisch:* ein kesser Junge; sie ist etwas zu k.

Kessel, der; -s, -: *Behälter für Flüssigkeiten* (siehe Bild).

Kessel

Kette, die; -, -n: *aus einzelnen beweglichen Gliedern, Teilen bestehender, wie ein Band aussehender Gegenstand aus Metall:* sie trägt eine goldene K.; den Hund an die K. legen.

Kettenraucher, der; -s, -: jmd., der eine Zigarette nach der anderen raucht.

Ketzer, der; -s, -: *jmd., der öffentlich eine andere Meinung vertritt als die für allgemein gültig erklärte Meinung in bestimmten, die Öffentlichkeit, die Kirche, den Staat betreffenden Angelegenheiten.*

keuchen, keuchte, hat gekeucht ⟨itr.⟩: *mit Mühe und laut atmen:* er keuchte schwer unter seiner Last.

Keuchhusten, der; -s: *Krankheit mit starkem, lang anhaltendem Husten.*

Keule, die; -, -n: 1. *länglicher Gegenstand mit dickerem Ende zum Schlagen.* 2. *Schenkel der Ente, Gans usw.*

kichern, kicherte, hat gekichert ⟨itr.⟩: *leise, mit hoher und leiser Stimme lachen:* die Mädchen kicherten dauernd.

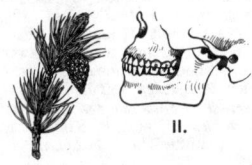

I.

II.

Kiefer

Kiefer: I. die; -, -n: *Baum mit langen Nadeln* (siehe Bild). II. der; -s, -: *Knochen, der mit einem anderen zusammen die Mundhöhle bildet und in dem die Zähne sitzen* (siehe Bild): der obere, untere K.

Kiel, der; -s, -e: *vom Bug zum Heck unter dem Schiff verlaufender Teil eines Schiffes:* ein Schiff auf K. legen.

Kieme, die; -, -n: *Organ zum Atmen bei Fischen.*

Kies, der; -es: *Menge kleinerer rundlicher Steine, die u. a. als Material zum Bauen verwendet werden:* der Weg ist mit K. bedeckt.

Kilogramm, das; -s, -e: /Maß für Gewicht/.

Kilometer, der; -s, -: /Maß für die Länge/.

Kind, das; -es, -er: 1. *noch nicht erwachsener Mensch:* die Kinder spielen im Garten. 2. ⟨Plural⟩ *Nachkommen, und zwar Söhne und Töchter:* seine Kinder sind alle verheiratet. ** **kein K. von Traurigkeit sein** *(lebenslustig sein).*

Kindergarten, der; -s, Kindergärten: *Raum, Einrichtung zur Betreuung von noch nicht schulpflichtigen Kindern.*

kinderleicht ⟨Adj.⟩: *sehr einfach, ohne jede Schwierigkeit:* eine kinderleichte Aufgabe; die Prüfung war k.

kinderreich ⟨Adj.; nicht adverbial⟩: *viele Kinder habend:* eine kinderreiche Familie.

Kinderstube, die; -: *im Elternhaus erfolgte Erziehung, die die richtigen Umgangsformen vermittelt:* er hat eine gute, schlechte K. gehabt.

kindisch ⟨Adj.⟩: *albern, lächerlich:* ein kindisches Benehmen; du bist sehr k.

kindlich ⟨Adj.⟩: *in der Art eines Kindes, naiv:* kindliche Freude an etwas haben.

Kinn, das; -s: *unterster Teil des menschlichen Gesichts; Spitze des Unterkiefers:* ein spitzes, vorstehendes K.

Kino, das; -s, -s: 1. *Raum, Gebäude, in dem Filme gezeigt werden.* 2. ⟨ohne Plural⟩ *Vorstellung, bei der ein Film vorgeführt wird:* ins K. gehen.

Kiosk, der; -s, -e: *kleines Häuschen,* [*in dem Haus eingebauter*] *Stand, wo Zeitungen, Getränke usw. verkauft werden.*

Kippe, die; -, -n (ugs.): *Rest einer gerauchten Zigarette.*

kippen, kippte, hat/ist gekippt: 1. ⟨tr.⟩ a) *in eine schräge Stellung bringen:* er hat die Kiste, den Waggon gekippt. b) *ausschütten, wobei man den Behälter schräg hält:* er hat den Sand vom Wagen auf die Straße gekippt. 2. ⟨itr.⟩ *umfallen:* der Tisch kippt; das Boot ist gekippt.

Kirche, die; -, -n: a) *Raum, Gebäude für den christlichen Gottesdienst:* eine K. besichtigen. b) *Gottesdienst:* wann ist heute K.? c) *christliche Gemeinschaft:* die katholische, anglikanische K.; aus der K. austreten.

kirchlich ⟨Adj.⟩: *die Kirche betreffend, der Kirche gehörend, nach den Formen, Vorschriften der Kirche:* eine kirchliche Einrichtung; sich k. trauen lassen.

Kirsche, die; -, -n: /eine Frucht/ (siehe Bild).

Kirsche

Kissen, das; -s, -: *mit weichem Material gefüllte Hülle, auf der man sitzt oder liegt.*

Kiste, die; -, -n: *rechteckiger Behälter [aus Holz]:* etwas in Kisten verpacken.

Kitsch, der; -es: *als geschmacklos empfundenes, auf sentimentale Weise Dargestelltes:* die Bilder sind reiner K.

kitschig ⟨Adj.⟩: *geschmacklos:* kitschige Farben; die Bilder sind k.

Kitt, der; -s: *Masse, die sich kneten läßt und die zum Halten sowie zum Dichten verwendet wird.*

Kittchen, das; -s, - ⟨ugs.⟩: *Gefängnis:* er sitzt im K.

Kittel, der; -s, -: *Kleidungsstück in der Form eines Mantels, das bei der Arbeit getragen wird:* der Arzt trägt einen weißen K.

kitzeln, kitzelte, hat gekitzelt ⟨tr./itr.⟩: *an jmds. Körper juckenden Reiz hervorrufen [um ihn zum Lachen zu bringen]:* er hat ihn an den Füßen gekitzelt; das Haar kitzelt im Ohr.

kitzlig ⟨Adj.⟩: *auf Kitzeln leicht reagierend:* sie ist sehr k.

klaffen, klaffte, hat geklafft ⟨itr.⟩: *einen Spalt, eine Öffnung bilden:* in der Mauer klaffen große Risse; eine klaffende Wunde.

kläffen, kläffte, hat gekläfft ⟨itr.⟩: *laut, in hellen Tönen bellen:* der Hund kläfft den ganzen Tag.

Klage, die; -, -n: *Beschwerde:* die Klagen über ihn wurden häufiger.

klagen, klagte, hat geklagt ⟨itr.⟩: 1. *Schmerz, Trauer, Enttäuschung, Unzufriedenheit äußern:* über Schmerzen, über seinen Chef k. * jmdm. sein Leid k. *(jmdm. seinen Kummer erzählen).* 2. *einen Prozeß führen:* er will gegen die Firma k.

kläglich ⟨Adj.⟩ (abwertend): 1. *gering, dürftig:* der Verdienst ist k.; ein klägliches Ergebnis. 2. *beklagenswert, elend:* er spielte eine klägliche Rolle; in kläglichem Zustand sein. 3. ⟨nur adverbial⟩ *völlig, in beschämender Weise:* er hat k. versagt; seine Bemühungen sind k. gescheitert.

Klamauk, der; -s ⟨ugs.⟩: *[bewußt] lautes Treiben:* die Jugendlichen machten großen K.

klamm ⟨Adj.⟩: a) *leicht feucht:* die Betten waren k. b) *steif vor Kälte:* klamme Finger haben.

Klamm, die; -, -en: *felsige Schlucht [mit Wasserfall]* (siehe Bild).

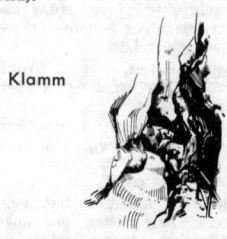

Klamm

Klammer, die; -, -n: 1. *Gegenstand, mit dem etwas festgemacht, zusammengehalten wird:* die Wäsche mit Klammern festmachen; er mußte wegen zwei vorstehender Zähne eine K. tragen. 2. *Zeichen, mit dem man einen Teil eines Textes einschließen kann:* eckige Klammern [...]; runde Klammern (...).

klammern, klammerte, hat geklammert: 1. ⟨tr.⟩ *mit Klammern zusammenhalten, befestigen:* eine Wunde k. 2. ⟨rfl.⟩ *sich ängstlich an jmdn. oder etwas halten:* er klammert sich an ihn, an die Hoffnung auf ein Wiedersehen.

Klamotte, die; -, -n ⟨ugs., abwertend⟩: 1. a) *etwas Altes, allzu Bekanntes:* das ist eine alte K. b) ⟨Plural⟩ *[alte] Kleider:* pack deine Klamotten und verschwinde! 2. *abgebrochener Teil eines Steines.*

Klang, der; -[e]s, Klänge: 1. *das Erklingen:* beim K. der Glocke. 2. *Art, wie ein Ton empfunden wird:* ein heller K.; das Klavier hat einen schönen K.; bildl.: der Name hat einen guten K. *(Ruf).*

Klappe, die; -, -n: 1. *an einer Seite befestigter Deckel; Vorrichtung zum Schließen einer Öffnung* (siehe Bild). 2. ⟨ugs.⟩ *Mund:* halt die K.! ** zwei Fliegen mit einer K. schlagen *(durch*

1.

Klappe

eine Handlung gleich zwei Sachen erledigen).

klappen, klappte, hat geklappt ⟨itr.⟩: ⟨ugs.⟩ *der Absicht entsprechend gelingen:* es hat alles geklappt.

klappern, klapperte, hat geklappert ⟨itr.⟩: *ein hartes Geräusch von sich geben, das durch wiederholtes Schlagen zweier Gegenstände aneinander entsteht:* die Tür klappert; das Kind klapperte mit den Deckeln.

Klaps, der; -es, -e: *leichter Schlag auf den Körper:* sie gab dem Kind einen K. * ⟨ugs.⟩ einen K. haben *(nicht ganz normal zu sein scheinen).*

klar ⟨Adj.⟩: 1. *durchsichtig, sauber, nicht trübe:* klares Wasser; klare Sicht haben. 2. *deutlich erkennbar, verständlich, nicht mißverständlich:* klare Begriffe; sich k. ausdrücken; klare (geordnete) Verhältnisse schaffen. * sich im klaren sein über etwas *(über die Folgen, die sich aus einer Entscheidung, Tätigkeit ergeben, Bescheid wissen).*

klären, klärte, hat geklärt: 1. ⟨tr.⟩ *sich Klarheit über etwas verschaffen:* diese Angelegenheit muß noch geklärt werden. 2. ⟨rfl.⟩ *klar werden (über etwas):* die Frage klärt sich bald.

Klarheit, die; -: *Deutlichkeit, Verständlichkeit:* er drängt nach K. * sich über etwas K. verschaffen *(sich über eine Sache, die nicht klar ist, genau informieren).*

klarmachen, machte klar, hat klargemacht ⟨tr.⟩: *erklären, deutlich machen:* er hat mir die Unterschiede, seinen Standpunkt klargemacht.

klarstellen, stellte klar, hat klargestellt ⟨tr.⟩: *richtigstellen, klären; dafür sorgen, daß etwas richtig verstanden wird:* einen Sachverhalt k.

Klasse, die; -, -n: 1. *Gruppe von Personen, Lebewesen, Dingen, die durch gemeinsame Merkmale, Eigenschaften, Fähigkeiten usw. gekennzeichnet sind:* er geht in die 4. K. der Grundschule; die K. der Säugetiere. 2. *Einrichtung, Abteilung mit besonderer Ausstattung:* ich fahre erster K. in der Eisenbahn; der Patient liegt dritter K. im Krankenhaus. 3. a) *Raum für Schüler in einer Schule:* die K. erhält eine neue Tafel. b) *alle*

Schüler, die in einem Raum gemeinsam unterrichtet werden: die K. ist sehr unruhig.

Klassenarbeit, die; -, -en: *Arbeit, die in der Schule ohne fremde Hilfe geschrieben und dann zensiert wird:* eine K. schreiben.

Klassenkampf, der; -[e]s, Klassenkämpfe: *nach der Ideologie des Kommunismus die Auseinandersetzung zwischen der Klasse der besitzenden und dadurch herrschenden Menschen und der Klasse der Arbeiter.*

klatschen, klatschte, hat geklatscht ⟨itr.⟩: 1. *ein helles, einem Knall ähnliches Geräusch von sich geben:* der Regen klatschte gegen das Fenster; sie schlug ihm ins Gesicht, daß es klatschte. 2. *applaudieren, Beifall spenden:* das Publikum klatschte lange. 3. *viel und meist negativ über jmdn./ etwas sprechen:* die Frauen standen auf der Straße und klatschten über die Nachbarn.

klauen, klaute, hat geklaut ⟨tr./itr.⟩ (ugs.): *stehlen:* er hat [das Geld] geklaut.

Klausel, die; -, -n: *Vorbehalt; einschränkende [zusätzliche] Vereinbarung in einem Vertrag:* eine K. in den Vertrag einbauen.

Klavier, das; -s, -e: /ein Musikinstrument mit Tasten/ (siehe Bild): K. spielen.

Klavier

kleben, klebte, hat geklebt: 1. ⟨tr.⟩ *mit Hilfe von Klebstoff an etwas befestigen:* eine Briefmarke auf die Postkarte k. * (ugs.) **jmdm. eine k.** *(jmdm. eine Ohrfeige geben).* 2. ⟨itr.⟩ *an etwas haften; an/auf etwas fest bleiben:* das Papier, der Klebstoff klebt nur schwach.

klebrig ⟨Adj.⟩: *[äußerlich] so beschaffen, daß etwas [leicht] daran kleben bleibt.*

Klebstoff, der; -[e]s, -e: *Mittel, Stoff, mit dem man etwas an etwas befestigt; Leim.*

kleckern, kleckerte, hat gekleckert ⟨itr.⟩ (ugs.): *etwas Flüssiges, Breiiges unbeabsichtigt verschütten, auf etwas fallen lassen und dadurch Flecke machen:* du hast beim Essen gekleckert.

Klecks, der; -es, -e: *Fleck.*

Kleid, das; -[e]s, -e: *[über der Unterwäsche getragenes, meist aus einem Stück bestehendes] Kleidungsstück für Frauen:* ein neues, elegantes K.

kleiden, kleidete, hat gekleidet: 1. ⟨tr.⟩ *(als Kleidungsstück) jmdm. stehen, zu jmdm. passen:* der Mantel kleidet [dich] gut; die Brille kleidet ihn nicht. 2. ⟨tr./rfl.⟩ *[sich] in einer bestimmten Weise anziehen:* die Mutter kleidet ihre Kinder sehr adrett; er kleidet sich auffällig; ⟨häufig im 2. Partizip⟩ *angezogen:* er ist immer gut gekleidet.

Kleiderbügel, der; -s, -: *Gegenstand zum Aufhängen von Kleidungsstücken.*

kleidsam ⟨Adj.⟩: *gut kleidend.*

Kleidung, die; -: *Gesamtheit der Kleidungsstücke:* seine K. ist sehr gepflegt.

Kleidungsstück, das; -[e]s, -e: *einzelner, selbständiger Teil der über der Unterwäsche getragenen Kleidung.*

klein ⟨Adj.⟩: a) *von geringem Ausmaß/ Ggs. groß/:* ein kleines Haus, Land. b) *wenig bedeutend:* das sind alles nur kleine Fehler. * **von klein auf** *(von Kindheit an).*

kleinbürgerlich ⟨Adj.⟩: *engstirnig; spießbürgerlich:* er hat sehr kleinbürgerliche Ansichten.

Kleingeld, das; -[e]s: *kleiner Betrag von Geld in Münzen zum Bezahlen oder zum Herausgeben auf eine größere Summe.*

kleingläubig ⟨Adj.⟩: *wenig Vertrauen, Hoffnung habend; zweifelnd;* ein kleingläubiger Mensch.

Kleinigkeit, die; -, -en: *unbedeutende Sache, leicht zu lösende Aufgabe:* das ist eine K.

kleinlaut ⟨Adj.⟩: *nicht attributiv:* *nicht mehr so großsprecherisch wie vorher:* er kehrte k. ins Elternhaus zurück; sie bat k. um Verzeihung.

kleinlich ⟨Adj.⟩: *Unwichtiges übertrieben wichtig nehmend:* ein kleinlicher Mensch; sei nicht so k.!

kleinmütig ⟨Adj.⟩: *wenig Mut habend, mutlos:* sei nicht so k.

Kleinod, das; -[e]s, -e: *wertvolles Stück; Kostbarkeit:* dieser Ring ist ein K.

kleinstädtisch ⟨Adj.⟩: *in der Art einer kleineren Stadt; im Geistigen provinziell – eng.*

Kleister, der; -s, -: *Klebstoff.*

kleistern, kleisterte, hat gekleistert ⟨tr.⟩: *mit Kleister zusammenfügen; kleben.*

klemmen, klemmte, hat geklemmt: 1. ⟨tr.⟩ *fest zwischen etwas nehmen, halten:* die Bücher unter den Arm k. 2. ⟨itr.⟩ *sich nicht glatt, ungehindert öffnen, bewegen lassen:* die Tür klemmt. 3. ⟨tr./rfl.⟩ *zwischen etwas geraten und sich dabei weh tun, quetschen:* ich habe mir den Finger geklemmt. * (ugs.) **sich hinter etwas k.** *(fleißig [an einer Aufgabe] arbeiten);* **sich hinter jmdn. k.** *(durch jmdn. sein Ziel zu erreichen suchen).*

Klempner, der; -s, -: *jmd., der Gegenstände aus Blech usw. herstellt, Rohre für Gas und Wasser einbaut, sie repariert und installiert /Berufsbezeichnung/.*

klettern, kletterte, ist geklettert ⟨itr.⟩: *mühsam steigen und sich dabei festhalten:* er klettert auf den Berg; wie ein Affe auf den Baum k.

Klima, das; -s: *der für ein Gebiet bestimmende und charakteristische Ablauf des Wetters:* ein mildes K.

klimpern, klimperte, hat geklimpert ⟨itr.⟩ (ugs.): *auf einem Klavier o. ä. schlecht spielen, wahllos Töne hervorbringen:* er klimpert nur; mit dem Geld in der Tasche k.

Klinge, die; -, -n: *scharfer, zum Schneiden dienender Rand eines Messers, Schwertes, einer Rasierklinge o. ä.*

Klingel, die; -, -n: *Gegenstand, mit dem man meist einen hellen Ton hervorbringt, läutet.*

klingeln, klingelte, hat geklingelt ⟨itr.⟩: *die Klingel betätigen:* es hat [an der Tür] geklingelt.

klingen, klang, hat geklungen ⟨itr.⟩: 1. *einen bestimmten Ton, Klang hervorbringen:* schwach, hohl k.; die Gläser k. beim Anstoßen. 2. *in einer bestimmten Weise empfunden, aufgefaßt werden:* seine Worte klangen wie ein Vorwurf.

Klinik, die; -, -en: *Krankenhaus, das mehrere Spezialabteilungen hat oder nur auf einem*

Klinke 210

Spezialgebiet arbeitet [und in dem medizinische Fachleute ausgebildet werden].

Klinke, die; -, -n: *Griff an einer Tür, um diese öffnen oder schließen zu können.*

Klippe, die; -, -n: *für die Schiffahrt gefährlicher Felsen an der Oberfläche des Meeres o. ä.:* das Schiff fuhr gegen eine K. und sank.

klirren, klirrte, hat geklirrt ⟨itr.⟩: *einen in kurzer Folge sich wiederholenden hellen und harten Klang von sich geben.*

Klistier, das; -s, -e Med.: *Spülung des Darms.*

klitschig ⟨Adj.⟩: *nicht ganz durchgebacken:* ein klitschiger Kuchen.

klobig ⟨Adj.⟩: *von eckiger, schwerer Form, grob, unförmig:* etwas sieht k. aus; ein klobiger Schrank.

klopfen, klopfte, hat geklopft: 1. ⟨tr.⟩ a) *schlagend bearbeiten:* den Teppich k. (um den Staub zu entfernen). b) *durch Schlagen entfernen:* den Staub aus dem Teppich k. 2. ⟨itr.⟩ a) *(gegen etwas) schlagen:* an die Scheibe k. b) *anklopfen:* nachdem er geklopft hatte, öffnete sie die Tür; es hat geklopft.

Klops, der; -es, -e: *Kloß aus Fleisch, das durch die Maschine gedreht wurde.*

Klosett, das; -s, -s (ugs.): *Toilette mit Wasserspülung.*

Kloß, der; -es, Klöße: *wie Teig aussehende Masse, die zu einer Kugel geformt ist:* Klöße aus Fleisch, Kartoffeln.

Klotz, der; -es, Klötze: *großer, eckiger Gegenstand aus Holz o. ä.:* das Kind baute ein Haus aus Klötzen.

Klub, der; -s, -s: *Verein:* einen K. gründen.

Kluft, die; -, Klüfte: **I.** *tiefer Riß, Spalt in der Erde:* in eine K. fallen; bildl.: es besteht eine tiefe K. zwischen den Parteien. **II.** *bestimmte Kleidung:* die K. der Pfadfinder.

klug, klüger, klügste ⟨Adj.⟩: a) *intelligent, begabt, gescheit, vernünftig:* ein kluger Kopf, Rat. b) *geschickt, schlau, diplomatisch im Vorgehen, Handeln:* wenn du k. bist, fährst du erst im September nach Italien.

Klugheit, die; -: *Vernunft, Intelligenz, Begabung.*

Klumpen, der; -s, -: *[zusammenklebende] Masse ohne bestimmte Form:* ein K. Blei.

klumpen, klumpte, hat geklumpt ⟨itr.⟩: *Klumpen bilden:* das Mehl klumpt.

Klüngel, der; -s, - (abwertend): *Gruppe von Personen, die sich gegenseitig Vorteile verschaffen; Clique.*

knabbern, knabberte, hat geknabbert ⟨tr./itr.⟩: *[hörbar und schnell] an etwas Hartem nagen, etwas Festes kauen:* Nüsse k.; an einem Stück Schokolade k.

Knabe, der; -n, -n: *Junge.*

knacken, knackte, hat geknackt: 1. ⟨tr.⟩ *das Äußere von etwas entzwei machen, um an das Innere zu kommen:* Nüsse k.; (ugs.) einen Tresor k. 2. ⟨itr.⟩ *als spröder Körper [beim Brechen] einen harten, einem Knall ähnlichen Ton von sich geben:* es knackt in den Möbeln; das Eis knackt.

Knall, der; -s, -e: *scharfer, wie ein Schuß oder eine Explosion wirkender Laut:* der K. der Peitsche. ** (ugs.) K. und Fall (sofort, auf der Stelle):* er wurde K. und Fall entlassen.

knallen, knallte, hat geknallt ⟨itr.⟩: *einen Knall hervorbringen:* die Peitsche knallt. ** (ugs.)* jmdm. eine k. *(jmdm. eine Ohrfeige geben).*

knallig ⟨Adj.⟩ (ugs.; abwertend): *grell, mit auffallenden, schreienden Farben:* ein knalliges Kleid.

knapp ⟨Adj.⟩: *gerade noch ausreichend; fast zu klein, zu gering:* ein knappes Einkommen; Lebensmittel werden k.

knarren, knarrte, hat geknarrt ⟨itr.⟩: *klanglose, hölzerne, ächzende [schnell aufeinanderfolgende] Laute von sich geben:* die Tür knarrt; eine knarrende Treppe.

Knast, der; -[e]s (ugs.): a) *Haft:* er bekam drei Monate K. b) *Gefängnis:* er sitzt im K.

Knaster, der; -s (ugs.): *[schlechter] Tabak.*

knattern, knatterte, hat geknattert ⟨itr.⟩: *kurz aufeinanderfolgende harte, dem Knall ähnliche Laute von sich geben:* der Motor knattert.

Knäuel, der und der; -s, -: *zu einer Kugel aufgewickelte Wolle, Schnur usw.*

Knauf, der; -[e]s, Knäufe: *Griff in Form einer Kugel oder eines Knopfes;* der K. an einer Tür.

knausrig ⟨Adj.⟩ (ugs.; abwertend): *übertrieben sparsam, geizig:* er ist sehr k.

knausern, knauserte, hat geknausert ⟨itr.⟩ (ugs., abwertend): *sehr sparsam sein:* mit dem Geld, Material k.

knautschen, knautschte, hat geknautscht (ugs.) ⟨tr.⟩ *zusammendrücken, knüllen:* den Stoff, das Papier k. b) ⟨itr.⟩ *knittern, Falten bilden:* der Stoff, der Anzug knautscht.

knebeln, knebelte, hat geknebelt ⟨tr.⟩: 1. *(jmdm.) etwas in den Mund stecken und ihn dadurch am Sprechen und Schreien hindern:* den Überfallenen k. 2. *(jmdm.) die Arme binden, daß er sich nicht bewegen kann:* die Schüler haben ihren Kameraden geknebelt.

kneifen, kniff, hat gekniffen: 1. ⟨tr./itr.⟩ *(jmdm.) die Haut zwischen Daumen und Zeigefinger so drücken, daß es weh tut:* er hat mich gekniffen; er hat mir/ihn in den Arm gekniffen. 2. ⟨itr.⟩ (ugs., abwertend): *sich aus Angst oder Feigheit einer bestimmten Anforderung nicht stellen [und sich heimlich entfernen]:* er hat gekniffen; er hat vor der Gefahr gekniffen.

Kneipe, die; -, -n (ugs.): *[einfache] Gaststätte:* in die K. gehen.

kneten, knetete, hat geknetet ⟨tr.⟩: *eine weiche Masse mit den Händen drückend bearbeiten [und formen]:* eine Figur, den Teig k.

Knick, der; -[e]s, -e: *scharf umgebogene Stelle eines länglichen oder flachen Gegenstandes:* das Papier, der Stab hat einen K.; bildl.: die Straße macht einen K. *(verläuft in eine andere Richtung).*

knicken, knickte, hat geknickt ⟨tr.⟩: *stark biegen, so daß ein Winkel entsteht:* eine Pappe k.; ⟨auch itr.⟩ bitte nicht k. ** geknickt sein (betrübt, niedergeschlagen sein).*

knickrig ⟨Adj.⟩ (ugs.; abwertend): *sehr sparsam, geizig:* er ist sehr k.

Knicks, der; -es, -e: *das Beugen eines Knies beim Begrüßen von älteren oder höhergestellten Personen [von Mädchen]:* sie machte einen K. vor der Lehrerin.

Knie, las; -s, -: **1.** *verbindendes Gelenk zwischen Ober- und Unterschenkel:* das K. beugen; auf die K. fallen. **2.** *gebogenes Stück Rohr:* das Knie am Abfluß. ** **etwas übers K. brechen** *(etwas übereilt erledigen, entscheiden).*

knien, kniete, hat gekniet ⟨itr.⟩: *sich mit einem oder beiden Knien auf dem Boden befinden:* er kniet vor dem Altar.

Kniff, der; -s, -e: **1.** *Falte, Knick:* einen K. in das Papier machen. **2.** *(ugs.) Trick, nicht erlaubtes Vorgehen:* jmds. Kniffe durchschauen.

kniffig ⟨Adj.⟩: *schwierig, kompliziert, nicht so leicht zu erledigen:* eine kniffige Frage stellen.

knipsen, knipste, hat geknipst (ugs.): **1.** ⟨tr.⟩ *lochen [und damit entwerten]:* die Fahrkarten k. **2.** ⟨tr./itr.⟩ *photographieren:* er hat sie geknipst; jetzt kannst du k.

Knirps, der; -es, -e: *kleiner Junge:* er ist noch ein K.

knirschen, knirschte, hat geknirscht ⟨itr.⟩: *durch Reiben ein hartes, helles Geräusch von sich geben:* mit den Zähnen k.; der Sand, der Schnee knirscht.

knistern, knisterte, hat geknistert ⟨itr.⟩: *ein helles, prasselndes Geräusch von sich geben:* mit dem Papier k.; das Holz, Feuer knistert.

knittern, knitterte, hat geknittert ⟨itr.⟩: *nicht glatt bleiben; viele unregelmäßige Falten bilden:* der Stoff knittert.

Knöchel, der; -s, -: *hervorspringender Knochen am Gelenk des Fußes oder Fingers* (siehe Bild).

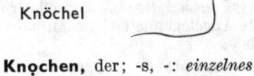

Knöchel

Knochen, der; -s, -: *einzelnes hartes Glied als Teil des Skelettes eines Menschen, Tieres.*

knochig ⟨Adj.; nicht adverbial⟩: *kräftige, deutlich hervortretende Knochen habend:* ein knochiges Gesicht.

Knödel, der; -s, -: *(südd.) Kloß:* aus diesen Kartoffeln machen wir heute Knödel.

Knolle, die; -, -n: *dicke, runde Wurzel einer Pflanze:* die K. der Zwiebel.

Knopf, der; -[e]s, Knöpfe: **1.** *kleines, meist rundes und flaches oder auch einer [halben] Kugel ähnliches Stück an Kleidungsstücken zum Zusammenhalten oder als Schmuck:* der K. ist abgerissen. **2.** *eine an Anlagen und Geräten befindliche Vorrichtung, auf die man drückt, um damit etwas in Gang zu setzen:* sie drückte auf den K., öffnete sich die Tür.

Knorpel, der; -s: *feste, aber im Gegensatz zum Knochen elastische Substanz im menschlichen und tierischen Körper:* die Ohren des Menschen bestehen zum größten Teil aus K.

Knospe, die; -, -n: *Blüte, die sich noch nicht entfaltet hat, noch geschlossen ist.*

knoten, knotete, hat geknotet ⟨tr.⟩: *einen Knoten machen:* das Ende der Schnur k.

Knoten, der; -s, -: **1.** *Stelle, an der mehrere Fäden, Stränge ineinander geschlungen sind:* er machte einen K. in das Taschentuch, um nicht zu vergessen, etwas zu erledigen. **2.** *dicke Stelle; kleine Geschwulst.*

knuffen, knuffte, hat geknufft ⟨tr.⟩ *(ugs.): [heimlich] mit der Faust, dem Ellenbogen stoßen:* du sollst mich nicht dauernd k.

Knülch, der; -s, -e *(ugs.; abwertend): unangenehmer Mensch, Kerl.*

knüllen, knüllte, hat geknüllt ⟨tr.⟩: *zusammenballen, zerknittern:* Stoff, Papier k.

Knüller, der; -s, - *(ugs.): sensationelle Nachricht, Ereignis.*

knüpfen, knüpfte, hat geknüpft ⟨tr.⟩: **1.** *durch das Knoten von Fäden herstellen:* Teppiche, Netze k. **2.** *(mit etwas) verbinden:* Hoffnungen, Erwartungen an etwas k.

Knüppel, der; -s, -: *kurzer, etwas dicker Stock:* jmdn. mit dem K. schlagen. * *(ugs.)* **jmdm. K./einen K. zwischen die Beine werfen** *(jmdm. Schwierigkeiten machen).*

knurren, knurrte, hat geknurrt ⟨itr.⟩: **1.** *einen brummenden, rollenden Laut von sich geben:* der Hund knurrt; ihm knurrte der Magen. **2.** *(ugs.) sich unwillig (über etwas) äußern, sich beklagen:* er knurrte wegen des schlechten Essens.

knusprig ⟨Adj.⟩: *frisch gebacken mit harter, leicht platzender Kruste:* knusprige Brötchen; bildl.: *ein knuspriges (junges, frisches, hübsches) Mädchen.*

Koch, der; -[e]s, Köche: *jmd., der berufsmäßig kocht /Berufsbezeichnung/.*

kochen, kochte, hat gekocht: **1.** ⟨tr./itr.⟩ *warme Speisen, Getränke zubereiten:* das Essen k.; sie kann gut k. **2. a)** ⟨tr.⟩ *bis zum Sieden erhitzen:* Wasser k. **b)** ⟨itr.⟩ *sieden:* das Wasser kocht; bildl.: es kochte in mir *(ich war wütend);* er kocht vor Wut *(er ist wütend).*

Kochlöffel, der; -s, -: *Löffel mit langem Stiel zum Rühren beim Kochen.*

ködern, köderte, hat geködert ⟨tr.⟩ *(ugs.; abwertend): (jmdn. mit Versprechungen o. ä.) für ein Vorhaben, einen Plan gewinnen:* jmdn. mit etwas k.

Koedukation, die; -: *gemeinsame Erziehung von Jungen und Mädchen in der Schule.*

Koexistenz, die; -: *friedliches Nebeneinanderbestehen von Staaten mit entgegengesetztem ideologischem und wirtschaftlichem System und gegensätzlichen politischen Interessen.*

Koffer, der; -s, -: *tragbarer Behälter zum Befördern von Dingen, die man auf der Reise benötigt.* (siehe Bild): die K. packen.

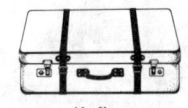

Koffer

Kohl, der; -[e]s (bes. nordd.): *eine bestimmte Art von Gemüse* (siehe Bild).

Kohl

Kohle, die; -, -n: *ein schwarzer oder brauner wie Stein aussehender Brennstoff:* mit Kohlen heizen.

Kohlepapier, das; -s, -e: *einseitig gefärbtes Papier, mit dem man beim Schreiben gleichzeitig einen Durchschlag herstellt.*

Koje, die; -, -n: **1.** *in der Kajüte eines Schiffes eingebautes Bett.*

kokett 212

2. *kleiner, auf einer Seite offener Raum bei Ausstellungen.*

kokett ⟨Adj.⟩: *eitel, selbstgefällig:* ein kokettes Benehmen.

Kolben, der; -s, -: 1. *länglicher Gegenstand [mit einem dickeren Ende] /bes. beim Gewehr/.* 2. *sich auf und ab bewegender Teil im Zylinder eines Motors.*

Kolik [auch: koli:k], die; -, -en: *krampfartiger Schmerz im Bereich von Magen, Darm oder Nieren.*

Kollege, der; -n, -n: *jmd., mit dem man beruflich zusammenarbeitet oder der den gleichen Beruf hat:* wir sind Kollegen.

kollegial ⟨Adj.⟩: *hilfsbereit gegenüber Kollegen; gefällig:* er zeigt sich sehr k.

Kollektion, die; -, -en: *Sammlung von Mustern bestimmter Waren:* auf der Modenschau wurde die neuste K. von Mänteln und Kostümen gezeigt.

kollektiv ⟨Adj.; nicht prädikativ⟩: *gemeinsam, gemeinschaftlich; von einer Gruppe geschaffen.*

Kollision, die; -, -en: *Zusammenstoß.*

Kolonne, die; -, -n: *aus zahlreichen Personen oder Fahrzeugen bestehende längere Reihe* (siehe Bild).

Kolonne

kolossal ⟨Adj.⟩ (ugs.): *übermäßig groß, riesig, gewaltig:* er hatte kolossales Glück.

kombinieren, kombinierte, hat kombiniert ⟨tr./itr.⟩: *[gedanklich] miteinander verbinden:* Farben k.; er hat gut, schnell kombiniert, daß beide Ergebnisse zusammenhängen.

Komfort [kɔmˈfoːr], der; -s: *Bequemlichkeit und Erleichterung bietende, luxuriöse Einrichtung, Ausstattung:* eine Wohnung mit allem K.

Komiker, der; -s, -: *ein mit Possen und lustigen Vorführungen unterhaltender Künstler.*

komisch ⟨Adj.⟩: *seltsam, sonderlich, eigenartig:* ein komischer Mensch; er war so k. zu mir; k., daß ich noch keinen Brief erhielt.

Kommandant, der; -en, -en: *jmd., der eine bestimmte Gruppe von Personen führt und ihnen Befehle erteilt.*

kommandieren, kommandierte, hat kommandiert: **a)** ⟨itr.⟩ *Befehle, Anweisungen erteilen.* **b)** ⟨tr.⟩ *befehligen:* er kommandierte die 3. Armee.

Kommando, das; -s, -s: *Befehl.*

kommen, kam, ist gekommen ⟨itr.⟩: **1. a)** *an etwas gelangen, sich an einem bestimmten Ort begeben:* er kommt morgen früh nach Mannheim. **b)** *sich nähern, eintreffen:* er kam als erster; ein Gewitter kommt. * **hinter etwas k.** *(etwas entdecken, durch Zufall erfahren):* er kam hinter das Geheimnis. **2.** *von etwas herrühren, stammen:* woher kommt das viele Geld?; sein Gewicht kommt vom vielen Essen. **3.** ⟨als Funktionsverb⟩ *in eine bestimmte Lage, einen bestimmten Zustand geraten:* in Not, Verlegenheit k.; in Gang, Fahrt k.; zum Einsatz k. *(eingesetzt werden);* in Gefahr k. *(gefährdet werden).* ** **zu sich k.** *(nach einer Ohnmacht o. ä. das Bewußtsein wieder erlangen).*

Kommentar, der; -s, -e: *Erklärung, die zu einem Text, Ereignis o. ä. gegeben wird:* sich jeden Kommentars enthalten; einen K. abgeben.

kommentieren, kommentierte, hat kommentiert ⟨tr.⟩: *eine Erklärung zu etwas geben:* er hat das Geschehen im Saal kommentiert.

Kommiß, der; Komisses (ugs.): *Militär.*

Kommission, die; -, -en: *Ausschuß, der mit einer bestimmten Aufgabe betraut ist.*

kommunal ⟨Adj.⟩: *die Kommune, Gemeinde betreffend, zur Kommune gehörend:* kommunale Einrichtungen.

Kommune, die; -, -n: *Verwaltung eines Ortes, Gemeinde als politische Gemeinschaft.*

Kommunion, die; -, -en: *Feier, Empfang des Abendmahls in der katholischen Kirche:* zur K. gehen.

Kommuniqué [kɔmyniˈkeː], das; -s, -s: *[amtliche] Mitteilung über Vorgänge, an denen die Öffentlichkeit nicht teilnehmen*

kann, aber an denen sie interessiert ist: ein K. herausgeben.

Kommunismus, der; -: *gegen den Kapitalismus gerichtetes System mit sozialistischen Zielen in Wirtschaft und Gesellschaft.*

Komödie, die; -, -n: *Lustspiel* /Ggs. Tragödie/.

kompakt ⟨Adj.⟩: *eng, dicht zusammen, massiv, fest gefügt.*

Kompaß, der; Kompasses, Kompasse: *Gerät zur Bestimmung der Himmelsrichtung.*

kompetent ⟨Adj.; nicht adverbial⟩: *zuständig:* an kompetenter Stelle nach etwas fragen; jmd. ist für etwas k.

komplett ⟨Adj.; nicht adverbial⟩⟩: *vollständig, mit allen dazugehörenden Teilen, Stücken:* eine komplette Ausstattung; die Einrichtung ist k.

Komplex, der; -es, -e: **1.** *Gruppe, Bereich, Gebiet:* ein K. von Häusern; ein K. von Fragen; dieser ganze K. wird bebaut. **2.** *seelisch bedrückende negative Vorstellung in bezug auf die eigene Person:* an Komplexen leiden; Komplexe haben.

Komplice, der; -n, -n: *jmd., der einem anderen bei kriminellen Taten hilft.*

Komplikation, die; -, -en: *Schwierigkeit, Verwicklung:* es hat Komplikationen gegeben; der Patient kann bald aus dem Krankenhaus entlassen werden, wenn keine Komplikationen eintreten *(wenn keine plötzlichen Veränderungen den Prozeß der Heilung stören).*

Kompliment, das; -[e]s, -e: *lobende, schmeichelhafte Äußerung, die man an jmdn. richtet:* jmdm. Komplimente machen; ein unverbindliches K.; mein K.! *(meine Bewunderung!).*

kompliziert ⟨Adj.⟩: *schwierig, verwickelt:* eine komplizierte Angelegenheit; diese Aufgabe ist k.

komponieren, komponierte, hat komponiert ⟨tr.⟩: *ein Musikstück schaffen, verfassen:* eine Sonate k.

Komponist, der; -en, -en: *jmd., der musikalische Werke verfaßt.*

Kompost, der; -es, -e: *Gemisch aus pflanzlichen oder tierischen Abfällen, das als Dünger verwendet wird.*

Kompott, das; -[e]s, -e: *mit Zucker gekochtes Obst, das zu* bestimmten Speisen oder als Nachtisch gegessen wird.

komprimiert ⟨Adj.⟩: *zusammengedrängt und nur das Wesentliche enthaltend:* eine komprimierte Darstellung eines bestimmten Themas.

Kompromiß, der; Kompromisses, Kompromisse: *Übereinkunft; Einigung durch gegenseitige Zugeständnisse:* einen K. schließen, eingehen.

kompromittieren, kompromittierte, hat kompromittiert ⟨tr.⟩: *durch eine Äußerung oder ein Verhalten dem Ansehen einer Person schaden:* mit seiner Äußerung kompromittierte er die Frau seines Freundes; ⟨auch rfl.⟩ *mit diesem Verhalten hat er sich kompromittiert.*

Kondition, die; -: *körperlich-seelische Verfassung eines Menschen als Voraussetzung für eine Leistung:* der Sportler hat eine gute K.

Konditorei, die; -, -en: *Geschäft, in dem feines Gebäck und Süßigkeiten hergestellt und verkauft werden und in dem man meist auch Kaffee trinken kann.*

kondolieren, kondolierte, hat kondoliert ⟨itr.⟩: *jmdm. zum Tod eines nahen Verwandten sein Beileid aussprechen:* er hat ihm zum Tode seines Vaters kondoliert.

Konferenz, die; -, -en: *Zusammenkunft mehrerer Personen, um etwas zu beraten [und zu beschließen]:* eine K. einberufen; an einer K. teilnehmen.

Konfession, die; -, -en: *bestimmtes religiöses [christliches] Bekenntnis.*

Konfirmation, die; -, -en: *Feier der Aufnahme eines Jugendlichen in die kirchliche Gemeinschaft und Zulassung zum Abendmahl in der evangelischen Kirche.*

konfirmieren, konfirmierte, hat konfirmiert ⟨tr.⟩: *in die kirchliche Gemeinschaft der evangelischen Kirche aufnehmen und zum Abendmahl zulassen.*

Konfitüre, die; -, -n: *Marmelade, die noch ganze Stücke des Obstes enthält.*

Konflikt, der; -[e]s, -e: **a)** *Auseinandersetzung, Streit:* einen K. diplomatisch lösen. **b)** *[innerer] Widerstreit, Zwiespalt:* ich bin in einem K. *** in K. mit etwas geraten** *(bei einer Tätigkeit o. ä.*

gegen etwas verstoßen): er geriet mit dem Gesetz in K.

konform ⟨in der Fügung⟩ **k. gehen**: *übereinstimmen:* in dieser Sache gehen wir k.

konfrontieren, konfrontierte, hat konfrontiert ⟨tr.⟩: **a)** *(jmdn. einem anderen) gegenüberstellen, um einen Sachverhalt aufzuklären:* er wird ihn [mit] den Dieb k. **b)** *(jmdn.) in eine Lage bringen, die ihn zwingt, sich mit etwas Unangenehmem auseinanderzusetzen:* er hatte ihn [mit] den schwierigen Verhältnissen konfrontiert.

konfus ⟨Adj.⟩: **a)** *verworren:* eine konfuse Angelegenheit. **b)** *verwirrt:* er ist ganz k. durch die vielen Fragen.

Kongreß, der; Kongresses, Kongresse: *meist größere Versammlung, bei der über bestimmte Themen gesprochen, beraten wird; Tagung.*

König, der; -s, -e: **1.** *oberster Herrscher in einer bestimmten Staatsform:* jmdn. zum K. krönen. **2. a)** *eine Figur beim Schachspiel* (siehe Bild). **b)** *eine Figur beim Kegelspiel* (siehe Bild). **c)** *eine Figur beim Kartenspiel* (siehe Bild). **Königin**, die; -, -nen.

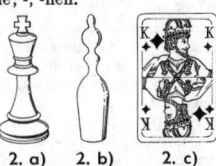

2. a)   2. b)   2. c)
König

königlich ⟨Adj.⟩: **a)** *den König, das Amt des Königs betreffend, dem König gehörend, von ihm stammend:* das königliche Schloß. **b)** *wertvoll, großartig:* königliche Geschenke. **c)** ⟨in Verbindung mit Verben⟩ (ugs.) *sehr, ganz besonders:* wir haben uns k. gefreut.

konjugieren, konjugierte, hat konjugiert ⟨tr.⟩: *ein Verb entsprechend seiner Verwendung im Satz abwandeln.*

Konjunktur, die; -: *gesamte wirtschaftliche Lage mit bestimmter Entwicklungstendenz.*

konkret ⟨Adj.⟩: **a)** *wirklich [vorhanden], greifbar:* dieses Haus ist für mich konkretes Kapital. **b)** *fest umrissen, anschaulich* /Ggs. abstrakt/: eine konkrete Vorstellung haben;

konkrete Angaben, Vorschläge machen; eine konkrete Antwort geben *(mit der man etwas anfangen kann).*

Konkurrent, der; -en, -en: *jmd., der mit einem anderen in [wirtschaftlichem oder sportlichem] Wettstreit steht; Mitbewerber, Rivale.*

Konkurrenz, die; -: **a)** *Wettbewerb:* eine deutsche Firma hat in scharfer K. gegen ausländische Firmen den Auftrag erhalten; außer K. teilnehmen, starten *(teilnehmen, starten, ohne offiziell gewertet und anerkannt zu werden).* *** jmdm. K. machen** *(jmds. Konkurrent sein und dem anderen Abbruch tun).* **b)** *ein Konkurrent oder alle Konkurrenten:* die K. verkauft billiger; zur K. gehen. *** ohne K. sein** *(einzigartig sein).*

Konkurs, der; -es, -e: *wirtschaftlicher Zusammenbruch einer Firma:* den K. abwenden; in K. gehen, geraten.

können, konnte, hat gekonnt/ (nach vorangehendem Infinitiv) hat... können ⟨itr⟩ /vgl. gekonnt/ **1. a)** *fähig, in der Lage sein:* er kann schnell laufen. **b)** *(eine Sprache o. ä.) beherrschen:* ich kann Russisch. **2.** *die Möglichkeit haben (zu etwas):* du kannst morgen mitfahren; etwas günstig kaufen k. **3.** *möglich sein:* in scharfen Kurven kann das Auto ins Schleudern kommen; Wasser kann nicht in den Keller eindringen. **4.** *dürfen, Erlaubnis haben:* morgen kannst du wieder ins Kino gehen.

konsequent ⟨Adj.⟩: *folgerichtig, beharrlich, zielstrebig:* die Untersuchungen k. zu Ende führen.

Konsequenz, die; -, -en: **1.** *sich ergebende Folge aus einer Handlung o. ä.; Ergebnis:* die Konsequenzen tragen müssen, ziehen. **2.** ⟨ohne Plural⟩ *Zielstrebigkeit:* mit letzter K. arbeiten.

konservativ ⟨Adj.⟩: *in Gewohnheiten, Anschauungen am Hergebrachten, Überlieferten festhaltend:* eine konservative Partei; er ist sehr k.

Konserve, die; -, -n: *durch Sterilisieren in Dosen oder Gläsern haltbar gemachtes Nahrungs- oder Genußmittel.*

konservieren, konservierte, hat konserviert ⟨tr.⟩: *[für län-*

gere Zeit] haltbar machen: Gemüse, Fleisch k.

konstant ⟨Adj.⟩: *unveränderlich; ständig gleichbleibend; beharrlich:* ein konstanter Wert.

konstatieren, konstatierte, hat konstatiert ⟨tr.⟩: *[einen bestimmten Tatbestand] feststellen:* mit Befriedigung konstatierte er die Bereitschaft der Partner zu Verhandlungen.

konstruieren, konstruierte, hat konstruiert ⟨tr.⟩: 1. *entwerfen:* ein Flugzeug k.; bildl.: einen Fall k., an dem man etwas deutlich macht. 2. *bauen, zusammenfügen:* eine Brücke nach neuesten technischen Erkenntnissen k.

konsultieren, konsultierte, hat konsultiert ⟨tr.⟩: *um ein fachliches Urteil bitten:* einen Arzt k.

Konsum, der; -s: *Verbrauch, Verzehr:* der K. von Zigaretten ist sehr groß.

Kontakt, der; -[e]s, -e: *Verbindung:* persönliche, diplomatische Kontakte; Kontakte herstellen, knüpfen; mit jmdm. in K. bleiben.

Kontaktschale, die; -, -n: *Glas, das unmittelbar auf das Auge gesetzt und an Stelle einer Brille getragen wird.*

kontern, konterte, hat gekontert ⟨itr.⟩: a) *den Gegner im Angriff abfangen, ihn durch einen schnellen Gegenschlag aus der Verteidigung überraschen* /besonders beim Boxen/. b) *scharf auf einen Angriff antworten:* der Politiker konterte sehr geschickt.

Kontinent [auch:... nɛnt], der; -s, -e: *großes zusammenhängendes Land; Erdteil:* die fünf Kontinente.

Kontingent, das; -s, -e: *vorgesehene Menge (von Waren o. ä.):* die Kontingente für den Import von Waren erhöhen.

kontinuierlich ⟨Adj.⟩: *[ohne Veränderung, Bruch] fortdauernd, weiterbestehend:* eine kontinuierliche Entwicklung; Forschungen k. betreiben.

Konto, das; -s, Konten: *Gegenüberstellung von geschäftlichen Vorgängen, besonders von Einnahmen und Ausgaben:* ein K. bei der Bank eröffnen, einrichten; Geld auf das K. überweisen. * *etwas geht auf jmds. K.* (jmd. ist für etwas verantwortlich).

konträr ⟨Adj.⟩: *entgegengesetzt, gegensätzlich:* er vertrat konträre Ansichten.

Kontrast, der; -es, -e: *[starker] Gegensatz, auffallender Unterschied:* die Farben bilden einen auffallenden K.

Kontrolle, die; -, -n: 1. *Überprüfung, Nachprüfung:* eine genaue, scharfe K.; die Kontrollen an der Grenze sind verschärft worden. 2. ⟨ohne Plural⟩ *Beherrschung, Gewalt:* er hat die K. über das Auto verloren. * *etwas unter K. bringen (Herr werden über eine Gefahr):* der Brand wurde nach drei Stunden unter K. gebracht.

kontrollieren, kontrollierte, hat kontrolliert ⟨tr.⟩: 1. *nachprüfen, untersuchen, überprüfen, überwachen:* die Qualität k.; beim Zoll wird [das Gepäck] scharf kontrolliert; der Pilot kontrollierte seine Instrumente; Düsenjäger kontrollieren den Luftraum. 2. *beherrschen:* der Konzern kontrolliert mit seiner Produktion den europäischen Markt.

Kontroverse, die; -, -n: *heftige Auseinandersetzung, Streit:* es kam mit jmdm. eine K. haben; es kam zu einer K.

konventionell ⟨Adj.⟩: *von herkömmlicher Art, dem Brauch entsprechend:* eine konventionelle Konstruktion; er ist k. gekleidet.

konvergieren, konvergierte, hat konvergiert ⟨itr.⟩: *sich nahekommen (in der Anschauung o. ä.); sich fast gleichen:* ihre Ansichten konvergieren in mehreren Punkten.

Konversation, die; -, -en: *geselliges, zwangloses Gespräch; Plauderei:* eine [lebhafte] K. führen.

konvertieren, konvertierte, hat/ist konvertiert ⟨itr.⟩: *sich einer anderen Konfession anschließen:* er hat konvertiert; er ist zur katholischen Kirche konvertiert.

Konvoi [kɔn'vɔy], der; -s, -s: *Verband von transportierenden Schiffen oder [militärischen] Fahrzeugen unter das zu ihrem Schutz begleitenden Fahrzeuge.*

Konzentration, die; -, -en: 1. *das Zusammenlegen, Zusammenballen, Vereinigen [wirtschaftlicher oder militärischer Kräfte] an einem Punkt, in einer Hand:* die K. der Industrie, der Presse. 2. *geistige Anspannung, höchste Aufmerksamkeit:* er arbeitet mit großer K.

konzentrieren, konzentrierte, hat konzentriert /vgl. konzentriert/: 1. ⟨tr.⟩ *zusammenballen, zusammenlegen, vereinigen [wirtschaftlicher oder militärischer Kräfte, Abteilungen] an einem Punkt, in einer Hand:* Truppen k. 2. ⟨rfl.⟩ *seine Gedanken, seine Aufmerksamkeit auf etwas richten:* ich muß mich bei der Arbeit k.

konzentriert ⟨Adj.⟩: *in einem Lösungsmittel in großer Menge vorhanden:* konzentrierte Schwefelsäure; die Lösung ist stark k.

Konzept, das; -s, -e: *knapp gefaßter Entwurf, erste Fassung einer Rede oder einer Schrift:* ein K. ausarbeiten. * *jmdm. das K. verderben (jmds. Plan durchkreuzen); jmdn. aus dem K. bringen (jmdn. verwirren).*

Konzern, der; -s, -e: *Zusammenschluß zweier oder mehrerer selbständiger Firmen gleicher, ähnlicher Produktion oder sich ergänzender Produktion.*

Konzert, das; -[e]s, -e: *Aufführung meist ernster Musik.*

Konzession, die; -, -en: a) *Genehmigung einer Behörde für eine gewerbliche Tätigkeit:* die K. für die Eröffnung eines Restaurants erteilen, entziehen. b) ⟨Plural⟩ *Zugeständnisse:* zu Konzessionen bereit sein. * *[keine] Konzessionen machen (den Forderungen eines anderen [nicht] entgegenkommen).*

Konzil, das; -s, -e: *Versammlung von höhergestellten katholischen Geistlichen.*

Kopf, der; -[e]s, Köpfe: *auf dem Hals sitzender Teil des menschlichen oder tierischen Körpers:* den K. neigen. * *ein kluger K. (ein intelligenter Mensch); sich den K. zerbrechen (über etwas intensiv nachdenken);* (ugs.) *[nicht] den K. hängenlassen ([nicht] mutlos werden);* (ugs.) *für etwas/jmdn. den K. hinhalten [müssen] (für das Verhalten eines anderen einstehen [müssen]);* (ugs.) *etwas auf den K. stellen (etwas in Unordnung bringen);* (ugs.) *sich (Dativ) etwas durch den K. gehen lassen (sich etwas überlegen);* (ugs.) *mit dem K. durch die Wand wollen (Unmögliches erreichen, durchsetzen* *wollen);* (ugs.) **Hals über K.** *(überstürzt, in aller Eile).*

Kopfbedeckung, die; -, -en: *Teil der Kleidung, die auf dem Kopf getragen wird.*

Kopfende, das; -s: *die Seite des Bettes, an der der Kopf des im Bett liegenden Menschen ruht:* am K. des Bettes eine Lampe anbringen.

kopflos ⟨Adj.⟩: *völlig verwirrt; ohne Überlegung:* er rannte·k. aus dem Zimmer, als er die Nachricht von dem Unfall hörte.

kopfscheu: ⟨in der Fügung⟩ jmdn. k. machen: *jmdn. unsicher machen:* laß dich durch diese Gerüchte nicht k. machen.

kopfstehen, stand kopf, hat kopfgestanden ⟨itr.⟩: *völlig durcheinander sein, außer sich sein; sehr verwirrt sein:* als sie die Nachricht von ihrer Heirat erhielten, standen die Eltern kopf.

Kopie, die; -, -n: **a)** *Abschrift, Wiedergabe eines im Original vorliegenden Textes:* die K. einer Urkunde. **b)** *Nachbildung eines Kunstwerks durch einen anderen Künstler:* die schlechte K. eines Gemäldes.

Korb, der; -[e]s, Körbe: *geflochtener Behälter* (siehe Bild): der K. war voll Äpfel. * **jmdn. einen K. geben** *(einen männ-*

Korb

Bewerber abweisen): er hat sie zum Tanz auffordern wollen, sie hat ihm aber einen K. gegeben; **einen K. bekommen** *(abgewiesen werden).*

Korbball, der; -[e]s: *Spiel, bei dem der Ball in einen in bestimmter Höhe hängenden Korb zu werfen ist.*

Kordel, die; -, -n (bes. südd.): *Bindfaden.*

Kork, der; -s: *Rinde der Korkeiche.*

Korken, der; -s, -: *Verschluß aus Kork für Flaschen.*

Korn: I. das; -[e]s, Körner: **a)** *Frucht, Samen einer Pflanze.* **b)** ⟨ohne Plural⟩ *Getreide:* das K. mahlen. **II.** der; -[e]s: *Schnaps:* K. trinken. **III.** das; -[e]s: *Teil der Vorrichtung zum Zielen beim Gewehr.* * **jmdn. aufs K. nehmen** *(jmdn. scharf beobachten).*

körnig ⟨Adj.⟩: *in Form kleiner Körner, aus Körnern bestehend:* körniger Sand.

Körper, der; -s, -: **1.** *Leib [eines Lebewesens]:* er fror am ganzen K. **2.** *begrenzter Teil des Raumes:* die Oberfläche eines Körpers berechnen.

körperlich ⟨Adj.; nicht prädikativ⟩: *auf den Körper bezogen, ihn betreffend:* körperliche Anstrengung; sie muß k. viel leisten.

Körperschaft, die; -, -en: *nach einer bestimmten Form organisierte und juristisch anerkannte Vereinigung von Personen, die einen bestimmten Zweck verfolgt.*

korpulent ⟨Adj.⟩: *dick, zur körperlichen Fülle neigend:* sie ist ziemlich k.

korrekt ⟨Adj.⟩: *ohne Fehler, dem Sachverhalt, den Vorschriften entsprechend:* die Übersetzung ist k.; ein korrektes Benehmen.

Korrektur, die; -, -en: *Verbesserung, Berichtigung eines Fehlers in einem geschriebenen oder gedruckten Text.*

Korrespondent, der; -en, -en: *jmd., der als fester Mitarbeiter für eine oder mehrere Zeitungen oder Zeitschriften, für Rundfunk oder Fernsehen ständig von einem bestimmten Ort oder Land aus berichtet.*

Korrepondenz, die; -, -en: *Briefwechsel.*

korrespondieren, korrespondierte, hat korrespondiert ⟨itr.⟩: *in Briefwechsel stehen:* ich korrespondiere mit ihm.

korrigieren, korrigierte, hat korrigiert ⟨tr.⟩: *verbessern, von Fehlern freimachen:* einen Text k.

Korruption, die; -, -en: *Bestechung.*

Korso, der; -s, -s: *festlicher Umzug mit [blumen]geschmückten Wagen.*

koscher: ⟨in der Fügung⟩ etwas ist nicht [ganz] k.: *etwas ist nicht [ganz] in Ordnung, sieht verdächtig aus.*

Kosmetik, die; -: *der Schönheit dienende Behandlung des menschlichen Körpers, besonders des Gesichtes mit bestimmten Mitteln.*

kosmetisch ⟨Adj.⟩: *die Kosmetik betreffend:* ein kosmetisches Mittel.

Kosmonaut, der; -en, -en: *[sowjetischer] Astronaut.*

Kosmos, der; -: *Weltraum, Weltall.*

Kost, die; -: *Ernährung, Verpflegung, Nahrung:* einfache, gesunde K.

kostbar ⟨Adj.⟩: **1.** *von guter Qualität, aus teurem Material [hergestellt]:* kostbarer Schmuck. **2.** *wertvoll:* die Zeit ist k. *(man muß sie gut ausnützen).* **Kostbarkeit,** die; -, -en.

kosten, kostete, hat gekostet: **I.** ⟨tr.⟩ *den Geschmack [von Speisen oder Getränken] feststellen; probieren:* er kostete die Soße. **II.** ⟨itr.⟩ *einen Preis haben (von):* das Buch kostet 10 Mark; das Haus hat mich 100 000 Mark gekostet *(für das Haus mußte ich 100 000 Mark bezahlen);* ⟨häufig mit doppeltem Akkusativ⟩: etwas kostet jmdn. *(etwas fordert, verlangt von jmdm.)* Arbeit, Mühe, Schweiß, Überwindung; etwas kostet jmdn. den Hals, den Kopf, den Kragen *(seine ganze Existenz);* etwas kostet jmdn. zwei oder mehrere Tage *(etwas nimmt jmds. Zeit für zwei oder mehrere Tage in Anspruch);* etwas kostet jmdn. ein Vermögen *(etwas ist für jmdn. sehr teuer);* das kostet mich nicht die Welt *(das ist für mich nicht sehr teuer);* etwas kostet mich nur ein Wort, ein Lächeln *(etwas bedarf nur eines Wortes, eines Lächelns).*

Kosten, die ⟨Plural⟩: *Ausgaben, die für die Ausführung einer Arbeit o. ä. entstehen:* die K. für den Bau des Hauses waren hoch; die K. ersetzen. * **auf seine K. kommen** *(zufriedengestellt werden).*

Kostenanschlag, der; -s, Kostenanschläge: *Kostenvoranschlag.*

kostenlos ⟨Adj.⟩: *keine Kosten verursachend:* eine kostenlose Untersuchung.

Kostenvoranschlag, der; -s, Kostenvoranschläge: *Berechnung der Kosten, die beim Verwirklichen einer geplanten Sache entstehen werden:* er ließ sich einen K. für die Renovierung seines Hauses machen.

köstlich ⟨Adj.⟩: **1.** *gut schmeckend, ausgezeichnet:* eine köstliche Speise. **2.** *heiter, entzückend, amüsant:* eine köstliche Geschichte.

kostspielig ⟨Adj.⟩: *mit hohen Kosten verbunden; teuer:* ein kostspieliger Prozeß.

Kostüm, das; -s, -e: 1. *aus Rock und Jacke bestehendes Kleidungsstück für Damen.* 2. *Verkleidung, Maskenanzug; Bühnenkleidung:* er trug auf dem Maskenball ein auffallend schönes K.

Kot, der; -[e]s: *Ausscheidung aus dem Darm; Schmutz.*

Kotelett, das; -s, -s: *Stück Fleisch von den Rippen von Kalb, Schwein oder Hammel.*

Koteletten, die ⟨Plural⟩: *Streifen von Haaren an beiden Seiten des Gesichts neben den Ohren* (siehe Bild).

Koteletten

Köter, der; -s, - (abwertend): *Hund.*

Kotflügel, der; -s, -: *Blech über den Rädern an Fahrzeugen, das gegen Schmutz beim Fahren schützen soll.*

kotzen, kotzte, hat gekotzt ⟨itr.⟩ (vulgär): *sich übergeben, erbrechen.*

krabbeln, krabbelte, ist/hat gekrabbelt ⟨itr.⟩: I. *sich kriechend fortbewegen:* ein Käfer ist/hat an der Wand gekrabbelt; das Kind ist auf dem Teppich gekrabbelt. II. (ugs.) *unangenehm kitzeln, jucken:* das Kleid hat mich gekrabbelt.

Krach, der; -s, Kräche: 1. ⟨ohne Plural⟩ a) *Lärm; sehr lautes, unangenehmes Geräusch:* die Maschine macht viel K. b) *Knall:* mit furchtbarem K. stürzte das Haus ein. 2. *[lauter] Streit:* in der Familie ist ständig K.

krachen, krachte, hat gekracht ⟨itr.⟩: *einen lauten Knall von sich geben:* der Stuhl kracht; ein Schuß krachte *(wurde abgefeuert).*

krächzen, krächzte, hat gekrächzt ⟨itr.⟩: *heiser klingende Laute von sich geben:* der Rabe krächzt.

kraft ⟨Präp. mit Gen.⟩ *auf Grund:* er veranlaßte dies k. seines Amtes.

Kraft, die; -, Kräfte: 1. *körperliche Stärke, Fähigkeit:* der Junge hat viel, große K.; er ist wieder zu Kräften gekommen *(er ist wieder stark und gesund geworden).* 2. *in bestimmter Weise wirkende Gewalt, Macht:* die Kräfte der Natur; die K. der Wahrheit. 3. *Arbeitskraft, Mitarbeiter:* wir brauchen noch eine neue K. ** **in K. treten/sein** *(gültig werden/sein):* das Gesetz tritt/ist in K.; **außer K. sein** *(ungültig sein):* das Gesetz ist außer K.

Kraftfahrer, der; -s, -: *jmd., der einen Kraftwagen fährt.*

Kraftfahrzeug, das; -s, -e (Abk.: Kfz): *durch einen Motor angetriebenes Fahrzeug.*

kräftig ⟨Adj.⟩: 1. a) *Kraft habend, stark:* ein kräftiges Kind; ein kräftiger Stoff; eine kräftige *(nahrhafte)* Suppe. b) *derb:* eine kräftige Sprache; ein kräftiger Ausdruck. 2. *sehr, heftig, intensiv:* er hat k. zugeschlagen.

kraftlos ⟨Adj.⟩: *wenig Kraft habend, entkräftet:* ganz k. fiel er in den Sessel; eine kraftlose *(wenig nahrhafte)* Suppe.

kraftvoll ⟨Adj.⟩: *viel Kraft habend:* ein kraftvoller Sprung.

Kraftwagen, der; -s, -: *Auto.*

Kragen, der; -s, -: *am Hals befindlicher Teil eines Kleidungsstücks:* der K. am Hemd; den K. des Mantels hochschlagen. ** **etwas kostet jmdn. Kopf und K.** *(jmd. muß etwas mit dem Leben bezahlen);* **es geht jmdm. an den K.** *(jmd. wird für etwas zur Verantwortung gezogen):* er hat Geld unterschlagen und nun geht es ihm an den K.

krähen, krähte, hat gekräht ⟨itr.⟩: *mit heller, lauter, rauher Stimme schreien:* der Hahn kräht. * (ugs.) **nach etwas/jmdm. kräht kein Hahn** *(um etwas/jmdn. kümmert sich kein Mensch).*

krakeelen, krakeelte, hat krakeelt ⟨itr.⟩ (abwertend): *sich laut benehmen, schreien.*

Kralle, die; -, -n: *aus Horn bestehender spitzer Teil an den Zehen bestimmter Tiere:* die Katze hat scharfe Krallen.

Kram, der; -s (abwertend): *unnützes Zeug, wertlose kleine Gegenstände:* es befindet sich viel K. im Keller. * (ugs.) **etwas paßt jmdm. nicht in den K.** *(etwas gefällt jmdm. nicht, paßt nicht in seine Pläne).*

kramen, kramte, hat gekramt ⟨itr.⟩: *zwischen (durcheinanderliegenden) Gegenständen (etwas) suchen:* in allen Schubladen nach Bildern k.

Krampf, der; -[e]s, Krämpfe: *plötzliches, schmerzhaftes Sichzusammenziehen der Muskeln:* er hat einen K. in der Wade.

krampfhaft ⟨Adj.⟩: *sich mit letzter Kraft, verbissen zur Wehr setzend:* er machte krampfhafte Anstrengungen, seine Stellung zu halten.

Kran, der; -[e]s, Kräne/(auch:) Krane: *fahr- und drehbares Gestell zum Heben und Versetzen schwerer oder sperriger Dinge* (siehe Bild).

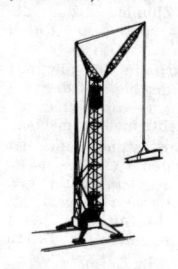

Kran

krank ⟨Adj.⟩: *eine Krankheit habend; nicht gesund:* er ist [schwer] k.

kränkeln, kränkelte, hat gekränkelt ⟨itr.⟩: *schwach und nicht ganz gesund sein.*

kranken, krankte, hat gekrankt ⟨itr.⟩: *leiden an etwas, was sich als Mangel, Nachteil erweist:* die Firma krankt an der schlechten Organisation; das Projekt krankt daran, daß der Urheber kein Vermögen hat.

kränken, kränkte, hat gekränkt ⟨tr.⟩: *(jmdn.) seelisch verletzen; beleidigen:* diese Bemerkung hatte ihn sehr gekränkt.

Krankenhaus, das; -es, Krankenhäuser: *Gebäude, in dem Kranke behandelt werden:* der Kranke wurde ins/im K. aufgenommen.

Krankenkasse, die; -, -n: *Institution, bei der man sich gegen die Kosten, die durch eine Krankheit entstehen, versichert.*

Krankenschwester, die; -, -n: *weibliche Person, die in der Pflege von Kranken ausgebildet ist* /Berufsbezeichnung/.

Krankenwagen, der; -s, -: *zum Transport von Kranken oder Verletzten gebautes Auto.*

krankfeiern, feierte krank, hat krankgefeiert ⟨itr.⟩ (ugs.): *wegen angeblicher Krankheit nicht arbeiten.*

krankhaft ⟨Adj.⟩: *übertrieben, nicht mehr normal:* ein krankhafter Ehrgeiz; diese übertriebene Sparsamkeit ist schon k.

Krankheit, die; -, -en: **1.** *Störung der normalen Funktion eines Organs oder Körperteils; Leiden:* eine ansteckende K.; an einer K. leiden. **2.** ⟨ohne Plural⟩ *Zustand des Krankseins:* während meiner K. hat mich mein Freund oft besucht.

Krankheitserreger, der; -s, -: *etwas, was Krankheiten verursacht (Bakterien, Viren o. ä.).*

kränklich ⟨Adj.⟩: *körperlich nicht richtig gesund, etwas leidend; anfällig:* sie ist alt und k.; in kränkliches Aussehen haben.

Kranz, der; -es, Kränze: *Blumen o. ä., die in Form eines Kreises geflochten sind* (siehe Bild): auf dem Grab lagen viele Kränze.

Kranz

Kränzchen, das; -s, -: **1.** *[regelmäßige] Zusammenkunft von Damen zum Kaffee am Nachmittag.* **2.** *Veranstaltung mit Tanz in kleinem Kreis; kleiner Ball.*

Krapfen, der; -s, - (bes. südd.): *süßes in Fett hergestelltes Gebäck in Form einer Kugel.*

kraß, krasser, krasseste ⟨Adj.⟩: *schroff, sehr stark, extrem:* seine Handlungen stehen in krassem Gegensatz zu seinen Worten; er ist ein krasser Außenseiter.

Krater, der; -s, -: *tiefe Öffnung in Form eines Trichters in einem Vulkan.*

kratzbürstig ⟨Adj.⟩ (abwertend): *widerspenstig, spröde:* ein kratzbürstiges Mädchen.

kratzen, kratzte, hat gekratzt: **a)** ⟨tr.⟩ *mit etwas Scharfem oder Spitzem Spuren auf etwas hinterlassen:* die Katze hat mich gekratzt; Buchstaben in die Wand k. **b)** ⟨itr.⟩ *schaben, scharren:* der Hund kratzte an der Tür, weil er herein wollte. **c)** ⟨rfl.⟩ *sich wegen eines Juckreizes mit den Fingerspitzen reiben:* ich kratzte mich am Kopf. **d)** ⟨itr.⟩ *ein Jucken auf der Haut verursachen:* der Stoff des Kleides kratzt [mich].

Kratzer, der; -s, -: *vertiefte Linie, die durch einen scharfen Gegenstand unabsichtlich auf etwas entstanden ist; Schramme.*

kraulen, kraulte, hat gekrault: **I.** ⟨tr.⟩ *mit gekrümmten Fingern zärtlich in den Haaren kratzen:* einen Hund am Hals k. **II.** ⟨itr.⟩ *schnell schwimmen, indem man die Arme kreisförmig von hinten über den Kopf nach vorn bewegt, während sich die gestreckten Beine leicht und abwechselnd auf- und abwärts bewegen:* er kann gut k.

kraus ⟨Adj.⟩: **a)** *mehrfach gekrümmt, gebogen; nicht glatt:* er hat krauses Haar. **b)** *faltig:* er machte bei dieser Antwort eine krause Stirn. **c)** *verworren, undurchsichtig:* er hat nur krause Ideen.

kräuseln, sich; kräuselte sich, hat sich gekräuselt: *sich in viele kleine Locken, Falten, Wellen legend:* die Haare, die Fäden kräuseln sich.

Kraut, das; -[e]s, Kräuter: **1.** *Pflanze, die zum Heilen oder Würzen verwendet wird:* ein Tee aus Kräutern. **2.** ⟨ohne Plural⟩ **a)** *Blätter an Rüben, Kohl usw., die als wertlos entfernt werden.* **b)** (bes. südd.) *Kohl.*

Krawall, der; -s, -e: **a)** *Streit, Aufruhr:* auf den Straßen kam es zu Demonstrationen und Krawallen. **b)** ⟨ohne Plural⟩ (ugs.) *Lärm, Krach:* mach doch nicht so einen K.

Krawatte, die; -, -n: /Teil der Kleidung von Männern/ (siehe Bild).

Krawatte

kraxeln, kraxelte, ist gekraxelt ⟨itr.⟩ (ugs.): *[mühsam] klettern:* bei der Wanderung müssen wir an einigen Stellen etwas k.

Kreatur, die; -, -en: **1.** *Lebewesen, Geschöpf:* jede K. sehnt sich bei dieser Hitze nach Regen. **2.** (abwertend) *Mensch, den man verachtet:* er ist eine elende K.

Krebs, der; -es, -e: **1.** *kleines, sich kriechend fortbewegendes Tier mit Panzer* (siehe Bild). **2.** ⟨ohne Plural⟩ *gefährliche Geschwulst im Gewebe menschlicher oder tierischer Organe:* sie starb an K.

Kredit, der; -s, -e: *für eine bestimmte Zeit zur Verfügung gestellter Betrag an Geld:* er brauchte einen K., um ein Haus bauen zu können.

Kreide, die; -: *aus Kalk bestehendes längliches Stück, das zum Schreiben [auf einer Tafel] verwendet wird:* der Lehrer hat das Wort mit K. an die Tafel geschrieben. ** bei jmdm. in der K. sein/stehen *(bei jmdm. Schulden haben).*

kreieren, kreierte, hat kreiert ⟨tr.⟩: *schöpferisch entwerfen, entwickeln:* eine neue Mode, ein neues Modell k.

Kreis, der; -es, -e: **1.** /eine geometrische Figur/ (siehe Bild).

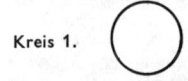

Kreis 1.

2. *den Gemeinden übergeordneter Verwaltungsbezirk.* **3.** *Gruppe von Personen mit gleichen Interessen, Ansichten o. ä.:* ein K. von Künstlern hat sich zusammengefunden. * **im Kreise** *(in Gemeinschaft mit):* im Kreise der Freunde, der Familie.

kreischen, kreischte, hat gekreischt ⟨itr.⟩: *mit keifender, schriller Stimme schreien:* der Papagei kreischt seit einer Stunde.

Kreisel, der; -s, -: *um einen festen Punkt rotierender Gegenstand* (siehe Bild): die Kinder spielen mit dem K.

Kreisel

kreisen, kreiste, hat/ist gekreist ⟨itr.⟩: *sich in einem Kreis um etwas bewegen:* der Adler ist über dem Baum gekreist; das Flugzeug hat drei Stunden über der Stadt gekreist; bildl.: seine Gedanken haben um dieses Problem gekreist.

Krebs 1.

Kreislauf, der; -s: 1. *durch die Tätigkeit des Herzens bewirkte Bewegung des Blutes in den Adern:* mein K. ist gestört. 2. *sich stets wiederholende, zu ihrem Ausgangspunkt zurückkehrende Bewegung:* der ewige K. des Lebens.

Krem, die; -, -s (auch: **Krem**, der; -s, -e) /vgl. Creme/: *feine, mit Sahne zubereitete Füllung für Torten, Süßigkeiten.*

Krematorium, das; -s, Krematorien: *Gebäude, in dem Tote verbrannt werden.*

Krempe, die; -, -n: *Rand des Hutes* (siehe Bild).

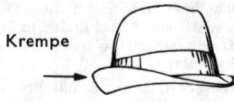

Krempe

Krempel, der; -s (ugs.; abwertend): *unnützes Zeug, allerlei wertlose Dinge.*

krepieren, krepierte, ist krepiert ⟨itr.⟩: **a)** *bersten, platzen /von Sprengkörpern/:* die Granaten krepierten. **b)** (derb) *[elend] sterben, verenden.*

kreuz ⟨in der Fügung⟩ kreuz und quer: *planlos hin und her:* er fuhr mit dem Auto k. und quer durch die Gegend.

Kreuz, das; -es, -e: 1. **a)** *Zeichen aus zwei sich meist rechtwinklig schneidenden Linien.* **b)** *Symbol der christlichen Kirche, des Leidens* (siehe Bild): im Zeichen des Kreuzes (*im Sinne Jesu Christi*). * **zu Kreuze kriechen** (*nachgeben, sich unterwerfen*). 2. *unterer Teil des Rückens:* mir tut das K. weh. * (ugs.)

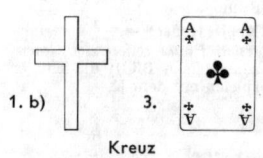

1. b)   3.

Kreuz

jmdn. aufs K. legen (*jmdn. überlisten, betrügen*). 3. /eine Farbe beim Kartenspiel/ (siehe Bild).

kreuzen, kreuzte, hat gekreuzt: 1. ⟨tr.⟩ *schräg übereinanderlegen, -schlagen:* die Arme, Beine k. 2. **a)** ⟨tr./rzp⟩ *schräg, quer über etwas hinwegführen, sich [über]schneiden:* die Straße kreuzt nach 10 km die Bahn; die Straßen kreuzen sich. **b)** ⟨rzp.⟩ *sich zur gleichen Zeit in entgegengesetzter Richtung bewegen:* die Züge, unsere Briefe haben sich gekreuzt. 3. ⟨tr.⟩ *zwei verschiedene Rassen beim Züchten vereinigen; paaren:* einen Esel mit einem Pferd k. 4. ⟨itr.⟩ *hin und her fahren /von Schiffen/:* das Schiff kreuzt vor Kuba.

Kreuzfeuer: ⟨in der Wendung⟩ im K. stehen: *von allen Seiten befragt, verhört werden:* er stand im K. der Journalisten.

Kreuzung, die; -, -en: 1. *Stelle, wo sich zwei oder mehrere Straßen treffen:* das Auto mußte an der K. halten. 2. *das Paaren verschiedener Gattungen bei Pflanzen oder Tieren und dessen Ergebnis:* das Maultier ist eine K. zwischen Esel und Pferd.

Kreuzverhör, das; -[e]s, -e: *Verhör, bei dem jmd. von mehreren Seiten befragt wird:* jmdn. ins K. nehmen.

kribbelig ⟨Adj.⟩ (ugs.): *unruhig, nervös:* der Schüler wurde ganz k., als er keine Lösung der Aufgabe fand.

kribbeln, kribbelte, hat gekribbelt ⟨itr.⟩ (ugs.): *einen prickelnden Reiz spüren:* es kribbelt mir in den Fingern.

kriechen, kroch, ist gekrochen ⟨itr.⟩: 1. *sich dicht am Boden fortbewegen:* eine braune Schlange kriecht durch das Gebüsch; bildl.: der Zug kann auf der steilen Strecke nur k. (*nur sehr langsam fahren*). 2. *sich einem anderen gegenüber unterwürfig zeigen, ihm schmeicheln:* er kriecht vor seinem Chef.

Krieg, der; -es, -e: *größere Auseinandersetzung zwischen Völkern mit militärischen Mitteln:* jmdm. den K. erklären.

kriegen, kriegte, hat gekriegt ⟨itr.⟩ (ugs.): *erhalten, bekommen:* eine Krankheit k.; er kriegt nie genug.

Krimi, der; -[s], -[s] (ugs.): *Kriminalfilm oder Kriminalroman.*

Kriminalfilm, der; -s, -e: *Film, der von einem Verbrechen und dessen Aufklärung handelt.*

Kriminalist, der; -en, -en: *Beamter der Kriminalpolizei.*

Kriminalpolizei, die; -: *Abteilung der Polizei, die für die Aufklärung von Verbrechen zuständig ist.*

Kriminalroman, der; -s, -e: *Roman, der von einem Verbrechen und dessen Aufklärung handelt.*

kriminell ⟨Adj.⟩: *als Verbrechen geltend, verbrecherisch strafbar:* eine kriminelle Tat; er ist k. veranlagt.

Kringel, der; -s, -: *nicht exakt gezeichneter Kreis; ringförmige Gebilde:* aus Langeweile malte er K. in sein Heft; ein K. aus Schokolade.

Krise, die; -, -n: *schwierige Situation, Schwierigkeit:* eine wirtschaftliche, finanzielle, politische K.; sich in einer K. befinden.

Kristall: **I.** der; -s, -e: *fester regelmäßig geformter, von ebenen Flächen begrenzter Körper;* ein durchsichtiger, natürlicher K. **II.** das; -s: *geschliffenes Glas:* Weingläser aus K.

Kritik, die; -, -en: 1. *[wissenschaftliche, künstlerische] Beurteilung nach sachlichen Gesichtspunkten:* eine K. über ein Buch, eine Aufführung schreiben; der Künstler bekam eine gute K. 2. *Beanstandung, Tadel:* an jmds. Entscheidung, Haltung K. üben.

kritisch ⟨Adj.⟩: 1. *[wissenschaftlich, künstlerisch] streng beurteilend, prüfend:* eine kritische Besprechung zu einem Buch schreiben; etwas k. betrachten. 2. *tadelnd, mißbilligend:* sich k. äußern über jmdn., etwas. 3. *bedenklich, schwierig, gefährlich:* in einer kritischen Situation sein.

kritisieren, kritisierte, hat kritisiert ⟨tr.⟩: 1. *nach bestimmten sachlichen Gesichtspunkten beurteilen, besprechen:* ein Buch, eine Aufführung k.; etwas gut, negativ k. 2. *tadeln, mißbilligen:* eine Entscheidung scharf k.

kritzeln, kritzelte, hat gekritzelt ⟨itr./tr⟩: *in kleiner und schlecht lesbarer Schrift schreiben; unregelmäßige Striche machen:* der kleine Junge hat mit dem Bleistift [ein Bild] auf die neue Tapete gekritzelt.

Krone 1.

Krone, die; -, -n: 1. /Zeichen der Herrscherwürde/ (siehe

kümmerlich

Bild). 2. *oberster Teil, Spitze:* die K. eines Baumes.

krönen, krönte, hat gekrönt ⟨tr.⟩: 1. *(jmdm.) die Krone aufsetzen und die mit ihr verbundene Macht übertragen:* jmdn. zum König k. 2. *mit einem Höhepunkt erfolgreich oder wirkungsvoll abschließen, beenden:* der Sportler krönte seine Laufbahn mit einem Sieg bei der Olympiade. 3. *(ein Gebäude) nach oben wirkungsvoll abschließen:* eine Kuppel krönte die Kirche.

Kröte 1.

Kröte, die; -, -n: 1. /ein Lurch/ (siehe Bild). 2. *keckes kleines Mädchen:* so eine freche K. 3. ⟨Plural⟩ (ugs.) *Geld:* die letzten Kröten ausgeben.

Krug, der; -[e]s, Krüge: *Behälter für Flüssigkeiten, meist aus Ton o. ä.* (siehe Bild).

Krug

krümeln, krümelte, hat gekrümelt ⟨itr.⟩: *in kleine Stücke zerfallen:* das Brot krümelt.

krumm ⟨Adj.; nicht adverbial⟩: *nicht gerade, gebogen:* der Nagel ist k.; er hat krumme Beine.

krümmen, krümmte, hat gekrümmt ⟨tr./rfl.⟩: *biegen, krumm machen:* den Rücken k.; sich vor Lachen, Schmerzen k.; **Krümmung**, die; -, -en.

krumpeln, krumpelte, hat gekrumpelt ⟨itr.⟩ (landsch.): *knittern:* der Stoff krumpelt.

Kruste, die; -, -n: *Rinde: äußerer, fester, schützender Belag:* die K. des Brotes abschneiden.

Kübel, der; -s, -: *größerer runder oder ovaler Behälter für Flüssigkeiten:* ein K. Wasser.

Küche, die; -, -n: 1. *Raum, wo Speisen zubereitet werden:* eine moderne, saubere K.; bildl.: eine K. *(die Einrichtung einer K.)* kaufen. 2. *Art der Speise, des Zubereitens:* französische, Wiener K.; heute gibt es kalte K.

Kuchen, der; -s, -: *größeres Gebäck, das in einer Form oder auf einem Blech gebacken wurde* (siehe Bild): sonntags gibt es bei uns immer K.

Kuchen

Kuckuck, der; -s, -e: /ein Vogel/ (siehe Bild): der K. legt seine Eier in fremde Nester. * (ugs.) **jmdn. zum K. wünschen** *(jmdn. weit fort wünschen).*

Kuckuck

Kugel, die; -, -n: 1. *Gegenstand, der völlig rund ist und rollt:* eine schwere, eiserne K.; er stieß die K. 3 m weit. 2. *Geschoß:* er wurde von einer K. tödlich getroffen.

kugelrund ⟨Adj.⟩: *völlig rund, in der Form einer Kugel:* die Orange ist k.

Kugelschreiber, der; -s, -: *ein schmales, längliches Gerät zum Schreiben, dessen Spitze aus einer kleinen Kugel besteht.*

Kuh, die; -, Kühe: *weibliches Rind* (siehe Bild): die K. melken.

Kuh

kühl ⟨Adj.⟩: 1. *mäßig warm, mehr kalt als warm:* ein kühler Abend. * **einen kühlen Kopf bewahren** *(sich nicht beirren, erregen lassen).* 2. *ohne Herzlichkeit, Gefühl:* jmdn. k. empfangen.

kühlen, kühlte, hat gekühlt: ⟨tr.⟩ *kühl, kalt machen:* Getränke k.; sein Gesicht k.

Kühlschrank, der; -[e]s, Kühlschränke: *einem Schrank ähnliches Gerät, mit dem bes. Speisen, Lebensmittel, Getränke gekühlt oder kühl gehalten werden.*

kühn ⟨Adj.⟩: *mutig, beherzt; verwegen:* ein kühner Fahrer; eine kühne Tat; eine kühne *(gewagte)* Behauptung; eine k. *(stark, gewaltig)* geschwungene Linie.

Kulisse, die; -, -n: *Gegenstand, der auf der Bühne eines Theaters einen bestimmten Schauplatz vortäuschen soll oder als Dekoration gelten soll:* Kulissen malen, aufbauen, schieben; bildl.: das ist alles nur K. *(Vortäuschung).* * (ugs.) **hinter die Kulissen sehen** *(die Hintergründe einer Sache kennenlernen).*

kullern, kullerte, ist gekullert ⟨itr.⟩ (ugs.): *[wie eine Kugel] langsam rollen:* der Ball kullerte ins leere Tor.

Kult, der; -[e]s, -e: 1. *Formen der religiösen Verehrung:* der K. der orthodoxen Kirche. 2. (abwertend) *übertriebene Hochachtung, Verehrung:* mit diesem Star wird ein richtiger K. getrieben.

kultivieren, kultivierte, hat kultiviert ⟨tr.⟩: 1. *für die Landwirtschaft ertragreich machen:* der Bauer hat ein neues Stück Land kultiviert. 2. *sorgsam pflegen, verfeinern:* eine Sprache, Stimme k.; ⟨häufig im 2. Partizip⟩: ein kultivierter *(gepflegter, gebildeter)* Mensch.

Kultur, die; -, -en: 1. *Gesamtheit der geistigen und künstlerischen Äußerungen einer Gemeinschaft, eines Volkes:* die Griechen hatten eine hohe K. 2. ⟨ohne Plural⟩ *Bildung, verfeinerte Lebensart:* ein Mensch mit K. 3. *Bebauung des Bodens:* ein Stück Boden, Wald in K. nehmen.

kulturell ⟨Adj.; nicht prädikativ⟩: *den Bereich der Bildung, Kunst betreffend:* kulturelle Veranstaltungen; k. interessiert sein.

Kummer, der; -s: *seelischer Schmerz; Gram; Bedrücktsein:* [großen] K. haben; jmdm. K. machen; ich bin an K. gewöhnt *(ich übernehme auch noch diesen Auftrag ohne Widerspruch).*

kümmerlich ⟨Adj.⟩: 1. *klein, schwächlich:* eine kümmerliche Gestalt. 2. a) *dürftig, nicht ausreichend:* er hat einen kümmerlichen Lohn; das ist ein kümmerlicher Rest. b) *armselig, mühsam:* er ernährte sich k.; er mußte sein Leben k. fristen.

kümmern, kümmerte, hat gekümmert: 1. ⟨itr.⟩ *sorgen, angehen:* das kümmert mich alles nicht; ⟨auch rfl.⟩ wer wird sich um dieses Geschwätz schon k. 2. ⟨rfl.⟩ **a)** *sich (einer Person, Sache) annehmen, sich (um jmdn./etwas) sorgen:* er kümmerte sich nicht um den Kranken. **b)** *sich bemühen, interessieren:* kümmere dich nicht um Dinge, die dich nichts angehen.

Kunde, der; -n, -n: *[regelmäßiger] Käufer in einem Geschäft oder Auftraggeber bei einer Firma:* ein guter, langjähriger K.

Kundendienst, der; -es: *[unentgeltliche] Hilfe, Arbeit o. ä. für den Kunden:* das kostet nichts, denn das gehört zu unserem K.

Kundgebung, die; -, -en: *öffentliche Zusammenkunft vieler Menschen, die ihren Willen, ihre Meinung zu einem bestimmten [politischen] Plan, Ereignis zum Ausdruck bringen wollen.*

kündigen, kündigte, hat gekündigt: **a)** ⟨tr.⟩ *eine vertragliche Vereinbarung zu einem bestimmten Termin für beendet erklären:* Gelder bei der Bank, eine Wohnung, einen Vertrag k.; bildl.: jmdm. die Freundschaft, den Dienst k. **b)** ⟨itr.⟩ *jmdn. aus einem Dienst entlassen:* jmdn. zum Ende des Monats k. **Kündigung**, die; -, -en.

Kundschaft, die; -: *Gesamtheit der Kunden:* die K. blieb nach einiger Zeit weg; er zählt zur K.

künftig: **I.** ⟨Adj.; nur attributiv⟩: *in der Zukunft liegend, später:* künftige Geschlechter, Zeiten. **II.** ⟨Adverb⟩ *von heute an, in Zukunft:* ich bitte dies k. zu unterlassen.

Kunst, die; -, Künste: **1. a)** *die Schöpfungen des menschlichen Geistes in Dichtung, Malerei, Musik u. a.:* die darstellende Kunst. **b)** *schöpferische Tätigkeit des Menschen:* er ist ein Förderer der K. **2.** *Können, Geschick:* die K. des Reitens, Fechtens.

Künstler, der; -s: *jmd., der ein Kunstwerk schafft oder es als Schauspieler, Sänger usw. wiedergibt:* er ist ein begabter, genialer K.

künstlerisch ⟨Adj.⟩: *im Sinne, Interesse der Kunst; die Kunst betreffend:* künstlerische Freiheit, Form, Darstellung; eine k. vollendete Leistung.

künstlich ⟨Adj.⟩: *nicht natürlich, auf chemische oder technische Art hergestellt:* künstliche Glieder, Blumen; etwas k. herstellen.

Kunststoff, der; -[e]s, -e: *künstlich hergestelltes Material.*

Kunststück, das; -s, -e: *Tat, die Talent, besonderes Geschick erfordert:* der Clown führte einige Kunststücke vor. * **das ist kein K.** *(das ist nicht schwierig).*

Kunstwerk, das; -[e]s, -e: *Ergebnis des künstlerischen Schaffens.*

kunterbunt ⟨Adj.⟩: *völlig gemischt, durcheinander:* alles liegt k. auf den Tischen.

Kupfer, das; -s /*ein rotes Metall/*: eine Kanne aus K.

kupfern ⟨Adj.⟩: *aus Kupfer [bestehend].*

Kuppel, die; -, -n: *Wölbung, meist in Form einer Halbkugel, über einem Raum:* die Peterskirche in Rom hat eine große K.

Kupplung, die; -, -en: *Verbindung zwischen einem ziehenden und einem gezogenen Wagen.* **2.** *Einrichtung zum Unterbrechen der Verbindung zwischen Motor und Getriebe bei Fahrzeugen:* wenn man schaltet, muß man gleichzeitig die K. treten.

Kur, die; -, -en: **1.** *Heilbehandlung, Heilverfahren:* wegen seines schwachen Herzens mußte er eine K. machen. **2.** *Aufenthalt in einem Badeort:* er fuhr jedes Jahr um die gleiche Zeit zur K.

kurieren, kurierte, hat kuriert ⟨tr.⟩: **a)** *ärztlich behandeln, heilen:* jmdn. von einem Leiden k. **b)** (ugs.) *befreien:* wir haben ihn von seinen Vorurteilen kuriert.

kurios ⟨Adj.⟩: *seltsam, merkwürdig, sonderbar:* eine kuriose Geschichte; das ist alles sehr k.

Kurs, der; -es, -e: **1.** *[Fahrt]richtung, Route, Weg:* das Flugzeug änderte den Kurs; vom K. abkommen, abweichen; bildl.: den bisherigen K. der Politik beibehalten. **2.** *Lehrgang:* einen K. in Deutsch, für Anfänger besuchen, mitmachen. **3.** *Preis der Wertpapiere an einer Börse:* die Kurse steigen, fallen.

kursieren, kursierte, hat/ist kursiert ⟨itr.⟩: *umlaufen, die Runde machen:* die Zahlungsmittel k. rasch *(laufen schnell um)*; Gerüchte k. in der Stadt *(sind im Umlauf).*

Kurve, die; -, -n: *Biegung [einer Straße]:* der Wagen wurde aus der K. getragen; die K. schneiden.

kurz, kürzer, kürzeste ⟨Adj.⟩: **1.** *von geringer Länge, Ausdehnung; geringe Länge habend:* eine kurze Strecke, ein kurzer Rock; das Haar ist k. geschnitten. * (ugs.) **alles k. und klein schlagen** *(alles zusammenschlagen);* **den kürzeren ziehen** *(in einer Auseinandersetzung verlieren; benachteiligt werden);* **zu k. kommen** *(von etwas einen kleineren Teil als andere erhalten).* **2.** *nicht lange dauernd, von geringer Dauer, vorübergehend:* er kam kurze Zeit nach dem Unglück; eine kurze Pause; der Vortrag ist k. * **über k. oder lang** *(in nächster Zeit);* **vor/seit kurzem** *(vor nicht langer Zeit).* **3.** *nicht ausführlich:* er hat nur einen kurzen Brief geschrieben; der Bericht war sehr k. **4.** *sich betont knapp fassend, dadurch eine Zurechtweisung oder seine Ablehnung auszudrücken:* jmdm. eine kurze Antwort geben; er war heute sehr k. zu mir.

Kürze, die; -: **1.** *von geringer Länge oder Dauer:* die K. des Weges, die K. der Zeit. * **in K.** *(bald):* er ist in K. hier. **2.** *fehlende Ausführlichkeit, Knappheit:* die K. des Ausdrucks, der Rede.

kürzen, kürzte, hat gekürzt ⟨tr.⟩: *kürzer machen, verringern:* einen Rock, Text k.; das Gehalt wurde gekürzt.

kurzerhand ⟨Adverb⟩: *rasch und ohne langes Überlegen:* er ist k. in Urlaub gefahren.

kurzfristig ⟨Adj.⟩: *von kurzer Frist, in kurzem zeitlichen Abstand:* k. einen Termin festsetzen; eine kurzfristige Absage.

kürzlich ⟨Adverb⟩: *vor nicht langer Zeit; irgendwann in letzter Zeit:* wir haben k. davon gesprochen.

kurzsichtig ⟨Adj.⟩: **a)** ⟨nicht adverbial⟩ *nur auf kurze Entfernung gut sehend:* er muß eine Brille tragen, weil er k. ist. **b)** *nicht an die Zukunft, das Zukünftige denkend; nur das Nächstliegende beachtend:* k. handeln, eine kurzsichtige Politik treiben.

Kuß, der; Kusses, Küsse: *das Berühren von jmdm. mit den*

Lippen *zum Zeichen der Liebe, Verehrung, zur Begrüßung oder zum Abschied:* jmdm. einen K. geben.

küssen, küßte, hat geküßt ⟨tr./rzp./itr.⟩: *einen Kuß geben:* er küßte seine Frau; er küßte ihr die Hand; sie küßten sich stürmisch, als sie sich nach vielen Jahren wiedersahen; er kann gut k.

Küste, die; -, -n: *der unmittelbar an das Meer grenzende Teil des Landes:* eine flache, felsige K.

Kutsche, die; -, -n: *von Pferden gezogener Wagen zur Beförderung von Personen* (siehe Bild).

Kutsche

Kutte, die; -, -n: *Kleidung eines Mönches.*
Kuvert [ku'vε:r], das; -s, -s: *Briefumschlag:* er steckte den Brief in das K.

L

laben, labte, hat gelabt (geh.) ⟨tr./rfl.⟩: *erfrischen, erquicken:* er labte sich an Speise und Trank; sie labt den Verunglückten mit einem Trunk; bildl.: sich am Anblick der Landschaft l. *(erfreuen).*

labil ⟨Adj.; nicht adverbial⟩: *nicht sehr stabil, leicht aus dem Gleichgewicht zu bringen:* er hat eine labile Gesundheit.

Labor, das; -s, -s und -e: *Raum, Gebäude für naturwissenschaftliche oder technische Versuche:* sie arbeitet im chemischen L.

Laborant, der; -en, -en: *jmd., der in einem Labor arbeitet* /Berufsbezeichnung/.

laborieren, laborierte, hat laboriert ⟨itr.⟩ (ugs.): *sich mit etwas abmühen, plagen:* er laborierte lange an seiner Krankheit.

Labyrinth, das; -[e]s, -e: *Anlage, Gebäude o. ä. mit vielen Gängen, in denen man sich nicht zurechtfindet.*

Lache, die; -, -n: **I.** (ugs.) *Art und Weise, wie jmd. lacht:* er hat eine freche L. **II.** [auch: Lache]: *Pfütze.*

lächeln, lächelte, hat gelächelt ⟨itr.⟩: 1. *lautlos ein wenig lachen:* freundlich, spöttisch l. 2. *sich von der freundlichen Seite zeigen, günstig sein:* das Glück lächelte ihm.

lachen, lachte, hat gelacht ⟨itr.⟩: 1. *Freude, Spott o. ä. durch Hervorbringen einzelner Laute ausdrücken* /Ggs. weinen/: laut, aus vollem Halse, leise l.; Tränen, sich (Dativ) einen Ast (sehr) l. *** nichts zu l. haben** *(es schwer haben).* 2. *strahlen, hell sein:* der Himmel, die Sonne lacht. 3. *sich von der freundlichen Seite zeigen, günstig sein:* das Glück, der Erfolg lacht [ihm].

lächerlich ⟨Adj.⟩ (abwertend): 1. *in seiner Art nicht ernst zu nehmen:* ein lächerlicher Vorschlag; ein lächerlicher *(sehr geringer)* Betrag. *** sich/jmdn. l. machen** *(sich/jmdn. blamieren).* 2. ⟨verstärkend vor Adjektiven⟩ *sehr, viel zu:* l. wenig Geld verdienen.

lachhaft: ⟨in der Fügung⟩ *etwas ist l.* (abwertend): *etwas ist lächerlich:* seine Behauptung ist einfach l.

Lachs, der; -es, -e: /ein Fisch/ (siehe Bild).

Lachs

Lack, der; -[e]s, -e: *flüssig aufgetragener, meist glänzender Überzug.*

lackieren, lackierte, hat lackiert ⟨tr.⟩: 1. *mit Lack überziehen:* lackierte Möbel. 2. (ugs.) *betrügen, hereinlegen:* den haben sie lackiert.

laden, lädt, lud, hat geladen /vgl. geladen/: **I.** ⟨tr./itr.⟩ 1. *zum Transport auf oder in etwas) bringen, (etwas mit etwas) beladen:* er lädt Holz auf den Wagen; das Schiff hat Weizen geladen *(ist mit Weizen beladen)*; bildl.: er hat große Schuld auf sich geladen. ***** (ugs.) **schwer geladen haben** *(sehr betrunken sein).* 2. *elektrischen Strom (in etwas) speichern:* eine Batterie l. 3. *(eine Schußwaffe) mit Munition versehen:* ein Gewehr l. **II.** ⟨tr.⟩ *zum Kommen auffordern:* er wird [als Zeuge] vor Gericht geladen; ein Vortrag vor geladenen *(eingeladenen)* Gästen.

Laden, der; -s, Läden: 1. *Geschäft, Raum zum Verkauf von Waren:* einen L. eröffnen. 2. *Fensterladen* (siehe Bild): die Läden schließen, herunterlassen.

Laden 2.

Ladenhüter, der; -s, - (abwertend): *Ware im Geschäft, die schon längere Zeit vergeblich zum Verkauf angeboten wird:* dieses Buch ist ein L.

Ladung, die; -, -en: *zum Transport bestimmter Inhalt eines Fahrzeugs, Fracht:* eine L. Holz.

Lage, die; -, -n: 1. a) *Art und Weise des Liegens:* waagerechte, ruhige L. b) *räumliches Verhältnis zur Umgebung:* ein Haus in sonniger L. c) *Umstände, allgemeine Verhältnisse; Situation:* er ist in einer unangenehmen L.; die L. ist ernst; ich bin in der L., dir zu helfen *(ich kann dir helfen).* 2. *Schicht:* abwechselnd eine L. Sand und eine L. Ton. 3. (ugs.) *ein spendiertes Glas Bier oder Schnaps für jeden eines bestimmten Kreises; Runde:* eine L. Bier ausgeben, werfen.

Lager, das; -s, -: 1. *[behelfsmäßige] Unterkunft in Zelten, Baracken o. ä.:* ein L. aufschlagen, abbrechen; die Flüchtlinge sind in Lagern untergebracht. 2. *Magazin, Raum für Vorräte:* er räumt seine L. *(macht einen Ausverkauf).* *** auf L.** *(vorrätig).* 3. *Stelle, wo man liegt:* ein hartes L.; ein L. von Stroh. 4. *Maschinenteil, der sich drehende Teile stützt:* die L. müssen geölt werden.

lagern, lagerte, hat gelagert: 1. ⟨tr.⟩ *auf eine Unterlage legen:* du mußt das verletzte Bein hoch l. 2. a) ⟨itr.⟩ *[in einem Lager] liegen:* die Ware lagert in einem Schuppen. b) ⟨tr.⟩ *als Vorrat aufbewahren:* Getreide l. 3. ⟨itr./rfl.⟩ *Rast machen, sich*

lahm 222

(zur Ruhe) hinlegen: sie lagerten im Freien; wir lagerten uns im Kreise. **Lagerung,** die; -.

lahm ⟨Adj.⟩: *unfähig zur Bewegung, gelähmt, kraftlos:* ein lahmes Bein; bildl.: lahme *(nicht überzeugende) Entschuldigungen.*

lähmen, lähmte, hat gelähmt ⟨tr.⟩: *lahm machen, die Kraft zur Bewegung nehmen:* die Angst lähmte ihn; er ist gelähmt.

lahmlegen, legte lahm, hat lahmgelegt ⟨tr.⟩: *zum Stillstand bringen:* der Nebel hat den ganzen Verkehr lahmgelegt.

Laie, der; -n, -n: 1. *jmd., der nicht Fachmann ist:* er ist [ein] L. auf diesem Gebiet. 2. (bes. kath.) *Angehöriger einer Kirche, der kein Geistlicher ist.*

laienhaft ⟨Adj.⟩: *nicht fachmännisch, nicht fachgerecht:* laienhafte Anschauungen; diese Arbeit wurde l. ausgeführt.

Laken, das; -s, - (bes. nordd.): *Bettuch.*

lakonisch ⟨Adj.⟩: *wortkarg; kurz [und treffend]:* eine lakonische Antwort; etwas l. sagen.

lallen, lallte, hat gelallt ⟨tr./ itr.⟩: *nicht völlig verständlich sprechen, stammelnd zu sprechen versuchen:* das Kind lallt; der Betrunkene lallte ein paar Worte.

Lametta, das; -s: *glitzernde Metallstreifen:* wir hängen L. an den Christbaum.

Lamm, das; -[e]s, Lämmer: *junges Schaf.*

Lampe, die; -, -n: *Gerät, das zur Beleuchtung dient.*

Lampenfieber, das; -s: *nervöse Erregung vor öffentlichem Auftreten:* vor dem Konzert hatte der Sänger jedesmal L.

Lampion, der; -s, -s [lampi'õ, auch 'lampiɔŋ]: *bunte Laterne aus Papier:* Lampions aufhängen.

lancieren [lã'si:rən], lancierte, hat lanciert ⟨tr.⟩: 1. *geschickt an eine gewünschte Stelle bringen:* er hat die Nachricht in die Presse lanciert. 2. *(jmdm.) zu einem [ersten] Erfolg verhelfen:* er hat den jungen Maler lanciert.

Land, das; -[e]s, Länder: 1. *Staat, geographisch oder politisch abgeschlossenes Gebiet:* die Länder Europas; in fernen Ländern. 2. ⟨ohne Plural⟩ *Acker, Feld:* fruchtbares L.; ein Stück L. besitzen. 3. ⟨ohne Plural⟩ *fester Boden:* der Schwimmer steigt ans L. ** **auf dem Lande** *(im ländlichen, bäuerlichen Bereich; fern der Stadt).*

landen, landete, hat/ist gelandet: 1. ⟨itr.⟩ **a)** *am, auf dem Land ankommen:* das Schiff ist gelandet; das Flugzeug landet. **b)** (ugs.) *schließlich (an einer bestimmten Stelle) ankommen:* der Betrunkene ist im Graben gelandet. 2. ⟨tr.⟩ *an Land setzen:* die Regierung hat [auf der Insel] Truppen gelandet.

Landjäger, der; -s, -: 1. (landsch.) *Gendarm.* 2. ⟨meist Plural⟩ /eine bestimmte Art von geräucherten Würstchen/.

Landkarte, die; -, -n: *Blatt, auf dem die Oberfläche der Erde oder ein Teil davon dargestellt ist:* eine L. von Europa.

landläufig ⟨Adj.⟩: *allgemein verbreitet und üblich:* eine landläufige Meinung, Methode.

ländlich ⟨Adj.⟩: *wie außerhalb, fern der Stadt üblich; bäuerlich:* in ländlicher Stille wohnen; ländliche Sitten.

Landregen, der; -s, -: *heftiger, lange dauernder Regen:* in einen L. geraten.

Landschaft, die; -, -en: *Gegend, Gebiet:* eine schöne L.; die deutschen Landschaften.

landschaftlich ⟨Adj.⟩: 1. *das Aussehen einer Gegend betreffend:* die landschaftlichen Schönheiten Tirols. 2. *auf bestimmte Gebiete beschränkt:* dieses Wort ist nur landschaftlich verbreitet.

Landsmann, der; -[e]s, Landsleute: *jmd., der mit [einem] anderen aus dem gleichen Land stammt:* er ist Deutscher, also ein L. von mir.

Landstraße, die; -, -n: *Straße außerhalb der Ortschaften.*

Landstreicher, der; -s, -: *jmd., der ohne festen Wohnort bettelnd durchs Land zieht:* wie ein L. aussehen.

Landwirt, der; -[e]s, -e: *jmd., der Ackerbau und Viehzucht als Beruf betreibt.*

Landwirtschaft, die; -, -en: 1. ⟨ohne Plural⟩ *systematische Nutzung des Bodens durch Ackerbau und Viehzucht:* L. treiben, in der L. arbeiten. 2. *bäuerlicher Betrieb, kleines Gut:* er hat eine kleine L.

lang, länger, längste ⟨Adj.⟩ /vgl. lange/: 1. *räumlich in einer Richtung besonders ausgedehnt; eine größere Ausdehnung habend:* ein langer Weg; langes Haar. * (ugs.) **lange Finger machen** *(stehlen);* **etwas von langer Hand vorbereitet haben** *(ein Verbrechen o. ä. lange und sorgfältig vorbereitet haben);* (ugs.) **etwas auf die lange Bank schieben** *(etwas hinauszögern).* 2. ⟨in Verbindung mit Angaben von Maßen⟩ *eine bestimmte Länge habend:* das Brett ist 2 m l. 3. *zeitlich besonders ausgedehnt; von größerer Dauer:* ein langes Leben; nach langem Überlegen; seit langem *(seit langer Zeit).* 4. *ausführlich:* ein langer Brief, Bericht.

langatmig ⟨Adj.⟩: *umständlich, weitschweifig:* l. erzählen.

lange ⟨Adverb⟩ /vgl. lang/: 1. *zeitlich besonders ausgedehnt:* er muß lange warten. 2. ⟨nur in Verbindung mit nicht⟩ *bei weitem:* das ist [noch] lange nicht alles *(es fehlt noch viel).*

Länge, die; -, -n: 1. **a)** ⟨ohne Plural⟩ *räumliche Ausdehnung, in einer Richtung* /Ggs. Kürze/: eine Stange von drei Meter[n] L.; er fiel der L. nach *(so lang, wie er war)* hin. **b)** *geographische Lage eines Ortes nach Osten oder Westen:* Berlin liegt unter 13 Grad östlicher L. 2. **a)** ⟨ohne Plural⟩ *zeitliche Ausdehnung, [lange] Dauer* /Ggs. Kürze/: die L. des Studiums ist verschieden. * **etwas in die L. ziehen** *(etwas länger dauern lassen);* **etwas zieht sich in die L. b)** ⟨Plural⟩ *als zu lang empfundene Stellen:* der Film, das Drama hat einige Längen.

Langeweile, die; -: *Gefühl der Eintönigkeit infolge fehlender Anregung oder Beschäftigung:* L. haben, vor L. vergehen; tödliche L.

langfristig ⟨Adj.⟩: *auf lange Dauer berechnet:* ein langfristiges Darlehen.

länglich ⟨Adj.; nicht adverbial⟩: *schmal und von einer gewissen Länge:* ein länglicher Kasten.

Langmut, die; -: *ausdauernde Geduld:* du darfst seine L. nicht mit Schwäche verwechseln.

längs: 1. ⟨Adverb⟩ *der Länge nach* /Ggs. quer/: ein Brötchen l. durchschneiden. 2. ⟨Präp.⟩ *entlang:* l. des Flusses.

langsam ⟨Adj.⟩: a) *mit geringer Geschwindigkeit, gemächlich* /Ggs. schnell/: l. gehen, arbeiten. b) ⟨nur adverbial⟩ *allmählich:* es wird l. Zeit, daß wir aufhören.

längst ⟨Adverb⟩: 1. *seit langer Zeit:* das habe ich l. gewußt. 2. ⟨nur in Verbindung mit nicht⟩ *bei weitem:* er ist l. nicht so fleißig wie du.

langweilen, langweilte, hat gelangweilt: 1. ⟨tr.⟩ *(jmdm.) Langeweile bereiten:* er langweilt mich mit seinen Geschichten. 2. ⟨rfl.⟩ *Langeweile haben, empfinden:* ich habe mich sehr gelangweilt.

langweilig ⟨Adj.⟩: *ohne Anregung und Abwechslung, eintönig:* ein langweiliger Vortrag; es war sehr l. auf der Party; er ist sehr l. (*ohne Reiz*).

langwierig ⟨Adj.⟩: *lange dauernd und nicht ganz einfach:* langwierige Verhandlungen.

lapidar ⟨Adj.⟩: *wuchtig, kraftvoll:* ein lapidarer Stil; in lapidarer Kürze.

Lappen, der; -s, -: *[altes] Stück Stoff, Fetzen:* etwas mit einem L. putzen. * (ugs.) **jmdm. durch die L. gehen** *(jmdm. entwischen).*

läppisch ⟨Adj.⟩ (abwertend): *kindisch:* ein läppisches Spiel; sich l. benehmen.

Lärche, die; -, -n: /ein Nadelbaum/ (siehe Bild).

Lärche

Lärm, der; -s: *sehr starkes, als störend empfundenes Geräusch:* die Kinder, die Maschinen machen L.

lärmen, lärmte, hat gelärmt ⟨itr.⟩: *Lärm machen:* die Schüler lärmen auf dem Hof.

binden; die L. *(Zunge)* im Schuh.

lassen, läßt, ließ, hat gelassen/ (nach vorangehendem Infinitiv auch) hat ... lassen: 1. ⟨itr.⟩ *veranlassen (daß etwas geschieht):* ich lasse mir einen Anzug machen; sie hat ihn rufen l. 2. ⟨itr.⟩ *erlauben, zulassen (daß etwas geschieht):* er läßt die Kinder toben. 3. ⟨rfl.⟩ *die Möglichkeit bieten, geeignet sein (daß etwas damit geschieht):* der Draht läßt sich gut biegen. 4. ⟨tr.⟩ *einen Zustand nicht ändern:* wir lassen ihn schlafen; laß mich in Ruhe! 5. ⟨itr.⟩ *nicht tun, unterlassen:* laß das!; er kann das Trinken nicht l. 6. ⟨tr.⟩ *überlassen, zur Verfügung stellen:* läßt du mir das Buch bis morgen?; ich lasse mir Zeit.

lässig ⟨Adj.⟩: *ungezwungen, nachlässig:* lässige Haltung; sich l. bewegen.

Lasso, das; -s, -s: *langes Seil, dessen Schlinge nach Tieren geworfen wird, um sie einzufangen.*

Last, die; -, -en: 1. *etwas, was durch sein Gewicht nach unten drückt oder zieht:* eine L. tragen, heben; das Paket war eine schwere L. für die Frau; bildl.: die L. seines Amtes. * **jmdm. zur L. fallen** *(jmdm. Mühe und Kosten machen);* **jmdm. etwas zur L. legen** *(jmdm. die Schuld für etwas geben).* 2. ⟨Plural⟩ *finanzielle Verpflichtungen:* die sozialen Lasten steigen. * **zu Lasten ...** *(zu bezahlen von jmdm., als Betrag abzuziehen von jmds. Konto):* die Reparatur geht zu Lasten Ihres Kontos.

lasten, lastete, hat gelastet ⟨itr.⟩: *als drückende Verpflichtung (auf etwas) liegen:* auf dem Grundstück lasten hohe Abgaben.

Laster: I. das; -s, -: *zur Gewohnheit gewordene Untugend oder Ausschweifung:* er hat verschiedene L. II. der; -s, - (ugs.): *Lastkraftwagen.*

lästern, lästerte, hat gelästert: 1. ⟨tr.⟩ *(Gott oder etwas als heilig Geltendes) beschimpfen:* er hat Gott gelästert. 2. ⟨itr.⟩ *(über einen Abwesenden) schlecht reden:* wir haben über ihn gelästert.

lästig ⟨Adj.; nicht adverbial⟩: *als störend, beschwerlich, aufdringlich empfunden:* eine lästige Pflicht; die Fliegen werden l.

Lastkraftwagen, der; -s, -: *zum Transport größerer Mengen von Gütern gebauter Kraftwagen.*

latent ⟨Adj.⟩: *versteckt, verborgen:* eine latente Krankheit.

Laterne, die; -, -n: *im Freien angebrachte oder getragene Lampe* (siehe Bild).

Laterne

latschen, latschte, ist gelatscht ⟨itr.⟩ (ugs.): *nachlässig, mit schweren, schleppenden Schritten gehen:* er latscht über den Hof.

Latte, die; -, -n: *längliches, schmales, meist kantiges Holz:* eine L. vom Zaun reißen.

Lätzchen, das; -s, -: *kleines Tuch, das Kindern beim Essen umgebunden wird.*

lau ⟨Adj.⟩: *mäßig warm; weder kalt noch warm:* die Milch ist nur l.; ein lauer Wind.

Laub, das; -[e]s: *die Blätter der Bäume:* frisches L.; das L. wird bunt, fällt.

Laubbaum, der; -s, Laubbäume: *Baum, der Blätter trägt* /Ggs. Nadelbaum/.

Laube, die; -, -n: *kleines, leicht gebautes [nach einer Seite offenes] Haus in einem Garten.*

Laubfrosch, der; -[e]s, Laubfrösche: *grüner, auf Bäumen und Sträuchern lebender Frosch.*

Laubsäge, die; -, -n: *leichte Säge für Arbeiten in dünnem Holz* (siehe Bild).

Laubsäge

lauern, lauerte, hat gelauert ⟨itr.⟩: *im Hinterhalt warten, um jmdn. zu überfallen:* die Katze lauert auf eine Maus.

Lauf, der; -[e]s, Läufe: 1. ⟨ohne Plural⟩ *das Laufen:* in schnellem L. * **etwas nimmt seinen L.** *(etwas ist im Gange und nicht mehr aufzuhalten);* **einer Sache freien L. lassen** *(die Entwicklung einer Sache nicht hindern):* er ließ seiner Phantasie freien L.; **im L.** *(während, innerhalb):* im L. der Untersuchung.

2. *Laufen als Sport:* einen L. gewinnen. **3.** *Rohr einer Schußwaffe:* den L. des Gewehrs reinigen. **4.** *Bein, Fuß bestimmter Tiere:* die Läufe des Hasen.

Laufbahn, die; -, -en: *berufliches Vorwärtskommen, festgelegter Weg des Aufstiegs in bestimmten Berufen:* eine glänzende L.; die L. eines Beamten.

laufen, läuft, lief, hat/ist gelaufen /vgl. laufend/: **1. a)** ⟨itr.⟩ *sich schnell vorwärts bewegen, rennen:* ein Kind, eine Katze läuft über die Straße; um die Wette l. **b)** ⟨itr./tr.⟩ *eine Strecke im Lauf zurücklegen:* er ist/hat 100 Meter in 12 Sekunden gelaufen. *** Schlittschuh, Schi l.** *(sich auf Schlittschuhen, Schiern bewegen).* **c)** ⟨itr.⟩ *gehen, wandern:* er läuft zu Fuß zum Bahnhof; wir sind im Gebirge viel gelaufen; das Kind kann schon l. **2.** ⟨itr.⟩ *in Tätigkeit, in Betrieb sein:* die Maschine läuft; der Wagen läuft gut; bildl.: der Prozeß läuft [seit 3 Monaten]. **3.** ⟨itr.⟩ *fließen:* der Wein läuft aus dem Faß; der Wasserhahn läuft *(ist nicht dicht).*

laufend ⟨Adj.⟩: *ständig, regelmäßig, immer wieder vorkommend:* laufende Ausgaben, Unkosten; er hat mich l. betrogen. *** auf dem laufenden sein** *(über das Neueste informiert sein, Bescheid wissen).*

laufenlassen, läßt laufen, ließ laufen, hat laufen[ge]lassen ⟨tr.⟩ (ugs.): *freilassen, nicht bestrafen:* einen Dieb l.

Läufer, der; -s, -: **1.** *langer, schmaler Teppich:* ein roter L. **2. a)** *jmd., der das Laufen als Sport betreibt.* **b)** Fuß-, Handball Spieler, der die Verbindung zwischen Stürmern und Verteidigern herzustellen hat: er spielt als L. **3.** *Figur im Schachspiel* (siehe Bild).

Läufer 3.

Laufmasche, die; -, -n: *senkrechter offener Streifen in Strümpfen, der durch eine gefallene Masche entstanden ist.*

Laufpaß: ⟨in der Wendung⟩ jmdm. den L. geben (ugs.): *die Beziehungen zu jmdm. abbrechen, sich von jmdm. trennen:* sie hat ihrem Freund den L. gegeben.

Laufschritt: ⟨in der Fügung⟩ im L.: *mit schnellen, springenden Schritten:* er kam im L. herbei.

Laufsteg, der; -s, -e: *schmaler Steg, auf dem man hin und her gehen kann, z. B. bei der Modenschau:* die Mannequins schreiten über den L.

Lauge, die; -, -n: *Wasser, in dem Waschmittel o. ä. aufgelöst sind:* etwas mit L. waschen.

Laune, die; -, -n: **a)** ⟨ohne Plural⟩ *vorübergehende besondere Stimmung des Gemüts:* heitere, schlechte L.; guter L. sein. **b)** ⟨Plural⟩ *Stimmungen, mit denen jmd. seiner Umgebung lästig wird:* wir müssen seine Launen ertragen.

launenhaft ⟨Adj.⟩ (abwertend): *von Stimmungen und Einfällen abhängig, unberechenbar:* ein launenhafter Mensch.

launig ⟨Adj.⟩: *von guter Laune bestimmt, witzig, humorvoll:* ein launiger Einfall.

launisch ⟨Adj.⟩ (abwertend): *von wechselnder, meist schlechter Laune beherrscht:* er ist sehr l.

Laus, die; -, Läuse: *kleines, an Menschen oder Tieren lebendes, Blut saugendes Insekt:* Läuse haben. ***** (ugs.) **jmdm./sich eine L. in den Pelz setzen** *(jmdm./sich Ärger bereiten);* (ugs.) **ihm ist eine L. über die Leber gelaufen** *(er ist schlechter Laune).*

Lausbub, der; -en, -en: (scherzh.): *Junge, der zu allerlei Streichen bereit ist.*

lauschen, lauschte, hat gelauscht ⟨itr.⟩: *angespannt zuhören, (auf etwas) horchen:* der Musik, einer Erzählung l.; sie lauschte heimlich an der Tür.

lauschig ⟨Adj.⟩: *verborgen und gemütlich gelegen:* ein lauschiges Plätzchen, Eckchen.

laut: I. ⟨Adj.⟩ **a)** *auf weite Entfernung hörbar* /Ggs. leise/: l. singen, sprechen; laute Musik. **b)** *voller Lärm, Unruhe; nicht ruhig:* hier ist es zu l.; eine laute Straße. **II.** ⟨Präp. mit Gen.⟩ *nach Angabe des/der ..., entsprechend dem Wortlaut:* l. seines Gutachtens; ⟨a b e r⟩: ohne Flexionsendung vor starken Substantiven im Singular, wenn sie ohne Artikel und ohne adjektivisches Attribut stehen; im Plural dann mit Dativ⟩ l. Befehl laut Briefen.

Laute, die; -, -n: /ein Musikinstrument/ (siehe Bild): die L. schlagen *(spielen).*

Laute

lauten, lautete, hat gelautet ⟨itr.⟩: *bestimmte Laute, Wörter enthalten:* der Text des Liedes lautet wie folgt ...

läuten, läutete, hat geläutet **1.** ⟨itr.⟩ *klingen, ertönen:* die Glocke läutet. *** etwas [von etwas] haben l.** *hören (etwas aber nichts Genaues, über etwas erfahren haben).* **2. a)** ⟨tr. itr.⟩ *[die Glocke] ertönen lassen:* er läutet [die Glocke]. **b)** ⟨itr.⟩ (geh.) *klingeln:* an der Tür l. es hat geläutet.

lauter: I. ⟨Adj.⟩ *rein:* das ist die lautere Wahrheit. **II.** ⟨Adverb⟩ *nur, nichts als:* das sind l. Lügen; er redete l. dummes Zeug.

Lauterkeit, die; -: *Reinheit untadeliges Wesen:* die L. seiner Gesinnung ist erwiesen.

läutern, läuterte, hat geläutert ⟨tr.⟩ (geh.): *innerlich reifer machen:* die Schmerzen haben ihn geläutert.

lauthals ⟨Adverb⟩: *übertrieben laut, aus vollem Halse:* l. singen, lachen.

lautlos ⟨Adj.; nicht prädikativ⟩ *nicht hörbar, ohne jedes Geräusch:* lautlose Stille; l. schleichen.

Lautschrift, die; -, -en: *besondere Schrift, die die einzelnen Laute einer Sprache möglichst genau wiedergibt.*

Lautsprecher, der; -s, -: *elektrisches Gerät, das die Töne [verstärkt] wiedergibt:* der Vortrag wurde mit Lautsprechern übertragen.

lauwarm ⟨Adj.⟩: *nur mäßig warm:* lauwarme Milch.

lavieren, lavierte, hat laviert ⟨itr.⟩: *sich in schwierigen Lagen geschickt verhalten:* er lavierte zwischen den Parteien.

Lawine, die; -, -n: *größere Masse von Schnee, die ins Rutschen und Stürzen geraten ist.*

eine L. begrub die Hütte; bildl.: eine L. *(große Masse)* von Briefen.

l**a**x ⟨Adj.⟩: *nachlässig, ohne feste Grundsätze:* eine laxe Auffassung.

Laz**a**rett, das; -s, -e: *Krankenhaus für Soldaten.*

l**e**ben, lebte, hat gelebt ⟨itr.⟩: 1. *am Leben sein, nicht tot sein:* das Kind lebt [noch]. 2. *auf der Welt sein, existieren:* dieser Maler lebte im 18. Jahrhundert. 3. *sein Leben (in bestimmter Weise) verbringen:* gut, schlecht l.; leb[e] wohl! /Abschiedsgruß/. 4. *längere Zeit wohnen:* er hat in Köln gelebt. 5. *sich ernähren, erhalten:* er lebt von den Zinsen seines Vermögens.

L**e**ben, das; -s: 1. *Dasein, Existenz eines Lebewesens:* ein schönes, langes L.; sein L. genießen. * am L. sein *(leben);* am L. bleiben *(nicht sterben);* etwas ins L. rufen *(etwas gründen):* einen Verein ins L. rufen; jmdn. ums L. bringen *(jmdn. töten).* 2. *Gesamtheit der Vorgänge und Regungen:* das gesellschaftliche, geistige L. [in dieser Stadt].

leb**e**ndig ⟨Adj.⟩: a) *lebhaft:* ein sehr lebendiges Kind; eine lebendige Phantasie. b) *mit Leben erfüllt, nicht tot:* der Fisch ist noch l.

L**e**bensabend, der; -s ⟨geh.⟩: *letzter Abschnitt des Lebens, Zeit der Ruhe nach einem tätigen Leben:* einen ruhigen L. verbringen.

L**e**bensart, die; -: *gewandtes, ansprechendes Benehmen:* ein Mann von feiner L.; keine L. *(schlechte Manieren)* haben.

L**e**bensgefahr, die; -: *bestehende Gefahr, die den Tod bringen kann:* jmdn. unter eigener L. retten; bei dem Patienten besteht L.; der Kranke ist in, außer L.

l**e**bensgefährlich ⟨Adj.⟩: *mit Lebensgefahr verbunden:* ein lebensgefährlicher Versuch; l. verletzt werden.

L**e**bensgefährte, der; -n, -n ⟨geh.⟩: *jmd., der sein Leben mit einem Partner gemeinsam verbringt:* er war ihr ein treuer L.

l**e**benslänglich ⟨Adj.⟩: *bis zum Tode dauernd, auf Lebenszeit:* er wurde zu lebenslänglichem Zuchthaus verurteilt; l. im Zuchthaus sitzen.

L**e**benslauf, der; -[e]s, Lebensläufe: *[schriftlich dargestellter] Ablauf des Lebens eines Menschen, bes. seiner Ausbildung und beruflichen Entwicklung:* seinen L. schreiben; bei seiner Bewerbung mußte er einen L. einreichen.

l**e**benslustig ⟨Adj.⟩: *das Leben froh genießend:* ein lebenslustiger junger Mann.

L**e**bensmittel, die ⟨Plural⟩: *Waren zum Essen oder Trinken, die zum Bedarf des täglichen Lebens gehören.*

l**e**bensmüde ⟨Adj.⟩: *keine Freude mehr am Leben habend:* l. sein *(sterben wollen).*

L**e**bensstandard, der; -s: *Höhe der Aufwendungen für das tägliche Leben:* einen hohen L. haben.

L**e**bensstellung, die; -: *auf die Dauer gesicherte berufliche Tätigkeit:* eine L. haben, erstreben.

l**e**benstüchtig ⟨Adj.⟩: *den Forderungen des Lebens gewachsen:* er hat seine Kinder zu lebenstüchtigen Menschen erzogen.

L**e**bensunterhalt, der; -s: *die Dinge und Mittel, die man braucht, um leben zu können:* er sorgt für den L. seiner Eltern.

L**e**benswandel, der; -s: *Art des sittlichen Verhaltens im Leben:* einen vorbildlichen L. führen; ein lockerer L.

L**e**bensweise, die; -: *die Art, wie man sein äußeres Leben verbringt:* eine gesunde, solide L.; die sitzende L. *(das viele Sitzen)* bekommt mir nicht.

L**e**benszeichen, das; -s, -: *Anzeichen, Beweis dafür, daß jmd. noch lebt:* der Verunglückte gab kein L. mehr von sich; ein L. *(einen Brief, eine Nachricht)* von jmdm. erhalten.

L**e**benszeit: ⟨in der Wendung⟩ auf L.: *für die Dauer des Lebens:* eine Rente auf L. beziehen.

L**e**ber, die; -, -n: *menschliches oder tierisches Organ, das dem Stoffwechsel dient.* * frisch/frei von der L. weg reden *(aufrichtig, ohne langes Bedenken reden).*

L**e**berfleck, der; -s, -e: *deutlich begrenzte braune Stelle in der Haut:* er hat einen L. auf dem Rücken.

L**e**bertran, der; -s: *aus der Leber bestimmter Fische gewonnenes Öl, das die Gesundheit fördert:* L. einnehmen.

L**e**bewesen, das; -s, -: *Wesen mit organischem Leben, bes. Mensch oder Tier.*

l**e**bhaft ⟨Adj.⟩: *munter, beweglich:* ein lebhafter Mensch, eine lebhafte *(nicht langweilige)* Diskussion; lebhafte *(kräftige, auffallende)* Farben.

L**e**bkuchen, der; -s, -: /eine Art dunkelbraunes, dauerhaftes Gebäck/: die Mutter bäckt zu Weihnachten ein Haus aus L.

l**e**blos ⟨Adj.⟩: *ohne Leben, [wie] tot:* l. daliegen.

l**e**chzen, lechzte, hat gelechzt ⟨itr.⟩ ⟨geh.⟩: *heftig streben, sich sehnen:* er lechzt nach einem Trunk Wasser.

l**e**ck ⟨Adj.⟩: *nicht dicht, Flüssigkeit durchlassend:* das Schiff, das Faß ist l.

L**e**ck, das; -s, -s: *nicht dichte Stelle, Loch; bes. in Schiffen:* ein L. haben.

l**e**cken, leckte, hat geleckt: I. ⟨tr./itr.⟩ *(etwas) mit der Zunge streichend berühren:* das Kind leckt am Eis; der Hund leckt mir die Hand. * ⟨ugs.⟩ **sich die Finger nach etwas l.** *(etwas gern haben wollen).* II. ⟨itr.⟩ *ein Leck haben, Flüssigkeit durchlassen:* das Boot, das Faß leckt.

l**e**cker ⟨Adj.⟩: *sehr gut schmeckend, appetitlich [zubereitet]:* ein leckeres Mahl; dieses Gericht sieht l. aus.

L**e**ckerbissen, der; -s, -: *besonders gut schmeckende [kleine] Speise, Delikatesse:* ein köstlicher L.

L**e**der, das; -s, -: 1. *durch Gerben haltbar gemachte Haut von Tieren:* L. verarbeiten; ein Buch in L. binden. 2. ⟨ugs.⟩ *Fußball:* das L. rollte ins Tor. ** **vom L. ziehen** *(Streit anfangen; mit Vorwürfen u. ä. nicht mehr zurückhalten).*

l**e**dig ⟨Adj.⟩: *nicht verheiratet:* ein lediger junger Mann; l. bleiben *(nicht heiraten);* eine ledige Mutter *(Frau, die ein Kind bekommen hat, aber nicht verheiratet ist).*

l**e**diglich ⟨Adverb⟩: *nur, ausschließlich:* er berichtet l. Tatsachen.

L**ee**: ⟨in den Fügungen⟩ in/nach L.: *auf/nach der vom Wind abgewandten Seite [eines Schiffes].*

l**ee**r ⟨Adj.⟩: a) *nichts enthaltend, ohne Inhalt:* ein leeres Faß; leere Straßen; ein Stuhl blieb l. *(wurde nicht besetzt);* bildl.:

leere *(nichtssagende)* Worte, Versprechungen. **b)** *schwach besetzt:* das Kino war l.

leeren, leerte, hat geleert: **a)** ⟨tr.⟩ *(etwas) leer machen:* ein Faß l. **b)** ⟨rfl.⟩ *leer werden:* der Saal leerte sich schnell.

legal ⟨Adj.⟩: *den [staatlichen] Gesetzen entsprechend, rechtmäßig:* sich l. verhalten; auf legalem Wege gegen jmdn. vorgehen.

legen, legte, hat gelegt: **1.** ⟨tr.⟩ *bewirken, daß jmd. oder etwas (an einer bestimmten Stelle) liegt:* das Buch auf den Tisch, das Brot in den Korb l.; ⟨auch rfl.⟩ sich ins Bett l. **2.** ⟨rfl.⟩ *still werden, aufhören:* der Wind legt sich; sein Zorn hat sich gelegt.

Legende, die; -, -n: *Erzählung von heiligen Menschen.*

leger [le'ʒe:r] ⟨Adj.⟩: *lässig, ungezwungen:* sein Benehmen war sehr l.

legitim ⟨Adj.⟩: *rechtmäßig; [durch ein Gesetz] begründet, anerkannt:* ein legitimer Anspruch; legitime *(eheliche)* Nachkommen.

legitimieren, sich; legitimierte sich, hat sich legitimiert: *bestimmte Eigenschaften oder Rechte durch ein Schriftstück nachweisen, sich ausweisen:* er legitimierte sich als Vertreter seiner Firma.

Lehm, der; -s: *aus Ton und Sand bestehende, schwere, meist braune Erde.*

Lehne, die; -, -n: *Stütze für Rücken oder Arme an Stühlen, Bänken o. ä.*

lehnen, lehnte, hat gelehnt: **1.** ⟨tr.⟩ *schräg an einen stützenden Gegenstand stellen:* das Brett an/gegen die Wand l. **2.** ⟨rfl.⟩ **a)** *sich schräg gegen oder auf etwas/ jmdn. stützen:* sie lehnte sich an ihn. **b)** *sich beugen:* er lehnt sich über den Zaun, aus dem Fenster. **3.** ⟨itr.⟩ *schräg gegen etwas gestützt stehen oder sitzen:* das Fahrrad lehnt an der Wand.

Lehre, die; -, -n: **1.** *[Zeit der] Ausbildung für einen bestimmten Beruf, bes. in Handel und Gewerbe:* bei jmdm. in die L. gehen; eine L. abschließen. **2.** *System der Anschauung und der belehrenden Darstellung auf einem bestimmten Gebiet:* die L. Hegels; die L. vom Schall. * **jmdm. eine L. geben/erteilen** *(auf jmds. Verhalten so reagieren, daß sich der Betroffene in Zukunft so verhält,* wie man es erwartet*);* **eine L. aus etwas ziehen** *(aus Geschehenem für die Zukunft lernen).*

lehren, lehrte .hat gelehrt /vgl. gelehrt/: ⟨tr.⟩: *(jmdn.) in etwas unterrichten, (jmdm.) Kenntnisse, Erfahrungen beibringen:* Deutsch, Geschichte l.; er lehrt die Kinder rechnen.

Lehrer, der; -s, -: *jmd., der Unterricht erteilt* /Berufsbezeichnung/: er ist L. am Gymnasium, L. für Mathematik.

Lehrgang, der; -s, Lehrgänge: *Einrichtung zur planmäßigen Schulung mehrerer Teilnehmer innerhalb einer bestimmten Zeit; Kurs:* einen L. mitmachen.

Lehrgeld, ⟨in der Wendung⟩ L. zahlen müssen: *seine Erfahrungen auf unangenehme Weise machen.*

Lehrling, der; -s, -e: *jmd., der in einer Lehre ausgebildet wird.*

lehrreich ⟨Adj.⟩: *gute und wirkungsvolle Belehrung vermittelnd:* eine lehrreiche Abhandlung; der Versuch war sehr l.

Lehrsatz, der; -es, Lehrsätze: *Satz, der ein wichtiges Stück einer wissenschaftlichen Lehre enthält.*

Lehrstuhl, der; -s, Lehrstühle: *planmäßige Stelle eines Professors an einer Universität oder Hochschule:* ein L. für Physik.

Leib, der; -es, Leiber: *Körper:* ein kräftiger, kranker L. * **sich etwas/jmdn. vom Leibe halten** *(etwas/jmdn. von sich fernhalten);* **mit L. und Seele** *(voll u. ganz, mit Begeisterung):* er ist mit L. und Seele Arzt.

leibhaftig [auch: leib...] ⟨Adj.⟩: *wirklich, in eigener Person:* er stand l. vor mir.

leiblich ⟨Adj.⟩: **1.** ⟨nur attributiv⟩ *unmittelbar verwandt:* mein leiblicher Bruder. **2.** ⟨nicht adverbial⟩ *den Leib betreffend.* * **für jmds. leibliches Wohl sorgen** *(jmdn. mit Essen und Trinken versorgen).*

Leiche, die; -, -n: *toter Körper:* er mußte eine L. sezieren. * **über Leichen gehen** *(seine Ziele rücksichtslos verfolgen).*

Leichnam, der; -s, -e (geh.): *Leiche:* ihr L. wurde am Ufer gefunden.

leicht ⟨Adj.⟩: **1.** ⟨nicht adverbial⟩ *geringes Gewicht habend, nicht schwer [zu tragen]:* das Paket ist l. * **leichte Musik** *(Musik zur Unterhaltung).* **2.** *bekömmlich:* leichte Speisen. **3. a)** *geringfügig:* eine leichte Verletzung. **b)** *kaum merklich:* etwas l. berühren. **4.** *keine Schwierigkeiten bereitend, mühelos:* leichte Arbeit; dieses Problem läßt sich l. lösen. **5.** ⟨nur adverbial⟩ *beim geringsten Anlaß, schnell:* er wird l. böse.

leichtfallen, fällt leicht, fiel leicht, ist leichtgefallen ⟨itr.⟩: *keine Mühe machen:* diese Arbeit ist ihm leichtgefallen.

leichtfertig ⟨Adj.⟩ (abwertend): *unüberlegt [handelnd]:* ein leichtfertiger Mensch; sein Geld l. verschwenden; leichtfertige Worte.

Leichtigkeit: ⟨in der Fügung⟩ mit L.: *mühelos:* er kann die Aufgabe mit L. lösen.

leichtlebig ⟨Adj.⟩: *unbekümmert und fröhlich lebend:* ein leichtlebiger junger Mann.

Leichtsinn, der; -s: *unvorsichtige, [allzu] sorglose Haltung; fahrlässiges Verhalten:* ein beispielloser L.; etwas durch seinen L. verderben.

leichtsinnig ⟨Adj.⟩: *unbedacht [und fahrlässig handelnd], sorglos:* ein leichtsinniger Junge; l. über die Straße laufen.

leid ⟨in den Fügungen⟩ **jmdm. l. tun** *(Mitleid, Bedauern erregen):* das Kind tut mir l.; es tut mir l., daß ich dir nicht helfen kann. **jmdm./etwas l. sein** *(jmdn./etwas nicht mehr haben wollen):* ich bin der ständigen Ermahnungen l.

Leid, das; -[e]s: *Unglück, Kummer, tiefer Schmerz:* bitteres L. * **jmdm. sein L. klagen** *(jmdm. von seinem Kummer erzählen);* **jmdm. ein Leid antun** *(jmdm. etwas Böses zufügen).*

leiden, litt, hat gelitten ⟨itr.⟩ /vgl. leidend/: **1.** *Schmerzen erdulden:* er hat bei dieser Krankheit viel l. müssen. **2.** *bedrückt sein (von etwas):* unter der Einsamkeit l.; an einer Krankheit l. **3.** ⟨als Funktionsverb⟩: Hunger l. *(hungern);* Durst l. *(dursten).* ** **jmdn./etwas nicht l. können** *(jmdn./etwas nicht gern haben, nicht mögen; jmdm. nicht gut gesinnt sein):* ich kann ihn, diese Musik nicht l.

Leiden, das; -s, -: **1.** *lang dauernde Krankheit:* ein schweres L. **2.** ⟨Plural⟩ *Kummer, [seelische] Schmerzen:* die L. und Freuden des Lebens.

leidend: ⟨in der Verbindung⟩ l. sein: *ein Leiden, eine lang dauernde Krankheit haben:* er war schon lange l.

Leidenschaft, die; -, -en: *heftiges Verlangen, mächtiger Trieb:* er spielt mit L. Schach; er war frei von jeder L.

leidenschaftlich ⟨Adj.⟩: **1.** *mit Leidenschaft, sehr stark:* jmdn. l. lieben; leidenschaftlicher Haß. **2.** *begeistert, fanatisch:* er ist ein leidenschaftlicher Jäger.

leider ⟨Adverb⟩: *zu meinem Bedauern, unglücklicherweise:* ich kann l. nicht kommen.

leidig ⟨Adj.; nur attributiv⟩: *unangenehm, lästig:* ein leidiger Zufall.

leidlich ⟨Adj.⟩: *erträglich, annehmbar:* die Straßen sind in leidlichem Zustand; mir geht es l. *(einigermaßen)* [gut].

Leidtragende, der; -n, -n ⟨aber: [ein] Leidtragender, Plural: Leidtragende⟩: *Angehöriger eines gerade Verstorbenen, Trauernder:* die Leidtragenden folgten dem Sarge. * (ugs.) *der L. sein (die unangenehmen Folgen tragen müssen):* bei dieser Entscheidung ist er der L.

Leidwesen: ⟨in der Fügung⟩ *zu jmds. L.: zu jmds. Bedauern; leider:* er mußte zu seinem L. zu Hause bleiben.

leihen, lieh, hat geliehen: **1.** ⟨tr.⟩ *(jmdm.) zum vorübergehenden Gebrauch geben, borgen:* er lieh mir hundert Mark. **2.** ⟨itr.⟩ *sich zu vorübergehendem Gebrauch geben lassen, borgen:* ich habe mir das Buch [von meinem Freund] geliehen.

Leim, der; -s: *[zähflüssiges] Mittel zum Kleben von Holz o. ä.* * (ugs.) *jmdm. auf den L. gehen (sich von jmdm. überlisten lassen, auf jmdn. hereinfallen);* etwas *geht aus dem L. (etwas geht entzwei, hält nicht mehr).*

leimen, leimte, hat geleimt ⟨tr.⟩: *mit Leim kleben, reparieren:* ein Spielzeug l.

Leine, die; -, -n: *kräftige, längere Schnur, an oder mit der etwas befestigt wird:* die Wäsche hängt auf der L.; den Hund an der L. führen.

Leinen, das; -s /ein Gewebe/: ein Tischtuch aus L.

Leinwand, die; -: **1.** *in bestimmter Art gewebtes Tuch:* auf L. malen. **2.** *aufgespannte helle Fläche, auf die Filme und Dias projiziert werden.*

leise ⟨Adj.⟩: **1.** *schwach hörbar/ Ggs. laut/:* eine l. Stimme; l. gehen. **2.** *gering, schwach, kaum zu spüren:* etwas l. berühren.

Leiste, die; -, -n: *schmaler Streifen [aus Holz o. ä.]:* eine Fläche mit einer L. einfassen.

leisten, leistete, hat geleistet ⟨tr.⟩: *schaffen, vollbringen, ausführen:* viel l.; er hat Großes geleistet. * **jmdm. Gesellschaft l.** *(bei jmdm. bleiben, damit er nicht allein ist);* **jmdm. Hilfe l.** *(jmdm. helfen);* **sich etwas nicht l. können** *(das Geld für etwas nicht haben):* er kann sich kein Auto l.

Leistung, die; -, -en: **1. a)** *aufgewendete Arbeit; tüchtige, besondere Tat:* große Leistungen vollbringen. **b)** *[finanzielle] Aufwendung:* die sozialen Leistungen einer Firma. **2.** *nutzbare Kraft [einer Maschine]:* die Maschine erreichte sehr bald ihre volle L.

leistungsfähig ⟨Adj.⟩: *fähig, gute Leistungen hervorzubringen:* der Wagen hat einen leistungsfähigen Motor; er ist wohl nicht [voll] l. **Leistungsfähigkeit,** die; -.

Leitartikel, der; -s, -: *wichtiger aktueller Aufsatz, meist auf der ersten Seite einer Zeitung.*

leiten, leitete, hat geleitet: **1.** ⟨tr.⟩ *[als Vorgesetzter] lenken, führen:* einen Betrieb, Verband l.; ein leitender Beamter. **2.** ⟨tr.⟩ *machen, daß etwas an eine bestimmte Stelle kommt:* Wasser in ein Becken l. **3.** ⟨tr.⟩ *hindurchgehen lassen:* Kupfer leitet [Elektrizität] gut.

Leiter: I. der; -s, -: *verantwortliche, leitende Persönlichkeit:* der L. eines Verlages. **II.** die; -, -n: /*Gerät zum Steigen/* (siehe Bild): eine L. aufstellen; von der L. fallen.

Leitfaden, der; -s, Leitfäden: *knapp gefaßtes Lehrbuch zur Einführung in ein bestimmtes Fach:* ein L. der Chemie.

Leitung, die; -, -en: **1.** ⟨ohne Plural⟩ *das Leiten, die Führung:* die L. übernehmen. **2.** *aus Rohren, Kabeln o. ä. bestehende Anlage zum Weiterleiten von Flüssigkeiten, Gas, Elektrizität:* eine L. verlegen.

Lektion, die; -, -en: *Abschnitt eines Lehrbuchs, der als Ganzes behandelt werden soll:* seine L. lernen.

Lektüre, die; -: **1.** *Literatur, die [in der Schule] gelesen wird:* gute L. auswählen. **2.** *das Lesen [eines Buches]:* wir setzten die L. dieses Buches am Abend fort.

Lende, die; -, -n: *Teil des Rückens unterhalb der Rippen* (siehe Bild).

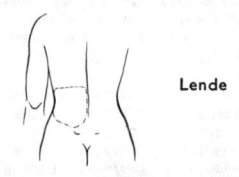

Lende

lenken, lenkte, hat gelenkt ⟨tr.⟩: *steuern, [einem Fahrzeug] eine bestimmte Richtung geben:* ein Auto l.; ⟨auch itr.⟩ du mußt richtig l.!; bildl.: das Kind ist leicht zu l. *(es ist folgsam).* * **jmds. Blick auf sich l.** *(jmdm. auffallen).*

Lenkrad, das; -[e]s, Lenkräder: *Rad zum Lenken vor dem Sitz des Fahrers seines Kraftwagens; Steuer.*

Lenkstange, die; -, -n: *gebogene Stange an Fahr- und Motorrädern, die zum Lenken dient.*

Lerche

Lerche, die; -, -n: *ein Singvogel*/ (siehe Bild).

lernen, lernte, hat gelernt: **a)** ⟨tr.⟩ *sich Kenntnisse und Fähigkeiten aneignen:* das Kind lernt sprechen; schwimmen l.; eine Sprache l. **b)** ⟨tr./itr.⟩ *sich (durch Übung) einprägen:* ein Gedicht [auswendig] l.; er lernt leicht *(braucht nicht lange zu üben).*

lesen, liest, las, hat gelesen: **a)** ⟨tr./itr.⟩ *einen Text mit den Augen und dem Verstand erfassen:* ein Buch, einen Brief l.; in der Zeitung l. **b)** ⟨itr.⟩ *einen Text*

leserlich

vortragen, vorlesen: der Dichter liest aus seinem neuen Buch. **c)** ⟨itr./tr.⟩ *Vorlesungen (an einer Hochschule) halten:* er liest [über] englische Literatur.

leserlich ⟨Adj.⟩: *deutlich geschrieben:* eine leserliche Handschrift haben.

Lethargie, die; -: *geistige Trägheit, schläfriges, teilnahmsloses Wesen.*

letzt ⟨Adj.; nur attributiv⟩: **a)** *in einer Reihe oder Folge den Schluß bildend:* der letzte sein; das letzte Haus links; die letzten *(tiefsten)* Geheimnisse. * **der Letzte Wille** *(das Testament eines Verstorbenen).* **b)** *gerade vergangen, unmittelbar vor der Gegenwart liegend:* am letzten Dienstag habe ich ihn noch gesehen.

letztens ⟨Adverb⟩: *vor kurzem, kürzlich:* l. hörte ich, daß er gestorben ist.

letztlich ⟨Adverb⟩: *zuletzt, schließlich; im Grunde:* l. hängt alles von dir ab; das ist l. die Hauptsache.

Leuchte, die; -, -n: (in der Technik für:) *Lampe, Gerät zum Beleuchten.*

leuchten, leuchtete, hat geleuchtet ⟨itr.⟩: **a)** *Licht von sich geben, verbreiten:* die Lampe leuchtet. **b)** *[ruhig] glänzen, strahlen:* das weiße Haus leuchtet durch die Bäume.

Leuchter, der; -s, -: *Gestell, in das eine oder mehrere Kerzen gesteckt werden* (siehe Bild).

Leuchter

leugnen, leugnete, hat geleugnet ⟨tr.⟩: *behaupten, daß etwas von anderen Gesagtes nicht wahr sei; abstreiten:* eine Schuld l.; er leugnet, den Mann zu kennen; ⟨auch itr.⟩ der Angeklagte leugnete hartnäckig.

Leumund, der; -[e]s: *Ruf:* einen guten L. haben *(als moralisch einwandfrei bekannt sein);* sein L. ist nicht gut.

Leute, die ⟨Plural⟩: *Menschen:* viele L.; das sind nette L. * *etwas unter die L. bringen (dafür sorgen, daß etwas bekannt wird).*

Leutnant, der; -s, -s: *Offizier des untersten Grades.*

leutselig ⟨Adj.⟩: *wohlwollend, freundlich im Umgang mit Untergebenen und einfacheren Menschen:* ein leutseliger Vorgesetzter.

Lexikon, das; -s, Lexika: *nach dem Abc geordnetes Werk, in dem man sachliche Auskünfte aller Art findet.*

Libelle, die; -, -n: /ein Insekt/ (siehe Bild).

Libelle

liberal ⟨Adj.⟩: **1.** *im Geiste freiheitlicher Gestaltung des Lebens geprägt:* liberale Politik. **2.** *frei und großzügig denkend, tolerant:* ein liberaler Mann; l. gesinnt sein.

Licht, das; -[e]s, -er: **1.** ⟨ohne Plural⟩ *Helligkeit, Zustand, in dem die Umgebung beleuchtet und sichtbar ist:* dieses Zimmer hat zu wenig L. *(ist nicht hell genug);* L. machen *(die Beleuchtung einschalten).* * (geh.) **das L. der Welt erblicken** *(geboren werden).* **2.** *Lichtquelle:* ein L. *(eine Kerze, Lampe)* anzünden; vom Flugzeug aus sah man die Lichter der Stadt. * *jmdn. hinters L. führen (jmdn. täuschen).*

Lichtbild, das; -[e]s, -er: **1.** *photographisches Bild [einer Person]:* der Ausweis muß ein L. des Inhabers enthalten. **2.** *auf eine Fläche projiziertes Bild:* in der Schule wurden Lichtbilder gezeigt.

lichten, sich; lichtete sich, hat sich gelichtet: **a)** *dünner, durchsichtiger werden:* der Wald lichtet sich *(die Bäume stehen weniger dicht);* sein Haar hat sich gelichtet. **b)** *heller werden.* * *das Dunkel lichtet sich (es kommt Klarheit in eine Sache).*

Lichthupe, die; -, -n: *Vorrichtung im Auto, mit der man Lichtsignale geben kann.*

Lichtung, die; -, -en: *helle, von Bäumen freie Stelle im Wald.*

Lid

Lid, das; -[e]s, -er: *bewegliche Haut über den Augen* (siehe Bild).

lieb ⟨Adj.⟩ /vgl. lieber/: **1.** *geliebt, teuer, wert:* ein lieber Freund; mein liebstes Buch; lieber Herr Meier! /Anrede/; es wäre mir lieb *(angenehm),* wenn er käme. * (ugs.) **sich bei jmdm. l. Kind machen** *(jmdm. schmeicheln, um in seiner Gunst zu stehen).* **2.** *freundlich, liebevoll, nett:* er ist ein lieber Junge; l. zu jmdm. sein; das ist sehr l. von Ihnen; du mußt aber l. *(artig)* sein!

liebäugeln, liebäugelte, hat geliebäugelt ⟨itr.⟩: *(etwas) gern haben oder tun wollen:* er liebäugelt schon lange mit einem neuen Wagen.

Liebe, die; -: *starkes [inniges] Gefühl der Zuneigung:* seine L. wurde ihr nicht erwidert; die L. zur Heimat; die L. zum Mitmenschen. * *etwas mit L. tun (etwas gern und mit Sorgfalt tun).*

lieben, liebte, hat geliebt: **1.** ⟨tr.⟩ *innige Zuneigung zu jmdm., etwas empfinden:* ein Mädchen l.; die Eltern, seine Heimat l. **2.** ⟨tr./itr.⟩ *gern haben, gern tun:* er liebt den Wein; sie liebt es nicht aufzufallen.

liebenswürdig ⟨Adj.⟩: *freundlich und in betonter Weise höflich:* ein liebenswürdiger Mensch. **Liebenswürdigkeit,** die; -.

lieber ⟨Adverb⟩ /vgl. gern/: **a)** *mit mehr Bereitwilligkeit, mit mehr Vergnügen:* ich möchte l. lesen. **b)** *besser, mit mehr Nutzen:* ich hätte l. warten sollen; gehe l. nach Hause!

liebevoll ⟨Adj.⟩: *zärtlich [besorgt], von Liebe erfüllt:* sie hat ihn l. gepflegt; liebevolle Worte.

liebhaben, hat lieb, hatte lieb, hat liebgehabt ⟨itr.⟩: *gern haben, lieben:* sie hat ihn lieb.

Liebhaber, der; -s, -: **1.** *Verehrer, Geliebter:* ein eifersüchtiger L. **2.** *jmd., der aus persönlichem Interesse bestimmte Dinge kauft, sammelt oder sich mit ihnen beschäftigt:* ein L. alter Münzen.

Liebhaberei, die; -, -en: *nur aus Freude an der Sache ausgeübte Beschäftigung, Hobby:* das Malen ist seine besondere L.

lieblich ⟨Adj.⟩: *anmutig, angenehm:* eine liebliche Landschaft; es duftet l.

Liebling, der; -s, -e: *jmd., der von jmdm. besonders geliebt, bevorzugt wird:* sie war Mutters L.;

eser Sänger ist der L. des Publikums.

lieblos ⟨Adj.⟩: *unfreundlich, hässig:* liebeose Worte; jmdn. behandeln.

Liebreiz, der; -es: *bezaubernde, reizende Anmut:* ein Gesicht von großem L.

Lied, das; -es, -er: *vertontes, meist in Strophen eingeteiltes Gedicht, das gesungen wird.*

liederlich ⟨Adj.⟩: *unordentlich, ohne Sorgfalt gemacht:* liederliche Arbeit.

Lieferant, der; -en, -en: *jmd., der bestellte Waren liefert.*

liefern, lieferte, hat geliefert ⟨tr.⟩: *(bestellte Waren) bringen oder schicken:* wir liefern Ihnen das Möbel ins Haus. * (ugs.) **geliefert sein** *(sich aus einer schwierigen Lage nicht mehr retten, beziehen können).*

Lieferung, die; -, -en: **1.** *das Liefern:* die L. erfolgt in drei Tagen. **2.** *einzeln gelieferter Teil eines Buches, das nicht auf einmal erscheint:* das Werk erscheint in Lieferungen.

Lieferwagen, der; -s, -: *kleiner, meist geschlossener Lastkraftwagen.*

Liege, die; -, -n: *flaches Möbelstück, das zum Liegen und Ausruhen dient* (siehe Bild).

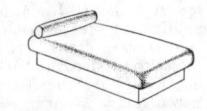

Liege

liegen, lag, hat gelegen ⟨itr.⟩ (gl. gelegen/: **1.** *in waagerechter Lage sein, ruhen:* auf dem Rücken l.; im Bett l.; in der Sonne l. *(sich sonnen).* **2. a)** *sich waagerecht, schräg] (an einer Stelle) befinden:* das Buch liegt auf dem Tisch; das Schiff liegt im Hafen. * **etwas liegt in der Luft** *(etwas steht bevor, droht sich zu entladen);* **etwas liegt jmdm. auf der Zunge** *(jmd. ist nahe daran, einen Namen o. ä. nennen zu können, der einem aber noch nicht einfällt):* sein Name liegt mir auf der Zunge, wie heißt er doch gleich? *eine bestimmte geographische Lage haben:* München liegt an der Isar. **3.** *jmdm. angenehm sein, jmds. Wesen, Einstellung entsprechen:* diese Arbeit liegt ihm nicht. ** **jmdm. liegt an etwas** *(jmdm. ist etwas wichtig):* an seiner Beförderung ist mir viel gelegen; seine Zukunft liegt mir am Herzen; **etwas liegt bei jmdm.** *(etwas hängt von jmdm. ab);* **etwas liegt an etwas** *(etwas ist schuld an etwas):* es lag an dem schlechten Wetter, daß wir zu Hause blieben.

liegenlassen, ließ liegen, ließ liegen, hat liegenlassen ⟨tr.⟩: *vergessen:* er läßt oft seine Uhr liegen. * **jmdn. links l.** *(jmdn. bewußt nicht beachten).*

Lift, der; -[e]s, -e und -s: *Aufzug für Personen und kleinere Lasten.*

lila ⟨Adj.; indeklinabel⟩: *(in der Färbung) wie blauer Flieder [aussehend]:* ein l. Kleid.

Lilie, die; -, -n: /eine stark duftende [Garten]blume/ (siehe Bild).

Lilie

Limonade, die; -, -n: /ein erfrischendes kohlensäurehaltiges Getränk [aus Wasser und Fruchtsaft].

lind ⟨Adj.⟩: *sanft, milde:* ein linder Abend.

Linde, die; -, -n: /ein Laubbaum/ (siehe Bild).

Linde

lindern, linderte, hat gelindert ⟨tr.⟩: *mildern, erträglich machen:* Not, Schmerzen l. **Linderung,** die; -.

Lineal, das; -s, -e: *Gerät, mit Hilfe dessen Linien gezogen werden* (siehe Bild).

Lineal

Linie, die; -, -n: **1.** *längerer Strich:* Linien ziehen. **2.** *Reihe von Personen, Dingen, die in einer Richtung nebeneinander stehen oder liegen:* in einer L. stehen. **3.** *Strecke mit planmäßigem Verkehr:* die L. 16 der Straßenbahn. **4.** *Abstammung, Folge der Generationen:* in gerader Linie von jmdm. abstammen.

lin[i]ieren, lin[i]ierte, hat lin[i]iert ⟨tr.⟩: *mit Linien versehen:* lin[i]iertes Papier.

linke ⟨Adj.; nur attributiv⟩: *sich auf der Seite befindend, die der rechten Seite entgegengesetzt ist* /Ggs. rechte/: die linke Hand, die linke *(geringere, gewöhnlich nicht sichtbare)* Seite des Stoffes nach außen kehren.

Linke, die; -n: **1.** *linke Hand:* etwas in der Linken tragen. * **zur Linken** *(links).* **2.** *Gruppe der fortschrittlichen und sozialistischen Parteien:* er gehört zur Linken.

linkisch ⟨Adj.⟩: *ungeschickt, unbeholfen:* ein linkischer Mensch; sich l. benehmen.

links ⟨Adverb⟩: *auf der linken Seite* /Ggs. rechts/: nach l. gehen; jmdn. l. überholen; einen Strumpf l. *(mit der Innenseite nach außen)* anziehen.

Linse, die; -, -n: **I.** *als Gemüse verwendeter brauner, flach-runder Samen einer Pflanze:* heute Mittag gibt es Linsen und Speck. **II.** *geschliffener, durchsichtiger Körper aus Glas in optischen Geräten.*

Lippe, die; -, -n: *Teil des Mundes* (siehe Bild).

Lippe

lispeln, lispelte, hat gelispelt ⟨itr.⟩: **1.** *die S-Laute fehlerhaft sprechen, indem man mit der Zunge an die Zähne stößt.* **2.** (geh.) *vorsichtig, kaum hörbar flüstern.*

List, die; -, -en: *schlau ausgedachter Plan mit dem Ziel, andere zu täuschen; Trick:* er ersann eine L., um uns in das Haus zu locken.

Liste, die; -, -n: *Verzeichnis von Waren, Preisen, Namen o. ä.:* der Name fehlt in meiner L. * **auf der schwarzen L. stehen** *(als unzuverlässig, verdächtig gelten).*

listig ⟨Adj.⟩: *schlau, durchtrieben; geschickt täuschend:* er hat das Gespräch sehr l. angefangen.

Liter, der, (auch:) das; -s, -: /Maß für Flüssigkeiten/: zwei L. Milch.

literarisch

litergrisch ⟨Adj.⟩: *die Literatur, Dichtung betreffend.*

Literatur, die; -: **1.** *alle [in einer Sprache vorhandenen] dichterischen und schriftstellerischen Werke.* * **die schöne L.** *(die Dichtung).* **2.** *alle Bücher und Aufsätze, die über ein bestimmtes Thema geschrieben wurden:* er kennt die einschlägige L.

Litfaßsäule, die; -, -n: *dicke Säule an Straßen und Plätzen, an der Plakate angeschlagen werden* (siehe Bild).

Litfaßsäule

Livree, die; -, -n: *uniformartige Kleidung der Diener in einem Hotel o. ä.*

Lizenz, die; -, -en: *[amtliche] Genehmigung, Erlaubnis:* eine L. bekommen.

Lob, das; -[e]s: *anerkennende Worte, ermunternder Zuspruch* /Ggs. Tadel/: Das Lob seines Lehrers freute den Schüler.

loben, lobte, hat gelobt ⟨tr.⟩: *jmds. Leistung besonders hervorheben und würdigen; (jmdm.) anerkennende Worte sagen (über etwas); sich anerkennend (über jmdn./etwas) äußern* /Ggs. tadeln/: der Lehrer lobte den Schüler; der Film wurde sehr gelobt.

Loch, das; -[e]s, Löcher: **a)** *offene, leere Stelle in der Oberfläche eines Gegenstandes; Öffnung, Lücke:* der Strumpf hat ein L.; ein L. ins Kleid reißen. **b)** *Vertiefung:* ein L. in der Erde. ** (ugs.) **auf dem letzten L. pfeifen** *(mit seiner Kraft, seinem Geld am Ende sein).*

lochen, lochte, hat gelocht ⟨tr.⟩: *mit einem Loch, mit Löchern versehen [und dadurch kennzeichnen]:* der Schaffner hat die Fahrkarte gelocht.

Locke, die; -, -n: *Büschel von welligem, geringeltem Haar* (siehe Bild): eine L. abschneiden; blonde Locken.

locken, lockte, hat gelockt ⟨tr.⟩: **1.** *durch Rufe, Zeichen, Versprechungen o. ä. heranzuholen suchen:* der Jäger lockt den Rehbock; ein Kind an/zu sich locken. **2.** *reizen, anziehen, interessieren:* diese Arbeit lockt mich nicht.

locker ⟨Adj.⟩: *nicht fest, nicht ganz befestigt, lose:* ein lockerer Nagel; lockerer *(weicher)* Boden; die Zügel l. halten; bildl.: lockere *(allzu freie)* Sitten.

lockerlassen, läßt locker, ließ locker, hat lockergelassen ⟨itr.; nur verneint⟩: *nachgeben; seine Bemühungen aufgeben:* wir dürfen nicht l.

lockern, lockerte, hat gelockert ⟨tr./rfl.⟩: *locker machen, werden:* den Gürtel, die Muskeln l.; das Brett hat sich gelockert.

Lockerung, die; -.

lockig ⟨Adj.⟩: *Locken habend:* lockiges Haar.

Lockvogel, der; *jmd., der Personen anlockt, die man überfallen oder schädigen will:* das hübsche Mädchen war nur ein L.

Loden, der; -s, -: *sehr dichtes Gewebe aus Wolle:* ein Mantel aus grobem L.

lodern, loderte, hat gelodert ⟨itr.⟩: *in heftiger Bewegung brennen:* die Flammen lodern; bildl.: lodernde Begeisterung.

Löffel, der; -s, -: **1.** *Gerät, mit dem man Brei, Suppe u. ä. essen oder schöpfen kann* (siehe Bild): mit dem L. essen; ein silberner L. **2.** ⟨Plural⟩ *Ohren des Hasen:* (siehe Bild): der Hase stellt die L. hoch.

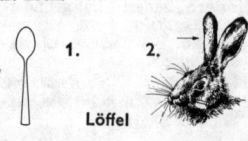

1.   2.
Löffel

Loge ['loːʒə], die; -, -n: *abgeteilter kleiner Raum für Zuschauer im Theater:* eine L. mieten.

Logik, die; -: **a)** *exakte Art des Denkens, bei der die Gedanken folgerichtig auseinander entwickelt werden; Lehre vom richtigen Denken:* das widersprich aller L. **b)** *zwingende, notwendige Folgerung (aus etwas):* sich der der Tatsachen fügen.

logisch ⟨Adj.⟩: *der Logik ersprechend, folgerichtig:* er den in logischen Zusammenhänge: es war nur l., daß er von seine Amt zurücktrat.

Lohn, der; -[e]s, Löhne: *Ve gütung für geleistete Arbeit; be die Bezahlung, die einem Arbe ter für einen bestimmten Ze raum zusteht:* den L. erhöhe kürzen; jeden Freitag die Löh auszahlen; bildl.: den Lol für eine gute, böse Tat em fangen.

lohnen, lohnte, hat geloh ⟨tr./rfl.⟩: *Nutzen bringen, (ei Anstrengung) wert sein:* die Wa serfälle lohnen einen Besuch; lohnt sich, dieses Buch zu lese eine lohnende Aussicht.

Lok, die; -, -s: (Kurzform für Lokomotive.

Lokal, das; -s, -e: *Gaststätt* ein L. besuchen.

Lokomotive, die; -, -n: *M schine, die die Wagen der Eise bahn zieht.*

Lorbeer, der; -s, -en: *imme grüner Baum, dessen Blätt als Gewürz dienen; Sinnbild d Ruhms;* * **Lorbeeren ernten** *(E folg haben, Anerkennung gewi nen).*

los /vgl. lose/: **I.** ⟨Adj.; nu prädikativ⟩ *[ab]getrennt, fr (von etwas):* der Knopf ist *(abgerissen);* der Hund ist [vc der Kette] l. * (ugs.) **etwas haben** *(etwas können, geschic sein);* **jmdn./etwas l. sein** *(vc jmdm./etwas befreit sein, jmdn etwas nicht mehr haben):* ich wä den Kerl gern l. gewesen; es **etwas l.** *(es geschieht, passie etwas):* was ist hier l.? **I** ⟨Adverb⟩ *weg!, fort!, schnel* /als Aufforderung/: l., bee dich!

Los, das; -es, -e: **1. a)** *b sonders gekennzeichneter Gegen stand, mit dessen Hilfe eine En scheidung durch Zufall herbeig führt wird:* das L. über etwa werfen; ein L. ziehen; die Re henfolge wird durch das L. b stimmt. **b)** *mit einer Numm versehenes Papier, das m kauft, um an einer Lotterie te zunehmen:* ein halbes, ganzes spielen. * **das Große L.** *(d größte Gewinn einer staatlich Lotterie):* er hat das große gewonnen. **2.** *Schicksal:* mit s

loskommen, kam los, ist losgekommen ⟨itr.⟩: *sich (von etwas) lösen, frei werden:* sie konnte von ihm nicht l.

losbinden, band los, hat losgebunden ⟨tr.⟩: *von einer Befestigung lösen:* ein Pferd, einen Kahn l.

Löschblatt, das; -[e]s, Löschblätter: *ein Blatt Löschpapier in einem Heft o. ä.).*

löschen, löschte, hat gelöscht: 1. ⟨tr.⟩ a) *mit Erfolg bekämpfen, ersticken:* der Brand, das Feuer wurde schnell gelöscht. * **seinen Durst l.** *(soviel trinken, bis man keinen Durst mehr hat).* b) *ausmachen, ausschalten:* er hat die Kerzen, das Licht gelöscht. c) *(von einer Liste) streichen, aufheben:* eine Firma, ein Konto l. 2. ⟨tr.⟩ *ausladen:* die Ladung eines Schiffes l.

Löschpapier, das; -s: *eine Art Papier, mit dem Flüssigkeiten (vor allem Tinte) aufgesaugt werden können:* Briefmarken auf L. trocknen.

lose ⟨Adj.⟩ /vgl. los/: 1. *nicht fest verbunden, locker:* ein loses Blatt; der Knopf ist, hängt l. *(ist nicht fest angenäht);* bildl.: jmdm. einen losen *(mutwilligen, frechen)* Streich spielen; ein loses *(leichtfertiges)* Mädchen. 2. *nicht verpackt:* 1. Ware; Zigarren l. *(einzeln)* verkaufen.

Lösegeld, das; -s, Lösegelder: *Betrag, für den ein Gefangener der Entführer freigegeben werden soll:* ein L. zahlen, erpressen.

losen, loste, hat gelost ⟨itr.⟩: *eine Entscheidung durch das Los herbeiführen:* um etwas l.; wir losten, wer zuerst fahren sollte.

lösen, löste, hat gelöst: 1. ⟨tr./ refl.⟩ a) *aufmachen, herausnehmen, locker machen/werden:* Fesseln, einen Knoten l.; ein Ziegel hat sich gelöst; bildl.: einen Vertrag, seine Verlobung l. *(aufheben).* b) *fein verteilen:* Salz in Wasser l. 2. ⟨tr.⟩ *(durch Nachdenken) klären:* ein Problem, ein Rätsel l. 3. ⟨tr.⟩ *kaufen:* eine Fahrkarte l.

losgehen, ging los, ist losgegangen ⟨itr.⟩ (ugs.): 1. *abgehen, sich von etwas lösen:* der Knopf ist losgegangen; der Schuß ging zu früh los. 2. *beginnen:* es geht los *(etwas fängt an).* 3. a) *aufbrechen:* wir gingen um 6 Uhr los. b) *jmdn. angreifen, auf jmdn. eindringen:* er ist mit dem Messer auf ihn losgegangen.

loslassen, läßt los, ließ los, hat losgelassen ⟨tr.⟩: *freilassen, nicht mehr festhalten:* einen Hund [von der Kette] l.; sie ließ seine Hände los.

lossagen, sich; sagte sich los, hat sich losgesagt: *jmdn./etwas aufgeben, jmdn. verlassen, verstoßen:* er hat sich von seinem Sohn losgesagt.

Lösung, die; -, -en: 1. a) ⟨ohne Plural⟩ *das Lösen:* die L. des Rätsels war schwer. b) *Ergebnis; [durch Nachdenken gefundener] Ausweg:* dies ist eine befriedigende L. des Problems. 2. *Flüssigkeit, in der ein Stoff fein verteilt ist:* diese L. enthält keinen Zucker.

Lot, das; -[e]s, -e: *an einer Schnur hängendes Gewicht, mit dem die senkrechte Richtung oder Entfernung bestimmt wird:* eine Mauer mit dem L. prüfen. * **etwas [wieder] ins L. bringen** *(etwas in Ordnung bringen).*

löten, lötete, hat gelötet ⟨tr.⟩: *mit Hilfe von geschmolzenem Metall verbinden:* der Henkel wird an die Kanne gelötet.

Lotse, der; -n, -n: *erfahrener, ortskundiger Seemann, der Schiffe durch Hafeneinfahrten, Flußmündungen usw. leitet.*

lotsen, lotste, hat gelotst ⟨tr.⟩: *als Lotse lenken:* ein Schiff in den Hafen l.; (ugs.): jmdn. in eine Kneipe l. *(jmdn. zum Mitgehen in eine Kneipe verführen).*

Lotterie, die; -, -n: *Glücksspiel, an dem man durch den Kauf von Losen teilnimmt:* in der L. spielen, gewinnen.

Lotto, das; -s, -s: a) *eine Art Lotterie, bei der die Gewinne auf eine bestimmte Gruppe von Zahlen fallen:* vier Richtige im L. haben. b) *Gesellschaftsspiel, bei dem Bilder auf kleinen Tafeln zugedeckt werden.*

Löwe, der; -n, -n: *ein Raubtier/* (siehe Bild). * **wie ein L. kämpfen** *(sich tapfer wehren).*

Löwe

Löwenzahn, der; -s: */eine Wiesenblume/* (siehe Bild).

Löwenzahn

loyal [loa'ja:l] ⟨Adj.⟩: *der Regierung, dem Gesetz treu:* sich l. verhalten.

Luchs, der; -es, -e: */ein Raubtier/* (siehe Bild). * **Augen wie ein L. haben** *(sehr scharf sehen);* **aufpassen wie ein L.** *(sehr gut aufpassen).*

Luchs

Lücke, die; -, -n: *Stelle, an der etwas fehlt; Zwischenraum:* eine L. im Zaun; das Buch hat eine L. gerissen.

Lückenbüßer, der; -s, -: *jmd., der für einen anderen als Ersatz einspringen muß:* er spielt den L.

lückenhaft ⟨Adj.⟩: *durch Lücken unterbrochen:* ein lückenhaftes Gebiß; ihre Kenntnisse waren nur l. *(ziemlich schwach).*

Lückenhaftigkeit, die; -.

lückenlos ⟨Adj.⟩: *keine Lücken enthaltend, vollständig:* die Beweise waren l.

Luft, die; -: *die zum Atmen notwendige Mischung von Gasen:* frische, gute, verbrauchte L.; L. holen *(einatmen);* die L. *(den Atem)* anhalten. * **mit jmdm. die gleiche L. atmen** *(in derselben Umgebung sein);* (ugs.) **es ist dicke L.** *(es ist ungemütlich, es droht etwas zu passieren):* geh jetzt nicht zum Chef, dort ist dicke L.; **jmdn. an die L. setzen** *(hinauswerfen);*

Luftdruck, der; -s: *von der Luft ausgeübter Druck:* der L. steigt, fällt.

lüften, lüftete, hat gelüftet ⟨tr.⟩: *Luft in einen Raum lassen, durch Luft frisch machen:* ein Zimmer l.; die Kleider l.

luftig ⟨Adj.⟩: a) *der Luft zugänglich, mit Luft erfüllt:* ein

Luftlinie

luftiger Raum. b) *leicht wie Luft:* luftige Kleider.
Luftlinie, die; -: *kürzeste Entfernung zwischen zwei Punkten:* die beiden Berge sind in der L. zwölf Kilometer voneinander entfernt.
Luftpirat, der; -en, -en: *jmd., der als Passagier eines Flugzeugs den Piloten unter Androhung von Gewalt zwingt, in einem anderen Staat zu landen.*
Luftpost, die; -: *mit Flugzeugen beförderte Briefe und Pakete.*
Luftzug, der; -[e]s: *Strömen der Luft, das deutlich zu spüren ist.*
Lüge, die; -, -n: *falsche Aussage, die bewußt gemacht ist und jmdn. täuschen soll:* eine grobe, freche L.; eine fromme L. *(in guter Absicht ausgesprochene Unwahrheit).*
lügen, log, hat gelogen ⟨itr.⟩: *bewußt die Unwahrheit sagen, um jmdn. zu täuschen:* du lügst, wenn du das behauptest.
Lügner, der; -s, -: *jmd., der [bei jeder Gelegenheit] die Unwahrheit sagt:* er ist ein gemeiner L.
Lümmel, der; -s, - (abwertend): *ungezogener, frecher Bursche:* der betrunkene L. belästigte das Mädchen.
Lump, der; -en, -en (abwertend): *gemein handelnder Mann von niedriger Gesinnung:* diese Lumpen haben mir mein Geld gestohlen.
Lumpen, der; -s, -: a) *grobes [zerrissenes] Stück Tuch, Lappen:* ein Werkzeug mit einem L. reinigen. b) ⟨Plural⟩ *zerrissene Kleider:* in Lumpen gehen.
lumpig ⟨Adj.⟩ (ugs.; abwertend): a) *niederträchtig, gemein:* er hat eine lumpige Gesinnung. b) *kümmerlich:* ich habe nur ein paar lumpige Pfennig verdient.
Lunge, die; -, -n: *Organ zum Atmen:* eine kräftige, gesunde L.
Lupe, die; -, -n: *optisches Gerät, dessen Linse ein vergrössertes Bild liefert:* mit der L. lesen.
Lurch, der; -[e]s, -e:/eine Klasse von Tieren, die am und im Wasser leben (Frösche, Kröten u. ä.)/.
Lust, die; -, Lüste: a) ⟨ohne Plural⟩ *Freude, Wohlgefallen:* mit L. und Liebe bei einer Sache sein. b) *Verlangen, Begierde:* er hatte L. zu rauchen; böse Lüste *(Begierden).*
lüstern ⟨Adj.⟩: *von [heimlichem] Verlangen nach Besitz oder Genuß von jmdm./etwas erfüllt; begehrlich:* nach/auf etwas l. sein; er sah sie mit lüsternen Augen an.
lustig ⟨Adj.⟩: *fröhlich, munter; heiteres Vergnügen bereitend:* ein lustiger Bursche, lustige Geschichten, Streiche; das Feuer flackert l. im Kamin. * **sich über jmdn./etwas l. machen** *(jmdn. seinen Spott fühlen lassen und sich dabei amüsieren).*
Lustspiel, das; -s, -e: *heiteres humorvolles Schauspiel; Komödie.*
lutschen, lutschte, hat gelutscht ⟨tr./itr.⟩: *saugen; saugend verzehren:* am Daumen, an einem Eis l.; ein Bonbon l.
Luv [lu:f]: ⟨in den Wendungen⟩ in/nach/von L.: *auf/nach/von der dem Wind zugewandten Seite [eines Schiffes].*
luxuriös ⟨Adj.⟩: *üppig, verschwenderisch:* er wohnt l.
Luxus, der; -: *übertriebener Aufwand, Verschwendung:* mit etwas L. treiben; das ist reiner L. *(nicht notwendig).*

M

Maat, der; -[e]s, -e und -en: *Unteroffizier bei der Marine.*
machen, machte, hat gemacht: 1. ⟨tr.⟩ a) *erzeugen, anfertigen, hervorbringen:* ein Kleid, ein Paar Schuhe m.; ich lasse mir einen Anzug m.; Kaffee m. *(kochen).* b) *ausführen, unternehmen, erledigen:* eine Arbeit, die Aufgaben für die Schule m.; eine Übung m.; eine Party m. *(veranstalten).* c) *bewirken, daß etwas in einer bestimmten Weise wird:* die Hose länger m.; ein Tier zahm m. * **das Bett m.** *(glattziehen, in Ordnung bringen).* 2. ⟨itr.⟩ *tun, handeln:* man kann es nicht allen recht m.; was soll ich damit m.?; was machst du jetzt?; * (ugs.) **nicht mehr lange m.** *(bald sterben müssen).* 3. ⟨rfl.⟩ *in einer bestimmten Weise passen, wirken:* der Hut macht sich gut zu diesem Kleid. * **sich nichts aus jmdm./etwa m.** *(an jmdm./etwas keinen Gefallen finden; jmdn./etwas nicht mögen):* ich mache mir nicht aus Schokolade; das macht di nichts draus! *(ärgere dich nich darüber!);* * **ein gemachte Mann** *(ein in wirtschaftliche Sicherheit lebender Mann);* sich m. *(sich gut entwickeln):* e macht sich [gut] in der Schule 4. ⟨als Funktionsverb⟩ einer Sprung m. *(springen);* den An fang m. *(anfangen);* einen Feh ler m. *(sich irren);* Musik m *(musizieren);* einen Versuch m *(versuchen).*
Machenschaften, die ⟨Plural⟩ (abwertend): *hinterhältige Unternehmungen, um ein Ziel, einer persönlichen Vorteil [heimlich] zu erreichen; Intrigen:* bei den Prozeß wurden die dunkle Machenschaften der Partei auf gedeckt.
Macht, die; -, Mächte: 1. ⟨ohne Plural⟩ *Gewalt, Herrschaft:* die M. haben, ausüben, gewinnen [über jmdn.]. * **mit aller M.** *(un bedingt):* er wollte mit aller M Leiter des Unternehmens wer den; **an die M. gelangen/kom men** *(die Herrschaft übernehmen).* 2. *etwas, was über besonder Kräfte, Einfluß, Mittel verfügt geheimnisvolle Mächte;* die ver bündeten Mächte *(Staaten).*
Machthaber, die ⟨Plural⟩ (abwertend): *die für die politische Führung Verantwortlichen.*
mächtig ⟨Adj.⟩: 1. *Macht Gewalt habend:* ein mächti ger Herrscher; die wirtschaft lich mächtigen Unternehmer * (geh.) **einer Sache m. sein** *(ei ne Sache beherrschen):* er wa des Englischen nicht m. 2. (ugs. *sehr stark, groß:* ein mächtige Balken; eine mächtige Eiche Stimme. 3. (ugs.) ⟨verstärken bei Adjektiven und Verben⟩ *sehr:* der Junge ist m. gewachsen.
machtlos ⟨Adj.⟩: *ohne Mach und Einfluß; gegen etwas nich eingreifen, sich nicht wehrer könnend:* die Polizei mußte m zusehen; gegen diese Argumen te war er m.
Machtprobe, die; -, -n: *Situa tion, bei der sich erweisen soll welche von zwei auf ihrem Stand punkt beharrenden Parteien die stärkere ist:* die Gewerkschaf ließ es auf eine M. mit den Un ternehmern ankommen.

Machtwort: ⟨in der Wendung⟩ ein M. sprechen: *als Unbeteiligter und auf Grund seiner höheren Stellung bei einem Streit die Entscheidung fällen:* der Streit dauert schon so lange, der Chef soll doch endlich ein M. sprechen.

Mädchen, das; -s, -: **1.** *Kind oder jüngere unverheiratete Person weiblichen Geschlechts:* ein kleines, hübsches, schönes, junges M. **2.** *Hausangestellte.*

Mädchenname, der; -ns, -n: **1.** *weiblicher Vorname.* **2.** *Nachname der Frau vor der Heirat.*

Made, die; -, -n: *Larve.*

Mädel, das; -s, -: *Mädchen.*

madig ⟨Adj.; nicht adverbial⟩: *durch Maden zerfressen, verdorben:* der Apfel ist m. * **jmdn. m. machen** *(jmdn. herabsetzen);* jmdm. etwas m. machen *(mit jmdm. über etwas schlecht sprechen).*

Magazin, das; -s, -e: **1.** *[größerer] Raum zum Lagern von Waren:* etwas aus dem M. holen. **2.** *Zeitschrift zur Unterhaltung [mit vielen Bildern].*

Magen, der; -s, - und Mägen: *Organ des Körpers zum Aufnehmen und Verdauen der Speisen:* mit leerem M. zur Schule gehen; ich habe mir den M. verdorben *(ich habe etwas gegessen, was der M. nicht gut vertragen hat);* der M. dreht sich jmdm. um *(jmdm. wird übel).* * **jmd./etwas liegt jmdm. im M.** *(jmd./etwas ist jmdm. unangenehm, zuwider):* die Prüfung liegt mir schwer im M.

mager ⟨Adj.⟩: **1. a)** ⟨nicht adverbial⟩ *wenig Fleisch und Fett an den Knochen habend; dünn:* ein magerer Mensch. **b)** *nicht fett:* mageres Fleisch. **2. a)** *dürftig:* magere Kost, Ernte. **b)** *wenig fruchtbar:* magerer Boden; magere Felder.

Magistrat, der; -s, -e: *Verwaltung einer Stadt.*

Magnet, der; -s und -en, -e[n]: *Eisen, das andere Eisen anzieht.*

magnetisch ⟨Adj.⟩: *als Magnet wirkend:* das Messer ist m.; bildl.: sie übte eine magnetische *(anziehende)* Kraft auf ihre Umwelt aus.

Mähdrescher, der; -s, -: *Maschine, die auf dem Feld Getreide mäht und drischt* (siehe Bild).

Mähdrescher

mähen, mähte, hat gemäht ⟨tr.⟩: *mit einer Sense o. ä. über dem Erdboden abschneiden:* Gras, Getreide m.

Mahl, das; -[e]s (geh.): *Essen, Mahlzeit:* ein einfaches, reichliches, ländliches, festliches M.

mahlen, mahlte, hat gemahlen: **a)** ⟨tr.⟩ *in sehr kleine Teile zerkleinern:* Kaffee, Korn, Getreide m. **b)** ⟨tr.⟩ *durch Mahlen herstellen:* der Müller mahlt Mehl.

Mahlzeit, die; -, -en: *[das zu bestimmten Zeiten des Tages eingenommene] Essen:* eine warme M.; drei Mahlzeiten am Tag; M.! *(salopper Gruß zu Mittag).*

Mähne, die; -, -n: *dichte, lange Haare am Kopf mancher Tiere* (siehe Bild): die M. des Pferdes, des Löwen.

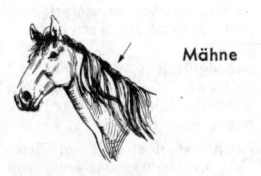

Mähne

mahnen, mahnte, hat gemahnt ⟨tr.⟩: **a)** *an eine Verpflichtung erinnern:* jmdn. öffentlich m.; jmdn. wegen einer Schuld m. **b)** *auffordern:* jmdn. zur Ruhe, Eile m.

Mahnung, die; -, -en: **a)** *[amtliche] schriftliche Aufforderung:* er bekam eine M., die Steuern zu bezahlen. **b)** *Worte, die jmdn. an etwas erinnern, zu etwas auffordern sollen:* M. zur Eile, zum Frieden.

Mai, der; -[s]: *fünfter Monat des Jahres.*

Mais, der; -es: /ein Getreide/ (siehe Bild): M. anbauen.

Mais

majestätisch ⟨Adj.⟩: *würdevoll, erhaben:* der majestätische Anblick des Gebirges; sie schreitet m. durch den Saal.

Majorität, die; -, -en: *Mehrheit [bei einer Abstimmung]:* die M. der Abgeordneten stimmte dem Entwurf des Gesetzes zu.

makaber ⟨Adj.; nicht adverbial⟩: **a)** *mit dem Tod, Traurigem, Schrecklichem spaßend:* ein makabrer Scherz; makabre Lieder. **b)** *unheimlich, düster:* ein makabrer Anblick.

Makel, der; -s, -: *bleibender körperlicher oder moralischer Fehler, den man als Schande empfindet:* ein M. haftet an jmdm.; seine bäuerliche Herkunft wird von ihm als M. empfunden.

mäkeln, mäkelte, hat gemäkelt ⟨itr.⟩ (ugs.; abwertend): *seine Unzufriedenheit (an etwas) in kleinlicher Weise ausdrücken; nörgeln:* er mäkelt dauernd am Essen; er hat immer etwas zu m.

Make-up [me:k″ap], das; -s: *[kosmetische Mittel zur] Verschönerung des Gesichts.*

Makkaroni, die ⟨Plural⟩: *lange Nudeln in Form von kleinen Röhren.*

Makler, der; -s, -: *jmd., der Verkauf oder Vermietung von Häusern, Grundstücken, Wohnungen usw. vermittelt.*

Mal, das; -[e]s, -e: **I.** *Fleck, Zeichen:* an diesem M. erkennt man ihn. **II.** *etwas zu einem Zeitpunkt Geschehendes [und sich Wiederholendes]:* das nächste, einzige M.; mehrere Male, von M. zu M. *(jedesmal mehr).*

malen, malte, hat gemalt ⟨tr./itr.⟩: **a)** *mit Pinsel und Farbe herstellen:* ein Bild, Gemälde m. **b)** *das Aussehen (von jmdm./etwas) mit Pinsel und Farbe nachahmen:* eine Landschaft, Frau m.; nach der Natur m.

Maler, der; -s, -: **a)** *Künstler, der malt.* **b)** *Handwerker, der Wände o. ä. streicht.*

Malerei, die; -, -en: **1.** ⟨ohne Plural⟩ *Kunst des Malens:* die M. des 20. Jahrhunderts. **2.** *etwas Gemaltes:* an den Wänden der Kirche waren Malereien zu sehen.

malerisch ⟨Adj.⟩: *in Lage, Form oder Farbe so beschaffen, daß es als schön empfunden wird:* ein malerischer Anblick; das Dorf liegt m. am Berg.

Malheur [ma'lø:r], das; -s, -e und -s: (ugs.) *kleines Mißgeschick, Unglück [das jmdm. peinlich ist]:* ihm ist ein M. passiert.

Mama (geh.: Mamá), die; -, -s: *Mutter.*

Manager ['mɛnɪdʒər], der; -s, -: *jmd., der für jmdn. Unternehmungen, Veranstaltungen plant und für ihre Durchführung sorgt.*

manch ⟨Indefinitpronomen und unbestimmtes Zahlwort⟩: **a)** *mancher, manche, manches; /unflektiert/* **manch** ⟨Singular⟩ *ein einzelner unter mehreren:* manch einer/ mancher hat sich schon darüber gewundert; ich habe so manchen Bekannten getroffen. **b) manche** ⟨Plural⟩ *etliche, einige:* manche [Menschen] sind anderer Meinung; die Straße ist an manchen Stellen beschädigt.

mancherlei ⟨unbestimmtes Zahlwort⟩: **1.** *verschiedene unterschiedliche Dinge, Arten o. ä. umfassend:* m. bedeutende Ereignisse; m. Käse. **2.** *manches:* sie diskutierten über m.

manchmal ⟨Adverb⟩: *öfter, aber nicht regelmäßig; ab und zu:* ich treffe ihn m. auf der Straße.

Mandarine, die; -, -n: /eine Südfrucht, ähnlich der Apfelsine/.

Mandat, das; -[e]s, -e: *Auftrag, Vollmacht:* der Abgeordnete legte sein M. *(sein Amt als Abgeordneter)* nieder.

Mandel, die; -, -n: **I.** /eine Frucht/ (siehe Bild). **II.** *Organ am Gaumen und im Rachen:* die Mandeln sind entzündet.

Mandel I.

Manege [ma'nɛ:ʒə], die; -, -n: *runder Platz, besonders im Zirkus, auf dem Darbietungen stattfinden* (siehe Bild).

Manege

Mangel, der; -s, Mängel: **1.** *das Fehlen von etwas, was man braucht:* wegen des Mangels an Arbeitern kann die Firma den Auftrag nicht annehmen * **M. an etwas haben/leiden** *(etwas als fehlend empfinden).* **2.** *etwas, was nicht so ist, wie es sein sollte; Unzulänglichkeit, Fehler:* an der Maschine traten schwere Mängel auf.

mangelhaft ⟨Adj.⟩: *schlecht, nicht den Anforderungen entsprechend:* die Ware ist m. verpackt.

mangeln, mangelte, hat gemangelt: **I.** ⟨itr.⟩ (geh.) *etwas Wichtiges nicht oder nur in unzureichendem Maß haben:* es mangelt ihm an Geld, an Zeit; dir mangelt der rechte Ernst. **II.** ⟨tr.⟩ *bügeln, indem man die Wäsche zwischen zwei erhitzte Walzen preßt:* die Wäsche m.

mangels ⟨Präp. mit Genitiv⟩: *aus Mangel an:* er wurde mangels genügender Beweise freigesprochen.

Manier, die; -, -en: **1.** ⟨ohne Plural⟩ *Art, Stil eines Künstlers:* er malt in Breughelscher M. **2.** ⟨Plural⟩ *Benehmen; Anstand:* feine, schlechte Manieren haben; er hat keine Manieren *(benimmt sich nicht richtig);* dem muß man erst Manieren beibringen!

manierlich ⟨Adj.⟩: *sich gut und anständig benehmend* /von Kindern/: die Kleine war heute nachmittag recht m.

Manifest, das; -[e]s, -e: *öffentliche Erklärung; Darlegung von Grundsätzen oder eines Programms; Aufruf:* die Partei gab ein M. heraus; in dem M. wurde der Rücktritt der Regierung gefordert.

manipulieren, manipulierte, hat manipuliert ⟨tr.⟩ (abwertend): *durch bewußte Beeinflussung in eine bestimmte Richtung lenken:* die Meinung des Volkes wird durch die Presse manipuliert.

Mann, der; -[e]s, Männer: **1.** *erwachsene Person männlichen Geschlechts:* ein junger, alter M. * **seinen M. stehen/stellen** *(sich bewähren, tüchtig sein).* **2.** *Ehemann:* ich stelle dir meinen M. vor.

mannbar ⟨Adj.⟩: *geschlechtlich reif* /vom jungen Mann, aber auch vom Mädchen/: der Junge kommt auch schon ins mannbare Alter.

Mannequin [manə'kɛ̃:], das; -s, -s: *Frau, die bei einer Modeschau Kleider vorführt.*

mannhaft ⟨Adj.⟩: *tapfer, mutig:* mannhaftes Verhalten; er tritt m. dafür ein.

mannigfach ⟨Adj.; nicht prädikativ⟩: *vielfach; viele verschiedene Gestalten, Arten, Formen o. ä. habend:* Gewalt kann in mannigfachen Formen auftreten.

männlich ⟨Adj.⟩: **1.** ⟨nicht adverbial⟩ *zum Geschlecht gehörend, das Nachkommen zeugen kann; nicht weiblich:* ein Kind männlichen Geschlechts; ein männlicher Nachkomme. **2.** *Eigenschaften des männlichen Geschlechts in Aussehen und Verhalten in hohem Maß besitzend:* männliches Auftreten, männliche Stärke; er wirkt sehr m.

Mannschaft, die; -, -en: **a)** *Gruppe von Sportlern, die gemeinsam einen Wettkampf bestreitet:* die siegreiche M. **b)** *Besatzung eines Schiffes, Flugzeuges.* **c)** *alle Soldaten einer militärischen Einheit ohne Offiziere.*

Manöver, das; -s, -: **1.** *größere Übung eines Heeres:* die Truppen nehmen an einem M. teil. **2.** (abwertend) *geschicktes Handeln, Ausnutzen von Personen oder Situationen, um ein bestimmtes Ziel zu erreichen:* er konnte durch geschickte M. die Öffentlichkeit irreführen. **3.** *Bewegung, Richtungsänderung eines Fahrzeuges, die eine gewisse Geschicklichkeit und Überlegung erfordert:* er überholte das vor ihm fahrende Auto mit einem gefährlichen M.

manövrieren, manövrierte, hat manövriert ⟨tr.⟩: *sich in einer schwierigen Lage geschickt verhalten:* das Auto in eine Parklücke m.; er mußte sehr geschickt m., um niemanden zu verärgern.

Mansarde, die; -, -n: *unmittelbar unter dem Dach liegende Wohnung [mit einer schrägen Wand]:* eine kleine M. bewohnen; in der M. wohnen.

Manschette, die; -, -n: **1.** *verstärkter Teil des Ärmels an einem Hemd o. ä.* (siehe Bild): die Manschetten bügeln. * (ugs.) **Manschetten haben** *(Angst haben).* **2.** *Binde aus Papier zur Verzierung eines Blumentopfes* (siehe Bild).

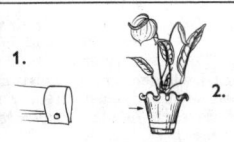

Manschette

Mạntel, der; -s, Mäntel: 1. /Teil der Kleidung/ (siehe Bild): ein dicker, warmer, leichter M.; den M. anziehen, ausziehen; jmdm. aus dem M. helfen *(beim*

Mantel 1.

Ausziehen behilflich sein). * **den M. nach dem Wind hängen** *(sich der herrschenden Meinung anschließen, um keine Nachteile zu haben; Opportunist sein).* 2. *etwas, was sich zum Schutz an etwas befindet, Umkleidung* (z. B. beim Reifen des Fahrrads): der M. des Fahrrads muß erneuert werden.

manuẹll ⟨Adj.⟩: *mit der Hand [durchgeführt]*: die Maschine muß m. bedient werden; die manuelle Herstellung von Waren.

Manuskrịpt, das; -s, -e: *[zum Druck bestimmte] mit der Hand oder der Schreibmaschine geschriebene Abhandlung o. ä.*: das M. muß mit Maschine geschrieben sein.

Mạppe, die; -, -n: a) *Schultasche.* b) *aus Pappe o. ä. bestehende Hülle zum Aufbewahren von Papieren, Blättern* (siehe Bild).

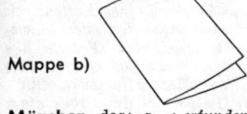

Mappe b)

Märchen, das; -s, -: *erfundene Geschichte, die besonders die Phantasie anspricht:* die Großmutter erzählt den Kindern ein M.; die M. aus 1001 Nacht.

märchenhaft ⟨Adj.⟩: *ungewöhnlich, großartig, wunderbar, unglaublich*: märchenhafter Reichtum; die Aussicht von diesem Berg ist m. schön.

8*

Margarịne, die; -: *als Nahrungsmittel verwendetes [tierisches und] pflanzliches Fett.*

Marịne, die; -: *Flotte*: er ist bei der Marine.

Marionẹtte, die; -, -n: *an Fäden aufgehängte Puppe, deren Glieder bewegt werden können* (siehe Bild): mit Marionetten

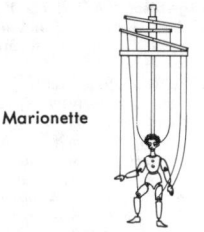

Marionette

Theater spielen; bildl.: (abwertend) er ist nur eine M. *(er führt nur den Willen anderer aus).*

Mạrk: I. die; -: /Einheit des Geldes in Deutschland (100 Pfennig)/: die Deutsche M.; der Eintritt kostet zwei M. **II.** das; -[e]s: *Substanz im Innern von Knochen o. ä.:* das M. aus dem Knochen lösen. * (ugs.) **etwas geht jmdm. durch M. und Bein** *(etwas wird von jmdm. in fast unerträglicher Weise empfunden):* der Schrei des Ertrinkenden ging ihm durch M. und Bein.

markạnt ⟨Adj.; nicht adverbial⟩: *auffallend, eigenartig; stark ausgeprägte Merkmale habend*: eine markante Persönlichkeit; er hat ein markantes Gesicht.

Mạrke, die; -, -n: 1. *Briefmarke*: eine M. auf den Brief kleben. 2. *Sorte von Waren:* welche M. rauchst du? 3. *kleiner Gegenstand (aus Metall o. ä.), Schein, der als Ausweis dient oder zu etwas berechtigt:* der Hund trägt ein M. am Hals; die Garderobe wird nur gegen eine M. ausgegeben; für diese M. erhält er heute in diesem Gasthaus ein Mittagessen.

markịeren, markierte, hat markiert ⟨tr.⟩: 1. *kennzeichnen*: einen Weg durch Stangen m. 2. (ugs.) *vortäuschen*: der Betrüger markierte den Harmlosen; den Dummen m. *(sich dumm stellen).*

mạrkig ⟨Adj.⟩: *kräftig, kernig*: eine markige Stimme.

Mạrkt, der; -[e]s, Märkte: 1. *Marktplatz*: das Haus steht am M. 2. *Verkauf und Kauf von Waren, Handel mit Waren*: jeden Donnerstag ist M.; Japan erobert mit seinen Waren den europäischen M. * (ugs.) **seine Haut zu Markte tragen [müssen]** *(für etwas einstehen [müssen]).*

Mạrktplatz, der; -es, Marktplätze: *größerer Platz [auf dem der Markt stattfindet].*

Marmelạde, die; -, -n: *[süßer] Aufstrich aus Früchten*: M. aufs Brot streichen.

Marọtte, die; -, -n: *eigenartige Gewohnheit; Schrulle*: es ist eine M. von ihm, nie ohne Schirm auszugehen.

Mạrsch: **I.** der; -es, Märsche: 1. *zu Fuß zurückgelegte Strecke*: das war heute ein weiter M. 2. *Musikstück, das im Takt dem Marschieren entspricht*: einen M. spielen, tanzen. **II.** die; -, -en: *flaches Land am Meer mit sehr fruchtbarem, fettem Boden*: die Kühe weiden auf der Marsch.

marschịeren, marschierte, ist marschiert ⟨itr.⟩: *in geschlossener Reihe [und gleichem Schritt] gehen*: die Soldaten marschierten aus der Stadt; er ist heute schon drei Stunden marschiert *(gewandert).*

mạrtern, marterte, hat gemartert ⟨tr./rfl.⟩: *foltern, quälen*: jmdn. zu Tode m.; Zweifel marterten ihn; er hat sich mit Vorwürfen gemartert.

Mạ̈rtyrer, der; -s, -: *jmd., der für seine Überzeugung leidet [und stirbt]*: er ist als M. gestorben.

Mạ̈rz, der; -: *dritter Monat des Jahres.*

Mạsche, die; -, -n: *beim Häkeln oder Stricken entstandene Schlinge* (siehe Bild): an ihrem Strumpf läuft eine M.

Masche

Maschịne, die; -, -n: 1. *Vorrichtung, Apparat, der selbständig die Arbeit leistet*: mit einer M. herstellen; eine M. ölen. 2. a) *Flugzeug*: die M. nach Paris hat Verspätung. b) *Schreibmaschine*: sie schreibt den Brief mit der M.

Masern, die ⟨Plural⟩: *meist bei Kindern auftretende Krankheit, die sich besonders durch Fieber und rote Flecken auf der Haut zeigt:* das Kind hat [die] M.

Maserung, die; -, -en: *natürliches Muster auf bearbeitetem Holz* (siehe Bild): das Brett hat eine starke M.

Maserung

Maske, die; -, -n: 1. *etwas, was man vor dem Gesicht trägt, um nicht erkannt zu werden* (siehe Bild): er trug beim Ball eine M.

Maske 1.

* **die M. fallenlassen** *(sein wahres Gesicht zeigen).* 2. *jmd., der auf einem Maskenball ein bestimmtes Kostüm trägt:* sie war die schönste M. des Abends.

Maskenball, der; -[e]s, Maskenbälle: *Ball, bei dem die Gäste maskiert sind.*

maskieren, sich; maskierte sich, hat sich maskiert: *eine Maske, ein Kostüm anlegen; sich verkleiden:* sie maskierte sich als Bäuerin.

Maß, das; -es, -e: 1. *Einheit, mit der man etwas messen kann:* das M. für die Bestimmung der Länge ist das Meter. * **mit zweierlei M. messen** *(unterschiedlich [und dadurch ungerecht] beurteilen, behandeln).* 2. *Zahl, Größe, die durch Messen ermittelt worden ist; Ausmaß:* die Maße des Zimmers; einen Anzug nach M. machen lassen. * **über alle Maßen** *(sehr).*

Masse, die; -, -n: 1. *[nicht näher bestimmter] Stoff, Material, Substanz:* eine weiche, harte M. 2. *große Zahl von Menschen; großer Teil der Bevölkerung:* die M. jubelte dem Diktator zu; die Massen strömten zum Sportplatz. * **eine Masse** *(viel):* eine M. Geld.

Massenkundgebung, die; -, -en: *Veranstaltung, bei der vor einer großen Menge von Menschen durch Reden o. ä. [politische] Propaganda betrieben wird.*

Massenmedien, die ⟨Plural⟩: *Institutionen, die mit ihren Sendungen und Informationen einen großen Teil der Bevölkerung erreichen und daher eine große Wirkung ausüben:* Rundfunk, Fernsehen, Zeitungen sind M.

maßgebend ⟨Adj.⟩: *als Vorbild, Maß für etwas wirkend:* sein Beispiel ist auch für andere m. geworden.

maßgeblich ⟨Adj.⟩: *als Vorbild, Maß für eine Handlung, ein Urteil dienend:* seine Meinung ist m.

maßhalten, hält maß, hielt maß, hat maßgehalten ⟨itr.⟩: *mäßig sein:* beim Essen m.

massieren, massierte, hat massiert ⟨tr.⟩: *jmds. Körper oder Teile des Körpers durch Kneten, Streichen o. ä. behandeln:* der Sportler wird vor dem Wettkampf massiert.

mäßig ⟨Adj.⟩: a) *das richtige Maß einhaltend:* m. trinken; mäßige (nicht zu hohe) Preise. b) (abwertend): *mittelmäßig; schwach:* seine Leistungen sind nur m.

mäßigen, mäßigte, hat gemäßigt /vgl. gemäßigt/: a) ⟨tr.⟩ *abschwächen; wieder ins richtige Maß bringen:* den Zorn, die Geschwindigkeit m. b) ⟨rfl.⟩ *sich bezähmen, zurückhalten, beherrschen:* mäßige dich beim Essen und Trinken.

massiv ⟨Adj.⟩: a) *fest; stabil:* ein massives Haus. b) *stark, gewaltig:* eine massive Drohung, Forderung.

maßlos ⟨Adj.⟩: a) *nicht das richtige Maß einhaltend:* er ist m. in seinen Forderungen. b) *heftig:* eine maßlose Wut. c) ⟨verstärkend bei Adjektiven und Verben⟩ *äußerst, sehr:* er ist m. eifersüchtig; er übertreibt m.

Maßnahme, die; -, -n: *Handlung, Anordnung, die etwas veranlassen oder bewirken soll:* [geeignete] Maßnahmen zur Verhütung von Unfällen ergreifen, treffen.

maßregeln, maßregelte, hat gemaßregelt ⟨tr.⟩: *durch bestimmte Maßnahmen strafen:* der Beamte, der gegen die Vorschriften verstoßen hatte, wurde durch Versetzung auf einen niedrigeren Posten gemaßregelt.

Maßstab, der; -[e]s, Maßstäbe: 1. *Verhältnis zwischen nachgebildeter und natürlicher Größe:* die Karte ist im M. 1 : 100000 gezeichnet. 2. *Norm, mit der eine Leistung oder die Güte einer Sache verglichen wird und die als Vorbild dient:* er hat keinen M.; nach dem er die Leistung beurteilen soll; einen strengeren M. anlegen *(etwas strenger beurteilen).*

maßvoll ⟨Adj.⟩: *das rechte Maß einhaltend; zurückhaltend:* maßvolle Forderungen stellen.

Mast: I. der; -es, -e und -en: *hoch aufragende Stange:* den M. des Schiffes aufrichten; die Antenne ist an einem M. befestigt. **II. die**; -, -en: *das Mästen:* die M. von Schweinen.

mästen, mästete, hat gemästet ⟨tr.⟩: *durch Füttern fett, dick machen:* Schweine m. **Mästung, die**; -, -en.

Match [mɛtʃ], **das**; -[e]s, -s: *Wettkampf:* die Tennisspieler lieferten sich ein hartes M.

Material, das; -s, Materialien: 1. *Substanz von oder für etwas; etwas, was zur Erzeugung von etwas benötigt wird:* das Haus ist aus gutem M. gebaut. 2. *Unterlagen:* das M. für eine Anklage sammeln.

Materialist, der; -en, -en (abwertend): *jmd., der nur nach materiellem Gewinn strebt.*

materiell ⟨Adj.:⟩ a) *stofflich, gegenständlich, nicht ideell:* er konnte sich diese überirdische Erscheinung nur m. erklären. b) ⟨nicht prädikativ⟩ *die finanziellen Voraussetzungen betreffend oder bietend:* er ist m. sehr gut gestellt; die materiellen Grundlagen für den neuen Plan wurden geschaffen. c) (abwertend) *auf wirtschaftlichen Vorteil ausgehend, bedacht:* er ist m. eingestellt.

Matinee, die; -, -n: *künstlerische Veranstaltung am Vormittag.*

Matratze, die; -, -n: a) *Rahmen in Form eines Kastens mit aufrecht stehenden oder waagerecht gespannten Federn aus Stahl, der in das Gestell eines Bettes gelegt wird* (siehe Bild). b) *Polster in der Größe eines Bettes, auf dem man liegt* (siehe Bild).

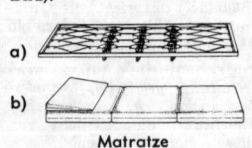

a)
b)

Matratze

Matrose, der; -n, -n: *jmd., der zur Besatzung eines Schiffes gehört.*

Matsch, der; -es: *aufgeweichter Boden; breiartige, feuchte Masse [aus Schnee oder Schlamm]:* wenn es taut, ist viel M. auf der Straße.

matt ⟨Adj.⟩: **1.** *müde, schwach:* er ist nach dieser Anstrengung ganz m. **2.** *nur schwach leuchtend:* mattes Licht; matte Farben.

Matte, die; -, -n: **I.** *Gegenstand aus geflochtenem Material, Gummi o. ä.:* auf der M. turnen; sie legte eine M. vor die Tür. **II.** *Wiese in den Bergen:* die Kühe weiden auf den Matten.

Mauer, die; -, -n: *Wand aus Steinen, Beton o. ä.:* eine hohe M. um ein Haus bauen.

Mauerblümchen, das; -s, -: *Mädchen, das beim Tanz wenig aufgefordert wird.*

Maul, das; -[e]s, Mäuler: *Mund mancher Tiere:* das M. der Kuh; ⟨in bezug auf den Menschen⟩ (derb): halt's M. *(sei still, schweig!).*

maulen, maulte, hat gemault ⟨itr.⟩: *aus Ärger über etwas, wegen eines Auftrags o. ä. unfreundlich, mürrisch sein:* mußt du immer m., wenn ich etwas sage; sie machte alles stets freiwillig und maulte nie.

Maulesel, der; -s, -: *Kreuzung zwischen männlichem Pferd und weiblichem Esel.*

maulfaul ⟨Adj.⟩ (ugs.): *einsilbig; kaum und unwillig sprechend, antwortend:* sei nicht so m. und gib eine ordentliche Antwort!; sie waren zu m. für ein Gespräch.

Maulkorb, der; -s, Maulkörbe: *Gegenstand, der vor das Maul [bissiger] Tiere gebunden wird* (siehe Bild).

Maulkorb

Maultier, das; -[e]s, -e: *Kreuzung zwischen männlichem Esel und weiblichem Pferd.*

Maulwurf, der; -[e]s, Maulwürfe: /ein unter der Erde lebendes Tier/ (siehe Bild).

Maulwurf

Maurer, der; -s, -: *Handwerker, der beim Bau [eines Hauses] die Mauern errichtet, verputzt usw.*

Maus, die; -, Mäuse: /ein Nagetier/ (siehe Bild).

Maus

mausen, mauste, hat gemaust: ⟨tr.⟩ (ugs.) *stehlen:* der Junge hat Äpfel gemaust.

mausern, mauserte, hat gemausert: **1.** ⟨itr.⟩ *die Federn wechseln:* die Hühner mausern. **2.** ⟨rfl.⟩ *sich zu einem selbstbewußten Menschen entwickeln, wie man es von dem Betreffenden bisher nicht gewohnt war:* der Junge hat sich in den letzten Jahren recht gut gemausert und ist sehr tüchtig geworden.

mausig: ⟨in der Wendung⟩ sich m. machen (ugs.): *sich keck und vorlaut zu etwas äußern:* du darfst dich hier nicht m. machen.

Mäzen, der; -, -e: *jmd., der künstlerische Tätigkeit [finanziell] fördert.*

m. E.: (Abkürzung für:) meines Erachtens.

mechanisch ⟨Adj.; nicht prädikativ⟩: *von einer Maschine bewirkt, automatisch:* etwas m. herstellen; bildl.: er macht seine Arbeit ganz m. *(ohne dabei zu denken; wie ein Automat).*

meckern, meckerte, hat gemeckert ⟨itr.⟩ (abwertend): *seine Unzufriedenheit äußern, nörgeln:* er meckerte über die langweilige Arbeit; er hatte keinen Grund zum Meckern.

Medaille [me'daljə], die; -, -n: *runde oder ovale Plakette zum Andenken (an etwas) oder als Auszeichnung für eine [sportliche] Leistung.*

Medikament, das; -[e]s, -e: *Heilmittel:* der Arzt hat ihm ein starkes M. verschrieben.

Medizin, die; -, -en: **1.** ⟨ohne Plural⟩ *Wissenschaft, die den Menschen und seine Krankheiten behandelt.* **2.** (ugs.) *Medikament, Heilmittel:* der Patient hat seine M. nicht genommen.

Meer, das; -es, -e: *sehr große Fläche von Wasser.*

Meeresspiegel, der; -s: *Oberfläche des Meeres:* der Ort liegt 200 m über dem M.

Mehl, das; -[e]s: *durch Mahlen von Getreide gewonnenes Nahrungsmittel in der Form von weißem Staub zum Backen von Brot u. ä.*

mehlig ⟨Adj.⟩: **a)** *nicht saftig /vom Obst/:* die Birne ist m. **b)** *von Mehl weiß:* seine Hose war ganz m.

mehr ⟨Adverb⟩: **1.** /Komparativ zu viel/: er tut m., als von ihm verlangt wird. **2.** *in höherem Maß:* du mußt m. achtgeben. **** nichts m.** *(weiter nichts);* **kein Kind m. sein** *(groß, reif genug sein für etwas).*

mehrere ⟨Indefinitpronomen und unbestimmtes Zahlwort⟩: **a)** *einige; ein paar; nicht viele:* er war m. Tage unterwegs; m. Häuser wurden zerstört. **b)** *nicht nur ein oder eine; verschiedene:* es gibt m. Möglichkeiten; das Wort hat m. Bedeutungen.

mehrfach ⟨unbestimmtes Zahlwort⟩: *wiederholt, öfter:* er ist m. als Schauspieler aufgetreten; mehrfacher Meister im Tennis.

Mehrheit, die; -, -en: *der größere Teil einer bestimmten Anzahl von Personen:* die M. entschied sich für den Antrag.

mehrmals ⟨Adverb⟩: *mehrere Male:* er hat mich schon m. besucht.

Mehrzahl, die; -: *der größere Teil einer bestimmten Anzahl:* die M. der Schüler lernt Englisch.

meiden, mied, hat gemieden ⟨tr.⟩: *sich fernhalten (von etwas/ jmdm.):* er mied die großen Straßen, um Ruhe zu haben.

Meineid, der; -[e]s, -e: *Eid, bei dem jmd. vorsätzlich etwas Unwahres geschworen hat.*

meinen, meinte, hat gemeint: **1.** ⟨itr.⟩ *glauben; der Meinung sein:* ich meine, daß er recht hat. **2.** ⟨tr.⟩ *(jmdn./etwas) im Sinne haben:* sie hatte ihn [damit] gemeint. *** es gut mit jmdm. m.** *(das beste mit jmdm. vorhaben).*

meinetwegen ⟨Adverb⟩: *von mir aus; was mich betrifft:* m. brauchst du dir keine Mühe zu geben.

Meinung, die; -e, -en; *Ansicht, Überzeugung; das, was jmd. glaubt, für richtig hält, als Tatsache annimmt:* was ist ihre M. zu diesem Vorfall? * **jmdm. die M. sagen** *(jmdm. offen sagen, was man an ihm zu tadeln hat);* **eine hohe M. von jmdm. haben** *(jmdn. sehr achten).*

Meise, die; -, -n; /ein kleiner Vogel/ (siehe Bild).

Meise

Meißel, der; -s, -: /ein Werkzeug zum Bearbeiten von Stein o. ä./ (siehe Bild).

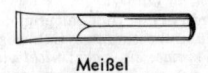

Meißel

meist ⟨Adverb⟩: *fast regelmäßig; gewöhnlich; fast immer:* er geht m. diesen Weg.

meiste ⟨Indefinitpronomen⟩: *den größten Teil einer Menge oder Anzahl betreffend:* die meisten Menschen waren dagegen; die meiste Zeit; das meiste Geld. * **am meisten** *(besonders, mehr als alles andere):* über dein Geschenk habe ich mich am meisten gefreut.

meistens ⟨Adverb⟩: *in der Mehrzahl der vorkommenden Fälle; meist, fast immer:* er macht seine Reisen m. im Sommer.

Meister, der; -s, -: 1. *Handwerker, der berechtigt ist, einen Betrieb selbständig zu führen und Lehrlinge auszubilden:* bei einem M. in die Lehre gehen. 2. *jmd., der ein Fach, eine Kunst o. ä. hervorragend beherrscht:* ein berühmter M.; die alten M. der Malerei; Deutscher M. im Fußball.

meisterhaft ⟨Adj.⟩: *hervorragend; großes Können zeigend:* eine meisterhafte Aufführung; die Mannschaft hat m. gespielt.

meistern, meisterte, hat gemeistert ⟨tr.⟩: *[mit großem Können] bewältigen, vollbrin-*

gen: eine Aufgabe, Schwierigkeit m.

Meisterschaft, die; -, -en: 1. ⟨ohne Plural⟩ *[höchstes] Können:* mit großer M.; er hat es in der Malerei zur M. gebracht. 2. *Reihe von Spielen oder Wettkämpfen, durch die der beste Sportler oder die beste Mannschaft ermittelt wird:* die deutsche M. im 100-m-Lauf.

melancholisch ⟨Adj.⟩: *schwermütig:* ein melancholischer Mensch; er macht einen melanchonischen Eindruck.

melden, meldete, hat gemeldet: 1. ⟨tr.⟩ **a)** *(einer zuständigen Stelle) mitteilen:* einen Unfall [bei] der Polizei m. **b)** *als Nachricht bekanntgeben:* der Rundfunk meldet schönes Wetter. 2. ⟨rfl.⟩ **a)** *seine Ankunft, Anwesenheit bekanntgeben:* wenn ich auf dem Bahnhof bin, melde ich mich gleich bei dir; bildl.: mein Magen meldet sich *(ich habe Hunger).* **b)** *seine Bereitschaft (für etwas) bekanntgeben:* er meldete sich freiwillig zum Militär, zur Hilfe bei einer Katastrophe.

Meldung, die; -, -en: **a)** *Anmeldung:* eine M. für eine Prüfung, einen sportlichen Wettkampf. **b)** *Nachricht [die durch Massenmedien verbreitet wird]:* eine aktuelle, wichtige, letzte M.; eine M. bestätigen, durchgeben.

melken, molk/melkte, gemolken/gemelkt ⟨tr.⟩: *(bei einem Tier) das Heraustreten der Milch bewirken* (siehe Bild): die Bäuerin melkt die Kuh.

melken

Melodie, die; -, -n: **a)** *eine Folge von Tönen, die einem Text zugeordnet sind:* eine langsame M.; die M. eines Liedes. **b)** *[nicht näher bestimmtes] Musikstück:* er spielte ein paar Melodien auf dem Klavier.

Memme, die; -, -n (ugs.; abwertend): *furchtsamer, weichlicher Mensch:* eine M.

Memoiren [memo'a:rən], die ⟨Plural⟩: *als Buch o. ä. veröffentlichte Erinnerungen [eines berühmten Menschen] an Erleb-*

nisse des eigenen Lebens: er schreibt seine M.

Menge, die; -, -n: 1. **a)** *bestimmte Anzahl, Größe (von etwas):* er darf Speisen nur in kleinen Mengen zu sich nehmen. * **eine M.** *(viele):* eine M. Geld, Freunde. 2. *große Anzahl von dicht beieinander befindlichen Menschen:* die große M. drängte sich auf dem Marktplatz; der Politiker sucht den Beifall der M. *(der Masse).*

mengen, mengte, hat gemengt ⟨tr.⟩: *mischen:* Wasser und Mehl zu einem Teig m.

Mensch, der; -en, -en: *das mit Vernunft und Sprache ausgestattete Lebewesen:* einen Menschen lieben, verachten; den Umgang mit anderen Menschen suchen; er ist auch nur ein M. *(auch ein hat Fehler).* * (ugs.). **kein M.** *(niemand):* kein M. war zu sehen.

menschenleer ⟨Adj.⟩: *über weite Strecken hin leer von Menschen:* eine menschenleere Gegend, Straße.

Menschheit, die; -: *Gesamtheit der Menschen:* die Geschichte der M.; Verdienste um die M.

menschlich ⟨Adj.⟩: **a)** *zum Menschen gehörend:* der menschliche Körper; menschliches Versagen. **b)** *andere Menschen gütig und voll Verständnis behandelnd:* ein menschlicher Chef; m. handeln.

Menschlichkeit, die; -: *menschliche, humane Gesinnung:* ein Verbrechen gegen die M.; er tat es aus bloßer M.

merken, merkte, hat gemerkt ⟨itr.⟩: **a)** *im Gedächtnis behalten:* er konnte sich den Namen nicht m. **b)** *(etwas, was nicht ohne weiteres erkennbar ist) bemerken:* er merkte gar nicht, daß man sich über ihn lustig machte.

merklich ⟨Adj.⟩: *deutlich, erkennbar:* ein merklicher Unterschied.

Merkmal, das; -s, -e: *Zeichen, Eigenschaft, woran man etwas erkennen kann:* ein typisches, charakteristisches M.; keine besonderen Merkmale.

merkwürdig ⟨Adj.⟩: *eigenartig, ungewohnt [und deshalb zum Nachdenken anregend]:* eine merkwürdige Geschichte; das kommt mir doch m. vor.

Messe, die; -, -n: I. **a)** *katholischer Gottesdienst:* die heilige

Militär

M.; eine M. feiern, lesen. **b)** *Vertonung der wichtigsten Texte des katholischen Gottesdienstes:* eine M. von Bach aufführen, singen. **II.** *große [internationale] Ausstellung, bei der neue Waren vorgeführt werden [und Geschäfte abgeschlossen werden können]:* die M. war gut besucht; die Leipziger M.

messen, mißt, maß, hat gemessen /vgl. gemessen/: **1. a)** ⟨tr.⟩ *das Ausmaß (von etwas) feststellen:* die Höhe, Tiefe, Größe m.; das Fieber m. **b)** ⟨itr.⟩ *ein bestimmtes Ausmaß haben:* der Baum mißt 2 m im Umfang. * **sich mit jmdm. [an etwas] m. können** *(sich mit jmdm. [in einer bestimmten Eigenschaft o. ä.] vergleichen können):* ich kann mich mit ihm [an Kraft, Können] nicht m.

Messer, das; -s, -: *Werkzeug mit einem Griff und einer scharfen Klinge zum Schneiden* (siehe Bild): ein spitzes M.; das M. schärfen.

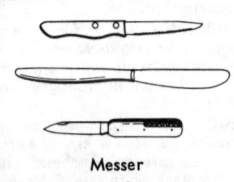

Messer

Messung, die; -, -en: *das Messen:* eine M. durchführen.

Metall, das; -s, -e: *meist fester, chemisch einheitlicher, glänzender Stoff wie Gold, Silber, Eisen o. ä.:* Metalle bearbeiten.

metallen ⟨Adj.⟩: **a)** *aus Metall bestehend:* ein metallener Tisch. **b)** *so klingend, als ob auf Metall geschlagen würde;* hart klingend: ein metallener Klang.

metallisch ⟨Adj.⟩: **a)** ⟨nicht prädikativ⟩ *im Aussehen dem Metall ähnlich:* ein metallischer Glanz. **b)** *hell, hart, metallen klingend:* die Sängerin hat eine metallische Stimme.

Meter, der, (auch:) das; -s, -: /Maß für die Länge/ ⟨Zeichen m⟩: die Mauer ist 3 m hoch; in einer Höhe von drei Metern.

Methode, die; -, -n: *Art der Durchführung; Weg, wie man zu einem angestrebten Ziel gelangen kann:* eine wissenschaftliche, veraltete M.; neue Methoden anwenden.

Metzger, der; -s, - (bes. südd.): *Fleischer*.

Meuchelmord, der; -[e]s, -e: *aus einem Hinterhalt ausgeführter Mord.*

Meute, die; -: **a)** *gemeinsam jagende Hunde:* der Jäger ließ die M. los. **b)** (abwertend) *Menge von [lärmenden] aufgeregten Menschen, die sich aus irgendeinem Anlaß gebildet hat [um jmdn. zu verfolgen]:* die M. war hinter ihm her; die M. der Verfolger wurde immer größer.

meutern, meuterte, hat gemeutert ⟨itr.⟩: **a)** *schimpfen; seine Unzufriedenheit äußern:* meutere nicht immer! **b)** *sich (als Soldat o. ä.) mit anderen gemeinsam gegen jmdn./etwas auflehnen und nicht mehr gehorchen:* die Mannschaft des Schiffes meuterte.

Miene, die; -, -n: *Ausdruck des Gesichtes, der eine Stimmung, Meinung o. ä. erkennen läßt:* eine ernste, freundliche M.; eine saure, finstere M. machen. * **M. machen, etwas zu tun** *(den Eindruck erwecken, gerade etwas beginnen zu wollen):* er machte M., als wolle er sich auf mich stürzen; **gute M. zum bösen Spiel machen** *(bei einer Sache mitmachen oder sie dulden, weil man doch nichts dagegen tun kann).*

mies ⟨Adj.⟩ (ugs.; abwertend): **a)** *kläglich, dürftig, schlecht:* ein mieses Gehalt; die Bezahlung ist ganz m. **b)** *widerlich, abstoßend:* eine miese Figur.

miesmachen, machte mies, hat miesgemacht ⟨tr.⟩: *etwas (an etwas) auszusetzen haben, immer nur das Schlechte sehen; herabsetzen:* er muß immer alles m.

Miete, die; -, -n: *Preis, den man für das Mieten (von etwas) bezahlen muß:* die M. für die Wohnung bezahlen, erhöhen; die M. ist fällig.

mieten, mietete, hat gemietet ⟨tr.⟩: *gegen Bezahlung die Berechtigung erwerben, etwas zu benutzen:* eine Wohnung, ein Zimmer, Auto m.

Mietwohnung, die; -, -en: *Wohnung, die jmdm. nicht selbst gehört, sondern die er nur gemietet hat.*

Mikrophon, das; -s, -e: *Gerät, durch das Töne auf ein Tonbandgerät oder über einen Lautsprecher übertragen werden können* (siehe Bild): der Reporter spricht ins M.

Mikrophon

Mikroskop, das; -s, -e: *optisches Gerät, mit dem sehr kleine Dinge stark vergrößert und [deutlich] sichtbar gemacht werden können* (siehe Bild).

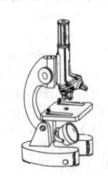

Mikroskop

Milch, die; -: *[von der Kuh gewonnenes] weißes, flüssiges Nahrungsmittel:* frische, saure M.; die M. kocht, läuft über.

Milchstraße, die; -, -n: *aus sehr vielen Sternen bestehender heller Streifen am Himmel.*

mild ⟨Adj.⟩: **a)** *lau; angenehm; nicht rauh:* mildes Klima; ein milder Abend. **b)** *sanft, nachsichtig; Verständnis habend:* ein milder Richter; mit jmdm. m. verfahren.

mildern, milderte, hat gemildert ⟨tr.⟩: **a)** *milder machen:* ein Urteil m. **b)** *mäßigen; abschwächen:* seinen Zorn m.; die Gegensätze m.

Milieu [mili'ø:], das; -s, -s: *soziale Umwelt, in der der Mensch steht und von der er beeinflußt wird:* der Dichter schildert das M. sehr treffend.

militant ⟨Adj.⟩: *streitbar; bestrebt, durch Kampf etwas durchzusetzen:* eine militante Bewegung, Partei, Gesinnung.

Militär, das; -s: *Gesamtheit der Einrichtungen und Personen, die zur Verteidigung eines Landes bestimmt sind:* gegen die Demonstranten wurde das M. eingesetzt. * **zum M. gehen** *(Soldat werden).*

Minderheit, die; -, -en: *kleinerer Teil einer bestimmten Anzahl von Personen:* eine religiöse M.; in der M. sein, bleiben.

minderjährig ⟨Adj.⟩: *noch nicht 21 Jahre alt:* er ist m.

mindern, minderte, hat gemindert ⟨tr.⟩: *verringern:* der kleine Fehler mindert die gute Leistung des Schülers keineswegs. **Minderung**, die; -, -en.

minderwertig ⟨Adj.⟩: a) *fehlerhaft; in Material oder Ausführung schlecht:* minderwertige Waren. b) *charakterlich schlecht; als Mensch von geringem Wert:* ein minderwertiger Kerl; er fühlt sich immer m.

mindestens ⟨Adverb⟩: *auf keinen Fall weniger als:* das Zimmer ist m. fünf Meter lang.

Mine, die; -, -n: I. *Sprengkörper, der bei Berührung oder beabsichtigter Zündung explodieren soll:* an der Grenze sind Minen gelegt; auf eine M. treten. II. *dünnes Stäbchen in einem Bleistift, Kugelschreiber o. ä., das beim Schreiben die Farbe abgibt:* eine rote M.; die M. auswechseln, abbrechen.

minimal ⟨Adj.⟩: *sehr klein, winzig:* ein minimaler Preis; die Verluste waren m.

Minister, der; -s, -: *Mitglied einer Regierung, das für eine oberste Verwaltungsbehörde zuständig ist:* jmdn. zum M. ernennen; dem M. Bericht erstatten.

Minute, die; -, -n: *Zeitraum von 60 Sekunden:* der Zug kommt in wenigen Minuten; etwas in letzter M. *(im letztmöglichen Augenblick)* absagen.

Mischehe, die; -, -n: *Ehe zwischen Angehörigen verschiedener Rassen oder Religionen.*

mischen, mischte, hat gemischt ⟨tr.⟩: *verschiedene Flüssigkeiten oder Stoffe so zusammenbringen, daß sie eine einheitliche Flüssigkeit oder Masse bilden:* Wein und Wasser m.; der Maler mischt die Farben für das Bild.

Mischling, der; -s, -e: a) *Mensch, dessen Eltern verschiedenen Rassen angehören.* b) *Tier, Pflanze, die Merkmale verschiedener Rassen oder Gattungen geerbt hat; Bastard.*

Mischung, die; -, -en: a) *Sorte die durch Mischen mehrerer anderer Sorten oder Bestandteile entstanden ist:* eine gute, schlechte, kräftige M.; dieser Kaffee, Tee, Tabak ist eine M. edelster Sorten. b) *das Mischen:* bei der M. dieser Stoffe muß auf das richtige Verhältnis geachtet werden.

mißachten, mißachtete, hat mißachtet ⟨tr.⟩: *bewußt nicht beachten:* einen Rat, ein Verbot m. **Mißachtung**, die; -.

Mißbehagen, das; -s: *Unbehagen, unangenehmes Gefühl:* ein tiefes M.; meine Erklärung erfüllte ihn mit M.

mißbilligen, mißbilligte, hat mißbilligt ⟨tr.⟩: *(mit etwas) nicht einverstanden sein; ablehnen:* einen Entschluß, ein Verhalten m. **Mißbilligung**, die; -, -en.

Mißbrauch, der; -s, Mißbräuche: *Verwendung von etwas an sich Gutem zu einem schlechten Zweck:* der M. eines Amtes, von Medikamenten. * **M. mit etwas treiben** *(etwas nicht für den richtigen, eigentlichen Zweck benutzen).*

mißbrauchen, mißbrauchte, hat mißbraucht ⟨tr.⟩: *schlecht, falsch verwenden:* jmds. Güte, Vertrauen m.; er mißbrauchte seine Macht, Gewalt.

müssen (in der Fügung) jmdn./etwas nicht m. können/mögen: *ohne jmdn./etwas nicht auskommen können/mögen:* er kann seinen täglichen Kaffee nach dem Essen nicht mehr m.

Mißerfolg, der; -[e]s, -e: a) *enttäuschendes Ergebnis einer Unternehmung:* ein großer, unerwarteter M.; einen M. haben. b) *Veranstaltung, Unternehmung, die nicht den erwarteten Erfolg hatte:* ein Konzert wurde ein M.

Mißfallen, das; -s: *Ablehnung, schlechter Eindruck:* die Rede erregte großes M. unter den Zuhörern; sein M. äußern.

Mißgeschick, das; -[e]s, -e: *[durch Ungeschicklichkeit oder Unvorsichtigkeit hervorgerufener] unglücklicher Vorfall:* jmdm. passiert, widerfährt ein M.

mißglücken, mißglückte, ist mißglückt ⟨itr.⟩: *nicht zum gewünschten Ergebnis führen; scheitern:* der erste Versuch ist mißglückt.

mißhandeln, mißhandelte, hat mißhandelt ⟨tr.⟩: *(einem [schwächeren] Menschen oder einem Tier) körperliche Schmerzen bereiten:* ein Kind, einen Gefangenen m. **Mißhandlung** die; -, -en.

Mission, die; -, -en: 1. a) *Bestrebungen und Unternehmungen der Kirchen, Menschen anderer Religionen für ihren Glauben zu gewinnen:* die M. in Afrika aufbauen. b) *besonderer Auftrag:* eine M. erfüllen; es ist nicht meine M., in die Streitigkeiten einzugreifen. 2. *[diplomatische] Gesandtschaft mit besonderem Auftrag:* die ausländischen Missionen trafen zwei Tage vor den Verhandlungen ein.

Mißklang, der; -[e]s, Mißklänge: 1. *Klang, der als unangenehm empfunden wird; Dissonanz:* das Musikstück endete mit einem M. 2. *Störung, Trübung des guten Einvernehmens, eines herzlichen Verhältnisses:* das Fest endete mit einem M.

mißlingen, mißlang, ist mißlungen: *mißglücken:* das Unternehmen ist mißlungen; ein mißlungener Aufsatz.

mißmutig ⟨Adj.⟩: *durch etwas gestört oder enttäuscht und daher schlecht gelaunt; mürrisch, verdrießlich:* ein mißmutiges Gesicht machen.

mißraten ⟨Adj.⟩: *nicht so geworden, wie man es erhofft hatte:* ein mißratener Kuchen; ein mißratener Sohn *(ein Sohn, bei dem alle Erziehungsmaßnahmen fehlgeschlagen sind).*

Mißstand, der; -[e]s, Mißstände: *ein als schlecht empfundener Zustand.*

Mißstimmung, die; -, -en: a) *Störung, Trübung des guten Einvernehmens:* die M. in der Regierung wurde immer stärker. b) *[vorübergehende] schlechte Laune:* man merkte ihm deutlich seine M. an.

mißtrauen, mißtraute, mißtraut ⟨itr.⟩: *(von jmdm.) annehmen, daß er nicht ehrlich ist; (einer Sache) nicht trauen:* er mißtraute dem Manne; wir mißtrauten ihren Worten.

Mißtrauen, das; -s: *argwöhnische Einstellung, Skepsis:* sie sah ihn mit unverhohlenem M. an; tiefes M. erfüllte ihn.

mißtrauisch ⟨Adj.⟩: *voller Mißtrauen, argwöhnisch:* ein mißtrauischer Mensch; m. verfolgte er jede Bewegung.

Mißverhältnis, das; -ses, -se: *schlechtes, nicht richtiges, nicht* *passendes Verhältnis:* sein Gewicht steht im M. zu seiner Größe.

Mißverständnis, das; -ses, -se: **a)** *unbeabsichtigtes falsches Auslegen einer Aussage oder Handlung:* sein Einwand beruht auf einem M.; ein M. aufklären. **b)** *Mißstimmung [die durch unbeabsichtigtes falsches Auslegen entstand]:* ein M. zwischen Freunden; ein M. beseitigen.

mißverstehen, mißverstand, hat mißverstanden ⟨tr.⟩: *falsch verstehen; unbeabsichtigt falsch auslegen:* ich habe es anders gemeint, du hast mich mißverstanden; er fühlte sich mißverstanden.

Mist, der; -es: **a)** *aus Kot von Rindern, Pferden o. ä. und Stroh, Laub o. ä. bestehender Dünger:* M. streuen, aufs Feld fahren; eine Fuhre M. * (ugs.) **das ist nicht auf jmds. M. gewachsen** *(das ist nicht von ihm selbst erarbeitet, erfunden).* **b)** (ugs.) *Schlechtes, Wertloses:* das ist der reinste M.!; rede keinen M. *(Unsinn)!*

mit: I. ⟨Präp. mit Dativ⟩: **1.** */stellt die Verbindung zu zwei oder mehreren her, drückt die Gemeinsamkeit aus/:* ich gehe m. dir nach Hause; er tanzt m. ihr; er wurde m. ihm zur gleichen Zeit fertig. **2.** */nennt eine begleitende Eigenschaft, einen begleitenden Umstand/:* sie kleidet sich m. Geschmack; er sagt es m. Recht. **3.** ⟨oft als Teil eines präpositionalen Attributes⟩ (ugs.) *in Bezug (auf etwas/ jmdn.), in Anbetracht:* du m. deinem kranken Fuß solltest dich lieber hinsetzen; der ist ja verrückt m. seinen vielen neuen Anzügen *(er kauft sich immer wieder neue Anzüge).* **4.** *mittels, durch; unter Verwendung (von etwas):* den Nagel m. dem Hammer in die Wand schlagen. **II.** ⟨Adverb⟩: *auch, außerdem noch:* das muß man m. berücksichtigen; da war Verrat m. im Spiel.

Mitarbeiter, der; -s, -: *jmd., der [als Untergebener] in demselben Betrieb oder an derselben Unternehmung, an demselben Vorhaben arbeitet:* ich stelle Ihnen meine M. vor; M. dieses Buches waren ...

mitbekommen, bekommt mit, bekam mit, hat mitbekommen ⟨tr.⟩: **1.** *[auf einen Weg] zum Mitnehmen bekommen:* er hat Äpfel von zu Hause mitbekommen. **2.** *als Mitgift erhalten:* sie hat viel Geld mitbekommen. **3.** (ugs.) *verstehen; (bei etwas) folgen können:* ich habe den letzten Satz nicht mitbekommen.

Mitbestimmung, die; -: *Teilnahme der Arbeitnehmer, Studenten, Schüler u. a. an wichtigen Entscheidungen in der Führung [des Betriebes]:* das Recht auf M.

mitbringen, brachte mit, hat mitgebracht ⟨tr.⟩: **a)** *als kleines Geschenk nach Hause, dem Gastgeber bringen:* er bringt seiner Frau Blumen mit. **b)** *als [unerwarteten] Gast mitnehmen:* einen Freund [zum Essen, auf die Party] m.

Mitbringsel, das; -s, -: *kleines Geschenk, das man nach [längerer] Abwesenheit, von einer Reise mitbringt:* er brachte seinen Kindern ein M. aus Berlin mit.

miteinander ⟨Adverb⟩: **a)** *gemeinsam, zusammen:* wir gehen m. nach Hause. **b)** *einer mit dem andern; gegenseitig:* wir kommen m. gut aus.

mitfahren, fährt mit, fuhr mit, ist mitgefahren ⟨itr.⟩: *(mit jmdm.) gemeinsam [in dessen Fahrzeug] fahren; jmdn. auf einer Fahrt begleiten:* willst du [in meinem Auto] m.?; er darf mit seinen Eltern in den Urlaub m.

mitfühlen, fühlte mit, hat mitgefühlt ⟨itr.⟩: *jmds. Gefühle verstehen; Mitleid, Verständnis haben:* er fühlte ihren Kummer mit; ein mitfühlendes Herz haben.

mitgeben, gibt mit, gab mit, hat mitgegeben ⟨tr.⟩: **a)** *zum Mitnehmen geben:* dem Kind Geld für die Reise m. **b)** *ermöglichen, zuteil werden lassen:* er hat seinen Kindern eine gute Erziehung mitgegeben.

Mitgefühl, das; -[e]s: *Verständnis für andere; Mitleid:* der Mörder zeigte nicht das geringste M.

mitgehen, geht mit, ging mit, ist mitgegangen ⟨itr.⟩: **a)** *(mit jmdm.) gemeinsam gehen:* darf ich ins Kino m.? **b)** *(jmdm./ etwas) folgen:* seine Augen gingen mit meinen Bewegungen mit. **c)** (ugs.) *begeistert, hingerissen sein:* das Publikum ging mit dem Redner mit.

Mitgift, die; -: *Geschenk von größerem Wert, das die Tochter bei der Heirat von ihren Eltern erhält:* sie hat eine große M. bekommen.

Mitglied, das; -[e]s, -er: *Angehöriger einer [fest organisierten] Gemeinschaft:* einem Verein, einer Partei als M. beitreten; M. werden; Mitglieder werben.

mithelfen, hilft mit, half mit, hat mitgeholfen ⟨itr.⟩: *anderen helfen:* sie hilft im Haushalt mit; nach dem Unglück müssen alle m. *(mitarbeiten),* um den Schaden auszubessern.

mithören, hörte mit, hat mitgehört ⟨tr./itr.⟩: *[im geheimen] gleichzeitig hören:* die Polizei hört [das Gespräch] mit; wir haben das Konzert am Radio mitgehört.

mitkommen, kam mit, ist mitgekommen ⟨itr.⟩: **a)** *auch kommen; mitgehen:* ich kann heute nicht ins Kino m. **b)** (ugs.) *verstehen, folgen können:* kommst du mit?; er kommt in der Schule nicht recht mit.

Mitläufer, der; -s, - (abwertend): *jmd., der sich einer Bewegung, Gruppe anschließt, ohne sich darin aktiv zu betätigen:* die meisten Mitglieder der Partei sind nur Mitläufer.

Mitleid, das; -[e]s: *selbst empfundenes Leid, Bedauern über das Unglück eines andern:* tiefes M. haben, fühlen [mit jmdm.]; er tat es nur aus M.

mitmachen, machte mit, hat mitgemacht: **a)** ⟨tr.⟩ *(an etwas) teilnehmen:* einen Kurs, Ausflug m. **b)** ⟨itr.⟩ (ugs.) *gemeinsam mit anderen tätig sein:* er hat bei allen unseren Spielen mitgemacht. **c)** ⟨tr.⟩ *durchmachen, erleiden:* er hat im Krieg viel mitgemacht.

Mitmensch, der; -en, -en ⟨meist Plural⟩: *Mensch, mit dem man im täglichen Leben zu tun hat:* auf seine Mitmenschen Rücksicht nehmen.

mitnehmen, nimmt mit, nahm mit, hat mitgenommen: **1.** ⟨tr.⟩ **a)** *nehmen und mit sich tragen, mit sich führen:* den Regenschirm m.; den Brief zur Post m.; **b)** *sich zusammen mit (jmdm. irgendwohin) begeben:* die Kinder in den Urlaub m. **c)** (ugs.) */von etwas Kleinerem, Unwichtigem/ kaufen:* wenn du an einem Kiosk vorbeikommst, nimm bitte eine Zeitung mit.

mitreden

2. ⟨itr.⟩ *ermüden, anstrengen; schädigen:* diese Aufregung nimmt mich furchtbar mit; ⟨meist im 2. Partizip; nicht attributiv⟩ er sah sehr mitgenommen *(erschöpft)* aus; das Land war nach dem Krieg sehr m. *(hatte sehr unter dem Krieg gelitten).*

mitreden, redete mit, hat mitgeredet ⟨itr.⟩: *seine Meinung zu etwas äußern; an einer Entscheidung beteiligt sein;* auch die Arbeiter wollen im Betrieb m. * jmd. hat auch ein Wörtchen mitzureden *(jmd. kann bei einer Entscheidung nicht übergangen werden);* **bei etwas nicht m. können** *(von etwas nichts verstehen).*

mitreißen, riß mit, hat mitgerissen ⟨tr.⟩: *begeistern, hinreißen:* seine Rede riß alle mit; ⟨oft im 1. Partizip⟩: eine mitreißende Aufführung.

Mitschüler, der; -s, -: *Schüler, mit dem man gemeinsam in dieselbe Klasse geht.*

mitspielen, spielte mit, hat mitgespielt ⟨itr.⟩: **a)** *sich an einem Spiel beteiligen; mit jmdm. gemeinsam spielen:* laßt den Kleinen auch m. **b)** *unter anderem auch Ursache sein (für etwas):* bei der geringen Ernte dieses Sommers hat auch das schlechte Wetter mitgespielt; es spielen mehrere Gründe mit. **c)** (ugs.) *sich beteiligen; seine [erwartete, erhoffte] Zustimmung geben:* die Gewerkschaft spielte bei den Plänen der Regierung nicht mit. ** **jmdm. wird übel mitgespielt** *(jmd. wird in grober, erniedrigender Weise geschädigt).*

mittag ⟨Adverb; in Verbindung mit der Angabe eines bestimmten Tages⟩: *zu Mittag:* heute m. bin ich eingeladen.

Mittag, der; -s: **a)** *Zeitpunkt in der Mitte des Tages, an dem die Sonne am höchsten steht:* ich treffe ihn zu M.; zu Mittag essen. **b)** (ugs.) *Mittagspause:* die Handwerker machen M.

Mittagessen, das; -s, -: *zu Mittag eingenommene Mahlzeit:* das M. ist fertig; ich bin zum M. eingeladen.

mittags ⟨Adverb⟩: *jeden Mittag, zu Mittag:* ich kann heute erst m. kommen.

Mittagspause, die; -, -n: *Pause, in der man das Mittagessen einnehmen kann:* wir haben von 12-1 Uhr M.

Mitte, die; -, -n: **a)** *Punkt in einem Raum, auf einer Strecke oder in einem Zeitraum, von dem aus die Enden gleich weit entfernt sind:* genau, fast in der M.; in der M. der Straße, des Monats; er ist M. Fünfzig *(ungefähr 55 Jahre alt).* **b)** *das rechte Maß:* die [goldene] M. halten, finden. **c)** *Gruppe, Kreis von [zusammengehörenden] Menschen:* wir begrüßen den Gast in unserer M.; einer aus ihrer M. ist gewählt worden; (geh.) er ist aus unserer M. gegangen /geschieden /gerissen worden *(er ist gestorben).*

mitteilen, teilte mit, hat mitgeteilt ⟨tr.⟩: *(jmdm. etwas) sagen oder schreiben, damit er es weiß; (jmdm. über etwas) informieren:* jmdm. etwas schriftlich, mündlich m.; ich teile ihm mit, daß du krank bist.

Mitteilung, die; -, -en: *Äußerung, die informieren soll; mitgeteilte Nachricht:* eine kurze geheime M.; jmdm. eine M. machen; eine traurige, überraschende M.; eine amtliche M. herausgeben.

Mittel, das; -s, -: **I. a)** *etwas, was die Erreichung eines Zieles ermöglicht:* ein gutes, erlaubtes M.; jmdn. mit allen Mitteln bekämpfen. **b)** *Heilmittel:* ein wirksames M. gegen Husten; ein M. verschreiben, nehmen. **c)** *Geldmittel:* der Staat muß die M. für neue Schulen bereitstellen; nicht die nötigen M. haben. **II.** *Mittelwert:* das M. ausrechnen; die Temperatur betrug im M. *(im Durchschnitt)* 10 Grad Celsius.

mittelmäßig ⟨Adj.⟩ (abwertend): *nicht eigentlich schlecht, aber auch nicht besonders gut; nur durchschnittlich:* eine mittelmäßige Leistung; seine Bilder sind M. [sehr] m.

Mittelpunkt, der; -[e]s, -e: **a)** *Punkt in der Mitte eines Kreises oder einer Kugel, von dem aus alle Punkte des Umfanges oder der Oberfläche gleich weit entfernt sind:* der M. des Kreises, der Erde. **b)** *jmd. oder etwas, der oder das im Zentrum des Interesses steht:* sie war der M. des Abends, der Gesellschaft; diese Stadt ist der künstlerische, geistige M. des Landes.

Mittelsperson, die; -, -en: *jmd., der zwischen zwei Parteien vermittelt [und der Öffentlichkeit nicht bekannt ist]:* die Kontakte mit der ausländischen Firma wurden durch eine M. hergestellt.

Mittelstand, der; -[e]s: *soziale Schicht mit mittlerem Einkommen zwischen dem Großgrundbesitz bzw. dem Großbürgertum auf der einen und der Arbeiterschaft auf der anderen Seite:* diese Partei wirbt besonders um den M.

Mittelwert, der; -[e]s, -e: *mittlerer, durchschnittlicher Wert bei bestimmten Angaben:* die Zölle werden nach einem europäischen M. festgesetzt; der M. der Temperatur betrug dieses Jahr 20 Grad Celsius.

mitten ⟨Adverb, in Verbindung mit einer Präposition⟩: **a)** *in der Mitte von:* der Tisch steht m. im Zimmer; m. in der Nacht. **b)** *in die Mitte von:* er trat m. in den Raum. **c)** *unmittelbar, direkt, gerade:* er stand m. unter seinen Freunden; ich traf ihn m. in der Arbeit.

mittendrin ⟨Adverb⟩ (ugs.): **a)** *in der Mitte darin:* er stand m. **b)** *gerade dabei:* er ist m., ein neues Buch zu schreiben.

Mitternacht, die; -, Mitternächte: *Zeitpunkt um 12 Uhr nachts:* es ist M.; er hat bis M. gearbeitet; nach, gegen, um M.

mittlere ⟨Adj.; nur attributiv⟩: **a)** *in der Mitte (von mehreren) liegend:* im mittleren Haus wohne ich. **b)** *in Ausmaß, Zeitraum, Rang usw. nicht sehr niedrig und nicht sehr hoch; durchschnittlich:* eine mittlere Größe, Temperatur; mittleres ein mittlerer Beamter. * **mittlere Reife** *(in Deutschland Abschluß der Schule nach dem 10. Schuljahr).*

Mittwoch, der; -s, -e: *vierter Tag der mit Sonntag beginnenden Woche.*

mitwirken, wirkte mit, hat mitgewirkt ⟨itr.⟩: *(bei der Entstehung, Verwirklichung von etwas) mit anderen Personen arbeiten; helfen, teilnehmen:* bei einer Aufführung, bei der Aufklärung eines Verbrechens m.; er wirkte bei dem Konzert als Sänger mit. **Mitwirkung,** die; -, -en.

Mitwisser, der; -s, -: *jmd., der von einem Verbrechen anderer weiß [und verpflichtet wäre, es zu melden]:* er war, wurde M. eines Mordes; die Polizei sucht M. der Tat.

Mond

mixen, mixte, hat gemixt ⟨tr.⟩: *durch Mischen (von verschiedenen Getränken o. ä.) zubereiten:* einen Cocktail m.
Mixer, der; -s, -: **1.** *jmd., der in einer Bar o. ä. Getränke mixt.* **2.** *elektrisches Gerät für die Küche zum Mixen.*
Möbel, die ⟨Plural⟩: *Gesamtheit der Geräte eines Hauses, einer Wohnung o. ä., die man zum Wohnen benötigt:* moderne, praktische, neue M. kaufen.
Möbelstück, das; -[e]s: *einzelner Teil einer Einrichtung, einer Wohnung:* einige Möbelstücke werden verkauft.
mobil ⟨Adj.⟩ (ugs.; nicht adverbial): *beweglich, agil:* der alte Herr ist noch sehr m.
möbliert ⟨Adj.⟩: *mit den zum Wohnen nötigen Möbeln eingerichtet:* ein möbliertes Wohnung, eine möblierte Wohnung mieten.
Mode, die; -: **a)** *der Geschmack einer Zeit, besonders in der Kleidung:* sich nach der neuesten M. kleiden; diese Farbe ist jetzt [große] M.; aus der, in M. kommen; mit der M. gehen. **b)** *etwas, was gerade sehr beliebt ist und von vielen getan wird:* es ist jetzt große M., nach Spanien zu reisen.
Modell, das; -s, -e: **1.** *verkleinerte, plastische Ausführung eines Bauwerkes, eines Flugzeuges usw.:* der Architekt legt ein M. des geplanten Gebäudes vor; ein M. basteln. **2. a)** *Muster, vorbildliche Form:* er entwirft ein M. für eine neue Universität. **b)** *Typ:* sein Auto ist ein ganz neues M. **3.** *Mensch, der als Vorbild für das Werk eines Künstlers dient:* einem Maler M. stehen. **4.** *Kleid, das nach einem eigens dafür geschaffenen Entwurf hergestellt wurde:* das neueste M.; ein Pariser M.
modellieren, modellierte, hat modelliert ⟨tr./itr.⟩: *(in Ton, Wachs) formen, nachbilden:* ihr Bild war in Ton modelliert; sich im Zeichnen und Modellieren ausbilden. **Modellierung,** die; -, -en.
Mode[n]schau, die; -, -en: *Veranstaltung, in der Kleidung der neuesten Mode vorgeführt wird.*
modern: I. modern, moderte, hat gemodert ⟨itr.⟩: *faulen, verwesen:* das Holz modert im Keller. **II.** modern ⟨Adj.⟩: **a)** *den Erfordernissen, Gegebenheiten der Gegenwart entsprechend:* die moderne Wissenschaft, Literatur. **b)** *dem Geschmack und dem Stil der Gegenwart angepaßt:* moderne Kleidung, Möbel; die Wohnung m. einrichten.
mogeln, mogelte, hat gemogelt ⟨itr.⟩: *[ein wenig] schwindeln:* er hat beim Spiel gemogelt.
mögen, mochte, hat gemocht (nach vorangehendem Inf.) hat ... mögen: **1. a)** ⟨tr.⟩ *gern wollen, haben:* er mag heute nicht spielen; er mag Gemüse nicht *(er ißt Gemüse nicht gern);* * *nicht mehr mögen (satt sein).* **b)** ⟨tr.⟩ *(jmdm.) sympathisch sein; lieben:* seine Kollegen mögen ihn [gern]; er mag *(liebt)* sie. **2.** ⟨itr.⟩ *möglicherweise sein; können:* wie mag das nur geschehen sein?; er mag etwa 40 Jahre alt sein.
möglich ⟨Adj.; nicht adverbial /vgl. möglichst/⟩: *so, daß es sein, geschehen oder durchgeführt werden kann:* alle möglichen Fälle untersuchen; das ist leicht m.; es ist m., daß ich mich täusche *(vielleicht täusche ich mich);* alle möglichen *(sehr viele [verschiedene])* Arten von Tieren; so schnell wie m.
möglicherweise ⟨Adverb⟩: *vielleicht:* er kommt m. heute abend zu mir.
Möglichkeit, die; -, -en: **a)** *Weg, Methode:* es gibt mehrere Möglichkeiten, nach Amerika zu reisen. **b)** *etwas, was eintreten kann und was man berücksichtigen soll; Fall:* man muß auch mit der M. rechnen, daß man krank wird. **c)** *Freiheit, Gelegenheit, etwas Gewünschtes zu verwirklichen, Chance:* in diesem Beruf hat er viele Möglichkeiten, sich hochzuarbeiten.
möglichst ⟨Adverb⟩: *so ... wie möglich* /in Verbindung mit Adjektiven/: er soll m. schnell *(so schnell wie möglich)* kommen; m. gut, viel, schön.
Mohn, der; -s: **a)** */eine Pflanze/* (siehe Bild): der M. blüht rot. **b)** *Samen dieser Pflanze:* ein Brötchen mit M.

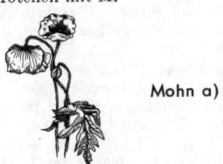

Mohn a)

mokieren, sich; mokierte sich, hat sich mokiert: *sich abfällig äußern, lustig machen (über etwas):* er mokierte sich über ihre unmoderne Kleidung.
Molkerei, die; -, -en: *Betrieb, in dem Milch verarbeitet wird:* in der M. wird Butter und Käse hergestellt.
mollig ⟨Adj.⟩: **a)** *weiche, runde Körperformen habend:* ein molliges Mädchen. **b)** *behaglich, warm:* ein molliges Zimmer; hier ist es m. warm.
Molotowcocktail, der; -s, -s (ugs.): *mit Benzin o. ä. gefüllte Flasche, die als Kampfmittel gegen etwas geworfen wird:* bei der Demonstration wurden Molotowcocktails geworfen.
Moment: I. der; -s, -e: **a)** *sehr kurzer Zeitraum, Augenblick:* warte einen M., ich komme gleich. **b)** *bestimmter Zeitpunkt:* ein wichtiger, entscheidender M.; ein M., auf den es ankommt. * *jeden M. (schon in den nächsten Minuten, gleich);* er kann jeden M. eintreffen; *im M. (gerade jetzt).* **II.** das; -s, -e: *Umstand, der etwas bewirkt; Gesichtspunkt:* das wichtigste M. für seine Verurteilung waren die Fingerabdrücke; die Diskussion brachte keine neuen Momente.
Monarch, der; -en, -en: *Herrscher, der auf Grund einer bestimmten Staatsform die Macht des Staates [allein] ausübt.*
Monat, der; -s, -e: *ein Zeitraum von 30 bzw. 31 (Februar 28) Tagen/:* das Jahr hat 12 Monate.

Mond

monatlich ⟨Adj.⟩: *in jedem Monat; in jedem Monat vorkommend:* das monatliche Gehalt; die Miete wird m. bezahlt.
Mönch, der; -[e]s, -e: *allein oder als Angehöriger einer religiösen Gemeinschaft lebender Geistlicher:* der M. trägt eine Kutte.
Mond, der; -es, -e: *Himmelskörper, der einen Planeten umkreist* (siehe Bild): die Erde hat einen M., der Mars hat zwei.

Mondschein

* (ugs.) **die Uhr geht nach dem M.** *(die Uhr geht falsch).*

Mondschein, der; -[e]s: *Licht des Mondes:* sie gehen im M. spazieren.

Moneten, die ⟨Plural⟩ (ugs.; scherzh.): *Geld:* er hat keine M. mehr.

monieren, monierte, hat moniert ⟨tr.⟩: *mahnen; beanstanden:* er hat immer etwas zu m.; die Polizei monierte die schlechte Beleuchtung des Fahrzeuges.

Monographie, die; -, -n: *wissenschaftliche Untersuchung über eine einzelne Person oder einen einzelnen Gegenstand:* er schreibt eine M. über Goethe.

Monolog, der; -s, -e: *Selbstgespräch in einer Dichtung, besonders im Drama /*Ggs. Dialog/: der M. aus dem 3. Akt; den M. sprechen.

Monopol, das; -s, -e: *Recht auf alleinige Herstellung und alleinigen Verkauf eines Produktes:* der Staat hat ein M. auf Salz; bildl.: die politische Führung eines Landes darf nicht M. einer einzigen Partei sein.

monoton ⟨Adj.⟩: *ohne Abwechslung, langweilig, eintönig:* ein monotones Geräusch; ein monotoner Vortrag; er singt das Lied m.

Montag, der; -s, -e: *zweiter Tag der mit dem Sonntag beginnenden Woche.*

montieren, montierte, hat montiert ⟨tr.⟩: **a)** *in einer bestimmten Weise befestigen:* die Lampe an der Decke m. **b)** *aus einzelnen Teilen an einer bestimmten Stelle zusammenstellen:* die Lampen an die Decke m.; eine Maschine m.

Monument, das; -[e]s, -e: *Denkmal:* ein M. errichten.

Moor, das; -[e]s, -e: *sumpfige Landschaft, in der Gras, Moos o. ä. wächst:* ein weites M.; im M. versinken.

Moos, das; -es, -e: *aus grünen Pflanzen bestehendes weiches Polster [im Wald]:* weiches, grünes M.; die Steine sind mit M. bedeckt.

Moral, die; -: **a)** *sittliche Grundsätze des Verhaltens:* bürgerliche, sexuelle M.; er hat keine M. **b)** *innere Kraft, Selbstvertrauen, Disziplin, Zucht:* die M. der Mannschaft, der Truppen ist gut. **c)** *Lehre:* die M. einer Geschichte, eines Theaterstückes.

moralisch ⟨Adj.⟩: **a)** ⟨nicht prädikativ⟩ *die Moral betreffend:* ein Buch von hohem moralischem Wert; ein m. korrekter Mensch. **b)** *in bezug auf die [sexuelle] Moral streng:* er führt ein moralisches Leben; die alte Dame war m. sehr entrüstet.

Moralpredigt, die; -, -en: *eindringliche Ermahnung:* der Lehrer hat ihm wegen seiner Faulheit eine M. gehalten.

Morast, der; -es: *sumpfiger Boden, Schlamm:* das Auto blieb im M. stecken.

Mord, der; -es, -e: *Töten in verbrecherischer Weise:* ein heimtückischer, grausamer M.; einen M. begehen.

morden, mordete, hat gemordet ⟨itr.⟩: *in verbrecherischer Weise töten:* im Krieg haben Soldaten oft geplündert und gemordet.

Mörder, der; -s, -: *jmd., der einen Mord begangen hat:* der M. wurde von der Polizei verhaftet.

mörderisch ⟨Adj.⟩ (ugs.): *furchtbar, sehr stark:* eine mörderische Hitze; er fährt in einem mörderischen Tempo.

morgen ⟨Adverb⟩: **1. a)** *an dem Tag, der dem heutigen folgt:* wenn ich heute keine Zeit habe, komme ich m.; m. früh, abend; ich arbeite heute, um m. *(in der Zukunft)* sicher zu leben; der Stil von m. *(der Stil der Zukunft).* **2.** ⟨in Verbindung mit der Angabe eines bestimmten Tages⟩: *am Morgen, morgens:* gestern, heute m.; Dienstag m.

Morgen, der; -s, -: **1.** *Beginn des Tages/*Ggs. Abend/: ein schöner, sonniger M.; vom M. bis zum Abend; am M. geht die Sonne auf; Guten M.! *(Gruß zu Beginn des Tages).* **2.** (landsch.) /ein landwirtschaftliches Maß für die Größe einer Fläche/: der Bauer hat 10 M. Land.

morgendlich ⟨Adj.; nur attributiv⟩ *zum Morgen gehörend; am Morgen geschehend:* die morgendliche Stille; die morgendliche Fahrt zur Arbeit.

morgens ⟨Adverb⟩: *jeden Morgen:* er steht m. sehr früh auf; die Schule beginnt m. um acht Uhr.

morgig ⟨Adj.; nur attributiv⟩: *den Morgen betreffend, der dem heutigen folgt:* er kann den morgigen Tag kaum erwarten.

morsch ⟨Adj.; nicht adverbial⟩: *faul, brüchig /vom Holz/:* eine morsche Brücke; ein morsches Dach; morsche Balken.

morsen, morste, hat gemorst ⟨itr.⟩: *unter Verwendung von Morsezeichen telegraphieren.*

Mörtel, der; -s: *Masse, mit der Ziegel, Steine o. ä. zu einer festen Mauer verbunden werden können.*

Most, der; -es: *aus Obst gewonnener [noch nicht gegorener] Saft:* M. machen, trinken; der M. gärt.

mosten, mostete, hat gemostet ⟨itr.⟩: *Most herstellen.*

Mostrich, der; -s (bes. nordostdt.): *Senf.*

Motel, das; -s, -s: *Hotel für Autofahrer mit Zimmern und dazugehörigen Garagen:* an wichtigen Straßen werden Motels gebaut.

Motiv, das; -s, -e: **1.** *Grund, warum man etwas tut; Anregung:* das M. des Mordes war Eifersucht; die Arbeiter streikten nicht aus sozialen, sondern aus politischen Motiven. **2.** *Gegenstand, Melodie, Handlung, die künstlerisch gestaltet wird:* diese Landschaft ist ein schönes M. für den Maler; der Komponist verwendete ein M. aus einem alten Volkslied.

motivieren, motivierte, hat motiviert ⟨tr.⟩: *begründen:* der Antrag war schlecht motiviert.

Motivierung, die; -, -en.

Motor, der; -s, -en: *Maschine, die Kraft erzeugt und etwas in Bewegung setzen kann:* das Auto wird mit einem M. betrieben; den M. laufen lassen, abstellen; bildl.: er war der M. der Unternehmung *(er regte zu dieser Unternehmung immer wieder an).*

Motorrad, das; -[e]s, Motorräder: *Fahrzeug mit zwei Rädern, das durch einen Motor betrieben wird* (siehe Bild).

Motorrad

Motte, die; -, -n: *kleiner Schmetterling, dessen Raupen sich besonders in Pelzen, Kleidern o. ä. aufhalten* (siehe Bild): der Mantel ist von Motten zerfressen.

Motte

Möwe, die; -, -n: /ein Vogel/ (siehe Bild).

Möwe

Mücke, die; -, -n: *kleines Insekt, das stechen kann und oft in einem größeren Schwarm auftritt:* beim Baden wurden wir von Mücken geplagt. * aus einer M. einen Elefanten machen *(etwas maßlos übertreiben).*

mucksen, muckste, hat gemuckst: 〈in der Wendung〉 sich nicht m.: **a)** *sich nicht rühren, keinen Laut von sich geben:* er muckst sich nicht. **b)** *seinen Unwillen, seine Unzufriedenheit nicht äußern:* er wagte sich nicht zu m.

müde 〈Adj.〉: **1.** *nach Schlaf verlangend; schläfrig:* er ist m. und geht gleich zu Bett. **2.** *von Anstrengung erschöpft, matt, zu großer Leistung nicht mehr fähig:* er ist m. von der Arbeit. * einer Sache m. sein *(keine Lust mehr haben zu etwas; einer Sache überdrüssig sein):* ich bin es m., immer die gleiche Arbeit zu machen. **Müdigkeit**, die; -.

Muff, der; -s, -e: *vor dem Oberkörper getragenes Kleidungsstück aus Pelz o. ä., in welches die Hände zum Wärmen gesteckt werden können* (siehe Bild): es war so kalt, daß sie ihre Hände in den M. stecken mußte.

Muff

muffig 〈Adj.〉: **1.** *dumpf, schlecht riechend:* im Keller riecht es m. **2.** (ugs.; abwertend) *wortkarg, unfreundlich, mürrisch:* er sitzt m. in der Ecke; das Kind macht ein muffiges Gesicht.

Mühe, die; -, -n: *Anstrengung, Beschwerde, die von einer Tätigkeit, Arbeit verursacht wird:* unter großen Mühen erreichte er den Gipfel des Berges; alle Mühen waren umsonst; keine M. scheuen *(mit allen Mitteln zu erreichen suchen).* * mit Müh und Not: **a)** *nach langem Bemühen:* wir fanden mit Müh und Not noch einen Platz. **b)** *nach Aufbietung der letzten Kraft, gerade noch:* er erreichte den Zug, das Ziel mit Müh und Not.

mühelos 〈Adj.〉: *ohne Mühe; wenig Anstrengung verursachend:* er erreichte m. den Gipfel des Berges.

mühen, sich; mühte sich, hat sich gemüht: *sich anstrengen, bemühen:* er muß sich bei dieser Arbeit sehr m.

Mühle, die; -, -n: **1.** *Anlage zum Mahlen von Getreide* (siehe Bild). * das ist Wasser auf seine M. *(das unterstützt seine Absichten, das kommt seiner Meinung entgegen).* **2.** *Maschine, mit der man Kaffee o. ä. mahlt.*

Mühle 1.

mühsam 〈Adj.〉: *mit großer Mühe verbunden:* eine mühsame Aufgabe; der alte Mann kann nur m. gehen.

mühselig 〈Adj.〉: *mit Mühe, Plage verbunden [und viel Geduld erfordernd]:* es ist eine mühselige Arbeit, diese Zettel zu ordnen.

Mulde, die; -, -n: *leichte Vertiefung des Bodens, Senke, flaches Tal* (siehe Bild): das Haus liegt in einer M.

Müll, der; -s: *[in bestimmten Behältern gesammelte] Abfälle, Unrat:* den M. wegschaffen.

Müller, der; -s, -: *jmd., der Getreide mahlt* /Berufsbezeichnung/: der Bauer bringt das Korn zum M.

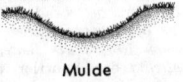

Mulde

mulmig 〈Adj.〉 (ugs.): *unsicher, unbehaglich; gefährlich:* mir ist m. zumute; als es m. wurde, verließ er rechtzeitig das Lokal.

multiplizieren, multiplizierte, hat multipliziert 〈tr.〉: *um eine bestimmte Zahl vervielfachen:* zwei multipliziert mit drei gibt sechs.

Mund, der; -es, Münder: *Öffnung am Kopf des Menschen, die zum Sprechen, Essen und Atmen dient* (siehe Bild): ein großer, lachender M.; den M. schließen; er macht beim Sprechen den M. nicht auf. * (ugs.)

Mund

den M. halten *(still sein);* jmdm. das Wort aus dem M. nehmen *(dasselbe sagen, was ein anderer auch gerade sagen wollte);* jmdm. das Wort im M. umdrehen *(jmds. Worte absichtlich falsch auslegen);* jmdm. nach dem M. reden *(so reden, wie jmd. es hören will, ihm schmeicheln);* etwas geht von M. zu M. *(etwas wird durch Weitererzählen verbreitet).*

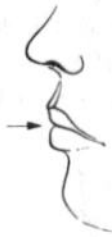

Mundart, die; -, -en: *besondere Form der Sprache einer Landschaft innerhalb eines Sprachgebietes.*

münden, mündete, ist gemündet 〈itr.〉: *in etwas fließen:* der Neckar mündet in den Rhein; bildl.: die Straße mündet *(endet)* auf dem Marktplatz.

Mundhöhle, die; -, -n: *Inneres des Mundes.*

mündig 〈Adj.〉: *alt genug für bestimmte rechtliche Handlungen:* mit 21 Jahren wird man m.; das Mädchen wurde als m. erklärt.

mündlich 〈Adj.〉: *gesprochen; durch Sprechen, Erzählen; im Gespräch* /Ggs. schriftlich/: eine mündliche Prüfung, Verhandlung; die Nachricht wurde m. verbreitet; einen Termin m. vereinbaren.

Mündung, die; -, -en: **a)** *Stelle, an der ein Fluß in ein anderes Gewässer fließt:* bei der M. ist der Fluß am breitesten. **b)** *vordere Öffnung des Rohres bei einem Gewehr oder einer Kanone:* die Mündungen der Gewehre richteten sich auf ihn.

Munition, die; -, -en: *Material zum Schießen für Gewehre, Ka-*

nonen usw.: die Soldaten werden mit M. versorgt.

munkeln, munkelte, hat gemunkelt ⟨itr.⟩: *im geheimen weitererzählen; als Gerücht, Vermutung verbreiten:* man munkelte schon lange davon, aber man konnte nichts Genaues erfahren.

munter ⟨Adj.⟩: **a)** ⟨nur prädikativ⟩ *wach:* er war bereits um 6 Uhr m. **b)** *lebhaft, frisch, lebendig:* ein munteres Kind; das Mädchen singt ein munteres Lied. * **gesund und m. sein** *(bei bester Gesundheit, wohlauf sein):* mein Sohn, der krank war, ist wieder gesund und m. **Munterkeit,** die; -.

Münze, die; -, -n: *aus Metall hergestelltes Geld* (siehe Bild): in Münzen zahlen; Münzen prägen. * **etwas für bare M. nehmen** *(etwas für wahr halten, was eigentlich nicht wörtlich so gemeint ist).*

münzen, münzte, hat gemünzt: ⟨in der Fügung⟩ etwas ist auf jmdn. gemünzt: *jmd. ist mit etwas gemeint, etwas soll jmdn. treffen:* diese Bemerkung war auf ihn gemünzt.

mürbe ⟨Adj.; nicht adverbial⟩: *leicht zerfallend; bröckelnd; weich:* mürbes Obst, Fleisch; ein mürber Kuchen. * **jmdn. m. machen** *(jmds. Widerstand allmählich brechen).*

Münze

murmeln, murmelte, hat gemurmelt ⟨tr.⟩: *mit tiefer Stimme und wenig geöffnetem Mund leise und undeutlich vor sich hin sprechen:* er murmelte unverständliche Worte vor sich hin; „Ich gehe nach Hause", murmelte er.

murren, murrte, hat gemurrt ⟨itr.⟩: *seine Unzufriedenheit [vorsichtig, verhalten] äußern; im Begriffe sein, sich gegen etwas aufzulehnen:* er murrt immer gegen das Essen; gegen die Befehle eines Vorgesetzten m.; er ertrug alles ohne M.

mürrisch ⟨Adj.⟩: *unfreundlich, unwillig, verdrießlich:* er macht ein mürrisches Gesicht.

Mus, das; -es: *aus eingemachtem Obst o. ä. hergestellter Brei:* M. kochen.

Muschel, die; -, -n: **a)** *im Wasser lebendes Tier, das von einer harten Schale umgeben ist.* **b)** *Schale eines solchen Tieres* (siehe Bild).

b) Muschel

Museum, das; -s, Museen: *Sammlung von [künstlerisch, historisch] wertvollen Gegenständen, die besichtigt werden kann:* wir gehen am Sonntag ins Museum; in unserem M. sind Bilder von Van Gogh ausgestellt.

Musik, die; -: *Kunst, bei der Töne so erzeugt und geordnet werden, daß damit etwas ausgedrückt werden kann:* M. hören; die M. zu einem Film schreiben; die M. des 20. Jahrhunderts.

musikalisch ⟨Adj.⟩: **a)** ⟨nicht prädikativ⟩ *zur Musik gehörend:* die größten Leistungen dieses Volkes liegen auf musikalischem Gebiet. **b)** ⟨nicht adverbial⟩ *für Musik begabt:* das Kind ist sehr m.

Musiker, der; -s, -: *jmd., der [in einem Orchester o. ä.] ein Musikinstrument spielt:* das Orchester besteht aus lauter hervorragenden Musikern.

Musikinstrument, das; -[e]s, -e: *Instrument, mit dem man Musik hervorbringen kann.*

Musikstück, das; -[e]s, -e: *musikalisches Kunstwerk.*

musisch ⟨Adj.⟩: **a)** *die Kunst betreffend:* die musische Erziehung in der Schule; das musische Gymnasium *(Gymnasium, in dem die Ausbildung in Musik, Zeichnen u. ä. besonders betont wird).* **b)** *für Kunst aufgeschlossen und begabt:* ein musischer Mensch; er ist m. veranlagt.

musizieren, musizierte, hat musiziert ⟨itr.⟩: *[als Hobby gemeinsam mit anderen] auf einem Musikinstrument spielen:* die Geschwister musizierten gemeinsam im Garten.

Muskel, der; -s, -n: *aus elastischen Fasern bestehendes Gewebe, das beim menschlichen und tierischen Körper die Bewegung ermöglicht:* der Sportler massierte seine Muskeln; er hat Muskeln *(er ist kräftig).*

Muskelkater, der; -s: *Schmerz in den Muskeln nach einer größeren körperlichen Anstrengung:* er hat vom gestrigen Marsch einen furchtbaren M.

muskulös ⟨Adj.; nicht adverbial⟩: *stark hervortretende, kräftige Muskeln habend:* der Läufer hat muskulöse Beine.

Muße, die; -: *Zeit und Ruhe, in der man seinen eigenen Interessen nachgehen kann:* im Urlaub hat er M., ein Buch zu lesen.

müssen, mußte, hat gemußt/ (nach vorangehendem Inf.) hat ... müssen ⟨itr.⟩: *verpflichtet sein (zu etwas); gezwungen sein (zu etwas);* er muß jeden Morgen um acht Uhr in der Schule sein; er muß die Arbeit ganz allein machen; ich muß zum Zug *(es ist nur noch kurze Zeit bis zur Abfahrt meines Zuges);* ich muß *(will)* meine Tante doch wieder einmal besuchen; er muß es vergessen haben *(er wird es wahrscheinlich vergessen haben),* sonst wäre er gekommen; er muß es heute nicht tun *(er braucht es heute nicht zu tun).*

müßig ⟨Adj.⟩: **a)** (geh.) *untätig, träg:* statt zu arbeiten, steht er m. herum. **b)** ⟨nicht adverbial⟩ *überflüssig, unnütz:* er führt müßige Reden; es ist m., darüber zu streiten.

Muster, das; -s, -: **1)** *Zeichnung, Modell, das als Vorbild dient:* der Teppich wurde nach einem alten M. verfertigt; bildl.: der fleißige Schüler wurde als M. *(Vorbild)* für die Klasse hingestellt. **2)** *gleichmäßig aneinandergereihte Verzierung:* das M. der Tapete, des Kleides. **3)** *Probe, kleine Menge zur Ansicht, als Beispiel:* der Vertreter zeigte uns ein M. der neuen Ware.

mustergültig ⟨Adj.⟩: *vorbildlich; so, daß es als Muster gelten kann:* der Betrieb ist m. organisiert; er hat sich m. benommen.

mustern, musterte, hat gemustert ⟨tr.⟩: **1.** *prüfend anschauen:* sie musterte ihn mit einem herausfordernden Blick. **2.** *untersuchen, ob der Betreffende für den Dienst beim Militär gesundheitlich geeignet ist:* er wurde gestern gemustert. **Musterung,** die; -, -en.

Mut, der; -[e]s: *Bereitschaft, etwas zu unternehmen, auch wenn es schwierig oder gefährlich ist:* er hatte nicht den M., den Plan auszuführen. * **den M. verlieren/ sinken lassen** *(verzagen);* jmdm.

M. machen *(jmdn. ermutigen);* **guten Mutes sein** *(zuversichtlich sein).*

mutig ⟨Adj.⟩: *Mut habend:* durch seine mutige Tat konnte das Kind gerettet werden; er verteidigt m. seine Ansicht.

mutmaßen, mutmaßte, hat gemutmaßt ⟨itr.⟩: *auf Grund bestimmter Anzeichen vermuten:* die Polizei mutmaßte, der Täter halte sich noch im Ort auf.

mutmaßlich ⟨Adj.; nicht prädikativ⟩: *vermutlich:* der mutmaßliche Täter wurde von der Polizei verhaftet.

Mutter, die: **I.** -, Mütter: *Frau, die ein Kind geboren hat* (siehe Bild): die M. pflegt ihr Kind; Vater und M. **II.** -, -n: /Teil einer Schraube/ (siehe Bild).

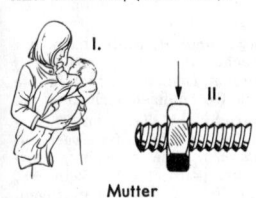

Mutter

mütterlich ⟨Adj.⟩: *liebevoll und besorgt:* die Lehrerin behandelt die Kinder sehr m.

Muttermal, das; -[e]s, -e: *angeborener Fleck auf der Haut:* er hat auf dem Rücken ein M.

mutterseelenallein ⟨Adj.; nicht attributiv⟩: *sehr allein, ganz verlassen:* das Kind irrte m. im Wald umher.

Muttersprache, die; -, -n: *Sprache, die man als Kind gelernt und gesprochen hat* /Ggs. Fremdsprache/: er spricht jetzt Englisch, aber seine M. ist Deutsch.

mutwillig ⟨Adj.⟩: *absichtlich; vorsätzlich; sich voll bewußt seiend, daß man etwas Schlechtes tut:* er hat das Auto m. beschädigt.

Mütze, die; -, -n: *Kopfbedeckung, die ganz am Kopf anliegt* (siehe Bild): eine M. aufsetzen.

Mütze

mysteriös ⟨Adj.⟩: *geheimnisvoll; in seinen Zusammenhängen nicht genau erkennbar:* die Regierung trat unter mysteriösen Umständen zurück.

N

Nabel, der; -s, -: *rundliche Vertiefung in der Mitte des Bauches am menschlichen Körper.*

nach ⟨Präp. mit Dativ⟩: **1.** ⟨lokal⟩ *in eine bestimmte Richtung:* n. Süden, Berlin fahren; n. Hause gehen; n. oben, links, vorn sehen. **2.** ⟨temporal⟩ *zeitlich danach, später:* n. dem Essen; n. langer Zeit; er kommt n. mir an die Reihe. **3.** *entsprechend, gemäß; in bestimmter Weise:* meiner Meinung n.; n. Belieben arbeiten; seiner Ausbildung n. müßte er mehr können; n. einer Vorlage malen. ** n. und n. *(allmählich);* n. wie vor *(weiterhin).*

nachäffen, äffte nach, hat nachgeäfft ⟨tr.⟩ (abwertend): *Handlungen, Verhalten, Gewohnheiten einer Person in scherzhafter oder boshafter Absicht möglichst getreu nachmachen:* die Schüler äfften den Lehrer nach.

nachahmen, ahmte nach, hat nachgeahmt ⟨tr.⟩: *(etwas) genau so tun wie ein anderer:* er ahmte seine Bewegungen sehr gut nach. **Nachahmung,** die; -, -en.

nacharbeiten, arbeitete nach, hat nachgearbeitet ⟨tr./itr.⟩: *versäumte Arbeit[szeit] später nachholen:* wir wollen [den Tag] n.

Nachbar, der; -n und -s, -n: *jmd., der unmittelbar neben jmdm. wohnt oder sitzt:* wir sind Nachbarn geworden; ein ruhiger N.; gute Nachbarn sein.

Nachbarschaft, die; -: **a)** *unmittelbare räumliche Nähe zu jmdm.:* in der N. wohnen; in jmds. N. ziehen. **b)** *Verhältnis zwischen Personen, die nahe beieinander wohnen:* gute N. halten. **c)** *Gesamtheit der Nachbarn:* die ganze N. spricht davon.

nachbilden, bildete nach, hat nachgebildet ⟨tr.⟩: *so wiedergeben, daß das Ergebnis dem Original weitgehend entspricht; (etwas) reproduzieren:* eine Plastik n.

nachdem ⟨temporale Konj.⟩: *als:* n. er fünf Tage mit seinem Freund Klaus in Prag verbracht hatte, flog er nach Hause zurück.

nachdenken, dachte nach, hat nachgedacht ⟨itr.⟩: *intensiv denken; gründlich überlegen:* denk einmal darüber nach!; er hat über dieses Ereignis lange nachgedacht.

nachdenklich ⟨Adj.⟩: *mit etwas gedanklich beschäftigt, in Gedanken versunken seiend:* er machte ein nachdenkliches Gesicht; er blickte n. auf seine Hände; das stimmte ihn n. *(das veranlaßte ihn, darüber nachzudenken).* **Nachdenklichkeit,** die; -.

Nachdruck: I. der; -[e]s: **a)** *besondere Betonung, Eindringlichkeit, mit der etwas gesagt wird:* er sagte dies mit N. **b)** *Gewicht, Bedeutung:* einer Sache N. verleihen. **II.** der; -[e]s, Nachdrucke: *unveränderter Abdruck (eines Buches, Bildes o. ä.):* N. verboten.

nachdrücklich ⟨Adj.⟩: *eindringlich, mit Nachdruck:* auf etwas n. hinweisen.

nacheifern, eiferte nach, hat nachgeeifert ⟨itr.⟩: *eifrig bemüht sein, etwas ebenso gut zu tun wie ein anderer:* er eiferte diesem Künstler nach.

nacheinander ⟨Adverb⟩: *einer/eines nach dem anderen; in kurzen Abständen:* die Wagen starten n.

nachempfinden, empfand nach, hat nachempfunden ⟨tr.⟩: *sich so in einen anderen Menschen hineinversetzen, daß man das gleiche empfindet wie er:* ich habe seinen Schmerz nachempfunden.

Nachen, der; -s, -(geh.): *kleines Boot.*

Nachfolge, die; -: *Übernahme einer Tätigkeit, eines [größeren] Amtes von einem Vorgänger:* es ist eine schwierige Aufgabe, die N. des berühmten Dirigenten anzutreten.

Nachfolger, der; -s, -: *jmd., der jmds. Arbeit, Aufgabe, Amt übernimmt:* jmdn. zum N. ernennen, berufen.

nachforschen, forschte nach, hat nachgeforscht ⟨itr.⟩: *sich genaue Kenntnisse, Informationen von etwas verschaffen:* er forschte nach, wie sich der Vor-

Nachfrage 248

gang ereignet hatte. **Nachforschung,** die; -, -en.

Nachfrage, die; -: *das Verlangen der Käufer nach bestimmten Waren:* es herrschte eine starke N. nach frischen Kartoffeln. ** danke für die N.! *(danke, daß Sie sich [nach meinem Befinden] erkundigen).*

nachfragen, fragte nach, hat nachgefragt ⟨itr.⟩: *sich erkundigen:* fragen Sie doch bitte morgen noch einmal nach!

nachgeben, gibt nach, gab nach, hat nachgegeben ⟨itr.⟩: 1. *dem Willen oder den Forderungen eines anderen nach anfänglichem Widerstand entsprechen, schließlich doch zustimmen, sich überreden lassen:* nach langer Diskussion gab er endlich nach. 2. *einem Druck nicht standhalten:* der Boden, die Wand gibt nach; bildl.: die Kurse der fremden Währungen haben nachgegeben *(sind leicht gefallen).*

nachgehen, ging nach, ist nachgegangen ⟨itr.⟩: 1. a) *hinter jmdm./etwas hergehen, folgen:* er ist dem Mädchen nachgegangen; einer Spur, den Klängen der Musik n.; bildl.: einem Problem n. *(es erforschen, seine Einzelheiten feststellen).* b) *(eine [berufliche] Tätigkeit regelmäßig ausüben:* seinem Beruf, einem Gewerbe n. 2. *(jmdn.) noch lange innerlich beschäftigen:* dieses Erlebnis ging ihm noch lange nach. 3. *hinter der wirklichen Zeit zurückbleiben /von Uhren/:* die Uhr geht fünf Minuten nach.

nachgiebig ⟨Adj.⟩: *so weich veranlagt, daß man dazu neigt, sich dem Willen anderer anzupassen; leicht umzustimmen:* ein nachgiebiger Mensch; du bist ihm gegenüber viel zu n.

nachgrübeln, grübelte nach, hat nachgegrübelt ⟨itr.⟩: *über ein Problem dauernd nachdenken; in ermüdender gedanklicher Arbeit eine bestimmte Lösung suchen:* Tag und Nacht grübelte er über die mathematische Aufgabe nach.

nachhelfen, hilft nach, half nach, hat nachgeholfen ⟨itr.⟩: *Hilfe, Unterstützung gewähren [bei bestimmten Aufgaben]:* dem Schüler in Englisch n.; bei ihm geht es sehr langsam, da muß man etwas n. *(man muß ihn antreiben).*

nachher [auch: nachher] ⟨Adverb⟩: a) *etwas später, in näherer,* *nicht genau bestimmter Zukunft:* n. gehen wir einkaufen. b) *unmittelbar nach einem Geschehen, das in der Vergangenheit, Gegenwart oder Zukunft liegt:* vorher hatte er keine Zeit und n. kein Geld, den Mantel zu kaufen.

nachholen, holte nach, hat nachgeholt ⟨tr.⟩: *(Versäumtes oder bewußt Ausgelassenes) später erledigen:* er hat alles in kurzer Zeit nachgeholt.

Nachkomme, der; -n, -n: *jmd., der in gerader Linie von einem anderen abstammt:* der reiche Mann hatte keine Nachkommen.

nachkommen, kam nach, ist nachgekommen ⟨itr.⟩: 1. *später kommen:* ich werde in einer halben Stunde n. 2. *Schritt halten können:* beim Diktieren mit dem Schreiben nicht n. 3. *(etwas, was ein anderer von einem wünscht oder verlangt) erfüllen oder vollziehen:* einem Wunsch, einer Aufforderung n.

Nachlaß, der; Nachlasses, Nachlasse und Nachlässe: 1. *alles, was ein Verstorbener an Gütern und Verpflichtungen hinterläßt:* den N. verwalten. 2. *Ermäßigung des Preises:* er wird mir beim Kauf dieses Autos fünf Prozent N. gewähren.

nachlassen, läßt nach, ließ nach, hat nachgelassen: 1. ⟨itr.⟩ *an Kraft, Stärke, Wirkung verlieren:* die Spannung, der Widerstand, der Regen läßt nach. 2. ⟨tr.⟩ *vermindern, [teilweise] erlassen:* Preise, Schulden, Strafen n.

nachlässig ⟨Adj.⟩: 1. *unordentlich, oberflächlich, nicht gründlich:* das ist eine nachlässige Arbeit; er ist ein nachlässiger Schüler. 2. *unachtsam, sorglos:* du gehst mit deinen Sachen sehr n. um. **Nachlässigkeit,** die; -, -en.

nachlaufen, läuft nach, lief nach, ist nachgelaufen ⟨itr.⟩: *eilig folgen, hinterherlaufen:* jmdm. n.; bildl. (ugs.): ich will ihm nicht n. *(mich ihm nicht aufdrängen).*

nachlösen, löste nach, hat nachgelöst ⟨itr.⟩: *für eine bereits abgefahrene Strecke den Fahrpreis bezahlen [bei der Eisenbahn/:* er mußte n.

nachmachen, machte nach, hat nachgemacht ⟨tr.⟩ (ugs.): *nachahmen; nachäffen:* er konn-* te die Stimme und die Bewegungen bekannter Politiker n.

nachmittag ⟨Adverb; in Verbindung mit der Angabe eines bestimmten Tages⟩: *am Nachmittag:* heute n. bin ich nicht zu Hause.

Nachmittag, der; -s, -e: *Zeit vom Mittag bis zum Beginn des Abends:* den N. im Schwimmbad verbringen.

nachmittags ⟨Adverb⟩: *am Nachmittag; jeden Nachmittag:* wir sind n. zu Hause.

Nachname, der; -ns, -n: *Familienname.*

nachplappern, plapperte nach, hat nachgeplappert ⟨tr.⟩ (ugs.): *etwas, was ein anderer gesagt hat, [auf kindliche Weise] nachreden, ohne es inhaltlich erfaßt zu haben:* er plappert mir immer alles n.

nachprüfen, prüfte nach, hat nachgeprüft ⟨tr.⟩: *nochmals prüfen, kontrollieren:* ich mußte alle Rechnungen noch einmal n.

Nachricht, die; -, -en: 1. *Mitteilung von Ereignissen oder Zuständen:* eine schlechte, amtliche, politische N.; keine N. erhalten; eine N. überbringen, mitbringen. 2. ⟨Plural⟩ *Sendung im Rundfunk und Fernsehen, in der die Ereignisse des Tages mitgeteilt werden:* die Nachrichten hören.

Nachruf, der; -s, -e: *Rede oder Schriftstück, in der die Verdienste eines Verstorbenen gewürdigt werden:* einen N. in die Zeitung setzen.

nachschicken, schickte nach, hat nachgeschickt ⟨tr.⟩: *nachsenden:* er hat ihm den Schlüssel, den er vergessen hatte, nachgeschickt.

nachschlagen, schlägt nach, schlug nach, hat nachgeschlagen: 1. ⟨tr.⟩ *sich in einem Lexikon oder [Wörter]buch Auskunft holen (über etwas/jmdn.):* ein Zitat, ein Wort n. 2. ⟨itr.⟩ *im Wesen einer älteren, verwandten Person ähnlich sein, werden:* der Sohn schlägt dem Vater nach.

nachsehen, sieht nach, sah nach, hat nachgesehen: 1. ⟨itr.⟩ *hinter jmdm./etwas hersehen:* er sah dem Zug, Auto nach. 2. ⟨tr.⟩ *sich in einem Lexikon oder [Wörter]buch (über etwas) Auskunft holen:* ich muß n., wie das Gedicht genau lautet. 3. ⟨tr.⟩ *kontrollieren, prüfen:* Rechnungen auf Fehler n.; die Schularbei-

ten n. 4. ⟨tr.⟩ *verzeihen; nachsichtig sein:* er sah seinem Sohn vieles nach.
nachsenden, sandte/sendete nach, hat nachgesandt/nachgesendet ⟨tr.⟩: *(jmdm., dessen Adresse sich [vorübergehend] geändert hat) etwas an seine neue Adresse senden:* die Post in den Urlaub n.
Nachsicht, die; -: *verzeihendes Verständnis für die Schwächen eines anderen, Geduld:* er bat ihn um N.
nachsichtig ⟨Adj.⟩: *Nachsicht übend, zeigend:* eine nachsichtige Behandlung; nachsichtige Eltern.
Nachspiel, das; -s, -e: *Folge, Nachwirkung einer Handlung:* die Sache wird noch ein gerichtliches N. haben.
nächste ⟨Adj.; nur attributiv⟩: 1. *örtlich folgend, unmittelbar in der Nähe befindlich:* jmdn. an der nächsten *(nächst gelegenen)* Ecke erwarten; etwas aus nächster *(unmittelbarer)* Nähe betrachten; nur die nächsten Verwandten einladen. 2. *zeitlich unmittelbar folgend:* wir machen im nächsten Monat Urlaub; der nächste [Patient], bitte! ** **der/die/das n. beste** *(der/die/das erste sich [An]bietende):* wir kaufen im nächsten besten Laden etwas zu essen ein.
nachstehen, stand nach, hat nachgestanden ⟨itr.⟩/vgl. nachstehend/: **a)** *zurückstehen (hinter jmdm.), zurückgesetzt sein:* sie stand ihrer hübschen Schwester immer n. **b)** *unterlegen sein:* jmdm. an Intelligenz, Fähigkeiten [nicht] n.
nachstehend ⟨Adj.; nur attributiv⟩: *folgend, an späterer Stelle stehend:* die nachstehenden Bemerkungen.
nachstellen, stellte nach, hat nachgestellt: 1. ⟨itr.⟩ *verfolgen:* dem Wild, einem Tier n.; bildl.: einem Mädchen n. *(es aufdringlich umwerben).* 2. ⟨tr.⟩ *neu einstellen:* die Bremsen eines Autos n.
nächstens ⟨Adverb⟩: *in nächster Zeit, in naher Zukunft.*
nacht ⟨Adverb; in Verbindung mit der Angabe eines bestimmten Tages⟩: *in der Nacht:* heute n. hat es bei uns geklingelt.
Nacht, die; -, Nächte: *Zeit der Dunkelheit zwischen Abend und Morgen:* eine kalte, angenehme N.; die N. zum Tage machen *(nachts arbeiten und am Tage schlafen).*
Nachteil, der; -s, -e: 1. *ungünstiger Umstand, Mangel:* es ist ein N., daß wir kein Auto haben. * **im N. sein** *(in einer schlechteren Lage sein):* beim Sport war er [mir gegenüber] wegen seiner schlechten Augen im N. 2. ⟨Plural⟩ *Schaden, Verlust:* dieser Vertrag brachte ihm nur Nachteile.
Nachtisch, der; -s, -e: *nach dem eigentlichen Essen gereichte [süße] Speise [aus Obst oder Eis bestehend]; Dessert.*
nächtlich ⟨Adj.; nur attributiv⟩: *in oder während der Nacht:* er traf seinen Freund auf einem nächtlichen Spaziergang.
Nachtlokal, das; -s, -e: *Restaurant mit Musik und unterhaltendem Programm, das die Nacht hindurch geöffnet ist.*
nachtragen, trägt nach, trug nach, hat nachgetragen /vgl. nachtragend/: 1. ⟨tr.⟩ *hinter jmdn. her tragen:* er hat in seinem Schirm, den er vergessen hatte, nachgetragen. 2. ⟨itr.⟩ *jmdm. längere Zeit seine Verärgerung (über etwas) gegenüber; nicht verzeihen können:* er trug ihm seine Äußerungen lange nach. 3. ⟨tr.⟩ *nachträglich hinzufügen:* ich muß in dem Aufsatz noch etwas n.
nachtragend ⟨Adj.⟩: *längere Zeit nicht verzeihen können:* sei doch nicht so n.!
nachträglich ⟨Adj.; nicht prädikativ⟩: *hinterher; später; nach dem Zeitpunkt des Geschehens liegend:* n. sah er alles ein; ein nachträglicher Glückwunsch.
nachts ⟨Adverb⟩: *in oder während der Nacht:* er arbeitet häufig n.
Nachweis, der; -es, -e: *das Beschaffen, Vorlegen von Beweismaterial, mit dem eine Behauptung belegt wird:* einen N. führen.
nachweisen, wies nach, hat nachgewiesen ⟨tr.⟩: 1. *beweisen:* sein Recht, seine Herkunft n. 2. *aufzeigen, belegen:* jmdm. einen Fehler, eine Schuld, einen Irrtum n. 3. *vermitteln:* jmdm. eine Stellung, ein Zimmer n.
Nachwort, das; -[e]s, -e: *abschließender Text in einer größeren schriftlichen Arbeit oder Darstellung.*

Nachwuchs, der; -es: 1. *Kind oder Kinder /in einer Familie/:* wir haben N. bekommen. 2. *jüngere[r] Mitarbeiter:* die Industrie klagt über den Mangel an N.
nachzahlen, zahlte nach, hat nachgezahlt ⟨tr./itr.⟩: *nachträglich zahlen:* ich muß noch [Steuern] n. **Nachzahlung,** die; -, -en.
Nacken, der; -s, -: *hinterer Teil des Halses:* einen steifen N. haben. * **jmdm. den N. steifen** *(jmdn. zum Widerstand ermuntern);* **jmd./etwas sitzt jmdm. im N.** *(jmd./etwas verfolgt jmdn.):* die Angst saß ihm im N.
nackt ⟨Adj.⟩: *ohne Bekleidung:* mit nacktem Oberkörper; n. baden; bildl.: auf nacktem *(bloßem)* Boden schlafen; nackte *(kahle)* Bäume; jmdm. die nackte *(reine)* Wahrheit sagen; etwas mit nackten *(schonungslosen)* Worten sagen; ein Bild an die nackte *(schmucklose)* Wand hängen.
Nadel, die; -, -n: 1. *dünner, spitzer Gegenstand [zum Nähen]* (siehe Bild): eine N. einfädeln; sich mit einer N. stechen; sie trug eine N. mit einer prächtigen Perle; die N. des Kompasses zeigte genau nach Norden. 2. *schmales, spitzes Blatt bestimmter Bäume* (siehe Bild): unser Weihnachtsbaum verlor schon vor dem Neujahrstag seine Nadeln.

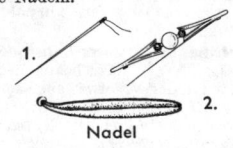

1.

2.

Nadel

Nadelbaum, der; -s, Nadelbäume: *Baum, dessen Blätter die Form einer Nadel haben* /Ggs. Laubbaum/: Tannen, Kiefern, Lärchen sind Nadelbäume.
Nadelöhr, das; -s, -e: *Öffnung am stumpfen Ende einer Nadel, durch die der Faden gezogen wird.*
Nagel, der; -s, Nägel: 1. *Stift aus Metall mit Spitze und breitem Ende zum Befestigen und Aufhängen von Gegenständen* (siehe Bild S. 250): einen N. in die Wand schlagen. * (ugs.) **den N. auf den Kopf treffen** *(genau das Richtige, Entscheidende tun oder sagen);* (ugs.) den

Beruf an den N. hängen *(den Beruf aufgeben)*. **2.** *flaches Gebilde aus Horn auf den Spitzen von Fingern und Zehen* (siehe Bild): du mußt dir die Nägel schneiden. * (ugs.) **etwas brennt auf den Nägeln** *(etwas ist sehr dringend)*.

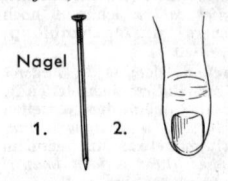

Nagel

1.   2.

ngeln, nagelte, hat genagelt ⟨tr.⟩: *mit einem Nagel befestigen:* ein Bild an die Wand n.

ngen, nagte, hat genagt ⟨itr./tr.⟩: *mit den Zähnen kleine Stücke von einem harten Gegenstand abbeißen:* der Hund nagt an einem Knochen; die Kaninchen nagten die Rinde von den Bäumen; bildl.: der Kummer nagt an meinem Herzen.

ngh[e], näher, nächste ⟨Adj.⟩ /vgl. nächste/: **a)** *in kurzer Entfernung; geringen Abstand habend* /Ggs. fern/: der Wald beginnt [sehr] n. bei der Stadt; geh nicht zu n. an das Feuer heran! das Gebirge ist zum Greifen *(sehr)* n.; bildl.: sie ist der Verzweiflung n.; einer Lösung des Problems sehr n. sein; ein naher Verwandter. **b)** *unmittelbar folgend* /Ggs. fern/: in naher Zukunft.

Nähe, die; -: *kurze Entfernung* /Ggs. Ferne/: das Theater liegt ganz in der N.; etwas aus nächster N. beobachten; bildl.: etwas rückt in greifbare N. *(steht unmittelbar bevor)*.

nghelegen, legte nahe, hat nahegelegt ⟨tr.⟩: *(jmdm.) indirekt auffordern, etwas zu tun oder zu unterlassen:* man legte dem Minister nahe, von seinem Posten zurückzutreten.

nähen, nähte, hat genäht ⟨tr./itr.⟩: *[Teile] mit Hilfe von Nadel und Faden fest miteinander verbinden:* den Riß im Mantel, ein Kleid, eine Wunde n.; sie näht gern.

näherkommen, kam näher, ist nähergekommen: **1.** ⟨itr.⟩ *zu jmdm./etwas den Abstand verkleinern, indem man ein Stück auf ihn/es zugeht:* Sie müssen etwas n., damit Sie alles sehen können. **2.** ⟨rzp.⟩ *gegenseitig vertrauter werden:* wir sind uns in letzter Zeit nähergekommen.

nähern, sich; näherte sich, hat sich genähert: *[langsam] auf jmdn./etwas zugehen:* der Feind nähert sich der Stadt; niemand darf sich dem Kranken n.

nghestehen, stand nahe, hat nahegestanden ⟨itr.⟩: *(mit jmdm.) gut bekannt, vertraut sein:* der Verstorbene hat uns sehr nahegestanden.

nghezu ⟨Adverb⟩: *fast, beinahe, nicht ganz:* n. 5 000 Zuschauer sahen das Spiel.

nähren, nährte, hat genährt: **1.** ⟨tr.⟩ **a)** *stillen:* die Mutter nährt ihr Kind selbst. **b)** *steigern, vergrößern:* etwas nährt jmds. Liebe, Haß, Zorn. **2.** ⟨rfl.⟩ *sich am Leben erhalten (mit etwas):* er nährt sich vor allem von Brot und Kartoffeln. **3.** ⟨itr.⟩ *nahrhaft sein:* Brot nährt.

nghrhaft ⟨Adj.; nicht adverbial⟩: *reich an Stoffen, die für das Wachstum und die Kräftigung des Körpers wichtig sind:* eine nahrhafte Speise; Brot ist sehr n.

Nahrung, die; -: *alles, was im Mensch oder ein Tier zur Ernährung braucht und zu sich nimmt:* fette, flüssige, pflanzliche N. * **einer Sache neue N. geben** *(eine Sache wieder entstehen, aufflammen lassen):* dies gibt seinem Zorn neue N.; durch sein Verhalten erhielt das Gerücht neue N.

Nahrungsmittel, das; -s, -: *etwas, was als Nahrung dient:* Kartoffeln sind ein billiges N.

Nght, die; -, Nähte: *Linie, die beim Nähen entsteht:* eine N. nähen, auftrennen. -* (scherzh.) **aus allen Nähten platzen** *(zu dick werden)*.

naiv ⟨Adj.⟩: **a)** *kindlich unbefangen, einfältig:* sie ist für ihr Alter noch recht n. **b)** *wenig Erfahrung, Sachkenntnis oder Urteilsvermögen besitzend und dadurch oft lächerlich wirkend:* alle haben über seine naiven Fragen gelacht.

Ngme, der; -ns, -n: *besondere Bezeichnung eines Wesens oder Dings, durch die es von ähnlichen Wesen oder Dingen unterschieden wird:* das Kind erhielt den Namen Peter; ich kenne ihn nur dem Namen nach *(nicht persönlich)*; den Namen des Dorfes habe ich vergessen. * **im Namen** *(im Auftrag, in Vertretung):* ich spreche hier im Namen aller Kollegen; **sich einen Namen machen** *(bekannt, berühmt werden)*.

ngmentlich: **I.** ⟨Adj.; nicht prädikativ⟩ *mit Namen:* jmdn. n. nennen. **II.** ⟨Adverb⟩ *besonders:* n. die Arbeitnehmer sind von dieser Maßnahme betroffen.

nämlich ⟨Adverb⟩: **1.** /drückt eine Begründung der vorangehenden Aussage aus/: ich komme sehr früh an, ich fahre n. mit dem ersten Zug. **2.** *und zwar:* der Minister nahm ebenfalls an der Besprechung in Bonn teil, n. als Vorsitzender der Partei.

Napf, der; -[e]s, Näpfe: *kleine Schale.*

Nərbe, die; -, -n: *bleibende Spur einer größeren, verheilten Wunde in der Haut:* er hatte eine tiefe N. über dem linken Auge.

Nəse, die; -, -n: *vorspringender Teil in der Mitte des Gesichts, der zum Einatmen und Riechen dient* (siehe Bild): eine spitze, große N.; sich die N. putzen. * (ugs.) **jmdn. an der N. herumführen** *(jmdn. täuschen);* (ugs.) **auf der N. liegen** *(krank sein)*.

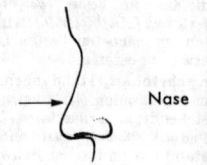

Nase

ngseweis ⟨Adj.⟩ (ugs.): *ein bißchen vorlaut, aufgeschlossen, neugierig* /von Kindern gesagt/: sei doch nicht so n.!

nəß, nässer/nasser, nässeste/nasseste ⟨Adj.⟩: **a)** *viel Feuchtigkeit, meist Wasser, enthaltend oder damit bedeckt; nicht trocken:* seine Kleider waren völlig n.; die Straße ist n. **b)** ⟨nicht adverbial⟩ *regenreich:* es war ein nasser Sommer.

Nässe, die; -: *Zustand des Naßseins:* die N. hat den Pflanzen geschadet.

nəßkalt ⟨Adj.; nicht adverbial⟩: *regnerisch und gleichzeitig kalt* /vom Wetter/: wir haben naßkaltes Wetter.

Nation, die; -, -en: *Gemeinschaft von Menschen mit dem Bewußtsein politisch-kultureller Zusammengehörigkeit und dem Wil-*

len, einen Staat zu bilden: die europäischen Nationen müssen sich politisch noch fester zusammenschließen.

Nationalhymne, die; -, -n: *Lied, das als Ausdruck des nationalen Bewußtseins bei feierlichen Anlässen gesungen wird:* die N. singen.

Natur, die; -, -en: 1. ⟨ohne Plural⟩ *die uns umgebende Welt, soweit sie ohne menschliches Zutun entstanden ist:* die blühende N. 2. ⟨ohne Plural⟩ *die im Weltall wirkende Kraft:* die Geheimnisse der N. erforschen; die Kräfte der N. nutzen. 3. *Art, Wesen, Charakter einer Person oder Sache:* er hat eine glückliche N.; es liegt in der N. der Sache, daß Schwierigkeiten entstehen. * *etwas ist N. (etwas ist echt, von selbst gewachsen, nicht künstlich gemacht):* mein Haar ist N.

naturgemäß ⟨Adj.⟩: *der Natur, dem Charakter eines Lebewesens oder einer Sache entsprechend:* unsere Hunde versuchten n., den Hasen zu fangen; die Anforderungen werden n. immer größer.

naturtreu ⟨Adj.⟩: *dem Vorbild genau entsprechend:* eine naturtreue Nachbildung der Figur.

natürlich: I. ⟨Adj.⟩ 1. a) *von der Natur geschaffen; nicht künstlich:* natürliche Blumen; der Fluß ist eine natürliche Grenze. b) *in der Natur liegend; durch die Natur bedingt:* die natürlichen Verrichtungen des Körpers. c) *der Wirklichkeit entsprechend; naturgetreu:* der Künstler malte sehr n. 2. *schlicht, einfach; nicht gekünstelt, ungezwungen:* sie hat ein natürliches Wesen. **II.** ⟨Adverb⟩ *wie zu erwarten ist; zweifelsohne; ja; selbstverständlich:* er hat n. recht; n. käme ich gerne, aber ich habe keine Zeit.

Naturwissenschaft, die; -, -en: *Wissenschaft von den Erscheinungen und Vorgängen in der Natur.*

naturwissenschaftlich ⟨Adj.⟩: *die Naturwissenschaft und ihre Erforschung betreffend:* naturwissenschaftliche Beobachtungen, Versuche anstellen.

Nebel, der; -s, -: 1. ⟨ohne Plural⟩ *Trübung der Luft durch sehr kleine Wassertröpfchen:* die Sicht war durch dicken N. behindert. * **bei Nacht und N.** *(in der Dunkelheit, heimlich):* die Flüchtlinge sind bei Nacht und N. über die Grenze gegangen. 2. *einzelner Nebelstreifen:* aus den Wiesen stiegen immer wieder Nebel auf.

neben ⟨Präp. mit Dativ und Akk.⟩: 1. a) ⟨mit Dativ; auf die Frage: wo?⟩ *unmittelbar an der Seite (von jmdm./etwas):* wir wohnen n. ihm. b) ⟨mit Akk.; auf die Frage: wohin?⟩ *unmittelbar an die Seite (von jmdn./etwas):* er stellt den Tisch neben den Schrank. 2. ⟨mit Dativ⟩ *außer:* n. ihm gibt es noch fünf Direktoren. 3. ⟨mit Dativ⟩ *verglichen (mit jmdm./etwas):* n. dir verblaßt alles.

nebenan ⟨Adverb⟩: *unmittelbar daneben, benachbart:* das Haus n.; der Herr von n.

nebenbei ⟨Adverb⟩: 1. *gleichzeitig mit etwas anderem:* diese Arbeit kann ich n. tun. 2. *beiläufig, wie zufällig:* er erwähnte dies nur n.

nebeneinander ⟨Adverb⟩: *einer neben dem anderen:* sie standen n.

Nebenfluß, der; Nebenflusses, Nebenflüsse: *Fluß, der in einen größeren Fluß mündet:* der Main ist ein N. des Rheins.

Nebensache, die; -, -n: *unwichtige Sache, Angelegenheit:* das ist [eine] N.

nebensächlich ⟨Adj.⟩: *als Nebensache geltend, von geringer Bedeutung:* es ist n., ob es teuer ist oder nicht.

neblig ⟨Adj.; nicht adverbial⟩: *durch Nebel getrübt, undurchsichtig:* heute ist es sehr n.

necken, neckte, hat geneckt ⟨tr.⟩: *foppen, aus Übermut durch kleinere, nicht ernstgemeinte Äußerungen reizen:* ihr sollt ihn nicht immer n.

Neffe, der; -n, -n: *Sohn eines Bruders oder einer Schwester.*

negativ ⟨Adj.⟩: 1. *verneinend, ablehnend:* er erhielt eine negativen Bescheid; er nahm eine negative Haltung ein. 2. *ungünstig, schlecht:* die Wirtschaft zeigte eine negative Entwicklung. 3. *kein Ergebnis bringend:* die Verhandlungen verliefen n. 4. *unter Null liegend:* negative Zahlen.

nehmen, nimmt, nahm, hat genommen ⟨tr.⟩: 1. *mit der Hand ergreifen:* er nahm seinen Hut; das Buch aus dem Regal n. * **sich eine Frau n.** *(heiraten):* du hast dir wohl eine reiche Frau genommen? 2. *annehmen:* er nimmt kein Geld; n. Sie bitte unseren Dank für Ihre Hilfe! * **hart im Nehmen sein** *(nicht nur selbst hart angreifen, sondern harten Schlägen auch standhalten, sie ertragen können):* der Boxer ist hart im Nehmen. 3. *sich einer Person oder Sache bedienen; benutzen:* sich (Dativ) einen Anwalt n.; das nächste Flugzeug n. * **sich für etwas Zeit n.** *(sich mit etwas nicht beeilen; etwas nicht hastig erledigen).* 4. *einnehmen:* Tabletten n. 5. *wegnehmen:* Diebe haben mir das Geld genommen; beim Schachspiel einen Turm n.; ich lasse mir dieses Recht nicht n. * **jmdm. die Hoffnung n.** *(jmdn. mutlos machen).* 6. ⟨mit näherer Bestimmung⟩ *auffassen:* etwas ernst, heiter n. 7. *einnehmen, erobern:* sie haben die Festung genommen. 8. ⟨als Funktionsverb⟩ *von etwas Abstand n. (etwas unterlassen);* an etwas Anstoß n. *(sich über etwas ärgern);* etwas zur Kenntnis n. *(etwas anhören, ohne sich dazu zu äußern);* Rücksicht n. auf jmdn./etwas *(etwas, was Grund zur Schonung ist, berücksichtigen; jmdn. rücksichtsvoll behandeln).* ** **jmdn. zu sich n.** *(jmdn. in seiner Wohnung aufnehmen):* er hat seinen alten Vater zu sich genommen.

Neid, der; -[e]s: *Gefühl, Haltung, bei der jmd. einem anderen einen Erfolg oder einen Besitz nicht gönnt oder Gleiches besitzen möchte:* vor N. vergehen.

neiden, neidete, hat geneidet ⟨tr.⟩: *nicht gönnen:* jmdm. den Erfolg, Gewinn n.

neidisch ⟨Adj.⟩: *von Neid erfüllt:* neidische Nachbarn; auf jmdn./etwas n. sein.

neigen, neigte, hat geneigt /vgl. geneigt/: 1. a) ⟨tr.⟩ *senken; zur Seite drehen, bewegen:* das Haupt zum Gruß n.; der Baum neigt seine Zweige bis zur Erde. b) ⟨rfl.⟩ *sich beugen:* sich zur Seite, über das Geländer n. 2. ⟨itr.⟩ *eine bestimmte Richtung im Denken und Handeln erkennen lassen, vertreten:* er neigt zur Verschwendung; ich neige mehr zu dieser Ansicht.

Neigung, die; -, -en: 1. *Gefälle:* die N. einer Straße. 2. a)

Vorliebe, Interesse, Talent: ein Mensch mit starken künstlerischen Neigungen. **b)** *liebevolle Gesinnung, Zuneigung:* seine Neigungen zu diesem Mädchen wurden erwidert.

nein ⟨Adverb⟩: /*Äußerung der Ablehnung auf eine Frage; Ggs. ja*/: kommst du? – N., ich habe keine Zeit.

nennen, nannte, hat genannt ⟨tr.⟩: **a)** *(jmdm.) einen Namen geben:* wie wollt ihr das Kind n.?; eine Schule nach einem großen Dichter n. **b)** *den Namen sagen (von jmdm./etwas):* wir wollen alle großen Flüsse in Europa n.; n. *(sagen)* Sie bitte seinen Namen! **c)** *als etwas bezeichnen:* man kann sie zwar nicht schön, aber charmant n.; etwas sein eigen n.; ⟨auch rfl.⟩ er nennt sich Schriftsteller.

nennenswert ⟨Adj.; meist in Verbindung mit Negationen⟩: *so beschaffen, daß es wert ist, erwähnt oder beachtet zu werden:* es sind keine nennenswerten Niederschläge zu erwarten; der Unterschied im Preis ist kaum n.

Nerv, der; -s, -en: *Faserstrang im Körper, der Reize zwischen dem Zentralnervensystem, den Muskeln und den Organen vermittelt:* bei der Spritze wurde ein N. getroffen. * **starke Nerven haben** *(sich nicht so leicht durch etwas erschüttern lassen);* **die Nerven behalten** *(ruhig und besonnen bleiben);* **die Nerven verlieren** *(den seelischen Anforderungen nicht mehr gewachsen sein und unbesonnen handeln).*

nervös ⟨Adj.⟩: *körperlich und seelisch unruhig, leicht gereizt:* sie ist heute sehr n.; der Lärm macht mich n.

Nest, das; -es, -er: *Wohn- und Brutstätte der Vögel, Mäuse und Ratten* (siehe Bild): die Amsel baut ihr N.

Nest

nett ⟨Adj.⟩: **a)** *freundlich und liebenswürdig:* sie sind nette Leute; er war sehr n. zu mir. **b)** *angenehm, ansprechend:* es war ein netter Abend; das Kleid ist recht n.

Netz, das; -es, -e: **1.** *durch Flechten oder Verknoten von Fäden oder Seilen entstandenes Maschenwerk:* zum Fischen die Netze auswerfen; den Ball ins N. schlagen (beim Sport); ein N. über dem Haar tragen. **2.** *verzweigte Anlage:* das N. von Schienen, elektrischen Leitungen, Kanälen.

neu ⟨Adj.⟩: **a)** *vor kurzer Zeit entstanden, begonnen; seit kurzer Zeit vorhanden:* ein neues Haus; zum neuen Jahr Glück wünschen; neuer Wein; neue Lieder; die neuesten Nachrichten. **b)** *frisch, noch nicht verbraucht;* neue Truppen; mit neuen Kräften ans Werk gehen. **c)** *bisher unbekannt:* eine neue Methode entdecken; das ist mir n. *(das kenne ich noch nicht, davon habe ich noch nichts gehört).* **d)** *zum wiederholten Male, erneut:* die Arbeit muß n. gemacht werden; neue Hoffnung schöpfen. ** **ein neues Leben beginnen** *(anders und besser als vorher sein Leben gestalten);* **ein neuer Mensch werden** *(sich zu seinem Vorteil ändern).*

Neubau, der; -s, -ten: *neu gebautes Haus:* in einen N. einziehen.

neuerdings ⟨Adverb⟩: *seit kurzer Zeit:* er fährt n. mit der Straßenbahn.

Neugier, die; -: *das Verlangen, etwas [Neues] zu erfahren, zu wissen:* seine N. befriedigen; ich frage aus reiner N.

Neugierde, die; -: *Neugier.*

neugierig ⟨Adj.⟩: *von Neugier erfüllt:* ein neugieriges Kind.

Neuigkeit, die; -, -en: *neue Nachricht; etwas Neues:* jmdm. eine N. erzählen.

neulich ⟨Adverb⟩: *vor kurzer Zeit, vor einiger Zeit:* ich bin ihm n. begegnet.

Neuling, der; -s, -e: *jmd., der in eine neue Umgebung kommt oder auf einem neuen Gebiet arbeitet:* er ist noch ein N. auf diesem Gebiet.

neutral ⟨Adj.⟩: *unbeteiligt; nicht an eine bestimmte Interessengruppe, Partei gebunden:* sich n. verhalten; eine neutrale Haltung einnehmen.

Neutralität, die; -: *neutrales Verhalten:* sich zur N. verpflichten.

Nichte, die; -, -n: *Tochter eines Bruders oder einer Schwester.*

nichtig ⟨Adj.⟩: *wertlos, ungültig:* einen Vertrag für [null und] n. erklären.

nichts ⟨Indefinitpronomen⟩: **a)** *nicht das mindeste, geringste; in keiner Weise etwas:* er will n. mehr davon hören. **b)** *keine Sache, kein Ding o. ä., nicht etwas:* er wird ihm n. schenken; kauft n. Unnötiges. * **mir n., dir n.** *(ohne viel Umstände zu machen):* er warf ihn mir n., dir n. hinaus.

nichtssagend ⟨Adj.⟩: *bedeutungslos, ausdruckslos, ohne Aussagekraft:* jmdm. eine nichtssagende Antwort geben; sie hat ein nichtssagendes Gesicht.

nicken, nickte, hat genickt ⟨itr.⟩: *den Kopf mehrmals leicht und kurz senken und wieder heben /zum Zeichen der Zustimmung, auch als Gruß/:* er nickte kurz.

nie ⟨Adverb⟩: *zu keiner Zeit:* n. wieder!; jetzt oder n.; ich werde n. meine Zustimmung geben.

nieder: **I.** ⟨Adj.⟩ *von geringer Höhe; nahe am Boden:* der Tisch ist hier n.; ein niederer Wald; bildl.: der niedere Adel; dem niederen Stand [des Volkes] angehören. **II.** ⟨Adverb⟩ *nach unten, zu Boden:* n. mit ihm!

niederbrennen, brannte nieder, hat niedergebrannt: **a)** ⟨itr.⟩ *durch Brand völlig zerstört werden:* das Haus brannte bis auf das Fundament nieder. **b)** ⟨tr.⟩ *in Brand stecken und bis auf den Boden abbrennen lassen:* Häuser, ein Dorf n.

niederdrücken, drückte nieder, hat niedergedrückt ⟨itr.⟩: *durch sein Gewicht nach unten drücken:* das Gewicht drückt die Waagschale nieder; bildl.: die Sorgen haben ihn sehr niedergedrückt *(hoffnungslos gemacht).*

Niedergang, der; -[e]s: *Untergang, Zerfall:* der N. der Kultur, Landwirtschaft.

niedergeschlagen ⟨Adj.⟩: *durch einen Mißerfolg oder eine Enttäuschung unglücklich und ratlos; mutlos, deprimiert:* nach dem Besuch im Krankenhaus war er sehr n.

Niedergeschlagenheit, die; -: *durch Mißerfolg oder Enttäuschung verursachte, unglückliche Stimmung, in der man zunächst keinen Rat weiß und ohne Zuversicht ist.*

Niederlage, die; -, -n: *das Verlieren im Kampf:* eine

schwere N. erleiden, hinnehmen müssen.

niederlassen, läßt nieder, ließ nieder, hat niedergelassen: 1. ⟨tr.⟩ *herunterlassen:* er ließ die Fahne nieder. 2. ⟨rfl.⟩ a) *sich setzen:* er hat sich auf dem Sofa niedergelassen. b) *an einen bestimmten Ort ziehen und eine selbständige dienstliche Tätigkeit ausüben; eine Praxis eröffnen:* die Firma hat sich in Mannheim niedergelassen; er hat sich als Arzt, als Anwalt niedergelassen.

niederlegen, legte nieder, hat niedergelegt: 1. ⟨tr.⟩ *auf etwas, auf den Boden legen:* er legte seine Serviette nieder; sie legten am Grabe Kränze nieder. 2. ⟨tr.⟩ *aufgeben:* er legte sein Amt, die Arbeit nieder. 3. ⟨tr.⟩ *aufschreiben:* er legte seine Gedanken, Verse nieder. 4. ⟨rfl.⟩ *sich hinlegen:* er legte sich auf das Sofa nieder.

niederreißen, riß nieder, hat niedergerissen ⟨tr.⟩: *zum Einsturz bringen, zerstören:* die Mauern der Ruine n.; bildl.: die sozialen Schranken n. *(das Trennende, die Mißverständnisse zwischen den Gesellschaftsschichten beseitigen).*

Niederschlag, der; -s, Niederschläge: 1. *das aus der Atmosphäre in flüssiger oder fester Form auf die Erde fallende Wasser:* es gab Niederschläge in Form von Regen und Schnee. 2. *Schlag, durch den jmd. zu Boden sinkt:* der Boxer ist an den Folgen des Niederschlags gestorben.

niederschlagen, schlägt nieder, schlug nieder, hat niedergeschlagen /vgl. niedergeschlagen/: 1. ⟨tr.⟩ *durch einen Schlag zu Boden werfen:* er hat ihn niedergeschlagen. 2. ⟨tr.⟩ *unterdrücken, beenden:* er hat den Aufstand niedergeschlagen; der Prozeß wurde niedergeschlagen. 3. ⟨in der Fügung⟩ die Augen n. *(die Augenlider senken).* 4. ⟨rfl.⟩ *sich ablagern:* der Nebel hat sich am nächsten Morgen als Tau niedergeschlagen.

niederschreiben, schrieb nieder, hat niedergeschrieben ⟨tr.⟩: *etwas, was man erlebt oder überlegt hat, aufschreiben:* er hat seine Memoiren niedergeschrieben.

Niederschrift, die; -, -en; a) *das Niederschreiben:* er war bei der N. seiner Überlegungen. b) *das Niedergeschriebene:* die N. einer Verhandlung.

niederträchtig ⟨Adj.⟩ (abwertend): *[hinterhältig] gemein, jmd. schaden wollend:* er hat einen niederträchtigen Charakter.

niedlich ⟨Adj.⟩: *von zierlich-kindlichem, hübschem Aussehen und munterem Wesen:* ein niedliches Mädchen; sie sah in dem Kleid sehr n. aus.

niedrig ⟨Adj.⟩: 1. *nieder, von geringer Höhe:* niedrige Berge; niedrige Preise. 2. *schlecht, gemein:* er hat eine niedrige Gesinnung.

niemals ⟨Adverb⟩: *nie:* das werde ich n. tun.

niemand ⟨Indefinitpronomen⟩: *keiner, kein Mensch* /Ggs. jemand/: n. hat mich besucht; ich habe den Plan niemandem erzählt.

Niere, die; -, -n: *Körperorgan, das Harn bildet und ausscheidet.*

nieseln, nieselte, hat genieselt ⟨itr.⟩: *[längere Zeit] nur wenig regnen:* es nieselt heute den ganzen Tag.

niesen, nieste, hat geniest ⟨itr.⟩: *durch einen Reiz hervorgerufenes kurzes, heftiges Ausstoßen von Luft aus der Nase:* laut n.

nippen, nippte, hat genippt ⟨itr.⟩: *nur wenig trinken; nur einen kleinen Schluck nehmen:* er hat [am Glas, am Wein] genippt.

nirgends ⟨Adverb⟩: *an keinem Ort, an keiner Stelle:* er fühlt sich n. wohl.

Nische, die; -, -n: *Vertiefung in einer Wand [in die man etwas hineinstellen kann]* (siehe Bild): er stellte die Figur in eine N.

Nische

Niveau [ni'vo:], das; -s: *geistiger Rang, Bildungsgrad; kulturelle Stufe:* ein literarisches Werk von beachtlichem N.; das N. heben; der Inhalt der Illustrierten entspricht dem N. *(der Bildung, dem geistigen Anspruch) der Leser.*

nobel ⟨Adj.⟩: a) *vornehm:* ein nobler Mann, Charakter. b) (ugs.) *großzügig, freigebig:* er zeigt sich sehr n.; noble Geschenke machen.

noch ⟨Adverb⟩: 1. a) *bis zu diesem Zeitpunkt; bis jetzt:* ich habe n. keine Nachricht erhalten; er wohnt n. in München. b) *weiterhin, für die nächste Zeit:* wir haben n. Zeit; die Vorräte reichen n. [für vier Wochen]. c) *zu irgendeinem Zeitpunkt:* du wirst [schon] n. sehen, was daraus wird; der Besitzer wird sich n. melden. d) *eben zu dieser genannten Zeit:* ich habe ihn n. vor zwei Tagen gesehen; er wollte alles n. am gleichen Tage erledigen. 2. *zusätzlich, außerdem:* ich muß dir n. etwas sagen; sie hat [zu dem Kleid] n. einen Mantel gekauft; wer ist n. im Theater gewesen? Bitte n. ein Bier! 3. ⟨verstärkend bei Vergleichen⟩: das Haus ist n. größer als ich dachte; wir haben n. [mehr] Obst.

nochmals ⟨Adverb⟩: *erneut; noch einmal:* den Text n. schreiben.

Nonne, die; -, -n: *Angehörige eines katholischen Ordens.*

Norden, der; -s: 1. *Himmelsrichtung, die dem Süden entgegengesetzt ist:* sie fuhren nach N. 2. *Gebiet, das in dieser Richtung liegt:* der N. Deutschlands.

nördlich: I. ⟨Adj.⟩; attributiv⟩: 1. *im Norden liegend:* der nördliche Teil der Stadt. 2. *nach Norden gerichtet:* das Schiff steuert nördlichen Kurs. II. ⟨Präp. mit Gen.⟩ *im Norden von:* die Autobahn verläuft n. der Stadt; ⟨auch als Adverb in Verbindung mit *von*⟩ n. von Mannheim.

Nordpol, der; -s: *der nördliche Schnittpunkt der Achse der Erde mit der Oberfläche der Erde.*

nörgeln, nörgelte, hat genörgelt ⟨itr.⟩: *mit nichts zufrieden sein und an allen Dingen auf kleinliche Art Kritik üben:* er hat heute an allem zu n.

normal ⟨Adj.⟩: a) *der Regel, Vorschrift, Gewohnheit, dem rechten Maß entsprechend:* etwas auf normalem Weg erreichen; normales Gewicht haben; die Maschine läuft n. b) *[geistig] gesund:* ihr Kreislauf ist n.; er zeigte eine normale Reaktion.; er ist nicht n.

Not, die; -, Nöte: *Armut, Elend; Mangel an lebenswichtigen Dingen:* N. leiden, kennen; jmdm. in der N. beistehen, helfen. * mit jmdm./etwas seine [liebe] Not haben *(mit jmdm./etwas große Mühe, Schwierigkeiten haben):* er hatte seine liebe N. mit diesen wilden Kindern; **mit knapper Not** *(gerade noch):* er entging mit knapper N. dem Tode.

Notbehelf, der; -s: *vorübergehende Lösung, Ersatzmittel:* dies kann als N. dienen; wir müssen mit diesem N. vorübergehend zufrieden sein.

notdürftig ⟨Adj.⟩: *nur als Notbehelf dienend; mangelhaft, nicht ausreichend:* etwas n. reparieren; die notdürftige Ausrüstung verbessern.

Note, die; -, -n: 1. *Zeichen für einen bestimmten Ton, der zu singen oder auf einem bestimmten Instrument zu spielen ist:* er las die Noten vom Blatt. 2. *Bewertung, Zensur:* er hat die Prüfung mit der Note „gut" bestanden. 3. *diplomatisches Schriftstück:* der Botschafter überreichte eine N. 4. *persönliche Eigenart:* er gab der Aufführung eine besondere Note.

Notfall, der; -[e]s, Notfälle: *[plötzlich vorhandene] schwierige Situation:* für den N. habe ich vorgesorgt.

notfalls ⟨Adverb⟩: *wenn es nicht anders geht, wenn es sein muß:* n. bleiben wir hier.

notgedrungen ⟨Adj.; nicht prädikativ⟩: *aus der gegebenen Situation heraus zu einem bestimmten Tun gezwungen:* er mußte n. auf die Fahrt ins Ausland verzichten.

notieren, notierte, hat notiert ⟨tr.⟩: *aufschreiben, damit man es nicht vergißt; (etwas, was man behalten oder woran man sich erinnern will) in oder auf etwas schreiben:* eine Autonummer n.

nötig ⟨Adj.⟩: *erforderlich, notwendig:* die nötigen Kleider, Bücher; **etwas** [bitter] n. haben *(etwas dringend brauchen, haben müssen)*.

nötigen, nötigte, hat genötigt ⟨tr.⟩: *heftig drängen; (jmdn.) zwingen, etwas zu tun:* jmdn. zum Kauf eines Gegenstandes n.

Notiz, die; -, -en: *kurze Angabe, Aufzeichnung; Vermerk:* sich Notizen machen. * **von jmdm./**etwas keine N. nehmen *(jmdn./etwas in keiner Weise beachten):* er nahm keine N. von mir.

Notlage, die; -, -n: *schwierige [finanzielle] Lage:* er befindet sich in einer N.; jmds. N. ausnutzen.

Notlandung, die; -, -en: *durch einen technischen Schaden oder durch schlechtes Wetter verursachte Landung eines Flugzeuges außerhalb eines Flugplatzes.*

Notwehr, die; -: *das Abwehren eines Angriffs gegen die eigene oder gegen eine fremde Person:* jmdn. in N. töten; etwas in, aus N. tun.

notwendig ⟨Adj.⟩: a) *unentbehrlich, unbedingt erforderlich:* notwendige Bücher kaufen; die für die Arbeit notwendige Zeit. b) *dringend, unbedingt:* ich muß n. verreisen; ich brauche n. ein Auto. c) *unvermeidlich:* der Verkauf des Hauses war n.; das ist ein notwendiges Übel.

November, der; -[s], -: *elfter Monat des Jahres.*

Nuance [ny'ã:sə], die; -, -n: 1. *feiner Unterschied, feine Tönung:* das Bild wirkt durch die vielen Nuancen bei den einzelnen Farben. 2. *Kleinigkeit, geringes Maß:* die Farbe ist eine N. zu hell; der Wein müßte um eine N. kälter sein.

nüchtern ⟨Adj.⟩: 1. ⟨nicht adverbial⟩ a) *nichts gegessen habend:* n. zur Arbeit gehen; keinen Alkohol auf nüchternen Magen trinken. b) ⟨nicht adverbial⟩ *nicht betrunken:* er ist selten n.; nicht mehr ganz n. sein *(leicht betrunken sein).* 2. a) *ohne Beteiligung des Gefühls, ohne Illusion:* er betrachtet alles sehr n.; die Arbeit ist n. geschrieben. b) *ohne etwas, was das Gefühl anspricht: ohne Reiz, Schmuck;* die Zimmer sind alle sehr n. eingerichtet.

null ⟨Zahlwort⟩: *kein; nichts; ohne Wert:* der Schüler hat n. Fehler in der Übersetzung. * **n. und nichtig** *(ungültig):* einen Vertrag für n. und nichtig erklären.

numerieren ⟨tr.⟩: *mit Nummern, Zahlen versehen (um die Reihenfolge festzulegen oder etwas zu kennzeichnen):* die Zimmer sind numeriert.

Nummer, die; -, -n: *Zahl, mit der etwas gekennzeichnet wird:* die N. des Loses; er wohnt [im Zimmer] N. 10.

nun ⟨Adverb⟩: a) *jetzt:* von n. an soll alles anders werden; nun kann ich ruhig schlafen. b) *eben, einfach:* es ist n. einmal nicht anders. c) *also:* nun, so sprich doch!

nur: I. ⟨Adverb⟩ a) *nicht mehr als:* es war n. ein Traum; n. noch zwei Minuten. b) *nicht anders als:* ich konnte n. staunen. c) *nichts weiter als:* ich habe ihn n. gesagt, sie solle nichts erzählen. d) *doch /Nachdruck verleihend/:* er soll n. kommen; wenn er dies n. nicht getan hätte! II. ⟨Konj. oder Adverb⟩ *allein, aber:* sie ist schön, n. müßte sie schlanker sein.

Nuß, die; -, Nüsse: *Frucht mit sehr harter Schale (siehe Bild):* eine N. knacken; so hart wie eine N.; bildl.: eine harte N. zu knacken haben *(eine schwierige Aufgabe zu lösen haben).*

Nuß

nutzbar ⟨Adj.⟩: *so beschaffen, daß es genutzt werden kann.*

nutzen, nutzte, hat genutzt: 1. ⟨tr.⟩ *aus einer gegebenen Situation einen persönlichen Vorteil ziehen; bestimmte Möglichkeiten zu seinen Gunsten verwerten:* er nutzt jede Gelegenheit, Geld zu verdienen; wir müssen die Zeit gut n. 2. ⟨itr.⟩ *für das Erreichen eines Zieles geeignet sein:* seine Erfahrungen n. ihm sehr viel; alle Bemühungen n. nichts, wenn der gute Wille fehlt.

Nutzen, der; -s, -: *materieller oder geistiger Vorteil, Gewinn:* aus etwas N. ziehen; etwas bringt N.; etwas ist von N.

nützen, nützte, hat genützt ⟨tr./itr.⟩: *nutzen.*

nützlich ⟨Adj.⟩: *gut zu gebrauchen, zu verwenden; Vorteil bietend, bringend:* allerlei nützliche Dinge kaufen; das Lexikon erweist sich als n. für meine Arbeit.

nutzlos ⟨Adj.⟩: *keinen Nutzen, Gewinn bringend:* nutzlose Anstrengungen; die Bemühungen waren nicht völlig n.

Nutzung, die; -: *das Behandeln, Bearbeiten von etwas in der Weise, daß es Nutzen, Ertrag bringt:* landwirtschaftliche N. eines Gebietes.

O

Oase, die; -, -n: *fruchtbare Stelle mit Wasser und Pflanzen in der Wüste* (siehe Bild): in einer O. übernachten; bildl.: dieser Park ist eine O. der Ruhe *(ein stiller Ort der Erholung)* in der lauten Großstadt.

Oase

ob ⟨Konj. zur Einleitung eines indirekten Fragesatzes⟩: er fragte mich, ob du morgen kommst?

obdachlos ⟨Adj.⟩: *keine Wohnung [mehr] habend:* durch die Überschwemmungen sind viele Menschen o. geworden.

oben ⟨Adverb⟩: *in der Höhe; über jmdm./etwas /Ggs. unten/:* die Stadt liegt o. [auf dem Berg]; wir wohnen o. *(in einem oberen Stockwerk)*; von o. kommen; bildl.: nach o. *(in einen höheren sozialen Rang)* streben.

obenan ⟨Adverb⟩: *an der ersten Stelle einer Reihe:* am Tisch o. *(auf dem besten Platz)* sitzen; o. stehen *(am wichtigsten sein).*

obenauf ⟨Adverb⟩: *oben darauf:* das Buch liegt o. *(als oberstes auf dem Stapel)*; bildl.: immer o. *(guter Laune)* sein.

obendrein ⟨Adverb⟩: *außerdem, überdies:* er hat mich betrogen und o. ausgelacht.

obenhin ⟨Adverb⟩: *flüchtig, oberflächlich:* etwas nur o. tun; er antwortete nur o. *(ohne auf die Frage einzugehen).*

Ober, der; -s, -: *Kellner:* Herr O., bitte ein Bier!

obere ⟨Adj.; nur attributiv⟩: *sich oben befindend:* die oberen Schichten; im oberen Stockwerk.

Oberfläche, die; -, -n: *alle Flächen, die einen Körper von außen begrenzen:* die O. einer Kugel; an die O. [des Wassers] kommen; bildl.: seine Gedanken bleiben an der O. *(dringen nicht in das Problem ein).*

oberflächlich ⟨Adj.⟩: 1. *nicht tief eindringend:* die Wunde ist nur o. 2. a) *am Äußeren haftend:* ein oberflächlicher Mensch. b) *flüchtig, nicht gewissenhaft:* etwas nur o. untersuchen.

oberhalb ⟨Präp. mit Gen.⟩: *über, höher als:* die Burg liegt o. des Dorfes.

Oberhand ⟨in bestimmten Wendungen⟩ **die O. gewinnen** *(sich als der Stärkere erweisen; sich gegen jmdn./etwas durchsetzen);* **die O. haben** *(der Stärkere sein);* **die O. behalten** *(der Stärkere bleiben).*

Oberhaupt, das; -[e]s, Oberhäupter: *führende, leitende Person:* das O. einer Gemeinde, eines Stammes.

Oberhemd, das; -s, -en: *am Oberkörper sichtbar getragenes Hemd mit langen Ärmeln für Herren.*

Oberkörper, der; -s, -: *oberer Teil des menschlichen Rumpfes* (siehe Bild).

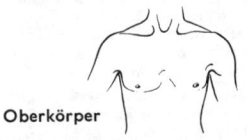

Oberkörper

Oberlicht, das; -[e]s: 1. *von oben kommendes Tageslicht:* der Saal hat O. 2. *Einsatz aus Glas im oberen Teil einer Tür:* der Dieb war durch das O. gestiegen.

Oberschenkel, der; -s, -: *Teil des Beines zwischen Knie und Hüfte:* er hat sich den O. gebrochen.

Oberwasser: ⟨in den Wendungen⟩ **O. bekommen** *(in eine günstigere Lage kommen);* **O. haben** *(im Vorteil sein):* beim Spiel bekam er bald wieder O.

obgleich ⟨konzessive Konj.⟩: *wenn auch, obwohl:* er kam sofort, o. er nicht viel Zeit hatte.

Objekt, das; -[e]s, -e: *Sache, Gegenstand:* ein wertvolles O. *(Grundstück, Schmuck u. a.)* verkaufen.

objektiv ⟨Adj.⟩: *sachlich, nicht von Gefühlen und Vorurteilen bestimmt:* ein objektives Urteil abgeben; etwas o. betrachten.

obligat ⟨Adj.; nicht adverbial⟩: *so gut wie unvermeidlich; üblich, unerläßlich:* sie schenkte ihm den obligaten Schlips zum Geburtstag.

obligatorisch ⟨Adj.; nicht adverbial⟩: *verbindlich, vorgeschrieben* /Ggs. fakultativ/: obligatorischer Unterricht.

obschon ⟨konzessive Konj.⟩: *obgleich.*

Obst, das; -es: *eßbare [saftige] Früchte von Bäumen und Sträuchern* (siehe Bild): frisches, reifes O.; O. pflücken, einmachen.

Obst

obszön ⟨Adj.⟩: *unanständig, schamlos:* obszöne Bilder.

obwohl ⟨konzessive Konj.⟩: *obgleich.*

Ochse, der; -n, -n: *kastriertes männliches Rind* (siehe Bild): mit Ochsen pflügen.

ochsen, ochste, hat geochst ⟨itr.⟩ (ugs.): *angestrengt lernen, arbeiten:* er ochste für das Examen.

öde ⟨Adj.⟩: a) ⟨nicht adverbial⟩ *verlassen, einsam:* eine öde Gegend. b) *langweilig, leer:* ödes Gerede.

oder ⟨Konj.⟩: a) /drückt aus, daß von zwei oder mehreren Möglichkeiten nur eine in Frage kommt/: er liest ein Buch, o. er schreibt; [entweder] du o. ich o. dein Bruder. b) /stellt eine Möglichkeit zur Wahl/: das Papier kann weiß o. grau o. gelb sein; man sagt Krawatte o. Schlips.

Ochse

Ofen, der; -s, Öfen: a) *Vorrichtung zum Heizen eines Raumes:* den O. anzünden, ausgehen lassen. b) *Teil des Herdes, in dem gebraten und gebacken wird; Backofen:* den Kuchen aus dem O. holen.

offen ⟨Adj.⟩: 1. *frei zugänglich, nicht verschlossen, nicht bedeckt:* das Fenster, die Tür ist o.; ein offener Graben; bildl.: die Frage ist noch o. *(noch nicht* *entschieden).* *** ein offener Brief** *(Brief an eine Person oder Institution, der gleichzeitig in einer Zeitung o. ä. veröffentlicht wird);* **Tag der offenen Tür** *(Tag, an dem Behörden und öffentliche Einrichtungen vom Publikum besichtigt werden können);* **offene Türen einrennen** *(gegen Widerstände kämpfen, die gar nicht vorhanden sind):* mit seinem Plan rennt er nur offene Türen ein; **auf offener Straße** *(ohne sich darum zu kümmern, daß es vielleicht gesehen werden könnte):* er küßte sie auf offener Straße. **2.** *ehrlich, aufrichtig:* offene Worte; o. zu jmdm. sein.

offenbar [auch: ...b**a**r]: **I.** ⟨Adj.⟩ *deutlich erkennbar:* ein offenbarer Irrtum; es wurde o. *(es kam heraus),* daß er gelogen hatte. **II.** ⟨Adverb⟩ *anscheinend, allem Anschein nach:* er hat sich o. verspätet.

offenba**ren,** offenbarte, hat offenbart ⟨tr./rfl.⟩: *enthüllen, bekennen; erkennen lassen:* er offenbarte mir seine Schuld; Gott hat sich offenbart. **Offenb**a**rung,** die; -, -en.

Offenheit, die; -: *ehrliches, aufrichtiges Wesen:* er sprach mit großer O. von seinen Fehlern.

offenherzig ⟨Adj.⟩: *ehrlich, aufrichtig:* eine offenherzige Antwort; er ist zu o. *(redet sehr frei von persönlichen Dingen).*

offenkundig ⟨Adj.⟩: *deutlich erkennbar:* eine offenkundige Lüge; es war o., daß er nicht bezahlen wollte.

offenlassen, läßt offen, ließ offen, hat offengelassen ⟨tr.⟩: **1.** *nicht schließen:* das Fenster o. **2.** *nicht entscheiden:* eine Frage o.

offensichtlich [auch: ...s[cht...] ⟨Adj.⟩: **1.** *deutlich erkennbar:* er hörte mit offensichtlichem Interesse zu; es war ganz o., daß er darüber nicht Bescheid wußte; er hatte das ganz o. getan, um den Verdacht von sich abzulenken. **2.** ⟨nur adverbial⟩ *augenscheinlich, anscheinend:* er hatte o. zuviel getrunken.

offensiv ⟨Adj.⟩: *angreifend, den Angriff bevorzugend* /Ggs. defensiv/: eine offensive Politik; die Mannschaft spielte o.

öffentlich ⟨Adj.⟩: **1. a)** *für alle hörbar, sichtbar:* etwas ö. verkünden; ö. reden, auftreten. **b)** *für alle zugänglich:* eine öffentliche Sitzung; ein öffentlicher Platz. **2.** ⟨nicht adverbial⟩ *den Staat, die Allgemeinheit betreffend:* öffentliche Gebäude, Gelder; die öffentliche Meinung.

Öffentlichkeit, die; -: *Allgemeinheit; Leute, Publikum:* vor die Ö. treten; die Ö. *(die Zuhörer bei Gericht)* ausschließen; etwas in aller Ö. tun, sagen.

offizie**ll** ⟨Adj.⟩: **a)** *amtlich [beglaubigt]:* eine offizielle Nachricht. **b)** *feierlich, förmlich:* ein .offizieller Empfang; sich o. verloben.

Offizie**r,** der; -s, -e: *militärischer Rang (vom Leutnant aufwärts).*

öffnen, öffnete, hat geöffnet: **a)** ⟨tr.⟩ *aufmachen, zugänglich machen* /Ggs. schließen/: die Tür, einen Brief, die Augen ö.; das Geschäft wird um 8 Uhr geöffnet. **b)** ⟨rfl.⟩ *aufgehen:* die Blüte öffnet sich.

Öffnung, die; -, -en: *offen gebliebene Stelle an einem Gegenstand; Lücke, Loch:* aus einer Ö. in der Wand strömte Wasser.

oft ⟨Adverb⟩: *viele Male, immer wieder* /Ggs. selten/: ich bin o. dort gewesen.

öfter ⟨Adverb⟩: *ziemlich oft; manchmal:* wir haben uns öfter gesehen.

ohne: 1. ⟨Präp. mit Akk.⟩ /drückt aus, daß jmd./etwas nicht mit jmdm./etwas versehen ist/: ein Kind o. Eltern; o. Mantel gehen; du kannst o. Sorgen sein. **2.** ⟨in der Verbindung⟩ **ohne zu** ⟨Konj. beim Inf.⟩ /drückt aus, daß etwas nicht geschieht/: er nahm das Geld, o. zu fragen.

ohnehin ⟨Adverb⟩: *sowieso:* nimm dich in acht, du bist o. schon erkältet.

Ohnmacht, die; -, -en: **1.** *vorübergehende Bewußtlosigkeit:* eine tiefe O. *** in O. fallen** *(bewußtlos werden).* **2.** ⟨ohne Plural⟩ *Schwäche; Unfähigkeit zu handeln:* ein Gefühl menschlicher O.

ohnmächtig ⟨Adj.⟩: **1.** ⟨nicht adverbial⟩ *vorübergehend bewußtlos:* o. sein, werden. **2.** *machtlos:* ohnmächtige Wut; die Feuerwehr mußte den Flammen o. zusehen.

Ohr, das; -[e]s, -en: *an beiden Seiten des Kopfes sitzendes Organ, das zum Hören dient (siehe Bild):* ein großes O. *** gute Ohren haben** *(sehr gut und mehr hören als erwünscht ist);* **die Ohren spitzen** *(aufmerksam lauschen):* mit halbem O. zuhören *(ohne Aufmerksamkeit zuhören);* **tauben Ohren predigen** *(jmdn. vergeblich ermahnen).*

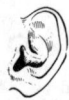

Ohr

Öhr, das; -[e]s, -e: *kleine Öffnung in einer Nadel, durch die der Faden läuft.*

Ohrfeige, die; -, -n: *Schlag mit der flachen Hand auf die Backe:* eine schallende O.

ohrfeigen, ohrfeigte, hat geohrfeigt ⟨tr.⟩: *jmdm. eine Ohrfeige geben:* er hat ihn geohrfeigt.

Okto**ber,** der; -[s]: *zehnter Monat im Jahr.*

Öl, das; -[e]s, -e: *fettige Flüssigkeit meist pflanzlicher Herkunft:* Salat mit Essig und Öl anrichten; die Maschine braucht neues Öl. *** Öl ins Feuer gießen** *(einen Streit, eine Leidenschaft noch heftiger machen);* **Öl auf die Wogen gießen** *(die Erregung, Aufregung dämpfen).*

ölen, ölte, hat geölt ⟨tr.⟩: *mit Öl schmieren:* eine Maschine ö. ***** *(ugs.)* **wie ein geölter Blitz** *(sehr schnell).*

Ölfarbe, die; -, -n: *mit bestimmten Ölen gemischte Farbe.*

Ölgemälde, das; -s, -: *mit Ölfarbe gemaltes Bild.*

Olympia**de,** die; -, -n: *internationale sportliche Veranstaltung, die alle vier Jahre stattfindet:* er nimmt an der O. teil.

Oma, die; -, -s: *Großmutter.*

ominö**s** ⟨Adj.⟩: *unheilvoll; bedenklich, verdächtig:* seine ominösen Anspielungen erschreckten uns.

Omnibus, der; -ses, -se: *Kraftwagen mit vielen Sitzen zur Beförderung von Personen (siehe Bild):* mit dem O. fahren.

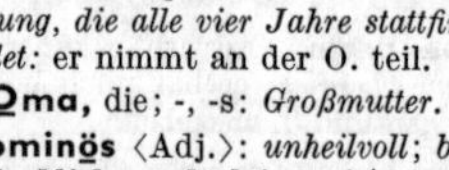

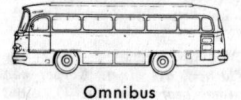

Omnibus

Onkel, der; -s, -: *Bruder oder Schwager der Mutter oder des Vaters.*

Opa, der; -s, -s: *Großvater.*

Oper, die; -, -n: *Bühnenstück, dessen Handlung durch Gesang und Musik dargestellt wird:* eine O. komponieren.

Operation, die; -, -en: *mit einem ärztlichen Instrument vorgenommener Eingriff in den Körper:* diese Krankheit kann nur durch eine O. geheilt werden.

operativ ⟨Adj.⟩: *mit einer Operation eingreifend:* das Geschwür mußte o. entfernt werden.

Operette, die; -, -n: *heiteres, der musikalischen Unterhaltung dienendes Bühnenstück:* eine O. aufführen.

operieren, operierte, hat operiert ⟨tr.⟩: *einen ärztlichen Eingriff vornehmen:* der Kranke ist operiert worden.

Opfer, das; -s, -: **1.** *durch persönlichen Verzicht möglich gemachte Aufwendung für andere:* er hat für die Erziehung seiner Kinder große O. gebracht, keine O. gescheut. **2.** *einer Gottheit dargebrachtes Geschenk:* die Götter durch O. versöhnen. **3.** *jmd., der durch Krieg oder Unglück ums Leben kommt oder Schaden erleidet:* die Überschwemmung forderte viele O.

opfern, opferte, hat geopfert: **1.** ⟨tr.⟩ *als Opfer bringen, hingeben:* Geld für eine gute Sache o. **2.** ⟨rfl.⟩ **a)** *sein Leben für etwas/jmdn. hingeben:* er hat sich für seine Kameraden geopfert. **b)** (ugs.) *[an Stelle eines anderen] etwas Unangenehmes auf sich nehmen:* ich habe mich geopfert und den Brief für dich geschrieben.

opponieren, opponierte, hat opponiert ⟨itr.⟩: *sich widersetzen, gegen jmdn. oder etwas sprechen oder arbeiten:* er opponiert gegen seinen Chef.

Opposition, die; -: **1.** *Gegensatz, Widerstand:* in O. zu jmdm./etwas stehen; O. treiben, machen. **2.** *alle Parteien und Gruppen, die gegen die Politik der Regierung stehen:* die O. griff den Minister heftig an.

Optik, die; -: **1.** *Lehre vom Licht:* die Gesetze der O. **2.** (ugs.) *äußere Erscheinung einer Sache, Wirkung auf den Beschauer:* die O. der neuen Mode; etwas der O. zuliebe ändern.

Optiker, der; -s, -: *Fachmann für Herstellung und Verkauf op-* *tischer Geräte:* eine Brille beim O. kaufen.

Optimist, der; -en, -en: *jmd., der zuversichtlich im Leben steht und vor allem die guten Seiten der Dinge sieht /Ggs. Pessimist/:* er ist ein unverbesserlicher O.

optimistisch ⟨Adj.⟩: *zuversichtlich; [nur] das Gute sehend/ Ggs. pessimistisch/:* die Lage o. beurteilen.

optisch ⟨Adj.⟩: *die Technik des Sehens betreffend:* ein optisches Gerät.

Orange [o'rã:ʒə], die; -, -n: *Apfelsine.*

Orchester [or'kɛstər], das; -s, -: *gemeinsam spielende Gruppe von Musikern mit verschiedenen Instrumenten:* er spielt im O. mit.

Orden, der; -s, -: **1.** *[religiöse] Gemeinschaft mit bestimmten Regeln:* in einen O. eintreten; einem O. angehören. **2.** *als Auszeichnung [für besondere Ver-*

Orden 2.

dienste] verliehenes Zeichen, das an der Kleidung getragen wird (siehe Bild): einen O. bekommen, anlegen.

ordentlich ⟨Adj.⟩: **1. a)** *auf Ordnung haltend:* er ist ein ordentlicher Mensch. **b)** *in Ordnung gehalten:* ein ordentliches Zimmer; o. aussehen; seine Hefte o. führen. **2.** ⟨nur attributiv⟩ *nach einer bestimmten Ordnung eingesetzt, planmäßig:* er ist ordentliches Mitglied dieser Gesellschaft. **2.** (ugs.) *richtig, tüchtig:* einen ordentlichen Schluck trinken; mir ist o. warm geworden.

ordinär ⟨Adj.⟩: **1.** *gemein, niedrig, unfein:* eine ordinäre Redensart; sein Benehmen war o. **2.** (ugs.) *alltäglich, gewöhnlich:* er aß nur ein ganz ordinäres Schnitzel.

ordnen, ordnete, hat geordnet ⟨tr.⟩: *in eine [richtige] Reihenfolge, einen [richtigen] Zusammenhang bringen:* Briefmarken, Papiere o.; Blumen zu einem Strauß o.; ⟨auch rfl.⟩ die Kinder ordnen sich zum Kreise; bildl.: seine Gedanken o. * **in geordneten Verhältnissen leben** *(ausreichende Einkünfte haben).*

Ordner, der; -s, -: **1.** *jmd., der beauftragt ist, für Ordnung zu sorgen:* bei dem Fest waren mehrere O. eingesetzt. **2.** *Vorrichtung zum Sammeln und Ablegen von Briefen usw.:* einen O. aus dem Schrank holen.

Ordnung, die; -, -en: **1.** ⟨ohne Plural⟩ *[durch Ordnen hergestellter] geregelter Zustand:* er ist sehr für O. * **etwas in O. bringen** *(etwas ordnen);* **etwas in O.** *ordentlich bleibt);* **O. schaffen/ machen** *(aufräumen).* **2.** *Abteilung, Klasse in einem System:* eine Straße erster, zweiter O.; die O. der Raubtiere.

ordnungsgemäß ⟨Adj.⟩: *der Vorschrift entsprechend:* ein Formular o. ausfüllen.

ordnungswidrig ⟨Adj.⟩: *gegen eine amtliche Vorschrift verstoßend:* ordnungswidriges Verhalten im Verkehr wird bestraft.

Organ, das; -s, -e: **1.** *Körperteil, der innerhalb des Körpers eine bestimmte Aufgabe erfüllt:* die inneren Organe. * **kein O. für etwas haben** *(keinen Sinn, kein Verständnis für etwas haben).* **2. a)** *menschliche Stimme:* er hat ein lautes, angenehmes O. **b)** *Zeitung, Zeitschrift einer politischen oder gesellschaftlichen Vereinigung:* dieses Blatt ist das O. unseres Vereins. **3.** *Institution oder Behörde mit bestimmten Aufgaben:* die Organe der staatlichen Verwaltung.

Organisation, die; -, -en: **1.** ⟨ohne Plural⟩ **a)** *das Organisieren:* die O. eines Gastspiels übernehmen. **b)** *Aufbau, innere Gliederung:* die O. der Polizei. **2.** *Gruppe, Verband mit bestimmten Zwecken:* die politischen Organisationen; einer O. angehören.

organisatorisch ⟨Adj.⟩: *den Aufbau, die Organisation betreffend:* organisatorische Veränderungen vornehmen.

organisch ⟨Adj.⟩: **1.** *ein Organ des Körpers betreffend:* er hat ein organisches Leiden. **2.** *zur belebten Natur gehörend:* organische Stoffe. **3.** *naturgemäß, seiner inneren Ordnung entsprechend:* sich o. entwickeln; der organische Zusammenhang.

organisieren, organisierte, hat organisiert: **1.** ⟨tr.⟩ *aufbauen, einrichten, planmäßig in Gang bringen:* eine Ausstellung o.;

Organismus

den Widerstand gegen etwas/ jmdn. o. 2. ⟨tr.⟩ (ugs.) *[nicht ganz rechtmäßig] beschaffen:* er organisierte uns ein paar Zigaretten. 3. ⟨tr./rfl.⟩ *[sich] zu einem Verband zusammenschließen:* sich politisch o.; organisierte Arbeiter.

Organismus, der, -, Organismen: **a)** ⟨ohne Plural⟩ *einheitliches, gegliedertes Ganzes; [lebendiger] Körper:* der O. des Staates; ein gesunder, kranker O. **b)** ⟨Plural⟩ *Lebewesen:* höhere, niedere Organismen.

Organist, der; -en, -en: *jmd., der [beruflich] die Orgel spielt.*

Orgel, die; -, -n: /ein Musikinstrument/ (siehe Bild): [die] O. spielen.

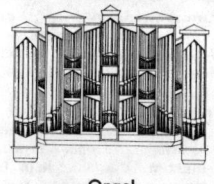

Orgel

Orgie, die, -, -n: *zügelloses, ausschweifendes Fest:* Orgien feiern.

orientieren, orientierte, hat orientiert: **1.** ⟨rfl.⟩ *eine Richtung suchen; sich zurechtfinden:* er orientiert sich nach/an der Karte, den Sternen. *** an etwas orientiert sein** *(sein Verhalten nach etwas richten):* unsere Werbung ist an den Wünschen der Kunden orientiert. **2.** ⟨tr./rfl.⟩ *informieren, unterrichten; einen Überblick (über etwas) verschaffen:* er orientierte ihn über die Lage; ich orientierte mich über die Vorgänge. **Orientierung**, die; -, -en.

original ⟨Adj.; nicht adverbial⟩: *ursprünglich, echt:* der originale Text eines Gedichtes.

Original, das; -s, -e: **1.** *ursprüngliches, echtes Stück* /Ggs. Kopie/: das Bild ist ein O. aus dem 18. Jahrhundert; eine Abschrift des Originals anfertigen. **2.** *seltsamer, durch eigenartige Kleidung oder Lebensweise auffallender Mensch, Sonderling:* der alte Mann war ein O.

originell ⟨Adj.⟩: **a)** *eigenartig, durch Selbständigkeit und Witz gefallend:* ein origineller Gedanke; ein originelles Kostüm. **b)** *geistig selbständig, schöpferisch:*

er ist ein origineller Kopf; diese Bemerkung war nicht sehr o. *(sie sagt nichts Neues).*

Orkan, der; -s, -e: *stärkster Sturm:* der Sturm schwoll zum O. an.

Ornament, das; -[e]s, -e: *Verzierung, schmückendes Muster:* ein O. entwerfen, anbringen.

Ort, der; -[e]s, -e: **1.** *Platz, Stelle:* etwas wieder an seinen Ort legen. *** an O. und Stelle** *(an der bezeichnete Stelle, an diesem Ort):* er zog an O. und Stelle Erkundigungen ein; er rügte ihn an O. und Stelle. **2.** *[kleinere] Siedlung, Ortschaft:* ein ruhiger, schön gelegener O.

Orthographie, die; -: *[Lehre von der] Rechtschreibung.*

örtlich ⟨Adj.⟩: **1.** *eine Stelle betreffend:* etwas ö. festlegen; ö. *(an einer bestimmten Stelle des Körpers)* betäuben. **2.** *einen Ort betreffend:* die örtlichen Verhältnisse.

Ortschaft, die; -, -en: *Dorf, kleine Gemeinde* (siehe Bild): eine geschlossene O. *(mit zusammenhängenden Grundstücken).*

Ortschaft

Ortsgespräch, das; -s, -e: *Telefongespräch innerhalb eines Ortes, einer Stadt* /Ggs. Ferngespräch/.

ortskundig ⟨Adj.⟩: *mit den Verhältnissen an einem Ort, in einer Gegend vertraut:* ein ortskundiger Führer.

Ortsteil, der; -s, -e: *Teil einer Ortschaft:* der obere O.

Öse, die; -, -n: *kleine Öffnung; Schlinge oder Ring aus Draht:* ein Kleid mit Haken und Ösen schließen.

Osten, der; -s: **1.** *Himmelsrichtung, in welcher die Sonne aufgeht:* von, nach, im O. **2.** *der in dieser Richtung liegende Teil eines Gebietes:* der O. des Landes ist sehr fruchtbar.

österlich ⟨Adj.⟩: *zu Ostern gehörend.*

Ostern, das (und als Plural: die); -: *Fest der Auferstehung Christi:* wir wollen zu, (bes. südd.:) an O. verreisen; fröhliche O.!

östlich: **I.** ⟨Adj.⟩; nur attributiv⟩ **1.** *im Osten liegend:* der östliche Teil der Stadt. **2.** *nach Osten gerichtet:* in östlicher Richtung fahren. **II.** ⟨Präp. mit Gen.⟩ *im Osten (von etwas):* die Grenze verläuft ö. des Flusses; ⟨auch als Adverb in Verbindung mit *von*⟩ ö. von Hamburg.

Ouvertüre [uvɛrˈtyːrə], die; -, -n: *einleitendes Musikstück einer Oper o. ä., Vorspiel.*

oval [oˈvaːl] ⟨Adj.⟩: *länglichrund:* ein ovales Gesicht.

Ozean, der; -s, -e: *Meer zwischen den Kontinenten.*

P

paar: ⟨in der Fügung⟩ ein p.: *einige, wenige:* mit ein p. Worten beschrieb er den Vorfall; nur ein p. Leute waren gekommen.

Paar, das; -[e]s, -e: *zwei zusammengehörende Personen, Tiere oder Dinge:* sie sind ein verliebtes P.; ein P. Schuhe kaufen.

paaren, paarte, hat gepaart: **1.** ⟨tr.⟩ *zur Zucht zusammenbringen.* **2.** ⟨rfl.⟩ *sich zu einem Paar vereinen, zusammentun.* *** etwas ist gepaart mit etwas** *(etwas tritt zusammen mit etwas auf, ist mit etwas verbunden):* in ihr ist Schönheit mit Geist gepaart.

paarig ⟨Adj.⟩: *zu zweit, als Paar.*

paarweise ⟨Adverb⟩: *immer zu zweit, jeweils als Paar:* p. auftreten; p. aufstellen.

pachten, pachtete, hat gepachtet ⟨tr.⟩: *ein Grundstück o. ä. für längere Zeit zur Nutzung gegen Zahlung eines bestimmten Betrages übernehmen:* ein Gut, eine Jagd p.

Pächter, der; -s, -: *jmd., der etwas pachtet:* er ist P. dieses Bauernhofes.

Pack: **I.** der; -s **:** *Zusammengepacktes, Bündel:* ein P. Zeitungen. **II.** das; -s (abwertend): *Gesindel, Pöbel:* so ein P.!

Päckchen, das; -s, -: *kleines Paket:* etwas mit der Post als P. schicken.

packen, packte, hat gepackt /vgl. packend/: 1. ⟨tr.⟩ *mit den Händen schnell und derb ergreifen und festhalten:* er packte ihn am Arm und drängte ihn aus dem Zimmer. 2. a) ⟨tr.⟩ *zusammenlegen, zusammenbinden und in einen Behälter o. ä. legen:* die Kleider in die Koffer p.; er hat alle Waren in das Auto gepackt. b) ⟨tr./itr.⟩ *einen Behälter mit Dingen füllen:* die Koffer, die Kiste p.; ich muß noch p.

Packen, der; -s, -: *Pack.*

packend ⟨Adj.⟩: *Begeisterung, gesteigerte Aufmerksamkeit hervorrufend; spannend:* eine packende Aufführung des neuen Schauspiels; das Spiel war p.

Packung, die; -, -en: *Ware mit der sie umgebenden Hülle:* eine P. Zigaretten.

Pädagoge, der; -n, -n: *Lehrer, Erzieher.*

pädagogisch ⟨Adj.⟩: *die Erziehung und Ausbildung betreffend, sich auf sie beziehend, auf ihr beruhend:* diese Methode ist p. falsch; eine pädagogische Ausbildung haben.

Paket, das; -[e]s, -e: *etwas, was zum Versenden verpackt ist:* ein P. an seinen Sohn schicken.

Pakt, der; -[e]s, -e: *Vertrag, Bündnis [über gegenseitige politische oder militärische Unterstützung]:* einen P. schließen.

Palast, der; -es, Paläste: *großartiges, wertvoll ausgestattetes Gebäude:* der P. des Königs.

panieren, panierte, hat paniert ⟨tr.⟩: *Fleisch vor dem Braten in Ei, Mehl und fein geriebene Brötchen einlegen:* ein paniertes Schnitzel.

Panik, die; -: *durch eine plötzliche Gefahr hervorgerufene furchtbare Angst [unter einer großen Menge von Menschen], die zu völlig unüberlegten Reaktionen führt:* eine P. brach unter den Gästen des brennenden Schiffes aus; von P. ergriffen werden.

panisch ⟨Adj.; nicht prädikativ⟩: *wild, aus Entsetzen und Furcht entstanden, hervorgegangen:* in panischer Angst aus dem brennenden Haus rennen.

Panne, die; -, -n (ugs.): *durch einen Schaden oder eine Störung plötzlich verursachte Unterbrechung eines Vorgangs oder einer Tätigkeit:* auf der Fahrt [mit dem Auto] eine P. haben.

Panorama, das; -s, Panoramen: *der von einem höher gelegenen Standort aus mögliche Blick nach allen Richtungen über eine Stadt oder Landschaft.*

Pantoffel, der; -s, -n: *weicher, bequemer Schuh, den man zu Hause trägt:* abends zieht er Pantoffeln an. * (ugs.) **unter den P. kommen** *(unter die Herrschaft der Ehefrau kommen).*

Panzer, der; -s, -: *Kampffahrzeug* (siehe Bild).

Panzer

panzern, panzerte, hat gepanzert ⟨tr.⟩: *mit einer Platte aus Stahl versehen:* gepanzerte Fahrzeuge.

Papa [auch: Papa], der; -, -s: *Vater.*

Papier, das; -s, -e: 1. ⟨ohne Plural⟩ *aus Fasern hergestelltes dünnes Material, das vorwiegend zum Beschreiben oder zum Verpacken dient:* buntes, steifes, sauberes P.; ein Fetzen P.; P. schneiden, kleben. 2. *Blatt aus diesem Material, das durch den darauf geschriebenen Text einen bestimmten Wert oder einen amtlichen Charakter hat:* ich habe meine Papiere *(Ausweise)* verloren; ein P. *(Wertpapier)* [ver]kaufen.

Papiergeld, das; -es: *Geld in Scheinen* /Ggs. Hartgeld/.

Papierkorb, der; -s, Papierkörbe: *Behälter für Papier, das weggeworfen werden soll.*

Pappe, die; -, -n: *dem Papier ähnliches, steifes Material, das meist als Verpackung verwendet wird.*

Papst, der; -es, Päpste: *Oberhaupt der katholischen Kirche.*

Parade, die; -, -n: 1. *Vorbeimarsch militärischer Einheiten:* der Präsident nahm die P. ab. 2. F e c h t e n, B o x e n *Abwehr, Gegenstoß:* der Boxer war eine prächtige P. * (ugs.) **jmdm. in die P. fahren** *(jmdm. energisch entgegentreten).*

paradox ⟨Adj.⟩: *einen Widerspruch in sich enthaltend; widersinnig:* etwas erscheint p.

Paragraph, der; -en, -en: *einer von fortlaufend numerierten Abschnitten in einem größeren Schriftstück, meist bei Gesetzen.*

parallel ⟨Adj.⟩: *an allen Stellen in gleichem Abstand voneinander verlaufend:* parallele Linien zeichnen; die Straße verläuft p. zur Bahn; bildl.: die Arbeiten an den neuen Grünanlagen und am Neubau der Schule laufen p. *(gleichzeitig).*

Parallele, die; -, -n: *eine Linie, die an allen Stellen in gleichem Abstand zu einer anderen Linie verläuft.*

parat ⟨Adj.⟩: *zur Verfügung habend; griffbereit:* eine Antwort p. haben; die Werkzeuge liegen p.

Parfüm [par'fœ̃:], das; -s, -s: *Flüssigkeit, die als kosmetisches Mittel einen besonders angenehmen Duft verbreitet:* ein angenehmes, starkes P.; nach P. riechen.

parieren, parierte, hat pariert: 1. ⟨itr.⟩ *unbedingt gehorchen:* du hast zu p. 2. ⟨tr.⟩ S p o r t *einen Schlag, Stoß abwehren:* er hat die Schläge [des Gegners] gut pariert.

Park, der; -s, -s: *große Grünfläche mit sehr vielen Bäumen und mit Buschwerk:* im P. spazierengehen.

parken, parkte, hat geparkt ⟨tr./itr.⟩: *ein Fahrzeug vorübergehend abstellen:* den Wagen vor dem Laden p.; hier kann ich eine Stunde lang p.

Parkett, das; -s, -e: 1. *Fußboden aus schmalen, kurzen Brettern, die in einer bestimmten Ordnung verlegt sind:* er fiel auf dem glatten P. hin; bildl.: sich sicher auf dem P. bewegen können *(sich im internationalen gesellschaftlichen Leben sicher bewegen können).* 2. ⟨ohne Plural⟩ *im Theater Sitze zu ebener Erde:* wir haben einen Platz im P.

Parklücke, die; -, -n: *freier Raum zwischen zwei parkenden Autos, der noch Platz für ein weiteres Auto bietet.*

Parkplatz, der; -es, Parkplätze: *Platz, auf dem ein Fahrzeug geparkt werden darf.*

Parkuhr, die; -, -en: *Automat, der nach Einwurf von Geld die Zeit des Parkens mißt.*

Parlament, das; -[e]s, -e: *gewählte Vertretung des Volkes mit beratender und gesetzgebender*

Funktion: das P. auflösen, wählen.

parlamentgrisch ⟨Adj.⟩: *das Parlament betreffend, von ihm ausgehend.*

Parole, die; -, -n: *Schlagwort, Wahlspruch:* etwas als P. ausgeben; etwas zur P. machen.

Partei, die; -, -en: *Vereinigung von Personen, die gleiche [politische] Vorstellungen und Interessen haben und diese verwirklichen wollen:* in eine Partei eintreten; eine bestimmte P. wählen. * für jmdn. P. ergreifen *(jmds. Standpunkt unterstützen, verteidigen).*

parteiisch ⟨Adj.⟩: *nicht neutral, nicht objektiv; der einen oder anderen Partei zugeneigt:* der Schiedsrichter zeigte sich bei dem Spiel sehr p.

Parterre [par'tɛr], das; -s: *zu ebener Erde liegendes Geschoß eines Wohnhauses:* wir wohnen im P.

Partie, die; -, -n: 1. *Abschnitt, Ausschnitt von einem größeren Ganzen:* die untere P. des Gesichtes; die schönsten Partien der Landschaft photographieren. 2. *eine Runde bei bestimmten Spielen:* wir spielen eine P. Schach; eine P. gewinnen. 3. Theater *Rolle in gesungenen Werken:* sie singt die P. der Aida; für diese P. ist er nicht geeignet.

Partner, der; -s, -: *jmd., der mit einem anderen etwas unternimmt oder an etwas beteiligt ist:* die Partner des Vertrages; sich einen anderen P. suchen.

Party ['pa:rti], die; -, -s und Parties: *geselliges Beisammensein, zwangloses Fest zu Hause:* eine P. veranstalten; zu einer P. eingeladen sein.

1. 2.
Paß

Paß, der; Passes, Pässe: 1. *amtlicher Ausweis zur Legitimation einer Person* (siehe Bild): den P. vorzeigen, kontrollieren. 2. *niedrigste Stelle eines größeren Gebirges, die als Übergang benutzt wird* (siehe Bild): der P. ist wegen des hohen Schnees gesperrt. 3. Sport *[genaues]* *Weiterleiten des Balles an einen Spieler der eigenen Mannschaft, besonders im Fußball:* seine Pässe sind sehr genau.

Passage [pa'sa:ʒə], die; -, -n: 1. *überdachter Durchgang [für Fußgänger]:* Schaufenster in der P. ansehen. 2. *fortlaufender, zusammenhängender Teil einer Rede oder eines Textes:* er zitierte größere Passagen aus diesem Buch. 3. *Reise mit Schiff oder Flugzeug über das Meer:* er mußte sich erst das Geld für die P. nach Amerika verdienen.

Passagier [pasa'ʒi:r], der; -s, -e: *Reisender in der Bahn, im Flugzeug, auf dem Schiff.*

Passant, der; -en, -en: *vorbeigehender Fußgänger.*

passen, paßte, hat gepaßt ⟨itr.⟩: 1. *so beschaffen sein, daß es den Anforderungen, Wünschen, vorgeschriebenen Formen, dem Zweck entspricht:* die Schuhe p. gut; er trägt zum Anzug die passende Krawatte; bildl.: dieser Mann, diese Sache paßt dem Chef nicht *(ist ihm nicht angenehm).* * (ugs.) **das paßt wie die Faust aufs Auge** *(das paßt überhaupt nicht).* 2. Sport *den Ball zu einem Spieler der eigenen Mannschaft weiterleiten, besonders im Fußball:* der Verteidiger paßte [zum Stürmer].

passieren, passierte, hat/ist passiert: I. ⟨tr.⟩ *an etwas vorbeigehen, vorbeifahren; überschreiten:* das Auto hat die Grenze passiert. II. ⟨itr.⟩ *geschehen, sich ereignen* /von Unangenehmem, Ungewolltem/: mir ist eine Panne passiert; hoffentlich ist nichts passiert.

passiv ⟨Adj.⟩: a) *keine [größeren] Arbeiten, Funktionen übernehmend* /Ggs. aktiv/: er ist passives Mitglied. b) *untätig; ohne Beteiligung, Interesse* /Ggs. aktiv/: er hat sich bei der Auseinandersetzung p. verhalten. ** **passives Wahlrecht** *(Recht, gewählt zu werden).*

Paste, die; -, -n: *weiche Masse, die sich streichen läßt.*

Pastete, die; -, -n: *eine Speise, bei der Teig mit Fleisch oder Fisch gefüllt ist.*

Pate, der; -n, -n: *Zeuge bei der Taufe, der die Verpflichtung hat, sich um die religiöse Erziehung des Kindes mit zu kümmern.*

patent ⟨Adj.⟩ (ugs.): *tüchtig, brauchbar; großartig:* ein patentes Mädchen.

Patent, das; -[e]s, -e: *[Urkunde über die] Berechtigung, eine Erfindung allein zu verwerten:* eine Erfindung als P. anmelden; das P. erteilen.

Pater, der; -s, -: *Mönch, der die Weihe als Priester erhalten hat.*

pathetisch ⟨Adj.⟩: a) *feierlich, mit viel künstlerischem Ausdruck:* eine pathetische Komposition. b) (abwertend) *übertrieben feierlich:* das Spiel des Künstlers war sehr p.

Patient, der; -en, -en: *jmd., der in ärztlicher Behandlung ist.*

patzig ⟨Adj.⟩ (abwertend): *unfreundlich, abweisend, frech, unverschämt:* eine patzige Antwort geben; er war sehr p.

Pauke, die; -, -n: /ein Musikinstrument/ (siehe Bild): die P. schlagen; bildl.: jmdn. mit Pauken und Trompeten empfangen *(jmdn. mit allen Ehren empfangen).* * (ugs.) **auf die P. hauen** *(ausgiebig feiern; angeben, überheblich sein).*

Pauke

pauken, paukte, hat gepaukt ⟨itr.⟩ (ugs.): *intensiv, stur lernen:* Wörter einer fremden Sprache, Mathematik p.

pauschgl ⟨Adj.⟩: *alles umfassend, berücksichtigend:* eine pauschale Summe zahlen; etwas p. berechnen.

Pause, die; -, -n: *Unterbrechung einer Tätigkeit [um auszuruhen]:* eine P. einlegen.

pausieren, pausierte, hat pausiert ⟨itr.⟩: *eine [längere] Pause einlegen.*

Pech, das; -s: *Ereignis, das für jmds. Tun, Plan im Hinblick auf ein bestimmtes Ziel einen Rückschlag bedeutet; Mißgeschick* /Ggs. Glück/: er hat P. gehabt; vom P. verfolgt sein.

Pechvogel, der; -s, Pechvögel (ugs.): *jmd., der viel Pech hat.*

pedantisch ⟨Adj.⟩: *kleinlich:* er ist sehr p.

Pegel, der; -s, -: *Gerät zum Messen des Wasserstandes.*

peinlich ⟨Adj.⟩: 1. *unangenehm, in Verlegenheit bringend:* das Bekanntwerden seines Planes war ihm p.; eine peinliche

Frage. 2. *sehr genau, äußerst sorgfältig:* es herrscht peinliche Ordnung; das Gepäck wurde p. genau untersucht.

Peitsche, die; -, -n: *aus einem Stiel und einem Riemen bestehender Gegenstand zum Antreiben von Tieren:* mit der P. knallen, schlagen. * **mit Zuckerbrot und P.** *(mit Milde und Strenge).*

Pelle, die; -, -n (bes. nordd.): *Schale, Haut:* die P. von der Wurst abziehen. * (ugs.) jmdm. **auf die P. rücken** *(jmdn. drängen):* wenn er morgen nicht kommt, rücke ich ihm auf die P.

pellen, pellte, hat gepellt ⟨tr.⟩ (bes. nordd.): *die Pelle entfernen:* Kartoffeln p.

Pellkartoffel, die; -, -n: *mit der Schale gekochte Kartoffeln:* heute abend gibt es Pellkartoffeln und Heringe.

Pelz, der; -es, -e: *Fell bestimmter Tiere, das zu Kleidungsstücken verarbeitet wird:* ein weicher, echter P.; sie trägt einen teuren P. * (ugs.) **jmdm. auf den P. rücken** *(jmdn. [zur Erledigung einer ihm schon seit längerem aufgetragenen Arbeit] drängen);* (ugs.) **sich die Sonne auf den P. brennen lassen** *(sich sonnen).*

Pendel, das; -s, -: *Körper, der an einem Punkt aufgehängt ist und hin und her schwingt:* das P. der Uhr anstoßen.

pendeln, pendelte, hat/ist gependelt ⟨itr.⟩: 1. *hin und her schwingen:* die Kiste hat am Kran gependelt. 2. *[zur Arbeit] zwischen zwei Orten hin und fahren:* er ist zwischen Frankfurt und Mannheim gependelt.

Pendler, der; -s, -: *jmd., der aus beruflichen Gründen regelmäßig zwischen zwei Orten hin und her fährt.*

penetrant ⟨Adj.⟩: a) *durchdringend /in bezug auf Geruch, Geschmack/:* etwas riecht p. b) *aufdringlich, unangenehm stark ausgeprägt:* er hat ein sehr penetrantes Wesen.

Penis, der; -, -se: *männliches Glied.*

pennen, pennte, hat gepennt ⟨itr.⟩ (ugs.): *schlafen.*

Pension [pãsi̯oːn; südd., östr., schweiz.: penzi̯oːn], die; -, -en: 1. *Gehalt [eines Beamten] nach dem Ausscheiden aus dem Dienst:* eine gute P. bekommen. * **in P. gehen** *(aus dem Dienst ausscheiden, weil man das bestimmte Alter erreicht hat).* 2. *Haus mit [Restaurant und] Zimmern zum Übernachten:* wir wohnten in der P. Klaus Balzer. 3. *Unterkunft und Verpflegung:* ich habe das Zimmer mit voller P. gemietet.

pensionsberechtigt ⟨Adj.⟩: *nicht adverbial): Anspruch auf Pension habend.*

Pensum, das; -s, Pensen und Pensa: *Arbeit, die in einem bestimmten Zeitraum erledigt werden muß:* ich habe mein heutiges P. noch nicht geschafft.

perfekt ⟨Adj.⟩: a) *vollendet, vollkommen [ausgebildet]:* sie ist eine perfekte Köchin; er spricht p. Englisch; er zeigte ein perfektes Spiel. b) ⟨nicht adverbial⟩ *abgemacht, abgeschlossen, gültig:* der Vertrag ist p.

Periode, die; -, -n: *ein sich von anderen zeitlichen Abschnitten abhebender Teil eines zeitlich in sich gegliederten Geschehens, das für sich eine Einheit bildet; Zeitraum, Zeitabschnitt:* eine historische P.; in den kritischen Perioden seines Lebens war er sehr tapfer.

periodisch ⟨Adj.⟩: *regelmäßig auftretend, wiederkehrend:* eine p. erscheinende Zeitschrift.

Peripherie, die; -, -n: a) *äußere Linie, Rand:* die P. des Kreises. b) *am Rand einer Stadt liegendes Gebiet:* an der P. der Stadt wohnen.

Perle, die; -, -n: *kleine helle Kugel, die in Muscheln entsteht und als Schmuckstück verwendet wird:* eine kostbare P.

permanent ⟨Adj.⟩: *dauernd, ununterbrochen:* diese Partei hat eine permanente Mehrheit im Parlament.

perplex ⟨Adj.⟩ (ugs.): *verwirrt, überrascht, bestürzt:* ich war völlig p.

Person, die; -, -en: *der Mensch [als individuelles geistiges Wesen]:* dem Ansehen einer P. schaden; eine Familie von vier Personen; beide Ämter sind in einer P. vereinigt *(werden von einem einzigen Menschen geleitet).*

Personal, das; -s: *alle angestellten Personen, die meist Dienste für Kunden leisten:* die Firma hat freundliches, gut geschultes P.

Personalien, die ⟨Plural⟩: *Angaben zur Person, wie Name, Datum und Ort der Geburt usw.:* die P. feststellen.

Personenkraftwagen, der; -s, - (Abk. Pkw, auch: PKW): *zur Beförderung von Personen gebauter Kraftwagen.*

Personenzug, der; -es, Personenzüge: *Zug zur Beförderung von Personen, der an allen Stationen hält.*

persönlich ⟨Adj.⟩: *die eigene Person betreffend, von ihr ausgehend; in eigener Person:* eine persönliche Angelegenheit; ich kenne ihn p.; ich werde mich p. darum kümmern.

Persönlichkeit, die; -, -en: *ein Mensch, der durch sein besonderes Wesen und seine positiven Eigenschaften geprägt ist und Ansehen genießt:* er ist eine einflußreiche, wichtige P.

Perspektive, die; -, -n: 1. *Aussicht für die Zukunft; Standpunkt, von dem aus etwas gesehen wird:* die Ausführungen des Ministers eröffnen eine neue P.; aus seiner P. sah dies ganz anders aus. 2. *Darstellung räumlicher Verhältnisse in der Ebene eines Bildes:* ein Maler muß sorgfältig auf die P. achten.

Perücke, die; -, -n: *Frisur aus künstlichen Haaren [als Ersatz für fehlende Haare]:* eine P. tragen.

pervers ⟨Adj.⟩: *[sexuell] krankhaft veranlagt; widernatürlich:* er ist p.; perverse Gedanken haben.

Pessimist, der; -en, -en: *jmd., der immer die schlechten Seiten des Lebens sieht; Schwarzseher/ Ggs. Optimist/:* er ist ein unverbesserlicher P.

pessimistisch ⟨Adj.⟩: *immer Schlechtes oder Mißerfolg erwartend /Ggs. optimistisch/:* er ist von Natur aus p.

Petroleum, das; -s: *Produkt aus Erdöl, das zum Leuchten, Heizen und als Treibstoff verwendet wird.*

petzen, petzte, hat gepetzt ⟨itr.⟩/Schülerspr./: *(jmdn.) angeben, verraten:* er hat schon wieder gepetzt.

Pfad, der; -[e]s, Pfade: *schmaler Weg, der nur von Fußgängern benutzt werden kann:* durch die Wiesen zog sich ein P. bis an den Waldesrand.

Pfadfinder, der; -s, -: *Angehöriger einer internationalen Organisation von Jugendlichen.*

Pfahl

Pfahl, der; -[e]s, Pfähle: *dicke Stange, die in den Boden eingerammt wird und an der man etwas befestigen kann:* er hat die Ziege an einen P. gebunden.

Pfand, das; -[e]s, Pfänder: *Gegenstand, der als Sicherheit für eine Schuld dient:* er hat das P. wieder eingelöst.

pfänden, pfändete, hat gepfändet ⟨tr.⟩: a) *als Pfand fordern, einziehen:* die Möbel p. b) *Pfand verlangen (von jmdm.):* einen nicht zahlungsfähigen Kunden p.

Pfanne, die; -, -n: *flacher Behälter zum Braten* (siehe Bild): er schlug Eier in die P.

Pfanne

Pfannkuchen, der; -s, -: *in der Pfanne gebackener dünner Teig aus Eiern, Mehl, Zucker und Milch.*

Pfarrer, der; -s, -: *Geistlicher einer christlichen Kirche, der einer kirchlichen Gemeinde vorsteht.*

Pfeffer, der; -s: *Gewürz, das aus den Früchten der gleichnamigen Pflanze gewonnen wird:* schwarzer, weißer P. * (ugs.) **da liegt der Hase im P.** *(da liegt die Schwierigkeit).*

pfeffern, pfefferte, hat gepfeffert ⟨tr.⟩: *mit Pfeffer [scharf] würzen:* Speisen p.; bildl. (ugs.): er pfefferte die Bücher in die Ecke *(er warf aus Zorn die Bücher in die Ecke);* eine gepfefferte Rechnung *(eine [über die Erwartung hinaus gehende] hohe Rechnung).*

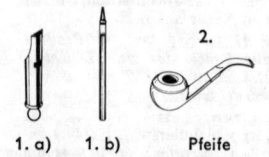

1. a) 1. b) 2. Pfeife

Pfeife, die; -, -n: 1. a) *Rohr, durch das man bläst, wobei ein heller, schriller Ton erzeugt wird* (siehe Bild): die P. des Schiedsrichters. b) *Rohr bei der Orgel, mit dem ein Ton erzeugt wird* (siehe Bild). 2. *Gegenstand, mit dem man Tabak raucht* (siehe Bild): er raucht nur noch P.

pfeifen, pfiff, hat gepfiffen: a) ⟨itr.⟩ *einen hellen [schrillen] Ton erzeugen, von sich geben:* er kann durch die Finger p.; der Vogel, der Wind, die Lokomotive pfeift; der Jäger pfeift seinem Hund *(er veranlaßt ihn durch einen Pfeifton, auf seinen Herrn zu achten);* der Schiedsrichter pfeift viel *(er greift häufig durch einen Pfeifton in das Spiel ein);* bildl.: der Wind pfeift *(bläst)* durch alle Ritzen. b) ⟨tr.⟩ *durch Pfeifton hervorbringen:* ein Lied, eine Melodie p. ** (ugs.) **auf etwas p.** *(an etwas überhaupt nicht interessiert sein und darauf gern verzichten):* ich mache, was ich will, und pfeife auf den guten Ruf; (ugs.) **auf dem letzten Loch p.** *(mit seiner Kraft, seinem Geld am Ende sein);* (ugs.) **die Spatzen pfeifen es von allen Dächern** *(jeder weiß es).*

Pfeil, der; -[e]s, -e: 1. *längerer Stab mit Spitze, der als Geschoß verwendet wird.* 2. *Zeichen [das eine Richtung angibt]:* der P. zeigt nach Norden.

Pfeiler, der; -s, -: *eckige Stütze zum Tragen von Teilen eines größeren Bauwerkes:* die Pfeiler tragen die Decke.

Pfennig, der; -s, -e: *kleinste Einheit der deutschen Währung in Form einer Münze:* keinen P. mehr haben; mit dem P. rechnen müssen *(sehr sparsam sein müssen);* das ist keinen P. wert *(das ist nichts wert).*

Pferd, das; -es, -e: 1. *größeres Tier, das zum Ziehen von Wagen und zum Reiten verwendet wird* (siehe Bild): ein P. satteln, reiten, besteigen. * (ugs.) **das hält kein P. aus** *(das hält niemand aus);* (ugs.) **das P. beim Schwanz aufzäumen** *(eine Sache verkehrt anfangen).* 2. /ein Turngerät/ (siehe Bild).

Pferdestärke, die; -, -n (Abk. PS): *Einheit der Leistung eines Motors:* ein Auto von 60 Pferdestärken (60 PS).

Pfiff, der; -[e]s, -e: 1. *kurzer, schriller Ton, der durch Pfeifen entsteht:* nach dem Foul hörte man den P. des Schiedsrichters. 2. ⟨ohne Plural⟩ (ugs.) *der besondere Reiz einer Sache:* die Einrichtung der Wohnung hat noch nicht den letzten P.

pfiffig ⟨Adj.⟩: *schlau, listig:* er ist ein pfiffiger Kerl; er war p. und sagte kein Wort.

1. 2. Pferd

Pfingsten, das (und als Plural: die); -: *christliches Fest, das 50 Tage nach Ostern gefeiert wird:* wir wollen P. verreisen; fröhliche P.!

Pfirsich, der; -s, -e: /eine Frucht/ (siehe Bild).

Pfirsich

Pflanze, die; -, -n: *Gewächs aus Wurzeln, Stiel oder Stamm und Blättern:* die P. wächst, blüht, trägt Früchte, welkt, stirbt ab.

pflanzen, pflanzte, hat gepflanzt ⟨tr.⟩: *in die Erde setzen:* er hat Bäume, Sträucher und viele Blumen in seinen Garten gepflanzt.

pflanzlich ⟨Adj.; nicht adverbial⟩: *aus Pflanzen gewonnen, hergestellt:* pflanzliches Fett.

Pflaster, das; -s, -: I. *aus eckigen Steinen gebildeter Belag von Straßen und Plätzen* (siehe Bild): das Auto rutschte auf dem nassen P.; bildl. (ugs.): das ist ein teures P. *(in dieser Stadt lebt man teuer);* (ugs.) das ist ein heißes P. *(in dieser Stadt lebt man gefährlich).* II. *etwas, was*

I. II. Pflaster

zum Schutz von Wunden auf die Haut geklebt wird (siehe Bild): er hat ein P. auf der Stirn.

pflastern, pflasterte, hat gepflastert ⟨tr.⟩: mit Pflastersteinen belegen: die Straße wird gepflastert.

Pflaume, die; -, -n: /eine Frucht/ (siehe Bild).

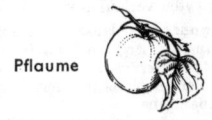

Pflaume

Pflege, die; -: a) das Betreuen [eines Kranken]: sie übernahm die P. ihres kranken Vaters. b) Behandlung zur Verbesserung eines Zustandes: die Pflege der Hände, der Blumen.

pflegen, pflegte, hat gepflegt: 1. ⟨tr.⟩ a) [einen Kranken] betreuen: sie pflegte ihre alte Mutter. b) ⟨tr./rfl.⟩ zur Verbesserung eines Zustandes behandeln: er pflegt seine Hände, den Garten, die Blumen; du mußt dich besser p. (ordentlicher, sauberer halten); ⟨häufig im 2. Partizip⟩ er hat ein gepflegtes Äußeres; sie ist eine gepflegte Erscheinung (Frau). 2. ⟨tr.⟩ sich (mit etwas) aus innerer Neigung beschäftigen: er pflegt die Musik, die Freundschaft. 3. ⟨p. + zu + Inf.⟩ die Gewohnheit haben, etwas zu tun: er pflegt zum Essen Wein zu trinken; er pflegt um 10 Uhr nach Hause zu gehen.

Pflicht, die; -, -en: etwas, was man tun muß; Aufgabe, die man erfüllen, erledigen muß: eine P. erfüllen, verletzen; etwas zur P. machen.

pflichtbewußt ⟨Adj.⟩: sich seiner Pflicht bewußt seiend; gewissenhaft: ein pflichtbewußter Schüler; p. sein.

Pflock, der; -[e]s, Pflöcke: kurzer, dickerer Stock mit Spitze, der in den Boden geschlagen wird und an dem etwas befestigt wird: er hat die Kuh an einen P. gebunden.

pflücken, pflückte, hat gepflückt ⟨tr.⟩: die Frucht oder Blüte vom Stengel einer Pflanze abbrechen: Blumen, Beeren p.

Pflug, der; -[e]s, Pflüge: Gerät, mit dem die Erde eines Ackers lockerer gemacht oder umgegraben wird (siehe Bild): er ging hinter dem P.

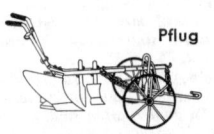

Pflug

pflügen, pflügte, hat gepflügt: a) ⟨itr.⟩ mit dem Pflug arbeiten: der Bauer pflügt. b) ⟨tr.⟩ mit dem Pflug bearbeiten: den Acker p.

Pfosten, der; -s, -: in den Boden gerammte dickere Stange, an der etwas befestigt wird; Pfahl: er spannte den Draht von P. zu P.

Pfote, die; -, -n: in Zehen gespaltener [weicher, behaarter] Fuß von Tieren /meist von Katzen und Hunden/ (siehe Bild): die Katze leckte sich die Pfoten.

Pfote

Pfropfen, der; -s, -: aus Holz, Kork oder Kunststoff bestehender Verschluß von Flaschen und Fässern: er zog den P. aus der Flasche.

Pfund, das; -[e]s, -e: Gewicht von 500 Gramm: zwei P. Butter kaufen.

pfuschen, pfuschte, hat gepfuscht ⟨itr.⟩ (ugs.): schlechte Arbeit leisten: bei der Reparatur hat er gepfuscht. * jmdm. **ins Handwerk p.** (etwas tun, was eigentlich ein Fachmann tun sollte; auch bildl.: unerlaubt auf jmds. Gebiet arbeiten).

Pfütze, die; -, -n: in einer leichten Vertiefung des Bodens stehendes Wasser: nach dem Regen sind auf dem Weg viele Pfützen.

Phantasie, die; -, -n: 1. ⟨ohne Plural⟩ Fähigkeit, sich etwas in seiner vollen Ausgestaltung vorzustellen und gedanklich auszumalen: etwas regt die P. an. 2. nicht der Wirklichkeit entsprechende Vorstellung: das ist nur eine P.

phantasieren, phantasierte, hat phantasiert ⟨itr.⟩: 1. sich der Phantasie hingeben; träumen: er phantasierte immer von einem Auto. 2. in krankem Zustand wirr reden: der Kranke phantasierte die ganze Nacht. 3. ohne Noten, nach eigenen Gedanken spielen: er phantasierte auf dem Klavier.

phantastisch ⟨Adj.⟩: a) begeisternd, großartig: er ist ein phantastischer Mensch; das ist ein phantastischer Plan. b) (ugs.) unglaublich, unwahrscheinlich, ungeheuerlich: das Auto hat eine phantastische Beschleunigung; die Preise sind p. gestiegen.

Phase, die; -, -n: Abschnitt einer Entwicklung: die Verhandlungen sind in ihre entscheidende P. getreten.

phlegmatisch ⟨Adj.⟩: auf Grund seiner Veranlagung nur schwer zu erregen und zu etwas zu bewegen; schwerfällig, träge: er ist sehr p.

Photoapparat, der; -[e]s, -e: Gerät, mit dem Lichtbilder hergestellt werden.

Photograph, der; -en, -en: jmd., der gewerbsmäßig mit dem Photoapparat Aufnahmen macht.

Photographie, die; -, -n: mit dem Photoapparat hergestelltes Bild: eine hervorragende, künstlerische P.

photographieren, photographierte, hat photographiert ⟨tr./itr.⟩: eine Photographie (von jmdm./etwas) machen: die Eltern, eine Landschaft p.; er kann sehr gut p.; sich p. lassen.

photographisch ⟨Adj.⟩: die Photographie betreffend, auf sie bezogen.

Phrase, die; -, -n: leeres Gerede: seine Rede bestand zum größten Teil aus Phrasen.

Physik, die; -: diejenige Naturwissenschaft, die die Gesetze der Natur erforscht.

physisch ⟨Adj.⟩: körperlich; den Körper betreffend: er ist p. überfordert; seine physischen Kräfte reichen dazu nicht aus.

Pianist, der; -en, -en: jmd., der im Klavierspielen ausgebildet ist und dies als [künstlerischen] Beruf betreibt.

Pickel, der; -s, -: I. spitze Hacke: mit einem P. die Wand aufschlagen. II. kleine Erhebung auf der Haut, die durch eine Entzündung hervorgerufen ist: er hat das Gesicht voller Pickel.

Picknick, das; -s, -s: Essen im Freien [während eines Ausfluges].

piesacken, piesackte, hat gepiesackt ⟨tr.⟩ (ugs.): sehr ärgern, quälen: ich lasse mich nicht ständig p.

Pik: I. der; -s ⟨in der Wendung⟩ (ugs.): einen P. auf jmdn. haben *(einen heimlichen Groll auf jmdn. haben).* **II.** das; -s, -s: /eine Farbe beim Kartenspiel/ (siehe Bild).

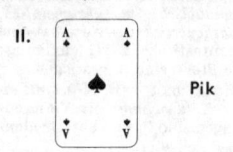

Pik

piken, pikte, hat gepikt ⟨itr./tr.⟩ (ugs.): *stechen:* die Nadeln des Tannenbaumes piken [mich].
pikiert ⟨Adj.⟩: *leicht beleidigt, verstimmt, verletzt:* nach dieser Äußerung saß er p. in der Ecke.
piksen, pikste, hat gepikst ⟨tr.⟩ (ugs.): *stechen, piken:* er hat mich mit einer Nadel gepikst.
pilgern, pilgerte, ist gepilgert ⟨itr.⟩: **a)** *eine Reise an eine besonders verehrte Stätte machen:* sie pilgerten nach Rom; jedes Jahr pilgert er nach Salzburg zu den Festspielen. **b)** (ugs.) *zu Fuß gehen, wandern:* bei größter Hitze pilgerten sie an den See im Gebirge.
Pille, die; -, -n: *Medikament in Form einer Kugel:* Pillen schlucken; Pillen für/gegen eine Krankheit verschreiben, einnehmen. * **eine bittere P. schlucken müssen** *(etwas Unangenehmes, Ungewünschtes hinnehmen müssen).*
Pilot, der; -en, -en: *jmd., der ein Flugzeug steuert.*
Pilz, der; -es, -e: /eine Pflanze/ (siehe Bild).

Pilz

Pinsel, der; -s, -: *leichter, dünner Stab mit einem Büschel von Haaren an der Spitze zum Malen o. ä.:* er malt mit einem dünnen P.
Pinzette, die; -, -n: *kleine Zange zum Greifen* (siehe Bild): er zog mit der P. einen Splitter aus dem Finger.

Pinzette

Pirat, der; -en, -en: *jmd., der ein Schiff oder ein Flugzeug gewaltsam unter seine Kontrolle bringt.*
Piste, die; -, -n: **1.** *[abgesteckte] Ski- oder Radrennstrecke.* **2.** *Bahn zum Starten und Landen von Flugzeugen.*
Pistole, die; -, -n: *Schußwaffe mit kurzem Lauf* (siehe Bild).
plädieren, plädierte, hat plädiert ⟨itr.⟩: *befürworten; eintreten (für etwas):* er plädierte für die Annahme des Gesetzes.
plagen, plagte, hat geplagt: **a)** ⟨tr.⟩ *belästigen, quälen; durch Forderungen, Aufträge stören, in Unruhe versetzen:* die Kinder plagen die Mutter den ganzen Tag, sie solle mit ihnen in den Zirkus gehen; die Hitze, der Hunger plagt die Menschen. **b)** ⟨rfl.⟩ *sich abmühen:* sie hat sich ihr Leben lang für andere geplagt.

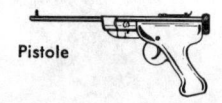

Pistole

Plakat, das; -[e]s, -e: *großes Blatt Papier, das an einer Wand befestigt wird und auf dem in auffälliger Weise der Öffentlichkeit etwas mitgeteilt wird.*
Plakette, die; -, -n: *kleines, meist ovales oder eckiges Abzeichen, bes. zum Anstecken:* der Sieger bekam eine P.
Plan, der; -[e]s, Pläne: **1.** *Überlegung, die sich auf die Verwirklichung eines Zieles oder einer Absicht richtet; Vorhaben:* er hat große Pläne für das nächste Jahr; seine Pläne verwirklichen; dieser P. ist gescheitert. **2.** *Aufzeichnung, Schriftstück, in dem festgelegt ist, wie etwas, was geschaffen oder getan werden soll, in Wirklichkeit aussehen oder durchgeführt werden soll:* einen P. für den Bau der Brücke aufstellen, entwerfen; sich an den P. halten.
Plane, die; -, -n: *wasserdichte Decke zum Schutz gegen Regen und Feuchtigkeit:* ein Boot mit einer P. abdecken.
planen, plante, hat geplant ⟨tr./itr.⟩: *einen Plan aufstellen, ausarbeiten;* eine Reise p.; es ist geplant *(vorgesehen),* die Produktion zu erhöhen; er plant immer lange im voraus.
Planet, der; -en, -en: *im reflektierten Licht der Sonne leuchten-* *der großer kugelförmiger Körper im Weltall.*
planieren, planierte, hat planiert ⟨tr.⟩: *einebnen:* das Gelände für das neue Stadion p.
planlos ⟨Adj.⟩: *ohne Überlegung, Plan:* hier wird p. gebaut.
planmäßig ⟨Adj.⟩: *einem bestimmten Plan entsprechend:* die Arbeiten verlaufen p.
planschen, planschte, hat geplanscht ⟨itr.⟩: *sich im Wasser mit viel Geräusch tummeln:* kleine Kinder planschen gern in der Badewanne.
plappern, plapperte, hat geplappert ⟨itr.⟩: *viel, schnell in naiver Weise reden* /meist von kleinen Kindern gesagt/: während der ganzen Fahrt plapperte die Kleine vor sich hin.
Plastik, die; -, -en: *künstlerische Darstellung aus Stein, Holz oder Metall von Personen oder Gegenständen.*
plastisch ⟨Adj.⟩: *anschaulich, deutlich hervortretend, erkennbar:* eine plastische Darstellung; das Bild wirkt sehr p.
platt ⟨Adj.⟩: *flach:* eine platte Nase haben; sich p. auf den Boden legen. * (ugs.) **p. sein** *(völlig) überrascht, verblüfft sein).*
Platte, die; -, -n: **1.** *dünnerer, wie eine Fläche wirkender Gegenstand aus hartem Material:* eine P. [aus Metall] polieren, bearbeiten. **2. a)** *größerer Teller, auf den Speisen gereicht werden:* sie belegte die Platte mit Wurst und Käse. **b)** *auf einem größeren Teller angerichtete Sorten von Fleisch, Käse usw.:* eine schön garnierte P. * **kalte P.** *(Platte mit verschiedenen Fleischsorten und Salaten).* **3.** *Schallplatte:* eine neue P. auflegen; die P. ist abgelaufen.
plätten, plättete, hat geplättet ⟨tr.⟩ (landsch.): *bügeln:* Wäsche p.
Plattenspieler, der; -s, -: *elektrisches Gerät zur Wiedergabe von Sprache oder Musik, die auf einer Schallplatte gespeichert ist:* er schenkte seinen P. seinem Sohn.
Plattform, die; -, -en: **1.** *Fläche am vorderen oder hinteren Ende einer Straßenbahn oder eines Eisenbahnwagens zum Ein- und Aussteigen:* er stand bereits auf der hinteren P. als der Zug hielt. **2.** *durch ein Geländer gesicherte Fläche für den Ausblick*

bei hohen Gebäuden: er hatte einen herrlichen Blick von dieser P. **3.** *Basis, von der man bei seinen Handlungen ausgeht:* die politischen Parteien machen sich in der Außenpolitik die P. streitig.

Platz, der; -es, Plätze: **1.** *umbaute freie Fläche:* vor dem Schloß ist ein großer P.; alle Straßen und Plätze werden bewacht. **2.** *Sitzplatz:* hier sind noch zwei Plätze frei. * P. **nehmen** *(sich setzen):* er nahm P. **3.** *Spielfeld:* der Schiedsrichter stellte den Spieler wegen eines Fouls vom P. *(schickte ihn vom Feld);* die Zuschauer liefen auf den P. **4.** ⟨ohne Plural⟩ *freie, noch nicht belegte Stelle:* hier ist noch P.; ich muß für die neuen Bücher P. schaffen. **5.** ⟨ohne Plural⟩ *Stellung, Position, Rang:* er hat seinen P. erfolgreich verteidigt; den ersten P. beim Rennen einnehmen.

platzen, platzte, ist geplatzt ⟨itr.⟩: **1.** *durch übermäßigen Druck von innen mit lautem Knall in Stücke fliegen; bersten:* der Reifen des Autos platzte während der Fahrt; das Rohr ist geplatzt. **2.** (ugs.) *ein plötzliches Ende nehmen; sich nicht so entwickeln wie geplant:* sein Vorhaben ist kurz vor dem Erfolg geplatzt, weil ihm das Geld ausging.

plaudern, plauderte, hat geplaudert ⟨itr.⟩: *sich mit jmdm. gemütlich und zwanglos unterhalten:* nach dem Theater plauderten wir noch eine Stunde bei einem Glas Wein.

plauschen, plauschte, hat geplauscht ⟨itr.⟩ (familiär) *sich gemütlich in vertrautem, kleinerem Kreis unterhalten; plaudern:* sie nahm sich die Zeit, noch etwas mit ihren Bekannten zu p.

plausibel ⟨Adj.⟩: *überzeugend; einleuchtend:* seine Begründung ist ganz p.; eine plausible Erklärung.

pleite: ⟨in den Verbindungen⟩ **p. gehen/werden** *(zahlungsunfähig werden);* ⟨ugs.⟩ **p. sein** *(zahlungsunfähig sein).*

Pleite, die; -, -n (ugs.): **a)** *wirtschaftlicher Zusammenbruch; Konkurs:* er hat [mit seinem Geschäft] P. gemacht. **b)** *Enttäuschung; negativer [nicht erwarteter] Ausgang einer Sache:* das gibt eine große, völlige P.; das ist eine schöne P.!

Plombe, die; -, -n: **1.** *Siegel aus Metall am Schloß von Behältern zur Kontrolle, daß diese innerhalb eines bestimmten Zeitraumes nicht geöffnet werden.* **2.** *künstliche Füllung hohler Zähne.*

plombieren, plombierte, hat plombiert ⟨tr.⟩: **1.** *mit einer Plombe sichern:* der Behälter wurde plombiert. **2.** *mit einer Plombe füllen:* der Zahn wurde plombiert.

plötzlich ⟨Adj.⟩: *unerwartet, unvermutet, überraschend:* er stand p. auf und lief aus dem Zimmer.

plump ⟨Adj.⟩: **1.** *von dicker, wuchtiger, unförmiger Gestalt:* ein plumper Mensch, Körper. **2.** *ohne Geschick oder Zurückhaltung im Umgang mit anderen; in seiner Art direkt und aufdringlich:* seine plumpe Vertraulichkeit ist unangenehm. **3.** *ungeschickt und dumm, leicht zu durchschauen:* eine plumpe Falle; der Schwindel ist viel zu p., als daß er nicht sofort erkannt würde.

Plunder, der; -s (abwertend): *wertloser Kram:* sie hebt allen wertlosen P. auf.

plündern, plünderte, hat geplündert ⟨tr.⟩: *überfallen und berauben:* ein Geschäft p.; einen Baum p. *(alles Obst herunternehmen, das jmd. anderem gehört).*

Plünderung, die; -, -en.

Pöbel, der; -s: *undisziplinierte Masse des Volkes, das gemeine ungebildete Volk:* er wurde mit dem Wut des Pöbels ausgeliefert.

pochen, pochte, hat gepocht ⟨itr.⟩: *sich energisch auf etwas stützen, berufen und damit auf einer Forderung beharren:* er pocht auf sein Recht, Geld; er pocht auf seinen Vertrag.

Podest, das; -es, -e: *kleiner erhöhter Platz für eine oder mehrere Personen in einem größeren Raum:* der Dirigent tritt auf das P.

Podium, das; -s, Podien: *erhöhter Platz für einen oder mehrere Redner in einem größeren Raum:* eine Diskussion auf dem P. führen; der Redner geht auf das P.

Poesie, die; -, -n: **a)** ⟨ohne Plural⟩ *die Kunst des Dichtens:* eine Gestalt der P. **b)** *gedichtetes Werk, besonders ein Werk in Versen:* diese P. gehört zu den besten Werken des Dichters.

Pointe [po'ɛ̃:tə], die; -, -n: *geistreicher, überraschender Höhepunkt; Hauptsache:* wo bleibt die P. des Witzes?; er vergaß die P.

Pokal, der; -s, -e: *wertvolles Gefäß [zum Trinken], das heute meist als Preis bei großen Wettkämpfen ausgesetzt wird* (siehe Bild): den P. gewinnen.

Pokal

Pol, der; -s, -e: **1.** *Punkt, um den sich etwas dreht, bildet; Mittelpunkt:* der P. eines magnetischen Feldes; bildl.: dieser Spieler ist der ruhende P. in der Mannschaft *(der Spieler ist der Punkt, von dem Ruhe und Überlegung ausgeht).* **2.** *Schnittpunkt von Achse und Oberfläche der Erde:* der Flug von Kopenhagen nach San Franzisco führt über den P.

polieren, polierte, hat poliert ⟨tr.⟩: *durch Reiben oder Schleifen glatt und glänzend machen:* einen Schrank, ein Metall p.; polierte Möbel.

Politik, die; -: **1.** *alle Maßnahmen, die sich auf die Führung einer Gemeinschaft, eines Staates beziehen:* die innere, äußere P. eines Staates, einer Regierung; eine P. der Entspannung treiben. **2.** *Methode, Art und Weise, bestimmte eigene Vorstellungen gegen andere Interessen durchzusetzen:* es ist seine P., sich alle Möglichkeiten offenzulassen und lange zu verhandeln.

Politiker, der; -s, -: *jmd., der sich aktiv mit P. beschäftigt.*

politisch ⟨Adj.⟩: *die Politik betreffend, von ihr bestimmt:* politische Bücher; diese Entscheidung ist p. unklug.

Politur, die; -, -en: **1.** *Glätte und Glanz, die durch Polieren erreicht wurden:* die P. des Schrankes erneuern. **2.** *Mittel, mit dem man poliert:* ich muß eine bessere P. verwenden.

Polizei, die; -: *Institution, die für die öffentliche Ordnung und Sicherheit sorgt:* die Polizei regelt den Verkehr.

Polizist, der; -en, -en: *uniformierter Angehöriger der Polizei.*

Polster, das; -s, -: *Belag aus kräftigem, elastischem Material*

polstern

zum Dämpfen von Stößen oder zum weichen Sitzen oder Lagern: der Stuhl hatte ein P. aus Schaumgummi.

polstern, polsterte, hat gepolstert ⟨tr.⟩: mit Polster versehen, ausstatten: die Sitze im Omnibus sind gut gepolstert.

poltern, polterte, hat gepoltert ⟨itr.⟩: a) mit lautem und dumpfem Geräusch fallen oder sich bewegen: die Steine polterten vom Wagen; die Familie über uns poltert den ganzen Tag. b) mit lauter, dumpfer Stimme schimpfen: der Alte poltert gern.

Pomp, der; -s: übertriebener Prunk, großer Aufwand an prachtvoller Ausstattung: in diesem Schloß herrscht ein unglaublicher P.

pompös ⟨Adj.⟩: viel Pomp zeigend, habend; übertrieben prächtig: die Ausstattung ist sehr p.

populär ⟨Adj.⟩: a) ⟨nicht adverbial⟩ beim Volk beliebt; volkstümlich: der Politiker ist sehr p. b) allgemein verständlich: eine populäre Darstellung der Geschichte.

Pore, die; -, -n: kleine Öffnung in der Haut: die Poren sind verstopft.

porös ⟨Adj.; nicht adverbial⟩: so kleine Löcher habend, daß es eine Flüssigkeit langsam durchläßt: poröses Material.

Portal, das; -s, -e: großes Tor, prunkvoller Eingang bei Schlössern oder Kirchen.

Portemonnaie [portmɔ'ne:], das; -s, -s: kleine Tasche zum Aufbewahren von Geld, die man bei sich trägt: er hat ein P. aus Leder.

Portier [porti'e:], der; -s, -s: jmd., der in großen Häusern und Gebäuden am Eingang zur Anmeldung und zum Empfang von fremden Personen ständig bereitsteht /Berufsbezeichnung/.

Portion, die; -, -en: meist für eine Person bestimmte, abgemessene Menge [von Speisen]: die Portionen in der Kantine sind sehr klein.

Porto, das; -s, -s und Porti: Gebühr für die Beförderung von Briefen oder Paketen durch die Post.

Porträt [por'trɛ:], das; -s, -s: künstlerische Darstellung eines Menschen, meist nur Kopf und Brust.

Posaune, die; -, -n: /ein Blasinstrument/ (siehe Bild).

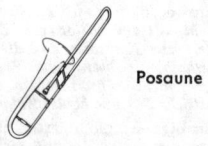

Posaune

Pose, die; -, -n: gekünstelte Stellung; unnatürliche, affektierte Haltung: eine bestimmte P. einnehmen.

Position, die; -, -en: 1. [berufliche] Stellung: er hat eine führende P. in dieser Firma. 2. Standort eines Schiffes oder Flugzeuges: das Schiff gab seine P. an.

positiv ⟨Adj.⟩: 1. zustimmend, bejahend: jmdm. eine positive Antwort geben. 2. günstig, vorteilhaft, gut: die Wirtschaft zeigt eine positive Entwicklung; die Aussichten waren p. 3. ein Ergebnis, einen Erfolg bringend, habend: die Experimente verliefen p.; die Verhandlung wurde zu einem positiven Ende gebracht.

Post, die; -: öffentliche Einrichtung, Institution, die Nachrichten, Briefe, Pakete usw. befördert: einen Prief, ein Paket mit der P. schicken.

Postamt, das; -[e]s, Postämter: Büro, Dienststelle der Post.

Posten, der; -s, -: 1. berufliche Stellung, Position: er hat bei der Firma einen guten P. 2. militärische Wache: ein vorgeschobener P.; [auf] P. stehen. * auf verlorenem P. stehen/kämpfen (in aussichtsloser Lage sein, kämpfen); (ugs.) auf dem P. sein (in guter körperlicher Verfassung sein; bereit sein). 3. einzelner Betrag einer Rechnung; einzelne Ware in einer Liste; bestimmte Menge einer Ware: die verschiedenen P. addieren; wir haben noch einen ganzen P. Anzüge auf Lager.

Poster ['poustər], das; -s, -s: künstlerisch gestaltetes Plakat [das gesammelt wird].

postieren, postierte, hat postiert ⟨tr./rfl.⟩: an einen bestimmten Ort stellen; sich aufstellen: am Eingang eine Wache p.; die Photographen postierten sich vor der Tribüne, um den Präsidenten gut photographieren zu können.

Postkarte, die; -, -n: Karte für Mitteilungen, die von der Post befördert wird: eine P. schreiben, senden.

postlagernd ⟨Adj.⟩: bei der Post zum Abholen bereitliegend: er schickte diesen Brief p.

postwendend ⟨Adj.; nur adverbial⟩: unmittelbar danach, sofort: jmdm. p. Antwort geben.

potentiell ⟨Adj.; nicht prädikativ⟩: möglich, denkbar: die potentiellen Käufer; er war p. (der Anlage nach) ein Verbrecher.

Pracht, die; -: reiche [kostbare] Ausstattung, viel Glanz und Schönheit: ein Schloß von einmaliger P.

prächtig ⟨Adj.⟩: a) sehr schön, herrlich: Rom ist eine prächtige Stadt; das Wetter war gestern p. b) tüchtig, qualitativ sehr gut: ein prächtiger Mensch; er hat eine prächtige Arbeit vorgelegt.

prachtvoll ⟨Adj.⟩: a) viel Pracht zeigend: ein prachtvolles Schloß. b) sehr schön, großartig: ein prachtvolles Gemälde.

Prädikat, das; -[e]s, -e: Note, Beurteilung, Zensur: der Film erhielt das P. „besonders wertvoll".

prägen, prägte, hat geprägt ⟨tr.⟩: 1. Metall durch Pressen mit einem bestimmten Muster, Bild oder Text versehen: Münzen p.; bildl.: das harte Leben in dieser Gegend prägt die Bewohner (formt sie in ihrem Verhalten und in ihrem Aussehen). 2. neu bilden, formulieren: ein Wort, einen Satz p.

prägnant ⟨Adj.⟩: kurz und gehaltvoll; genau und treffend: dies war eine prägnante Antwort; seine Formulierungen sind p.

prahlen, prahlte, hat geprahlt ⟨itr.⟩: eigene Vorzüge oder Vorteile übermäßig betonen, übertreiben: er prahlt gerne mit seinem Geld, mit seinen Erfolgen.

praktisch: I. ⟨Adj.⟩ **1.** auf die Praxis, auf die Wirklichkeit bezogen; in der Wirklichkeit auftretend: praktische Erfahrungen besitzen; einen praktischen (nicht theoretischen) Verstand haben; eine Frage p. lösen; seine Sorgen galten den praktischen Schwierigkeiten. 2. zweckmäßig, gut zu handhaben: dieser Büchsenöffner ist wirklich p. 3. geschickt zugreifend: ein praktischer Mensch; der Schüler ist p. veranlagt. ** **praktischer Arzt** (alle Krankheiten behandelnder Arzt /im Gegensatz zum spezialisierten Arzt/). **II.** ⟨Adverb⟩

so gut wie; tatsächlich; in der Tat; in Wirklichkeit: der Sieg ist ihm p. nicht mehr zu nehmen; mit ihm hat man p. keine Schwierigkeiten; sie macht p. alles.

praktizieren, praktizierte, hat praktiziert: 1. ⟨itr.⟩ *als Arzt tätig sein, eine ärztliche Praxis führen:* in wenigen Monaten wird hier auch ein Augenarzt p. 2. ⟨tr.⟩ *etwas in der Praxis, Wirklichkeit anwenden, handhaben:* eine bestimmte Methode p.

prall ⟨Adj.⟩: *voll gefüllt und dadurch dick und stark; straff und fest:* ein p. gefüllter Sack; pralle Arme und Beine haben; bildl.: in der prallen Sonne liegen *(in der glühend heißen Sonne liegen).*

Prämie, die; -, -n: 1. *Betrag in Geld, der als Preis in Wettbewerben ausgesetzt ist oder bei der Industrie als zusätzliche Zahlung für besonders gute Leistungen gewährt wird:* für besondere Leistungen eine P. erhalten. 2. *regelmäßig zu zahlender Betrag an eine Versicherung:* die P. seiner Lebensversicherung ist fällig.

prämieren, prämierte, hat prämiert ⟨tr.⟩: *mit einem Preis belohnen, auszeichnen:* der beste Vorschlag wird mit 100 Mark prämiert.

prämiieren, prämiierte, hat prämiiert ⟨tr.⟩: vgl. prämieren.

Pranke, die; -, -n: *Pfote großer Raubtiere, Tatze:* der Tiger hob drohend seine P.

Präparat, das; -[e]s, -e: *künstlich, chemisch hergestelltes Medikament.*

präparieren, präparierte, hat präpariert: 1. ⟨rfl.⟩ *sich vorbereiten:* ich muß mich für den Unterricht noch p. 2. ⟨tr.⟩ *(menschliche, tierische oder pflanzliche Körper) zerlegen oder haltbar machen:* er präparierte die Schmetterlinge für seine Sammlung.

präsentieren, präsentierte, hat präsentiert: 1. ⟨tr.⟩ *vorlegen, anbieten, überreichen:* jmdm. ein Geschenk, einen Teller Obst, eine Rechnung p. 2. ⟨rfl.⟩ *sich bewußt so zeigen, daß man gesehen oder beachtet wird:* er präsentierte sich in voller Größe.

Präsident, der; -en, -en: a) *Leiter, Vorsitzender:* der P. der Gesellschaft, des Instituts. b) *Oberhaupt eines Staates:* der P. der Bundesrepublik Deutschland.

prasseln, prasselte, hat geprasselt ⟨itr.⟩: 1. *mit trommelndem Geräusch aufschlagen:* der Regen prasselt auf das Dach; die Steine prasselten gegen das Fenster; bildl. (ugs.): Fragen prasselten pausenlos auf ihn nieder. 2. *knatternd brennen:* ein lustiges Feuer prasselte im Ofen.

prassen, praßte, hat gepraßt ⟨itr.⟩: *verschwenderisch leben:* die Reichen p., während die Armen hungern.

Praxis, die; -, Praxen: 1. ⟨ohne Plural⟩ a) *Berufsausübung, Tätigkeit:* dies wies auf eine langjährige P. mit reichen Erfahrungen hin. b) *tätige Auseinandersetzung mit der Wirklichkeit:* ob diese Methode richtig ist, wird die P. zeigen; in der P. sieht vieles anders aus; der Gegensatz von Theorie und P. c) *praktische Erfahrung:* ein Mann mit viel P. 2. *Tätigkeitsbereich eines Arztes oder Anwaltes, auch Bezeichnung für die Arbeitsräume dieser Personen:* er hat eine große P.; seine P. geht gut.

präzis ⟨Adj.⟩: *gewissenhaft, genau:* du mußt sehr p. arbeiten; eine präzise Antwort geben.

präzisieren, präzisierte, hat präzisiert ⟨tr.⟩: *genau angeben, genauer bestimmen:* die Angaben zu einer bestimmten Sache p.

Präzision, die; -: *Genauigkeit:* die Instrumente arbeiten mit großer P.

predigen, predigte, hat gepredigt: a) ⟨itr.⟩ *im Gottesdienst eine Predigt halten:* der Pfarrer predigte über die Liebe. b) ⟨tr.⟩ (ugs.) *besonders eindringlich empfehlen, zu etwas mahnen:* er predigt [dem Volk] ständig Toleranz, Vernunft.

Predigt, die; -, -en: *während des Gottesdienstes gehaltene religiöse Ansprache:* er hat gestern die P. gehalten.

Preis, der; -es, -e: 1. *Betrag in Geld, den man beim Kauf einer Ware zu zahlen hat:* die Preise steigen; einen hohen, angemessenen P. zahlen. * **um jeden P.** *(unbedingt):* wir müssen um jeden P. Verstärkung holen. 2. *als Gewinn für den Sieger in Wettkämpfen oder bei Wettbewerben ausgesetzter Betrag oder wertvoller Gegenstand:* als P. sind in dem Rennen 10000 Mark ausgesetzt; den ersten P. gewinnen.

preisgeben, gibt preis, gab preis, hat preisgegeben: 1. *nicht mehr (vor jmdm.) schützen:* sie haben ihn den Feinden preisgegeben; bildl.: jmdn. der Lächerlichkeit p. *(jmdn. dem Spott anderer ausliefern).* 2. ⟨tr.⟩ *aufgeben:* seine Grundsätze p. 3. ⟨tr.⟩ *nicht mehr geheimhalten; verraten:* er hat die Geheimnisse preisgegeben.

preiswert ⟨Adj.⟩: *im Verhältnis zu seinem Wert nicht [zu] teuer:* etwas p. kaufen; ein preiswerter Mantel.

prekär ⟨Adj.⟩: *schwierig, unangenehm, heikel:* in eine p. Situation geraten; die Verhältnisse sind im Augenblick ziemlich p.

prellen, prellte, hat geprellt ⟨tr.⟩: 1. *durch Anstoßen leicht verletzen:* ich habe mir den Arm geprellt. 2. (ugs.) *(jmdn. um das, was ihm zusteht) bringen; betrügen:* jmdn. um den Erfolg, den Verdienst p.

Premiere, die; -, -n: *erste Aufführung eines Theaterstücks, Films usw.*

Presse, die; -, -n: 1. a) *Maschine, mit der durch hohen Druck etwas geformt wird:* eine P. für Karosserien. b) *Gerät, mit dem der Saft aus Obst gewonnen wird:* Trauben durch die P. treiben. 2. ⟨ohne Plural⟩ *alle regelmäßig erscheinenden Zeitungen und Zeitschriften:* etwas der P. mitteilen; die P. berichtete ausführlich darüber.

Pressefreiheit, die; -: *Freiheit der Meinungsäußerung in der Presse:* die P. garantieren.

pressen, preßte, hat gepreßt ⟨tr.⟩: a) *mit hohem Druck zusammendrücken:* Obst, Pflanzen, Papier p.; bildl.: jmdn. zu etwas p. *(nötigen).* b) *durch Zusammendrücken gewinnen:* den Saft aus der Zitrone p. c) *durch hohen Druck eine bestimmte Form herstellen:* eine Karosserie p. d) *drücken:* er hat das Kind an seine Brust gepreßt.

Prestige [prɛsˈtiːʒə], das; -s: *Ansehen oder Geltung einer Person in der Öffentlichkeit:* an P. gewinnen, verlieren; es geht ihm bei der Sache um das P.

Priester, der; -s, -: *jmd., der bei bestimmten Religionen auf Grund einer Weihe ein kirchliches*

Amt ausübt und liturgische Handlungen vollzieht.

primitiv ⟨Adj.⟩: **1.** *sich im Urzustand befindend, ihm entsprechend; nicht zivilisiert:* die primitiven Völker, Kulturen. **2.** *notdürftig, roh und sehr einfach:* eine primitive Hütte; die Arbeit wurde p. ausgeführt. **3.** *ungebildet, von niederem Niveau:* ein primitiver Mensch; seine Bildung ist p.

Prinzip, das; -s, -ien: **a)** *Grundsatz, den man seinem Handeln und Verhalten zugrunde legt:* er beharrte auf seinem P.; etwas nur aus P. tun. **b)** *Grundlage, auf der etwas aufgebaut ist; oberste und erste Bedingung für das Vorhandensein einer Sache:* diese Maschine beruht auf einem sehr einfachen P.

prinzipiell ⟨Adj.⟩: *grundsätzlich, im Prinzip:* etwas p. klären; er ist p. dagegen.

Prise, die; -, -n: *kleine Menge eines Stoffes in Form von Pulver oder sehr feinen Körnern, die zwischen zwei Fingern zu greifen ist:* noch eine P. Salz in die Suppe geben.

privat ⟨Adj.⟩: **1.** *persönlich:* dies sind private Angelegenheiten. **2.** *vertraulich:* er sagte es ihm ganz p. **3.** *häuslich, vertraut:* er liebte die private Atmosphäre; sie bat, ihren Sohn p. *(in einem privaten Haushalt und nicht in einem Hotel)* unterzubringen. **4.** *nicht öffentlich, nicht staatlich:* die private Industrie.

pro ⟨Präp. mit Akk.⟩: *für (etwas):* der Preis beträgt 20 Mark p. Stück. * **pro Kopf** *(für jede einzelne Person):* das kostet pro Kopf 10 Mark.

Probe, die; -, -n: **1.** *Übung einer Aufführung beim Theater, Film usw.:* sie haben mit den Proben begonnen. **2.** *kleine Menge von etwas zur genaueren Untersuchung oder zum Probieren:* er untersuchte eine P. von dieser Flüssigkeit; er bot ihm ein Glas Wein zur P. an; bildl.: er gab eine P. seiner Kunst *(er zeigte etwas von seinem Können).* **3.** *Prüfung, Kontrolle:* die Maschine lief p. P.; sie stellte seine Geduld auf die P. *(sie versuchte festzustellen, wieweit seine Geduld reicht).*

proben, probte, hat geprobt: **a)** ⟨tr.⟩ *zur Probe aufführen:* eine Aufführung, eine Symphonie p. **b)** ⟨itr.⟩ *üben:* wir müssen morgen noch einmal p.

probeweise ⟨Adverb⟩: *zur, auf Probe:* die Maschine p. laufen lassen.

probieren, probierte, hat probiert: **a)** ⟨itr.⟩ *prüfen (ob etwas möglich ist, funktioniert):* ich werde p., ob der Motor anspringt. **b)** ⟨tr.⟩ *kosten; eine Speise o. ä. auf ihren Geschmack prüfen:* die Suppe, den Wein p.

Problem, das; -s, -e: *schwierig zu lösende Aufgabe; nicht entschiedene Frage:* ein technisches P.; schwierige, ungelöste Probleme.

problematisch ⟨Adj.⟩, *nicht adverbial⟩:* **a)** *sehr schwierig, heikel:* eine problematische Angelegenheit, Frage. **b)** *zweifelhaft, fragwürdig:* diese Vereinbarung ist recht p.

Produkt, das; -[e]s, -e: *Erzeugnis:* landwirtschaftliche Produkte; Produkte der chemischen Industrie.

Produktion, die; -: *das Herstellen, Erzeugen:* die tägliche P. von Autos erhöhen.

produzieren, produzierte, hat produziert ⟨tr./itr.⟩: *herstellen, erzeugen:* wir können das neue Auto erst ab Frühjahr p.; im Konzern produziert sehr viel billiger als ein kleiner Betrieb.

Professor, der; -s, -en: **1.** *beamteter Lehrer an Universitäten und Hochschulen:* er ist ordentlicher P. an der Universität Heidelberg. **2.** *Titel für Forscher, Künstler:* für seine großen Leistungen wurde er zum P. ernannt.

Profi, der; -s, -s (ugs.): *jmd., der Sport als Beruf ausübt und daher besonderes Können und viel Erfahrung besitzt:* er spielt wie ein P.

Profil, das; -s, -e: **1.** *Ansicht des menschlichen Kopfes von der Seite; Umriß:* er hat ein scharf geschnittenes P. **2.** *ausgeprägte Eigenart:* dieser Minister hat kein P. **3.** *die mit Erhebungen versehene Oberfläche eines Reifens für Fahrzeuge, einer Schuhsohle u. a.:* das P. ist völlig abgefahren.

Profit, der; -[e]s, -e: *Nutzen, Gewinn, den man aus etwas zieht, von etwas hat:* P. machen; aus einem [einen] P. ziehen; auf seinen P. *(Gewinn, Vorteil)* bedacht sein.

profitieren, profitierte, hat profitiert ⟨itr.⟩: *aus etwas Profit, Vorteil ziehen:* er profitierte von der Uneinigkeit der anderen.

Programm, das; -s, -e: **1.** *[schriftliche] Darlegung von Grundsätzen, die zum Erreichen eines bestimmten Zieles angewendet werden sollen; Plan:* die Partei wird ein neues P. vorlegen; das P. für die Produktion im nächsten Jahr festlegen. **2.** *festgelegte Folge, vorgesehener Ablauf:* das P. der Tagung, eines Konzertes. **3.** *Heft, Zettel, auf dem der Ablauf der Darbietungen mitgeteilt wird:* das P. kostet eine Mark. **4.** *einem Computer eingegebene rechnerische Aufgabe:* er hat das P. für diese Aufgabe geschrieben.

Projekt, das; -[e]s, -e: *größeres Vorhaben; Plan:* ein P. aufgeben, in den Einzelheiten festlegen.

projizieren, projizierte, hat projiziert ⟨tr.⟩: *(Bilder mit Hilfe eines entsprechenden Geräts auf eine dafür hergerichtete Leinwand o. ä.) übertragen:* er hat das Bild an die Wand projiziert.

Promenade, die; -, -n: *schön angelegter Weg zum Spazierengehen.*

prominent ⟨Adj.; nicht adverbial⟩: *weit bekannt, beruflich oder gesellschaftlich einen hervorragenden Rang einnehmend:* prominente Persönlichkeiten aus Politik und Wirtschaft werden an der Veranstaltung teilnehmen.

Prominenz, die; -: *Gesamtheit der prominenten Persönlichkeiten.*

promovieren, promovierte, hat promoviert: **a)** ⟨itr.⟩ *den Doktortitel erwerben:* er hat [mit einer Arbeit über Goethe] promoviert. **b)** ⟨tr.⟩ *den Doktortitel verleihen:* jmdn. zum Dr. phil. p.

prompt ⟨Adj.⟩: **1.** ⟨nicht prädikativ⟩ *unverzüglich, unmittelbar anschließend:* er hat auf meinen Brief p. geantwortet; prompte Bedienung ist bei dieser Firma p. **2.** ⟨nur adverbial⟩ *natürlich, wie zu erwarten war:* als wir spazierengehen wollten, hat es p. geregnet; obwohl ich ihn gewarnt hatte, ist er p. über die Stufe gestolpert.

Propaganda, die; -: *intensive Werbung für bestimmte Ziele*

besonders der Politik: eine geschickte P.; für eine Partei P. machen.

propagieren, propagierte, hat propagiert ⟨tr.⟩: *Propaganda machen [für etwas]:* einen Standpunkt, eine Meinung p.

Prophet, der; -en, -en: *jmd., der Ereignisse, Vorgänge in der Zukunft voraussagt.*

prophezeien, prophezeite, hat prophezeit ⟨tr.⟩: *voraussagen:* neue Entdeckungen p.; er prophezeite ihm eine große Zukunft.

Proportion, die; -, -en: *Verhältnis verschiedener Größen oder Dinge zueinander:* die Proportionen stimmten in dieser Zeichnung.

Prosa, die; -: *nicht durch den Vers gebundene dichterische Form der Sprache:* etwas ist in P. geschrieben.

Prospekt, der; -[e]s, -e: *[kleines] Druckwerk zur Information und Werbung:* einen farbigen P. drucken, herausgeben.

Protest, der; -es, -e: *[durch eine gegenteilige Meinung ausgelöster] meist spontan und temperamentvoll vorgetragener Einwand:* gegen etwas scharfen P. erheben. * **unter P.** *(indem man deutlich zu erkennen gibt, daß man mit etwas nicht einverstanden ist):* einige Zuhörer verließen den Saal unter P.

Protestant, der; -en, -en: *jmd., der einer Kirche angehört, die auf die Reformation zurückgeht.*

protestantisch ⟨Adj.⟩: *einer Kirche angehörend, die auf die Reformation zurückgeht.*

protestieren, protestierte, hat protestiert ⟨itr.⟩: *Protest erheben:* gegen jmdn./etwas heftig p.

Prothese, die; -, -n: *künstlicher Ersatz eines fehlenden Körperteils:* eine P. tragen.

Protokoll, das; -s, -e: *Niederschrift einer Verhandlung oder eines Verhörs; schriftliche Zusammenfassung der wichtigsten Ergebnisse einer Verhandlung:* das P. führen; etwas im P. festhalten.

protzen, protzte, hat geprotzt ⟨itr.⟩ (ugs.): *prahlen:* er protzt mit seinem vielen Geld.

protzig ⟨Adj.⟩ (ugs.): **a)** *prahlerisch:* dein Freund ist mir zu p. **b)** *übertrieben groß und aufwendig, auffällig:* er fährt einen protzigen Wagen.

Proviant, der; -s: *Vorrat an Essen, Nahrungsmitteln [für eine Wanderung, Reise]:* er hat den P. im Rucksack.

Provinz, die; -, -en: **1.** *Verwaltungseinheit [in bestimmten Ländern]:* das Land ist in Provinzen eingeteilt. **2.** ⟨ohne Plural⟩ **a)** *ländliche Gegend im Unterschied zur Großstadt:* sie wohnt in der P. **b)** (abwertend) *besonders kulturell rückständiges Gebiet:* hier ist tiefste P.

provinziell ⟨Adj.⟩ (abwertend): *kleinstädtisch, rückständig:* ein provinzielles Theater.

provisorisch ⟨Adj.⟩: *als Notbehelf dienend, behelfsmäßig:* eine provisorische Maßnahme; etwas p. reparieren.

Provisorium, das; -s: *vorläufige, noch nicht endgültige Einrichtung.*

provozieren, provozierte, hat provoziert ⟨tr./itr.⟩: *herausfordern, reizen:* er will [uns] nur p.

Prozent, das; -[e]s, -e: *der hundertste Teil eines Betrages:* bei sofortiger Zahlung werden drei P. Rabatt gewährt.

prozentual ⟨Adj.⟩: *in Prozenten gerechnet; im Verhältnis zum Ganzen:* er ist p. an dem Gewinn beteiligt; die Zahl der Toten im Pfingstverkehr ist p. zurückgegangen.

Prozeß, der; Prozesses, Prozesse: **1.** *Auseinandersetzung, die vor einem Gericht ausgetragen und vom Gericht entschieden wird:* [gegen jmdn.] einen P. führen, gewinnen; jmdm. den P. machen *(jmdn. vor Gericht anklagen und verurteilen).* * (ugs.) kurzen P. mit jmdm./etwas machen *(ohne Umstände, ohne Rücksicht auf Einwände mit jmdm./etwas verfahren).* **2.** *Entwicklung, Ablauf, Verlauf eines Vorgangs:* ein chemischer P.; der P. der Zerstörung des Gewebes konnte gebremst werden.

prozessieren, prozessierte, hat prozessiert ⟨itr.⟩: *einen Prozeß führen:* gegen jmdn. p.

Prozession, die; -, -en: *feierlicher [kirchlicher] Umzug.*

prüde ⟨Adj.⟩ (abwertend): *in sittlich-erotischer Hinsicht übertrieben schamhaft und ablehnend:* sie ist sehr p.

prüfen, prüfte, hat geprüft ⟨tr.⟩: **1.** *genau untersuchen, kontrollieren; testen:* jmds. Angaben auf ihre Richtigkeit p.; die Qualität des Materials p. **2.** *jmds. Wissen, Fähigkeiten feststellen:* einen Schüler im Abitur auch mündlich p. **Prüfung,** die; -, -en.

Prügel, der; -s, -: **a)** *längerer Stock zum Schlagen:* mit einem P. auf jmdn. einschlagen. **b)** ⟨ohne Singular⟩ *Schläge:* P. bekommen, austeilen.

Prügelei, die; -: *Schlägerei.*

prügeln, prügelte hat geprügelt: **1.** ⟨tr.⟩ *heftig schlagen:* der Vater prügelt seinen Sohn. **2.** ⟨rfl./rzp.⟩ *einen Streit mit Hieben o. ä. heftig und derb austragen:* er prügelte sich mit seinem Nachbarn; die Schüler prügelten sich auf dem Schulhof.

Prunk, der; -[e]s: *übertrieben glanzvolle Ausstattung:* die Operette wurde mit viel P. aufgeführt.

prunkvoll ⟨Adj.⟩: *mit viel Prunk, großartiger Ausgestaltung:* ein prunkvoller Saal; ein p. gebautes Schloß.

psychisch ⟨Adj.⟩: *den seelischen Bereich oder Zustand des Menschen betreffend:* seine Krankheit ist hauptsächlich p. zu erklären; unter psychischem Druck stehen.

Psychologie, die; -: *Lehre vom seelischen Zustand oder Verhalten eines Menschen.*

psychologisch ⟨Adj.⟩: *die Psychologie betreffend:* ein psychologischer Roman; in einer Sache p. vorgehen.

publik ⟨in den Verbindungen⟩ **etwas p. machen** *(etwas öffentlich bekanntmachen);* **etwas wird p.** *(etwas wird bekannt).*

Publikation, die; -, -en: *im Druck erschienenes [literarisches oder wissenschaftliches] Werk.*

Publikum, das; -s: *Gesamtheit der Zuhörer, Besucher:* das P. applaudierte lange; man hörte Pfiffe aus dem P.

Pudding, der; -s, -e und -s: /eine weiche, süße Speise/: als Nachtisch gab es P.

Puder, der; -s: *feines Pulver, vor allem zu medizinischen oder kosmetischen Zwecken.*

pudern, puderte, hat gepudert ⟨tr.⟩: *mit Puder belegen:* ein Kind, die Wunde, die Füße p.; ⟨auch rfl.⟩ sie hat sich stark gepudert *(sie hat viel Puder im Gesicht aufgelegt).*

Pullover [pu'lo:vər], der; -s, -: *gestricktes Kleidungsstück für*

9 SBW

den Oberkörper, das man über den Kopf anzieht.

Puls, der; -es: *das rhythmische Anschlagen des Blutes an die Wand der Ader, das besonders stark hinter dem Gelenk der Hand fühlbar ist:* den P. messen.

pulsieren, pulsierte, hat pulsiert ⟨itr.⟩: *lebhaft fließen, strömen:* das Blut pulsiert in den Adern; in den Straßen der Stadt pulsiert der Verkehr.

Pult, das; -[e]s, -e: *schmales, hohes Gestell mit schräg liegender Platte:* der Redner trat an das P.

Pulver, das; -s, -: a) *so fein wie Staub oder Sand zermahlener Stoff:* Kaffee in Form von Pulver. b) *explosive Mischung von verschiedenen Stoffen zum Schießen.* * (ugs.) keinen Schuß P. wert sein *(nichts wert sein);* das P. hat er nicht erfunden *(er ist nicht besonders intelligent);* sein P. verschossen haben *(alle seine Argumente zu früh vorgebracht haben).*

pummelig ⟨Adj.⟩: *zugleich dick und klein, rundlich:* ein pummeliges Mädchen.

Pumpe, die; -, -n: *Gerät oder Maschine zum Bewegen und Befördern von Flüssigkeiten oder Gasen.*

pumpen, pumpte, hat gepumpt: 1. ⟨tr./itr.⟩ *mit einer Pumpe bewegen oder befördern:* das Wasser aus dem Keller p.; die Maschine pumpt zu langsam. 2. ⟨itr.⟩ (ugs.) *sich für eine begrenzte Zeit geben lassen, entleihen:* Geld von jmdm. p.; ich habe mir einen Schirm gepumpt. 3. ⟨tr./itr.⟩ (ugs.) *für eine begrenzte Zeit zur Verfügung stellen:* er pumpt ihm nicht gern [das Geld].

Punkt, der; -[e]s, -e: 1. *[sehr] kleiner runder Fleck; Satzzeichen:* ein weißer Stoff mit blauen Punkten; den P. auf das i setzen; den Satz mit einem P. abschließen. 2. *Stelle, geographischer Ort:* die Straßen laufen in einem P. zusammen; der höchste P. Deutschlands liegt in Bayern; bildl.: jetzt ist der P. erreicht, wo meine Geduld zu Ende ist. * auf dem toten P. angekommen sein *(sich bei einer Verhandlung o. ä. an einer Stelle befinden, wo es [vorübergehend] nicht mehr weitergeht);* den toten P. überwinden *(den Zeitpunkt stärkster Ermüdung o. ä. überwinden);* ein dunkler P. *(eine unklare, unangenehme Angelegenheit):* ein dunkler P. in seinem Leben. 3. ⟨in Verbindung mit einer Uhrzeit⟩: *genau um ...:* er ist P. drei gekommen; die Sendung, das Spiel beginnt P. 15 Uhr. 4. *Thema, zu behandelnder Gegenstand:* auf diesen P. werden wir noch zu sprechen kommen; P. drei der Tagesordnung. 5. *Einheit zur Bewertung bestimmter Wettkämpfe:* der Athlet erreichte bei diesem Wettkampf 20 Punkte.

pünktlich ⟨Adj.⟩: *den Zeitpunkt genau einhaltend:* er ist immer p.

Pupille, die; -, -n: *Öffnung im Auge, durch die das Licht eindringt.*

Puppe, die; -, -n: *kleine Nachbildung eines Menschen, bes. eines Kindes als Spielzeug* (siehe Bild).

Puppe

pur ⟨Adj.⟩: *rein, nicht vermischt:* eine Schale aus purem Gold; Whisky p. trinken.

purzeln, purzelte, ist gepurzelt ⟨itr.⟩: *fallen [und sich dabei überschlagen]:* die Kinder purzelten in den Schnee.

Puste, die; - (ugs.): *Atem:* er hatte keine P. mehr; bildl.: ihm ging die P. aus *(ihm ging das Geld aus, so daß er eine Unternehmung nicht weiterführen konnte).*

Pustel, die; -, -n: *kleine Blase [mit Eiter] auf der Haut:* sie hatte Pusteln im Gesicht.

pusten, pustete, hat gepustet: 1. ⟨tr./itr.⟩ *blasen:* den Staub von den Büchern p.; jmdm. [den Rauch] ins Gesicht p. 2. ⟨itr.⟩ *schwer atmen, schnaufen:* er mußte sehr p., weil er schnell gelaufen war.

Putsch, der; -es, -e: *illegales [gewaltsames] Absetzen einer Regierung:* der P. mißlang.

putschen, putschte, hat geputscht ⟨itr.⟩: *einen Putsch unternehmen:* die Armee hat geputscht.

Putz, der; -es: *Masse aus Kalk und Sand [die auf rohe Wände aufgetragen worden ist]:* der P. bröckelt von den kahlen Wänden.

putzen, putzte, hat geputzt: 1. ⟨tr./itr.⟩ *von Schmutz säubern, reinigen:* die Schuhe, die Wohnung p. 2. a) ⟨rfl.⟩ *sich schön kleiden, schmücken:* sie hat sich heute besonders geputzt. b) ⟨itr.⟩ *schmücken:* die Blume, Schleife putzt das Kleid sehr.

putzig ⟨Adj.⟩: 1. *drollig, niedlich:* ein putziges Tier. 2. *seltsam, komisch:* das aber ist immer p.

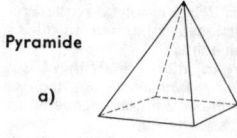

Pyramide

a)

Putzlappen, der; -s, -: *Stück Stoff, mit dem man putzt.*

Pyjama [py'dʒa:ma und py'ja:ma], der; -s, -s: *Schlafanzug.*

Pyramide, die; -, -n: a) /eine geometrische Figur/ (siehe Bild). b) /ein Bauwerk in dieser Form:/ die Pyramiden in Ägypten.

Q

Quader, der; -s, -; (auch:) die; -, -n: /eine geometrische Figur/ (siehe Bild).

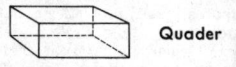

Quader

Quadrat, das; -[e]s, -e: /eine geometrische Figur/ (siehe Bild).

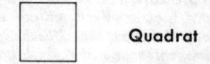

Quadrat

quadratisch ⟨Adj.⟩: *in Form eines Quadrates:* das Zimmer ist q.

Quadratmeter, der; (auch:) das; -s, -: /Maß für das Berechnen einer Fläche auf der Basis des Meters/: der Garten ist 1000 Q. groß.

quaken, quakte, hat gequakt ⟨itr.⟩: *bestimmte Laute hervor-*

bringen /von Fröschen und Enten gesagt/: in den Wiesen quakten die Frösche.

quäken, quäkte, hat gequäkt ⟨itr.⟩: *jammernde, weinerliche Laute von sich geben:* das Kind quäkt den ganzen Tag.

Qual, die; -, -en: *sehr starker, länger anhaltender körperlicher oder seelischer Schmerz; tiefes Leid:* große Qualen ertragen müssen; die Arbeit in dieser Hitze wurde für uns zur Q.

quälen, quälte, hat gequält: 1. ⟨tr.⟩ *großen körperlichen oder seelischen Schmerz zufügen:* ein Tier q. 2. ⟨rfl.⟩ *sich abmühen:* der Schüler quält sich mit dieser Aufgabe.

qualifizieren, sich; qualifizierte sich, hat sich qualifiziert: *sich als geeignet erweisen; eine bestimmte Leistung vorweisen:* der Sportler hat sich für die Teilnahme an der Olympiade qualifiziert; ⟨häufig im 2. Partizip⟩ qualifizierte *(fähige, geeignete)* Mitarbeiter haben.

Qualität, die; -, -en: a) *Beschaffenheit; Brauchbarkeit:* ein Stoff von bester Q.; er achtet auf Q. b) ⟨Plural⟩ *Anlagen, Fähigkeiten:* ein Mann mit künstlerischen, menschlichen Qualitäten; auch er hat seine Qualitäten *(seine guten Eigenschaften).*

qualitativ ⟨Adj.⟩: *dem Wert, der Beschaffenheit nach:* etwas q. verbessern; in qualitativer Hinsicht wurden die Erwartungen übertroffen.

Qualm, der; -[e]s: *in dicken Wolken aufsteigender Rauch:* die Lokomotive macht viel Q.

qualmen, qualmte, hat gequalmt: 1. ⟨itr.⟩ *Rauch, Qualm entwickeln, erzeugen:* der Ofen qualmt. 2. ⟨tr./itr.⟩ (ugs.) *(eine Zigarette o. ä.) rauchen:* du sollst nicht soviel q.!; er qualmt pro Tag zwanzig Zigaretten.

Quantität, die; -, -en: *Anzahl, Menge, Masse:* von etwas eine größere Q. kaufen.

Quantum, das; -s, Quanten: *bestimmte Menge, die von einer größeren Menge zu nehmen ist:* ein Q. Mehl; er bekam das ihm zustehende Q.

Quark, der; -s: 1. *weißer, weicher Käse, der beim Gerinnen der Milch entsteht:* er ißt viel Q. 2. (ugs.; abwertend) *ungern gelie-* stete, wenig geschätzte kleinere Arbeit; Kleinigkeit: ich muß mich um jeden Q. kümmern.

Quartett, das; -s, -e: a) *Musikstück für vier Stimmen oder vier Instrumente:* sie spielten ein Q. von Schubert. b) *Gruppe von vier Sängern oder Musikern:* er spielt in einem Q.

Quartier, das; -s, -e: *[vorübergehende] Unterkunft:* ein Q. suchen, beziehen; bei jmdm. Q. nehmen.

quasi ⟨Adverb⟩: *gleichsam, sozusagen:* er reiste q. als Botschafter nach Amerika.

quasseln, quasselte, hat gequasselt ⟨itr./tr.⟩ (ugs.; abwertend): *viel und nichts Sinnvolles reden:* er quasselt sehr viel; du sollst nicht solchen Unsinn q.

Quaste, die; -, -n: *Knäuel aus Fäden oder Schnüren, das als Schmuck dient:* ein Vorhang mit Quasten.

Quatsch, der; -es (ugs.; abwertend): *dummes Gerede, Unsinn:* rede nicht solchen Q.!; das ist ja Q.!

quatschen, quatschte, hat gequatscht ⟨itr./tr.⟩ (ugs.; abwertend): *Unnützes, Überflüssiges reden:* quatsch nicht soviel!; mußt du im Unterricht ständig q.?

Quelle, die; -, -n: 1. *natürliche Stelle, wo Wasser aus der Erde strömt:* sich im Wald an einer Q. erfrischen. 2. *Ursprung, Ausgangspunkt:* die Q. dieser Kunst liegt in der Antike; er bezieht seine Nachrichten aus geheimen Quellen.

quellen: I. quillt, quoll, ist gequollen ⟨itr.⟩: 1. *[mit Druck] hervordringen:* schwarzer Rauch quillt aus dem Kamin; aus ihren Augen quollen Tränen. 2. *aufschwellen:* Erbsen, Bohnen quellen, wenn sie im Wasser liegen. II. quellte, hat gequellt ⟨tr.⟩: *in Wasser legen und dadurch bewirken, daß es sich durch die Feuchtigkeit ausdehnt:* Erbsen, Bohnen q., damit sie beim Kochen schneller weich werden.

quengeln, quengelte, hat gequengelt ⟨itr.⟩ (ugs.): *mit weinerlicher Stimme etwas verlangen, seine Unzufriedenheit ausdrücken:* das Kind quengelte dauernd.

quer ⟨Adverb⟩: 1. *der Breite nach* /Ggs. längs/: den Tisch q. stellen; ein Baum lag q. über der Straße. 2. *schräg, nicht in der Richtung der Achse:* er lief q. über die Straße.

querfeldein ⟨Adverb⟩: *quer, mitten durch das Gelände:* wir gingen q. zum nächsten Dorf.

Querschnitt, der; -[e]s, -e: 1. *Schnitt senkrecht zu der längs verlaufenden Achse eines Körpers:* von etwas einen Q. zeichnen. 2. *Zusammenstellung der wichtigsten, bedeutendsten Dinge, Ereignisse eines größeren Bereiches; Überblick:* einen Q. durch die Geschichte der Neuzeit, durch die Musik der Klassik geben.

quetschen, quetschte, hat gequetscht: 1. ⟨tr.⟩ a) *zerdrücken:* Kartoffeln q. b) ⟨mit näherer Bestimmung⟩ *irgendwohin drängen:* bei dem Gedränge wurde er an die Wand gequetscht. 2. ⟨tr./rfl.⟩ *durch Druck verletzen:* bei dem Unfall wurde sein Arm gequetscht; ich habe mich gequetscht; ich quetschte mir die Finger. 3. ⟨rfl.; mit näherer Bestimmung⟩ *sich in/durch eine Menge oder durch eine Enge drängen:* er quetschte sich auf die vordere Plattform der Straßenbahn; der dicke Mann hat sich hinter das Steuer seines Autos gequetscht.

Quetschung, die; -, -en: *Verletzung durch Quetschen:* er erlitt eine Q.

quieken, quiekte, hat gequiekt ⟨itr.⟩: *einen hellen, schrillen Ton von sich geben:* die jungen Schweine quieken.

quietschen, quietschte, hat gequietscht ⟨itr.⟩: 1. *durch Reibung einen hellen, als unangenehm empfundenen Ton von sich geben:* die Tür quietscht, sie muß geölt werden. 2. *quieken, schreien:* die Kinder quietschten vor Vergnügen.

Quintessenz, die; -: a) *Wesen, Kern einer Sache:* die Q. bei all diesen Überlegungen ist, wie Verbesserungen ohne höhere Kosten erreicht werden können. b) *Ergebnis, Folge:* die Q. der langen Diskussion ist, daß nichts geändert wird.

quittieren, quittierte, hat quittiert ⟨tr.⟩: *durch Unterschrift bestätigen, daß man etwas erhalten hat:* den Empfang des Geldes q. * **den Dienst q.** *(seine Stellung aufgeben).*

Quittung, die; -, -en: *Bescheinigung, mit der bestätigt wird,* *daß man etwas erhalten hat:* eine Q. schreiben, ausstellen.

Quiz [kvɪs], das; -, -: *unterhaltsames Spiel mit Frage und Antwort:* an einem Q. im Fernsehen teilnehmen.

Quote, die; -, -n: *Anteil, der beim Aufteilen eines Ganzen auf jmdn./etwas entfällt; bestimmte Anzahl oder Menge im Verhältnis zu einem Ganzen:* die Quoten beim Lotto waren diesmal sehr hoch; die Q. der Unfälle, die unter Alkoholeinwirkung entstanden sind, nahm ständig zu.

R

Rabatt, der; -[e]s, -e: *Ermäßigung des Preises, die aus bestimmten Gründen dem Käufer gewährt wird:* jmdm. drei Prozent R. auf alle Waren geben, gewähren.

Rabe, der; -n, -n: /ein schwarzer Vogel/ (siehe Bild).

Rabe

Rache, die; -: *Vergeltung für ein erlittenes Unrecht oder für eine schlechte Tat:* R. fordern, schwören; auf R. sinnen.

Rachen, der; -s: *hinterer Raum des Mundes:* er hat einen entzündeten R.

rächen, rächte, hat gerächt: 1. ⟨rfl.⟩ *(an jmdm.) Rache üben:* ich werde mich [für diese Beleidigung] an ihm r. 2. ⟨tr.⟩ *eine schlechte Tat, ein Unrecht vergelten:* ich werde diese schwere Beleidigung r.

Rächer, der; -s, -: *jmd., der Rache nimmt:* er ist mein R.

rackern, rackerte, hat gerackert ⟨itr.⟩ (ugs.): *schwer und mühevoll arbeiten; schuften:* er hat den ganzen Tag gerackert; ⟨auch rfl.⟩ *mit näherer Bestimmung*⟩ sie rackert sich für ihre Kinder zu Tode.

Rad, das; -es, Räder: *wie ein Kreis aussehender, sich um eine Achse drehender Gegenstand [mit dem etwas rollend bewegt werden kann]* (siehe Bild): die Räder der Maschine drehen sich sehr

Rad

schnell, quietschen; die Räder des Autos auswechseln; bildl.: das R. der Geschichte, der Zeit läßt sich nicht zurückdrehen. * (ugs.) **unter die Räder kommen/geraten** *(moralisch, gesellschaftlich verkommen):* er ist in der Großstadt unter die Räder gekommen.

radeln, radelte, ist geradelt ⟨itr.⟩ (ugs.): *mit dem Fahrrad fahren:* er ist nach Holland geradelt.

radfahren, fährt Rad, fuhr Rad, ist radgefahren ⟨itr.⟩: *mit dem Fahrrad fahren:* wir wollen noch etwas r.

Radfahrer, der; -s, -: *jmd., der mit dem Fahrrad fährt.* **Radfahrerin**, die; -, -nen.

radieren, radierte, hat radiert ⟨itr.⟩: *mit Hilfe eines Radiergummis entfernen:* er hat in seinem Aufsatz oft radiert.

Radiergummi, der; -s, -s: *ein Stück Gummi, das zum Entfernen von etwas Geschriebenem dient.*

radikal ⟨Adj.⟩: **a)** *bis zum Äußersten gehend:* radikale Forderungen stellen. **b)** *rücksichtslos, brutal, gewaltsam:* seine Methoden sind sehr r. **c)** *vollständig:* etwas r. ändern, beseitigen.

Radio, das; -s, -s: **a)** ⟨ohne Plural⟩ *Rundfunk, Sender:* das R. bringt ausführliche Nachrichten. **b)** *Gerät zum Hören von Sendungen des Rundfunks:* das R. einschalten, leiser stellen; eine Nachricht im R. hören.

Radius, der; -, Radien: *Entfernung vom Mittelpunkt bis zur Peripherie eines Kreises.*

raffen, raffte, hat gerafft: 1. ⟨tr.⟩ *in Falten legen:* den Vorhang r.; ⟨häufig im 2. Partizip⟩ geraffte Gardinen 2. ⟨itr.⟩ **a)** *eilig an sich ziehen:* er raffte das Wichtigste an sich, als das Feuer ausbrach. **b)** *habgierig anhäufen:* Geld an sich r.

raffgierig ⟨Adj.; abwertend⟩: *bestrebt, möglichst viel Geld und Güter an sich zu reißen:* er ist ein raffgieriger Mensch.

raffiniert ⟨Adj.⟩: *sehr geschickt und schlau [und dabei gegenüber den anderen die wahre Absicht nicht erkennen lassend]; durchtrieben:* ein raffinierter Betrüger; dieser Plan ist r. angelegt.

rahmen, rahmte, hat gerahmt ⟨tr.⟩: *mit einem Rahmen versehen, in einen Rahmen fassen:* ein Bild, eine Photographie r.

Rahmen, der; -s, -: 1. *Einfassung, schützender Rand:* der R. eines Bildes, eines Fensters. 2. *Umgebung, Bereich, Grenze:* dies alles ist im weltweiten R. verständlich; dies soll im R. des Möglichen geschehen; er hielt sich in R. seines Auftrags. * (ugs.) **aus dem R. fallen/nicht in den R. passen** *(vom üblichen stark abweichen, ungewöhnlich sein):* die Darstellung fiel ganz aus dem R.

rammen, rammte, hat gerammt ⟨tr.⟩: **a)** *mit kräftigen Schlägen (in die Erde) stoßen:* einen Pfahl in die Erde r. **b)** *von einem Schiff, einem Fahrzeug in die Seite fahren:* der Dampfer wurde gerammt; der Omnibus hat die Straßenbahn gerammt.

Rampe, die; -, -n: 1. *Anlage zum Ausgleichen der unterschiedlichen Höhen zweier Ebenen, besonders zum Beladen und Entladen von Fahrzeugen.* 2. *vorderer Rand einer Bühne:* er trat an die R.

ramponieren, ramponierte, hat ramponiert ⟨tr.⟩ (ugs.): *stark beschädigen:* sie hatten die Wohnung in kurzer Zeit ramponiert.

Rand, der; -es, Ränder: 1. *Begrenzung, Grenzstreifen, Abschluß:* der R. des Tisches; am Rande des Waldes; bildl.: jmdn. an den R. des Abgrunds bringen *(jmds. Existenz gefährden);* am Rande des Grabes stehen *(todkrank sein).* * (ugs.) **außer R. und Band sein** *(übermütig, ausgelassen sein).* 2. *äußerer Streifen, der nicht beschrieben wird oder ist:* etwas an den R. eines Briefes schreiben.
* (ugs.) **etwas am Rande erwähnen** *(etwas nebenbei sagen):* er erwähnte dies nur am Rande.

randalieren, randalierte, hat randaliert ⟨itr.⟩: *sich zügellos, lärmend und gewalttätig aufführ-*

ren; *Radau machen:* die Jugendlichen begannen zu r., so daß die Polizei eingreifen mußte.

Rang, der; -es, Ränge: **1.** ⟨ohne Plural⟩ *berufliche oder gesellschaftliche Stellung, Stufe:* einen hohen R. einnehmen; er ist im Range, hat den Rang eines Generals. * (ugs.) **jmdm. den R. ablaufen** *(jmdm. in einer Sache übertreffen).* **2.** ⟨ohne Plural⟩ **a)** *große Bedeutung, Besonderheit:* ein Ereignis ersten Ranges. **b)** *hohes Ansehen auf Grund großer Leistungen:* ein Wissenschaftler, Künstler von [hohem] R. **3.** *Stockwerk im Zuschauerraum eines Theaters, Kinos usw.:* das Theater hat drei Ränge.

rangieren [raŋ'ʒiːrən], rangierte, hat rangiert: **1. a)** ⟨tr.⟩ *Eisenbahnwagen verschieben oder auf ein anderes Gleis schieben:* den Zug auf ein totes Gleis r. **b)** ⟨itr.⟩ *auf ein anderes Gleis fahren:* der Zug rangiert. **2.** ⟨itr.; mit näherer Bestimmung⟩ (ugs.) *einen bestimmten Rang innerhalb einer Gruppe einnehmen:* er rangiert in der Spitze der Firma erst an fünfter Stelle.

ranzig ⟨Adj.⟩: *[leicht] verdorben /von Fett/:* die Butter ist r.

rapid[e] ⟨Adj.⟩: *sehr schnell, rasend, stürmisch:* die Preise steigen r.; ein rapider Anstieg der Produktion.

rar ⟨Adj.; nicht adverbial⟩: *selten, nur schwer erreichbar oder erhältlich:* dieser Artikel ist zur Zeit r. * (ugs.) **sich r. machen** *(selten kommen):* er macht sich in letzter Zeit sehr r.

Rarität, die; -, -en: *seltener und darum wertvoller Gegenstand:* dieses alte Buch ist eine R.; Raritäten sammeln.

rasant ⟨Adj.⟩ (ugs.): *rasend, sehr schnell:* er fuhr r. in die Kurve; ein rasanter Wagen.

rasch ⟨Adj.⟩: *schnell, geschwind:* sich r. zu etwas entschließen; rasche Bewegungen machen.

rascheln, raschelte, hat geraschelt ⟨itr.⟩: *ein Geräusch erzeugen, von sich geben, das sich so anhört, als ob der Wind trockenes Laub bewegt:* mit Papier r.; die Mäuse rascheln in dem Stroh.

rasen, raste, hat/ist gerast ⟨itr.⟩ /vgl. rasend/: **1.** *mit sehr hoher Geschwindigkeit fahren:* er ist mit dem Auto durch die Stadt gerast. **2.** *wütend sein, to-*

ben: er hat vor Zorn, Eifersucht gerast; diese Ungerechtigkeit macht ihn rasend.

Rasen, der; -s: *angesätes Gras:* den R. bitte nicht betreten!

rasend ⟨Adj.⟩: *sehr groß:* rasende Schmerzen haben; rasenden Beifall erhalten.

Rasierapparat, der; -[e]s, -e: *[elektrisches] Gerät, mit dem man [sich] rasiert:* er hat einen elektrischen R.

rasieren, rasierte, hat rasiert ⟨tr./rfl.⟩: *Haare unmittelbar über der Haut mit einem entsprechenden Apparat entfernen, abschneiden:* der Friseur hat ihn rasiert; er hat sich noch nicht rasiert.

Rasierklinge, die; -, -n: *sehr dünnes Plättchen aus Metall, das man in den Rasierapparat einlegt und mit dessen scharfen Rändern man rasiert.*

Rasse, die; -, -n: *Gruppe von Menschen oder Tieren, die nach ihrer Herkunft, ihren Merkmalen und ihrem Aussehen zusammengehören:* die weiße, gelbe R.; eine edle, gute R.; einer anderen R. angehören.

rasseln, rasselte, hat gerasselt ⟨itr.⟩: *ein klapperndes, klirrendes Geräusch von sich geben:* mit einer Kette r.; bildl.: mit dem Säbel r. *(mit Krieg drohen).*

Rast, die; -: *Pause zum Essen und Ausruhen bei einer Wanderung oder bei einer Fahrt mit dem Auto:* R. machen; eine R. einlegen.

rasten, rastete, hat gerastet ⟨itr.⟩: *[auf einer Wanderung, bei einer Fahrt mit dem Auto] eine Pause machen:* wir wollen hier eine halbe Stunde r.

rastlos ⟨Adj.⟩: *unermüdlich, unablässig, ohne Ruhe:* er arbeitet r.; sein rastloser Eifer wurde belohnt.

Rat, der; -[e]s, Räte und Ratschläge: **1.** ⟨Plural: Ratschläge⟩ *Hinweis, der jmdm. in einer [schwierigen] Situation helfen soll; Vorschlag; Empfehlung:* jmdm. mit R. und Tat zur Seite stehen; auf jmds. R. hören. **2.** ⟨Plural: Räte⟩ *Körperschaft, Gremium:* der R. einer Stadt.

raten, rät, riet, hat geraten: **1.** ⟨tr.⟩ *einen Rat geben:* jmdm. [zu etwas] r.; ich rate Ihnen dringend, das Angebot anzunehmen. **2.** ⟨tr./itr.⟩ *ein Rätsel lösen; etwas nur durch Vermu-*

tung herausfinden: ein Rätsel r.; rate doch einmal, wie das Spiel ausgegangen ist.

Ratgeber, der; -s, -: *jmd., bei dem man sich Rat holen kann:* seine R. nennt er nicht.

Rathaus, das; -es, Rathäuser: *Gebäude, in dem der Bürgermeister und die Verwaltung einer Gemeinde arbeiten:* er kommt vom R.

rational ⟨Adj.⟩: *von der Vernunft ausgehend; der Vernunft entsprechend; mit Vernunft erfaßbar:* er ist ein r. veranlagter Mensch; etwas r. durchdenken.

rationell ⟨Adj.⟩: *zweckmäßig und vernünftig, wirtschaftlich, sparsam:* r. arbeiten; durch rationelle Herstellung Geld sparen.

ratlos ⟨Adj.⟩: *keinen Ausweg mehr wissend; hilflos, verwirrt:* er ist völlig r.

Ratschlag, der; -[e]s, Ratschläge: *helfender Hinweis, Vorschlag; Empfehlung:* jmdm. gute Ratschläge geben.

Rätsel, das; -s, -: **1.** *eine zur Unterhaltung gestellte Aufgabe, die meist nur nach längerem Überlegen zu lösen ist:* er hat das R. geraten. **2.** *Geheimnis, etwas Unerklärbares:* es ist mir ein R., wie so etwas geschehen konnte. * **vor einem R. stehen** *(sich etwas nicht erklären können).*

rätselhaft ⟨Adj.⟩: *unerklärlich, unverständlich:* das ist mir r.

rätseln, rätselte, hat gerätselt ⟨itr.⟩: *lange überlegen; eine Lösung, eine Erklärung suchen:* er rätselt, wie so etwas passieren konnte.

Raub, der; -[e]s: *das Wegnehmen von fremdem Eigentum unter Androhung oder Anwendung von Gewalt:* er ist wegen schweren Raubes angeklagt worden.

rauben, raubte, hat geraubt ⟨tr.⟩: *gewaltsam wegnehmen; plündern:* er hat [ihr] das Geld und den Schmuck geraubt.

Raubfisch, der; -es, -e: *Fisch, der andere Fische frißt:* der Hai ist ein R.

Raubtier, das; -[e]s, -e: *Tier, das andere Tiere frißt:* der Tiger ist ein R.

Raubvogel, der; -s, Raubvögel: *größerer Vogel, der kleine Tiere frißt:* der Adler ist ein R.

Rauch, der; -[e]s: *wolkenartiges Gebilde, das von einem*

Feuer aufsteigt; Qualm: R. drang aus dem brennenden Haus.

rauchen, rauchte, hat geraucht: 1. ⟨tr./itr.⟩ *(Tabak) langsam verbrennen lassen und den Rauch einziehen und wieder ausatmen:* eine Zigarette r.; ich darf nicht mehr r. 2. ⟨itr.⟩ *Rauch bilden, von sich geben:* das Feuer, der Ofen raucht.

räuchern, räucherte, hat geräuchert ⟨tr.⟩: *Fleisch, Fische usw. in den Rauch hängen und dadurch haltbar machen:* einen Schinken r.; ⟨häufig im 2. Partizip⟩ geräucherte Wurst.

raufen, raufte, hat gerauft ⟨itr./rzp.⟩ *sich (mit jmdm.) balgen:* die Kinder rauften [sich] auf dem Schulhof. ** *sich die Haare r. (sich sehr über etwas, was vorgefallen o. ä. ist, ärgern).*

rauh ⟨Adj.⟩: 1. *durch kleine Erhebungen oder Vertiefungen, Risse, Löcher nicht glatt, eben seiend:* eine rauhe Oberfläche; rauhe Hände haben. 2. *unfreundlich, grob; ohne Gefühl, Empfinden, Takt:* er ist ein rauher Bursche; hier herrscht ein rauher Ton. 3. ⟨nicht adverbial⟩ *scharf, ungesund:* eine rauhe Gegend; hier ist das Klima sehr r. 4. *[leicht] heiser, durch Erkältung unklar:* eine rauhe Stimme, einen rauhen Hals haben.

Raum, der; -[e]s, Räume: 1. *von Wänden umschlossener Teil [eines Gebäudes]:* die Wohnung hat 5 Räume; ein herrlicher R.; im engen R. des Fahrstuhls drängten sich die Leute; sie schufen einen luftleeren R. *(ein Vakuum)*; bildl.: *(sie schrieben im luftleeren R. (sie schrieben ohne Bezug auf die tatsächlichen Verhältnisse) über diese Ereignisse.* * *etwas steht im R. (etwas muß noch gelöst, erledigt werden):* dieses Problem stand noch im R. 2. ⟨ohne Plural⟩ *Platz, Gebiet (für etwas):* ich habe keinen R. für meine Bücher; dies nimmt nur einen winzigen R. ein; bildl.: es bleibt kein R. *(keine Möglichkeit)* für Freude; es besteht freier R. *(genügend Möglichkeit)* für Diskussionen; er gab seinem Zweifel keinen R. *(er ließ ihn nicht in sich aufkommen, er unterdrückte ihn).* 3. a) *geographisch-politischer Bereich:* der mitteleuropäische R.; der R. um Hamburg. b) *Bereich, in dem etwas wirkt; Wirkungsfeld:* der kirchliche, der politische,

der geistige R. 4. *unbegrenzte Weite; das nach allen Dimensionen sich Erstreckende; Weltall:* der riesige R. der Sternenwelt.

räumen, räumte, hat geräumt ⟨tr.⟩: a) *leer, frei machen:* die Wohnung, den Platz, ein Lager, eine Stadt r. * *etwas aus dem Wege r. (etwas beseitigen);* (ugs.) *jmdn. aus dem Wege r. (jmdn. gewaltsam ausschalten, töten);* *das Feld r. (sich zurückziehen):* als die Polizei kam, mußten die Demonstranten das Feld r. b) *herausnehmen, hervorholen:* die Wäsche aus dem Schrank r.

räumlich ⟨Adj.⟩: *auf die Ausdehnung, den Raum bezogen:* wir sind r. sehr beengt *(unsere Wohnung ist sehr klein).*

raunen, raunte, hat geraunt ⟨tr.⟩: *leise und nur mit gedämpfter Stimme reden; flüstern:* jmdm. etwas ins Ohr r.

Raupe, die; -, -n: *Larve eines Insekts (siehe Bild):* auf dem Gemüse im Garten saßen viele Raupen.

Raupe

Rausch, der; -es: a) *Zustand des Betrunkenseins:* einen schweren R. haben; seinen R. ausschlafen. b) *übertriebene, blinde Begeisterung, große Erregung:* ein R. der Liebe, des Glückes.

rauschen, rauschte, hat gerauscht ⟨itr.⟩: *ein gleichmäßig anhaltendes, stärker oder schwächeres, dunkles Geräusch hervorbringen* /vornehmlich von Wind, Wasser, Wald oder Beifall gesagt/: der Regen rauschte in den Bäumen; rauschender Beifall.

räuspern, sich; räusperte sich, hat sich geräuspert: *durch einen dem Husten ähnlichen Vorgang sich die verschleimte Kehle frei machen, gedämpft husten:* während seiner Rede mußte er mehrmals r.

reagieren, reagierte, hat reagiert ⟨itr.⟩: *auf etwas ansprechen, antworten, eingehen; eine Wirkung zeigen:* er hat auf diese Vorwürfe heftig reagiert; er reagiert schnell; (ugs.) auf etwas sauer r. *(sich über etwas ärgern).*

Reaktion, die; -, -en: *Gegenwirkung, Gegenhandlung, Rück-*

wirkung: keinerlei R. zeigen; eine bestimmte R. hervorrufen.

real ⟨Adj.⟩: a) *gegenständlich, stofflich:* sein Geld in realen Werten, Objekten *(Häusern, Schmuck u. a.)* anlegen. b) *wirklich, tatsächlich:* ich habe reale Gründe für diese Forderung.

realisieren, realisierte, hat realisiert ⟨tr.⟩: *verwirklichen, in die Tat umsetzen:* einen Plan, Ideen r.

realistisch ⟨Adj.⟩: a) *der Wirklichkeit entsprechend; wirklichkeitsnah:* eine realistische Darstellung; der Film ist sehr r. b) *sachlich-nüchtern, ohne Illusion, ohne Gefühlserregung:* etwas ganz r. betrachten, beurteilen.

Realität, die; -, -en: *wirklicher Zustand, tatsächliche Lage; Wirklichkeit:* von den Realitäten ausgehen.

rebellieren, rebellierte, hat rebelliert ⟨itr.⟩: *sich auflehnen, dagegenarbeiten, sich widersetzen:* die Zeitungen r. gegen die Beschränkung der Pressefreiheit.

Rebellion, die; -, -en: *Erhebung, Aufstand.*

Rechen, der; -s, - (bes. südd. für): *Harke.*

Rechenmaschine, die; -, -n: *Gerät, das automatisch rechnet.*

Rechenschaft ⟨in bestimmten Verbindungen⟩: *R. ablegen über etwas (sein Handeln begründen, rechtfertigen);* *jmdm. keine R. schuldig sein (nicht verpflichtet sein, gegenüber jmdm. sein Handeln zu begründen);* *jmdn. zur R. ziehen (von jmdm. eine Rechtfertigung verlangen).*

rechnen, rechnete, hat gerechnet: 1. ⟨tr.⟩ a) *zu einer Zahlenaufgabe das Ergebnis ermitteln:* er hat die Aufgabe richtig gerechnet. b) ⟨itr.⟩ *(mit dem Geld) haushalten:* sie rechnet mit jedem Pfennig. 2. ⟨itr.⟩ *jmdn./etwas in seine Überlegungen einbeziehen, jmdn./etwas erwarten; sich auf jmdn./etwas verlassen:* auf ihn kannst du bei dieser Arbeit nicht r.; mit seiner Hilfe ist nicht zu r.; ich habe nicht damit gerechnet, daß er kommt; er rechnet mit meiner Dummheit. 3. ⟨tr.⟩ *zählen; halten für:* das Geld für die Kleidung rechne ich zu den festen Kosten; wir rechnen ihn zu unseren besten Mitarbeitern.

rechnerisch ⟨Adj.⟩: *auf das Rechnen bezogen; mit Hilfe des*

Rechnens: rein r. gesehen, ist die Aufgabe zu lösen.

Rechnung, die; -, -en: 1. *Zahlenaufgabe:* die R. stimmt nicht; bildl.: seine R. ist nicht aufgegangen *(seine Annahmen haben sich als falsch erwiesen).* 2. *Aufstellung und Zusammenfassung aller Kosten für einen gekauften Gegenstand oder für eine Leistung, geforderter Geldbetrag:* eine R. ausstellen, bezahlen. ** (ugs.) jmdm. einen Strich durch die R. machen *(jmds. Plan durchkreuzen);* jmdm./einer Sache R. tragen *(sich jmdm./einer Sache anpassen;* jmdm./eine Sache berücksichtigen).

recht ⟨Adj.⟩: 1. *passend, geeignet, richtig:* er kam zur rechten Zeit; dies ist nicht der rechte Weg; ist dir dieser Termin r.? * es jmdm. r. machen *(jmdn. zufriedenstellen):* er konnte es seinem Chef nie r. machen. 2. ⟨verstärkend bei Adjektiven⟩ *ziemlich, ganz, sehr:* er war heute r. freundlich zu mir; das ist eine r. gute Arbeit; sei r. herzlich gegrüßt. ** r. geben *(jmds. Standpunkt als zutreffend anerkennen; jmdm. zustimmen);* r. haben *(eine richtige Meinung haben);* r. bekommen *(bestätigt bekommen, daß man r. hat).*

Recht, das; -[e]s, -e: 1. *Berechtigung, Befugnis, Anspruch, Erlaubnis:* ein R. auf etwas haben; seine Rechte verteidigen, in Anspruch nehmen; jmdm. das R. zu etwas geben. 2. ⟨ohne Plural⟩ *Gesamtheit der Gesetze, der allgemeinen Normen, Prinzipien:* das römische, deutsche, kirchliche R.; R. sprechen; gegen R. und Gesetz; das R. brechen, verdrehen, mißachten; nach geltendem R. urteilen. 3. ⟨ohne Singular⟩ *Rechtswissenschaft, Studium der Gesetze:* die Rechte studieren; er ist Doktor der Rechte.

rechte ⟨Adj.; nicht prädikativ⟩: *sich auf jener Seite des Körpers befindend, an der diejenige Hand ist, mit der man üblicherweise schreibt* /Ggs. linke/: das rechte Bein; die rechte Hand; er fuhr auf der rechten Seite der Straße; bildl.: er ist die rechte Hand *(der erste Gehilfe, der Assistent)* des Chefs; die rechte Seite *(die schöne Seite)* eines Stoffes.

Rechteck, das; -s, -e: /eine geometrische Figur/ (siehe Bild).

rechteckig ⟨Adj.⟩: *in Form eines Rechtecks.*

rechtfertigen, rechtfertigte, hat gerechtfertigt ⟨tr.⟩: *das Verhalten von jmdm. oder von sich so erklären, daß es als berechtigt erscheint:* ich versuchte sein Benehmen zu r.; er braucht sich nicht zu r. **Rechtfertigung,** die; -, -en.

rechthaberisch ⟨Adj.⟩: *die eigene Meinung immer für die richtige haltend und auf ihr beharrend:* er ist sehr r.

rechtlich ⟨Adj.⟩: *nach dem [gültigen] Recht, auf ihm beruhend:* etwas vom rechtlichen Standpunkt aus betrachten; dieses Vorgehen ist r. nicht zulässig.

rechtmäßig ⟨Adj.⟩: *dem Recht, Gesetz entsprechend:* die r. gewählte Regierung; er ist der rechtmäßige Erbe.

rechts ⟨Adverb⟩: *an, auf der rechten Seite* /Ggs. links/: r. des Rheins; jmdn. r. überholen; nach r. gehen.

Rechtsanwalt, der; -[e]s, Rechtsanwälte: *Jurist, der jmdn. in rechtlichen Angelegenheiten berät oder vertritt:* er mußte sich einen R. nehmen.

rechtschaffen ⟨Adj.⟩: *anständig und tüchtig in seiner Art, ehrlich, redlich:* ein rechtschaffener Mensch; r. handeln.

Rechtschreibung, die; -: *das richtige Schreiben eines Wortes, Orthographie.*

Rechtsprechung, die; -: *Gesamtheit der gerichtlichen Urteile.*

rechtswidrig ⟨Adj.⟩: *gegen das Recht, Gesetz verstoßend:* ein rechtswidriges Verhalten.

rechtwinklig ⟨Adj.⟩: *einen Winkel von 90° habend:* ein rechtwinkliges Dreieck.

rechtzeitig ⟨Adj.⟩: *zum richtigen Zeitpunkt; früh genug:* eine Krankheit r. erkennen.

recken, reckte, hat gereckt ⟨tr./rfl.⟩: *[sich] strecken, dehnen:* den Kopf [in die Höhe] r., um etwas besser zu sehen; er reckte und streckte sich, um wach zu werden.

Rede, die; -, -n: 1. *längere Abhandlung über ein Thema, die vor einem Publikum gesprochen, vorgetragen wird; Ansprache,* Vortrag: eine R. halten; seine Reden sind immer interessant. 2. ⟨ohne Plural⟩ *das Sprechen; Unterhaltung; Gespräch:* die R. auf etwas/jmdn. bringen, lenken; jmdm. in die R. fallen *(jmdn. unterbrechen);* wovon war die Rede? * nicht der R. wert sein *(unbedeutend, unwichtig sein);* jmdm. R. und Antwort stehen *(jmdm. Rechenschaft geben);* jmdn. zur R. stellen *(von jmdm. wegen seiner negativen Aussage eine nähere Erklärung verlangen).*

reden, redete, hat geredet ⟨itr./tr.⟩: *sprechen; ein Gespräch führen:* laut, leise, undeutlich, langsam r.; mit jmdm. [über etwas] r.; er redet viel Unsinn. * jmdm. ins Gewissen r. *(jmdn. ernst ermahnen);* mit sich r. lassen *(zum Verhandeln bereit sein);* über etwas läßt sich r. *(über etwas kann man verhandeln).*

Redensart, die; -, -en: 1. *immer wieder gebrauchte, feststehende Formulierung:* „wenn Ostern und Pfingsten auf einen Tag fallen" ist eine R. 2. ⟨Plural⟩ *leere, nichtssagende Worte:* das sind bloß Redensarten.

redlich ⟨Adj.⟩: *rechtschaffen und aufrichtig:* ein redlicher Mensch; es r. [mit jmdm.] meinen; er hat sich r. *(anständig, bescheiden)* durchs Leben geschlagen.

Redner, der; -s, -: *jmd., der eine Rede hält.*

redselig ⟨Adj.⟩: *zu langen Gesprächen und ausführlichen Schilderungen neigend; gerne erzählend:* ihre Mutter ist sehr r.

Referat, das; -[e]s, -e: *meist wissenschaftliche Abhandlung, die vor Fachleuten vorgetragen wird:* ein R. ausarbeiten, halten.

Referent, der; -en, -en: 1. *jmd., der ein Referat hält.* 2. *jmd., der [bei einer Behörde] ein bestimmtes Sachgebiet bearbeitet:* der R. für Fragen der Bildung, für Sport; sich an den Referenten wenden.

referieren, referierte, hat referiert ⟨itr.⟩: a) *ein Referat halten.* b) *(über etwas) zusammenfassend berichten:* ich referiere zu Beginn der Versammlung über die Beschlüsse der letzten Sitzung.

reflektieren, reflektierte, hat reflektiert: 1. ⟨tr.⟩ *zurückstrahlen, spiegeln:* der See reflektiert die Sonnenstrahlen. 2. ⟨itr.⟩ *nachdenken, über eine Frage, über ein Problem grübeln:* er reflektiert über ein mathematisches Problem. 3. ⟨itr.⟩ *die Absicht haben (auf etwas); es (auf etwas) abgesehen haben:* er reflektiert auf den Posten des Direktors.

Reform, die; -, -en: *Umgestaltung; Verbesserung des Bestehenden:* sich für die Reform der Universitäten einsetzen.

Reformation, die; -: *religiöse Erneuerungsbewegung des 16. Jahrhunderts, die zur Ausbildung der evangelischen Kirchen führte.*

reformieren, reformierte, hat reformiert ⟨tr./itr.⟩: *verändern und dabei verbessern; neu gestalten:* die Kirche, das System des akademischen Unterrichts r.

Regal, das; -s, -e: *Gestell für Bücher oder Waren* (siehe Bild).

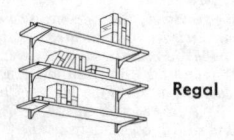

Regal

rege ⟨Adj.⟩: *lebhaft, betriebsam; [geistig] beweglich:* ein reger Mensch; der Handel, Verkehr ist zur Zeit sehr r.; er ist noch sehr r. für sein Alter.

Regel, die; -, -n: 1. a) *Übereinkunft, Vorschrift für ein Verhalten, Verfahren:* er hat die Regeln des Verkehrs nicht beachtet. b) *Regelmäßigkeit, die einer Sache innewohnt:* man muß die grammatischen Regeln beachten. 2. ⟨ohne Plural⟩ *Gewohnheit:* etwas zur R. werden lassen; in der R. *(gewöhnlich, meist)* kommt es anders, als man denkt.

regelmäßig ⟨Adj.⟩: a) *in gleichen Abständen wiederkehrend, sich wiederholend; immer wieder:* er kommt r. zu spät zum Dienst. b) *einer Regel, Ordnung entsprechend:* die Kinder bekommen ihr regelmäßiges Essen; der Kranke muß r. seine Tabletten einnehmen.

regeln, regelte, hat geregelt ⟨tr.⟩: *ordnen; (bei etwas) geordnete, klare Verhältnisse schaffen:* den Verkehr, den Ablauf der Arbeiten r.; die finanziellen Angelegenheiten müssen zuerst geregelt werden; ⟨auch rfl.⟩ etwas regelt sich von selbst *(etwas kommt von selbst in Ordnung).*

regelrecht ⟨Adj.⟩: *in vollem Maße:* er hat r. *(völlig)* versagt; das war eine regelrechte *(richtige)* Schlägerei; das war ein regelrechter *(gründlicher)* Reinfall.

regelwidrig ⟨Adj.⟩: *gegen die Regel verstoßend:* ein regelwidriges Verhalten.

regen, sich; regte sich, hat sich geregt (geh.): *sich lebhaft um die Erledigung seiner Aufgaben und Pflichten bemühen:* wer hier vorankommen will, muß sich tüchtig r.

Regen, der; -s: *in großer Menge vom Himmel auf die Erde fallende Wassertropfen:* ein heftiger R. setzte plötzlich ein.

Regenschauer, der; -s, -: *kurzer heftiger Regen.*

Regenschirm, der; -[e]s, -e: *Gegenstand zum Schutz gegen Regen* (siehe Bild).

Regie [re'ʒiː], die; -: 1. *verantwortliche künstlerische Leitung beim Theater, Film. o. ä.:* er hat bei diesem Film die R. geführt. 2. *Verwaltung:* er führte das Geschäft in eigener R.

regieren, regierte, hat regiert ⟨tr./itr.⟩: *die politische Führung haben (über jmdn./etwas); herrschen (über jmdn./etwas):* ein kleines Volk, ein reiches Land r.; Friedrich der Große regierte von 1740—1786.

Regenschirm

Regierung, die; -, -en: *Gesamtheit der Minister eines Landes oder Staates, die die politische Macht ausüben:* eine neue R. bilden; die R. ist zurückgetreten.

Register, das; -s, -: 1. *alphabetisch geordnetes Verzeichnis nach Wörtern oder Sachgebieten in Büchern:* das R. befindet sich am Ende des Buches. 2. *amtliches Verzeichnis rechtlicher Vorgänge:* das R. beim Standesamt einsehen.

regnen, regnete, hat geregnet ⟨itr.⟩: *als Regen auf die Erde fallen:* es regnet seit drei Stunden.

regnerisch ⟨Adj.; nicht adverbial⟩: *zu Regen neigend, gelegentlich leicht regnend:* ein regnerischer Tag.

regulär ⟨Adj.⟩: *vorschriftsmäßig, zulässig, üblich:* den regulären Preis bezahlen.

regulieren, regulierte, hat reguliert ⟨tr.⟩: *[wieder] in Ordnung, in einen richtigen Ablauf, Verlauf bringen:* die Uhr r.; den Schaden bei der Versicherung r. *(regeln).*

Regung, die; -, -en: *Empfindung, Äußerung des Gefühls:* eine R. des Mitleids; den Regungen des Herzens folgen.

regungslos ⟨Adj.⟩: *ohne Bewegung, Regung:* er lag r. auf dem Boden.

Reh, das; -[e]s, -e: /ein Tier/ (siehe Bild).

Reh

reiben, rieb, hat gerieben /vgl. gerieben/: 1. ⟨tr.⟩ *fest gegen etwas drücken und hin und her bewegen:* beim Waschen den Stoff stark r.; Metall [mit einem Tuch] blank r.; ⟨auch rfl.⟩ sich die Augen r. *(den Finger auf dem geschlossenen Auge hin und her bewegen);* sich den Schlaf aus den Augen r. *(den Finger kräftig auf den geschlossenen Augen hin und her bewegen, um völlig wach zu werden).* 2. ⟨tr.⟩ *zerkleinern, indem man etwas auf einer rauhen oder mit Zacken versehenen Fläche hin und her bewegt:* Käse, Kartoffeln r. 3. ⟨itr.⟩ *sich so auf der Haut hin und her bewegen, daß eine wunde Stelle entsteht:* der Kragen reibt am Hals.

Reiberei, die; -, -en (ugs.): *kleinerer Streit:* es kommt in der Familie immer wieder zu Reibereien.

reibungslos ⟨Adj.; nicht prädikativ⟩: *ohne Störung, ohne Schwierigkeit:* für einen reibungslosen Ablauf des Programms sorgen; die Maschine läuft r.

reich ⟨Adj.⟩: 1. ⟨nicht adverbial⟩ *vermögend, viel besitzend* /Ggs. arm/: ein reicher Mann.

2. ⟨nicht prädikativ⟩ *ergiebig, gehaltvoll:* eine reiche Ernte; ein reiches Vorkommen von Erzen. 3. ⟨nicht prädikativ⟩ *vielfältig, reichhaltig, in hohem Maße:* eine reiche Auswahl; jmdn. r. belohnen, beschenken; das Buch ist r. bebildert. 4. ⟨nicht prädikativ⟩ *mit teuren Dingen ausgestattet seiend, luxuriös:* ein Sanatorium mit reicher Ausstattung. 5. ⟨nur attributiv⟩ *groß, umfassend:* reiche Erfahrungen machen; reiche Kenntnisse haben. * r. **sein an etwas** *(viel von etwas besitzen, haben, enthalten):* der Wald ist r. an Wild; er ist r. an Ideen; die Milch ist r. an Fett.

Reich, das; -[e]s, -e: 1. *großer und mächtiger Staat:* das Römische R. 2. *Bereich:* das R. der Künste, der Wissenschaft.

reichen, reichte, hat gereicht: 1. ⟨tr.⟩ *jmdm. etwas entgegenhalten oder geben:* jmdm. ein Buch r.; er reichte ihm die Hand zur Versöhnung. 2. ⟨itr.⟩ *genügend vorhanden sein:* das Geld reicht nicht bis zum Ende des Monats; das Seil reicht *(ist lang genug)*; (ugs.) das reicht mir! *(jetzt habe ich genug!).* 3. ⟨itr.⟩ *sich erstrecken:* er reicht mit dem Kopf bis zur Decke; sein Garten reicht bis zur Straße.

reichlich ⟨Adj.⟩: a) *in großer Menge, in reichem Maße [vorhanden]:* Fleisch ist r. vorhanden; die Portionen sind r. b) ⟨verstärkend bei Adjektiven⟩ *sehr, ziemlich:* er kam r. spät; sie trägt einen r. kurzen Rock.

Reichtum, der; -s, Reichtümer: *großer Besitz an Vermögen, wertvollen Dingen:* R. erwerben; zu R. kommen.

reif ⟨Adj.; nicht adverbial⟩: 1. *voll entwickelt:* reifes Obst, Getreide. 2. a) *gefestigt, erfahren:* ein reifer Mann; die reifere Jugend *(die bereits erfahrene Jugend);* auch scherzh.: *Menschen, die die Jugend bereits hinter sich haben, sich aber noch jung fühlen).* b) *durchdacht, hohen Ansprüchen genügend:* eine reife Arbeit; reife Leistungen; reife Gedanken. * r. **sein für etwas/ zu etwas** *(einen Zustand erreicht haben, in dem etwas möglich oder notwendig wird):* die Zeit ist r. für diesen Gedanken; er ist r. für den Urlaub.

Reife, die; -: 1. *Zustand des Reifseins:* die R. des Obstes. 2. *Erfahrenheit; Abschluß der Entwicklung:* die R. des Jünglings; sein Verhalten zeugt von mangelnder R.

reifen, reifte, ist gereift ⟨itr.⟩ /vgl. gereift/: 1. *reif werden:* das Obst ist in dem warmen Sommer schnell gereift. 2. *den Zustand der vollen Reife erreichen:* Entscheidungen müssen r.; die Kunst muß r.

Reifen, der; -s, -: 1. *Eisenring, der ein Faß zusammenhält:* er hat die Reifen des Fasses erneuert. 2. *Decke und Schlauch an den Rädern von Fahrzeugen* (siehe Bild): er hat die Reifen gewechselt.

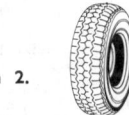

Reifen 2.

Reifeprüfung, die; -, -en: *Prüfung nach Abschluß der Ausbildung in einer höheren Schule, Abitur:* die R. ablegen, bestehen.

Reihe, die; -, -n: 1. *mehrere in einer Linie geordnete Personen oder Dinge:* sich in einer R. aufstellen; bildl. (ugs.): aus der R. tanzen *(seinen eigenen Weg gehen);* etwas in die R. *(in Ordnung)* bringen. 2. *größere Zahl (von etwas):* er hat eine R. von Vorträgen gehalten. 3. *zeitliche Folge:* er kommt erst morgen an die R. *(er wird erst morgen abgefertigt);* sie ist heute an der R.

Reihenfolge, die; -, -n: *geordnetes Aufeinanderfolgen:* etwas in zeitlicher, alphabetischer R. behandeln.

Reihenhaus, das; -es, Reihenhäuser: *Haus, das mit anderen Häusern eine Reihe bildet und in gleicher Weise wie diese gebaut ist* (siehe Bild).

Reihenhaus

Reim, der; -[e]s, -e: *gleich klingender Ausgang zweier Verse:* einen R. auf ein bestimmtes Wort suchen; ein Gedicht in Reimen.

reimen, reimte, hat gereimt: a) ⟨rfl.⟩ *die Form des Reims haben; gleich klingen:* diese Wörter r. sich; bildl.: das reimt sich nicht *(das paßt nicht zueinander, stimmt nicht miteinander überein).* b) ⟨tr.⟩ *Reime bilden, machen:* ein Wort auf ein anderes r.

rein: I. ⟨Adj.⟩: 1. ⟨nur attributiv⟩ *nicht mit etwas vermischt, ohne fremde Bestandteile:* reiner Wein; ein Kleid aus reiner Seide; (abwertend) das ist ja reiner Unsinn *(Unsinn in höchstem Grade).* 2. ⟨nicht adverbial⟩ *sauber:* reine Wäsche; sie hat eine reine Haut. 3. *schuldlos, ohne Sünde:* er hat ein reines Gewissen, ein reines Herz. II. ⟨Adverb⟩ (ugs.; verstärkend): *geradezu:* es geschieht r. *(überhaupt)* gar nichts; das ist r. *(schier)* zum Verrücktwerden. ** **etwas ins reine bringen** *(eine Angelegenheit in Ordnung bringen);* **mit jmdm. ins reine kommen** *(mit jmdm. einig werden);* **ins reine schreiben** *(in sauberer Form auf sauberes Papier schreiben).*

Reingewinn, der; -[e]s, -e: *Geldbetrag, der von einer Einnahme nach Abzug aller Kosten als Gewinn übrigbleibt.*

Reinheit, die; -: 1. *Beschaffenheit, bei der ein Stoff mit keinem anderen Stoff vermischt ist:* die R. des Weines; bildl.: die R. der Lehre. 2. *Sauberkeit:* die R. des Wassers, der Luft. 3. *Unschuld, Aufrichtigkeit:* die R. des Herzens, des Charakters.

Reis

reinigen, reinigte, hat gereinigt ⟨tr.⟩: *saubermachen; säubern:* die Straße, die Kleider r.

reinrassig ⟨Adj.⟩: *nur von einer Rasse abstammend:* ein reinrassiger Hund.

Reis, der; -es: /ein Getreide/ (siehe Bild): ein Drittel der Menschheit ernährt sich von R.

Reise, die; -, -n: *weitere und längere Fahrt vom Heimatort weg:* eine R. in die Schweiz machen.

Reiseführer, der; -s, -: 1. *jmd., der für die Führung und Be-*

treuung von Touristen zuständig ist. 2. *kleines Buch, das dem Reisenden Auskünfte über Unterkünfte, Sehenswürdigkeiten usw. gibt.*

reisen, reiste, ist gereist ⟨itr.⟩: *eine Reise machen:* er will bequem r.; wir r. ans Meer.

Reisende, der; -n, -n ⟨aber: [ein] Reisender, Plural: Reisende⟩: *jmd., der eine Reise macht:* die Reisenden nach England bitte zum Ausgang!; viele Reisende standen auf dem Bahnhof.

Reisepaß, der; Reisepasses, Reisepässe: *Personalausweis, der für Reisen in das Ausland benötigt wird.*

reißen, riß, hat/ist gerissen /vgl. gerissen/: 1. a) ⟨tr.⟩ *zerreißen, durchtrennen:* etwas in Stücke r.; er hat ein Loch in die Hose gerissen. b) ⟨itr.⟩ *auseinanderbrechen, sich trennen:* unter der großen Last ist das Seil gerissen; die Schnur, das Papier reißt leicht; bildl.: jetzt ist mir die Geduld gerissen *(jetzt bin ich ärgerlich, wütend).* 2. ⟨tr.⟩ *mit raschem und festem Griff gewaltsam wegnehmen:* jmdm. ein Buch aus der Hand r.; man hat ihm die Kleider vom Leib gerissen. * *etwas an sich r. (sich etwas gewaltsam verschaffen):* er hat die Macht, die Führung, das Gespräch an sich gerissen; (ugs.) *sich um etwas/jmdn. r. (stark an etwas/jmdn. interessiert sein):* ich reiße mich nicht um diese Arbeit, Fahrt; er hat sich um diesen Posten gerissen. 3. ⟨tr./itr.⟩ *heftig ziehen, zerren, mitschleifen:* der Hund hat ständig an der Leine gerissen; die Lawine hat die Menschen in die Tiefe gerissen; bildl.: dieses Ereignis hat ihn aus seinen Träumen gerissen *(hat ihn völlig wach gemacht).* 4. ⟨rfl.⟩ *sich verletzen:* ich habe mich am Arm gerissen.

reiten, ritt, hat/ist geritten: 1. ⟨itr.⟩ *sich auf einem Pferd fortbewegen:* wir sind durch den Wald geritten; ich bin heute 20 Kilometer geritten. 2. ⟨tr.⟩ a) *(ein Pferd) auf seinem Rücken sitzend [irgendwohin] bewegen:* ich habe das Pferd in den Stall geritten. b) *ein Pferd in bestimmter Weise auf seinem Rücken sitzend fortbewegen:* er ist Galopp geritten.

Reiter, der; -s, -: *jmd., der reitet.*

Reiz, der; -es, -e: 1. *eine von außen oder innen ausgehende Wirkung auf einen Organismus:* das grelle Licht übte einen starken R. auf ihre Augen aus. 2. *angenehme Wirkung; Zauber; Verlockung:* alles Fremde übt einen starken R. auf ihn aus; er ist den Reizen dieser Frau verfallen; das hat keinen R. mehr für mich *(das ist für mich nicht mehr interessant).*

reizbar ⟨Adj.⟩: *leicht zu reizen, zu verärgern; empfindlich:* der Chef ist heute sehr r.

reizen, reizte, hat gereizt /vgl. gereizt/: 1. ⟨tr.⟩ *ärgern, herausfordern, provozieren:* jmdn. zum Widerspruch r. 2. ⟨tr.⟩ *eine Wirkung auf einen Organismus auslösen:* die grelle Sonne hat seine Augen gereizt. 3. *eine angenehme Wirkung, einen Zauber, eine Verlockung auslösen:* der Duft der Speisen reizte seinen Magen; diese Frau reizt alle Männer. 4. ⟨itr.⟩ *beim Kartenspiel durch das Nennen höherer Zahlen das Spiel in seine Hand bekommen:* er reizte 48.

reizend ⟨Adj.⟩: *lieblich, nett, anmutig, entzückend:* ein reizendes Kind; sie hat ein reizendes Wesen.

reizlos ⟨Adj.⟩: *ohne Reiz; kein Interesse weckend:* das Spiel ist r.

reizvoll ⟨Adj.⟩: *von besonderem Reiz:* ein reizvolles Mädchen; das Kleid ist r.

rekeln, sich; rekelte sich, hat sich gerekelt: *sich mit großem Behagen dehnen und strecken:* er rekelte sich auf dem Sofa.

Reklame, die; -, -n: *das Anpreisen, Propagieren; Werbung:* für etwas R. machen; eine erfolgreiche R.

reklamieren, reklamierte, hat reklamiert ⟨tr.⟩: *dagegen Einspruch erheben, daß etwas nicht geliefert oder nicht korrekt ausgeführt worden ist:* er hat das fehlende Päckchen bei der Post reklamiert; ich werde die schlechte Ausführung der Arbeit r.; ⟨auch itr.⟩ ich habe schon bei der Post reklamiert.

Rekord, der; -[e]s, -e: *bisher noch nicht erreichte Leistung:* mit diesem Sprung stellte er einen neuen R. auf.

Rektor, der; -s, -en: *Leiter einer Universität oder einer Volksschule.*

relativ ⟨Adj.⟩: *einem Verhältnis entsprechend; im Verhältnis zu, verhältnismäßig, vergleichsweise:* ein r. günstiger Preis; die relative Mehrheit genügt zur Wahl.

Religion, die; -, -en: *Glaube an Gott oder an ein göttliches Wesen und der sich daraus ergebende Kult:* die christliche, buddhistische, mohammedanische R.

religiös ⟨Adj.⟩: *einer Religion angehörend, von ihr bestimmt; fromm, gläubig:* die religiöse Erziehung der Kinder; sie ist sehr r.

rempeln, rempelte, hat gerempelt ⟨tr./itr.⟩ (ugs.): *[absichtlich] mit dem Körper stoßen, wegdrängen:* der Spieler hat seinen Gegner gerempelt.

rennen, rannte, ist gerannt ⟨itr.⟩: a) *sehr schnell laufen:* er rannte zur Polizei. * *jmdn. über den Haufen r. (jmdn. umwerfen).* b) *sich heftig stoßen (gegen etwas):* er rannte mit dem Kopf gegen einen Baum.

Rennen, das; -s, -: *Wettkampf im Laufen, Reiten oder Fahren:* an einem R. teilnehmen.

renommiert ⟨Adj.⟩: *großes Ansehen habend; berühmt:* eine renommierte Firma.

renovieren, renovierte, hat renoviert ⟨tr.⟩: *erneuern, instandsetzen, wiederherstellen:* eine Wohnung, ein Haus r. **Renovierung,** die; -, -en.

rentabel ⟨Adj.⟩: *Gewinn bringend, lohnend; sich rentierend:* die Arbeit ist r.

Rente, die; -, -n: *Einkommen aus einer Versicherung oder aus Vermögen:* er hat nur eine kleine R.

Rentner, der; -s, -: *jmd., der eine Rente bezieht.*

Reparatur, die; -, -en: *Beseitigung eines Mangels, Schadens; das Instandsetzen:* eine R. ausführen.

reparieren, reparierte, hat repariert ⟨tr.⟩: *eine Reparatur ausführen; ausbessern:* ein Auto r.; er hat das Türschloß schlecht repariert.

Reportage [repor'ta:ʒə], die; -, -n: *ausführlicher, lebendiger, stimmungsvoller Bericht über ein aktuelles Ereignis:* eine R. schreiben.

Reporter, der; -s, -: *jmd., der eine Reportage schreibt; Berichterstatter.*

repräsentativ ⟨Adj.⟩: 1. *würdig, ansehnlich:* das Haus, die Ausstattung der Wohnung ist sehr r. 2. ⟨nicht adverbial⟩ *bedeutsam, maßgeblich:* seine Ansichten sind r. 3. *eine Bevölkerungsschicht, einen Bereich nach Beschaffenheit und Zusammensetzung vertretend:* die Umfrage kann als r. gelten.

repräsentieren, repräsentierte, hat repräsentiert: 1. ⟨itr.⟩ *in der Öffentlichkeit auftreten:* er kann gut r. 2. ⟨tr.⟩ *vertreten:* er repräsentiert eine der führenden Firmen. 3. ⟨tr.⟩ *wert sein:* das Grundstück repräsentiert einen Wert von mehreren tausend Mark.

Reproduktion, die; -, -en: *Nachbildung; Wiedergabe als Photographie oder Druck:* die R. eines Gemäldes.

reproduzieren, reproduzierte, hat reproduziert ⟨tr.⟩: *eine Reproduktion (von etwas) herstellen:* ein Bild, eine Zeichnung r.

Reserve, die; -, -n: 1. *Vorrat:* etwas in R. halten; sich eine R. an Lebensmitteln anlegen. 2. *Ersatz für eine aktive Gruppe von Personen, besonders beim Militär und im Sport:* zur R. gehören; er spielt in der R. 3. ⟨ohne Plural⟩ *Zurückhaltung:* er legte sich zuviel R. auf; jmdn. aus der R. locken *(jmdn. dazu bringen, daß er seine Zurückhaltung aufgibt).*

reservieren, reservierte, hat reserviert ⟨tr.⟩ /vgl. reserviert/: *zurück-, bereitlegen; belegen, freihalten:* ich werde die Karten für sie an der Kasse r.; für jmdn. eine Ware r.; [jmdm.] einen Platz r.; der Tisch ist für uns reserviert. * **etwas r. lassen** *(etwas vorbestellen).*

reserviert ⟨Adj.⟩: *zurückhaltend; kühl, abweisend:* er steht dem Vorschlag sehr r. gegenüber; sich r. verhalten.

resignieren, resignierte, hat resigniert ⟨itr.⟩: *(etwas) aufgeben, (auf etwas) verzichten, sich entmutigt (mit etwas) abfinden:* nach dem ergebnislosen Kampf mit den Behörden resignierte er endlich.

resolut ⟨Adj.⟩: *entschlossen, energisch, beherzt:* sie ist eine sehr resolute Person.

Resolution, die; -, -en: *Entschließung, Beschluß; gemeinsame Willenserklärung einer Gruppe:* eine R. verfassen, überreichen.

Respekt, der; -[e]s: *Anerkennung, Achtung, Ehrerbietung:* vor jmdm. R. haben.

respektieren, respektierte, hat respektiert ⟨tr.⟩: a) *Achtung schenken, entgegenbringen; schätzen:* den Lehrer, die Eltern r. b) *anerkennen, gelten lassen:* ich respektiere ihren Standpunkt; eine Entscheidung r.

Rest, der; -es, -e *etwas, was übrigbleibt; Rückstand:* es blieb nur ein kleiner R. übrig.

Restaurant [rɛstoˈrɑ̃:], das; -s, -s: *Lokal, Gastwirtschaft:* ein berühmtes, teures R.

restlich ⟨Adj.; nur attributiv⟩: *übrigbleibend, zurückbleibend:* ich werde die restlichen Arbeiten später erledigen.

restlos ⟨Adj.⟩: *völlig; ganz und gar:* etwas r. verbrauchen.

Resultat, das; -[e]s, -e: *Ergebnis; Erfolg:* das R. der Rechnung stimmte; der Versuch erbrachte kein R.

resultieren, resultierte, hat resultiert ⟨itr.⟩: *sich [als Resultat] ergeben; herrühren:* sein großer Erfolg resultiert aus seinem fleißigen Fleiß.

retten, rettete, hat gerettet: ⟨tr.⟩ *(jmdn.) aus einer großen Gefahr befreien; (etwas/jmdn.) vor Schaden oder Verlust bewahren:* er rettete ihn aus den Flammen; er rettete Hab und Gut vor den Feinden; er rettete ihn vor dem Bankrott; ⟨auch rfl.⟩ er rettete sich *(flüchtete)* vor dem Regen unter das Dach. * **sich vor etwas nicht mehr r. können** *(überhäuft werden mit etwas):* er konnte sich vor Anrufen, vor Bettelbriefen nicht mehr r. **Rettung**, die; -, -en.

Reue, die; -: *tiefes Bedauern über ein Vergehen und Bereitschaft zur Buße:* [keine] R. zeigen, empfinden.

reumütig ⟨Adj.⟩: *von Reue erfüllt, Reue zeigend:* der Junge kehrte r. zu den Eltern zurück.

revanchieren [revãˈʃiːrən], sich; revanchierte sich, hat sich revanchiert: a) *eine üble Tat vergelten; sich rächen:* für seine Bosheiten werde ich mich später r. b) *eine Freundlichkeit, eine freundliche Tat, eine Hilfe erwidern:* wir werden uns für ihre Einladung, Unterstützung gern r.

revidieren, revidierte, hat revidiert ⟨tr.⟩: *nach eingehender Prüfung ändern:* seine Meinung r.; die bisherige Politik muß revidiert werden.

Revier, das; -s, -e: 1. *Bezirk, Gebiet:* das R. eines Försters; er wurde bei der Polizei zum Leiter eines Reviers befördert. 2. *Polizeiwache:* man brachte ihn auf das R.

Revolte, die; -, -n: *Aufruhr, Aufstand:* eine R. niederschlagen.

Revolution, die; -, -en: 1. *Aufruhr, [gewaltsamer] Umsturz:* die R. ist ausgebrochen. 2. *Umwälzung der bisher geltenden Maßstäbe:* die industrielle R.; seine Erfindung bedeutet für diesen Bereich eine R.

rezensieren, rezensierte, hat rezensiert ⟨tr./itr.⟩: *kritisch besprechen:* ein Buch, eine Aufführung im Theater in der Zeitung r.; er rezensiert immer sehr streng.

Rezept, das; -[e]s, -e: 1. *schriftliche Anordnung des Arztes an den Apotheker, dem Überbringer bestimmte Medikamente zu verkaufen:* der Arzt schrieb ein R. 2. *Anleitung für die Zubereitung von Speisen:* sie kocht genau nach R. 3. (ugs.) *Mittel:* ich weiß ein R. gegen Langeweile.

rhetorisch ⟨Adj.⟩: 1. *die gute sprachliche Formulierung, den flüssigen, eleganten Stil in Rede und Schrift betreffend:* er hielt eine r. glänzende Rede. 2. *als Phrase wirkend:* vieles in seinem Text war r. ** **eine rhetorische Frage** *(eine Frage, auf die man keine Antwort erwartet).*

Rhythmus, der; -, Rhythmen: *der Ablauf von Bewegungen oder Tönen in einem bestimmten Takt:* die zweite Komposition hat einen ganz anderen R. als die erste; der Tänzer geriet aus dem R.; bildl.: aus dem R. geraten *(aus dem gewohnten Gleichmaß geraten).*

richten, richtete, hat gerichtet: 1. ⟨tr.⟩ *in eine bestimmte Richtung bringen:* die Segel nach dem Wind r.; eine Waffe gegen jmdn. r.; den Blick zur Decke r.; bildl.: seine Aufmerksamkeit auf jmdn. r. *(jmdn. aufmerksam beobachten);* den Blick in die Ferne r. *(bei seinen Überlegungen auch an die Zukunft denken);* Briefe an jmdn. r.

richtig

(Briefe an jmdn. schreiben; Fragen an jmdn. r. *(jmdn. fragen).* 2. ⟨tr.⟩ *[richtig] einstellen:* die Uhr, die Antenne r. 3. ⟨rfl.⟩ *sich nach jmdm./etwas verhalten:* sich nach seinem Freund r.; sich nach den Vorschriften r. 4. ⟨tr.⟩ *vorbereiten, zurechtmachen:* die Tafel [zum Essen], das Bett [für die Gäste] r. 5. ⟨itr.⟩ *urteilen:* über eine Sache, über jmdn. r.

richtig ⟨Adj.⟩: 1. *fehlerlos:* seine Rechnung ist r. 2. a) *der Wahrheit entsprechend:* eine richtige Erkenntnis haben. b) *den Tatsachen entsprechend, zutreffend:* seine Auffassung ist r.; er ist r. beurteilt worden; er hat seinen richtigen Namen genannt. c) *der Gewohnheit entsprechend, wie es sein soll:* r. grüßen; den Besen r. in die Hand nehmen. 3. ⟨nur attributiv⟩ a) *wie jemand oder etwas sein soll:* dies sind richtige Jungen; dies ist ein richtiger *(idealer)* Mann. b) *wirklich, echt:* ein richtiger Millionär; ein richtiger Zigeuner. 4. ⟨nicht adverbial⟩ *geeignet:* er ist der richtige Mann für dieses Unternehmen; der richtige *(günstige)* Augenblick. 5. a) ⟨bei Adjektiven oder ungebeugt vor Substantiven⟩ /drückt aus, daß ein bestimmter Zustand völlig erreicht ist/: er ist r. *(ganz)* munter; es ist r. *(vollkommene)* Nacht geworden; er wurde r. ärgerlich. b) ⟨nicht prädikativ⟩ /drückt aus, daß eine Tätigkeit erst voll einsetzt/: jetzt fängt er erst r. *(eigentlich)* an; jetzt kann er sich r. *(völlig)* entfalten. ** nicht ganz r. [im Kopf] sein *(nicht ganz bei Verstand, nicht ganz normal sein).*

Richtigkeit, die; -: *das Richtigsein:* die R. der Aussage prüfen. * mit etwas hat es seine R. *(etwas trifft zu, ist richtig):* mit dieser Rechnung hat es seine R.

richtigstellen, stellte richtig, hat richtiggestellt ⟨tr.⟩: *berichtigen, korrigieren:* eine Mitteilung, Darstellung r.

Richtung, die; -, -en: *das Gerichtetsein, Verlauf auf ein bestimmtes Ziel zu:* die R. nach Westen einschlagen; die R. zeigen, ändern; bildl.: die politische R. *(das politische Ziel)* bestimmen; die verschiedenen Richtungen *(Strömungen)* in der Kunst.

riechen, roch, hat gerochen: 1. ⟨tr.⟩ *Geruch wahrnehmen:* ich habe Gas, den Käse gerochen. * (ugs.) **jmdn. nicht r. können** *(jmdn. nicht mögen, nicht leiden können);* (ugs.) **den Braten r.** *(die Absicht merken);* (ugs.) **etwas nicht r. können** *(etwas nicht ahnen, wissen können):* das habe ich doch nicht r. können, daß du heute keine Zeit hast. 2. ⟨itr.⟩ *einen [bestimmten] Geruch haben:* der Kaffee riecht gar nicht mehr; hier riecht es nach Rosen; der Käse riecht stark.

Riegel, der; -s, -: *Verschluß* (siehe Bild): den R. an der Tür vorschieben, zurückschieben. * **einer Sache einen R. vorschieben** *(verhindern, daß etwas, was geplant ist, verwirklicht wird);* **hinter Schloß und R.** *(im Gefängnis):* er sitzt jetzt hinter Schloß und R.; der wird auch noch hinter Schloß und R. kommen.

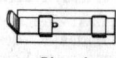

Riegel

Riemen, der; -s, -: *schmaler, längerer Streifen aus Leder oder Kunststoff mit Schnalle zum Festoder Zusammenhalten von etwas* (siehe Bild): er hat den Koffer mit einem R. verschnürt.

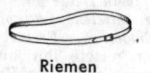

Riemen

Riese, der; -n, -n: *Mensch von übernatürlicher Größe.*

rieseln, rieselte, hat gerieselt ⟨itr.⟩: *in vielen gleichförmigen Teilchen herabfließen oder fallen:* Schnee rieselt; er ließ Sand durch die Finger r.

riesengroß ⟨Adj.⟩: *sehr, außerordentlich groß:* ein riesengroßes Schiff; die Schwierigkeiten sind r.

riesig ⟨Adj.⟩: 1. *sehr groß:* ein riesiger Elefant. 2. ⟨verstärkend bei Adjektiven und Verben⟩ (ugs.) *sehr, außerordentlich:* r. lang; ich habe mich r. gefreut.

rigoros ⟨Adj.⟩: *unerbittlich, scharf, rücksichtslos:* die Polizei greift r. durch; rigorose Maßnahmen ergreifen.

Rille, die; -, -n: *schmale, längere Vertiefung, Furche:* der Fußboden hatte viele Rillen.

Rind, das; -es, -er: /ein Haustier/ (siehe Bild).

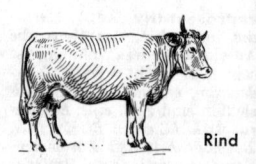

Rind

Rinde, die; -, -n: *äußere, feste Schicht von Bäumen, Sträuchern usw.; äußere, härtere Schicht von Brot oder Käse:* die R. der Kiefer ist sehr dick; wenn dir die R. von diesem Brot zu hart ist, dann schneide sie ab.

Ring, der; -[e]s, -e: 1. *ein kreisförmiger Gegenstand* (siehe Bild): einen goldenen R. am Finger tragen; einen Wasserhahn mit einem R. abdichten; an den Ringen turnen; bildl.: einen R. um jmdn. bilden, schließen *(sich um jmdn. herum stellen);* [dunkle] Ringe um die Augen haben *(Schatten um die Augen haben).* 2. *abgegrenzter Platz für Boxkämpfe* (siehe Bild): in den R. steigen; den R. als Sieger verlassen. 3. *Zusammenarbeit, Verband mehrerer selbständiger Unternehmen:* die Firmen wollen sich zu einem R. zusammenschließen.

ringeln, sich; ringelte sich, hat sich geringelt: *sich so zusammenrollen, daß ungefähr die Form eines Ringes entsteht:* die Schlange, der Wurm ringelt sich; die Schnur hat sich geringelt.

Ring

ringen, rang, hat gerungen: 1. ⟨itr.⟩: *so kämpfen, daß der Gegner durch Griffe und Schwünge auf beide Schultern gezwungen wird:* er hat mit ihm gerungen. 2. ⟨tr.; mit näherer Bestimmung⟩ *winden, mit Gewalt drehen:* er hat ihm die Pistole aus der Hand gerungen. 3. ⟨itr.⟩ a) *mit großem Kraftaufwand gegen einen militärischen Gegner kämpfen:* die Heere rangen drei Tage um den Sieg. b) *gleichzeitig mit einem anderen zäh nach etwas streben:* drei Männer rangen um das Amt des Präsidenten; bildl.: nach Worten r. *(suchen);* mit einem Problem r.

(sich in Gedanken intensiv mit einem Problem beschäftigen).

Ringer, der; -s, -: *jmd., der als Sportler mit jmdm. ringt*.

rings ⟨Adverb⟩: *an allen Seiten; rundherum:* der Ort ist r. von Bergen umgeben; sich r. im Kreise drehen.

Rinne, die; -, -n: *schmale, längere Vertiefung, die meist künstlich angelegt ist, zum Ableiten von Wasser:* eine R. am Dach anbringen.

rinnen, rann, ist geronnen ⟨itr.⟩: 1. *in kleineren Mengen langsam und stetig fließen:* das Blut rinnt aus der Wunde; der Schweiß rinnt ihm von der Stirn; der Regen rinnt von den Dächern; Sand rinnt ihm durch die Finger. 2. *undicht sein:* der Kessel rinnt.

Rippe, die; -, -n: 1. *bogenförmiger Knochen im Oberkörper* (siehe Bild): er hat eine R. gebrochen. * (ugs.) **sich** (Dativ) **etwas nicht aus den Rippen schneiden können** *(nicht wissen, woher man etwas nehmen soll):* ich kann mir das Geld doch nicht aus den Rippen schneiden. 2. *Gegenstand, der einer Rippe ähnlich sieht* (siehe Bild): die Rippen eines Blattes.

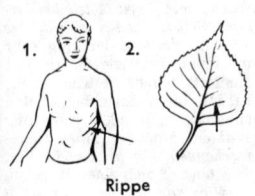

Rippe

Risiko, das; -s, -s und Risiken: *Wagnis, Gefahr; Möglichkeit des Verlustes, Mißerfolges:* das R. übernehmen, tragen; das R. ist sehr groß; sich auf kein R. einlassen.

riskant ⟨Adj.⟩: *gewagt, gefährlich:* der Plan ist r.

riskieren, riskierte, hat riskiert ⟨tr.⟩: *wagen, aufs Spiel setzen:* sein Leben r.; in dieser Situation riskierte er alles.

Riß, der; Risses, Risse: *durch Reißen, Brechen entstandener Spalt; schmale längliche Lücke:* ein tiefer R. in der Mauer; das Seil hat einen R.; bildl.: ihre Freundschaft bekam einen R. *(wurde durch etwas gestört, getrübt, fast zerstört);* durch die Partei geht ein tiefer R. *(die Partei ist durch gegensätzliche Meinungen in zwei Lager gespalten).*

rissig ⟨Adj.; nicht adverbial⟩: *viele Risse habend:* die Wände sind sehr r.; eine rissige *(aufgesprungene)* Haut haben.

Ritt, der; -es, -e: *das Reiten:* ein langer, anstrengender R.

Ritus, der; -, Riten: *feierliche Handlung nach einer festgelegten Ordnung im Gottesdienst; Zeremonie.*

Ritz, der; -es, -e: *kleiner Kratzer; durch Ritzen hervorgerufene Linie auf etwas:* ein R. im Finger.

Ritze, die; -, -n: *sehr schmale Spalte oder Vertiefung; schmaler Zwischenraum:* Staub setzt sich in die Ritzen; der Wind pfiff durch die Ritzen des alten Hauses.

ritzen, ritzte, hat geritzt ⟨tr.⟩: *einen Ritz machen; mit einem scharfen Gegenstand eine Vertiefung einschneiden:* seinen Namen in den Baum r.; ⟨auch rfl.⟩ ich habe mich an einem Nagel geritzt *(habe mir die Haut aufgerissen, verletzt).*

Rivale, der; -n, -n: *jmd., der sich um die gleiche Sache oder Person bewirbt; Konkurrent, Nebenbuhler:* er schlug seine Rivalen aus dem Felde. **Rivalin**, die; -, -nen.

robust ⟨Adj.⟩: *kräftig, widerstandsfähig, nicht empfindlich:* der Junge ist r.; ein robuster Motor.

Rock, der; -[e]s, Röcke: 1. *Kleidungsstück für Damen, das von der Hüfte abwärts reicht* (siehe Bild): ein kurzer, langer R. 2. (landsch.) *Jacke, Jackett für Herren* (siehe Bild): er zog seinen R. wegen der Hitze aus.

Rock

rodeln, rodelte, hat/ist gerodelt ⟨itr.⟩: *mit einem Schlitten im Schnee fahren:* wir sind gerodelt; wir haben den ganzen Nachmittag gerodelt.

roden, rodete, hat gerodet ⟨tr.⟩: *eine Fläche von Wald frei machen; die Fläche urbar machen:* sie haben dieses Gebiet gerodet.

Roggen, der; -s: /ein Getreide/ (siehe Bild).

Roggen

roh ⟨Adj.⟩: 1. ⟨nicht adverbial⟩ *nicht gekocht, nicht gebraten, nicht zubereitet:* rohe Eier; rohe Kartoffeln; das Fleisch ist noch r. 2. *in natürlichem Zustand, nicht bearbeitet:* rohes Holz; ein r. *(aus rohem Holz)* gezimmerter Tisch. 3. *grob, ungesittet, rücksichtslos:* ein roher Mensch; er wurde wegen rohen Spiels verwarnt. 4. *ungefähr:* etwas r. schätzen, berechnen.

Rohkost, die; -: *Speise aus rohen Pflanzen.*

Rohr, das; -[e]s, -e: *langer, runder Hohlkörper zur Weiterleitung von Flüssigkeiten oder Gasen* (siehe Bild): Rohre legen, (fachsprachlich:) verlegen; etwas durch ein R. pumpen.

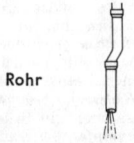

Rohr

Röhre, die; -, -n: 1. a) *von einem Körper umschlossener langgestreckter, meist an einem Ende begrenzter Hohlraum als Teil eines Ganzen:* die R. im Ofen. * (ugs.) **in die R. gucken** *(leer ausgehen, nichts bekommen).* b) *spezieller Teil in bestimmten elektrischen Geräten:* die R. des Fernsehapparates, des Radios ist entzwei. 2. *Rohr:* eine R. mit großem Durchmesser.

Rohstoff, der; -[e]s, -e: *natürlich vorkommender Stoff, aus dem etwas hergestellt oder gewonnen wird:* Rohstoffe liefern, verarbeiten.

Rolladen, der; -s, Rolläden: *oben am Fenster angebrachte Vorrichtung, die rollend heruntergelassen werden kann, um vor

Rolle 282

Licht usw. zu schützen (siehe Bild): du mußt die Rolläden hochziehen.

Rolladen

Rolle, die; -, -n: 1. *Gestalt, die ein Künstler im Theater oder im Film zu spielen hat:* er spielt, singt die R. des Königs; bildl.: in der Auseinandersetzung spielte er eine undurchsichtige R. *(man konnte seine Absichten nicht klar erkennen);* ihm fiel die R. des Organisators zu *(er hatte die Aufgabe, zu organisieren);* er hat seine R. ausgespielt *(er hat nichts mehr zu sagen).* *(ugs.) **aus der R. fallen** (in Gesellschaft vor anderen etwas Ungehöriges oder Unpassendes tun und dadurch Mißfallen erregen);* **etwas spielt keine R.** *(etwas ist nicht entscheidend, unwichtig).* 2. *kleines Rad, kleine Kugel oder Walze, worauf etwas rollt oder gleitet:* ein Tisch, Sessel auf Rollen; die Kiste auf Rollen transportieren; das Seil läuft über Rollen. 3. *etwas, was so zusammengerollt ist, daß es einem Walze gleicht; etwas Aufgerolltes:* eine R. Papier; drei Rollen Draht.

rollen, rollte, hat/ist gerollt: 1. ⟨itr.⟩ a) *sich um die Achse drehend fortbewegen:* der Ball ist ins Tor gerollt; die Kugel ist unter den Schrank gerollt. b) *sich auf Rädern fortbewegen:* der Wagen ist noch ein Stück gerollt. c) *dumpfes, polterndes Geräusch von sich geben:* der Donner hat in der Ferne gerollt. ** **mit den Augen r.** *(die Augen wild nach allen Seiten drehen).* 2. ⟨tr.⟩ a) *drehend, schiebend fortbewegen:* er hat das Faß in den Keller gerollt; er hat den Stein zur Seite gerollt. 3. a) ⟨tr.⟩ *einem Gegenstand die Form einer Walze geben:* er hat den Teppich gerollt. b) ⟨rfl.⟩ *die Form einer Walze annehmen:* das Papier, die Schlange hat sich gerollt.

Rolltreppe, die; -, -n: *Treppe, auf der man zwischen Stock-*

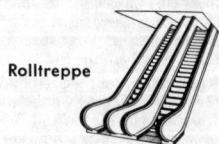

Rolltreppe

werken hinauf- oder hinunterfährt (siehe Bild).

Roman, der; -s, -e: *längere literarische Erzählung in Prosa:* einen R. schreiben, lesen.

röntgen, röntgte, hat geröntgt ⟨tr./rfl.⟩: *mit Hilfe von Röntgenstrahlen durchleuchten:* den gebrochenen Arm r.

rosa ⟨Adj.; indeklinabel⟩: *zartes, helles Rot:* ein r. Kleid; etwas r. färben.

Rose, die; -, -n: /eine Blume/ (siehe Bild).

Rose

rosig ⟨Adj.⟩: 1. ⟨nicht adverbial⟩ *in der Farbe Rosa, zart rot aussehend:* ein rosiges Gesicht; rosige Haut haben. 2. *angenehm; nur die positive Seite betreffend:* etwas in den rosigsten Farben schildern; rosigen Zeiten entgegengehen; die Lage ist nicht r. *(ist schlecht).*

Rost, der; -es, -e: I. *Gitter aus Stäben über oder unter dem Feuer in Öfen o. ä.:* Fleisch auf dem R. braten. II. ⟨ohne Plural⟩ *an Gegenständen aus Eisen oder Stahl sich bildende braun-gelbe Schicht, die durch Feuchtigkeit entsteht:* etwas von R. befreien, vor R. schützen.

rosten, rostete, hat gerostet ⟨itr.⟩: *Rost bilden, ansetzen:* das Auto rostet.

rösten, röstete, hat geröstet ⟨tr.⟩: *ohne Zusatz von Fett oder Wasser durch Erhitzen bräunen:* Brot, Kaffee, Kastanien r.

rostfrei ⟨Adj.⟩: *keinen Rost habend, bildend:* rostfreier Stahl.

rostig ⟨Adj.⟩: *mit Rost bedeckt:* rostige Nägel.

rot, röter, röteste ⟨Adj.⟩: *in der Farbe dem Blut ähnlich:* ein rotes Kleid; rote Rosen. * (ugs.) **wie ein rotes Tuch auf jmdn. wirken** *(auf jmdn. so wirken, daß er zornig wird).*

Rot, das; -s: *rote Farbe:* ein leuchtendes R.; bei R. *(bei rotem Licht)* darf man nicht über die Straße gehen oder über die Kreuzung fahren.

Röte, die; -: *das Rotsein, Rötlichsein; rote Färbung:* die R. der Haut, des morgendlichen Himmels; ihm stieg die R. ins Gesicht (vor Zorn oder Scham).

rotieren, rotiert, hat rotiert ⟨itr.⟩: *sich um die eigene Achse drehen:* das Rad rotiert.

rötlich ⟨Adj.⟩: *leicht rot getönt:* sie hat rötliches Haar.

Route ['ru:tə], die; -, -n: *festgelegter Weg einer Reise oder Wanderung:* die R. einhalten, ändern.

Routine [ru'ti:nə], die; -: *praktisches Wissen, Geschicklichkeit durch Übung, Erfahrung:* ihm fehlt die R.; eine Arbeit wird zur R. *(wird schematisch, gleichförmig ausgeführt).*

Routinesitzung [ru'ti:nə...], die; -, -en: *Sitzung, die in bestimmten Abständen, aber nicht aus einem besonderen Anlaß abgehalten wird.*

routiniert ⟨Adj.⟩: *[viel] Routine, Erfahrung habend; geschickt:* ein routinierter Sportler; er ist sehr r.

Rowdy ['raudi], der; -s, -s und Rowdies (abwertend): *brutaler Mensch, gewalttätiger Bursche.*

Rubrik, die; -, -en: *in Tabellen o. ä. die einzelne Spalte oder der Abschnitt in einer Spalte:* etwas in die rechte R. eintragen.

Ruck, der; -[e]s: *plötzlicher heftiger Stoß; plötzliches kräftiges Ziehen, Reißen:* der Zug fuhr mit einem kräftigen R. an; mit einem R. hob er die Kiste hoch; bildl.: die Wahlen bedeuten einen R. nach links, rechts *(die Wahlen brachten einen überraschenden Erfolg der Linken, Rechten).* * **sich einen R. geben** *(endlich das tun, was man nicht gerne tut).*

Rückblick, der; -[e]s, -e: *Blick in die Vergangenheit.*

rücken, rückte, hat/ist gerückt: 1. ⟨tr.⟩ *mühsam [mit einem Ruck] über eine kurze Strecke schieben:* er hat den Schrank von der Wand gerückt. 2. ⟨itr.⟩ *sich etwas zur Seite bewegen [um jmdm. Platz zu machen]:* er ist zur Seite gerückt; könnten Sie bitte noch etwas zur Seite r.?; bildl.: er ist an seine Stelle gerückt *(er erfüllt die Aufgaben, die vorher der andere erledigt hat).* * (ugs.) **jmdm. auf die Bude r.** *(jmdn. überraschend besuchen [um ihn zur Rede zu stellen]);* (ugs.) **jmdm. auf den Pelz r.** *(jmdn. bedrängen):* ich bin ihm auf den Pelz gerückt, weil er seine Zinsen nicht zahlen wollte.

Rücken, der; -s, -: *hintere Seite des menschlichen Rumpfes; Oberseite des tierischen Körpers:* ein breiter R.; auf dem R. liegen; bildl.: auf der R. *(die stumpfe Seite) des Messers;* der R. *(die Seite, wo die Blätter gebunden sind) eines Buches;* der R. *(obere Teil) eines Berges.* * **jmdm. den R. stärken** *(jmdn. bei einer Auseinandersetzung unterstützen);* **jmdm. in den R. fallen** *(jmdn. hinterrücks angreifen; gegen jmdn. unerwartet Stellung nehmen);* **jmdm./einer Sache den R. kehren** *(jmdn./etwas verlassen):* er kehrte der Stadt für immer den R; **sich (Dativ) den R. decken** *(gleich von Beginn an dafür sorgen, daß man vor eventuellen negativen Folgen geschützt ist);* **etwas hinter jmds. R. tun** *(etwas heimlich, ohne jmds. Wissen tun).*

Rückfahrt, die; -, -en: *Fahrt, Reise zum Ausgangspunkt* /Ggs. Hinfahrt/: er verlangte am Schalter eine Fahrkarte für die Hin- und Rückfahrt.

Rückfall, der; -[e]s, Rückfälle: *erneutes Auftreten, Vorkommen [einer Krankheit]; Wiederholung:* der Patient erlitt einen R.

rückgängig: ⟨in der Wendung⟩ **etwas r. machen:** *etwas Beschlossenes als wieder für ungültig, nicht bestehend erklären.*

Rückgrat, das; -[e]s, -e: *Wirbelsäule:* sich das R. brechen. * **jmdm. das R. stärken** *(jmdn. bei einer Auseinandersetzung unterstützen);* **(ugs.) kein R. haben** *(seinen Standpunkt nicht fest vertreten);* **R. zeigen** *(bei Auseinandersetzungen fest bleiben).*

Rückhalt, der; -[e]s: *Hilfe, Stütze:* an jmdm. einen starken, keinen R. haben.

Rückkehr, die; -, -: *das Zurückkommen von einer Reise:* der Zeitpunkt seiner R. ist nicht genau bekannt.

rücklings ⟨Adverb⟩: **a)** *nach hinten:* r. die Treppe hinunterfallen. **b)** *von hinten:* jmdn. r. angreifen.

Rückschau, die; -: *Rückblick.*

Rückschritt, der; -[e]s, -e: *Rückfall in Zustände, die bereits als überwunden gelten:* die Verwirklichung seines Planes würde einen R. bedeuten.

Rücksicht, die; -, -en: *Berücksichtigung der Gefühle und Interessen einer Person:* R. kennt er nicht *(er ist in seinem Vorgehen rigoros, rücksichtslos).* * **auf jmdn. R. nehmen** *(jmds. körperlich schlechten Zustand o. ä. berücksichtigen und sich entsprechend [nachsichtig] verhalten);* **mit R. auf** *(indem man jmdn. oder etwas schonen will):* mit R. auf seine Eltern sagte man nichts.

rücksichtslos ⟨Adj.⟩: *ohne jede Rücksicht; keine Nachsicht zeigend:* ein rücksichtsloses Benehmen; der neue Chef geht r. vor.

Rückstand, der; -[e]s, Rückstände: **1. a)** *das Zurückbleiben hinter der Erwartung:* der Rückstand in der Produktion kann nicht mehr aufgeholt werden. **b)** *verbliebene Forderung:* der Kaufmann trieb alle Rückstände ein. ** **im R. sein** *(der erwarteten Leistung o. ä. nicht entsprochen haben);* **in R. geraten** *(hinter der erwarteten Leistung zurückbleiben).* **2.** *zurückbleibender Stoff; Rest:* der Kessel muß von Rückständen gesäubert werden.

rückständig ⟨Adj.⟩: *hinter der Entwicklung zurückgeblieben; am Alten hängend; nicht fortschrittlich:* er ist in seinen Ansichten sehr r.; ein rückständiger Betrieb.

Rückstrahler, der; -s, -: *Gegenstand mit gefärbtem Glas, der Lichtstrahlen reflektiert [ein Warnzeichen]:* jeder Radfahrer muß einen R. am Rad haben.

Rücktritt, der; -s, -e: *das Aufgeben, Niederlegen eines Amtes:* sich zum R. entschließen; den R. des Ministers bekanntgeben.

rückwärts ⟨Adverb⟩: *nach hinten; der ursprünglichen Bewegung entgegengesetzt:* r. fahren, gehen.

Rückzug, der; -s, Rückzüge: *das Sichzurückziehen, das Zurückweichen, weil man unterlegen ist:* den R. antreten; sich im R. befinden; jmdm. den R. abschneiden.

rüde ⟨Adj.⟩: *roh, grob, ungesittet:* ein rüdes Benehmen, Auftreten.

Ruder, das; -s, -: **1.** *Vorrichtung zum Steuern eines Schiffes* (siehe Bild): das R. führen; das R. ist gebrochen. * **ans R. kommen** *(die Führung übernehmen; zur Macht kommen).* **2.** *Stange mit flachem Ende zum Fortbewegen eines Bootes* (siehe Bild): die Ruder auslegen, einziehen.

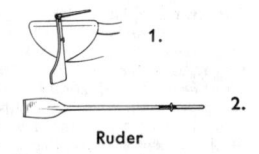

Ruder

Ruderer, der; -s, -: *jmd., der als Sportler rudert:* er ist ein schneller R.

rudern, ruderte, hat/ist gerudert: **a)** ⟨itr./tr.⟩ *ein Boot mit Rudern fortbewegen:* er hat drei Stunden gerudert; er ist über den See gerudert; er hat das Boot selbst gerudert. **b)** ⟨itr.⟩ *Bewegungen ausführen wie mit einem Ruder:* die Ente rudert mit den Füßen; er hat beim Gehen mit den Armen gerudert.

Ruf, der; -[e]s, -e: **1.** *das Rufen; der Schrei:* der R. eines Vogels; die anfeuernden Rufe der Zuschauer; bildl.: dem R. des Herzens folgen *(sich nach seinem Gefühl, seinem inneren Drang entscheiden).* **2.** ⟨ohne Plural⟩ *Berufung; Aufforderung, eine Stelle zu übernehmen:* der Professor erhielt einen R. an die neue Universität. **3.** ⟨ohne Plural⟩ *Beurteilung von der Allgemeinheit, Ansehen in der Öffentlichkeit:* einen guten, schlechten R. haben.

rufen, rief, hat gerufen: **1.** ⟨itr.⟩ *seine Stimme weit hallend ertönen lassen:* er rief mit lauter Stimme; der Kuckuck ruft im Walde. * **die Pflicht ruft** *(man muß mit der Arbeit anfangen oder weitermachen).* **2.** ⟨itr.⟩ *tönend auffordern (zu etwas):* die Glocke ruft zum Gebet; das Horn ruft zur Jagd; die Mutter ruft zum Essen. **3.** ⟨itr./tr.⟩ *verlangen (nach jmdm./etwas), auffordern zu kommen:* das Kind ruft nach der Mutter; er ruft [um] Hilfe; der Gast ruft nach der Bedienung; der Kranke ließ den Arzt r.; ich habe dich gerufen, weil wir etwas zu besprechen haben. * **jmdm. etwas ins Gedächtnis r.** *(jmdn. an etwas erinnern).* **4.** ⟨tr.⟩ *nennen:* seine Mutter hat ihn immer nur Hans gerufen.

Rüffel, der; -s, - (ugs.): *Rüge, Tadel:* einen R. für etwas erhalten.

Rüge, die; -, -n: *Tadel, Ermahnung, Verweis:* eine starke R. * **jmdm. eine R. erteilen** *(jmdn. [für etwas] rügen).*

rügen, rügte, hat gerügt ⟨tr.⟩: **a)** *(jmdn.) tadeln; (jmdm.) eine Rüge erteilen:* jmdn. wegen etwas r. **b)** *(jmds. Verhalten oder Tun) beanstanden; (etwas) kritisieren, verurteilen:* sein Leichtsinn ist zu r.; der Redner rügte die Unentschlossenheit der Regierung.

Ruhe, die; -: **1.** *das Aufhören der Bewegung; Stillstand:* das Pendel ist, befindet sich in R.; das Rad kommt langsam zur R. **2.** *das Entspannen, Sichausruhen; Erholung:* das Bedürfnis nach R. haben; er gönnt sich keine R. **3.** *das Ruhen im Bett; Schlaf:* sich zur R. begeben *(ins Bett gehen);* angenehme R.! **4.** *das Ungestörtsein, Nichtgestörtwerden; Friede:* eine Arbeit in R. erledigen; jmdn. in R. lassen *(nicht stören, nicht ärgern);* er will seine R. haben. **5.** *Stille:* die nächtliche R. stören; in der Kirche herrscht völlige R.; der Lehrer ruft: "R. bitte!"; bildl.: R. vor dem Sturm *(gespannte Atmosphäre vor [erwarteten] Unruhen).* **6.** *innere, seelische Ausgeglichenheit:* er bewahrt in schwierigen Situationen immer die R.; er strahlt R. aus. * (ugs.) **immer mit der R.!** *(nicht so hastig!).*

ruhen, ruhte, hat geruht ⟨itr.⟩: **1.** *sich durch Nichtstun erholen; zum Ausruhen liegen:* nach dem Essen eine Stunde lang r.; die Glieder, den Körper r. lassen *(entspannen).* **2.** *begraben sein:* hier ruhen seine Angehörigen; die gefallenen Soldaten ruhen in fremder Erde *(sind im Ausland begraben).* **3.** *nicht in Bewegung, Gang, Tätigkeit sein:* die Kugel, der Ball, die Maschine ruht; bildl.: die Arbeit ruht *(es wird nicht gearbeitet);* der Vertrag ruht *(ist vorübergehend außer Kraft).* **4:** *fest stehen (auf etwas); getragen werden:* die Brücke ruht auf drei Pfeilern; das Denkmal ruht auf einem hohen Sockel; bildl.: die ganze Last, Verantwortung ruht auf seinen Schultern *(er trägt die ganze Last, Verantwortung allein).*

Ruhestand, der; -[e]s: *Zeit nach dem Ausscheiden aus dem Dienst im Alter:* mit 65 Jahren in den R. gehen, treten.

Ruhestätte, die; -: *Grab:* er fand die letzte R. in seinem Heimatort.

ruhig: **I.** ⟨Adj.⟩: **1.** *ohne Geräusch, Lärm; leise, still:* eine ruhige Gegend; die Wohnung liegt r. *(in einer Gegend ohne Lärm);* sich r. verhalten; das Meer ist r. *(auf dem Meer stürmt es nicht);* das Geschäft verlief heute r. *(es kamen heute nur wenige Kunden).* **2.** *nicht aufgeregt; frei von Erregung:* er hat r. gesprochen; in der gespannten Situation blieb er völlig r.; eine ruhige *(nicht zitternde)* Hand haben; sein Leben verlief r. *(hatte keine Aufregungen);* ruhig[es] Blut bewahren *(sich nicht erregen);* überlege es dir r. *(überlege es dir in Ruhe, ungestört).* **II.** ⟨Adverb⟩: *durchaus; ohne Bedenken; ohne weiteres:* du kannst r. unterschreiben; man kann r. sagen, daß ...

Ruhm, der; -[e]s: *hohes Ansehen, große Ehre:* mit einem Werk [viel] R. gewinnen.

rühmen, rühmte, hat gerühmt: **1.** ⟨tr.⟩ *nachdrücklich, überschwenglich loben:* er rühmte [an ihm] vor allem seinen Fleiß. **2.** ⟨rfl.; mit Genitiv⟩ *eine eigene Leistung besonders betonen:* sich einer Tat, eines Erfolges r.

rühmlich ⟨Adj.⟩: *gut; wert, gelobt zu werden:* etwas zu einem rühmlichen Ende führen; das war nicht sehr r. von ihm *(das war keine gute, schöne Tat von ihm).*

ruhmreich ⟨Adj.⟩: *mit viel Ruhm:* die ruhmreiche Vergangenheit des Vereins.

rühren, rührte, hat gerührt: **1.** ⟨tr.⟩ *durch Bewegen eines Löffels o. ä. eine Flüssigkeit o. ä. in Bewegung halten:* die Suppe, den Teig r. **2.** ⟨itr./rfl.⟩ *bewegen:* die Glieder, Füße r.; sich [vor Schmerzen, Enge] nicht r. können. * **keinen Finger r.** *(nichts tun, nicht mithelfen, obgleich man es erwartet):* er rührte keinen Finger, um ihm aus seiner Lage zu befreien; **die Trommel r.** *(Propaganda machen).* **3.** ⟨itr.⟩ *(bei jmdm.) innere Erregung, Anteilnahme bewirken:* das Unglück rührte ihn nicht; ⟨häufig im 1. Partizip⟩ eine rührende Geschichte; ⟨häufig im 2. Partizip⟩ *innerlich ergriffen, bewegt:* sie war zu Tränen gerührt. **4.** ⟨itr.⟩ *seinen Ursprung haben (in etwas):* die Krankheit rührt daher, daß ... **5.** ⟨itr.⟩: in der Fügung⟩ **an etwas r.:** *(etwas Unangenehmes) ins Gespräch bringen:* an seine Vergangenheit darf man nicht r.

rührig ⟨Adj.⟩: *aktiv, eifrig, unternehmungslustig:* er ist bis ins hohe Alter r. geblieben; er ist ein rühriger Mensch.

rührselig ⟨Adj.⟩: *übermäßig stark das Gefühl ansprechend; sentimental:* eine rührselige Erzählung; etwas r. vortragen.

Ruin, der; -s: *[wirtschaftlicher, finanzieller] Zusammenbruch:* das Geschäft geht dem R. entgegen.

Ruine, die; -, -n: *Rest eines Bauwerks, Hauses:* von dem Schloß steht nur noch eine R.

ruinieren, ruinierte, hat ruiniert ⟨tr./rfl.⟩: *zerstören, zugrunde richten:* jmdn. wirtschaftlich r.; sich durch starkes Rauchen gesundheitlich r.

rülpsen, rülpste, hat gerülpst ⟨itr.⟩ (ugs.): *laut aufstoßen:* nach dem Essen rülpste er laut.

Rummel, der; -s (ugs.): **1.** *hektischer, lauter Betrieb:* vor den Feiertagen herrscht im furchtbarer R. in den Geschäften. **2.** *Vergnügungspark, -platz:* auf den R. gehen.

rumoren, rumorte, hat rumort ⟨itr.⟩: *dunkles, rollendes, polterndes Geräusch von sich geben:* die Pferde rumoren im Stall; es rumort *(rumpelt)* in meinem Magen.

rumpeln, rumpelte, hat/ist gerumpelt ⟨itr.⟩ (ugs.): **a)** *ein dumpfes Geräusch hören lassen; poltern:* im Stockwerk über uns hat es eben mächtig gerumpelt; es rumpelt in meinem Magen. **b)** *polternd und rüttelnd fahren:* der Wagen ist über die schlechte Straße gerumpelt.

Rumpf, der; -[e]s, Rümpfe: **a)** *menschlicher oder tierischer Körper ohne Kopf und Glieder:* den R. beugen. **b)** *eigentlicher Körper eines Schiffes oder Flugzeugs, also ohne Masten, Tragflächen, Fahrgestell u. a.:* die Autos wurden im R. des Schiffes verstaut.

rund: **I.** ⟨Adj.⟩: *in der Form eines Bogens oder Kreises:* ein runder Tisch; bildl.: eine runde *(auf eine volle Zahl gebrachte)* Summe; ein runder *(voll klingender)* Ton; das Mädchen ist hübsch r. *(dick);* (ugs.) es geht r. *(es herrscht Stimmung, Betrieb).* **II.** ⟨Adverb⟩ *ungefähr, zirka:* der Anzug kostet r. 300 Mark; er geht für r. drei Monate nach Amerika. ** **r. um** *(um ... herum):* ein Flug r. um die Erde.

Runde, die; -, -n: 1. a) ⟨ohne Plural⟩ *kleinerer Kreis von Personen:* wir nehmen ihn in unsere R. auf. b) *Bestellung von einem Glas Bier oder Schnaps für jeden Anwesenden auf Kosten eines einzelnen:* er bestellte eine R. Bier. 2. a) *Rennstrecke, die zum Ausgangspunkt zurückführt:* nach 10 Runden hatte er einen Vorsprung von mehreren hundert Metern. b) *Kontrollgang:* der Wächter machte seine R.; bildl.: etwas macht die R. *(etwas wird überall weitererzählt).* 3. *zeitliche Einheit beim Boxen:* der Kampf ging über 3 Runden. 4. *Durchgang in einem Wettbewerb:* die Mannschaft ist in der dritten R. der Meisterschaft ausgeschieden.

Rundfunk, der; -[s]: *Einrichtung, bei der akustische Sendungen drahtlos ausgestrahlt und mit Hilfe eines Empfängers gehört werden:* der R. sendet ausführliche Nachrichten; der R. überträgt das Konzert.

rundheraus ⟨Adverb⟩ (ugs.): *offen; ohne Bedenken, ohne Umschweife:* etwas r. sagen.

rundherum ⟨Adverb⟩: *an allen Seiten; rings:* das Haus ist r. von Wald umgeben.

rundlich ⟨Adj.⟩: a) *annähernd rund:* der Stein ist r. geschliffen. b) ⟨nicht adverbial⟩ *mollig, etwas dick* /wohlwollend von Frauen gesagt/: eine rundliche Frau; ein rundliches Kinn.

rundweg ⟨Adverb⟩: *entschieden und vollständig, ohne Diskussion oder Überlegung:* etwas r. ablehnen.

runzeln, runzelte, hat gerunzelt ⟨tr.⟩: *in viele Falten legen:* die Stirn r.

runzlig ⟨Adj.⟩: *stark gerunzelt; voller Falten, Furchen:* die Haut ist ganz r.

Rüpel, der; -s, -: *jmd., der sich frech und ungesittet benimmt; Flegel:* so ein R.!

rüpelhaft ⟨Adj.⟩: *frech, grob, ungesittet:* ein rüpelhafter Mensch; sich r. benehmen.

rupfen, rupfte, hat gerupft ⟨tr.⟩: *ausreißen; ziehen:* Gras, Unkraut r.; er hat mich an den Haaren gerupft; Hühner r. *(geschlachteten Hühnern die Federn vor der Zubereitung ausreißen).* * (ugs.) **mit jmdm. noch ein Hühnchen zu r. haben** *(jmdm. wegen etwas Vorwürfe machen).*

ruppig ⟨Adj.⟩: *unfreundlich, grob, derb:* er benahm sich heute sehr r.

Ruß, der; -es: *tiefschwarzes Pulver aus Kohlenstoff, das sich bei einem Feuer an den Wänden des Herdes oder im Kamin niederschlägt:* der Schornsteinfeger ist schwarz von R.

Rüssel

Rüssel, der; -s, -: *röhrenförmige Verlängerung am Kopf verschiedener Säugetiere und Insekten:* (siehe Bild): der Elefant hat einen großen R.; der Schmetterling saugt mit seinem R. den Nektar aus den Blumen.

rußen, rußte, hat gerußt ⟨itr.⟩: *Ruß bilden:* der Ofen rußt stark.

rüsten, rüstete, hat gerüstet: 1. ⟨itr.⟩ *sich durch [verstärkte] Produktion von Waffen und Vergrößerung der Armee militärisch stärken:* die Staaten rüsten weiter für einen neuen Krieg; der Gegner ist stark gerüstet. 2. ⟨rfl.⟩ *sich vorbereiten:* sich zum Gehen, zur Abreise r.

rüstig ⟨Adj.⟩: *im höheren Alter noch gesund, beweglich, leistungsfähig:* er ist noch sehr r.; ein rüstiger Rentner.

Rüstung, die; -: 1. *das Rüsten; das Verstärken der militärischen Mittel und Kräfte:* viel Geld für die R. ausgeben. 2. *Schutzkleidung der Krieger aus Metall* /besonders im Mittelalter/: die R. des Götz von Berlichingen wird im Schloß Hornberg am Neckar aufbewahrt.

Rüstzeug, das; -[e]s: *notwendiges Wissen für eine bestimmte Tätigkeit:* ihm fehlt dazu das nötige R.

rutschen, rutschte, ist gerutscht ⟨itr.⟩: a) *[auf glatter Fläche] nicht fest stehen, sitzen oder haften; gleiten:* ich bin auf dem Schnee gerutscht; das Kind rutschte vom Stuhl; seine Hose rutscht ständig; ihm rutschte der Teller aus der Hand. b) *sich sitzend und gleitend fortbewegen:* du sollst nicht auf dem Boden r.; rutsche auf der Bank etwas zur Seite und machte mir Platz.

rütteln, rüttelte, hat gerüttelt ⟨itr.⟩: *heftig schütteln; ruckartig, kräftig und schnell hin und her ziehen:* der Sturm rüttelt an der Tür; an einem Baum r., daß das Obst herunterfällt; jmdn. aus dem Schlaf r. *(jmdn. schüttelnd wecken);* auf der holperigen Straße rüttelt der Wagen stark; bildl. (ugs.): an einem Vertrag, an Prinzipien r. *(einen Vertrag, Prinzipien ändern wollen);* an dieser Sache ist nicht zu r. *(kann nichts geändert werden).*

S

Saal, der; -[e]s, Säle: *großer [und hoher] Raum für Feste, Versammlungen o. ä.:* der S. war bei diesem Konzert überfüllt.

Saat, die; -, -en: a) ⟨ohne Plural⟩ *Samen, vorwiegend von Getreide, der zum Säen bestimmt ist:* die Bauern hatten die S. schon in die Erde gebracht. b) *noch junges Getreide:* die S. auf dem Feld steht gut. c) ⟨ohne Plural⟩ *das Säen:* es ist Zeit zur S.

sabbern, sabberte, hat gesabbert ⟨itr.⟩ (ugs.): *Speichel aus dem Mund fließen lassen:* der Alte saß im Stuhl und sabberte.

Säbel, der; -s, -: /eine Waffe/ (siehe Bild): er schwang wild den S.

Säbel

sabotieren, sabotierte, hat sabotiert ⟨tr.⟩: *planmäßig stören; behindern, verhindern:* er sabotierte die weiteren Untersuchungen; sie sabotierten den Plan *(sie verhinderten, daß der Plan ausgeführt wurde).*

sachdienlich ⟨Adj.; nur attributiv⟩: *für die Aufklärung eines Verbrechens o. ä. nützlich, förderlich:* er machte sachdienliche Angaben, die zur Ergreifung des Verbrechers führten.

Sache, die; -, -n: 1. *Angelegenheit:* er hält den Sport für eine wichtige S. * **etwas tut nichts zur S.** *(etwas ist in bezug auf etwas anderes nebensächlich; unwichtig);* **[nicht ganz] bei der S. sein** *([nicht ganz] aufmerksam,*

Sachgebiet

konzentriert sein); mit jmdm. gemeinsame S. machen (sich mit jmdm. verbünden). **2.** *Gegenstand, Ding:* diese Sachen müssen noch zur Post. **3.** ⟨Plural⟩ (ugs.) *Gegenstände zum persönlichen Gebrauch wie Kleidungsstücke o. ä.:* räum doch mal deine Sachen auf!

Sachgebiet, das; -[e]s, -e: *durch bestimmte Aufgaben abgegrenzter Bereich; Bereich eines Faches:* das S. des Straßenbaues wird von ihm bearbeitet.

sachgemäß ⟨Adj.⟩: *einer Sache entsprechend, angemessen:* eine sachgemäße Behandlung des Themas.

Sachkenntnis, die; -, -se: *gründliches Wissen auf einem bestimmten Gebiet:* dieses Buch ist mit großer S. geschrieben.

sachlich ⟨Adj.⟩: *nicht von Gefühlen und Vorurteilen bestimmt; nüchtern, objektiv:* sachliche Bemerkungen; er blieb bei diesem Gespräch s. **Sachlichkeit,** die; -.

sacht ⟨Adj.⟩: *behutsam, sanft; vorsichtig:* mit sachten Händen; er faßte die Vase s. an; er kam s. *(leise und langsam)* heran; (ugs.) sachte, sachte! *(nicht so schnell!).*

Sachverhalt, der; -[e]s, -e: *Tatbestand; Stand der Dinge:* bei diesem Unfall muß der wahre S. noch geklärt werden.

Sachverständige, der; -n, -n ⟨aber: [ein] Sachverständiger, Plural: Sachverständige⟩: *jmd., der besondere Kenntnisse auf einem bestimmten Gebiet hat und in entsprechenden Fällen zur Beurteilung herangezogen wird, Fachmann:* die Sachverständigen waren unterschiedlicher Meinung; drei Sachverständige hatten ein Gutachten vorgelegt.

Sack, der; -[e]s, Säcke: *Behälter aus Stoff, Papier o. ä.* (siehe Bild): er band den S. zu; /als Maßangabe/ vier S. Mehl. * (ugs.) **mit S. und Pack** *(mit allem, was man besitzt);* (ugs.)

Sack

jmdn. in den S. stecken *(im Vergleich zu einem anderen wesentlich mehr können oder wissen und dessen Leistungen o. ä. als mäßig erscheinen lassen):* obgleich er der Jüngste ist, steckt er alle andern in den S.

säen, säte, hat gesät ⟨tr.⟩: *(Samen) auf Felder oder Beete streuen, in die Erde bringen:* der Bauer säte den Weizen; bildl.: sie säte *(stiftete)* Unfrieden zwischen den Brüdern.

Safe [zeːf], der (auch: das); -s, -s: *Schrank u. ä., der gegen Feuer und Einbruch besonders gesichert ist und in dem man Geld, wertvolle Gegestände o. ä. aufbewahrt.*

Saft, der; -[e]s, Säfte: **a)** *im Gewebe, bes. von Pflanzen, enthaltene Flüssigkeit:* der S. steigt in die Bäume. **b)** *Getränk, das durch Auspressen von Früchten gewonnen wird:* er trank ein Glas S.

saftig ⟨Adj.; nicht adverbial⟩: **a)** *viel Saft enthaltend; reich an Saft:* saftige Früchte; ein saftiges *(frisches)* Grün. **b)** (ugs.) *kräftig, stark:* er bekam einen saftigen Schlag mit der Faust; der Witz war ganz schön s. (derb); eine saftige *(hohe)* Rechnung.

Sage, die; -, -n: **1.** *mündlich überlieferte Erzählung, die an historische Ereignisse anknüpft:* die Sage von den Nibelungen. **2.** ⟨in bestimmten Verwendungen⟩ *Gerücht:* es geht die S., er habe einen reichen Onkel beerbt.

Säge, die; -, -n: /ein Werkzeug/ (siehe Bild).

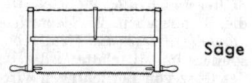

Säge

sagen, sagte, hat gesagt ⟨tr.⟩: **a)** *(mit Worten) äußern; [aus]sprechen:* der Zeuge sagte vor Gericht die volle Wahrheit; er sagte: „Ich komme nicht"; es ist nicht zu sagen *(es ist nicht zu beschreiben),* wie sehr ich mich gefreut habe. **b)** *(mit Worten) mitteilen, (jmdm. über etwas) informieren, (jmdn.) wissen lassen:* ich konnte dem Besucher nur s., daß der Chef nicht anwesend war. **c)** *mit Bestimmtheit aussprechen; behaupten:* das will ich nicht s.; der Zeuge sagt aber, du wärst dort gewesen. **d)** *in einem bestimmten Sinn (für jmdn.) haben; bedeuten:* das Bild sagt mir gar nichts; das hat nichts zu s. ** **sich etwas nicht zweimal s. lassen** *(ein Angebot sofort annehmen);* **sich nichts s. lassen** *(eigensinnig sein);* (ugs.) **sage und schreibe** *(wirklich, tatsächlich)* /Ausdruck der Entrüstung/: er war sage und schreibe eine ganze Stunde zu spät gekommen.

sägen, sägte, hat gesägt ⟨tr.⟩: *mit der Säge zerschneiden:* er sägt Bäume; ⟨auch itr.⟩ er sägt draußen auf dem Hof *(arbeitet dort mit einer Säge).*

sagenhaft ⟨Adj.⟩: **1.** *dem Bereich der Sage angehörend; aus alter Zeit stammend:* ein sagenhafter König von Kreta. **2.** (ugs.) *unglaublich, unerhört, ungeheuer:* in dem Zimmer herrschte eine sagenhafte Unordnung.

Sahne, die; -: **a)** *viel Fett enthaltender Bestandteil der Milch (der sich als besondere Schicht an der Oberfläche absetzt):* Kaffee mit Zucker und S. **b)** *Schlagsahne:* ein Stück Torte mit S.

Saison [zɛˈzõː], die; -: *für bestimmte Bereiche (von Sport, Wirtschaft, Fremdenverkehr o. ä.) wichtigster und bedeutendster Abschnitt des Jahres:* da die S. beendet ist, ist das Hotel geschlossen.

Saite, die; -, -n: *Faden aus Darm, Metall o. ä. bei bestimmten Musikinstrumenten, mit dem Töne erzeugt werden:* er griff in die Saiten der Gitarre; die Saiten ertönten.

Saiteninstrument, das; -[e]s, -e: *Musikinstrument, bei dem die Töne mit Hilfe von Saiten erzeugt werden:* die Harfe ist ein S.

Sakrament, das; -[e]s, -e: *bestimmte heilige, Gnaden vermittelnde Handlung in den christlichen Kirchen:* die katholische Kirche hat sieben Sakramente; eines davon ist die Taufe.

Sakristei, die; -, -en: *Raum in der Kirche, in dem der Geistliche sich aufhält, sich ankleidet o. ä. und in dem die Geräte, Gewänder o. ä. für den Gottesdienst aufbewahrt werden.*

Salat, der; -[e]s, -e: **1.** ⟨ohne Plural⟩ /eine Gartenpflanze/ (siehe Bild). **2.** *[kaltes] Gericht,*

Salat 1.

das aus [rohem] Gemüse, Obst, Fleisch o. ä. besteht und mit Öl, Essig o. ä. zubereitet wird.

Salbe, die; -, -n: *Heilmittel, das aus einer fettigen Masse besteht und auf die Haut aufgetragen wird:* er strich S. auf die Wunde.

salben, salbte, hat gesalbt ⟨tr.⟩: *mit heiligem Öl weihen:* jmdn. zum König, zum Priester s. **Salbung,** die; -, -en.

salbungsvoll ⟨Adj.⟩: *übertrieben feierlich; betont würdevoll:* der Geistliche predigte sehr s.

Salon [za'lõ:], der; -s, -s: 1. *repräsentativer, für Besuch oder festliche Anlässe bestimmter Raum.* 2. *[großzügig und elegant ausgestattetes] Geschäft im Bereich der Mode, Kosmetik o. ä.* /meist in Zusammensetzungen: Modesalon, Frisiersalon/.

salopp ⟨Adj.⟩: *ungezwungen, nachlässig:* er ist immer s. gekleidet.

Salto, der; -s, -s: *Sprung, bei dem sich der Springende in der Luft überschlägt* (siehe Bild): er sprang mit einem S. ins Wasser.

Salto

Salz, das; -es: *aus der Erde oder dem Wasser des Meeres gewonnene weiße, körnige Substanz, die zum Würzen der Speisen dient:* du mußt noch etwas S. an die Kartoffeln tun.

salzen, salzte, hat gesalzen ⟨tr.⟩ /vgl. gesalzen/: *mit Salz würzen:* der Koch hat die Suppe noch nicht gesalzen.

salzig ⟨Adj.⟩: *[stark] nach Salz schmeckend, viel Salz enthaltend; reich an Salz:* eine salzige Suppe.

Samen, der; -s, -: 1. *von einer Hülle umgebener Keim einer Pflanze:* der Gärtner züchtet den S. dieser Pflanze. 2. *Zellen vom Mann und vom männlichen Tier, die der Befruchtung und Fortpflanzung dienen.*

sämig ⟨Adj.⟩: *zähflüssig, dickflüssig:* eine sämige Suppe.

sammeln, sammelte, hat gesammelt: 1. ⟨tr.⟩ *(Gleichartiges) zusammentragen, anhäufen:* Briefmarken und Münzen s.; ⟨auch itr.⟩ er sammelt schon drei Jahre daran; er sammelt *(bittet um Geld o. ä.)* für die Armen. 2. a) ⟨tr.⟩ *(um sich) versammeln, vereinigen:* Menschen um sich s. b) ⟨rfl.⟩ *sich versammeln; zusammenkommen:* die Schüler hatten sich vor der Schule gesammelt. 3. ⟨itr.⟩ *konzentrieren:* vor dem öffentlichen Vortrag sammelte er sich, seine Gedanken; gesammelt *(ruhig und aufmerksam)* hörte er dem Konzert zu. **Sammlung,** die; -, -en.

Samstag, der; -s, -e (bes. südd., westd.): *siebenter Tag der mit Sonntag beginnenden Woche; Sonnabend:* am S. wird nicht mehr gearbeitet.

samt ⟨Präp. mit Dativ⟩: *[mit] einbegriffen; mit:* das Haus s. allem Inventar wurde verkauft. ** s. und sonders *(alle ohne Ausnahme):* sie haben s. und sonders versagt.

Samt, der; -[e]s: *Gewebe, das an der Oberfläche mit kurzen, feinen Härchen dicht besetzt ist:* sie kleideten sich in S. und Seide.

sämtlich ⟨Indefinitpronomen und unbestimmtes Zahlwort⟩: 1. sämtlicher, sämtliche, sämtliches ⟨Singular⟩ *ganz, gesamt, all:* sämtliches gedruckte Material; sämtliches Schöne; der Verlust sämtlicher vorhandenen Energie. 2. sämtliche ⟨Plural⟩ *jeder [von diesen], alle:* er kannte sämtliche Anwesenden, die richtige Betonung sämtlicher vorkommender/vorkommenden Namen; ⟨auch unflektiert⟩ sie waren s. erschienen.

Sanatorium, das; -s, Sanatorien: *Heim o. ä., in dem Personen, die an einer chronischen Krankheit leiden oder sich erholen müssen, ärztlich behandelt [und auf besondere Art gepflegt] werden:* er befindet sich in einem S.

Sand, der; -[e]s: *durch Verwitterung von Gestein entstandene und aus feinen Körnern bestehende Substanz:* zum Bauen braucht man S. * (ugs.) jmdm. S. in die Augen streuen *(jmdn. täuschen);* (ugs.) den Kopf in den S. stecken *(eine Gefahr o. ä. nicht sehen wollen).*

Sandale, die; -, -n: *leichter, offener Schuh mit Riemen* (siehe Bild): im Sommer trägt er gern Sandalen.

Sandale

Sandbank, die; -, Sandbänke: *Anhäufung von Sand oder Schlamm, die bis dicht an die Oberfläche des Wassers reicht:* die Sandbänke vor der Küste sind eine große Gefahr für die Schiffe.

sandig ⟨Adj.; nicht adverbial⟩: *viel Sand enthaltend; aus Sand bestehend:* die Insel hat einen sehr sandigen Boden; seine Hose war s. *(mit Sand bedeckt).*

sanft ⟨Adj.⟩: a) *behutsam, zart, vorsichtig; frei von allem Groben, Harten:* mit sanften Händen; er faßte das Kind s. an. b) *weich, mild, freundlich; frei von allem Schroffen, Verletzenden:* er hat ein sanftes Herz. c) *leicht, gering; frei von jedem Übermaß:* ein sanfter Regen, Wind; die Straße stieg s. an.

sanftmütig ⟨Adj.⟩: *mild, freundlich; ein sanftes Wesen habend:* seine Mutter war sehr s.

Sänger, der; -s, -: *jmd., der singt, der im Singen ausgebildet ist, dessen Beruf das Singen ist:* er ist ein guter S.

Sanitäter, der; -s, -: *jmd., der ausgebildet ist, Erste Hilfe zu leisten oder Kranke zu pflegen:* Sanitäter trugen ihn schnell ins Krankenhaus.

sanktionieren, sanktionierte, hat sanktioniert ⟨tr.⟩: *gutheißen, als rechtmäßig bestätigen:* das Verfahren der Beamten wurde von den Behörden sanktioniert; diese Gewohnheit wurde durch einen Erlaß offiziell sanktioniert *(zum Gesetz erhoben).*

Sarg, der; -[e]s, Särge: *länglicher Kasten [aus Holz], in dem ein Toter begraben wird* (siehe Bild): ein einfacher S.

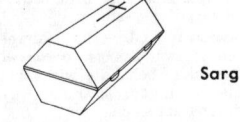

Sarg

sarkastisch ⟨Adj.⟩: *spöttisch, höhnisch:* eine sarkastische Antwort.

Satan, der; -s, -e: *Teufel:* weiche, S.!; seine Frau ist ein richtiger S. *(ist sehr böse, ist unausstehlich).*

Satellit, der; -en, -en: 1. *einen Planeten umkreisender Körper; Mond.* 2. *künstlicher Körper, der auf eine Bahn um die Erde gebracht wird und der Erforschung des Weltraums o. ä. dient.*

satt ⟨Adj.⟩: 1. *nicht [mehr] hungrig; seinen Hunger gestillt habend:* die Gäste waren s. 2. (ugs.) ⟨in bestimmten Verwendungen⟩ *genug:* das Publikum konnte sich an dem Bild nicht s. sehen *(konnte sich von dem Anblick nicht trennen);* er hat/ist die Arbeit s. *(er ist der Arbeit überdrüssig; er will nicht mehr arbeiten).* 3. *leuchtend, lebhaft; von tiefer und kräftiger Farbe:* ein sattes Grün.

Sattel, der; -s, Sättel: a) *Sitz, der auf Reittieren festgeschnallt wird und für den Reiter bestimmt ist* (siehe Bild). * (ugs.) **in allen Sätteln gerecht sein** *(überall tüchtig sein, zu allem zu gebrauchen sein).* b) *Sitz für den Fahrer auf Fahrrädern, Motorrädern o. ä.* (siehe Bild).

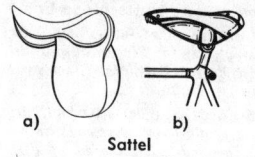

a)　　　　b)
Sattel

sattelfest ⟨Adj.⟩: *(auf einem Gebiet) gut Bescheid wissend; sicher:* der Student war in Literatur s.

satteln, sattelte, hat gesattelt ⟨tr.⟩: *(einem Tier) einen Sattel auflegen:* die Reiter sattelten die Pferde.

sättigen, sättigte, hat gesättigt: a) ⟨tr.⟩ *satt machen:* die Speise sättigt uns; ⟨häufig im 1. Partizip⟩ eine sättigende *(schnell sattmachende)* Speise. b) ⟨rfl.⟩ *seinen Hunger stillen; so lange essen, bis man satt ist:* er sättigte sich mit Brot. **Sättigung,** die; -, -en.

sattsam ⟨Adverb⟩ (abwertend): *zur Genüge, genügend:* das ist s. bekannt; wir haben diesen Punkt s. *(mehr als genug)* durchgesprochen.

Satz, der; -es, Sätze: 1. a) *in sich gegliederte, einen zusammenhängenden Sinn ergebende Einheit der Rede:* das Kind kann noch keine vollständigen Sätze sprechen. b) *Behauptung, These, Lehrsatz:* der Redner begründete die von ihm aufgestellten Sätze. 2. a) *in sich abgeschlossener Teil eines Musikstücks:* eine Sinfonie hat gewöhnlich vier Sätze. b) *in sich abgeschlossener Teil eines sportlichen Wettkampfes:* er verlor beim Tennis den ersten S. 3. *eine bestimmte Anzahl zusammengehörender Dinge, Gegenstände:* er hat sich einen neuen S. Briefmarken gekauft. 4. *etwas, was sich in einer Flüssigkeit am Boden absetzt:* er spülte den S. aus der Tasse. 5. *übliches Maß, normale Höhe (eines Betrages):* diese Summe überschreitet den für Spesen festgelegten S. 6. *großer Sprung:* in drei Sätzen war er an der Tür.

Satzung, die; -, -en: *verbindliche Bestimmungen, die alles das, was eine bestimmte Vereinigung von Personen betrifft, festlegen und regeln; Statut:* die Mitglieder des Vereins haben eine neue S. aufgestellt.

Satzzeichen, das; -s, -: *Zeichen, das dazu dient, einen geschriebenen Text zu gliedern und dem Leser das Verständnis des Textes zu erleichtern:* der Punkt ist ein S.

Sau, die; -, Säue und Sauen: a) ⟨Plural: Säue⟩ *weibliches zahmes Schwein* (siehe Bild); /als Schimpfwort/ (derb): du [alte] S.! b) ⟨Plural: Sauen⟩ *Wildschwein* (siehe Bild).

a)

b)

Sau

sauber ⟨Adj.⟩: 1. a) *frei von Schmutz, rein:* sein Hemd war s. b) *ordentlich, sorgfältig:* er schreibt sehr s. 2. *sittlich einwandfrei; anständig:* er hat einen sauberen Charakter; das war ein sauberes *(faires, gutes)* Spiel; (ugs., iron.) du bist wir ja ein sauberer *(ein wenig anständiger, zuverlässiger)* Bursche! **Sauberkeit,** die; -.

säuberlich ⟨Adj.; nicht prädikativ⟩: *gewissenhaft, sorgfältig, genau:* etwas s. verpacken.

saubermachen, machte sauber, hat saubergemacht ⟨tr.⟩: *vom Schmutz befreien, den Schmutz (von etwas) entfernen; reinigen:* wir haben am Samstag die Wohnung saubergemacht; ⟨auch itr.⟩ wir müssen noch s.

säubern, säuberte, hat gesäubert ⟨tr.⟩: *saubermachen:* den Anzug mit der Bürste s.; bildl.: die Polizei säuberte *(befreite)* die Stadt von den Verbrechern. **Säuberung,** die; -, -en.

Sauce ['zo:sə], die; -, -n: vgl. Soße.

sauer ⟨Adj.⟩: 1. *ohne jeglichen süßen Geschmack [seiend]; einen hohen Gehalt an Säure habend und entsprechend schmeckend:* saures Obst; saure *(mit Essig zubereitete)* Gurken. * (ugs.) **jmdm. Saures geben** *(jmdn. verprügeln).* 2. (ugs.) ⟨nicht attributiv⟩ *(über jmdn.) ungehalten, ärgerlich, verärgert seiend:* er ist s. auf seinen Chef. b) *mürrisch, unfreundlich, verdrießlich:* er macht ein saures Gesicht. 3. *mit viel Mühe und Arbeit verbunden; beschwerlich, mühsam, unangenehm:* dies Buch zu schreiben ist eine saure Arbeit.

säuerlich ⟨Adj.⟩: *ein wenig, leicht sauer:* die Bonbons schmecken s.

säuern, säuerte, hat gesäuert: a) ⟨tr.⟩ *sauer machen, mit Säure versehen:* der Koch säuerte den Salat. b) ⟨itr.⟩ *sauer werden:* der Kohl säuerte im Faß.

Sauerstoff, der; -s: /ein chemisches Element/.

saufen, säuft, soff, hat gesoffen: a) ⟨tr./itr.⟩ *Flüssigkeit zu sich nehmen* /von Tieren/: die Kühe müssen noch [Wasser] s.; /in bezug auf den Menschen/ (derb): er mag keine Milch, er säuft lieber Bier; er säuft aus der Flasche. b) ⟨itr.⟩ (derb) *regelmäßig und in großen Mengen Alkohol trinken; dem Trunk ergeben sein:* die Frau tut mir leid,

Schädel

ihr Mann säuft; ⟨auch rfl.⟩ er säuft sich noch arm *(er trinkt so viel, daß er arm wird).*

saugen, sog/saugte, hat gesogen/gesaugt ⟨tr.⟩: *(Flüssigkeit, Luft o. ä.) in sich hinein ziehen, einziehen:* das Kind saugt mit dem Strohhalm den Saft aus der Flasche; er sog/saugte die Luft durch die Zähne; ⟨auch itr.⟩ er saugt *(zieht)* ruhig an seiner Pfeife.

säugen, säugte, hat gesäugt ⟨tr.⟩: *mit der Milch der Mutter nähren:* die Kuh säugte das Kalb.

Säugetier, das; -[e]s, -e: *Tier, das lebende Junge zur Welt bringt und säugt.*

Säugling, der; -s, -e: *Kind im 1. Jahr seines Lebens:* die Mutter gab dem S. die Brust.

Säule, die; -, -n: *senkrechte, zumeist runde Stütze bei größeren Bauwerken* (siehe Bild): ein Haus mit hohen, weißen Säulen; bildl.: er ist eine S. *(Stütze) der Wissenschaft.*

Säule

Saum, der; -[e]s, Säume: *a) umgelegter und festgenähter Rand von Kleidungsstücken o. ä.; Einfassung:* der S. eines Kleides. **b)** (geh.) *sich deutlich abhebender Rand:* der dunkle S. des Waldes.

säumen, säumte, hat gesäumt: **I.** ⟨tr.⟩ **a)** *(ein Kleidungsstück o. ä.) mit einem Saum versehen; einfassen:* sie muß den Rock noch s. **b)** *(als Rand) umgeben, die Begrenzung (von etwas) bilden; einfassen:* Sträucher und Bäume säumten die Wiese. **II.** ⟨itr.⟩ (geh.) *(mit der Ausführung von etwas) warten, zögern:* säume nicht!

säumig ⟨Adj.; nicht adverbial⟩: *eine festgesetzte Zeit für etwas nicht einhaltend; langsam, nicht pünktlich, nachlässig:* er ist s. mit dem Bezahlen. **Säumigkeit,** die; -.

saumselig ⟨Adj.⟩ (abwertend): *bei der Ausführung einer Arbeit ohne Eifer und recht langsam, träge; unzuverlässig:* ein saumseliges Mädchen; s. arbeiten. **Saumseligkeit,** die; -.

Säure, die; -, -n: **1.** *bestimmte chemische Verbindung [mit einem kennzeichnenden Geschmack].* eine ätzende S. **2.** *saurer Geschmack:* der Wein hat viel S.

säuseln, säuselte, hat gesäuselt (geh.): **a)** ⟨itr.⟩ *leise rauschen, leicht wehen:* der Wind säuselte in den Zweigen. **b)** ⟨itr./tr.⟩ *leise [und süßlich] sprechen, flüstern:* sie säuselt immer so; sie säuselte: „Ach du ...".

sausen, sauste, hat/ist gesaust ⟨itr.⟩: **a)** *in sehr starker Bewegung sein und ein brausendes, zischendes Geräusch hervorrufen:* der Wind sauste in den Bäumen; das Blut hat ihm in den Ohren gesaust. **b)** (ugs.) *sich sehr schnell bewegen:* das Auto ist mit hoher Geschwindigkeit durch die Stadt gesaust.

schaben, schabte, hat geschabt ⟨tr.⟩: **a)** *durch wiederholtes Bewegen eines fest aufgesetzten Messers o. ä. entfernen:* er schabte den Lack von dem Brett. **b)** *durch wiederholtes Bewegen eines fest aufgesetzten Messers o. ä. von der äußeren [Schmutz]schicht befreien:* der Koch mußte noch die Mohrrüben s.; Fleisch s. *(mit einem Messer in feinen Streifen und Stücken abtrennen und so zerkleinern).*

schäbig ⟨Adj.⟩ (abwertend): **a)** *ärmlich, ungepflegt:* das Haus ist sehr s.; er hat einen schäbigen (abgetragenen) Mantel an. **b)** *kläglich, sehr gering:* in dieser Firma ist die Bezahlung sehr s. **c)** *niederträchtig, erbärmlich:* er hat sie sehr s. behandelt; er ist ein ganz schäbiger Kerl. **Schäbigkeit,** die; -.

Schablone, die; -, -n: **1. a)** *ausgeschnittene Vorlage, mit deren Hilfe Schriften, Bilder o. ä. vervielfältigt werden* (siehe Bild). **b)** *Muster, nach dem gleiche Stücke gefertigt werden.* **2.** *bereits geprägte, feste, übernommene Vorstellung; erstarrte Form:* er denkt nur in Schablonen.

Schablone 1. a)

Schach, das; -s, -s: **a)** *Schachspiel:* mit jmdm. eine Partie S. spielen. **b)** *im Schachspiel War-* *nung an den Gegner, daß sein König angegriffen ist:* S. [dem König]! * **S. bieten** *(den König des Gegners angreifen);* **jmdn. in S. halten** *(jmdn. nicht gefährlich werden lassen):* der Boxer konnte seinen Gegner in S. halten.

schachern, schacherte, hat geschachert ⟨itr.⟩ (abwertend): *aus besonderer Gier nach Geld sehr hartnäckig um den Preis handeln;* er schachert mit großem Geschick.

Schachspiel, das; -[e]s, -e: *Brettspiel für 2 Spieler mit je 16 Figuren:* er lernt das S. nicht.

Schacht, der; -[e]s, Schächte: **a)** *hoher, schmaler Raum für bestimmte technische Einrichtungen, Zwecke o. ä.:* dies ist der S. für den Fahrstuhl. **b)** *Teil der Anlage eines Bergwerks, der von der Oberfläche der Erde in die Tiefe führt* (siehe Bild): sie fuhren in den S.

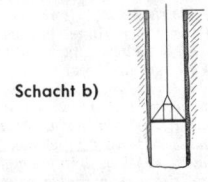

Schacht b)

Schachtel, die; -, -n: *flacher, rechtwinkliger oder runder Behälter [aus Pappe] mit einem Deckel* (siehe Bild): dies ist die S. für Mutters Hut. * **alte S.** (ugs.; abwertend) *alte, unansehnliche, unfreundliche Frau:* so eine alte S.!

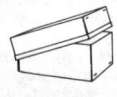

Schachtel

schade ⟨in bestimmten Wendungen⟩ **etwas ist s.** *(etwas ist nicht erfreulich, ist sehr bedauerlich):* [es ist] schade, daß du nicht kommen kannst; **es ist s. um jmdn./etwas** *(es ist ein Jammer um jmdn./etwas);* **für etwas zu s. sein** *(für etwas zu gut sein):* für die Arbeit ist dieser Anzug zu s.

Schädel, der; -s, -: **a)** *das aus Knochen gebildete Gerüst des Kopfes* (siehe Bild S. 290). **b)** (ugs.) *Kopf.*

Schädel a)

schaden, schadete, hat geschadet ⟨itr.⟩: **1. a)** *(etwas) [ver]mindern, verringern:* diese Tat schadete seinem Ansehen und seiner Beliebtheit sehr; der Krieg hat dem Land überaus geschadet *(hat ihm große Verluste zugefügt)*. **b)** *(etwas) verschlechtern:* das viele Lesen schadet den Augen; er schadet damit nur seiner Gesundheit. **2.** *Nachteile bringen:* seine Gutmütigkeit hat ihm nur geschadet; du schadest dir selbst am meisten damit; der Streik hat der Entwicklung der Wirtschaft sehr geschadet.
Schaden, der; -s, Schäden: **1. a)** *Verlust; Minderung, Verringerung des Wertes:* ein kleiner S. **b)** *Beschädigung, [teilweise] Zerstörung:* der Hagel hat gewaltige Schäden angerichtet; das Auto hat am Motor einen S. *(Defekt; etwas, was das Funktionieren beeinträchtigt)*. **2.** *Nachteil; etwas, was für jmdn./etwas ungünstig ist:* wenn du dich nicht beteiligst, so ist es dein eigener S. **3.** *Verletzung:* er hatte beim Unfall einen S. am Bein erlitten; von Geburt an hatte sie am rechten Auge einen Schaden *(eine Störung)*.
Schadenfreude, die; -: *boshafte Freude über den Mißerfolg, das Unglück anderer:* er lachte voller S., als er von ihren Verlusten an der Börse hörte.
schadenfroh ⟨Adj.⟩: *voll Schadenfreude.*
schadhaft ⟨Adj.; nicht adverbial⟩: *nicht in Ordnung [seiend]; schlecht, mangelhaft; nicht einwandfrei:* schadhafte Stellen am Mantel ausbessern; es regnete durch die schadhafte *(undichte)* Dach. **Schadhaftigkeit,** die; -.
schädigen, schädigte, hat geschädigt ⟨tr.⟩: vgl. schaden.
Schädigung, die; -, -en.
schädlich ⟨Adj.⟩: *ungünstig, mit Nachteilen verbunden:* das hat für ihn keine schädlichen Folgen; der Einfluß seiner Freunde ist s.; schädliches Tier *(Tier, das Schaden anrichtet)*.
Schädlichkeit, die; -.
Schädling, der; -s, -e: *tierisches oder pflanzliches Lebewesen, das Schaden anrichtet (besonders an Pflanzen):* die Schädlinge sind durch das Spritzen mit chemischen Mitteln weithin vernichtet worden.
schadlos ⟨in der Wendung⟩ sich s. halten an jmdn./etwas: *einen erlittenen Schaden oder einen entgangenen Vorteil auf Kosten eines anderen ersetzen, ausgleichen:* er hielt sich für das entgangene Essen an der Schokolade s.
Schaf, das; -[e]s, -e: /ein Haustier/ (siehe Bild): die Schafe scheren; ⟨als Schimpfwort⟩ (derb): du [dummes] S.! * **das schwarze S. sein** *(sich nicht so wie die anderen verhalten und dadurch bei ihnen unangenehm auffallen, nicht zu ihnen passen)*.

Schaf

Schäfer, der; -s, -: *jmd., der eine Herde Schafe hütet.*
schaffen: I. schuf/schaffte, hat geschaffen ⟨tr.⟩: **1.** ⟨schuf⟩ *hervorbringen, schöpferisch gestalten:* der Künstler hat ein neues Bild geschaffen; er stand da, wie Gott ihn geschaffen hatte *(nackt)*. * **wie geschaffen sein für jmdn./etwas** *(besonders geeignet sein für jmdn./etwas):* er ist für diesen Beruf wie geschaffen. **2.** ⟨schuf/schaffte; als Funktionsverb⟩ Abhilfe s. *(etwas beseitigen);* Ordnung s. *(Ordnung herstellen);* Rat s. *(eine Lösung, Regelung finden).* **II.** schaffte, hat geschafft: **1. a)** ⟨itr.⟩ (landsch.) *arbeiten, tätig sein:* er schaffte den ganzen Tag auf dem Felde; er schafft bei der Straßenbahn *(ist dort beschäftigt, angestellt)*. **b)** ⟨tr.⟩ *[in einem bestimmten Zeitraum] bewältigen, (mit etwas fertig werden); zustande bringen:* er kann seine Arbeit allein nicht mehr s.; er hat heute viel geschafft; wir haben es [glücklich] geschafft *(erreicht)*. ** **mit jmdm./etwas [nichts] zu s. haben [wollen]** *(damit [nichts] zu tun haben [wollen]);* **jmdm. [sehr] zu s. machen** *(jmdm. viel Mühe, Sorgen bereiten)*. **2.** ⟨tr.⟩ (ugs.) *an einen Ort bringen, befördern:* sie schafften die Verwundeten ins Lazarett.
Schaffner, der; -s, -: *Angestellter zur Abfertigung und Kontrolle im Verkehr bei der Eisen-, Straßenbahn und Post.*

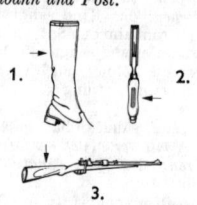

1. 2.

3.

Schaft

Schaft, der; -[e]s, Schäfte: **1.** *oberer, das Bein umschließender Teil des Stiefels* (siehe Bild). **2.** *langer, gerader und schlanker Teil eines Gegenstandes; einer Stange ähnlicher Griff an einem Werkzeug* (siehe Bild): der S. eines Speeres, eines Meißels. **3.** *[hölzerner] Teil eines Gewehres o. ä., in dem der Lauf u. a. liegt* (siehe Bild).
schäkern, schäkerte, hat geschäkert ⟨itr.⟩: *mit jmdm. seinen Spaß treiben; (jmdn.) im Spaß [mit Worten] necken:* der Gast schäkerte mit der Kellnerin.
schal ⟨Adj.⟩: *ohne den sonst üblichen guten Geschmack [seiend], nach nichts schmeckend; schlecht oder nicht gewürzt* /von Getränken und flüssigen Speisen/: ein schales Bier; die Suppe ist s.; bildl.: ein schaler *(geistloser)* Witz; das Leben erscheint ihm s. *(sinnlos, leer, langweilig).*
Schal, der; -s, -s: *langes, schmales Halstuch:* er wickelte sich den S. um den Hals.

Schale I.

Schale, die; -, -n: **I.** *flaches, rundes oder ovales offenes Gefäß* (siehe Bild): in der S. lag Obst. **II.** *äußere, dem Schutz dienende [harte] Schicht von Früchten oder Keimen; Hülse, Haut:* dieser Apfel hat eine harte S. * (ugs.) **sich in S. werfen** *(sich festlich kleiden)*.

schälen, schälte, hat geschält: 1. ⟨tr.⟩ *die Schale von etwas entfernen; von seiner Schale befreien:* er muß noch Kartoffeln s. 2. ⟨rfl.⟩ **a)** *sich in kleinen abgestorbenen Teilen ablösen:* nach dem Sonnenbrand schälte sich die Haut. **b)** *kleine abgestorbene Teilchen der Haut verlieren:* der Kranke schälte sich am ganzen Körper.

Schalk, der; -[e]s, -e und Schälke: *jmd., der gerne mit anderen seinen Spaß treibt, der gerne andere neckt; Schelm:* er ist ein großer S. * **der S. sieht jmdm. aus den Augen / sitzt jmdm. im Nacken** *(jmd. treibt gerne mit anderen seinen Spaß, neckt andere gern).*

Schall, der; -[e]s: **a)** *etwas, was laut gehört werden kann; ein weithin vernehmbarer [heller] Ton:* der S. der Trompeten. **b)** *alles Hörbare:* die Lehre vom S. ** **etwas ist leerer S.** *(etwas ist nichtssagend, ohne Bedeutung).*

schallen, schallte, hat geschallt ⟨itr.⟩: *laut tönen; ein lautes Geräusch hervorbringen oder verursachen:* ihr Gesang schallt mir noch in den Ohren; ⟨häufig im 1. Partizip⟩ er bekam eine schallende Ohrfeige von mir.

Schallplatte, die; -, -n: *Platte mit Rillen, die dazu dient, Musik, Reden o. ä. zu speichern und akustisch wiederzugeben* (siehe Bild).

Schallplatte

schalten, schaltete, hat geschaltet: 1. ⟨tr.⟩ *einstellen, einschalten:* er hat den Apparat auf „Ein" geschaltet. 2. ⟨itr.⟩ *bei Kraftfahrzeugen einen [anderen] Gang wählen:* der Fahrer schaltete in den 4. Gang. 3. ⟨itr.⟩ *nach eigenem Belieben, in uneingeschränkter Freiheit handeln:* der Hausmeister kann im Haus frei s. [und walten]. 4. ⟨itr.⟩ (ugs.) *begreifen, verstehen:* er schaltet immer ein wenig langsam.

Schalter, der; -s, -: 1. *Vorrichtung zum Ein-, Aus- oder Umschalten von elektrischen Geräten, Maschinen, Lampen o. ä.* (siehe Bild): er drehte am S., und das Licht ging aus. 2. *in Ämtern, bei der Post o. ä. abgetrennter Platz, an dem die Kunden bedient werden* (siehe Bild): er gab den Brief am S. ab.

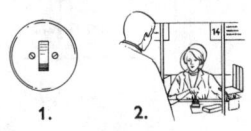

1.   2.

Schalter

Schaltung, die; -, -en: 1. *Anordnung der Teile einer elektrischen Anlage:* er überprüfte die S. der elektrischen Anlage. 2. *bei Kraftfahrzeugen Vorrichtung zum Einlegen der Gänge, zum Schalten:* dieser Wagen hat eine automatische S.

Scham, die; -: 1. *quälendes Gefühl der Schuld; peinliche Empfindung der Verlegenheit, der Reue; Scheu vor der Bloßstellung:* vor S. rot werden. 2. *äußere Geschlechtsteile:* die S. bedecken.

schämen, sich; schämte sich, hat sich geschämt: *Scham empfinden:* ich habe mich wegen dieses Verhaltens sehr geschämt.

schamhaft ⟨Adj.⟩: *voll Scham; leicht Scham empfindend:* sie hatte diesen Vorfall s. verschwiegen. **Schamhaftigkeit,** die; -.

schamlos ⟨Adj.⟩: **a)** *ohne jede Scheu und Zurückhaltung [seiend]; sehr dreist, unverschämt:* eine schamlose Frechheit. **b)** *ohne jedes Gefühl für Anstand [seiend]; unanständig, unsittlich:* die Bewohner des Hauses waren empört über diese schamlose Person. **Schamlosigkeit,** die; -, -en.

Schande, die; -: *etwas, wodurch man sein Ansehen, seine Ehre verliert; etwas, dessen man sich schämen muß; Unehre:* jmdm. große S. machen.

schändlich ⟨Adj.⟩: **a)** *Schande bringend; gemein, niederträchtig:* schändliche Taten. **b)** ⟨verstärkend; vor allem bei Verben⟩ (ugs.) *sehr, ungeheuer:* diese Bemerkung hat ihn s. geärgert; er wenig verdienen. **Schändlichkeit,** die; -, -en.

Schanktisch, der; -es, -e: *langer, meist hoher Tisch [in einem Lokal], an dem Getränke ausgeschenkt werden; Theke.*

Schar, die; -, -en: *größere [zusammengehörende] Anzahl, Menge:* eine S. von Flüchtlingen. * (ugs.) **in [hellen] Scharen** *(in großen Mengen):* die Einwohner strömten in [hellen] Scharen zusammen.

scharen, scharte, hat geschart ⟨rfl./itr.; in Verbindung mit um⟩: *(zu einer Schar) [ver]sammeln, vereinigen:* die Schüler scharten sich um den Lehrer; durch seine Begeisterung scharte er die Jugend um sich.

scharf, schärfer, schärfste ⟨Adj.⟩: 1. ⟨nicht adverbial⟩ *gut geschliffen (so daß es gut schneidet), schneidend; spitz:* ein scharfes Messer; er zerriß sich seinen Mantel an den scharfen Dornen; bildl.: ein scharfer *(rauher, schneidender)* Wind. 2. **a)** *in bestimmter, kräftiger und ausgeprägter Weise schmeckend oder riechend; beißend:* scharfer Senf, Essig; die Suppe war sehr s. *(sehr kräftig gewürzt).* **b)** *zerstörend auf etwas wirkend, ätzend:* eine scharfe Säure. 3. **a)** *mit großer Energie und sehr großem Einsatz [geführt]; hart, heftig, hitzig:* ein scharfer Kampf; s. *(sehr schnell)* reiten, fahren. * (ugs.) **auf jmdn./etwas s. sein** *(jmdn./etwas sehr begehren).* **b)** *ohne Nachsicht und Schonung [seiend]; hart, streng, bissig:* ein scharfes Urteil; in der Zeitschrift ist das Buch s. kritisiert worden; er gab eine scharfe *(abweisende)* Antwort. * (ugs.) **eine scharfe Zunge haben** *(boshaft über jmdn./etwas sprechen).* 4. **a)** *besonders befähigt (etwas klar zu erkennen oder wahrzunehmen) /in bezug auf Geist und manche Sinne/:* der Vogel hat ein scharfes Auge *(sieht auch auf weite Entfernung genau);* er hat einen scharfen *(durchdringenden)* Verstand; er dachte s. *(angestrengt)* nach. **b)** *klar /in seinem Umriß abhebend, hervortretend/; deutlich erkennbar:* der Turm hob sich s. vom Horizont ab; die Photographie ist nicht s.; bildl.: einen Plan s. umreißen *(genau beschreiben, festlegen).*

Schärfe, die; -: 1. *das Scharfsein; Eigenschaft, [gut] zu schneiden:* die S. des Messers; bildl.: die S. des Windes. 2. **a)** *beißender, scharfer Geschmack oder Geruch:* die S. des Essigs; die S. *(das starke Gewürztsein)*

schärfen

der Suppe. b) *ätzende Kraft:* die S. der Säure. 3. a) *Härte, Heftigkeit:* die S. des Kampfes. b) *Strenge, Härte:* die S. des Urteils. 4. a) *Genauigkeit:* die S. des Gehörs. b) *Klarheit, Deutlichkeit:* die S. der Photographie.

schärfen, schärfte, hat geschärft ⟨tr.⟩: 1. *scharf machen, scharf schleifen:* ein Messer s. 2. *in seiner Funktion ausbilden, verbessern, verfeinern:* der häufige Besuch fremder Länder schärfte seinen Blick.

Scharfmacher, der; -s, -: *jmd., der die Menschen aufreizt und gegen jmdn./etwas aufhetzt.*

scharfsinnig ⟨Adj.⟩: *etwas mit dem Verstand genau erfassend und durchdringend; logisch denkend; sehr klug, sehr gescheit:* ein scharfsinniger Denker.

scharmant: siehe charmant.

Scharnier, das; -s, -e: *Gelenk zur Befestigung von Türen, Deckeln o. ä.* (siehe Bild): das S. muß geölt werden.

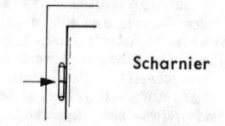

Scharnier

Schärpe, die; -, -n: a) *breites Band als Teil einer Uniform oder eines Ordens* (siehe Bild). b) *breiter Gürtel aus Stoff* (siehe Bild).

Schärpe

scharren, scharrte, hat gescharrt ⟨itr.⟩: *[mit dem Fuß] auf dem Boden reiben und so ein bestimmtes Geräusch erzeugen:* das Pferd scharrt mit dem Huf; /auch als Ausdruck des Mißfallens/: die Studenten scharrten während der Vorlesung mehrmals.

Scharte, die; -, -n: 1. *schadhafte Stelle in der Schneide eines Messers o. ä.* (siehe Bild): das Messer hat viele Scharten. * (ugs.) eine S. [wieder] auswetzen *(einen Fehler wiedergutmachen).* 2. *einem Fenster ähnliche Öffnung in der Mauer einer Burg o. ä. zum Beobachten oder Schießen* (siehe Bild).

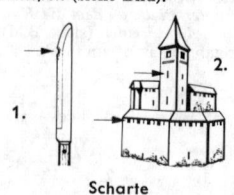

Scharte

Schatten, der; -s, -: 1. *dunkle Stelle, die sich auf einer von Licht beschienenen Fläche zeigt, verursacht dadurch, daß etwas im Licht steht* (siehe Bild): die langen Schatten der Bäume; eine unbekannte Gestalt löste sich aus dem S. *(Dunkel).* * **jmdn. in den S. stellen** *(jmdn. übertreffen);* **ein S. seiner selbst sein** *(elend, krank aussehen).* 2. *dunkle oder dunkel getönte Stelle:* sie hat blaue S. unter den Augen; bild1.: einige S. *(für den Betreffenden ungünstige, ihn belastende Ereignisse oder Handlungen)* liegen auf seiner Vergangenheit.

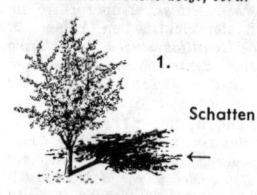

Schatten

schattig ⟨Adj.; nicht adverbial⟩: *kühlen Schatten habend, spendend:* einen schattigen Platz suchen.

Schatz, der; -es, Schätze: 1. *kostbarer Besitz, wertvolles Gut; Kostbarkeiten, Reichtümer:* Schätze sammeln; bild1.: ein reicher S. *(eine Fülle)* an Erfahrungen. 2. /als Kosewort/: guten Morgen, mein S.!

schätzen, schätzte, hat geschätzt: 1. ⟨tr.⟩ *Wert, Maß o. ä. von etwas ungefähr zu bestimmen versuchen:* man schätzt sein Vermögen auf mehrere Millionen. 2. ⟨tr.⟩ *eine hohe Meinung (von jmdm./etwas) haben, jmdn./ etwas) sehr hoch achten:* alle schätzen den neuen Mitarbeiter sehr; er schätzt *(liebt)* guten Wein; sein Vater schätzte *(legte großen Wert auf)* gutes Benehmen. 3. ⟨itr.⟩ *für sehr wahrscheinlich oder möglich halten; annehmen, meinen:* ich schätze, daß er heute kommt. **Schätzung,** die; -, -en.

schätzungsweise ⟨Adverb⟩: *soweit man es schätzen kann; ungefähr:* es waren s. 20 Personen auf dem Fest.

Schau, die; -, -: *Vorführung, Darbietung:* das Turnfest war eine großartige S. ** **aus jmds. S.** [heraus] *(von jmds. Standpunkt aus);* **zur S. stellen** *(ausstellen; zeigen);* **zur S. tragen** *(offen zeigen):* sie trägt ihr neues Kleid zur S.; (ugs.) **jmdm. die S. stehlen** *(jmdn. um die angestrebte Beachtung und Anerkennung bringen, indem man sich selbst in den Vordergrund bringt).*

Schauder, der; -s, -: *heftige, innere Empfindung des Grauens, der Angst und des Abscheus, die einen frösteln läßt:* ein S. ergriff ihn.

schaudern, schauderte, hat geschaudert ⟨itr.⟩: a) *Schauder empfinden:* mich schaudert *(graust)* bei dem Gedanken an diese Katastrophe. b) *vor Kälte zittern; frösteln:* als er ins Freie trat, schauderte er vor Kälte.

schauen, schaute, hat geschaut: a) ⟨itr.⟩ *mit näherer Bestimmung⟩ in eine bestimmte Richtung sehen, blicken:* er schaute vom Fenster aus auf die Straße. b) ⟨tr.⟩ (geh.) *wahrnehmen, erblicken; den Anblick (von jmdm./etwas) erleben:* Gottes Antlitz s. ** (landsch.) **nach jmdm./etwas s.** *(sich sorgen, kümmern um jmdn./etwas):* sie schaute nach dem Kranken.

Schauer, der; -s, -: 1. a) *Zittern, Beben vor Ehrfurcht und Ergriffenheit, vor Angst o. ä.:* er fühlte einen frommen S. beim Betreten der Kirche. b) *Frösteln; Zittern vor Kälte:* er trat ans offene Fenster, ein eisiger S. lief ihm über den Rücken. 2. *kurzer, heftiger Niederschlag:* im Wetterbericht sind S. angesagt worden.

schauern, schauerte, hat geschauert ⟨itr.⟩: a) *Schauer empfinden:* er schauerte vor Schrecken, vor Ehrfurcht; ihm/ihn schauerte, wenn er an diese Katastrophe dachte. b) *vor Kälte zittern; frösteln:* er schauerte vor Kälte.

Schaufel, die; -, -n: *Gerät zum Fortschaffen von Erde o. ä., zum Graben o. ä.* (siehe Bild).

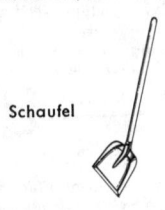

Schaufel

schaufeln, schaufelte, hat geschaufelt ⟨tr.⟩: **a)** *mit einer Schaufel ausheben, graben:* einen Graben s. * (ugs.) **sich** (Dativ) **sein eigenes Grab s.** *(sich selbst ins Verderben bringen).* **b)** *mit einer Schaufel von einer Stelle an eine andere bringen, befördern:* Kohlen in den Keller s.

Schaufenster, das; -s, -: *[großes] Fenster eines Geschäftes, in dem Waren zur Ansicht ausgelegt werden:* er hat das S. schön dekoriert.

Schaukel, die; -, -n: *Vorrichtung zum Hinundherschwingen* (siehe Bild).

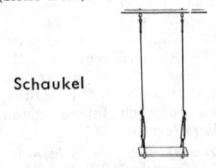

Schaukel

schaukeln, schaukelte, hat geschaukelt ⟨itr.⟩: *[mit einer Schaukel] auf und nieder schweben, hin und her schwingen:* die Kinder schaukeln auf dem Hof; ⟨auch tr.⟩ ein Kind [in der Wiege] s.; bildl. (ugs.): wir werden das Kind schon s. *(wir werden das Problem schon lösen, die Sache schon erledigen).*

schaulustig ⟨Adj.⟩: *begierig, etwas Neues, Aufregendes zu sehen; neugierig:* eine schaulustige Menge.

Schaum, der; -s: *lockere, weiche, aus Bläschen bestehende Masse:* der S. der Seife. * (ugs.; abwertend) **S. schlagen** *(prahlen, angeben).*

schäumen, schäumte, hat geschäumt ⟨itr.⟩: *Schaum bilden:* die Seife schäumt gut; bildl.: er schäumt *(er ist außer sich)* vor Wut.

Schauplatz, der; -es; Schauplätze: *Platz, Ort, an dem sich etwas ereignet, an dem etwas passiert:* dieses Haus war der S. des Verbrechens.

schaurig ⟨Adj.⟩: *Grauen erregend; unheimlich:* dieses öde Gebirge ist eine schaurige Landschaft.

Schauspiel, das; -s, -e: **1.** *Theaterstück.* **2.** *interessanter Anblick; Ereignis, Vorgang:* der Untergang der Sonne war ein packendes S.

Schauspieler, der; -s, -: *jmd., der bestimmte Rollen auf der Bühne o. ä. spielt* /Berufsbezeichnung/: ein genialer S.; er ist S.; bildl.: er ist immer schon ein S. gewesen *(er hat sich schon immer gut verstellen können).*

Scheck, der; -s, -s: *Anweisung an eine Bank o. ä., aus dem Guthaben des Ausstellenden eine bestimmte Summe zu zahlen:* einen S. über 100 Mark ausstellen.

scheckig ⟨Adj.; nicht adverbial⟩: *Flecken mit unterschiedlicher, meist weißer und schwarzer Farbe habend:* ein scheckiges Pferd.

scheel ⟨Adj.⟩ (abwertend): *neidisch; argwöhnisch, mißtrauisch:* jmdn. mit scheelen Blicken betrachten.

scheffeln, scheffelte, hat gescheffelt ⟨tr.⟩ (ugs.): *in großen Mengen einnehmen; anhäufen:* Geld s.

Scheibe, die; -, -n: **1.** *runde oder ovale Platte* (siehe Bild): der Diskus ist eine S. **2.** *dünne Platte aus Glas in einem Fenster* (siehe Bild): die Scheiben klirrten, als das Flugzeug über die Stadt flog. **3.** *abgeschnittenes, dünnes Stück (von bestimmten Nahrungsmitteln)* (siehe Bild): auf dem Teller lagen noch drei Scheiben Wurst; er nahm eine S. *(Schnitte)* Brot.

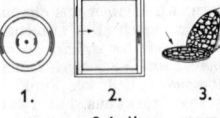

1. 2. 3.
Scheibe

Scheide, die; -, -n: *schützende Hülle für die Klinge von scharfen Waffen o. ä.:* er steckte das Schwert in die S.

scheiden, schied, hat/ist geschieden: **1.** (geh.) **a)** ⟨tr.⟩ *trennen, [ab]sondern:* er hatte die ausländischen Briefmarken von den anderen geschieden; eine Ehe s. *(eine Ehe gesetzlich auflösen);* der Beamte hatte ihre Ehe geschieden; sich s. lassen *(seine Ehe gesetzlich auflösen lassen);* ⟨häufig im 2. Partizip⟩ eine geschiedene Frau *(eine Frau, deren Ehe gesetzlich aufgelöst ist).* **b)** ⟨tr.⟩ *unterscheiden:* er hatte „Bedeutung" begrifflich von „Inhalt" geschieden. **c)** ⟨rfl.⟩ *sich als verschieden erweisen, auseinandergehen:* bei dieser Frage haben sich unsere Meinungen geschieden. **2.** ⟨itr.⟩ (geh.) *Abschied nehmen:* der Besucher war fröhlich von ihnen geschieden; aus dem Amt s. *(das Amt aufgeben).* * (geh.) **aus dem Leben s.** *(sterben).*

Scheidung, die; -, -en: *gesetzliche Trennung der Ehe.*

Schein, der; -[e]s, -e: **1.** ⟨ohne Plural⟩ *Licht, das von einer Lichtquelle ausgeht; Helligkeit:* der helle S. der Lampe. **2.** ⟨ohne Plural⟩ *die Art, wie etwas jmdm. erscheint; [täuschender] äußerer Eindruck, Anschein:* der S. spricht gegen ihn; den S. des Anstands aufrechterhalten. **3. a)** *[amtliches] Papier, das etwas Bestimmtes bescheinigt; Bescheinigung, schriftliche Bestätigung:* er hat mir einen S. ausgestellt, und ich konnte die Grenze passieren. **b)** *aus Papier hergestelltes Geld:* ich habe keine Münzen, sondern nur Scheine in der Tasche.

scheinbar ⟨Adj.⟩: *nur dem äußeren Eindruck nach; in Wirklichkeit nicht vorhanden, nicht wirklich:* das ist nur ein scheinbarer Widerspruch.

scheinen, schien, hat geschienen ⟨itr.⟩: **1.** *Licht ausstrahlen, Helligkeit von sich geben; leuchten:* die Sonne schien den ganzen Tag. **2.** ⟨s. + zu + Inf.⟩ *einen bestimmten Eindruck machen, einen bestimmten Anschein erwecken:* er scheint glücklich zu sein.

scheinheilig ⟨Adj.⟩ (abwertend): *eine gute Gesinnung, ein bestimmtes Interesse vortäuschend; voller Verstellung, hinterhältig:* dieser scheinheilige Bursche hat mir erst geholfen, und dann hat er mich betrogen.

Scheinwerfer, der; -s, -: *Lampe, deren Licht durch Spiegel in*

Scheiße

eine Richtung gelenkt wird und die deshalb sehr weit scheint (siehe Bild): *das Auto hatte zwei Scheinwerfer.*

Scheinwerfer

Scheiße, die; - (derb): *Kot* /oft als abwertende Bezeichnung für etwas oder als Fluch gebraucht/.

Scheit, das; -es, -e: *[durch Spalten von Stämmen entstandenes] größeres Stück Holz zum Brennen:* er steckte drei Scheite Holz in den Ofen.

Scheitel, der; -s, -: **1.** *Linie, die das Haar des Kopfes teilt:* der Friseur zog den S. auf der falschen Seite. **2.** *höchster Punkt eines Bogens:* der S. des Gewölbes. **** vom S. bis zur Sohle** *(von Kopf bis Fuß; ganz und gar):* er ist vom S. bis zur Sohle ein Kavalier.

scheitern, scheiterte, ist gescheitert ⟨itr.⟩: *gänzlich ohne Erfolg bleiben; mißlingen:* der Versuch, die Verunglückten zu retten, scheiterte an dem Einbruch der Dunkelheit.

Schelle, die; -, -n (landsch.): **a)** *kleine Glocke:* die Kuh hatte eine S. um den Hals hängen. **b)** *Klingel:* er stand an der Tür und drückte auf den Knopf der S.

schellen, schellte, hat geschellt ⟨itr.⟩ (landsch.): **a)** *mit einer Klingel läuten:* er nahm die Glocke und schellte nach dem Diener. **b)** *den Knopf der Klingel betätigen; klingeln:* er machte die Tür auf, denn es hatte geschellt.

Schelm, der; -s, -e: *Schalk:* er ist ein großer S.; /als Kosewort/: du kleiner S.! *(du kleiner Schlingel!).*

schelten, schilt, schalt, hat gescholten: **1. a)** ⟨itr.⟩ (landsch.) *schimpfen (über jmdn./etwas):* sie begann [über seine Unpünktlichkeit] zu s. **b)** ⟨tr.⟩ (geh.) *mit ärgerlichen Worten tadeln:* sie schalt ihn wegen seines Leichtsinns; der Lehrer hatte seine Faulheit gescholten. **2.** ⟨tr.⟩ (geh.) *ärgerlich bezeichnen (als etwas); schimpfen:* er schalt ihn einen Esel.

Schema, das; -s, -ta: **a)** *bestimmte Ordnung, festgelegter* *Plan:* der Ablauf seiner Arbeit ist an ein bestimmtes S. gebunden. **b)** *Muster, Vorlage:* nach diesem S. sollen alle anderen Artikel geschrieben werden. ***** (ugs.) **nach S. F** *(in stets derselben Weise; ohne viel zu überlegen; mechanisch):* das geht alles nach S. F. **c)** *knappe zeichnerische Darstellung; Entwurf, Skizze:* er verdeutlichte das Gesagte durch ein S.; ein S. von etwas entwerfen.

Schemel, der; -s, -: **a)** /ein Möbelstück zum Sitzen/ (siehe Bild). **b)** /ein Möbelstück, auf das man die Füße stellen kann/ (siehe Bild).

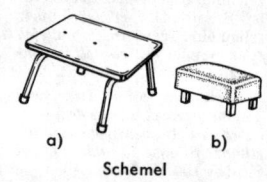

a) b)

Schemel

Schenkel, der; -s, -: **1.** *Oberschenkel* (siehe Bild): sich (Dativ) lachend auf die S. schlagen. **2.** *eine der beiden Geraden, die einen Winkel bilden* (siehe Bild): die S. dieses Winkels sind gleich lang.

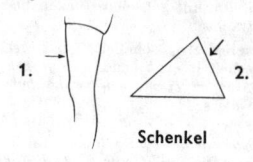

1. 2.

Schenkel

schenken, schenkte, hat geschenkt: **1.** ⟨tr.⟩ *unentgeltlich als Eigentum geben; zum Geschenk machen:* der Lehrer schenkte dem Schüler ein Buch; ihm wurde ein halbes Jahr [seiner Haft] geschenkt *(erlassen).* *** einem Kind das Leben s.** *(ein Kind gebären).* **2.** ⟨tr.⟩ ⟨sich etwas⟩ *ersparen; (von etwas) absehen:* wir können uns diesen Besuch s. *** sich** (Dativ) **nichts s.** *(sich [bei der Arbeit] nicht schonen und Schwierigkeiten nicht umgehen).* **3.** ⟨als Funktionsverb⟩ /drückt aus, daß etwas jmdm. gewährt oder zuteil wird/: jmdm./einer Sache [keine] Aufmerksamkeit, Beachtung s. *(jmd./etwas [nicht] beachten);* jmdm. Gehör s. *(jmdn. bereitwillig anhören);* jmdm./einer Sache Glauben s. *(jmdm./einer Sache glauben, vertrauen);* jmdm. ein Lächeln s. *(jmdn. anlächeln);* jmdm. Vertrauen s. *(jmdm. vertrauen).*

Schenkung, die; -, -en: *unentgeltliche Zuwendung an jmdn.*

Schere

Scherbe, die; -, -n: *Stück von einem zerbrochenen Gefäß oder einer zerbrochenen Scheibe:* er hob die Scherben vom Boden auf.

Schere, die; -, -n: /ein Werkzeug zum Schneiden/ (siehe Bild): Papier mit der S. schneiden.

scheren: **I.** scheren, schor, hat geschoren ⟨tr.⟩: **a)** *abschneiden:* die Haare s.; er schor die Wolle von den Schafen. **b)** *von (jmdm. /einem Tier) die Haare o. ä. entfernen:* er hat ihn ganz glatt geschoren; einen Pudel s. **II.** scheren, scherte, hat geschert (ugs.): **1.** ⟨rfl.⟩ *sich fortmachen, sich entfernen, weggehen* /meist in Befehlen oder Verwünschungen/: er schrie: „Schert euch in eure Zimmer!"; scher dich zum Teufel *(geh weg!).* **2.** ⟨rfl./ itr.⟩ (ugs.) *[sich] kümmern:* ich schere mich nicht darum; das hat ihn nicht im geringsten geschert *(gestört).*

Schererei, die; -, -en: *Schwierigkeit, Unannehmlichkeit:* jmdm. Scherereien machen.

Scherz, der; -es, -e: *Äußerung, Handlung o. ä., die Heiterkeit erregen oder Vergnügen bereiten soll:* er hat einen S. gemacht. *** etwas aus/im/zum S. sagen** *(etwas nicht ernst meinen);* **mit jmdm. [seinen] S. treiben** *(jmdn. necken).*

scherzen, scherzte, hat gescherzt ⟨itr.⟩: *einen Scherz, Scherze machen:* die Freunde scherzten den ganzen Abend; Sie scherzen wohl! *(das kann nicht Ihr Ernst sein!);* ich scherze nicht *(ich meine es ernst);* er setzte sich zu ihr und scherzte *(schäkerte)* mit ihr.

scherzhaft ⟨Adj.; nicht prädikativ⟩: *scherzend, nicht [ganz] ernst gemeint:* eine scherzhafte Bemerkung.

scheu ⟨Adj.⟩: *voller Scheu seiend; gehemmt, schüchtern; zurückhaltend:* das Mädchen ist sehr s.; ein scheuer *(nicht zutraulicher)* Vogel; das Pferd wurde plötzlich s. *(unruhig, wild)*.

Scheu, die; -: *banges und hemmendes Gefühl der Unterlegenheit, der Furcht oder der Ehrfurcht; zaghafte Zurückhaltung; Hemmung:* er hat die S. vor seinem Lehrer überwunden.

scheuen, scheute, hat gescheut: 1. ⟨tr.⟩ *Scheu, Hemmung, Angst haben (vor etwas); fürchten; (etwas) umgehen wollen:* er scheut die Entscheidung; ⟨auch rfl.⟩ ich scheue mich nicht, ihn um seine Hilfe zu bitten; er scheut sich vor großen Worten. * **keine Mühe s.** *(alles tun, um etwas zu erreichen, zu schaffen):* sie scheuten keine Mühe, um ihm zu helfen. 2. ⟨itr.⟩ *wild werden, zurückschrecken:* das Pferd scheute.

scheuern, scheuerte, hat gescheuert: 1. ⟨tr.⟩ *durch kräftiges Reiben mit einer Bürste o. ä. saubermachen:* Töpfe, den Fußboden s. 2. ⟨tr.⟩ *so reiben, daß es schmerzt [und die Haut wund wird]:* die Fessel scheuerte die Haut an den Gelenken [wund]; ⟨auch itr.⟩ der Schuh scheuert. 3. ⟨rfl.⟩ *reiben, um ein Jucken zu beseitigen:* das Schwein scheuerte sich an der Wand; ⟨auch itr.⟩ der Hund scheuerte sich (Dativ) den Rücken am Türpfosten.

Scheune, die; -, -n: *landwirtschaftliches Gebäude, in dem vor allem Getreide o. ä. gelagert wird:* er hat dieses Jahr eine volle S.

Scheusal, das; -s, -e: *Abscheu und Ekel erregendes Wesen; Ungeheuer:* dieser Mörder ist ein S.

scheußlich ⟨Adj.⟩: 1. *eklig, widerlich:* ein scheußlicher Anblick; die Suppe schmeckt s.; ein scheußliches *(häßliches)* Gebäude. 2. ⟨verstärkend bei Adjektiven⟩ *sehr:* es war s. kalt; ich bin s. müde. **Scheußlichkeit**, die; -, -en.

Schi, der; -s, -er: *langes, schmales Brett, das an den Schuhen be-*

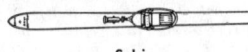

Schi

festigt wird und das dazu dient, sich auf Schnee fortzubewegen (siehe Bild).

Schicht, die; -, -en: 1. *flächenhaft ausgebreitete Masse eines Stoffes o. ä.:* eine S. Kohlen wechselte mit einer S. Erz; bildl.: die verschiedenen Schichten *(bestimmten Gruppen)* der Bevölkerung. 2. *tägliche Arbeitszeit, vor allem eines Bergmanns:* seine S. beginnt um 6 Uhr.

schichten, schichtete, hat geschichtet ⟨tr.⟩: *in Schichten [übereinander] legen:* Holz s.

schick ⟨Adj.⟩: *modisch elegant, geschmackvoll:* ein schicker Mantel; ein schickes *(modern und geschmackvoll gekleidetes)* Mädchen.

schicken, schickte, hat geschickt ⟨tr.⟩: a) *(jmdn.)* veranlassen, sich an einen bestimmten Ort zu begeben, einen bestimmten Ort zu verlassen: er schickte seinen Sohn zur Post; er schickte ihn zum Einkaufen aus dem Haus. b) *veranlassen, daß etwas an einen bestimmten Ort gebracht wird; übersenden:* er schickte seinem Vater/an seinen Vater ein Päckchen. ** **sich in etwas s.** *(eine unangenehme Lage geduldig und ohne Widerspruch ertragen; sich in etwas fügen):* ich schickte mich in mein Unglück; **etwas schickt sich [nicht]** *(etwas gehört sich [nicht], ziemt sich [nicht]):* es schickt sich nicht, mit den Händen in der Hosentasche ein Gespräch zu führen.

schicklich ⟨Adj.⟩: *den Regeln der Sitte und des Anstands gemäß; angemessen, angebracht:* ein schickliches Betragen; was du getan hast, ist nicht s. **Schicklichkeit**, die; -.

Schicksal, das; -s, -e: a) *alles, was dem Menschen an Schwerem widerfährt, Geschick:* er fügte sich in sein S. b) ⟨ohne Plural⟩ *höhere Macht, die das Leben des Menschen bestimmt und lenkt:* das S. bestimmte ihn zum Retter des Landes.

schicksalhaft ⟨Adj.⟩: *vom Schicksal bestimmt; unabwendbar:* eine Katastrophe ist ein schicksalhaftes Geschehen; eine schicksalhafte *(für die Zukunft sehr entscheidende)* Begegnung.

schieben, schob, hat geschoben: 1. a) ⟨tr.⟩ *(etwas) in eine bestimmte Richtung drücken; durch Drücken fort-, weiterbewegen:* einen Kinderwagen, ein Fahrrad s.; er schob *(rückte)* den Stuhl an den Tisch; er schob *(steckte langsam)* die Hände in die Hosentaschen. * **etwas auf jmdn./etwas s.** *(etwas Lästiges, Unangenehmes nicht auf sich nehmen, sondern es auf einen anderen übertragen [lassen]; jmdn. für verantwortlich erklären):* er schob die Verantwortung, Schuld [von sich] auf seinen Freund; er schob seine Müdigkeit auf die starke Beanspruchung *(er erklärte seine Müdigkeit durch die starke Beanspruchung);* **jmdm. etwas in die Schuhe s.** *(jmdn. ungerechtfertigt für etwas verantwortlich machen).* b) ⟨tr.⟩ *(jmdn.) durch Drücken in eine bestimmte Richtung drängen:* die Mutter schob die Kinder in den Zug. * (ugs.) **jmd. muß [immer] geschoben werden** *(jmd. macht nichts von selbst, von allein).* c) ⟨rfl.⟩ *sich langsam fortbewegen; sich in eine bestimmte Richtung drängen:* die Menge schob sich durch die Straße. * **sich in den Vordergrund s.** *(Aufmerksamkeit erregen wollen, sich wichtig tun).* 2. (ugs.) a) ⟨itr.⟩ *(mit etwas) unsaubere, verbotene Geschäfte machen; schmuggeln:* er schiebt mit Waffen. b) ⟨tr.⟩ *heimlich befördern; schmuggeln:* er schiebt Waffen über die Grenzen.

Schiebung, die; -, -en: *versteckte Begünstigung, Bevorzugung:* „S.!" riefen die Zuschauer, als der Schiedsrichter den Mann vom Platz stellte.

Schiedsrichter, der; -s, -: 1. *unparteiischer Leiter eines sportlichen Wettkampfes.* 2. *Unparteiischer, der in einem [Rechts]streit zwischen den streitenden Parteien vermittelt.*

schief ⟨Adj.⟩: 1. *von der senkrechten oder waagrechten Lage abweichend; nicht gerade; geneigt:* eine schiefe Mauer, Ebene; eine schiefe Fläche, Ebene; eine schiefe *(schief gewachsene)* Hüfte; den Kopf s. *(seitlich geneigt)* halten; den Hut s. *(schräg)* auf dem Kopf tragen. * **auf die schiefe Bahn kommen** *(auf Abwege geraten);* (ugs.) **ein schiefes Gesicht machen** *(mißmutig, unzufrieden aussehen);* (ugs.) **s. gewickelt sein** *(im Irrtum sein).* 2. a) (ugs.) *teilweise falsch; nicht ganz zutreffend; nur halb richtig:* ein schiefes Urteil; das war ein schiefer Vergleich; du siehst die Angelegenheit s. * **in ein schiefes Licht geraten** *(falsch beurteilt werden können).* b) *mißtrauisch, unfreundlich:* ein schiefer Blick; jmdn. s. ansehen.

schiefgehen

schiefgehen, ging schief, ist schiefgegangen ⟨itr.⟩ (ugs.): *mißlingen, scheitern:* das letzte Unternehmen ist schiefgegangen; (iron.) keine Angst, es wird schon s. *(gelingen).*

schielen, schielte, hat geschielt ⟨itr.⟩: **1.** *eine fehlerhafte Stellung der Augen haben:* sie schielte furchtbar. **2.** (ugs.) *verstohlen nach der Seite blicken:* er schielte nach rechts und nach links, ob man es gesehen habe.

Schienbein, das; -[e]s, -e: *der vordere, lange Knochen des Unterschenkels:* er verletzte sich am S.

Schiene, die; -, -n: **1.** *Stab aus Metall, auf dem Räder o. ä. rollen können /bes. bei Eisen-, Straßenbahnen o. ä./* (siehe Bild): in der Stadt wurden Schienen für die Straßenbahn gelegt. **2.** *bei Knochenbrüchen oder Verrenkungen angebrachte Stütze, die den verletzten Körperteil ruhigstellen soll* (siehe Bild): an den gebrochenen Arm wurde eine S. angelegt.

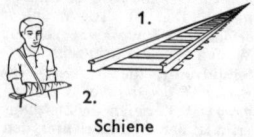

Schiene

schienen, schiente, hat geschient ⟨tr.⟩: *in Schienen legen:* der gebrochene Arm wurde von dem Arzt geschient.

schier: I. ⟨Adj.; nicht adverbial⟩: *rein:* schieres Fleisch *(Fleisch ohne Fett und Knochen);* (abwertend) das ist ja schiere Dummheit *(Dummheit in höchstem Grade).* **II.** ⟨Adverb⟩ *ganz und gar, geradezu:* das ist s. unmöglich.

schießen, schoß, hat/ist geschossen: **1. a)** ⟨itr.⟩ *eine [Feuer]waffe abfeuern:* der Verbrecher hatte [mit einer Pistole] auf den Polizisten geschossen. **b)** ⟨tr.⟩ *(ein Geschoß) abfeuern:* er hat ihm eine Kugel ins Herz geschossen; bildl.: wütende Blicke auf seinen Nachbarn s. **c)** ⟨tr.⟩ *(Wild) als Beute mit einer [Feuer]waffe töten; erlegen:* er hatte einen Hasen geschossen. **2. a)** ⟨itr.⟩ *sich sehr schnell bewegen:* das Boot ist durch das Wasser geschossen; bildl.: ein Gedanke schießt mir durch den Kopf. **b)** ⟨itr.⟩ *sehr schnell wachsen:* die Saat war aus der Erde geschossen. **c)** ⟨tr.⟩ *[mit dem Fuß] stoßen, befördern:* er hatte den Ball ins Tor geschossen; ein Tor s. *(erzielen).*

Schiff, das; -[e]s, -e: **1.** *größeres Fahrzeug, das sich auf dem Wasser, bes. auf Meeren und Flüssen, fortbewegt:* das S. liegt im Hafen. * **S. der Wüste** *(Kamel).* **2.** *länglicher Raum in christlichen Kirchen, der für die Gemeinde bestimmt ist:* die Kirche hat drei Schiffe.

Schiffbruch, der; -[e]s, Schiffbrüche: *schwerer Unfall eines Schiffes:* die Überlebenden des Schiffbruches. * **S. erleiden** *(scheitern):* er erlitt mit seinem Plan S.

Schikane, die; -, -n: *[unter Ausnutzung einer besonderen Stellung] böswillig bereitete Schwierigkeit:* er war den Schikanen seines Vorgesetzten hilflos ausgeliefert. * (ugs.) **mit allen Schikanen** *(mit allem, was dazu gehört):* er hatte ein Auto mit allen Schikanen.

schikanieren, schikanierte, hat schikaniert ⟨tr.⟩: *jmdm. [unter Ausnutzung einer besonderen Stellung] in kleinlicher, böswilliger Weise Schwierigkeiten bereiten:* der Chef schikanierte seine Untergebenen.

Schild: I. der; -[e]s, -e: *Waffe zum Schutz gegen Angriffe* (siehe Bild). * (ugs.) **etwas Böses im Schilde führen** *(heimlich etwas Unrechtes vorhaben).* **II.** das; -[e]s, -er: *[rechteckige] Platte aus Holz, Metall o. ä., [recht-*

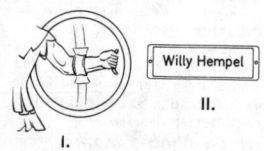

Willy Hempel

Schild

eckiges] Stück Papier, Pappe o. ä. mit einem Namen, einem Zeichen o. ä. oder einer allgemeinen Bekanntmachung (siehe Bild): er hatte ein S. mit seinem Namen an der Tür; ein S. mit dem Zeichen der Firma; im Wartezimmer hing ein S. „Rauchen verboten".

schildern, schilderte, hat geschildert ⟨tr.⟩: *ausführlich und genau mit Worten wiedergeben;* *lebendig beschreiben:* der Lehrer schilderte anschaulich die Eroberung Roms. **Schilderung,** die; -, -en.

Schilf, das; -[e]s, -e: *hohes Gras, das besonders an Ufern wächst* (siehe Bild).

Schilf

schillern, schillerte, hat geschillert ⟨itr.⟩: *in verschiedener Stärke, in wechselnden Farben glänzen:* das auf dem Wasser schwimmende Öl schillerte bunt; bildl.: sie hat ein schillerndes Wesen *(einen undurchsichtigen, zwiespältigen Charakter).*

Schimmel, der; -s, -: **I.** ⟨ohne Plural⟩ *an feuchten Stoffen und Körpern sich bildende [weißlichschimmernde] Pilze:* auf dem alten Brot hatte sich S. gebildet. **II.** *weißes Pferd.*

schimmeln, schimmelte, hat geschimmelt ⟨itr.⟩: *Schimmel ansetzen:* der Käse schimmelt bereits.

Schimmer, der; -s: **a)** *mattes Leuchten, gedämpfter Glanz:* der S. des Goldes. **b)** *schwaches Funkeln:* der S. der Sterne. ** (ugs.) **nicht den leisesten S. von etwas haben** *(keine Ahnung von etwas haben).*

schimmern, schimmerte, hat geschimmert ⟨itr.⟩: **a)** *einen matten, gedämpften Glanz haben:* das Kleid aus Seide schimmerte schwarz. **b)** *ein schwaches Licht aussenden, verbreiten:* der Stern schimmerte am Horizont.

schimpfen, schimpfte, hat geschimpft: **1.** ⟨itr.⟩ *seinen Unwillen (über jmdn./etwas) in zornigen Worten äußern:* er schimpfte maßlos über das Essen; er hat sehr mit ihm geschimpft *(er hat ihn heftig getadelt).* **2.** ⟨tr.⟩ *zornig (als etwas) bezeichnen; nennen:* er schimpfte ihn einen Esel.

schimpflich ⟨Adj.⟩: *schändlich, die Ehre verletzend, ehrlos:* eine schimpfliche Behandlung.

schinden, (selten:) schindete, hat geschunden: **1.** ⟨tr.⟩ **a)** *schonungslos zu höheren Lei-*

stungen antreiben: die Arbeiter werden hier sehr geschunden. **b)** *quälen, mißhandeln:* die Gefangenen wurden geschunden. **2.** ⟨rfl.⟩ (ugs.) *sich übermäßig anstrengen; sich abmühen:* du hast dich in deinem Leben genug geschunden. ** (ugs.) **Eindruck s.** *(Eindruck zu machen suchen).*

Schinken, der; -s, -: **1.** *Keule, bes. vom Schwein:* geräucherter S. * (ugs.) **mit der Wurst nach dem S. werfen** *(mit kleinem Einsatz Größeres zu gewinnen suchen).*

Schippe, die; -, -n: *Schaufel.* * (ugs.) **eine S. machen/ziehen** *(den Mund unwillig verziehen);* (ugs.) **jmdn. auf die S. nehmen** *(jmdn. necken, seinen Spaß mit jmdm. treiben).*

schippen, schippte, hat geschippt ⟨tr.⟩: *mit einer Schaufel wegschaffen, fortbringen:* nach den starken Schneefällen mußten wir den ganzen Tag Schnee s.

Schirm, der; -[e]s, -e: **a)** *Vorrichtung zum Schutz vor Regen oder Sonne* (siehe Bild): als es anfing zu regnen, spannten sie ihren S. auf. **b)** *Teil der Mütze, der dem Schutz vor der Sonne dient* (siehe Bild). **c)** *Teil der Lampe, der vor zu hellem Licht schützen soll* (siehe Bild).

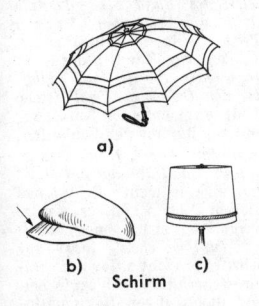

a)
b)
c)
Schirm

Schlacht, die; -, -en: *schwerer, lang andauernder Kampf zwischen [zwei] großen Heeren o. ä.:* eine S. verlieren.

schlachten, schlachtete, hat geschlachtet ⟨tr.⟩: *(Vieh, Geflügel) fachgerecht töten und zerlegen, um Fleisch für die menschliche Nahrung zu gewinnen:* ein Schwein s.; ⟨auch itr.⟩ dieser Fleischer schlachtet zweimal in der Woche.

Schlachter, Schlächter, der; -s, - (nordd.): *Fleischer; jmd., der beruflich schlachtet und Fleisch und Wurst verkauft.*

Schlacke, die; -, -n: *Abfall, Rückstand beim Schmelzen von Erz, beim Verbrennen von Koks o. ä.:* den Ofen von der S. reinigen.

Schlaf, der; -[e]s: *Zustand der Ruhe, in dem die körperlichen Funktionen herabgesetzt sind [und das Bewußtsein ausgeschaltet ist]:* in S. fallen. * (ugs.) **etwas wie im S. tun** *(etwas ganz sicher tun, ohne nachzudenken);* **den S. des Gerechten schlafen** *(ganz fest schlafen).*

Schlafanzug, der; -[e]s, Schlafanzüge: *zweiteiliger leichter Anzug, den man im Bett trägt; Pyjama.*

Schläfe, die; -, -n: *Gegend an der oberen Seite des Kopfes, zwischen Auge und Ohr* (siehe Bild).

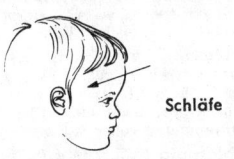

Schläfe

schlafen, schläft, schlief, hat geschlafen ⟨itr.⟩: **1.** *sich im Zustand des Schlafes befinden; nicht wach sein:* im Bett liegen und s. **2.** (abwertend) *unaufmerksam sein:* wenn du schläfst und nicht aufpaßt, wirst du die Aufgabe auch nicht lösen können; er schläft bei jedem Vortrag.

schlaff ⟨Adj.⟩: **a)** *nicht gespannt, nicht straff; locker:* ein schlaffes Segel; die Saite war s. gespannt. **b)** *kraftlos, schlapp:* mit schlaffen Knien ging er zur Tür. **Schlaffheit,** die; -.

schläfrig ⟨Adj.⟩: *des Schlafs bedürftig, fast schlafend; müde:* um 9 Uhr wurde er s. und ging zu Bett; er näherte sich mit schläfrigen *(trägen, langsamen)* Bewegungen. **Schläfrigkeit,** die; -.

schlaftrunken ⟨Adj.⟩: *vom Schlaf noch ganz benommen, noch nicht ganz wach:* jmdn. s. ansehen. **Schlaftrunkenheit,** die; -.

Schlafwagen, der; -s, -: *Wagen bei der Eisenbahn, der Abteile mit Betten enthält.*

schlafwandeln, schlafwandelte, hat/ist geschlafwandelt ⟨itr.⟩: *ohne es zu wissen, im Schlaf umherirren.*

Schlag, der; -[e]s, Schläge: **1.** *hartes Auftreffen mit der Hand oder einem Gegenstand; Hieb:* jmdm. einen S. versetzen; ein S. mit dem Stock; bildl. (ugs.): diese Bemerkung war ein S. ins Gesicht *(eine Beleidigung, Kränkung).* * (ugs.) **mit einem S.** *(plötzlich).* **2.** *stoßweise Bewegung:* der S. des Pulses. **3.** *bestimmter Ton:* der S. der Uhr. **4.** *Schlaganfall:* der S. hat ihn getroffen; bildl. (ugs.): ich dachte, mich rührt/trifft der S. *(ich war völlig überrascht).* **5.** *Art:* ein Beamter alten Schlages.

Schlagader, die; -, -n: *Ader, die das Blut vom Herzen zu einem Organ oder Gewebe hinführt.*

Schlaganfall, der; -[e]s, Schlaganfälle: *plötzlicher krankhafter Ausfall bestimmter Funktionen, vor allem des Gehirns, oft mit Störungen des Bewußtseins und mit Lähmungen verbunden.*

schlagartig ⟨Adj.; nicht prädikativ⟩: *plötzlich, überraschend schnell und heftig:* der Regen setzte s. ein.

Schlagball, der; -[e]s, Schlagbälle: **1.** *kleiner elastischer Ball aus Leder.* **2.** ⟨ohne Plural⟩ *Spiel zweier Mannschaften, bei dem der Ball von der einen Partei mit einem Stock geschlagen, von der anderen Partei gefangen und zurückgeworfen wird:* S. spielen.

schlagen, schlägt, schlug, hat/ ist geschlagen: **1. a)** ⟨itr.⟩ *mit der Hand oder einem Gegenstand nach heftig-rascher Bewegung (jmdn./etwas) hart treffen:* er hatte mit der Faust auf den Tisch geschlagen; ⟨auch tr.⟩ er hatte ihn mit dem Stock, ihm den Stock ins Gesicht geschlagen. **b)** ⟨tr.⟩ *durch Schläge verursachen:* er hatte dem Nachbarn ein Loch in den Kopf geschlagen. **c)** ⟨rfl./rzp.⟩ *eine Schlägerei austragen; sich prügeln:* er hatte sich jeden Tag mit seinem Nachbarn geschlagen; die beiden Brüder schlagen sich dauernd. **d)** ⟨tr.⟩ *durch Schläge ein Werkzeug (in etwas) hineintreiben:* er hatte einen Nagel in die Wand geschlagen, um das Bild aufzuhängen. **e)** ⟨tr.⟩ *durch einen*

Schlager

Schlag irgendwohin befördern: beim Tennis ist es wichtig, den Ball genau in die Ecke des Feldes zu s. **2. a)** ⟨rfl.⟩ *kämpfen:* die Soldaten haben sich tapfer geschlagen. **b)** ⟨tr.⟩ *besiegen:* sie haben ihre Feinde geschlagen. **3. a)** ⟨itr.⟩ *heftig und rasch auf und nieder bewegen:* der Vogel hat mit den Flügeln geschlagen; das Fenster schlägt *(geht heftig und rasch auf und zu).* **b)** ⟨itr.⟩ *(gegen etwas) fallen, stürzen:* er ist mit dem Kopf gegen die Tür geschlagen. **c)** ⟨itr.⟩ *sich in regelmäßigen Stößen bewegen, klopfen:* der Puls hat heftig geschlagen. **d)** ⟨rfl.⟩ (ugs.) *(irgendwohin) gehen:* er hatte sich nach rechts geschlagen. **4. a)** ⟨itr.⟩ *auf besondere Weise singen /von Vögeln/:* die Nachtigallen hatten die ganze Nacht geschlagen. **b)** *einen Ton erklingen lassen, der durch einen Schlag erzeugt ist:* die Uhr hat neun geschlagen. * (ugs.) **nun schlägt's [aber] dreizehn!** *(das ist ja unerhört!)* /Ausruf des Erstaunens/. **c)** ⟨tr.⟩ *(auf einem Schlag- oder Saiteninstrument) spielen:* er hatte die Trommel, die Harfe geschlagen. **5.** ⟨tr.⟩ **a)** *machen, erzeugen:* er hat mit dem Zirkel einen Kreis geschlagen. **b)** *legen:* ich hatte dem Kranken ein Tuch um die Schultern geschlagen.

Schlager, der; -s, -: **a)** *ein im Text wie in der Musik oft anspruchsloses, sich leicht einprägendes Lied [das nur kurze Zeit Erfolg hat]:* sie hörten den ganzen Tag S. **b)** *etwas, was zugkräftig ist, was großen Erfolg hat:* dieses Theaterstück ist der S. der Saison; diese Ware ist ein S. *(wird sehr gut verkauft).*

Schlägerei, die; -, -en: *Streit, bei dem sich die beiden Gegner oder Parteien gegenseitig [ver]-prügeln, schlagen:* es kam zu einer wilden S.

schlagfertig ⟨Adj.⟩: *fähig, in jeder Situation treffend zu antworten; nie um eine Antwort verlegen:* dieser Politiker ist ein schlagfertiger Redner; er ist sehr s.; eine schlagfertige *(treffende)* Antwort. **Schlagfertigkeit,** die; -.

Schlagsahne, die; -: *steif geschlagene Sahne:* ein Stück Torte mit S.

Schlagwort, das; -[e]s, -e: *kurzer, formelhafter Ausdruck,* der oft sehr vereinfachend eine Idee, ein Programm, eine allgemeine Meinung o. ä. wiedergeben soll: das S. „Zurück zur Natur".

Schlagzeile, die; -, -n: *durch große Buchstaben und oft prägnante Formulierung besonders auffällige Überschrift eines Artikels [auf der 1. Seite] einer Zeitung:* die Zeitungen brachten diese Sensation in großen Schlagzeilen. * **Schlagzeilen machen** *(in der weiten Öffentlichkeit besonderes Aufsehen erregen).*

Schlagzeug

Schlagzeug, das; -[e]s, -e: *zusammengehörende Gruppe von Schlaginstrumenten in einem Orchester o. ä.* (siehe Bild).

Schlamm, der; -[e]s: *dickflüssige Mischung aus [feinem] Sand o. ä. und Wasser:* die Straßen waren nach der Überschwemmung voller S.

schlampig ⟨Adj.⟩: *in auffälliger Weise unordentlich; überaus nachlässig:* eine schlampige Alte öffnete die Tür; der Mechaniker hatte s. *(ohne die geringste Sorgfalt)* gearbeitet. **Schlampigkeit,** die; -.

Schlange, die; -, -n: /ein Tier/ (siehe Bild); eine giftige S.; bildl.: eine S. *(lange Reihe)* von Autos. * **S. stehen** *(in einer Reihe von wartenden Menschen stehen; anstehen).*

Schlange

schlängeln, sich; schlängelte sich, hat sich geschlängelt: **a)** *sich in Windungen, wie eine Schlange bewegen:* der Bach schlängelte sich ins Tal. **b)** *Hindernissen geschickt ausweichen und sich so weiterbewegen:* er schlängelte sich durch die parkenden Autos.

schlank ⟨Adj.; nicht adverbial⟩: *groß oder hoch und zugleich schmal gewachsen oder geformt:* eine schlanke Gestalt; das Kleid macht dich s. *(läßt dich s. erscheinen);* eine schlanke Vase.

schlapp ⟨Adj.⟩: **a)** *kraftlos, schwach, matt:* ein schlapper Mensch; sich s. fühlen. **b)** *locker, schlaff:* die Fahne hing s. am Mast. **Schlappheit,** die; -.

schlau ⟨Adj.⟩: *intelligent und geschickt; klug, gewitzt:* ein schlauer Kopf *(Mensch).*

Schlauch, der; -[e]s, Schläuche: **1. a)** *biegsame Röhre [aus Gummi], durch die Flüssigkeiten oder Gase geleitet werden* (siehe Bild): ein S. zum Sprengen des Rasens. **b)** *kreisförmig geschlossener, röhrenartiger Behälter aus Gummi, der im Reifen die Luft enthält* (siehe Bild): an seinem Fahrrad war ein S. geplatzt. **2.** (ugs.) *langer und schmaler Raum:* dieses Zimmer ist ein S.

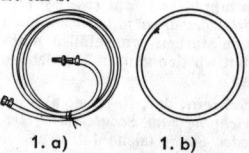

1. a)   1. b)

Schlauch

Schläue, die; -: *das Schlausein.*

Schlaufe, die; -, -n: **a)** *in bestimmter Weise geknotetes oder befestigtes Band o. ä., das als Griff zum Festhalten oder zum Tragen dient* (siehe Bild): er saß im Taxi, die Hand in der S. **b)** *angenähter Streifen aus Stoff, der den Gürtel o. ä. hält* (siehe Bild): er machte den Gürtel auf und zog ihn aus den Schlaufen.

schlecht ⟨Adj.⟩: **1.** *minderwertig; in Qualität und Art nicht gut:* eine schlechte Ernte; das Fleisch roch schon, es war s. *(verdorben);* er hat eine schlechte *(unleserliche, unsaubere)* Schrift; er sieht s. [aus]. **2.** *ungünstig, schlimm:* schlechte Zeiten; die häufigen Reklamationen sind s. *(nachteilig, nicht förderlich)* für das Geschäft. **3.** *unangenehm:* eine schlechte Angewohnheit; die Medizin schmeckt s. **4.** ⟨nur prädikativ⟩ *unwohl,*

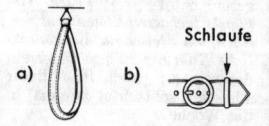

a)   b)   Schlaufe

übel: nach dem fetten Essen wurde ihm ganz s. **5.** *böse; charakterlich, moralisch schlecht nicht gut:* er ist ein schlechter Mensch; wenn er das tut, handelt er s.

schlechterdings ⟨Adverb⟩: *ganz und gar:* es war mir s. unmöglich, früher zu kommen; es war s. *(geradezu)* alles erlaubt.

schlechthin ⟨Adverb⟩: *ganz einfach, geradezu:* sein Verhalten war s. unverschämt; der Satan gilt als das Böse s. *(in reinster Ausprägung; an sich).*

schlechtmachen, machte schlecht, hat schlechtgemacht ⟨tr.⟩ (ugs.): *nur Nachteiliges (über jmdn./etwas) sagen [um das Urteil des Zuhörenden negativ zu beeinflussen]:* er versuchte seinen Kollegen bei jeder Gelegenheit schlechtzumachen.

schlechtweg ⟨Adverb⟩: *einfach, nur:* man kann ihm s. alles zutrauen; er hat s. nein gesagt; er will seine Romane nicht s. als Unterhaltungsromane verstanden wissen.

schlecken, schleckte, hat geschleckt ⟨tr./itr.⟩ (landsch.): **a)** *lecken, leckend schlürfen:* die Katze schleckt [die Milch]; die Kinder schlecken [die Milch]. **b)** *(Süßigkeiten) essen, naschen:* sie saß im Café und schleckte gezuckerte Früchte.

schleichen, schlich, ist/hat geschlichen ⟨itr.⟩: **a)** *sich leise und langsam bewegen:* die Katze schleicht; er war auf Zehenspitzen geschlichen, um die Kinder nicht zu wecken; bildl.: die Zeit schleicht *(vergeht nur langsam).* **b)** *heimlich und unbemerkt gehen:* am Abend war er aus der Wohnung geschlichen; ⟨häufig im 2. Partizip⟩ eine schleichende *(fast unbemerkt sich entwickelnde)* Inflation; ⟨auch rfl.⟩ ich hatte mich aus dem Haus geschlichen. **c)** (ugs.) *langsam und mit schleppenden Schritten gehen:* sie waren, von der Arbeit erschöpft, nach Hause geschlichen.

Schleier, der; -s, -: *[den Kopf oder das Gesicht verhüllendes] feines, zumeist durchsichtiges Gewebe:* die Frau schlug den S. vor dem Gesicht zurück; die Braut hatte einen herrlichen S. aus Spitzen. bildl.: der dunkle S. der Zukunft. * **einen S. vor den Augen haben** *(nur undeutlich sehen können).*

schleierhaft ⟨Adj.; nicht attributiv⟩ (ugs.): *unerklärlich, unklar:* wie diese Arbeit fertig werden den soll, ist mir s.

Schleife, die; -, -n: **1. a)** *in bestimmter Weise geschlungene*

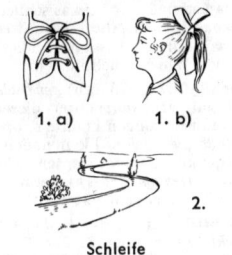

1. a) **1. b)**

2.

Schleife

Verknüpfung der Enden einer Schnur o. ä., die leicht gelöst werden kann (siehe Bild): er löste die S. an seinem Schuh. **b)** *zu einer bestimmten Form geschlungenes Band o. ä., das an Stelle einer Krawatte, zur Verzierung im Haar o. ä. getragen werden kann* (siehe Bild): ein Mädchen mit einer S. im Haar. **2.** *Krümmung einer Straße o. ä., bei der sich die Richtung um mehr als 90° ändert; starke Biegung, Windung* (siehe Bild): die Straße macht eine S.

schleifen: **I.** schleifen, schliff, hat geschliffen ⟨tr.⟩: **1.** *etwas an der Oberfläche mit einem rauhen Gegenstand bearbeiten, um es zu schärfen, zu glätten o. ä.:* ein Messer s.; er schliff das Glas; ⟨häufig im 2. Partizip⟩ ein scharf geschliffener Dolch; bildl.: eine geschliffene *(sehr gut formulierte)* Rede. **2.** (ugs.) *[übertrieben] hart ausbilden, drillen:* der Soldat wurde so geschliffen, daß er zusammenbrach. **II.** schleifen, schleifte, hat geschleift: **1. a)** ⟨tr.⟩ *über den Boden hinweg ziehen:* er schleifte den Sack aus dem Zimmer; bildl. (ugs.): er schleifte ihn ins Kino *(überredete ihn mitzukommen).* **b)** ⟨itr.⟩ *in eine Richtung bewegt werden und dabei den Boden o. ä. berühren:* das Kleid schleifte durch den Staub. * **die Zügel s. lassen** *(nicht streng sein).* **2.** ⟨tr.⟩ *niederreißen, dem Erdboden gleichmachen:* die Feinde schleiften die Mauern der Stadt.

Schleim, der; -[e]s: *schlüpfrige, leicht klebrige Masse:* er hustete blutigen S. in sein Taschentuch.

schlemmen, schlemmte, hat geschlemmt ⟨itr.⟩: *reichlich und ausgiebig essen und trinken:* sie lassen sich viel Zeit bei den Mahlzeiten und schlemmen.

schlendern, schlenderte, ist geschlendert ⟨itr.⟩: *lässig und gemächlich gehen [ohne ein festes Ziel zu haben]:* er schlenderte durch die Straßen.

schlenkern, schlenkerte, hat geschlenkert ⟨tr.⟩: *(etwas) nachlässig hin und her schwingen; (etwas) locker hin und her bewegen:* er schlenkerte seine Arme; ⟨auch itr.⟩ mit den Gliedern s.

Schleppe, die; -, -n: *Teil eines festlichen Kleides, der hinten über den Boden schleift* (siehe Bild).

Schleppe

schleppen, schleppte, hat geschleppt: **1.** ⟨tr.⟩ **a)** *(etwas Schweres) mit großer Anstrengung und daher nur langsam tragen:* er schleppte seine Koffer zum Bahnhof; bildl.: er schleppte ihn ins Kino *(überredete ihn mitzukommen).* **b)** *[mit großer Anstrengung und daher nur langsam] hinter sich herziehen:* ein Dampfer schleppt die Kähne den Strom aufwärts. **2.** ⟨rfl.⟩ *sich mit großer Anstrengung und daher nur langsam fortbewegen:* der Kranke schleppte sich zum Bett; ⟨häufig im 1. Partizip⟩ ein schleppender Gang; bildl.: eine schleppende Redeweise.

schleudern, schleuderte, hat geschleudert: **1.** ⟨tr.⟩ **a)** *mit heftigem Schwung und voller Wucht werfen:* s. schleuderte das Buch zu Boden; bildl.: jmdm. eine Beleidigung ins Gesicht s. **b)** *in einem sich schnell drehenden Gerät, einer Zentrifuge, von anderen Stoffen o. ä. trennen und so gewinnen:* Honig s.; Wäsche s. *(durch schnelles Drehen in einer Zentrifuge mög-*

schleunig

lichst viel Feuchtigkeit aus der Wäsche herausbringen). 2. ⟨itr.⟩ *mit heftigem Schwung [abwechselnd nach rechts und nach links] aus der Spur rutschen:* das Auto schleuderte, geriet ins Schleudern.

schleunig ⟨Adj.; nicht prädikativ⟩: *sehr schnell, so schnell wie möglich:* mit schleunigen Schritten; er machte sich schleunigst *(sofort)* auf den Weg.

Schliche, die ⟨Plural⟩ (ugs.): *Listen:* er kennt alle S. * **jmdm. auf die S. kommen, hinter jmds. S. kommen** *(jmds. Absichten erkennen, jmdn. durchschauen).*

schlicht ⟨Adj.⟩: *ohne großen Aufwand und Anspruch; einfach:* ein schlichtes Leben führen; ein schlichtes Kleid.

schlichten, schlichtete, hat geschlichtet ⟨tr.⟩: *(den Streit anderer) durch vermittelnde und beruhigende Worte beenden:* diese Angelegenheit ist von einem Schiedsrichter geschlichtet worden.

schließen, schloß, hat geschlossen /vgl. geschlossen/: **1. a)** ⟨tr.⟩ *bewirken, daß etwas nicht mehr offen ist, offensteht; zumachen:* er trat ins Zimmer und schloß die Tür hinter sich; die Flasche [mit einem Korken] s.; ein Kleid s. *(die Knöpfe, den Reißverschluß des Kleides zumachen).* **b)** ⟨tr.⟩ *den Betrieb einstellen:* der Kaufmann schließt sein Geschäft endgültig; ab 19 Uhr ist die Post geschlossen; ⟨auch itr.⟩ die Schulen schließen für 4 Wochen. **c)** ⟨rfl.⟩ *[von selbst] zugehen, zusammengehen:* die Tür schloß sich langsam; die Wunde hat sich noch nicht geschlossen *(ist noch nicht zugewachsen);* ⟨auch itr.⟩ die Tür schließt gut *(geht leicht zu);* der Deckel schließt *(paßt)* genau. **2.** ⟨tr.⟩ **a)** *(in etwas) legen und (dies) mit einem Schloß sichern; sicher verwahren:* er schloß das Geld in einen Kasten. **b)** *mit einem Schloß o. ä. festmachen, befestigen:* er schloß sein Fahrrad an Geländer. **3. a)** ⟨tr.⟩ *beenden:* eine Sitzung, eine Versammlung s. **b)** ⟨itr.⟩ *enden:* der Brief schloß mit einem freundlichen Gruß. **4.** ⟨tr.⟩ **a)** *anfügen; (einer Sache) folgen lassen:* er schloß eine große Bitte an seine Rede; ⟨auch rfl.⟩ an seinen Vortrag schloß sich eine

Diskussion *(seinem Vortrag folgte eine Diskussion).* **b)** *vollenden:* er fügte den letzten Stein ein und schloß so die Mauer; eine Lücke s. *([aus]füllen).* **c)** *eingehen:* Freundschaft, eine Ehe s.; einen Vertrag [mit jmdm.] s. *(abschließen).* **5.** ⟨itr.⟩ *folgern; den Schluß ziehen:* daraus kann man s., daß ... ** **etwas schließt etwas in sich** *(etwas enthält etwas):* diese Aussage schließt einen Widerspruch in sich.

schließlich ⟨Adverb⟩: *endlich:* s. gab er nach; unter diesen Voraussetzungen konnte s. *(am Ende, zum Schluß)* kein anderes Ergebnis erwartet werden; wieso? s. *(letzten Endes)* ist er doch immer noch sein Vater.

Schliff, der; -[e]s: **1.** *das Geschliffensein:* der S. der Edelsteine ist schön. * **einer Sache den letzten S. geben** *(einer Sache die endgültige Form geben).* **2.** *gute Umgangsformen:* er hat keinen S.

schlimm ⟨Adj.⟩: **1.** *schwerwiegend; üble Folgen habend:* er machte im Aufsatz einen so schlimmen Fehler, daß er eine schlechte Note bekam. **2.** *sehr ungünstig, sehr schlecht:* schlimme Zeiten. **3.** *sehr unangenehm:* eine schlimme Nachricht erreichte ihn; das ist doch nicht so s. **4.** *sehr böse; charakterlich, moralisch nicht gut:* er war ein schlimmer Bursche. **5.** (ugs.) *krank, entzündet:* eine schlimme Hand haben.

Schlinge, die; -, -n: *in bestimmter Weise ineinandergeschlungene Schnur o. ä. [die auf- und zugezogen werden kann]* (siehe Bild): die S. ist gerissen; /von Wilderern oft als Gerät zum Fangen von Tieren verwendet/; ein Hase hatte sich in der S. gefangen.

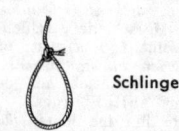

Schlinge

Schlingel, der; -s, -: *pfiffiger, übermütiger, zu Streichen aufgelegter, aber nicht bösartiger Junge:* der Junge ist ein rechter S.

schlingen, schlang, hat geschlungen: **1.** ⟨tr.⟩ **a)** *(in ein Tuch, Band o. ä. um etwas) legen, winden [dann ineinanderbinden und* *so festmachen]:* sie hatte ein Tuch lose um den Hals geschlungen; bildl.: sie schlang *(legte)* die Arme um seinen Hals. **b)** *ineinanderbinden:* das Haar zu einem Knoten s. **2.** ⟨tr./itr.⟩ *(abwertend) gierig und hastig essen:* er schlang seine Suppe; schling nicht so!

schlingern, schlingerte, hat geschlingert ⟨itr.⟩: *hin und her schwanken; um die Längsachse schaukeln:* das Schiff schlingerte auf der stürmischen See.

Schlips, der; -es, -e: *Krawatte.*

Schlitten, der; -s, -: /ein Fahrzeug/ (siehe Bild). * (ugs.) **mit jmdm. S. fahren** *(jmdn. hart und rücksichtslos behandeln).*

schlittern, schlitterte, hat/ist geschlittert ⟨itr.⟩: *auf den Schuhen o. ä. über das Eis gleiten, rutschen:* die Kinder hatten den ganzen Nachmittag geschlittert; die Kinder waren über den gefrorenen Bach geschlittert.

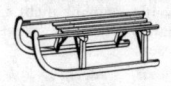

Schlitten

Schlittschuh, der; -[e]s, -e: *unter den Schuh befindliches Gerät, mit dem man auf dem Eis läuft* (siehe Bild): die Schlittschuhe abschnallen.

Schlittschuh

Schlitz, der; -es, -e: *längliche, schmale Öffnung; Spalt:* er schob den Brief durch den S. des Briefkastens.

Schloß, das; Schlosses, Schlösser: **I.** *Vorrichtung zum Verschließen an Türen o. ä.:* er nahm den Schlüssel und steckte ihn ins S. * **hinter S. und Riegel** *(im Gefängnis):* er saß hinter S. und Riegel. **II.** *fürstliches Gebäude zum Wohnen:* ein romantisches S.

schlottern, schlotterte, hat geschlottert ⟨itr.⟩: *heftig zittern:* sie schlotterten vor Kälte; bildl.: die Kleider schlotterten ihm *(hingen ihm lose und weit)* um den Leib.

Schlucht, die; -, -en: *sehr tiefes und enges Tal:* unten in der S. rauschte ein reißender Fluß.

schluchzen, schluchzte, hat geschluchzt ⟨itr.⟩: *in heftigen Stößen weinen:* sie warf sich in seine Arme und schluchzte laut.

Schluck, der; -[e]s, Schlucke: *soviel (Flüssigkeit), wie man mit einem Mal schlucken kann; kleinere Menge (einer Flüssigkeit):* er trank einen S. Wasser.

schlucken, schluckte, hat geschluckt: a) ⟨tr.⟩ *(durch Bewegungen bestimmter Muskeln) vom Mund in den Magen bringen:* er schluckte eine Tablette; bildl. (ugs.): der Konzern hat die kleinen Unternehmen geschluckt *(in sich aufgenommen);* wie hat er diese schlechte Nachricht geschluckt *(hingenommen)?* b) ⟨itr.⟩ *Bewegungen zum Schlucken machen:* vor lauter Schmerzen im Hals konnte er kaum s.

Schlummer, der; -s: *leichter Schlaf:* nach kurzem S. erwachte er.

schlummern, schlummerte, hat geschlummert ⟨itr.⟩: *leicht schlafen:* das Kind schlummerte sanft; bildl.: schlummernde Fähigkeiten *(Fähigkeiten, die noch nicht geweckt sind, die sich noch nicht entfaltet haben).*

Schlund, der; -[e]s, Schlünde: *hinter der Mundhöhle und dem Kehlkopf liegender Raum, der in die Speiseröhre übergeht:* er hatte einen trockenen S.; bildl. (geh.): er verschwand im dunklen S. *(im weit offenen Eingang)* der Höhle.

schlüpfen, schlüpfte, ist geschlüpft ⟨itr.⟩: *sich schnell und geschmeidig [durch eine enge Öffnung, einen engen Raum] bewegen:* er schlüpfte durch den Spalt der Tür; sie schlüpfte in den Mantel *(zog den Mantel schnell über).*

schlüpfrig ⟨Adj.⟩: a) ⟨nicht adverbial⟩ *so feucht und glatt, daß man keinen Halt findet:* auf dem schlüpfrigen Boden rutschte er aus. b) *anstößig, zweideutig:* seine Witze sind immer etwas s. **Schlüpfrigkeit,** die; -, -en.

schlurfen, schlurfte, hat/ist geschlurft ⟨itr.⟩: *geräuschvoll gehen, indem man die Füße über den Boden schleifen läßt:* er hat wieder geschlurft; die alte Frau war durchs Zimmer geschlurft.

schlürfen, schlürfte, hat geschlürft ⟨tr./itr.⟩: *(eine Flüssigkeit) geräuschvoll [und mit Genuß] in kleinen Schlucken trinken:* er schlürfte [seinen Kaffee].

Schluß, der; Schlusses, Schlüsse: 1. *Ende, Abschluß* /Ggs. Anfang/: der S. der Sitzung war auf 10 Uhr angesetzt; nun mach endlich S.! 2. *Folgerung; Ergebnis einer Überlegung:* das ist kein zwingender S. * **den S. ziehen** *(schließen, folgern):* er zog daraus den S. zu kündigen.

Schlüssel, der; -s, -: *Gerät zum Schließen und Öffnen eines Schlosses* (siehe Bild): den S. ins Schloß stecken; bildl.: dieser Brief war der S. zum Verständnis seines Verhaltens.

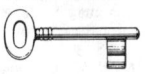

Schlüssel

schlüssig ⟨Adj.⟩: *einen Schluß zulassend; überzeugend, zwingend:* ein schlüssiger Beweis. ** **sich** (Dativ) **s. sein** *(entschlossen sein):* er war sich noch nicht s., ob er kündigen sollte; **sich** (Dativ) **s. werden** *(sich einigen, entscheiden):* sie konnten sich nicht s. werden, ob sie ins Kino gehen oder zu Hause bleiben sollten. **Schlüssigkeit,** die; -.

schmachten, schmachtete, hat geschmachtet ⟨itr.⟩ (geh.): *in hohem Grade hungern, dursten:* er schmachtete nach einem Trunk; vor Durst s. *(sehr leiden);* bildl.: er schmachtete *(sehnte sich)* nach einem Blick von ihr.

schmächtig ⟨Adj.; nicht adverbial⟩: *schmal und schwächlich:* ein schmächtiger Junge.

schmackhaft ⟨Adj.⟩: *gut schmeckend; einen guten Geschmack [habend]:* eine schmackhafte Speise. * (ugs.) **jmdm. etwas s. machen** *(jmdn. etwas so darstellen, daß er es für gut hält, Lust dazu bekommt):* er konnte ihm den Vertrag einigermaßen s. machen; er machte ihr eine gemeinsame Reise s. **Schmackhaftigkeit,** die; -.

schmähen, schmähte, hat geschmäht ⟨tr.⟩ (geh.): *Ehrenrühriges (über jmdn./etwas) sagen; beschimpfen:* seine Feinde s.

schmählich ⟨Adj.⟩ (geh.): *schimpflich, schändlich:* eine schmähliche Behandlung.

schmal, schmaler/schmäler, schmalste/schmälste ⟨Adj.⟩: a) *nicht besonders breit:* ein schmales Brett; er ist s. geworden *(hat abgenommen).* b) *gering, knapp:* er hat nur ein schmales Einkommen.

schmälern, schmälerte, hat geschmälert ⟨tr.⟩: *verringern, verkleinern:* diese Ausgaben schmälern den Gewinn; ich will deine Verdienste nicht s. **Schmälerung,** die; -, -en.

Schmalz, das; -es: *ausgelassenes weiches Fett von Tieren:* mit S. braten; bildl.: mit viel S. *(mit übermäßig viel Gefühl)* singen.

schmatzen, schmatzte, hat geschmatzt ⟨itr.⟩: *geräuschvoll essen:* du sollst nicht s.!

Schmaus, der; -es (veraltend, geh.): *reichhaltiges und besonderes leckeres Essen, das mit großem Genuß verzehrt wird:* zum S. laden.

schmausen, schmauste, hat geschmaust ⟨itr.⟩ (veraltend, geh.): *mit großem Genuß reichlich und gut essen und trinken:* wir mußten zusehen, wie sie schmausten.

schmecken, schmeckte, hat geschmeckt ⟨itr.⟩ *eine süße, saure o. a. Empfindung im Mund hervorrufen:* diese Speise schmeckt süß; das Essen schmeckt ihm [gut]; bildl. (ugs.): die Arbeit schmeckt *(gefällt)* ihm nicht; das schmeckt nach Verrat *(das sieht nach Verrat aus).* b) ⟨tr.⟩ *mit der Zunge, dem Gaumen feststellen, empfinden:* man schmecke das Gewürz in der Speise deutlich.

schmeichelhaft ⟨Adj.⟩: *ehrend, das Ansehend fördernd:* er erhielt ein schmeichelhaftes Lob.

schmeicheln, schmeichelte, hat geschmeichelt ⟨itr.⟩: a) *(jmdn.) in übertriebener Weise loben, jmds. Vorzüge hervorheben:* er schmeichelte ihr, sie sei eine große Künstlerin; das neue Kleid schmeichelt ihr sehr *(steht ihr überaus gut).* b) *angenehm berühren; jmds. Selbstbewußtsein heben:* dieses Lob schmeichelte ihm. * **sich geschmeichelt fühlen** *(sich besonders geehrt fühlen).*

schmeißen, schmiß, hat geschmissen ⟨tr.⟩ (ugs.): *werfen:* er hatte ihm einen Stein an den Kopf geschmissen; ⟨auch itr.⟩ mit Steinen s. * (ugs.) **etwas/den Laden schon s. werden** *(etwas bewältigen, schaffen werden):* er wird das schon s.

Schmelz, der; -es, -e: 1. *obere Schicht des Zahns:* der S. ihrer Zähne schimmerte weiß. 2. *Glasur; Emaille:* der S. des Aschenbechers war abgekratzt. 3. *weicher Klang:* eine Stimme mit weichem S.

schmelzen, schmilzt, schmolz, ist/hat geschmolzen: 1. ⟨itr.⟩ *unter Einfluß von Wärme flüssig werden:* das Eis schmilzt in der Sonne. 2. ⟨tr.⟩ *durch Wärme flüssig machen:* Metall wird geschmolzen.

Schmerz, der; -es, -en: *sehr unangenehme körperliche oder seelische Empfindung:* hast du Schmerzen?; er fühlte einen stechenden S. im Kopf; der S. *(Kummer)* über den Tod des Kindes.

schmerzen, schmerzte, hat geschmerzt ⟨itr.⟩: *Schmerzen bereiten, verursachen:* der Rücken schmerzte ihn/ihm; sein schroffes Verhalten schmerzte mich *(erfüllte mich mit Kummer)*.

schmerzhaft ⟨Adj.⟩: *Schmerzen erregend; mit Schmerzen verbunden:* eine schmerzhafte Verletzung; ein schmerzhafter *(Kummer erregender)* Verlust. **Schmerzhaftigkeit**, die; -.

schmerzlich ⟨Adj.⟩: *seelische Schmerzen, Kummer erregend; mit seelischen Schmerzen, mit Kummer verbunden:* ein schmerzlicher Verlust. **Schmerzlichkeit**, die; -.

Schmetterling, der; -s, -e: /ein Insekt/ (siehe Bild).

Schmetterling

schmettern, schmetterte, hat geschmettert: 1. ⟨tr.⟩ *heftig und mit lautem Krachen werfen, schleudern, schlagen:* er schmetterte das Buch auf den Tisch. 2. a) ⟨itr.⟩ *laut schallen:* die Trompeten schmetterten. b) ⟨itr.⟩ *laut singen:* die Vögel schmetterten; ⟨auch tr.⟩ (ugs.) ein Lied s.

Schmied, der; -[e]s, -e: *jmd., der beruflich schmiedet.*

schmieden, schmiedete, hat geschmiedet ⟨tr.⟩: *aus glühendem Metall mit einem Hammer formen:* eine Klinge s.; bildl.: Pläne s. *(ersinnen, ausdenken)*.

schmiegen, schmiegte, hat geschmiegt: a) ⟨rfl.⟩ *zärtlich sich [an]lehnen:* sich an die Mutter s.; das Kleid schmiegt sich um ihre Gestalt *(paßt sich ihrer Gestalt eng an)*. b) ⟨tr.⟩ *zärtlich legen:* er schmiegte seinen Kopf in ihre Hand.

schmiegsam ⟨Adj.; nicht adverbial⟩: *weich, biegsam; sich einer Form leicht anpassend:* Stiefel aus schmiegsamem Leder.

Schmiere, die; -, -n (ugs.): *weiche, klebrige [schmutzige] Masse:* das ausgelaufene Öl bildete auf der Straße eine gefährliche S. ** S. stehen *([bei Einbruch, Diebstahl] Wache stehen):* bei dem Überfall auf die Bank stand er S.

schmieren, schmierte, hat geschmiert: 1. ⟨tr./itr.⟩ *mit Fett oder Öl leicht gleitend machen:* eine Achse, einen Wagen s.; (ugs.) es geht, läuft alles wie geschmiert *(reibungslos, schnell)*. 2. ⟨tr.⟩ a) *(auf etwas) streichen:* Butter auf das Brot s. b) *bestreichen:* ein Brötchen, eine Scheibe Brot [mit Marmelade] s. 3. a) ⟨tr./itr.⟩ *undeutlich, unsauber schreiben, zeichnen, malen:* etwas in das Heft s.; der Schüler hat nur geschmiert. b) ⟨itr.⟩ *Flecken, unsaubere Striche machen:* die Feder, der Pinsel schmiert.

schmierig ⟨Adj.⟩: *voller Schmiere; klebrig, schmutzig:* meine Hände sind s.; bildl. (ugs.): ein schmieriger *(devoter, unterwürfiger)* Charakter; schmierige *(zweifelhafte)* Geschäfte machen.

Schminke, die; -, -n: *kosmetisches Mittel, das man anwendet, um der Haut ein frisches Aussehen zu geben:* S. auftragen, abwaschen.

schminken, schminkte, hat geschminkt ⟨tr./rfl.⟩: *Schminke anftragen, auflegen:* den Schauspieler für die Vorstellung s.; sie hat sich leicht geschminkt.

schmissig ⟨Adj.⟩ (ugs.): *mit Schwung, lebhaft, flott:* die Kapelle spielte schmissige Musik.

Schmöker, der; -s, - (ugs.): a) *altes Buch:* in einem alten S. nachsehen. b) *Buch mit minderwertigem, unterhaltendem Inhalt:* er liest nur S.

schmökern, schmökerte, hat geschmökert ⟨itr.⟩ (ugs.): *sich in Bücher [mit unterhaltendem Inhalt] vertiefen:* er schmökert gern [in Kriminalromanen].

schmollen, schmollte, hat geschmollt ⟨itr.⟩: *aus Verärgerung trotzig sein; böse, beleidigt sein:* wenn sie nicht bekommt, was sie haben will, schmollt sie.

schmoren, schmorte, hat geschmort ⟨tr./itr.⟩: *langsam kochen, braten:* Fleisch s.; der Braten muß noch eine halbe Stunde s.; bildl. (ugs.): wir haben in der prallen Sonne geschmort *(es war uns in der Sonne sehr heiß)*; jmdn. s. lassen *(jmdn. eine Weile im unklaren lassen)*.

schmuck ⟨Adj.⟩: *nett, hübsch, gepflegt aussehend:* ein schmuckes Mädchen.

Schmuck, der; -[e]s: a) *schmückender Gegenstand:* sie trug kostbaren S. auf dem Fest. b) *prachtvolle Ausstattung:* die Stadt im S. der Blumen.

schmücken, schmückte, hat geschmückt ⟨tr./rfl.⟩: *mit schönen Dingen ausstatten:* zu Weihnachten den Christbaum s.; eine prächtig geschmückte Kirche; bildl.: seine Rede mit Zitaten s. * sich mit fremden Federn s. *(Leistungen anderer als die eigenen ausgeben)*.

Schmuggel, der; -s: *das Schmuggeln.*

schmuggeln, schmuggelte, hat geschmuggelt ⟨tr./itr.⟩: *heimlich über die Grenze bringen, um den Zoll oder ein Verbot zu umgehen:* Diamanten, Waffen, Kaffee s.; er hat viel geschmuggelt.

Schmuggler, der; -s, -: *jmd., der schmuggelt.*

schmunzeln, schmunzelte, hat geschmunzelt ⟨itr.⟩: *aus Freude oder Befriedigung vor sich hin lächeln:* er schmunzelte über meine Bemerkung.

schmusen, schmuste, hat geschmust ⟨itr.⟩: *zärtlich sein:* er hat viel mit ihr geschmust.

Schmutz, der; -es: *verunreinigender Stoff; Dreck:* den S. [von den Schuhen] kratzen. * **etwas in den S. ziehen** *(etwas schlechtmachen, über etwas Nachteiliges sagen)*.

schmutzen, schmutzte, hat geschmutzt ⟨itr.⟩: *Schmutz annehmen, Flecken bilden:* der helle Stoff schmutzt schnell.

schmutzig ⟨Adj.⟩: a) ⟨nicht adverbial⟩ *mit Schmutz behaftet; nicht sauber:* schmutzige Hände haben; die Fenster sind s. b) *unanständig:* schmutzige Gedanken haben, Witze machen; ein schmutziges *(zweifelhaftes, nicht redliches)* Gewerbe treiben; ein schmutziger *(moralisch nicht zu rechtfertigender)* Krieg.

Schnabel, der; -s, Schnäbel: a) *längliches, spitzes Gebilde aus Horn, das Vögeln zur Aufnahme der Nahrung dient:* die jungen Vögel sperrten die Schnäbel auf, weil sie Hunger hatten. b) (ugs.) *Mund eines Menschen:* er redet, wie ihm der S. gewachsen ist *(er redet offen heraus);* halt den S.! *(sei still!).*

Schnalle, die; -, -n: *Vorrichtung zum Schließen von Gürteln, Taschen u. a.* (siehe Bild).

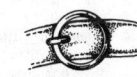

Schnalle

schnalzen, schnalzte, hat geschnalzt ⟨itr.⟩: *ein knallendes Geräusch hervorbringen:* mit der Zunge, mit den Fingern s.

schnappen, schnappte, hat geschnappt: 1. ⟨itr.⟩ *eine kurze, schnelle, meist nicht erwartete Bewegung ausführen:* die Tür schnappte ins Schloß; das Brett schnappt in die Höhe. 2. ⟨tr.⟩ (ugs.) a) *einen Dieb, einen Verbrecher [unmittelbar] nach der Tat ergreifen, festnehmen:* man hat den Bankräuber geschnappt. b) *schnell erfassen:* er schnappte seine Mappe und rannte die Treppe hinunter; ⟨auch itr.⟩: der Hund schnappte nach meiner Hand. * (ugs.) **frische Luft s.** *(ins Freie gehen).*

Schnappschuß, der; Schnappschusses, Schnappschüsse: *überraschend gemachte, nicht gestellte Photographie:* diese Aufnahme ist ein guter S.

Schnaps, der; -es, Schnäpse: /ein scharf gebranntes alkoholisches Getränk/: S. trinken; S. brennen.

schnarchen, schnarchte, hat geschnarcht ⟨itr.⟩: *im Schlaf beim Atmen ein sägendes Geräusch von sich geben:* er schnarcht so stark, daß ich nicht schlafen kann.

schnattern, schnatterte, hat geschnattert ⟨itr.⟩: *einen dem Klappern ähnlichen, knarrenden Laut von sich geben:* die Gänse s.; bildl. (ugs.): vor Kälte s. *(zittern);* die Frau schnattert *(schwatzt)* den ganzen Tag.

schnaufen, schnaufte, hat geschnauft ⟨itr.⟩: *schwer und mit Geräusch atmen:* beim Treppensteigen schnauft er stark.

Schnauze, die; -, -n: a) *Maul und Nase bei manchen Tieren:* der Hund hat eine kalte S. b) ⟨ohne Plural⟩ (derb) *Mund des Menschen:* halt die S.! * **eine große S. haben** *(großsprecherisch sein);* **die S. voll haben** *(keine Lust mehr haben, einer Sache überdrüssig sein);* (ugs.) **etwas frei nach S. machen** *(etwas ohne Vorbereitung, Plan tun).*

Schnecke, die; -, -n: *ein kriechendes Weichtier* (siehe Bild).

Schnee, der; -s: *Niederschlag aus gefrorenem Wasser in Form weißer Flocken:* gestern fiel zehn Zentimeter S.

Schneeball, der; -[e]s, Schneebälle: *aus Schnee geformte Kugel:* mit Schneebällen werfen.

Schneefall, der; -[e]s, Schneefälle: *Niederschlag in Form von Schnee;* das Schneien.

Schnecke

schneeweiß ⟨Adj.⟩: *weiß wie Schnee:* er hat schneeweißes Haar.

Schneide, die; -, -n: *die scharfe Seite eines Gegenstandes, mit dem man schneidet:* die S. eines Messers, eines Beiles. * **etwas steht auf des Messers S.** *(etwas kann so oder so entschieden werden).*

schneiden, schnitt, hat geschnitten /vgl. schneidend/: 1. a) ⟨tr.⟩ *[mit dem Messer] zerteilen, abtrennen:* Fleisch, Brot, Gras s.; Zweige vom Baum s. b) ⟨itr.⟩ *scharf sein:* das Messer, die Schere schneidet gut. 2. ⟨tr.⟩ *kürzen, stutzen:* Bäume, Sträucher s.; sich die Haare s. lassen; einen Film s. *(nicht interessante, auch unerwünschte Teile entfernen);* bildl.: die Kurve s. *(eine Kurve auf der kürzesten Strecke durchfahren).* 3. ⟨tr.⟩ *einen bestimmten Schnitt geben:* das Kleid, den Anzug eng, modern s.; ⟨häufig im 2. Partizip⟩ ein gut, weit geschnittener Mantel; bildl.: die Wohnung ist günstig geschnitten *(räumlich gut aufgeteilt).* 4. ⟨tr./itr.⟩ *operieren:* ein Geschwür s.; der Arzt schneidet nur, wenn es keine andere Möglichkeit mehr gibt. 5. ⟨tr.⟩ *verletzen:* der Friseur hat mich geschnitten; ich habe mich am Glas geschnitten; ich habe mir, mich in die Hand geschnitten. * (ugs.) **sich ins eigene Fleisch s.** *(sich selbst schaden).* 6. ⟨rzp.⟩ *sich kreuzen:* die beiden Linien, Straßen s. sich. 7. ⟨tr.⟩ *bewußt nicht beachten:* jmdn. [bei einer Zusammenkunft] s.

schneidend ⟨Adj.⟩: *scharf; durchdringend:* es weht ein schneidender Wind.

Schneider, der; -s, -: *jmd., der im Anfertigen von Kleidern ausgebildet ist* /Berufsbezeichnung/: einen Anzug vom S. anfertigen lassen.

schneidern, schneiderte, hat geschneidert ⟨tr.⟩: *(ein Kleidungsstück) wie ein Schneider anfertigen, nähen:* ein Kostüm s.; das Kleid habe ich [mir] selbst geschneidert.

schneidig ⟨Adj.⟩: *selbstbewußt, forsch, tatkräftig, energisch:* ein schneidiger Offizier; er trat auf dem Ball sehr s. auf.

schneien, schneite, hat geschneit ⟨itr.⟩: *als Schnee vom Himmel fallen:* es hat die ganze Nacht geschneit; bildl. (ugs.): die ganze Familie ist mir gestern ins Haus geschneit *(ist gestern überraschend zu mir gekommen).*

schnell ⟨Adj.⟩: a) *mit großer Geschwindigkeit; rasch* /Ggs. langsam/: s. laufen, sprechen; er ist zu s. gefahren. b) *in kurzer Zeit, bald:* wir müssen s. eine Entscheidung treffen.

Schnelligkeit, die; -: *Fähigkeit, sich schnell zu bewegen.*

schneuzen, sich: schneuzte sich; hat sich geschneuzt: *sich [durch kräftiges Ausstoßen von Luft] die Nase putzen.*

schnippeln, schnippelte, hat geschnippelt ⟨itr.⟩ (ugs.): *schnipseln.*

schnippisch ⟨Adj.⟩: *kurz angebunden, keck, etwas frech:* ein schnippisches Mädchen; er gab eine schnippische Antwort.

Schnipsel, der und das; -s, - (ugs.): *kleines abgerissenes Stück; Fetzen (meist von Papier)*: die S. auf dem Boden zusammenkehren.

schnipseln, schnipselte, hat geschnipselt ⟨itr.⟩ (ugs.): *in kleine Stücke, Schnipsel schneiden, reißen*.

Schnitt, der; -[e]s, -e: 1. *das Schneiden; Ergebnis des Schneidens:* ein Geschwür mit einem S. öffnen; ein tiefer S. 2. *das Ernten; Ernte, die durch Schneiden gewonnen wird:* der S. des Getreides, Grases. 3. *Bearbeitung eines Films durch das Herausschneiden uninteressanter oder unerwünschter Stellen:* den Schnitt dieses Filmes besorgte Herr Maier. 4. *Art, wie etwas geschnitten wird:* der S. dieses Kleides gefällt mir; bildl.: der S. des Gesichtes *(die Form des Profils).* 5. *Durchschnitt:* er fuhr im S. 100 km in der Stunde.

Schnitte, die; -, -n: *[vom Brot] abgeschnittenes dünnes Stück; Scheibe:* eine S. mit Wurst essen.

schnittig ⟨Adj.⟩: *durch den Schnitt elegant; sportlich, attraktiv:* ein schnittiges Boot; der Wagen ist sehr s. gebaut.

Schnittpunkt, der; -[e]s, -e: *Stelle, wo sich Linien oder Straßen kreuzen.*

Schnitzel, das; -s, -: *gebratene [panierte] Scheibe Fleisch vom Kalb oder Schwein:* ein Wiener S.

schnitzen, schnitzte, hat geschnitzt ⟨tr./itr.⟩: *durch Schneiden aus Holz formen:* eine Figur, ein Reh s.; er schnitzt gut.
* aus hartem Holz geschnitzt sein *(robust sein und einen starken Willen haben).*

schnoddrig ⟨Adj.⟩ (ugs.): *von einer provozierenden Lässigkeit seiend, großsprecherisch und ohne den nötigen Respekt:* er ist mir zu s.; eine schnoddrige Art haben.

schnöde ⟨Adj.⟩: 1. *verachtend, verächtlich:* jmdn. s. behandeln, abweisen; eine schnöde Zurechtweisung. 2. *erbärmlich, schändlich:* ein schnöder Gewinn; ein schnöder Geiz.

Schnörkel, der; -s, -: a) *gewundene Linie, die als Verzierung dienen soll:* er schrieb seinen Namen mit einem großen S. b) *unnötige Verzierungen:* seine Rede enthielt zahlreiche S.

schnüffeln, schnüffelte, hat geschnüffelt ⟨itr.⟩: 1. *die Luft hörbar durch die Nase ziehen [um etwas riechen zu können]:* der Hund schnüffelt an der Tasche. 2. *[aus Neugier] herumsuchen, nachspüren, spionieren:* du sollst nicht in meinen Sachen s.

Schnüffler, der; -s, - (abwertend): *jmd., der schnüffelt, spioniert.*

Schnulze, die; -, -n: *sentimental, rührselig wirkendes Lied, Theaterstück; kitschiger Film.*

schnuppern, schnupperte, hat geschnuppert ⟨itr.⟩: *durch kurzes stärkeres Einziehen von Luft etwas riechen wollen:* der Hund schnuppert an meiner Tasche.

Schnur, die; -, Schnüre: *aus dünneren Fäden oder Fasern gedrehter Bindfaden:* etwas mit einer kräftigen S. festbinden; ein Kissen zur Verzierung mit Schnüren besetzen.

schnüren, schnürte, hat geschnürt ⟨tr.⟩: *fest binden, zusammenziehen:* ein Paket, die Schuhe s.; einen Strick um etwas s.

schnurren, schnurrte, hat geschnurrt ⟨itr.⟩: *ein brummendes, summendes Geräusch von sich geben:* die Katze, das Spinnrad, die Maschine schnurrt.

Schock, der; -[e]s, -e: *stärkste seelische Erschütterung durch ein plötzliches Ereignis:* einen S. erleiden; sich von einem S. erholen.

schockieren, schockierte, hat schockiert ⟨tr.⟩: *bei jmdm. Anstoß erregen, Bestürzung hervorrufen:* seine Kleidung, sein Verhalten hat uns alle schockiert.

schofel ⟨Adj.⟩ (ugs.): a) *schäbig, geizig:* er ist ein schofler Mensch; er zeigte sich s. b) *erbärmlich, gemein:* eine schofle Gesinnung haben.

Schokolade, die; -, -n: *Süßigkeit aus Kakao, Milch und Zukker.*

schon ⟨Adverb⟩: 1. *früher als erwartet; bereits:* er war s. da, als wir kamen; es ist s. neun Uhr; ich möchte ihnen s. heute gratulieren; was will er denn s. wieder. 2. *rechtzeitig; zum entsprechenden Zeitpunkt:* ich werde für alles s. sagen, wenn es nötig ist. 3. *endlich:* nun rede doch s.!; jetzt höre s. auf zu schimpfen, und beginne mit der Arbeit! 4. *allein:* dieser Ausweis genügt s.; s. der Gedanke ist ein Unrecht. 5. *ohnehin:* es ist so s. teuer genug. 6. *wohl, gewiß, sicherlich:* das wird s. stimmen. 7. ⟨in Verbindung mit „wenn"⟩ *überhaupt:* wenn s., denn s. *(wenn überhaupt, dann richtig);* wenn s. etwas frisch gestrichen werden muß, dann die ganze Fläche.

schön ⟨Adj.⟩: 1. *sehr angenehm, ästhetisch auf die Sinne wirkend; von vollendeter Gestalt, so daß es Anerkennung, Gefallen, Bewunderung findet:* seine schöne Frau; eine schöne Stimme haben. 2. *nicht getrübt; angenehm, herrlich:* es war eine schöne Zeit; das Wetter war s. 3. *gut, anständig:* das war nicht s. von dir; er hat ihr gegenüber nicht s. gehandelt; das ist ein schöner Zug an ihm (in seinem Charakter). 4. *beträchtlich:* er hat ein schönes Alter erreicht; das kostet eine schöne Summe Geld. 5. ⟨ironisch umschreibend⟩ *schlecht, unangenehm:* du bist mir ein schöner Fahrer; das sind ja schöne Aussichten; da hast du etwas Schönes angerichtet. 6. ⟨verstärkend bei Adjektiven und Verben⟩ a) *sehr, ganz:* er ist s. dumm, wenn er das macht; der Wein ist s. klar; er ist s. von ihm betrogen worden. b) (ugs.) *wie es sich gehört, sein soll* /in Aufforderungen und Ermahnungen/: immer s. warten!; s. langsam fahren!; immer s. ruhig bleiben!

schonen, schonte, hat geschont: a) ⟨tr.⟩ *sorgfältig, vorsichtig behandeln, gebrauchen; nicht strapazieren, bis zum äußersten belasten:* seine Kleider, das Auto s. b) ⟨rfl.⟩ *Rücksicht auf seine Gesundheit nehmen:* nach der Krankheit mußte er sich noch längere Zeit s.

Schönheit, die; -, -en: a) *das Schönsein; schönes Aussehen:* ein Werk von klassischer S.; die landschaftliche S. ist einzigartig. b) *schöne Frau:* sie ist eine S. c) ⟨Plural⟩ *Sehenswürdigkeiten:* die Schönheiten der Stadt, des Landes haben wir kennengelernt.

Schonung, die; -, -en: 1. *das Schonen; etwas, jmdn. mit S. behandeln:* er kennt keine S. 2. *eingezäuntes Gelände mit jungen Bäumen in einem Wald:* Betreten der S. verboten.

schonungslos ⟨Adj.⟩: *ohne Nachsicht, Schonung:* jemanden

s. behandeln; etwas mit schonungsloser Offenheit erzählen.

schöpfen, schöpfte, hat geschöpft ⟨tr.⟩: *mit einem kleineren Gefäß oder mit der Hand Wasser aufnehmen:* Wasser aus einer Wanne, aus einem Fluß s.; bildl.: Atem s. *(tief, bewußt atmen);* neue Hoffnung s. *(gewinnen);* aus welcher Quelle hat er sein Wissen geschöpft? *(woher weiß er das?).* * **aus dem vollen s.** *(durch nichts beschränkt, eingeengt sein).*

schöpferisch ⟨Adj.⟩: *hervorbringend, gestaltend; [bedeutende] geistige Arbeit leistend:* eine schöpferische Phantasie entfalten; s. tätig sein.

Schornstein, der; -[e]s, -e: *Abzug für Rauch* (siehe Bild).

Schornstein

Schornsteinfeger, der; -s, -: *jmd., der den Schornstein von Ruß säubert* /Berufsbezeichnung/.

Schoß, der; -es, Schöße: *Vertiefung, die sich beim Sitzen zwischen Oberkörper und Beinen bildet:* das Kind wollte auf den S. der Mutter; bildl.: *etwas* fällt jmdm. in den S. *(jmd. erreicht etwas, ohne sich darum zu bemühen);* die Hände in den S. legen *(nichts tun, untätig zusehen);* er kehrte in den S. der Kirche zurück *(er wurde wieder Mitglied der Kirche).*

Schotter, der; -s: *zerkleinerte Steine zum Bau von Straßen und zum Verlegen von Gleisen.*

schraffieren, schraffierte, hat schraffiert ⟨tr.⟩: *in einer Zeichnung eine Fläche mit vielen parallelen Strichen bedecken:* er schraffierte die unbebauten Gebiete auf dem Stadtplan.

schräg ⟨Adj.⟩: *weder waagerecht noch senkrecht, geneigt:* der Mast steht s.; er geht s. über die Straße.

Schramme, die; -, -n: *Kratzer; durch Ritzen, Kratzen entstandene leichte Verletzung der Haut:* bei dem Unfall ist er mit ein paar Schrammen davongekommen.

Schrank, der; -[e]s, Schränke: /ein Möbelstück zum Aufbewahren von Kleidern/ (siehe Bild).

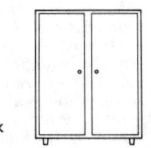

Schrank

Schranke, die; -, -n: *Vorrichtung zum Absperren von Übergängen oder Eingängen* (siehe Bild): die Schranken sind geschlossen; bildl.: jmdn. in die Schranken weisen *(jmdn. zur Mäßigung, zur Selbstbeherrschung auffordern).*

schrankenlos ⟨Adj.⟩: *unbegrenzt, ohne Einschränkung:* schrankenloses Vertrauen haben; etwas s. ausnutzen.

Schraube, die; -, -n: *Stift aus Metall mit Gewinde zum Befestigen (von etwas):* die S. anziehen; bildl.: das ist eine S. *(Angelegenheit) ohne Ende;* (ugs.) bei ihm ist eine S. locker *(er ist nicht ganz normal).*

Schranke

schrauben, schraubte, hat geschraubt ⟨tr.⟩ /vgl. geschraubt/: *mit einer Schraube befestigen:* die Kotflügel an die Karosserie s.; bildl.: die Preise in die Höhe s. *(stark erhöhen).*

Schreck, der; -[e]s, -e und **Schrecken,** der; -s, -: *heftige Erschütterung des Gemüts durch das Erkennen einer plötzlichen Gefahr oder Bedrohung, plötzliche Angst:* jmdm. einen gewaltigen S. einjagen, versetzen; sich von dem S. erholen.

schrecken, schreckte, hat geschreckt ⟨tr.⟩: *in Schrecken versetzen, ängstigen:* jmdn. mit Drohungen s.

schreckhaft ⟨Adj.⟩: *leicht erschreckend, leicht zu erschrecken:* sie ist sehr s.

schrecklich ⟨Adj.⟩: 1. *Grauen erregend, furchtbar, entsetzlich:* eine schreckliche Entdeckung, Krankheit; der Anblick war s. 2. *unerträglich:* zur Zeit herrscht eine schreckliche Hitze. 3. ⟨verstärkend bei Adjektiven und Verben⟩ *übermäßig, sehr:* es war ihm s. peinlich; er war s. eifersüchtig; sie hat ihn s. gern; sich s. aufregen.

Schrei, der; -[e]s, -e: *meist aus Angst ausgestoßener kurzer, kräftiger Laut eines Lebewesens:* er hörte einen S.

schreiben, schrieb, hat geschrieben: 1. ⟨itr./tr.⟩ *Buchstaben, Zahlen, Noten in bestimmter Reihenfolge auf ein Papier o. ä. bringen:* s. lernen, schön, sauber s.; mit Tinte s.; etwas auf einen Zettel s. 2. ⟨itr./tr.⟩ *sich schriftlich an jmdn. wenden; [etwas] in schriftlicher Form senden, schicken:* seinem Vater/an seinen Vater [eine Karte, einen Gruß] s. 3. ⟨tr./itr.⟩ *verfassen, niederschreiben; abfassen:* er schreibt einen Roman/an einem Roman; er schreibt schon zwei Stunden an dieser Beschwerde. 4. ⟨itr.⟩ *berichten, mitteilen:* die Zeitung schrieb ausführlich über das Unglück. 5. ⟨itr.⟩ *zum Thema einer [wissenschaftlichen] Abhandlung machen:* er schreibt über den Marxismus, über die Kirche, über den Staat. 6. ⟨itr.⟩ *einen bestimmten Stil haben:* er schreibt lebendig, interessant; in einer Sprache, die jeder versteht. 7. ⟨rzp.⟩ *korrespondieren:* wir schreiben uns regelmäßig. 8. ⟨tr.⟩ *schriftlich erklären für:* der Arzt schrieb ihn gesund, krank.

Schreiben, das; -s, -: *offizielle oder sachliche schriftliche Mitteilung:* er richtete ein S. an den Bürgermeister.

Schreibmaschine, die; -, -n: *Gerät zum Schreiben durch das Niederdrücken von Tasten* (siehe Bild).

Schreibmaschine

Schreibtisch, der; -es, -e: *Tisch zum Schreiben* (siehe Bild S. 306): als ich ins Zimmer kam, saß er am S.

schreien, schrie, hat geschrie[e]n /vgl. schreiend/: 1. ⟨itr.⟩ *Schreie ausstoßen:* das Kind schrie die ganze Nacht; bildl.: diese Ungerechtigkeit schreit zum Himmel *(ist über alle Maßen groß; sehr groß).* 2. ⟨tr./itr.⟩ *sehr laut sprechen:* er schrie [sei-

schreiend

nen Namen] so laut, daß ihn jeder verstand.

Schreibtisch

schreiend ⟨Adj.; nicht adverbial⟩: *auffallend, kraß:* das ist eine schreiende Ungerechtigkeit; die Farben des Kleides sind [mir] zu s.

Schreiner, der; -s, -: (landsch.) *Tischler.*

Schrift, die; -, -en: 1. *alle Buchstaben, die zur Wiedergabe einer Sprache benutzt werden:* lateinische S.; die russische S. lesen können. 2. ⟨ohne Plural⟩ *Art, wie jmd. schreibt; Handschrift:* eine schöne, deutliche, leserliche S.; jmdn. nach seiner S. beurteilen. 3. *gedruckte Arbeit, Abhandlung:* er verfaßte eine ausgezeichnete S. über den Gebrauch des Konjunktivs im Deutschen.

schriftlich ⟨Adj.⟩: *in geschriebener Form* /Ggs. mündlich/: etwas s. mitteilen.

Schriftsteller, der; -s, -: *jmd., der Bücher schreibt oder Aufsätze für Zeitschriften o. ä. verfaßt.*

Schriftstück, das; -[e]s, -e: *schriftliche Unterlage für etwas; schriftlicher Antrag, schriftliche Erklärung:* er überreichte das S. dem Beamten im Vorzimmer.

schrill ⟨Adj.⟩: *unangenehm hell, scharf und durchdringend [klingend]:* ein schriller Ton; die Glocke klingt sehr s.

Schritt, der; -[e]s, -e: 1. *das Vorsetzen eines Fußes vor den andern beim Gehen:* er macht kleine, große Schritte; bildl.: das Geschäft ist nur wenige Schritte von hier entfernt; einen/keinen S. *(etwas/gar nicht)* vorwärtskommen in einer Sache. * (abwertend) **auf S. und Tritt** *(dauernd):* er verfolgte das Mädchen auf S. und Tritt. 2. *Art des Gehens:* jmdn. an seinem S. erkennen; er hat einen schleppenden, schweren S.; im S. bleiben *(im gleichen Schritt mit anderen bleiben);* aus dem S. kommen *(nicht mit anderen im gleichen Schritt bleiben);* im S. *(recht langsam)* fahren.

schroff ⟨Adj.⟩: 1. *steil und mit scharfen Kanten aufragend oder abfallend:* schroffe Felsen. 2. *unfreundlich; scharf, hart abweisend; brüsk:* etwas s. zurückweisen; ein schroffes Auftreten. 3. *plötzlich; unvermittelt; nicht zusammenhängend:* ein schroffer Übergang; etwas steht in einem schroffen Gegensatz zu etwas anderem.

schröpfen, schröpfte, hat geschröpft ⟨tr.⟩ (ugs.): *(jmdm.) viel Geld abnehmen:* sie haben ihn beim Kartenspiel ordentlich geschröpft.

Schrott, der; -[e]s: *nicht zu gebrauchender Gegenstand aus Metall:* S. sammeln, verwerten.

schrubben, schrubbte, hat geschrubbt ⟨tr./itr.⟩ (ugs.): *mit einer groben Bürste reinigen:* den Boden s.; du mußt kräftig s., damit sich der Schmutz löst.

Schrulle, die; -, -n (abwertend): 1. *seltsamer, närrischer Einfall:* er hat den Kopf voller Schrullen. 2. *[alte, häßliche, wunderliche] Frau:* diese alte S.

schrumpfen, schrumpfte, ist geschrumpft ⟨itr.⟩: *sich zusammenziehen und dabei kleiner oder leichter werden:* die Äpfel schrumpfen bei langem Lagern; der Pullover ist beim Waschen geschrumpft; bildl.: sein Kapital schrumpft immer mehr *(wird immer kleiner).*

Schublade, die; -, -n: *herausziehbares Fach an verschiedenen Möbelstücken* (siehe Bild).

Schublade

schubsen, schubste, hat geschubst ⟨tr.⟩ (ugs.): *einen leichten Stoß geben:* jmdn./etwas [zur Seite] s.

schüchtern ⟨Adj.⟩: *ängstlich, scheu und zurückhaltend:* ein schüchternes Mädchen; der Junge ist noch sehr s.; bildl.: ein schüchterner *(vorsichtiger)* Versuch.

Schuft, der; -[e]s, -e (ugs.): *gemeiner, niederträchtiger Mensch:* er ist ein S.

schuften, schuftete, hat geschuftet ⟨itr.⟩ (ugs.): *sich mühen, schwer arbeiten:* wir haben am Wochenende sehr geschuftet, um mit der Arbeit fertig zu werden.

Schuh, der; -[e]s, -e: *Bekleidung für die Füße* (siehe Bild): der rechte S.; die Schuhe sind [mir] zu klein. * **wissen, wo jmdn. der S. drückt** *(jmds. Schwierigkeiten kennen);* **jmdm. etwas in die Schuhe schieben** *(jmdn. für etwas die Schuld geben).*

Schuh

Schuhmacher, der; -s, -: *jmd., der Schuhe repariert [und anfertigt]* /Berufsbezeichnung/.

Schulanfänger, der; -s, -: *Kind, das zum ersten Mal in die Schule geht.*

Schulaufgaben, die ⟨Plural⟩: *Aufgaben, die der Schüler vom Lehrer erhält und zu Hause zu machen hat.*

Schuld, die; -, -en: 1. ⟨ohne Plural⟩ *Veranlassung, Ursache von etwas Unangenehmem, Negativem oder eines Unglücks:* er trägt die S. am wirtschaftlichen Zusammenbruch; er hat S. daran. 2. a) *Verpflichtung [zu zahlen]:* auf dem Haus liegt eine S. von 10000 Mark. b) ⟨Plural⟩ *Rückstände beim Bezahlen:* Schulden machen; seine Schulden [nicht] bezahlen. 3. ⟨ohne Plural⟩ *das Versagen, Verschulden:* eine schwere S. auf sich laden; seine S. eingestehen; sich frei von jeder S. fühlen.

schulden, schuldete, hat geschuldet ⟨tr.⟩: *zu zahlen haben, verpflichtet sein:* ich schulde ihm hundert Mark.

schuldig ⟨Adj.⟩: 1. *die Schuld für etwas tragend, mit Schuld beladen:* wir sind s. vor Gott; er fühlte sich s.; er erklärte ihn für s. 2. ⟨nur attributiv⟩ *(aus Gründen des Respekts o. ä.) nötig, erforderlich:* jmdm. die schuldige Achtung nicht versagen. ** **jmdm. etwas s. sein** *(jmdm. etwas schulden, jmdm. gegenüber zu etwas verpflichtet sein):* er ist ihm noch 100 Mark s.; **jmdm. nichts s. bleiben** *(auf jmds. Angriff mit gleicher Stärke reagieren);* **jmdm. keine Antwort s. bleiben** *(auf einen An-*

griff *oder eine Herausforderung auf entsprechende Weise antworten*); **sich einer Sache s. machen** (*etwas Strafbares begehen*): sich eines Mordes s. machen; **der schuldige Teil** (der Schuldige).

Schuldner, der; -s, -: *jmd., der jmdm. etwas zu zahlen, zu geben hat*: er ist mein S.

Schule, die; -, -n: **1.** ⟨ohne Plural⟩ *Institution, in der Kinder mehrere Jahre lang ausgebildet und erzogen werden*: in die S. gehen; aus der S. entlassen werden. **2.** ⟨ohne Plural⟩ *Unterricht*: die S. beginnt um zehn Uhr; heute haben wir keine S. **3.** *Gebäude, in dem Unterricht gehalten wird*: eine neue S. bauen. **4.** ⟨ohne Plural⟩ *Ausbildung und ihre bestimmte Art oder Richtung*: sein Spiel verrät eine gute S.; durch eine harte S. gehen *(eine harte Ausbildung erfahren)*; bei jmdm. in die S. gehen *(ausgebildet werden)*. ** **S. machen** *(nachgeahmt werden)*: sein Beispiel wird S. machen.

schulen, schulte, hat geschult ⟨tr.⟩: **a)** *ausbilden*: die Mitarbeiter für neue Aufgaben s.; ⟨häufig im 2. Partizip⟩ die Firma hat gut geschultes Personal. **b)** *besonders geeignet, leistungsfähig machen; trainieren*: das Auge, das Gedächtnis s.; ⟨häufig im 2. Partizip⟩ ein [gut] geschultes Gehör haben.

Schüler, der; -s, -: **a)** *Junge, der in eine Schule geht*: er ist noch S.; für S. sind die Karten zum halben Preis erhältlich. **b)** *Erwachsener, der in einem bestimmten Beruf von einem bekannten Fachmann oder Künstler ausgebildet wird oder wurde*: er ist ein S. von Karajan; ein treuer S. seines Meisters.

Schuljahr, das; -[e]s, -e: *Zeit vom Eintritt in eine Klasse bis zum Übertritt in die nächste Klasse*: er ist im 3. S.

schulpflichtig ⟨Adj.⟩: *so alt seiend, daß man die Schule besuchen muß*: der Junge ist im nächsten Jahr s.

Schulter, die; -, -n: *verbindender Teil zwischen Hals und Arm beim menschlichen Körper*: jmdm. auf die S. klopfen; breite Schultern haben; S. an S. ⟨dichtgedrängt⟩ stehen; bildl.: wir kämpfen, arbeiten S. an S. *(in enger Kameradschaft)*. * (ugs.) **etwas auf die leichte S. nehmen** *(etwas nicht ernst [genug] nehmen)*; **jmdm. die kalte S. zeigen** *(jmdn. verächtlich, abweisend behandeln)*; **auf zwei/beiden Schultern tragen** *(sich nach keiner Seite festlegen)*.

Schulung, die; -, -en: *[spezielle] Ausbildung*: eine gründliche, fachliche S. durchmachen; seine Arbeit verrät eine gute S.

schunkeln, schunkelte, hat geschunkelt ⟨itr.⟩: *sich zu Klängen der Musik aus Vergnügen hin und her wiegen*: das Volk schunkelte auf der Straße und in den Sälen.

Schuppe, die; -, -n: **a)** *kleines Plättchen der Haut bei Fischen, Schlangen usw.*: die Forelle hat silbrige Schuppen. **b)** *sehr kleines Teilchen, das von der Kopfhaut abfällt*: er hat den Kragen voller Schuppen. ** **es fällt jmdm. wie Schuppen von den Augen** *(jmd. begreift plötzlich etwas, erkennt plötzlich Zusammenhänge, die ihm bisher verborgen geblieben waren)*.

Schuppen, der; -s, -: *einfacher Raum, Hütte zum Unterstellen von Gegenständen, Geräten, Wagen*: in der Nähe des Hauses befand sich ein S. für alle Geräte.

schüren, schürte, hat geschürt ⟨tr.⟩: *durch Lockern und Bewegen der Glut [ein Feuer] beleben*: das Feuer, den Ofen s.; bildl.: den Haß, den Widerstand, die Unzufriedenheit s. *(steigern)*.

Schürze, die; -, -n: *größeres, besonders geschnittenes Tuch, das man bei der Arbeit zum Schutz gegen Schmutz vor dem Körper trägt*: sich eine S. umbinden.

Schuß, der; Schusses, Schüsse: **1. a)** *das Abfeuern eines Geschosses*: der S. aus einer Pistole; mehrere Schüsse waren zu hören; ⟨als Mengenangabe⟩ hundert S. [Munition] kaufen. **b)** *das Abgeschossene*: einen S. in den Arm bekommen. **c)** Sport *das scharfe, kräftige Werfen, Treten, Schießen eines Balles o. ä.*: der S. ging neben das Tor; ein gefährlicher, flacher S. **2.** ⟨ohne Plural⟩ *kleine Menge*: S. Wein in die Soße geben. ** (ugs.) **etwas [gut] in S. halten** *(etwas [gut] in Ordnung halten)*; (abwertend) **keinen S. Pulver wert sein** *(nichts wert sein)*; (ugs.) **weit vom S. sein** *(weit von der Gefahr entfernt sein)*.

Schüssel, die; -, -n: /ein Gefäß/ (siehe Bild).

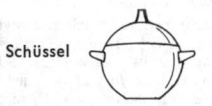

Schüssel

Schutt, der; -[e]s: *Steinhaufen, die durch die Zerstörung eines Gebäudes o. ä. entstanden sind; Abfall bei Bauarbeiten*: den S. mit einem Lastkraftwagen abfahren. * **in S. und Asche legen** *(völlig zerstören)*.

schütteln, schüttelte, hat geschüttelt ⟨tr./itr./rfl.⟩: *kräftig, ganz kurz und schnell [hin und her] bewegen; rütteln*: die Flasche vor Gebrauch s.; den Kopf, mit dem Kopf s. (als Zeichen der Verneinung, der Verwunderung); sich vor Lachen s. *(sehr stark lachen)*. * (ugs.) **etwas aus dem Ärmel s.** *(etwas ohne große Vorbereitung, schnell erledigen)*.

schütten, schüttete, hat geschüttet: **1.** ⟨tr.⟩ *fließen, strömen lassen*: Wasser in einen Kessel s.; den Zucker in die Dose s. **2.** ⟨itr.⟩ *in Strömen regnen*: es schüttet.

Schutz, der; -es: **a)** *Sicherheit, Hilfe bei Gefahr*: jmdm. S. gewähren; unter dem S. der Polizei verließ er das Stadion. * **jmdn. in S. nehmen** *(jmdn. gegen [unberechtigte] Vorwürfe verteidigen)*. **b)** *das Sichern, Verteidigen*: um den S. der Verfassung bemüht sein; zum S. der Grenzen Truppen mobilisieren. **c)** *Bewahrung vor etwas Bedrohlichem, Unangenehmem*: die Hütte bot S. gegen den Regen.

Schütze, der; -n, -n: *jmd., der schießt*: er ist ein guter, sicherer S.

schützen, schützte, hat geschützt: **a)** ⟨tr.⟩ *verteidigen, sichern*: ein Land vor seinen Feinden s. **b)** ⟨tr./itr.⟩ *vor etwas Bedrohlichem, vor etwas Unangenehmem bewahren*: jmdn. vor Gefahr, vor persönlichen Angriffen, vor Strafe s.; Vorsicht allein schützt nicht vor Unfällen; ⟨auch rfl.⟩ sich vor Krankheit, gegen Kälte, vor Regen s.; ⟨häufig im 1. und 2. Partizip⟩ ein schützendes Dach; eine geschützte Stelle *(wo kein Regen oder Wind hinkommt)*.

Schützling, der; -s, -e: *jmd., den man betreut, für den man sorgt*: er ist mein S.

Schutzmann 308

Schụtzmann, der; -[e]s, Schutzmänner und Schutzleute: *Polizist.*

schwạch, schwächer, schwächste ⟨Adj.⟩: **1.** *ohne Kraft, nicht stark:* ein schwaches Kind; bildl.: er hat schwache Nerven, ein schwaches Herz; das schwache *(weibliche)* Geschlecht; seine Beweise stehen auf schwachen Füßen *(sind nicht überzeugend, beweiskräftig).* **2.** ⟨nicht adverbial⟩ *dünn, keine Belastung aushaltend:* eine schwache Mauer; ein schwaches Brett. **3.** *gering, mäßig, begrenzt:* ein schwacher Beifall; eine schwache Hoffnung haben; einen schwachen Eindruck hinterlassen; die Leistungen des Schülers sind s. **4.** *nicht zahlreich:* die Festung war nur s. besetzt; die Ausstellung war nur s. besucht. **5.** ⟨nicht adverbial⟩ *minderwertig, ohne Gehalt, schlecht:* ein schwacher Kaffee; bildl.: der Vortrag war sehr s. *(oberflächlich, ohne Niveau);* das war ein schwaches Spiel *(ein schlechtes, langweiliges Spiel);* er hat ein schwaches *(kein gutes)* Gedächtnis.

Schwạ̈che, die; -, -n: **1.** ⟨ohne Plural⟩ *fehlende körperliche Kraft:* sein Zustand beruht auf einer allgemeinen S.; die S. der Augen; vor S. zusammenbrechen. **2.** *charakterlicher Mangel; fehlender [moralischer] Halt:* jmds. Schwächen ausnützen; seine S. überwinden; keine Schwächen zeigen. **3.** ⟨ohne Plural⟩ *Neigung, Hang:* eine S. für jmdn./etwas haben. **4.** *Mangel:* es ist eine S. dieses Buches, daß es keine Bilder hat.

schwächen, schwächte, hat geschwächt ⟨tr.⟩: *schwach machen:* die Krankheit hat seinen Körper sehr geschwächt.

schwạ̈chlich ⟨Adj.⟩: *nicht adverbial⟩ körperlich, gesundheitlich schwach; kränklich:* der Junge war von Natur aus s.; ein schwächliches Kind.

schwạchsinnig ⟨Adj.⟩: *geistig nicht voll entwickelt; geistesgestört:* das Kind ist s.

schwạfeln, schwafelte, hat geschwafelt ⟨itr.⟩ ⟨abwertend⟩: *viel und unsinnig, dumm reden:* bei seinem Vortrag hat er nur geschwafelt.

Schwạger, der; -s, Schwäger: *Bruder des Ehemannes oder der Ehefrau; Ehemann der Schwester.*

Schwạlbe, die; -, -n: /ein Vogel/ (siehe Bild).

Schwalbe

Schwạmm, der; -[e]s, Schwämme: **1.** *poröser, Wasser aufsaugender Gegenstand zum Waschen* (siehe Bild): er hat die Tafel mit einem S. abgewischt. **2. a)** (landsch.) *Pilz* (siehe Bild): Schwämme suchen. **b)** *Schimmelpilz:* in diesem Hause ist der S.

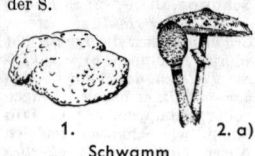

1.   2. a)
Schwamm

schwạmmig ⟨Adj.⟩: *weich, gedunsen wie ein Schwamm:* etwas fühlt sich s. an.

Schwạn, der; -[e]s, Schwäne: *auf dem Wasser lebender weißer Vogel* (siehe Bild).

Schwan

schwạnger ⟨Adj.⟩: *ein Kind erwartend:* eine schwangere Frau.

Schwạngerschaft, die; -: *Zustand oder Zeitraum zwischen Zeugung und Geburt eines Kindes.*

schwạnken, schwankte, hat geschwankt ⟨itr.⟩ **1.** *sich hin und her oder auf und nieder bewegen:* der Mast des Schiffes schwankt; die Brücke schwankt unter der Last der Fahrzeuge. **2.** *nicht fest, nicht stabil sein:* die Preise schwanken; ⟨häufig im 1. Partizip⟩ eine schwankende Gesundheit, Stimmung haben. **3.** *zögern, unsicher sein:* er schwankte keinen Augenblick, dies zu tun; er schwankte zwischen diesen beiden Möglichkeiten.

Schwạnz, der; -es, Schwänze: **1.** *Verlängerung der Wirbelsäule am Ende des Körpers einiger Tiere:* ein Tier am S. packen; der Hund zog den S. ein. *(ugs.) etwas beißt sich in den S. (Ursache und Wirkung bedingen sich gegenseitig).* **2.** ⟨ohne Plural⟩ *längere Reihe, Kette:* ein S. von Anhängern, Verehrern folgte ihm.

schwạ̈nzen, schwänzte, hat geschwänzt ⟨tr./itr.⟩ (ugs.): *(an etwas) nicht teilnehmen, weil man keine Lust hat:* den Unterricht, die Kirche s.; er hat heute schon wieder geschwänzt.

Schwạrm, der; -[e]s, Schwärme: **1.** *eine schwirrende Menge von Lebewesen; Menge:* ein S. Bienen, Fische; ständig war ein S. von Kindern um ihn herum. **2.** (ugs.) *Person, der man zugeneigt ist; Liebhaberei:* dieses Mädchen ist sein S.; Musik ist sein S.

schwạ̈rmen, schwärmte, hat geschwärmt ⟨itr.⟩: **I.** *sich begeistern (für etwas); träumen (von etwas):* sie schwärmt für diesen Künstler, für diese Musik. **II.** *als Schwarm auftreten; sich im Schwarm bewegen:* die Bienen schwärmen.

Schwạrte, die; -, -n: **1.** *dicke, fast harte Haut* /am Fleisch/: eine geräucherte S. **2.** (ugs.) *altes und meist wertloses oder auch sehr dickes Buch:* was sammelst du für Schwarten?

schwạrz, schwärzer, schwärzeste ⟨Adj.⟩: **1.** *in der Farbe der Kohle oder des Rußes:* ein schwarzer Stoff, Anzug; etwas s. färben; s. wie ein Rabe sein. * **Schwarzes Brett** *(schwarze Tafel für Anschläge);* s. auf weiß *(schriftlich oder gedruckt, so daß es als sicher gilt oder als Beweis gelten kann):* das gebe ich dir s. auf weiß; hier steht es s. auf weiß; **ins Schwarze treffen** *(den Kern, das Wesentliche einer Sache treffen).* **2.** *sehr dunkel:* schwarze Kirschen, Trauben; schwarze Augen haben; das Silber wird s.; s. wie die Nacht; die schwarze Rasse; schwarzer Tee. **3.** ⟨nicht adverbial⟩ *sehr schmutzig:* das Hemd, die Wäsche ist s.; schwarze Hände von der Arbeit haben. **4.** *heimlich, unerlaubt:* etwas s. auf dem schwarzen Markt kaufen; s. über die Grenze gehen. ** **schwarze Liste** *(Aufstellung von verdächtigten, unerwünschten Personen, verbotenen Dingen).* **5.** ⟨nur attributiv⟩ *unheilvoll, traurig:* heute war für mich ein schwarzer Tag.

schwarzsehen, sieht schwarz, sah schwarz, hat schwarzgesehen ⟨itr.⟩ (ugs.): 1. *pessimistisch sein; nichts Positives erwarten:* ich sehe in dieser Sache schwarz. 2. *ohne Genehmigung und ohne die erforderlichen Gebühren zu zahlen, einen Fernsehapparat benutzen:* es wurde festgestellt, daß er schon lange schwarzsieht.

Schwarzseher, der; -s, - (ugs.): 1. *jmd., der pessimistisch ist:* er ist schon immer ein S. gewesen. 2. *jmd., der ohne Genehmigung und ohne die Gebühren zu zahlen einen Fernsehapparat benutzt:* die Zahl der S. hat zugenommen.

schwatzen, schwatzte, hat geschwatzt ⟨itr./tr.⟩: *viel sprechen, reden, erzählen; klatschen:* du sollst nicht dauernd s.; viel dummes Zeug s.; die Frauen stehen auf der Straße und schwatzen.

schwätzen, schwätzte, hat geschwätzt ⟨itr./tr.⟩ (landsch.): *schwatzen.*

schweben, schwebte, hat/ist geschwebt ⟨itr.⟩: *sich langsam und in ruhiger Haltung [in der Luft] bewegen; gleiten:* der Adler schwebt hoch in der Luft; der Ballon hat über den Häusern geschwebt *(hat in der Luft stillgestanden);* der Ballon ist über die Häuser geschwebt *(ist über die Häuser hinweggeflogen);* bildl.: ihr Bild schwebt *(erscheint)* mir vor Augen; er schwebt zwischen Leben und Tod *(es ist ungewiß, ob er mit dem Leben davonkommt);* die Sache, der Prozeß schwebt noch *(ist noch nicht entschieden);* nicht in ein schwebendes *(noch laufendes)* Verfahren eingreifen.

schweigen, schwieg, hat geschwiegen ⟨itr.⟩: 1. *nichts sagen, keine Antwort geben:* der Angeklagte schweigt; die Regierung schwieg lange zu den Vorwürfen. 2. *aufgehört haben [mit der Ausübung von etwas, was zu hören war]:* die Musik schweigt *(spielt nicht mehr);* seit der Besetzung des Landes schweigt der Sender *(sendet er nicht mehr);* die Waffen schweigen [seit heute] *(es wird [seit heute] nicht mehr geschossen, gekämpft).*

schweigsam ⟨Adj.; nicht adverbial⟩: *wenig redend; nicht gesprächig:* er ist von Natur aus ein schweigsamer Mensch.

Schwein, das; -[e]s, -e: 1. /ein Haustier/ (siehe Bild): ein S.

schlachten. 2. (derb; abwertend) *unsauberer oder unanständiger*

Schwein 1.

Mensch: du bist ein S.; sie benahmen sich wie Schweine. ** (ugs.) **kein S.** *(niemand):* deine Schrift kann kein S. lesen; **[großes] S. haben** *([großes] Glück haben);* **er ist ein armes S.** *(er ist ein Mensch, den man bedauern muß).*

Schweinerei, die; -, -en (derb; abwertend): 1. *unordentlicher Zustand; Dreck:* wer hat diese S. angerichtet? 2. *Unangenehmes:* so eine S.! 3. *Unanständigkeit:* laßt die Schweinereien!

Schweiß, der; -es: *aus den Poren der Haut austretende wäßrige Absonderung:* in S. kommen, geraten; ihm steht der S. auf der Stirn; bildl.: etwas hat viel S. gekostet *(etwas hat viel Mühe gemacht, große Anstrengung verlangt).*

schweißen, schweißte, hat geschweißt ⟨tr./itr.⟩: *mit Hilfe von Wärme oder Druck zwei Teile aus Metall oder Kunststoff fest miteinander verbinden:* Schienen, Rohre s.

schwelen, schwelte, hat geschwelt ⟨itr.⟩: *langsam und ohne offene Flamme brennen; glimmen:* das Feuer schwelt unter der Asche; bildl.: der seit langer Zeit schwelende *(nicht offen erscheinende)* Haß kam jetzt zum Ausbruch.

Schwelle, die; -, -n: 1. a) *unterer Balken des Türrahmens:* er stolperte an der S. b) ⟨ohne Plural⟩ *Grenze des eigenen Besitzes, der eigenen Wohnung:* ich werde seine S. nicht mehr betreten; er soll mir nicht mehr über die S. kommen! /als Warnung/; bildl.: an der S. stehen *(bald sterben);* wir stehen an der S. zum 21. Jahrhundert. 2. *Balken, auf den Schienen liegen:* die Eisenbahnschienen liegen auf Schwellen aus Holz oder Eisen.

schwellen: I. schwillt, schwoll, ist geschwollen ⟨itr.⟩ /vgl. geschwollen/: *sich ausdehnen; dick, größer werden:* der Bach schwoll zum reißenden Strom; vom Weinen geschwollene Augen haben. II. schwellte, hat geschwellt ⟨tr.⟩: *größer machen; dehnen; aufschwellen:* der Wind schwellte die Segel; bildl.: mit vor Stolz geschwellter Brust *(in stolzer Haltung)* verließ er den Saal.

Schwellung, die; -, -en: *durch eine Entzündung oder Verletzung hervorgerufene rundliche Erhebung am menschlichen Körper:* die S. an der Hand ist zurückgegangen.

schwenken, schwenkte, hat/ ist geschwenkt: 1. ⟨tr.⟩ *mit Schwung, mit ausladender Bewegung hin und her bewegen:* er hat die Fahne, den Hut geschwenkt. 2. ⟨tr.⟩ (landsch.) *zum Spülen in das Wasser tauchen:* sie hat die Gläser, Kannen geschwenkt. 3. ⟨itr.⟩ *die Richtung ändern; abbiegen:* die Kolonne ist nach links geschwenkt.

schwer ⟨Adj.⟩: 1. a) *viel Gewicht habend; nicht leicht:* ein schwerer Koffer; meine Beine sind s. wie Blei. b) *durch seine Qualität, Beschaffenheit kräftig, wertvoll:* ein schwerer Stoff; ein schwerer Wein. c) *viel Kraft, Gewalt, hohe Leistung habend; wuchtig:* ein schweres Pferd; die Soldaten sind mit schweren Waffen ausgerüstet. 2. a) *schwierig; Überlegung, Anstrengung verlangend:* eine schwere Aufgabe; das Problem ist s. zu lösen; etwas s. verstehen; jmdn. nur s. *(mühsam)* überzeugen können. b) *viel Mühe, [körperlichen] Einsatz verlangend:* s. arbeiten müssen; er hat es im Leben immer s. gehabt *(er hat im Leben alles immer nur unter Schwierigkeiten erreicht).* 3. a) *heftig, gewaltsam, schrecklich:* ein schweres Gewitter; wir haben einen schweren *(langen und sehr kalten)* Winter durchgemacht; ein schweres Verbrechen begehen; sein Tod war ein schwerer Schlag für uns alle; das Unglück, die Strafe traf ihn s. *(erschreckte ihn tief, deprimierte ihn).* b) *scharf, streng:* jmdn./ etwas s. bewachen; eine schwere Strafe erhalten. c) *ernst, gefährlich:* seine Verletzungen waren so s., daß er nach drei Tagen starb; ein schweres Leiden haben; s. verletzt sein. 4. a) *lastend, drückend:* schwere Speisen; das Essen liegt mir s. im Magen. b) ⟨nicht adverbial⟩ *be-*

lastend, bedrückend, quälend: einen schweren Traum haben; schwere Zeiten durchmachen; ein schwerer *(trauriger)* Abschied. 5. *schwerfällig, unbeholfen:* er hat einen schweren Gang; mit schwerer Hand schreiben. 6. ⟨verstärkend bei Adjektiven und Verben⟩ (ugs.) *sehr:* er ist s. betrunken; er ist s. reich; hier muß man s. aufpassen.

schwerfallen, fällt schwer, fiel schwer, ist schwergefallen ⟨itr.⟩: a) *große Mühe, Schwierigkeiten machen:* nach seiner Krankheit fällt ihm das Sprechen noch schwer; Latein fällt dem Schüler schwer. b) *Besorgnis, Kummer bereiten:* es fällt mir schwer, das Haus zu verkaufen.

schwerfällig ⟨Adj.⟩: a) *sich langsam und schwer bewegend:* s. laufen; er ist ein schwerfälliger Mensch. b) *[geistig] unbeholfen, umständlich:* stell dich nicht so s. an!

schwerhörig ⟨Adj.⟩: *ein schlechtes, schwaches Gehör habend:* er ist s.

schwerlich ⟨Adverb⟩: *kaum:* das kann s. so gewesen sein; das wird s. möglich sein.

schwermütig ⟨Adj.⟩: *[dauernd] niedergeschlagen; sich in einer düster-traurigen Stimmung befindend; melancholisch:* ein schwermütiger Mensch; sie ist von Natur aus s.

schwernehmen, nimmt schwer, nahm schwer, hat schwergenommen ⟨itr.⟩: *sehr ernst auffassen:* du darfst die Äußerung nicht s.

Schwerpunkt, der; -[e]s, -e: 1. *gedachter Mittelpunkt einer Masse:* den S. eines Gegenstandes berechnen. 2. *Hauptgewicht, Zentrum:* er legt in seiner Arbeit den S. auf die pädagogischen Probleme; hierin liegt der S. seines Schaffens; Athen war lange Zeit das politische S. der antiken Welt.

schwertun, sich; tut sich schwer, hat sich schwergetan: *sich (mit einer bestimmten Arbeit, einem Auftrag o. ä.) abmühen, plagen; (etwas) nur mit Mühe bewältigen:* er hat sich mit dieser Arbeit sehr schwergetan.

schwerwiegend ⟨Adj.⟩: a) *erheblich, beachtlich sehr ernst gemeint:* er erhob schwerwiegende Bedenken gegen diesen Plan. b) *für die Zukunft entscheidend seiend:* schwerwiegende Entschlüsse fassen, Entscheidungen treffen.

Schwester, die; -, -n: 1. *Kind weiblichen Geschlechts in einer Geschwisterreihe.* 2. *Krankenschwester.* 3. *Angehörige einer religiösen Gemeinschaft oder eines Ordens.*

schwierig ⟨Adj.; nicht adverbial⟩: a) *schwer; nicht einfach, nicht leicht; Mühe, Anstrengung verlangend:* eine schwierige Frage, Aufgabe; es ist s., mit ihm zusammenzuarbeiten. b) *unangenehm, heikel:* sich in einer schwierigen Situation befinden; die Verhältnisse in diesem Land sind s. geworden. c) *schwer zu behandeln:* er ist ein schwieriger Mensch. **Schwierigkeit,** die; -, -en.

Schwimmbad, das; -[e]s, Schwimmbäder: *Gebäude oder freie Anlage mit einem oder mehreren großen Becken, in denen man schwimmen kann:* er geht jeden Nachmittag ins S.

schwimmen, schwamm, hat/ ist geschwommen ⟨itr.⟩: a) *sich an der Oberfläche im Wasser fortbewegen:* er hat/ist zwei Stunden geschwommen; er ist über den See geschwommen; ⟨auch tr.⟩ er hat einen neuen Rekord geschwommen *(hat einen neuen Rekord im Schwimmen aufgestellt).* * **im Geld s.** *(sehr viel Geld haben);* **[nicht] gegen den Strom s.** *(sich [nicht] gegen die herrschende Meinung stellen).* b) *an der Oberfläche einer Flüssigkeit treiben; nicht untergehen:* ein Brett hat auf dem Wasser geschwommen. c) (ugs.) *sehr unsicher sein:* der Schauspieler hat heute geschwommen. * **ins Schwimmen geraten** *(unsicher werden).*

Schwindel, der; -s: 1. *Störung des Gleichgewichts:* S. haben, bekommen; von einem leichten S. befallen werden. 2. (abwertend; ugs.) *Lüge, Betrug:* auf jmds. S. hereinfallen; das ist doch alles S.

schwindelfrei ⟨Adj.⟩: *nicht schwindlig werdend beim Herabblicken aus großer Höhe:* ich bin s.

schwindeln, schwindelte, hat geschwindelt ⟨itr.⟩: 1. *in Schwindel geraten, von Schwindel befallen werden:* mir schwindelt, es schwindelt mir vor den Augen, wenn ich in die Tiefe blicke ⟨häufig im 1. Partizip⟩ sich in schwindelnder *(Schwindel verursachender)* Höhe befinden. 2 (ugs.) *[in einer nicht so wichtigen Angelegenheit] nicht die Wahrheit sagen, lügen:* er hat schon oft geschwindelt; das ist alles geschwindelt.

schwinden, schwand, ist geschwunden ⟨itr.⟩: *abnehmen, kleiner, schwächer werden:* der Ton des Radios schwindet oft *(wird oft leiser);* sein Vermögen schwand sehr schnell; bildl.: mein Vertrauen zu ihm ist völlig geschwunden *(nicht mehr vorhanden).*

Schwindler, der; -s, -: *jmd., der falsche Aussagen macht, lügt und dadurch [geschäftlich] etwas erreichen will:* er ist ein S.; auf einen S. hereinfallen.

schwindlig ⟨Adj.; nicht adverbial⟩: *im Gleichgewicht gestört seiend:* ich werde leicht s.; ich bin vom Tanzen s.

schwingen, schwang, hat geschwungen. 1. ⟨tr.⟩ *in weitem Bogen, mit weiten Bewegungen der Arme hin und her schwenken:* die Fahne, Peitsche s. * (ugs.) **eine Rede s.** *(eine Rede halten).* 2. ⟨rfl.⟩ *mit näherer Bestimmung sich mit einem kräftigen Sprung, mit Schwung hochbewegen:* er schwang sich in den Sattel des Pferdes, über die Mauer; bildl.: die Brücke schwingt sich *(führt in weitem Bogen)* über den Fluß. 3. ⟨itr.⟩ a) *sich gleichmäßig hin und her bewegen; pendeln:* das Pendel der Uhr schwingt langsam; der Turner schwingt an den Ringen. b) *eine zitternde, bebende Bewegung ausführen:* die Saiten schwingen; der Ton schwingt *(klingt)* in diesem Raum sehr stark.

Schwingung, die; -, -en: *das Schwingen eines Pendels, einer Saite u. a.*

Schwips, der; -es (ugs.): *leichter Rausch:* einen S. haben.

schwirren, schwirrte, ist schwirrt ⟨itr.⟩: *mit summendem, zischendem, pfeifendem Geräusch fliegen:* Käfer schwirrten durch das Zimmer; Pfeile, Geschosse sind durch die Luft geschwirrt; bildl.: Gerüchte schwirrten *(eilten)* durch die Stadt; alle möglichen Namen und Zahlen schwirrten *(gingen)* mir durch den Kopf.

schwitzen, schwitzte, hat geschwitzt ⟨itr.⟩: a) *in Schweiß geraten; Schweiß absondern:* vor Hitze, Anstrengung, Aufregung s. b) *beschlagen; feucht werden:* die Wände, Fenster schwitzen.

schwören, schwor, hat geschworen ⟨itr./tr.⟩: *[mit einem Eid] feierlich, nachdrücklich bestätigen, bekräftigen, versichern; geloben:* die Soldaten schworen [dem Staat Treue]; ich schwöre dir, daß ich nichts verraten habe; er hat hoch und heilig geschworen, nicht mehr zu trinken; bildl.: jmdm. Rache, seine Liebe s. *(nachdrücklich erklären);* ⟨häufig im 2. Partizip⟩ ein geschworener *(entschiedener, leidenschaftlicher)* Feind von jmdm./etwas sein. * **einen Eid s.** *(die Formel des Eides sprechen [wodurch man sich verpflichtet, die Wahrheit zu sagen]);* **einen Meineid s.** *(eine falsche Aussage machen, obwohl man einen Eid geschworen hat);* **auf jmdn./etwas s.** *(von jmds. Qualität oder Leistung überzeugt sein; etwas für besonders gut und wirkungsvoll halten):* er schwört auf diesen Arzt, dieses Medikament, diese Methode.

schwül ⟨Adj.; nicht adverbial⟩: *feuchtwarm, drückend heiß:* ein schwüler Tag; bildl.: eine schwüle *(beklemmende)* Stimmung herrschte im Saal.

schwülstig ⟨Adj.⟩: *in der Ausdrucksweise, Gestaltung übertrieben, geschwollen:* ein schwülstiger Stil; schwülstig reden.

Schwung, der; -[e]s, Schwünge: 1. a) *schwingende Bewegung:* der Turner machte mehrere Schwünge am Reck; der Schiläufer fuhr mit Schwüngen ins Tal; er sprang mit elegantem S. über den Graben. b) ⟨ohne Plural⟩ *Schnelligkeit, Elan:* er fuhr mit S. den Berg hinauf. c) ⟨ohne Plural⟩ *Anstoß:* er gab der Schaukel einen kräftigen S. * **etwas in S. bringen** *(etwas in Gang, in Bewegung bringen);* **jmdn. in S. bringen** *(jmdn. zur schnelleren Arbeit anhalten, anfeuern);* **etwas kommt in S.** *(etwas gewinnt erst Leben, kommt erst recht in Bewegung).* 2. ⟨ohne Plural⟩ *mitreißende Kraft; inneres Feuer; Begeisterung:* seine Rede war ohne S. * **S. haben** *(Temperament haben).* 3. ⟨ohne Plural⟩ *größere Anzahl:* ich erhielt heute einen S. Briefe.

schwungvoll ⟨Adj.⟩: a) *viel Bewegung zeigend:* die Bewegungen des Turners wirken s.; eine schwungvolle Schrift. b) *anregend, mitreißend:* schwungvolle Musik; eine s. gehaltene Rede.

Schwurgericht, das; -[e]s, -e: *aus Juristen und Laien bestehendes Gericht, das sich mit schweren Verbrechen befaßt.*

See: I. der; -s, -n: *größere, mit Wasser gefüllte Vertiefung auf dem Festland:* ein tiefer S.; der S. ist zugefroren. II. die; -: *Meer:* an die S. fahren.

Seele, die; -, -n: 1. a) ⟨ohne Plural⟩ *im religiösen Sinne der unsterbliche Teil des Menschen:* der Mensch besitzt eine S.; seine S. retten, verlieren; seine S. dem Bösen verschreiben. b) *Gesamtheit der geistigen Kräfte und der Empfindungen; Gemüt:* er ist mit ganzer S. bei der Sache; eine zarte, unruhige S.; sich in tiefster S. verletzt fühlen; er spricht mir aus der S. *(er sagt genau das, was ich schon lange denke).* * **ein Herz und eine S. sein** *(immer übereinstimmen, keinerlei Streit, Zwist miteinander haben).* 2. *Mensch, Person:* die Gemeinde zählt einige Tausend Seelen; keine S. war weit und breit zu sehen; sie ist eine gute, treue S.

seelenruhig ⟨Adj.; nur adverbial⟩: *völlig ruhig [bleibend]:* obwohl er den Zug herannahen sah, lief er s. über die Schienen.

seelisch ⟨Adj.⟩: *das Gefühl, Gemüt, Empfinden eines Menschen betreffend:* aus dem seelischen Gleichgewicht geraten; seelische Qualen durchmachen; seine Krankheit ist s. bedingt.

Seemann, der; -[e]s, Seeleute: *jmd., der beruflich auf Schiffen arbeitet, die auf dem Meer fahren.*

Segel, das; -s, -: *auf Booten angebrachtes Tuch, in dem sich der Wind fängt, wodurch das Schiff fortbewegt wird* (siehe Bild): bei Sturm die S. einziehen. * **die S. streichen** *(den Widerstand*

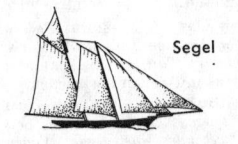

Segel

aufgeben); **jmdm. den Wind aus den Segeln nehmen** *(einem Gegner den Grund für sein Vorgehen oder die Voraussetzungen für seine Argumente nehmen):* durch diese Maßnahme sollte der Unzufriedenen der Wind aus den Segeln genommen werden.

Segelboot, das; -[e]s, -e: *Boot, das mit Hilfe von Segeln fortbewegt wird.*

segeln, segelte, hat/ist gesegelt ⟨itr.⟩: 1. *mit einem Segelboot fahren:* er hat heute fünf Stunden gesegelt; er ist über den See gesegelt; wir haben/sind in diesem Sommer viel gesegelt; bildl.: unter deutscher Flagge segeln *(den Anschein erwecken, deutscher Herkunft zu sein).* 2. *in der Luft schwebend fliegen; gleiten:* der Adler segelt hoch in der Luft; die Wolken segeln am Himmel.

Segen, der; -s: 1. *[göttliche] Gnade, Gunst, Hilfe:* jmdm. den S. geben, spenden; um den S. bitten; der päpstliche S. * (ugs.) **seinen S. zu etwas geben** *(seine Einwilligung zu etwas geben).* 2. *Glück, Erfolg:* auf seiner Arbeit ruht kein S.; jmdm. Glück und S. wünschen; diese Erfindung ist kein S. *(hat sich nicht gut ausgewirkt).*

segnen, segnete, hat gesegnet ⟨tr.⟩: *den Segen geben:* der Pfarrer segnet die Kinder; segnend die Arme ausbreiten. ** **mit etwas gesegnet sein** *(mit etwas [Positivem, Angenehmem] ausgestattet sein):* er ist mit Gütern gesegnet; **in gesegnetem Alter** *(in hohem Alter);* (ugs.) **einen gesegneten Appetit, Schlaf haben** *(einen guten Appetit, einen guten Schlaf haben).*

sehen, sieht, sah, hat gesehen/ (nach vorangehendem Infinitiv auch) hat ... sehen: 1. a) ⟨itr.⟩ *mit dem Auge wahrnehmen, erfassen:* gut, schlecht, scharf s. b) ⟨tr.⟩ *erblicken; als vorhanden feststellen, bemerken:* man hat ihn zum letzten Mal in der Bahn gesehen; wir haben die Leute auf dem Feld, bei der Arbeit gesehen; er hat ihn schon von Ferne kommen s. c) ⟨itr./tr.⟩ *sich (etwas) ansehen; mit Interesse, Aufmerksamkeit betrachten:* haben Sie den Film schon gesehen?; die Bilder Rembrandts hat er mit großer Begeisterung s. 2. ⟨itr.⟩ *erleben:* wir haben die Kollegen bei keiner Feier so lustig gesehen wie gestern; noch nie haben wir eine so große Begeisterung gesehen. *bessere Zeiten/Tage gesehen haben *(früher in guten, besseren wirtschaftlichen Verhältnissen gelebt haben).* 3. ⟨tr.; mit näherer Bestimmung⟩ *[in bestimmter Weise] beurteilen:* er sieht alles sehr negativ; du mußt die Verhältnisse nüchtern s. 4. ⟨itr.; mit Raumangabe⟩ *den Blick auf, nach etwas richten; blicken:* aus dem Fenster s.; aus Verlegenheit zu Boden s.; nach der Uhr, zum Himmel s.; jmdm. in die Karten sehen; jmdm. tief in die Augen s. *(jmdn. begehrend anschauen).* 5. ⟨itr.⟩ *merken, feststellen, einsehen:* der Arzt sah bald, daß er nicht mehr helfen konnte; ich sehe, aus dieser Sache wird nichts; er wird s., daß er so nicht weiterkommt; wie ich sehe, ist hier alles in Ordnung. 6. ⟨itr.⟩ *überlegen, prüfen:* ich will s., was sich [in dieser Angelegenheit] machen läßt; er soll s., ob es einen Ausweg gibt. 7. ⟨tr.⟩ *erkennen:* das Wesen, den Kern einer Sache s.; er sieht nicht die Zusammenhänge; der Künstler hat in seinem Roman die entscheidenden Personen gut gesehen *(beobachtet und geschildert).* 8. ⟨itr.⟩ a) *sich (um jmdn./etwas) kümmern:* nach den Kindern, dem Kranken s. * **nach dem Rechten s.** *(kontrollieren, ob alles in Ordnung ist).* b) *sorgen (für etwas); bemüht sein (um etwas):* wir müssen [immer darauf] s., daß die Bestimmungen eingehalten werden; nach weiteren Möglichkeiten für den Absatz unserer Waren s. ** **sich zu etwas genötigt/ gezwungen/veranlaßt s.** *(in einer Situation sein, in der man etwas notwendig tun muß);* **sich betrogen/getäuscht s.** *(feststellen, daß man betrogen, getäuscht worden ist);* **etwas kommen s.** *(etwas voraussehen):* ich habe kommen s., daß ihn sein Leichtsinn das Leben kosten würde.

sehenswert ⟨Adj.; nicht adverbial⟩: *so beschaffen, daß es sich lohnt, es zu besichtigen, anzuschen:* eine sehenswerte Aufführung; die Ausstellung ist s.

Sehenswürdigkeit, die; -, -en: *sehenswerte Anlage, Stelle:* das Schloß ist eine S.; die Sehenswürdigkeiten der Stadt besichtigen.

Sehne, die; -, -n: *aus einem Bündel von Fasern bestehende Verbindung zwischen Muskel und Knochen:* die S. am Fuß ist gerissen.

sehnen, sich; sehnte, sich; hat sich gesehnt: *starkes Verlangen haben:* sich nach Ruhe s.; er sehnte sich nach seiner Familie.

Sehnsucht, die; -, -: *das Sichsehnen (nach jmdm./etwas); starkes Verlangen:* eine S. fühlen, empfinden; von der S. gequält werden.

sehnsüchtig ⟨Adj.⟩: *voller Sehnsucht; heftig wünschend, erwartend:* jmdn./etwas s. erwarten; ein sehnsüchtiges Verlangen nach etwas haben.

sehr ⟨Adverb⟩: *in großem, hohem Maße; besonders:* er ist s. reich; eine s. schöne Wohnung haben; er bestand die Prüfung mit der Note „s. gut"; mit jmdm./etwas s. zufrieden sein; [ich] danke [Ihnen] s.!

seicht ⟨Adj.⟩: 1. ⟨nicht adverbial⟩ *flach, nicht tief:* ein seichter Bach; er kannte die seichten Stellen im See. 2. (ugs.) *oberflächlich, wenig geistreich:* ein seichtes Gerede; die Unterhaltung war s.

Seide, die; -, -: 1. *aus dem Gespinst des Seidenspinners (dem Kokon) gewonnener Faden:* ein Faden aus echter S. 2. *Stoff aus dieser Faser:* ein Kleid aus reiner S.; ihr Haar glänzt wie S.

seiden ⟨Adj.; nur attributiv⟩: *aus Seide bestehend:* ein seidenes Kleid. * **etwas hängt an einem seidenen Faden** *(etwas ist in großer Gefahr):* die Zulassung zur Prüfung hing an einem seidenen Faden.

seidig ⟨Adj.⟩: *wie Seide wirkend:* ein seidiger Pelz; der Stoff schimmert s.

Seife, die; -, -: /ein Reinigungsmittel/ (siehe Bild): sich mit guter S. waschen.

Seife

seihen, seihte, hat geseiht ⟨tr.⟩ (landsch.): *sieben:* Sand, Mehl s.

Seil, das; -[e]s, -e: *aus Fasern oder Drähten hergestellte starke Schnur; Tau:* ein S. spannen; etwas mit Seilen hochziehen.

Seilbahn, die; -, -en: *von einem Seil gezogener oder an einem Seil schwebender Kasten oder Wagen zum Transportieren von Personen oder Sachen über eine steile oder unwegsame Strecke* (siehe Bild): mit der S. fahren, befördern.

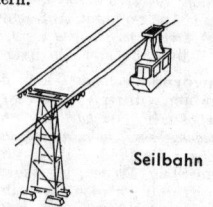

Seilbahn

sein, ist, war, ist gewesen ⟨itr.⟩: 1. a) ⟨sein + Artangabe (Umstandsbestimmung der Art und Weise)⟩ *sich in einem bestimmten Zustand befinden; eine bestimmte Eigenschaft haben:* die Rose ist schön; das Wetter ist schlecht; es ist *(verhält sich)* nicht so, wie du meinst. b) ⟨sein + Artangabe; unpersönlich⟩ *sich fühlen:* mir ist übel, unwohl; * **jmdm. ist, als ob ...** *(jmd. hat das unbestimmte Gefühl, daß/als ob ...):* mir ist, als ob ich ein Geräusch im Keller gehört hätte; **jmdm. ist nach etwas** *(jmd. hat das Gefühl, als ob etwas wäre):* mir ist nicht nach Ferien. 2. ⟨sein + Substantiv im Nominativ⟩ /drückt das Verhältnis der Identität oder der Zuordnung aus, das zwischen dem Subjekt und dem darauf sich beziehenden Substantiv besteht/ er ist Bäcker; Karl ist ein Künstler; die Katze ist ein Haustier. * **er war es** *(er hat es getan).* 3. a) ⟨sein + Zeitangabe; unpersönlich⟩ *eine bestimmte Zeit haben:* es ist 12 Uhr; es ist Mitternacht. b) ⟨sein + Raumangabe⟩ *sich irgendwo befinden; irgendwo herkommen:* er ist in Frankfurt; die Bilder sind aus der Mannheimer Kunsthalle; er ist aus reichem Hause; der Chef ist im Urlaub *(verbringt seinen Urlaub an irgendeinem Ort).* 4. *geschehen:* es war im Sommer 1964; es braucht nicht sofort zu s.; was s. muß, muß s.; das kann doch nicht s.! *(das ist doch nicht möglich!).* 5. *stattfinden:* das Konzert ist morgen um acht Uhr im Schloß. 6. *existieren, Wirklichkeit sein:* Gott ist; alles, was ist, braucht nicht ewig zu s.; was nicht ist, kann noch werden; das war einmal *(das ist längst vorbei).* 7. a) ⟨sein + o + Inf.⟩ *kann ... werden:* etwas ist nicht mit Geld zu bezahlen *(kann nicht mit Geld bezahlt* *werden).* **b)** ⟨sein + zu + Inf.⟩ *muß ... werden:* am Eingang ist der Ausweis vorzulegen *(muß der Ausweis vorgelegt werden).* **8.** ⟨als Funktionsverb⟩ /drückt einen Zustand aus, der andauert/: in Bewegung s. *(sich bewegen);* in Ordnung s. *(richtig sein);* im Recht s. *(recht haben);* in Kraft s. *(gültig sein).*

seinerzeit ⟨Adverb⟩: *damals, früher:* diese Vorschrift gab es s. noch nicht.

seinetwegen ⟨Adverb⟩: *um jmds. willen; jmdm. zuliebe:* wir haben s. die Fahrt verschoben.

seit: I. ⟨Präp. mit Dativ⟩ *von einem bestimmten Zeitpunkt, Ereignis an:* s. meinem Besuch sind wir Freunde; s. kurzem *(von einem Zeitpunkt an, der noch nicht lange vergangen ist);* s. wann bist du hier? **II.** ⟨Konj.⟩ *seitdem:* er fährt seit Jahren kein Auto mehr, s. er den Unfall hatte.

seitdem: I. ⟨Konj.⟩ *von einem bestimmten Zeitpunkt an:* s. ich weiß, wie er wirklich denkt, traue ich ihm nicht mehr. **II.** ⟨Adverb⟩ *von diesem, jenem (vorher genannten) Ereignis, Augenblick an:* ich habe ihn s. nicht mehr gesehen.

Seite, die; -, -n: **1. a)** *Grenzfläche eines Körpers oder Grenzlinie einer Fläche:* die hintere S. eines Hauses; die S. eines Dreiecks; zu beiden Seiten des Bahnhofs stehen Taxen; die rechte, die linke S. eines Schrankes. * *etwas auf die S. schaffen (etwas stehlen; etwas verschwinden lassen);* etwas auf die S. legen *(Geld sparen);* jmdn. von der S. ansehen *(jmdn. geringschätzig behandeln).* **b)** *Vorder- oder Rückseite eines Blattes von einem Buch oder einer Zeitung:* das Buch hat 500 Seiten; die Nachricht stand auf der ersten S. der Zeitung. **2.** *Richtung:* die Zuschauer kamen von allen Seiten; man muß beim Überqueren der Straße nach beiden Seiten schauen; das Auto kam von der S. *(aus seitlicher Richtung).* **3. a)** *charakterlicher Zug, Wesen einer Person:* er zeigte sich von seiner besten S. *(freundlich und hilfsbereit);* von dieser S. kenne ich ihn noch nicht *(dieser Charakterzug ist mir an ihm noch unbekannt).* **b)** ⟨ohne Plural⟩ *Veranlagung:* Rechnen war schon immer seine schwache, starke S. *(hat er nie gut gekonnt).* **4.** *Standpunkt, Gesichtspunkt, Aspekt:* etwas von der juristischen S. beurteilen; der Streit hat auch eine gute S.; die angenehme S. des Lebens kennenlernen. * **jedes Ding hat seine zwei Seiten** *(alles Positive hat auch etwas Negatives).* **5.** *gegnerische Partei; andere Person oder Gruppe:* die andere S. zeigte sich sehr unnachgiebig; beide Seiten sind an Verhandlungen interessiert; das Recht ist auf seiner S. *(liegt bei ihm);* von kirchlicher S. wurden keine Einwände erhoben *(die Kirche hatte keine Bedenken);* von offizieller S. *(von zuständiger Seite)* war keine Bestätigung dieser Nachricht zu erhalten. * **jmdn. auf seine S. ziehen** *(jmdn. für seine Pläne, für seine Absichten gewinnen);* **jmdm. zur S. stehen** *(jmdm. helfen);* **sich auf jmds. S. schlagen** *(die Partei eines anderen ergreifen).*

Seitenblick, der; -[e]s, -e: *Blick nach der Seite auf jmdn. [um etwas auszudrücken].* jmdm. einen kurzen, ironischen S. zuwerfen; mit einem S. auf die Kinder brachen sie das Gespräch ab.

Seitenhieb, der; -[e]s, -e: *eigentlich nicht zum Thema gehörende kritische Bemerkung in einer Rede o. ä.:* mit einem deutlichen S. auf die Partei schloß er seine Rede.

seitens ⟨Präp. mit Gen.⟩: *von seiten; von jmdm., der beteiligt, betroffen ist:* s. des Vorstandes wurden erhebliche Einwände erhoben.

Seitenschiff, das; -s, -e: *neben dem Mittelschiff liegendes schmaleres und niedrigeres Schiff einer Kirche.*

Seitensprung, der; -[e]s, Seitensprünge: *erotisches Abenteuer außerhalb der Ehe:* Seitensprünge machen.

seither ⟨Adverb⟩: *von einer gewissen (vorher genannten) Zeit an:* ich habe ihn im April gesprochen, doch s. habe ich keine Verbindung mehr mit ihm gehabt.

seitlich: I. ⟨Adj.⟩ **a)** *an der Seite:* die seitliche Begrenzung der Straße; das Schild ist s. angebracht. **b)** *nach der Seite:* etwas hat sich s. verschoben. **c)** *von der Seite:* er kam s. aus dem Wald; bei seitlichem Wind begann der Wagen zu schlingern. **II.** ⟨Präp. mit Gen.⟩ *neben:* das Telefon war s. des Flurs angebracht; das Haus liegt s. der Bahn.

seitwärts ⟨Adverb⟩: **a)** *nach der Seite:* den Schrank etwas s. schieben; (ugs.) er schlug sich s. in die Büsche *(verschwand in den Büschen).* **b)** *an der Seite:* s. stehen die Angeklagten; das Haus liegt etwas s.

Sekretär, der; -s, -e: **1.** *Angestellter oder Beamter, der die Korrespondenz o. ä. zu erledigen hat:* einen zweiten S. einstellen. **2.** *Schrank mit herausklappbarer Platte, auf der man schreiben kann:* sie hatte einen hübschen S. im Zimmer stehen.

Sekretärin, die; -, -nen: *Angestellte, die ausgehende Post schreibt und eingehende Post verwaltet.*

Sekt, der; -es: *aus Wein hergestelltes schäumendes Getränk:* der S. perlt im Glas.

Sekte, die; -, -n: *kleinere religiöse Gemeinschaft, die zu keiner Kirche gehört:* einer S. angehören.

Sektor, der; -s, -en: **1.** *Sachgebiet, fachlicher Bereich:* er weiß auf dem musikalischen S. sehr viel; der gewerbliche, schulische S. **2.** *abgegrenztes Gebiet, Bezirk:* Berlin ist in vier Sektoren geteilt.

sekundär ⟨Adj.⟩: *erst in zweiter Linie in Betracht kommend:* ein sekundärer Gesichtspunkt; diese Sache ist s.

Sekunde, die; -, -n: *Einheit für die Bestimmung der Zeit* ⟨Zeichen s⟩: eine Minute hat 60 Sekunden; auf die S. genau; es dauert nur eine S. *(es geht ganz schnell, es dauert nicht lange).*

selber ⟨Pron.⟩ (ugs.): *selbst.*

selbst: I. ⟨Pron.⟩ *in eigener Person; persönlich:* der Minister s. verteidigte den Beschluß; sich s. um etwas kümmern. **II.** ⟨Adverb⟩ *sogar:* s. mit Geld war er nicht dafür zu gewinnen; er reagierte s. auf die Bitten seiner Mutter nicht.

selbständig ⟨Adj.⟩: **a)** *ohne Hilfe, Anleitung, aus eigener Fähigkeit, Initiative handelnd:* er ist für sein Alter schon sehr s.; etwas s. ausführen, erledigen; das ist eine selbständige *(ohne Hilfe gemachte)* Arbeit. **b)** *unabhängig; in eigener Verantwortung handelnd:* eine selbständige

selbstbewußt — 314

Stellung, Tätigkeit haben; er will s. sein. * **sich s. machen** *(ein eigenes Geschäft eröffnen).* **Selbständigkeit,** die; -.

selbstbewußt ⟨Adj.⟩: *von sich, von seinen Fähigkeiten, vom eigenen Wert überzeugt:* er trat sehr s. auf; eine selbstbewußte Frau.

Selbstbewußtsein, das; -s: *das Überzeugtsein vom dem Wert der eigenen Person, von seinen eigenen Fähigkeiten:* er hat ein großes S.

Selbstbildnis, das; -ses, -se: *Bild, das jmd. von sich selbst malt, zeichnet:* in der Ausstellung wird ein S. von Rembrandt gezeigt.

selbstgefällig ⟨Adj.⟩: *in den eigenen Vorzügen, Leistungen Befriedigung findend und sie gegenüber anderen besonders betonend; eitel:* eine selbstgefällige Miene aufsetzen; s. ging er vor den anderen auf und ab.

Selbstgespräch, das; -[e]s, -e: *Gespräch mit sich selbst; Monolog:* lange Selbstgespräche führen.

selbstherrlich ⟨Adj.⟩: *allein entscheidend, ohne andere zu fragen; sich in seinen Entscheidungen über andere hinwegsetzend:* ein selbstherrlicher Beschluß; er ordnet alles sehr s. an.

Selbstkritik, die; -: *Kritik an der eigenen Person oder Leistung; [öffentliches] Darlegen, Bemängeln der eigenen Fehler:* S. üben.

selbstlos ⟨Adj.⟩: *nicht auf den eigenen Vorteil bedacht; nicht eigennützig:* s. handeln; jmdn. in selbstloser Weise unterstützen.

Selbstmord, der; -[e]s, -e: *das Töten der eigenen Person; Freitod:* die Zahl der Selbstmorde hat zugenommen.

selbstsicher ⟨Adj.⟩: *von der Richtigkeit seines Tuns überzeugt; selbstbewußt:* ein selbstsicheres Auftreten; er ist sehr s.

selbstsüchtig ⟨Adj.⟩: *nur auf das eigene Wohl und den eigenen Vorteil bedacht; eigennützig, egoistisch:* er handelt meist nur aus selbstsüchtigen Motiven.

selbsttätig ⟨Adj.⟩: a) *sich selbst treibend, sich selbst ein- und ausschaltend; automatisch:* die Maschine arbeitet s.; die selbsttätige Regelung eines technischen Vorganges. b) *selbst mit-*

arbeitend, aktiv: bei der Ausübung der Macht s. mitwirken.

selbstverständlich: I. ⟨Adj.⟩ *aus sich verständlich und erklärbar; keiner besonderen Begründung bedürfend:* die Opposition ist ein selbstverständlicher Bestandteil der Demokratie. **II.** ⟨Adverb⟩: *wie von selbst zu verstehen; zweifelsohne; natürlich:* er hat s. recht; s. käme ich gerne, aber ich habe keine Zeit.

Selbstverständnis, das; -ses: *das Verstehen seiner selbst, der eigenen Person:* das S. der Wissenschaft.

Selbstvertrauen, das; -s: *Vertrauen auf die eigene Leistung, Fähigkeit:* [kein] S. haben.

selbstzufrieden ⟨Adj.⟩: *mit sich und seinen Leistungen zufrieden [und sich daher nicht weiter anstrengend]:* er sagte s., daß er heute besser sei als gestern; s. saß er im Sessel; er sprach s. von seiner Arbeit. **Selbstzufriedenheit,** die; -.

Selbstzweck, der; -s: *der nur in der Sache selbst liegende oder der nur auf sie selbst gerichtete Zweck:* für manche Verbände ist Politik nicht Mittel zum Verwirklichen ihrer Interessen, sondern gleichsam S.

selig ⟨Adj.⟩: 1. *nach dem Tode im Zustand der ewigen Lebens seiend:* er ist s. entschlafen. 2. *sehr glücklich:* er war s., daß er die Prüfung bestanden hatte; er wankte s. *(betrunken)* nach Hause.

selten ⟨Adj.⟩: 1. a) *in kleiner Zahl vorkommend, vorhanden; nicht oft, nicht häufig [geschehend]:* ein seltenes Tier; ein seltenes (und deshalb wertvolles) Exemplar; seine Besuche bei uns sind s. geworden *(er besucht uns nicht mehr oft).* b) ⟨nur adverbial⟩ *meist nicht; so gut wie nie:* ⟨nur adverbial⟩ *meist nicht; so gut wie nie:* der Vorgang wird s. richtig verstanden; wir wissen s. vorher, was geschehen wird. 2. (ugs.) ⟨verstärkend bei Adjektiven⟩ *besonders:* ein s. schönes Tier.

seltsam ⟨Adj.⟩: *vom Üblichen abweichend und nicht recht begreiflich; merkwürdig, eigenartig; komisch:* das kommt mir s. vor; mir ist etwas Seltsames passiert; ein seltsamer Mensch.

Semester, das; -s, -: *Studienhalbjahr an der Universität,*

Hochschule: er ist im dritten S.; er ist schon älteres, hohes S. *(er studiert schon länger, lange).*

Seminar, das; -s, -e: 1. a) *wissenschaftliches Institut einer Universität oder Hochschule:* er arbeitet im Historischen Seminar. b) *Übung, Unterrichtsstunde eines wissenschaftlichen Instituts der Universität oder Hochschule:* an einem S. über den modernen Roman teilnehmen. 2. *Institut, in dem jmd. zum Priester der katholischen Kirche ausgebildet wird.*

Semmel, die; -, -n (landsch.): *Brötchen:* knusprige, weiche Semmeln; (ugs.) etwas geht [weg] wie warme Semmeln *(etwas verkauft sich leicht, ist sehr begehrt).*

senden: I. sandte/sendete, hat gesandt/gesendet ⟨tr.⟩: *zu jmdm. gelangen lassen; schicken:* einen Brief mit der Post s.; er sandte den Blumen durch einen Boten. **II.** sendete, hat gesendet ⟨tr.⟩: *(durch Rundfunk oder Fernsehen) übertragen:* der Rundfunk sendet um 7 Uhr Nachrichten.

Sender, der; -s, -: *technische Anlage, die Rundfunk- und Fernsehsendungen u. ä. ausstrahlt:* diesen S. kann man hier kaum empfangen.

Sendung, die; -, -en: 1. *das Senden:* die S. der Bücher hat sich verzögert. 2. *gesandte Menge (von Waren):* eine neue S. von Apfelsinen ist eingetroffen. 3. ⟨ohne Plural⟩ *Auftrag, den jmd. in sich fühlt; das Bestimmtsein (zu etwas); Berufung:* er glaubte an seine S. als Helfer der Menschen. 4. *etwas, was durch Rundfunk oder Fernsehen übertragen, gesendet wird:* er hört viele politische Sendungen im Rundfunk.

Senf, der; -s: *aus dem gemahlenen Samen einer Pflanze mit dem gleichen Namen hergestellte gelbliche, breiige, scharf schmeckende Masse, die bes. zu Fleisch gegessen wird:* er aß ein Würstchen mit S.

Senior, der; -s, -en: 1. *Vater /in bezug auf den Junior/:* das Geschäft ist vom S. auf den Junior übergegangen. 2. ⟨Plural⟩ *Sportler, die ein bestimmtes Alter überschritten haben:* ein Rennen für Senioren.

senken, senkte, hat gesenkt: 1. ⟨itr.⟩ *abwärts bewegen; sinken* *lassen; neigen:* er senkte den Kopf, den Blick; ⟨auch rfl.⟩ die Äste senkten sich unter der Last des Schnees. 2. ⟨tr.⟩ *hinabgleiten lassen:* sie senkten den Sarg in die Erde; der Baum hat seine Wurzeln tief in den Boden gesenkt *(getrieben)*. 3. a) ⟨tr.⟩ *niedriger machen:* man senkte den Wasserspiegel. b) ⟨rfl.⟩ *niedriger werden:* der Boden hat sich gesenkt. 4. ⟨tr.⟩ *geringer machen; ermäßigen; herabsetzen:* die Preise werden gesenkt. ** die Stimme s. *(leiser sprechen):* er senkte die Stimme, als er merkte, daß er zu laut sprach.

senkrecht ⟨Adj.⟩: *gerade von oben nach unten oder von unten nach oben führend; mit einer waagerechten Fläche oder Linie einen Winkel von 90° bildend:* der Rauch stieg s. in die Höhe.

Sensation, die; -, -en: *ungewöhnliches, großes Aufsehen erregendes Ereignis:* der Sieg des unbekannten Sportlers war eine große S.

sensationell ⟨Adj.⟩: *großes Aufsehen erregend:* sein Erfolg war s.

Sense, die; -, -n: *Gerät zum Mähen von Gras oder Getreide* (siehe Bild): er mähte seine Wiese mit der S.

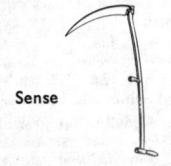

Sense

sensibel ⟨Adj.⟩: *empfindsam; feinfühlig:* er ist ein sehr sensibler Mensch.

sentimental ⟨Adj.⟩: *übertrieben gefühlvoll:* sie sangen sentimentale Lieder.

separat ⟨Adj.⟩: *abgetrennt; einzeln; für sich:* das Zimmer hat einen separaten Eingang.

September, der; -[s]: *neunter Monat des Jahres.*

Serie, die; -, -n: *Reihe bestimmter gleichartiger Dinge oder Geschehnisse:* eine neue S. von Briefmarken; durch den Nebel gab es eine S. von Unfällen.

serienmäßig ⟨Adj.; nicht prädikativ⟩: *nicht einzeln, als Serie; in einer ganzen Folge:* dieses Porzellan wird s. hergestellt.

seriös ⟨Adj.⟩: a) *vertrauenerweckend; zuverlässig:* eine seriöse Firma; er macht einen seriösen Eindruck. b) *ernsthaft:* ein seriöser Schauspieler.

Service: I. [zɛr'viːs] das; -s, -: *zusammengehörendes Geschirr:* II. ['zœːrvis] der; -: *Kundendienst.*

servieren, servierte, hat serviert ⟨tr.⟩ *Speisen auftragen:* er serviert nicht an diesem Tisch; ⟨auch tr.⟩ Sie können die Nachspeise s.; bildl. (ugs.): er servierte seinen Zuhörern lauter Lügen.

Serviette, die; -, -n: *kleines Tuch aus Stoff oder Papier, das man beim Essen benutzt:* sie legte Servietten neben die Teller.

Sessel, der; -s, -: *bequeme, meist mit Polster versehene Sitzgelegenheit mit Lehne für Rücken [und Arme]* (siehe Bild): er saß im S. vor dem Fernsehapparat.

Sessel

seßhaft ⟨Adj.; nicht adverbial⟩: *einen festen Wohnsitz habend; ansässig:* viele Nomaden sind zur seßhaften Lebensweise übergegangen. * sich s. machen *(sich an einem bestimmten Ort ansiedeln):* er hat sich endlich s. gemacht; s. werden *(einen festen Wohnsitz wählen):* er ist nach vielen Jahren des Reisens s. geworden.

setzen, setzte, hat gesetzt /vgl. gesetzt/: 1. ⟨rfl.⟩ *eine sitzende Stellung einnehmen; sich hinsetzen; Platz nehmen:* du darfst dich nicht auf den Boden s.; setzt euch an den Tisch! 2. ⟨tr.⟩ *einen bestimmten Platz geben:* sie setzte das Kind auf ihren Schoß; er hat seine Mütze auf den Kopf gesetzt. 3. ⟨rfl.⟩ *(in einer Flüssigkeit) langsam zu Boden sinken:* der Kaffee muß sich noch s. 4. ⟨tr.⟩ *(eine Pflanze) mit den Wurzeln in die Erde senken; pflanzen:* Sie setzt Blumen in den Garten; diese Bäume wurden vor 10 Jahren gesetzt. 5. ⟨itr.⟩ *springen:* er setzte mit dem Pferd über den Graben. 6. ⟨tr.⟩ *Buchstaben für den Druck zu einem Text zusammenfügen:* ein Manuskript s. 7. ⟨tr.⟩ *an einem Mast aufziehen:* sie haben die Segel gesetzt. 8. ⟨als Funktionsverb⟩ etwas in Brand s. *(etwas anzünden);* sich zur Wehr s. *(sich wehren);* etwas aufs Spiel s. *(etwas riskieren, wagen);* jmdn. auf freien Fuß s. *(jmdn. aus der Gefangenschaft entlassen).*

Seuche, die; -, -n: *gefährliche ansteckende Krankheit, die sich schnell verbreitet:* in dem Land wütete eine S., an der viele Menschen starben.

seufzen, seufzte, hat geseufzt ⟨itr.⟩: *(als Ausdruck von Kummer, Traurigkeit o. ä.) einmal schwer und hörbar ausatmen:* sie seufzte, als sie an den Abschied dachte.

Seufzer, der; -s, -: *[klagender] Laut, der durch hörbares Ausatmen hervorgebracht wird:* mit einem S. [der Erleichterung] verließ sie den Raum.

Sex, der; -[es] (ugs.): a) *Sexualität:* heute spricht man viel von S. b) *geschlechtliche Anziehungskraft:* sie hat viel S.

Sexualität, die; -: *alles, was mit dem Geschlechtstrieb eines Lebewesens zusammenhängt:* er behandelte in seinem Vortrag Fragen der S.

sexuell ⟨Adj.⟩: *den Geschlechtstrieb betreffend; geschlechtlich:* das sexuelle Verhalten der Bevölkerung; die Kinder s. aufklären.

sezieren, sezierte, hat seziert ⟨tr.⟩: *einen toten menschlichen oder tierischen Körper öffnen oder zerlegen, um ihn zu untersuchen:* die Leiche des Toten wurde seziert.

Sichel, die; -, -n: *Werkzeug mit stark gebogener Klinge zum Schneiden von Gras o. ä.* (siehe Bild): er hat sich mit der S. verletzt.

Sichel

sicher: I. ⟨Adj.⟩: 1. *gefahrlos; nicht durch eine Gefahr bedroht:* sie wählte einen sicheren Weg; hier kannst du dich s. fühlen. 2. *zuverlässig:* die Farbe seines Gesichts war ein sicheres Zeichen für seine Krankheit; diese Nachrichten sind nicht s. *(nicht verbürgt, bewiesen);* er hat ein sicheres *(gesichertes, festes)*

Sicherheit 316

Einkommen; er fährt sehr s. *(gut)*. 3. *nicht irrend; richtig; treffend:* er hat ein sicheres Urteil, einen sicheren *(guten)* Geschmack. 4. *ohne Hemmungen; selbstbewußt:* er hat ein sicheres Auftreten; er wirkt, ist sehr s. 5. *ohne jeden Zweifel bestehend oder eintretend; gewiß:* seine Niederlage ist s.; er war sich seines Erfolgs s. *(war von seinem Erfolg überzeugt);* soviel ist s. *(steht fest),* daß er ein Dieb ist. II. ⟨Adverb⟩: *wahrscheinlich; sicherlich; mit Sicherheit; ohne jeden Zweifel:* du hast s. recht, aber wir können es doch noch einmal überprüfen; er wird s. bald kommen.

Sicherheit, die; -: 1. *das Sichersein vor Gefahr oder Schaden:* die Polizei sorgte für die S. der Besucher. * jmdn./etwas in S. bringen *(jmdn./etwas aus dem Bereich der Gefahr wegbringen):* sie brachten bei der Katastrophe zuerst die Kinder in S.; sich in S. wiegen *(glauben, nicht in Gefahr zu sein):* während sie sich noch in S. wiegten, waren die Feinde schon ins Land eingedrungen. 2. *Gewißheit, Bestimmtheit:* bei diesem Stoff haben Sie die S., daß er sich gut waschen läßt. * etwas mit S. sagen/feststellen *(etwas bestimmt oder exakt sagen/feststellen):* er konnte nicht mit S. sagen, ob er rechtzeitig fertig würde. 3. *Zuverlässigkeit; das Freisein von Fehlern oder Irrtümern:* die S. seines Urteils; er hat eine große S. in allen Fragen des Geschmacks. 4. *Gewandtheit; Selbstbewußtsein:* er hat wenig S. in seinem Auftreten, Benehmen.

Sicherheitsgurt, der; -[e]s, -e: *starkes Band, mit dem man sich im Auto zur Sicherheit anschnallt.*

sicherheitshalber ⟨Adverb⟩: *zur Sicherheit; um sicher zu sein:* er hatte sich s. noch einmal nach der Abfahrt des Zuges erkundigt.

Sicherheitsnadel, die; -, -n: *Nadel mit Verschluß, mit deren Hilfe man etwas befestigen kann* (siehe Bild): sie befestigte die Schleife am Kleid mit einer S.

sicherlich ⟨Adverb⟩: *wahrscheinlich; sicher; mit Sicherheit:* er hat s. recht, aber wir können es doch noch einmal prüfen; s. wird er morgen kommen.

sichern, sicherte, hat gesichert: 1. ⟨tr.⟩ *sichermachen; schützen:* er hat das Fahrrad durch ein Schloß [gegen Diebstahl] gesichert; das Land sichert seine Grenzen; das Gesetz soll die Rechte der Menschen s. *(garantieren);* ⟨häufig im 2. Partizip⟩ sie lebten in gesicherten *(finanziell sicheren)* Verhältnissen. 2. ⟨tr.⟩ *verschaffen; in seinen Besitz bringen:* sein Fleiß sicherte ihm Anerkennung; er hat sich einen guten Platz gesichert. 3. ⟨itr.⟩ *wittern; horchen* /vom Wild/: die Tiere sicherten, bevor sie aus dem Wald traten.

sicherstellen, stellte sicher, hat sichergestellt ⟨tr.⟩: 1. *in behördlichem Auftrag wegnehmen; beschlagnahmen:* ein Teil der gestohlenen Waren konnte sichergestellt werden. 2. *dafür sorgen, daß etwas nicht gefährdet wird; sichern:* man konnte die Ernährung der Bewohner nicht mehr s.

Sicherung, die; -, -en: 1. ⟨ohne Plural⟩ *das Sichern; Schutz:* sich um die S. des Landes bemühen. 2. *Vorrichtung zum Schutz oder zur Sicherheit:* das Gewehr hat eine S.; die S. [der elektrischen Leitung] ist durchgebrannt.

Sicht, die; -: *Möglichkeit [in die Ferne] zu sehen:* bei diesem Wetter ist die S. gut; der Nebel nahm ihnen plötzlich die S.; wir hatten schlechte S. *(Aussicht)* bei dieser Wanderung; bildl.: aus seiner S. *(wie er es sah)* war die Sache sehr schwierig. * in S. kommen *(auftauchen; sichtbar werden):* endlich kam Land in S.; auf kurze/lange S. *(für kurze/lange Dauer oder Zeit):* auf lange S. ist diese Arbeit nicht lohnend.

sichtbar ⟨Adj.⟩: *mit den Augen wahrnehmbar; erkennbar:* er hat sichtbare Fortschritte gemacht; der Zustand des Kranken hatte sich s. gebessert; der Fleck auf dem Kleid war deutlich s. *(zu sehen).*

sichten, sichtete, hat gesichtet ⟨tr.⟩: 1. *in größerer Entfernung wahrnehmen; erspähen:* sie hatten feindliche Flugzeuge am Himmel gesichtet. 2. *durchsehen und ordnen:* er sichtete das Material für seine Arbeit.

sichtlich ⟨Adj.⟩: *nicht prädikativ⟩: offenkundig; merklich:* er hatte sichtlich Schwierigkeiten mit der Aussprache; er war s. erfreut über das Lob.

sickern, sickerte, ist gesickert ⟨itr.⟩: *langsam und spärlich fließen:* Regen sickerte durch das Dach; das Blut ist durch den Verband gesickert.

Sieb, das; -[e]s, -e: *Gerät, mit dem feste Stoffe von einer Flüssigkeit oder feste Stoffe von verschiedener Beschaffenheit voneinander getrennt werden* (siehe Bild): sie goß den Kaffee durch ein S.

Sieb

sieben, siebte, hat gesiebt: 1. ⟨tr.⟩ *durch ein Sieb geben:* das Mehl, den Sand s. 2. ⟨itr.⟩ (ugs.) *(aus einer Anzahl von Personen, z. B. Arbeitskräften, Bewerbern o. ä.) die Unfähigen oder Ungeeigneten ausscheiden:* bei der Auswahl der Bewerber wurde sehr gesiebt.

Siechtum, das; -s: *lange dauernde Zeit schwerer Krankheit [die mit dem Tode endet]:* er starb nach einem langen S.

siedeln, siedelte, hat gesiedelt ⟨itr.⟩: *sich irgendwo ansässig machen; eine Siedlung gründen:* viele Bauern haben in der fruchtbaren Gegend gesiedelt.

sieden, sott/ siedete, hat gesotten/gesiedet: 1. ⟨itr.⟩ *bis zum Siedepunkt erhitzt sein; kochen:* das Wasser siedet bei 100°; die Eier müssen 5 Min. s. *(in siedendem Wasser liegen).* 2. ⟨tr.⟩ (südd.; österr.) *in kochendem Wasser gar machen:* einen Fisch s.; sie hat die Eier gesotten/gesiedet; ⟨2. Partizip in attributiver Stellung nur stark⟩: gesottener Fisch, gesottene Eier.

Siedepunkt, der; -[e]s, -e: *Temperatur, bei der eine Flüssigkeit zu sieden beginnt:* der S. des Wassers liegt bei 100°C.

Siedlung, die; -, -en: a) *Ort, an dem sich Menschen angesiedelt haben:* hier gab es schon in früher Zeit menschliche Siedlungen. b) *Stadtteil, der aus meist gleichartigen, zur gleichen Zeit erbauten Häusern besteht:* er wohnt in einer S. am Rande der Stadt.

Sieg, der; -[e]s, -e: *erfolgreicher Ausgang eines Kampfes, eines Wettstreites o.ä.:* der S. des Feindes war sicher; sie kämpften für einen S. ihrer Partei. * **den S. erringen/davontragen** *(siegen):* unsere Mannschaft errang den S. in dem Wettkampf.

Siegel, das; -s, -: a) *Stempel, mit dem ein [amtliches] Zeichen auf ein Schriftstück o.ä. geprägt wird* (siehe Bild). b) *[amtliches] Zeichen, das auf ein Schriftstück o.ä. geprägt wurde:* die Urkunde trägt ein S. der Stadt.

a)
Siegel

siegen, siegte, hat gesiegt ⟨itr.⟩: *in einem Kampf oder Wettstreit den Gegner überwinden; den Sieg davontragen:* unsere Mannschaft hat diesmal gesiegt; die Vernunft siegte bei ihm über das Gefühl.

Sieger, der; -s, -: *jmd., der einen Sieg errungen hat; Gewinner:* die Sieger wurden mit Blumen begrüßt.

siegesbewußt ⟨Adj.⟩: *seines Sieges gewiß; selbstsicher:* die Spieler traten sehr s. auf.

siegreich ⟨Adj.⟩: *gesiegt habend; einen Sieg errungen habend:* die Mannschaft kehrte s. heim.

Signal, das; -s, -e: *optisches oder akustisches Zeichen mit einer festen Bedeutung, das zur Verständigung, Warnung o.ä. dient:* bei dem Unglück hatte der Zugführer das S. nicht beachtet.

Silbe, die; -, -n: *kleinste, aus einem oder mehreren Lauten gebildete Einheit innerhalb eines Wortes:* das Wort „Haus" hat nur eine S.

Silber, das; -s: 1. *grau-weißes edles Metall:* der Becher war aus S. 2. *Geschirr, Bestecke o.ä. aus Silber:* das S. muß geputzt werden.

silbern ⟨Adj.⟩: 1. ⟨nur attributiv⟩ *aus Silber bestehend:* ein silberner Löffel. * **die silberne Hochzeit** *(die 25. Wiederkehr des Hochzeitstages).* 2. *hell, weiß (wie Silber):* das silberne Licht des Mondes; ihr Haar glänzte s.

Silhouette, die; -, -n: *Umrisse von etwas, das sich von einem Hintergrund abhebt:* man sah in der Ferne die S. der Berge.

Silvester, das; -s, -: *der letzte Tag des Jahres:* sie wollen an/zu S. ausgehen.

simpel ⟨Adj.⟩: *sehr einfach; nicht schwierig; leicht verständlich:* der Lehrer stellte ganz simple Fragen; diese Erklärung ist zu s. *(zu sehr vereinfacht);* es fehlte ihm an den simpelsten *(primitivsten, selbstverständlichsten)* Voraussetzungen für diese Arbeit.

Sinfonie, die; -, -n: *Musikwerk für Orchester in mehreren Sätzen.*

singen, sang, hat gesungen: a) ⟨itr.⟩ *seine Stimme im Gesang ertönen lassen:* er singt gut; er hat in einem Chor gesungen; auf dem Dach singt eine Amsel *(bringt eine melodische Folge von Tönen hervor).* b) ⟨tr.⟩ *(ein Lied oder eine Melodie) hören lassen, vortragen:* er singt Lieder von Schubert. * **jmds. Lob s.** *(jmdn. sehr, bei allen Leuten loben):* er singt überall das Lob seines Schülers.

Singstimme, die; -, -n: *Stimme des Sängers /im Gegensatz zu den Stimmen der Instrumente/:* ein Musikstück für Klavier, Flöte und zwei Singstimmen.

Singvogel, der; -s, Singvögel: /Gattungsbezeichnung für Vögel, die singen können/: die Amsel ist ein S.

sinken, sank, ist gesunken ⟨itr.⟩: 1. *sich (in der Luft oder in einer Flüssigkeit) langsam abwärts bewegen:* der Fallschirm sinkt zur Erde; das Schiff ist gesunken *(untergegangen);* er sank vor Müdigkeit in einen Stuhl. * **den Mut s. lassen** *(mutlos werden);* **in Schlaf s.** *(vor großer Müdigkeit einschlafen).* 2. *niedriger werden; an Höhe verlieren:* die Temperatur ist gesunken; der Wasserspiegel sank um 5 Meter. 3. *an Wert verlieren; geringer werden:* die Preise sind gesunken; der Wert des Hauses ist gesunken; sein Einfluß sank sehr schnell.

Sinn, der; -[e]s, -e: 1. ⟨ohne Plural⟩ *Bedeutung; geistiger Gehalt:* er konnte den S. seiner Worte nicht verstehen; der Lehrer fragte nach dem S. der Fabel; er wollte es in diesem Sinne verstanden wissen. * **etwas hat keinen/wenig/nicht viel S.** *(etwas ist nicht/wenig vernünftig oder sinnvoll; etwas ist zwecklos):* es hat keinen S., die Sache noch länger aufzuschieben. * **im strengen Sinne** *(genaugenommen):* im strengen Sinne hättest du das nicht tun dürfen; **dem Sinne nach** *(nicht dem Buchstaben nach):* dem Sinne nach hatte er recht. 2. *die Fähigkeit der Wahrnehmung und Empfindung; Sinnesorgan:* viele Tiere haben schärfere Sinne als der Mensch; die fünf Sinne des Menschen sind: Sehen, Hören, Riechen, Schmecken, Tasten. * **mit wachen Sinnen** *(aufmerksam):* er verfolgte die Vorgänge mit wachen Sinnen; **seine fünf Sinne zusammennehmen** *(aufpassen; sich konzentrieren):* du mußt deine fünf Sinne zusammennehmen, damit du verstehst, was der Lehrer erklärt. 3. ⟨ohne Plural⟩ *Verständnis, Neigung, Gefühl (für etwas):* ihm fehlt jeder S. für Humor; sie hat viel S. für das Schöne. ** **etwas im S. haben** *(eine bestimmte Absicht haben, etwas planen):* paß auf, er hat etwas Böses im S.; **etwas ist [nicht] in jmds. S.** *(jmd. ist mit etwas [nicht] einverstanden):* diese Entscheidung war nicht in meinem S.; **jmdm. steht der S. nach etwas** *(jmd. ist für etwas gestimmt; jmd. hat Lust zu etwas):* heute steht mir nicht der S. nach einem Fest; **jmdm. kommt etwas in den S.** *(jmd. fällt etwas ein; jmdm. kommt ein bestimmter Gedanke):* plötzlich kam ihm in den S., nach Hause zu gehen; **nicht bei Sinnen sein** *(nicht bei Verstand sein):* er ist nicht bei Sinnen; **etwas ohne S. und Verstand tun** *(etwas ohne Überlegung tun).*

Sinnbild, das; -[e]s, -er: *etwas, was einen Begriff anschaulich ausdrückt, Symbol:* die Taube ist ein S. des Friedens.

sinnen, sann, hat gesonnen ⟨itr.⟩ ⟨geh.⟩: ⟨in der Wendung⟩ **auf etwas s.**: *nach etwas trachten; die Gedanken intensiv auf etwas richten:* der Feind sann auf Rache; ⟨sonst nur noch im

Sinnesorgan

1. Partizip⟩ sinnend *(in Gedanken versunken)* stand er am Fenster.

Sinnesorgan, das; -s, -e: *Organ (bei Menschen und Tieren), durch das Reize [aus der Umwelt] aufgenommen und durch das Wahrnehmungen und Empfindungen ermöglicht werden:* die Nase ist ein S.

sinnfällig ⟨Adj.⟩: *klar erkennbar; einleuchtend:* er suchte nach einem sinnfälligen Vergleich; er hat die Vorgänge in Bildern s. dargestellt.

Sinngehalt, der; -[e]s, -e: *Sinn; Inhalt; Bedeutung:* den S. der Dichtung zu erkennen suchen.

sinngemäß ⟨Adj.; nicht prädikativ⟩: *nicht wörtlich, aber dem Sinne nach:* ich kann seine Worte nur s. wiederholen.

sinnieren, sinierte, hat sinniert ⟨itr.⟩: *sich in seine Gedanken vertiefen; grübeln; nachsinnen:* er sitzt im Sessel und sinniert.

sinnig ⟨Adj.⟩: **a)** *sinnreich, sinnvoll:* sinnige Geschenke. **b)** (iron.) *gutgemeint, aber unpassend:* es war ein sinniger Einfall meiner Wirtin, rote Rosen auf meine Nachttisch zu stellen; unter dem Bild stand ein sinniger Spruch.

sinnlich ⟨Adj.⟩: **1.** ⟨nicht prädikativ⟩ *mit den Sinnen erfahrbar:* eine sinnliche Empfindung; bestimmte Strahlen sind s. nicht wahrnehmbar. **2.** *geschlechtlich; triebhaft:* er ist eine sehr sinnliche Natur; ihr Mund ist sehr s. **Sinnlichkeit**, die; -.

sinnlos ⟨Adj.⟩: **1.** *ohne Sinn oder Zweck; unvernünftig; unsinnig:* sinnloses Geschwätz; es ist s., noch länger zu warten. **2.** *unbeherrscht:* er hat das Kind in sinnloser Wut geschlagen; er war s. *(völlig)* betrunken. **Sinnlosigkeit**, die; -.

sinnreich ⟨Adj.⟩: *klug ausgedacht; zweckmäßig; sinnvoll:* diese Vorrichtung ist eine sinnreiche Erfindung.

sinnvoll ⟨Adj.⟩: *einen Sinn habend; vernünftig:* eine sinnvolle Arbeit; diese Entscheidung ist nicht sehr s.

Sippe, die; -, -n: *Gruppe der Blutsverwandten:* die ganze S. versammelte sich bei dem 90. Geburtstag der Großmutter.

Sirene, die; -, -n: *Gerät, das einen lauten [heulenden] Ton hervorbringt, wodurch eine War*nung *oder ein ähnliches Zeichen gegeben werden soll (siehe Bild):* die S. des Schiffes ertönte.

Sirene

Sitte, die; -, -n: **1.** *etwas, was in langer Zeit feste Gewohnheit geworden ist; Brauch:* in den Dörfern kennt man noch viele alte Sitten. * *etwas ist S. (etwas ist üblich):* bei uns ist es S., Silvester Karpfen zu essen. **2. a)** *sittliches Verhalten:* es trat ein Verfall der Sitten ein. **b)** ⟨Plural⟩ *Benehmen, Manieren:* er ist ein Mensch mit guten Sitten.

sittlich ⟨Adj.⟩: **1.** *geistig; moralisch:* die sittliche Natur des Menschen. **2.** *den Forderungen der Moral, der Sitte entsprechend:* ein sittlicher Lebenswandel.

Situation, die; -, -en: *Lage; Umstand:* eine schwierige S.; er beherrschte die S. *(war fähig, mit der gegebenen Lage fertig zu werden)*.

Sitz, der; -es, -e: **1.** *Fläche, auf der man sitzen kann:* der S. des Stuhles hat ein Polster; er hat sich einen Stein als S. ausgesucht; die Zuschauer erhoben sich von ihren Sitzen; er legte seinen Mantel auf den S. im Auto. **2.** *Ort, an dem sich etwas dauernd befindet:* der S. der Firma ist [in] Berlin. ** **einen guten/schlechten S. haben** *(gut/schlecht passen):* dieser Anzug hat einen guten S.

sitzen, saß, hat gesessen ⟨itr.⟩: **1.** *sich (auf einen Sitz) niedergelassen haben:* er saß auf einem Stuhl; in diesem Sessel sitzt man sehr bequem; sie saßen bei Tisch *(waren beim Essen)*. **2.** *sich (an einer bestimmten Stelle) befinden; (an einer bestimmten Stelle) befestigt sein:* an seinem Hut saß eine Feder; der Knopf sitzt an der falschen Stelle; an dem Zweig s. mehrere Blüten; er sitzt *(wohnt, lebt)* in einem kleinen Dorf. **3.** (ugs.) *sich in Haft befinden; im Gefängnis sein:* er sitzt seit 3 Jahren. **4.** *passen:* der Anzug sitzt [gut]; das Kleid sitzt wie angegossen *(sehr gut)*.

sitzenbleiben, blieb sitzen, ist sitzengeblieben ⟨itr.⟩ (ugs.): **1.** *(in der Schule) nicht in die nächste Klasse versetzt werden:* er war so faul, daß er sitzengeblieben ist. **2.** *nicht geheiratet werden:* das Mädchen blieb sitzen. **3.** *keinen Käufer finden:* der Kaufmann ist auf seiner Ware sitzengeblieben.

Sitzgelegenheit, die; -, -en: *etwas, worauf man sich setzen kann; Sitzplatz:* es gab nicht genug Sitzgelegenheiten für die vielen Gäste.

Sitzplatz, der; -es, Sitzplätze: *Platz, auf dem man sitzen kann /Ggs. Stehplatz/:* der Zug war so besetzt, daß sie keinen S. mehr bekam.

Sitzung, die; -, -en: *Zusammenkunft, bei der die Teilnehmer etwas besprechen oder beraten:* es fand eine geheime S. statt.

Skala, die; -, Skalen und Skalas: **1.** *Maßeinteilung an Instrumenten oder Geräten, mit denen etwas gemessen wird (siehe Bild):*

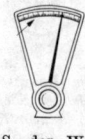

Skala 1.

die S. der Waage reicht bis 50 kg. **2.** *vorhandene Fülle bestimmter Eigenschaften, Möglichkeiten o. ä.:* eine große S. von Ausdrucksmöglichkeiten, von Farben.

Skandal, der; -s, -e: **1.** *Vorkommnis, Geschehen, das großes Ärgernis und Aufsehen erregt:* durch sein unvorsichtiges Verhalten kam es zu einem S.; sie wollen einen S. vermeiden. * *das ist ja ein S.! (das ist ja unerhört!);* **einen S. machen** *(heftig schimpfen):* als er sah, daß man seinen Koffer geöffnet hatte, machte er einen großen S.

skandalös ⟨Adj.⟩: *Empörung hervorrufend, unglaublich, unerhört:* die Behandlung hier ist s.; in dieser Familie herrschen skandalöse Verhältnisse.

Skelett, das; -[e]s, -e: *innerer, aus Knochen gebildeter Aufbau des Körpers /beim Menschen und bei bestimmten Tieren/ (siehe Bild):* wir betrachteten im Unterricht das S. eines Pferdes. * **zum S. abmagern** *(sehr mager werden):* während seiner Krankheit ist er zum S. abgemagert.

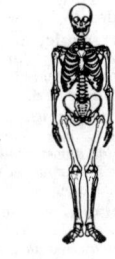

Skelett

skeptisch ⟨Adj.⟩: *zweifelnd; mißtrauisch:* er machte ein skeptisches Gesicht; s. betrachtete er den Himmel.
Sketch, der; -[es], -e[s] und -s: *kurze satirische Szene* /im Kabarett o. ä./: sie spielten einen S.
Ski, der; -s, -er: *Schi.*
Skizze, die; -, -n: 1. *mit wenigen Strichen ausgeführte Zeichnung [die als Entwurf dient]:* er machte eine S. von dem Gebäude. 2. *Aufzeichnung in Stichworten:* für den zweiten Teil seines Romans hatte er nur Skizzen hinterlassen.
skizzieren, skizzierte, hat skizziert ⟨tr.⟩: 1. *mit wenigen Strichen zeichnen; eine Skizze anfertigen:* unterwegs skizzierte er mehrere Gebäude. 2. a) *in großen Zügen darstellen; umreißen:* er skizzierte den Inhalt des Buches. b) *entwerfen:* er skizzierte den Text für seine Ansprache.
Sklave, der; -n, -n: *Mensch ohne Rechte und ohne persönliche Freiheit, der einem anderen als Eigentum gehört:* viele Neger wurden als Sklaven verkauft; bildl.: die Maschine hat die Menschen zu ihrem Sklaven gemacht; er ist ein S. seiner Arbeit *(seine Arbeit nimmt ihn bis zum äußersten in Anspruch).*
Skrupel, die ⟨Plural⟩: *Bedenken, Zweifel:* er hatte keine S., Geld aus der Kasse zu nehmen.
skrupellos ⟨Adj.⟩: *ohne Bedenken; gewissenlos:* ein skrupelloser Verbrecher; er hat s. gehandelt.
Skulptur, die; -, -en: *künstlerische Darstellung aus Stein, Holz oder Metall; Plastik.*
skurril ⟨Adj.⟩: *eigenwillig und bizarr:* er hat skurrile Einfälle, Ideen.
so: I. ⟨Adverb⟩: a) /alleinstehend; als Frage, die Verwunderung oder Erstaunen ausdrückt oder als abschließende Bemerkung/: ich werde nächste Woche verreisen. So *(wirklich)?;* so *(endlich),* diese Arbeit wäre geschafft. b) *in dieser Weise:* so kannst du das nicht machen; so ist es nicht gewesen; er spricht so *(in einer Art),* daß ihn jeder verstehen kann. * **so oder so** *(in jedem Fall):* er muß das Geld so oder so zurückzahlen. c) *in solchem Grade; sehr:* er konnte nicht kommen, weil er so erkältet war; die Arbeit war nicht so schwer. d) (ugs.) *ungefähr, etwa:* er wird so um zwei Uhr hier ankommen. e) *nun:* so hör doch endlich! **II.** ⟨Pron.⟩ *solch:* so ein Unglück; bei so einem Wetter wird er nicht kommen. **III.** /in bestimmten Verbindungen/: **1. so ... wie** /dient dem Vergleich/: du mußt so schnell wie möglich kommen; er ist so groß wie sein Bruder. **2. so ... daß,** so daß /drückt eine Folge aus/: er kam so spät, daß der Zug schon fort war; er war sehr krank, so daß er nicht kommen konnte.
sobald ⟨Konj.⟩: *sofort wenn; sogleich wenn* /drückt aus, daß etwas unmittelbar im Anschluß an etwas anderes geschieht/: er will anrufen, s. er zu Hause angekommen ist.
Socke, die; -, -n: *kurzer Strumpf (der nicht bis zum Knie reicht)* (siehe Bild): sie kauft Socken für ihren Mann. * (ugs.)

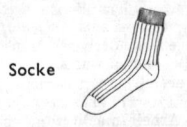

Socke

sich auf die Socken machen *(schnell aufbrechen):* wenn wir rechtzeitig zu Hause sein wollen, müssen wir uns auf die Socken machen.
Sockel, der; -s, -: 1. *unterer Teil der Mauern eines Gebäudes bis zu einer bestimmten Höhe*

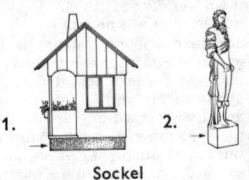

1. **2.**

Sockel

über dem Boden (siehe Bild). 2. *Block aus Stein o. ä., auf dem eine Säule ruht, eine Statue o. ä. steht* (siehe Bild).
soeben ⟨Adverb⟩: *gerade; in diesem Augenblick:* s. kam die Nachricht, daß er gut angekommen ist.
Sofa, das; -s, -s: *gepolsterte Sitzgelegenheit mit Arm- und Rückenlehne, auf der mehrere Personen sitzen können* (siehe Bild).

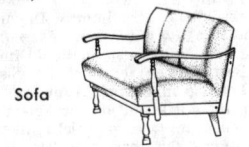

Sofa

sofern ⟨Konj.⟩: *wenn, falls; vorausgesetzt, daß:* wir werden kommen, s. es euch paßt.
sofort ⟨Adverb⟩: *gleich, unverzüglich; auf der Stelle:* der Arzt muß s. kommen.
sofortig ⟨Adj.; nur attributiv⟩: *sofort stattfindend oder geschehend:* sie beschlossen ihre sofortige Abreise.
Sog, der; -[e]s: *saugende Kraft oder Strömung* /von Wasser und Luft/: der S. des Wassers riß das Boot fort; bildl.: er geriet in den S. *(Einflußbereich)* der Großstadt.
sogar ⟨Adverb⟩: *in unerwarteter Weise; auch, überdies* /drückt Erstaunen über etwas Unerwartetes aus/: er hat uns eingeladen und hat uns s. mit dem Auto abgeholt; s. *(selbst)* an Wochentagen findet man dort einen Parkplatz.
sogenannt ⟨Adj.; nur attributiv⟩: *[zu Unrecht] allgemein so bezeichnet:* er ist ein sogenanntes Wunderkind *(das, was man unter einem Wunderkind versteht);* seine sogenannten Freunde haben ihn im Stich gelassen.
sogleich ⟨Adverb⟩: *sofort:* als die Gäste ankamen, wurden sie s. in ihre Zimmer geführt.
Sohle, die; -, -n: 1. *untere Fläche des Fußes* (siehe Bild S. 320): er hat Blasen an den Sohlen. 2. *Teil des Schuhs* (siehe Bild S. 320): seine Schuhe haben Sohlen aus Gummi. 3. *Boden eines Tales oder Flusses* (siehe Bild S. 320): die S. des Tales ist mehrere Kilometer breit.
Sohn, der; -[e]s, Söhne: *unmittelbarer männlicher Nach-*

solange

komme: die Familie hat 4 Söhne und zwei Töchter.

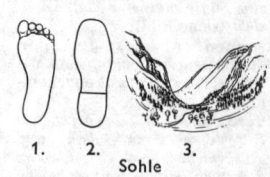

1. 2. 3.
Sohle

solang[e] ⟨Konj.⟩ /drückt eine näher bestimmte Dauer aus/: a) *für die Dauer; während:* s. du Fieber hast, mußt du im Bett bleiben; er blieb, s. das Lokal geöffnet war. b) /nur verneint mit konditionaler Nebenbedeutung/: s. du nicht alles aufgegessen hast, darfst du nicht vom Tisch aufstehen.

Soldat, der; -en, -en: *Angehöriger der Streitkräfte eines Landes:* die Soldaten bekamen Urlaub.

solidarisch ⟨Adj.⟩: *gemeinsam; in Übereinstimmung (mit anderen):* eine solidarische Handlung; er fühlt sich s. mit seinen Kameraden.

solide ⟨Adj.⟩: 1. *haltbar; gut gemacht:* die Schuhe sind s. gearbeitet. 2. a) *zuverlässig:* eine solide Firma; ein solider Mensch. b) *maßvoll (in seiner Lebensweise); nicht ausschweifend:* er lebt sehr s.; seit einiger Zeit ist er ganz s. geworden.

Solist, der; -en, -en: *Musiker oder Sänger, der alleine auftritt, meist von einem Orchester o. ä. begleitet:* der S. des Abends war krank geworden.

Soll ⟨in der Fügung⟩ das/sein S. erfüllen: *das bestimmte geforderte Maß an Arbeit schaffen, ausführen:* er hat heute sein S. nicht erfüllen können.

sollen, sollte, hat gesollt/(nach vorangehendem Infinitiv) hat ... sollen ⟨itr.⟩: 1. /drückt einen Auftrag, Wunsch oder Befehl aus/ a) *beauftragt, verpflichtet sein:* ich soll dir sagen, daß du um 5 Uhr kommen kannst. b) *müssen, dürfen, mögen:* er soll (muß) sofort nach Hause kommen; du sollst (darfst) ihn nicht tun; er sagte, ich solle (möge) nicht auf ihn warten. 2. ⟨im 2. Konjunktiv⟩ *eigentlich müssen:* das solltest du wissen; er sollte sich schämen. 3. ⟨im 2. Konjunktiv⟩ *im Falle, daß:* sollte es regnen, dann bleiben wir zu Hause. 4. ⟨im 2. Konjunktiv⟩

ist das wirklich so?: sollte das wahr sein? *(ist das wirklich wahr?);* sollte er recht haben? *(sollte es wirklich so sein, daß er recht hat?).* 5. *wie man sagt:* das Konzert soll sehr schön gewesen sein; laut Wetterbericht soll es heute regnen.

somit ⟨Adverb⟩: *also, folglich:* er war bei dem Vorfall nicht anwesend, s. konnte er nicht darüber berichten.

Sommer, der; -s, -: *Jahreszeit zwischen Frühling und Herbst* /im Kalender festgelegt auf die Zeit vom 21. Juni bis 22. September/.

sommerlich ⟨Adj.⟩: *wie im Sommer:* es herrschte sommerliches Wetter; sie trug ein sommerliches *(leichtes)* Kleid.

Sommersprossen, die ⟨Plural⟩: *kleine braune Flecken in der Haut, bes. des Gesichtes, die durch Einwirkung der Sonne hervorgerufen werden:* sie hat viele S.

Sonde, die; -, -n: 1. *Gerät, mit dem bestimmte Untersuchungen ausgeführt werden* /z. B. in der Medizin/ (siehe Bild): der

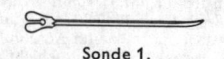

Sonde 1.

Magen wurde mit Hilfe einer S. untersucht. 2. *Flugkörper mit Meßgeräten:* die S. ist in eine Umlaufbahn des Mars eingeschwenkt.

sonderbar ⟨Adj.⟩: *so beschaffen, daß es Verwunderung hervorruft; seltsam, eigenartig:* er ist ein sonderbarer Mensch; sein Benehmen war s.

sonderlich ⟨Adj.⟩, verneint gebraucht⟩: a) *besonders groß:* diese Arbeit macht ihm keine sonderliche Freude. b) ⟨verstärkend bei Adjektiven und Verben⟩ *besonders, sehr:* er hat sich nicht s. gefreut; dieses Haus ist nicht s. schön.

Sonderling, der; -s, -e: *jmd., der durch sein sonderbares Wesen, durch ausgeprägte Eigenarten auffällt:* er ist ein S., der am liebsten alleine lebt.

sondern ⟨Konj.⟩: steht nach einem verneinten Satzglied⟩: *vielmehr* /drückt aus, daß sich etwas anders verhält, als zuvor angenommen wurde/: er kommt nicht heute, s. morgen. * **nicht nur ..., s. auch** *(außerdem, dazu, und):* nicht nur die Kinder,

s. auch die Eltern waren krank geworden.

Sonderschule, die; -, -n: *besondere Schule für körperlich oder geistig behinderte Kinder:* er ist auf einer S.

Sonderstellung, die; -, -en: *besondere, von dem Üblichen, Normalen abweichende Stellung:* als Ausländer hat er eine S. unter den Kollegen.

Sonderzug, der; -[e]s, Sonderzüge: *Zug (der Eisenbahn), der für besondere Fahrten eingesetzt wird:* der Präsident des Landes reiste mit einem S.; zu Beginn der Ferien wurden Sonderzüge eingesetzt.

sondieren, sondierte, hat sondiert ⟨tr.⟩: *vorsichtig erkunden:* man hatte ihn beauftragt, die Lage zu s.; ⟨auch itr.⟩ er kam, um zu s. *(zu erfahren),* wie die Stimmung der Wähler sei.

Sonnabend, der; -s, -e (bes. nordd.): *siebenter Tag der Woche; Samstag.*

Sonne, die; -, -n: 1. *Himmelskörper, der der Erde Licht und Wärme spendet:* die S. war hinter den Wolken verborgen; die S. ist aufgegangen. 2. *Licht und Wärme der Sonne; Sonnenschein:* er hat sich auf dem Balkon in die S. gelegt *(sonnt sich);* er kann keine S. vertragen; diese Pflanzen brauchen viel S.

sonnen, sonnte, hat gesonnt ⟨rfl.⟩: *sich der Sonne aussetzen; ein Sonnenbad nehmen:* er setzte sich auf den Balkon und sonnte sich; bildl.: er sonnt sich in seinem Ruhm *(er genießt es, berühmt zu sein).*

Sonnenaufgang, der; -s, Sonnenaufgänge: *das Erscheinen der Sonne über dem Horizont am Morgen:* bei S. brachen sie zu ihrer Wanderung auf.

Sonnenbad, das; -[e]s, Sonnenbäder: *Aufenthalt im Freien bei dem man sich sonnt:* er benutzte die Pause zu einem S.

Sonnenblume, die; -, -n: *hoch wachsende Pflanze mit gelber Blüte* (siehe Bild).

Sonnenblume

Sonnenbrand, der; -[e]s: *durch zu starke Einwirkung der Sonne hervorgerufene Entzündung der Haut:* er hat so lange in der Sonne gelegen, daß er jetzt einen S. hat.

Sonnenbrille, die; -, -n: *Brille mit dunklen Gläsern zum Schutz der Augen bei Sonne:* er trug immer eine S.

Sonnenschein, der; -[e]s: *Strahlen der Sonne:* sie gingen bei S. und Regen spazieren.

Sonnenschirm, der; -s, -e: *großer [bunter] Schirm, den man zum Schutz gegen die Sonne aufstellt:* sie saßen im Garten unter einem S.

Sonnenuntergang, der; -[e]s, Sonnenuntergänge: *das Verschwinden der Sonne unter dem Horizont am Abend:* sie erlebten einen herrlichen S. am Meer.

sonnig ⟨Adj.⟩: a) ⟨nicht adverbial⟩: *von Sonnenschein erfüllt; mit Sonnenschein:* ein sonniges Zimmer; ein sonniger Tag; das Wetter war s. b) *heiter:* ein sonniges Gemüt.

Sonntag, der; -s, -e: *erster Tag der Woche.*

sonntäglich ⟨Adj.⟩: *so, wie es an Sonntagen üblich ist; festlich:* alle waren s. gekleidet.

sonor ⟨Adj.⟩: *tief und klangvoll /von einer Männerstimme/:* seine Stimme klingt sehr s.

sonst ⟨Adverb⟩: a) *andernfalls; im anderen Falle:* er bat um Hilfe, weil er s. nicht rechtzeitig fertig wird; er bat dringend, daß man ihm helfen solle, s. werde er nicht rechtzeitig fertig. b) *außerdem:* haben Sie s. noch eine Frage?; es war s. niemand im Hause. c) *in anderen Fällen:* er hat sich s. immer bei uns verabschiedet; hier ist noch alles wie s. *(wie immer).* d) *anderes:* was willst du s. machen. e) *im allgemeinen; für gewöhnlich:* er ist s. viel freundlichen.

sonstig ⟨Adj.; nur attributiv⟩: a) ⟨nicht näher bestimmte[s]⟩ *andere[s]:* Bücher und sonstiges Eigentum. b) *übrig:* das paßt nicht zu seinen sonstigen Gewohnheiten.

sooft ⟨Konj.⟩: *immer wenn:* du kannst kommen, s. du willst.

Sopran, der; -s, -e: 1. *Stimme in hoher Lage /von einer Sängerin, einem Knaben/:* sie hat einen schönen S.; sie singt S. 2. *Sängerin, Knabe mit einer Stimme in hoher Lage:* sie ist ein guter S.

Sorge, die; -, -n: 1. *bedrückendes Gefühl der Unruhe und Angst; Besorgnis:* er hat seit einiger Zeit große Sorgen; die S. um ihr krankes Kind machte sie traurig; wir machen uns Sorgen um unsere Zukunft; deine S. *(Angst)* war unnötig; ich habe keine S. *(keine Bedenken, Zweifel),* daß er das Examen besteht. * um jmdn./etwas in S. sein *(um jmdn./etwas Angst haben):* sie war sehr in S. um den Patienten. 2. *Fürsorge:* die S. für ihre Familie forderte alle ihre Kräfte. * für etwas S. tragen *(für etwas sorgen; sich um etwas kümmern;* er will dafür S. tragen, daß alle eine gute Unterkunft bekommen.

sorgen, sorgte, hat gesorgt ⟨itr.⟩: a) *sich kümmern (um jmdn./etwas); (jmdn./etwas) betreuen:* sie sorgt gut für ihre Familie. b) *sich bemühen (um etwas):* er sorgte für eine gute Erziehung seiner Kinder; du mußt endlich für Ruhe sorgen.

Sorgfalt, die; -: *Genauigkeit, Gewissenhaftigkeit, Behutsamkeit:* er arbeitete mit großer S.; er behandelt die Bücher mit S.

sorgfältig ⟨Adj.⟩: *mit großer Sorgfalt; genau, exakt:* er ist ein sorgfältiger Mensch; er arbeitet sehr s.; sie legten die Kleidungsstücke s. in den Schrank. **Sorgfältigkeit,** die; -.

sorglos ⟨Adj.⟩: a) *ohne Sorgfalt; unachtsam:* er geht sehr s. mit den kostbaren Gegenständen um. b) *sich keine Sorgen machend; unbekümmert:* er führt ein sorgloses Leben. **Sorglosigkeit,** die; -.

sorgsam ⟨Adj.; nicht prädikativ⟩: *sorgfältig [und behutsam]:* eine sorgsame Betreuung des Kranken; er geht sehr s. mit seinen Sachen um. **Sorgsamkeit,** die; -.

Sorte, die; -, -n: *bestimmte Art, Qualität /bes. von Waren/:* viele Sorten Äpfel wurden angeboten; eine besonders milde S. von Zigaretten; (abwertend) diese S. Menschen findet man überall.

sortieren, sortierte, hat sortiert ⟨tr.⟩: *(Dinge) nach ihrer Zusammengehörigkeit o. ä. ordnen:* sie sortierte die Wäsche und legte sie in den Schrank.

sosehr ⟨Konj.⟩: *wie sehr auch:* s. er sich auch bemühte, er kam zu spät.

Soße, die; -, -n: *flüssige Beigabe zu bestimmten Speisen:* zu Braten und Klößen gab es eine herrliche S.

Souvenir, das; -s, -s: *Gegenstand, den man als Erinnerung von einer Reise mitbringt:* er brachte sich einen Aschenbecher als S. mit.

souverän ⟨Adj.⟩: 1. *selbständig, unabhängig:* ein souveräner Staat. 2. *überlegen und sicher:* eine souveräne Beherrschung der fremden Sprache; s. beantwortete er alle Fragen. **Souveränität,** die; -.

soviel: I. ⟨Konj.⟩ *in welch hohem Maße auch immer; wieviel auch immer:* s. ich auch arbeitete, ich wurde nie fertig; s. *(nach dem geurteilt, was)* ich sehe, wird es eine gute Ernte geben. II. ⟨Adverb⟩ *nicht weniger; in demselben Maße:* ich habe s. gearbeitet wie du; sein Wort bedeutet s. *(dasselbe)* wie ein Eid.

soweit: I. ⟨Konj. oder Adverb⟩ *insoweit.* II. ⟨Adverb⟩ *im Grunde, im allgemeinen:* es geht ihm s. gut; das ist s. alles in Ordnung. * s. sein *(einen bestimmten Punkt erreicht haben; fertig, bereit sein).*

sowenig: I. ⟨Konj.⟩ *in welch geringem Maße auch immer; wiewenig auch immer:* s. ich auch arbeitete, ich war immer müde. * sowenig ... sowenig /drückt aus, daß so, wie etwas nicht ein- oder zutrifft, etwas anderes ebenfalls nicht ein- oder zutrifft/: s. er das erste Ziel ohne fremde Hilfe erreicht hätte, s. wäre er ohne fremde Hilfe ans zweite Ziel angekommen. II. ⟨Adverb⟩ *nicht mehr; in demselben geringen Maße:* ich bin s. dazu bereit wie du; er kann Englisch s. wie Französisch.

sowie ⟨Konj.⟩: 1. *und [auch]:* kleine Flaggen und Fahnen s. Kerzen und Fackeln schmückten den Saal. 2. *sobald:* s. sie ihn erblickte, lief sie davon.

sowieso ⟨Adverb⟩: *auf jeden Fall, ohnehin:* er hätte heute s. zu mir kommen müssen; das s.! *(das versteht sich von selbst!).*

sowohl: ⟨in der Verbindung⟩ *sowohl ... als/wie [auch] /betont nachdrücklicher als und* das gleichzeitige Vorhandensein, Tun o. ä./: er spricht sowohl Englisch als/wie [auch] Französisch.

soziạl ⟨Adj.⟩: **a)** ⟨nur attributiv⟩ *die menschliche Gesellschaft betreffend; in der menschlichen Gesellschaft vorhanden:* er fordert soziale Gerechtigkeit; er kritisierte die primitiven sozialen Verhältnisse. **b)** ⟨nur attributiv⟩ *gesellschaftliche Stellung betreffend:* das soziale Ansehen dieses Berufes ist gering. **c)** ⟨nur attributiv⟩ *der Allgemeinheit dienend:* ein sozialer Beruf; soziale Arbeit leisten. **d)** *auf das Wohl der Allgemeinheit bedacht:* ein soziales Verhalten; er denkt und handelt s.

Soziaḷismus, der; -: *im 19. Jahrhundert entstandene Bewegung, die im Gegensatz zum Kapitalismus wirtschaftliche und gesellschaftliche Gleichheit der Menschen anstrebt.*

sozusạgen ⟨Adverb⟩: *gewissermaßen; man könnte es so nennen:* er war s. das Vorbild für seine Geschwister.

spähen, spähte, hat gespäht ⟨itr.⟩: *forschend blicken, ausschauen:* die Kinder spähten aus dem Fenster, um zu sehen, was auf der Straße geschah; ⟨häufig im 1. Partizip⟩ er blickte spähend in die Ferne.

Spạlt, der; -[e]s, -e: *schmale, längliche Öffnung; schmaler Zwischenraum:* er guckte durch einen S. im Zaun; sie öffnete die Tür einen S. *(ein wenig).*

Spạlte, die; -, -n: **1.** *Riß, Spalt in einem festen Material:* in den Mauern waren tiefe Spalten zu erkennen. **2.** *gedruckter oder geschriebener Text in Form eines schmalen Streifens, von denen zwei oder mehrere eine Seite bilden:* die Seiten des Lexikons haben drei Spalten; der Artikel in der Zeitung war eine S. lang.

spạlten, spaltete, hat gespalten und gespaltet: **a)** ⟨tr.⟩ *[mit einem Beil o. ä.] zerteilen:* er spaltet Holz, das er im Ofen verbrennen will; ⟨häufig im 2. Partizip⟩ ein vom Blitz gespaltener Baum. **b)** ⟨rfl.⟩ *sich trennen:* die Partei hat sich in zwei Gruppen gespalten. **Spạltung,** die; -, -en.

Span, der; -[e]s, Späne: *beim Bearbeiten von Holz, Metall o. ä. entstehende kleine Splitter:* auf dem Boden der Werkstatt lagen viele Späne.

Spạnge, die; -, -n: **a)** *[als Schmuck] im Haar getragene Klammer* (siehe Bild). **b)** *zum Zusammenhalten von Kleidungsstücken dienende Nadel mit Verschluß* (siehe Bild).

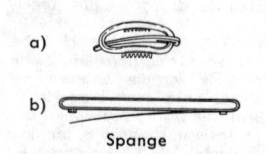

a)
b)

Spange

Spạnne, die; -, -n: **1.** *nicht genau bestimmter kürzerer Zeitraum; Frist:* es blieb ihm nur eine kurze S. des Glückes. **2.** *Abstand, Unterschied:* die S. zwischen den Preisen ist sehr groß.

spạnnen, spannte, hat gespannt /vgl. spannend, gespannt/: **1.** ⟨tr.⟩ *zwischen zwei oder mehreren Punkten straff befestigen:* sie spannten ein Seil zwischen zwei Pfosten; der Maler spannt eine Leinwand auf den Rahmen. **2.** ⟨tr.⟩ *ein Zugtier vor einem Wagen o. ä. festmachen; anspannen:* er spannte die Pferde vor den Wagen. **3.** ⟨tr.⟩ *straff anziehen:* einen Bogen s. **4.** ⟨itr.⟩ *sehr eng sein, etwas fest umschließen:* das Gummiband spannt; ihr Rock spannte über den Hüften. **5.** ⟨rfl.⟩ *über etwas hinwegführen:* eine Brücke spannt sich über den Fluß.

spạnnend ⟨Adj.⟩: *große Spannung weckend; fesselnd, interessant:* eine spannende Geschichte; er erzählte sehr s.

Spạnnung, die; -, -en: **1. a)** ⟨ohne Plural⟩ *gespannte Erwartung, Ungeduld:* die S. unter den Zuschauern auf dem Fußballplatz wuchs; mit S. *(ungeduldig)* wartete sie auf das Ergebnis. **b)** ⟨ohne Plural⟩ *innere Anspannung, Erregung:* er befand sich in einem Zustand der S. **c)** ⟨Plural⟩ *Unstimmigkeiten; Zustand der Gereiztheit oder der Uneinigkeit:* in der Partei herrschten große Spannungen.

spạnnungsgeladen ⟨Adj.⟩: *erregt, gereizt:* die Atmosphäre in der Versammlung war s.

spạren, sparte, hat gespart: **1. a)** ⟨tr.⟩ *nicht verbrauchen; beiseite legen:* er hat [sich] in kurzer Zeit viel Geld gespart; bildl.: mit diesem Gerät kann man Zeit und Kräfte s. **b)** ⟨itr.⟩ *Geld (für einen bestimmten Zweck) zurücklegen:* er spart für ein Auto. **c)** ⟨itr.⟩ *sparsam sein; sparsam mit etwas umgehen:* sie spart sehr; sie spart am Fett beim Kochen; er sparte nicht mit Lob *(er lobte viel).* **2.** ⟨rfl.⟩ **a)** *unterlassen:* spar dir deine Bemerkung. **b)** *ersparen, vermeiden:* den Ärger, die Mühe hättest du dir s. können.

Spạrgel, der; -s, -: */eine eßbare Pflanze/* (siehe Bild).

Spargel

Spạrkasse, die; -, -n: *Bank, die besonderen Wert auf Sparkonten legt:* er hat ein Konto bei der S.

spärlich ⟨Adj.⟩: *gering, karg, kümmerlich:* eine spärliche Mahlzeit; sie waren nur s. *(wenig)* bekleidet.

spạrsam ⟨Adj.⟩: *wenig verbrauchend; mit wenigem auskommend:* eine sparsame Hausfrau; sie leben sehr s.; bildl.: mit sparsamen *(wenigen)* Worten sprach er über seine Erlebnisse. * etwas ist s. im Gebrauch *(etwas reicht lange):* dieses Öl ist sehr s. im Gebrauch. **Spạrsamkeit,** die; -.

Spạrte, die; -, -n: *Fachgebiet, Bereich:* er hat schon in verschiedenen Sparten der Wirtschaft gearbeitet.

Spaß, der; -es, Späße: **1.** *Scherz; Handlung oder Äußerung, die andere erheitert:* die Kinder lachten über die Späße des Clowns. * S./Späße machen *(scherzen);* etwas im S. sagen *(etwas nicht ernst meinen);* keinen S. verstehen *(keinen Humor haben).* **2.** *Vergnügen; Befriedigung oder Freude:* der S. mit dem neuen Spielzeug dauerte nur kurze Zeit; diese Arbeit macht ihm keinen S.

spạßen, spaßte, hat gespaßt ⟨itr.⟩: *scherzen; Scherze machen:* sie s. wohl?; mit diesen gefährlichen Stoffen ist nicht zu s. *(muß man vorsichtig umgehen).*

spạßig ⟨Adj.⟩: **a)** *lustig, Vergnügen bereitend:* er erzählte eine spaßige Geschichte. b) *seltsam, zum Lachen reizend:* er hatte einen spaßigen Namen.

spät ⟨Adj.⟩: *am Ende eines bestimmten Zeitraums; zu vorgerückter Zeit:* am späten Abend; zu später Stunde; die späten *(aus seiner letzten Lebenszeit stammenden)* Werke des Dichters; er steht sehr s. auf.

später: I. ⟨Adj.; nur attributiv⟩ *künftig, kommend:* spätere Generationen; in späteren Jahren ging es ihm sehr gut. II. ⟨Adverb⟩ a) *zu einem in der Zukunft liegenden Zeitpunkt:* s. wollen sie sich ein Haus bauen. b) ⟨in Verbindung mit einer Zeitangabe⟩ *nachher; danach:* drei Jahre s. war er tot.

spätestens ⟨Adverb⟩: *nicht nach (einem bestimmten Zeitpunkt); nicht später als:* er muß s. um 12 Uhr zu Hause sein.

spazieren, spazierte, ist spaziert ⟨itr.⟩: *langsam, ohne Eile [und ohne ein bestimmtes Ziel zu haben] gehen; schlendern:* er spazierte gemächlich durch die Straßen.

spazierengehen, ging spazieren, ist spazierengegangen ⟨itr.⟩: *sich zu seiner Erholung im Freien bewegen; umhergehen; einen Spaziergang machen:* er geht jeden Tag spazieren.

Spaziergang, der; -[e]s, Spaziergänge: *Gang im Freien (den man zu seiner Erholung unternimmt):* sie haben einen weiten S. gemacht.

Speck, der; -[e]s: a) *(bes. beim Schwein vorkommendes) viel Fett enthaltendes Gewebe, das als dicke Schicht unter der Haut sitzt:* das Schwein hat viel S. b) *aus dem Fettgewebe bes. des Schweines gewonnenes Nahrungsmittel:* zum Essen gab es Kartoffeln mit S.

Speer, der; -[e]s, -e: a) /eine Waffe/ (siehe Bild): die Eingeborenen töteten das Tier mit einem S. b) /ein Sportgerät/ (siehe Bild).

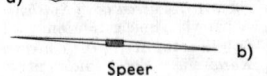

Speer

Speiche, die; -, -n: /Teil des Rades bei Fahrzeugen/ (siehe Bild).

Speichel, der; -s: *Absonderung bestimmter Drüsen im Mund.*

Speiche

Speicher, der; -s, -: 1. *Gebäude, das zur Lagerung von Vorräten dient:* die Speicher waren mit Korn gefüllt. 2. (bes. südd.) *Raum unter dem Dach, der zum Abstellen dient; Dachboden:* sie haben die alten Möbel auf den S. gestellt.

speichern, speicherte, hat gespeichert ⟨tr.⟩: *[Vorräte in einem Lager] ansammeln und aufbewahren; lagern:* in dem großen Becken wird Wasser gespeichert; dieser Apparat speichert Informationen. **Speicherung**, die; -.

speien, spie, hat gespie[e]n ⟨itr.⟩: *spucken.*

Speise, die; -, -n: *zubereitete Nahrung, Gericht:* in diesem Lokal gibt es gute Speisen.

Speisekarte, die; -, -n: *Verzeichnis der Speisen, die von einem Lokal angeboten werden:* der Ober brachte die S.

speisen, speiste, hat gespeist: 1. ⟨tr./itr.⟩ (geh.) *(eine Mahlzeit) in kultiviertem Rahmen zu sich nehmen; essen:* sie speisten in einem teuren Restaurant; was wollen Sie s.? 2. ⟨tr.⟩ *(mit etwas Bestimmtem) versorgen:* der See wird von einem kleinen Fluß gespeist.

Speisewagen, der; -s, -: *Wagen eines Schnellzugs, in dem sich ein Restaurant befindet:* sie aßen auf der Reise im S.

spekulieren, spekulierte, hat spekuliert ⟨itr.⟩: a) *durch Preisveränderungen bei Aktien, Grundstücken u. a. hohe Gewinne anstreben:* er spekulierte mit Aktien. b) (ugs.) *fest rechnen (mit etwas):* er spekulierte auf eine reiche Erbschaft.

Spende, die; -, -n: *in Geld o. ä. bestehende Gabe:* man bat ihn um eine S. für die Verunglückten.

spenden, spendete, hat gespendet: 1. ⟨tr.⟩ *(für einen wohltätigen Zweck) geben, schenken:* viele Menschen spendeten Kleider und Geld für die Opfer des Unglücks. 2. ⟨als Funktionsverb⟩ /bringt zum Ausdruck, daß jmdm. etwas Bestimmtes

gegeben wird/: Trost s. *(trösten);* Freude s. *(erfreuen);* Wärme s. *(wärmen).*

Spender, der; -s, -: *jmd., der etwas spendet oder gespendet hat:* der S. des Geldes wollte anonym bleiben.

spendieren, spendierte, hat spendiert ⟨tr.⟩: *(für einen anderen) bezahlen; (jmdn.) zu etwas einladen:* er spendierte seinen Freunden einen Kasten Bier.

Sperling, der; -s, -e: *kleiner Vogel mit graubraunem Gefieder* (siehe Bild).

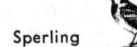

Sperling

sperren, sperrte, hat gesperrt: 1. ⟨tr.⟩ a) *den Zugang oder den Aufenthalt (an einem bestimmten Ort) verbieten; unzugänglich machen:* das ganze Gebiet, die Straße wurde gesperrt. b) *(den Gebrauch von etwas) unmöglich machen, unterbinden:* den Strom, das Telefon, das Konto s. 2. ⟨tr.⟩ *in einen bestimmten Raum bringen und dort gefangenhalten; einsperren:* die Tiere wurden in einen Käfig gesperrt; man sperrte den Gefangenen in eine Zelle. 3. ⟨rfl.⟩ *(für etwas) nicht zugänglich sein; sich (einer Sache gegenüber) verschließen:* er sperrte sich gegen alle Vorschläge. 4. ⟨itr.⟩ *sich nicht schließen lassen:* die Tür sperrt.

sperrig ⟨Adj.⟩: *viel Platz fordernd; nicht handlich:* das Gepäck, das er bei sich hatte, war sehr s.

Spesen, die ⟨Plural⟩: *Ausgaben im Dienst o. ä., die ersetzt werden:* seine S. waren nicht sehr hoch.

spezialisieren, sich; spezialisierte sich, hat sich spezialisiert: *sich auf ein bestimmtes Fachgebiet o. ä. festlegen:* diese Buchhandlung hat sich auf bestimmte Literatur spezialisiert. **Spezialisierung**, die; -.

Spezialist, der; -en, -en: *jmd., der in einem bestimmten Fach genaue Kenntnisse hat, der auf einem bestimmten Gebiet spezielle Fähigkeiten erworben hat:* er ist ein S. für Finanzfragen.

speziell ⟨Adj.⟩: *besonders, genau:* er hat spezielle Kenntnisse auf diesem Gebiet; s. *(besonders, vor allem)* an diesen Büchern war er interessiert.

spezifisch ⟨Adj.⟩: *(dem Wesen einer Sache) zugehörig, eigentümlich:* der spezifische Duft dieser Blumen ist sehr herb; eine s. *(ausgesprochen)* weibliche Eigenschaft.

spicken, spickte, hat gespickt ⟨tr.⟩: 1. *mit Streifen von Speck versehen /von bestimmtem, zum Braten vorgesehenen Fleisch/:* sie spickte den Hasenrücken vor dem Braten. 2. *reichlich versehen (mit etwas):* er spickte seine Rede mit Zitaten; ⟨häufig im 2. Partizip⟩ er hatte eine gespickte *(viel Geld enthaltende)* Brieftasche.

Spiegel, der; -s, -: *Gegenstand aus Glas oder Metall, dessen glatte Fläche das Bild von Personen oder Dingen, die sich vor ihm befinden, wiedergibt (siehe Bild):* sie nahm einen S. aus ihrer Tasche, um sich darin zu betrachten.

Spiegel

Spiegelbild, das; -es, -er: *Bild, das ein Spiegel wiedergibt:* er sah sein S. im Wasser.

spiegeln, spiegelte, hat gespiegelt: a) ⟨itr.⟩ *glänzen (so daß es wie ein Spiegel wirkt):* der Fußboden in allen Zimmern spiegelte; ⟨häufig im 1. Partizip⟩ die glatte, spiegelnde Fläche des Sees lag vor ihren Augen. b) ⟨rfl.⟩ *sich widerspiegeln; auf einer glänzenden, glatten Fläche als Spiegelbild erscheinen:* die Sonne spiegelte sich in den Fenstern; bildl.: auf ihrem Gesicht spiegelte *(zeigte)* sich ihre Freude. c) ⟨tr.⟩ *erkennen lassen, zeigen, wiedergeben:* seine Bücher s. die Not des Krieges.

Spiegelung, die; -, -en.

Spiel, das; -[e]s, -e: 1. *Beschäftigung zur Unterhaltung, zum Zeitvertreib; Tätigkeit ohne besonderen Sinn, ohne größerer Anstrengung:* Spiele für Kinder und Erwachsene. 2. *Glücksspiel:* sein Geld bei Spielen verlieren. 3. *sportliche Veranstaltung; Kampf von Mannschaften:* mehrere Spiele gegen ausländische Vereine austragen; alle Spiele gewinnen. * **die Olympischen Spiele** *(die Olympiade).* 4.

a) ⟨ohne Plural⟩ *künstlerischer Vortrag, musikalische Darbietung:* der Pianist begeisterte mit seinem S. das Publikum; das S. des Schauspielers wirkte recht natürlich. b) *einfaches Schauspiel [aus alter Zeit]:* ein mittelalterliches S.; ein S. für Laien; geistliche Spiele. 5. *unverbindliches, nicht ernst gemeintes, leichtfertiges Tun:* es war alles nur [ein] S.; das S. mit dem Feuer, mit dem Leben *(ein Vorhaben, das sehr gefährlich ist, das das Leben kosten kann).* 6. ⟨ohne Plural⟩ *unregelmäßige, nicht durch einen Zweck bestimmte Bewegung:* das S. der Blätter im Wind; das lebhafte S. seiner Augen; das S. *(das Sichverändern, Flimmern)* der Lichter. ** **etwas steht auf dem S.** *(etwas ist in Gefahr, droht verlorenzugehen):* sein ganzes Vermögen steht auf dem S.; **alles aufs S. setzen** *(alles wagen; alles in Gefahr bringen);* **leichtes S. mit jmdm. haben** *(bei jmdm. auf keinen großen Widerstand stoßen):* der Betrüger hatte ein leichtes S. mit der alten Frau, die nicht sehen konnte, was sie unterschrieb; **jmdn./etwas ins S. bringen** *(jmdn./etwas ins Gespräch, in die Diskussion bringen);* **jmdn./etwas aus dem S. lassen** *(jmdn./etwas nicht in eine Auseinandersetzung hineinziehen):* lassen Sie bitte meine Frau aus dem S.!; **überall seine Hand/seine Hände im S. haben** *(überall beteiligt sein);* (ugs.) **ein abgekartetes S.** *(ein Vorhaben, das mit jmdm. heimlich abgesprochen ist).*

spielen, spielte, hat gespielt /vgl. spielend/: 1. ⟨itr.⟩ a) *sich zum Zeitvertreib mit einem unterhaltenden Spiel beschäftigen:* die Kinder s. auf der Straße, Karten, Schach s. b) *sich mit dem Glücksspiel beschäftigen:* im Lotto, in der Lotterie s.; er spielt *(er gibt sich aus Leidenschaft dem Glücksspiel hin);* er spielt hoch, riskant *(mit hohem Einsatz, Risiko).* 2. ⟨itr.⟩ a) *sich in bestimmter Weise sportlich betätigen:* Fußball, Tennis s.; er spielt [als] Stürmer, Verteidiger. b) *ein sportliches Spiel, einen Wettkampf austragen:* die deutsche Mannschaft spielt gegen die Schweiz in bester Besetzung. 3. ⟨tr./itr.⟩ *sich musikalisch betätigen, musizieren:* eine Sonate für Cello s. 4.

a) ⟨tr.⟩ *aufführen:* Theater s.; das Ensemble spielte zum ersten Mal ein modernes Stück. * (ugs.) **[nicht] wissen, was [hier] gespielt wird** *([nicht] wissen, welche Absichten, Ziele verfolgt werden).* b) ⟨tr.⟩ *darstellen:* er spielt den Hamlet. c) ⟨itr.⟩ *auftreten:* bei den Festspielen werden berühmte Solisten s. 5. ⟨tr./itr.⟩ *markieren, vortäuschen:* er spielte den reichen Mann; bei ihr ist alles nur gespielt. 6. ⟨itr.⟩ *sich an einem bestimmten Ort, zu einer bestimmten Zeit ereignen:* der Roman, die Oper spielt in Italien, am Ende des 19. Jahrhunderts. 7. ⟨itr.⟩ *ohne bestimmten Zweck, Sinn bewegen:* mit den Augen s.; der Wind spielt in den Zweigen; die Wellen s. um die Felsen. 8. ⟨itr.⟩ *schimmern, schillern:* der Edelstein spielt in allen Farben. 9. ⟨itr.⟩ a) *zeigen, einsetzen [um etwas zu erreichen]:* sie spielte mit all ihren Reizen; sie ließ ihren ganzen Charme s. b) *sich nicht ernst [mit jmdm./etwas] befassen, sich nicht engagieren:* er spielte nur mit ihren Gefühlen.

spielend ⟨Adj.; nicht attributiv⟩: *mit Leichtigkeit, ohne Mühe, Anstrengung:* er bewältigte die Aufgabe s.; der Apparat ist s. leicht *(mit großer Leichtigkeit)* zu handhaben.

Spieler, der; -s, -: 1. *jmd., der aktiv an sportlichen Veranstaltungen teilnimmt, der in einer Mannschaft spielt:* er ist ein hervorragender, fairer S. 2. (abwertend) *jmd., der dem Glücksspiel verfallen ist:* er ist als S. bekannt.

Spielerei, die; -, -en: a) *nicht sinnvolles, ernst zu nehmendes Tun; Spaß:* das sind alles nur Spielereien. b) *Kleinigkeit, leichte Aufgabe:* die Arbeit war für ihn eine S.

Spielfeld, das; -[e]s, -er: *abgegrenzte Fläche für sportliche Spiele:* die Zuschauer liefen auf das S.

Spielgefährte, der; -n, -n: *Freund, Kamerad beim Spielen:* er hat viele Spielgefährten.

Spielkarte, die; -, -n: *einzelne Karte eines Kartenspiels:* neue Spielkarten kaufen.

Spielverderber, der; -s, -: *jmd., der durch sein Verhalten, seine Stimmung anderen die Freude an etwas nimmt:* sei [doch] kein Spielverderber!

Spielzeug, das; -[e]s, -e: a) ⟨ohne Plural⟩ *alle zum Spielen verwendeten Gegenstände:* das S. aufräumen. b) *einzelner zum Spielen verwendeter Gegenstand:* dem Kind zum Geburtstag ein S. kaufen.

Spieß, der; -es, -e: *Stab mit einem spitzen Ende zum [Durch]stechen* (siehe Bild): Fleisch am S. braten. * **den S. umdrehen/umkehren** *(mit der gleichen Methode wie der Gegner vorgehen);* (ugs.) **wie am S. schreien/brüllen** *(sehr laut schreien, brüllen).*

Spieß

spießbürgerlich ⟨Adj.⟩ (abwertend): *engstirnig, kleinlich:* er ist sehr s.; spießbürgerliche Ansichten vertreten.

spießig ⟨Adj.⟩ (abwertend): *spießbürgerlich:* sie ist sehr s.

Spinne, die; -, -n: /ein Tier/ (siehe Bild).

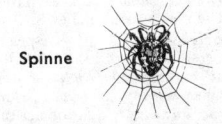

Spinne

spinnen, spann, hat gesponnen: 1. ⟨tr.⟩ a) *mit dem Spinnrad oder der Spinnmaschine Fasern zu einem Faden drehen:* Garn, Wolle s. b) *Fäden erzeugen* /von Spinnen und Raupen/: die Spinne spann einen Faden, an dem sie sich herunterließ; bildl.: ein Netz von Lügen s. *(viele Lügen verbreiten).* 2. (ugs.) ⟨itr.⟩ *verrückte Ideen haben:* das darfst du nicht ernst nehmen, der spinnt.

Spion, der; -s, -e: *jmd., der Spionage treibt:* er wurde als S. entlarvt.

Spionage [ʃpioˈnaːʒə], die; -: *das Ermitteln von Staatsgeheimnissen, geheimen Informationen im Auftrag einer ausländischen Macht:* S. treiben; jmdn. unter dem Verdacht der S. verhaften.

spionieren, spionierte, hat spioniert ⟨itr.⟩: a) *als Spion arbeiten; Spionage treiben:* er hat für eine ausländische Macht spioniert. b) *aus Neugier überall herumsuchen, nachforschen:* er spioniert im ganzen Betrieb, in allen Schreibtischen.

Spirituosen, die ⟨Plural⟩: *Getränke mit hohem Gehalt an Alkohol:* mit S. handeln; ein Geschäft für Weine und S.

spitz ⟨Adj.⟩: 1. ⟨nicht adverbial⟩ a) *zu einem Punkt zusammenlaufend und dadurch so scharf, daß es sticht; nicht stumpf:* spitze Nadeln; der Nagel ist sehr s. b) *immer schmaler werdend, [wie] in einem Punkt endend:* der Turm hat ein spitzes Dach; spitze Schuhe tragen. * **etwas mit spitzen Fingern anfassen** *(etwas aus Ekel sehr vorsichtig anfassen).* 2. (abwertend) *bissig, boshaft:* spitze Bemerkungen machen; spitze Reden führen. * **eine spitze Zunge haben** *(gehässig reden).* 3. *krank, mager aussehend:* sie hat ein ganz spitzes Gesicht; du siehst heute so s. aus.

Spitze, die; -, -n: 1. a) *das in einem Punkt spitz zusammenlaufende Ende:* die S. des Turmes; die S. des Pfeiles ist abgebrochen. * **einer Sache die S. nehmen/abbrechen** *(durch geschicktes Handeln einer Sache die Gefährlichkeit, Schärfe nehmen);* **etwas auf die S. treiben** *(etwas bis zum Äußersten treiben).* b) *vorderster, anführender Teil; führende; erste Stelle:* bei der Demonstration marschierte er an der S. des Zuges; an der S. des Konzerns, des Staates stehen; die Mannschaft liegt an der S. der Tabelle. 2. (ugs.) *höchste Leistung, Geschwindigkeit:* der Wagen fährt 200 km/h S.; auf der Autobahn fahre ich dauernd S. 3. *bissige, ironische Bemerkung, Anspielung; Seitenhieb:* seine Rede enthielt einige Spitzen gegen die Parteien. 4. *feines, durchbrochenes Gewebe:* eine Bluse aus echten Spitzen.

Spitzel, der; -s, -: *jmd., der heimlich beobachtet, mithört oder aufpaßt und seine Beobachtungen anderen mitteilt; Spion:* jmdn. als S. einsetzen, entlarven.

spitzen, spitzte, hat gespitzt: 1. ⟨tr.⟩ *spitz machen:* den Bleistift s. * **die Ohren s.** *(sehr aufmerksam hinhören).* 2. (ugs.) ⟨itr./rfl.⟩ *rechnen (mit etwas), reflektieren (auf etwas):* er spitzt auf den Posten des Direktors; sie spitzten sich auf eine Einladung.

spitzfindig ⟨Adj.⟩: *übertrieben scharfe Unterscheidungen treffend, kleinlich:* diese Erklärung ist mir zu s.; spitzfindige Unterschiede machen. **Spitzfindigkeit**, die; -, -en.

Splitter, der; -s, -: a) *spitzes, dünnes Teilchen [von Holz oder Metall]:* er hat einen S. im Finger. b) *Bruchstück mit scharfen Kanten [von Glas]:* überall lagen die Splitter des zersprungenen Fensters.

splittern, splitterte, ist gesplittert ⟨itr.⟩: a) *Splitter absondern:* das Holz splittert. b) *in Splitter zerfallen:* die Scheibe ist gesplittert.

splitternackt ⟨Adj.⟩: *völlig nackt:* der Betrunkene lief s. auf die Straße.

spontan ⟨Adj.⟩: *aus eigenem plötzlichen Antrieb; von innen heraus:* er sagte dies ganz spontan; nach dieser Bemerkung des Redners verließen die Zuhörer s. den Saal.

Sport, der; -[e]s: 1. *Betätigung, die der Stärkung des Körpers und der Gesundheit dient oder die aus Interesse am körperlichen Wettkampf ausgeübt wird:* S. treiben; er ist ein Freund des Sports; für [den] S. begeistert sein. 2. *Betätigung zum Zeitvertreib; Liebhaberei, Hobby:* Photographieren war schon immer sein S.; Platten kaufen ist ein teurer S.; (ugs.) sich aus etwas einen S. *(ein Vergnügen)* machen.

Sportgerät, das; -[e]s, -e: *Gegenstand, an dem oder mit dem sportliche Übungen ausgeführt werden:* Reck, Barren und Pferd sind bekannte Sportgeräte.

Sportler, der; -s, -: *jmd., der aktiv Sport treibt:* er ist ein guter, fairer S.

sportlich ⟨Adj.⟩: 1. a) *den Sport betreffend; im Sinne des Sports; auf dem Sport beruhend:* seine sportliche Laufbahn beenden; sich s. betätigen; sein Verhalten war nicht s. b) *schlank, muskulös und behende:* er hat eine sportliche Figur; er ist ein sportlicher Typ. 2. *in seinem Schnitt einfach, zweckmäßig, jugendlich wirkend, flott:* ein sportliches Kostüm; ein sportlicher Anzug.

Spot [spɔt], der; -s, -s: *kurzer, eindrucksvoller Werbetext.*

Spott, der; -[e]s: *Äußerung, mit der man sich über die Fehler oder die Gefühle anderer lustig*

spotten

macht, bei der man Schadenfreude, auch Verachtung empfindet: er sprach mit S. von seinen Gegnern; jmdn. dem S. der Öffentlichkeit preisgeben.

spotten, spottete, hat gespottet ⟨itr.⟩: *seinen Spott äußern:* spotte nicht über ihn, denn er ist krank. * *etwas spottet jeder Beschreibung (etwas ist so schlimm oder so schlecht, daß man es nicht für möglich hält):* die Unordnung in diesem Zimmer spottet jeder Beschreibung.

spöttisch ⟨Adj.⟩: **a)** *zum Spott neigend:* ein spöttischer Mensch. **b)** *Spott ausdrückend:* ein spöttisches Lächeln; etwas s. bemerken.

Sprache, die; -, -n: **1.** ⟨ohne Plural⟩ *das Sprechen; die Fähigkeit zu sprechen:* durch den Schock verlor er die S.; die S. wiederfinden. * *etwas raubt/verschlägt jmdm. die S. (etwas überrascht jmdn. so sehr, daß er gar nichts sagen kann):* diese Nachricht verschlug ihm die S. **2.** *alle Ausdrucksmittel, die zum Reden zur Verfügung stehen:* er beherrscht mehrere Sprachen; einen Text in eine andere S. übersetzen; eine lebende, tote S. **3.** ⟨ohne Plural⟩ *Art zu sprechen, zu formulieren; Stil, Ausdrucksweise:* eine S. ist sehr lebendig, poetisch, nüchtern; sie schreibt in der S. des einfachen Volkes; die S. Goethes; bildl.: die S. des Herzens, des Gefühls, des Gewissens. ** *etwas zur S. bringen (dafür sorgen, daß etwas besprochen, diskutiert wird);* **eine deutliche S. sprechen** *(klar zum Ausdruck bringen, was man denkt und meint);* (ugs.) **mit der S. nicht heraus[rücken] wollen** *(über einen Vorfall o. ä. nichts sagen wollen).*

sprachlich ⟨Adj.⟩; nicht prädikativ: *die Sprache betreffend, auf sie bezogen:* der Aufsatz ist s. gut; eine sprachliche Eigentümlichkeit.

sprachlos ⟨Adj.⟩: *so überrascht, daß man nichts sagen kann:* er war s. [vor Entsetzen, Schrecken]; es ist unglaublich, ich bin einfach s.

sprechen, spricht, sprach, hat gesprochen: **1.** ⟨itr.⟩ **a)** *Laute, Wörter bilden:* das Kind lernt s.; vor Schreck, durch die Lähmung konnte er nicht mehr s. **b)** *sich in bestimmter Weise ausdrücken:* laut, schnell, undeutlich, mit Akzent, in ernstem Ton s.; er hat bei seinem Vortrag frei gesprochen *(nicht vom Manuskript abgelesen);* er spricht in Rätseln *(unverständlich);* ganz allgemein gesprochen *(gesagt);* bildl.: sprechende *(ausdrucksvolle)* Augen, Bilder. **2.** ⟨tr.⟩ *eine Sprache beherrschen:* er spricht mehrere Sprachen; sie spricht fließend Französisch, ein sehr gutes Deutsch. **3.** ⟨itr.⟩ *sich äußern, eine Meinung darlegen; urteilen:* gut, schlecht über jmdn./etwas, von jmdn./etwas s.; zugunsten von jmdn./etwas s. *(für jmdn./etwas eintreten, jmdn./etwas empfehlen).* **4.** ⟨itr.⟩ **a)** *Worte wechseln; sich unterhalten:* die Frauen s. schon seit drei Stunden [miteinander] auf der Straße; wir sprachen gerade von dir, von den Preisen. **b)** *erzählen:* er spricht von seiner Reise nach Amerika; vor aller Öffentlichkeit sprach er über seine familiären Verhältnisse; wovon wollte er [jetzt] s. **5.** ⟨itr.⟩ **a)** *(jmdn.) treffen, sehen und mit ihm Worte wechseln:* wir haben ihn gestern im Konzert gesprochen; wann sprechen wir uns [wieder]?; ich habe ihn schon einige Jahre nicht mehr gesprochen. **b)** *(jmdn.) erreichen, (mit jmdm.) Verbindung aufnehmen, ein Gespräch herstellen wollen:* ich möchte Herrn Meier s.; sie wollen mich s.?; der Direktor ist erst morgen, am Vormittag zu s.; ich bin [jetzt] nicht zu s. **6.** ⟨itr.⟩ *diskutieren, verhandeln:* darüber müssen wir noch s.; ich habe mit dir noch zu s. *(ich muß mit dir noch etwas besprechen).* **7.** ⟨itr.⟩ *eine Rede, Ansprache o. ä. halten:* der Professor spricht heute abend [im Rundfunk]; über ein interessantes Thema s.; der Vorsitzende hat nur kurz gesprochen und dann sofort die Diskussion eröffnet. ** **jmdn. zum Sprechen bringen** *(jmdn. dazu bewegen, endlich etwas zu sagen);* **etwas spricht für sich [selbst]** *(zu etwas ist keine Erklärung mehr nötig);* **etwas spricht für jmdn./etwas** *(etwas gilt als positives Kennzeichen, Argument für jmdn./etwas).*

Sprecher, der; -s, -: **a)** *jmd., der etwas ansagt, vorliest:* er ist S. beim Rundfunk, Fernsehen. **b)** *jmd., der beauftragt, befugt ist, etwas mitzuteilen:* wie ein S. der Regierung erklärte, ist bald mit Verhandlungen zu rechnen.

Sprechstunde, die; -, -n: *Zeit, in der jemand dienstlich zu sprechen ist:* der Arzt hat heute keine S.

sprengen, sprengte, hat gesprengt: **I. a)** ⟨tr./itr.⟩ *durch Sprengstoff zerstören:* eine Brücke, ein Gebäude, Felsen s.; heute wird im Gebirge, im Steinbruch gesprengt. **b)** ⟨tr.⟩ *mit Gewalt auseinanderreißen, öffnen:* Ketten, das Tor s.; das Wasser sprengte das Eis; bildl.: eine Versammlung s. *(gewaltsam auflösen);* die Behandlung dieser Frage würde den Rahmen des Aufsatzes s. *(würde weit über das Thema hinausgehen).* **II.** ⟨tr.⟩ *begießen, spritzen:* den Rasen, die Straßen bei Trockenheit s.; die Wäsche vor dem Bügeln s. *(ein wenig bespritzen, damit sie nicht so trocken ist und sich besser bügeln läßt).*

Sprengkörper, der; -s, -: *mit Sprengstoff gefüllter Behälter.*

Sprengstoff, der; -[e]s, -e: *chemischer Stoff, der explodiert, wenn er gezündet wird:* Dynamit ist ein sehr gefährlicher S.

Sprichwort, das; -[e]s, Sprichwörter: *kurz gefaßter, lehrhafter und einprägsamer Satz, er eine immer wieder gemachte Erfahrung ausdrückt:* „Morgenstund hat Gold im Mund" ist ein altes S.

sprießen, sproß, ist gesprossen ⟨itr.⟩: *[hervor]wachsen:* die Blumen sprießen, seit es so warm geworden ist.

Springbrunnen, der; -s, -: *Brunnen, bei dem Wasser durch Druck in die Höhe schießt und in ein Becken zurückfällt* (siehe Bild).

Springbrunnen

springen, sprang, hat/ist gesprungen ⟨itr.⟩: **1. a)** *einen Sprung machen:* über den Graben s.; er ist durch das Fenster gesprungen. **b)** *sich mit Springen schnell fortbewegen:* das Kind ist über die Straße gesprungen; mehrere Rehe sprangen über die Wiese. **c)** Sport *durch einen Sprung eine möglichst weite oder hohe Strecke überwinden:* er ist 7,48 m [weit], 2,20 m [hoch] gesprungen; er ist/hat noch nicht gesprungen; ⟨auch tr.⟩ sie hat einen neuen Rekord gesprungen. **2.** *herausprühen, hervorschießen:* Funken sind aus dem Kamin gesprungen; Blut sprang aus der Wunde. **3.** *Risse bekommen; zerspringen; reißen:* Porzellan springt leicht; eine Saite der Geige ist gesprungen. ** *der springende Punkt (der Kern, das Entscheidende einer Sache);* (ugs.) *etwas s.* **lassen** *(etwas spendieren).*

Sprịtze, die; -, -n: **1.** *Gerät zum Spritzen:* die Feuerwehr löschte mit fünf Spritzen. **2. a)** *medizinisches Gerät, mit dem eine Flüssigkeit in den Körper gespritzt wird:* die S. füllen, säubern. **b)** *das Hineinspritzen einer Flüssigkeit in den Körper:* jmdm. mehrere Spritzen geben. **c)** *in den Körper gespritzte Flüssigkeit:* die Spritzen wirkten schnell.

sprịtzen, spritzte, hat/ist gespritzt: **1. a)** ⟨tr.⟩ *Flüssigkeit in Form von Tropfen oder Strahlen wegschleudern:* die Feuerwehr hat Wasser und Schaum in das Feuer gespritzt; das Kind hat mir Wasser in das Gesicht gespritzt. **b)** ⟨tr.⟩ *übergießen, übersprühen:* den Rasen s.; der Bauer hat die Bäume [gegen Schädlinge] gespritzt; er hat sein Auto neu gespritzt *(lackiert).* **c)** ⟨itr.⟩ *plötzlich in einem Strahl hervorschießen; in Tropfen auseinanderspritzen:* Wasser spritzte aus der defekten Leitung; heißes Fett spritzte aus der Pfanne. **2.** ⟨itr.⟩ (ugs.) *sehr schnell laufen, sich eilen:* wenn der Chef ruft, spritzt er sofort.

sprịtzig ⟨Adj.⟩: **a)** *packend, begeisternd; geistreich:* spritzige Musik; eine s. geschriebene Reportage; ein spritziges Stück. **b)** *prickelnd, anregend, feurig:* ein spritziger Wein. **c)** *schnell, sportlich:* der Motor ist sehr s.; ein spritziges Auto.

sprö̈de ⟨Adj.⟩: **a)** ⟨nicht adverbial⟩ *brüchig; nicht elastisch, nicht geschmeidig:* sprödes Material, das Holz ist für diese Arbeit zu s.; eine s. *(rissige)* Haut haben; bildl.: eine s. *(heiser klingende)* Stimme. **b)** *schwer zu gestalten; nicht brauchbar:* der Stoff ist für einen Roman zu s.

c) *nicht anziehend; kühl, abweisend:* sie ist in ihrem Wesen sehr s.

Sprọsse, die; -, -n: *rundes Holz als Stufe einer Leiter:* eine S. ist gebrochen.

Sprụch, der; -[e]s, Sprüche: *kurzer, einprägsamer Satz, der eine allgemeine Regel oder Weisheit zum Inhalt hat:* ein alter, frommer S.; Sprüche [aus der Bibel] lesen, sammeln. * (ugs.; abwertend) **Sprüche machen** *(viele Worte machen; prahlen).*

sprụchreif: ⟨in der Fügung⟩ noch nicht s. sein: *noch nicht zur Entscheidung reif sein:* diese Angelegenheit ist noch nicht s.

sprụdeln, sprudelte, hat/ist gesprudelt ⟨itr.⟩: *[hervor]quellen, überschäumen; Strudel bilden:* das Wasser hat gesprudelt; eine Quelle ist aus dem Felsen gesprudelt; bildl.: die Witze sprudelten nur so aus seinem Munde *(er erzählte ununterbrochen Witze).*

sprü̈hen, sprühte, hat/ist gesprüht: **a)** ⟨tr.⟩ *in kleinen Teilchen ausstreuen:* das Feuer, die Lokomotive hat Funken gesprüht; er hat Wasser über das Auto gesprüht. **b)** ⟨itr.⟩ *ausströmen, herausschießen:* die Funken sind nach allen Seiten gesprüht; bildl.: aus seinen Augen sprühte jugendliches Feuer *(in seinen Augen war die jugendliche Begeisterung zu erkennen);* ⟨häufig im 1. Partizip⟩ sprühender *(reger, an Einfällen reicher)* Geist; sprühende *(große, überschäumende)* Heiterkeit.

Sprụng, der; -[e]s, Sprünge: **1.** *Bewegung, bei der man sich mit einem Fuß oder mit beiden Füßen abstößt und möglichst weit oder hoch zu kommen sucht:* der Sportler kam bei beiden Sprüngen über 7 m; er machte einen mächtigen S. über das Graben; bildl.: diese Lösung ist ein großer S. nach vorn *(ist ein großer Fortschritt).* * (ugs.) **keine großen Sprünge machen können** *(sich nicht viel leisten können):* mit diesem Gehalt kann er keine großen Sprünge machen; (ugs.) **jmdm. auf die Sprünge helfen** *(jmdm. durch Andeutungen weiterhelfen):* als er nicht weiter wußte, habe ich ihm mit einem Wort auf die Sprünge geholfen; (ugs.) **hinter jmds. Sprünge kommen** *(jmds. verborgene Absichten, Tricks er-*

kennen). **2.** ⟨ohne Plural⟩ *kurze Entfernung; kurzer Zeitraum:* bis zur Wohnung meines Freundes ist es nur ein S.; komm doch auf einen S. *(für einen Augenblick)* zu mir herüber. * **auf dem S. sein** *(im Begriff, bereit sein zu gehen).* **3.** *Riß, kleiner Spalt:* die Scheibe hat einen S.; bildl.: in seiner Rede waren mehrere Sprünge *(fehlende Übergänge).*

Sprụngbrett, das; -[e]s, -er: *federndes Brett in Schwimmbädern, von dem aus man ins Wasser springt oder Brett zum Abspringen beim Turnen* (siehe Bild): auf dem S. stehen; bildl.: diese Stelle ist ein gutes S. *(ein günstiger Ausgangspunkt)* für seinen weiteren Aufstieg.

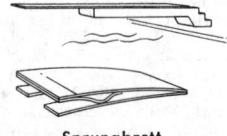

Sprungbrett

sprụnghaft ⟨Adj.⟩: **1.** *sich oft und plötzlich etwas anderem zuwendend:* er denkt, arbeitet sehr s.; sein sprunghaftes Wesen stößt manchen ab. **2.** *rasch und plötzlich:* der Verkehr hat sich s. entwickelt; der sprunghafte Anstieg der Preise.

spụcken, spuckte, hat gespuckt ⟨itr.⟩: *Speichel von sich geben:* auf die Straße s. * (ugs.) **große Töne s.** *(mit seinen Leistungen o. ä. prahlen).*

spü̈len, spülte, hat gespült ⟨tr.⟩: **1.** *mit einer Flüssigkeit reinigen:* das Geschirr, die Wäsche s.; du mußt den Mund kräftig s. **2.** ⟨mit näherer Bestimmung⟩ *treiben, schleudern:* das Meer spülte Trümmer eines Bootes an den Strand.

Spur, die; -, -en: **1. a)** *Abdruck im Boden oder im Schnee:* die Räder hinterließen eine S. im Sand; die Spuren eines Schlittens im Schnee. * (ugs.) **jmdn. auf die richtige S. bringen** *(jmdm. Hinweise geben, die ihm weiterhelfen):* als er ihm diesen Namen nannte, brachte er ihn auf die richtige S. **b)** *verbliebene Zeichen; Überreste:* der Einbrecher hinterließ keine S.; bei den Ausgrabungen stieß man auf Spuren alter Kulturen; bildl.: die Krankheit hinterließ deutliche Spuren *(Zeichen)* in ihrem

Gesicht. 2. *geringes Maß, sehr kleine Menge:* im Wasser fanden sich Spuren eines Giftes; in der Suppe ist keine S., nicht die S. Salz *(überhaupt kein Salz)*; bei ihm war keine S. von Müdigkeit *(überhaupt keine Müdigkeit)* zu erkennen. 3. a) *Abstand zwischen den Schienen eines Gleises:* die S. der Eisenbahn ist in Rußland breiter als in Deutschland. b) *markierte Fahrbahn auf einer Straße:* jeder Autofahrer muß sich in seiner S. halten.

spürbar ⟨Adj.⟩: *merklich; deutlich zu spüren:* die Verhältnisse sind s. besser geworden.

spüren, spürte, hat gespürt/ (nach vorangehendem Infinitiv auch) hat ... spüren ⟨itr.⟩: a) *mit den Sinnen wahrnehmen:* er spürte ihre Hand auf seiner Schulter; Hunger, Kälte, Durst, Müdigkeit s. b) *seelisch empfinden, fühlen:* er spürte plötzlich ihre Erregung, ihre Unruhe; er selbst spürte Erleichterung.

spurlos ⟨Adj.; nicht prädikativ⟩: *ohne eine Spur zu hinterlassen:* er war s. verschwunden; diese Erlebnisse sind s. an ihr vorübergegangen.

Spurt, der; -[e]s, -s: *Steigerung der Geschwindigkeit bei Rennen über längere Strecken:* er legte bei dem 10000-m-Lauf mehrere Spurts ein.

spurten, spurtete, ist gespurtet ⟨itr.⟩: *einen Spurt einlegen:* 100 m vor dem Ziel begann er zu s.

sputen, sich; sputete sich, hat sich gesputet: *sich beeilen, schnell machen:* spute dich!

Staat, der; -[e]s, -en: 1. *Gemeinschaft von Menschen innerhalb gleicher Grenzen mit gemeinsamer politischer Organisation:* ein demokratischer, ein souveräner S. 2. *Prunk, Pracht, Aufwand:* sie erschien in ihrem besten S. *(in ihren kostbarsten Kleidern).* * (ugs.) **mit jmdm./ etwas [keinen] S. machen** *(mit jmdm./etwas [keinen] Eindruck machen; [nicht] prunken):* mit diesem Hut kannst du bestimmt keinen S. mehr machen.

staatlich ⟨Adj.⟩: *den Staat betreffend; dem Staat gehörend:* staatliche Aufgaben; ein staatliches Museum.

Staatsangehörigkeit, die; -: *Zugehörigkeit zu einem Staat:* er besitzt die deutsche S.

Staatsbürger, der; -s, -: *Bürger eines Staates:* die Pflichten eines Staatsbürgers.

Staatsform, die; -, -en: *Form, in der ein Staat regiert wird:* eine demokratische S.

Staatsmann, der; -[e]s, Staatsmänner: *[bedeutender] Politiker eines Staates:* Bismarck war ein großer S.

Stab, der; -[e]s, Stäbe: 1. a) *runde oder kantige, verhältnismäßig dünne und nicht sehr lange Stange* (siehe Bild): die Stäbe eines Gitters; der S. des Dirigenten. b) *Sportgerät* (siehe Bild). 2. *Gruppe von verantwortlichen Mitarbeitern [die eine höhere Persönlichkeit umgeben oder begleiten]:* der General kam mit seinem ganzen S.; zu den Verhandlungen wurde ein S. von Sachverständigen hinzugezogen.

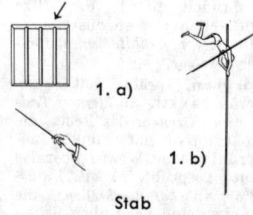

1. a)

1. b)

Stab

stabil ⟨Adj.⟩: 1. *so gebaut, daß es sicher steht und großen Belastungen standhält:* ein stabiler Schrank; das Haus ist s. gebaut. 2. *dauerhaft, beständig; so sicher, daß es nicht so leicht durch etwas gefährdet ist:* eine stabile Regierung, Währung.

Stachel, der; -s, -n: 1. *stechende Spitze an Tieren und Pflanzen:* die Stacheln des Igels, der Rose. * **wider den S. löcken** *(aufbegehren).* 2. *etwas, was jmdn. aufreizt, was jmdn. aus einem bestimmten Gefühl heraus zu etwas treibt:* der S. des Hasses, Ehrgeizes.

stachlig ⟨Adj.; nicht adverbial⟩: *voll Stacheln:* ein stachliger Zweig; ein stachliger *(stechender, kratzender)* Bart.

Stadion, das; -s, Stadien: *Sportplatz mit Tribünen für die Zuschauer* (siehe Bild): im S. findet ein Fußballspiel statt.

Stadium, das; -s, Stadien: *Abschnitt innerhalb einer Entwicklung, Stufe:* in einem frühen S. kann die Krankheit noch geheilt werden.

Stadt, die; -, Städte: *größere geschlossene Siedlung:* er ist vom Land in die S. gezogen; die S. hat 50000 Einwohner; (ugs.) die ganze S. spricht davon *(alle sprechen davon).*

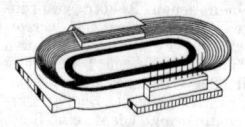

Stadion

Städter, der; -s, -: *jmd., der in einer Stadt wohnt:* die S. fahren zur Erholung auf das Land.

städtisch ⟨Adj.⟩: a) *wie in der Stadt üblich; nicht ländlich:* sie hat ein städtisches Benehmen; s. gekleidet sein. b) *die [Verwaltung einer] Stadt betreffend:* die städtischen Beamten, Verkehrsmittel.

Stadtplan, der; -s, Stadtpläne: *Blatt, auf dem die Straßen und Bauten einer Stadt von oben gesehen dargestellt sind:* eine Straße auf dem S. suchen.

Stadtteil, der; -s, -e: *Teil einer Stadt:* er wohnt in einem anderen S.

Staffel, die; -, -n: 1. *Einheit von Flugzeugen:* eine S. flog über die Stadt. 2. *Gruppe von Sportlern, deren Leistung bei einem Wettkampf gemeinsam gewertet wird:* im Schwimmen siegte die deutsche S.

Staffelei, die; -, -en: *verstellbares Gestell, auf das beim Malen das Blatt gelegt wird* (siehe Bild): sie saß vor der S. und malte.

Staffelei

staffeln, staffelte, hat gestaffelt ⟨tr./rfl.⟩: 1. *nach bestimmten Stufen, Rängen einteilen, festsetzen:* das Gehalt nach Dienstgraden s.; das Gehalt der Beamten staffelt sich. 2. *nach einer bestimmten Ordnung verteilt aufstellen:* die Armee war tief gestaffelt.

Stghl, der; -s, Stähle: *Eisen, das geschmiedet und bes. hart gemacht werden kann.*

stählen, stählte, hat gestählt ⟨tr./rfl.⟩: *widerstandsfähig machen; abhärten:* den Körper durch Sport s.; sich für den Kampf s.

Stall, der; -[e]s, Ställe: *Raum für Tiere, bes. für das Vieh:* die Kühe in den S. treiben.

Stamm, der; -[e]s, Stämme: 1. *Teil des Baumes zwischen Wurzeln und Zweigen:* der S. der Eiche war hohl. 2. *Gruppe von Menschen mit gemeinsamer Abstammung; Geschlecht:* die deutschen Stämme. 3. ⟨ohne Plural⟩ *fester Bestand von Personen, Kern:* der Spieler gehört zum S. der Mannschaft.

stammeln, stammelte, hat gestammelt ⟨tr.⟩: *(Laute oder Wörter) nicht richtig hervorbringen können; stockend sprechen:* er stammelte einige Worte der Entschuldigung.

stammen, stammte ⟨itr.⟩: a) *kommen (aus); geboren sein (in):* er stammt aus Paris, aus einer vornehmen Familie. b) *seinen Ursprung haben (in); (von jmdm.) sein:* dieser Brauch stammt noch aus dem vorigen Jahrhundert; dieser Ausspruch stammt nicht von mir.

Stammgast, der; -[e]s, Stammgäste: *jmd., der oft und regelmäßig [in einem Lokal] Gast ist:* dieser Tisch ist für die Stammgäste reserviert.

stämmig ⟨Adj.; nicht adverbial⟩: *fest gebaut und kräftig:* ein stämmiger Bursche.

Stammtisch, der; -es, -e: a) *Tisch in einem Lokal, an dem sich eine Gruppe von Gästen regelmäßig trifft:* am S. wurde heftig über die politische Lage diskutiert. b) *Gruppe von Gästen, die sich regelmäßig an einem bestimmten Tisch eines Lokals trifft:* der S. versammelt sich jeden Samstag zum Kartenspielen.

stampfen, stampfte, hat gestampft: 1. ⟨itr.⟩ a) *(mit dem Fuß) heftig (auf den Boden) treten:* er stampfte vor Zorn [mit dem Fuß] auf den Boden. b) *mit regelmäßigen harten Stößen laufen, in Betrieb sein:* die Maschine stampft. 2. ⟨tr.⟩ *durch Stoßen mit einem bestimmten Gerät zusammendrücken, zerkleinern:* Kartoffeln, Trauben s.

Stand, der; -[e]s, Stände: 1. ⟨ohne Plural⟩ *das Stehen; Art des Stehens:* einen sicheren S. haben; einen Sprung aus dem S. *(ohne Anlauf)* machen. * **einen leichten/schweren S. [bei jmdm.] haben** *(sich [bei jmdm.] leicht/schwer durchsetzen, behaupten können).* 2. ⟨ohne Plural⟩ *gegenwärtiger Zustand von etwas:* der höchste S. des Wassers; der heutige S. der Wissenschaft; das Spiel wurde beim S. von 2:0 abgebrochen. 3. *Gruppe von Menschen mit gemeinsamem Beruf oder gleicher sozialer Stellung:* der geistliche S.; der S. der Arbeiter, der Bauern, der Gelehrten. 4. *Gestell, Tisch eines Händlers [auf einem Markt]:* an vielen Ständen wird Obst angeboten.

Standard, der; -s, -s: *durchschnittliches Maß, Norm in Ausstattung, Qualität o. ä.:* ein hoher S. der Bildung; gemessen am internationalen S. ist das Hotel recht gut; der technische S. der Industrie.

Ständer, der; -s, -: *Vorrichtung, Gestell, auf das etwas gelegt, gestellt oder gehängt werden kann* (siehe Bild): die Noten liegen auf dem S.; den Mantel am S. aufhängen; eine Kerze auf einen S. stecken.

Ständer

Standesamt, das; -[e]s, Standesämter: *Behörde, bei der Geburten, Eheschließungen und Todesfälle eingetragen werden.*

standhaft ⟨Adj.⟩: a) *trotz Anfeindungen, Hindernissen fest bleibend, nicht nachgebend:* ein standhafter Mensch, Mut. b) *tapfer:* er ertrug s. sein Unglück.

standhalten, hält stand, hielt stand, hat standgehalten ⟨itr.⟩: 1. a) *trotz Belastung nicht brechen:* die Brücke hält der Kolonne von Lastwagen stand. b) *trotz Angriffen nicht zurückweichen, nachgeben:* die Verteidiger hielten dem Sturm der Gegner stand. 2. *bestehen können (vor etwas):* seine Behauptung hielt einer genauen Prüfung stand.

ständig ⟨Adj.; nicht prädikativ⟩: a) *immer; sich oft wiederholend:* er hat s. an ihm etwas auszusetzen. b) *regelmäßig:* sein ständiges Einkommen; der Verkehr auf den Straßen nimmt s. *(unaufhörlich)* zu.

Standort, der; -es, -e: *Ort, Punkt, an dem man sich gerade befindet:* von seinem S. aus konnte er das Haus nicht sehen; der Pilot stellte den S. des Flugzeugs fest.

Standpunkt, der; -es, -e: *Meinung; Aspekt, Weise, wie man etwas sieht, beurteilt:* ein vernünftiger S.; vom S. des Arbeiters aus ist diese Forderung verständlich. * **einen S. vertreten** *(sich zu einer bestimmten Meinung bekennen);* **auf dem S. stehen** *(eine bestimmte Meinung haben);* (ugs.) **jmdm. den S. klarmachen** *(jmdm. nachdrücklich seine Meinung sagen);* **jmds. S. teilen** *(dieselbe Meinung haben wie jmd.).*

Stange, die; -, -n: [sehr] *langer und im Verhältnis zur Länge dünner Gegenstand aus Holz oder Metall:* die Fahne wird auf einer hohen S. aufgehängt; etwas mit einer S. aus dem Wasser fischen. * **bei der S. bleiben** *(ausharren, nicht aufgeben);* **jmdn. bei der S. halten** *(für jmdn. auch weiterhin eintreten, ihn in Schutz nehmen);* **jmdn. bei der S. halten** *(verhindern, daß jmd. bei etwas nicht mehr mitmacht, daß sein Interesse erlahmt);* (ugs.) **eine S. Geld** *(viel Geld);* **von der S.** *(nicht nach Maß gearbeitet):* ein Anzug von der S.; etwas von der S. kaufen.

Stapel, der; -s, -: 1. *geordnet aufgeschichteter Haufen:* ein S. Bücher, Holz. 2. *Gerüst, auf dem ein Schiff während des Baues steht:* ein Schiff vom S. laufen lassen *(den fertiggestellten Rumpf eines Schiffes ins Wasser gleiten lassen).* * (ugs.) **vom S. lassen** *(etwas, was komisch o. ä. wirkt, von sich geben):* eine Rede, Witze vom S. lassen.

stapeln, stapelte, hat gestapelt: 1. ⟨tr.⟩ *geordnet aufschichten, aufeinanderlegen:* Waren im Lager s. 2. ⟨rfl.⟩ *sich in größerer Menge [unerledigt] anhäufen:* im Laden stapelten sich die unverkauften Waren; die Briefe stapeln sich auf dem Schreibtisch.

stapfen, stapfte, ist gestapft ⟨itr.⟩: *langsam, schwerfällig gehen, indem man die Beine hoch anhebt [und bei jedem Schritt*

einsinkt]: müde ist er durch den Schnee nach Hause gestapft.
Star: I. der; -[e]s, -e: /ein schwarzer Vogel/ (siehe Bild).

Star I.

II. der; -[e]s, -e: *Krankheit der Augen, die die Fähigkeit zu sehen vermindert:* er hat den S.; den S. operieren. III. [staːr, auch: ʃtaːr] der; -s, -s: *Schauspieler, Sportler, der gerade sehr berühmt ist:* ein Film mit vielen Stars; sie ist ein S. geworden.
stark, stärker, stärkste ⟨Adj.⟩: 1. ⟨nicht adverbial⟩ *viel Kraft habend:* ein starker Mann, Motor. 2. *mächtig:* ein starker Staat. * **der starke Mann** *(der mächtigste Mann):* er ist der starke Mann in der Partei. 3. ⟨verstärkend bei Verben⟩ *sehr:* er weicht s. von der Linie ab. 4. a) *groß:* er übt starken Einfluß auf ihn aus. b) *kräftig:* starker Regen, Verkehr; starker Kaffee *(Kaffee mit großer Wirkung).* 5. ⟨nicht adverbial⟩ *dick:* sie ist ziemlich s. geworden.
Stärke: I. die; -, -n: 1. ⟨ohne Plural⟩ *Fähigkeit, durch den Körper, die Muskeln etwas zu leisten; Kraft:* er besiegte die Gegner durch seine S. * **etwas ist jmds. S.** *(jmd. ist in etwas besonders begabt):* Mathematik war nie seine S. 2. ⟨ohne Plural⟩ *Ausmaß, Grad:* die S. der Empfindung; die S. des Lichts. 3. ⟨ohne Plural⟩ *Macht, Größe:* die S. der Partei. 4. *Größe des Durchmessers, Umfangs o. ä.:* die S. des Rohres, der Mauer. 5. ⟨ohne Plural⟩ *Fähigkeit, nicht leicht entzweizugehen, haltbar zu sein:* S. des Stoffes, Fadens. II. die; -: *Stoff, mit dem u. a. Wäschestücke steif gemacht werden können:* aus Kartoffeln wird S. gewonnen.
stärken, stärkte, hat gestärkt: I. 1. ⟨tr.⟩ *stark machen:* der Schlaf stärkt den Menschen; Lob stärkt das Selbstvertrauen. 2. ⟨rfl.⟩ (ugs.) *essen oder trinken, um für etwas Kraft zu haben:* ich muß mich vorher noch s. II. ⟨tr.⟩ *durch Stärke steif machen:* das Hemd, den Kragen s.
starr ⟨Adj.⟩: 1. *vollkommen steif; nicht biegsam:* die Finger sind s. vor Kälte; sie saß s. da vor Schreck und konnte kein Wort sagen. 2. *weit offen und ohne Lebendigkeit und Ausdruck; regungslos, wie auf einen Punkt gerichtet* /von den Augen/: ein starrer Blick.
starren, starrte, hat gestarrt: ⟨itr.⟩ *unentwegt in eine Richtung blicken, starr blicken:* sie starrte mit weit offenen Augen auf den Fremden. ** **vor etwas s.** *(ganz bedeckt sein von etwas):* vor Schmutz s.
starrköpfig ⟨Adj.⟩ (abwertend): *fest auf der eigenen Meinung beharrend, eigensinnig:* es war nicht möglich, den starrköpfigen Alten umzustimmen.
starrsinnig ⟨Adj.⟩ (abwertend): *starrköpfig, eigensinnig.*
Start, der; -s, -s: 1. a) *Beginn eines Wettlaufes, eines Rennens:* das Zeichen zum S. geben. b) *Stelle, an der beim Wettkampf der Lauf oder die Fahrt beginnt:* die Läufer versammeln sich am S. * **am S. sein** *(teilnehmen):* beim Wettkampf waren zwanzig Läufer am S. 2. *Abflug:* der S. des Flugzeugs. 3. *Anfang, Beginn:* der S. einer Unternehmung.
starten, startete, ist/hat gestartet: 1. ⟨itr.⟩ a) *den Lauf, die Fahrt beginnen* /beim Wettkampf/: er ist sehr schnell gestartet. b) *teilnehmen* /beim Wettkampf/: er startet bei allen großen Rennen; er ist für unseren Verein gestartet *(er hat für unseren Verein am Wettkampf teilgenommen).* 2. ⟨itr.⟩ *abfliegen:* das Flugzeug ist um 9 Uhr gestartet. 3. ⟨tr.⟩ a) *in Gang setzen:* er hat das Auto, eine Rakete gestartet. b) *beginnen lassen:* er hat das Autorennen gestartet. c) *beginnen, unternehmen:* er hat eine große Aktion gegen den Hunger gestartet.
Station, die; -, -en: 1. *Stelle, an der ein öffentliches Verkehrsmittel zum Aus- und Einsteigen hält; Bahnhof, Haltestelle:* bei der nächsten S. müssen wir aussteigen. * **S. machen** *(eine Reise, Fahrt vorübergehend unterbrechen und sich für kurze Zeit irgendwo aufhalten):* er macht in München S. 2. *bestimmter Punkt, Abschnitt in einem Vorgang, einer Entwicklung:* die wichtigsten Stationen seines Lebens. 3. *Abteilung eines Krankenhauses:* die chirurgische S.
stationär ⟨Adj.⟩: *an einen Ort gebunden:* ein stationäres Laboratorium; eine stationäre Behandlung *(eine Behandlung, bei der der Patient im Krankenhaus bleiben muß).*
Statistik, die; -, -en: a) *wissenschaftliche Methode zur zahlenmäßigen Erfassung von Massenerscheinungen.* b) *nach bestimmten Gesichtspunkten geordnete Zusammenstellung von Zahlen über etwas:* eine S. über die Einwohnerzahlen in den letzten hundert Jahren.
statistisch ⟨Adj.⟩: *die Statistik betreffend; mit Methoden der Statistik ermittelt.*
statt: I. ⟨Präp. mit Gen.⟩ *an Stelle von, in Vertretung, als Ersatz für:* s. meiner wird mein Bruder kommen; s. eines Blumenstraußes. II. ⟨Konj.⟩ *anstatt; entgegen der Erwartung, daß* /drückt aus, daß etwas geschieht, obwohl etwas anderes möglich oder besser wäre oder etwas anderes erwartet wird/: s. gesundes Obst zu essen, ißt er nur Süßigkeiten.
Statt: ⟨nur in bestimmten Fügungen⟩ *an meiner/Eides/Kindes s.: statt meiner/eines Eides/Kindes:* an deiner S. hätte ich anders gehandelt; jmdn. an Kindes S. annehmen *(adoptieren);* er hat die Erklärung an Eides S. *(als ob er geschworen hätte)* abgegeben.
Stätte, die; -, -n (geh.): *Ort, Platz:* eine gastliche S.; an dieser S. wird ein Denkmal errichtet.
stattfinden, fand statt, hat stattgefunden ⟨itr.⟩: *geschehen, sich ereignen, nachdem es geplant und vorbereitet wurde:* das Gastspiel findet Ende Mai statt.
statthaft: ⟨in der Fügung⟩ *etwas ist nicht s.: etwas ist verboten:* es ist nicht s., Waren ins Ausland zu bringen, ohne sie zu verzollen.
stattlich ⟨Adj.⟩: *von großer und zugleich kräftiger Statur:* ein stattlicher Mann; er sieht s. aus.
Stgtue, die; -, -n: *Plastik, die einen Menschen oder ein Tier in der ganzen Gestalt darstellt:* im Park steht eine S. aus Stein; er stand still wie eine S.
Statur, die; -, -en: *Bau des Körpers; Wuchs:* er hat eine kräftige S.

Statut, das; -[e]s, -en: *Satzung:* sie änderten die Statuten des Vereins.

Staub, der; -[e]s: *Erde o. ä. Material in ganz feiner Form, das auf dem Boden liegt, an der Oberfläche von etwas haften bleibt oder vom Wind durch die Luft getragen wird:* die Möbel waren mit S. bedeckt; der Wind wirbelte den S. auf. * **S. aufwirbeln** *(Aufregung, Unruhe verursachen);* **sich aus dem S. machen** *(sich heimlich entfernen).*

staubig ⟨Adj.⟩: *voll Staub, mit Staub bedeckt:* die Schuhe sind s.

Staubsauger, der; -s, -: *elektrisches Gerät, mit dem Staub aufgesaugt werden kann.*

Staude, die; -, -n: *hohe Pflanze mit mehreren aus einer Wurzel wachsenden starken Stengeln* (siehe Bild).

Staude

stauen, staute, hat gestaut: 1. ⟨tr.⟩ *durch eine Absperrung am Weiterfließen hindern:* einen Fluß s. 2. ⟨rfl.⟩ a) *wegen eines Hindernisses nicht mehr weiterfließen können:* das Wasser, Eis staut sich. b) *in großer Anzahl dicht gedrängt stehen:* vor der Kreuzung stauten sich die Autos.

staunen, staunte, hat gestaunt ⟨itr.⟩: *über etwas, was man nicht erwartet hat, sich beeindruckt und verwundert zeigen:* ich staune, was du alles kannst.

stechen, stach, hat gestochen: 1. ⟨tr./itr.⟩ *mit einem Stachel oder einem spitzen Gegenstand in etwas eindringen:* die Biene hat mich gestochen; jmdm. mit dem Dolch in den Rücken s.; bildl.: stechender *(heftiger)* Schmerz. * **etwas sticht ins Auge** *(etwas fällt stark auf);* **in See s.** *(mit einem Schiff vom Hafen abfahren);* **jmdn. sticht der Hafer** *(jmd. ist übermütig).* 2. ⟨itr.⟩ *die Fähigkeit haben, mit einem Stachel in etwas einzudringen:* die Rosen, Bienen s.; bildl.: die Sonne sticht *(sie strahlt sehr heiß).*

Steckbrief, der; -[e]s, -e: *Beschreibung einer [polizeilich] gesuchten Person.*

Steckdose, die; -, -n: *Vorrichtung an der Wand, in die ein Stecker gesteckt werden kann, um ein elektrisches Gerät mit Strom zu versorgen* (siehe Bild).

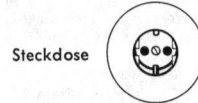

Steckdose

stecken, steckte, hat gesteckt: 1. ⟨tr.⟩ *(etwas in etwas) so fügen, daß es haften bleibt:* die Nadel in den Stoff s.; den Stock in den Boden s.; den Brief in den Kasten s. *(einwerfen).* * **in Brand s.** *(anzünden);* **Geld in ein Unternehmen s.** *(Geld in einem Unternehmen anlegen).* 2. ⟨itr.⟩ *sich unangenehmerweise fest (in etwas) befinden:* der Schuh steckte im Schlamm; das Kind steckt in einem Spalt. * (ugs.) **im Dreck s.** *(in Not sein).*

steckenbleiben, blieb stecken, ist steckengeblieben ⟨itr.⟩: *aus etwas, in das man hineingeraten ist, sich nicht mehr wegbewegen können:* das Auto ist im Schnee steckengeblieben.

Steckenpferd, das; -[e]s, -e: 1. *aus Holz geschnitzter Pferdekopf, der an einem Stock befestigt ist* (siehe Bild): die Kinder reiten auf dem S. 2. *Hobby:* sein S. ist Briefmarkensammeln.

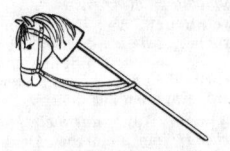

Steckenpferd 1.

Stecker, der; -s, -: *Vorrichtung am Ende eines Kabels, mit der ein elektrisches Gerät an den Strom angeschlossen werden kann* (siehe Bild).

Stecker

Stecknadel, die; -, -n: *Nadel mit einem dickeren Kopf an einem Ende* (siehe Bild): ein Abzeichen mit einer S. befestigen.

Stecknadel

Steg, der; -s, -e: *schmale Brücke* (siehe Bild): auf einem schwankenden S. überquerten sie den Bach; sie machten das Boot am S. fest.

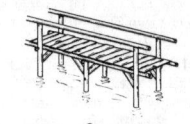

Steg

Stegreif: ⟨in der Fügung⟩ **aus dem S.:** *ohne Vorbereitung; ohne Probe:* er hielt die Rede aus dem S.; aus dem S. singen, Theater spielen.

stehen, stand, hat gestanden ⟨itr.⟩: 1. *sich in aufrechter Haltung auf den Beinen befinden; nicht liegen oder sitzen:* aufrecht, gebückt s.; er stand vor dem Fenster; die Menschen standen dicht gedrängt; der Baum steht schief; auf einem Bein s. * **etwas steht und fällt mit jmdm.** */ etwas (etwas kann ohne jmdn./ etwas nicht bestehen; etwas hängt völlig von jmdm./etwas ab);* **sich finanziell gut/nicht schlecht s.** *(in finanziell guten Verhältnissen leben).* 2. *sich in Ruhe befinden, nicht bewegen:* die Maschine, Uhr steht; das Auto zum S. bringen *(anhalten);* ein stehendes *(nicht fließendes)* Gewässer. 3. *sich in einer bestimmten Weise oder an einem bestimmten Ort befinden:* das Haus steht leer; die Flasche steht im Schrank; das Essen steht auf dem Tisch; der Soldat steht Wache; in einer Reihe s. * **seinen Mann s.** *(sich bewähren).* 4. *(zu jmdm.) passen; (an jmdm.) gut wirken:* das Kleid steht dir gut. 5. ⟨als Funktionsverb⟩ /drückt einen Zustand aus, in dem sich etwas gerade jetzt befindet/: in Blüte s. *(blühen);* in Bereitschaft s. *(bereit sein);* im Gegensatz s. *(das Gegenteil zu etwas sein);* außer Zweifel s. *(ganz sicher sein);* in Gebrauch s. *(benutzt werden);* unter Verdacht s. *(verdächtigt werden).*

stehenbleiben, blieb stehen, ist stehengeblieben ⟨itr.⟩: *aufhören zu gehen, sich zu bewegen:* nicht am Eingang s.!; die Uhr bleibt stehen; wo sind wir gestern stehengeblieben? *(an welcher Stelle haben wir gestern das Gespräch o. ä. unterbrochen?).*

stehenlassen, läßt stehen, ließ stehen, hat stehengelassen ⟨tr.⟩: *etwas, was an einem Ort steht, nicht wegnehmen oder mitnehmen:* das Fahrrad vor der Tür s.; den Schirm im Zug s. *(vergessen);* das Essen s. *(nicht aufessen);* eine Zeichnung auf der Tafel s. *(nicht wegwischen).*

stehlen, stiehlt, stahl, hat gestohlen: I. ⟨tr.⟩ *etwas, was einem anderen gehört, unerlaubterweise [heimlich] an sich nehmen:* er hat ihm eine Uhr gestohlen. II. ⟨rfl.⟩ *heimlich weggehen:* er stahl sich aus dem Haus.

Stehplatz, der; -es, Stehplätze: *Platz im Theater, auf dem Sportplatz usw., bei dem man stehen muß* /Ggs. Sitzplatz/.

steif ⟨Adj.⟩: **1. a)** *so beschaffen, daß es nicht leicht gebogen werden kann:* steifes Papier, ein steifer Hut. **b)** *in den Muskeln verkrampft und daher nur schwer beweglich:* die Finger sind vor Kälte s. **2. a)** *verkrampft und unbeholfen; nicht graziös:* er machte eine steife Verbeugung. **b)** *nicht ungezwungen, formell:* beim Empfang beim Präsidenten ging es sehr s. zu.

steigen, stieg, ist gestiegen ⟨itr.⟩: **1.** *sich nach oben, nach unten oder über etwas fortbewegen:* auf den Berg s.; in eine Grube s.; aus dem Bett s.; über den Zaun s. **2.** *sich in die Höhe bewegen:* der Ballon, das Flugzeug steigt. **3.** *stärker, größer, höher werden:* die Temperatur, der Umsatz, die Spannung steigt; die Preise s.

steigern, steigerte, hat gesteigert: **1.** ⟨tr.⟩ **a)** *verstärken, vergrößern:* das Tempo, die Leistung s.; das Buch steigerte seinen Ruhm. **b)** *erhöhen:* die Mieten, Preise s. **2.** ⟨rfl.⟩ **a)** *zu immer höherer Leistung, Erregung o. ä. gelangen:* die Mannschaft steigerte sich in den letzten Minuten des Spiels prächtig. **b)** *stärker werden:* die Schmerzen steigerten sich. **Steigerung**, die; -, -en.

Steigung, die; -, -en: **1.** *Ausmaß, Grad, in dem die Höhe zunimmt:* die Straße hat eine S. von 15 Grad. **2.** *ansteigendes Gelände; aufwärts führender Weg:* das Auto schaffte die S. leicht.

steil ⟨Adj.⟩: *stark ansteigend; fast senkrecht:* ein steiler Abhang; die Straße führt s. bergauf.

Stein, der; -[e]s, -e: **1.** *harter, fester Körper, der sich nicht biegen oder dehnen läßt* (siehe Bild):

Stein 1.

auf dem Weg lagen große Steine. * der S. des Anstoßes *(etwas, worüber sich die Öffentlichkeit entrüstet, was Aufsehen erregt);* ein Herz von S. haben *(herzlos sein, kein Mitleid haben);* (ugs.) etwas ist ein Tropfen auf einen/den heißen S. *(etwas ist völlig unzureichend, nutzlos);* der S. kommt ins Rollen *(eine [unangenehme] Angelegenheit beginnt sich zu entwickeln);* jmdm. Steine in den Weg legen/aus dem Weg räumen *(jmdm. Schwierigkeiten bereiten[beseitigen]).* **2.** *Edelstein:* ein Ring mit einem glitzernden S. * jmdm. fällt kein S. aus der Krone *(es ist nicht unter jmds. Würde, jmd. vergibt sich nichts bei etwas):* ihm fällt kein S. aus der Krone, wenn er den Mülleimer selbst ausleert. **3.** *Kern beim Obst:* der S. einer Kirsche, Pflaume. **4.** *Figur beim Brettspiel.* * (ugs.) bei jmdm. einen S. im Brett haben *(bei jmdm. Sympathien haben).*

Steinbruch, der; -[e]s, Steinbrüche: *Stelle, an der Steine gewonnen werden:* die Steine, mit denen die Straße gepflastert wird, stammen aus dem S.

steinern ⟨Adj.⟩: *aus Stein [bestehend]:* ein steinernes Denkmal; bildl.: er hat ein steinernes Herz *(kein Mitgefühl).*

steinhart ⟨Adj.⟩: *sehr hart:* das Brot ist s. geworden.

steinig ⟨Adj.; nicht adverbial⟩: *von vielen Steinen bedeckt:* ein steiniger Acker; bildl.: ein steiniger *(mit vielen Schwierigkeiten verbundener)* Weg.

steinreich ⟨Adj.⟩ (ugs.): *sehr reich:* er ist s. und kann sich jeden Luxus erlauben.

Stelle, die; -, -n: **1.** *bestimmter, genau angegebener Ort, Platz [an dem sich etwas befindet oder ereignet]:* an dieser S. geschah der Unfall; sie suchten eine S. zum Lagern. * zur S. sein *(sich an einem Ort einfinden, an dem man erwartet wird):* ich werde pünktlich zur S. sein; an S. von jmdm./etwas *(statt; stellvertretend für jmdn./etwas);* auf der S. *(sofort).* **2.** *Posten, Stellung, Anstellung:* er tritt eine neue S. an.

stellen, stellte, hat gestellt: **1.** ⟨tr.⟩ **a)** *so an einen Platz bringen, daß es steht:* die Flasche auf den Tisch s. **b)** *in eine bestimmte Lage bringen:* die Zeiger einer Uhr, die Uhr, die Weichen s. **2.** ⟨rfl.⟩ **a)** *sich wohin begeben und dort stehenbleiben:* er stellte sich vor/an die Tür. * sich hinter jmdn. s. *(jmdn./etwas unterstützen; etwas billigen).* **b)** *einer Herausforderung, einer Auseinandersetzung (mit jmdm./etwas) nicht ausweichen:* er stellte sich dem Feind, der Presse, der Diskussion. **c)** *bereit sein (für jmdn.):* der Politiker stellte sich der Presse. ** sich zu etwas s. *(sich in bestimmter Weise einer Sache gegenüber verhalten; eine bestimmte Meinung haben über etwas):* wie stellst du dich zur neuen Regierung? **3.** ⟨rfl.⟩ *sich in einer bestimmten Weise verstellen:* er stellte sich dumm, taub. **4.** ⟨als Funktionsverb⟩ eine Frage s. *(fragen);* eine Aufgabe s. *(etwas aufgeben);* eine Forderung s. *(fordern);* einen Antrag s. *(beantragen).*

Stellung, die; -, -en: **1.** *Art, wie jmd./etwas steht; Haltung:* in aufrechter S.; er saß zwei Stunden in derselben S.; die S. der Gestirne am Himmel. **2.** *Posten, den jmd. als Angestellter in einer Firma innehat:* er hat eine interessante S. als Fachmann für Werbung. **3.** *Grad des Ansehens, der Wichtigkeit in der Gesellschaft; Rang:* seine S. als führender Politiker seiner Partei ist erschüttert; die gesellschaftliche, soziale S. **4.** *befestigte Anlage:* die feindlichen Stellungen angreifen.

Stellungnahme, die; -, -n: *[offizielle] Äußerung:* die Presse forderte vom Minister eine klare Stellungnahme zu diesem Vorfall.

stellungslos ⟨Adj.⟩: *keine Stellung, Arbeit habend.*

stellvertretend ⟨Adj.⟩: **a)** *den Posten eines Stellvertreters innehabend, an Stelle eines anderen handelnd:* der stellvertretende Minister für Finanzen; er leitete stellvertretend die Sitzung. * **stellvertretend für jmdn.** *(im Auftrage, an Stelle von jmdn.):* er überbrachte s. für das ganze Personal seine Glückwünsche.

Stellvertreter, der; -s, -: *jmd., der beauftragt ist, jmd. anderen zu vertreten:* während der Krankheit des Chefs führt sein S. die Geschäfte.

stemmen, stemmte, hat gestemmt: 1. ⟨tr.⟩ *durch starkes Dagegendrücken (etwas) zu bewegen, aufzuhalten o. ä. versuchen:* ein Gewicht in die Höhe s.; er stemmte den Rücken gegen die Tür. 2. ⟨rfl.⟩ *seinen Körper mit aller Kraft gegen etwas drücken, um etwas zu bewegen, aufzuhalten o. ä.:* er stemmte sich gegen die Tür und drückte sie ein. 3. ⟨rfl.⟩ *sich wehren, auflehnen:* sie stemmte sich gegen die Gefahr, die Einsamkeit.

Stempel, der; -s, -: a) *Gerät mit Buchstaben oder Zeichen aus Gummi, das auf etwas aufgedrückt werden kann* (siehe Bild): er hat einen S. mit seiner

Stempel a)

Adresse. * **jmdm./etwas seinen S. aufdrücken** *(jmdm./etwas so beeinflussen, daß seine Mitwirkung deutlich erkennbar ist).* b) *Zeichen, Buchstaben usw., die manuell auf etwas gedruckt werden können:* den Brief mit S. und Unterschrift versehen. * **etwas trägt den S. von jmdm.** *(etwas läßt durch sein Aussehen, seine Merkmale erkennen, von wem es ausgeführt oder geplant wurde).*

stempeln, stempelte, hat gestempelt ⟨tr.⟩: *mit einem Stempel versehen; durch einen Stempel kennzeichnen, für gültig erklären:* das Formular, den Ausweis s.; der Brief ist nicht gestempelt. * (ugs.) **s. gehen** *(als Arbeitsloser finanziell unterstützt werden);* **jmdn. zu etwas s.** *(jmdn. auf Grund eines einzelnen Vorfalles als etwas bezeichnen und von diesem Urteil nicht mehr abgehen):* er wurde zum Säufer gestempelt, weil er sich auf der Hochzeit betrunken hatte.

Stengel, der; -s, -: *langer, dünner Teil der Pflanze zwischen Wurzeln und Blüte* (siehe Bild).

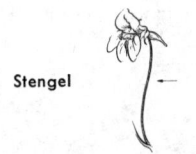

Stengel

Stenographie, die; -, -n: *Schrift, die durch besondere Zeichen sehr schnelles Schreiben ermöglicht.*

stenographieren, stenographierte, hat stenographiert ⟨itr./tr.⟩: *in Stenographie schreiben:* sie kann gut s.; er hat den Brief stenographiert und muß ihn noch mit der Maschine schreiben.

Stenotypistin, die; -, -nen: *Angestellte, die stenographieren und Schreibmaschine schreiben kann.*

sterben, starb, ist gestorben ⟨itr.⟩: *aufhören zu leben:* er ist plötzlich gestorben; er ist an Krebs gestorben; er ist einen qualvollen Tod gestorben.

sterbenskrank ⟨Adj.⟩: *sich so krank, elend fühlend, daß man glaubt, sterben zu müssen:* ich habe mir den Magen verdorben und fühle mich s.

sterblich ⟨Adj.⟩: *vergänglich; nicht ewig leben könnend:* der Mensch ist ein sterbliches Wesen. * (geh.) **die sterbliche Hülle** *(Leiche).*

steril ⟨Adj.; nicht adverbial⟩: 1. *infolge eines körperlichen Fehlers nicht fähig, Kinder zu zeugen oder zu gebären:* sie ist seit ihrer Operation s. 2. *geistig unfruchtbar; nicht schöpferisch; keine Ergebnisse zeigend:* eine sterile Diskussion. 3. *frei von Krankheitserregern:* ein steriler Verband; sterile Milch.

Stern, der; -s, -e: 1. *in der Nacht leuchtender Körper am Himmel:* die Sterne funkeln, leuchten; bildl.: ein aufgehender S. *(Schauspieler, Sänger o. ä., der gerade anfängt, berühmt zu werden);* sein S. ist im Sinken *(seine Berühmtheit schwindet).* * **nach den Sternen greifen** *(das Höchste erstreben);* **etwas steht unter [k]einem guten S.** *(etwas hat gute/schlechte Voraussetzungen).* 2. /eine Form mit mehre-

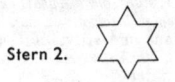

Stern 2.

ren Zacken/ (siehe Bild): die Kinder schnitten Sterne aus buntem Papier.

Sternwarte, die; -, -n: *wissenschaftliches Institut, in dem Sterne beobachtet werden.*

stet ⟨Adj.⟩: a) *fest; nicht schwankend; gleichbleibend:* steter Aufenthalt, Fleiß. b) *stetig:* steter Tropfen höhlt den Stein (Sprichwort: *mit großer Beharrlichkeit kann man auch einen starken Widerstand überwinden).*

stetig ⟨Adj.⟩: *ständig; immer wiederkehrend, dauernd:* das Unternehmen steht in stetigem Wettkampf mit der Konkurrenz; eine stetige Entwicklung.

Stetigkeit, die; -, -en.

stets ⟨Adverb⟩: *immer; jedesmal:* er ist s. guter Laune; er hat mir s. geholfen, wenn ich ihn gebraucht habe.

Steuer I. das; -s, -: *Vorrichtung an Fahrzeugen, mit der man die Richtung der Fahrt regelt:* das S. eines Schiffes; am S. sitzen *(Auto fahren);* bildl.: er ist ans S. *(an die Führung)* des Unternehmens getreten. **II.** die; -, -n: *gesetzlich festgelegter Teil der Einnahmen, den man an den Staat zahlen muß:* Steuern zahlen); Alkohol wurde mit einer neuen S. belegt.

Steuermann, der; -[e]s, Steuermänner und Steuerleute: *Seemann, dessen Aufgabe es ist, das Schiff zu steuern.*

steuern, steuerte, hat gesteuert: 1. ⟨tr.⟩ *(einem Fahrzeug) mit einem Steuer eine bestimmte Richtung geben; lenken:* das Schiff, Auto s.; bildl.: einen Staat, ein Unternehmen s. 2. ⟨itr.; mit Dativ⟩ *eindämmen:* dem Hunger, der Not s.

Stewardeß ['stju:ərdɛs], die; -, Stewardessen: *Mädchen, das auf Flugzeugen, Schiffen o. ä. die Gäste betreut.*

Stich, der; -[e]s, -e: 1. *das Stechen eines spitzen Gegenstandes in etwas:* der S. der Biene; ein S. mit einem Dolch in den Rücken. 2. *plötzlicher stechender Schmerz:* er spürte einen S. im Arm; als sie vom Unfall hörte, gab es ihr einen S. *(erschrak sie heftig).* 3. *Art, wie man beim Nähen, Sticken die Nadel in den Stoff einsticht:* das Kleid mit sichtbaren Stichen heften. ** **jmdn. im S. lassen** *(jmdm. nicht helfen, jmdn. allein lassen, obwohl man ihm helfen müßte);* **etwas im S.**

lassen *(eine Sache, Unternehmung, mit der man eng verbunden war, aufgeben, zurücklassen):* als das Haus brannte, mußten sie alles im S. lassen.

sticheln, stichelte, hat gestichelt ⟨itr.⟩: *(jmdn.) durch wiederholte verletzende Bemerkungen aufreizen:* er stichelt dauernd gegen seine Kameraden.

stichhaltig ⟨Adj.⟩: *so gut begründet, daß es allen gegnerischen Argumenten standhält:* seine Beweise sind nicht s.; das ist kein stichhaltiger Grund.

Stichprobe, die; -, -n: *Überprüfung eines Teiles, um daraus auf das Ganze zu schließen:* an der Grenze wurde rasch abgefertigt und nur bei einzelnen Reisenden Stichproben gemacht.

Stichwaffe, die; -, -n: *Waffe mit Griff und Klinge zum Stechen, Stoßen:* der Dolch ist eine S.

Stichwort, das; -[e]s, Stichwörter und Stichworte: 1. ⟨Plural: Stichwörter⟩: *Wort, das in einem Lexikon oder Wörterbuch behandelt wird und in alphabetischer Reihenfolge zu finden ist:* das Wörterbuch hat 10000 Stichwörter. 2. ⟨Plural: Stichworte⟩: *Wort, Bemerkung, auf das hin etwas geschieht oder geschehen soll:* bei diesem S. tritt der Schauspieler auf die Bühne; die Rede des Ministers gab das S. zu den Reformen. 3. ⟨nur im Plural: Stichworte⟩: *Wörter, die für einen größeren Zusammenhang stehen; Notiz:* er notierte sich einige Stichworte für seine Rede.

sticken, stickte, hat gestickt ⟨tr./itr.⟩: *durch bestimmte Stiche mit einer Nadel und [farbigem] Garn auf Gewebon Muster o. ä. herstellen:* sie stickte ihren Namen in das Tuch; am Abend stickt sie gern; ⟨häufig im 2. Partizip:⟩ eine gestickte Weste.

Stickerei, die; -, -en: *durch Sticken hergestellte Muster, Figuren o. ä.:* auf dem Tischtuch sind bunte Stickereien.

stickig ⟨Adj.; nicht adverbial⟩ *dumpf; nicht frisch; so daß es beim Atmen unangenehm ist /von der Luft/:* stickige Luft; ein stickiger Raum.

Stiefel, der; -s, -: *Schuh, der bis über die Knöchel reicht* (siehe Bild): er watete in hohen Stiefeln durchs Wasser.

Stiefel

Stiefkind, das; -[e]s, -er: 1. *Kind in einer Ehe, von dem nur ein Teil der Eltern dessen leiblicher Vater bzw. dessen leibliche Mutter ist:* er hat eine Witwe geheiratet und behandelt seine Stiefkinder gleich gut wie die eigenen. 2. *etwas, was im Verhältnis zu anderem zu wenig beachtet, gefördert wird:* die Hochschulen waren oft ein S. der Regierung.

Stiefmutter, die; -, Stiefmütter: *Frau des Vaters, die nicht die leibliche Mutter des Kindes ist.*

Stiefmütterchen, das; -s, -: /eine Blume/ (siehe Bild).

Stiefmütterchen

Stiege, die; -, -n: 1. *einfache, schmale Treppe [aus Holz]:* über eine steile S. gelangte er in den Keller. 2. (südd., östr.) *Treppe.*

Stiel, der; -[e]s, -e: a) *ziemlich langer, fester Griff an einem [Haushalts]gerät* (siehe Bild):

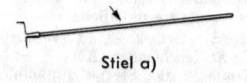

Stiel a)

der S. des Besens ist abgebrochen. b) *Stengel einer Blume:* eine Rose mit einem langen S.

Stier, der; -[e]s, -e: *zur Fortpflanzung fähiges männliches Rind; Bulle.* * den S. bei den Hörnern packen *(etwas mutig am gefährlichsten Punkt angreifen).*

stieren, stierte, hat gestiert ⟨itr.⟩: **I.** *starr, ohne Ausdruck in den Augen blicken:* er saß im Wirtshaus und stierte auf sein Glas. **II.** *nach dem Stier verlangen /von der Kuh/.*

Stift, der; -[e]s, -e: **I.** 1. *kleiner, dünner Stab:* ein S. aus Metall; etwas mit einem S. befestigen. 2. *Bleistift:* mit einem roten S. schreiben. 3. (ugs.) *Lehrling.* **II.** *religiöse Körperschaft mit eigenem Vermögen:* S. St. Florian.

stiften, stiftete, hat gestiftet ⟨tr.⟩: 1. a) *zur Errichtung oder Förderung von etwas größeren Mittel bereitstellen:* er stiftete einen Preis für den Sieger; ein Krankenhaus s. b) (ugs.) *spendieren:* der Vater stiftete seinem Sohn eine Reise ins Ausland. 2. ⟨als Funktionsverb⟩ /drückt aus, daß etwas bewirkt wird, was in der Zukunft andauert/: Frieden/Ordnung s. *(bewirken, daß Frieden/Ordnung entsteht);* Unheil/Verwirrung s. *(durch sein Verhalten Unheil/Verwirrung verursachen).*

Stil, der; -[e]s, -e: a) *Art der Formen, in der ein [Kunst]werk gestaltet wird:* der S. eines Gebäudes, Romans; er schreibt einen guten S. b) *Art, in der die [Kunst]werke einer Epoche oder eines Künstlers in ihrer Gesamtheit gestaltet sind, und die durch bestimmte Merkmale kennzeichnend ist:* die Kirche ist in barockem S. erbaut.

still ⟨Adj.⟩: 1. *ohne ein Geräusch [zu verursachen]; ohne einen Laut [von sich zu geben]:* im Wald war es ganz s.; er saß s. an seinem Platz. ** im stillen: a) *bei sich selbst:* im stillen wunderte er sich. b) *von der Öffentlichkeit nicht bemerkt:* die Regierung hat diesen Gesetzentwurf im stillen vorbereitet. 2. *ruhig, zurückhaltend in seinem Wesen; nicht viel redend:* er ist ein stiller und bescheidener Kamerad.

Stille, die; -: *Zustand, bei dem kaum ein Laut zu hören ist; Ruhe:* die S. der Nacht. * in aller S. *(von der Öffentlichkeit nicht bemerkt):* das Paar heiratete in aller S.

stillegen, legte still, hat stillgelegt ⟨tr.⟩: *(den Betrieb von etwas) einstellen:* ein Bergwerk, eine Fabrik s.

stillen, stillte, hat gestillt ⟨tr.⟩: 1. *(ein Kind) an der Brust trinken lassen:* die Mutter stillt ihr Kind. 2. *(etwas) befriedigen:* das Verlangen s.; den Hunger s. *(essen, um satt zu werden);* die Schmerzen s. *(eindämmen, lindern);* die Sehnsucht s. *(etwas Ersehntes erreichen);* das Blut s.

Stola

([durch einen Verband] verhindern; daß es weiter fließt).

stillhalten, hält still, hielt still, hat stillgehalten ⟨itr.⟩: **1.** *sich nicht bewegen:* beim Photographieren mußt du s. **2.** *auf eine weitere Steigerung von etwas verzichten:* die Gewerkschaften werden s. und dieses Jahr keine höheren Löhne fordern.

stillos ⟨Adj.⟩: *geschmacklos; ohne Gefühl für passenden Stil:* ein stilloses Gebäude.

stillschweigend ⟨Adj.⟩: *ohne darüber zu reden:* eine stillschweigende Übereinkunft; das Projekt wurde s. eingestellt.

Stillstand, der; -[e]s: *Zustand ohne Bewegung oder Fortschritt:* in der Entwicklung der Firma ist ein S. eingetreten. * **zum S. kommen** *(stehenbleiben);* **zum S. bringen** *(bewirken, daß sich etwas nicht weiterbewegt).*

stimmberechtigt ⟨Adj.⟩: *berechtigt, bei einer Wahl oder Abstimmung seine Stimme abzugeben:* Jugendliche unter 19 Jahren sind nicht s.

Stimme, die; -, -n: **1.** *Fähigkeit, Töne hervorzubringen:* er spricht mit lauter S.; sie hat eine schöne S. *(sie singt schön);* er hat die S. verloren *(kann nicht mehr sprechen);* bildl.: sie folgte der S. ihres Herzens *(tat, was ihrer Neigung, Liebe entsprach).* **2.** *in einer bestimmten Tonlage gespielte oder gesungene Melodie, die mit anderen Tonlagen ein Musikstück ergibt:* er singt die zweite S. des Liedes; die Stimmen aus der Partitur abschreiben. **3.** *Ausdruck dessen, wofür man sich bei einer Abstimmung, Wahl o. ä. entscheidet:* seine S. bei der Wahl abgeben; der konservative Kandidat erhielt die meisten Stimmen.

stimmen, stimmte, hat gestimmt: **1.** ⟨itr.⟩ *richtig sein:* die Rechnung stimmt nicht; stimmt es, daß du übersiedeln willst? **2.** ⟨tr.⟩ *so einstellen, daß es richtig klingt* /von Musikinstrumenten/: das Orchester stimmt die Instrumente vor der Vorstellung. **3.** ⟨tr.⟩ *in eine bestimmte Stimmung versetzen:* das stimmt mich traurig; jmdn. fröhlich s.

Stimmenthaltung, die; -, -en: *Verzicht auf das Recht zu wählen* · bei der Wahl übten 10% der Bürger S.

Stimmgabel, die; -, -n: *Gegenstand aus Stahl in Form einer Gabel, mit der ein bestimmter Ton erzeugt werden kann* (siehe Bild).

Stimmgabel

Stimmung, die; -, -en: *Zustand, Verfassung des Gemüts; Art, wie das Gemüt, die Seele auf Eindrücke reagiert:* es herrschte eine fröhliche S.; die S. war gedrückt; er war in schlechter S. *(Laune).*

stinken, stank, hat gestunken ⟨itr.⟩: *üblen Geruch von sich geben:* die Abwässer der Fabrik s.; er stinkt nach Bier.

stinkig ⟨Adj.⟩: *stinkend:* alter, stinkiger Käse.

Stipendium, das; -s, Stipendien: *finanzielle Unterstützung für Studenten, Künstler o. ä.*

Stirn, die; -, -en: *Teil des Gesichtes zwischen den Augen und den Haaren* (siehe Bild): er wischte sich den Schweiß von

Stirn

der S. * etwas kann man jmdm. an der S. ansehen *(etwas kann man jmdm. leicht anmerken);* jmdm. die S. bieten *(sich jmdm. widersetzen).*

stöbern, stöberte, hat gestöbert ⟨itr.⟩: *in einem Raum oder einer größeren Menge von Dingen lange suchen; kramen:* als er in der Bibliothek stöberte, fand er eine alte Handschrift.

stochern, stocherte, hat gestochert ⟨itr.⟩: *mit einem spitzen Gegenstand wiederholt bohren, einstechen:* in den Zähnen s.; in der Glut, in der Erde s.

Stock, der; -[e]s, Stöcke: **1.** *langer, dünner und meist nicht*

1.   2.
Stock

biegsamer Gegenstand (siehe Bild): der alte Mann stützte sich auf seinen S. **2.** ⟨ohne Plural⟩ *Stockwerk:* er wohnt im dritten S. (siehe Bild).

stockdunkel ⟨Adj.⟩ (ugs.): *so finster, daß man überhaupt nichts mehr sieht:* paß auf, daß du nicht stolperst, hier ist es s.

stocken, stockte, hat gestockt ⟨itr.⟩: **1.** *[für kurze Zeit] aufhören, sich zu bewegen; in der fortlaufenden Bewegung, Entwicklung gehemmt werden:* an der engen Stelle stockte der Verkehr; der Atem, Puls stockt; er stockte *(hörte auf zu sprechen)* mitten im Satz; Handel und Verkehr stocken. **2.** *gerinnen:* das Blut, die Milch stockt.

stockfinster ⟨Adj.⟩ (ugs.): *stockdunkel.*

Stockwerk, das; -[e]s, -e: *Geschoß über dem Parterre:* das Haus hat drei Stockwerke.

Stoff, der; -[e]s, -e: **1.** *Substanz, Material:* weiche, harte Stoffe; ein künstlicher, natürlicher S. **2.** *aus Garn gewebtes Material, aus dem Kleider, Gardinen o. ä. hergestellt werden:* er trug einen Mantel aus grobem S. **3.** *Ereignis, Problem, Thema, das künstlerisch oder wissenschaftlich gestaltet, behandelt wird:* er sammelt S. für einen neuen Roman; als S. seines Buches verwendete er eine Episode aus dem Leben Napoleons.

stofflich ⟨Adj.⟩: *den Stoff, die Substanz betreffend; nicht geistig:* die stoffliche Zusammensetzung des menschlichen Körpers.

Stoffwechsel, der; -s: *alle Vorgänge, die mit dem Aufbau und Abbau von Stoffen im Körper zusammenhängen:* seine Krankheit beruht auf einer Störung des Stoffwechsels.

stöhnen, stöhnte, hat gestöhnt ⟨itr.⟩: *[vor Schmerz, Anstrengung] mit einem tiefen, langen Laut ausatmen:* der Kranke stöhnte laut; in der Nacht hörte er ihn s.; bildl.: das Volk stöhnt unter der Herrschaft des Diktators *(hatte unter der Herrschaft des Diktators zu leiden);* er stöhnt *(er beklagt sich)* über die schwere Arbeit.

Stola, die; -, Stolen: *um die Schultern getragener langer [schmaler] Schal als Kleidungsstück für [katholische] Geistliche* *bei Gottesdiensten oder für Frauen.*

Stollen, der; -s, -: **I.** *unterirdischer Gang [in einem Bergwerk]:* im Bergwerk wird ein neuer S. angelegt; einen S. in den Berg treiben. **II.** /ein Kuchen in länglicher Form/ (siehe Bild).

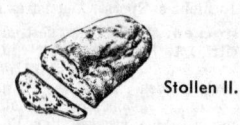

Stollen II.

stolpern, stolperte, ist gestolpert ⟨itr.⟩: *beim Gehen an etwas so mit den Füßen anstoßen, daß man zu fallen droht; fast fallen:* paß auf, daß du nicht stolperst!; er ist über einen Stein gestolpert.

stolz ⟨Adj.⟩: **1. a)** *mit Selbstbewußtsein und Freude über einen Besitz, eine eigene Leistung oder über die Leistung eines geliebten oder verehrten Menschen erfüllt:* die stolze Mutter; er ist s. auf seinen Freund, der ein bekannter Sportler ist. **b)** *eingebildet, überheblich:* weil er so viel gelobt wurde, ist er s. geworden. **2.** ⟨nur attributiv⟩ *so geartet, daß man sich mit Recht freuen darf:* eine stolze Leistung; ein stolzes (prächtiges) Gebäude.

Stolz, der; -es: **1.** *übertriebenes Selbstbewußtsein; Überheblichkeit:* ihr S. hat sie unbeliebt gemacht. **2.** *berechtigte, selbstbewußte Freude (über jmdn./etwas):* voller S. berichtete er über seine Erfolge. * **jmds. [ganzer] sein** *(jmd. oder etwas sein, auf das man mit Recht stolz ist):* seine Frau und seine Kinder sind sein ganzer S.; das Mädchen ist der S. der Familie; das Fahrrad, das der Junge sich selbst erspart hat, ist sein ganzer S.

stolzieren, stolzierte, ist stolziert ⟨itr.⟩: *stolz und sich sehr wichtig nehmend gehen:* er stolzierte mit seiner Braut über die Promenade.

stopfen, stopfte, hat gestopft: **1.** ⟨tr.; mit näherer Bestimmung⟩ *etwas so in etwas pressen, daß es ganz ausgefüllt ist:* die Kleider in den Koffer s.; Watte ins Ohr s. **2.** ⟨tr.⟩ *mit Nadel und Faden und mit bestimmten Stichen ausbessern:* Strümpfe s. **3.** ⟨itr.⟩ (ugs.) *mit vollen Backen [gierig] essen:* als es Kuchen gab, hat der Kleine zu s. ange-

fangen. **4.** ⟨itr.⟩ *für die Verdauung hemmend sein:* Schokolade stopft.

Stoppel, die; -, -n: **a)** *nach dem Mähen stehengebliebenes Ende eines Halmes:* die Stoppeln auf dem Feld. **b)** *kurzes, stechendes Haar des Bartes oder auf dem Kopf:* sein Gesicht ist rauh von den Stoppeln.

stoppen, stoppte, hat gestoppt (ugs.): **a)** ⟨tr.⟩ *eine Bewegung oder einen Vorgang zum Stillstand bringen:* er stoppte seinen Lauf; die Produktion s. **b)** ⟨itr.⟩ *[plötzlich] anhalten* /von Fahrzeugen/: der Wagen stoppte, als das Kind auf die Straße rannte.

Stöpsel, der; -s, -: *kleiner Gegenstand der dazu dient, die Öffnung eines Gefäßes zu verschließen:* den S. aus der Flasche ziehen.

Storch, der; -[e]s, Störche: /ein Vogel mit langen Beinen und einem langen Schnabel/ (siehe Bild): der S. hat sein Nest auf dem Dach.

Storch

stören, störte, hat gestört ⟨tr.⟩: *(jmdn. bei etwas belästigen, (von etwas) ablenken; einen Vorgang, ein Vorhaben behindern, beeinträchtigen:* störe ihn nicht bei der Arbeit!; die Versammlung wurde von den Gegnern gestört.

Störenfried, der; -s, -e ⟨abwertend⟩: *jmd., der dauernd stört und dadurch den Fortgang, den ruhigen Verlauf von etwas behindert.*

störrisch ⟨Adj.⟩: *sich nur widerstrebend anderen, den Anweisungen anderer fügend; schwer lenkbar:* ein störrisches Kind; ein störrischer Esel.

Störung, die; -, -en: **a)** *störende Unterbrechung:* wegen der S. konnte die Versammlung nicht weitergeführt werden. **b)** *unangenehme Beeinträchtigung des normalen Ablaufs:* eine S. der Verdauung; er leidet an nervösen Störungen; Störungen des Geistes, des Gleichgewichts; atmosphärische Störungen; we-

gen der Störungen im Radio konnte die Sendung nicht gehört werden.

Stoß, der; -es, Stöße: **1. a)** *das Stoßen, heftiger Ruck:* er gab, versetzte ihm einen S., daß er umfiel. **b)** *ruckartige Bewegung; Erschütterung:* die Stöße eines Erdbebens. **2.** *Stapel:* ein S. Zeitungen.

stoßen, stößt, stieß, hat/ist gestoßen: **1.** ⟨tr.⟩ **a)** *mit einer in gerader Richtung geführten heftigen Bewegung treffen, von sich wegschieben:* er hat ihn so heftig vor die Brust gestoßen, daß er hinfiel. * (ugs.) **jmdn. vor den Kopf s.** *(durch eine gedankenlose oder schroffe Äußerung o. ä. jmdn. enttäuschen, schockieren und verletzen):* sie hatte gesagt, daß sie seine Blumen nicht haben wolle, womit sie ihn sehr vor den Kopf gestoßen hat. **b)** ⟨mit näherer Bestimmung⟩ *(mit einem spitzen Gegenstand) in etwas eindringen:* er hat ihm das Messer in den Rücken gestoßen; eine Stange in den Boden stoßen. **2.** ⟨itr.; mit näherer Bestimmung⟩ *bei einer Bewegung (etwas) unabsichtlich und heftig berühren; (gegen etwas) prallen:* er ist mit dem Fuß an einen Stein gestoßen. * **auf etwas s.** *(etwas zufällig finden, entdecken).* **3.** ⟨rfl.⟩ *sich durch einen Stoß weh tun:* er hat sich an dem Knie gestoßen. * **sich an etwas s.** *(etwas als unangemessen empfinden, mißbilligen):* die Lehrerin stieß sich daran, daß die Schülerin einen Minirock trug.

stottern, stotterte, hat gestottert ⟨itr.⟩: *stockend und unter häufiger Wiederholung einzelner Wörter oder Silben sprechen:* er stottert [seit seiner Kindheit]; vor Aufregung stotterte er.

stracks ⟨Adverb⟩ (ugs.): *direkt, ohne Umweg:* er kam s. auf mich zu.

Strafanstalt, die; -, -en: *Gefängnis.*

Strafarbeit, die; -, -en: *zusätzliche Aufgabe als Strafe für Schüler:* weil er zu spät kam, mußte er eine S. machen.

strafbar ⟨Adj.⟩: *den Vorschriften oder Gesetzen widersprechend und unter Strafe gestellt:* eine strafbare Tat; das Überqueren der Straße bei Rot ist s. * **sich s. machen** *(gegen die Gesetze, Vorschriften verstoßen):* wer an einer Einfahrt parkt, macht sich s.

Strafe, die; -, -n: *Vergeltung, Sühne für ein Unrecht oder eine strafbare Handlung:* eine schwere S.; zur S. durfte er nicht ins Kino gehen.

strafen, strafte, hat gestraft ⟨tr./itr.⟩: *eine Strafe auferlegen:* der Lehrer straft [ein Kind] nur, wenn es unbedingt notwendig ist. * **jmdn./etwas Lügen s.** *(Beweis dafür sein, daß jmd. gelogen hat oder etwas unwahr ist).*

Straferlaß, der; Straferlasses, Straferlasse: *Befreiung von einer Strafe:* der Häftling bat um S.

straff ⟨Adj.⟩: 1. *stark gespannt; nicht schlaff:* ein straffes Seil. 2. *auf eine bestimmte Ordnung, Vorschrift achtend, Wert legend:* eine straffe Leitung, Organisation.

straffen, straffte, hat gestrafft: 1. ⟨tr.⟩ *straff machen, spannen:* das Seil s. 2. ⟨rfl.⟩ *straff werden, glatt werden:* die Haut seines Gesichts straffte sich. 3. ⟨rfl.⟩ *sich recken:* nach dem Essen straffte er sich.

sträflich ⟨Adj.⟩: *so, daß es eigentlich bestraft werden sollte:* sträflicher Leichtsinn.

Sträfling, der; -s, -e: *jmd., der in einem Gefängnis eine Strafe abbüßt.*

Straftat, die; -, -en: *Tat, die gegen das Gesetz verstößt und bestraft wird:* die Polizei konnte nur einen Teil der Straftaten aufklären.

strafwürdig ⟨Adj.⟩: *strafbar:* das Gericht hat die Beleidigung als s. angesehen.

Strahl, der; -[e]s, -en: 1. *aus enger Öffnung hervorschießende Flüssigkeit:* ein S. kam aus dem Rohr. 2. *von einer Lichtquelle ausgehendes Licht, das dem Auge als schmaler Streifen erscheint:* durch die Fuge drang ein S. ins Zimmer; die Strahlen der Sonne; bildl.: ein S. *(ein wenig)* Hoffnung. 3. ⟨Plural⟩ *sich in gerader Linie fortbewegende kleinste Teilchen, elektromagnetische Wellen o. ä.:* Radium sendet schädliche Strahlen aus; sich vor Strahlen schützen.

strahlen, strahlte, hat gestrahlt ⟨itr.⟩: 1. *sehr helles [durchdringendes] Licht aussenden, hell leuchten:* die Lichter strahlen; ⟨häufig im 1. Partizip⟩ der strahlende Sonne, ein strahlender *(sonniger)* Tag. 2. *froh, glücklich aussehen:* der Kleine strahlte, als er gelobt wurde.

Strähne, die; -, -n: *Bündel von glatt nebeneinanderliegenden Haaren o. ä.:* eine S. seiner blonden Haare hing ihm ins Gesicht.

strähnig ⟨Adj.⟩: *in Form von Strähnen [herabhängend]:* ihre Haare lagen s. über die Schultern.

stramm ⟨Adj.⟩: 1. *straff gespannt, eng:* die Hose ist zu s. 2. a) *kräftig, gesund:* ein strammer Bursche. b) *aufrecht, gerade:* eine stramme Haltung; s. gehen, grüßen. 3. (ugs.) ⟨verstärkend bei Verben und Substantiven⟩ *sehr; sehr viel; sehr groß:* er muß heute noch s. arbeiten, um fertig zu werden; er hatte schon einen strammen Hunger.

strampeln, strampelte, hat gestrampelt ⟨itr.⟩: 1. *die Beine lebhaft bewegen* /von Kindern/: der Kleine strampelte vor Vergnügen mit den Beinen. 2. (ugs.) *radfahren:* heute sind wir 80 km gestrampelt.

Strand, der; -es, Strände: *flaches und sanft ansteigendes Ufer [aus Sand]:* sie lagen am S. und sonnten sich.

stranden, strandete, ist gestrandet ⟨itr.⟩: 1. *an einer flachen Stelle oder einem Ufer auflaufen und festsitzen:* das Schiff ist gestrandet. 2. *scheitern, ohne Erfolg bleiben:* er ist mit seiner Politik gestrandet.

Strang, der; -[e]s, Stränge: *starkes Seil [mit dem etwas gezogen oder bewegt wird]:* die Glocke wurde durch Ziehen an einem S. geläutet; er wurde zum Tode durch den S. *(durch Erhängen)* verurteilt. * **über die Stränge schlagen** *(zu ausgelassen, übermütig sein).*

Strapaze, die; -, -n: *große Anstrengung, Mühe:* die Teilnehmer der Expedition mußten große Strapazen aushalten.

strapazieren, strapazierte, hat strapaziert: 1. ⟨tr.⟩ *stark in Anspruch nehmen, nicht schonen:* die Kleider s.; er hat das Auto bei der Fahrt über den Berg stark strapaziert. 2. ⟨rfl.⟩ *seine Kräfte rücksichtslos einsetzen; sich körperlich nicht schonen:* er hat sich so sehr strapaziert, daß sein Herz Schaden gelitten hat.

strapaziös ⟨Adj.; nicht adverbial⟩: *anstrengend, beschwerlich, die Kräfte stark in Anspruch nehmend:* eine strapaziöse Reise.

Straße, die; -, -n: 1. a) *verhältnismäßig breiter, zum Befahren gut geeigneter Weg [als Verbindung zwischen zwei Orten]:* auf der S. zwischen Stuttgart und München kam es zu mehreren Unfällen. b) *zum Befahren geeigneter Zwischenraum zwischen zwei Reihen von Häusern innerhalb einer Ortschaft:* die Straßen der Stadt waren am Abend still und leer. * **jmdn. auf die S. werfen/setzen** *(jmdn. entlassen, weil man mit ihm unzufrieden ist oder weil er nicht mehr gebraucht wird);* **auf die S. gehen** *(durch Demonstrationen o. ä. seine Ansichten oder Forderungen durchsetzen wollen):* als die Partei sich im Parlament nicht durchsetzen konnte, ging sie auf die S. 2. *enge Stelle im Meer als Weg für die Schiffahrt:* die S. von Gibraltar.

Straßenbahn, die; -, -en: *Verkehrsmittel auf Schienen für den Verkehr innerhalb einer Stadt* (siehe Bild): er fährt täglich mit der S. zur Schule.

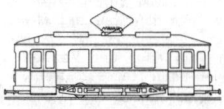

Straßenbahn

sträuben, sich; sträubte sich, hat sich gesträubt: 1. *sich aufrichten, aufstellen* /von Haaren/: das Fell sträubt sich; die Haare sträubten sich. 2. *etwas nicht annehmen wollen, sich einer Sache widersetzen:* er sträubte sich dagegen, in einem so schlechten Zimmer zu wohnen.

Strauch, der; -[e]s, Sträucher: *Pflanze mit mehreren an der Wurzel beginnenden holzigen Stengeln und vielen Zweigen, Busch* (siehe Bild).

Strauch

straucheln, strauchelte, ist gestrauchelt ⟨itr.⟩ (geh.): *stolpern und taumeln, so daß man zu fallen droht; fast fallen:* er strau-

Strauß

chelte auf der schmalen Brücke und stürzte ins Wasser; bildl.: sie ist gestrauchelt *(auf Abwege geraten).*

Strauß: I. der; -es, -e: /ein großer Vogel/ (siehe Bild). **II.** der; -es, Sträuße: *Bund von Blumen* (siehe Bild): sie pflückte einen schönen S. für ihre Mutter. ** **einen S. mit jmdm. ausfechten** *(einen harten Kampf, eine harte Diskussion mit jmdm. führen).*

I. II.
Strauß

streben, strebte, hat/ist gestrebt ⟨itr.⟩: **1.** *sich unter Anstrengung aller Kräfte um etwas bemühen:* er hat immer nach Ruhm, Geld gestrebt. **2.** *sich auf möglichst kurzem Weg und ohne sich ablenken zu lassen an einen bestimmten Ort begeben:* wir sind nach der Vorstellung gleich nach Hause gestrebt.

Streber, der; -s, - (abwertend): *jmd., der sich sehr ehrgeizig bemüht, in der Schule oder im Beruf vorwärtszukommen:* er ist ein rücksichtsloser und ehrgeiziger S.

strebsam ⟨Adj.; nicht adverbial⟩: *fleißig und ausdauernd ein Ziel anstrebend:* er war ein strebsamer junger Mann.

Strecke, die; -, -n: *bestimmte [von zwei Punkten begrenzte] Entfernung:* eine kurze S.; die S. von München bis Stuttgart legte er in zwei Stunden zurück. * **auf der S. bleiben** *(nicht mehr weiterkönnen);* **jmdn. zur S. bringen** *(jmdn. nach einiger Zeit endlich fassen oder kampfunfähig machen):* die Polizei konnte den Verbrecher zur S. bringen; der Boxer hat seinen Gegner zur S. gebracht *(besiegt).*

strecken, streckte, hat gestreckt: **1.** ⟨tr.⟩ *in eine gerade, steife Stellung bringen:* er streckte die Beine; den Arm in die Höhe s.; den Kopf aus dem Fenster s. * **zu Boden s.** *(im Kampf besiegen);* (ugs.) **alle viere von sich s.** *(sich hinlegen, um zu ruhen);* **die Waffen s.** *(resignieren).* **2.** ⟨rfl.⟩ **a)** *Körper und Glieder dehnen:* er streckte sich in der Sonne. **b)** *länger werden:* es wurde Abend, und die Schatten streckten sich.

streckenweise ⟨Adverb⟩: **a)** *über bestimmte Strecken hin:* die Straße war s. ganz leer. **b)** *nur an einzelnen Stellen, nicht überall:* die Straße ist erst s. fertig.

Streich, der; -[e]s, -e: *etwas [Unerlaubtes], was zum Spaß angestellt wird:* die Jungen verübten viele lustige Streiche.

streicheln, streichelte, hat gestreichelt ⟨tr.⟩: *liebkosen, mit sanften Bewegungen über etwas streichen:* er streichelte ihr Gesicht; eine Katze s.

streichen, strich, hat/ist gestrichen: **1.** ⟨tr.⟩ *als dünne Schicht auftragen:* er hat Butter aufs Brot gestrichen; ⟨auch⟩ ein Brot s. *(Butter, Käse o. ä. auf das Brot auftragen).* **2.** ⟨tr.⟩ *mit Farbe versehen, anstreichen:* er hat die Tür, den Zaun gestrichen. **3.** ⟨itr.⟩ **a)** *die Oberfläche von etwas gleitend berühren:* er hat mit dem Bogen über die Saiten gestrichen. **b)** *dicht über einer Fläche sich bewegen:* der Vogel ist über den See gestrichen. **4.** ⟨tr.⟩ *durchstreichen; auslassen:* er hat einen Satz gestrichen; wegen der Länge des Theaterstückes mußten einige Szenen gestrichen werden. ** **die Segel s.** *(resignieren).*

Streichholz, das; -es, Streichhölzer: *kleines Stück Holz mit leicht entzündbarer Masse an einem Ende, das beim Reiben an einer rauhen Fläche zu brennen beginnt* (siehe Bild): er steckte ein S. an.

Streichholz

Streichinstrument, das; -[e]s, -e: *Musikinstrument, bei dem man Töne hervorbringt, indem man mit einem Bogen über die Saiten streicht:* die Violine, das Cello ist ein S.

Streichquartett, das; -s, -e: *Musikstück, das von vier Streichinstrumenten zu spielen ist.*

streifen, streifte, hat/ist gestreift: **1.** ⟨tr.⟩ *im Verlauf einer [schnellen] Bewegung etwas leicht berühren, über die Oberfläche von etwas streichen:* er hat mit seinem Auto den Baum gestreift; bildl.: er streifte ihn mit seinem Blick. **2.** ⟨tr.⟩ *nur oberflächlich und nebenbei behandeln:* die geschichtlichen Aspekte des Problems hat er in seinem Vortrag nur gestreift. **3.** ⟨tr.⟩ *etwas so ausziehen oder anziehen, daß es dabei den betreffenden Körperteil gleitend berührt:* sie hat die Handschuhe von den Fingern, den nassen Badeanzug vom Körper gestreift. **4.** ⟨itr.⟩ (geh.) *[ohne festes Ziel] einige Zeit (durch eine Gegend) wandern, ziehen:* er ist durch den Wald gestreift.

Streifen, der; -s, -: **a)** *langes, schmales Stück von etwas:* ein S. Papier; ein S. Tuch. **b)** *in der Art eines Bandes verlaufende Linie, die sich durch eine andere Farbe von der Umgebung abhebt:* das Kleid hat blaue Streifen; hinter dem Flugzeug sah man einen weißen S. am Himmel.

streifig ⟨in der Verbindung⟩ **s. werden:** *unbeabsichtigt Streifen bekommen:* das Kleid ist beim Waschen s. geworden.

Streik, der; -s, -s: *[organisiertes] Einstellen der Arbeit, um bestimmte Forderungen gegenüber den Arbeitgebern durchzusetzen:* die Gewerkschaft rief zu einem S. auf; wilder *(von der Gewerkschaft nicht beschlossener)* Streik.

streiken, streikte, hat gestreikt ⟨itr.⟩: *einen Streik durchführen:* die Arbeiter streiken so lange, bis ihnen höhere Löhne gezahlt werden; bildl. (ugs.): die Maschine streikt *(funktioniert nicht mehr).*

Streit, der; -[e]s: *Uneinigkeit, bei der die Betreffenden [mit lauten Worten] ihre Argumente vorbringen:* Zank, Auseinandersetzung: von ihm entstand ein S., ob man das Fenster öffnen dürfe.

streitbar ⟨Adj.⟩: *gern, oft streitend:* ein streitbarer Mensch; eine streitbare Gesinnung.

streiten, stritt, hat gestritten ⟨itr./rfl.⟩: *entgegengesetzte Meinungen gegeneinander durchsetzen wollen; in Streit sein (mit jmdm.):* sie stritten lange über diese Frage; er stritt sich mit dem Händler über den Preis.

streitig ⟨in der Wendung⟩ **jmdm. etwas s. machen:** *etwas, was ein anderer hat, für sich beanspruchen:* er wollte ihm seinen Posten s. machen.

Streitigkeiten, die ⟨Plural⟩: *dauerndes Streiten:* es gab endlose S., und man kam zu keiner fruchtbaren Diskussion.

streitsüchtig ⟨Adj.⟩ (abwertend): *bei jeder Gelegenheit Streit suchend:* er war ein streitsüchtiger Junge.

streng ⟨Adj.⟩: **1.** *nicht bereit, irgendwelche Abweichungen von einer Norm oder Vorschrift zu gestatten oder zu dulden:* ein strenger Lehrer; er erließ strenge Befehle. **2.** *hart; ohne Nachsicht:* s. bestrafen; s. über jmdn. urteilen. * **ein strenger Winter** *(ein sehr kalter Winter).* **3.** *herb und scharf im Geschmack:* die Soße ist zu s.; das Fleisch von Wild ist s. **4.** ⟨nicht prädikativ⟩ *genau:* er hält sich s. an die Vorschriften.

Strenge, die; -: *strenge Einstellung gegenüber sich selbst oder gegenüber seinen Mitmenschen:* der Lehrer erzieht die Kinder mit großer S.

strenggenommen ⟨Adverb⟩: *wenn man ganz genau ist:* s. dürfte er gar nicht an dem Fest teilnehmen, weil er nicht Mitglied ist.

streuen, streute, hat gestreut ⟨tr.⟩: *(Pulver, Körner, Sand o. ä.) so werfen, daß es einigermaßen gleichmäßig verteilt ist:* den Samen auf das Beet s.; die Straße wird bei Glatteis gestreut *(mit Sand bestreut).*

streunen, streunte, hat gestreunt ⟨itr.⟩: *sich [herrenlos oder mit bösen Absichten] herumtreiben:* ein streunender Hund; nachts streunte er durch die Stadt.

Strich, der; -[e]s, -e: *mit einem Bleistift o. ä. gezogene Linie:* ein dicker S.; einen S. ziehen. * **bloß/nur noch ein S. sein** *(sehr dünn geworden sein);* **jmdm. einen S. durch die Rechnung machen** *(jmds. Plan vereiteln, seine Ausführung unmöglich machen).* ** **etwas geht jmdm. gegen den S.** *(etwas ist jmdm. nicht recht, und er duldet oder tut es nur höchst ungern);* **jmdn. auf dem S. haben** *(jmdn. nicht leiden können und deshalb versuchen, ihn zu schikanieren).*

Strick, der; -[e]s, -e: *kurzes, starkes Seil; dicke Schnur;* kurze Leine. * **jmdm. einen S. aus etwas drehen** *(machen, daß jmdm. etwas zum Verhängnis wird):* er hatte sich für eine Änderung der Verhältnisse ausgesprochen. Daraus wollte man ihm einen S. drehen.

stricken, strickte, hat gestrickt ⟨tr.⟩: *mit Hilfe von Nadeln aus Wolle (etwas) herstellen:* einen Pullover s.; ⟨auch itr.⟩ sie sitzt am Fenster und strickt.

Strieme, die; -, -n: *Striemen:*

Striemen, der; -s, -: *auffallender längerer Streifen auf der Haut, der durch Schläge mit einer Rute, Peitsche o. ä. entstanden ist:* er hatte blutige S. auf dem Rücken.

strikt ⟨Adj.; nicht prädikativ⟩: *(in bezug auf die Ausführung oder Befolgung von etwas) sehr genau, streng; keine Abweichung zulassend:* sie hatten strikten Befehl, nicht zu schießen; eine Anordnung s. befolgen.

Strippe, die; -, -n (ugs.): *Schnur, Bindfaden:* er hat die S. durchgeschnitten und das Paket ausgewickelt; (scherzh.) deine Freundin ist an der S. *(am Telefon);* sie hängt immer an der S. *(telefoniert viel).*

strittig ⟨Adj.; nicht adverbial⟩: *umstritten, noch nicht geklärt, noch nicht entschieden; verschieden deutbar:* eine strittige Angelegenheit; dieser Punkt der Anweisung ist s.

Stroh, das; -[e]s: *Halme des gedroschenen Getreides:* in einer Scheune auf S. schlafen.

Strohfeuer, das; -s: *große, aber nur flüchtige, schnell vorübergehende Begeisterung für etwas/jmdn.*

Strohhalm, der; -[e]s, -e: **1.** *Halm vom Stroh.* **2.** *Halm zum Trinken* (siehe Bild): Saft mit einem S. trinken.

Strohhalm 2.

Strohmann, der; -[e]s, Strohmänner: *jmd., der von einem anderen vorgeschoben wird, um in dessen Interesse und Auftrag einen Vertrag abzuschließen, ein Geschäft abzuwickeln o. ä.:* ein S. kaufte für ihn die Aktien.

Strohwitwer, der; -s, -: *Ehemann, der vorübergehend ohne seine Frau leben muß, da diese für einige Zeit verreist ist:* er war drei Wochen S.

Strolch, der; -[e]s, -e: **1.** *gemeiner, heruntergekommener Mensch; Lump, Gauner:* dieser S. hat das Mädchen angefallen. **2.** (scherzh.) *Schlingel /in bezug auf Jungen/:* so ein kleiner S.!

Strom, der; -[e]s, Ströme: **I. a)** *breiter Fluß:* ein mächtiger S. * **gegen den S. schwimmen** *(bewußt der allgemein üblichen Meinung o. ä. entgegengesetzt handeln).* **b)** *sich mit Macht langsam vorwärtsbewegende Menge:* ein S. von Menschen. **II.** *Elektrizität.*

Stromquelle, die; -, -n: *Stelle, an der elektrischer Strom entnommen werden kann:* in diesem Zimmer gibt es nur eine S.

Strömung, die; -, -en: **1.** *das Strömen; starke fließende Bewegung:* der Fluß hat eine starke S.; von der S. abgetrieben werden. **2.** *in einer bestimmten Richtung verlaufende Tendenz, Entwicklung, geistige Bewegung:* politische Strömungen.

Strophe, die; -, -n: *Abschnitt eines Liedes oder Gedichtes, der aus mehreren Versen besteht:* dieses Lied hat zehn Strophen.

strotzen, strotzte, hat gestrotzt ⟨itr.⟩: **a)** *prall angefüllt sein (mit etwas), vor innerer Fülle fast platzen:* er strotzt vor/ von Energie. **b)** *besonders viel (von etwas) haben, starren (vor etwas):* der kleine Junge strotzte vor Dreck.

strubb[e]lig ⟨Adj.⟩: *zersaust /vom Haar/:* du siehst sehr s. aus.

Strudel, der; -s, -: **1.** *Stelle in einem Gewässer, wo sich das Wasser schnell und drehend [nach unten] bewegt.* **2.** (bes. südd.) *[mit Obst u. a. gefülltes] Gebäck.*

Struktur, die; -, -en: *innerer Aufbau, Gefüge, Anordnung der zugrunde liegenden Teile eines Ganzen:* die soziale, gesellschaftliche S.

Strumpf, der; -[e]s, Strümpfe: /ein Kleidungsstück für Fuß und Bein/ (siehe Bild).

Strumpf

Strunk, der; -[e]s, Strünke: *kurzer, dicker fleischiger Stamm oder Stengel, der als Rest von einer Pflanze übriggeblieben ist:* den S. vom Kohl wegwerfen.

struppig ⟨Adj.; nicht adverbial⟩: *borstig; ungepflegt, unordentlich [nach allen Seiten abstehend]* /vom Haar, Fell o. ä./: struppige Haare.

Stubben, der; -s, - (bes. nordd.): *Stumpf, stehengebliebener Rest des Stammes eines gefällten Baumes.*

Stube, die; -, -n: *Zimmer, Wohnraum.*

stubenrein ⟨Adj.⟩: a) *(in bezug auf die Ausscheidung der Exkremente) zur Sauberkeit erzogen; sauber* /bes. vom Hund/: das Tier ist noch nicht s. b) (scherzh.) *nicht unanständig und deshalb ohne Bedenken erzählbar:* der Witz ist nicht s.

Stück, das; -[e]s, -e: 1. a) *Teil eines Ganzen:* ein S. Kuchen. b) *Teil einer Gattung oder einer Art; Exemplar:* das ist das wertvollste S. dieser Sammlung; ⟨als Mengenangabe⟩ wir brauchen drei S. von diesen Maschinen; er nahm vier S. Zucker in seinen Kaffee. 2. a) *Theaterstück:* dieses S. ist bisher noch nicht aufgeführt worden. b) *musikalische Komposition:* ein S. von Mozart spielen.

stückeln, stückelte, hat gestückelt ⟨tr.⟩: *aus Stücken zusammensetzen:* dieses Kleid ist gestückelt.

stuckern, stuckerte, hat gestuckert ⟨itr.⟩: *holprig fahren:* das Auto stuckert über den steinigen Weg.

Stückwerk, das: ⟨in den Wendungen⟩ *etwas ist/bleibt S.* (abwertend): *etwas ist unvollständig und unvollkommen und befriedigt daher nicht:* unser Wissen ist S.

Student, der; -en, -en: *jmd., der an einer Hochschule studiert:* die Studenten demonstrierten.

Studentin, die; -, -nen.

Studie, die; -, -n: *kürzere wissenschaftliche oder künstlerische Arbeit, Betrachtung:* eine S. über moderne Musik schreiben; dieses Porträt ist eine S. *(eine Skizze, ein Versuch).*

studieren, studierte, hat studiert: 1. ⟨itr.⟩ a) *eine Hochschule besuchen:* er studiert in Berlin. b) *an einer Hochschule wissenschaftlich (in etwas) ausgebildet werden:* er studiert Medizin. 2. ⟨tr.⟩ *sich eingehend befassen (mit etwas):* die Verhältnisse eines Landes s.; ich habe dieses Buch gründlich studiert *(sehr genau gelesen, durchdacht).*

Studio, das; -s, -s: *kleinerer Raum für künstlerische Arbeiten, Proben, Rundfunksendungen o. ä.*

Studium, das; -s, Studien: 1. ⟨ohne Plural⟩ *Ausbildung in einem Fach, einer Wissenschaft an einer Hochschule:* das S. mit einem Examen abschließen. 2. *eingehende Beschäftigung mit etwas, um es zu erforschen oder geistig zu erfassen:* gründliche Studien der historischen Quellen. * **seine Studien machen** *(still für sich und aufmerksam etwas/jmdn. beobachten und sich ein Urteil bilden).*

Stufe, die; -, -n: *abgesetzter Teil oder Abschnitt einer an- oder absteigenden Fläche* (siehe Bild): diese Treppe hat breite Stufen; bildl.: er hat in seinem Beruf die höchste S. erreicht. * **jmdn./etwas mit jmdn./etwas auf eine**

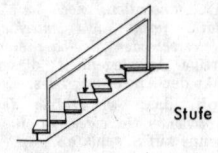

Stufe

S. **stellen** *(zwei Menschen oder zwei Dinge als ebenbürtig, gleichwertig ansehen):* man kann ihn mit seinem Vorgänger nicht auf eine S. stellen.

Stuhl, der; -[e]s, Stühle: 1. /ein Möbel zum Sitzen/ (siehe Bild). * **jmdm. den S. vor die Tür setzen** *(jmdn. aus dem Hause weisen);* **sich zwischen zwei Stühle**

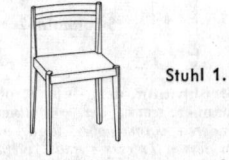

Stuhl 1.

setzen *(sich so verhalten, daß man sich von zwei Möglichkeiten beide entgehen läßt).* 2. ⟨ohne Plural⟩ *Kot, Stuhlgang:* der Arzt fragte sie, ob sie regelmäßig S. habe.

Stuhlgang, der; -s: *Entleerung des Darms.*

stülpen, stülpte, hat gestülpt ⟨tr.⟩: *(etwas Hohles) über etwas decken:* er stülpte den Eimer über den Strauch; ich stülpte mir den Hut auf den Kopf.

stumm ⟨Adj.⟩: *ohne Worte, wortlos; nicht fähig oder gewillt zu sprechen:* er hörte s. zu; die Fische sind s.

Stummel, der; -s, - (ugs.): *übriggebliebenes kurzes Stück kurzer Rest:* der S. einer Zigarre.

Stümper, der; -s, - (abwertend): *jmd., der schlechte Arbeit leistet, weil er nicht viel davon versteht; Pfuscher.*

stumpf ⟨Adj.⟩: a) ⟨nicht adverbial⟩ *nicht spitz, nicht scharf:* das Messer ist s. b) *ohne Glanz, nicht glatt oder glänzend:* stumpfe Seide; stumpfe Farben; die Zähne sind ganz s. *(fühlen sich rauh an /nach dem Genuß bestimmter Getränke oder Speisen, z. B. Rhabarber/).* c) *unempfindlich, teilnahmslos:* er blieb s. gegenüber den Schönheiten der Natur; er blickte s. vor sich hin.

Stumpf, der; -[e]s, Stümpfe: *kurzes Stück, das von etwas übriggeblieben ist:* der S. eines gefällten Baumes; er hat den Arm verloren und hat nur noch einen S. * **mit S. und Stiel ausrotten** *(vollständig, ganz und gar ausrotten).*

Stumpfsinn, der; -s: *krankhaft dumpfer, teilnahmsloser Zustand des Gemüts:* er verfiel in S.

stumpfsinnig ⟨Adj.⟩: 1. *krankhaft dumpf im Gemüt, schwachsinnig:* er starrte mich s. an. 2. (abwertend) *langweilig, eintönig, abstumpfend:* die Arbeit in der Fabrik ist s.

Stunde, die; -, -n: 1. *Zeitraum von 60 Minuten:* er mußte zwei Stunden warten; * **zu jeder S** *(jederzeit).* 2. *Unterricht von etwa einer Stunde:* er gab fünf Stunden Englisch in der Woche.

stunden, stundete, hat gestundet ⟨tr.⟩: *einen Aufschub für die Zahlung einer Schuld gewähren:* er hat ihm die Miete [einen Monat] gestundet.

stundenlang ⟨Adj.⟩: *sich über mehrere Stunden hinziehend, [entgegen dem eigenen Wunsch, mehrere Stunden dauernd], sehr lange:* es gab stundenlange Diskussionen, bis man zu einem Ergebnis kam; durch das Unglück konnten die Züge s. nicht fahren.

Stundenplan, der; -s, Stundenpläne: *Aufstellung über die Reihenfolge der Unterrichtsstunden in der Schule:* wir bekamen einen neuen S.

stündlich ⟨Adj.; nicht prädikativ⟩: a) *zu jeder Stunde einmal [vorkommend]:* im Radio werden s. Nachrichten gesendet. b) ⟨nur adverbial⟩ *in einer der kommenden Stunden; bald:* wir erwarten s. seine Ankunft.

stupsen, stupste, hat gestupst ⟨tr.⟩: *leicht stoßen [um auf etwas aufmerksam zu machen]:* er stupste ihn mit der Hand.

stur ⟨Adj.⟩ (ugs.; abwertend): *unnachgiebig und hartnäckig an etwas festhaltend; etwas aus geistiger Trägheit o. ä. nicht aufgeben, ändern wollend:* er gab seine sture Haltung nicht auf; er führte den Befehl s. aus. **Sturheit,** die; -.

Sturm, der; -[e]s, Stürme: 1. *heftiger, starker Wind:* der S. hat viele Bäume umgeworfen; das Schiff strandete im S. 2. *Angriff:* den Befehl zum S. geben. 3. ⟨ohne Plural⟩ Sport *alle Stürmer einer Mannschaft:* die Mannschaft verlor das Spiel, weil der S. versagt hatte.

stürmen, stürmte, hat/ist gestürmt: 1. ⟨itr.⟩ *heftig wehen /vom Wind/:* es hat gestürmt und geschneit. 2. ⟨tr.⟩ *im Sturm erobern; vorübergehend besetzen:* die Soldaten stürmten die feindlichen Stellungen; die Zuschauer haben das Spielfeld gestürmt. 3. ⟨itr.⟩ *[in einer Menge] sehr schnell und ohne sich durch irgendwelche Hindernisse beirren zu lassen, auf ein Ziel zulaufen:* die Schüler sind auf den Sportplatz gestürmt.

Stürmer, der; -s, -: *Spieler einer Mannschaft beim Fußball o. ä., der bes. angreifen und Tore schießen soll:* er spielt als S.; die S. waren zu langsam.

stürmisch ⟨Adj.⟩: 1. ⟨nicht adverbial⟩ *sehr windig, vom Sturm bewegt:* ein stürmischer Tag; das Meer war sehr s. 2. a) *begeistert, freudig, ohne Zurückhaltung:* er wurde s. begrüßt, umjubelt. b) *sehr schnell vor sich gehend:* die stürmische Entwicklung der modernen Wissenschaft; ein stürmisches (an Ereignissen reiches) Jahr.

Sturz, der; -es, Stürze: 1. *das Fallen, Stürzen mit großer Wucht:* das Kind überlebte den S. aus dem 3. Stock; er hat sich bei einem S. mit dem Fahrrad den Arm gebrochen. 2. *gewaltsame Absetzung:* nach dem S. der Regierung fanden Wahlen statt.

stürzen, stürzte, hat/ist gestürzt: 1. ⟨itr.⟩ *mit Wucht fallen:* die Vase ist zu Boden gestürzt; das Flugzeug stürzte ins Meer. 2. ⟨itr.⟩ *das Gleichgewicht verlieren und dadurch hinfallen:* das Kind ist gestürzt; er stürzte von der Leiter. 3. ⟨itr.; mit näherer Bestimmung⟩ *plötzlich sehr schnell (auf etwas zu oder von etwas weg) laufen:* er war ans Fenster gestürzt, als er den Schuß hörte; sie stürzte aus dem Zimmer. 4. ⟨tr.⟩ *gewaltsam absetzen:* man hatte den König gestürzt; der Präsident wurde gestürzt. 5. ⟨rfl.⟩ *sich mit Absicht irgendwohin fallen lassen:* er stürzte sich ins Wasser; er hat sich aus dem Fenster gestürzt.

Stute, die; -, -n: *weibliches Pferd:* die S. bekam in diesem Sommer ein Fohlen.

Stütze, die; -, -n: *Gegenstand, der etwas stützt, der gegen oder unter etwas gestellt wird, damit es in der vorgesehenen Lage bleibt:* der Baum braucht eine S.; bildl.: er ist die S. der Firma *(er ist ein besonders wichtiger Mitarbeiter).*

stutzen, stutzte, hat gestutzt: I. ⟨itr.⟩ *bei einer Tätigkeit o. ä. plötzlich einhalten, weil man sich über etwas wundert oder weil einem etwas verdächtig erscheint:* als er seinen Namen hörte, stutzte er. II. ⟨tr.⟩ *kürzer schneiden, abschneiden:* den Bart s.; die Hecken müssen gestutzt werden.

stützen, stützte, hat gestützt: 1. ⟨tr.⟩ *das Fallen, das Einstürzen durch eine Stütze verhindern:* ein baufälliges Haus s.; der Kranke mußte gestützt werden. 2. ⟨rfl.⟩ *sein Gewicht auf etwas verlagern, um festen Halt zu gewinnen; etwas als Stütze benutzen:* er stützte sich auf seinen Stock; ⟨auch tr.⟩ er stützte den Kopf in die Hände. * **sich auf etwas s.** *(etwas als Beweis, Argument verwenden):* die Anklage stützte sich auf die Aussage eines Zeugen.

stutzig: ⟨in den Fügungen⟩ **etwas macht jmdn. s.** *(etwas scheint jmdm. plötzlich verdächtig oder nicht in Ordnung):* seine häufigen Entschuldigungen machten mich s.; s. **werden** *(plötzlich über etwas nachzudenken beginnen, Verdacht schöpfen):* als ihn alle so übertrieben freundlich grüßten, wurde er s.

Substanz, die; -, -en: 1. *das, woraus ein Ding, alles Körperliche letztlich besteht; Materie, Masse:* durch chemische Einwirkung kann eine neue S. entstehen; eine im Wasser lösliche S.; eine organische S. 2. ⟨ohne Plural⟩ *das Wesentliche; das, was den Wert von etwas ausmacht; Kern einer Sache:* der Roman hat wenig S.; die Nation konnte trotz großer Krisen doch ihre geistige S. bewahren. 3. *Kapital, Vermögen, das für den Bestand einer Firma o. ä. unbedingt nötig ist:* wegen schlechter finanzieller Lage mußte er die S. angreifen.

subtrahieren, subtrahierte, hat subtrahiert ⟨itr./tr.⟩: *eine kleinere Zahl von einer größeren wegnehmen:* die Schüler lernen s.; zwei von drei s.

Subtraktion, die; -, -en: *das Subtrahieren, Abziehen.*

Suche, die; -: *das Suchen:* die S. nach dem vermißten Kind blieb erfolglos; er ist auf der S. nach einer Wohnung *(er ist dabei, eine Wohnung zu suchen).*

suchen, suchte, hat gesucht ⟨tr.⟩: *sich bemühen, etwas, was man verloren hat oder braucht, zu finden, zu entdecken oder zu erreichen:* er sucht in der ganzen Wohnung den verlorenen Schlüssel; er sucht seit Monaten eine Wohnung. * **das Weite s.** *(weglaufen, ausreißen).*

Sucht, die; -: *maßlos oder krankhaft übersteigertes Verlangen, Drang:* die S. nach Geld; das Rauchen ist bei ihm eine S. geworden.

süchtig ⟨Adj.; nicht adverbial⟩: *von einer krankhaften Sucht befallen, von der man sich nur schwer befreien kann:* er hat so viele Tabletten genommen, daß er s. geworden ist.

sudeln, sudelte, hat gesudelt ⟨itr.⟩ (ugs.): *schlecht und unsauber schreiben:* er sudelt furchtbar in seinen Heften.

Süden, der; -s: 1. *Himmelsrichtung, in der die Sonne am höchsten steht:* die Straße führt nach S. 2. *Gebiet, das in dieser*

Südfrucht

Richtung liegt: der S. des Landes hat ein heißes Klima.

Südfrucht, die; -, Südfrüchte: *Frucht, die aus südlichen Ländern mit warmem Klima stammt:* Bananen, Orangen, Zitronen sind Südfrüchte.

südlich: I. ⟨Adj.; nur attributiv⟩ 1. *im Süden liegend:* der südliche Teil des Landes. 2. *nach Süden gerichtet:* in südliche Richtung fahren. II. ⟨Präp. mit Gen.⟩: *im Süden von:* die Straße verläuft s. des Waldes; ⟨auch als Adverb in Verbindung mit *von*⟩ s. von München.

Südpol, der; -s: *der südliche Schnittpunkt der Erdachse mit der Oberfläche der Erde.*

Suff, der; ⟨in bestimmten Wendungen⟩ (derb) **sich dem S. ergeben** *(aus Kummer o. ä. übermäßig viel und ständig Alkohol trinken);* (derb) **dem S. verfallen sein** *(trunksüchtig sein);* (derb) **im S.** *(in betrunkenem Zustand):* er hat es im S. gesagt.

süffig ⟨Adj.⟩: *leicht und angenehm zu trinken:* der Wein ist sehr s.

Sühne, die; -: *etwas, was jmd. als Ausgleich für eine Schuld oder für ein Verbrechen auf sich nimmt oder auf sich nehmen muß:* das Urteil war eine gerechte S. für diese Tat; er zahlte als S. für sein Vergehen einen größeren Betrag.

sühnen, sühnte, hat gesühnt ⟨tr.⟩: *(ein Unrecht) unter persönlichen Opfern wiedergutmachen:* ein Verbrechen s.; er wollte durch sein Verhalten das Unrecht s., das man diesen Menschen angetan hatte.

Summe, die; -, -n: 1. *Ergebnis beim Addieren:* die S. zweier Zahlen ausrechnen. 2. *[nicht näher bestimmte] Menge Geld:* er hat eine größere S. gespendet; der Bau der Brücke kostete riesige Summen.

summen, summte, hat gesummt: 1. ⟨itr.⟩ *einen langgezogenen vibrierenden Laut von sich geben:* man hörte nur das Summen einer Biene. 2. ⟨tr.⟩ *(eine Melodie) mit geschlossenem Mund, ohne Worte zu artikulieren, singen:* er summte ein Lied vor sich hin.

Sumpf, der; -[e]s, Sümpfe: *nasses, weiches Gelände:* auf der Wanderung ist er in einen S. geraten.

sumpfig ⟨Adj.⟩: *weich und naß /vom Boden/:* eine sumpfige Wiese; das Ufer ist s.

Sünde, die; -, -n: *Übertretung eines göttlichen oder kirchlichen Gebotes;* eine S. begehen.

sündhaft ⟨Adj.⟩: 1. *gegen das Gebot Gottes verstoßend:* ein sündhaftes Leben führen. 2. ⟨verstärkend bei Adjektiven⟩ (ugs.) *sehr:* das Kleid ist s. teuer.

sündigen, sündigte, hat gesündigt ⟨itr.⟩: *ein Gebot Gottes oder der Kirche übertreten:* er hat gegen Gott gesündigt; wer gesündigt hat, soll beichten.

Suppe, die; -, -n: *warme, flüssige Speise, die mit dem Löffel gegessen wird:* eine S. kochen. * (ugs.) **jmdm. die S. versalzen** *(jmdm. die Freude an einem Erfolg o. ä. verderben);* **die S. auslöffeln [müssen], die man sich eingebrockt hat** *(die Folgen seines Tuns selbst tragen [müssen]).*

surren, surrte, hat gesurrt ⟨itr.⟩: *durch eine sehr schnelle, gleichmäßige Bewegung einen langgezogenen Ton hervorbringen:* die Maschinen, die Räder surren; man hörte nur das Surren der Kamera.

süß ⟨Adj.⟩: 1. *den Geschmack von Zucker, Honig o. ä. habend:* süße Trauben; die Kirschen schmecken s. 2. *reizend, entzückend:* ein süßes Mädchen; das Kleid ist s. * **eine süße Last** *(eine Last, die man gern trägt, z. B. ein junges Mädchen).*

süßen, süßte, hat gesüßt ⟨tr.⟩: *süß machen:* den Tee mit Zucker s.

Süßigkeiten, die ⟨Plural⟩: *Bonbons, Pralinen, Schokolade o. ä.:* er hat so viele s. gegessen, daß er sich den Magen verdorben hat.

süßlich ⟨Adj.⟩ (abwertend): 1. *ein wenig [unangenehm] süß:* ein süßlicher Geruch. 2. *sentimental, gefühlvoll:* ein süßliches Gedicht. 3. *übertrieben freundlich:* ein süßliches Lächeln.

Symbol, das; -s, -e: *Zeichen oder Gegenstand, der einen tieferen Sinn ausdrückt, Sinnbild:* der Ring ist ein S. der Liebe.

symbolisch ⟨Adj.⟩: a) *als Zeichen, Symbol für etwas anderes stehend:* als symbolisches Geschenk wurden dem Gast die Schlüssel der Stadt überreicht. b) *Symbole enthaltend;* Symbole *als Ausdrucksmittel verwendend:* ein symbolisches Gedicht.

Symmetrie, die; -, -n: *Eigenschaft von Figuren, Körpern o. ä., beiderseits einer Achse ein Spiegelbild zu ergeben.*

symmetrisch ⟨Adj.⟩: *in bezug auf eine Achse gleich, so daß ein Spiegelbild entsteht:* die beiden Häuser stehen s. zueinander.

Sympathie, die; -, -n: *Zuneigung zu jmdm./etwas* /Ggs. Antipathie/: er bringt ihr viel S. entgegen; er hat große S. für sie; seine S. gehört der Opposition.

sympathisch ⟨Adj.⟩: *auf andere angenehm wirkend; das persönliche Vertrauen und Wohlwollen anderer gewinnend:* ein sympathischer Mensch; er sieht sehr s. aus. * **jmdm. s. sein** *(jmdm. gefallen, angenehm sein):* er ist ihm s.; (ugs.) **etwas ist jmdm. s.** *(etwas entspricht jmds. Wünschen oder Vorstellungen; etwas sagt jmdm. zu):* dein Vorschlag ist mir sehr s.

Symphonie, die; -, -n: *Sinfonie.*

Symptom, das; -s, -e: *Merkmal, Zeichen, aus dem man etwas [Negatives] erkennen kann:* die Symptome der Krankheit lassen auf Krebs schließen.

System, das; -s, -e: a) *Prinzip, Ordnung, nach der etwas organisiert, aufgebaut wird; Plan, der als Richtlinie für etwas dient:* die Forschungen wurden nach einem genau durchdachten S. durchgeführt; die Arten der Pflanzen werden in einem S. zusammengestellt; die Maschine ist nach einem neuen S. gebaut worden; S. *(Ordnung)* in eine Sache bringen. b) *Form der staatlichen, wirtschaftlichen und gesellschaftlichen Organisation:* das demokratische S.; das herrschende S. eines Staates ändern.

systematisch ⟨Adj.⟩: *nach einem System, Plan [geordnet]; in einer sinnvollen Ordnung:* eine systematische Darstellung; man muß bei diesem Problem streng s. vorgehen; die Gegend wurde s. nach dem vermißten Kind abgesucht.

Szene, die; -, -n: 1. *kurzer, abgeschlossener Teil eines Theaterstückes, Films o. ä.:* ein Stück in 5 Szenen; schon nach der ersten S. gab es Applaus; eine S. drehen *(filmen),* proben. * **auf offener S.** *(während der Aufführ-*

rung); etwas in S. setzen (etwas anregen und durchführen); (abwertend) **sich in S. setzen** *(sich auffällig benehmen, um beachtet zu werden);* **die S. beherrschen** *(unter mehreren die größte Wirkung ausüben);* **in S. gehen** *(stattfinden).* **2. a)** *Vorgang, Anblick, der jmdm. bemerkenswert oder eigenartig erscheint:* bei der Demonstration gab es stürmische Szenen; am Grab gab es erschütternde Szenen. * **Szenen machen** *(übertriebene Aufregung wegen etwas verursachen):* mach jetzt keine Szenen, sondern mach deine Schularbeiten! **b)** *Streit:* in der Familie gab es eine kleine S. * **jmdm. eine S. machen** *(jmdm. laute, heftige Vorwürfe wegen eines Vorfalls o. ä. machen):* sie machte nach diesem Fest ihrem Mann eine heftige S.

T

Tabak, der; -s, -e: *aus den getrockneten Blättern der gleichnamigen Pflanze gewonnenes Produkt zum Rauchen:* er stopfte seine Pfeife mit meinem T.

Tabelle, die; -, -n: *Aufstellung von Zahlen u. ä., die übersichtlich in vergleichbare Spalten eingeteilt ist:* die Ergebnisse wurden in einer T. dargestellt.

Tablett, das; -s, -s: *Platte zum Tragen von Speisen u. ä.* (siehe Bild): ein T. mit Tellern und Tassen hereinbringen.

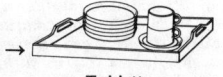

Tablett

Tablette, die; -, -n: *Medikament, das zu einem kleinen, flachen Stück gepreßt ist:* eine T. einnehmen.

tabu: ⟨in der Verbindung⟩ **t. sein** *(so beschaffen sein, daß man es nicht tun und nicht davon reden darf):* dieses Thema war für ihn T.

Tadel, der; -s, -: *mißbilligende Worte, mit denen Fehler eines anderen festgestellt werden* /Ggs. Lob/: er erhielt einen T.

tadellos ⟨Adj.⟩: *einwandfrei; vorbildlich:* der Anzug sitzt t.; er hat ein tadelloses Benehmen.

tadeln, tadelte, hat getadelt ⟨tr.⟩: *sich mißbilligend (über jmdn./etwas) äußern; jmdn. rügen* /Ggs. loben/: er tadelte sie wegen ihres Leichtsinns.

Tafel, die; -, -n: **1.** *Platte, größeres Brett [an der Wand]:* der Lehrer schreibt eine Formel an die T. **2.** *flaches Stück einer Ware:* eine T. Schokolade. **3.** *besondere Seite für Abbildungen u. ä. /in Büchern/:* das Werk enthält zahlreiche Tafeln. **4.** *[festlich] gedeckter Tisch:* die T. war festlich geschmückt.

Tag, der; -es, -e: **1.** *Zeitraum von 24 Stunden, von Mitternacht bis Mitternacht gerechnet:* welchen Tag haben wir heute? – Mittwoch; die Woche hat sieben Tage. * **T. der offenen Tür** *(Tag, an dem Behörden, Betriebe u. ä. zur Besichtigung geöffnet sind).* **2.** *Zeit der Helligkeit zwischen Aufgang und Untergang der Sonne; Tageslicht:* es wird T.; die Tage werden kürzer, länger. * **etwas an den T. bringen** *(etwas aufdecken, enthüllen):* er hat den Betrug an den T. gebracht.

Tagebuch, das; -s, Tagebücher: *Buch, in dem man persönliche Erlebnisse und Gedanken aufzeichnet:* ein T. führen.

Tagedieb, der; -s, -e (abwertend): *Faulenzer.*

tagen, tagte, hat getagt ⟨itr.⟩: *eine Tagung oder Sitzung abhalten:* der Verband tagt alle zwei Jahre.

Tagesgespräch, das; -s: *aktuelle Neuigkeit, von der alle sprechen:* ihre Hochzeit war das T. der Stadt.

Tageslicht, das; -[e]s: *die natürliche Helligkeit des Tages:* diese Arbeit muß man bei T. machen.

Tagesordnung, die; -, -en: *festgelegter Plan für den Ablauf einer Sitzung:* eine Frage auf die T. setzen. * **an der T. sein** *(aktuell sein, häufig vorkommen):* Einbrüche waren damals an der T.

taghell ⟨Adj.⟩: **a)** *durch das Tageslicht hell:* draußen ist es [schon] t. **b)** *hell wie am Tage:* die Bühne war t. erleuchtet.

täglich ⟨Adj.; nicht prädikativ⟩: *an jedem Tag [vorkommend]:* die tägliche Zeitung; wir sehen uns t.

tagsüber ⟨Adverb⟩: *am Tage, während des Tages:* t. ist er nicht zu Hause.

Tagung, die; -, -en: *größere Versammlung von Fachleuten, Wissenschaftlern o. ä.:* die T. dieser Gesellschaft findet im Herbst statt.

Taille ['taljə], die; -, -n: *schmalste Stelle des Rumpfes* (siehe Bild): sie hat eine schlanke T.

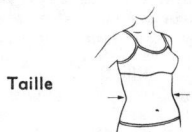

Taille

Takt: I. der; -es, -e: **a)** *festgelegte Einheit im Aufbau eines Musikstücks:* wir spielen jetzt die Takte 24 bis 80. **b)** ⟨ohne Plural⟩ *Ablauf von Tönen, Bewegungen o. ä. nach einem bestimmten Zeitmaß:* im T. bleiben; den T. wechseln. **II.** der; -es: *Gefühl für Anstand und Höflichkeit:* er hat die Angelegenheit mit viel T. behandelt.

Taktik, die; -: *planmäßiges Vorgehen oder Verhalten:* mit dieser T. hatte er viel Erfolg.

taktisch ⟨Adj.⟩: *die Taktik betreffend:* es war t. falsch, diesen Brief zu schreiben; taktische Fehler machen.

taktlos ⟨Adj.⟩: *kein Gefühl für Anstand habend; verletzend:* sein Benehmen war t.; eine taktlose Bemerkung machen. **Taktlosigkeit,** die; -.

Tal, das; -[e]s, Täler: *tiefer liegendes Gelände, bes. zwischen Bergen* (siehe Bild): ein enges, weites T.

Tal

Talar, der; -s, -e: *langes, weites Gewand, das von Geistlichen, Juristen u. a. bei der Ausübung*

Talar

ihres Amtes getragen wird (siehe Bild).

Talent, das; -s, -e: *besondere Begabung:* er besaß großes Talent zum/im Malen; der Regisseur sucht junge Talente *(begabte junge Leute).*

talentiert ⟨Adj.⟩: *begabt, geschickt:* er ist ein talentierter Geiger.

Talg, der; -s: *durch Schmelzen gewonnenes tierisches Fett.*

Talisman, der; -s, -e: *kleiner Gegenstand (Schmuckstück u.ä.), der Glück bringen soll:* diese Münze ist ihr T.

Tank, der; -s, -s: *Behälter für Flüssigkeiten, bes. für Benzin u. ä.:* er ließ seinen T. füllen.

tanken, tankte, hat getankt ⟨tr./itr.⟩: *Treibstoff o. ä. in einen Tank füllen [lassen]:* Benzin, Öl t.; ich muß heute noch t.

Tanker, der; -s, -: *großes Schiff, das Öl oder Benzin befördert.*

Tankstelle, die; -, -n: *Einrichtung, durch die Kraftfahrzeuge mit Benzin und Öl versorgt werden:* die T. war geschlossen; er betreibt eine T.

Tanne, die; -, -n: /ein Nadelbaum/ (siehe Bild).

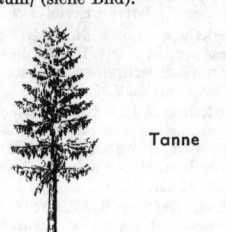

Tanne

Tante, die; -, -n: *Schwester der Mutter oder des Vaters; Ehefrau des Bruders von Mutter oder Vater.*

Tanz, der; -es, Tänze: 1. *rhythmische Bewegung des Körpers [nach der Musik]:* zum T. gehen; er liebt die modernen Tänze. 2. *[zum Tanz gespieltes] Musikstück in bestimmtem Rhythmus:* einen T. komponieren.

tänzeln, tänzelte, ist getänzelt ⟨itr.⟩: *mit kleinen, tanzenden Schritten gehen:* sie tänzelte durch das Zimmer.

tanzen, tanzte, hat/ist getanzt: 1. ⟨itr.⟩ *rhythmisch gehen [und springen];* sich im Tanz bewegen: sie tanzt gern; er hat ausgezeichnet getanzt; wir sind durch den ganzen Saal getanzt. 2. ⟨tr.⟩ *(einen Tanz) ausführen, vorführen:* [einen] Walzer t.; Ballett t.

Tänzer, der; -s, -: *jmd., der tanzt:* das Mädchen fand keinen T.; er ist ein berühmter T., tritt als T. auf.

Tapete, die; -, -n: *Papier oder Gewebe [mit farbigen Mustern], mit dem die Wände von Zimmern bedeckt werden:* eine teure, einfache T.; wir brauchen neue Tapeten.

tapezieren, tapezierte, hat tapeziert ⟨tr.⟩: *mit Tapete verkleiden, ausstatten:* eine Wand, ein Zimmer t.

tapfer ⟨Adj.⟩: *mutig; ohne Furcht gegen Gefahren und Schwierigkeiten kämpfend:* er hat sich t. gewehrt; sie hat die Schmerzen t. ertragen. **Tapferkeit,** die; -.

tappen, tappte, ist getappt ⟨itr.⟩: *ungeschickt oder unsicher gehen:* er tappte durch das Zimmer. * (ugs.) **im dunkeln t.** *(noch völlig im unklaren sein über etwas, was man in Erfahrung bringen muß; noch keine Anhaltspunkte für weitere Nachforschungen haben):* die Polizei tappt bei diesem Mord immer noch im dunkeln.

täppisch ⟨Adj.⟩ (abwertend): *ungeschickt, unbeholfen, plump:* t. nach etwas greifen; das kleine Kind kam mit täppischen Schritten heran.

Tarif, der; -s, -e: *festgelegtes System oder Verzeichnis von Löhnen, Gebühren u. ä.:* einen T. aufstellen; der Arbeiter wird nach [dem] T. bezahlt.

tarnen, tarnte, hat getarnt ⟨tr.⟩: *[durch Verhüllen] unkenntlich machen, der Umgebung angleichen:* das Geschütz war gut getarnt; bildl.: seine Absichten gut t. *(geschickt verbergen).* **Tarnung,** die; -, -en.

Tasche, die; -, -n: 1. *in ein Kleidungsstück eingesetztes Teil, in das man etwas stecken kann:* er steckte den Ausweis in die T. seiner Jacke; die Hose hat drei Taschen. * **tief in die T. greifen** *(viel bezahlen, spenden);* **jmdm. auf der T. liegen** *(auf jmds. Kosten leben).* 2. *[flacher] Behälter aus Leder, Stoff o ä.* (siehe Bild): hilfst du mir die T. tragen?

Tasche 2.

Taschengeld, das; -s, -: *[regelmäßig gezahlter] kleinerer Betrag für persönliche Ausgaben:* die Kinder bekommen jede Woche T.

Tasse, die; -, -n: *Gefäß zum Trinken aus Porzellan o. ä.* (siehe Bild): die T. hat einen Sprung. * (ugs.; abwertend) **nicht alle Tassen im Schrank haben** *(geistig nicht normal scheinen).*

Tasse

Taste, die; -, -n: *Teil an Geräten oder Instrumenten, der mit dem Finger heruntergedrückt wird:* am Klavier ist eine T. entzwei.

tasten, tastete, hat getastet: 1. ⟨itr.⟩ *vorsichtig oder suchend greifen:* er tastete nach der Lampe. 2. ⟨rfl.; mit näherer Bestimmung⟩ *mit Hilfe des Tastsinns einen Weg suchen:* der Blinde tastet sich zur Tür.

Tastsinn, der; -[e]s: *Fähigkeit, etwas durch Berühren wahrzunehmen:* bei den Blinden ist der T. besonders entwickelt.

Tat, die; -, -en: *Handlung; das Tun:* eine gute, böse T.; er bereut seine T.; einen Entschluß in die T. umsetzen *(ausführen).* * **ein Mann der T.** *(ein Mann der nicht redet oder zögert, sondern handelt);* **in der T.** *(wirklich):* in der T., du hast recht!

Tatbestand, der; -[e]s: *die feststehenden Tatsachen eines bestimmten Ereignisses:* dieser T. läßt sich nicht leugnen.

Täter, der; -s, -: *jmd., der eine Straftat begangen hat:* der T. wurde schnell verhaftet.

tätig ⟨Adj.⟩: *handelnd, aktiv:* tätige Mitarbeit. * **t. sein** *(beruflich) arbeiten):* er ist in einem großen Unternehmen als Ingenieur t.

Tätigkeit, die; -, -en: *das Tätigsein; Beschäftigung:* er ent-

faltete eine fieberhafte T.; du mußt dich an eine geregelte T. *(Arbeit)* gewöhnen; was für eine T. haben Sie früher ausgeübt?
Tatkraft, die; -: *Fähigkeit, etwas zu leisten, zu vollbringen; Energie:* er besaß, entwickelte eine große T.
tatkräftig ⟨Adj.⟩: *mit Tatkraft handelnd, energisch:* er hat mir t. geholfen.
tätlich: ⟨in der Wendung⟩ [gegen jmdn] t. werden: *jmdn. angreifen, schlagen:* der Betrunkene wurde [gegen den Fremden] t.
Tatsache, die; -, -n: *etwas, was geschehen oder vorhanden ist:* du mußt dich mit den Tatsachen abfinden. * jmdn. vor vollendete Tatsachen stellen *(jmdm. eine Tat, Handlung absichtlich erst nachträglich mitteilen, so daß nichts mehr geändert werden kann).*
tatsächlich [auch: tatsächlich]: **I.** ⟨Adj.; nur attributiv⟩ *den Tatsachen, der Wirklichkeit entsprechend; als Tatsache bestehend; wirklich:* das ist der tatsächliche Grund für diese Entwicklung. **II.** ⟨Adverb⟩ **a)** *in Wirklichkeit, eigentlich:* er heißt t. Karl, doch alle nennen ihn Bill. **b)** *in der Tat:* er war t. *(wirklich)* ein großer Sportler; er kommt t. *(fürwahr);* alles war so aussichtslos, daß ihnen t. *(im Grunde genommen)* nur noch die Flucht blieb.
tätscheln, tätschelte, hat getätschelt ⟨tr.⟩: *mit der Hand leicht und zärtlich (auf etwas) schlagen, klatschen:* er tätschelte den Hals seines Pferdes.
Tatze, die; -, -n: *Pfote großer Raubtiere:* der Bär hob seine Tatzen.
Tau: I. der; -[e]s: *feuchter Niederschlag aus kühler Nachtluft:* am Morgen lag T. auf den Wiesen. **II.** das; -[e]s, -e: *starkes Seil, bes. auf Schiffen:* er hielt sich an den Tauen fest.
taub ⟨Adj.⟩: **1.** *nicht [mehr] hören könnend:* die alte Dame ist völlig t.; er stellt sich t.; bildl.: er war t. gegen unsere Bitten *(wollte nichts davon wissen, wollte sie nicht erfüllen).* **2.** *leer, ohne nutzbaren Inhalt:* eine taube Nuß.
Taube, die; -, -n: /ein Vogel/ (siehe Bild).
taubstumm ⟨Adj.⟩: *taub [geboren] und deshalb nicht spre-* *chen könnend:* das Kind, der Mann ist t.

Taube

tauchen, tauchte, hat/ist getaucht: **1.** ⟨itr.⟩ *sich unter Wasser begeben [und dort eine Weile bleiben]:* die Ente taucht; er ist/hat nach einer Münze getaucht. **2.** ⟨tr.⟩ *in eine Flüssigkeit senken:* er hat den Pinsel in die Farbe getaucht.
Taucher, der; -s, -: *jmd., der taucht:* das gesunkene Schiff wurde von Tauchern gefunden.
Tauchsieder, der; -s, -: *elektrisches Gerät, das in eine Flüssigkeit getaucht wird, um sie heiß zu machen* (siehe Bild).

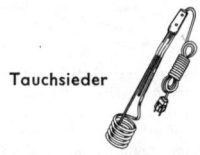

Tauchsieder

tauen, taute, hat/ist getaut ⟨itr.⟩: **I.** *schmelzen, zu Wasser werden:* das Eis ist getaut; der Schnee ist getaut; es hat getaut. **II.** *Tau bilden:* heute nacht hat es getaut.
Taufe, die; -, -n: *Sakrament der Aufnahme in die christliche Kirche, wobei der Geistliche den Täufling mit Wasser benetzt:* die T. empfangen, erhalten.
taufen, taufte, hat getauft ⟨tr.⟩: **1.** *(jmdm.) die Taufe spenden:* der Pfarrer hat das Kind getauft. **2.** *(jmdm./einer Sache) [feierlich] einen Namen geben:* ein Schiff, ein Flugzeug t.; wir wollen das Kind Susanne t.
Täufling, der; -s, -e: *Kind oder Erwachsener, an dem die Taufe vollzogen wird.*
taufrisch ⟨Adj.⟩: **a)** *feucht vom Tau:* taufrische Blumen. **b)** (ugs.) *ganz frisch:* das Hemd ist noch t.
taugen, taugte, hat getaugt ⟨itr.⟩: *brauchbar sein; wert sein* /meist verneint oder fragend gebraucht/: er taugt nicht zu schwerer Arbeit; das Messer taugt nichts; (ugs.) taugt das was?
Taugenichts, der; -, -e (abwertend): *unbrauchbarer, leichtfertiger Mensch:* der Junge ist ein T.
tauglich ⟨Adj.⟩: *geeignet, brauchbar; den Anforderungen genügend:* er wurde bei der Musterung zum Militär für t. erklärt. **Tauglichkeit,** die; -.
taumeln, taumelte, ist getaumelt ⟨itr.⟩: *unsicher hin und her schwanken; sich schwankend bewegen:* er taumelte vor Schwäche; er ist über den Flur getaumelt.
Tausch, der; -es: *das Tauschen:* einen guten, schlechten T. machen.
tauschen, tauschte, hat getauscht ⟨tr.⟩: *etwas geben, um etwas anderes dafür zu bekommen:* mit jmdm. Briefmarken t. * jmd. möchte mit jmdm. nicht t. *(jmd. möchte nicht an jmds. Stelle sein):* ich möchte mit keinem Arzt t.
täuschen, täuschte, hat getäuscht: **1.** ⟨tr.⟩ *[durch falsche Angaben o. ä.] irreführen:* er hat mich mit seinen Behauptungen getäuscht; ⟨häufig im 1. Partizip⟩ er sieht dir täuschend *(sehr)* ähnlich. **2.** ⟨rfl.⟩ *sich irren:* darin täuschst du dich; ich habe mich in ihm getäuscht *(ich habe ihn falsch eingeschätzt).* **Täuschung,** die; -, -en.
Taxe, die; -, -n: *Taxi.*
Taxi, das; -s, -s: *Personenkraftwagen, dessen Fahrer gegen Bezahlung Fahrgäste befördert:* ein T. bestellen, nehmen.
Team [ti:m], das; -s, -s: *Gruppe von Personen, die sich gemeinsam für eine Aufgabe einsetzt:* ein T. von Fachleuten; er spielt in unserem T. *(in unserer Mannschaft).*
Technik, die; -, -en: **1.** ⟨ohne Plural⟩ *alle Mittel und Verfahren, die dazu dienen, die Kräfte der Natur für den Menschen nutzbar zu machen:* die T. unserer Zeit. **2.** *Art, wie etwas ausgeführt wird:* die T. des Eislaufs; neue Techniken anwenden.
Techniker, der; -s, -: *Fachmann in einem technischen Beruf/Berufsbezeichnung/.*
technisch ⟨Adj.⟩: *die Technik betreffend, zur Technik gehörend:* technischer Unterricht; er ist t. begabt; diese Änderung ist t., aus technischen Gründen unmöglich.

Tee, der; -s: 1. *getrocknete Blätter eines asiatischen Strauches:* schwarzer T. 2. a) *daraus zubereitetes Getränk:* heißen T. trinken. b) *als Heilmittel benutztes Getränk aus getrockneten Pflanzenteilen:* eine Krankheit mit T. kurieren.

Teenager ['tiːneɪdʒə], der; -s, -: *Mädchen [oder Junge] im Alter von 13 bis 19 Jahren.*

Teer, der; -s: *aus Kohle, Holz o. ä. hergestellte flüssige, schwarze Masse:* die Bretter riechen nach T.

teeren, teerte, hat geteert ⟨tr.⟩: *mit Teer versehen, bestreichen:* eine Straße t.

Teich, der; -[e]s, -e: *kleineres stehendes Gewässer:* in diesem T. gibt es viele Fische.

Teig, der; -[e]s: *zähe breiige Masse aus Mehl, Wasser u. a., die gebacken werden soll:* den T. kneten, rühren.

Teil: 1. der, (auch:) das; -[e]s, -e: *Glied oder Abschnitt eines Ganzen:* der vordere T. des Gartens; der größte T. des Publikums. * **ich für mein[en] T.** *(was mich betrifft):* ich für mein[en] T. bin zufrieden; **zum T.** *(teilweise).* 2. das; -[e]s, -e: *einzelnes [kleines] Stück:* er prüfte jedes T. sorgfältig.

teilen, teilte, hat geteilt ⟨tr.⟩: *(ein Ganzes oder eine Menge) in Teile zerlegen:* einen Kuchen t.; wir teilten die Äpfel unter uns; eine Zahl durch eine andere t. *(dividieren)*; ⟨auch itr.⟩ er teilt nicht gern *(gibt nicht gern an andere etwas ab)*; ⟨auch rfl.⟩ der Weg teilt sich *(gabelt sich)*; wir teilen uns in die Arbeit *(jeder macht etwas, damit nicht einer alles zu machen braucht)*.

Teilhaber, der; -s, -: *jmd., der an einer Firma finanziell beteiligt ist.*

Teilnahme, die; -: 1. *das Teilnehmen:* die T. an diesem Lehrgang ist freiwillig. 2. a) *innere Beteiligung; Interesse:* ehrliche T. an etwas zeigen. b) (geh.) *Mitgefühl, Beileid:* jmdm. seine herzliche T. aussprechen.

teilnahmslos ⟨Adj.⟩: *kein Interesse, keine Teilnahme zeigend, apathisch:* er saß t. an unserem Tisch. **Teilnahmslosigkeit**, die; -.

teilnehmen, nimmt teil, nahm teil, hat teilgenommen ⟨itr.⟩: 1. *sich beteiligen, (etwas) mitmachen:* an einer Versammlung t. 2. *Teilnahme, Interesse zeigen:* er nahm an meiner Freude teil.

teils: ⟨in der Verbindung⟩ **teils...teils**: *zum Teil ... zum Teil; halb ... halb:* seine Kinder leben t. in Köln, t. in Berlin.

teilweise ⟨Adverb⟩: *zum Teil; in einigen Fällen:* das Haus wurde t. zerstört; ich habe t. gar keine Antwort bekommen.

Teint [tɛ̃ː], der; -s, -s: *Zustand und Farbe der Haut, bes. im Gesicht:* einen gesunden T. haben.

Telefon, das; -s, -e: *elektrisches Gerät, mit dem man Gespräche über beliebige Entfernungen hin führen kann* (siehe Bild): ich habe das T. auf den Schreibtisch gestellt.

Telefon

Telefongespräch, das; -s, -e: *Gespräch mittels Telefon.*

telefonieren, telefonierte, hat telefoniert ⟨itr.⟩: *durch das Telefon (mit jmdm.) sprechen:* ich habe mit ihm telefoniert.

telefonisch ⟨Adj.⟩: *mit Hilfe des Telefons geschehend:* eine telefonische Auskunft geben.

Telephon, telephonieren usw. vgl. Telefon, telefonieren usw.

Teller, der; -s, -: *flaches Geschirr, von dem gegessen wird* (siehe Bild): der T. hat einen Sprung; er hat nur einen T. [voll] Suppe gegessen.

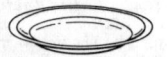

Teller

Telegramm, das; -s, -e: *auf elektrischem Wege übermittelte [kurze] Nachricht:* ein T. aufgeben, schicken.

telegraphieren, telegraphierte, hat telegraphiert ⟨tr.⟩: *durch ein Telegramm mitteilen:* er hat mir die Zeit seiner Ankunft telegraphiert; ⟨auch itr.⟩ ich muß t. *(ein Telegramm aufgeben)*.

Tempel, der; -s, -: *Gebäude, das der Verehrung von Göttern oder eines Gottes dient:* ein prächtiger, verfallener T. * (ugs.) **jmdn. zum T. hinausjagen** *(jmdn. davonjagen, hinauswerfen)*.

Temperament, das; -s -e: 1. ⟨ohne Plural⟩ *lebhafte, tatkräftige Art des Denkens und Handelns:* er besitzt viel T.; sein T. riß uns alle mit. 2. *bestimmte Art des Verhaltens als Eigenschaft des Charakters:* die vier Temperamente.

temperamentvoll ⟨Adj.⟩: *voll Temperament, [sehr] lebhaft; lebendig, schwungvoll;* er dirigierte sehr t.; er hat eine temperamentvolle Frau; er hielt eine temperamentvolle Rede.

Temperatur, die, -, -en: *meßbare Wärme der Luft oder eines Körpers:* hohe, niedrige T. haben.

Tempo, das; -s: *Geschwindigkeit:* er fährt in langsamem, rasendem T.; das T. erhöhen; das T. einhalten *(nicht verändern)*.

Tendenz, die; -, -en: *erkennbare Absicht oder Neigung:* dieses Buch hat eine bestimmte T.; er verfolgt mit etwas eine bestimmte T.

Tennis, das; -: /ein Ballspiel/ (siehe Bild).

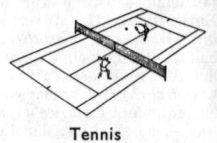

Tennis

Tenor: I. Tenor, der; -s, Tenöre: a) *Stimme in hoher Lage* /vom Sänger/: er hat einen kräftigen T. b) *Sänger mit einer Stimme in hoher Lage:* dieser Chor hat zu wenig Tenöre. II. Tenor, der; -s: *der zugrundeliegende Inhalt einer Äußerung; der eigentliche Kern einer Rede o. ä.:* der T. der Ansprache war: Ruhe bewahren!

Teppich, der; -s, -e: *gewebte oder geknüpfte Decke, die auf den Boden gelegt oder an die Wand gehängt wird:* er besitzt wertvolle alte Teppiche.

Termin, der; -s, -e: *festgelegter Zeitpunkt; Tag, an dem etwas geschehen muß:* einen T. bestimmen, ausmachen, einhalten.

Terrasse, die; -, -n: 1. *waagerechte Stufe an einem Hang:* auf den Terrassen des Südhanges wurde Wein gebaut. 2. *[erhöhter] abgegrenzter freier Platz an einem Haus* (siehe Bild): wir sitzen abends auf der T.

Terrasse 2.

Terror, der; -s: *gewalttätiges, rücksichtsloses Vorgehen, das jmdm. Angst einjagen soll:* er kann sich nur durch T. an der Macht halten.

Test, der; -[e]s, -s und -e: *[wissenschaftlicher oder technischer] Versuch zur Feststellung bestimmter Eigenschaften, Leistungen o. ä.:* jmdn./eine Maschine einem T. unterziehen.

Testament, das; -[e]s, -e: *schriftliche Erklärung, mit der jmd. für den Fall seines Todes die Verteilung seines Vermögens festlegt:* er hat sein T. gemacht.

testen, testete, hat getestet ⟨tr.⟩: *durch einen Test prüfen:* das neue Modell muß noch getestet werden.

teuer ⟨Adj.⟩: **1. a)** *einen hohen Preis habend, nicht billig:* dieses Buch ist [mir] zu t.; (ugs.) diese Reise war ein teures Vergnügen, ein teurer Spaß; sie trägt teuren *(wertvollen)* Schmuck. **b)** *große Ausgaben verursachend:* ein teures Restaurant; es sind teure Zeiten. **2.** (geh.) *sehr geschätzt, lieb, wert:* mein teurer Freund; dieser Ring war mir sehr t.

Teufel, der; -s, -: /Gestalt, die das Böse verkörpert/: er ist schwarz wie der T. * **den T. an die Wand malen** *(von einem möglichen Unheil sprechen und es dadurch herbeirufen):* sprich doch nicht immer von einer Entlassung, du malst ja damit den T. an die Wand!

teuflisch ⟨Adj.⟩: *äußerst böse, verrucht:* das ist ein teuflischer Plan!

Text, der; -es, -e: **a)** *etwas Geschriebenes; Wortlaut:* einen T. lesen; der T. des Vertrages bleibt geheim; er schrieb die Texte *(Erläuterungen)* zu den Abbildungen. **b)** *zu einem Musikstück gehörende Worte:* er hat den T. zu einer Oper verfaßt.

Theater, das; -s, -: **1.** *Gebäude in dem Schauspiele u. ä. aufgeführt werden:* hast du schon das neue T. gesehen? **2.** *Unternehmen, das Schauspiele u. ä. aufführt:* wir haben hier ein gutes T. * **zum T. gehen** *(Schauspieler werden).* **3.** ⟨ohne Plural⟩ *Vorstellung, Aufführung:* nach dem T. trafen wir uns in einem Café. * **T. spielen** *(ein Leiden o. ä. nur vortäuschen).* **4.** ⟨ohne Plural⟩ *Unruhe, Verwirrung, Aufregung:* es gab viel T. um diese Sache, wegen dieses Vorfalls.

Theaterstück, das; -s, -e: *für die Bühne geschriebene Dichtung; Schauspiel:* ein T. aufführen.

theatralisch ⟨Adj.⟩ (abwertend: *affektiert, pathetisch; nach Art eines Schauspielers:* er machte eine theatralische Bewegung; er trat gern t. auf.

Theke, die; -, -n: *hoher, nach einer Seite abgeschlossener Tisch, an dem Gäste oder Kunden bedient werden* (siehe Bild): er trank ein Glas Bier an der T.

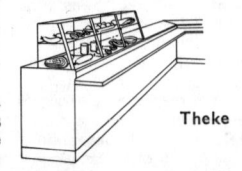

Theke

Thema, das; -s, Themen: **1.** *Gegenstand oder leitender Gedanke einer Untersuchung, eines Gesprächs o. ä.:* ein T. behandeln; über ein T. sprechen; wir wollen beim T. bleiben *(nicht abschweifen).* **2.** *Folge von Tönen, die einer Komposition zugrunde liegt:* ein T. verarbeiten, variieren.

theoretisch ⟨Adj.⟩: *die Theorie betreffend; [nur] gedanklich; nicht praktisch:* eine theoretische Ausbildung erhalten; etwas t. untersuchen; was du sagst, ist t. richtig, aber die Wirklichkeit ist anders.

Theorie die; -, -n: **1.** *wissenschaftliche Betrachtung oder Darstellung; Lehre, System:* eine T. aufstellen, beweisen; etwas in der T. beherrschen. **2.** *nur gedankliche Vorstellung, die der Wirklichkeit nicht entspricht:* das ist reine T.

Thermometer, das; -s -: *Gerät zum Messen der Wärme:* das T. steigt *(es wird wärmer).*

These, die; -, -n: *Behauptung; Satz, dessen Richtigkeit man beweisen will:* eine T. aufstellen, verteidigen.

Thron, der; -[e]s, -e: *erhöhter Sitz eines Fürsten:* der neue König bestieg den T. *(übernahm die Regierung).*

thronen, thronte, hat gethront ⟨itr.⟩: *stolz, feierlich [und wie ein König erhöht] sitzen:* er thronte auf dem Podium hinter seinem Tisch.

Tick, der; -s, -s (ugs.): *Schrulle, wunderliche Eigenart:* er hatte den T., auf dem Fußboden zu schlafen.

ticken, tickte, hat getickt ⟨itr.⟩: *ein gleichmäßiges leises Klopfen hören lassen:* die Uhr tickt.

tief ⟨Adj.⟩: **1. a)** *weit nach unten ausgedehnt oder gerichtet:* ein tiefes Tal; der Brunnen ist t.; er ist t. gefallen. **b)** *weit in das Innere von etwas hineinreichend, sich im Inneren befindend:* eine tiefe Wunde; die Bühne ist sehr t.; er wohnt t. im Walde. **c)** *in niedriger Lage:* das Haus liegt tiefer als die Straße. **2.** ⟨in Verbindung mit Angaben von Maßen⟩ *eine bestimmte Tiefe habend:* der Stich ist 2 cm tief. **3.** *durch eine niedrige Zahl von Schwingungen dunkel klingend:* ein tiefer Ton. **4.** *bedeutend, tiefgründig:* tiefe Gedanken; das hat einen tiefen Sinn. **5.** *sehr groß oder stark:* ein tiefer Schmerz; in tiefer Not sein; t. erschüttert sein.

Tief, das; -s, -s: *Gebiet mit niedrigem Luftdruck:* von Westen zieht ein T. heran.

Tiefe, die; -, -n: **1.** *Ausdehnung oder Richtung nach unten oder innen;* die T. eines Schachtes messen; in die T. stürzen, dringen. **2.** *tief gelegene Stelle:* dieser Fisch lebt in großen Tiefen des Meeres. **3.** ⟨ohne Plural⟩ *Größe, Bedeutung:* Gedanken von großer T.

tiefgreifend ⟨Adj.⟩: *starke Wirkung habend:* eine tiefgreifende Wandlung; das Buch ist t. umgestaltet worden.

tiefgründig ⟨Adj.⟩: **a)** *tiefen Sinn habend:* er stellt tiefgründige Fragen. **b)** *etwas gründlich durchdenkend:* eine tiefgründige Untersuchung.

Tiefpunkt, der; -[e]s, -e: *tiefste [schlimmste] Stelle einer Ent-*

tiefschürfend 348

wicklung: die Konjunktur hat ihren T. erreicht.

tiefschürfend ⟨Adj.⟩: *(mit den Gedanken) tief in ein Problem oder Thema eindringend, gründlich forschend:* eine tiefschürfende Abhandlung.

tiefsinnig ⟨Adj.⟩: *von gründlichem Nachdenken zeugend; gehaltvoll:* er machte eine tiefsinnige Bemerkung.

Tier, das; -[e]s, -e: *Lebewesen, das sich vom Menschen durch die stärkere Ausbildung der Sinne und Instinkte und durch das Fehlen von Vernunft und Sprache unterscheidet:* ein zahmes, wildes T.; er kann mit Tieren umgehen. * (ugs.) **ein hohes T.** *(eine Person in hoher Position).*

tierisch ⟨Adj.⟩: 1. ⟨nur attributiv⟩ *zum Tier gehörend, vom Tier stammend:* tierisches Fett. 2. (abwertend) *triebhaft wie ein Tier; roh, nicht menschlich:* tierische Grausamkeit. * (abwertend) **tierischer Ernst** *(pflichtbewußte, aber humorlose Gesinnung).*

Tiger, der; -s, -: /ein Raubtier/ (siehe Bild): sie sahen T. und Löwen im Zoo.

Tiger

tilgen, tilgte, hat getilgt ⟨tr.⟩: a) (geh.) *endgültig beseitigen, löschen:* die Spuren eines Verbrechens t.; eine Erinnerung aus seinem Gedächtnis t. b) *durch Zurückzahlen aufheben:* eine Schuld t. **Tilgung,** die; -, en.

Tinte, die; -, -n: *schwarze oder farbige Flüssigkeit, die zum Schreiben dient:* er schreibt mit grüner T. * (ugs.) **in der T. sitzen** *(in einer unangenehmen Lage sein):* ich habe ihm Geld geliehen und sitze nun selbst in der T. *(habe nun selbst keins).*

Tip, der; -s, -s (ugs.): *Hinweis, Wink, nützlicher Rat:* jmdm. einen T. geben; das war ein guter T.

tippeln, tippelte, ist getippelt ⟨itr.⟩ (ugs.): *[mit Anstrengung] wandern, zu Fuß laufen:* wir sind die ganze Strecke getippelt.

tippen, tippte, hat getippt: 1. a) ⟨itr.⟩ *(etwas/jmdn.) leicht berühren:* er hat mir/mich auf die Schulter getippt. b) ⟨tr.⟩ (ugs.) *auf der Maschine schreiben:* er hat den Brief [selbst] getippt. 2. ⟨itr.⟩ a) (ugs.) *etwas voraussagen oder vermuten:* ich tippe [darauf], daß er morgen kommt. b) *im Toto oder Lotto wetten:* er tippt jede Woche.

Tisch, der; -es, -e: *Möbelstück mit waagerechter Platte auf einem Gestell* (siehe Bild): er sitzt am T.; ein reich gedeckter T.

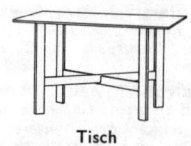

Tisch

(ein Tisch, auf dem viel zu essen ist). * **zu T. gehen** *(zum Essen gehen);* **bei/nach T.** *(während/ nach der Mahlzeit);* (ugs.) **reinen T. mit etwas machen** *(etwas in Ordnung bringen, erledigen).*

Tischler, der; -s, -: *jmd., der Möbel, Türen u. ä. herstellt/*Berufsbezeichnung/.

Tischtuch, das; -s, Tischtücher: *Tuch, das zur Mahlzeit auf den Tisch gelegt wird:* ein frisches T. auflegen.

Titel, der; -s, -: 1. *Bezeichnung, die den amtlichen Namen einer Person angibt oder die für besondere Verdienste verliehen wird:* er führt den T. ,,Regierender Bürgermeister". 2. *Name eines Buches, eines Kunstwerks o. ä.; Überschrift:* der Roman hat den T. ,,Der Idiot"; ein Film mit dem T. ,,Bambi".

Toast [to:st], der; es, -e und -s: 1. *geröstete Scheibe Brot:* ein Spiegelei auf T. 2. *Trinkspruch:* einen T. auf jmdn. ausbringen *(jmdn. bei einem festlichen Essen mit einem Toast ehren).*

toasten, ['to:stən], toastete, hat getoastet ⟨tr.⟩ *([Weiß]- brot) rösten:* er toastete eine Scheibe Brot.

toben, tobte, hat/ist getobt ⟨itr.⟩: *in wilder Bewegung sein:* der Kampf, der Sturm tobte; hier hat ein Unwetter getobt. 2. *lärmend umherlaufen:* die Kinder haben den ganzen Tag getobt; sie sind durch den Garten getobt. 3. *außer sich sein, rasen:* er hat vor Wut getobt.

Tochter, die; -, Töchter: *unmittelbarer weiblicher Nachkomme:* das Ehepaar hat zwei Töchter.

Tod, der; -es: *das Sterben; Aufhören, Ende des Lebens:* einen sanften, schweren T. haben; er war dem Tode nahe; der Mörder wurde zum Tode verurteilt; bildl.: er war zu Tode *(furchtbar)* erschrocken. * **auf T. und Leben kämpfen** *(bis zum äußersten kämpfen);* **mit dem Tode ringen** *(im Sterben liegen, aber sich heftig dagegen wehren):* der Kranke ringt seit Tagen mit dem Tode.

todernst ⟨Adj.⟩: *sehr ernst, ganz ernst [obgleich man das Gegenteil erwartet]:* du brauchst gar nicht so zu lachen, die Sache ist t.; er erzählte seine Witze mit todernstem Gesicht.

Todesfall, der; -s, Todesfälle: *Tod eines Menschen:* sie hat einen T. in der Familie *(ein Verwandter ist gerade gestorben);* einige rätselhafte Todesfälle beunruhigen die Bevölkerung.

Todesurteil, das; -s, -e: *Verurteilung zum Tode:* das T. ist vollstreckt worden *(der Verurteilte ist hingerichtet worden).*

Todfeind, der; -es, -e: *erbitterter, unversöhnlicher Gegner:* die beiden Männer waren Todfeinde.

tödlich ⟨Adj.⟩: 1. a) *den Tod herbeiführend:* eine tödliche Verletzung; er ist t. verunglückt *(durch einen Unfall gestorben).* b) *das Leben bedrohend:* eine tödliche Gefahr. 2. a) ⟨nur attributiv⟩ *sehr groß:* tödlicher Ernst; mit tödlicher Sicherheit. b) ⟨verstärkend bei Verben⟩ *sehr, außerordentlich:* er hat sich t. gelangweilt.

todmüde ⟨Adj.⟩ (ugs.): *sehr müde und erschöpft:* nach der langen Fahrt kamen wir t. zu Hause an.

Toilette [toa'letə], die; -, -n: I. *[Raum mit einer] Vorrichtung, die die menschlichen Ausscheidungen aufnimmt und beseitigt; WC, Abort:* auf die T. gehen; etwas in die T. werfen. II. *festliches Kleid:* die Damen trugen kostbare Toiletten. * **T. machen** *(sich sorgfältig anziehen und zurechtmachen).*

tolerant ⟨Adj.⟩: *duldsam, nachsichtig, nicht intolerant:* er hat eine tolerante Gesinnung; er war t. gegenüber fremden Meinungen.

Toleranz, die; -: 1. *duldsame Gesinnung, duldsames Verhalten:* T. zeigen, üben. 2. *zulässige Abweichung von einem vorgeschriebenen technischen Maß:* die Welle dieser Maschine hat eine T. von 0,2 mm.

tolerieren, tolerierte, hat toleriert ⟨tr./rzp.⟩: *dulden; gewähren, gelten lassen:* sie toleriert seine Meinung; die Parteien tolerieren sich gegenseitig. **Tolerierung**, die; -.

toll ⟨Adj.⟩: 1. *wild, übermütig:* tolle Streiche machen; ein toller Bursche. * **t. sein** *(verrückt sein):* du bist wohl t., wie kannst du so etwas tun? 2. (ugs.) **a)** *großartig, prachtvoll; aufregend:* er fährt einen tollen Wagen; das Fest war einfach t. **b)** *schlimm:* ein toller Lärm; er treibt es gar zu t.

tollen, tollte, hat/ist getollt ⟨itr.⟩: *beim Spielen wild umherjagen:* die Kinder haben fröhlich getollt, sind durch den Garten getollt.

tollkühn ⟨Adj.⟩: *überaus kühn; mutig ohne Rücksicht auf die Gefahr:* ein tollkühner Reiter; t. wagte er den Sprung.

Tölpel, der; -s, -: *einfältiger, ungeschickter Mensch:* dieser T. macht auch alles verkehrt!

Tomate, die; -, -n: /eine rote Frucht/ (siehe Bild).

Tomate

Tombola, die; -, -s: *Verlosung von Gegenständen bei einem Fest:* eine T. veranstalten.

Ton: I. der; -[e]s: /eine Art schwere, gut formbare Erde, die im Feuer hart wird/: T. kneten; etwas in T. modellieren; eine Vase aus T. **II.** der; -[e]s, Töne: 1. *auf das Gehör wirkende gleichmäßige Schwingung der Luft; Klang:* leise, tiefe Töne; das Instrument hat einen schönen T. *(es klingt schön).* 2. ⟨ohne Plural⟩ *Betonung:* die erste Silbe trägt den T. 3. ⟨ohne Plural⟩ **a)** *Art und Weise des Redens und Schreibens;* er ermahnte uns in freundlichem T.; der überhebliche T. seines Briefes ärgerte mich. **b)** *Art und Weise, wie Menschen untereinander verkehren:* bei uns herrscht ein rauher T.; das gehört zum guten T. *(dieses gute Verhalten wird von jedem erwartet).* * **den T. angeben** *(in einer Gesellschaft bestimmen, was oder wie etwas gemacht wird, die Führung haben):* in der Klasse gibt er den T. an. 4. *Farbe in bestimmter Intensität und Tönung:* ein Gemälde in blauen, satten Tönen.

Tonart, die; -, -en: *System von Tönen, die auf einem bestimmten Dreiklang aufgebaut ist:* in welcher T. steht das Lied? * **eine andere T. anschlagen** *(strenger werden):* als das Kind nicht gehorchte, schlug sie eine andere T. an.

Tonband, das; -[e]s, Tonbänder: *Streifen aus Kunststoff, der für akustische Aufnahmen verwendet wird* (siehe Bild).

Tonband

tönen, tönte, hat getönt: 1. ⟨itr.⟩ *Töne von sich geben; schallen:* die Glocke, die Geige tönt. * **tönende Worte** *(schön klingende, aber rauschende Reden).* 2. ⟨tr.⟩ *in der Farbe verändern, mit einer Nuance versehen:* sie hat ihr Haar dunkel getönt; die Wand ist [leicht] gelb getönt.

Tonfall, der; -s: *besonderer Klang der Rede:* er spricht mit singendem T.; der T. eines Schauspielers.

Tonlage, die; -, -n: *Bereich der Töne, die einem Instrument oder einer menschlichen Stimme zur Verfügung stehen:* sie singt in hoher, tiefer, mittlerer T.

Tonleiter, die; -, -n: *Folge der Töne, die zu einer Tonart gehören* (siehe Bild): sie übt Tonleitern auf dem Klavier.

Tonleiter

tonlos ⟨Adj.⟩: **a)** *leise, ohne Klang:* etwas t. sagen. **b)** *ohne Ausdruck, nur schwach und leise klingend:* mit tonloser Stimme las er ihr den Brief vor.

Tonne, die; -, -n: 1. *Faß in Form einer Walze.* 2. *Einheit für die Bestimmung des Gewichts:* eine Tonne hat 1000 Kilogramm.

Tönung, die; -, -en: *Art, wie etwas getönt ist; Färbung:* ein Glas mit grüner T.

Topf, der; -es, Töpfe: *rundes, meist tiefes Gefäß* (siehe Bild): einen T. auf den Herd setzen. * (ugs.) **alles in einen T. werfen**

Topf

(alles gleich beurteilen oder ablehnen, ohne die bestehenden Unterschiede zu berücksichtigen): ob jemand krank ist oder ob er faul ist, spielt für ihn keine Rolle, denn er wirft alle in einen T.

Tor: I. das; -[e]s, -e: 1. **a)** *breiter Eingang; Einfahrt:* der Hof hat zwei Tore. **b)** *Vorrichtung, mit der eine Einfahrt verschlossen wird* (siehe Bild): das T. schließen; ein eisernes T. 2. /bei Ballspielen/ **a)** *durch zwei Pfosten und eine waagerechte Latte begrenztes Ziel für den Ball* (siehe Bild): er steht heute im T. **b)** *der mit dem Ball erzielte Treffer:* ein T. schießen; die Mannschaft siegte mit 4 : 2 Toren. **II.** der; -en, -en (geh.): *einfältiger oder unklug handelnder Mensch:* was war er für ein T.!

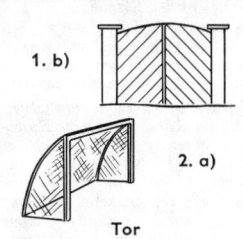

Tor

Torheit, die; -, -en: *unkluge Handlung:* er beging die T., mit vollem Magen zu baden.

töricht ⟨Adj.⟩: *dumm, albern, ohne Verstand [handelnd]:* eine törichte Frage; es wäre t., auf seine Hilfe zu warten.

torkeln, torkelte, hat/ist getorkelt ⟨itr.⟩: *sich nicht sicher auf den Beinen halten können;*

taumelnd gehen: der Betrunkene hat getorkelt, ist auf die Straße getorkelt.

Torte, die; -, -n: *feiner Kuchen, der aus mehreren Schichten besteht:* eine T. backen.

Tortur, die; -en: *Qual, große Strapaze:* der Marsch durch die glühende Hitze war eine T.

tosen, toste, hat getost: *in wilder Bewegung sein, dröhnen, brausen, toben* /bes. von Wind und Wasser gesagt/: der Sturm, der Wasserfall tost; ⟨oft im 1. Partizip⟩ tosender *(anhaltender, lauter)* Beifall.

tot ⟨Adj.⟩: **1.** *gestorben, nicht mehr am Leben seiend:* seine Eltern sind t.; ein toter Vogel; er lag t. im Bett. **2.** *abgestorben, ohne Verbindung mit dem Leben:* ein toter *(dürrer)* Ast; bildl.: die Leitung, das Telefon ist t. *(läßt kein Signal hören).*

total ⟨Adj.⟩: *vollständig, gänzlich; das Ganze betreffend:* totale Zerstörung; ich bin t. erschöpft.

Tote, der; -n, -n ⟨aber: ein Toter, Plural: Tote⟩: *jmd., der gestorben ist:* bei dem Verkehrsunfall gab es zwei Tote.

töten, tötete, hat getötet ⟨tr.⟩: *(jmdm.) das Leben nehmen:* einen Menschen, ein Tier t.; bildl.: der Zahnarzt hat den Nerv getötet *(unempfindlich gemacht).*

totenblaß ⟨Adj.⟩: *blaß wie ein Toter, völlig blaß:* sein Gesicht war t. vor Angst.

totenstill ⟨Adj.⟩ *völlig still:* es war t. in der Kirche.

totlachen, sich; lachte sich tot, hat sich totgelacht (ugs.): *überaus heftig lachen:* er hat sich [fast] totgelacht, als er das sah.

Totschlag, der; -s: *vorsätzliche oder im Affekt begangene Handlung, durch die ein Mensch getötet wird:* er ist wegen Totschlags angeklagt worden.

totschlagen, schlägt tot, schlug tot, hat totgeschlagen ⟨tr.⟩: *durch Schlagen töten; erschlagen:* eine Fliege t.; er hat im Rausch einen Mann totgeschlagen. * (ugs.; abwertend) **die Zeit t.** *(seine Zeit nutzlos verbringen).*

totschweigen, schwieg tot, hat totgeschwiegen ⟨tr.⟩: *(von jmdm./etwas) nicht sprechen, damit nichts bekannt wird:* die Presse hat seine Erfolge totgeschwiegen.

Tour [tu:r], die; -, -en: **1.** *Ausflug, Fahrt, Wanderung:* eine T. ins Gebirge machen. * **auf T. sein** *(unterwegs sein):* er ist viel auf T. **2.** (ugs.) *Art und Weise:* er macht es auf die langsame T.; er reist auf die dumme T. *(er versucht zu übervorteilen, zu übertölpeln).* **3.** ⟨Plural⟩ *Drehung einer Welle o. ä.:* der Motor läuft auf vollen Touren *(mit voller Kraft).* * (ugs.) **auf Touren kommen** *(in Schwung kommen):* nach dem Frühstück kam er erst richtig auf Touren.

Tourist [tu'rɪst], der; -en, -en: *jmd., der einen Ausflug oder eine Urlaubsreise macht:* dieser See wird von vielen Touristen besucht.

Tournee [tur'ne:], die; -, -s und -n: *Gastspielreise von Sängern, Schauspielern o. ä.:* eine T. machen.

Trab, der; -[e]s: *beschleunigter Gang des Pferdes:* er reitet im T.; * (ugs.) **jmdn. auf T. bringen** *(machen, daß sich jmd., der zu langsam arbeitet o. ä., beeilt, daß er schneller arbeitet).*

Trabant, der; -en, -en: *natürlicher Körper, der einen Planeten begleitet; Satellit:* der Mond ist ein T. der Erde.

Trabantenstadt, die; -, Trabantenstädte: *einheitlich gestaltetes Wohngebiet mit eigenem Zentrum, das am Rande einer Großstadt liegt.*

traben, trabte, hat/ist getrabt ⟨itr.⟩: **1.** *im Trab laufen oder reiten:* er hat/ist lange getrabt; er ist über die Wiese getrabt. **2.** (ugs.) *eilig gehen:* der Junge ist nach Hause getrabt.

Tracht, die; -, -en: *besondere Kleidung, die in bestimmten Landschaften oder Berufen getragen wird:* Kinder in bunten Trachten eröffneten den Festzug. ** **eine T. Prügel** *(eine reichliche Anzahl Schläge):* er hat eine T. Prügel bekommen.

trachten, trachtete, hat getrachtet ⟨itr.⟩ (geh.): *(nach etwas) streben; (etwas) mit allen Mitteln zu verwirklichen suchen:* er trachtete danach, möglichst schnell wieder nach Hause zu kommen. * **jmdn. nach dem Leben t.** *(jmdn. umbringen wollen).*

trächtig ⟨Adj.; nicht adverbial⟩: *ein Junges erwartend* /von Tieren gesagt/: eine trächtige Kuh.

Tradition, die; -, -en: *Überlieferung; herkömmlicher Brauch:* alte Traditionen pflegen; dieses Fest ist bereits [zur] T. geworden *(es findet regelmäßig statt).*

traditionell ⟨Adj.⟩: *der Überlieferung entsprechend, herkömmlich:* am Sonntag findet der traditionelle Festzug statt.

Tragbahre, die; -, -n: *Gestell zum Transport von Verletzten oder Toten:* die Sanitäter kamen mit einer T.

tragbar ⟨Adj.⟩: *so beschaffen, daß man es tragen kann:* ein tragbarer Fernsehapparat. * **nicht mehr t. sein** *(nicht mehr den Anforderungen entsprechen):* der Minister ist für die Partei nicht mehr t.

träge ⟨Adj.⟩: *langsam, sich ungern bewegend; faul:* ein träger Mensch; die Hitze macht mich ganz t.

tragen, trägt, trug, hat getragen: **1.** ⟨tr.⟩ *stützend halten [und mit sich nehmen]:* ein Kind [auf dem Arm] t.; einen Koffer [vom Bahnhof] t.; die Säulen tragen das Dach; ⟨auch itr.⟩ das Eis trägt nicht *(ist nicht fest genug, daß Menschen darauf stehen können).* **2.** ⟨tr.⟩ *an sich haben, [mit etwas] bekleidet sein:* ein neues Kleid t.; Schmuck, eine Brille t.; ⟨häufig im 2. Partizip⟩ getragene *(gebrauchte)* Kleider, Schuhe. **3. a)** ⟨tr.⟩ *haben:* einen Namen t.; die Verantwortung für etwas t. **b)** ⟨rfl.⟩ *sich [mit einem Vorhaben o. ä.] beschäftigen:* sich mit dem Gedanken, Plan t., etwas zu tun. **4.** ⟨tr.⟩ *erdulden:* sie trägt ihr Schicksal tapfer. **5.** ⟨itr.⟩ *hervorbringen:* der Baum trägt Früchte; das Kapital trägt Zinsen; der Acker trägt gut *(ist recht fruchtbar).*

Träger, der; -s, -: **1.** *jmd., der etwas trägt:* für die Expedition wurden einheimische T. gesucht. **2.** *tragender Bestandteil einer technischen Konstruktion:* die Decke ruht auf eisernen Trägern.

tragfähig ⟨Adj.⟩: *geeignet, eine Last zu tragen:* die Brücke ist nicht t. genug. **Tragfähigkeit,** die; -.

Tragfläche, die; -, -n: *Flügel eines Flugzeugs.*

Trägheit, die; -: *Faulheit; mangelnde Beweglichkeit; Langsamkeit:* seine T. macht mich nervös.

tragisch ⟨Adj.⟩: *von großem Leid erfüllt; erschütternd:* ein tragisches Schicksal; dieser Mann hat in ihrem Leben eine tragische Rolle gespielt. * (ugs.) etwas t. nehmen *(etwas allzu ernst nehmen):* du solltest diesen Verlust nicht so t. nehmen!

Tragödie, die; -, -n: *Schauspiel, in dem menschliches Leid und menschliche Konflikte mit tragischem Ausgang geschildert werden:* eine T. schreiben, aufführen; bildl.: in diesem Hause hat sich eine furchtbare T. *(ein unglückliches Ereignis)* abgespielt.

Trainer ['trɛːnər], der; -s, -: *jmd., der Sportler, auch Pferde, auf einen Wettkampf vorbereitet.*

trainieren [trɛ'niːrən], trainierte, hat trainiert: 1. ⟨tr.⟩ *systematisch auf sportliche Wettkämpfe vorbereiten:* er hat die Mannschaft trainiert. 2. ⟨itr.⟩ *systematisch [für einen Wettkampf] üben:* der Sportler trainiert täglich.

Training ['trɛːnɪŋ], das; -s, -s: *systematische Vorbereitung auf einen Wettkampf:* er nimmt am T. teil. * im T. sein *(in der Übung sein, geübt sein):* früher konnte ich das auch, aber heute bin ich nicht mehr im T.

traktieren, traktierte, hat traktiert ⟨tr.⟩ (ugs.): *plagen, quälen, mißhandeln:* er wurde mit Schlägen, mit dem Stock traktiert.

Traktor, der; -s, -en: *Fahrzeug, das zum Ziehen von Wagen und landwirtschaftlichen Maschinen dient* (siehe Bild): er fährt einen schweren T.

Traktor

trällern, trällerte, hat geträllert ⟨tr./itr.⟩: *munter [und ohne Text] vor sich hin singen:* eine Melodie t.; sie trällert gern bei der Arbeit.

trampeln, trampelte, hat/ist getrampelt ⟨itr.⟩: *mit den Füßen stampfen; derb und ungeschickt gehen:* er hat sich den Schnee von den Schuhen getrampelt; die Kinder sind durch das Gras getrampelt.

Trampelpfad, der; -s, -e (ugs.): *schmaler Weg, der erst dadurch entstanden ist, daß man oft dort durch Gebüsch o. ä. gegangen ist:* durch das Feld führt ein T.

trampen ['trɛmpən], trampte, ist getrampt ⟨itr.⟩: *eine Reise machen, indem man Autos anhält und sich mitnehmen läßt; per Anhalter fahren:* er ist nach Hamburg getrampt.

tranchieren [trã'ʃiːrən], tranchierte, hat tranchiert ⟨tr.⟩: *mit dem Messer zerlegen:* einen Braten t.

Träne, die; -, -n: *in den Augen entstehende Flüssigkeit, die als Tropfen aus dem Auge tritt:* sie weinte bittere Tränen; er war den Tränen nahe *(er hätte fast geweint).*

tränen, tränte, hat geträntt ⟨itr.⟩: *Tränen hervorbringen:* die Augen tränten ihm vor Kälte.

Trank, der; -[e]s (geh): *Getränk:* ein bitterer T.

Tränke, die; -, -n: *Stelle, an der Tiere trinken können:* das Vieh zur T. führen.

tränken, tränkte, hat getränkt ⟨tr.⟩: 1. *(Tiere) trinken lassen, (Tieren) zu trinken geben:* er tränkt sein Pferd. 2. *möglichst viel Flüssigkeit aufnehmen lassen:* einen Lappen mit Öl t.

transparent ⟨Adj.⟩: *durchsichtig, Licht durchlassend:* transparentes Papier; bildl.: die politischen Vorgänge sollten t. sein *(für die Öffentlichkeit verständlich, durchschaubar sein).*

Transparent, das; -[e]s, -e: 1. *großes Tuch, auf dem Sprüche mit politischem Inhalt oder Texte, mit denen für etwas geworben werden soll, stehen:* bei der Demonstration wurden mehrere Transparente mitgeführt. 2. *von hinten beleuchtetes Bild:* ein T. aufstellen.

transplantieren, transplantierte, hat transplantiert ⟨tr.⟩: *(lebendes Gewebe [in einen anderen Körper]) verpflanzen:* eine Niere t.

Transport, der; -[e]s, -e: 1. *Fortbewegung, Beförderung von Dingen oder Lebewesen:* die Waren wurden beim/auf dem T. beschädigt. 2. *zur Beförderung zusammengestellte Menge von Waren oder Lebewesen:* ein T. Pferde, Autos.

transportieren, transportierte, hat transportiert. ⟨tr.⟩: *an einen anderen Ort bringen, befördern:* Waren mit der Bahn t.

tratschen, tratschte, hat getratscht ⟨itr.⟩ (ugs.): *viel und nicht sehr freundlich über andere Leute reden; klatschen:* sie tratscht den ganzen Tag.

Traube, die; -, -n: a) *Beeren, die in einer bestimmten Weise um einen Stiel angeordnet sind:* die Trauben der Johannisbeere; bildl.: die Menschen hingen in Trauben an der Straßenbahn. b) *Weintraube:* ein Pfund Trauben kaufen. * die Trauben hängen jmdm. zu hoch *(jmd. tut so, als ob er etwas, was er im Grunde gern hätte, gar nicht haben will, weil er weiß, daß es für ihn zu schwer oder gar nicht zu erreichen ist).*

trauen, traute, hat getraut: I. a) ⟨itr.⟩ *(zu jmdm./etwas) Vertrauen haben:* du kannst ihm t.; ich traue seinen Angaben nicht. b) ⟨rfl.⟩ *wagen (etwas zu tun):* ich traute mich nicht, ins Wasser zu springen. II. ⟨tr.⟩ *ehelich verbinden:* dieser Pfarrer hat uns getraut; sie haben sich auf dem Standesamt t. lassen.

Trauer, die; -: 1. *seelischer Schmerz über ein Unglück oder einen Verlust:* diese Nachricht erfüllte ihn mit T.; in T. um einen Verstorbenen sein. 2. *die zum Zeichen der Trauer getragene Kleidung:* T. anlegen, tragen; eine Dame in T.

trauern, trauerte, hat getrauert ⟨itr.⟩: *seelischen Schmerz (über etwas) empfinden:* er trauert um seine Mutter, um den Tod seiner Mutter.

Trauerspiel, das; -s, -e: *Tragödie:* ein T. aufführen; „Emilia Galotti" ist ein bürgerliches T. * es ist ein T. mit jmdm. *(es ist bedauerlich, betrüblich, daß jmd. etwas nicht kann oder in irgendeiner Weise gehindert ist).*

Trauerweide

Trauerweide, die; -, -n: *Weide mit hängenden Zweigen* (siehe Bild S. 351).

träufeln, träufelte, hat geträufelt ⟨tr.⟩: *tropfen lassen:* eine Arznei ins Ohr t.

traulich ⟨Adj.⟩: *vertraut, gemütlich:* wir saßen in traulicher Gemeinschaft; t. miteinander plaudern.

Traum, der; -[e]s, Träume: 1. *im Schlaf auftretende Vorstellungen und Bilder:* einen T. haben; etwas im T. erleben, sehen. 2. *sehnlicher, unerfüllter Wunsch:* es war immer sein T., Maler zu werden. ** (ugs.) **nicht im T.** *(ganz und gar nicht, überhaupt nicht):* er denkt nicht im T. daran, sie zu heiraten.

träumen, träumte, hat geträumt ⟨itr.⟩: 1. *einen Traum haben:* ich habe heute nacht [schlecht] geträumt, von meinem Vater geträumt. 2. a) *seine Gedanken schweifen lassen:* du träumst zuviel bei der Arbeit. b) *ohne Bezug auf die Wirklichkeit (auf etwas) hoffen:* er träumt von einer großen Zukunft.

träumerisch ⟨Adj.⟩: *im wachen Zustand träumend, in Gedanken versunken:* sie hat, macht träumerische Augen.

traumhaft ⟨Adj.⟩: *wie in einem Traum:* er ging seinen Weg mit traumhafter Sicherheit; ein t. *(besonders)* schönes Land.

traurig ⟨Adj.⟩: 1. *von Trauer erfüllt; bekümmert:* traurige Augen haben; sie war t. über den Verlust ihres Ringes. 2. a) ⟨nicht adverbial⟩ *Trauer erregend; bedauerlich; freudlos; trostlos:* ein trauriges Ereignis; er führt ein trauriges Leben; traurige Zustände. b) ⟨nur attributiv⟩ (abwertend) *erbärmlich, kümmerlich:* ein trauriger Feigling. **Traurigkeit**, die; -.

Trauung, die; -, -en: *Feier, mit der eine Ehe vor dem Standesamt oder in der Kirche geschlossen wird:* eine T. vollziehen.

Treck, der; -s, -s: *[Aus]zug von Personen, besonders von Flüchtlingen und Auswanderern:* ein T. mit Wagen und Pferden.

Trecker, der; -s, -: *Traktor.*

treffen, trifft, traf, hat getroffen /vgl. treffend/: 1. ⟨tr.⟩ a) *mit einem Schlag, Schuß o. ä. erreichen:* der Schütze traf das Ziel; ein Stein traf ihn an der Schulter; bildl.: dieser Vorwurf traf ihn tief. b) *richtig erfassen, herausfinden:* der Photograph hat dich gut getroffen *(das Bild ist gut geworden, du siehst gut darauf aus);* er traf den richtigen Ton *(fand die richtigen Worte).* c) ⟨als Funktionsverb⟩ *eine Anordnung t. (etwas anordnen, befehlen);* eine Verabredung t. *(sich verabreden).* 2. a) ⟨itr./rzp.⟩ *mit jmdm. zusammenkommen und mit ihm sprechen:* ich habe ihn gestern im Theater getroffen; wir trafen uns auf der Straße. b) ⟨itr.⟩ *vorfinden, antreffen:* wir hatten im Urlaub gut getroffen *(wir waren mit allem zufrieden);* er traf auf einen harten Gegner. * **es trifft sich [gut], daß...** *(es paßt [gut], daß...):* es trifft sich gut, daß mein Freund gerade hier ist.

Treffen, das; -s, -: *Zusammenkunft, Begegnung:* ein Treffen der Abiturienten, der besten Sportler.

treffend ⟨Adj.⟩: *genau richtig; der Sache entsprechend:* ein treffendes Wort; er verstand es, den Professor t. nachzuahmen.

Treffer, der; -s, -: a) *Schuß, der das Ziel getroffen hat:* er hat 10 T. erzielt; der Panzer erhielt mehrere T. *(wurde mehrmals getroffen).* b) *Los, das gewinnt:* er hat einen T. in der Lotterie.

trefflich ⟨Adj.⟩: *ausgezeichnet, vorzüglich:* ein treffliches Buch; eine treffliche Speise. **Trefflichkeit**, die; -.

Treffpunkt, der; -[e]s, -e: *Ort, an dem eine Begegnung stattfindet:* einen T. ausmachen, vereinbaren.

treiben, trieb, hat /ist getrieben: 1. a) ⟨tr.⟩ *vor sich her drängen oder jagen:* Vieh, Hasen t.; er hat den Dieb in die Flucht getrieben; bildl.: jmdn. zur Eile t.; die Verzweiflung hat ihn in den Tod getrieben. b) ⟨tr.⟩ *laufen lassen, in Gang halten:* das Wasser hat das Rad getrieben; der Motor treibt die Säge. c) ⟨tr.⟩ *hineinschlagen, hineinbohren:* er hat einen Tunnel durch den Berg getrieben. d) ⟨tr.⟩ *durch Schlagen formen:* Metall treiben; ⟨auch im 2. Partizip⟩ getriebenes Kupfer. e) ⟨itr.⟩ *wachsen lassen:* der Baum hat Blüten, Früchte getrieben. 2. a) ⟨tr.⟩ *sich mit etwas beschäftigen:* sie haben Handel mit ihren Nachbarn getrieben; er treibt viel Mathematik; sie trieb großen Luxus *(lebte verschwenderisch).* b) ⟨itr.⟩ *sein Verhalten bis zu einem gewissen Grad verschärfen:* er hat es gar zu bunt, zu arg, zu wild, zu weit getrieben. 3. ⟨itr.⟩ *sich [willenlos] fortbewegen:* das Eis trieb auf dem Fluß; ein Boot ist ans Land getrieben.

Treiben, das; -s, -: 1. *lebhaftes, geschäftiges Tätigsein:* das bunte T. in den Straßen gefiel mir. 2. *Teibjagd; Teil des Geländes, in dem eine Treibjagd stattfindet:* das T. war um 17 Uhr beendet; in diesem T. wurden 10 Hasen geschossen.

Treiber, der; -s, -: *jmd., der bei einer Jagd das Wild auf die Jäger zu treibt:* die T. gehen lärmend über das Feld.

Treibhaus, das; -es, Treibhäuser: *niedriges Gebäude mit einem Dach [und Wänden] aus Glas, in dem Pflanzen schneller wachsen können* (siehe Bild): dieses Gemüse kommt aus dem T.

Treibhaus

Treibjagd, die; -, -en: *Jagd, bei der das Wild in Richtung auf die Jäger getrieben wird.*

Treibstoff, der; -s, -e: *meist flüssiger Stoff, durch dessen Verbrennung Motoren angetrieben werden:* Benzin ist ein T.

Trend, der; -s: *erkennbare Richtung einer Entwicklung; starke Tendenz:* der T. geht zur Verwendung von Konserven.

trennen, trennte, hat getrennt 1. ⟨tr./rfl.⟩ *von einem größeren Ganzen lösen, abtrennen:* den Kragen von einem Kleid t.; ein Kind von seiner Familie t.; er hat sich von uns getrennt. 2. a) ⟨tr./rzp.⟩ *voneinander entfernen, scheiden:* die Bestandteile einer Mischung t.; wir trennten uns *(gingen auseinander);* ⟨auch itr.⟩ der Radioapparat trennt [die Sender] scharf; ⟨häufig im 2. Partizip⟩ die Eheleute leben getrennt *(haben keine gemeinsame Wohnung mehr, weil ihre Ehe zerrüttet ist).* b) ⟨tr.⟩ *zerlegen, auflösen:* ein Wort [nach

Silben) t. 3. ⟨tr.⟩ *als Hindernis dazwischenliegen, nicht zusammenkommen lassen:* der Fluß trennt die beiden Städte; unsere Ansichten trennen uns voneinander. **Trennung,** die; -, -en.

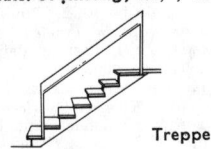

Treppe

Treppe, die; -, -n: *aus mehreren Stufen bestehender Aufgang* (siehe Bild): eine T. hinaufsteigen; vom Ufer führt eine T. zum Fluß hinunter; er wohnt eine T. hoch *(im ersten Stockwerk).*

Treppenhaus, das; -es, Treppenhäuser: *Raum in einem Gebäude, von dem aus die Treppe nach oben oder unten führt:* das Spielen im T. ist verboten!

Tresor, der; -s, -e: *gegen Feuer und Diebstahl gesicherter größerer Raum oder sicheres Fach:* ihr Schmuck ist in einem T. aufbewahrt.

treten, tritt, trat, hat/ist getreten: 1. a) ⟨itr.; mit näherer Bestimmung⟩ *den Fuß setzen, einen oder mehrere Schritte gehen:* er ist vor die Tür, ins Zimmer getreten; er ist/hat in eine Pfütze getreten; sie ist zur Seite getreten; er hat mir auf den Fuß getreten; bildl.: der Fluß ist über die Ufer getreten *(er hat die Ufer überschwemmt);* Tränen traten ihr in die Augen. b) ⟨als Funktionsverb⟩ *in Erscheinung t. (sichtbar werden),* in Beziehung zu jmdm. t. *(die Beziehung zu jmdm. herstellen).* 2. ⟨tr.⟩ *mit dem Fuß stoßen; stampfen:* er hat mich getreten; einen Weg durch den Schnee t. *(ugs.): **jmdn. t.** *(jmdn. mahnen, antreiben):* er hat mich getreten, auch zum Fest zu kommen.

treu ⟨Adj.⟩: *beständig in seiner Gesinnung; fest zu Menschen und Dingen stehend, denen man sich verpflichtet fühlt:* ein treuer Freund; treue Liebe; jmdm./ einer Sache t. sein, bleiben.

Treue, die; -: *beständige Gesinnung, die an einmal eingegangenen Verpflichtungen festhält:* jmdm. T. schwören. ***jmdm. die T. halten** *(jmdm. treu bleiben):* er hat mir auch in Zeiten der Not die T. gehalten.

treuherzig ⟨Adj.⟩: *in kindlicher Weise gutgläubig; arglos vertrauend:* sie hat ein treuherziges Gesicht; er blickt mich t. an.

treulos ⟨Adj.⟩: *nicht treu; jmdn./etwas im Stich lassend; verräterisch:* ein treuloser Freund; er hat t. an ihr gehandelt. **Treulosigkeit,** die;

Tribüne, die; -, -n: *Gerüst oder fester Bau mit erhöhten Plätzen für Zuschauer* (siehe Bild).

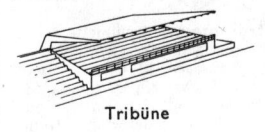

Tribüne

Trichter, der; -s, -: 1. *oben weites, unten enges Gerät zum Füllen von Flaschen o. ä.* (siehe Bild): Milch durch einen T. gie-

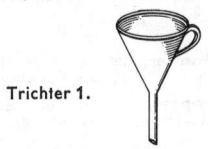

Trichter 1.

ßen. * (ugs.) **auf den [richtigen] T. kommen** *(die Lösung für eine gestellte Aufgabe o. ä. schließlich finden).* 2. *Vertiefung, die durch das Einschlagen einer Bombe o. ä. entstanden ist:* gleich neben der Straße war ein großer T.

Trick, der; -s, -s: a) *einfache, aber wirksame Methode, mit der man sich eine Arbeit erleichtert:* einen T. anwenden. b) *listig ausgedachtes, geschicktes Vorgehen, mit dem man jmdn. täuscht:* er ist auf den T. eines Betrügers hereingefallen.

Trieb, der; -[e]s, -e: 1. *starke natürliche Regung, die ein Lebewesen zu bestimmten Handlungen drängt:* seine Triebe beherrschen; er folgte einem inneren T., als er sich zu dieser Tat entschloß. 2. *junger, gerade frisch entwickelter Teil einer Pflanze:* die Bäume zeigen frische Triebe.

triebhaft ⟨Adj.⟩: *von Trieben bestimmt oder beherrscht:* t. handeln; er ist ein triebhafter Mensch. **Triebhaftigkeit,** die;

Triebwagen, der; -s, -: *Fahrzeug der Eisenbahn mit eigenem Motor, das auch Fahrgäste be-* *fördert:* auf dieser Strecke verkehrt nur ein T.

triefen, triefte, hat getrieft ⟨itr.⟩: a) *in großen Tropfen fließen:* der Schweiß triefte ihm von der Stirn. b) *tropfend naß sein:* mein Hut triefte vom Regen.

triftig ⟨Adj.⟩: *wichtig, entscheidend:* einen triftigen Grund für etwas haben; eine triftige *(ausreichende)* Entschuldigung.

trillern, trillerte, hat getrillert ⟨itr.⟩: *singen oder pfeifen mit schneller Wiederholung von einem oder zwei hellen Tönen:* der Vogel trillert laut.

trinken, trank, hat getrunken: a) ⟨tr.⟩ *Flüssigkeit zu sich nehmen:* Milch t.; wir tranken noch ein Glas Bier; ⟨auch itr.⟩ schnell t.; sie trinkt aus der Flasche. * **auf jmds. Gesundheit, Wohl, Glück t.** *(jmdm. Gesundheit, Wohlergehen, Glück wünschen und zur Bekräftigung einen Schluck Alkohol trinken).* b) ⟨itr.⟩ *viel Alkohol zu sich nehmen:* der Kraftfahrer hatte getrunken; ihr Mann trinkt *(ist ein Trinker).*

Trinker, der; -s, -: *jmd., dem das Trinken von Alkohol in größeren Mengen zur Gewohnheit geworden ist:* sein Vater ist ein T.

Trinkgeld, das; -[e]s, -er: *kleiner Betrag, den man jmdm. für einen Dienst zusätzlich gibt:* er gab dem Friseur ein T.

Trinkspruch, der; -[e]s, Trinksprüche: *kurze Ansprache bei einem Essen, mit der die Anwesenden aufgefordert werden, zu Ehren von jmdm. oder etwas zu trinken:* er brachte einen T. auf den hohen Gast aus.

Trio, das; -s, -s: 1. *Musikstück für drei Instrumente.* 2. a) *Gruppe von drei Musikern.* b) *(abwertend) Gruppe von drei Personen, die gemeinsam an etwas [Strafwürdigem] beteiligt gewesen sind:* die Polizei fand dieses T. nach dem Einbruch in einer Bar.

trippeln, trippelte, ist getrippelt ⟨itr.⟩: *mit kleinen Schritten laufen:* das Kind trippelt durch das Zimmer.

trist ⟨Adj.⟩: *traurig anzusehen; trostlos, jämmerlich:* ein tristes Gebäude.

Tritt, der; -[e]s, -e: 1. a) *Schritt:* einen festen T. haben. b) *Stoß mit dem Fuß:* jmdm. einen T.

geben. 2. *kleines Gestell mit Stufen* (siehe Bild).

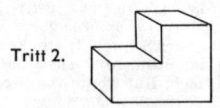

Tritt 2.

Triumph, der; -[e]s, -e: a) *großer Erfolg, stolzer Sieg:* die Sängerin feiert Triumphe; diese Maschine ist ein T. der Technik. b) ⟨ohne Plural⟩ *stolze Freude über einen Erfolg:* er brachte den Preis im T. nach Hause.

triumphieren, triumphierte, hat triumphiert ⟨itr.⟩: a) *einen Sieg davontragen:* er triumphierte über seine Gegner. b) *seiner Freude über einen Erfolg Ausdruck geben:* er triumphierte, als er das hörte; ⟨häufig im 1. Partizip⟩ ein triumphierendes Lächeln.

trivial ⟨Adj.⟩: *gewöhnlich, alltäglich; von geringem Wert, geistlos:* ein trivialer Gedanke.

Trivialität, die; -, en: a) ⟨ohne Plural⟩ *Plattheit, Alltäglichkeit:* die T. dieses Romans ist langweilig. b) *geistloser Gedanke, geistlose Äußerung:* ich bekam nur Trivialitäten zu hören.

trocken ⟨Adj.⟩: 1) *nicht naß oder feucht:* trocknes Wetter; die Wäsche ist t.; das Brot ist zu t. *(nicht mehr frisch).* * **trocknes Brot** *(Brot ohne Aufstrich);* (ugs.) **auf dem trocknen sitzen** *(nicht weiter können, kein Geld mehr zur Verfügung haben).* 2. a) *nüchtern, langweilig:* ein trockner Vortrag. b) *knapp und treffend:* eine trockne Bemerkung; trockner Humor. 3. *herb:* ein trockner Sekt. **Trockenheit**, die; -.

trocknen, trocknete, hat/ist getrocknet: 1. ⟨tr.⟩ *trocken machen, trocken werden lassen:* Holz [am Ofen] trocknen; er hat seine Haare getrocknet. 2. ⟨itr.⟩ *trocken werden:* die Wäsche ist schnell getrocknet.

trödeln, trödelte, hat getrödelt ⟨itr.⟩ (ugs.): *langsam sein, (etwas) langsam und ohne Lust tun, bummeln:* bei der Arbeit t.; die Kinder trödeln schon wieder *(gehen zu langsam).*

Trog, der; -[e]s, Tröge: *großes, meist längliches Gefäß [zum Füttern von Tieren]* (siehe Bild): die Schweine fressen aus dem T.

Trommel, die; -, -n: */ein Musikinstrument/* (siehe Bild).

Trommelfell, das; -s, -e: 1. *Häutchen im Ohr, das den Schall aufnimmt.* 2. *die über die Trommel gespannte gegerbte Tierhaut.*

Trog

trommeln, trommelte, hat getrommelt ⟨itr.⟩: a) *die Trommel schlagen.* b) *fortgesetzt und schnell auf einen Gegenstand schlagen:* mit den Fingern auf den Tisch t.; der Regen trommelte auf das Dach.

Trommel

Trommler, der; -s, -: *Musiker, der die Trommel schlägt.*

Trompete, die; -, -n: */ein Musikinstrument/* (siehe Bild).

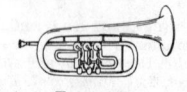

Trompete

trompeten, trompetete, hat trompetet ⟨itr.⟩: *Trompete blasen;* bildl.: der Elefant trompetet *(stößt laute Töne aus);* (ugs.; scherzh.) er trompetet *(schnaubt sich sehr laut die Nase).*

Trompeter, der; -s, -: *Musiker, der die Trompete bläst.*

Tropf, der; -[e]s, Tröpfe (ugs.): *einfältiger Mensch, Dummkopf:* so ein T.!; er ist ein armer T. *(ein unglücklicher Mensch, der sich nicht selbst helfen kann).*

tröpfeln, tröpfelte, hat getröpfelt: 1. ⟨itr.⟩ *in wenigen, kleinen Tropfen fallen oder rinnen:* der Regen, das Blut tröpfelt; es tröpfelt *(es regnet leicht).* 2. ⟨tr.⟩ *in kleinen Tropfen fließen lassen:* eine Arznei in die Augen t.

tropfen, tropfte, hat getropft ⟨itr.⟩: a) *in Tropfen fallen oder rinnen:* das Blut tropft aus der Wunde. b) *Tropfen fallen lassen:* die Kerze tropft.

Tropfen, der; -s, -: 1. *kleine, in runder Form abgesonderte Menge einer Flüssigkeit:* ein T. Blut; es regnet in großen T.; ein Glas bis auf den letzten T. *(ganz)* leeren; bildl.: ein guter T. *(ein guter Wein).* 2. ⟨Plural⟩ *Medizin (die in Tropfen genommen wird):* hast du deine T. schon genommen?

Trost, der; -es: *etwas, was in Leid und Kummer aufrichtet, ermuntert:* die Kinder sind ihr einziger T.; in etwas T. finden. * **jmdm. Trost spenden/zusprechen** *(jmdn. trösten);* (ugs.; abwertend) **nicht bei T. sein** *(nicht bei Verstand, bei Sinnen sein; unvernünftig handeln):* wie konntest du das tun, du bist wohl nicht recht bei T.!

trösten, tröstete, hat getröstet: a) ⟨tr.⟩ *in Leid und Kummer aufrichten, wieder zuversichtlich machen:* die Mutter tröstet das Kind; dieser Gedanke tröstete ihn. b) ⟨rfl.⟩ *(etwas Unangenehmes, Bedrückendes) überwinden:* er tröstete sich schnell über den Verlust.

tröstlich ⟨Adj.⟩: *noch ganz erfreulich, beruhigend; bei allem Übel noch als Trost verblieben:* es ist t. zu wissen, daß wir nach dieser vielen Arbeit auf Urlaub fahren können; es ist ein tröstlicher Gedanke, daß diese unruhige Zeit bald vorüber ist; das ist nicht sehr t. *(nicht sehr angenehm).*

trostlos ⟨Adj.⟩: 1. *traurig, unerfreulich, hoffnungslos:* unsere Lage war t. 2. (abwertend) *öde; ohne jeden Reiz, keine Abwechslung bietend:* eine trostlose Gegend; auf dieser Party war es t.

Trott, der; -s: *langsamer, schwerfälliger Gang:* das Pferd geht im T.; bildl.: es geht alles im alten, im gleichen T. *(in gewohnter Gleichmäßigkeit)* weiter.

trotz ⟨Präp. mit dem Gen.⟩: */kennzeichnet ein Hindernis, über das man sich hinwegsetzt/:* wir gingen t. des Regens spazieren; ⟨auch mit dem Dativ⟩, allem kann ich ihr nicht böse sein; ⟨aber auch ohne Flexionsendung vor starken Substantiven im Singular, wenn sie ohne Artikel und ohne adjektivisches Attribut stehen; im Plural dann mit Dativ⟩ t. Schnee und Kälte; t. Regen; t. Gesetzen.

Trotz, der; -es: *starrer Widerstand, Eigensinn:* wir müssen seinen T. brechen; er tut es mir zum T. (um mich zu ärgern).

trotzdem ⟨Adverb⟩: trotz hindernder Umstände, dennoch: ich bin nicht verreist. T. habe ich mich erholt; es ist verboten, aber ich habe es t. getan.

trotzen, trotzte, hat getrotzt ⟨itr.⟩: Widerstand leisten: einer Gefahr t.

trotzig ⟨Adj.⟩: a) widersetzlich, störrisch: sie gab mir eine trotzige Antwort. b) furchtlos, nicht nachgebend: er wehrte sich t.

trübe ⟨Adj.⟩: nicht klar, nicht hell: trübes Wetter; das Wasser ist t.; bildl.: trübe (traurige) Gedanken. * **im trüben fischen** (eine unklare Lage ausnutzen, um sich Vorteile zu verschaffen).

Trubel, der; -s: heftig bewegtes Durcheinander, Gewühl: sich in den T. des Verkehrs stürzen; bildl.: etwas im T. der Geschäfte [zu tun] vergessen.

trüben, trübte, hat getrübt: a) ⟨tr.⟩ trübe, undurchsichtig machen: die Abwässer haben das Wasser getrübt. * **jmdm. den Blick für etwas t.** (jmdn. hindern, eine Tatsache richtig zu erkennen). b) ⟨rfl.⟩ trübe werden: das Wetter hat sich getrübt; das gute Verhältnis hat sich getrübt.

trübselig ⟨Adj.⟩: traurig gestimmt: trübselige Gedanken.

trudeln, trudelte, hat/ist getrudelt ⟨itr.⟩: fallen und sich dabei der Länge nach drehen: das Flugzeug hat getrudelt, kommt ins Trudeln; der Reifen ist ins Wasser getrudelt.

trügen, trog, hat getrogen ⟨itr.⟩: einen falschen Eindruck erwecken, irreführen: wenn mich mein Gedächtnis nicht trügt (wenn ich mich recht erinnere), dann war er damals dabei; sein gutes Aussehen trügt (in Wirklichkeit ist er krank).

trügerisch ⟨Adj.⟩: falsch, irreführend, täuschend: trügerische Hoffnungen.

Trugschluß, der; Trugschlusses, Trugschlüsse: falsches Ergebnis des Denkens: das ist ein T. von dir.

Trümmer, die ⟨Plural⟩: Bruchstücke, Überreste eines zerschlagenen oder zerbrochenen Ganzen: die T. eines Hauses, eines Spiegels. * **in Trümmern liegen** (zer-

stört sein); **in T. gehen** (zerbrechen).

Trumpf, der; -es, Trümpfe: die Karten, die bei einem Spiel jeweils als die wertvollsten gelten: einen T., Trümpfe ausspielen; bildl.: Sport ist heute T. (wird heute am meisten geschätzt); er hat alle Trümpfe in der Hand (er hat alle Vorteile auf seiner Seite).

Trunk, der; -[e]s: a) Getränk: ein kühler, erfrischender T. b) das Trinken /von Alkohol/: er neigt zum T., ist dem T. verfallen.

Trunkenheit, die; -: Zustand des Betrunkenseins: der Kraftfahrer wurde wegen T. am Steuer bestraft.

Trupp, der; -s, -s: kleine Gruppe von Menschen: ein T. Studenten kam vorüber.

Truppe, die; -; -n: 1. zusammen auftretende Gruppe von Schauspielern, Artisten o. ä. 2. im Kampf einsetzbarer Teil eines Heeres: zur T. versetzt werden; die Regierung zieht Truppen zusammen.

Tube, die; -, -n: Behälter für Salben, Pasten u. a. (siehe Bild): eine T. Senf kaufen. * (ugs.) **auf die T. drücken** (etwas beschleunigen, vorantreiben),

Tube

Tuch, das; -[e]s, Tücher und Tuche: 1. ⟨Plural: Tücher⟩ meist viereckiges Stück eines Stoffes: ein seidenes T. * **jmd./ etwas wirkt auf jmdn. wie ein rotes Tuch** (jmd./etwas reizt jmdn., macht jmdn. wütend). 2. ⟨Plural: Tuche⟩ /ein glattes Gewebe/: ein Anzug aus feinem T.

Tuchfühlung: ⟨in den Wendungen⟩ **T. haben/in T. stehen**: a) so nahe aneinander stehen, daß man sie [leicht] berührt. b) lose Verbindung halten: die beiden Parteien standen in T.; **auf T. gehen** (nahe aneinanderrücken).

tüchtig ⟨Adj.⟩: fähig und geschickt; den Anforderungen voll entsprechend: ein tüchtiger Kaufmann; eine tüchtige (sehr gute) Leistung. 2. ⟨nicht prädikativ⟩ (ugs.) groß, als Leistung hervortretend; reichlich; ordentlich, viel: einen tüchtigen Schluck nehmen; t. laufen. **Tüchtigkeit**, die; -.

Tücke: ⟨in den Wendungen⟩ **Tücken haben** (versteckte schlechte Eigenschaften oder Schwierigkeiten haben): diese Maschine hat ihre Tücken; **mit List und T.** (mit Klugheit und Geschicklichkeit): ich habe ihn nur mit List und T. umstimmen können.

tückisch ⟨Adj.⟩: hinterlistig, durch versteckte Bosheit gefährlich: ein tückischer Gegner; bildl.: eine tückische Krankheit.

Tugend, die; -, -en: a) ⟨ohne Plural⟩ stetige Bereitschaft zu sittlichem Handeln. b) sittlich wertvolle Eigenschaft: er ist ein Muster demokratischer Tugenden. * **aus der Not eine T. machen** (eine ungünstige Lage noch günstig ausnutzen).

Tüll, der; -s: Gewebe in der Art eines Netzes: Gardinen aus T.

Tülle, die; -, -n: an Kannen o. ä. angebrachter Teil, durch den der Inhalt ausgegossen wird.

Tulpe

Tulpe, die; -, -n: /eine Gartenblume/ (siehe Bild).

tummeln, sich; tummelte sich, hat sich getummelt: sich lebhaft bewegen: die Kinder tummeln sich im Garten, im Wasser.

Tümpel, der; -s, - (abwertend): kleiner Teich mit stehendem Wasser.

Tumult, der; -[e]s, -e: Durcheinander lärmender und aufgeregter Menschen; Aufruhr: bei einem Verkehrsunfall entstand ein T.; ich kann bei diesem T. nicht arbeiten.

tun, tat, hat getan: 1. a) ⟨tr.⟩ machen, ausführen, vollbringen: er tut viel Gutes; er tut seine Pflicht; ich muß noch etwas t. (ich muß noch arbeiten). b) ⟨als Funktionsverb⟩ einen Schwur t. (schwören); jmdm. Schaden t. (jmdm. schaden). 2. ⟨itr.⟩ arbeiten, schaffen: er hat viel zu t.; ich will nichts damit zu t. haben. 3. ⟨tr.⟩ zufügen: jmdm. Unrecht, Gutes t. 4. ⟨tr.⟩ an eine Stelle bringen: Salz ins Essen t. 5. ⟨itr.⟩ ein bestimmtes Verhalten vortäuschen: sie tut immer sehr freundlich; er tut [so], als ob ich sein Freund wäre.

tünchen, tünchte, hat getüncht ⟨tr.⟩: *mit Kalkfarbe streichen:* er hat die Mauer getüncht.

Tunke, die; -, -n (landsch.): *Soße.*

Tunnel, der; -s, - und -s: *unterirdisches Bauwerk, durch das eine Bahn oder Straße geführt wird:* einen T. durch den Berg bohren.

tupfen, tupfte, hat getupft ⟨tr.⟩ *durch leichtes Berühren auftragen:* Salbe auf eine Wunde t.

Tür, die; -, -en: **a)** *Eingang in ein Gebäude o. ä.:* durch eine T. gehen. **b)** *Vorrichtung, mit der ein Eingang verschlossen wird* (siehe Bild): die T. knarrt. * (ugs.) jmdn. vor die T. setzen *(jmdn. hinauswerfen).*

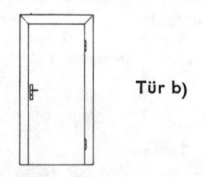

Tür b)

turbulent ⟨Adj.⟩: *stürmisch, aufgeregt lärmend:* eine turbulente Versammlung.

Turm, der; -[e]s, Türme: **1.** *hoch aufragendes Bauwerk* (siehe Bild): die Kirche hat zwei Türme. **2.** */eine Figur im Schachspiel/* (siehe Bild).

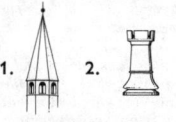

1. 2.

Turm

türmen: **I.** türmte sich, hat sich getürmt: *sich übereinander erheben:* die Wolken türmen sich am Himmel. **II.** türmte, ist getürmt ⟨itr.⟩ (ugs.): *weglaufen:* der Dieb ist getürmt.

turnen, turnte, hat geturnt ⟨itr.⟩: *körperliche Übungen [an Geräten] ausführen:* er turnt an den Ringen. **Turnen**, das; -s.

Turner, der; -s, -: *jmd., der [an Geräten] turnt.*

Turnus, der; -: *festgelegte, sich wiederholende Reihenfolge:* das Amt wechselte im T. unter den Mitgliedern.

Tusch, der; -s, -e: *kurzes, kräftiges Ertönen der Musik bei einer Ehrung o. ä.:* die Kapelle spielte einen T.

Tusche, die; -, -n: *besondere, zum Zeichnen oder Malen verwendete Tinte:* eine Zeichnung in T. ausführen.

tuscheln, tuschelte, hat getuschelt ⟨itr./tr.⟩: *leise und heimlich sprechen, sagen:* die Frauen tuschelten miteinander; sie tuschelte ihm etwas ins Ohr.

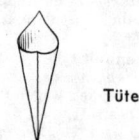

Tüte

tuschen, tuschte, hat getuscht ⟨tr./itr.⟩: *mit Tusche zeichnen oder malen.*

Tüte, die; -, -n: *etwas, was in der Art eines Trichters aus Papier oder Kunststoff hergestellt ist und in das Waren verpackt werden* (siehe Bild): er hat mir eine T. voll Kirschen mitgebracht.

Twen, der; -[s], -s: *junger Mann in den Zwanzigern.*

Typ, der; -s, -en: **1.** *[technisches] Muster, Modell:* die Firma bringt einen neuen T. auf den Markt. **2.** *Gattung; ausgeprägte Art einer Gruppe von Personen:* er ist der T. eines Kaufmanns; dieses Mädchen ist nicht mein T. *(es gefällt mir nicht).*

Type, die; -, -n: **1.** *gegossener Buchstabe für den Druck oder in der Schreibmaschine:* die Typen reinigen. **2.** (ugs.; abwertend) *eigenartiger, merkwürdiger Mensch:* das ist auch so eine T.

typisch ⟨Adj.⟩: *die Art, Gattung von jmdm./etwas kennzeichnend; charakteristisch:* er ist ein typischer Seemann; es war t. für ihn, daß er zu spät kam.

Tyrann, der; -en, -en: *jmd., der seine Macht über andere streng und rücksichtslos zur Geltung bringt:* sein Vorgesetzter ist ein T.

tyrannisieren, tyrannisierte, hat tyrannisiert ⟨tr.⟩: *anderen seinen Willen aufzwingen, sie seine Macht fühlen lassen:* er tyrannisiert die ganze Familie.

U

U-Bahn, die; -, -en: *Untergrundbahn.*

übel ⟨Adj.⟩: **1.** *moralisch schlecht:* eine üble Gesellschaft; einen üblen Ruf haben. **2. a)** *sehr ungünstig, nachteilig, schlimm:* er befindet sich in einer üblen Lage; er hat es ü. vermerkt *(übelgenommen),* daß du ihn übersehen hast. **b)** *sehr unangenehm, schlecht:* ein übler Geruch. * **jmdm. ist/wird ü.** *(jmd. fühlt sich nicht wohl [und muß sich übergeben]).*

Übel, das; -s, -: **1.** *schlimmer Zustand, Schaden für die Gesellschaft:* die Kriminalität der Jugend ist ein Ü. **2.** (geh.) *[schwere] langwierige Erkrankung:* ein unheilbares Übel.

Übelkeit, die; -: *Zustand, in dem jmdm. übel ist; Unwohlsein.*

übelnehmen, nimmt übel, nahm übel, hat übelgenommen ⟨tr.⟩: *(durch jmds. Verhalten) gekränkt oder beleidigt sein [und es ihn fühlen lassen]:* sie hat ihm seine Unhöflichkeit übelgenommen.

üben, übte, hat geübt: **1.** ⟨itr./tr.⟩ *bestimmte Übungen machen oder (etwas) öfter wiederholen, um Fertigkeit darin zu erlangen:* sie übt täglich eine Stunde [auf dem] Klavier; er übt immer dieselben Stücke; ⟨auch rfl.⟩ die Kinder übten sich im Schwimmen. **2.** ⟨als Funktionsverb⟩ */drückt ein bestimmtes Verhalten aus/:* Nachsicht ü. *(nachsichtig sein);* Kritik an jmdm./etwas ü. *(jmdn./etwas kritisieren).*

über ⟨Präp. mit Dativ oder Akk.⟩: **1.** */räumlich/* **a)** ⟨mit Dativ; auf die Frage: wo?⟩ */kennzeichnet eine höhere Lage/:* die Lampe hängt ü. dem Sofa; das Bild hängt ü. dem Bett; bildl.: er steht ü. den Parteien *(er ist unparteiisch);* seine Leistung liegt ü. dem Durchschnitt *(ist überdurchschnittlich).* **b)** ⟨mit Akk.; auf die Frage: wohin?⟩ */kennzeichnet die Bewegung in eine höhere Lage oder an einen Ort jenseits von einem anderen/:* er hängt das Bild ü. das Sofa; sie sind bei Nacht ü. die Grenze gegangen; dieser Zug fährt nicht ü. Heidelberg *(passiert Heidelberg nicht).* **2.** */zeitlich/* **a)** ⟨mit Akk.⟩ *in einem bestimmten Zeitraum:* er liest das Buch ü. das Wochenende, ü. die Ferien. b) ⟨mit Dativ⟩ *bei, während:* er ist ü. der Arbeit eingeschlafen. 3. ⟨mit Akk.⟩ *wegen* /drückt die Begründung aus/ er ärgerte sich ü. die Ungerechtigkeit. 4. ⟨mit Akk.⟩ /kennzeichnet das Übersteigen eines bestimmten Maßes oder das Überschreiten einer bestimmten Grenze/: Kinder ü. zehn Jahre müssen den vollen Preis bezahlen; er steckt bis ü. die Knie in den Schnee. 5. ⟨mit Akk. oder Dativ⟩ /kennzeichnet eine Häufigkeit/: hier wurden Fehler ü. Fehler gemacht; es fiel ihm eins ü. dem anderen *(immer mehr)* ein. 6. ⟨mit Akk.⟩ /drückt aus, daß sich ein Geschehen auf jmdn./etwas richtet/: ü. jmdn. lachen, spotten, klagen, sich freuen; ü. jmdn./ etwas schreiben.

überall [auch: überall] ⟨Adverb⟩: **a)** *an allen Orten, an jeder Stelle:* sie haben ihn ü. gesucht; er ist ü. *(bei allen Leuten)* beliebt. **b)** *bei jeder Gelegenheit:* er drängt sich ü. vor.

überanstrengen, überanstrengte, hat überanstrengt ⟨rfl./tr.⟩: *(jmdm./sich) gesundheitlich schaden, indem man (jmdm./sich) eine zu große körperliche oder geistige Anstrengung zumutet:* er hat sich, seine Kräfte überanstrengt; man darf Kinder nicht ü.; ⟨häufig im 2. Partizip⟩ er sieht sehr überanstrengt aus.

überarbeiten, überarbeitete, hat überarbeitet ⟨tr.⟩: **1.** ⟨tr.⟩ *durcharbeiten und dabei verbessern; eine neue Fassung (von etwas) herstellen:* eine wissenschaftliche Abhandlung, ein Theaterstück ü. **2.** ⟨rfl.⟩ *sich durch Arbeit überanstrengen:* er hat sich überarbeitet; ⟨häufig im 2. Partizip⟩ er ist völlig überarbeitet.

überaus [auch: überaus] ⟨Adverb⟩ (geh.): *in einem ungewöhnlich hohen Grade; sehr:* er ist ü. geschickt.

überbewerten, überbewertete, hat überbewertet ⟨tr.⟩: *zu hoch bewerten:* er hat ihre Leistung überbewertet. **Überbewertung,** die; -, -en.

überbieten, überbot, hat überboten ⟨tr.⟩: **1.** *mehr (als ein anderer) bieten:* er hat ihn bei der Versteigerung um fünfzig Mark überboten. **2.** *übertreffen:* einen Rekord ü.

Überbleibsel, das; -s, -: *kleiner Rest von etwas, was zerfallen oder zerstört ist:* wenige Steine waren die einzigen Ü. der Kapelle, die hier gestanden hatte.

Überblick, der; -s, -e: **1.** *Blick von einem erhöhten Standort, von dem aus man etwas übersieht:* von hier oben hatten sie einen guten Ü. über die Stadt. **2. a)** *[in einer Zusammenfassung vermittelte] Kenntnisse in großen Zügen über ein bestimmtes Gebiet:* er gab in seinem Vortrag einen Ü. über die moderne Kunst; er verschaffte sich einen Ü. über die neuesten Forschungen. **b)** ⟨ohne Plural⟩ *Fähigkeit, ein bestimmtes Gebiet zu überschauen:* es fehlt ihm an Ü.; er hat den Ü. verloren.

überblicken, überblickte, hat überblickt ⟨tr.⟩: **1.** *mit weitem Blick (über etwas) sehen:* von hier kann man die Stadt ü. **2.** *sich aus verschiedenen Vorgängen ein Bild (von etwas) machen und darüber Bescheid wissen:* er hatte die Lage sofort überblickt; er überblickt noch nicht, was hier vorgeht.

überbringen, überbrachte, hat überbracht ⟨tr.⟩: *(jmdm. etwas) bringen, zustellen; Bote (für eine Sendung) sein:* er überbrachte ihm verschiedene Bücher; er überbrachte das Geld im Auftrage des Vereins; eine Nachricht ü. *(jmdn. von etwas benachrichtigen);* Glückwünsche ü. *(in jmds. Namen gratulieren).*

überbrücken, überbrückte, hat überbrückt ⟨tr.⟩: *(über bestimmte Schwierigkeiten) hinwegkommen, (sie) [für kürzere Zeit] beseitigen:* einen augenblicklichen Geldmangel durch Aufnahme eines Kredits ü.; es gelang ihm, die Kluft zwischen ihnen zu ü. **Überbrückung,** die; -.

überdauern, überdauerte, hat überdauert ⟨tr.⟩: *sich (über etwas hinaus) erhalten; standhalten, überstehen:* das Museum hat den Krieg überdauert; diese Kirche hat viele Jahrhunderte überdauert.

überdenken, überdachte, hat überdacht ⟨tr.⟩: *(über etwas) einige Zeit nachdenken, bevor man eine endgültige Entscheidung trifft:* er wollte die Sache, den Fall noch einmal ü.

überdies: ⟨Adverb⟩: **1.** *ohnehin, sowieso:* du brauchst dich jetzt nicht mehr zu bemühen, die Sache ist ü. erledigt. **2.** *außerdem, darüber hinaus, davon abgesehen:* sie hatte keinen Platz mehr für weitere Gäste, ü. war sie ohne Hilfe im Haushalt.

überdimensional ⟨Adj.⟩: *über das übliche Maß hinausgehend, übermäßig groß:* ein überdimensionales Gemälde hing an der Wand.

Überdruß, der; Überdrusses: *Widerwille, Abneigung gegen etwas nach zu lange andauernder und eingehender Beschäftigung damit:* er scheint einen gewissen Ü. am Leben zu haben; solche Ermahnungen hatte er bis zum Ü. gehört.

überdrüssig ⟨in der Fügung⟩ jmds./einer Sache ü. sein/werden (geh.): *nach zu lange andauernder und eingehender Beschäftigung mit einer Person oder Sache keine Lust mehr zu einer Fortsetzung dieser Tätigkeit haben:* er war ihrer ü. geworden; ich bin der dauernden Diskussionen ü.

überdurchschnittlich ⟨Adj.⟩: *über dem Durchschnitt liegend, sehr gut:* ein überdurchschnittliches Ergebnis; seine Leistungen waren ü.

übereignen, übereignete, hat übereignet ⟨tr.⟩: *als Eigentum übertragen:* ein Haus, ein Geschäft ü.

übereilen, übereilte, hat übereilt ⟨tr.⟩: **a)** ⟨tr.⟩ *ohne genügende Überlegung zu schnell ausführen:* du solltest deine Abreise, deinen Entschluß nicht ü.; ⟨häufig im 2. Partizip⟩ eine übereilte Zusage. **b)** ⟨rfl.⟩ *ohne genügende Überlegung zu schnell handeln:* bei dem Bau des Hauses hat er sich übereilt.

übereinander ⟨Adverb⟩: *eines über das andere, eines über dem anderen;* ⟨häufig zusammengesetzt mit Verben⟩ übereinanderlegen, übereinanderliegen.

übereinanderschlagen, schlägt übereinander, schlug übereinander, hat übereinandergeschlagen ⟨tr.⟩: *schräg übereinanderlegen:* die Beine ü.

übereinkommen, kam überein, ist übereingekommen ⟨itr.⟩: *sich (mit einem Partner) einigen, eine bestimmte Abmachung (mit* *ihm) treffen:* er kam mit ihr überein, daß sie ihren Urlaub abwechselnd an der See und im Gebirge verbringen wollten.

Übereinkunft, die; -, Übereinkünfte: *Einigung zwischen Partnern:* zu einer Ü. gelangen; diese Versuche wurden von der Wissenschaft nach stillschweigender Übereinkunft *(ohne daß man sich darüber verständigen mußte)* lange Zeit geheimgehalten.

übereinstimmen, stimmte überein, hat übereingestimmt ⟨itr.⟩: 1. *(in einer bestimmten Angelegenheit) gleicher Meinung (mit jmdm.) sein:* er stimmte mit ihnen überein, daß sofort eine neue Schreibmaschine gekauft werden müßte. 2. *nicht voneinander abweichen; miteinander in Einklang stehen:* ihre Aussagen stimmten nicht überein; die Farben stimmten überein. **Übereinstimmung,** die; -.

überfahren, überfährt, überfuhr, hat überfahren ⟨tr.⟩: 1. *mit einem Fahrzeug (über jmdn./ ein Tier) fahren und (ihn/es) dabei [tödlich] verletzen:* er hat eine alte Frau überfahren. 2. *(an etwas) vorbeifahren, ohne es zu beachten:* ein Signal ü. 3. (ugs.) *dadurch, daß man [jmdm.) nicht lange Zeit zum Überlegen läßt, durch Überreden erreichen, daß er seine Zustimmung gibt:* ich lasse mich nicht ü.; sie fühlte sich von seiner Einladung überfahren.

Überfall, der; -s, Überfälle: *überraschender Angriff:* die Zeitungen berichteten ausführlich über den Ü. auf die Bank.

überfallen, überfällt, überfiel, hat überfallen 1. ⟨tr.⟩: *überraschend angreifen:* der Kassierer des Vereins wurde auf dem Weg zur Bank überfallen. 2. a) ⟨itr.⟩ *überkommen:* in diesem Augenblick überfielen ihn furchtbare Schmerzen; als sie zu Hause ankamen, überfiel sie sofort der Schlaf. b) ⟨tr.⟩ *bestürmen:* die Kinder überfielen ihn mit tausend Fragen.

überfällig ⟨Adj.; nicht adverbial⟩: **a)** *verspätet und noch nicht eingetroffen:* das Flugzeug ist seit zwei Stunden ü. **b)** *längst fällig:* sein Besuch bei uns ist schon lange ü.

überfliegen, überflog, hat überflogen ⟨tr.⟩: 1. *mit einem Flugzeug (über etwas) fliegen:* eine Stadt, den Ozean ü. 2. *flüchtig lesen:* ich habe den Brief, die Zeitung nur überflogen.

überflügeln, überflügelte, hat überflügelt ⟨tr.⟩: *[ohne große Anstrengung] in seinen Leistungen übertreffen:* er hat die anderen Schüler längst überflügelt.

Überfluß, der; Überflusses: *überaus große, über den eigentlichen Bedarf hinausgehende Menge:* einen Ü. an Nahrungsmitteln haben; Geld ist bei ihnen im Ü. vorhanden.

überflüssig ⟨Adj.⟩: *über den Bedarf hinausgehend, überzählig und daher unnütz:* ein überflüssiges Gerät; überflüssige Worte; er kam sich ü. vor *(er hatte das Gefühl, nicht gebraucht zr werden oder zu stören).*

überfordern, überforderte, hat überfordert ⟨tr.⟩: *von jmdm. mehr verlangen, als er leisten kann:* du überforderst ihn mit dieser Aufgabe.

überfragt: ⟨in der Fügung⟩ ü. sein: *etwas nicht wissen [können]:* in diesem Punkt war er sichtlich ü.; es tut mir leid, da bin ich ü.

überführen: I. überführen/ überführte, führte über /überführte, hat übergeführt/überführt ⟨tr.⟩: *(an einen anderen Ort) bringen:* der Patient wurde in eine besondere Klinik übergeführt. II. überführen, überführte, hat überführt ⟨tr.; mit Genitiv⟩: *(jmdm. eine Schuld oder Verfehlung) nachweisen:* der Angeklagte wurde [des Verbrechens] überführt.

Überführung, die; -, -en: I. *das Überführen.* II. *Weg, Brücke über eine Eisenbahn, eine Straße u. a.*

überfüllt ⟨Adj.; nicht adverbial⟩: *mit zuviel Menschen besetzt:* ein überfüllter Saal; zu Weihnachten waren die Züge ü.

Übergabe, die; -: *das Übergeben:* die Ü. der Schlüssel an den neuen Mieter; die Ü. der Stadt *(Auslieferung der Stadt an den Feind).*

Übergang, der; -[e]s, Übergänge: 1. **a)** *das Hinübergehen, das Überschreiten (von etwas):* der Ü. der Truppen über den Rhein. **b)** *Stelle zum Hinübergehen:* ein Ü. für Fußgänger. 2. *das Fortschreiten und Hinüberwechseln zu etwas anderem,* *Neuem; Überleitung:* der Ü. vom Schlafen zum Wachen; der Ü. aus einer Tonart in die andere. 3. *vorläufiger Zustand:* für den Ü. genügt ihm ein Appartement.

übergeben, übergibt, übergab, hat übergeben: 1. ⟨tr.⟩ **a)** *(jmdm. etwas) aushändigen und ihn damit in den Besitz von etwas bringen:* der Bote übergab ihm ein Päckchen; der Brief mußte [ihm] persönlich ü. werden. **b)** *als Eigentum geben:* er hat das Geschäft seinem Sohn übergeben. 2. ⟨tr.⟩ *(jmdm. eine Aufgabe) übertragen, (die Weiterführung einer bestimmten Arbeit, die weitere Beschäftigung mit jmdm./etwas) überlassen:* jmdm. die Führung ü.; er hat die Angelegenheit dem Anwalt übergeben; der Verbrecher wurde der Polizei übergeben; das Museum wurde der Öffentlichkeit übergeben *(wurde eröffnet).* 3. ⟨tr.⟩ *dem Feind ausliefern:* die Stadt wurde nach schweren Kämpfen übergeben. 4. ⟨rfl.⟩ *aufgenommene Nahrung durch den Mund wieder von sich geben:* sie mußte sich mehrmals ü.

übergehen: I. übergehen, ging über, ist übergegangen ⟨itr.⟩: 1. *sich von nun an mit etwas anderem befassen:* zu einem andern Thema ü.; er begann sein Studium mit Jura, ging aber bald zur Medizin über; man geht immer mehr dazu über, Kunststoffe zu verwenden. * **zum Angriff/zur Offensive** ü. *(seinen Gegner angreifen);* **zur Tagesordnung** ü. *(sich anderen Fragen zuwenden).* 2. *allmählich (zu etwas) werden; sich (in etwas) verwandeln:* die Partie geht aus c-Moll in Es-Dur über; die Unterhaltung ging in lautes Schreien über. * **in jmds. Besitz** ü. *(künftig jmdm. gehören):* das Grundstück ist in seinen Besitz übergegangen; **in andere Hände** ü. *(einen neuen Besitzer erhalten):* das Geschäft ist in andere Hände übergegangen. II. übergehen, überging, hat übergangen ⟨tr.⟩: *nicht in seine Überlegungen einbeziehen, nicht beachten, (bei etwas) auslassen:* meinen Einwand überging er; man hat ihn bei der Beförderung übergangen.

übergreifen, griff über, hat übergegriffen ⟨itr.⟩: *sich rasch auch auf etwas anderes ausbreiten; etwas anderes miterfassen:* das Feuer griff sofort auf andere

Häuser über; die Seuche griff auf weitere Gebiete über.

Übergriff, der; -s, -e: *Eingriff in die Angelegenheiten oder in den Bereich eines anderen:* sich Übergriffe erlauben; sie mußten sich gegen feindliche Übergriffe schützen.

überhandnehmen, nimmt überhand, nahm überhand, hat überhandgenommen ⟨itr.⟩: *in zu großer Zahl, zu oft vorkommen:* die Unfälle haben in letzter Zeit überhandgenommen.

überhäufen, überhäufte, hat überhäuft ⟨tr.⟩: *(jmdm.) zuviel (von etwas) zuteil werden lassen; zu stark belasten:* man überhäufte sie mit Angeboten, Geschenken; er war gerade sehr mit Arbeit überhäuft.

überhaupt ⟨Adverb⟩: 1. *aufs Ganze gesehen:* ich habe ihn gestern nicht angetroffen, er ist ü. selten zu Hause. 2. *in irgendeiner Weise, eigentlich:* wie war das ü. möglich? 3. ⟨in Verbindung mit einer Negation⟩ *ganz und gar:* das war ü. nicht vorgesehen. 4. *abgesehen davon, sowieso:* ich kann dir diesen Vorwurf nicht ersparen, ü., wir müssen uns noch über vieles unterhalten.

überheblich ⟨Adj.⟩: *die eigenen Fähigkeiten zu hoch einschätzend und auf andere herabsehend:* ein sehr überheblicher Mensch; ü. meinte sie, daß sie diese Aufgabe viel besser gelöst hätte. **Überheblichkeit,** die; -.

überhöht ⟨Adj.; nicht adverbial⟩: *zu stark erhöht, zu hoch:* er fuhr mit überhöhter Geschwindigkeit.

überholen, überholte, hat überholt ⟨tr.⟩: 1. *durch größere Geschwindigkeit einholen und vorbeifahren;* er hat mehrere Autos hintereinander überholt; er hat ihn beim 10 000-m-Lauf in der dritten Runde. überholt; ⟨auch itr.⟩ man darf nur links ü. 2. *bessere Leistungen als ein anderer zeigen:* er hat alle seine Mitschüler überholt. 3. *auf Mängel prüfen und reparieren:* er hat seinen Wagen ü. lassen; die Maschine muß einmal gründlich überholt werden.

überholt ⟨Adj.; nicht adverbial⟩: *überlebt, unmodern, veraltet, nicht mehr dem gegenwärtigen Zeit oder dem augenblicklichen Stand entsprechend:* eine überholte Vorstellung; diese Anschauung ist heute ü.

überhören, überhörte, hat überhört ⟨tr.⟩: a) *aus Unaufmerksamkeit nicht hören:* entschuldigen Sie bitte, ich habe Ihre Frage überhört. b) *so tun, als ob man etwas nicht hörte:* eine Mahnung, eine spöttische Bemerkung ü.; das möchte ich lieber überhört haben!

überirdisch ⟨Adj.; nicht adverbial⟩: *nicht der Erde angehörend, über das Irdische erhaben:* ein überirdisches Wesen.

überkippen, kippte über, ist übergekippt ⟨itr.⟩: 1. *auf der einen Seite zu schwer werden, das Gleichgewicht verlieren und sich zum Fallen neigen oder fallen:* das Tablett kippt über; wenn du dich zu weit aus dem Fenster lehnst, kippst du über. 2. *plötzlich sehr hoch und schrill klingen:* seine Stimme kippte über.

überkommen: I. überkommen, überkam, hat überkommen ⟨itr.⟩: *plötzlich ergreifen, erfassen:* in der Dunkelheit überkam die Kinder ein Furcht und Entsetzen. II. ⟨Adj.; nicht adverbial⟩ *überliefert:* überkommene Sitten und Gebräuche; diese Tradition war ihnen seit langer Zeit ü.

überladen: I. überladen, überlädt, überlud, hat überladen ⟨tr.⟩: *zuviel (auf etwas) laden:* einen Wagen ü. * *sich* (Dativ) **den Magen ü.** *(zuviel von etwas essen):* er hat sich [mit Torte] den Magen überladen. II. ⟨Adj.⟩ *für den betreffenden Raum zuviel enthaltend:* das Zimmer wirkte sehr ü.; ein überladener *(schwülstiger)* Stil.

überlassen, überläßt, überließ, hat überlassen: 1. ⟨tr.⟩ *auf den Besitz (von etwas) zugunsten eines anderen [teilweise] verzichten:* wenn sich mir ein Auto kaufe, werde ich meinem Bruder mein Fahrrad ü.; er hat mir seinen alten Wagen billig überlassen *(verkauft).* 2. ⟨tr./rfl.⟩ *anvertrauen:* sie überläßt die Kinder oft den Nachbarn; sie haben sich seiner Führung überlassen. 3. ⟨tr.⟩ *(jmdm. etwas) anheimstellen:* die Wahl überlasse ich dir; man muß es den Eltern ü., ob sie das Kind bestrafen wollen. 4. ⟨rfl./tr.⟩ *(jmdm./sich einer Empfindung,* einem Zustand o. ä.) *ganz hingeben, preisgeben:* sich seinem Schmerz ü.; er überließ ihn seiner Verzweiflung. * **jmdn. sich** (Dativ) **selbst ü.: a)** *(jmdn. ohne Gesellschaft, ohne Aufsicht lassen):* er hat sich soweit beruhigt, daß man ihn für eine Weile sich selbst ü. kann. b) *jmdn. in einer schwierigen Situation nicht zur Seite stehen, jmdn. allein lassen:* Sie können ihre Frau in diesem Zustand doch nicht völlig sich selbst ü.; **jmdn. seinem Schicksal ü.** *(jmdn. im Stich lassen, sich nicht um ihn kümmern).* 5. ⟨tr.⟩ *nicht selbst tun, sondern einen andern machen lassen:* jmdm. die Arbeit, die Ausführung eines Planes, die Erziehung der Kinder ü.; jmdm. die Initiative ü. *(von jmdm. erwarten, daß er die Initiative ergreift).*

überlastet ⟨Adj.; nicht adverbial⟩ *von zu vielen Pflichten oder Aufgaben belastet:* unsere leitenden Angestellten sind alle ü.

überlaufen: I. überlaufen, lief über, ist übergelaufen ⟨itr.⟩: 1. a) *über den Rand eines Gefäßes fließen:* die Milch läuft über. b) *zuviel Flüssigkeit enthalten, so daß diese über den Rand des Gefäßes fließt:* der Eimer, der Topf ist übergelaufen. 2. *sich auf die Seite des Gegners begeben:* er ist [zum Feind] übergelaufen. II. überlaufen, überläuft, überlief, hat überlaufen ⟨itr.⟩: *als unangenehme, bedrohliche Empfindung (über jmdn.) kommen:* ein Schauder überlief mich. III. überlaufen ⟨Adj.; nicht adverbial⟩ *von zu vielen Menschen aufgesucht werdend:* der Arzt ist ü.; der Park ist am Sonntag ü.

Überläufer, der; -s, -: *jmd., der sich auf die Seite des Gegners begeben hat;* Deserteur.

überleben, überlebte, hat überlebt ⟨itr.⟩: *(etwas Schweres) überwinden und weiterleben:* er hat den Tod seines Sohnes nicht überlebt; nur die Hälfte der Einwohner hat die Katastrophe überlebt. * **sich überlebt haben/überlebt sein** *(nicht mehr in die gegenwärtige Zeit passen):* diese Prinzipien haben sich/sind überlebt.

überlegen: I. überlegen, legte über, hat übergelegt ⟨tr.⟩: 1. *(über jmdn./etwas) legen:* weil es zu kalt war, habe ich mir

Überlegung 360

noch eine Decke übergelegt. 2. *übers Knie legen, verprügeln:* der Vater hat ihn übergelegt. II. überlegen, überlegte, hat überlegt ⟨itr.⟩: *sich in Gedanken mit etwas beschäftigen, um zu einer bestimmten Entscheidung zu kommen:* überlege dir alles genau, und dann gib uns Bescheid, ob du einverstanden bist!; ich muß erst einmal ü. III. ⟨Adj.; nicht prädikativ⟩: a) *andere weit übertreffend, eine Situation beherrschend:* er ist ein überlegener Geist; er siegte ü. *jmdm. ü. sein (mehr Kraft oder Können haben als ein anderer):* er ist ihm an Talent, Kraft [weit] ü. b) *ein Gefühl der Erhabenheit über andere zum Ausdruck bringend, herablassend:* eine überlegene Miene aufsetzen; er lächelte ü. **Überlegenheit,** die; -.

Überlegung, die; -, -en: a) ⟨ohne Plural⟩ *das Nachdenken, ehe man sich in einer bestimmten Weise entscheidet:* ohne Ü. handeln; nach sorgfältiger Ü. sagte er zu. b) *Folge von Gedanken, durch die man sich vor einer Entscheidung über etwas klarzuwerden versucht:* etwas in seine Überlegungen einbeziehen. * **Überlegungen anstellen** *(überlegen).*

überleiten, leitete über, hat übergeleitet ⟨itr.⟩: *(zu etwas Neuem) hinführen, einen Übergang (zu etwas) herstellen:* mit diesen Worten leitete er auf ein anderes Thema über; die kurze Szene leitet in den nächsten Akt über. **Überleitung,** die; -, -en.

überliefern, überlieferte, hat überliefert ⟨tr.⟩: *(etwas, was einen kulturellen Wert darstellt) einer späteren Generation weitergeben:* sie behielten alle Bräuche bei, die ihnen von ihren Vorfahren überliefert worden waren; die Melodien zu den frühen Gedichten sind meist nicht überliefert. **Überlieferung,** die; -, -en.

überlisten, überlistete, hat überlistet ⟨tr.⟩: *eine List (gegen jmdn.) anwenden und ihn auf diese Weise übervorteilen:* er hat ihn überlistet; es gelang dem Flüchtenden, seine Verfolger zu ü.

Übermacht, die; -: *Macht, die durch die größere Anzahl oder Stärke für jmdn. gefährlich ist:* ein Kampf gegen feindliche Ü.; jmdn. seine Ü. fühlen lassen; vor der Ü. eines anderen weichen.

übermannen, übermannte, hat übermannt ⟨tr.⟩: *als Empfindung oder Zustand überwältigen:* der Schmerz, der Schlaf übermannte ihn; von seinen Gefühlen übermannt werden.

Übermaß, das; -es: *über ein normales Maß hinausgehende und eigentlich nicht zu ertragende Intensität, Menge (von etwas):* ein Ü. von Schmerzen, an Arbeit; etwas im Ü. genießen.

übermäßig ⟨Adj.⟩: a) *über das normale oder erträgliche Maß hinausgehend, zu stark, zu groß:* eine übermäßige Belastung; in übermäßiger Eile. b) ⟨verstärkend bei Adjektiven und Verben⟩ *allzu; allzu sehr:* ü. hohe Kosten; ü. essen, rauchen.

übermitteln, übermittelte, hat übermittelt ⟨tr.⟩: a) *schriftlich, telegraphisch oder telefonisch mitteilen:* jmdm. eine Nachricht telefonisch ü.; sie übermittelten ihm telegraphisch ihre Glückwünsche. b) *(etwas, was jmd. einem anderen sagen läßt) überbringen, ausrichten:* der Bürgermeister übermittelte der Versammlung die Grüße der Stadt. **Übermittlung,** die; -, -en

übermorgen ⟨Adverb⟩: *an dem auf morgen folgenden Tag:* sie kommen ü. aus dem Urlaub zurück; vielleicht können wir uns ü. abend treffen!

Übermut, der; -s: *ausgelassene Fröhlichkeit, die kein Maß kennt und sich oft in mutwilligem Verhalten ausdrückt:* die Kinder wußten sich vor Ü. nicht zu lassen; das hat er aus lauter Ü. getan.

übermütig ⟨Adj.⟩: *ausgelassen fröhlich und sich in lebhaftem, oft mutwilligem Verhalten äußernd:* übermütige Kinder; er wird leicht ü.

übernachten, übernachtete, hat übernachtet ⟨itr.⟩: *eine Nacht (irgendwo) verbringen:* im Hotel, bei Freunden, unter freiem Himmel ü. **Übernachtung,** die; -, -en.

Übernahme, die; -: *das Übernehmen:* die Ü. eines Geschäftes, eines Amtes.

übernatürlich ⟨Adj.⟩: *über die Gesetze der Natur hinausgehend und mit dem Verstand nicht zu erklären:* die Angst verlieh ihm übernatürliche Kräfte; übernatürliche Erscheinungen.

übernehmen, übernimmt, übernahm, hat übernommen: 1. ⟨tr.⟩ a) *(etwas, was einem übergeben wird oder auf einen übergeht) in Besitz nehmen:* sein Sohn hat inzwischen das Geschäft übernommen. b) *von einem andern nehmen und für eigene Zwecke verwenden:* der Westdeutsche Rundfunk hat die Sendung übernommen. c) *an Bord nehmen:* die Passagiere wurden von einem andern Schiff übernommen. 2. ⟨tr.⟩ *(etwas, was einem übertragen wird) annehmen und sich bereit erklären, die damit verbundenen Aufgaben zu erfüllen:* ein Amt, einen Posten, einen Auftrag ü.; ⟨häufig als Funktionsverb⟩ die Verantwortung ü. *(etwas verantworten);* die Verpflichtung ü. *(sich zu etwas verpflichten);* die Bürgschaft ü. *(für etwas bürgen).* 3. ⟨rfl.⟩ a) *sich etwas vornehmen, dem man seinen Kräften nach gar nicht gewachsen ist:* er wollte die Arbeit bis Ende des Monats abliefern, es war mir aber sofort klar, daß er sich damit übernommen hatte. b) *so viel von sich selbst verlangen, daß die Kräfte versagen; sich überanstrengen:* sie hat sich beim Umzug übernommen.

überprüfen, überprüfte, hat überprüft ⟨tr.⟩: a) *nochmals prüfen, nachprüfen, kontrollieren:* eine Rechnung, die Richtigkeit von etwas ü. b) *nochmals überdenken:* eine Entscheidung ü.; ich habe alle Möglichkeiten überprüft. **Überprüfung,** die; -, -en.

überqueren, überquerte, hat überquert ⟨tr.⟩: *von einer Seite (von etwas) auf die andere gehen oder fahren:* eine Straße, eine Kreuzung, einen Fluß ü.

überragen, überragte, hat überragt ⟨tr.⟩: 1. *durch seine Größe über jmdn./etwas hinausragen:* der Turm überragte die Stadt; er überragte seinen Vater um Hauptteslänge *(war einen Kopf größer als sein Vater).* 2. *weit übertreffen:* er überragte alle an Mut, Geist; ⟨häufig im 1. Partizip⟩ *außergewöhnlich:* ein Problem von überragender Bedeutung; eine überragende Leistung.

überraschen, überraschte, hat überrascht ⟨tr.⟩: a) *durch etwas Unerwartetes in Erstaunen ver-*

setzen: jmdn. mit einer Nachricht, einem Geschenk ü.; ich war von seiner Leistung überrascht; ⟨häufig im 1. Partizip⟩ das Angebot kam völlig überraschend; das Problem wurde auf überraschende Weise gelöst. **b)** *(für jmdn.) unerwartet kommen; ertappen:* man überraschte sie bei ihrem Diebstahl. **Überraschung,** die; -, -en.

überreden, überredete, hat überredet ⟨tr.⟩: *(jmdn.) durch Worte dazu bringen, daß er etwas tut, was er ursprünglich nicht wollte:* er ließ sich ü., mit uns in unser Hotel zu kommen; wir lassen uns wohl überzeugen, aber nicht ü. **Überredung,** die; -, -en.

überreichen, überreichte, hat überreicht ⟨tr.⟩: *[feierlich] übergeben:* der Präsident überreichte die Urkunde; der Preis wurde im Rahmen einer Feier überreicht. **Überreichung,** die; -.

überreizt ⟨Adj.⟩: *durch eine allzu große Beanspruchung der Nerven übermäßig gereizt:* ein überreizter Mensch; er ist in letzter Zeit sehr ü.

Überrest, der; -[e]s, -e: *letzter Rest von etwas:* ein kläglicher Ü.; die Überreste *(Trümmer)* eines Autos; die Überreste *(die Ruine)* eines Gebäudes. * **die sterblichen Überreste** *(das, was von einem Verstorbenen übrigbleibt und bestattet wird; Leiche).*

überrumpeln, überrumpelte, hat überrumpelt ⟨tr.⟩: *überfallen oder überraschen, so daß der Betreffende unvorbereitet ist und sich nicht wehren oder ausweichen kann:* man muß den Gegner ü.; er hat ihn mit seiner Frage überrumpelt. **Überrumplung,** die; -, -en.

überrunden, überrundete, hat überrundet ⟨tr.⟩ (ugs.): *(jmdn.) bei einem Wettlauf oder bei einer Wettfahrt so weit überholen, daß man eine ganze Runde voraus ist:* ein Läufer wurde beim 10000-m-Lauf überrundet; bildl.: er hat in Mathematik seine Mitschüler längst überrundet *(er ist in Mathematik besser als seine Mitschüler).*

übersät ⟨Adj.⟩: *dicht bedeckt:* ein mit Sternen übersäter Himmel; sein ganzer Körper war mit Pickeln ü.

übersättigt ⟨Adj.; nicht adverbial⟩: *(von etwas) soviel habend, daß man gar nicht mehr in der Lage ist, es zu schätzen oder zu genießen:* übersättigte Bürger.

überschätzen, überschätzte, hat überschätzt ⟨tr./rfl.⟩: *zu hoch einschätzen:* den.Wert einer Sache ü.; er neigt dazu, sich zu ü.

überschauen, überschaute, hat überschaut ⟨tr.⟩ **1.** *[von einem erhöhten Standort aus] einen weiten Blick über (über etwas) haben:* von hier aus überschaut man die Stadt sehr gut. **2.** *sich aus verschiedenen Vorgängen ein Bild (von etwas) machen und darüber Bescheid wissen:* ich überschaue noch nicht ganz, was wir an Material nötig haben.

überschäumen, schäumte über, ist übergeschäumt ⟨itr.⟩: *schäumend über den Rand eines Gefäßes fließen:* der Sekt schäumt über; bildl.: er schäumte über vor Temperament; ⟨häufig im 1. Partizip⟩ ein überschäumendes Temperament.

überschlagen, überschlägt, überschlug, hat überschlagen: **1.** ⟨tr.⟩ *auslassen:* eine Mahlzeit ü.; ein Kapitel ü. *(nicht lesen).* **2.** ⟨tr.⟩ *(die ungefähre Größe einer Summe oder Anzahl) schnell berechnen:* die Kosten ü.; er überschlug, ob sein Geld noch für einen Anzug reichte. **3.** ⟨rfl.⟩ *im Fallen umkippen und sich um sich selbst drehen:* das Auto stürzte den Abhang hinunter und überschlug sich mehrmals. **4.** ⟨rfl.⟩ *plötzlich sehr hoch und schrill klingen:* seine Stimme überschlug sich im Zorn.

überschnappen, schnappte über, ist übergeschnappt ⟨itr.⟩ (ugs.): *nicht mehr fähig sein, vernünftig und ruhig zu denken und zu handeln;* er ist so in seine Aufgabe verbohrt, daß er bald überschnappt; ⟨häufig im 2. Partizip⟩ du bist wohl übergeschnappt *(du bist wohl nicht ganz bei Verstand)!*

überschneiden, sich; überschnitt sich, hat sich überschnitten: **1.** *sich in einem oder mehreren Punkten treffen:* die beiden Linien überschneiden sich. **2. a)** *zur gleichen Zeit stattfinden:* die Vorlesungen überschneiden sich. **b)** *viele Probleme gemeinsam haben:* die Arbeitsgebiete der beiden Wissenschaftler überschneiden sich. **Überschneidung,** die; -, -en.

überschreiten, überschritt, hat überschritten ⟨tr.⟩: **1.** *über etwas hinübergehen:* die Schwelle eines Hauses, die Gleise, eine Grenze ü.; bildl.: das Fest hat den Höhepunkt überschritten; er hat die Sechzig bereits überschritten *(er ist mehr als 60 Jahre alt).* **2.** *(eine Vorschrift) nicht beachten, sich nicht (an ein bestimmtes Maß) halten:* ein Gesetz, seine Befugnisse, einen Kostenanschlag ü. **Überschreitung,** die; -, -en.

Überschrift, die; -, -en: *das, was zur Kennzeichnung des Inhalts über einen Text geschrieben steht; Titel:* er hatte in der Zeitung nur die Überschriften gelesen.

Überschuß, der; Überschusses, Überschüsse: **a)** *Gewinn:* durch die billigere Herstellung erzielten sie hohe Überschüsse. **b)** *eine über den notwendigen Bedarf, über ein bestimmtes Maß hinausgehende Menge:* das Kind hat einen Ü. an Kraft und Temperament; der Ü. an Frauen wird in den nächsten Jahren zurückgehen.

überschüssig ⟨Adj.; nicht adverbial⟩: *über den eigentlichen Bedarf hinausgehend und daher nicht verbraucht oder nicht genutzt:* überschüssige Kräfte.

überschütten, überschüttete, hat überschüttet ⟨tr.⟩: *(jmdm. etwas) besonders reichlich und in allzu großem Maße zuteil werden lassen; überhäufen:* jmdn. mit Geschenken, Beifall, Lob, Vorwürfen ü.; bei seiner Ankunft wurde er mit Fragen überschüttet *(wurden ihm Fragen über Fragen gestellt).*

Überschwang, der; -s: *Übermaß an Gefühl:* der Ü. der Freude; diese Äußerung ist aus seinem jugendlichen Ü. zu erklären.

überschwemmen, überschwemmte, hat überschwemmt ⟨tr.⟩: *ganz mit Wasser bedecken:* die Fluten überschwemmten weite Teile des Landes; bildl.: der Leser wird heute mit [einer Flut von] Zeitschriften überschwemmt. **Überschwemmung,** die; -, -en.

überschwenglich ⟨Adj.⟩: *in Gefühlsäußerungen übersteigert [und übertrieben]:* eine überschwengliche Begeisterung; sie

übersehen

äußert sich immer sehr ü.; er wurde ü. gelobt. **Überschwenglichkeit**, die; -.

übersehen: I. übersehen, sieht über, sah über, hat übergesehen ⟨itr.⟩: *(etwas) nicht mehr sehen mögen, weil man es schon so häufig gesehen hat:* ich habe mir die Farbe übergesehen; man sieht sich solch ein Stück leicht über. II. übersehen, übersieht, übersah, hat übersehen ⟨tr.⟩: 1. *[von einem erhöhten Standort aus] einen weiten Blick (über etwas) haben:* von seinem Fenster konnte er den ganzen Platz ü. 2. *sich aus verschiedenen Vorgängen ein Bild (von etwas) machen und darüber Bescheid wissen:* die Lage läßt sich jetzt ungefähr ü.; ob es möglich sein wird, ist noch nicht zu ü. 3. *unbeabsichtigt oder absichtlich nicht sehen:* er hatte einige Fehler übersehen; er meinte, ihn ü. zu können.

übersetzen: I. übersetzen, setzte über, hat übergesetzt ⟨tr./itr.⟩: *ans andere Ufer fahren;* der Fährmann hat sie übergesetzt; wir ließen uns mit der Fähre ü.; den Truppen gelang es, auf das südliche Flußufer überzusetzen. II. übersetzen, übersetzte, hat übersetzt ⟨tr.⟩: *schriftlich oder mündlich in einer anderen Sprache wiedergeben:* einen Text wörtlich, frei ü. **Übersetzung**, die; -, -en.

Übersicht, die; -, -en: 1. ⟨ohne Plural⟩ *Fähigkeit, ein bestimmtes Gebiet oder größere Zusammenhänge zu übersehen:* er hat die Ü. völlig verloren. 2. *Liste oder Tabelle, die ein Verzeichnis enthält:* eine Ü. der unregelmäßigen Verben; eine Ü. über die Konzerte des kommenden Winters.

übersichtlich ⟨Adj.⟩: *sich leicht überblicken lassend, so daß man die Anlage gut erkennen kann:* ein übersichtliches Gelände; eine übersichtliche Anordnung; die Arbeit war ü. gegliedert.

übersiedeln, siedelte über, ist übergesiedelt, (auch:) übersiedeln, übersiedelte, ist übersiedelt ⟨itr.⟩: *sich mit seinen Möbeln und anderem Besitz an einem andern Ort niederlassen, [um dort dauernd oder für längere Zeit zu wohnen]:* er ist vor zehn Jahren hierher übergesiedelt; wir überlegen uns noch, ob wir nicht endgültig nach Heidelberg ü. sollen. **Übersiedlung**, [auch: Übersiedlung], die; -, -en.

überspannt ⟨Adj.⟩: *das Maß des Vernünftigen überschreitend; übersteigert:* überspannte Ideen, Forderungen; sie ist ü.

überspielen, überspielte, hat überspielt ⟨tr.⟩: 1. *(etwas auf Tonband oder Schallplatte Aufgenommenes) übertragen:* eine Schallplatte auf ein Tonband ü. 2. *schnell (über etwas Unangenehmes oder Peinliches) hinweggehen und (es) durch geschicktes Verhalten andern nicht bewußt werden lassen:* durch seine betonte Sorglosigkeit versuchte er nur seine geheimen Befürchtungen zu ü.; sie weiß ihre Fehler geschickt zu ü.

überstehen, überstand, hat überstanden ⟨tr.⟩: *(etwas, was mit Schwierigkeiten, Anstrengungen, Schmerzen o. ä. verbunden ist) hinter sich bringen; überwinden:* Gefahren, eine Krise ü.; er hat die schwere Krankheit überstanden.

übersteigen, überstieg, überstiegen: 1. ⟨tr.⟩ *(über etwas) steigen, klettern:* eine Mauer ü. 2. ⟨itr.⟩ *über eine gewisse Grenze, die man in Gedanken gezogen hatte, hinausgehen:* die Ausgaben überstiegen die Einnahmen; das übersteigt unsere Kräfte, alle unsere Erwartungen.

übersteigern, übersteigerte, hat übersteigert ⟨tr./rfl.⟩: *(etwas/sich) zu sehr steigern und über das normale Maß hinausgehen lassen:* die Forderungen durften nicht übersteigert werden; sie übersteigerte sich *(ging zu weit)* in ihren Gefühlsäußerungen; ⟨häufig im 2. Partizip⟩ ein übersteigertes Selbstbewußtsein. **Übersteigerung**, die; -, -en.

Überstunde, die; -, -n: *Stunde, in der über die festgesetzte Zeit hinaus gearbeitet wird:* bezahlte Überstunden; Überstunden machen *(über die festgesetzte Zeit hinaus arbeiten).*

überstürzen, überstürzte, hat überstürzt: 1. ⟨tr.⟩ *zu hastig tun, ohne sich Zeit für die nötige Überlegung zu nehmen:* er hat seine Reise überstürzt; sie wollten nichts ü.; ⟨häufig im 2. Partizip⟩ eine überstürzte Flucht; überstürzt handeln. 2. ⟨rfl.⟩ *zu rasch aufeinanderfolgen;* manchmal überstürzen sich die Ereignisse; seine Worte überstürzten sich. **Überstürzung**, die; -.

übertölpeln, übertölpelte, hat übertölpelt ⟨tr.⟩: *(jmdn., in einem bestimmten Fall nicht gut aufgepaßt hat) übervorteilen:* er hat ihn übertölpelt. **Übertölpelung**, die; -, -en.

übertönen, übertönte, hat übertönt ⟨tr.⟩: *lauter sein (als etwas) und dadurch bewirken, daß es nicht gehört wird:* er übertönte alle mit seiner lauten Stimme.

übertragen, überträgt, übertrug, hat übertragen ⟨tr.⟩ a) *von/aus etwas in/auf etwas schreiben oder zeichnen:* eine Rechnung in ein dafür bestimmtes Buch ü.; eine Zeichnung, ein Muster ü. b) *auf einen anderen Tonträger bringen:* eine Schallplattenaufnahme auf ein Tonband ü. 2. ⟨tr.⟩ *übersetzen:* einen Text aus dem Englischen ins Deutsche ü. 3. ⟨tr.⟩ *auf etwas anderes anwenden, so daß die betreffende Sache auch dort Geltung und Bedeutung hat:* die Gesetze der Malerei dürfen nicht auf die Literatur übertragen werden; ⟨häufig im 2. Partizip⟩ *nicht im eigentlichen Sinn des Wortes zu verstehen; bildlich:* ein Wort in übertragener Bedeutung. 4. ⟨tr.⟩ *(eine Aufgabe, einen Recht) anvertrauen, (jmdn. mit etwas) beauftragen:* jmdn. eine Arbeit, ein Amt, ein Recht ü. 5. a) ⟨tr.⟩ *verursachen, daß ein anderer auch von einer Krankheit befallen wird:* eine Krankheit kann direkt, aber auch durch Insekten übertragen werden. b) ⟨rfl.⟩ *(jmdn. befallen:* die Krankheit überträgt sich auch auf Menschen. 6. ⟨tr.⟩ *senden:* der Rundfunk überträgt das Fußballspiel aus London. **Übertragung**, die; -, -en.

übertreffen, übertrifft, übertraf, hat übertroffen ⟨tr.⟩: a) *(über die Leistungen anderer auf dem gleichen Gebiet) hinauskommen; Besseres leisten (als andere):* jmdn. an Fleiß ü. b) *(über dem eigentlich Erwarteten) liegen; besser sein (als vermutet):* das Ergebnis übertraf die kühnsten Hoffnungen.

übertreiben, übertrieb, hat übertrieben ⟨tr.⟩ /vgl. übertrieben/: *größer, wichtiger oder schlimmer darstellen, als die*

betreffende Sache wirklich ist: die Zahlen der Verletzten wurden absichtlich übertrieben; er hatte die Wirkung etwas übertrieben; ⟨auch itr.⟩ er übertrieb maßlos. **Übertreibung,** die; -, -en.

übertreten: I. übertreten, tritt über, trat über, hat/ist übergetreten ⟨itr.⟩: 1. S p o r t : *im Anlauf über die zum Abspringen o. ä. festgelegte Stelle treten:* sein Sprung ist ungültig, weil er übergetreten hat/ist. 2. *seine religiösen, politischen o. ä. Anschauungen ändern und einer anderen Gemeinschaft beitreten; konvertieren:* er ist zur evangelischen Kirche, zu einer andern Partei übergetreten. II. übertreten, übertritt, übertrat, hat übertreten ⟨tr.⟩: *(eine Vorschrift oder ein Gesetz) verletzen, nicht beachten:* ein Gesetz, ein Verbot ü. **Übertretung,** die; -, -en.

übertrieben ⟨Adj.⟩: a) *durch Übertreibungen gekennzeichnet:* eine übertriebene Schilderung; übertriebene *(überspannte)* Ansichten. b) *zu weit gehend, zu stark:* übertriebenes Mißtrauen; übertriebene Forderungen; ⟨häufig verstärkend bei Adjektiven⟩ er ist ü. *(allzu)* vorsichtig, ehrgeizig.

übervorteilen, übervorteilte, hat übervorteilt ⟨tr.⟩: *sich durch Geschicklichkeit oder List (gegenüber einem andern) einen Vorteil verschaffen, indem man dessen Unwissenheit ausnutzt:* bei dem Kauf des Hauses ist er sehr übervorteilt worden.

überwachen, überwachte, hat überwacht ⟨tr.⟩: *(jmds. Tun) kontrollieren; für den richtigen Ablauf (von etwas) sorgen:* der Häftling wurde von nun an strenger überwacht; die Ausführung eines Befehls, den Verkehr ü. **Überwachung,** die; -, -en.

überwältigen, überwältigte, hat überwältigt ⟨tr.⟩: 1. *im Kampf besiegen; dafür sorgen, daß sich jmd. nicht mehr wehren kann:* er überwältigte seinen Gegner; der Verbrecher wurde schließlich von den Passanten überwältigt. 2. *mit solcher Intensität ergreifen, daß die betreffende Person sich der Wirkung nicht entziehen kann:* das Schauspiel, die Erinnerung überwältigte ihn; ⟨häufig im 1. Partizip⟩ ein überwältigender Anblick; seine Leistungen waren nicht überwältigend *(waren mittelmäßig);* eine überwältigende *(außergewöhnlich große)* Mehrheit. **Überwältigung,** die; -, -en.

überweisen, überwies, hat überwiesen ⟨tr.⟩: 1. *auf jmds. Konto einzahlen:* einen Betrag durch die Bank ü. 2. *zur weiteren Behandlung mit einem entsprechenden Schreiben zu einem anderen Arzt schicken:* der Arzt hat ihn zum Spezialisten, in die Klinik überwiesen. **Überweisung,** die; -, -en.

überwerfen, sich; überwirft sich, überwarf sich, hat sich überworfen: *sich wegen einer bestimmten Angelegenheit mit jmdm. streiten und sich deshalb von ihm trennen:* wegen der Erbschaft haben sich die Geschwister überworfen; er hat sich mit seinem besten Freund überworfen.

überwiegen, überwog, hat überwogen ⟨itr.⟩: a) *das Übergewicht haben, vorherrschen und das Bild von etwas bestimmen:* in dieser Gesellschaft überwiegt die Toleranz; ⟨häufig im 1. Partizip⟩ der überwiegende *(größte)* Teil der Bevölkerung ist katholisch; es waren überwiegend *(meist)* hilfsbereite Menschen, denen er begegnete. b) *stärker sein (als etwas):* die Neugier überwog seine Ehrfurcht.

überwinden, überwand, hat überwunden: a) ⟨tr.⟩ *(einen starken äußeren oder inneren Widerstand) meistern:* alle Hindernisse, Schwierigkeiten ü.; ein Gefühl, seine Angst ü. b) ⟨itr.⟩ *an einer als falsch erkannten Haltung oder Einstellung nicht festhalten:* er hatte alle Bedenken überwunden; diesen Standpunkt hat man heute längst überwunden. c) ⟨rfl.⟩ *nach anfänglichem Zögern doch etwas tun, was einem schwerfällt:* er hat sich schließlich überwunden, ihm einen Besuch zu machen. **Überwindung,** die; -.

überzählig ⟨Adj.; nicht adverbial⟩: *über den Bedarf hinausgehend, zuviel vorhanden:* bei der Party waren einige Damen ü.; die überzähligen Exemplare wurden an Interessenten verteilt; wir sind hier ü. *(anscheinend unerwünscht),* wir wollen gehen.

überzeugen, überzeugte, hat überzeugt ⟨tr./rfl.⟩: *(jmdm./sich) durch Argumente oder eigene Prüfung Gewißheit über etwas verschaffen; (jmdn./sich) dahin bringen, daß er/man etwas für wahr oder nötig hält:* jmdn./sich von der Schuld eines andern ü.; auch dieses Argument konnte ihn nicht ü.; ⟨häufig im 1. Partizip⟩ plausibel, glaubhaft: überzeugende Gründe; eine überzeugende Darstellung; ⟨häufig im 2. Partizip⟩ *(an etwas) glaubend:* er ist überzeugter Christ; ich bin von seinen Fähigkeiten überzeugt *(glaube an seine Fähigkeiten).*

Überzeugung, die; -, -en: *durch jmdn. oder durch eigene Prüfung oder Erfahrung gewonnene Gewißheit:* das war seine feste Ü.; er war nicht von seiner Ü. abzubringen.

üblich ⟨Adj.; nicht adverbial⟩: *den allgemeinen Gewohnheiten, Bräuchen entsprechend, immer wieder vorkommend:* die übliche Begrüßung; etwas zu den üblichen Preisen kaufen; er verspätete sich wie ü.; das ist schon lange nicht mehr ü. *(tut man schon lange nicht mehr).*

übrig ⟨Adj.; nicht adverbial⟩: *[als Rest] noch nicht vorhanden:* drei Äpfel waren ü.; nur eine kleine Gruppe war noch im Saal, die übrigen *(anderen)* waren schon gegangen; wir hatten nichts mehr ü. * *(es war kein Rest geblieben).* * *etwas für jmdn. ü. haben (jmdn. sympathisch finden und ihn gern haben);* etwas für etwas ü. haben *(eine Vorliebe oder Schwäche für etwas haben):* mein Onkel hatte immer etwas für das Theater ü.; **im übrigen** *(abgesehen von diesem einen Fall, im allgemeinen, außerdem):* ich möchte nichts essen, und im übrigen mache ich mir auch nicht viel aus Kuchen; er ist im übrigen mit seiner Arbeit zufrieden.

übrigens ⟨Adverb⟩: *um noch etwas hinzuzufügen, nebenbei bemerkt:* ü. könntest du mir noch einen Gefallen tun; das Buch hatte er ü. vergessen.

Übung, die; -, -en: 1. ⟨ohne Plural⟩ *das Üben; regelmäßige Wiederholung von etwas, um Fertigkeit darin zu erlangen:* ein Stück zur Ü. spielen; ihm fehlt die Ü. 2. a) *Leistung im Turnen:* eine Ü. am Barren. b) *etwas,*

Ufer 364

was in bestimmter Form ausgeführt wird, um eine gute Technik zu erhalten: er spielt heute nur Übungen [auf dem Klavier]. **3.** *Unterrichtsstunde an der Hochschule, bei der die Studenten aktiv mitarbeiten; Seminar.* **4.** *probeweise durchgeführte Veranstaltung oder Unternehmung, um für den Ernstfall geschult zu sein:* militärische Übungen; die Feuerwehr rückt zur Ü. aus.

Ufer, das; -s, -: *Begrenzung eines Gewässers durch das Festland:* ein steiles, flaches U.; der Fluß ist über die U. getreten.

Uhr, die; -, -en: *Gerät, mit dem man die Zeit mißt:* die U. geht nach; die U. aufziehen, stellen.

Ulk, der; -s: *(lärmender) Spaß, lustiger Unfug in einer Gruppe:* U. machen.

ulken, ulkte, hat geulkt ⟨itr.⟩: *(mit jmdm.) Unsinn reden und sich dabei auf seine Kosten amüsieren:* sie ulkten mit der neuen Kollegin.

ulkig ⟨Adj.⟩ (ugs.): *belustigend und komisch wirkend:* ein ulkiger Kerl; ulkige Masken.

um: I. ⟨Präp.; mit Akk.⟩ **1.** ⟨räumlich⟩ *(jmdn./etwas) im Kreis umgehend, einschließend:* alle standen um ihn; er schlug um sich um; das Dorf lagen die Felder. **2.** ⟨zeitlich⟩ **a)** *genau zu einer bestimmten Zeit:* um 12 Uhr. **b)** *ungefähr zu einer Zeit:* um Ostern [herum]. **3.** ⟨kausal⟩ /gibt den Grund für etwas an/: sie machte ich Sorgen um ihn. **4.** /kennzeichnet einen Zweck/: um Hilfe rufen; er bat um Aufschub. **5. a)** /kennzeichnet einen regelmäßigen Wechsel/: sie besuchten sich einen um den anderen Tag *(jeden zweiten Tag)*. **b)** /kennzeichnet eine ununterbrochene Reihenfolge/: er zahlte Runde um Runde. **6.** *betreffend:* wie steht es um ihn? **7.** /kennzeichnet einen Unterschied bei Maßangaben/: der Rock wurde um 5 cm gekürzt; er sieht um vieles jünger aus. **8.** *für:* ich würde ihn um alles in der Welt nicht besuchen. **9.** /kennzeichnet einen Verlust/: er hat mich um mein ganzes Vermögen gebracht. **** um... willen** *(wegen)*: um des lieben Friedens willen gab er nach *(um Zank und Streit zu vermeiden, gab er nach)*. **II.** ⟨Adverb⟩ *ungefähr:* ich brauche so um 100 Mark [herum]; es waren um [die] 20 Mädchen. **III.** ⟨in bestimmten Verbindungen⟩ **1. a) um so:** wir fahren schon früh am Nachmittag zurück, um so eher sind wir zu Hause. **b) je... um so:** je früher wir mit der Arbeit anfangen, um so *(desto)* eher sind wir fertig. **2. um zu** ⟨Konj. beim Inf.⟩ **a)** /kennzeichnet einen Zweck/: sie ging in die Stadt, um einzukaufen. **b)** /in weiterführendabschließender und paradoxabschließender Funktion/: er hörte von vielen Krankheiten, um sie sogleich bei sich festzustellen; er hat mit Novellen angefangen, um erst im Alter Romane zu schreiben.

umändern, änderte um, hat umgeändert ⟨tr.⟩: *in eine andere Form bringen:* die zweite Fassung des Dramas änderte er um. **Umänderung**, die; -, -en.

umarbeiten, arbeitete um, hat umgearbeitet ⟨tr.⟩: *noch einmal anfertigen; nach neuen Gesichtspunkten überholen und dadurch der betreffenden Sache ein anderes Aussehen geben:* einen Mantel nach der neuen Mode u. lassen; er arbeitete seinen Roman zu einem Drama um. **Umarbeitung**, die; -, -en.

umarmen, umarmte, hat umarmt ⟨tr./rzp.⟩: *die Arme (um jmdn.) legen:* die Mutter umarmte ihr Kind; sie umarmten sich. **Umarmung**, die; -, -en.

umbenennen, benannte um, hat umbenannt ⟨tr.⟩: *den Namen von etwas ändern:* die Brücke wurde in Theodor-Heuß-Brücke umbenannt. **Umbenennung**, die; -, -en.

umbiegen, bog um, hat/ist umgebogen: **1.** ⟨tr.⟩ *auf die Seite biegen:* er hat den Draht umgebogen. **2.** ⟨itr.⟩ *in die entgegengesetzte Richtung gehen oder fahren:* an dieser Stelle sind wir umgebogen.

umbinden, band um, hat umgebunden: **1.** ⟨tr.⟩ *durch Binden am Körper befestigen:* sie band dem Kind, sich eine Schürze um; ich band mir die Krawatte um.

umblättern, blätterte um, hat umgeblättert ⟨itr./tr.⟩: *ein Blatt in einem Buch o. ä. auf die andere Seite wenden:* als sein Nachbar mitlesen wollte, blätterte er um; die Zeitung u.

umbringen, brachte um, hat umgebracht ⟨tr./rfl.⟩: *gewaltsam töten:* sie hat ihr Kind umgebracht; es ist anzunehmen, daß er sich umgebracht hat *(Selbstmord begangen hat)*.

umdrehen, drehte um, hat umgedreht: **a)** ⟨tr.⟩ *auf die entgegengesetzte Seite drehen, wenden:* ein Blatt Papier, einen Mantel, den Schlüssel im Schloß u. **b)** ⟨rfl.⟩ *kehrtmachen, sich wenden:* als sie sich umdrehte und ich ihr Gesicht sah, erkannte ich sie; er drehte sich nach ihr um *(wandte den Kopf und blickte ihr nach)*.

umeinander ⟨Adverb⟩: *einer um den andern:* sie kümmerten sich nicht viel u.

umfallen, fällt um, fiel um, ist umgefallen ⟨itr.⟩: **a)** *auf die Seite fallen:* die Lampe fiel um, dabei ging die Birne entzwei. **b)** *infolge eines Schwächeanfalls sich nicht mehr aufrecht halten können und [ohnmächtig] zu Boden fallen:* es war so heiß, daß einige Teilnehmer der Kundgebung umfielen. **2.** (ugs.; abwertend) *unter irgendwelchen Einflüssen seinen bisher vertretenen Standpunkt aufgeben:* bei der Abstimmung ist er dann doch noch umgefallen.

Umfang, der; -s: **1.** *Länge der Begrenzungslinie:* die Eichen erreichen einen U. bis zu 12 Metern; den U. des Kreises berechnen. **2.** *Ausdehnung, Ausmaß:* der U. des Buches beträgt ca. 500 Seiten; seine Stimme hat einen großen U. *(er kann sehr hoch und sehr tief singen)*; man muß das Problem in seinem vollen U. sehen.

umfangreich ⟨Adj.; nicht adverbial⟩: *einen großen Umfang, ein großes Ausmaß habend:* umfangreiche Untersuchungen; das Werk dieses Autors ist sehr u. *(er hat viel geschrieben)*.

umfassen, umfaßte, hat umfaßt: **1.** ⟨tr.⟩ *die Hände (um etwas) legen:* jmds. Knie, Hände u. **2.** ⟨itr.⟩ *enthalten:* die neue Ausgabe umfaßt Gedichte und Prosa des Autors; ⟨häufig im 1. Partizip⟩ *sich auf vieles, alles erstreckend; vieles, alles enthaltend:* umfassende Vorbereitungen; ein umfassendes Geständnis.

Umfrage, die; -, -n: *[systematische] Befragung einer [größeren] Anzahl von Personen nach ihrer Meinung zu einem Problem o. ä.:* wir müssen durch eine U. feststellen, ob sich diese Methode bewährt hat; eine U.

unter der Bevölkerung hat ergeben, daß...

umfunktionieren, funktionierte um, hat umfunktioniert ⟨tr.⟩: *(etwas) in etwas anderes verwandeln und es für einen anderen Zweck verwenden:* die Veranstaltung wurde in eine politische Diskussion umfunktioniert.

Umgang, der; -s: *das Befreundetsein, gesellschaftlicher Verkehr (mit jmdm.):* außer mit ihnen hatte er keinen U.; du tätest gut daran, den U. mit diesem Menschen zu meiden. * **jmd. ist kein U. für jmdn** *(jmd. paßt in seinem niedrigeren Niveau, seinen geistigen Voraussetzungen nicht zu jmdm).*

umgänglich ⟨Adj.; nicht adverbial⟩: *im täglichen Umgang keine Schwierigkeiten machend, leicht zu leiten; freundlich, entgegenkommend:* ein umgänglicher Mann; du mußt umgänglicher sein, nicht so abweisend und schroff.

Umgangsformen, die ⟨Plural⟩: *Art des Umgangs mit anderen Menschen:* gute, schlechte U. besitzen; seine Eltern versuchten, ihm gute U. beizubringen.

umgeben, umgibt, umgab, hat umgeben ⟨tr.⟩: **a)** *auf allen Seiten (um etwas) herum sein lassen, einfassen:* sie haben ihr Grundstück mit einer Mauer umgeben. **b)** *auf allen Seiten (um etwas) herum sein:* eine hohe Hecke umgibt den Garten; ⟨häufig im 2. Partizip⟩ als er seine Waren laut anpries, war er bald von Neugierigen umgeben.

Umgebung, die; -, -en: **a)** *das, was als Landschaft, Häuser o. ä. in der Nähe eines Ortes, Hauses o. ä. liegt:* das Haus hat eine schöne U.; sie machten oft Ausflüge in die U. **b)** *Kreis von Menschen oder Bereich, in dem man lebt:* seine nähere U. versuchte alles zu verheimlichen; das Kind mußte sich erst an die neue U. gewöhnen.

umgehen: I. umgehen, ging um, ist umgegangen ⟨itr.⟩ /vgl. umgehend/: **1. a)** *im Umlauf sein; sich von einem zum andern ausbreiten:* ein Gerücht, die Grippe geht um. **b)** *als Gespenst erscheinen:* der Geist des Toten soll noch im Schloß u. **c)** *sich in Gedanken (mit etwas) beschäftigen:* mit einem Plan, einem Vorhaben u.; er war schon lange mit dem Gedanken umgegangen, seine Wohnung aufzugeben. **2.** *auf bestimmte Weise behandeln:* er geht immer ordentlich mit seinen Sachen um; mit Kindern muß man behutsam u. **II. umgehen,** umging, hat umgangen ⟨tr.⟩: *(etwas, was eigentlich geschehen müßte) nicht tun oder zustande kommen lassen, weil es für einen selbst oder für andere, unangenehm wäre:* Schwierigkeiten, ein Thema zu u. versuchen; eine Vorschrift u. *(es so einrichten, daß man sich nicht daran zu halten braucht).*

umgehend ⟨Adj.; nicht prädikativ⟩: *sofort, bei der ersten Gelegenheit* /wird meist im Bereich der Korrespondenz und des geschäftlichen Verkehrs gebraucht/: er hat u. geantwortet; die Bestellung wurde u. ausgeführt.

umgestalten, gestaltete um, hat umgestaltet ⟨tr.⟩: *auf andere Weise gestalten; anders machen, als die betreffende Sache geplant oder bereits ausgeführt war:* einen Park, einen Raum u.; er hat alle seine Pläne umgestaltet. **Umgestaltung,** die; -, -en.

umgraben, gräbt um, grub um, hat umgegraben ⟨tr.⟩: *durch Graben die untere Erde nach oben bringen:* ein Beet, einen Garten u.

umher ⟨Adverb⟩: *ringsum, nach allen Seiten; bald hier [hin], bald dort [hin];* ⟨oft zusammengesetzt mit Verben⟩ umherliegen, umherlaufen.

umhinkönnen, konnte umhin, hat umhingekonnt ⟨itr.⟩: *(etwas) umgehen, vermeiden können* /wird meist verneint gebraucht/: er wird kaum u., seine Verwandten einzuladen, wir können nicht umhin, auch den andern mitzunehmen.

umhüllen, umhüllte, hat umhüllt ⟨tr.⟩: *eine Hülle (um etwas) legen:* der Verletzte wurde mit einer Decke umhüllt und in den Krankenwagen gehoben; bildl.: das alles bleibt wohl immer von einem Geheimnis umhüllt. **Umhüllung,** die; -, -en.

umkehren, kehrte um, hat/ist umgekehrt: **1.** ⟨itr.⟩ *nicht in einer bestimmten Richtung weitergehen, sondern sich umwenden und zurückgehen oder -fahren:* er ist umgekehrt, weil der Weg versperrt war. **2.** ⟨tr.⟩ *in die entgegengesetzte Richtung bringen, so daß dabei das Innere nach außen, das Vordere nach hinten kommt o. ä.:* er hat die Taschen seines Mantels umgekehrt; er kehrte seine Hand um; die Reihenfolge wurde bei der neuen Anordnung umgekehrt; ⟨häufig im 2. Partizip⟩ *entgegengesetzt:* die Sache verhält sich genau umgekehrt; etwas geschieht in umgekehrter Reihenfolge. **Umkehrung,** die; -, -en.

umkippen, kippte um, hat/ist umgekippt: **1.** ⟨itr.⟩ *aus dem Gleichgewicht kommen und umfallen:* durch die starke Zugluft ist die Vase umgekippt; das Boot ist im Sturm umgekippt (gekentert). **2.** ⟨itr.⟩ (ugs.) *infolge eines Schwächeanfalls [ohnmächtig] der Länge nach hinfallen:* die Luft im Saal war so schlecht, daß einige umgekippt sind. **3.** ⟨tr.⟩ *umwerfen:* er hat aus Versehen den Papierkorb umgekippt.

umknicken, knickte um, hat/ist umgeknickt: **1.** ⟨itr.⟩ *umbiegen, so daß ein starker Knick entsteht:* sie haben mehrere Zweige umgeknickt. **2.** ⟨itr.⟩ *plötzlich mit dem Fuß zur Seite knicken, weil man keinen Halt finden konnte:* er ist auf der Treppe umgeknickt.

umkommen, kam um, ist umgekommen ⟨itr.⟩: **1.** *bei einem Unglück den Tod finden:* in den Flammen u.; seine Angehörigen sind im Krieg umgekommen. **2.** *nicht verbraucht werden, sondern so lange liegenbleiben, bis es schlecht geworden ist; verderben:* die Reste wurden für das Abendbrot verwertet, damit nichts umkam; sie läßt nichts u.

Umkreis, der; -es: *bis zu einer bestimmten Entfernung reichende Umgebung:* im U. von 100 Kilometern gibt es hier keine größere Stadt.

umkrempeln, krempelte um, hat umgekrempelt ⟨tr.⟩: **1. a)** *umschlagen:* die Ärmel des Hemdes, eine Hose u. **b)** *umdrehen, von innen nach außen kehren:* nach dem Waschen krempelte sie die Jacke um; nachdem sie die Handschuhe genäht hatte, krempelte sie sie um. **2.** (ugs.) *von Grund auf ändern:* man kann einen Menschen nicht u.; der neue Mitarbeiter hätte am liebsten alles umgekrempelt.

Umlauf, der; -s, Umläufe: 1. ⟨ohne Plural⟩ *das Kreisen (in einer Bahn):* der U. des Planeten. ** etwas in U. bringen/setzen (machen, daß etwas verbreitet, weitergegeben wird):* ein Gerücht, in U. bringen. 2. *an eine bestimmte Gruppe von Personen gerichtete schriftliche Mitteilung, die von einem zum anderen weitergegeben werden soll.*

umlaufen: I. umlaufen, läuft um, lief um, ist umgelaufen ⟨itr.⟩: *verbreitet, weitergegeben werden:* über ihn laufen allerlei Gerüchte, Erzählungen um. II. umlaufen, umlief, hat umlaufen ⟨tr.⟩: *sich (in einer bestimmten Bahn um etwas) bewegen:* der Planet umläuft die Erde in konstanter Entfernung.

umlegen, legte um, hat umgelegt ⟨tr.⟩: 1. *(etwas, was steht) hinlegen:* der Wind hat das Getreide umgelegt; das Schiff legt seinen Schornstein um, weil es unter der Brücke durchfahren will; einen Kragen u. 2. *um Hals oder Schulter legen:* jmdm./sich eine Kette, einen Schal, einen Pelz u. 3. *in einem anderen Zimmer unterbringen:* der Patient wurde umgelegt. 4. (ugs.) a) *kaltblütig erschießen:* die Verbrecher haben den Polizisten einfach umgelegt. b) *zu Boden schlagen:* er hat ihn mit einem kräftigen Schlag umgelegt. 5. *(die Zahlung von etwas) gleichmäßig verteilen:* die Kosten wurden auf die einzelnen Mitglieder des Vereins umgelegt.

umleiten, leitete um, hat umgeleitet ⟨tr.⟩: *vom bisherigen [direkten] auf einen anderen Weg bringen:* wegen Straßenarbeiten den Verkehr u.; die Post wurde umgeleitet. **Umleitung**, die; -, -en.

umlernen, lernte um, hat umgelernt ⟨itr.⟩: a) *auf Grund einer veränderten Situation seine Anschauungen revidieren, seine Auffassung von etwas ändern:* du mußt eben u., weil vieles anders geworden ist. b) *einen anderen Beruf lernen:* nach der Schließung der Zeche mußten viele Bergleute u.

umliegend ⟨Adj.; nur attributiv⟩: *in der näheren Umgebung, im Umkreis von etwas liegend:* die umliegenden Dörfer wurden ebenfalls von der Krankheit befallen.

ummodeln, modelte um, hat umgemodelt ⟨tr.⟩ (ugs.): *durch Ausprobieren [nach und nach] in eine andere Form bringen; ändern:* sie hat das Kleid mehrmals umgemodelt; der neue Chef hat alles umgemodelt.

umnachtet ⟨Adj.; nicht adverbial⟩ (geh): *sich im Zustand geistiger Verwirrung befindend:* in den letzten Jahren seines Lebens war er [geistig] u. **Umnachtung**, die; -: *Zustand geistiger Verwirrung:* dieses Werk enthält schon die ersten Anzeichen seiner späteren geistigen U.

umrahmen, umrahmte, hat umrahmt ⟨tr.⟩: *einen Rahmen bilden (um etwas); mit einem Rahmen umgeben:* ein Bart umrahmte sein Gesicht; die Feier wurde von musikalischen Darbietungen umrahmt *(am Anfang und am Ende gab es musikalische Darbietungen).* **Umrahmung**, die; -, -en.

umreißen: I. umreißen, riß um, hat umgerissen ⟨tr.⟩: *mit einer heftigen Bewegung erfassen, so daß die betreffende Person oder Sache umfällt:* das Auto fuhr in die Menge und riß mehrere Fußgänger um. II. umreißen, umriß, hat umrissen ⟨tr.⟩: *in großen Zügen, knapp darstellen; das Wesentliche (von etwas) mitteilen:* er verstand es, die politische Situation in wenigen Worten zu u.; ⟨häufig im 2. Partizip in Verbindung mit bestimmten Adjektiven⟩ *in einer bestimmten Form ausgebildet; ausgeprägt:* er hat scharf umrissene Ansichten; eine klar umrissene Persönlichkeit.

umrennen, rannte um, hat umgerannt ⟨tr.⟩: *durch heftige Bewegung im Laufen anstoßen, so daß die betreffende Person oder Sache umfällt:* auf dem Weg zum Bahnhof hat er ein kleines Kind umgerannt.

umringen, umringte, hat umringt ⟨tr.⟩: *dicht (um jmdn./etwas) herumstehen:* sie umringten ihn, um die Neuigkeit zu erfahren.

Umriß, der; Umrisses, Umrisse: *äußere Linie eines Körpers, die sich vor dem Hintergrund abhebt:* der U. einer Figur; die Umrisse des Schlosses waren in der Dämmerung kaum zu erkennen. ** in Umrissen (in großen Zügen, nur auf das Wesentliche beschränkt):* eine Weltgeschichte in Umrissen; ein Problem in groben Umrissen darstellen.

umrühren, rührte um, hat umgerührt ⟨tr.⟩: *rührend durcheinanderbewegen:* die Suppe u.; du mußt die Soße u., damit sie nicht anbrennt.

ums ⟨Verschmelzung von *um* und *das*⟩.

umsatteln, sattelte um, hat umgesattelt ⟨itr.⟩ (ugs.): *den Beruf wechseln.*

Umsatz, der; -es, Umsätze: *Wert oder Menge aller Waren, die in einem bestimmten Zeitraum verkauft wurden:* einen guten U. haben; den U. steigern.

umschalten, schaltete um, hat umgeschaltet ⟨tr.⟩ *auf eine andere Stelle, Stufe schalten; anders einstellen:* ein elektrisches Netz von Gleichstrom auf Wechselstrom u.; ⟨auch itr.⟩ *[das Radio, den Fernseher]* auf einen anderen Sender u.

Umschlag, der; -s, Umschläge: 1. a) *Umhüllung eines Buches o. ä.:* einen U. um ein Buch legen. b) *Briefumschlag:* den Brief in einen U. stecken; den U. zukleben. 2. *feuchtes Tuch, das um einen Körperteil gelegt wird:* einen kalten, warmen U. machen; der Arzt verordnete Umschläge. 3. *umgeschlagener Rand einer Hose:* eine Hose mit, ohne U. 4. ⟨ohne Plural⟩ *plötzliche [vorübergehende] Veränderung [ins Gegenteil]:* der U. des Wetters störte die Erntearbeiten; der U. der Stimmung war deutlich zu merken. 5. ⟨ohne Plural⟩ *das Laden von Waren von einem Schiff auf ein anderes Fahrzeug:* in diesem Hafen findet der U. von den Schiffen auf die Eisenbahn statt.

umschlagen, schlägt um, schlug um, hat/ist umgeschlagen: 1. ⟨tr.⟩ *durch Schlagen zum Umstürzen bringen; fällen:* sie haben den Baum, der ihnen im Wege stand, umgeschlagen. 2. ⟨tr.⟩ *(etwas oder den Rand von etwas) so biegen oder wenden, daß das Innere nach außen kommt:* einen Kragen, einen Ärmel u.; er hat die Hose umgeschlagen; eine Seite im Buch u. 3. ⟨tr.⟩ *von einem Schiff auf ein anderes Fahrzeug laden:* sie haben im Hafen Waren, Güter umgeschlagen. 4.

⟨itr.⟩ *plötzlich oder schnell kentern:* der Kahn, das Boot ist umgeschlagen. 5. ⟨itr.⟩ *plötzlich [vorübergehend] anders werden, sich ins Gegenteil verwandeln:* das Wetter, die Stimmung ist umgeschlagen.

umschließen, umschloß, hat umschlossen ⟨tr.⟩ *auf allen Seiten eng umgeben:* eine hohe Mauer umschließt den Garten.

umschreiben: I. ụmschreiben, schrieb um, hat umgeschrieben ⟨tr.⟩: *neu schreiben und umarbeiten:* einen Aufsatz u.; der Autor hat sein Stück umgeschrieben. **II.** umschrẹiben, umschrieb, hat umschrieben ⟨tr.⟩: a) *darlegen, beschreiben, umreißen:* eine Aufgabe mit wenigen Worten u. b) *nicht mit den zutreffenden, sondern mit anderen, oft verhüllenden Worten ausdrücken:* er suchte nach Worten, mit denen er den Sachverhalt u. konnte. **Ụmschreibung** [auch: Umschrẹibung], die; -, -en.

ụmschulen, schulte um, hat umgeschult ⟨tr.⟩: 1. *in eine andere Schule schicken, einweisen:* als die Eltern in eine andere Stadt zogen, mußten sie ihr Kind u. 2. *in einem andern Beruf ausbilden:* nach der Schließung der Zeche wurde eine große Anzahl von Bergleuten umgeschult. **Ụmschulung,** die; -, -en.

Ụmschweife ⟨in der Wendung⟩ ohne U.: *frei heraus (das sagend, was man meint):* er erklärte ohne U., daß er nicht einverstanden sei.

ụmschwenken, schwenkte um, ist umgeschwenkt ⟨itr.⟩: *seine Meinung, Absicht o. ä. ändern:* als er sah, daß diese Haltung mit Gefahren verbunden war, schwenkte er sogleich u.

Ụmschwung, der; -s, Umschwünge: *Veränderung ins Gegenteil:* der U. der öffentlichen Meinung brachte die Regierung zum Sturz; der plötzliche U. der Stimmung wirkte geradezu beunruhigend.

ụmsehen, sich; sieht sich um, sah sich um, hat sich umgesehen: *sich umwenden, umdrehen, um (jmdn./etwas) zu sehen:* er hat sich noch mehrmals nach ihr umgesehen. * **sich nach etwas u.** *(nach etwas Passendem, Entsprechendem suchen):* er sah sich bald nach einer anderen Tätigkeit um; ich will mich heute in der Stadt u., ob ich passende Knöpfe zum Stoff finde.

ụmsein, ist um, war um, ist umgewesen ⟨itr.⟩: *vorbei, vorüber, abgelaufen sein:* die Frist ist um; meine Ferien sind um.

ụmseitig ⟨Adj.; nicht prädikativ⟩: *[sich] auf der andern Seite eines Blattes [befindend]:* die umseitige Abbildung soll den Text veranschaulichen; das Gebäude ist u. abgebildet.

ụmsetzen, setzte um, hat umgesetzt ⟨tr.⟩: *innerhalb eines bestimmten Zeitraums verkaufen:* Waren u.; wegen der Hitze haben sie in den letzten Monaten viele Getränke umgesetzt. ** **etwas in die Tat u.** *(etwas verwirklichen):* einen Plan, eine Idee in die Tat u.

ụmsichtig ⟨Adj.⟩: *alles, was zu berücksichtigen ist, überlegend; bedacht:* eine umsichtige Sekretärin; er ist sehr u.; u. handeln.

umsọnst ⟨Adverb⟩: 1. *ohne die erwartete Wirkung, vergeblich:* ich bin u. hingegangen, es war niemand zu Hause; sie haben u. so große Anstrengungen gemacht; nicht u. *(nicht ohne Grund)* hielt er sich verborgen. 2. *ohne Bezahlung:* er hat die Arbeit u. gemacht; wir durften u. mitfahren.

Ụmstand, der; -s, Umstände: *besondere Einzelheit, die für ein Geschehen wichtig ist und es mit bestimmt:* ein unvorhergesehener, entscheidender U.; das Befinden des Kranken ist den Umständen entsprechend *(ist so gut, wie es eben in dem Zustand sein kann).* * **unter Umständen** (Abk.: u. U.; *vielleicht, möglicherweise):* u. U. werde ich kommen; **unter allen Umständen** *(unbedingt):* du mußt unter allen Umständen verhindern, daß sich ein solcher Streit wiederholt; **in anderen Umständen sein** *(schwanger sein);* [keine großen] Umstände machen *(für einen Besuch o. ä. [nicht extra] große Vorbereitungen treffen):* ich komme nur, wenn ihr keine großen Umstände macht; **mildernde Umstände** *(besondere Situation, Lage, die eine Straftat verständlicher erscheinen läßt):* der Verteidiger machte mildernde Umstände geltend.

ụmständlich ⟨Adj.⟩: a) *nicht gewandt, langsam handelnd:* er ist ein umständlicher Mensch; u. nahm er jedes einzelne Buch aus dem Regal, um ein bestimmtes Werk zu finden. b) *unnötig und daher zeitraubend; allzu ausführlich:* umständliche Vorbereitungen; er hat den Vorgang sehr u. erzählt. **Ụmständlichkeit,** die; -.

ụmsteigen, stieg um, ist umgestiegen ⟨itr.⟩: *aus einem Fahrzeug in ein anderes steigen* /besonders von Zügen, Straßenbahnen o. ä./: Sie müssen in Hannover u., weil dieser Zug nicht bis Bremen durchfährt; auf dem Marktplatz ist er in die Linie 10 umgestiegen.

umstellen: I. ụmstellen, stellte um, hat umgestellt: 1. ⟨tr.⟩ *auf einen andern Platz stellen:* Bücher, Möbel u. 2. ⟨tr.⟩ *(einen Betrieb) bestimmten Erfordernissen entsprechend verändern:* sie haben ihre Fabrik auf die Herstellung von Kunststoffen umgestellt. 3. ⟨rfl.⟩ *sich den veränderten Verhältnissen anpassen:* ich konnte mich nur schwer auf diese Verhältnisse u. **II.** umstẹllen, umstellte, hat umstellt ⟨tr.⟩: *sich auf allen Seiten (um jmdn./etwas) aufstellen, so daß niemand entkommen kann:* die Polizei umstellte das Haus. **Ụmstellung,** die; -, -en.

ụmstoßen, stößt um, stieß um, hat umgestoßen ⟨tr.⟩: 1. *durch einen Stoß verursachen, daß jmd./etwas umfällt:* beinahe hätte er das Kind umgestoßen; er stieß den Eimer um. 2. *grundlegend ändern:* einen Plan, eine Bestimmung u.; durch ihren Besuch wurden unsere Reisepläne wieder umgestoßen *(zunichte gemacht).*

umstrịtten ⟨Adj.; nicht verbial⟩: *in seiner Gültigkeit, seinem Wert o. ä. nicht vollkommen geklärt:* eine umstrittene Theorie; die Echtheit des Gemäldes ist nach wie vor u.

ụmstülpen, stülpte um, hat umgestülpt ⟨tr.⟩: *[etwas gewaltsam] von oben nach unten oder von innen nach außen wenden:* sie stülpte ihre Handtasche um, fand den Schlüssel aber nicht.

Ụmsturz, der; -es, Umstürze: *gewaltsame grundlegende Änderung der bisherigen politischen*

Umtausch

Ordnung: einen U. planen, vorbereiten.

Umtausch, der; -es: *das Umtauschen:* Waren zu herabgesetzten Preisen sind vom U. ausgeschlossen *(werden nicht umgetauscht);* ein U. ist nur innerhalb einer Woche möglich.

umtauschen, tauschte um, hat umgetauscht ⟨tr.⟩: *(etwas, was einem nicht gefällt oder was den Wünschen nicht entspricht) zurückgeben und etwas anderes dafür erhalten:* ein Geschenk u.; wenn du das Buch schon kennst, kannst du es u.

Umtriebe, die ⟨Plural⟩: *gegen jmdn. oder eine Institution gerichtete Tätigkeit:* feindliche U.

Umweg, der; -s, -e: *Weg, der länger ist als der direkte Weg:* wir haben einen U. gemacht; bildl.: wir haben die Nachricht auf Umwegen *(über Dritte)* erfahren.

Umwelt, die; -: *Lebensbereich eines Individuums; alles das, was einen Menschen umgibt und in seinem Verhalten beeinflußt:* sich der U. anpassen; jeder ist den Einflüssen seiner U. ausgesetzt.

umwenden, wandte/wendete um, hat umgewandt/umgewendet: 1. ⟨tr.⟩ *auf die andere Seite wenden:* die Seiten eines Buches u. 2. ⟨rfl.⟩ *sich umdrehen:* sie wandte sich um und verließ den Raum.

umwerfen, wirft um, warf um, hat umgeworfen ⟨tr.⟩: 1. *durch eine bestimmte Bewegung verursachen, daß etwas umfällt:* ein Gefäß, einen Stuhl u. 2. *umstoßen, zunichte machen:* seine Entscheidung wirft alle unsere Pläne um. 3. (ugs.) *stark (auf jmdn.) wirken [und dem nicht gewachsen sein]:* die Frechheit dieses Menschen hat mich umgeworfen; die Nachricht wird ihn nicht u. *(erschüttern);* ein einziges Glas Wein wird dich nicht gleich u. *(betrunken machen).*

umziehen, zog um, ist umgezogen: 1. ⟨itr.⟩ *aus einer Wohnung in eine andere ziehen:* sie sind inzwischen [in eine größere Wohnung] umgezogen. 2. ⟨rfl.⟩ *andere Kleidung anziehen:* ich muß mich erst noch u., ehe wir gehen; sich zum Essen, fürs Theater u.

umzingeln, umzingelte, hat umzingelt ⟨tr.⟩: *(einen Feind oder Fliehenden) auf allen Seiten umgeben und ein Entweichen verhindern:* die Feinde u.; die Polizei umzingelte den Verbrecher. **Umzingelung,** die; -, -en.

Umzug, der; -s, Umzüge: 1. *das Umziehen in eine andere Wohnung:* er hat sich für den U. einen Tag Urlaub genommen. 2. *Veranstaltung, bei der sich eine größere Gruppe aus bestimmtem Anlaß durch die Straßen bewegt:* politische Umzüge waren verboten; an einem U. teilnehmen.

unabänderlich ⟨Adj.⟩: *nicht mehr zu ändern oder rückgängig zu machen:* eine unabänderliche Entscheidung; mein Entschluß ist u., steht u. fest. **Unabänderlichkeit,** die; -.

unabdingbar ⟨Adj.; nicht adverbial⟩: *so notwendig oder von solcher Art, daß man nicht darauf verzichten kann:* eine unabdingbare Forderung.

unabhängig ⟨Adj.⟩: *nicht von jmdm./etwas abhängig:* eine [politisch] unabhängige Zeitung; er ist wirtschaftlich u. * **u. von etwas** *(abgesehen von etwas):* u. von der Auskunft, die er erhalten hatte, erkundigte sich mich selbst noch einmal wegen der Zugverbindung; nimm bitte an der Versammlung teil, u. *(gleichgültig)* ob ich mitgehe oder nicht! **Unabhängigkeit,** die; -.

unabkömmlich ⟨Adj.; nicht adverbial⟩: *nicht abkömmlich; bei etwas dringend erforderlich und nicht frei für anderes:* er mußte die Expedition leiten und war deshalb u.

unablässig [auch: ụn...] ⟨Adj.; nicht prädikativ⟩: *nicht nachlassend, unaufhörlich:* unablässiges Geschrei; es regnete u.

unabsichtlich ⟨Adj.⟩: *nicht absichtlich; zufällig.*

unachtsam ⟨Adj.⟩: *nicht auf etwas achtend:* eine unachtsame Mutter; sie ließ u. eine Tasse fallen. **Unachtsamkeit,** die;-.

unangenehm ⟨Adj.⟩: *peinliche Verwicklung heraufbeschwörend oder Widerwärtigkeiten mit sich bringend:* eine unangenehme Geschichte; die Schulden machten sich u. bemerkbar; er hatte die unangenehme Aufgabe, ihnen ihre Entlassung mitzuteilen; sie war u. berührt *(ärgerlich beleidigt),* als sie das hörte; ein unangenehmer *(schlechter)* Geruch.

Unannehmlichkeit, die; -, -en: *unangenehme Sache, die Verdruß bereitet:* wenn Sie sich genau an die Vorschrift halten, können Sie sich unnötige Unannehmlichkeiten ersparen.

unansehnlich ⟨Adj.; nicht adverbial⟩: *nicht schön seine Ärmlichkeit, Ungepflegtheit kein gutes Aussehen [mehr] habend:* unansehnliche Gestalten; das Buch war u. geworden.

unanständig ⟨Adj.⟩: *den gesellschaftlichen Anstand verletzend:* eine unanständige Bemerkung; er hat sich u. benommen. **Unanständigkeit,** die; -, -en.

Unart, die; -, -en: *schlechte Angewohnheit, die sich besonders im Umgang mit anderen unangenehm bemerkbar macht; schlechtes Benehmen:* kindliche Unarten; diese U. mußt du dir abgewöhnen.

unartig ⟨Adj.⟩: *sich nicht so aufführend, wie es die Erwachsenen von einem Kind erwarten; ungezogen, frech:* die Kinder waren nicht sehr u.

unauffällig ⟨Adj.⟩: *in keiner Weise hervortretend oder Aufmerksamkeit auf sich lenkend:* ein unauffälliges Aussehen; er wollte sich u. entfernen.

unaufhaltsam [auch: ụn...] ⟨Adj.⟩: *sich nicht aufhalten lassend, sondern stetig mit der Zeit fortschreitend:* bei ihm ist ein unaufhaltsamer Verfall festzustellen; die technische Entwicklung schreitet u. voran.

unaufhörlich [auch: ụn...] ⟨Adj.; nicht prädikativ⟩: *eine längere Zeit dauernd, obwohl eigentlich ein Aufhören erwartet wird; nicht enden wollend:* ein unaufhörliches Geräusch; es regnete u.

unaufmerksam ⟨Adj.⟩: *nicht aufmerksam, nicht mit Interesse folgend:* einige Schüler waren u. **Unaufmerksamkeit,** die;-.

unaufrichtig ⟨Adj.⟩: *nicht frei und offen seine Überzeugung äußernd, nicht ehrlich in seinen Äußerungen und Handlungen:* ein unaufrichtiger Mensch. **Unaufrichtigkeit,** die; -.

unausgeglichen ⟨Adj.; nicht adverbial⟩: *nicht ausgeglichen, sondern von seinen Stimmungen,*

Launen abhängig: ein unausgeglichener Mensch.

unauslöschlich [auch: ụn...] ⟨Adj.⟩: *sich über die Zeiten hin in der Erinnerung haltend; bleibend:* die Feier hinterließ einen unauslöschlichen Eindruck in ihm.

unaussprẹchlich [auch: ụn...] ⟨Adj.⟩: *so stark empfunden, so sehr, daß man es nicht ausdrükken kann:* unaussprechliche Freude; er tat mir u. *(sehr)* leid.

unausstẹhlich ⟨Adj.⟩: *in seinem Wesen nicht auszustehen, unerträglich:* eine unausstehliche Person; sie ist u. neugierig.

ụnbändig ⟨Adj.⟩: *nicht zu bändigen, ohne Maß und Beschränkung (sich äußernd):* eine unbändige Wut packte ihn; er lachte u. **Ụnbändigkeit,** die;-.

ụnbarmherzig ⟨Adj.⟩: *kein Mitleid habend und seine Hilfe verweigernd:* ein unbarmherziger Mensch.

ụnbedacht ⟨Adj.⟩: *nicht genügend überlegt, voreilig:* eine unbedachte Äußerung; er hat sehr u. gehandelt.

ụnbedenklich ⟨Adj.⟩: *ohne Bedenken [auszulösen oder zu haben]:* dieses Angebot kannst du u. annehmen.

ụnbedeutend ⟨Adj.⟩: **a)** ⟨nicht adverbial⟩ *wenig Bedeutung oder Einfluß habend:* ein unbedeutender Mensch; eine unbedeutende Stellung. **b)** *sehr klein, sehr wenig, gering:* der Schaden war zum Glück u.; sie hat sich nur u. verändert.

ụnbedingt [auch: unbedịngt] ⟨Adj.⟩: **a)** ⟨nur attributiv⟩ *uneingeschränkt, absolut:* für diese Stellung wird unbedingte Zuverlässigkeit verlangt. **b)** ⟨nur adverbial⟩ *ohne Rücksicht auf Hindernisse oder Schwierigkeiten; unter allen Umständen:* du mußt u. zum Arzt gehen; er will u. herausfinden, wer ihn denunziert hat.

ụnbefangen ⟨Adj.⟩: *sich in seiner Meinung oder seinem Handeln nicht durch andere gehemmt fühlend; nicht schüchtern:* jmdn. u. ansehen, etwas fragen. **Ụnbefangenheit,** die; -.

Ụnbefugte, der; -n, -n ⟨aber: [ein] Unbefugter, Plural: Unbefugte⟩: *jmd., der nicht zu etwas befugt oder berechtigt ist:* Unbefugten ist der Zutritt verboten!

ụnbegrenzt [auch: ...grẹnzt] ⟨Adj.⟩: *nicht durch etwas begrenzt oder eingeschränkt:* er hat unbegrenzte Vollmacht; ihm kann man u. vertrauen.

ụnbegründet ⟨Adj.⟩: *ohne stichhaltigen Grund; nicht begründet:* ein unbegründeter Verdacht; dein Mißtrauen ist völlig u.

Ụnbehagen, das; -s: *unbehagliches Gefühl:* er empfand ein leichtes U., als sie ihn lobte; die Vorstellung, wieder von anderen abhängig zu sein, bereitete ihm U.

ụnbehaglich ⟨Adj.⟩: **a)** *ein unangenehmes Gefühl empfindend oder verbreitend:* er fühlte sich u. in seiner Situation; eine unbehagliche Atmosphäre. **b)** *ungemütlich:* ein unbehagliches Zimmer.

ụnbeherrscht ⟨Adj.⟩: *zügellos sich einer Empfindung überlassend oder davon zeugend:* er ist oft u.; eine unbeherrschte Äußerung.

ụnbeholfen ⟨Adj.⟩: *ungeschickt [und sich nicht recht zu helfen wissend], nicht gewandt:* eine unbeholfene Bewegung; alte Leute sind oft u. **Ụnbeholfenheit,** die; -.

ụnbekannt ⟨Adj.; nicht adverbial⟩ *nicht bekannt; dem eigenen Erfahrungsbereich nicht angehörend; dem Wissen verborgen:* eine unbekannte Gegend; diese Zusammenhänge waren mir bisher u.

ụnbekümmert ⟨Adj.⟩: *keine Sorgen um irgendwelche möglichen Schwierigkeiten erkennen lassend; sorglos:* ein unbekümmertes Wesen; ihr Lachen klang völlig u. **Ụnbekümmertheit,** die; -.

ụnbelehrbar [auch: ụn...] ⟨Adj.⟩: *unzugänglich für jmds. Rat oder nicht bereit, aus einer negativen Erfahrung zu lernen:* ein unbelehrbarer Mensch; immer wieder begeht er denselben Fehler, er ist u.

ụnbeliebt ⟨Adj.; nicht adverbial⟩: *nicht beliebt; allgemein nicht gern gesehen:* ein unbeliebter Lehrer; er machte sich durch diese Maßnahme bei allen u.

ụnbemerkt ⟨Adj.; nur adverbial⟩: *nicht beachtet, unauffällig:* der Einbrecher ist u. entkommen; der Verlust blieb u.

ụnbemittelt ⟨Adj.; nicht adverbial⟩: *ohne Geld, arm:* er würde gern ein Geschäft aufmachen, ist aber völlig u.

ụnbequem ⟨Adj.⟩: **1.** *für den Gebrauch nicht bequem:* unbequeme Schuhe; der Stuhl ist u. **2.** *störend, lästig, beunruhigend:* eine unbequeme Meinung; er war ihm u.

unberẹchenbar ⟨Adj.⟩: *so beschaffen, daß man seine Reaktionen und Handlungen nicht voraussehen kann:* ein unberechenbarer Mensch; er ist u.

unbeschrẹiblich [auch: ụn...] ⟨Adj.⟩ ⟨nicht adverbial⟩ *alles sonst Übliche übertreffend [und daher keine Worte dafür findend]; unsagbar:* eine unbeschreibliche Frechheit; das Durcheinander war u. **b)** ⟨verstärkend bei Adjektiven und Verben⟩ *sehr:* er war u. höflich; die Unfälle haben in letzter Zeit u. zugenommen.

ụnbeschwert ⟨Adj.⟩: *frei von Sorgen seiend; nicht von etwas bedrückt:* ein unbeschwertes Gemüt; sie konnten u. ihre Jugend genießen.

ụnbesehen [auch: ụn...] ⟨Adj.; nicht prädikativ⟩: *ohne Bedenken [geschehend]:* die unbesehene Hinnahme der Entscheidung hatte unangenehme Folgen; das glaube ich u. *(ohne weiteres, ohne zu überlegen).*

ụnbeständig ⟨Adj.⟩: **a)** ⟨nicht adverbial⟩ *seine Absichten oder Meinungen ständig ändernd; in seinen Neigungen oft wechselnd:* ein unbeständiger Charakter; er ist sehr u. in seinen Gefühlen. **b)** *wechselhaft, nicht beständig oder gleichbleibend:* das Wetter ist zur Zeit sehr u.

unbestẹchlich [auch: ụn...] ⟨Adj.⟩: *nicht zu bestechen; sich in seinem Urteil durch nichts beeinflussen lassend:* ein unbestechlicher Mann, Charakter; er war u.

ụnbeugsam [auch: ...bẹug...] ⟨Adj.; nicht adverbial⟩: *sich keinem fremden Willen beugend; jeder Beeinflussung verschlossen:* ein unbeugsamer Charakter; sein Wille war u.

ụnbeweglich [auch: ...wẹg...] ⟨Adj.⟩: *nicht zu bewegen oder sich nicht bewegend:* er saß u. auf seinem Platz; er ist geistig sehr u. *(kann sich nur schwer auf etwas Neues einstellen, kann sich nicht schnell umstellen).*

unbewußt ⟨Adj.⟩: *ohne sich über die betreffende Sache eigentlich klar zu sein:* eine unbewußte Angst; er hat u. *(instinktiv)* das Richtige getan.

und ⟨Konj.⟩: **a)** /drückt aus, daß jmd./etwas zu jmdm./etwas hinzukommt oder hinzugefügt wird/: ich traf den Chef u. dessen Frau auf der Straße; arme u. reiche Leute; es ging ihm besser, u. er konnte wieder arbeiten. **b)** /dient der Steigerung und Verstärkung, indem es gleiche Wörter verbindet/ nach u. nach; er überlegte u. überlegte, aber das Wort fiel ihm nicht ein. **c)** *aber* /drückt einen Gegensatz aus/: alle verreisen, u. er allein soll zu Hause bleiben? **d)** ⟨in Konditionalsätzen⟩ *selbst wenn:* man muß es versuchen, u. wäre es noch so schwer.

Unding ⟨in der Fügung⟩ *es ist ein U. (es ist unsinnig, widersinnig):* es ist ein U., so etwas zu verlangen.

undurchdringlich ⟨Adj.⟩: **a)** ⟨nicht adverbial⟩ *nicht zu durchdringen, sehr dicht:* der Wald war u. **b)** *nicht zu durchschauen oder in seinem eigentlichen Wesen zu erkennen:* eine undurchdringliche Miene.

unehelich ⟨Adj.⟩: *außerhalb der Ehe entstanden; nicht verheiratet:* ein uneheliches Kind; eine uneheliche Mutter.

uneingeschränkt ⟨Adj.⟩: *ohne Einschränkung geltend, voll:* er verdient uneingeschränktes Lob.

uneinig ⟨Adj.⟩: *nicht gleicher Meinung seiend:* eine uneinige Partei; sie waren u., wie man am besten vorgehen wolle. **Uneinigkeit**, die; -.

unempfindlich ⟨Adj.⟩: *nicht empfindlich gegenüber etwas, was auf den Körper oder die Seele einwirkt:* er ist u. gegen Hitze oder Kälte; er zeigte sich u. gegen Beleidigungen.

unendlich ⟨Adj.⟩: **a)** *endlos; unabsehbar groß:* unendliche Wälder; es kostete ihn unendliche Mühe. **b)** ⟨verstärkend bei Adjektiven und Verben⟩ *sehr, außerordentlich:* sie war u. froh, daß sie den Schmuck wiedergefunden hatte; der Kranke hat sich u. über den Besuch gefreut.

unentgeltlich [auch: un...] ⟨Adj.⟩: *umsonst, ohne daß dafür bezahlt zu werden braucht:* unentgeltliche Bemühungen; sie hat diese Arbeiten u. ausgeführt.

unentschlossen ⟨Adj.⟩: *sich nicht entschließen könnend:* ein unentschlossener Mann; sie waren noch u.; er machte einen unentschlossenen Eindruck *(schien sich nicht entschließen zu können).*

unentwegt [auch: un...] ⟨Adj., nicht prädikativ⟩: **a)** *stetig, mit großer Geduld und gleichmäßiger Ausdauer [sein Ziel verfolgend]:* ein unentwegter Kämpfer für den Frieden; u. begann er jedesmal von neuem. **b)** *unaufhörlich:* das Telefon klingelte u.

unerbittlich [auch: ...bịtt....] ⟨Adj.⟩: *nicht bereit, von seinen Anschauungen oder Absichten abzugehen:* er blieb u. bei seinen Forderungen.

unerfreulich ⟨Adj.⟩: *Ärger oder Unbehagen bereitend:* eine unerfreuliche Angelegenheit.

unergiebig ⟨Adj.⟩: *wenig Ertrag oder Nutzen bringend:* eine unergiebige Arbeit; diese Methode ist u.

unerhört ⟨Adj.⟩: **I.** unerhört: *empörend, unglaublich:* eine unerhörte Frechheit. **II.** unerhört ⟨nicht prädikativ⟩: *nicht erfüllt:* die Bitte blieb u.

unerklärlich [auch: un...] ⟨Adj.⟩: *mit dem Verstand nicht zu erklären, nicht verständlich:* es ist mir u., wie das geschehen konnte.

unerläßlich [auch: un...] ⟨Adj., nicht adverbial⟩: *unbedingt nötig:* ein abgeschlossenes Studium ist für diesen Posten u.

unerlaubt ⟨Adj.⟩: **a)** *ohne Erlaubnis [geschehend]:* unerlaubtes Fernbleiben von der Schule. **b)** ⟨nicht adverbial⟩ *dem Gesetz widersprechend:* eine unerlaubte Tat.

unermeßlich [auch: un...] ⟨Adj.⟩: *in einem kaum vorstellbaren Maße groß; überaus viel; sehr:* er mußte unermeßliche Leiden ertragen; er ist u. reich.

unermüdlich [auch: un...] ⟨Adj.⟩: *unentwegt und ausdauernd; mit Ausdauer und Fleiß ein Ziel anstrebend:* die Frau kocht und putzt u. den ganzen Tag; unermüdlicher Eifer.

unerquicklich ⟨Adj.⟩: *nicht erfreulich und nicht angenehm:* dies war ein unerquickliches Gespräch.

unerschrocken ⟨Adj.⟩: *ohne Furcht, mutig, tapfer:* er trat u. für die gerechte Sache ein.

unerträglich ⟨Adj.⟩: **1.** *so stark auftretend, daß man es kaum ertragen kann:* er litt unerträgliche Schmerzen. **2.** *unsympathisch; den Mitmenschen lästig seiend:* ein unerträglicher Kerl.

unfähig ⟨Adj.; nicht adverbial⟩: **a)** *nicht die körperlichen Voraussetzungen, die nötige Kraft [für etwas] habend:* er ist seit seinem Unfall u. zu arbeiten. **b)** *seinen Aufgaben nicht gewachsen:* der unfähige Minister wurde abgesetzt. **Unfähigkeit**, die; -.

unfair ['ʊnfɛːr] ⟨Adj.⟩: *einem anderen gegenüber einen Vorteil in nicht feiner Weise ausnutzend und ihn dadurch benachteiligend; nicht fair, nicht den üblichen Regeln des Verhaltens entsprechend:* sein Verhalten war u.; der unfaire Spieler wurde vom Platz gewiesen.

Unfall, der; -s, Unfälle: *Ereignis, bei dem jmd. verletzt oder getötet wird oder materieller Schaden entsteht:* ein schwerer, tödlicher U.; er hatte einen U. mit dem Auto; in der Fabrik wurden Maßnahmen ergriffen, um Unfälle zu verhüten.

unfaßbar [auch: un...] ⟨Adj.⟩: **a)** ⟨nicht adverbial⟩ *so, daß man es nicht begreifen kann; unverständlich;* ein unfaßbares Wunder; es ist mir u., wie das geschehen konnte. **b)** *unglaublich; so, daß man es kaum wiedergeben kann:* unfaßbare Armut.

unfehlbar [auch: un...] ⟨Adj.⟩: **a)** *auf jeden Fall richtig; nicht bezweifelt werden könnend:* seine Entscheidungen sind u. **b)** ⟨nur adverbial⟩ *ganz bestimmt (in einer Weise wirkend), unweiglich:* das Haus war so eigenartig, daß man u. davor stehenblieb. **Unfehlbarkeit**, die; -.

unfein ⟨Adj.⟩: *grob, roh, nicht gepflegt:* ein unfeines Benehmen.

unfertig ⟨Adj.⟩: **a)** *noch nicht fertig:* er wohnt in einem unfertigen Haus. **b)** *noch nicht reif, um selbständig urteilen zu können:* ein unfertiger Mensch. **c)** *nicht ganz durchdacht, geringe Tiefe oder Erfahrung zeigend:* ein unfertiger Gedanke, ein unfertiger Aufsatz.

unflätig ⟨Adj.⟩: *den Wert, die Ehre (von jmdm.) grob miß-*

achtend, sehr derb, unanständig: er hat sich der Dame gegenüber ganz u. benommen; u. schimpfen; er gebrauchte unflätige Ausdrücke. **Unflätigkeit,** die; -.

unförmig ⟨Adj.⟩: groß und breit, aber keine angenehme Form, keine Proportion habend: eine unförmige Kiste; der gequetschte Finger sah ganz u. aus.

unfreundlich ⟨Adj.⟩: a) nicht liebenswürdig, unhöflich; er machte eine unfreundliche Miene; eine unfreundliche Antwort. b) ⟨nicht adverbial⟩ kalt und regnerisch /vom Wetter/: am Sonntag war unfreundliches und kaltes Wetter.

unfruchtbar ⟨Adj.; nicht adverbial⟩ 1. nicht geeignet, Pflanzen oder Früchte hervorzubringen; wenig Ertrag bringend /vom Boden/: der Boden ist u.; auf das unfruchtbare Gelände werden die Schafe getrieben. 2. zur Fortpflanzung nicht fähig: die Frau ist u.

Unfug, der; -s: 1. störendes Treiben; Streich [durch den Schaden entsteht]: das Beschmieren des Denkmals war ein großer U. 2. etwas Dummes, Törichtes; Unsinn: rede keinen U.!; das ist doch alles U.!

ungeachtet ⟨Präp. mit Gen.⟩: ohne Rücksicht (auf etwas), trotz: u. wiederholter Mahnungen, wiederholter Mahnungen u. besserte er sich nicht.

ungebildet ⟨Adj.⟩: von geringer Bildung, geringem Wissen zeugend; nicht kultiviert: ein ungebildeter Mensch; er redet so u.

ungebrochen ⟨Adj.⟩: a) trotz großer Belastung nicht geschwächt: die ungebrochene Kraft seines Körpers. b) (von Leiden, Rückschlägen o. ä.) nicht entmutigt oder erschüttert: nach dem Brand begann er mit ungebrochener Energie, das Haus wieder aufzubauen.

ungebührlich ⟨Adj.⟩ (geh.): ohne den nötigen Respekt; den gebührenden Anstand nicht wahrend: ein ungebührliches Benehmen; er hat sich dem Lehrer gegenüber u. benommen.

ungeeignet ⟨Adj.; nicht adverbial⟩: nicht die Eigenschaften habend, die für etwas nötig sind: er ist für diesen Posten u.; eine ungeeignete Methode.

ungefähr: I. ⟨Adverb⟩ nicht ganz genau; möglicherweise etwas mehr oder weniger als: ich komme u. um 5 Uhr; es waren u. 20 Personen. * von u. (beiläufig; zufällig): er näherte sich ihm wie von u. II. ⟨Adj.; nur attributiv⟩ nicht ganz genau [bestimmt]: er konnte nur eine ungefähre Zahl nennen.

ungehalten ⟨Adj.⟩: empört, verärgert über etwas: er war sehr u. über diese Störung.

ungehemmt ⟨Adj.⟩: nicht durch irgendwelche Rücksichten oder Beschränkungen gehemmt: sie war völlig u.; er äußerte u. seine Meinung.

ungeheuer [auch: ... heuer] ⟨Adj.⟩: a) gewaltig; außerordentlich groß: ein Wald von ungeheurer Ausdehnung; es war eine ungeheure Anstrengung. b) ⟨verstärkend bei Adjektiven und Verben⟩ sehr, außerordentlich: die Aufgabe ist u. schwer; er war u. erregt.

Ungeheuer, das; -s, -: großes, wildes, furchterregendes Tier /bes. in Märchen, Sagen o. ä./: in dieser Höhle lebt ein schreckliches U.; bildl.: wer ein solches Verbrechen begeht, muß ein U. (grausamer, roher Mensch) sein.

ungeheuerlich [auch: un...] ⟨Adj.⟩: empörend, unglaublich: diese Behauptung ist u. **Ungeheuerlichkeit,** die; -, -en.

ungehobelt [auch: ...ho...] ⟨Adj.⟩: grob und unhöflich: er ist ein ungehobelter Mensch; sein Benehmen ist sehr u.

ungehörig ⟨Adj.⟩: gegen den Anstand verstoßend; frech: er ist schon einige Male durch seine ungehörigen Antworten aufgefallen. **Ungehörigkeit,** die; -, -en.

ungehorsam ⟨Adj.⟩: nicht folgsam: die frechen und ungehorsamen Kinder wurden bestraft.

ungelegen ⟨Adj.⟩: zu einem ungünstigen Zeitpunkt; nicht passend: er kam zu ungelegener Zeit; sein Besuch ist mir jetzt u. * etwas kommt jmdm. u. (etwas geschieht zu einem Zeitpunkt, der für jmdn. nicht günstig ist).

ungelenk ⟨Adj.⟩: schwerfällig, steif; unbeholfen: er tanzte mit ungelenken Bewegungen; eine ungelenke Schrift; bildl.: er begann seine Rede mit ungelenken Worten.

ungelernt ⟨Adj.; nur attributiv⟩: nicht für ein Handwerk o. ä. ausgebildet: er ist [ein] ungelernter Arbeiter.

ungemein [auch: ...mein] ⟨Adj.⟩: a) sehr groß, außerordentlich: er hat ungemeine Fortschritte gemacht. b) ⟨verstärkend bei Adjektiven und Verben⟩ sehr, überaus: er ist u. fleißig; dein Besuch hat ihn u. gefreut.

ungemütlich ⟨Adj.⟩: wenig behaglich; nicht bequem: ein ungemütlicher Raum; hier ist es u. (unangenehm) kalt. * (ugs.) u. werden (aus Ärger über etwas grob, unfreundlich werden): als er merkte, daß man ihn belogen hatte, wurde er u. **Ungemütlichkeit,** die; -.

ungenau ⟨Adj.⟩: a) nicht exakt, nicht zuverlässig: ungenaue Angaben machen; die Waage ist u. b) nicht sorgfältig: er arbeitet zu u. **Ungenauigkeit,** die; -, -en.

ungeniert ⟨Adj.⟩: ungezwungen, frei; sich nicht besonders um die gesellschaftlichen Formen kümmernd: er griff u. zu und aß, was ihm schmeckte. **Ungeniertheit,** die; -.

ungenießbar [auch: ...nieß...] ⟨Adj.; nicht adverbial⟩: nicht zum Essen geeignet: dieser Pilz ist u.; bildl. (ugs.): der Chef ist heute wieder u. (schlecht gelaunt). **Ungenießbarkeit,** die; -.

ungenügend ⟨Adj.⟩: nicht ausreichend, sehr mangelhaft: er hatte seinen Vortrag u. vorbereitet; /als Note 6 nach mangelhaft/ einen Aufsatz mit „ungenügend" bewerten.

ungepflegt ⟨Adj.⟩: nicht in ordentlichem Zustand, vernachlässigt: ein ungepflegter Garten.

ungerade ⟨Adj.⟩: nicht in immer gleicher Richtung verlaufend: eine ungerade Linie. ** eine ungerade Zahl (eine nicht durch 2 teilbare Zahl).

ungeraten ⟨Adj.; nur attributiv⟩: nicht so geworden, wie man es erhofft hatte /in bezug auf die Entwicklung der Kinder/: ein ungeratener Sohn.

ungerecht ⟨Adj.⟩: nicht dem Recht und den allgemeinen Auffassungen vom Recht entsprechend: eine ungerechte Strafe; jmdn. u. behandeln. **Ungerechtigkeit,** die; -, -en.

ungereimt ⟨Adj.⟩: *keinen richtigen Sinn habend; zusammenhanglos:* ungereimtes Zeug reden. **Ungereimtheit,** die; -, -en.

ungern ⟨Adverb⟩: *widerstrebend:* er verzichtete nur u. auf die Teilnahme an dieser Veranstaltung.

ungerührt ⟨Adj.⟩: *ohne innere Beteiligung; gleichgültig, kalt:* er sah u. zu, als das Tier geschlachtet wurde.

ungeschehen: ⟨in der Fügung⟩ etwas u. machen: *etwas rückgängig machen:* er hätte seine Tat am liebsten u. gemacht.

Ungeschick, das; -s: *Mangel an Geschicklichkeit:* sein U. bei den Verhandlungen ärgerte ihn.

ungeschickt ⟨Adj.⟩: *nicht gewandt, linkisch, nicht wendig:* mit ungeschickten Händen öffnete er das Paket; etwas u. einrichten; es war u. *(unklug),* das jetzt zu sagen. **Ungeschicktheit,** die; -.

ungeschlacht ⟨Adj.⟩ (abwertend): *plump; grob und unförmig:* ein ungeschlachter Bursche.

ungeschmälert ⟨Adj.⟩: *ganz; in vollem Umfang:* er hat sein Erbe u. erhalten.

ungeschminkt ⟨Adj.⟩: *nicht geschminkt:* ihr ungeschminktes Gesicht sah alt aus; der Schauspieler war noch u.; bildl.: er hat ihm u. *(unverblümt, ohne beschönigende Worte)* die Wahrheit gesagt.

ungeschoren: ⟨in den Fügungen⟩ jmdn. u. lassen *(jmdn. nicht behelligen; jmdn. in Ruhe lassen);* u. bleiben/ davonkommen *(nicht behelligt werden; von etwas Unangenehmem nicht betroffen werden).*

ungeschrieben: ⟨in der Fügung⟩ ein ungeschriebenes Gesetz: *eine stillschweigende Übereinkunft:* es war ein ungeschriebenes Gesetz, daß in diesem Raum nicht geraucht wurde.

ungesetzlich ⟨Adj.⟩: *vom Gesetz nicht erlaubt; unrechtmäßig:* ungesetzliche Handlungen; sich etwas auf ungesetzliche Weise beschaffen. **Ungesetzlichkeit,** die; -, -en.

ungesittet ⟨Adj.⟩: *nicht dem Anstand entsprechend:* sie haben sich in dem Lokal so u. benommen, daß man sie hinausgeworfen hat.

ungestört ⟨Adj.⟩: *ohne Störung; ruhig:* bei diesem Lärm kann man nicht u. arbeiten. **Ungestörtheit,** die; -.

ungestraft ⟨in Verbindung mit bestimmten Verben⟩: *ohne Strafe, ohne schlimme Folgen:* u. davonkommen; etwas nicht u. tun; das wird nicht u. bleiben.

ungestüm ⟨Adj.⟩: *sehr heftig und schnell; stürmisch, temperamentvoll:* er hat ein ungestümes Wesen; er sprang u. auf.

ungesund ⟨Adj.⟩: a) *der Gesundheit schadend:* in einem ungesunden Klima leben; sich u. ernähren; bildl.: die ungesunden *(schlechten, ungünstigen)* wirtschaftlichen Verhältnisse des Landes. b) *auf Krankheit hinweisend; kränklich:* ein ungesunde Aussehen; die ungesunde Farbe seines Gesichtes war auffallend.

Ungetüm, das; -s, -e: *etwas, was einem übermäßig groß [und häßlich] erscheint:* ihr Hut ist ein wahres U.; ein U. von Schrank.

ungewandt ⟨Adj.⟩: *linkisch, unbeholfen:* er ist noch etwas u. in seinem Auftreten. **Ungewandtheit,** die; -.

ungewaschen ⟨Adj.⟩: *nicht sauber, schmutzig:* man sollte kein ungewaschenes Obst essen.

ungewiß ⟨Adj.; nicht adverbial⟩: *nicht sicher; unbestimmt, fraglich:* eine ungewisse Zukunft; es ist noch u., ob er heute kommt. * jmdn. über etwas im ungewissen lassen *(jmdn. keine genaue Kenntnis von etwas geben).* **Ungewißheit,** die; -.

ungewöhnlich ⟨Adj.⟩: *nicht dem Gewohnten, Üblichen entsprechend; anders als man gewöhnt ist oder erwarten kann:* er brachte ihm ungewöhnliches Vertrauen entgegen; ein ungewöhnliches *(sehr großes, außergewöhnliches)* Talent; er ist für sein Alter u. groß.

ungewohnt ⟨Adj.; nicht adverbial⟩: *nicht vertraut; nicht üblich:* dies war eine für ihn [ganz] ungewohnte Arbeit; sie bot in den alten Kleidern einen ungewohnten Anblick; der dauernde Lärm war ihm u. *(den dauernden Lärm war er nicht gewöhnt).*

ungewollt ⟨Adj.⟩: *nicht beabsichtigt, nicht gewollt:* die Farbe hatte eine ganz ungewollte Wirkung.

ungezählt ⟨Adj.⟩: 1. *ohne (etwas) gezählt zu haben:* er steckte das Geld u. in seine Tasche. 2. ⟨nur attributiv⟩ *sehr viel, unzählig, zahllos:* er hat dich ungezählte Male zu erreichen versucht.

ungezähmt ⟨Adj.⟩: *nicht zahm; wild:* der Zirkus hat zwei ungezähmte Löwen gekauft; bildl.: ungezähmte *(leidenschaftliche, hemmungslose)* Begierden.

Ungeziefer, das; -s: *lästige [schädliche] kleine Tiere* /bes. Insekten/: das Haus war voller U.; ein Mittel gegen U. aller Art.

ungezogen ⟨Adj.⟩: *ungehorsam, frech:* sie hat ungezogene Kinder; deine Antwort war sehr u. **Ungezogenheit,** die; -, -en.

ungezwungen ⟨Adj.⟩: *natürlich und frei; nicht steif und förmlich:* ihr ungezwungenes Wesen machte sie bei allen beliebt; sich u. benehmen. **Ungezwungenheit,** die; -.

Unglaube, der; -ns: *fehlender Glaube:* seine bösartigen Äußerungen waren der Ausdruck seines Unglaubens.

ungläubig ⟨Adj.⟩: 1. ⟨nicht adverbial⟩ *nicht an Gott glaubend:* er versuchte die ungläubigen Menschen zu bekehren. 2. *zweifelnd:* als er ihr die Geschichte erzählt hatte, lächelte sie u.

unglaublich [auch: ʊn...] ⟨Adj.⟩: a) ⟨nicht adverbial⟩ *sehr groß, unerhört; kaum zu glauben:* das ist eine unglaubliche Frechheit; es ist u., was er in dieser kurzen Zeit geleistet hat. b) ⟨verstärkend bei Adjektiven und Verben⟩ *sehr:* er ist u. frech; er hat u. geprahlt.

unglaubwürdig ⟨Adj.⟩: *nicht zuverlässig, nicht vertrauenswürdig:* eine unglaubwürdige Aussage; der Zeuge ist u. **Unglaubwürdigkeit,** die; -.

ungleich ⟨Adj.⟩: 1. *nicht übereinstimmend; verschieden:* zwei Schränke von ungleicher Größe; die beiden Brüder sind sehr u. *(in ihrer Art sehr verschieden).* 2. ⟨verstärkend vor dem Komparativ⟩ *viel, weitaus:* die neue Straße ist u. besser als die alte. **Ungleichheit,** die; -, -en.

ungleichmäßig ⟨Adj.⟩: *nicht regelmäßig; nicht in gleicher Weise erfolgend, fortbestehend:* ein ungleichmäßiger Puls; der

Besitz ist sehr u. verteilt. **Ungleichmäßigkeit,** die; -.

Unglück, das; -s, -e: 1. ⟨ohne Plural⟩ *unheilvolles, trauriges Ereignis oder Geschehen (von dem eine oder mehrere Personen betroffen werden); Mißgeschick:* in dieser Zeit ereignete sich ein U. nach dem anderen in seiner Familie; ein schweres U. hat die Stadt heimgesucht. * **jmdn. ins U. bringen/stürzen** *(jmdn. sehr unglücklich machen; jmdm. großen Schaden zufügen);* **ins/in sein U. rennen** *(ohne es zu erkennen, etwas tun, womit man sich sehr schadet);* **zu allem U.** *(außerdem, obendrein):* es war schon spät, und zu allem U. hatte er auch noch seine Fahrkarte verloren. 2. *Unfall:* an diesem Tag ereigneten sich in der Stadt mehrere schwere Unglücke.

unglücklich ⟨Adj.⟩: 1. *traurig und bedrückt:* er versuchte vergebens das unglückliche Mädchen zu trösten; er war sehr u. über diesen Verlust. 2. *ungünstig, bedauerlich, verhängnisvoll:* das war ein unglücklicher Zufall, ein unglückliches Zusammentreffen verschiedener Umstände; sein Sturz war so u., daß er sich ein Bein brach.

unglücklicherweise ⟨Adverb⟩: *zum Unglück; wie es ein unglücklicher, bedauerlicher Umstand wollte:* u. war niemand zu Hause, als der Brand ausbrach.

unglückselig ⟨Adj.; nur attributiv⟩: *verhängnisvoll; unglücklich [verlaufend]; unselig:* er versuchte vergeblich, die ganze unglückselige Zeit des Krieges zu vergessen; die unglückselige *(vom Unglück verfolgte)* Frau wußte sich keinen Rat mehr.

Unglücksfall, der; -s, Unglücksfälle: *unheilvolles, verhängnisvolles Ereignis; Unfall:* er ist durch einen U. ums Leben gekommen.

Ungnade: ⟨in der Wendung⟩ [bei jmdm.] **in U. fallen:** *jmds. Gunst verlieren; sich jmds. Unwillen zuziehen:* seit er bei seinem Chef in U. gefallen ist, hat er viele Schwierigkeiten.

ungnädig ⟨Adj.⟩: *schlecht gelaunt und unfreundlich; mürrisch:* der Chef ist heute wieder sehr u.; sie reagierte u. auf seine Frage.

ungültig ⟨Adj.⟩: *nicht mehr geltend; verfallen:* eine ungültige Fahrkarte; eine Urkunde für u. erklären. **Ungültigkeit,** die; -.

ungünstig ⟨Adj.⟩: *nicht vorteilhaft; nachteilig, negativ:* einen ungünstigen Bescheid bekommen; ungünstiges Klima; die Sache ist u. für ihn ausgegangen.

ungut ⟨Adj.⟩: *unerfreulich, böse, schlecht:* zwischen den beiden sind ungute Worte gefallen; er hatte ein ungutes Gefühl bei dieser Sache. * **nichts für u.!** *(nehmen Sie es mir nicht übel!).*

unhaltbar [auch: ...hạlt...] ⟨Adj.; nicht adverbial⟩: **a)** *sehr bedroht; nicht länger zu verteidigen:* die Stellung der Feinde war u. geworden. **b)** *Besserung erfordernd; dringend der Änderung bedürfend; unmöglich:* in dieser Firma herrschen unhaltbare Zustände. **c)** *nicht zutreffend; nicht zu begründen:* unhaltbare Behauptungen, Theorien.

unhandlich ⟨Adj.; nicht adverbial⟩: *wegen seiner Größe, seinem Gewicht o. ä. unpraktisch im Gebrauch:* ein unhandlicher Koffer; dieses Gerät ist zu u.

unharmonisch ⟨Adj.⟩: **a)** *nicht einträchtig:* ein unharmonisches Zusammenleben. **b)** ⟨nicht adverbial⟩ *nicht ausgeglichen:* er ist ein unharmonischer Mensch.

Unheil, das; -s: *verhängnisvolles, schreckliches Geschehen; Unglück:* das U. des Krieges; ich sah das U. [schon] kommen; gib acht, daß er in meiner Abwesenheit kein U. *(nichts Böses, Schlimmes)* anrichtet!

unheilbar [auch: ...hẹil...] ⟨Adj.⟩: *nicht zu heilen; nicht heilbar:* eine unheilbare Krankheit.

unheilvoll ⟨Adj.⟩: *voller Gefahr, Unheil; bedrohlich, schlimm:* die unheilvolle Entwicklung der Politik eines Landes.

unheimlich ⟨Adj.⟩: 1. *Angst, leichtes Grauen erregend:* eine unheimliche Gestalt kam in der Dunkelheit auf ihn zu; in seiner Nähe habe ich ein unheimliches *(unbehagliches)* Gefühl; in dem einsamen Haus war es ihr u. [zumute] *(empfand sie eine unbestimmte Angst).* 2. (ugs.) **a)** *sehr groß, sehr viel:* bei ihm war ein unheimliches Durcheinander; er kann u. essen. **b)** ⟨verstärkend bei Adjektiven und Verben⟩ *sehr, überaus:* das Kind ist schon u. groß; sie hat sich über die Blumen u. gefreut.

unhöflich ⟨Adj.⟩: *gegen die Umgangsformen verstoßend; nicht höflich:* eine unhöfliche Antwort geben; dein Verhalten war sehr u.; eine unhöfliche *(taktlose)* Frage. **Unhöflichkeit,** die; -, -en.

Unhold, der; -s, -e (abwertend): *roher, grausamer Mensch; jmd., der sich durch eine Tat [in sittlicher Hinsicht] abscheulich anderen gegenüber benommen hat:* der U., der diese Mädchen angefallen hatte, konnte gefaßt werden.

uni [y'ni:] ⟨Adj.; indeklinabel⟩: *einfarbig:* das Kleid ist u.

Uni, die; -, -s (ugs.): *Universität.*

Uniform, die; -, -en: *in Material, Form und Farbe einheitlich gestaltete Kleidung, die vom Militär, Polizei, Post o. ä. im Dienst getragen wird* (siehe Bild): die Polizisten tragen eine grüne U.

Uniform

uniformiert ⟨Adj.⟩: *in Uniform gekleidet:* von den beiden Beamten war nur einer u.

uninteressant ⟨Adj.⟩: *langweilig; ohne Reiz:* ein uninteressantes Buch; seine Meinung ist für mich u. *(ist mir gleichgültig).*

uninteressiert ⟨Adj.⟩: *keinen Anteil nehmend:* sie zeigten sich bei der Besprechung ziemlich u.; er war an diesem Unternehmen u. *(es war ihm gleichgültig, interessierte ihn nicht).*

Universität, die; -, -en: *in mehrere Fakultäten gegliederte Anstalt für wissenschaftliche Ausbildung und Forschung; Hochschule:* eine U. besuchen; an einer U. studieren.

Universum, das; -s: *Weltall.*

unken, unkte, hat geunkt ⟨itr.⟩ (ugs.; abwertend): *[aus einer pessimistischen Haltung oder*

Einstellung heraus] Schlechtes, Unheil voraussagen: was man auch unternimmt, immer mußt du u.

unkenntlich ⟨Adj.⟩: *nicht erkennbar; nicht mehr zu erkennen:* er versuchte, die durch das Alter fast u. gewordene Schrift zu entziffern; die Schminke hatte sein Gesicht [völlig] u. gemacht. **Unkenntlichkeit,** die; -.

Unkenntnis, die; -: *das Nichtwissen; mangelnde Kenntnis:* in seinen Äußerungen zeigte sich seine U. auf diesem Gebiet; aus U. etwas falsch machen. * jmdn. [über etwas] in U. lassen *(jmdn. nicht [über etwas] aufklären, nicht [von etwas] unterrichten):* er hat sich falsch entschieden, weil man ihn über die wahren Zusammenhänge in U. gelassen hatte.

unklar ⟨Adj.⟩: 1. *trüb; nicht rein:* eine unklare Flüssigkeit. 2. a) *verschwommen; nicht deutlich:* unklare Vorstellungen über etwas haben; einen Gegenstand in der Ferne nur u. erkennen. b) *ungenau; nicht verständlich:* er drückt sich zu u. aus; mir ist noch [völlig] u. *(ich kann mir nicht erklären),* wie er das zustande gebracht hat. * jmdn. [über etwas] im unklaren lassen *(jmdn. [von etwas] nicht oder unvollständig unterrichten).* **Unklarheit,** die; -, -en.

unklug ⟨Adj.⟩: *nicht diplomatisch; unvorsichtig, ungeschickt:* es war sehr u. von dir, ihm das zu sagen.

Unkosten, die ⟨Plural⟩: a) *[unvorhergesehene] Kosten, die neben den normalen Ausgaben entstehen:* durch seinen Umzug sind ihm diesen Monat große U. entstanden. * (ugs.) sich in U. stürzen *(für etwas besonders viel Geld ausgeben).* b) *Ausgaben, Kosten:* hatten Sie Unkosten?

Unkraut, das; -s: *Pflanze oder alle Pflanzen, die in störender, unerwünschter Weise zwischen angebauten Pflanzen wild wachsen:* wir müssen jetzt endlich das U. im Garten entfernen.

unkultiviert ⟨Adj.⟩: *ungesittet; ohne Manieren:* mit seinem unkultivierten Benehmen fiel er bei allen auf; sie aßen sehr u.

unlängst ⟨Adverb⟩: *vor kurzer Zeit; kürzlich:* er hat mich u. besucht.

unleidlich ⟨Adj.⟩: *mißmutig, schlecht gelaunt [und daher schwer zu ertragen]:* er ist ein unleidlicher Mensch; sei doch nicht immer so u.

unleserlich [auch: ...le...] ⟨Adj.⟩: *sehr schlecht geschrieben und daher nicht oder nur sehr schwer zu lesen:* eine unleserliche Unterschrift; er schreibt u.

unliebsam ⟨Adj.; nicht prädikativ⟩: *[in peinlicher Weise] unangenehm:* er wurde nicht gern an das unliebsame Vorkommnis erinnert; er ist durch sein schlechtes Benehmen u. aufgefallen.

unlogisch ⟨Adj.⟩: *der Logik widersprechend:* eine unlogische Folgerung; der Schluß, den er aus der Sache zog, erschien ihr u.

unlösbar [auch: un...] ⟨Adj.⟩: *sehr schwierig und daher nicht zu lösen, nicht zu bewältigen:* eine unlösbare Aufgabe; das Rätsel ist für ihn u.

Unlust, die; -: *Unbehagen, Abneigung, Widerwille:* er geht mit U. an die Arbeit.

unmäßig ⟨Adj.⟩: a) *nicht das Maß einhaltend, maßlos:* er ist u. in seinen . Forderungen. b) *heftig, überaus groß:* er hatte ein unmäßiges Verlangen nach dieser Speise. c) ⟨verstärkend bei Adjektiven⟩ *sehr, überaus:* sein Hunger war u. groß. **Unmäßigkeit,** die; -.

Unmenge, die; -, -n: *sehr große Menge, Anzahl:* er hat heute eine U. Äpfel gegessen.

Unmensch, der; -en, -en: *roher, grausamer Mensch:* wer seine Kinder so sehr verprügelt, ist ein U. * kein U. sein *(mit sich reden lassen, keineswegs unzugänglich gegenüber jmds. Wünschen o. ä. sein):* warum haben Sie nichts davon gesagt, ich bin ja kein U.?

unmenschlich [auch: unmenschlich] ⟨Adj.⟩: 1. *roh, grausam, brutal:* die Gefangenen wurden u. behandelt. 2. *überaus groß; ungeheuer:* sie mußten unmenschliche Schmerzen ertragen. **Unmenschlichkeit,** die; -, -en.

unmerklich [auch: un...] ⟨Adj.; nicht prädikativ⟩: *nicht oder kaum zu merken; nicht oder kaum wahrnehmbar, spürbar:* mit ihm war eine unmerkliche Veränderung vor sich gegangen; es war u. dunkler geworden.

unmißverständlich ⟨Adj.⟩: *sehr deutlich und nachdrücklich; keinen Zweifel aufkommen lassend:* er hat eine unmißverständliche Absage erhalten; seine Meinung u. sagen.

unmittelbar ⟨Adj.; nicht prädikativ⟩: *direkt; ohne räumlichen oder zeitlichen Abstand, ohne vermittelndes Glied:* der Baum steht in unmittelbarer Nähe des Hauses; er betrat den Raum u. nach dir; er hat sich u. an den Chef gewandt.

unmodern ⟨Adj.⟩: *nicht dem Geschmack, dem Stil, den Gegebenheiten der Gegenwart entsprechend; veraltet:* ein unmoderner Hut; seine Ansichten über die Erziehung der Kinder sind ziemlich u.

unmöglich [auch: unmög...] I. ⟨Adj.⟩ 1. *nicht durchzuführen, nicht denkbar:* das ist ein unmögliches Verlangen; das Unwetter hat mein Kommen u. gemacht; es ist [uns] u., die Ware heute schon zu liefern. 2. (ugs.) *unangenehm auffallend; ungehörig; sehr unpassend:* sie trug einen unmöglichen Hut; du hast dich u. benommen. * jmdn./sich u. machen *(jmdn./sich bloßstellen oder blamieren):* er hat sich durch seine Verleumdungen u. gemacht. II. ⟨Adverb⟩ *keinesfalls, unter keinen Umständen:* das kannst du u. von ihm verlangen; das geht u.

unmoralisch ⟨Adj.⟩: *nicht der Sitte, Moral entsprechend:* ein unmoralisches Leben führen.

unmotiviert ⟨Adj.⟩: *nicht begründet, ohne erkennbaren Grund:* sein plötzlicher Zorn war [ganz] u., denn niemand hatte ihm Anlaß dazu gegeben.

unmündig ⟨Adj.; nicht adverbial⟩: *noch nicht erwachsen:* sie ließ drei unmündige Kinder zurück. **Unmündigkeit,** die; -.

unmusikalisch ⟨Adj.⟩: *nicht musikalisch begabt; ohne musikalisches Empfinden:* von seinen Kindern war nur eins u.

Unmut, der; -s: *durch Enttäuschung, Unzufriedenheit o. ä. hervorgerufene Verstimmtheit, Ärger, Verdruß:* sie konnte ihren U. über sein schlechtes Verhalten nicht verbergen.

unnachahmlich [auch: ...ähm...] ⟨Adj.⟩: *einzigartig; in nicht nachzuahmender, unverwechselbarer Weise:* er hat eine unnachahmliche Gabe, Geschichten zu erzählen.

unnachgiebig ⟨Adj.⟩: *nicht zu Zugeständnissen bereit; unerbittlich:* eine unnachgiebige Haltung einnehmen; er blieb trotz aller Bitten, Drohungen u. **Unnachgiebigkeit,** die; -.

unnachsichtig ⟨Adj.⟩: *streng; ohne Nachsicht:* nach dem Vorfall hat er die Schüler u. bestraft. **Unnachsichtigkeit,** die; -.

unnahbar [auch: ṵn...]⟨Adj.⟩: *sehr zurückhaltend und stolz; abweisend:* er wagte nicht, sie anzusprechen, weil sie ihm immer so u. erschienen war. **Unnahbarkeit,** die; -.

unnatürlich ⟨Adj.⟩: **a)** *nicht der Natur, der Regel, dem rechten Maß entsprechend; vom Normalen abweichend:* ihr Gesicht hatte eine unnatürliche Blässe. *gekünstelt; unecht wirkend:* seine Fröhlichkeit war u. **Unnatürlichkeit,** die; -.

unnormal ⟨Adj.⟩: **a)** *nicht der Regel, dem gewöhnlichen Maß entsprechend:* die Kälte ist für diese Jahreszeit u.; er ist u. **b)** *geistig nicht normal:* sie haben ein unnormales Kind.

unnötig ⟨Adj.⟩: *überflüssig; nicht notwendig:* sich unnötige Sorgen machen; diese Ausgaben waren ganz u.

unnütz ⟨Adj.⟩: *zu nichts tauend; keinen Nutzen, Gewinn bringend; nutzlos:* mache dir keine unnützen Gedanken darüber; es ist u., darüber zu streiten.

unordentlich ⟨Adj.⟩: **a)** *keinen Sinn für Ordnung habend:* er ist ein unordentlicher Mensch; hast sehr u. *(nachlässig, nicht sorgfältig)* gearbeitet. **b)** *nicht in Ordnung gehalten:* ein unordentliches Zimmer; er sah zur u. *(ungepflegt)* aus.

Unordnung, die; -: *mangelnde Ordnung; Durcheinander:* in dem Zimmer war große U.

unparteiisch ⟨Adj.⟩: *(in seinem Urteil) nicht von einer Seite beeinflußt; neutral:* eine unparteiische Haltung einnehmen; er bemühte sich, bei diesem Streit u. zu sein.

unpassend ⟨Adj.⟩: *nicht passend, nicht angebracht [und deshalb unangenehm auffallend]:* eine unpassende Bemerkung machen; sich u. benehmen.

unpäßlich ⟨Adj.⟩: *von leichtem Unwohlsein befallen; leicht erkrankt:* sie hatte den ganzen Tag das Haus nicht verlassen, weil sie sich u. fühlte. **Unpäßlichkeit,** die; -, -en.

unpersönlich ⟨Adj.⟩: *sachlich, nüchtern; nicht von Gefühlen bestimmt:* der Brief war in sehr unpersönlichem Stil geschrieben; jmdn. u. behandeln; die Einrichtung seines Zimmers war sehr u. *(verriet nichts von der Eigenart des Besitzers)*.

unpopulär ⟨Adj.⟩: *allgemein nicht gewünscht; unbeliebt:* diese Maßnahmen der Regierung waren u.

unpraktisch ⟨Adj.⟩: **a)** *nicht geschickt; umständlich:* er ist ein sehr unpraktischer Mensch. **b)** *nicht zweckmäßig; nicht gut zu handhaben:* ein unpraktisches Gerät.

unpünktlich ⟨Adj.⟩: *nach der festgesetzten Zeit, verspätet:* sein unpünktliches Erscheinen ärgerte den Chef; der Zug fuhr u. ab; er ist immer u. *(kommt immer zu spät)*. **Unpünktlichkeit,** die; -.

unqualifiziert ⟨Adj.⟩: *nicht geeignet; ohne die nötigen Voraussetzungen; nicht befähigt:* ein unqualifizierter Mitarbeiter; seine Äußerungen waren ziemlich u. *(unpassend und dumm)*.

Unrast, die; -: *innere Unruhe, die jmdn. dazu treibt, sich ständig zu betätigen:* seine U. ließ ihn nicht zur Ruhe kommen; sie war voller U.

Unrat, der; -s (geh.): *Schmutz, Abfall:* sie mußten den U. von der Straße beseitigen.

unrecht ⟨Adj.⟩: **a)** *(nur attributiv) nicht richtig, nicht geeignet; falsch:* du hast an der unrechten Tür geklopft; den unrechten Zeitpunkt für etwas wählen. **b)** *böse, schlimm, übel; nicht zu rechtfertigen:* er hat eine unrechte Tat begangen; du hast u. gehandelt. ****u. haben** *(im Irrtum sein; nicht recht haben);* **jmdm. u. geben** *(jmds. Meinung für falsch erklären);* **jmdm. u. tun** *(jmdn. ungerecht beurteilen, behandeln).*

Unrecht, das; -s: *Handlung, Tat, die nicht dem Recht und den allgemeinen Auffassungen vom Recht entspricht:* er hat ein schweres U. begangen; in der Welt gibt es viel U. *(Böses, Ungerechtigkeit)*. ***im U. sein** *(eine falsche Meinung vertreten; nicht recht haben);* **jmdn. ins U. setzen** *(durch etwas bewirken, daß es so aussieht, als ob jmd. nicht recht hätte);* **sich [mit/durch etwas] selbst ins U. setzen** *(durch sein Verhalten nicht mehr berechtigt sein, das Recht zu verteidigen);* **zu U.** *(ohne Berechtigung; fälschlich):* man hat ihn zu U. verdächtigt.

unrechtmäßig ⟨Adj.⟩: *widerrechtlich, unberechtigt; ohne rechtlichen Anspruch, ohne rechtliche Begründung:* ein unrechtmäßiger Besitz; er hat sich das Buch u. angeeignet. **Unrechtmäßigkeit,** die; -.

unredlich ⟨Adj.⟩: *nicht ehrlich; betrügerisch:* ein unredlicher Kaufmann. **Unredlichkeit,** die; -.

unreell ⟨Adj.⟩: *(in geschäftlicher Hinsicht) nicht ehrlich, nicht zuverlässig:* ein unreelles Angebot; seine Geschäfte sind u.

unregelmäßig ⟨Adj.⟩: *nicht einer festen Regel folgend; ungleichmäßig:* ein unregelmäßiges Muster; die Glocke ertönte in unregelmäßigen *(ungleichen)* Abständen; der Kranke atmete sehr u. **Unregelmäßigkeit,** die; -, -en.

unreif ⟨Adj.; nicht adverbial⟩: **1.** *noch nicht reif; nicht voll entwickelt:* er hat unreife Äpfel gegessen. **2. a)** *nicht erfahren; unfertig:* er wirkt noch ziemlich u. **b)** *nicht genügend durchdacht; höheren Ansprüchen nicht genügend:* unreife Gedanken, Ideen.

unrein ⟨Adj.⟩: **1.** *nicht sauber; schmutzig, trüb:* das Wasser ist ziemlich u.; ihre Haut ist sehr u. *(voller Pickel o. ä.).* **2.** *nicht exakt [gebildet, ausgeführt]; ungenau:* unreine Töne auf der Geige spielen; sie sangen sehr u. **** etwas ins unreine schreiben** *(erst einmal einen schriftlichen Entwurf von etwas anfertigen; etwas skizzieren).* **Unreinheit,** die; -.

unrentabel ⟨Adj.⟩: *nicht lohnend; keinen großen Gewinn bringend:* er gab das Geschäft auf, weil es zu u. geworden ist.

unrichtig ⟨Adj.⟩: *nicht wahr; falsch:* er hat bei der Polizei unrichtige Angaben gemacht.

Unruhe, die; -, -n: **1.** ⟨ohne Plural⟩ *als störend empfundener Mangel an Ruhe; durch Lärm, ständige Bewegung o. ä. hervor-

gerufene Störung: er konnte die U., die in dem Raum herrschte, nicht länger ertragen. **2.** ⟨ohne Plural⟩ *innere Erregung; Besorgnis:* als die Kinder nicht kamen, wuchs ihre U. immer mehr; es herrschte große U. *(Erregtheit, Unzufriedenheit)* im Volk. * **in U. sein** *(in Sorge sein, beunruhigt sein).* **3.** ⟨Plural⟩ *Demonstrationen, Aufruhr einer bestimmten Gruppe, einer Menge von Menschen:* bei den Unruhen in den Straßen der Stadt wurden mehrere Menschen verletzt.

unruhig ⟨Adj.⟩: **1. a)** *ständig in Bewegung seiend:* die unruhigen Kinder störten ihn bei der Arbeit; die Tiere liefen u. in ihrem Käfig auf und ab; er führt ein unruhiges *(ruheloses, unstetes)* Leben. **b)** *nicht still, laut:* er wohnt in einer unruhigen Gegend. **2.** *innerlich erregt; besorgt; ungeduldig; nervös:* sie wartete u. auf die Rückkehr der Kinder.

unsachlich ⟨Adj.⟩: *von Gefühlen, Vorurteilen bestimmt; nicht nüchtern; nicht objektiv:* unsachliche Argumente; etwas u. beurteilen.

unsagbar ⟨Adj.⟩: *unsäglich.*

unsäglich ⟨Adj.⟩: **a)** *sehr groß; unbeschreiblich:* sie litt unsägliche Schmerzen. **b)** ⟨verstärkend bei Adjektiven und Verben⟩ *sehr, außerordentlich:* sie war u. glücklich; sie freuten sich u.

unsanft ⟨Adj.⟩: *nicht zart, grob;* jmdn. u. anfassen, wecken.

unsauber ⟨Adj.⟩: **1. a)** *nicht rein, schmutzig:* er durfte das Baby mit seinen unsauberen Händen nicht anfassen. **b)** *unordentlich; nicht sorgfältig:* er hat seine Schulheft sehr u. geführt. **2.** *nicht anständig; unehrlich:* er macht unsaubere Geschäfte. **Unsauberkeit,** die; -.

unschädlich ⟨Adj.⟩: *ungefährlich, harmlos:* unschädliche Insekten; dieses Mittel ist völlig u. * **jmdn. u. machen** *(verhindern, daß jmd. [weiteren] Schaden anrichtet):* die Polizei versuchte, den Verbrecher so schnell wie möglich u. zu machen. **Unschädlichkeit,** die; -.

unschätzbar [auch: ųn...] ⟨Adj.; nicht adverbial⟩: *außerordentlich groß; ungeheuer:* er hat unschätzbare Verdienste um den Staat.

unscheinbar ⟨Adj.⟩: *sehr unauffällig; keinen besonderen Eindruck machend; ohne charakteristische, einprägsame Merkmale:* sie ist ein unscheinbares Mädchen; der Angeklagte ist klein und u.

unschlüssig ⟨Adj.⟩: *unentschlossen, schwankend:* sie tadelte ihn wegen seiner unschlüssigen Haltung; er blieb u. stehen; bist du [dir] immer noch u., ob du morgen fahren sollst? **Unschlüssigkeit,** die; -.

unschön ⟨Adj.⟩: **1.** *häßlich:* ihr unschönes Gesicht wurde durch die Brille noch häßlicher. **2.** *nicht anständig, nicht fair:* es war sehr u. von dir, ihn so zu behandeln.

Unschuld, die; -: **1.** *das Freisein von Schuld:* er konnte seine U. nicht beweisen und wurde bestraft. **2.** *sittliche Reinheit:* ein Ausdruck von U. lag auf ihrem Gesicht.

unschuldig ⟨Adj.⟩: **1.** *frei von Schuld:* ein unschuldiger Gefangener; er wurde u. *(zu Unrecht)* verurteilt. * **an etwas u. sein** *(für etwas nicht verantwortlich sein):* er ist am Tod seines Bruders u. **2. a)** *sittlich rein; unverdorben:* ein junges, unschuldiges Mädchen. **b)** *unerfahren; naiv:* das unschuldige Kind wußte nicht, was es mit diesen Worten eigentlich gesagt hatte; laß ihm doch sein unschuldiges *(harmloses)* Vergnügen.

unschwer ⟨Adj.; in Verbindung mit bestimmten Verben⟩: *leicht, nicht schwierig:* es ließ sich u. erraten, worum es sich handelte; er konnte u. feststellen, daß sie geweint hatte.

unselbständig ⟨Adj.⟩: *auf die Hilfe anderer angewiesen:* er ist ein unselbständiger Mensch; er arbeitet sehr u. **Unselbständigkeit,** die; -.

unselig ⟨Adj.; nur attributiv⟩: *verhängnisvoll; unheilvoll; unglücklich:* er wurde das unselige Laster nicht los.

unsicher ⟨Adj.⟩: **1.** *durch eine Gefahr bedroht; gefährdet:* einen unsicheren Weg gehen; in jenen Zeiten lebte man sehr u. **2.** *nicht zuverlässig; ungewiß; unbestimmt:* auf diese unsichere Sache würde ich mich nicht einlassen; er hatte dabei ein unsicheres Gefühl; es ist noch u. *(fraglich, zweifelhaft),* ob er kommt. * **jmdn. u. machen** *(jmdn. verwirren, beirren):* seine vielen Fragen machten sie u. **3.** *nicht selbstbewußt; innerlich nicht gefestigt; Hemmungen habend:* sein unsicheres Auftreten erstaunte alle; er wirkt, ist sehr u. **Unsicherheit,** die; -, -en.

unsichtbar ⟨Adj.⟩: *mit den Augen nicht wahrnehmbar:* unsichtbare Strahlen; sie blieb den ganzen Tag u. *(zeigte sich nicht).*

Unsinn, der; -s: **1.** *sinnloses Reden oder Handeln; Blödsinn; dummes Zeug:* er redet viel U.; was du hier tust, ist reiner U. **2.** *Unfug:* sie machten, trieben den ganzen Tag U.

unsinnig ⟨Adj.⟩: **1.** *keinen Sinn, Zweck habend; unvernünftig; sinnlos:* unsinniges Gerede; es ist u., so große Forderungen zu stellen. **2. a)** ⟨nur attributiv⟩ *sehr groß; ungeheuer:* ich habe unsinnigen Durst; unsinnige Forderungen stellen. **b)** ⟨verstärkend bei Adjektiven und Verben⟩ *sehr, ungemein:* er hat u. hohe Forderungen gestellt; er hat sich u. gefreut.

Unsitte, die; -, -n: *schlechte Angewohnheit:* eine U. ablegen; es ist eine U. von dir, beim Essen so viel zu trinken.

unsittlich ⟨Adj.⟩: *nicht den Forderungen der Sitte, Moral entsprechend; unanständig, anstößig:* eine unsittliche Handlung; sich u. aufführen. **Unsittlichkeit,** die; -.

unsolide ⟨Adj.⟩: *nicht solide, nicht maßvoll (in seiner Lebensweise); ausschweifend:* er ist ein ziemlich unsolider Mensch; er lebte in letzter Zeit sehr u.

unsterblich [auch: ...stęrb...] ⟨Adj.⟩: **1.** ⟨nicht adverbial⟩ *ewig dauernd, unvergänglich:* die unsterblichen Werke Beethovens. **2.** ⟨verstärkend bei bestimmten Verben⟩ (ugs.) *sehr:* sie hat sich u. blamiert; er war u. verliebt. **Unsterblichkeit,** die; -.

unstet ⟨Adj.⟩: *von Unrast getrieben; ruhelos; nicht beständig:* ein unstetes Leben führen; er ist stet u. **Unstetigkeit,** die; -.

unstillbar [auch: ųn...] ⟨Adj.; nicht adverbial⟩: *sehr groß, nicht zu befriedigen:* ein unstillbarer Durst; sein Verlangen nach Meer und Sonne war u.

Unstimmigkeit, die; -, -en: **1.** *etwas, was sich in einem bestimmten Zusammenhang als Widerspruch, als nicht ganz richtig erweist; Fehler:* bei der Überprüfung der Rechnung fand sich eine U. **2.** ⟨Plural⟩ *Auseinandersetzungen; Streit:* bei der Verhandlung kam es zu Unstimmigkeiten zwischen den Parteien.

unstreitig [auch: ...streit...] ⟨Adverb⟩: *zweifellos; sicherlich:* es wäre u. das beste gewesen, sofort abzureisen.

Unsumme, die; -. -n: *sehr große, übermäßig große Summe:* das Haus hat eine U. [Geldes] gekostet; für diesen Zweck sind schon Unsummen *(ist schon übermäßig viel Geld)* ausgegeben worden.

unsympathisch ⟨Adj.⟩: *unangenehm wirkend; nicht für sich einnehmend:* ein unsympathischer Mensch; er sieht sehr u. aus. * jmdm. u. sein: **a)** *jmdm. nicht gefallen; unangenehm auf jmdn. wirken:* er war mir schon immer u. **b)** *nicht den eigenen Wünschen, Vorstellungen entsprechen; jmdm. nicht zusagen:* dieser Plan ist mir sehr u.

unsystematisch ⟨Adj.⟩: *ohne ein bestimmtes System; planlos:* er arbeitet ganz u.

untad[e]lig ⟨Adj.⟩: *keinerlei Anlaß zu einem Tadel bietend; einwandfrei, tadellos;* er fiel durch sein untadliges Benehmen auf; er war u. gekleidet.

Untat, die; -, -en: *großen Abscheu, Entsetzen erregende Tat; abscheuliches Verbrechen:* die Untaten dieser Leute sind zu verabscheuen.

untätig ⟨Adj.⟩: *nichtstuend, müßig; ohne zu handeln:* er saß den ganzen Tag u. im Sessel; er sah dem Streit u. *(ohne einzugreifen)* zu.

untauglich ⟨Adj.; nicht adverbial⟩: *nicht geeignet, nicht brauchbar; den Anforderungen nicht genügend:* ein untaugliches Mittel verwenden; er ist für diese Arbeit u. **Untauglichkeit**, die; -.

unteilbar [auch: ųn...] ⟨Adj.; nicht adverbial⟩: *sich nicht teilen lassend; nicht zu trennen, nicht zu zerlegen:* ein unteilbares Ganzes; das Erbe, der Besitz ist u. **Unteilbarkeit**, die; -.

unten ⟨Adverb⟩: *tief gelegen; in der, in die Tiefe; unter jmdm./ etwas/Ggs. oben/:* der Ort liegt u. im Tal; von u. kommen; nach u. gehen; sie wohnen u. *(in einem unteren Stockwerk);* er war von oben bis u. *(ganz, völlig)* mit Farbe beschmutzt.

unter: ⟨Präp. mit Dativ und Akk.⟩: **1.** /räumlich/ **a)** ⟨mit Dativ; auf die Frage wo?⟩ /kennzeichnet eine tiefere Lage/: u. dem Spiegel stand ein kleiner Tisch; der Brief lag u. der Zeitung *(war von ihr bedeckt).* **b)** ⟨mit Akk.; auf die Frage: wohin?⟩ /kennzeichnet die Bewegung in eine tiefere Lage/: sie stellte den Tisch unter die Lampe; sie legte die Früchte unter ein Tuch *(bedeckte sie damit).* **2.** ⟨mit Dativ⟩ *bei, mit* /kennzeichnet den Umstand der Art und Weise/: u. reiste u. falschem Namen; er verließ die Versammlung u. einem Vorwand, u. Protest; das tue ich nur u. bestimmten Bedingungen. **3.** ⟨mit Dativ⟩ *zwischen, inmitten, bei* /kennzeichnet das gemeinsame Vorhandensein mit anderen Personen oder Dingen/: u. den Gästen waren mehrere Ausländer; er fand den Brief u. seinen Papieren; es gab Streit u. den Brüdern; hier sind wir ganz u. uns *(ungestört).* * **u. anderem** (Abk.: u. a.; *außerdem; neben anderem):* sie kaufte sich u. a. einen neuen Hut. **4.** ⟨mit Dativ⟩ *weniger als* /kennzeichnet die Einordnung unterhalb einer bestimmten Grenze oder Begrenzung/: für Jugendliche u. 18 Jahren ist der Zutritt verboten; die Temperatur sank auf fünf Grad u. Null; etwas u. seinem Wert verkaufen; ⟨auch als Adverb ohne Rektion⟩ /verleiht bestimmten Zahlen Unbestimmtheit/: u. fünf Gläser Bier trinkt er nicht; für Jugendliche, die u. 18 Jahre alt sind, ist der Film nicht geeignet. **5.** ⟨mit Dativ⟩ /kennzeichnet eine bestimmte Rangordnung/: die Operation wurde u. der Leitung eines berühmten Arztes vorgenommen; er hat mehrere Abteilungen u. sich *(leitet mehrere Abteilungen).* **6.** /in Verbindung mit bestimmten Verben/: sie litten alle u. der Kälte; sie beugten sich u. seine Herrschaft.

Unterbewußtsein, das; -s: *geistig-seelischer Bereich, der dem Bewußtsein nicht zugänglich ist:* die Erinnerung an diesen Vorgang stieg langsam aus seinem U. wieder auf.

unterbieten, unterbot, hat unterboten ⟨tr.⟩: **a)** *für eine Ware, eine Arbeit o. ä. weniger Geld fordern als ein anderer:* seinen Konkurrenten u.; jmds. Preise u. **b)** *im sportlichen Wettkampf beim Laufen, Schwimmen o. ä. weniger Zeit benötigen als ein anderer:* er hat den Rekord seines Rivalen unterboten. **Unterbietung**, die; -.

unterbinden, unterband, hat unterbunden ⟨tr.⟩: *nicht weiterhin geschehen lassen, erlauben; verhindern, verbieten:* der Vater unterband den Verkehr seiner Kinder mit dem Sohn des Nachbarn.

unterbleiben, unterblieb, ist unterblieben ⟨itr.⟩: *nicht geschehen, nicht stattfinden:* wenn diese Störungen nicht unterbleiben, werden wir zu anderen Maßnahmen greifen müssen; das hat in Zukunft zu u. *(das darf sich nicht mehr ereignen).*

unterbrechen, unterbricht, unterbrach, hat unterbrochen ⟨tr.⟩: **1.** *vorrübergehend einstellen; für kürzere oder längere Zeit mit (etwas) aufhören:* er unterbrach seine Arbeit, um zu frühstücken; eine Reise u.; die Sendung mußte leider für einige Minuten unterbrochen werden. **2.** *am Fortführen einer Tätigkeit hindern; stören:* die Kinder unterbrachen ihn öfter bei seiner Arbeit; er unterbrach den Redner mit einer Frage; ⟨häufig im 2. Partizip⟩ eine unterbrochene Verbindung wieder herstellen; der Verkehr ist durch einen schweren Unfall unterbrochen. **Unterbrechung**, die; -, -en.

unterbreiten, unterbreitete, hat unterbreitet ⟨tr.⟩: **a)** *vorlegen, überreichen:* jmdm. ein Gesuch, ein Schriftstück u. **b)** *darlegen, mitteilen, erklären:* eines Tages unterbreitete er seinen Eltern, daß er auswandern wolle; jmdm. einen Vorschlag u. *(jmdm. etwas vorschlagen).*

unterbringen, brachte unter, hat untergebracht ⟨tr.⟩: **1.** *(für jmdn./etwas) Platz finden:* er konnte das ganze Gepäck und die drei Kinder im Wagen u. **2. a)** *(jmdm.) eine Unterkunft beschaffen:* er brachte seine Gäste in einem guten Hotel unter. **b)** *(jmdm.) eine Stellung, einen Posten verschaffen:* er brachte seinen Sohn bei einer großen Firma unter. **Unterbringung,** die; -.

unterhand ⟨Adverb⟩: *ohne großes Aufheben; unbemerkt: nebenbei:* er hat sich u. ein ganz schönes Vermögen gespart; das habe ich u. erfahren.

unterdessen ⟨Adverb⟩: *inzwischen, indessen /drückt aus, daß etwas in der abgelaufenen Zeit geschehen ist oder gleichzeitig mit etwas anderem geschieht/:* sie hat sich u. verheiratet; ich gehe einkaufen, du paßt u. auf die Kinder auf.

unterdrücken, unterdrückte, hat unterdrückt ⟨tr.⟩: **1.** *nicht aufkommen lassen; zurückhalten, herrschen:* er konnte seinen Zorn, seine Erregung nur mit Mühe u.; ein Lachen u.; eine Nachricht u. *(nicht bekanntwerden lassen)*. **2.** *mit Gewalt und Terror beherrschen:* einen Aufstand u.; das Volk wurde lange Zeit von seinen Herrschern unterdrückt. **Unterdrückung,** die; -.

untere ⟨Adj.; nur attributiv⟩: *sich unten befindend:* er wohnt in einem der unteren Stockwerke.

untereinander ⟨Adverb⟩: **1.** *eines unter das andere; eines unter den anderen:* ⟨häufig in Zusammensetzung mit Verben⟩ untereinanderlegen, untereinanderstellen. **2.** *miteinander, unter uns, unter euch, unter sich:* das müßt ihr u. ausmachen.

unterentwickelt ⟨Adj.; nicht adverbial⟩: **a)** *nicht seinem Alter entsprechend entwickelt:* das Kind ist geistig und körperlich u. **b)** *den Stand der industrialisierten Länder noch nicht erreicht habend:* unterentwickelte Länder.

unterernährt ⟨Adj.⟩: *nicht genügend ernährt und daher in schlechter körperlicher Verfassung:* in diesem Viertel der Stadt gibt es viele unterernährte Kinder.

unterfangen, sich; unterfängt sich, unterfing sich, hat sich unterfangen (geh.): *wagen:* wie konnte er sich u., ihm dieses ins Gesicht zu sagen.

Unterfangen, das; -s (geh) *schwieriges, gewagtes Unternehmen; Wagnis:* es war ein kühnes

U., diese Versammlung zu verbieten; es ist ein aussichtsloses U., ihn von seiner Ansicht abzubringen.

Unterführung, die; -, -en: *Straße o. ä., die unter einer Brücke hindurchgeht* (siehe Bild).

Unterführung

Untergang, der; -s: *das Zerstörtwerden, Zugrundegehen; Vernichtung:* der U. dieses Reiches war nicht mehr aufzuhalten; *(ugs.)* der Alkohol war sein U. *(Verderben)*.

Untergebene, der; -n, -n ⟨aber: [ein] Untergebener, Plural: Untergebene⟩: *jmd., der einem anderen unterstellt und von ihm abhängig ist:* der Chef behandelt seine Untergebenen sehr schlecht.

untergehen, ging unter, ist untergegangen ⟨itr.⟩: **1.** *im Wasser versinken:* das Boot kippte um und ging sofort unter; bildl.: seine Worte gingen im Lärm unter *(wurden nicht gehört, kamen nicht zur Geltung)*. **2.** *am Horizont verschwinden:* die Sonne, der Mond geht unter. **3.** *vernichtet, zerstört werden; zugrunde gehen:* dieses große Reich, Volk ist vor vielen tausend Jahren untergegangen.

untergeordnet ⟨Adj.; nur attributiv⟩: *nicht wichtig, nicht bedeutend; gering:* das ist von untergeordneter Bedeutung; eine untergeordnete Stellung innehaben.

untergraben, untergräbt, untergrub, hat untergraben ⟨tr.⟩: *langsam zerstören; schwächen:* diese Gerüchte untergruben sein Ansehen.

Untergrundbahn, die; -, -en: *meist unter der Erde fahrende elektrische Bahn in einer Großstadt.*

unterhalb ⟨Präp. mit Gen.⟩: *an einer Stelle unter (etwas):* die Wiese liegt u. des Weges.

Unterhalt, der; -s: *Kosten, Aufwendungen für Ernährung, Kleidung, Erziehung o. ä.:* er sorgt für den U. seiner Mutter.

unterhalten, unterhält, unterhielt, hat unterhalten: **1.** ⟨tr.⟩ **a)** *(für jmdn.) sorgen; den Unterhalt (für jmdn.) aufbringen:* er muß neben seiner Familie noch verschiedene Verwandte u. **b)** *instand halten; für das Fortbestehen (von etwas) sorgen:* Straßen, Brücken, Anlagen müssen u. werden; ein Geschäft u. *(betreiben)*. **c)** *lebendig erhalten; pflegen:* eine Freundschaft, gute Beziehungen zu seinen Nachbarn u. **2. a)** ⟨tr.⟩ *für Zerstreuung, Zeitvertreib sorgen; erheitern; (jmdm.) die Zeit vertreiben:* er unterhielt seine Gäste mit Musik und Spielen; ⟨häufig im 1. Partizip⟩ unterhaltende Lektüre; der Abend war recht unterhaltend. **b)** ⟨rfl.⟩ *sich vergnügen, amüsieren; sich angenehm die Zeit vertreiben:* er hat sich im Theater gut u.; sie unterhielten sich den ganzen Abend mit Spielen. **3.** ⟨rfl.⟩ *sprechen, plaudern; ein Gespräch führen:* er hat sich lange mit ihm u.; sie unterhielten sich über den neuesten Film. **Unterhaltung,** die; -, -en.

unterhöhlen, unterhöhlte, hat unterhöhlt ⟨tr.⟩: **1.** *unter der Oberfläche hohl machen:* das Wasser hat das Ufer unterhöhlt. **2.** *heimlich zerstören; untergraben:* es waren Kräfte am Werk, die die Autorität des Staates unterhöhlten.

unterirdisch ⟨Adj.⟩: *unter der Erde [vorhanden]:* unterirdische Höhlen, Quellen; die Bahn fährt u.

unterkommen, kam unter, ist untergekommen ⟨itr.⟩: *eine Unterkunft, Anstellung finden:* die beiden Flüchtlinge kamen vorübergehend bei einer Familie unter; er ist bei der Firma seines Onkels untergekommen.

Unterkunft, die; -, Unterkünfte: *Raum, der jmdm. [vorübergehend] zum Wohnen dient; Quartier:* eine U. für eine Nacht suchen.

Unterlage, die; -, -n: **1.** *etwas, was zu einem bestimmten Zweck, zum Schutz o. ä. unter etwas gelegt wird:* die schweren Gegenstände standen alle auf einer U. aus Gummi; eine U. zum Schreiben. **2.** ⟨Plural⟩ *Schriftstücke, die zum Belegen von etwas, als Nachweis, Beweis für etwas dienen:* einer Bewerbung die üblichen Unterlagen beilegen.

unterlassen, unterläßt, unterließ, hat unterlassen ⟨tr.⟩: *nicht tun; bleiben lassen:* es wird gebeten, das Rauchen zu u.; unterlaß bitte diese Bemerkungen!; er hat es u. *(versäumt),* die Sache rechtzeitig zu prüfen. **Unterlassung,** die; -, -en.
unterlaufen, unterläuft, unterlief, ist unterlaufen ⟨itr.⟩: *unbemerkt geschehen; versehentlich vorkommen:* bei der Berechnung muß ein Fehler u. sein; ihm ist ein großer Irrtum u.
unterlegen /vgl. unterliegen/: **I. unterlegen,** legte unter, hat untergelegt: *unter jmdn./etwas legen; darunterlegen:* sie legte dem Kind ein Kissen unter; bildl.: er hat meinen Worten einen anderen Sinn untergelegt *(unterschoben).* **II.** unterlegen, unterlegte, hat unterlegt: *mit einer Unterlage versehen:* er hat die Glasplatte mit Filz unterlegt; mit Seide unterlegte Spitzen; bildl.: einer Melodie einen Text u. sein. *(eine Melodie mit einem Text versehen).*
Unterleib, der; -s: *unterer Teil des Rumpfes:* Schmerzen im U. haben.
unterliegen, unterlag, ist unterlegen ⟨itr.⟩: **1.** *besiegt werden, bezwungen werden:* er unterlag seinem Gegner im Kampf, bei der Wahl; ⟨häufig im 2. Partizip⟩ die unterlegene Fußballmannschaft muß ausscheiden. * **jmdm.** **unterlegen sein** *(nicht ebenbürtig, gleichwertig sein):* er ist seiner Frau [geistig] unterlegen. **2.** *ausgesetzt sein, preisgegeben sein:* die Mode unterliegt dem Wechsel der Zeit.
untermalen, untermalte, hat untermalt ⟨tr.⟩: *(mit Musik) begleiten:* eine monotone Melodie untermalte den ganzen Film. **Untermalung,** die; -, -en.
untermauern, untermauerte, hat untermauert ⟨tr.⟩: *mit [stichhaltigen] Argumenten begründen, stützen:* er versuchte, seine Behauptung zu u.
Untermiete: ⟨in der Fügung⟩ in/zur U. wohnen: *als Untermieter (bei jmdm.) wohnen.*
Untermieter, der; -s, -: *jmd., der einen Raum gemietet hat, der zur Wohnung eines anderen gehört.*
unternehmen, unternimmt, unternahm, hat unternommen ⟨tr.⟩ /vgl. unternehmend/: *(ein* *Vorhaben) ins Werk setzen; machen, tun, durchführen:* eine Reise u.; was wollt ihr denn heute u.?
Unternehmen, das; -s, -: **1.** *Tat, Vorhaben:* dieser Flug ist ein gewagtes U. **2.** *oft aus mehreren Werken, Fabriken, Räumen bestehender wirtschaftlicher Betrieb:* dieses große U. wurde erst nach dem Kriege gegründet.
unternehmend ⟨Adj.; nicht adverbial⟩: *aktiv, lebendig, geschäftig:* er ist ein sehr unternehmender Mensch.
Unternehmer, der; -s, -: *Besitzer eines Unternehmens, einer Fabrik o. ä.*
Unternehmung, die; -, -en: *Tat, Vorhaben, Unternehmen:* die Reise in dieses Land ist eine etwas gewagte U.
unternehmungslustig ⟨Adj.⟩: *stets bereit, etwas zu unternehmen:* sein unternehmungslustiger Freund überredete ihn, die Reise mitzumachen; Klaus ist immer sehr u.
Unteroffizier, der; -s, -e: *Angehöriger der Streitkräfte, der im Rang zwischen einfachem Soldaten und Offizier steht.*
unterordnen, ordnete unter, hat untergeordnet /vgl. untergeordnet/: **a)** ⟨tr.⟩ *zugunsten einer anderen Sache zurückstellen:* er ordnete seine eigenen Pläne denen seines Bruders unter. * **jmdm.** **untergeordnet sein** *(im Rang tiefer stehen als ein anderer).* **b)** ⟨rfl.⟩ *sich freiwillig nach einem anderen richten; sich fügen, anpassen:* es fällt ihm nicht leicht, sich [andern] unterzuordnen.
Unterredung, die; -, -en: *Gespräch, bei dem bestimmte Fragen besprochen, verhandelt werden; Besprechung:* eine wichtige U. vereinbaren; bei einer U. seine Meinung äußern; die U. ist beendet.
Unterricht, der; -s: *planmäßiges Lehren von Kenntnissen in bestimmten Fächern:* U. dauert von 8 bis 12 Uhr; U. in Englisch geben, erteilen *(Englisch unterrichten);* U. in Englisch nehmen *(sich in der englischen Sprache unterrichten lassen).*
unterrichten, unterrichtete, hat unterrichtet **1.** ⟨tr./itr.⟩ *(als Lehrer) Kenntnisse in bestimmten Fächern o. ä. vermitteln;* *lehren:* er unterrichtet diese Klasse schon seit drei Jahren; sie unterrichtet an einem Gymnasium [Englisch und Französisch]. **2. a)** ⟨tr.⟩ *in Kenntnis setzen; informieren, verständigen:* er hat ihn über seine Abreise rechtzeitig unterrichtet; hat er dich nicht davon unterrichtet? **b)** ⟨rfl.⟩ *sich Kenntnis verschaffen; sich informieren:* er hat sich über die Vorgänge genau unterrichtet; er hat sich davon unterrichtet, daß alles in Ordnung war. **Unterrichtung,** die; -.
untersagen, untersagte, hat untersagt ⟨tr.⟩: *[von amtlicher Seite] verbieten:* es ist untersagt, die Waren zu berühren. **Untersagung,** die; -.
Untersatz, der; -es, Untersätze: *Teller, Platte o. ä., worauf etwas gestellt wird:* die Kaffeekanne stand auf einem silbernen U.
unterschätzen, unterschätzte, hat unterschätzt ⟨tr.⟩: *zu gering einschätzen:* er hat seinen Gegner, die Kräfte seines Gegners unterschätzt; eine Entfernung u.
unterscheiden, unterschied, hat unterschieden: **1.** ⟨tr.⟩ *in Einzelheiten erkennen:* am Horizont unterschied er deutlich die beiden Schiffe. **2. a)** ⟨tr.⟩ *einen Unterschied machen (zwischen jmdm./etwas); die Verschiedenheit erkennen (von jmdm./etwas); auseinanderhalten:* er unterscheidet genau das Richtige vom Falschen; die beiden Brüder sind kaum zu u.; kannst du die beiden Pflanzen voneinander u.?; sein Fleiß unterscheidet ihn von den anderen Schülern. **b)** ⟨tr./itr.⟩ *nach bestimmten Gesichtspunkten (in etwas) trennen; eine bestimmte Einteilung vornehmen:* wir müssen bei dieser Entwicklung drei Phasen u.; man unterscheidet zwischen abstrakter und gegenständlicher Kunst. **3.** ⟨rfl.⟩ *anders sein (als jmd./etwas); abweichen (von jmdm./etwas); verschieden sein:* er unterscheidet sich kaum von seinem Bruder; die beiden Kleider u. sich nur durch ihre Farbe. **Unterscheidung,** die; -, -en.
Unterschenkel, der; -s, -: *Teil des Beines zwischen Knie und Fuß:* er hat sich den U. gebrochen.

unterschieben: I. unterschieben, schob unter, hat untergeschoben ⟨tr.⟩: *unter jmdn./etwas schieben, darunterschieben:* sie schob dem Kranken ein Kissen unter. **II.** unterschieben /(auch:) unterschieben, unterschob/ (auch): schob unter, hat unterschoben/ (auch:) hat untergeschoben ⟨tr.⟩: *mit böser Absicht jmdm. (etwas) zuschreiben, von jmdm. behaupten:* diese Äußerung habe ich nie getan, man hat sie mir unterschoben.

Unterschied, der; -[e]s, -e: *Verschiedenheit; das Anderssein:* zwischen den beiden Brüdern ist, besteht ein großer U.; der U. in der Qualität beider Stoffe ist kaum festzustellen; in diesem Land kennt man keinen U., macht man keine Unterschiede *(macht man keine Unterscheidung, trennt man nicht)* zwischen Schwarzen und Weißen. * **im U. zu/zum U. von** *(im Gegensatz zu):* im U. zu ihrer Schwester ist sie blond.

unterschiedlich ⟨Adj.⟩: *ungleich; verschieden:* zwei Häuser von unterschiedlicher Größe; die Kinder werden in diesem Heim sehr u. behandelt.

unterschlagen, unterschlägt, unterschlug, hat unterschlagen ⟨tr.⟩: **a)** *unrechtmäßig an sich nehmen oder behalten; veruntreuen:* er hat Geld, große Summen unterschlagen. **b)** (ugs.) *verheimlichen; nicht mitteilen, nicht erwähnen:* der Redner unterschlug verschiedene wichtige Mitteilungen; warum hast du mir diese Neuigkeit u.? **Unterschlagung**, die; -, -en.

Unterschlupf, der; -[e]s: *Ort, an dem man Schutz findet oder an dem man sich vorübergehend verbirgt; Zuflucht:* als das Gewitter kam, suchten sie einen U. im Wald; auf der Flucht fanden sie U. bei einem Bauern.

unterschreiben, unterschrieb, hat unterschrieben ⟨tr.⟩: *zum Zeichen des Einverständnisses o. ä. seinen Namen (unter etwas) schreiben:* einen Vertrag u.; ⟨auch itr.⟩ er wollte nicht u.

Unterschrift, die; -; -en: *mit der Hand geschriebener Name einer Person unter einem Schriftstück o. ä.:* der Antrag ist ohne U. nicht gültig; seine U. kann man nicht lesen.

unterschwellig ⟨Adj.⟩: *unbewußt vorhanden; aufs Unbe-* wußte wirkend: unterschwellige Gefühle der Angst; die unterschwelligen Reize der Umwelt.

Untersetzer, der; -s, -: *Untersatz für Tassen, Gläser, Blumentöpfe o. ä.:* die Gläser standen auf Untersetzern aus Metall.

untersetzt ⟨Adj.; nicht adverbial⟩: *nicht sehr groß und dabei etwas dick, kräftig; gedrungen:* ein untersetzter, älterer Herr.

unterstehen, unterstand, hat unterstanden: **1.** ⟨itr.⟩ *unter einem Vorgesetzten, einer vorgesetzten Stelle arbeiten; unter jmds. Kontrolle, Aufsicht stehen:* er untersteht einer staatlichen Behörde. **2.** ⟨rfl.⟩ *wagen, sich anmaßen:* wie konntest du dich u., ihm zu widersprechen!

unterstellen: I. unterstellen, stellte unter, hat untergestellt: **1.** ⟨tr.⟩ *vorläufig unterbringen, in etwas stellen:* er hat sein Fahrrad bei ihnen untergestellt. **2.** ⟨rfl.⟩ *sich zum Schutz vor Regen o. ä. unter etwas stellen:* sie stellten sich während des Regens [in einer Hütte] unter. **II.** unterstellen, unterstellte, hat unterstellt ⟨tr.⟩: **1. a)** *(jmdm.) die Leitung, Aufsicht (von etwas) übertragen:* er hat dem neuen Mitarbeiter eine Abteilung unterstellt. **b)** *unter jmds. Leitung, Aufsicht stellen:* man hat ihn einem neuen Chef unterstellt. **2. a)** *annehmen; voraussetzen:* wir wollen einmal u., daß seine Angaben richtig sind. **b)** *fälschlich (von jmdm.) behaupten; unterschieben:* er hat mir diese Tat, diese Absicht unterstellt. **Unterstellung**, die; -, -en.

unterstreichen, unterstrich, hat unterstrichen ⟨tr.⟩: *zur Hervorhebung einen Strich (unter etwas Geschriebenes, Gedrucktes) ziehen:* auf einer Seite waren einige Wörter unterstrichen; bildl.: in seiner Rede unterstrich (betonte) er besonders die Verdienste der Partei.

unterstützen, unterstützte, hat unterstützt ⟨tr.⟩: *(jmdm.) [durch Zuwendungen] Beistand, Hilfe gewähren; (jmdm.) helfen, beistehen:* sein Onkel unterstützte ihn während des Studiums mit Geld; jmdn. bei seiner Arbeit u.; solchen Eifer muß man u. *(fördern).* **Unterstützung**, die; -, -en.

untersuchen, untersuchte, hat untersucht ⟨tr.⟩: *prüfend betrachten, betasten o. ä.; mit Hilfe bestimmter Methoden festzustellen, zu erkennen suchen:* der Arzt untersuchte den Kranken gründlich; er wird diesen Fall genau u. **Untersuchung**, die; -, -en.

Untertasse, die; -, -n: *kleiner Teller, auf dem die Tasse steht.*

untertauchen, tauchte unter, hat/ist untergetaucht: **1. a)** ⟨itr.⟩ *ganz im Wasser versinken; völlig unter der Oberfläche des Wassers verschwinden:* er ist mehrmals im See untergetaucht. **b)** ⟨tr.⟩ *ganz in etwas tauchen:* er hatte seinen Freund beim Schwimmen aus Spaß untergetaucht. **2.** ⟨itr.⟩ *verschwinden:* der Verbrecher ist irgendwo in Amerika untergetaucht.

unterteilen, unterteilte, hat unterteilt ⟨tr.⟩: *einteilen, gliedern:* einen Schrank in mehrere Fächer u. **Unterteilung**, die; -, -en.

untertreiben, untertrieb, hat untertrieben ⟨tr.⟩: *in seinen Aussagen kleiner, geringer erscheinen lassen (als es in Wirklichkeit ist):* er hat ziemlich untertrieben, als er sagte, man brauche dazu nur zwei Stunden. **Untertreibung**, die; -, -en.

Unterwäsche, die; -: *Wäsche, die unter der Kleidung unmittelbar auf dem Körper getragen wird.*

unterwegs ⟨Adverb⟩: *auf dem Weg; auf, während der Reise:* wir haben u. viel Neues gesehen; er ist den ganzen Tag u. *(ist wenig zu Hause);* der Brief ist schon u. *(abgeschickt).*

unterweisen, unterwies, hat unterwiesen ⟨tr.⟩ (geh.): *(jmdm.) durch Anleitung oder Belehrung Kenntnisse oder Fertigkeiten vermitteln; lehren:* jmdn. in einer Sprache, in Geschichte u. **Unterweisung**, die; -, -en.

unterwerfen, unterwirft, unterwarf, hat unterworfen: **1.** ⟨tr.⟩ *besiegen und von sich abhängig machen:* ein Volk, ein Land u. **2.** ⟨rfl.⟩ *sich ergeben, sich beugen, sich fügen:* sich jmds. Willen u.; die Feinde waren nicht bereit, sich bedingungslos zu u. **Unterwerfung**, die; -, -en.

unterwürfig [auch: un...] ⟨Adj.⟩ (abwertend): *sich in würdeloser Weise ganz dem Wil-*

den eines anderen unterwerfend; in übertriebener Weise ergeben; devot: ein unterwürfiger Angestellter; er näherte sich seinem Vorgesetzten in unterwürfiger Haltung. **Unterwürfigkeit,** die; -.

unterzeichnen, unterzeichnete, hat unterzeichnet ⟨tr.⟩: *unterschreiben; durch seine Unterschrift bestätigen:* einen Vertrag u.; ⟨auch itr.⟩ der Antrag ist erst gültig, wenn Sie unterzeichnet haben. **Unterzeichnung,** die; -, -en.

unterziehen, unterzog, hat unterzogen ⟨tr./rfl.; mit Dativ⟩: *mit sich geschehen lassen; an etwas vollzogen werden:* er mußte sich einer Kur u.; er hat sich nicht der Mühe unterzogen *(sich nicht die Mühe gemacht),* alles noch einmal zu lesen; das Gebäude wurde einer gründlichen Reinigung unterzogen *(wurde gründlich gereinigt).*

Untiefe, die; -, -n: **1.** *flache Stelle in einem Fluß, im Meer o. ä.:* das Schiff war in eine U. geraten. **2.** *sehr große Tiefe in einem See, im Meer o. ä.:* der Schwimmer wurde von einem Strudel in die U. gerissen.

Untier, das; -s, -e: *großes, wildes Tier; Ungeheuer.*

untrạgbar [auch: ụn...] ⟨Adj.; nicht adverbial⟩: *nicht [länger] zu ertragen, zu dulden; nicht zumutbar; unhaltbar:* dort herrschen untragbare Zustände; die Ausgaben sind u. geworden.

untreu ⟨Adj.; nicht adverbial⟩: *treulos; einem Versprechen oder einer Verpflichtung zuwiderhandelnd:* ein untreuer Ehemann. * jmdm./einer Sache u. **werden** *(sich von jmdm./etwas abwenden, sich nicht mehr um jmdn./etwas kümmern):* er ist seiner Idee u. geworden.

Untreue, die; -: *das Untreusein; treuloses Verhalten:* die U. des Ehemannes war ihm erwiesen.

untröstlich [auch: ụn...] ⟨in der Verbindung⟩ u. [über etwas] sein: *betrübt, traurig [über etwas] sein [weil man auf etwas verzichten muß, an etwas nicht teilnehmen darf]:* das Kind war u. darüber, daß es nicht mitfahren durfte; ich bin u. *(es tut mir sehr leid),* daß ich vergessen habe, das Buch mitzubringen.

untrüglich [auch:ụn...]⟨Adj.⟩: *ganz sicher:* dies ist ein untrüglicher Beweis für seine Unschuld.

Untugend, die; -, -en: *schlechte Gewohnheit, die andere stört:* er hat die U., alles dort liegen zu lassen, wo er es gebraucht hat.

ụnüberlegt ⟨Adj.⟩: *ohne genügend nachzudenken; unbedacht, voreilig:* sein unüberlegtes Handeln hat ihm schon oft geschadet. **Ụnüberlegtheit,** die; -.

unübersẹhbar [auch: ụn...] ⟨Adj.; nicht adverbial⟩: **1. a)** *sehr groß (so daß man es nicht überblicken kann):* eine unübersehbare Menge von Menschen hatte sich versammelt. **b)** ⟨verstärkend bei Adjektiven⟩ *sehr, ungeheuer:* das Gelände war u. groß. **2.** *von der Art, daß man es bemerken muß; nicht unbemerkt bleibend; leicht sichtbar:* das Material hat unübersehbare Fehler.

ụnübersichtlich ⟨Adj.⟩: *nicht zu übersehen; den Überblick erschwerend:* ein unübersichtliches Gelände; der Plan war ziemlich u.; die Zahlen sind u. angeordnet. **Ụnübersichtlichkeit,** die; -.

unübertrẹfflich [auch: ụn...] ⟨Adj.⟩: *nicht zu übertreffen; hervorragend, ausgezeichnet:* sie ist eine unübertreffliche Köchin.

unüberwịndlich [auch: ụn...] ⟨Adj.⟩: *nicht zu bewältigen, nicht zu bezwingen; sehr groß:* unüberwindliche Schwierigkeiten.

unumgänglich [auch: ụn...] ⟨Adj.; nicht adverbial⟩: *unbedingt nötig; nicht zu vermeiden:* die Behandlung dieser Fragen ist u.

unumschränkt [auch: ụn...] ⟨Adj.⟩: *durch keinerlei Beschränkung behindert oder eingeengt:* der König hatte unumschränkte Gewalt; er herrschte u.

unumstọ̈ßlich [auch: ụn...] ⟨Adj.⟩: *nicht abzuändern; endgültig:* sein Vorsatz stand u. fest.

ụnumwunden [auch: ...wụn...] ⟨Adj.⟩: *ohne Umschweife; offen, frei heraus:* u. seine Meinung sagen.

ụnunterbrochen [auch: ...brọ...] ⟨Adj.; nicht prädikativ⟩: *andauernd, fortwährend; ohne Unterbrechung:* es regnete u.

unverạ̈nderlich [auch: ụn...] ⟨Adj.⟩: *beständig, gleichbleibend:* die unveränderlichen Gesetze der Natur.

unverạntwortlich [auch: ụn...] ⟨Adj.⟩: *nicht zu verantworten; ohne Verantwortungsgefühl; leichtfertig:* durch sein unverantwortliches Verhalten hat er viele Menschen gefährdet; es war u. von ihm, auf dieser Straße so schnell zu fahren.

unverbẹsserlich [auch: ụn...] ⟨Adj.; nicht adverbial⟩: *nicht zu ändern; nicht bereit, sich zu bessern:* er ist ein unverbesserlicher Optimist; du bist wirklich u.

ụnverbịndlich[auch:...bịnd...] ⟨Adj.⟩: **1.** *nicht verpflichtend, nicht bindend:* er konnte ihm nur eine unverbindliche Auskunft geben; in diesem Geschäft kann man sich alles u. *(ohne zum Kauf gezwungen zu sein)* ansehen. **2.** *ohne freundliches Entgegenkommen; sehr zurückhaltend; abweisend:* er ist wegen seiner unverbindlichen Art nicht sehr beliebt; ihre Antwort war kurz und u.

unverblụ̈mt [auch: ụn...] ⟨Adj.⟩: *ganz offen und ohne Umschweife:* er hat ihm u. seine Meinung gesagt.

unverbụ̈rgt [auch: ụn...] ⟨Adj.; nicht adverbial⟩: *nicht bestätigt, nicht sicher:* unverbürgte Nachrichten.

ụnverdaulich [auch: ...dau...] ⟨Adj.; nicht adverbial⟩: *von der Art, daß es nicht verdaut werden kann:* die künstliche Haut dieser Wurst ist u.; bildl.: eine unverdauliche *(sehr schwer verständliche)* Lektüre.

unverdient [auch: ...dient...] ⟨Adj.⟩: *ohne eigenes Verdienst; nicht berechtigt:* ein unverdientes Lob, Glück; der Sieg dieser Mannschaft war u.

ụnverdorben ⟨Adj.⟩: **1.** *noch in gutem, eßbarem Zustand:* sie suchten sich die unverdorbenen Früchte heraus. **2.** *anständig, unschuldig:* sie war ein noch unverdorbenes junges Mädchen.

ụnverdrossen [auch: ...drọ...] ⟨Adj.⟩: *unermüdlich und ohne Anzeichen von Ärger oder Verdruß:* trotz vieler Hindernisse arbeitete er u. an seinem Plan.

unvereinbar [auch: ụn...] ⟨Adj.; nicht adverbial⟩: *nicht in Einklang zu bringen; gegensätzlich:* unvereinbare Anschau-

unverfänglich

ungen haben; deine Wünsche sind mit seinem Plan u.

unverfänglich [auch: ...fäng ...] 〈Adj.〉: *keinen Verdacht, kein Mißtrauen erregend; nicht bedenklich:* unverfängliche Fragen stellen; die Situation, in der die beiden antraf, schien ganz u. zu sein.

unverfroren [auch: ...fro...] 〈Adj.〉: *frech, dreist:* er reizte seine Lehrer immer wieder durch seine unverfrorenen Antworten. **Unverfrorenheit,** die; -.

unvergänglich [auch: ...gäng ...] 〈Adj.; nicht adverbial〉: *immer bleibend, gültig; ewig; unsterblich:* die unvergänglichen Werke Beethovens. **Unvergänglichkeit,** die; -.

unvergessen [auch: ...ges...] 〈Adj.〉: *nicht vergessen:* mein unvergessener Mann; diese Reise ist u.

unvergeßlich [auch: un...] 〈Adj.; nicht adverbial〉: *in der Zukunft als Erinnerung immer lebendig:* es waren unvergeßliche Stunden, die sie im Hause dieses Künstlers verbracht hatten; dieser Mann wird uns immer u. bleiben.

unvergleichlich [auch: un...] 〈Adj.〉: **a)** *(in seiner Schönheit, Güte, Großartigkeit o. ä.) mit nichts Ähnlichem zu vergleichen; einzigartig:* die untergehende Sonne über dem Meer bot einen unvergleichlichen Anblick. **b)** 〈verstärkend bei Adjektiven〉 *sehr; viel, weitaus, wesentlich:* eine u. schöne Frau; es geht ihm heute u. besser als gestern.

unverhofft 〈Adj.〉: *plötzlich eintretend; unvermutet /drückt meist aus, daß etwas Erfreuliches, Positives eintrifft/:* das unverhoffte Wiedersehen mit seinem alten Freund hatte ihn sehr gefreut; wir trafen uns gestern ganz u.

unverhohlen [auch: ...ho...] 〈Adj.〉: *nicht verborgen; ganz offen gezeigt:* mit unverhohlener Neugier betrachtete sie das Kleid ihrer Nachbarin.

unverkäuflich [auch: ...käuf ...] 〈Adj.〉: *nicht zum Verkauf bestimmt oder geeignet:* diese Bilder sind u.

unverkennbar [auch: un...] 〈Adj.〉: *eindeutig erkennbar; nicht zu verwechseln:* das ist u. der Stil dieses Malers.

unvermeidlich [auch: un...] 〈Adj.〉: *nicht zu verhindern, nicht zu vermeiden; sich notwendig ergebend:* unvermeidliche Auseinandersetzungen; eine Verzögerung war u.

unvermindert 〈Adj.〉: *nicht geringer werdend; gleichbleibend:* der Sturm dauerte mit unverminderter Stärke an.

unvermittelt 〈Adj.〉: *ohne Übergang oder Zusammenhang [erfolgend]; plötzlich:* seine unvermittelte Frage überraschte sie; er brach seine Rede u. ab.

Unvermögen, das; -s: *Mangel an Können oder Fähigkeit (für etwas); Unfähigkeit:* sein U., sich einer Situation schnell anzupassen, hat ihm schon manchmal geschadet.

unvermutet 〈Adj.; nicht prädikativ〉: *plötzlich eintretend oder erfolgend, ohne daß man damit gerechnet hat:* unvermutete Schwierigkeiten tauchten auf; er erschien ganz u. bei dem Fest.

Unvernunft, die; -: *Mangel an Vernunft und Einsicht:* es ist reine U., bei diesem Sturm mit dem Boot aufs Meer hinauszufahren.

unvernünftig 〈Adj.〉: *wenig Vernunft zeigend; nicht sinnvoll, nicht einsichtig:* du benimmst dich wie ein unvernünftiges Kind; es ist sehr u., bei dieser Kälte schwimmen zu gehen.

unverrichteterdinge 〈Adverb〉: *ohne das erreicht zu haben, was man wollte oder was man sich vorgenommen hatte:* die Tür war verschlossen, und sie mußten u. wieder umkehren.

unverschämt 〈Adj.〉: *sehr frech, ohne Rücksicht auf Takt und Anstand:* ein unverschämter Bursche; er grinste u. **Unverschämtheit,** die; -.

unverschuldet [auch: ...schul ...] 〈Adj.〉: *ohne eigene Schuld, ohne schuld zu sein:* er ist u. in Not geraten.

unversehens [auch: ...se...] 〈Adverb〉: *plötzlich, ohne daß man es voraussehen konnte:* er kam u. ins Zimmer.

unversehrt [auch: ...sehrt] 〈Adj.〉: *nicht verletzt; nicht beschädigt:* er kam u. aus dem Kriege zurück; das Siegel auf dem Paket ist noch u. **Unversehrtheit,** die; -.

unversöhnlich [auch: ...söhn ...] 〈Adj.〉: **a)** *nicht zur Versöh*nung bereit: er blieb u. trotz aller Bitten. **b)** *keinen Ausgleich zulassend:* ein unversöhnlicher Gegensatz. **Unversöhnlichkeit,** die; -.

Unverstand, der; [-e]s: *mangelnde Einsicht; Dummheit, Torheit:* in seinem U. hat er einen großen Fehler gemacht.

unverstanden 〈Adj.〉: *kein Verständnis bei anderen findend:* er fühlt sich u.

unverständig 〈Adj.〉: *[noch] keinen Verstand habend oder zeigend; dumm:* ein unverständiges Kind.

unverständlich 〈Adj.〉: **a)** *nicht deutlich zu hören:* er murmelte unverständliche Worte. **b)** *nicht zu begreifen:* es ist mir u., warum er nicht kommt.

unverträglich [auch ...träg...] 〈Adj.; nicht adverbial〉: **a)** *sich nicht vertragend, unvereinbar; streitsüchtig:* unverträgliche Gegensätze; er ist sehr u. **b)** *schwer zu verdauen:* eine unverträgliche Speise.

unverwandt 〈Adj.; nicht prädikativ〉: *unaufhörlich und forschend oder interessiert den Blick (auf etwas/jmdn.) richtend; sich nicht abwendend:* er sah mich u. an; mit unverwandtem Blick.

unverwechselbar [auch: ...wechsel...] 〈Adj.〉: *eindeutig zu erkennen; einmalig:* er schreibt in einem unverwechselbaren Stil.

unverwüstlich [auch: un...] 〈Adj.; nicht adverbial〉: *sehr haltbar; sehr dauerhaft:* dieser Stoff ist u.; ein unverwüstlicher (durch nichts zu erschütternder) Optimist. **Unverwüstlichkeit,** die; -.

unverzeihlich [auch: un...] 〈Adj.〉: *nicht zu entschuldigen, nicht zu verzeihen:* ein unverzeihlicher Leichtsinn.

unverzüglich [auch: un...] 〈Adj.; nicht prädikativ〉: *sofort [geschehend]; ohne Zeit zu verlieren:* er schrieb u. an seinen Vater; unverzügliche Hilfe.

unvollendet [auch: ...en...] 〈Adj.; nicht abgeschlossen, nicht ganz fertig:〉 ein unvollendetes Gedicht; der Bau blieb u.

unvollkommen [auch: ...kom ...] 〈Adj.〉: *mangelhaft, unvollständig:* er hat nur unvollkommene Kenntnisse im Englischen. **Unvollkommenheit,** die; -.

unvollständig [auch: ...stän...] 〈Adj.〉: *nicht vollständig,* *ganz:* ich habe seine Worte nur u. in Erinnerung. **Unvollständigkeit,** die; -.

unvorbereitet ⟨Adj.⟩: *ohne Vorbereitung, aus dem Stegreif:* er mußte u. ins Examen gehen; eine unvorbereitete Rede.

unvoreingenommen ⟨Adj.⟩: *frei von Vorurteilen; objektiv:* er ist nicht mehr u.; etwas u. beobachten, beurteilen. **Unvoreingenommenheit,** die; -.

unvorhergesehen ⟨Adj.⟩: *nicht vorausgesehen; nicht erwartet, plötzlich:* es traten unvorhergesehene Schwierigkeiten auf.

unvorsichtig ⟨Adj.⟩: *nicht an die Folgen denkend; unbedacht:* eine unvorsichtige Bemerkung; er hat u. gehandelt. **Unvorsichtigkeit:** ⟨in der Wendung⟩ eine U. begehen: *etwas Unbedachtes tun:* er beging die U., vorzeitig von seinem Plan zu sprechen.

unvorstellbar [auch: ụn...] ⟨Adj.; nicht adverbial⟩: *mit dem Denken oder der Phantasie nicht zu erfassen; nicht auszudenken:* eine unvorstellbare Entfernung; es ist mir u., daß er uns verrät.

unvorteilhaft ⟨Adj.⟩: *ungünstig; einen schlechten Eindruck machend:* sie hat eine unvorteilhafte Figur.

unwahr ⟨Adj.⟩: *der Wahrheit nicht entsprechend:* eine unwahre Behauptung.

Unwahrheit, die; -, -en: *etwas, was nicht wahr ist; Lüge:* er hat bewußt die U. gesagt.

unwahrscheinlich ⟨Adj.⟩: **a)** ⟨nicht adverbial⟩ *nicht anzunehmen, kaum möglich:* es ist u., daß er so spät noch kommt. **b)** *unglaublich; nicht zu glauben; kaum der Wirklichkeit entsprechend:* seine Geschichte klingt sehr u. **c)** ⟨verstärkend vor Adjektiven⟩ *sehr:* der kleine Wagen fährt u. schnell.

unwegsam ⟨Adj.⟩: *so beschaffen, daß man schwer darauf gehen kann; nicht leicht zugänglich:* ein unwegsames Gelände.

unweigerlich [auch: ụn...] ⟨Adj.; nicht prädikativ⟩: *ganz bestimmt; mit Sicherheit (als etwas Unangenehmes) eintretend und nicht zu vermeiden; sicher; auf jeden Fall:* wenn er bei diesem Wetter auf den Berg steigen will, gibt es u. ein Unglück.

unweit ⟨Präp. mit Gen.⟩ *nicht weit entfernt (von jmdm./ etwas):* das Haus liegt u. des Flusses; ⟨auch als Adverb in Verbindung mit *von*⟩: u. vom Berg liegt ein kleines Dorf.

Unwesen, das; -s: *schädigende, störende Betätigung; Störung der Ordnung; Unfug:* eine Bande von Dieben treibt in der Gegend ihr U.

unwesentlich ⟨Adj.⟩: *für das Wesen, den Kern einer Sache nicht wichtig:* wir müssen nur einige unwesentliche Änderungen vornehmen.

Unwetter, das; -s, -: *starker Sturm und Gewitter [die großen Schaden verursachen]:* Überschwemmungen und U. zerstörten die ganze Ernte; bildl.: als er die Schulaufgaben schon wieder nicht gemacht hatte, brach das U. über ihn los *(wurde er streng getadelt, bestraft).*

unwichtig ⟨Adj.⟩: *keine oder nur geringe Bedeutung habend; belanglos:* diese Frage ist vorläufig u.

unwiderruflich [auch: ụn...] ⟨Adj.⟩: *endgültig; so, daß es auf keinen Fall geändert wird:* das Stück wird heute u. zum letzten Mal gespielt.

unwiderstehlich [auch: ụn...] ⟨Adj.⟩: *so, daß man kaum widerstehen kann; mitreißend:* ein unwiderstehlicher Drang; seine Rede wirkte u. auf seine Zuhörer.

unwiederbringlich [auch: ụn...] ⟨Adj.⟩: *endgültig; nicht mehr rückgängig gemacht werden könnend:* ein unwiederbringlicher Verlust.

Unwille, der; -ns: *Mißfallen, Ärger (über etwas); gereizte, zornige Stimmung (wegen etwas):* er äußerte unverhohlen seinen Unwillen; sein angeberisches Benehmen erregte allgemein Unwillen.

unwillig ⟨Adj.⟩: *ungeduldig, verärgert:* er schüttelte u. den Kopf; er wurde u. über die vielen lästigen Fragen.

unwillkürlich [auch: ...kür...] ⟨Adj.⟩: *nicht beabsichtigt; ohne es zu wollen:* als er die Stimme hörte, drehte er sich u.; bei seiner Erzählung erinnerte sie sich u. an ihre eigene Jugend.

unwirsch ⟨Adj.⟩: *mürrisch und unfreundlich:* er gab eine unwirsche Antwort.

Unwissenheit, die; -: **a)** *fehlende Kenntnis von einer Sache:* er hat·es aus U. falsch gemacht. **b)** *Mangel an [wissenschaftlicher] Bildung:* in vielen Ländern der Erde herrscht noch große U.

Unwohlsein, das; -s: *[vorübergehende] Störung des körperlichen Wohlbefindens:* wegen Unwohlseins mußte sie den Saal verlassen.

unwürdig ⟨Adj.⟩: **a)** *nicht würdig:* er ist des hohen Lobes u. **b)** *jmds. Rang, Würde nicht entsprechend; erniedrigend:* er wurde in unwürdiger Weise beschimpft.

Unzahl, die; -: *sehr große [unübersehbare] Anzahl:* eine U. von Briefen trafen bei der Redaktion ein.

unzählig [auch: ụn...] ⟨Adj.⟩: **a)** ⟨nicht adverbial⟩ *in großer Zahl [vorhanden]:* unzählige Menschen standen an der Straße. **b)** ⟨verstärkend bei Adjektiven⟩ *sehr:* u. viele Menschen.

unzerbrechlich [auch: ụn...] ⟨Adj.; nicht adverbial⟩: *so fest, daß es nicht bricht; nicht zerbrechlich:* unzerbrechliches Glas.

Unzucht, die; -: *unsittliches Verhalten; unsittliche, gegen die geschlechtliche Moral verstoßende Handlung:* jmdn. zur U. verleiten.

unzüchtig ⟨Adj.⟩: *gegen die geschlechtliche Moral verstoßend; unsittlich:* er wurde wegen Verbreitung unzüchtiger Schriften bestraft.

unzufrieden ⟨Adj.⟩: **a)** *nicht zufrieden:* der Lehrer ist mit seinen Schülern u. **b)** *mißmutig:* er macht ein unzufriedenes Gesicht. **Unzufriedenheit,** die; -.

unzugänglich ⟨Adj.⟩: **a)** *schwierig oder unmöglich zu betreten:* ein unzugängliches Gelände, Grundstück. **b)** *gegen näheren Kontakt mit anderen Menschen abgeneigt, verschlossen:* er ist sehr u. **Unzugänglichkeit,** die; -.

unzulänglich ⟨Adj.⟩: *den gestellten Anforderungen, Aufgaben nicht entsprechend:* er hat unzulängliche Kenntnisse; die Versorgung der Bevölkerung mit Lebensmitteln war u. **Unzulänglichkeit,** die; -.

unzulässig ⟨Adj.⟩: *nicht zulässig; verboten:* die Firma wandte bei der Werbung unzulässige Methoden an.

unzureichend ⟨Adj.⟩: *für einen bestimmten Zweck nicht ausreichend:* das Gesuch wurde wegen unzureichender Begründung abgelehnt.

unzuverlässig ⟨Adj.⟩: a) *nicht zuverlässig; ungenau:* seine Angaben sind u. b) *nicht vertrauenswürdig:* er ist politisch u. **Unzuverlässigkeit,** die; -.

üppig ⟨Adj.⟩: a) *in großer Fülle und guter Qualität [vorhanden]:* ein üppiges Mahl; die Pflanzen wachsen hier ü. b) (ugs.) *von rundlichen, vollen Formen, [die die Blicke auf sich ziehen]* sie hat eine üppige Figur. **Üppigkeit,** die; -.

uralt ⟨Adj.; nicht adverbial⟩: *sehr alt:* ein uralter Mann; (abwertend) der Witz ist u.

Uraufführung, die; -, -en: *erste Aufführung (eines Theaterstücks, Musikstücks oder Films):* bei der U. war der Autor selbst anwesend.

urbar ⟨Adj.⟩: *zur landwirtschaftlichen Nutzung geeignet:* ein Stück Land u. machen.

Urenkel, der; -s, -: *Sohn des Enkels.*

Urgroßmutter, die; -, Urgroßmütter: *Mutter der Großmutter oder des Großvaters.*

Urgroßvater, der; -s, Urgroßväter: *Vater des Großvaters oder der Großmutter.*

Urheber, der; -s, -: *derjenige, der etwas bewirkt oder veranlaßt hat:* er ist der geistige U. dieser neuen Bewegung.

urheberrechtlich ⟨Adj.; nicht prädikativ⟩: *das Recht betreffend, über die eigenen schöpferischen Leistungen, Kunstwerke o. ä. allein verfügen zu können:* das Werk ist u. geschützt.

Urin, der; -s: *Flüssigkeit, die sich in der Blase sammelt und ausgeschieden wird; Harn.*

urinieren, urinierte, hat uriniert ⟨itr.⟩: *Urin ausscheiden.*

Urkunde, die; -, -n: *[amtliches] Schriftstück, durch das etwas beglaubigt oder bestätigt wird:* er erhielt eine U. über die Verleihung des Preises.

Urlaub, der; -s: *Zeit, in der man von der Arbeit oder vom Dienst freigestellt ist [um sich zu erholen]:* er verbrachte seinen U. in der Schweiz; der Soldat erhielt drei Tage U.

Urne, die; -, -n: a) *Gefäß zum Aufbewahren der Asche eines Toten.* b) *Gefäß, in dem sich die Lose befinden, die gezogen werden sollen:* der Sportler trat an die U. und zog für den Start Platz Nr. 9. c) *Gefäß, in das bei einer Wahl die Zettel geworfen werden, die den Willen des Wählers ausdrücken:* das Volk geht am Sonntag zu den Urnen *(geht zur Wahl).*

Ursache, die; -, -n: *etwas, was eine Erscheinung, Handlung oder einen Zustand bewirkt, veranlaßt:* die U. des Brandes ist noch nicht geklärt; die Armut der Bevölkerung war die U. der Revolution.

Ursprung, der; -s, Ursprünge: *Beginn; Ort oder Zeitraum, in dem der Anfang von etwas liegt, von dem etwas ausgegangen ist:* der U. des Christentums liegt in Palästina; der Brauch hat seinen U. im 16. Jahrhundert.

ursprünglich ⟨Adj.; nicht prädikativ⟩ (Abk.: urspr.): *so, wie es am Anfang war:* der ursprüngliche Plan ist geändert worden; u. wollte er Lehrer werden, er studierte aber dann Medizin. **Ursprünglichkeit,** die; -.

Urteil, das; -s, -e: 1. *Entscheidung, die einen Streit schlichtet oder ein Problem löst:* der Richter fällte ein mildes U.; der Angeklagte legte gegen das U. Berufung ein. 2. *Meinung, Standpunkt:* ich kann mir kein U. darüber bilden.

urteilen, urteilte, hat geurteilt ⟨itr.⟩: 1. *seine Ansicht äußern (über etwas); ein Urteil über den Wert (von etwas) abgeben:* er urteilte sehr hart über sie. 2. *durch Denken zu einer Meinung, Erkenntnis kommen [und diese äußern]:* er hat über das Problem ganz richtig geurteilt.

Urteilsvermögen, das; -s: *geistige Fähigkeit, zu einem selbständigen Urteil zu gelangen.*

Urwald, der; -[e]s, Urwälder: *großer nicht erforschter Wald [in den Tropen].*

urwüchsig ⟨Adj.⟩: a) *natürlich, nicht gekünstelt, nicht geziert:* er hat eine urwüchsige Sprache. b) *derb, drastisch:* ein urwüchsiger Kerl. **Urwüchsigkeit,** die; -.

Utensilien, die ⟨Plural⟩: *Gegenstände, die man zu einem bestimmten Zweck braucht:* er packte seine U. zusammen und fuhr ins Bad.

Utopie, die; -, -n: *Plan, Idee, die nicht verwirklicht werden konnte oder in der Zukunft als nicht durchführbar gilt:* die Idee eines allgemeinen Friedens ist bist jetzt U. geblieben; eine Fahrt zum Mond ist keine U. mehr.

V

vagabundieren, vagabundierte, ist/hat vagabundiert ⟨itr.⟩ (abwertend): *nicht seßhaft sein, sondern ohne festen Wohnsitz im Lande umherziehen:* er hat es nie lange an einem Ort ausgehalten und ist lieber durch die Länder vagabundiert; wenn er genug vagabundiert hat, kehrt er immer wieder nach Hause zurück.

vage ⟨Adj.⟩: *nicht eindeutig, nur flüchtig angedeutet:* eine vage Vorstellung, Hoffnung.

Variation, die; -, -en: *Veränderung, Abwandlung:* die Variation eines Stils, eines Musters; Variationen über ein musikalisches Thema.

Varieté [varie'te:], das; -s, -s: *Gattung des Theaters, die durch ein buntes Programm mit akrobatischen, tänzerischen, musikalischen u. ä. Darbietungen gekennzeichnet ist:* sie gehen jede Woche ins V.

variieren, variierte, hat variiert: a) ⟨tr.⟩ *(ein Thema, einen Gedanken) umgestalten [und dabei erweitern]:* seit den letzten Jahren variierte er immer dasselbe Thema in seiner Malerei. b) ⟨itr.⟩ *verschieden sein, sich von Fall zu Fall ändern:* das Klima variiert sehr stark in den einzelnen Landschaften.

Vase, die; -, -n: *aus Glas, Ton oder Porzellan [künstlerisch] gefertigtes Gefäß für Blumen o. ä.:* sie stellte den Strauß in eine V.

Vater, der; -s, Väter: *Mann, der ein Kind gezeugt hat:* ein strenger V.; V. und Mutter.

Vaterland, das; -es: *Land, Staat, in dem jmd. geboren ist und dem er sich zugehörig fühlt:* sein V. lieben; dem V. dienen.

väterlich ⟨Adj.⟩: 1. ⟨nur attributiv⟩ *dem Vater zugehörend,* *vom Vater kommend:* er soll einmal das väterliche Geschäft übernehmen; in der väterlichen Linie sind schon mehrere Selbstmorde vorgekommen. **2.** *sich einem anderen gegenüber wie ein Vater verhaltend:* ein väterlicher Freund.

Vegetarier, der; -s, -: *jmd., der ausschließlich oder vorwiegend pflanzliche Nahrung zu sich nimmt.*

Vegetation, die; -, -en: *Gesamtheit der Pflanzen in einem bestimmten Gebiet:* die V. Europas, Südamerikas.

vegetieren, vegetierte, hat vegetiert ⟨itr.⟩ (abwertend): *so kümmerlich leben, daß man gerade noch existiert:* sie vegetieren seit Jahren in Lagern.

vehement ⟨Adj.⟩: *heftig, ungestüm:* eine vehemente Äußerung; v. sprang er auf und verließ das Zimmer.

verabreden, verabredete, hat verabredet ⟨tr./rfl.⟩: *gemeinsam einen Plan (zu einem Treffen oder Unternehmen) machen und ihn nach Ort, Zeit oder sonstigen Umständen festlegen:* eine Zusammenkunft, eine Besprechung v.; es beschloß alles, wie es verabredet war; sie haben sich für morgen [im Theater] verabredet. * **verabredet sein** *(mit jmdm. ein Treffen vereinbart haben):* am Nachmittag kann ich dich nicht besuchen, da bin ich schon verabredet.

Verabredung, die; -, -en.

verabscheuen, verabscheute, hat verabscheut ⟨tr.⟩: *Abscheu (gegenüber jmdm./etwas) empfinden:* er verabscheute jede Art von Schmeichelei.

verabschieden, verabschiedete, hat verabschiedet: **1.** ⟨rfl.⟩ *Abschied nehmen; sich (von jmdm.) mit bestimmten Worten, Gesten trennen:* er verabschiedete sich von allen mit Handschlag. **2.** ⟨tr.⟩ *in feierlicher Form aus dem Amt entlassen;* einen Offizier, einen hohen Beamten v. **3.** ⟨tr.⟩ *annehmen und für gültig erklären:* ein Gesetz v.

verachten, verachtete, hat verachtet ⟨tr.⟩: *nicht achten, für schlecht, für geringfügig halten:* er glaubte, ihn v. zu können; er hat die Gefahr, den Tod stets verachtet. * (ugs.) **etwas ist nicht zu v.** *(etwas ist von recht guter Qualität):* der Braten ist nicht zu v.

verächtlich ⟨Adj.⟩: **1.** *(etwas, was anderen wertvoll ist) verachtend und herabzusetzen suchend:* ein verächtliches Lachen; du darfst von ihm nicht v. sprechen. ***etwas v. machen** *(jmdn./etwas so darstellen, daß er oder es auch von anderen verachtet wird):* er versucht dauernd, seinen Kollegen bei anderen v. zu machen. **2.** ⟨nicht adverbial⟩ *wegen der moralischen Minderwertigkeit Verachtung verdienend:* eine verächtliche Gesinnung.

Verachtung, die; -: *das Nichtbeachten, Ausdruck der Geringschätzung:* jmdn. mit V. anblicken; er gab ihn der allgemeinen V. preis.

verallgemeinern, verallgemeinerte, hat verallgemeinert ⟨tr.⟩: *für allgemeingültig erklären:* du darfst diese Feststellung nicht v.

veralten, veraltete, ist veraltet ⟨itr.⟩: *mit der Zeit außer Gebrauch, aus der Mode kommen:* die gegenwärtigen Richtungen der Kunst werden bald wieder v.; ⟨häufig im 2. Partizip⟩ eine veraltete *(nicht mehr zeitgemäße)* Anschauung; die Ausgabe war völlig veraltet.

veränderlich, ⟨Adj.⟩: *sich leicht, von selbst ändernd; der Veränderung unterworfen:* er hat ein veränderliches Wesen; das Wetter ist dort im allgemeinen v.

verändern, veränderte, hat verändert: **1.** ⟨tr.⟩ *(jmdm./etwas) ein anderes Aussehen oder Wesen geben:* einen Raum v.; die Erlebnisse der letzten Zeit haben ihn sehr verändert; ⟨häufig im 2. Partizip⟩ er war völlig verändert. **2.** ⟨rfl.⟩ **a)** *ein anderes Aussehen oder Wesen bekommen, anders werden:* sie hat sich sehr zu ihrem Vorteil verändert; bei uns hat sich vieles verändert. **b)** *die berufliche Stellung wechseln:* nach zehn Jahren in demselben Betrieb wollte er sich v. **Veränderung,** die; -, -en.

veranlagt ⟨Adj.; nicht adverbial⟩: *von Natur aus bestimmte Fähigkeiten oder Eigenschaften habend:* ein musikalisch veranlagtes Kind; sie ist etwas sentimental v.

Veranlagung, die; -, -en: *Art und Weise, in der jmd. veranlagt ist:* die künstlerischen Fähigkeiten sind im allgemeinen eine Sache der V.; sein Neid ist eine krankhafte V.

veranlassen, veranlaßte, hat veranlaßt ⟨tr.⟩: *auf irgendeine Weise dahin wirken, daß etwas Bestimmtes geschieht oder daß jmd. etwas Bestimmtes tut:* er veranlaßte eine genaue Prüfung des Vorfalls; niemand wußte, was ihn zu diesem Entschluß veranlaßt hatte; er fühlte sich veranlaßt *(verpflichtet),* auf die Folgen aufmerksam zu machen. **Veranlassung,** die; -.

veranschlagen, veranschlagte, hat veranschlagt ⟨tr.⟩: *(den Wert einer Sache, die Höhe von Kosten, eine Menge oder ein Maß) ungefähr bestimmen:* die Kosten für dieses Bauwerk sind falsch veranschlagt worden; der Raum ist auf 2 000 Menschen veranschlagt worden; dieser Vorteil kann gar nicht hoch genug veranschlagt *(bewertet)* werden.

veranstalten, veranstaltete, hat veranstaltet ⟨tr.⟩: *(eine Versammlung mehrerer Personen) [zu einem bestimmten Zweck] stattfinden lassen, (etwas) organisieren und durchführen:* ein Fest, eine Ausstellung v.; eine Umfrage v. *(eine größere Gruppe von Menschen über ihre Meinung zu etwas befragen).* **Veranstaltung,** die; -, -en.

verantworten, verantwortete, hat verantwortet: **a)** ⟨tr.⟩ *(eine Handlungsweise oder ein Verhalten) für richtig befinden und bereit sein, die Konsequenzen daraus zu ziehen:* eine Maßnahme v.; er wird sein Tun selbst v. müssen. **b)** ⟨rfl.⟩ *sein Verhalten oder seine Absicht einer Anklage oder einem Vorwurf gegenüber rechtfertigen:* er hatte sich wegen seiner Äußerung vor Gericht zu v.

verantwortlich ⟨Adj.⟩: **a)** *die Verantwortung tragend:* der verantwortliche Herausgeber einer Zeitschrift. * **für jmdn./etwas v. sein** *(für jmdn./etwas die Verantwortung tragen):* die Eltern sind für ihre Kinder v.; **jmdn. für etwas v. machen** *(behaupten, daß jmd. schuld an etwas sei):* sie machten den Gegner für den Ausbruch des Krie-

Verantwortung

ges v.; **für etwas v. zeichnen** *(die Verantwortung für ein Unternehmen, eine Aufgabe o. ä. tragen)*: er zeichnet v. für die Illustrationen. **b)** *mit Verantwortung verbunden, Verantwortung mit sich bringend*: eine verantwortliche Stellung.

Verantwortung, die; -: *Verpflichtung, einen Auftrag richtig und ordnungsgemäß auszuführen und für etwaige Folgen einzustehen*: die V. für etwas übernehmen, ablehnen; du kannst es auf meine V. tun *(ich werde verantworten, was du tust)*.

verarbeiten, verarbeitete, hat verarbeitet ⟨tr.⟩: **1.** *(einen Rohstoff, ein Material) für die Herstellung von etwas verwenden*: Gold zu Schmuck v.; sie verarbeitete den Stoff zu einem Mantel. **2.** *verdauen*: so feste Nahrung konnte sein Magen nicht v. **3.** *geistig bewältigen; für die eigene Arbeit nutzbar machen*: ein Buch in sich v.; er verarbeitete fremde Ideen in seinem Werk. **Verarbeitung,** die; -.

verärgern, verärgerte, hat verärgert ⟨tr.⟩: *durch ständiges Ärgern in üble Laune und in gereizte Stimmung bringen*: durch eure spöttischen Bemerkungen habt ihr ihn verärgert; ⟨häufig im 2. Partizip⟩ er war sehr verärgert; verärgert wandte er sich ab. **Verärgerung,** die; -, -en.

verausgaben, verausgabte, hat verausgabt ⟨tr.⟩: *(Geld) ausgeben*: beim Bau dieses Hauses wurde eine halbe Million Mark verausgabt; ⟨auch rfl.⟩ diesen Monat habe ich mich ganz verausgabt *(habe ich alles Geld ausgegeben)*; bildl.: er hat in unnützer Weise seine Kräfte verausgabt *(erschöpft)*; bei der schwierigen Sonate hat sich der Pianist völlig verausgabt.

veräußern, veräußerte, hat veräußert ⟨tr.⟩: *verkaufen [weil man sich in einer finanziellen Notlage befindet]*: sie war gezwungen, ihren Schmuck zu v.; ehe er auswanderte, veräußerte er all seine Habe.

Verband, der; -es, Verbände: **I.** *etwas, was man als Schutz auf eine Wunde legt und an dem entsprechenden Körperteil befestigt*: die Krankenschwester legte ihm einen V. an. **II. 1.** *größere Vereinigung, die durch Zusammenschluß von Vereinen oder Gruppen entsteht*: einen V. gründen; einem V. angehören. **2.** *Zusammenschluß militärischer Einheiten*: der Feind ersetzte seine Verluste durch neue Verbände.

verbannen, verbannte, hat verbannt ⟨tr.⟩: **a)** *auf Grund eines Urteils aus dem Land weisen, an einen entlegenen Ort schicken*: jmdn. auf eine ferne Insel v.; er wurde aus seinem Vaterland verbannt. **b)** *(aus seinem Bewußtsein) verdrängen*: er verbannte alle trüben Gedanken aus seinem Herzen. **Verbannung,** die; -.

verbauen, verbaute, hat verbaut ⟨tr.⟩: **1.** *durch Bauen versperren*: jmdm. die Aussicht v.; bildl.: durch sein unkluges Verhalten hat er sich alle Möglichkeiten für die Zukunft verbaut. **2.** *beim Bauen verbrauchen*: Holz, Steine v.; sie haben ihr ganzes Geld verbaut. **3.** *falsch und unzweckmäßig bauen*: der Architekt hat das Haus völlig verbaut; ⟨häufig im 2. Partizip⟩ ein verbautes Haus.

verbergen, verbirgt, verbarg, hat verborgen /vgl. verborgen/: **1.** ⟨tr./rfl.⟩ *für eine gewisse Zeit fremden [suchenden] Blicken entziehen; verstecken*: etwas unter seinem Mantel v.; er suchte sein Gesicht, seine Tränen zu v.; der Flüchtling verbarg sich im Wald. **2.** ⟨tr.⟩ *(jmdn.) aus irgendeinem Grund nicht wissen lassen; vorenthalten*: sie verbarg ihm ihre wahre Meinung über diese üblen Zustände.

verbessern, verbesserte, hat verbessert: **1. a)** ⟨tr.⟩ *verändern und besser machen*: an der Erfindung v.; seine wirtschaftliche Lage v. **b)** ⟨rfl.⟩ *sich eine bessere Stellung verschaffen*: er wollte sich v. **2.** ⟨tr./rfl.⟩ *berichtigen*: einen Fehler v.; ich muß mich v. **Verbesserung,** die; -, -en.

verbeugen, sich; verbeugte sich, hat sich verbeugt: *sich (vor jmdm.) zum Gruß oder zum Zeichen seiner Dankbarkeit o. ä. nach vorne beugen*: der Schauspieler verbeugte sich höflich nach allen Seiten; er verbeugte sich tief vor der alten Dame. **Verbeugung,** die; -, -en.

verbieten, verbot, hat verboten ⟨tr.⟩: *bestimmen, daß etwas unerlaubt und zu unterlassen ist*: die Eltern haben ihr den Umgang mit ihm verboten; ⟨auch rfl.⟩ das verbietet sich von selbst *(es ist selbstverständlich, daß es nicht geschehen kann)*; ⟨häufig im 2. Partizip⟩ Rauchen verboten! (ugs.) er sieht verboten *(ungepflegt, abstoßend)* aus. ***jmdm. den Mund v.** *(jmdn. energisch zum Schweigen auffordern)*.

verbinden, verband, hat verbunden: **1.** ⟨tr.⟩ *mit einer Binde oder einem Verband versehen*: jmdm. die Augen v.; die Verwundeten mußten verbunden werden. **2.** ⟨tr.⟩ *(durch etwas zwei Dinge oder Teile) zusammenbringen, miteinander in Kontakt bringen*: zwei Stadtteile mit einer Brücke v.; beide Orte wurden durch eine Buslinie miteinander verbunden; ⟨auch rfl.⟩ diese Stoffe verbinden sich [chemisch] miteinander *(werden zu einem neuen Stoff)*. **3.** ⟨tr.⟩ *(zwei Eigenschaften oder Dinge, die nicht notwendig zusammengehören) zugleich haben oder tun*: er verbindet Großzügigkeit mit einer gewissen Strenge; sie verbindet immer das Praktische mit dem Schönen. **4.** ⟨tr.⟩ *(an etwas) anschließen, knüpfen*: ich weiß nicht, ob er mit seinen Worten eine religiöse Vorstellung verband; ⟨häufig im 2. Partizip⟩ diese Aufgabe ist mit großen Schwierigkeiten verbunden *(enthält große Schwierigkeiten)*. **5.** ⟨tr.⟩ *eine Beziehung zwischen Personen herstellen und aufrechterhalten*: uns verbinden gemeinsame Interessen; sie verbindet nichts mehr; ⟨häufig im 2. Partizip⟩ sie waren freundschaftlich miteinander verbunden. ***verbindende Worte** *(Worte, die von etwas auf etwas anderes überleiten)*. **6.** ⟨rfl.⟩ *sich [zu einem Bündnis] zusammentun*: die demonstrierenden Studenten wollten sich mit den Arbeitern verbinden. ***sich ehelich v.** *(heiraten)*. **7.** ⟨tr.⟩ *(jmdm.) ein Telefongespräch vermitteln*: bleiben Sie am Apparat, ich verbinde Sie; man hatte ihn falsch verbunden. ****jmdn. verbunden sein; sich jmdm. verbunden fühlen** *(jmdm. verpflichtet, dankbar sein)*: ich bin Ihnen für Ihre Hilfe sehr verbunden.

verbindlich ⟨Adj.⟩: **1.** *freundlich, entgegenkommend*: verbindliche Worte; er lächelte v. **2.** *bindend, verpflichtend*: das

Abkommen wurde für v. erklärt. **Verbindlichkeit,** die; -, -en.
Verbindung, die; -, -en: 1. *das Verbinden:* die V. zweier Orte durch die Eisenbahn. 2. *das Verbundensein:* die V. zur Außenwelt war durch die Katastrophe unterbrochen; die telefonische V. ist nicht zustande gekommen; er hielt die V. zwischen ihnen aufrecht. 3. *Möglichkeit, einen bestimmten Ort mit einer Eisenbahn, einem Bus, einem Flugzeug o. ä. zu erreichen:* er suchte eine günstige V. nach Heidelberg; nach Hamburg gibt es von hier eine direkte V. *(bei der man nicht umsteigen muß).* 4. *Bekanntschaft, die jmdm. nützen kann:* er hat viele Verbindungen; er ist ohne Verbindungen *(Beziehungen).* 5. *Vereinigung von Studenten:* in eine V. eintreten; nach 1945 wurden die Verbindungen wieder zugelassen. 6. *Stoff, der durch die Vereinigung zweier oder mehrerer chemischer Elemente entsteht.*

verbissen ⟨Adj.⟩: *allzu hartnäckig und zäh:* ein verbissener Gegner; er kämpfte v. um seinen Vorteil.

verbittert ⟨Adj.⟩: *von einem stetigen Groll gegen etwas oder von Gedanken an sein Unglück unablässig erfüllt:* eine verbitterte alte Frau; er war sehr v. über seine Entlassung.

verblassen, verblaßt, verblaßte, ist verblaßt ⟨itr.⟩: **a)** *den leuchtenden Glanz verlieren, blaß werden:* die Farben, die Tapeten sind schon etwas verblaßt; bildl.: neben seinem Erfolg verblaßten die Leistungen der andern. **b)** *im Bewußtsein undeutlich werden:* die Erinnerungen an die Kindheit verblaßten immer mehr.

Verblendung, die; -: *fehlende Einsicht:* er war nicht von seiner V. zu heilen; in seiner V. hatte er sich von seinem besten Freund getrennt.

verblüffen, verblüffte, hat verblüfft ⟨tr.⟩: *(jmdn.) so überraschen, daß er zunächst die Sache gar nicht richtig beurteilen kann:* ihre Antwort verblüffte uns; mancher Käufer läßt sich durch die niedrigen Preise v.; ⟨häufig im 1. Partizip⟩ er hat eine verblüffende Ähnlichkeit mit seinem Bruder; ⟨häufig im 2. Partizip⟩ er stand verblüfft da. **Verblüffung,** die; -.

verblühen, verblühte, ist verblüht ⟨itr.⟩: *zu blühen aufhören, verwelken:* die Blumen sind verblüht.

verbluten, verblutete, hat/ist verblutet: 1. ⟨itr.⟩: *durch starken Blutverlust sterben:* er ist an der Unfallstelle verblutet. 2. ⟨rfl.⟩ *starke militärische Verluste erleiden:* der Gegner hat sich in nutzlosen Angriffen auf die Festung verblutet.

verbohrt ⟨Adj.⟩ (ugs.): *nicht von seiner falschen Ansicht, seinem Vorhaben oder Tun abzubringen; starrköpfig:* ein verbohrter Mensch; er war völlig in seinen Plan v.

verborgen: I. verborgen, verborgte, hat verborgt ⟨tr.⟩: *jmdm. (etwas) vorübergehend zur Benutzung geben:* ich verborge nicht gerne meine Sachen. II. ⟨Adj.⟩ *nicht sichtbar oder [noch] nicht erkennbar:* überall lauern verborgene Gefahren; es bleibt nichts v. ***im verborgenen** (unbemerkt):* im verborgenen bleiben, leben.

Verbot, das; -[e]s, -e: *von einer dazu befugten Stelle oder Person ausgehender Befehl, der etwas zu tun verbietet:* ein strenges V.; ein V. übertreten; er verstieß gegen das ausdrückliche V. des Arztes zu rauchen.

verbrämen, verbrämte, hat verbrämt ⟨tr.⟩: 1. *(mit einem Rand als Pelz) verzieren:* einen Mantel mit Pelz v. 2. *jmdm. gegenüber kunstvoll in Worte kleiden, weil man nicht wagt, ihm die unangenehme Wahrheit direkt zu sagen:* er versuchte, seine negative Beurteilung etwas zu v.

Verbrauch, der; -[e]s: **a)** *das Verbrauchen:* diese Seife ist sparsam im V. **b)** *verbrauchte Menge:* der V. an Butter ist in den letzten Jahren gestiegen.

verbrauchen, verbrauchte, hat verbraucht ⟨tr.⟩: **a)** *[regelmäßig] (eine gewisse Menge von etwas) nehmen und für einen bestimmten Zweck verwenden:* sie haben viel Strom verbraucht; für das Kleid verbrauchte sie drei Meter Stoff. **b)** *allmählich, nach und nach aufzehren:* sie hatten alle in der Not ihre Vorräte verbraucht; das letzte Stück Seife war inzwischen verbraucht; sie hatten bei dieser Arbeit ihre Kräfte völlig verbraucht; ⟨häufig im 2. Partizip⟩ verbrauchte *(abgenutzte)* Nerven; verbrauchte *(schlechte)* Luft.

Verbrechen, das; -s, -: **a)** *Handlung, die so schwer gegen Moral und Gesetz verstößt, daß sie sehr hoch bestraft wird:* ein schweres, grauenvolles V.; das V. wurde noch nicht aufgeklärt. **b)** *verwerfliche, verantwortungslose Handlung:* Kriege sind ein V. an der Menschheit; es ist ein V., Kinder auf so grausame Weise zu strafen.

Verbrecher, der; -s, -: *jmd., der ein Verbrechen begangen hat:* der V. konnte gefaßt werden.

verbreiten, verbreitete, hat verbreitet: 1. **a)** ⟨tr.⟩ *durch sein Erscheinen in jmdm. erregen:* die Feinde verbreiteten überall Furcht und Schrecken. **b)** ⟨tr.⟩ *(etwas [Unwahres]) an viele Leute weitergeben, so daß es bald in einem weiten Umkreis bekannt ist:* ein Gerücht v.; sie verbreiteten sofort die Nachricht im Dorf; ⟨häufig im 2. Partizip⟩ eine weit verbreitete *(eine von vielen geteilte)* Ansicht. **c)** ⟨rfl.⟩ *in einem weiten Umkreis bekannt werden:* die Nachricht verbreitete sich durch die Presse; sein Ruf verbreitete sich schnell. **d)** ⟨rfl.⟩ *sich ausbreiten:* die Krankheit verbreitete sich über das ganze Land. 2. ⟨rfl.⟩ *(über etwas) ausführlich schreiben oder sprechen:* in seiner Einleitung verbreitete er sich über die historischen Voraussetzungen.

verbreitern, verbreiterte, hat verbreitert: **a)** ⟨tr.⟩ *breiter machen:* eine Straße, einen Weg v. **b)** ⟨rfl.⟩ *breiter werden:* nach vorne hin verbreitert sich die Bühne.

Verbreitung, die; -: *das Verbreiten oder Sichverbreiten:* die Presse sorgte für eine rasche V. der Ereignisse; die V. der Krankheit nahm in erschreckendem Maße zu. ***V. finden** (sich verbreiten):* seine Schriften fanden überall V.

verbrennen, verbrannte, hat/ist verbrannt: 1. ⟨itr.⟩ **a)** *vom Feuer verzehrt werden:* durch das Feuer ist ihre ganze Einrichtung verbrannt; drei kleine Kinder sind in der Wohnung verbrannt. **b)** *durch zu große Hitze schwarz [und ungenießbar] werden:* der Braten ist total verbrannt. 2. ⟨tr.⟩ **a)** *vom Feuer verzehren lassen:* er hat Holz, Papier verbrannt; eine Leiche v. **b)** *durch übermäßige Hitze beschädigen, verletzen:* ich habe mir die Hand verbrannt; die Sonne hat sein Gesicht verbrannt *(stark gebräunt);* ⟨auch rfl.⟩ er hat sich an dem heißen Metall verbrannt. **Verbrennung,** die; -, -en.

verbringen, verbrachte, hat verbracht ⟨tr.⟩: *(eine bestimmte Zeit an einem bestimmten Ort) aufhalten oder (die Zeit in einer bestimmten Weise) vergehen lassen:* sie verbringen ihren Urlaub an der See; er hatte die Zeit mit Warten verbracht; er verbrachte den Abend in angenehmer Gesellschaft.

verbrühen, verbrühte, hat verbrüht ⟨tr./rfl.⟩: *mit heißem Wasser verletzen:* ich habe mir die Hand verbrüht; das Kind hat sich verbrüht.

verbünden, sich; verbündete sich, hat sich verbündet: *ein Bündnis schließen; sich zusammenschließen:* er hat sich mit ihm gegen uns verbündet; ⟨häufig im 2. Partizip⟩ Frankreich und England waren verbündet.

Verbundenheit, die; -: *Beziehung, in der man eng mit jmdm. verbunden ist:* sie lebten in enger geistiger V.; das Gefühl der V. half ihnen in ihrer verzweifelten Lage.

Verbündete, der; -n, -n ⟨aber: [ein] Verbündeter, Plural: Verbündete⟩: *jmd., der mit einem anderen verbündet ist:* die Verbündeten im zweiten Weltkrieg.

Verdacht, der; -[e]s: *Vermutung, daß jmd. eine heimliche [böse] Absicht verfolge oder in einer bestimmten Angelegenheit der Schuldige sei:* er hatte einen bestimmten V.; der V. richtete sich nicht gegen ihn, sondern gegen seinen Freund; sein Verhalten brachte ihn in den V. der Untreue. *jmdn. im/in V. haben (jmdn. verdächtigen; glauben, jmd. verfolge irgendeine geheime Absicht);* im/in V. stehen *(verdächtigt werden):* er steht im V., den Mord begangen zu haben.

verdächtig ⟨Adj.⟩: *durch seine Erscheinung oder sein Tun zu einem bestimmten Verdacht Anlaß gebend; nicht geheuer:* eine verdächtige Person; die Sache ist mir v.; durch sein Verhalten machte er sich v.

verdächtigen, verdächtigte, hat verdächtigt ⟨tr.⟩: *(von jmdm.) annehmen, er verfolge eine bestimmte böse Absicht oder habe sich einer bestimmten unerlaubten Handlung schuldig gemacht:* man verdächtigt ihn des Diebstahls; man hatte sie zu Unrecht verdächtigt. **Verdächtigung,** die; -, -en.

verdammen, verdammte, hat verdammt ⟨tr.⟩: *mit Nachdruck für schlecht, verwerflich oder strafwürdig erklären:* seine Einstellung wurde von allen verdammt; ich will niemanden v.; ⟨häufig im 2. Partizip⟩ (derb) *gemein, übel:* so ein verdammter Kerl!; ⟨häufig im 2. Partizip verstärkend bei Adjektiven und Verben⟩ (ugs.) *ziemlich, sehr:* es war verdammt kalt; sie mußten sich verdammt anstrengen.

verdanken, verdankte, hat verdankt ⟨tr.; mit Dativ⟩: *(jmdm. für etwas) Dank schulden:* wir verdanken ihm unsere Rettung; die Erhaltung der Statue war einem besonderen Umstand zu v. *(zuzuschreiben).*

verdauen, verdaute, hat verdaut ⟨tr.⟩: *(aufgenommene Nahrung) im Körper auflösen und verwandeln:* er hatte das Essen noch nicht verdaut; Erbsen sind schwer zu v.; **Verdauung,** die; -.

verderben, verdirbt, verdarb, hat/ist verdorben: 1. ⟨itr.⟩ *durch innere Gärung oder Fäulnis ungenießbar werden:* das ganze Obst war verdorben; ⟨häufig im 2. Partizip⟩ verdorbene Speisen. 2. ⟨tr.⟩ *schädigen, ruinieren:* du wirst dir durch das Lesen bei schlechter Beleuchtung die Augen v.; ich habe mir den Magen verdorben *(habe etwas gegessen, was der Magen schlecht vertragen hat).* 3. ⟨tr.⟩ *zunichte machen; durch sein Verhalten dafür sorgen, daß aus einer Sache nichts wird:* jmdm. die Freude an etwas v.; er hat ihm das Konzept verdorben. *es mit jmdm. v. (sich jmdn. zum Feind machen):* er wollte es mit niemandem v. 4. ⟨tr.⟩ *(auf jmdn.) einen schlechten Einfluß ausüben:* diese Leute haben ihn verdorben; ⟨häufig im 2. Partizip⟩ *schlecht:* ein verdorbener Charakter; ein verdorbener Geschmack.

Verderben, das; -s: *Zustand in dem jmd. umkommt oder moralisch verkommt; Unglück.* er hat ihn ins V. gestürzt; der Alkohol war sein V.

verdeutlichen, verdeutlichte, hat verdeutlicht ⟨tr.⟩: *deutlicher, klarer machen:* er versuchte, seinen Standpunkt an einem Beispiel zu v.

verdichten, sich; verdichtete sich, hat sich verdichtet: *dichter werden:* der Nebel verdichtete sich; bild l.: die gegen ihn erhobenen Vorwürfe verdichteten sich *(nahmen zu, wurden stärker).*

verdienen, verdiente, hat verdient ⟨tr.⟩: 1. *(eine bestimmte Summe) als entsprechenden Lohn für eine bestimmte Leistung oder Tätigkeit erhalten:* in diesem Beruf verdient man viel Geld; der Händler verdient 50% an einigen Waren; ich habe mir das Studium selbst verdient *(das Geld fürs Studium durch eigene Arbeit beschafft).* 2. *(etwas) wert sein:* seine Tat verdient Anerkennung; er verdient kein Vertrauen; dieses Schicksal hat er nicht verdient *(er hätte auf ein besseres Schicksal Anspruch gehabt).* * *sich um etwas verdient machen (Großes leisten für etwas):* er hat sich um sein Land sehr verdient gemacht.

Verdienst: I. der; -es: *Geld, das man sich durch seine Arbeit erwirbt:* er hat einen hohen V.; er gibt fast seinen ganzen V. an die Eltern ab. **II.** das; -es, -e: *Tat oder Verhalten, durch man sich verdient macht und sich Anspruch auf Anerkennung erwirbt:* sein V. um die Wissenschaft ist groß; das V. für diese Erfindung gebührt ihm allein; du hast dir große Verdienste um die Stadt erworben *(hast Großes für die Stadt geleistet).*

verdoppeln, verdoppelte, hat verdoppelt: 1. ⟨tr.⟩ **a)** *doppelt machen, um dasselbe Maß o. ä. vermehren:* die Geschwindigkeit v. **b)** *verstärken, intensivieren:* wir müssen unsere Anstrengungen v. 2. ⟨rfl.⟩ *doppelt so groß werden wie bisher:* der Ertrag der Felder hat sich mehr als verdoppelt. **Verdopplung,** die; -, -en.

verdorren, verdorrte, ist verdorrt ⟨itr.⟩: *trocken, dürr werden:* die Felder sind in der Hitze verdorrt; verdorrte Blumen und Sträucher.

verdrängen, verdrängte, hat verdrängt ⟨tr.⟩: a) *(von einer Stelle) drängen, nicht mehr (an seinem Platz) lassen:* er wollte mich aus meiner Stellung v.; bildl.: sein neues Hobby hat bei ihm alle anderen Interessen verdrängt. b) *aus dem Bewußtsein ausscheiden; unterdrücken:* er versuchte, die unangenehmen Erinnerungen zu v.; ⟨häufig im 2. Partizip⟩ verdrängte Erlebnisse. **Verdrängung**, die; -, -en.
verdrießlich ⟨Adj.⟩: a) *leicht verärgert; nicht in der besten Laune und das in Miene und Verhalten zum Ausdruck bringend:* ein verdrießliches Gesicht; v. packte er die nicht verkauften Sachen wieder ein. b) *Verdruß bereitend:* eine verdrießliche Angelegenheit.
verdrossen ⟨Adj.⟩: *durch etwas um seine gute Laune gebracht und seine Verstimmung deutlich zeigend; mürrisch:* er war sehr v.; ein verdrossenes Gesicht; v. machte er sich wieder an seine Arbeit. **Verdrossenheit**, die; -.
Verdruß, der; Verdrusses; *durch Unzufriedenheit und Enttäuschung hervorgerufenes unangenehmes Gefühl; Ärger, Unwille:* V. empfinden; er tat alles mit V.
verdunkeln, verdunkelte, hat verdunkelt ⟨tr.⟩: a) *dunkel machen:* einen Raum v.; die Fenster wurden verdunkelt, damit kein Licht nach außendrang. b) *unklar machen, die Spuren (von etwas) verwischen:* eine Tat v. **Verdunklung**, die; -.
verdünnen, verdünnte, hat verdünnt ⟨tr.⟩: *(etwas Flüssiges) durch Hinzufügen von Wasser o. ä. weniger stark machen:* Wein, Milch v.; eine Medizin v.
verdunsten, verdunstete, ist verdunstet ⟨itr.⟩: *sich in Dunst auflösen:* das Wasser ist verdunstet. **Verdunstung**, die; -.
verdursten, verdurstete, ist verdurstet ⟨itr.⟩: *vor Durst sterben:* sie sind in der Wüste verdurstet; (scherzh.:) ich bin auf dem Marsch fast verdurstet *(ich hatte auf dem Marsch sehr großen Durst).*
verdutzt ⟨Adj.⟩ (ugs.): *von etwas Unerwartetem so verwirrt seiend, daß man glaubt, seinen Augen oder Ohren nicht trauen zu können:* er war ganz v.; er machte ein verdutztes Gesicht.

verehren, verehrte, hat verehrt ⟨tr.⟩: 1. a) *(jmdn.) aus einer ehrfurchtsvollen Haltung heraus lieben und sehr hoch schätzen:* er verehrte seinen Lehrer; ⟨häufig im 2. Partizip⟩ verehrte Anwesende!; unser verehrter Herr Präsident. b) *seinen Glauben (an ein höheres Wesen, an Heilige o. ä.) zum Ausdruck bringen:* die Griechen verehrten viele Götter; sie ist als Heilige verehrt worden. 2. ⟨mit Dativ⟩ *(jmdm. etwas) schenken, als freundliche Geste feierlich überreichen:* er hat ihr eine goldene Kette verehrt; er verehrte der Gastgeberin einen Blumenstrauß. **Verehrung**, die; -.
vereidigen, vereidigte, hat vereidigt ⟨tr.⟩: *durch einen Eid verpflichten:* die Zeugen wurden vereidigt; der Präsident wurde auf die Verfassung vereidigt. **Vereidigung**, die; -, -en.
Verein, der; -s, -e: *Gruppe von Personen, die sich auf Grund gleicher Interessen zusammengeschlossen haben:* einen V. gründen; in einen V. eintreten; der V. hat über 100 Mitglieder; ein V. für Menschenrechte. *im V. mit *(zusammen mit):* im V. mit dem Roten Kreuz versuchte man die Not der Bevölkerung zu lindern.
vereinbaren, vereinbarte, hat vereinbart ⟨tr.⟩: *durch gemeinsamen Beschluß festlegen, verabreden:* ein Treffen v. * etwas ist mit etwas nicht zu v. *(etwas kann mit etwas nicht gleichzeitig existieren; etwas paßt mit etwas nicht zusammen, ist ein Widerspruch zu etwas):* ein solches Verhalten konnte ich mit meiner politischen Anschauung nicht v. **Vereinbarung**, die; -, -en.
vereinfachen, vereinfachte, hat vereinfacht ⟨tr.⟩: *einfacher machen:* ein Verfahren, eine Methode v.
vereinheitlichen, vereinheitlichte, hat vereinheitlicht ⟨tr.⟩: *einheitlich machen:* die Rechtschreibung v.
vereinigen, vereinigte, hat vereinigt: 1. a) ⟨tr.⟩ *zu einer Einheit oder Gesamtheit zusammenfassen:* verschiedene Unternehmen v.; er vereinigt sehr gegensätzliche Eigenschaften in sich. b) ⟨rfl.⟩ *sich verbinden:* aus wirtschaftlichen Gründen vereinigten sich zwei kleinere

Orchester zu einem großen Orchester. 2. ⟨tr.⟩ *in Übereinstimmung bringen:* sein Handeln läßt sich mit seinen politischen Ansichten nicht v.
Vereinigung, die; -, -en: 1. *das Vereinigen:* die V. der beiden Unternehmen brachte Schwierigkeiten mit sich. 2. *Verein:* eine V. für die Freunde klassischer Musik.
vereinzelt ⟨Adj.; nicht prädikativ⟩: *einzeln vorkommend oder auftretend:* vereinzelte Fälle einer Krankheit; es fielen nur noch vereinzelte Schüsse; abweichende Merkmale lassen sich nur v. feststellen.
vereiteln, vereitelte, hat vereitelt ⟨tr.⟩: *dafür sorgen, daß (etwas) scheitert oder nicht verwirklicht wird; (etwas) verhindern:* einen Plan, ein Unternehmen, jmds. böse Absichten v.
verenden, verendete, ist verendet ⟨itr.⟩: *als hilflose Kreatur [langsam und qualvoll] sterben /von Tieren/:* das Reh war in der Schlinge verendet; in dem harten Winter sind viele Tiere verendet.
verengen, verengte, hat verengt ⟨tr.⟩: *eng zusammenziehen:* er verengte die Augen zu einem schmalen Spalt; ⟨auch rfl.⟩ seine Pupillen verengten sich.
vererben, vererbte, hat vererbt ⟨tr.⟩: 1. *(jmdm. etwas) als Erbe überlassen:* er hat dem Neffen sein ganzes Vermögen vererbt. 2. *als Veranlagung (auf die Nachkommen) übertragen:* sie hat ihren Kindern ihre schwachen Gelenke vererbt; ⟨auch rfl.⟩ die Begabung für Musik hat sich in der Familie seit Generationen vererbt. **Vererbung**, die; -, -en.
verfahren: I. verfahren, verfährt, verfuhr, hat/ist verfahren: 1. ⟨itr.⟩ *in bestimmter Weise, nach einer bestimmten Methode vorgehen, handeln:* er verfährt immer nach demselben Schema; er ist sehr eigenmächtig verfahren. 2. ⟨itr.⟩ *(jmdn.) mit Willkür behandeln und über ihn verfügen; mit jmdm.) umgehen:* er ist grausam mit ihm verfahren. 3. ⟨tr.⟩ *durch Fahren verbrauchen:* wir haben in der letzten Zeit viel Geld verfahren. 4. ⟨rfl.⟩ *vom richtigen Weg abkommen und in eine falsche Richtung fahren:* sie

Verfahren

hatten sich trotz der Wegschilder verfahren. II. ⟨Adj.⟩ *falsch begonnen, so daß sich die betreffende Sache nicht weiterführen läßt; ausweglos:* eine verfahrene Angelegenheit; die Situation war völlig v.

Verfahren, das; -s, -: 1. *bestimmte Art und Weise, nach der man bei seiner Arbeit vorgeht; Methode:* ein neues V. entwickeln, anwenden. 2. *gerichtliche Untersuchung:* ein V. gegen jmdn. einleiten, eröffnen.

verfallen, verfällt, verfiel, ist verfallen ⟨itr.⟩: 1. *allmählich zusammenfallen, baufällig werden:* sie ließen das Gebäude v.; ⟨häufig im 2. Partizip⟩ ein verfallenes Haus, Schloß. 2. *körperlich und geistig kraftlos werden:* der Kranke verfiel zusehends. 3. *nach einer bestimmten Zeit wertlos oder ungültig werden:* die Eintrittskarten waren inzwischen verfallen. **in etwas v. *(in etwas geraten):* in Schweigen, in eine traurige Stimmung v.; er verfiel wieder in den alten Fehler *(beging wieder den alten Fehler);* auf etwas v. *(plötzlich einen bestimmten [seltsamen] Gedanken oder eine bestimmte [seltsame] Absicht haben):* er verfiel auf eine merkwürdige Idee; man ist jetzt auf ein neues Projekt verfallen; jmdm. verfallen sein *(an jmdn. gefühlsmäßig oder triebhaft so stark gebunden sein, daß man sich von der Bindung nicht mehr frei machen kann):* er ist ihr verfallen; einer Sache verfallen sein *(einer Sache ausgeliefert sein und sich nicht mehr von ihr lösen können):* er ist seiner Leidenschaft verfallen; er ist dem Trunk verfallen *(trinkt hemmungslos Alkohol).*

verfälschen, verfälschte, hat verfälscht ⟨tr.⟩: *(etwas) zu seinem Nachteil verändern, schlechter machen:* sein Geschmack war durch schlechte Filme verfälscht worden; sie hatten den Wein verfälscht. 2. *bewußt falsch darstellen:* einen Text absichtlich v.; in diesem Roman wird das Bild Mozarts verfälscht.

verfassen, verfaßt, verfaßte, hat verfaßt ⟨tr.⟩: *schriftlich formulieren, abfassen:* einen Brief, eine Rede, einen Artikel für eine Zeitung, einen Roman v.

Verfasser, der; -s, -: *jmd., der ein literarisches Werk oder überhaupt etwas Schriftliches verfaßt hat:* der V. eines Dramas; der V. des Briefes blieb anonym.

Verfassung, die; -, -en: 1. *Zustand, in dem man sich geistig-seelisch oder körperlich befindet:* er traf ihn in bester gesundheitlicher V. an; er fühlte sich nicht in der V. *(Stimmung, Lage),* das Fest mitzumachen. 2. *Grundsätze, in denen die Form eines Staates und die Rechte und Pflichten seiner Bürger festgelegt sind:* die V. ändern.

verfaulen, verfaulte, ist verfault ⟨itr.⟩: *völlig von Fäulnis durchdrungen werden, verderben:* wenn die Kartoffeln nicht vor Feuchtigkeit geschützt werden, verfaulen sie; das Obst war bereits verfault.

Verfehlung, die; -, -en: *Verstoß gegen Grundsätze oder Vorschriften:* er hat seine V. eingestanden; er wurde wegen seiner Verfehlungen entlassen.

verfeinern, verfeinerte, hat verfeinert ⟨tr.⟩: a) ⟨tr.⟩ *feiner machen und dadurch verbessern:* den Geschmack einer Soße durch etwas Wein v. b) ⟨rfl.⟩ *feiner werden und eine bessere Qualität erhalten:* ihre Umgangsformen hatten sich verfeinert.

verfilmen, verfilmte, hat verfilmt ⟨tr.⟩: *einen Film (aus etwas) machen, als Film gestalten:* einen Roman v.; dieser Stoff wurde schon mehrmals verfilmt.

verfluchen, verfluchte, hat verflucht ⟨tr.⟩: a) *den Zorn Gottes (auf jmdn.) herabwünschen:* die Anhänger der Sekte verfluchten ihn, als er sich nicht von ihnen bekehren lassen wollte. b) *heftig seinen Ärger (über etwas) äußern und wünschen, daß es nicht geschehen wäre:* er hat schon oft verflucht, daß er damals mitgemacht hat; ⟨häufig im 2. Partizip⟩ (derb) *sehr unangenehm, sehr ärgerlich:* das verfluchte Spiel; das ist eine verfluchte Sache; ⟨häufig im 2. Partizip verstärkend bei Adjektiven und Verben⟩ (ugs.) *ziemlich, sehr:* er ist verflucht gescheit; das sieht verflucht nach Betrug aus.

verflüchtigen, sich; verflüchtigte sich, hat sich verflüchtigt: 1. *sich in Luft auflösen:* Alkohol verflüchtigt sich leicht; bildl.: ihre Freundschaft verflüchtigte sich bald. 2. (ugs.; scherzh.) *unbemerkt weggehen; verschwinden:* er hat sich inzwischen verflüchtigt; mein Bleistift hat sich anscheinend verflüchtigt.

verfolgen, verfolgte, hat verfolgt ⟨tr.⟩: 1. a) *zu erreichen suchen, um den Betreffenden gefangenzunehmen:* einen Verbrecher v.; er fühlte sich überall verfolgt; bildl.: er wird vom Unglück verfolgt *(wird oft vom Unglück betroffen).* b) *(einer Spur o. ä.) nachgehen, folgen:* die Polizei verfolgte die falsche Fährte. 2. *(mit etwas) bedrängen, belästigen:* (jmdm. mit etwas) zusetzen: jmdn. mit Bitten, mit seinem Haß v. 3. *durch ständiges Bemühen zu erreichen oder zu verwirklichen suchen:* ein Ziel, einen Plan v. 4. *die Entwicklung (von etwas) genau beobachten:* eine Angelegenheit, die politischen Ereignisse v.

Verfolgung, die; -, -en.

verfügen, verfügte, hat verfügt ⟨tr.⟩: *(amtlich) anordnen:* der Minister verfügte den Bau der Brücke. ****über etwas/jmdn. v.:** a) *(etwas) besitzen and es ungehindert gebrauchen können:* er verfügt über ein ansehnliches Kapital; er verfügt über gute Beziehungen. b) *bestimmen, was mit jmdm./etwas geschehen soll:* er kann noch nicht selbst über sein Geld v.; er verfügt über ihn, als ob er ein Kind wäre.

Verfügung, die; -, -en: 1. *Anordnung [einer Behörde oder eines Gerichts]:* eine V. erlassen. 2. ⟨in den Wendungen⟩ etwas zur V. haben *(etwas zur Benutzung, zur Verwendung besitzen):* das sind alle Mittel, die ich im Augenblick zur V. habe; jmdm. zur V. stehen *(bei Bedarf für jmdn. da sein):* ich stehe Ihnen gerne für ein Gespräch zur V.; es stand ihm nur wenig Material für seine Untersuchung zur V.; jmdm. etwas zur V. stellen *(jmdm. etwas zur Benutzung überlassen):* wir stellen Ihnen unsere Räume zur V.; sich zur V. stellen *(sich als Hilfe anbieten):* er stellte sich sofort für die Rettungsarbeiten zur V.

verführen, verführte, hat verführt ⟨tr.⟩: *(jmdn.) so beeinflussen, daß er etwas tut, was* nicht in seiner Absicht liegt *[und was er nachher bereut]*: er hat ihn zum Trinken verführt; der niedrige Preis verführte sie zum Kauf. **Verführung,** die; -.

Vergangenheit, die; -: a) *Zeit, die hinter jmdm. liegt; vergangene Zeit:* die jüngste V.; sich in die V. zurückversetzen. b) *(jmds.) Leben in der vergangenen Zeit bis zum gegenwärtigen Zeitpunkt:* seine V. war dunkel; die Stadt ist stolz auf ihre V. *(Geschichte).*

vergänglich ⟨Adj.; nicht adverbial⟩: *ohne Bestand in der Zeit [seiend], nicht dauerhaft, vom Vergehen bedroht:* vergänglicher Besitz; das ist alles V. **Vergänglichkeit,** die; -.

vergeben, vergibt, vergab, hat vergeben ⟨tr.⟩: 1. *(eine Schuld, die jmd. bereut) als nicht geschehen ansehen, verzeihen:* er hat ihm die Kränkung vergeben. 2. *eine Aufgabe o. ä. zuteilen:* eine Arbeit, eine Stelle v.; ein Stipendium v. *(gewähren);* ⟨häufig im 2. Partizip⟩ er ist für heute schon vergeben *(hat schon etwas anderes vor);* seine Töchter sind alle vergeben *(verlobt oder verheiratet).* * **sich (Dativ) etwas/nichts v.** *(seinem Ansehen durch ein Tun schaden/nicht schaden):* er glaubte sich etwas zu v., wenn er seine Fehler zugeben würde.

vergebens, ⟨Adverb⟩: *ohne seine Absicht zu erreichen:* er hat v. gewartet; man hat v. versucht, ihn von seinem Vorhaben abzubringen.

vergeblich ⟨Adj.⟩ *ohne Erfolg [seiend], erfolglos:* eine vergebliche Anstrengung; ihr Besuch war v.; er hat sich bisher v. um diesen Posten bemüht.

vergegenwärtigen, vergegenwärtigte, hat vergegenwärtigt ⟨itr.⟩: *deutlich in die Erinnerung bringen; sich vorstellen:* er konnte sich alles genau v.; man muß sich die damalige Situation einmal v.

vergehen, verging, ist vergangen ⟨itr.⟩ 1. a) *dahingehen, dahinschwinden und Vergangenheit werden:* die Zeit bis zum Fest vergeht schnell; die Schmerzen sind inzwischen vergangen; ⟨häufig im 2. Partizip⟩ vergangene Zeiten; im vergangenen *(letzten)* Jahr. b) *nicht mehr (in jmdm.) vorhanden sein:* die Lust, der Appetit ist ihm vergangen; das Lachen wird dir noch v. *(du wirst eines Tages nicht mehr lachen).* c) *(etwas) sehr stark empfinden:* vor Scham, Angst, Ungeduld v. 2. ⟨rfl.⟩ *durch sein Handeln gegen Gesetz und Sitte, gegen die menschliche Ordnung verstoßen:* er hat sich in widerlicher Weise an ihr vergangen.

Vergehen, das; -s, -: *gegen Bestimmungen, Vorschriften oder Gesetze verstoßende strafbare Handlung:* ein leichtes, schweres V.; er hat sich eines Vergehens schuldig gemacht.

vergelten, vergilt, vergalt, hat vergolten ⟨tr.⟩: *(auf etwas, was einem von jmdm. widerfahren ist) mit einem bestimmten freundlichen oder feindlichen Verhalten reagieren:* man soll nicht Böses mit Bösem v.; er hat stets Haß mit Liebe zu v.; versuchte; wie soll ich dir das v. *(lohnen)*?

Vergeltung, die; -: *das Vergelten einer bösen Tat auf eine entsprechende Weise; Rache:* er sann auf V.; er hat seinem Gegner V. angedroht. * **V. üben** *(sich für etwas rächen).*

vergessen, vergißt, vergaß, hat vergessen: 1. ⟨tr.⟩ a) *aus dem Gedächtnis verlieren, nicht behalten können:* Vokabeln, eine Regel v.; er hatte den Namen der Straße vergessen. b) *(an etwas) nicht mehr denken:* den Schlüssel v.; ich habe vergessen, ihm zu schreiben; sie hatten ihn längst vergessen *(er war aus ihrer Erinnerung geschwunden);* ⟨häufig im 2. Partizip⟩ ein vergessener *(heute unbekannter)* Schriftsteller. 2. ⟨rfl.⟩ *die Beherrschung verlieren:* in seinem Zorn vergaß er sich völlig. **Vergessenheit,** die; -.

vergeßlich ⟨Adj.; nicht adverbial⟩: *leicht und immer wieder etwas vergessend:* ein vergeßlicher Mensch; er ist sehr v. **Vergeßlichkeit,** die; -.

vergeuden, vergeudete, hat vergeudet ⟨tr.⟩: *(etwas [Kostbares]) sinnlos verbrauchen, so daß es unwiederbringlich verloren ist:* sein Geld, seine Kräfte v.; mit dieser Arbeit wurde nur Zeit vergeudet.

vergiften, vergiftete, hat vergiftet: 1. ⟨tr.⟩ *mit Gift vermischen, giftig machen:* Speisen v. 2. ⟨rfl.⟩ *seine Gesundheit durch Gift schädigen:* sie hatten sich an Pilzen, durch schlechtes Fleisch vergiftet. 3. ⟨tr.⟩ *durch Gift töten:* sie hat ihren Mann vergiftet; er hat sich mit Tabletten vergiftet. **Vergiftung,** die; -, -en.

Vergleich, der; -s, -e: 1. *Betrachtung oder Überlegung, in der jmd./etwas mit jmdm./etwas verglichen wird:* ein treffender V.; dieser Roman hält keinen V. mit den früheren Werken des Dichters aus; im V. zu ihm *(verglichen mit ihm)* ist er unbegabt. 2. *gütlicher Ausgleich in einem Streitfall, Kompromiß:* einen V. vorschlagen; der Streit wurde durch einen V. beendet.

vergleichen, verglich, hat verglichen: 1. ⟨tr.⟩ *prüfend nebeneinanderhalten oder gegeneinander abwägen, um Unterschiede oder Übereinstimmungen festzustellen:* Bilder, Preise v.; ⟨auch rfl.⟩ er kann sich nicht mit ihm v. *(messen).* 2. ⟨rfl.⟩ *durch gegenseitiges Nachgeben einen Streit beenden; sich gütlich einigen:* die streitenden Parteien haben sich verglichen.

vergnügen, sich; vergnügte sich, hat sich vergnügt: *sich in froher Stimmung die Zeit vertreiben:* sich auf einem Fest v.; die Kinder vergnügten sich mit ihren Geschenken.

Vergnügen, das; -s, -: 1. ⟨ohne Plural⟩ *Befriedigung oder Genuß, den man bei einer Beschäftigung oder beim Anblick von etwas Schönem o. ä. hat:* mit seinem Besuch bereitete er uns ein großes V.; die Arbeit machte ihm V.; ich wünsche euch viel V. im Theater. 2. *[festliche] Veranstaltung mit Tanz:* ein V. besuchen; auf ein V. gehen.

vergnügt ⟨Adj.⟩: *fröhlich, heiter und zufrieden:* er ist immer heiter und v.; er lächelte v. vor sich hin; es war ein vergnügter Abend.

vergreifen, sich; vergriff sich, hat sich vergriffen: ⟨in Verbindung mit bestimmten Präpositionen⟩ **sich in etwas v.** *(etwas Falsches wählen):* er hat sich im Ton, im Ausdruck vergriffen; **sich an etwas v.** *(sich etwas, was einem nicht gehört, aneignen):* sich an fremdem Eigentum v.; **sich an jmdm. v.** *(jmdm. Gewalt antun; jmdn. schlagen):* wie können Sie sich an fremden Kindern v.!

vergriffen ⟨Adj.; nicht adverbial⟩: *nicht lieferbar:* das Buch ist v.

vergrößern, vergrößerte, hat vergrößert: **1.** ⟨tr.⟩ **a)** *größer machen:* einen Raum, ein Geschäft v. **b)** *vermehren:* sein Kapital v.; diese Maßnahme hatte das Übel noch vergrößert *(verschlimmert).* **c)** *eine größere Reproduktion (von etwas) herstellen:* eine Photographie v. **2.** ⟨rfl.⟩ **a)** *größer werden:* der Betrieb hat sich wesentlich vergrößert. **b)** *zunehmen, sich vermehren:* die Zahl der Mitarbeiter hatte sich inzwischen vergrößert. **Vergrößerung,** die; -, -en.

Vergünstigung, die; -, -en: *[finanzieller] Vorteil, den man auf Grund bestimmter Voraussetzungen genießt, Ermäßigung:* die Eisenbahn gewährt bedeutende Vergünstigungen für Rentner und Pensionäre; die bisherigen Vergünstigungen wurden ihm entzogen.

vergüten, vergütete, hat vergütet ⟨tr.⟩: **a)** *(jmdm.) für Unkosten oder finanzielle Nachteile entschädigen:* jmdm. seine Auslagen, einen Verlust, den Verdienstausfall v. **b)** *(jmds. Leistungen) bezahlen:* eine Arbeit, eine Tätigkeit v. **Vergütung,** die; -, -en.

verhaften, verhaftete, hat verhaftet ⟨tr.⟩: *(jmdm.) auf Grund einer gerichtlichen Anordnung, eines Haftbefehls, die Freiheit entziehen; festnehmen:* er ist unschuldig verhaftet worden; die Polizei hat den Mörder verhaftet. **Verhaftung,** die; -, -en.

verhalten, sich; verhält sich, verhielt sich, hat sich verhalten: **1. a)** *(in einer bestimmten Weise) auf andere reagieren, sich jmdm. oder einer Situation gegenüber einstellen; sich benehmen:* sich korrekt, tolerant v.; sie verhielten sich zunächst abwartend; er hat sich völlig passiv verhalten. **b)** *sich in einem bestimmten Zustand befinden, sein:* die Sache verhält sich *(ist)* in Wirklichkeit ganz anders. **2.** *(zu etwas) in einem bestimmten Verhältnis stehen:* die beiden Gewichte verhalten sich zueinander wie 1 zu 2.

Verhalten, das; -s: *das Reagieren auf andere in einer bestimmten Weise, das Sicheinstellen jmdm. oder einer Situation gegenüber, Benehmen:* ein tadelloses V.; ich kann mir sein V. nicht erklären; er versuchte, sein V. zu rechtfertigen.

Verhältnis, das; -ses, -se: **1.** *Beziehung, in der sich etwas vergleichen läßt oder in der etwas in etwas enthalten ist:* sie teilten im V. 2 zu 1; der Lohn steht in keinem V. zur Arbeit *(ist zu gering, gemessen an der Arbeit).* **2.** *persönliche Beziehung, durch die man jmdn./etwas gut kennt:* in einem freundschaftlichen V. zu jmdm. stehen; in ein näheres V. zu jmdm. treten; er hat ein V. *(eine feste intime Freundschaft)* mit diesem Mädchen. **3.** ⟨Plural⟩ *durch die Zeit oder das Milieu geschaffene Umstände, unter denen jmd. lebt:* er ist ein Opfer der politischen Verhältnisse; sie lebten in ärmlichen Verhältnissen; er lebt über seine Verhältnisse *(gibt mehr Geld aus, als er sich leisten kann).*

verhandeln, verhandelte, hat verhandelt ⟨itr./tr.⟩: *Unterredungen (über etwas) führen, sich (über etwas) besprechen:* die Vertreter der Regierung verhandelten über den Abzug der Truppen; es wurden immer die gleichen Fragen verhandelt, ohne daß man zu einem Ergebnis gekommen wäre. **Verhandlung,** die; -, -en.

Verhängnis, das; -ses: *Unglück, dem jmd. nicht entgehen kann:* das V. brach über ihn herein; seine Leidenschaft wurde ihm zum V.

verhaßt ⟨Adj.⟩: *gehaßt, verabscheut; Widerwillen in jmdm. erregend:* ein verhaßter Mensch; eine verhaßte Pflicht; diese Arbeit war mir verhaßt.

verhauen, verhaute, hat verhauen (ugs.): **1.** ⟨tr.⟩ *(jmdn.) ziemlich kräftig und anhaltend schlagen, um ihn zu strafen oder um seinem Ärger Luft zu machen:* zwei Jungen haben einen anderen verhauen. **2.** ⟨tr.⟩ *viele Fehler (in einer Klassenarbeit) machen:* ich habe die Lateinarbeit gründlich verhauen. **3.** ⟨rfl.⟩ *sich grob (mit etwas) verrechnen; sich (in etwas) irren:* du hast dich mit deiner Berechnung verhauen.

verheilt ⟨Adj.⟩: *heil geworden und wieder geschlossen:* eine verheilte Wunde; die Wunden waren noch nicht ganz v.

verheimlichen, verheimlichte, hat verheimlicht ⟨tr.⟩: *(jmdn.) bewußt (von etwas) nicht in Kenntnis setzen; geheimhalten:* der Arzt verheimlichte ihr, wie schlecht es um ihren Mann stand; da gibt es nichts zu v. **Verheimlichung,** die; -, -en.

verheiraten, sich; verheiratete sich, hat sich verheiratet: *(jmdn.) heiraten:* er hat sich mit ihr verheiratet; ⟨auch tr.⟩ *(jmdn.) zur Ehe geben:* die Prinzessin wurde mit einem Herzog verheiratet.

verheißungsvoll ⟨Adj.⟩: *zu großen Erwartungen berechtigend; vielversprechend:* ein verheißungsvoller Anfang; seine Worte klangen sehr v.

verhelfen, verhilft, verhalf, hat verholfen ⟨itr.⟩: *dafür sorgen, daß (jmd. etwas) erhält oder erlangt:* jmdn. zu seinem Eigentum, zu seinem Recht v.

verherrlichen, verherrlichte, hat verherrlicht ⟨tr.⟩: *durch überschwengliches Lob herrlich und glanzvoll erscheinen lassen:* sie verherrlichte seine Taten. **Verherrlichung,** die; -.

verhindern, verhinderte, hat verhindert ⟨tr.⟩: *bewirken, daß etwas nicht geschieht oder daß jmd. etwas nicht tun kann:* ein Unglück, einen Diebstahl v.; das muß ich unter allen Umständen v.; der Dienst hat ihn verhindert, auf unserm Fest zu erscheinen; ⟨häufig im 2. Partizip⟩ er ist dienstlich verhindert; er war an der Teilnahme verhindert *(konnte nicht teilnehmen).* **Verhinderung,** die; -, -en.

Verhör, das; -s, -e: *gerichtliche oder polizeiliche Vernehmung; strenge Befragung:* das V. des Gefangenen dauerte mehrere Stunden. * **jmdn. einem V. unterziehen** *(jmdn. verhören).*

verhören, verhörte, hat verhört: **I.** ⟨tr.⟩ *gerichtlich oder polizeilich vernehmen:* den Angeklagten, die Zeugen v. **II.** ⟨rfl.⟩ *eine Äußerung falsch hören:* du mußt dich verhört haben; ich habe "morgen" und nicht "übermorgen" gesagt.

verhüllen, verhüllte, hat verhüllt ⟨tr.⟩: **1.** *hinter einer Hülle verbergen:* sie verhüllte ihr Gesicht mit einem Schleier. **2.** *(etwas) so darstellen oder ausdrücken, daß es weniger unangenehm oder schockierend wirkt:* mit seinen Worten versuchte er, die Wahrheit zu v.; (häu-

fig im 1. Partizip⟩ ein verhüllender Ausdruck; ⟨häufig im 2. Partizip⟩ eine verhüllte *(versteckte) Drohung.* **Verhüllung,** die; -, -en.

verhungern, verhungerte, ist verhungert ⟨itr.⟩: *vor Hunger sterben:* täglich verhungern in der Welt viele Menschen; (scherzh.) hoffentlich kommt das Essen bald, wir verhungern schon *(wir haben sehr großen Hunger);* ⟨häufig im 2. Partizip⟩ er sah sehr verhungert *(elend und abgemagert)* aus.

verhüten, verhütete, hat verhütet ⟨tr.⟩: *das Eintreten (von etwas) verhindern und jmdn./sich davor bewahren:* ein Unglück, eine Katastrophe v.; er konnte das Schlimmste v. **Verhütung** die; -.

verirren, sich; verirrte sich, hat sich verirrt: *vom richtigen Weg abkommen, die Orientierung verlieren und bald in diese, bald in jene Richtung gehen:* sie hatten sich im Wald verirrt.

verjähren, verjährte, ist verjährt ⟨itr.⟩: *auf Grund eines Gesetzes nach einer bestimmten Anzahl von Jahren nicht mehr verlangt oder gerichtlich verfolgt werden können:* die Schulden sind inzwischen verjährt; Mord verjährt nach dreißig Jahren. **Verjährung,** die; -.

verjüngen, verjüngte, hat verjüngt: 1. ⟨tr.⟩ *(jmdm.) ein jüngeres Aussehen und das Gefühl geben, jünger geworden zu sein:* sie hat sich v. lassen; dieses Mittel hat ihn um Jahre verjüngt; ⟨auch rfl.⟩ du hast dich verjüngt *(wirkst jünger als vorher).* 2. ⟨rfl.⟩ *[nach oben hin] schmaler, dünner, enger werden:* die Säule verjüngt sich. **Verjüngung,** die; -.

Verkauf, der; -s: *das Verkaufen:* der V. von Waren, Eintrittskarten, Briefmarken; der V. der alten Möbel brachte ihnen nicht viel Geld.

verkaufen, verkaufte, hat verkauft: 1. ⟨tr.⟩ *zu einem bestimmten Preis an jmdn. abgeben:* etwas teuer, billig v.; sie mußten ihr Haus v.; das Kleid war schon verkauft; sie verkaufen Düngemittel und Kohlen *(handeln mit Düngemitteln und Kohlen);* sie verkauft Blumen auf dem Markt *(bietet auf dem Markt Blumen zum Kauf an).* 2. ⟨rfl.⟩ (ugs.) *sich bestechen lassen; sich vom Gegner gewinnen lassen:* er hat sich verkauft.

Verkäufer, der; -s, -: 1. *jmd., dessen Beruf es ist, etwas zu verkaufen:* er ist V. in einem Schuhgeschäft. 2. *jmd., der etwas als Besitzer verkauft:* der V. dieses Hauses legt Wert darauf, daß die Hälfte der Summe gleich bezahlt wird.

Verkehr, der; -s: 1. *Beförderung oder Bewegung von Personen, Sachen oder Fahrzeugen auf dafür vorgesehenen Wegen:* in der Stadt herrscht lebhafter V.; der V. stockt; ein Polizist lenkt den V. * *etwas aus dem V. ziehen (etwas nicht mehr für den Gebrauch zulassen):* den Auto, Briefmarken, Banknoten aus dem V. ziehen. 2. *Kontakt zu jmdm.; Beziehung zwischen Personen, die miteinander zu tun haben:* in brieflichem V. mit jmdm. stehen; er hat den V. mit ihm abgebrochen; er war unerfahren im V. mit Behörden.

verkehren, verkehrte, hat verkehrt: 1. ⟨itr.⟩ *als öffentliches Verkehrsmittel regelmäßig auf einer Strecke fahren:* der Omnibus verkehrt alle fünfzehn Minuten; dieser Zug verkehrt nicht an Sonn- und Feiertagen. 2. ⟨itr.⟩ a) *(mit jmdm.) Kontakt pflegen, sich regelmäßig (mit jmdm.) treffen oder schreiben:* die Frauen der beiden Kollegen verkehrten miteinander; sie verkehrt mit niemandem. b) *(bei jmdm.) regelmäßig zu Gast sein; regelmäßig (ein Lokal) besuchen:* er verkehrte viel in dieser Familie; in diesem Restaurant verkehren nur vornehme Leute. 3. *(ins Gegenteil) verwandeln:* Recht und Unrecht v.; eine solche Auslegung hieße den Sinn der Worte ins Gegenteil v.

Verkehrsmittel, das; -s, -: *Fahrzeug, das der Öffentlichkeit für die Beförderung von Personen zur Verfügung steht:* durch die Überschwemmung fielen alle V. aus.

verkehrsreich ⟨Adj.⟩: *starken Verkehr habend:* eine verkehrsreiche Straße.

verkehrt ⟨Adj.⟩: *dem Richtigen, Zutreffenden, Sinngemäßen entgegengesetzt:* du hast eine verkehrte Einstellung zu dieser Sache; er macht alles v. *(falsch);* er hat den Pullover v. angezogen *(den vorderen Teil nach hinten).*

verkennen, verkannte, hat verkannt ⟨tr.⟩: *nicht richtig, nicht in seiner wirklichen Bedeutung erkennen; falsch beurteilen:* jmds. Worte, den Ernst der Lage v.; ihre Absicht war nicht zu v. *(war deutlich zu erkennen);* er wurde von allen verkannt *(in seinem Wert unterschätzt).* * *etwas nicht v. (etwas zugeben):* wir verkennen nicht, daß er auch manches Gute geschaffen hat.

verkleiden, verkleidete, hat verkleidet: 1. ⟨tr./rfl.⟩ *durch veränderte Kleidung unkenntlich machen und als einen anderen erscheinen lassen; kostümieren:* sie verkleideten ihn als Seemann; ich verkleidete mich als Harlekin. 2. ⟨tr.⟩ *mit etwas bedecken und dadurch verhüllen:* Wände mit Holz v. **Verkleidung,** die; -, -en.

verkleinern, verkleinerte, hat verkleinert: 1. ⟨tr.⟩ a) *kleiner machen:* einen Raum v. b) *kleiner erscheinen lassen, schmälern:* er versuchte, ihre Leistungen zu v. c) *eine kleinere Reproduktion (von etwas) herstellen:* ein Bild v. 2. ⟨rfl.⟩ a) *kleiner werden:* dadurch, daß sie einige Räume als Büro benutzen, hat sich ihre Wohnung verkleinert. b) *geringer werden:* durch diese Umstände verkleinert sich seine Schuld nicht. **Verkleinerung,** die; -, -en.

verkommen, verkam, ist verkommen ⟨itr.⟩: a) *durch Vernachlässigung und Haltlosigkeit allmählich zugrunde gehen:* das Kind verkam immer mehr; in dieser Gesellschaft wird er bestimmt v.; ⟨häufig im 2. Partizip⟩ sie ist ein verkommenes Wesen. b) *[durch Vernachlässigung] in einen solchen schlechten Zustand geraten, daß die betreffende Sache nicht mehr nutzbar ist:* sie lassen ihr Haus völlig v.; das Obst verkommt, weil es niemand erntet.

verkörpern, verkörperte, hat verkörpert ⟨tr.⟩: a) *(eine Gestalt) auf der Bühne darstellen:* die Schauspielerin verkörperte die Iphigenie vorbildlich. b) *(etwas) durch sein Wesen so vollkommen zur Anschauung bringen, daß man fast damit gleichzusetzen ist:* er verkörpert die höchsten Tugenden seines Volkes. **Verkörperung,** die; -, -en.

**verkraften, **verkraftete, hat verkraftet ⟨tr.⟩ (ugs.): *mit seinen Kräften bewältigen:* es ist fraglich, ob er diese seelischen Belastungen überhaupt v. wird; zusätzliche Ausgaben kann ich in diesem Monat nicht v. *(mir nicht leisten).*

verkrampfen, **sich; verkrampfte sich, hat sich verkrampft: **a) *sich wie im Krampf zusammenziehen:* seine Hand verkrampfte sich in die Decke; ⟨häufig im 2. Partizip⟩ er saß in verkrampfter Haltung am Schreibtisch. **b)** *unter irgendwelchen Einflüssen unfrei und gehemmt werden:* er verkrampfte sich durch die Versuche, seine Hemmungen abzulegen, immer mehr; ⟨häufig im 2. Partizip⟩ er ist ein verkrampfter Mensch; er lächelte verkrampft. **Verkrampfung, **die; -, -en.

verkümmern, **verkümmerte, ist verkümmert ⟨itr.⟩: **a) *allmählich eingehen:* durch die lange Trockenheit verkümmern die Pflanzen; ⟨häufig im 2. Partizip⟩ ein verkümmerter Strauch; verkümmerte Organe *(Organe, die sich zurückgebildet haben, die geschrumpft sind).* **b)** *in der Entwicklung stehenbleiben:* du darfst dein Talent nicht v. lassen; ⟨häufig im 2. Partizip⟩ ein verkümmertes Kind. **Verkümmerung, **die; -, -en.

verkünden, **verkündete, hat verkündet ⟨tr.⟩: **a) *öffentlich bekanntgeben:* ein Urteil, die Entscheidung des Landgerichts v.; die Anordnungen der Behörde werden in der Zeitung verkündet; im Radio wurde das Ergebnis des Wettkampfes verkündet. **b)** *[laut] erklären, mitteilen:* er verkündete stolz, daß er gewonnen habe. **Verkündung, **die; -, -en.

**verkürzen, **verkürzte, hat verkürzt ⟨tr.⟩: *kürzer machen:* eine Schnur, ein Brett v.; die Arbeitszeit soll verkürzt werden; ⟨häufig im 2. Partizip⟩ verkürzte Arbeitszeit; der Arm erscheint auf dem Bild stark verkürzt *(perspektivisch verkleinert).* **Verkürzung, **die; -, -en.

**verladen, **verlädt, verlud, hat verladen ⟨tr.⟩: *zum Transport in ein Fahrzeug bringen:* Güter, Waren v.; Truppen v.; im Hafen wurden Autos verladen.

**Verlag, **der; -[e]s, Verlage: *Unternehmen, das Bücher o. ä. veröffentlicht und über den Buchhandel verkauft:* unser V. gibt Taschenbücher heraus.

verlagern, **verlagerte, hat verlagert ⟨tr.⟩: **a) *an einen anderen Ort bringen und dort lagern:* im Krieg wurden viele wertvolle Bilder des Museums aufs Land verlagert. **b)** *verschieben:* das Gewicht von einem Bein aufs andere v.; ⟨auch rfl.⟩ der Schwerpunkt der Nachforschungen verlagerte sich nunmehr auf die Frage nach dem Motiv. **Verlagerung, **die; -, -en.

verlangen, **verlangte, hat verlangt: **1. ⟨tr.⟩ **a)** *(etwas) unbedingt haben wollen; fordern, unbedingt erwarten:* er verlangte von ihm 100 Mark; von jmdm. eine Antwort v. **b)** *(jmdn.) sprechen wollen:* Sie werden am Telefon verlangt; ⟨auch itr.⟩ der Chef hat nach ihm verlangt. **c)** *erfordern; notwendig brauchen:* diese Arbeit verlangt viel Geduld. **2.** ⟨itr.⟩ ⟨geh.⟩ *(etwas) begehren; sich (nach etwas) sehnen:* er verlangte/ihn verlangte [es] danach, sich zu bewähren. **Verlangen, **das; -s: **1.** *Sehnsucht; inniger Wunsch:* er hatte ein großes V. danach, sie wiederzusehen. **2.** *Forderung; nachdrückliche Bitte:* auf sein V. hin wurde die Polizei gerufen.

verlängern, **verlängerte, hat verlängert ⟨tr.⟩: **a) *länger machen:* ein Kleid v. **b)** *längere Zeit dauern lassen:* er verlängerte seinen Urlaub; sie verlängerten den Vertrag um ein Jahr; ⟨auch rfl.⟩ der Vertrag verlängert sich um ein Jahr *(ist für ein weiteres Jahr gültig).* **Verlängerung, **die; -, -en.

verlassen, **verläßt, verließ, hat verlassen: **1. ⟨tr.⟩ **a)** *nicht mehr (bei jmdm./irgendwo) bleiben; (von jmdm./irgendwo) fortgehen:* um 10 Uhr hatte er das Haus verlassen. **b)** *(jmdn.) nicht beistehen, helfen; (jmdn.) im Stich, allein lassen:* er hatte seine Freunde in höchster Not verlassen. **2.** ⟨rfl.⟩ *(mit jmdm./etwas) fest rechnen; (auf jmdn./etwas) vertrauen:* er verläßt sich darauf, daß du kommst; er kann sich auf seine Freunde v.

**verläßlich **⟨Adj.⟩: *so beschaffen, daß man sich darauf verlassen kann; zuverlässig, vertrauenswürdig:* ein verläßlicher Arbeiter; verläßliche *(glaubwürdige)* Nachrichten. **Verläßlichkeit, **die; -.

Verlauf, **der; -[e]s, Verläufe: **1. *Entwicklung, Hergang, Ablauf:* der V. der Krankheit war normal; im V. dieser Aktion *(während diese Aktion ablief);* nach V. mehrerer Stunden *(nachdem mehrere Stunden vergangen waren).* **2.** *Richtung, in der etwas verläuft; Art, wie sich etwas erstreckt:* den V. der Straße festlegen.

verlaufen, **verläuft, verlief, hat/ist verlaufen: **1. ⟨rfl.⟩ *vom richtigen Weg abkommen; sich verirren:* die Kinder hatten sich im Wald verlaufen. ⟨auch itr.⟩ *auseinandergehen; sich auflösen, sich entfernen:* die Menge hat sich schnell verlaufen; das Wasser hat sich wieder verlaufen; ⟨auch itr.⟩ das Wasser war nach drei Tagen wieder verlaufen; die Zeit verlief *(verging)* sehr schnell. *(ugs.)* **im Sand v.** *(erfolglos ausgehen):* dieses Unternehmen ist bald im Sand v. **3.** ⟨itr.⟩ *sich entwickeln; ablaufen:* die Sache ist gut verlaufen; die Krankheit verlief normal. **4.** ⟨itr.⟩ *sich erstrecken; eine bestimmte Richtung nehmen:* die Straße verläuft gerade. **5.** ⟨itr.⟩ *ineinander übergehen:* die braune Farbe ist ins Grüne verlaufen.

**verleben, **verlebte, hat verlebt ⟨tr.⟩ /vgl. verlebt/: *verbringen, zubringen:* er hat eine glückliche Jugend verlebt; er hat drei Jahre in Amerika verlebt.

**verlebt **⟨Adj.⟩: *durch ein ausschweifendes Leben vorzeitig gealtert und verbraucht:* er sieht v. aus. **Verlebtheit, **die; -.

verlegen: I. **verlegte, hat verlegt: **1. ⟨tr.⟩ **a)** *(an einen anderen Ort) legen:* er hat seinen Wohnsitz nach Frankfurt verlegt. **b)** *[(auf einen späteren Zeitpunkt, in einen anderen Zeitraum)] legen; verschieben:* die Veranstaltung ist [auf die nächste Woche] verlegt worden. **c)** *an den falschen Platz legen; (etwas) so legen, daß man es nicht wiederfindet:* seine Brille v. **d)** *über eine bestimmte Strecke hin legen, zusammenfügen:* sie verlegten die Rohre für die Wasserleitung. **2.** ⟨tr.⟩ *versperren:* jmdm. den Weg v. **3.**

⟨tr.⟩ *(als Verlag ein Buch o. ä.) veröffentlichen; (ein Buch o. ä.) drucken [lassen] und vertreiben:* dieser Verlag verlegt Bücher und Zeitungen. **4.** ⟨rfl.⟩ *es (mit etwas anderem) versuchen:* er verlegte sich aufs Bitten. **II.** ⟨Adj.⟩ *in eine peinliche Lage versetzt, so daß man nicht recht weiß, wie man sich verhalten soll; befangen, verwirrt:* er fühlte sich durchschaut und lachte v. **verleihen,** verlieh, hat verliehen ⟨tr.⟩: **a)** *(jmdm.) leihen:* er hat seinen Schirm [an einen Bekannten] verliehen. **b)** *(jmdm.) überreichen und (ihn damit) auszeichnen:* ihm wurde ein hoher Orden verliehen. **c)** (geh.) *geben, verschaffen:* diese Arbeit verlieh seinem Leben ein wenig Inhalt; mit diesen Worten hatte er der Meinung aller Ausdruck verliehen *(hatte er die Meinung aller ausgedrückt).* **Verleihung,** die; -, -en.

verlernen, verlernte, hat verlernt ⟨tr.⟩: *wieder vergessen:* er verlernt alles, was er mühselig gelernt hat; etwas verlernt haben *(etwas nicht mehr können).*

verletzen, verletzte, hat verletzt ⟨tr.⟩: **1.** *(jmdm.) eine Wunde beibringen:* ich habe ihn/mich [an der Hand] verletzt; jmdm./sich die Hand v. **2. a)** *(etwas) nicht wahren, nicht achten:* sein Verhalten verletzt den Anstand, den Geschmack; ein Gesetz v. *(übertreten);* seine Pflicht v. *(nicht erfüllen).* **b)** *(jmdn.) in seinem Stolz treffen, ihn kränken, beleidigen:* seine Bemerkung hatte ihn sehr verletzt; ⟨häufig im 1. Partizip⟩ eine verletzende Bemerkung.

verleugnen, verleugnete, hat verleugnet ⟨tr.⟩: *behaupten, daß etwas Bestehendes nicht besteht; (etwas Bestehendes) als nicht bestehend erscheinen lassen:* die Wahrheit v.; seine Freunde v. *(erklären, daß es nicht seine Freunde sind);* ⟨auch rfl.⟩ in diesem Fall müßte ich mich selbst v. *(müßte ich gegen meine eigentlichen Vorstellungen, mein wahres Wesen handeln).* * **sich v. lassen** *(seine Anwesenheit verheimlichen; so tun, als ob man nicht da wäre).* **Verleugnung,** die; -, -en.

verleumden, verleumdete, hat verleumdet ⟨tr.⟩: *(über jmdn.) Unwahres verbreiten und seinen Ruf dadurch schaden:* als Politiker wird man oft verleumdet. **Verleumdung,** die; -, -en.

verlieben, sich; verliebte sich; hat sich verliebt: *von Liebe (zu jmdm.) ergriffen werden:* er hatte sich heftig in das Mädchen verliebt; ⟨häufig im 2. Partizip⟩ ein verliebtes Paar; sie war in ihn verliebt. **Verliebtheit,** die; -.

verlieren, verlor, hat verloren: **1.** ⟨tr.⟩ *(etwas, was man gehabt, besessen hat) sich getragen hat o. ä.) [plötzlich] nicht mehr haben:* seine Brieftasche v.; er hat sein ganzes Vermögen verloren *(eingebüßt);* der Baum verliert die Blätter *(die Blätter fallen vom Baum ab);* ich verliere *(verschwende)* bei dieser Arbeit nur meine Zeit; ⟨häufig im 2. Partizip⟩ das ist verlorene *(vergebliche)* Mühe; er ist ein verlorener *(zugrunde gerichteter, dem Untergang ausgesetzter)* Mann; ⟨auch itr.⟩ er verlor an Ansehen *(sein Ansehen wurde nach und nach geringer).* **2.** ⟨tr.⟩ *(bei einer Sache) erfolglos sein, besiegt werden; nicht gewinnen:* den Krieg v.; ⟨auch itr.⟩ er hat [beim Spiel] hoch verloren. **3.** ⟨rfl.⟩ *verschwinden:* der Weg verlor sich im Wald; die Angst verlor sich *(schwand)* nach und nach; er hatte sich völlig in Träumen verloren *(war völlig in seinen Träumen aufgegangen).*

verloben, sich; verlobte sich, hat sich verlobt: *(jmdm.) die Heirat versprechen:* er verlobte sich mit der Tochter des Nachbarn; ⟨häufig im 2. Partizip in Verbindung mit *sein*⟩ er ist bereits verlobt *(hat sich bereits verlobt).* **Verlobung,** die; -, -en.

verlogen ⟨Adj.⟩ (abwertend): *immer wieder lügend, zum Lügen neigend; unaufrichtig:* ein verlogenes Kind. **Verlogenheit,** die; -.

verlorengehen, ging verloren, ist verlorengegangen ⟨itr.⟩: *[plötzlich] nicht mehr vorhanden sein; [ver]schwinden, abhanden kommen:* meine Brieftasche war verlorengegangen; (ugs.) an ihm ist ein Arzt verlorengegangen *(er hätte ein guter Arzt werden können).*

verlosen, verloste, hat verlost ⟨tr.⟩: *durch Los verteilen; durch Los bestimmen, wer etwas bekommt:* es wurden drei Autos verlost. **Verlosung,** die; -, -en.

Verlust, der; -es, -e: **1.** *das Verlieren, das Verschwinden:* der V. seiner Brieftasche; der V. *(die Einbuße)* seines gesamten Vermögens; groß war der V. an Ansehen *(die Abnahme, die Verringerung des Ansehens);* dieses Geschäft brachte 1000 Mark V. *(Defizit);* es waren nur materielle Verluste *(Schäden)* zu beklagen; den V. *(Tod)* des Vaters beklagen. * **in V. geraten** *(verlorengehen).* **2.** *Mißerfolg, Niederlage (in etwas):* der V. dieses Prozesses.

Vermächtnis, das; -ses, -se: *Erbe, Hinterlassenschaft:* jmdm. ein V. hinterlassen; bildl.: wir sollen seine Forschungen weiterführen, denn das war das V. *(der letzte Wunsch)* des Verstorbenen.

vermählen, sich; vermählte sich, hat sich vermählt (geh.): *sich verheiraten:* er hat sich mit der Tochter des Nachbarn vermählt. **Vermählung,** die; -, -en.

vermehren, vermehrte, hat vermehrt: **1. a)** ⟨tr.⟩ *an Menge, Anzahl o. ä. größer machen:* er vermehrt sein Vermögen in jedem Jahr um eine Million. **b)** ⟨rfl.⟩ *an Menge, Anzahl o. ä. größer werden; wachsen:* die Bevölkerung der Erde vermehrt sich sehr schnell. **2.** ⟨rfl.⟩ *sich fortpflanzen:* Schnecken vermehren sich in der Regel durch Eier. **Vermehrung,** die; -, -en.

vermeiden, vermied, hat vermieden ⟨tr.⟩: *darauf achten, daß man etwas nicht tut, daß etwas nicht geschieht:* man sollte diese heiklen Fragen v.

vermerken, vermerkte, hat vermerkt ⟨tr.⟩: **a)** *notieren, aufschreiben:* er vermerkte den Tag der Konferenz im Kalender. **b)** *zur Kenntnis nehmen; beachten:* diese Bemerkung wurde in der Öffentlichkeit sehr wohl vermerkt. ** **[jmdm.] etwas übel v.** *([jmdm.] etwas übelnehmen; etwas mit Mißfallen aufnehmen).*

vermessen: **I.** vermessen, vermißt, vermaß, hat vermessen: **1. a)** ⟨tr.⟩ *genau [ab]messen:* das Feld v. **b)** ⟨rfl.⟩ *falsch messen:* das ist nicht richtig, du hast dich vermessen. **2.** ⟨rfl.⟩ (geh.) *sich anmaßen; wagen:* du hast dich vermessen, ihn zu kritisieren? **II.** ⟨Adj.⟩ (geh.) *sich* *zu sehr auf die eigenen Kräfte oder auf das Glück verlassend; tollkühn:* ein vermessener Mensch; es ist v., so zu reden.

vermieten, vermietete, hat vermietet ⟨tr.⟩: *gegen Bezahlung für eine begrenzte Zeit zur Benutzung überlassen:* eine Wohnung, ein Auto [jmdm./an jmdn.] v. **Vermietung,** die; -, -en.

vermindern, verminderte, hat vermindert: **a)** ⟨tr.⟩ *geringer, kleiner, schwächer machen; abschwächen:* die Gefahr eines Krieges wurde vermindert. **b)** ⟨rfl.⟩ *geringer, kleiner, schwächer werden; abnehmen:* sein Einfluß verminderte sich. **Verminderung,** die; -, -en.

vermischen, vermischte, hat vermischt ⟨tr.⟩: *sorgfältig und gründlich mischen:* das Mehl wird mit der Butter vermischt.

vermissen, vermißt, vermißte, hat vermißt ⟨tr.⟩: *[schmerzlich berührt]* bemerken, daß etwas nicht mehr da ist und zur Verfügung steht, daß jmd. nicht mehr in der Nähe, anwesend ist: er vermißte seine Brieftasche; gelegentlich hatte er auch seinen Bruder vermißt.

vermitteln, vermittelte, hat vermittelt: **1.** ⟨tr.⟩ *(jmdm.) verschaffen:* jmdm. eine Wohnung v. **2.** ⟨itr.⟩ *(zwischen Gegnern) eine Einigung erzielen; bei einem Streit als Schiedsrichter tätig sein:* er vermittelte zwischen den beiden streitenden Parteien. **Vermittlung,** die; -, -en.

vermögen, vermag, vermochte, hat vermocht ⟨itr.; v. + zu + Inf.⟩: *die nötige Kraft aufbringen, die Fähigkeit haben (etwas zu tun); imstande sein:* nur wenige vermochten, sich zu retten.

Vermögen, das; -s, -: **1.** *Kraft, Fähigkeit (etwas zu tun):* sein V., die Menschen zu beeinflussen, ist groß. **2.** *gesamter Besitz, der einen geldlichen Wert darstellt:* ein großes V. besitzen.

vermögend ⟨Adj.; nicht adverbial⟩: *ein größeres Vermögen besitzend; reich:* eine vermögende Familie.

vermuten, vermutete, hat vermutet ⟨tr.⟩: *für möglich, für wahrscheinlich halten; annehmen, glauben:* ich vermute, daß er nicht kommt; ich vermute ihn in der Bibliothek *(ich vermute, daß er in der Bibliothek ist).*

vermutlich: I. ⟨Adj.; nur attributiv⟩: *für möglich, wahrscheinlich gehalten; vermutet:* er stellte Berechnungen an über das vermutliche Ergebnis der Wahl. **II.** ⟨Adverb⟩: *wie man vermuten kann; schätzungsweise, vielleicht:* er wird v. morgen kommen.

Vermutung, die; -, -en: *Annahme, Ansicht:* er wehrte sich gegen die V., daß es sich um einen Selbstmord handele.

vernachlässigen, vernachlässigte, hat vernachlässigt ⟨tr.⟩: *sich nicht genügend (um jmdn./etwas) kümmern:* er vernachlässigte seine Arbeit.

vernehmen, vernimmt, vernahm, hat vernommen ⟨tr.⟩: **1.** (geh.) *hören:* er vernahm leise Schritte. **2.** *gerichtlich befragen; verhören:* der Angeklagte wurde vernommen.

Vernehmung, die; -, -en: *gerichtliche Befragung:* die Vernehmung des Angeklagten.

verneinen, verneinte, hat verneint ⟨tr.⟩: *(zu etwas) nein sagen:* er verneinte die Frage heftig; er verneinte die Möglichkeit einer Einigung *(schloß sie aus, ließ sie nicht gelten).*

Verneinung, die; -, -en.

vernichten, vernichtete, hat vernichtet ⟨tr.⟩: *völlig zerstören:* die Stadt wurde vernichtet; seine Feinde v.; ⟨häufig im 1. Partizip⟩ eine vernichtende *(völlige)* Niederlage; bildl.: ein vernichtendes *(absolut negatives)* Urteil.

Vernunft, die; -: *Fähigkeit des Menschen, die Zusammenhänge und die Ordnung des Wahrgenommenen zu erkennen:* der Mensch ist mit V. begabt; jmdn. zur V. *(Einsicht, Besonnenheit)* bringen.

vernünftig ⟨Adj.⟩: **a)** *einsichtig, besonnen; von Vernunft geleitet:* er ist ein vernünftiger Mensch. **b)** *von Einsicht und Vernunft zeugend und daher angemessen; einleuchtend:* diese Frage ist v.

veröffentlichen, veröffentlichte, hat veröffentlicht ⟨tr.⟩: *in gedruckter o. ä. Form der Öffentlichkeit zugänglich machen:* einen Roman v. **Veröffentlichung,** die; -, -en.

verordnen, verordnete, hat verordnet ⟨tr.⟩: **1.** *(als Arzt) festlegen, was zur Heilung eingenommen oder getan werden soll; verschreiben:* der Arzt hat [ihm] ein Medikament und Bettruhe verordnet. **2.** *verfügen, anordnen:* es wird hiermit verordnet, daß von 2 bis 4 Uhr keine Autos fahren dürfen. **Verordnung,** die; -, -en.

verpachten, verpachtete, hat verpachtet ⟨tr.⟩: *für längere Zeit gegen Zahlung eines bestimmten Betrages zur Nutzung überlassen:* ein Gut, eine Jagd v. **Verpachtung,** die; -, -en.

verpacken, verpackte, hat verpackt ⟨tr.⟩: *zum Transport (in etwas) packen, (in etwas) unterbringen:* sie verpackte die Eier in Kästen; er verpackte das Buch in Zeitungspapier *(umwickelte es mit Zeitungspapier).* **Verpackung,** die; -, -en.

verpassen, verpaßte, hat verpaßt ⟨tr.⟩ (ugs.): *versäumen:* den Zug v. *(nicht erreichen);* eine Chance v. *(nicht nützen);* ⟨häufig im 2. Partizip⟩ eine verpaßte Gelegenheit. ** jmdm. eine [Ohrfeige] v. *(jmdn. ohrfeigen).*

verpflegen, verpflegte, hat verpflegt ⟨tr.⟩: *mit Nahrung versorgen:* während der Krankheit ihrer Mutter verpflegte sie ihren Bruder und sich. **Verpflegung,** die; -, -en.

verpflichten, verpflichtete, hat verpflichtet: **1.** ⟨tr.⟩ **a)** *(jmdn. an etwas) vertraglich o. ä. binden:* jmdn. für ein Amt v.; er ist als Schauspieler nach München verpflichtet *(in München eingestellt)* worden; jmdn. eidlich [auf etwas] v. *(vereidigen).* **b)** *(jmdm.) die Pflicht auferlegen; (jmdn.) verbindlich (auf etwas) festlegen:* sein Amt verpflichtet ihn [dazu], sich um die Sorgen der Bürger zu kümmern. **2.** ⟨rfl.⟩ *fest versprechen; sich festlegen; ganz fest zusagen:* ich habe mich verpflichtet, diese Aufgabe zu übernehmen; er hat sich für ein Jahr verpflichtet *(vertraglich gebunden).* **Verpflichtung,** die; -, -en.

verprügeln, verprügelte, hat verprügelt ⟨tr.⟩: *heftig prügeln:* der Junge verprügelte seinen Klassenkameraden.

verpumpen, verpumpte, hat verpumpt ⟨tr.⟩ (ugs.): *verleihen, für eine begrenzte Zeit zur Ver-*

fügung stellen: er hat sein Fahrrad für eine Woche verpumpt.
verputzen, verputzte, hat verputzt ⟨tr.⟩: *mit Putz versehen:* der Maurer verputzt die Wände.
Verrat, der; -[e]s: 1. *das Weitersagen von etwas, das geheim bleiben sollte:* der V. militärischer Geheimnisse. 2. *Bruch der Treue; das Im-Stich-Lassen:* der V. an seinen Freunden.
verraten, verrät, verriet, hat verraten ⟨tr.⟩: 1. *(etwas, das geheim bleiben sollte) weitersagen:* er hat [ihm] verraten, wo das Treffen stattfinden soll; ich will dir v. *(im Vertrauen mitteilen),* wo ich hinfahre. 2. *(jmdn.) durch Weitersagen von etwas Geheimem an einen anderen ausliefern; (jmdm.) die Treue brechen; im Stich lassen:* er hat seinen Freund verraten. 3. *erkennen lassen; offenbar werden lassen:* seine Miene verriet tiefe Bestürzung.
Verräter, der; -s, -: *jmd., der Verrat übt.*
verrechnen, verrechnete, hat verrechnet: 1. ⟨tr.⟩ *Forderungen, die auf zwei Seiten bestehen, miteinander ausgleichen:* der Kaufmann verrechnete die Forderung seines Kunden mit seiner eigenen. 2. ⟨rfl.⟩ a) *falsch rechnen; beim Rechnen einen Fehler machen:* du hast dich bei dieser Aufgabe verrechnet. b) (ugs.) *sich täuschen, sich irren:* er hatte sich in diesem Menschen sehr verrechnet.
verreisen, verreiste, ist verreist ⟨itr.⟩: *für eine bestimmte Zeit seinen Wohnort verlassen, an einen anderen Ort fahren und dort bleiben:* er ist für drei Wochen verreist.
verrichten, verrichtete, hat verrichtet ⟨tr.⟩: *ordnungsgemäß ausführen, tun:* eine Arbeit v. **Verrichtung,** die; -, -en.
verringern, verringerte, hat verringert: a) ⟨tr.⟩ *kleiner, geringer machen:* den Abstand v. b) ⟨rfl.⟩ *kleiner, geringer werden:* die Kosten haben sich in diesem Jahr nicht verringert. **Verringerung,** die; -, -en.
verrosten, verrostete, ist verrostet ⟨itr.⟩: *stark rosten [so daß es langsam unbrauchbar wird]:* das Auto war von unten bereits ganz verrostet.
verrückt ⟨Adj.; nicht adverbial⟩: a) *seines Verstandes beraubt, geistesgestört:* seit ihrem Unfall ist sie v. b) *ausgefallen, ungewöhnlich, nicht alltäglich:* er hat eine verrückte Idee. **v. sein auf etwas** *(begierig sein auf etwas):* sie ist ganz v. auf saure Gurken; **v. sein auf jmdn./nach jmdm.** *(in jmdn. sehr verliebt sein):* er ist ganz v. nach ihr.
verrufen ⟨Adj.; nicht adverbial⟩: *in einem sehr schlechten Ruf stehend:* eine verrufene Gegend.
Vers, der; -es, -e: *rhythmische [durch Reim begrenzte] Einheit, Zeile eines Gedichts:* ein gereimter V. *(ugs.)* **sich** (Dativ) **keinen V. auf etwas machen können** *(sich etwas nicht erklären können).*
versagen, versagte, hat versagt: 1. ⟨tr.⟩ *(etwas Erwartetes, Gewünschtes o. ä.) nicht gewähren, nicht zubilligen; verweigern:* er versagte ihnen seinen Schutz; jmdm. einen Wunsch v. *(nicht erfüllen; abschlagen).* *sich etwas v. *(auf etwas verzichten; sich etwas nicht gönnen):* er versagt sich (Dativ) alles; ich kann es mir nicht v. darauf hinzuweisen *(ich muß darauf hinweisen).* 2. ⟨itr.⟩ a) *nicht das Erwartete leisten:* er ist im Examen versagt; da versagt auch die ärztliche Kunst *(da kann auch die ärztliche Kunst nicht mehr helfen).* b) *nicht mehr funktionieren:* plötzlich versagten die Bremsen; mitten auf der Kreuzung versagte der Motor.
versammeln, versammelte, hat versammelt: a) ⟨tr.⟩ *(mehrere Menschen) veranlassen, sich an einen bestimmten Ort zu begeben, um dort für einige Zeit zusammen zu sein; (um sich) sammeln, vereinigen:* er versammelte sein Familie um sich. b) ⟨itr.⟩ *sich an einen bestimmten Ort begeben, um dort für einige Zeit mit anderen zusammen zu sein; sich sammeln; zusammenkommen:* die Schüler versammelten sich vor der Schule. **Versammlung,** die; -, -en.
versäumen, versäumte, hat versäumt ⟨tr.⟩: *(die Möglichkeit zu etwas) ungenutzt vorübergehen lassen, nicht nutzen; (etwas Beabsichtigtes, Erforderliches) nicht tun:* er hat die Gelegenheit versäumt, ihm seine Meinung zu sagen; versäume nicht, dieses Buch zu lesen; er wird den Zug versäumen *(nicht erreichen).*

verschaffen, verschaffte, hat verschafft ⟨tr.⟩: *(jmdm. etwas) besorgen, beschaffen:* er verschaffte ihm, sich Geld und Arbeit.
verschärfen, verschärfte, hat verschärft: a) ⟨tr.⟩ *schärfer, stärker machen; steigern, erhöhen:* das Tempo v.; die Strafe wurde verschärft *(erschwert).* b) ⟨rfl.⟩ *schärfer, größer werden; sich steigern:* die Gegensätze verschärften sich immer mehr; die Lage hat sich verschärft *(ist schwieriger, ernster geworden).* **Verschärfung,** die; -, -en.
verschenken, verschenkte, hat verschenkt: a) ⟨tr.⟩ *als Geschenk weggeben:* er hat seine Bücher verschenkt; ich habe nichts zu v. *(kann nichts geben).* b) ⟨rfl.⟩ *sich (jmdm.) hingeben:* sie hat sich an ihn verschenkt.
verscherzen, verscherzte, hat verscherzt ⟨tr.⟩: *durch Leichtsinn und Gedankenlosigkeit verlieren, einbüßen:* du hast dir sein Wohlwollen verscherzt.
verscheuchen, verscheuchte, hat verscheucht ⟨tr.⟩: *vertreiben:* die Mücken v.; bildl.: die Müdigkeit v.
verschicken, verschickte, hat verschickt ⟨tr.⟩: *an einen anderen Ort schicken; wegschicken:* Waren v.; Kinder (vom Sozialamt) in ein Erholungsheim v.; Gefangene auf eine Insel v. *(verbannen).* **Verschickung,** die; -, -en.
verschieben, verschob, hat verschoben: 1. a) ⟨tr.⟩ *in eine andere Stellung, an eine andere Stelle schieben:* wir mußten den Schrank v. b) ⟨rfl.⟩ *in eine andere Stellung, an eine andere Stelle geraten, sich bewegen:* der Tisch hatte sich durch die Erschütterung um einige Zentimeter verschoben. 2. a) ⟨tr.⟩ *(auf einen späteren Zeitpunkt) legen; aufschieben:* seine Reise ist auf nächste Woche verschoben worden. b) ⟨rfl.⟩ *auf einen späteren Zeitpunkt gelegt, aufgeschoben werden:* der Termin hat sich verschoben.
verschieden ⟨Adj.⟩: 1. a) ⟨nur attributiv⟩ **verschiedene** ⟨Plural⟩ *mehrere, manche:* verschiedene Punkte der Tagesordnung wurden ohne Diskussion angenommen. b) **verschiedenes** ⟨Neutrum Singular⟩ *manches, einiges:*

verschiedenes war noch zu besprechen. 2. *nicht gleich; in wesentlichen oder allen Merkmalen voneinander abweichend; unterschiedlich:* die Stoffe hatten verschiedene Muster; die beiden Brüder sind ganz v.

verschiedenartig ⟨Adj.⟩: *nicht gleich; unterschiedlich:* es lagen verschiedenartige Entwürfe vor.

verschimmeln, verschimmelte, ist verschimmelt ⟨itr.⟩: *sich mit Schimmel beziehen, durchsetzen; durch Schimmel verderben:* das Brot war verschimmelt.

verschlafen: I. verschläft, verschlief, hat verschlafen: 1. ⟨tr.⟩ a) *schlafend verbringen:* er hat den ganzen Tag verschlafen. b) *durch Schlaf versäumen:* eine Verabredung v. 2. ⟨rfl.⟩ *zu lange schlafen:* ich habe mich gestern verschlafen. II. ⟨Adj.⟩ *noch nicht ganz wach; noch benommen:* v. öffnete er die Tür; der Junge ist immer so v. *(geistig träge).*

verschlagen: I. verschlägt, verschlug, hat verschlagen: 1. ⟨tr.⟩ *(mit angenagelten Brettern o. ä.) versperren:* die Öffnung der Tür war mit Brettern und Latten verschlagen. *etwas verschlägt jmdm. den Atem (etwas läßt jmdm. den Atem stokken);* etwas verschlägt jmdm. die Sprache *(etwas läßt jmdn. verstummen).* 2. ⟨tr.⟩ a) *falsch auf-, umschlagen:* er hat die Seite im Buch v. b) *in eine falsche Richtung schlagen:* beim Tennis den Ball v. c) *(irgendwohin) treiben:* der Sturm verschlug das Schiff an eine einsame Insel; bildl.: er wurde als Arzt in ein kleines Dorf verschlagen *(geriet durch Zufall in ein kleines Dorf).* 3. ⟨itr.⟩ a) *helfen, nützen:* die Arznei verschlägt bei ihm nicht. b) ⟨häufig in Verbindung mit *nichts*⟩ *ausmachen, bedeuten:* es verschlägt nichts, daß er nicht kommt. II. ⟨Adj.⟩ (ugs.) *unaufrichtig und schlau; gerissen:* er ist ein verschlagener Mensch.

verschlechtern, verschlechterte, hat verschlechtert: a) ⟨tr.⟩ *schlechter werden lassen; verschlimmern:* der Fieberanfall hat den Zustand der Kranken sehr verschlechtert; dieser Skandal hat seine Aussichten, gewählt zu werden, verschlechtert *(verringert).* b) ⟨rfl.⟩ *schlechter,*

schlimmer werden: ihre Gesundheit hat sich verschlechtert; ich habe mich verschlechtert *(ich bin in eine ungünstige Lage gekommen).* **Verschlechterung,** die; -, -en.

verschleiern, verschleierte, hat verschleiert: a) ⟨tr.⟩ *mit einem Schleier verhüllen:* sein Gesicht v.; bildl.: seine wahren Absichten v. *(nicht genau erkennen lassen).* b) ⟨rfl.⟩ *sich bedecken:* der Himmel verschleierte sich mit einer dünnen Wolkenschicht; bildl.: seine Stimme verschleierte sich *(wurde leicht heiser).* **Verschleierung,** die; -, -en.

verschließen, verschloß, hat verschlossen: 1. ⟨tr.⟩ a) *mit einem Schloß o. ä. zumachen, schließen, sichern; (das Schloß von etwas) abschließen:* er verschloß alle Zimmer; die Fenster waren verschlossen. b) *in einen Behälter legen, der mit einem Schloß gesichert ist:* er verschloß das Geld in seinem Schreibtisch. 2. a) ⟨tr.⟩ *(für sich) behalten; nicht offenbaren:* seine Gedanken und Gefühle in sich v.; ⟨häufig im 2. Partizip⟩ er ist ein sehr verschlossener *(sein Inneres nicht offenbarender; äußerst zurückhaltender)* Mensch. b) ⟨rfl.⟩ *(der Meinung eines anderen o. ä.) nicht zugänglich sein; (etwas) abweisen:* er verschloß sich seinen Argumenten; er konnte sich [gegenüber] dieser Überlegung nicht v. *(er mußte sie anerkennen, einsehen).*

verschlimmern, verschlimmerte, hat verschlimmert: a) ⟨tr.⟩ *schlimmer werden lassen; verschlechtern:* eine Erkältung hatte die Krankheit verschlimmert. b) ⟨rfl.⟩ *schlimmer werden; sich verschlechtern:* ihr Zustand verschlimmerte sich. **Verschlimmerung,** die; -, -en.

verschlingen, verschlang, hat verschlungen ⟨tr.⟩: 1. *ineinanderschlingen:* er hatte die Fäden zu einem Knäuel verschlungen. 2. a) (abwertend) *gierig und hastig [auf]essen:* in kurzer Zeit hatte Bert den ganzen Braten verschlungen. b) *ohne [viel] zu kauen [hastig] fressen:* der Hund verschlang das Fleisch.

verschlucken, verschluckte, hat verschluckt: 1. ⟨tr.⟩ *hinunterschlucken; durch Schluk-*

ken in den Magen bringen: er hat aus Versehen den Kern einer Kirsche verschluckt; bildl. (ugs.): dieser Bau hat große Summen verschluckt *(gekostet).* 2. ⟨rfl.⟩ *etwas in die Luftröhre bekommen:* ich habe mich verschluckt und mußte furchtbar husten.

Verschluß, der; Verschlusses, Verschlüsse: *Vorrichtung, mit der man etwas zumacht, verschließt:* er öffnete den V. der Flasche.

verschmähen, verschmähte, hat verschmäht ⟨tr.⟩: *aus Verachtung ablehnen, zurückweisen, nicht annehmen:* er hat meine Hilfe verschmäht.

verschmerzen, verschmerzte, hat verschmerzt ⟨tr.⟩: *sich (mit einem Verlust o. ä.) abfinden; (über etwas) hinwegkommen; sich (über etwas) trösten; überwinden:* er wird diesen Verlust bald verschmerzt haben.

verschmitzt ⟨Adj.⟩: *listig und pfiffig; mehr Einsicht in bestimmte Dinge als andere zeigend oder habend:* v. lächeln. **Verschmitztheit,** die; -.

verschnaufen, verschnaufte, hat verschnauft ⟨itr./rfl.⟩: *eine Pause machen, um wieder zu Atem zu kommen oder um Atem zu schöpfen:* oben auf dem Berg verschnaufte ich [mich] ein wenig.

verschollen ⟨Adj.⟩: *sich nicht mehr als lebend bemerkbar gemacht habend; für verloren gehalten oder als tot betrachtet:* er ist seit zehn Jahren v.; das Flugzeug war v.

verschonen, verschonte, hat verschont ⟨tr.⟩: *(jmdm./etwas) nichts [an]tun; davon absehen, (jmdm./etwas) etwas Übles anzutun, zu tun:* die Sieger hatten die Gefangenen verschont; verschone mich *(belästige mich nicht)* mit diesen Fragen!; er wurde, blieb von diesem Unglück verschont.

verschreiben, verschrieb, hat verschrieben: 1. ⟨tr.⟩ *(als Arzt) schriftlich verordnen:* der Arzt hat ihm mehrere Medikamente verschrieben. 2. ⟨tr.⟩ *beim Schreiben verbrauchen:* er hat den ganzen Block verschrieben. 3. ⟨rfl.; mit Dativ⟩ *ganz widmen; (in einer Sache) ganz aufgehen:* er hat sich völlig seinem Beruf verschrieben. 4. ⟨rfl.⟩ *falsch schreiben:* er hat sich in diesem Brief zweimal verschrieben.

verschulden, verschuldete, hat verschuldet ⟨tr.⟩: *in schuldhafter Weise verursachen, bewirken:* durch seinen Leichtsinn hätte er beinahe ein großes Unglück verschuldet. ****verschuldet sein** *(mit Schulden belastet sein).* **Verschuldung,** die; -, -en.

verschütten, verschüttete, hat verschüttet ⟨tr.⟩: 1. *völlig zudecken; ganz bedecken:* die Lawine verschüttete einige Häuser des Dorfes. 2. *unbeabsichtigt aus einem Gefäß schütten:* er verschüttete die Milch.

verschweigen, verschwieg, hat verschwiegen ⟨tr.⟩ /vgl. verschwiegen/: *(etwas) bewußt nicht erzählen, verheimlichen:* er hat mir diese Nachricht verschwiegen.

verschwenden, verschwendete, hat verschwendet ⟨tr.⟩: *in allzu reichlichem Maße [und leichtsinnig] ausgeben, verbrauchen, anwenden; vergeuden:* sein Geld, seine Kräfte, seine Zeit v. **Verschwendung,** die; -.

verschwenderisch ⟨Adj.⟩: *leichtsinnig und allzu großzügig im Ausgeben oder Verbrauchen von Geld und Gut:* er führt ein verschwenderisches Leben; er ist mit seinem Geld v. umgegangen.

verschwiegen ⟨Adj.⟩: *zuverlässig im Bewahren eines Geheimnisses; nicht geschwätzig:* du kannst ihn ruhig einweihen, denn er ist v. **Verschwiegenheit,** die; -.

verschwinden, verschwand, ist verschwunden ⟨itr.⟩: a) *wegfahren, weggehen, sich entfernen o. ä. und nicht mehr zu sehen sein:* der Zug verschwand in der Ferne; er verschwand gleich nach der Besprechung; ⟨häufig im 1. Partizip als Verstärkung bei Adjektiven⟩ eine verschwindend *(sehr)* kleine Summe. *(ugs.) [mal] v. müssen *(die Toilette aufsuchen);* **neben jmdm. v.** *(unbedeutend und sehr klein neben einem Größeren erscheinen):* neben ihrem Bruder verschwindet sie völlig. b) *verlorengehen; nicht zu finden sein:* seine Brieftasche war verschwunden. *(ugs.) **etwas v. lassen** *(etwas beiseite schaffen, heimlich mitnehmen; etwas beseitigen, vernichten).*

verschwören, sich; verschwor sich, hat sich verschworen: *sich heimlich verbünden:* die Offiziere hatten sich gegen die Diktatur verschworen; alles scheint sich gegen uns verschworen zu haben *(alles mißlingt uns).* **Verschwörung,** die; -, -en.

versehen, versieht, versah, hat versehen ⟨tr.⟩: *ausüben, erfüllen:* gewissenhaft seinen Dienst v. * **jmdn./etwas mit etwas v.** *(dafür sorgen, daß etwas bei jmdm./etwas vorhanden ist):* sein Vater versah ihn mit Geld; er versah sich mit Kleidern; **versehen sein mit etwas** *(ausgestattet, ausgerüstet sein mit etwas):* das Auto war mit zusätzlichen Scheinwerfern versehen; **ohne daß/ehe man sich's versieht** *(unerwartet, überraschend schnell):* ehe man sich's versieht, hat man mit ihm Streit.

Versehen, das; -s, -: *etwas, was man aus Unachtsamkeit anders tut, als man wollte oder sollte; Fehler, Irrtum:* sein V. bedauern. ***aus V.** *(irrtümlich; nicht mit Absicht):* etwas aus V. tun.

versehentlich ⟨Adj.; nicht prädikativ⟩: *aus Versehen, nicht mit Absicht [geschehen]; irrtümlich:* das versehentliche Betreten eines fremden Zimmers; v. in eine Versammlung geraten.

versetzen, versetzte, hat versetzt: 1. a) ⟨tr.⟩ *an eine andere Stelle setzen:* Bäume v. b) ⟨tr.⟩ *(jmdm.) einen anderen Posten geben; (jmdm. in einer anderen Institution, an einem anderen Ort) einen Posten geben:* er ist nach Frankfurt versetzt worden; Bernd ist nicht versetzt worden *(ist nicht in die nächste Klasse gekommen, ist sitzengeblieben).* 2. ⟨tr.⟩ *[ver]mischen:* der Wein ist mit Wasser versetzt. 3. ⟨itr.⟩ *antworten:* auf meine Frage versetzte er, er sei nicht meiner Ansicht. 4. ⟨tr.⟩ (ugs.; abwertend) *vergeblich warten lassen; im Stich lassen:* wir hatten uns verabredet, doch sie versetzte mich. 5. ⟨tr.⟩ (ugs.) *[aus einer gewissen Not heraus] verkaufen, um zu Geld zu kommen:* er mußte seine Uhr v., um die Miete bezahlen zu können. 6. ⟨als Funktionsverb⟩ */*drückt aus, daß etwas jmdm. gilt/: jmdm. einen Schlag v. *(jmdn. schlagen);* jmdm. einen Stoß v. *(jmdn. stoßen).* b)/drückt aus, daß jmd./etwas in einen bestimmten Zustand gebracht wird/: jmdn. in Angst v. *(bewirken, daß jmd. Angst hat);* jmdn. in Schlaf v. *(bewirken, daß jmd. schläft);* etwas in Bewegung v. *(bewirken, daß sich etwas bewegt).* ****sich in jmdn./etwas v.** *(sich in jmdn./etwas hineindenken; sich vorstellen, daß man sich in einer bestimmten Lage befände):* versetzen wir uns doch einmal in die Zeit vor 1900; versetze dich doch einmal in seine Lage!

versichern, versicherte, hat versichert: 1. a) ⟨tr.⟩ *(etwas) als sicher oder gewiß bezeichnen in der Absicht, jmdn. zu überzeugen; (etwas) beteuern:* er versicherte [ihm], daß er nicht der Täter sei; ich versicherte ihm das Gegenteil. b) ⟨rfl.; mit Gen.⟩ *sich [über jmdn./etwas] Sicherheit oder Gewißheit verschaffen; sich (jmds./einer Sache) vergewissern:* er wollte sich seiner Hilfe v. 2. ⟨tr.⟩ *mit einer entsprechenden Institution einen Vertrag abschließen, nach welchem diese gegen regelmäßige Zahlung eines bestimmten Betrages bestimmte Schäden ersetzt:* sein Gepäck gegen Diebstahl v.; ⟨auch rfl.⟩ ich habe mich gegen Unfall versichert; ⟨oft im 2. Partizip in Verbindung mit *sein*⟩ wir sind gegen Diebstahl versichert. **Versicherung,** die; -, -en.

versiegeln, versiegelte, hat versiegelt ⟨tr.⟩: *mit einem Siegel [ver]schließen:* einen Brief v. **Versiegelung,** die; -, -en.

versinken, versank, ist versunken ⟨itr.⟩: a) *(unter die Oberfläche von etwas) geraten und verschwinden:* das Schiff versank im Meer; er versank bis an die Knöchel im Schnee. b) (geh.) *(in einen bestimmten Zustand) geraten:* sie versank in Trauer; er war ganz in seine Arbeit versunken *(ging ganz in seiner Arbeit auf).*

versöhnen, versöhnte, hat versöhnt: a) ⟨tr.⟩ *(zwischen Streitenden) Frieden stiften, einen Streit beilegen:* wir haben die Streitenden [miteinander] versöhnt. b) ⟨rfl.⟩ *(mit jmdm.) Frieden schließen:* ich habe mich mit meinem Gegner versöhnt. **Versöhnung,** die; -, -en.

versorgen, versorgte, hat versorgt ⟨tr.⟩: a) *(jmdm. etwas Fehlendes, notwendig Gebrauch-*

verspäten

tes) [in ausreichender Menge] überlassen, geben: sein Vater versorgte ihn mit Geld; ⟨auch rfl.⟩ er versorgte sich mit Nahrungsmitteln. **b)** *für alles Nötige sorgen, das jmd./etwas braucht; sich (um jmdn./etwas) kümmern:* drei Jahre lang versorgte sie ihre kranke Mutter und deren Haus. **Versorgung,** die; -.

verspäten, sich; verspätete sich, hat sich verspätet: *zu spät kommen; später als geplant, gewünscht, gewöhnlich kommen:* die meisten Gäste verspäteten sich an diesem Abend; ⟨häufig im 2. Partizip⟩ eine verspätete *(zu spät eingetroffene)* Einladung; der Zug traf verspätet ein. **Verspätung,** die; -, -en.

versperren, versperrte, hat versperrt ⟨tr.⟩: **1.** (landsch.) *verschließen, zuschließen:* die Zimmer, Türen v. **2.** *durch Aufstellen von Hindernissen o. ä. unzugänglich machen:* er versperrte die Einfahrt [mit Kisten]. * **jmdm. den Weg v.** *(sich jmdm. in den Weg stellen); jmdn. nicht weitergehen lassen);* **jmdm. die [Aus]sicht v.** *(sich so hinstellen, daß ein anderer nichts mehr [von der Gegend] sehen kann).*

verspotten, verspottete, hat verspottet ⟨tr.⟩: *(über jmdn./ etwas) spotten; (jmdn./etwas) zum Gegenstand seines Spottes machen:* er verspottete seine politischen Gegner.

versprechen, verspricht, versprach, hat versprochen: **1. a)** ⟨tr.⟩ *(jmdm.) verbindlich erklären, daß etwas getan wird, geschehen wird; zusichern:* er hat mir versprochen, pünktlich zu kommen; der Vater hatte ihm Geld versprochen. **b)** ⟨itr.⟩ *erwarten lassen:* der Junge verspricht, etwas zu werden; hiervon verspreche ich mir wenig; das Barometer verspricht gutes Wetter. **2.** ⟨rfl.⟩ *beim Reden einzelne Laute oder Wörter verwechseln, falsch aussprechen o. ä.:* der Vortragende war sehr nervös und versprach sich ständig.

Versprechen, das; -s, -: *verbindliche Erklärung, daß etwas Bestimmtes getan werden wird, geschehen wird; Zusage:* er hat sein V., nichts zu sagen, nicht gehalten.

verspüren, verspürte, hat verspürt ⟨tr.⟩: **a)** *durch die Sinne wahrnehmen, spüren:* er verspürte einen kalten Hauch an seinem Nacken. **b)** *(ein bestimmtes Gefühl o. ä.) haben:* er verspürte große Lust zu baden.

Verstand, der; -es: *Kraft des Menschen, das Wahrgenommene sinngemäß aufzufassen und es zu begreifen; Fähigkeit, Begriffe zu bilden:* er hat einen scharfen V.; bei klarem V. *(klarer Überlegung)* kann man so nicht urteilen. *(ugs.) **da steht einem der V. still** *(das begreife ich nicht!).*

verständig ⟨Adj.⟩: **a)** *voller Verständnis; einfühlend, verstehend, einsichtig:* er fand einen verständigen Chef. **b)** *mit Verstand begabt; umsichtig, klug:* der Kleine ist für sein Alter schon sehr v.

verständigen, verständigte, hat verständigt: **1.** *(jmdm. etwas) mitteilen; (jmdn. von etwas) in Kenntnis setzen; (jmdn. über etwas) informieren:* er verständigte die Polizei über diesen, von diesem Vorfall. **2.** ⟨rfl.⟩ **a)** *(jmdm.) deutlich machen können, was man sagen will:* ich konnte mich mit dem Engländer gut v. **b)** *sich einigen:* ich konnte mich mit ihm über alle strittigen Punkte v. **Verständigung,** die; -, -en.

verständlich ⟨Adj.⟩: **a)** *so beschaffen, daß es gut zu hören, deutlich zu vernehmen ist:* der Vortragende sprach mit leiser, doch verständlicher Stimme. **b)** *so beschaffen, daß es leicht zu begreifen, in Sinn und Bedeutung leicht zu erfassen ist:* die Abhandlung ist v. geschrieben. **c)** *so beschaffen, daß man Verständnis dafür hat, daß man die Gründe und Ursachen einsieht:* sein Verhalten ist durchaus v. **Verständlichkeit,** die; -.

Verständnis, das; -ses: *Vermögen des Menschen, sich in jmdn. hineinzuversetzen, sich in etwas hineinzudenken; Fähigkeit, jmdn./etwas zu verstehen; Einfühlungsvermögen:* er hat kein V. für die Jugend.

verständnislos ⟨Adj.⟩: *ohne jegliches Verständnis [seiend], kein Verständnis habend:* „Wieso nicht?" fragte er v. **Verständnislosigkeit,** die; -.

verstärken, verstärkte, hat verstärkt: **a)** ⟨tr.⟩ *an Zahl, dem Grad nach o. ä. größer machen, stärker machen:* die Wachen vor dem Schloß v.; den elektrischen Strom v. *(erhöhen);* eine Mauer v. *(dicker machen).* **b)** ⟨rfl.⟩ *dem Grad nach o. ä. größer werden, stärker werden; wachsen:* meine Zweifel haben sich verstärkt. **Verstärkung,** die; -, -en.

verstauen, verstaute, hat verstaut ⟨tr.⟩ (ugs.): *auf relativ engem, gerade nicht ausreichendem Raum [für den Transport] unterbringen:* er verstaute seine Koffer hinten im Auto.

Versteck, das; -s, -e: *geheimer, anderen nicht bekannter Ort; Ort, an dem man jmdn./ etwas verstecken kann:* ein V. für sein Geld suchen.

verstecken, versteckte, hat versteckt ⟨tr./rfl.⟩: *(jmdn./etwas/ sich) heimlich an einem unbekannten Ort unterbringen, so daß die Person/Sache wenigstens für eine gewisse Zeit nicht gesehen wird:* das Geld im Schreibtisch v.; er versteckte den Flüchtling hinten im Auto; sich hinter einem Baum v.; ⟨häufig im 2. Partizip⟩ etwas versteckt halten; bildl.: ein versteckter *(geheimer; nicht offen ausgesprochener)* Vorwurf.

verstehen, verstand, hat verstanden: **1.** ⟨tr.⟩ *deutlich hören, klar vernehmen:* der Vortragende sprach so laut, daß alle im Saal ihn gut v. konnten. **2.** ⟨tr.⟩ *Sinn und Bedeutung (von etwas) erfassen; begreifen:* ich habe alle Argumente verstanden; dies Buch ist schwer zu v. ***jmdm. etwas zu v. geben** *(jmdm. etwas andeuten, nahelegen):* er gab ihm zu v., daß er nach diesem Vorfall das Haus verlassen müsse; *etwas versteht sich von selbst (etwas ist selbstverständlich).* **3.** ⟨tr.⟩ *den Grund (für etwas) einsehen; aus einem gewissen Einfühlungsvermögen heraus richtig beurteilen und einschätzen können:* erst jetzt verstehe ich sein sonderbares Verhalten. **4.** ⟨itr.⟩ *gut kennen, können; gelernt haben:* seinen Beruf v. ***nichts v. von etwas** *(auf einem genannten Gebiet keinerlei Kenntnisse haben, nicht mitreden können):* sie versteht nichts von Mathematik; **sich auf etwas v.** *(sich in einem Gebiet gut auskennen):* er versteht sich auf Pferde. **5.** ⟨rfl.⟩ *gleicher Meinung sein; gleiche Ansichten haben; (mit jmdm.) gut auskommen:* in dieser Frage verstehe

ich mich mit ihm nicht; wir v. uns gut.
versteigern, versteigerte, hat versteigert ⟨tr.⟩: *mehreren Interessenten anbieten und an den verkaufen, der das meiste Geld dafür bietet:* eine Bibliothek v. **Versteigerung**, die; -, -en.
verstellen, verstellte, hat verstellt: 1. ⟨tr.⟩ *durch etwas in den Weg Gestelltes versperren:* die Tür, den Eingang [mit Kisten] v. *jmdm. den Weg v. *(sich jmdm. in den Weg stellen; jmdn. nicht weitergehen lassen).* 2. ⟨tr.⟩ *an einen anderen, an einen falschen Platz stellen:* beim Putzen sind die Bücher verstellt worden. 3. a) ⟨tr.⟩ *absichtlich ändern, um zu täuschen:* seine Schrift, seine Stimme v. b) ⟨rfl.⟩ *sich anders geben, als man ist; heucheln:* er verstellte sich und tat, als ob er schliefe. **Verstellung**, die; -, -en.
verstimmen, verstimmte, hat verstimmt ⟨tr.⟩ /vgl. verstimmt/: *ärgerlich machen; [ver]ärgern:* diese Absage hatte ihn sehr verstimmt; ⟨häufig im 2. Partizip⟩ verstimmt *(verärgert)* verließ er das Zimmer; verstimmt sein.
verstimmt ⟨Adj.⟩: *nicht richtig gestimmt; falsch klingend* /von Musikinstrumenten/: ein verstimmtes Klavier.
Verstimmung, die; -, -en: *das Verstimmtsein, das Verärgertsein.*
verstockt ⟨Adj.⟩ (abwertend): *ohne Einsicht in einer bestimmten inneren Haltung verharrend, bei etwas bleibend; unzugänglich für andere Argumente:* der Angeklagte beteuerte trotz der eindeutigen Beweise v., er sei unschuldig. **Verstocktheit**, die; -.
verstohlen ⟨Adj.; nicht prädikativ⟩: *auf scheue, zurückhaltende Weise, so daß es nicht bemerkt wird; vorsichtig, heimlich:* die neue Kollegin wurde v. gemustert.
verstopfen, verstopfte, hat verstopft ⟨tr.⟩: *ganz ausfüllen, so daß nichts mehr durchgehen kann:* ein Loch v.; ⟨häufig im 2. Partizip⟩ die Straße war völlig verstopft.
Verstopfung, die; -, -en: *körperlicher Zustand, bei dem der Betroffene keinen oder nur selten Stuhlgang hat:* sie leidet an V.

Verstorbene, der; -n, -n ⟨aber: [ein] Verstorbener, Plural: Verstorbene⟩: *jmd., der gestorben ist; Toter:* wir verlieren in dem Verstorbenen einen lieben Kollegen.
verstört ⟨Adj.⟩: *völlig verwirrt; zutiefst erschüttert:* sie war durch den plötzlichen Tod ihres Mannes ganz v.
Verstoß, der; -es, Verstöße: *das Verstoßen gegen ein Gesetz o. ä.; Verletzung eines Gesetzes o. ä.:* diese Tat ist ein V. gegen alle Regeln des Anstandes.
verstoßen, verstößt, verstieß, hat verstoßen: 1. ⟨tr.⟩ *(einen Angehörigen) zwingen, das Haus und die Familie zu verlassen, weil man nicht mehr mit ihm zusammen wohnen und leben will:* er hat seine Tochter verstoßen. 2. ⟨itr.⟩ *(gegen ein Gesetz) handeln; (ein Gesetz o. ä.) übertreten, verletzen:* er hat mit dieser Tat gegen das Gesetz verstoßen.
verstümmeln, verstümmelte, hat verstümmelt ⟨tr.⟩: *schwer verletzen, wobei eines oder mehrere Glieder abgetrennt werden:* der Mörder hatte sein Opfer mit dem Messer völlig verstümmelt; bildl.: eine verstümmelte *(sehr gekürzte und unvollständige)* Nachricht. **Verstümmelung**, die; -, -en.
verstummen, verstummte, ist verstummt ⟨itr.⟩: *plötzlich mit dem Reden aufhören:* vor Freude, vor Entsetzen v.; das Gespräch verstummte *(wurde [für eine bestimmte Zeit] nicht mehr fortgeführt);* die Glocken verstummten *(hörten auf zu läuten).*
Versuch, der; -[e]s, -e: a) *Verfahren, mit dem man etwas erforschen, untersuchen will; Experiment:* ein physikalischer V. b) *Bemühung, Unternehmen, durch das man etwas zu verwirklichen sucht:* es war ein gewagter V., aus dem Gefängnis zu entfliehen.
versuchen, versuchte, hat versucht: 1. a) ⟨tr.⟩ *(etwas) in Angriff nehmen, unternehmen, wagen und prüfen, ob es möglich ist; (etwas) zu verwirklichen suchen:* er versuchte, aus dem Gefängnis zu entfliehen; er hatte versucht *(sich darum bemüht),* Klavierspielen zu lernen; ⟨auch itr.⟩ wir werden es mit ihm v. *(wir werden ihn einstellen o. ä.*

und dann feststellen, ob er geeignet ist). b) ⟨rfl.⟩ *(etwas) anfangen, in Angriff nehmen und prüfen, ob man damit fertig wird:* er versuchte sich auch in diesem Beruf, an einem Roman. 2. ⟨tr.⟩ *(eine Speise, ein Getränk) kosten, probieren:* er versuchte den Wein, doch er schmeckte ihm zu sauer. *versucht sein/sich versucht fühlen *(die Neigung verspüren, aber noch zögern, etwas Bestimmtes zu tun):* ich war versucht, ihm unverblümt einmal meine Meinung zu sagen.
Versuchung, die; -, -en: *Anreiz, etwas Unrechtes, Unkluges, etwas eigentlich nicht Beabsichtigtes zu tun:* dieses Angebot war eine große V. für ihn.
vertagen, vertagte, hat vertagt ⟨tr.⟩: *auf einen späteren Zeitpunkt legen; aufschieben:* die Verhandlung wurde vertagt. **Vertagung**, die; -, -en.
verteidigen, verteidigte, hat verteidigt ⟨tr.⟩: 1. *Angriffe (auf jmdn./etwas) abwehren; vor Angriffen schützen:* eine Stadt v.; er verteidigte *(rechtfertigte)* seine Auffassung sehr geschickt. 2. *vor Gericht vertreten:* der Angeklagte wird von einem sehr bekannten Anwalt verteidigt. **Verteidigung**, die; -, -en.
verteilen, verteilte, hat verteilt: a) ⟨tr.⟩ *in meist gleicher Menge [ab]geben, bis der Vorrat erschöpft ist; austeilen:* er verteilte Schokolade unter die Kinder. b) ⟨rfl.⟩ *ein bestimmtes Gebiet einnehmen; sich über eine Fläche hin verstreuen:* die Polizisten verteilten sich über den Platz; die Bevölkerung dieses Landes verteilt sich auf drei große Städte *(die Mehrzahl der Bewohner dieses Landes lebt in drei großen Städten).* **Verteilung**, die; -, -en.
vertiefen, vertiefte, hat vertieft: 1. a) ⟨tr.⟩ *tiefer machen:* einen Graben v. b) ⟨rfl.⟩ *tiefer werden:* die Falten in ihrem Gesicht haben sich vertieft. c) ⟨tr.⟩ *verstärken, vergrößern:* die Musik des Films vertiefte noch die Wirkung der Bilder; er will sein Wissen v. *(bereichern).* **sich in etwas v. *(sich intensiv mit etwas zu beschäftigen beginnen; sich stark auf etwas konzentrieren):* er vertiefte sich in sein Buch. **Vertiefung**, die; -, -en.

vertilgen, vertilgte, hat vertilgt ⟨tr.⟩: **1.** *beseitigen, ausrotten:* Ungeziefer v. **2.** (ugs.) *ganz aufessen:* sie hatten den Kuchen bereits vertilgt. **Vertilgung**, die; -, -en.

vertonen, vertonte, hat vertont ⟨tr.⟩: *(einen Text) in Musik setzen; (zu einem Text) eine Musik schreiben:* dieses Gedicht ist von Schubert vertont worden. **Vertonung**, die; -, -en.

Vertrag, der; -[e]s, Verträge: *[schriftliche] rechtlich gültige Vereinbarung zweier oder mehrerer Partner, in der die gegenseitigen Verbindlichkeiten und Rechte festgelegt sind:* einen V. schließen.

vertragen, verträgt, vertrug, hat vertragen: **1.** ⟨tr.⟩ *widerstandsfähig genug (gegen etwas) sein; aushalten:* er kann die Hitze gut v.; er verträgt keine fetten Speisen *(kann sie nicht verdauen; fette Speisen bekommen ihm nicht);* (ugs.) er kann viel v. *(viel Alkohol trinken);* er verträgt *(duldet)* keinen Widerspruch. **2.** ⟨rfl.⟩ *sich (mit jmdm.) nicht streiten; ohne Streit, in Frieden und Eintracht (mit jmdm.) leben; gut (mit jmdm.) auskommen:* er verträgt sich mit seiner Schwester; die Nachbarn vertragen sich nicht miteinander; bildl.: sein Verhalten verträgt sich nicht mit *(widerspricht)* seinen Ansichten; die Farben vertragen sich nicht *(passen nicht zueinander).*

verträglich ⟨Adj.⟩: **1.** *so beschaffen, daß man es gut verträgt; bekömmlich:* die Speise ist sehr v. **2.** *nicht leicht streitend oder in Streit geratend; friedlich, umgänglich:* er ist ein verträglicher Mensch, man kann gut mit ihm auskommen.

vertrauen, vertraute, hat vertraut ⟨itr.⟩ /vgl. vertraut/: *sicher sein, daß man sich auf jmdn./etwas verlassen kann:* er vertraute seinen Freunden; fest auf Gott v.; er vertraute seinen/auf seine Fähigkeiten.

Vertrauen, das; -s: *sichere Erwartung darauf, fester Glauben daran, daß man sich auf jmdn./etwas verlassen kann:* sein V. zu seinen Freunden ist unbegrenzt; er schenkte ihm sein V.

vertrauenerweckend ⟨Adj.⟩: *so beschaffen, daß man sogleich Vertrauen hat; zuverlässig wirkend:* der Eindruck, den er machte, war v.

vertrauensselig ⟨Adj.⟩ (abwertend): *zu leicht geneigt, anderen zu vertrauen:* du bist immer zu v.!

vertrauenswürdig ⟨Adj.⟩: *des Vertrauens würdig; zuverlässig:* er ist ein vertrauenswürdiger Mensch.

vertraulich ⟨Adj.⟩: **a)** *nur für einige besondere Personen bestimmt; geheim:* eine vertrauliche Mitteilung; etwas streng v. behandeln *(nicht an Außenstehende weitererzählen).* **b)** *(auf Vertrauen gegründet und daher) freundschaftlich:* er sah sie in einem vertraulichen Gespräch mit einem Herrn; er ist immer plump v. *(ist sehr zudringlich, wahrt nicht den eigentlich nötigen Abstand).*

vertraut ⟨Adj.⟩: **a)** *freundschaftlich verbunden; eng befreundet:* etwas in einem vertrauten Kreis aussprechen; sie sind sehr v. miteinander. **b)** *bekannt und daher in keiner Weise fremd:* er fühlte sich wohl in der vertrauten (gewohnten) Umgebung; er sah kein vertrautes Gesicht *(keinen bekannten Menschen).* *mit etwas v. sein *(etwas genau kennen; sich gut in etwas auskennen);* sich mit etwas v. machen *(sich in etwas einarbeiten).* **Vertrautheit**, die; -.

vertreiben, vertrieb, hat vertrieben ⟨tr.⟩: **1.** *veranlassen oder zwingen, den Ort zu verlassen:* jmdn. aus seiner Heimat v.; der Lärm hat das Wild vertrieben; der Wind vertrieb die Wolken schnell *(wehte sie schnell weg);* bildl.: die schlechte Laune v. *jmdm./sich die Zeit mit etwas v. (jmdn./sich für einen bestimmten Zeitraum mit etwas unterhalten, beschäftigen).* **2.** *im großen verkaufen; (mit etwas) handeln:* er vertreibt seine Waren in verschiedenen Ländern. **Vertreibung**, die; -, -en.

vertreten, vertritt, vertrat, hat vertreten ⟨tr.⟩: **a)** *vorübergehend (jmds.) Stelle einnehmen und dessen Aufgaben übernehmen:* er vertritt seinen kranken Kollegen. **b)** *[(jmds.) Interessen] wahrnehmen; für jmdn. sprechen:* ein bekannter Anwalt vertritt ihn vor Gericht. **c)** *(für eine bestimmte Institution o. ä.) erscheinen, auftreten; (eine bestimmte Institution o. ä.) repräsentieren:* er vertritt auf dieser Tagung den hiesigen Sportverein. **d)** *(für eine Firma) Waren vertreiben:* er vertritt die Firma „Müller und Söhne". **e)** *sich (zu etwas) bekennen; (für etwas) einstehen, eintreten:* er vertritt diesen Standpunkt ganz entschieden. **vertreten sein** *(anwesend, zugegen sein):* von dem Betrieb war niemand v. **jmdm. den Weg v.** *(sich jmdm. in den Weg stellen); jmdn. nicht weitergehen lassen);* (ugs.) **sich** (Dativ) **die Füße/Beine v.** *([nach längerem Sitzen] ein wenig umhergehen, um sich Bewegung zu machen).*

Vertreter, der; -s, -: **a)** *jmd., der vorübergehend jmds. Stelle einnimmt:* bei Erkrankung ist er sein V. **b)** *jmd., der jmds. Interesse vertritt:* er ist vor Gericht sein V. **c)** *jmd., der eine bestimmte Institution o. ä. vertritt, Repräsentant:* er ist auf der Tagung der V. unseres Vereins; ein gewählter V. des Volkes *(ein Abgeordneter).* **d)** *jmd., der beruflich für eine Firma Waren vertreibt:* er ist ein V. in Tabakwaren. **e)** *jmd., der einen bestimmten Standpunkt o. ä. vertritt; Anhänger:* er ist ein V. dieser Ideologie.

vertrocknen, vertrocknete, ist vertrocknet ⟨itr.⟩: *völlig trocken werden [und dadurch zusammenschrumpfen]:* vertrocknetes Gras; der Baum ist vertrocknet; die Quelle ist vertrocknet *(hat kein Wasser mehr);* bildl.: ein vertrockneter *(zusammengeschrumpfter, hutzliger)* Mann.

vertuschen, vertuschte, hat vertuscht ⟨tr.⟩: *weil man nicht möchte, daß etwas Peinliches o. ä. bekannt wird, sich bemühen, alles, was darauf hindeutet, vor anderen zu verbergen; verheimlichen:* er will das Verbrechen v.

verunglücken, verunglückte, ist verunglückt ⟨itr.⟩: *einem Unfall zum Opfer fallen; einen Unfall erleiden:* er ist mit dem Auto, in der Fabrik verunglückt.

verunstalten, verunstaltete, hat verunstaltet ⟨tr.⟩: *das Aussehen von jmdm./etwas so beeinträchtigen, daß es häßlich oder unansehnlich wird:* die große Narbe hat ihr Gesicht sehr verunstaltet.

veruntreuen, veruntreute, hat veruntreut ⟨tr.⟩ (geh.): *(an-*

vertrautes Geld o. ä.) für sich oder andere Zwecke unrechtmäßig ausgeben, unrechtmäßig behalten: sie haben die Gelder ihres Bruders veruntreut. **Veruntreuung,** die; -, -en.

verursachen, verursachte, hat verursacht ⟨tr.⟩: *die Ursache, der Urheber (von etwas nicht Beabsichtigtem, Unerwünschtem) sein; hervorrufen, bewirken:* seine unvorsichtige Bemerkung verursachte eine große Aufregung bei seinen Kollegen.

verurteilen, verurteilte, hat verurteilt ⟨tr.⟩: 1. *durch ein Urteil für schuldig erklären und bestrafen:* er wurde zu einem Jahr Gefängnis verurteilt. 2. *(über jmdn./etwas) eine vernichtende Kritik aussprechen; heftig ablehnen:* er verurteilte ihr Benehmen entschieden. **Verurteilung,** die; -, -en.

vervielfachen, vervielfachte, hat vervielfacht ⟨tr.⟩: a) *(eine Menge, Anzahl) um das Vielfache vermehren, vergrößern:* der Umsatz ist in den letzten Jahren vervielfacht worden; ⟨auch rfl.⟩ der Umsatz hat sich vervielfacht. b) *multiplizieren:* ich vervielfache 3 mit 5 und erhalte 15.

vervielfältigen, vervielfältigte, hat vervielfältigt ⟨tr.⟩: *(von etwas) eine größere Menge Kopien machen:* ein Bild v. **Vervielfältigung,** die; -, -en.

vervollkommnen, vervollkommnete, hat vervollkommnet ⟨tr.⟩: *vollkommen machen; verbessern:* das Verfahren zur Herstellung dieses Produktes ist vervollkommnet worden. **Vervollkommnung;** die; -, -en.

vervollständigen, vervollständigte, hat vervollständigt ⟨tr.⟩: *vollständig[er] machen; (etwas Fehlendes einer Sache) hinzufügen; ergänzen:* er vervollständigte seine Sammlung. **Vervollständigung,** die; -, -en.

verwachsen: I. verwächst, verwuchs, ist/hat verwachsen 1. ⟨itr./rfl.⟩: *durch Wachsen verschwinden, heilen; zuwachsen:* die Narbe, Wunde ist verwachsen/hat sich verwachsen. 2. ⟨itr.⟩ *zu einer Einheit wachsen, werden; zu sammenwachsen:* die Blätter verwachsen langsam miteinander; bildl.: er ist mit dem Unternehmen völlig verwachsen *(er ist mit dem Betrieb aufs engste verbunden).* II. ⟨Adj.⟩: 1. *fehlerhaft, schief gewachsen:* ein verwachsener Mensch. 2. *von Pflanzen dicht bewachsen, überwuchert; undurchdringlich:* ein verwachsenes Grundstück; der Weg ist völlig verwachsen.

verwahren, verwahrte, hat verwahrt (geh.): 1. ⟨tr.⟩ *gut und sicher aufheben, aufbewahren:* er verwahrte sein Geld in einem Safe. 2. ⟨rfl.⟩ *protestieren; Widerspruch erheben:* ich verwahre mich gegen diese Verdächtigungen.

verwahrlosen, verwahrloste, ist verwahrlost ⟨itr.⟩: a) *ungepflegt und unordentlich werden:* der Garten ist völlig verwahrlost. b) *in moralischer Hinsicht in einen schlechten Zustand geraten:* verwahrloste Kinder. **Verwahrlosung,** die; -.

verwalten, verwaltete, hat verwaltet ⟨tr.⟩: *(für etwas) verantwortlich sein und die damit verbundenen Geschäfte führen, Angelegenheiten regeln o. ä.:* ein Vermögen, ein Amt v. **Verwaltung,** die; -, -en.

verwandeln, verwandelte, hat verwandelt: a) ⟨tr.⟩ *völlig anders machen; völlig [ver]ändern:* der Schnee hatte die ganze Landschaft verwandelt. b) ⟨rfl.⟩ *völlig anders werden; sich völlig [ver]ändern:* seit dem Tod ihres Vaters hatte sie sich sehr verwandelt. *verwandelt sein (sich völlig verändert, geändert haben).* **Verwandlung,** die; -, -en.

verwandt ⟨Adj.⟩: 1. *von gleicher Abstammung [seiend]:* die beiden sind miteinander v. - er ist ihr Onkel. 2. *in wichtigen Merkmalen gleich; ähnlich:* ihn bewegten verwandte Gedanken. **Verwandte,** der; -n, -n ⟨aber: [ein] Verwandter, Plural: Verwandte): *jmd., der die gleiche Abstammung hat:* die Verwandten waren zur Hochzeit eingeladen; die beiden sind Verwandte - er ist ihr Onkel. **Verwandtschaft,** die; -, -en: 1. a) *gleiche Abstammung; das Verwandtsein:* die V. zwischen ihnen bindet sie eng aneinander. b) *alle Verwandten von jmdm.:* die ganze V. war zur Hochzeit eingeladen. 2. *Übereinstimmung in wichtigen Merkmalen; Ähnlichkeit:* zwischen den beiden Plänen bestand eine gewisse V.

verwechseln, verwechselte, hat verwechselt ⟨tr.⟩: *irrtümlich eins für das andere halter, nehmen:* er hatte die Mäntel verwechselt. *(ugs.) mein und dein v. (stehlen).* **Verwechslung,** die; -, -en.

verwegen ⟨Adj.⟩: *sich unerschrocken, oft in Überschätzung der eigenen Kräfte, in eine Gefahr begebend; überaus kühn:* v. griff er seine Gegner an. **Verwegenheit,** die; -.

verweigern, verweigerte, hat verweigert ⟨tr.⟩: *(etwas Erwartetes, Gewünschtes o. ä.) nicht tun; (jmdm.) nicht gewähren:* Sie können die Aussage v.; er verweigerte ihm jede Hilfe.

verweilen, verweilte, hat verweilt ⟨itr.⟩ (geh.): a) *(einen Ort oder einen Platz für eine bestimmte Zeit) nicht verlassen, (dort) bleiben:* er verweilte noch einige Wochen in der Stadt; bildl.: ihr Blick verweilte (ruhte) lange auf ihm; ⟨auch rfl.⟩ ich will mich nicht länger v. *(ich will nicht länger bleiben).* b) *(für eine bestimmte Zeit) eine bestimmte Stellung beibehalten:* er verweilte kurz an der Tür und lauschte.

verweisen, verwies, hat verwiesen ⟨tr.⟩: 1. a) *hinweisen; aufmerksam machen:* den Leser auf eine frühere Stelle des Buches v. b) *(jmdm.) empfehlen, sich an eine bestimmte zuständige Person zu wenden:* man hat mich an den Inhaber des Geschäfts verwiesen. 2. a) *(jmdn. wegen etwas) tadeln; tadelnd verbieten:* die Mutter verwies dem Jungen die vorlauten Worte. b) *(jmdm.) das weitere Bleiben (in einer Schule o. ä.) verbieten:* man verwies ihn von der Schule. **Verweisung,** die; -, -en.

verwelken, verwelkte, ist verwelkt ⟨itr.⟩: *welk werden:* die Blumen verwelken schon; bildl.: ein verwelktes Gesicht.

verwenden, verwandte/verwendete, hat verwandt/verwendet: 1. ⟨tr.⟩ *(für einen bestimmten Zweck) nutzen; gebrauchen, anwenden:* er verwendet das Buch im Unterricht; er hat viel Fleiß auf diese Arbeit verwandt *(für diese Arbeit aufgeboten);* er ist für diese Arbeit nicht zu v. *(nicht geeignet).* 2. ⟨rfl.⟩ *als Fürsprecher (für jmdn./etwas) eintreten;*

sich *(für jmdn./etwas) einsetzen:* ich werde mich bei seinem Chef für ihn verwenden. **Verwẹndung,** die; -, -en.

verwẹrfen, verwirft, verwarf, hat verworfen ⟨tr.⟩: *als unannehmbar zurückweisen; völlig ablehnen:* die Kirche hat diese Lehre verworfen.

verwẹrflich ⟨Adj.⟩: *vom sittlichen Standpunkt aus unannehmbar, schlecht:* eine verwerfliche Handlung.

verwẹrten, verwertete, hat verwertet ⟨tr.⟩: *Nutzen (aus etwas) ziehen; ausnutzen:* eine Erfindung v. **Verwẹrtung,** die; -, -en.

verwẹsen, verweste, ist verwest ⟨itr.⟩: *in Fäulnis übergehen /von toten menschlichen oder tierischen Körpern gesagt/:* die Leichen waren schon stark verwest. **Verwẹsung,** die; -, -en.

verwịckeln, verwickelte, hat verwickelt ⟨tr.⟩/vgl. verwikkelt/: *verursachen, daß jmd. sich an etwas beteiligt, in etwas gerät :* er hatte ihn in ein Gespräch verwickelt; er war in diesen Streit verwickelt *(in diesen Streit geraten, an diesem Streit beteiligt).* * sich in Widersprüche v. *(offenkundig einander widersprechende Aussagen machen).*

verwịckelt ⟨Adj.⟩: *schwer zu durchschauen, zu erklären, zu lösen; kompliziert, schwierig:* diese Geschichte ist sehr v.

verwịldern, verwilderte, ist verwildert ⟨itr.⟩: a) *roh und wild werden; die guten Manieren verlieren:* in den Ferien verwilderten die Kinder völlig. b) *von Pflanzen dicht bewachsen, überwuchert werden:* der Garten verwilderte; ⟨häufig im 2. Partizip⟩ verwilderte *(ungepflegte, wirre)* Haare.

verwịrken, verwirkte, hat verwirkt ⟨tr.⟩: *zur Strafe einbüßen, verlieren; sich um das Recht (auf etwas) bringen:* das Leben, die Freiheit v.

verwịrklichen, verwirklichte, hat verwirklicht: a) ⟨tr.⟩ *in die Wirklichkeit umsetzen; Wirklichkeit werden lassen:* einen Plan v. b) ⟨rfl.⟩ *Wirklichkeit werden:* seine Hoffnungen haben sich nicht verwirklicht. **Verwịrklichung,** die; -, -en.

verwịrren, verwirrte, hat verwirrt: **1. a)** ⟨tr.⟩ *in Unordnung bringen; durcheinanderbringen:* der Wind verwirrte ihre Haare. **b)** ⟨rfl.⟩ *in Unordnung geraten:* das Garn hat sich verwirrt. **2.** ⟨tr.⟩ *irremachen, unsicher machen:* seine Frage verwirrte sie; ⟨häufig im 1. und 2. Partizip⟩ im Kaufhaus gibt es eine verwirrende Fülle von Waren; sie waren durch den ungewohnten Anblick ganz verwirrt. **Verwịrrung,** die; -, -en.

verwịschen, verwischte, hat verwischt: **1.** ⟨tr.⟩ *[durch Wischen unabsichtlich] undeutlich, unkenntlich machen:* er hat durch seine Unachtsamkeit die Schrift auf der Tafel verwischt; das Meer verwischte die Spuren im Sand; bildl.: die Spuren eines Verbrechens v. *(beseitigen)* **2.** ⟨tr.⟩ *undeutlich werden; verschwimmen:* die Erinnerungen an jene Zeit haben sich verwischt.

verwịttern, verwitterte, ist verwittert ⟨itr.⟩: *durch die Einflüsse der Witterung (Regen, Kälte, Hitze o. ä.) langsam zerfallen:* die Mauern der Burg waren schon stark verwittert. **Verwịtterung,** die; -.

verwöhnen, verwöhnte, hat verwöhnt ⟨tr.⟩ /vgl. verwöhnt/: **a)** *zu nachgiebig, mit zu großer Fürsorge behandeln; nicht streng genug erziehen:* sie hat ihre Kinder sehr verwöhnt. **b)** *(jmdm.) jeden Wunsch erfüllen; alles (für jmdn) tun:* er verwöhnte seine Frau mit Geschenken.

verwöhnt ⟨Adj.; nur attributiv⟩: *hohe Ansprüche stellend; wählerisch:* er hat einen sehr verwöhnten Geschmack; die Zigarre für den verwöhnten Raucher.

verwọrren ⟨Adj.⟩: *wirr und unklar:* niemand hatte seine verworrene Rede richtig verstanden; die ganze Angelegenheit ist ziemlich v. **Verwọrrenheit,** die; -.

verwụnden, verwundete, hat verwundet ⟨tr.⟩: *(jmdm.) eine Wunde beibringen /bezogen auf das Verletzen durch Waffen o. ä. im Krieg/:* der Schuß verwundete ihn am Arm; ⟨häufig im 2. Partizip⟩ die verwundeten Soldaten wurden ins Lazarett gebracht; er wurde im Krieg schwer verwundet; bildl.: seine Worte haben ihn sehr verwundet *(schwer gekränkt).* **Verwụndung,** die; -, -en.

verwünschen, verwünschte, hat verwünscht ⟨tr.⟩: *(über jmdn./etwas) sehr ärgerlich, wütend sein:* er verwünschte den Tag, an dem er diesen Menschen begegnet war; ⟨häufig im 2. Partizip⟩ das ist eine ganz verwünschte *(sehr ärgerliche, unerfreuliche)* Geschichte! **Verwünschung,** die; -, -en.

verwụrzelt: ⟨in der Fügung⟩ in etwas v. sein: *eine feste innere Bindung an etwas haben:* er ist tief in seiner Heimat, in der Tradition v.

verwüsten, verwüstete, hat verwüstet ⟨tr.⟩: *(ein Gebiet) zur Wüste machen, zerstören:* der Sturm hat das ganze Land verwüstet. **Verwüstung,** die; -, -en.

verzạgen, verzagte, ist verzagt ⟨itr.⟩: *(in einer schwierigen Situation) die Zuversicht, die Hoffnung verlieren, aufgeben:* er wollte schon v., als ihm endlich eine Stellung angeboten wurde; ⟨häufig im 2. Partizip⟩ der Kranke war völlig verzagt, weil sich sein Zustand nicht besserte.

verzählen, sich; verzählte sich, hat sich verzählt: *beim Zählen einen Fehler machen; falsch zählen:* du mußt dich verzählt haben, es waren nicht zwölf, sondern nur zehn Personen.

verzạubern, verzauberte, hat verzaubert ⟨tr.⟩: *durch Zauber verwandeln /im Märchen/:* die Hexe verzauberte die Kinder in Vögel.

verzehren, verzehrte, hat verzehrt: **1.** ⟨tr.⟩ *[in einer Gaststätte] essen [und trinken]:* habt ihr gestern in diesem Lokal viel verzehrt?; als er sein Brot verzehrt *(aufgegessen)* hatte, begann er wieder zu arbeiten. **2.** ⟨tr.⟩ *völlig verbrauchen; aufzehren:* die Krankheit hat ihre Kräfte völlig verzehrt. **3.** ⟨rfl.⟩ *heftiges Verlangen haben, sich sehr (nach etwas) sehnen:* er verzehrte sich nach seiner Heimat.

verzeichnen, verzeichnete, hat verzeichnet ⟨tr.⟩: **1. a)** *falsch zeichnen:* der Maler hat eine der beiden Figuren auf diesem Bild etwas verzeichnet. **b)** *entstellt, falsch darstellen:* der Schriftsteller hat den historischen Helden seines Romans ziemlich verzeichnet. 2. *aufführen; schriftlich anführen; notieren:* die Namen sind alle in der Liste verzeichnet; der Schauspieler hatte große Erfolge zu v. *(hatte viel Erfolg);* Fortschritte wurden nicht verzeichnet *(gab es nicht).*

Verzeichnis, das; -ses, -se: *Aufstellung von Namen, Titeln o. ä. in einer bestimmten Reihenfolge; Liste, Register:* er legte ein V. von allen Gegenständen an.

verzeihen, verzieh, hat verziehen ⟨tr.⟩: *(ein Unrecht, eine Kränkung o. ä,) nicht nachtragen, (eine Störung) nicht übelnehmen; Nachsicht zeigen (für jmdn.|etwas); entschuldigen:* diese Äußerung wird sie mir nie v.; er verzieh ihr alles, was sie ihm je angetan hatte; ⟨auch itr.⟩: verzeihen Sie bitte! **Verzeihung,** die; -.

verzerren, verzerrte, hat verzerrt ⟨tr.⟩: 1. *aus seiner normalen Form bringen und dadurch entstellen:* der Schmerz verzerrte sein Gesicht; dieser Spiegel verzerrt die Gestalt *(gibt sie entstellt wieder);* ⟨häufig im 2. Partizip⟩ die Stimmen auf dem Tonband klangen sehr verzerrt *(entstellt).* 2. *falsch, entstellt darstellen; verfälschen:* er verzerrte in seinem Artikel die Vorgänge völlig; ⟨häufig im 2. Partizip⟩ er hat den Vorfall ziemlich verzerrt wiedergegeben. **Verzerrung,** die; -, -en.

Verzicht, der; -[e]s: *das Verzichten; Aufgabe eines Anspruchs, eines Vorhabens o. ä.:* der V. auf diese Reise fiel ihm sehr schwer.

verzichten, verzichtete, hat verzichtet ⟨itr.⟩: *(etwas) nicht [länger] beanspruchen; nicht (auf einer Sache) bestehen; (einen Anspruch, ein Vorhaben o. ä.) aufgeben:* er verzichtete auf das Geld, das ihm zustand; es fiel ihm schwer, auf dieses Amt zu v.

verziehen, verzog, hat/ist verzogen: 1. a) ⟨tr.⟩ *aus seiner normalen Form bringen; verzerren:* du hast den Pullover verzogen, weil du ihn so auf das Seil gehängt hast; er verzog das Gesicht zu einer Grimasse *(machte, schnitt eine Grimasse);* ⟨häufig im 2. Partizip⟩ das Kleid ist ganz verzogen *(hat seine gute Form verloren).* b) ⟨rfl.⟩ *seine normale Form verlieren:* das Kleid hat sich verzogen; bei Feuchtigkeit verziehen sich die Bretter. 2. a) ⟨itr.⟩ *an einen anderen Ort, in eine andere Wohnung ziehen; umziehen:* diese Familie ist [nach München] verzogen. b) ⟨rfl.⟩ *allmählich verschwinden, wegziehen:* der Nebel, das Gewitter hat sich verzogen; (ugs.) als die Gäste kamen, verzog er sich *(ging er heimlich weg, verschwand er).* 3. ⟨tr.⟩ *falsch erziehen; verwöhnen:* sie hat ihre Kinder verzogen.

verzieren, verzierte, hat verziert ⟨tr.⟩: *mit Schmuck versehen; ausschmücken:* sie verzierte das Kleid mit Spitzen. **Verzierung,** die; -, -en.

verzögern, verzögerte, hat verzögert: a) ⟨tr.⟩ *langsamer geschehen, ablaufen lassen; hinausschieben:* das schlechte Wetter verzögerte die Ernte. b) ⟨rfl.⟩ *später geschehen, eintreten als vorgesehen:* seine Ankunft hat sich verzögert. **Verzögerung,** die; -, -en.

verzollen, verzollte, hat verzollt ⟨tr.⟩: *(für etwas) Zoll bezahlen:* diese Waren müssen verzollt werden.

verzweifeln, verzweifelte, ist verzweifelt ⟨itr.⟩/vgl. verzweifelt/: *(in einer schwierigen Situation) jede Hoffnung, Zuversicht verlieren; keinen Ausweg mehr sehen:* der Kranke wollte schon v., als ihm schließlich dieses Mittel doch noch half; er verzweifelte am Gelingen dieses Versuches; ⟨häufig im 2. Partizip⟩ sie war in einer verzweifelten Stimmung; sie war ganz verzweifelt.

verzweifelt ⟨Adj.⟩: 1. ⟨nicht adverbial⟩: *sehr schwierig; keine Hoffnung auf Besserung bietend; ausweglos:* er war in einer verzweifelten Lage. 2. a) ⟨nur attributiv⟩ *sehr groß, aber vergeblich; außerordentlich:* er machte verzweifelte Anstrengungen, sich zu befreien. b) ⟨verstärkend bei Adjektiven und Verben⟩ *sehr:* er strengte sich v. an; die Situation ist v. ernst.

Verzweiflung, die; -: *Zustand des Verzweifeltseins; große Niedergeschlagenheit, Hoffnungslosigkeit:* eine tiefe V. erfüllte ihn, weil er keinen Ausweg mehr sah.

Vetter, der; -s, -n: *Sohn eines Onkels oder einer Tante.*

vibrieren, vibrierte, hat vibriert ⟨itr.⟩: *in schwingendzitternder Bewegung sein [und einen Ton von sich geben]:* der Boden auf dem Deck des Schiffes vibriert; seine Stimme vibrierte.

Vieh, das; -[e]s: 1. a) *Tiere, die zu einem bäuerlichen Betrieb gehören (wie Rinder, Schweine, Schafe o. ä.):* der Bauer hat fast all sein V. verkauft. b) *Kühe, Rinder:* das V. auf die Weide treiben. 2. (ugs.) *Tier:* das arme V.!; dieses V. *(das Huhn)* hat wieder den Salat abgefressen.

Viehzucht, die; -: *das Ziehen und Halten von Tieren, die zu einem bäuerlichen Betrieb gehören.*

viel, mehr, meiste ⟨Indefinitpronomen und unbestimmtes Zahlwort⟩: 1. a) ⟨vieler, viele, vieles; /unflektiert/ viel ⟨Singular⟩: *eine große Menge (von etwas):* viel[es] gutes Reden nutzte nichts; trotz vielem Angenehmen es begegnete ihm vieles Unbekannte, v. Unbekanntes; er hat v. Arbeit; er hat auf seiner Reise viel[es] gesehen; du hast v. vergessen; ich habe v. zu tun. b) ⟨viele; /unflektiert/ viel ⟨Plural⟩ *eine große Anzahl (einzelner Personen oder Sachen):* viel[e] hohe Häuser; das Ergebnis vieler genauer Untersuchungen; es waren viele Reisende unterwegs; es waren viele unter ihnen, die ich nicht kannte. 2. ⟨verstärkend bei Adjektiven im Komparativ oder vor zu + Adjektiv⟩ *in hohem Maß, weitaus:* sein Haus ist viel kleiner als deines; es wäre mir v. lieber, wenn du hierbliebest; die Schuhe sind mir v. zu klein.

vielerlei ⟨unbestimmtes Zahlwort⟩: 1. *in der Art recht unterschiedlich:* er hat v. Interessen. 2. *viel [an Einzelheiten]:* ich habe noch v. zu tun.

vielfach ⟨unbestimmtes Zahlwort⟩: *viele Male [sich wiederholend]; oft [vorkommend]; häufig:* ein vielfacher Meister im Tennis; das Konzert wird auf vielfachen Wunsch *(auf den Wunsch vieler)* wiederholt; sein Name wurde in diesem Zusammenhang v. genannt.

Vielfalt, die; -: *das Vorkommen, Auftreten in vielen ver-*

schiedenen Arten, Formen o. ä.: die V. der Formen und Farben beeindruckte ihn sehr.

vielleicht ⟨Adverb⟩: *wenn es möglich, passend ist; möglicherweise, eventuell; unter Umständen:* er kommt v. morgen schon zurück; v. habe ich mich geirrt; kannst du mir v. helfen?

vielmals ⟨Adverb; in bestimmten Verwendungen⟩: *sehr:* ich bitte v. um Entschuldigung; ich danke Ihnen v.

vielmehr ⟨Adverb⟩: *eher; dagegen; im Gegenteil:* man sollte ihn nicht verurteilen, v. sollte man ihm helfen; nicht er, v. *(sondern)* sie war gemeint; er ist v. *(statt dessen)* der Meinung, daß man sich beeilen solle.

vielseitig ⟨Adj.⟩: a) *an vielen Dingen interessiert; auf vielen Gebieten bewandert:* er ist ein sehr vielseitiger Mensch. b) *viele Gebiete umfassend:* seine Ausbildung war sehr v. **Vielseitigkeit,** die; -.

vierschrötig ⟨Adj.⟩ (abwertend): *von breiter, derber Gestalt; plump, ungeschlacht:* ein großer, vierschrötiger Mann.

Viertel ['fɪrtəl], das; -s,-: 1. *der vierte Teil von einem Ganzen.* 2. *Teil eines Ortes, einer Stadt; bestimmte Gegend in einer Stadt:* sie wohnen in einem sehr ruhigen V.

Villa, die; -, Villen: *größeres, komfortables Einfamilienhaus:* sie wohnen in einer hübschen V. am Rand der Stadt.

violett ⟨Adj.; nicht adverbial⟩: *(in der Färbung) zwischen Rot und Blau liegend:* Veilchen sind v.

Violine, die; -, -n: *Geige:* ein Konzert für V. und Orchester.

Visage [vi'za:ʒə], die; -, -n (derb; abwertend): *Gesicht:* er hat eine widerliche V.

Visum, das; -s, Visa: *Vermerk in einem Paß, der jmdm. gestattet, die Grenze eines Landes zu überschreiten:* ein V. beantragen.

vital ⟨Adj.⟩: 1. ⟨nur attributiv⟩ *wichtig für das Leben, für die Existenz:* die vitalen Interessen eines Volkes. 2. *voll Energie, Tatkraft und Temperament:* er ist nicht mehr jung, aber noch sehr v. **Vitalität,** die; -.

Vogel, der; -s, Vögel: *von Federn bedecktes Wirbeltier mit Flügeln* (siehe Bild): der V. fliegt auf den Baum. *(ugs.) einen V. haben (nicht recht bei Verstand sein, seltsame Ideen haben);* (ugs.) **jmdm. einen V. zeigen** *(indem man mit dem Finger an die Stirn tippt, einem anderen zu verstehen geben, daß man ihn für nicht normal hält /als Ausdruck des Ärgers/).*

Vogel

Volk, das; -[e]s, Völker: 1. *Gemeinschaft von Menschen, die nach Sprache, Kultur und Geschichte zusammengehören:* das deutsche Volk; die Völker Europas. 2. ⟨ohne Plural⟩ *untere Schichten der Bevölkerung:* ein Mann aus dem V. 3. ⟨ohne Plural⟩ *größere Anzahl von Menschen (die irgendwo zusammengekommen sind); Menge:* das V. drängte sich auf dem Platz.

volkstümlich ⟨Adj.⟩: *einfach, allgemein verständlich [und beliebt]; populär:* ein volkstümliches Theaterstück; er schreibt sehr v. **Volkstümlichkeit,** die; -.

voll ⟨Adj.⟩: 1. *ganz gefüllt (so daß nichts mehr hineingeht, nichts mehr hinzugetan werden kann):* ein volles Glas; der Koffer ist v. Kleider, v. von Kleidern, voller Kleider; der Tisch lag voll[er] Zeitungen *(war bedeckt von Zeitungen);* der Himmel ist voll[er] Sterne *(ist übersät mit Sternen);* der Omnibus war ziemlich v. *(besetzt);* bildl.: sie schaute ihn voll[er] Angst an; /oft zusammengesetzt mit Verben/ vollgießen, vollaufen, vollstopfen; (ugs.) v. sein *(betrunken sein).* 2. *ganz, völlig; vollständig:* er mußte ein volles Jahr warten; er bezahlte die volle Summe; die Maschine arbeitet mit voller *(unverminderter)* Kraft; sie haben seine Leistung v. anerkannt; er hat sich v. *(mit seiner ganzen Kraft)* für diesen Plan eingesetzt. 3. *etwas dick; füllig, rundlich:* er hat ein volles Gesicht; sie ist etwas voller geworden.

vollbringen, vollbrachte, hat vollbracht ⟨tr.⟩ (geh.): *zustande bringen; ausführen:* er hat eine große Tat vollbracht.

vollenden, vollendete, hat vollendet ⟨tr.⟩ /vgl. vollendet/: *zum Abschluß bringen; fertig machen:* er hat seine Arbeit vollendet.

vollendet ⟨Adj.⟩: *ohne jeden Fehler; vollkommen, hervorragend, unübertrefflich:* er hat das Konzert v. gespielt.

vollends ⟨Adverb⟩: *ganz und gar; völlig, gänzlich:* die Nachricht hat ihn v. aus der Fassung gebracht.

völlig ⟨Adj.; nicht prädikativ⟩: *gänzlich, vollständig, ganz und gar /kennzeichnet den höchsten Grad von etwas/:* er ließ ihm völlige Freiheit; das ist v. ausgeschlossen.

volljährig ⟨Adj.⟩: *mündig:* er braucht die Erlaubnis seiner Eltern, weil er noch nicht v. ist. **Volljährigkeit,** die; -.

vollkommen [auch: vɔll...] ⟨Adj.⟩: 1. *ohne jeden Fehler; unübertrefflich, hervorragend:* ein Bild von vollkommener Schönheit; das Spiel des Pianisten war v. 2. (ugs.) *völlig, gänzlich; ganz und gar:* eine vollkommene Niederlage; du hast v. recht; das genügt v. *(durchaus).* **Vollkommenheit,** die; -.

Vollmacht, die; -, -en: *schriftlich gegebene Erlaubnis, bestimmte Handlungen an Stelle eines andern vorzunehmen:* wenn Sie diese Sendung für ihn abholen wollen, brauchen Sie eine V.

vollständig ⟨Adj.⟩: 1. *mit allen dazugehörenden Teilen, Stücken vorhanden; keine Lücken, Mängel aufweisend; komplett:* das Museum hat eine fast vollständige Sammlung der Bilder dieses Malers; das Service ist nicht mehr v. 2. (ugs.) *völlig, gänzlich, ganz und gar:* er ließ ihm vollständige Freiheit; die Stadt hat sich v. verändert. **Vollständigkeit,** die; -.

vollstrecken, vollstreckte, hat vollstreckt ⟨tr.⟩: *in amtlichem Auftrag durchführen:* ein Urteil, eine Pfändung v. **Vollstreckung,** die; -, -en.

vollzählig ⟨Adj.⟩ *die vorgeschriebene, gewünschte Anzahl aufweisend; alle ohne Ausnahme:* eine vollzählige Versammlung; die Familie war v. versammelt. **Vollzähligkeit,** die; -.

vollziehen, vollzog, hat vollzogen: 1. ⟨tr.⟩: *ausführen, durchführen, in die Tat umsetzen:* ein Urteil, eine Strafe v.; die Trauung ist vollzogen. 2. ⟨rfl.⟩ *geschehen:* diese Entwicklung, dieser Vorgang vollzieht sich sehr langsam.

von ⟨Präp. mit Dativ⟩: 1. a) /gibt einen räumlichen Ausgangspunkt an/: der Zug kommt von Berlin; von Norden nach Süden; von hier; von oben; sie kommt gerade vom Arzt. b) /gibt einen zeitlichen Ausgangspunkt an/: von heute an wird sich das ändern; von morgens bis abends; von 10 bis 12 Uhr. c) /gibt eine Person oder Sache als Urheber oder Grund an/: ein Roman von Goethe; die Idee stammt von ihm; grüße ihn von mir; die Stadt wurde von einem Erdbeben zerstört; er ist müde vom Laufen. 2. /dient der Angabe bestimmter Eigenschaften, Maßangaben o. ä./: ein Gesicht von großer Schönheit; eine Frau von dreißig Jahren; eine Stadt von 100000 Einwohnern; ein Tuch von zwei Meter Länge. 3. /steht bei der Bezeichnung des Teils eines Ganzen oder einer Gesamtheit/: er aß nur die Hälfte von dem Apfel; einen Zweig von einem Baum brechen; einer von meinen Freunden. 4. /in Abhängigkeit von bestimmten Wörtern/: ob wir fahren können, hängt von dir ab *(mußt du entscheiden)*; er ist nicht frei von Schuld *(nicht ohne Schuld).*

voneinander ⟨Adverb⟩: *einer von dem andern:* sie wollten sich nicht v. trennen.

vom ⟨Verschmelzung von *von* + *dem*⟩.

vor ⟨Präp. mit Dativ und Akk.⟩: 1. ⟨lokal⟩ a) ⟨mit Dativ; auf die Frage: wo?⟩ *an der vorderen Seite:* der Baum steht vor dem Haus; zwei Kilometer vor *(außerhalb)* der Stadt; plötzlich stand er vor mir *(mir gegenüber).* b) ⟨mit Akk.⟩ *auf die Frage: wohin?*⟩ *an die vordere Seite:* er stellte das Auto vor das Haus; er trat vor die Tür *(trat aus dem Haus).* 2. ⟨temporal; mit Dativ⟩ *früher als:* er kommt nicht vor dem Abend; einen Tag vor seiner Abreise; vor vielen Jahren habe ich ihn zum letztenmal gesehen *(es ist viele Jahre her, daß ich ihn zum letztenmal gesehen habe).* 3. ⟨kausal; mit Dativ⟩ *aus; bewirkt durch* /gibt den Grund, die Ursache an/: er zitterte vor Angst; sie weinte vor Freude. 4. ⟨mit Dativ⟩ /in Abhängigkeit von bestimmten Wörtern/: sich vor der Kälte *(gegen die Kälte)* schützen; Achtung vor dem Gesetz *(gegenüber dem Gesetz)* haben.

vorangehen, ging voran, ist vorangegangen ⟨itr.⟩: 1. *vor jmdm./etwas her gehen; vorne, an der Spitze der Gruppe voran:* der Führer ging der Gruppe voran; dem Festzug ging ein Mann mit einer Fahne voran; jmdm. v. *(zuerst eintreten oder hinausgehen)* lassen. 2. *sich [gut] entwickeln; Fortschritte machen:* die Arbeit geht recht gut voran.

vorankommen, kam voran, ist vorangekommen ⟨itr.⟩: 1. *sich vorwärtsbewegen; einen Weg, eine Strecke zurücklegen:* sie kamen im Schnee nur mühsam voran; an diesem Tag kam er nur zehn Kilometer voran. 2. *Erfolg haben; Fortschritte machen:* sie kommen mit ihrer Arbeit gut voran.

voraus: ⟨in den Fügungen⟩ *jmdm./einer Sache v. sein (schneller, weiter, besser sein als jmd./etwas):* er ist seinen Kameraden in der Schule weit v.; er ist seiner Zeit v.; **im v.** [auch: vo...] *(schon vorher):* er hat mir v. bezahlt.

vorausgehen, ging voraus, ist vorausgegangen ⟨itr.⟩: 1. *schon vorher, früher als in anderer irgendwohin gehen:* die Kinder sind schon vorausgegangen, aber ihr werdet sie schnell einholen. 2. *sich vorher ereignen; früher (als etwas anderes) geschehen:* dem Streit war ein Vorfall vorausgegangen, von dem niemand etwas gewußt hatte.

voraushaben, hat voraus, hatte voraus, hat vorausgehabt ⟨itr.⟩: *(einem anderen gegenüber in bestimmter Hinsicht) überlegen, im Vorteil sein:* er hat den andern Mitarbeitern einige Erfahrung voraus.

voraussagen, sagte voraus, hat vorausgesagt ⟨tr.⟩: *(etwas Zukünftiges) im voraus ankündigen; vorhersagen:* er hat das Mißlingen des Planes vorausgesagt.

voraussetzen, setzte voraus, hat vorausgesetzt ⟨tr.⟩: *als vorhanden, als gegeben, als selbstverständlich annehmen:* diese genauen Kenntnisse kann man bei ihm nicht v.; ⟨im 2. Partizip⟩ ich komme gegen Abend zu dir, vorausgesetzt, du bist um diese Zeit zu Hause. **Voraussetzung,** die; -, -en.

voraussichtlich ⟨Adj.; nicht prädikativ⟩: *mit ziemlicher Gewißheit zu erwarten; wahrscheinlich, vermutlich:* die voraussichtliche Verspätung des Zuges wurde bekanntgegeben; er kommt v. erst morgen.

Vorbehalt, der; -[e]s, -e: *Bedenken, Einwand; Einschränkung:* er hatte viele Vorbehalte gegen diesen Plan; mit, ohne V. zusagen; er machte nur unter dem V. mit, jederzeit wieder aufhören zu können.

vorbehalten, behält vor, behielt vor, hat vorbehalten ⟨itr.⟩: *sich die Möglichkeit offenlassen, gegebenenfalls anders zu entscheiden:* die letzte Entscheidung in dieser Frage hast du dir hoffentlich vorbehalten; sie haben sich alle Rechte vorbehalten *(sie haben sie nicht an andere abgetreten, veräußert).* * **etwas ist/bleibt jmdm. vorbehalten** *(jmd. ist der erste, der etwas Bestimmtes tut, dem etwas Bestimmtes gelingt):* den Amerikanern blieb es vorbehalten, den Mond zu betreten.

vorbei ⟨Adverb⟩: 1. ⟨räumlich⟩ *neben jmdm./etwas, an etwas entlang und weiter fort; vorüber:* der Wagen kam sehr schnell angefahren und war im Nu an uns v.; ⟨oft zusammengesetzt mit Verben, die eine Bewegung ausdrücken⟩: vorbeifahren, vorbeigehen, vorbeiziehen. 2. ⟨zeitlich⟩ *vergangen, verschwunden:* der Sommer ist v.

vorbereiten, bereitete vor, hat vorbereitet ⟨tr./rfl.⟩: *(für etwas)* im voraus bestimmte Arbeiten erledigen: eine Veranstaltung, ein Fest v.; er hat sich für die Prüfung gut vorbereitet *(er hat dafür gearbeitet).* * **sich auf etwas v.** *(alles tun, um einer Aufgabe gewachsen zu sein):* er hat sich auf den Wettkampf, auf die Diskussion vorbereitet; jmdn. auf etwas v. (jmdm. etwas vorsichtig andeuten, damit er auf etwas Unangenehmes gefaßt ist): er versuchte, seine Mutter auf diese schlimme Nachricht vorzubereiten; **auf etwas vorbereitet sein** (auf etwas gefaßt sein): darauf war ich nicht vorbereitet. **Vorbereitung,** die; -, -en.

vorbeugen, beugte vor, hat vorgebeugt: 1. ⟨rfl.⟩ sich nach vorn beugen: er beugte sich so weit vor, daß er fast aus dem Fenster gefallen wäre. 2. ⟨itr.⟩: durch bestimmtes Verhalten oder bestimmte Maßnahmen (etwas) zu verhindern suchen: einer Gefahr, einer Krankheit v. **Vorbeugung,** die; -.

Vorbild, das; -[e]s, -er: Person oder Sache, die als [mustergültiges] Beispiel dient: er war ein V. für seine Brüder.

vorbildlich ⟨Adj.⟩: sehr gut; mustergültig; beispielhaft: er hat sich in der schwierigen Situation v. verhalten.

vorbringen, brachte vor, hat vorgebracht ⟨tr.⟩: [an zuständiger Stelle] äußern, zur Sprache bringen: seine Wünsche, Forderungen v.; ein Einwand, der immer wieder vorgebracht wird.

vordere ⟨Adj.⟩; nur attributiv⟩: sich vorn befindend: sie saßen in den vorderen Reihen; der vordere Teil des Hauses.

Vordergrund, der; -[e]s: vorderer Teil eines Raumes o. ä.: im V. des Bildes stehen einige Figuren. * **etwas steht im V.** (etwas ist sehr wichtig, findet allgemeine Beachtung): das Problem der Versorgung mit Lebensmitteln steht im V.; **jmdn./etwas in den V. stellen** (die Aufmerksamkeit auf jmdn./ etwas lenken; veranlassen, daß jmd./etwas Beachtung findet): die Partei hat den neuen Mann in letzter Zeit sehr in den V. gestellt.

vordergründig ⟨Adj.⟩: oberflächlich, nicht gründlich: die vordergründige Behandlung einer Frage.

vordringlich ⟨Adj.⟩: sehr wichtig; besonders dringend: die vordringlichen Aufgaben zuerst erledigen; diese Frage muß v. (vor allen andern) behandelt werden.

voreilig ⟨Adj.⟩: zu schnell und unbedacht; übereilt, unüberlegt: eine voreilige Entscheidung treffen.

voreinander ⟨Adverb⟩: einer vor dem andern: sie schämten sich v.

voreingenommen ⟨Adj.⟩: von einem Vorurteil bestimmt und deshalb nicht objektiv: seine voreingenommene Haltung ändern; er ist gegen den neuen Mitarbeiter v. **Voreingenommenheit,** die; -.

vorenthalten, enthält vor, enthielt vor, hat vorenthalten ⟨tr.⟩: (jmdm. etwas) [worauf er Anspruch hat] nicht geben: man hat ihm sein Erbe v.; warum hast du mir das vorenthalten (nichts davon gesagt)?

Vorfahren, die ⟨Plural⟩: frühere Generationen einer Familie; Ahnen: unsere V. stammten aus Frankreich.

Vorfahrt, die; -: Recht, an einer Kreuzung o. ä. zuerst zu fahren: welcher Wagen hat hier die V.; er hat die V. nicht beachtet.

Vorfall, der; -[e]s, Vorfälle: plötzlich eintretendes Ereignis, Geschehen (das für die Beteiligten meist unangenehm ist): er wollte sich für den peinlichen V. entschuldigen.

vorfallen, fällt vor, fiel vor, ist vorgefallen ⟨itr.⟩: sich [als etwas Unangenehmes] plötzlich ereignen: er wollte wissen, was vorgefallen war und sie berichtete ihm von dem Streit.

vorfinden, fand vor, hat vorgefunden ⟨tr.⟩: an einem bestimmten Ort [in einem bestimmten Zustand] finden; antreffen: als er nach Hause kam, fand er die Kinder in schlechtem gesundheitlichem Zustand vor.

vorführen, führte vor, hat vorgeführt ⟨tr.⟩: a) zur Untersuchung o. ä. (vor jmdn.) bringen: der Patient wurde dem Arzt vorgeführt. b) (jmdm. etwas) zeigen, so daß man es im einzelnen betrachten oder kennenlernen kann: der Verkäufer führte dem Kunden verschiedene Geräte vor; bei der Modenschau wurden die neuesten Modelle vorgeführt. **Vorführung,** die; -, -en.

Vorgang, der; -[e]s, Vorgänge: Hergang, Ablauf, Geschehen: er schilderte den Vorgang in allen Einzelheiten; der V. wiederholte sich am nächsten Abend.

Vorgänger, der; -s, -: jmd., der vor einem anderen dessen Stelle, Amt o. ä. innehatte: er wurde von seinem V. eingeführt.

vorgeben, gibt vor, gab vor, hat vorgegeben ⟨itr.⟩: fälschlich behaupten: er gab vor, durch Krankheit verhindert gewesen zu sein.

vorgehen, ging vor, ist vorgegangen ⟨itr.⟩: 1. vor einem anderen, früher als ein anderer gehen; vorausgehen: ich gehe schon vor, ihr könnt dann später nachkommen. 2. geschehen, sich ereignen: er weiß nicht, was in der Welt vorgeht; große Veränderungen gehen vor. 3. etwas unternehmen, bestimmte Maßnahmen ergreifen: gegen diese Mißstände muß man energisch v.; bei der Behandlung dieses Falles gingen sie sehr rücksichtslos vor (handelten sie sehr rücksichtslos). 4. als wichtiger, dringender betrachtet oder behandelt werden (als etwas anderes): diese Arbeit geht jetzt vor. 5. eine zu frühe Zeit anzeigen: deine Uhr geht vor.

Vorgesetzte, der; -n, -n ⟨aber: [ein] Vorgesetzter, Plural: Vorgesetzte⟩: jmd., der anderen in seiner beruflichen Stellung übergeordnet ist (und dessen Anweisungen die anderen befolgen müssen): seine Vorgesetzten waren sehr verständnisvoll; viele Vorgesetzte sind zu streng.

vorgestern ⟨Adverb⟩: einen Tag vor dem vorangegangenen Tag: ich habe ihn v. getroffen.

vorhaben, hat vor, hatte vor, hat vorgehabt ⟨tr.⟩: beabsichtigen, (tun, ausführen) wollen: er hat vor, eine größere Reise zu machen; hast du morgen abend schon etwas vor?

Vorhaben, das; -s, -: etwas, was man zu tun beabsichtigt; Plan, Absicht: er konnte sein V. [eine Reise nach Paris zu machen] nicht ausführen.

vorhalten, hält vor, hielt vor, hat vorgehalten ⟨tr.⟩: 1. (zum Schutz o. ä.) vor jmdn./sich halten: als er das Badezimmer betrat, hielt sie sich rasch ein Tuch vor; ich halte mir die Hand vor, wenn ich gähne. 2. vorwerfen: sie hielt ihm immer wieder vor, daß er zuviel Geld für Zigaretten ausgabe.

Vorhaltungen: ⟨in der Fügung⟩ jmdm. V. machen: *sich bei jmdm. über dessen Benehmen o. ä. beschweren, es kritisieren [und auf die Folgen hinweisen]:* sie hatte ihm V. gemacht, daß er zuviel Geld ausgebe und nicht an seine Familie denke.

vorhanden ⟨Adj.; nicht adverbial⟩: *zur Verfügung stehend; verfügbar, daseiend:* alle vorhandenen Tücher waren gebraucht; es müßte noch etwas Mehl v. sein.

Vorhang, der; -[e]s, Vorhänge: *in entsprechende Form gebrachter Stoff an Öffnungen (wie Fenster, Türen, Bühnen o. ä.):* sie zog die Vorhänge [an den Fenstern] zu, damit die Sonne nicht eindringen konnte; der V. im Theater geht langsam auf.

vorher ⟨Adverb⟩: *vor einem bestimmten Zeitpunkt, vor einem anderen Geschehen; davor, zuvor:* warum hast du mir das nicht v. gesagt, jetzt ist es zu spät; als er mich besuchte, war er erst einige Tage v. von seiner Reise zurückgekehrt.

vorherrschen, herrschte vor, hat vorgeherrscht ⟨itr.⟩: *in seiner Wirkung stärker als alles andere sein; beherrschend sein, überwiegen:* diese Meinung herrscht allgemein vor; auf diesem Gemälde herrscht das Rot vor.

vorhersagen, sagte vorher, hat vorhergesagt ⟨tr.⟩: *(etwas in der Zukunft Liegendes) ankündigen; voraussagen:* es ist schwierig, das Wetter für morgen vorherzusagen.

vorhersehen, sieht vorher, sah vorher, hat vorhergesehen ⟨tr.⟩: *im voraus erkennen; ahnen:* daß sich die Sache so entwickeln würde, war nicht vorherzusehen.

vorhin [auch: ...h[n] ⟨Adverb⟩: *gerade eben; vor wenigen Augenblicken, Minuten oder Stunden:* v. hatte ich das Buch noch in der Hand, und jetzt finde ich es nicht mehr.

vorige ⟨Adj.; nur attributiv⟩: *vergangen, vorhergegangen:* in der vorigen Woche; das vorige Jahr.

Vorkehrung, die; -, -en: *Maßnahme, Anordnung zum Schutz, zur Sicherheit:* die Vorkehrungen der Polizei waren nicht ausreichend. * **Vorkehrungen**
treffen *(alles zum Schutz, zur Sicherheit Notwendige tun, veranlassen).*

vorkommen, kam vor, ist vorgekommen ⟨itr.⟩: **1.** *geschehen, sich ereignen:* solche Verbrechen kommen immer wieder vor; so etwas darf nicht wieder v. **2.** *vorhanden sein; auftreten; dasein:* in dem englischen Text kamen viele Wörter vor, die er nicht kannte; diese Pflanzen kommen nur im Gebirge vor *(gibt es nur im Gebirge).* **3.** *(in bestimmter Weise) erscheinen; (auf jmdn.) einen bestimmten Eindruck machen:* dieses Bild kommt mir sehr bekannt vor; es kam ihm vor *(er hatte das Gefühl),* als hätte er sie schon einmal gesehen; du kommst dir wohl sehr schlau vor *(hältst dich wohl für sehr schlau).*

Vorkommnis, das; -ses, -se: *Vorfall, Geschehen:* nach diesem V. verließ er die Stadt für immer.

vorladen, lädt vor, lud vor, hat vorgeladen ⟨tr.⟩: *auffordern, vor einer Behörde (Gericht, Polizei) zu erscheinen:* er wurde als Zeuge vorgeladen. **Vorladung,** die; -, -en.

Vorlage, die; -, -n: *etwas, was bei der Anfertigung von etwas als Muster dient:* das Bild war nach einer V. gemalt.

vorlassen, läßt vor, ließ vor, hat vorgelassen ⟨tr.⟩: *(jmdm.) Zutritt (zu jmdm.) gewähren:* er wollte den Minister sprechen, aber er wurde nicht vorgelassen.

vorläufig ⟨Adj.⟩: *noch nicht endgültig; vorübergehend; einstweilen, zunächst:* das ist nur eine vorläufige Regelung; v. wohnt er noch im Hotel.

vorlaut ⟨Adj.⟩: *sich ohne Zurückhaltung zu Dingen äußernd, die einen nichts angehen; sich überall einmischend:* er ist ein kleiner vorlauter Junge.

Vorliebe, die; -: *besonderes Interesse, spezielle Neigung für etwas:* seine V. gilt der alten Musik. ***mit V.** *(besonders gern):* er ißt mit V. die Haut der gebratenen Hähnchen.

vormerken, merkte vor, hat vorgemerkt ⟨tr.⟩: *für eine spätere Berücksichtigung aufschreiben:* ich werde diese Plätze für Sie v.; eine Bestellung v.

vormittag ⟨Adverb⟩: in Verbindung mit der Angabe eines bestimmten Tages⟩: *am Vormittag:* heute v. fährt er in die Stadt.

Vormittag, der; -s, -e: *Zeit vom Morgen bis zum Mittag:* den V. verbrachte sie meist im Bett.

vormittags ⟨Adverb⟩: *am Vormittag; jeden Vormittag:* v. ist er nie zu Hause.

Vormund, der; -[e]s und Vormünder: *jmd., der vom Gericht dazu bestimmt ist, die Angelegenheiten einer anderen Person (meist eines Minderjährigen) zu erledigen.*

Vorname, der; -ns, -n: *persönlicher Name, der jmdm. zu seinem Familiennamen gegeben wurde:* sie hat drei Vornamen: Eva, Maria und Anna.

vorn[e] ⟨Adverb⟩: **1.** *(von einem bestimmten Punkt, einer bestimmten Stelle aus betrachtet) auf der nahe gelegenen Seite, im nahe gelegenen Teil:* der Schrank steht gleich v. an der Tür. **2.** *an erster oder an einer der ersten Stellen [einer Reihe]; vor den andern; an der Spitze:* bei den Wanderungen marschiert er immer v.; nach den ersten Runde des Rennens war der amerikanische Läufer vorn. * **von v. anfangen** *(neu, noch einmal beginnen).*

vornehm ⟨Adj.⟩: **1.** *sich durch untadeliges Benehmen und edle Gesinnung auszeichnend; fein:* sie ist eine vornehme Dame, er denkt und handelt sehr v. **2.** *kostbar und geschmackvoll; elegant:* eine vornehme Wohnung; sie waren sehr v. gekleidet.

vornehmen, nimmt vor, nahm vor, hat vorgenommen: **1.** ⟨itr.⟩ **den Entschluß (zu etwas) fassen; die feste Absicht haben (etwas Bestimmtes zu tun):** er hat sich vorgenommen, in Zukunft nicht mehr zu rauchen. **2.** ⟨als Funktionsverb⟩ *eine Änderung v. (ändern);* eine Prüfung v. *(prüfen);* eine Untersuchung v. *(untersuchen).*

vornherein (auch: ...herein): ⟨in der Fügung⟩ von v.: *sofort; gleich von Anfang an:* er hat den Plan von v. abgelehnt.

Vorort, der; -[e]s, -e: *Stadtteil am Rand oder außerhalb einer Stadt.*

Vorrat, der; -[e]s, Vorräte: *etwas, was man sich in größerer Menge oder Anzahl zum späteren Gebrauch beschafft, gesam-*

vorrätig 410

melt hat: sie hat in ihrem Schrank einen großen V. von/an Lebensmitteln; die Vorräte sind aufgebraucht.

vorrätig ⟨Adj.; nicht adverbial⟩: *(als Vorrat) vorhanden:* alle noch vorrätigen Waren sollen zuerst verkauft werden; davon ist nichts mehr v.

Vorrecht, das; -[e]s, -e: *besonderes Recht, das jmd. genießt, das jmdm. zugestanden wird; Vergünstigung:* er machte von seinem V., kostenlos zu reisen, reichlich Gebrauch.

Vorrichtung, die; -, -en: *Gegenstand oder Teil eines Gegenstandes, der eine bestimmte Funktion hat:* er brachte auf ihrem Balkon eine V. zum Aufhängen der Wäsche an.

Vorsatz, der; -es, Vorsätze: *etwas, was man sich fest vorgenommen hat; fester Entschluß, feste Absicht:* er ist bei seinem V. geblieben, an diesem Abend keinen Alkohol zu trinken. * **einen V. fassen** *(sich etwas vornehmen; sich zu etwas entschließen).*

vorsätzlich ⟨Adj.⟩: *ganz bewußt und absichtlich; mit Vorsatz:* eine vorsätzliche Beleidigung; jmdn. v. töten.

Vorschein, die; ⟨in der Wendung⟩ **zum V. kommen:** *entdeckt, sichtbar werden; sich finden:* als man die Farbe an den Wänden der Kirche entfernte, kamen alte Gemälde zum V.

Vorschlag, der; -[e]s, Vorschläge: *Äußerung, Erklärung, mit der man jmdm. eine bestimmte Möglichkeit zeigt, ihm etwas Bestimmtes empfiehlt oder anbietet; Rat:* er lehnte den V. des Architekten, die Fenster zu vergrößern, ab; er machte ihr den V. *(das Angebot),* mit ihm eine Reise um die Welt zu unternehmen.

vorschlagen, schlägt vor, schlug vor, hat vorgeschlagen ⟨tr.⟩: *eine bestimmte Möglichkeit nennen; einen Vorschlag machen; empfehlen:* ich schlage vor, wir gehen jetzt nach Hause; ich schlage Ihnen dieses Hotel vor; er schlug ihr vor *(bot ihr an),* mit ihm zu kommen.

vorschreiben, schrieb vor, hat vorgeschrieben ⟨tr.⟩: *befehlen; anordnen; bestimmen:* ich lasse mir von ihm nicht v.,

wann ich gehen soll; das Gesetz schreibt vor, daß das Gericht darüber zu entscheiden hat.

Vorschrift, die; -, -en: *Anweisung, Verordnung:* er hat die Vorschriften des Arztes nicht befolgt; der Beamte erklärte, er müsse sich an seine Vorschriften halten.

vorschützen, schützte vor, hat vorgeschützt ⟨tr.⟩: *(etwas nicht Zutreffendes) als Grund, als Entschuldigung angeben; vorgeben:* er lehnte die Einladung ab und schützte eine Krankheit vor.

vorsehen, sieht vor, sah vor, hat vorgesehen: 1. ⟨tr.⟩ *bestimmen; in Aussicht nehmen:* den größten Raum sah er für seine Bibliothek vor; das Gesetz sieht für diese Tat eine hohe Strafe vor *(legt sie fest);* ⟨häufig im 2. Partizip⟩ der vorgesehene *(geplante)* Aufenthalt fiel aus; er war für dieses Amt vorgesehen. 2. ⟨rfl.⟩ *sich in acht nehmen; sich hüten; aufpassen:* sieh dich vor dem Hund vor!; du mußt dich v., daß du dich nicht erkältest.

Vorsicht, die; -: *Aufmerksamkeit, Besonnenheit (bei Gefahr oder in bestimmten kritischen Situationen):* bei dieser gefährlichen Arbeit ist große V. nötig; bei diesem Geschäft rate ich dir zur V.; V.! Glas!

vorsichtig ⟨Adj.⟩: *behutsam, besonnen; mit Vorsicht:* er ist ein vorsichtiger Mensch; bei ihm muß man sich v. ausdrücken; sei v., sonst fällst du! **Vorsichtigkeit,** die; -.

Vorsitzende, der; -n, -n ⟨aber: [ein] Vorsitzender, Plural: Vorsitzende⟩: *jmd., der einen Verein, eine Partei o. ä. leitet:* die Partei wählte einen neuen Vorsitzenden.

Vorsprung, der; -[e]s: *Abstand, um den jmd. einem anderen voraus ist:* der erste der Läufer hatte einen V. von drei Metern; bildl.: dieses Land hat in seiner technischen Entwicklung einen großen V. vor andern Ländern.

vorstellen, stellte vor, hat vorgestellt: 1. a) ⟨tr.⟩ *durch Nennen des Namens (jmdn./sich mit einem anderen) bekannt machen:* er stellte ihr seiner Frau vor; nachdem er sich ihnen vorgestellt hatte, nahm

er Platz. b) ⟨rfl.⟩ *(bei der Bewerbung um eine Stelle o. ä.) einen ersten Besuch machen:* heute stellt sich ein junger Mann vor, der bei uns arbeiten will. 2. ⟨itr.⟩ *sich (von jmdm./ etwas) ein Bild, einen Begriff machen:* ich kann ihn mir nicht v.; ich hatte mir den Verkehr schlimmer vorgestellt *(hatte es schlimmer erwartet);* ich kann mir das alte Haus noch gut v. *(mich noch gut daran erinnern).*

Vorstellung, die; -, -en: 1. *Nennung eines Namens, um jmdn. oder sich mit einem anderen bekannt zu machen:* die V. der neuen Mitarbeiter fand um 9 Uhr statt. 2. *Aufführung, Darstellung:* nach der V. gingen wir noch in ein Café, das dem Theater gegenüber lag. 3. *Bild, Begriff, Gedanke; Ansicht, Meinung:* er hat seltsame Vorstellungen von diesem Ereignis; das entspricht meinen Vorstellungen.

vortäuschen, täuschte vor, hat vorgetäuscht ⟨tr.⟩: *(mit etwas) absichtlich einen falschen Eindruck erwecken; (von etwas) ein falsches Bild geben:* er täuschte Gefühle vor, die er nicht empfand. **Vortäuschung,** die; -, -en.

Vorteil, der; -s, -e: *Nutzen, Vorteil:* dieser Vertrag bringt Ihnen viele Vorteile; diese Lösung hat viele Vorteile *(viele Vorzüge).* * **im V. sein** *(in einer besseren Lage als andere sein):* sie ist allein schon durch ihr Aussehen den anderen gegenüber im V.; **es ist ein V., daß...** *(es ist günstig, daß...):* es ist ein V., daß wir das Auto schon vor der Preiserhöhung gekauft haben; **zu jmds. V.** *(zu jmds. Gunsten):* er unterscheidet sich in seinem Benehmen zu seinem V. von anderen Jugendlichen.

vorteilhaft ⟨Adj.⟩: *Vorteile, Gewinn, Nutzen bringend; günstig:* er hat ihm ein sehr vorteilhaftes Angebot gemacht.

Vortrag, der; -[e]s, Vorträge: 1. ⟨ohne Plural⟩ *das Vortragen von etwas; Darbietung:* der V. des Gedichtes war nicht fließend genug. 2. *ausführliche mündliche Darlegung, Rede über ein bestimmtes, oft wissenschaftliches Thema:* der V., den er gehalten hat, war sachlich und trotzdem interessant.

vortragen, trägt vor, trug vor, hat vorgetragen ⟨tr.⟩: 1. *künstlerisch vorsprechen oder vorsingen:* sie trug einige Lieder von Schubert vor. 2. *sachlich darlegen; in förmlichen Worten zur Kenntnis bringen:* er trug dem Minister seine Wünsche, sein Anliegen vor.

vortrefflich ⟨Adj.⟩: *sehr gut, hervorragend, ausgezeichnet:* der Kuchen schmeckt v. **Vortrefflichkeit,** die; -.

vorüber ⟨Adverb⟩: 1. ⟨räumlich⟩ *vorbei:* der erste Wagen war kaum v., da kam schon der nächste angefahren; ⟨oft zusammengesetzt mit Verben, die eine Bewegung ausdrücken⟩: vorüberfahren, vorübergehen, vorüberziehen. 2. ⟨zeitlich⟩ *vergangen, verschwunden:* wir gehen erst, wenn das Gewitter v. ist.

vorübergehend ⟨Adj.⟩: *nicht lange dauernd; für kurze Zeit:* vorübergehende Beschwerden.

Vorurteil, das; -s, -e: *nicht objektive, meist von Gefühlen bestimmte Meinung, die man sich im voraus über jmdn. gebildet hat; Voreingenommenheit:* daß man ihn für ungeeignet hält, ist ein reines V.; er versuchte vergeblich, die Vorurteile der Bevölkerung gegen diese neue Einrichtung zu bekämpfen.

Vorwand, der; -[e]s, Vorwände: *nicht zutreffender Grund (den man angibt, um etwas Bestimmtes tun zu können oder etwas nicht tun zu müssen):* er findet immer einen V., wenn er sich nicht an einer Arbeit beteiligen will; er ist unter einem V. verreist.

vorwärts ⟨Adverb⟩: *nach vorn:* du mußt den Wagen noch ein kleines Stück v. fahren.

vorwärtsgehen, ging vorwärts, ist vorwärtsgegangen ⟨itr.⟩: *sich [gut] entwickeln; Fortschritte machen:* seine Arbeit an dem neuen Buch geht recht gut vorwärts.

vorwärtskommen, kam vorwärts, ist vorwärtsgekommen ⟨itr.⟩: *Erfolg haben; Fortschritte machen:* sie sind heute mit ihrer Arbeit gut vorwärtsgekommen.

vorwerfen, wirft vor, warf vor, hat vorgeworfen ⟨tr.⟩: *jmds. Handlungsweise heftig tadeln oder kritisieren:* jmdm. Faulheit v.; sie warf ihm vor, daß er ihr nicht geholfen hatte, als sie in Not war; man warf ihm Betrug vor *(beschuldigte ihn des Betruges).*

vorwiegend ⟨Adj.; nicht prädikativ⟩: *überwiegend; zum größten Teil:* der vorwiegende Gebrauch eines Wortes; in diesem Sommer herrschte v. *(meist)* trockenes Wetter.

Vorwort, das; -[e]s, Vorworte: *einem Buch, bes. einer wissenschaftlichen Abhandlung o. ä. vorangestellte Bemerkungen:* im V. zu seinem Buch dankte der Verfasser allen, die ihm geholfen hatten.

Vorwurf, der; -[e]s, Vorwürfe: *Äußerung, mit der man jmdm. etwas vorwirft; Beschuldigung, Vorhaltung:* die Vorwürfe, die sie ihm wegen seines Verhaltens gemacht hatte, trafen ihn schwer.

Vorzeichen, das; -s, -: *Anzeichen, das auf etwas Kommendes hinweist:* diese Vorzeichen deuten auf einen strengen Winter.

vorzeitig ⟨Adj.; nicht prädikativ⟩: *zu früh; früher als erwartet:* alle wunderten sich über seine vorzeitige Abreise; sie ist v. gealtert.

vorziehen, zog vor, hat vorgezogen ⟨tr.⟩: **a)** *lieber mögen; bevorzugen:* ich ziehe eine ruhige Verständigung dem ständigen Streit vor; er zog es vor, zu Hause zu bleiben *(er blieb lieber zu Hause).* **b)** *besser behandeln (als andere); begünstigen:* der Lehrer zieht diesen Schüler [den anderen] vor.

Vorzug, der; -[e]s, Vorzüge: *gute Eigenschaft:* dieses Material hat alle Vorzüge. ** jmdm./ einer Sache den V. geben *(jmdn./ etwas vorziehen, bevorzugen).*

vorzüglich ⟨Adj.⟩: *sehr gut, hervorragend, ausgezeichnet:* er ist ein vorzüglicher Redner; der Kuchen schmeckt v.

vulgär ⟨Adj.⟩: *sehr ordinär; sehr gemein:* er gebrauchte häufig vulgäre Ausdrücke.

Vulkan

Vulkan, der; -s, -e: *Berg, aus dessen Innerem glühende Massen von Gestein o. ä. geschleudert werden (siehe Bild).*

W

Waage, die; -, -n: *Gerät zum Feststellen des Gewichtes (siehe Bild):* etwas auf die W. legen. ***sich die W. halten** *(gleich wichtig, gleich einflußreich, gleich oft vorhanden sein, so daß sich beides ausgleicht):* Vorteil und Nachteil hielten sich die W.

Waage

waag[e]recht ⟨Adj.⟩: *im rechten Winkel zu einer senkrechten Fläche oder Linie verlaufend; nicht senkrecht:* etwas w. legen; ein waagerechter Balken.

wach ⟨Adj.⟩: **a)** ⟨nicht adverbial⟩ *nicht mehr schlafend, nicht mehr schläfrig:* ich war heute schon früh w.; um 7 Uhr wurde er wach *(erwachte er).* **b)** *rege; aufgeweckt:* etwas mit wachem Bewußtsein tun; ein wacher Geist.

Wache, die; -, -n: **a)** *eine Person oder eine Gruppe von Personen, die etwas bewacht:* die W. hatte bei dem Einbruch nichts bemerkt. **b)** ⟨ohne Plural⟩ *Aufsicht, Beobachtung:* die W. an jmdn. übergeben, von jmdm. übernehmen. **c)** *Raum, in dem sich die Polizei befindet:* der Betrunkene wurde auf die W. gebracht.

wachen, wachte, hat gewacht ⟨itr.⟩: 1. *wach sein; nicht schlafen:* ich habe die ganze Nacht gewacht; sie wachte, bis ihr Mann nach Hause kam. 2. *aufpassen, beobachten; Wache halten:* er wacht [streng] darüber, daß die Vorschriften eingehalten werden; die Schwester wachte die ganze Nacht bei dem Kranken.

wachrufen, rief wach, hat wachgerufen ⟨tr.⟩: *[wieder] ins Bewußtsein, in die Erinnerung*

Wachs

rufen: Gefühle, Empfindungen in jmdm. w.; das Gespräch rief längst vergessene Erlebnisse wach.

Wachs, das; -es: a) *fettähnliche Ausscheidung der Bienen:* Kerzen aus echtem W. b) *künstlich hergestellter Stoff ähnlicher Art:* den Boden, das Auto mit W. polieren.

wachsam ⟨Adj.; nicht adverbial⟩: *scharf beobachtend, sehr aufmerksam* Hunde. *jmdn./etwas genau beobachten, überwachen).*

wachsen: I. wachste, hat gewachst ⟨tr.⟩: *mit Wachs bestreichen:* die Schier w.; ⟨auch itr.⟩ wenn der Schnee feucht ist, muß ich erneut w. **II.** wächst, wuchs, ist gewachsen ⟨itr.⟩: a) *größer, stärker werden; an Umfang, Ausdehnung zunehmen:* der Junge ist im letzten Jahr sehr gewachsen; er ließ sich die Haare lang w.; unsere Familie ist gewachsen *(wir haben ein Kind oder mehrere Kinder hinzubekommen);* die Erregung im Volk wuchs von Stunde zu Stunde *(wurde von Stunde zu Stunde größer);* ⟨häufig im 1. und 2. Partizip⟩ etwas mit wachsendem Interesse beobachten; ständig wachsende Ausgaben; ein gut gewachsenes Mädchen *(ein Mädchen mit guter Figur).* *jmdm. nicht gewachsen sein (jmdm. unterlegen sein); einer Sache nicht gewachsen sein (eine Sache nicht bewältigen können).* b) *sich entwickeln, gedeihen, vorkommen /in bezug auf Pflanzen/:* auf diesem Boden wachsen keine Reben; überall wächst Unkraut.

Wächter, der; -s, -: *jmd., der wacht aufpaßt.*

wackeln, wackelte, hat gewackelt ⟨itr.⟩: *nicht feststehen, nicht feststehen; locker sein und sich daher etwas hin und her bewegen:* der Tisch, Stuhl wackelt; sie wackelt mit den Hüften; der alte Mann wackelte *(ging sehr unsicher)* über die Straße; bildl.: seine Stellung wackelt seit einiger Zeit *(ist seit einiger Zeit in Gefahr).*

wacklig ⟨Adj.⟩: *wackelnd; nicht feststehend, nicht feststizend;* der Leiter steht sehr w.; ich fühle mich [nach der Krankheit] noch etwas w. *(schwach).*

Wade, die; -, -n: *Bündel von Muskeln am hinteren Unterschenkel:* kräftige Waden haben.

Waffe, die; -, -n: *Gerät, Mittel o. ä. zum Kämpfen, zum Angriff oder zur Verteidigung:* eine W. bei sich tragen; konventionelle Waffen; bildl.: mit geistigen Waffen kämpfen; jmdn. mit seinen eigenen Waffen *(durch Anwendung seiner eigenen Methoden)* schlagen. *die Waffen niederlegen (aufhören zu kämpfen).*

Waffenstillstand, der; -s: *von den Gegnern vereinbarte Einstellung der militärischen Kämpfe:* einen W. schließen; der W. wurde mehrmals gebrochen.

wagen, wagte, hat gewagt ⟨tr.⟩: *kühn und ohne Gefahren zu scheuen, (etwas) unternehmen, tun; riskieren:* einen Angriff w.; er hat sein Leben gewagt *(eingesetzt, aufs Spiel gesetzt),* um ihn zu retten; ⟨auch rfl.⟩ er wagte sich nicht auf die Straße; ⟨häufig im 2. Partizip⟩ ein gewagtes *(riskantes)* Unternehmen.

Wagen, der; -s, -: a) *Fahrzeug mit Rädern, das gezogen oder geschoben wird* (siehe Bild): Pferde

Wagen a)

an den W. spannen. b) *Auto:* er hat seinen W. auf der Straße geparkt. **(ugs.) jmdm. an den W. fahren** *(jmdm. etwas anhaben wollen, ihn grob kritisieren).*

Waggon [va'gõ:], der -s, -s: *Wagen bei Eisenbahn oder Straßenbahn:* ein W. mit Gemüse.

Wagnis, das; -ses, -se: *kühnes Unternehmen, gefährliches Vorhaben:* sich auf kein W. einlassen; dieses W. hat sich gelohnt.

Wahl, die; -, -en: a) ⟨ohne Plural⟩ *das Auswählen; das Sichentscheiden für eine von mehreren Möglichkeiten:* die W. fällt mir schwer; eine gute W. treffen; Strümpfe erster W. *(der besten Qualität).* *die W. haben (wählen können); jmdn. vor die W. stellen (jmdm. nur zwei Möglichkeiten zur Entscheidung geben); keine andere W. haben (nicht anders handeln können).*

b) *Abgabe der Stimme beim Wählen von Abgeordneten u. a.; Abstimmung:* freie, geheime Wahlen; zur W. gehen; Wahlen fordern, abhalten.

wählen, wählte, hat gewählt ⟨tr./itr.⟩ /vgl. gewählt/: **1.** *sich für eine von mehreren Möglichkeiten entscheiden; auswählen, aussuchen:* der Gewinner konnte zwischen einer Reise und 2 000 Mark w.; er wählte die Freiheit. **2.** *seine Stimme abgeben; stimmen (für etwas/jmdn.); durch Wahl bestimmen:* eine Partei w.; jmdn. zum Abgeordneten, Präsidenten w.; ein neues Parlament w.; wir haben noch nicht gewählt. **3** *beim Telefon durch Drehen einer Scheibe nach einer bestimmten Folge von Ziffern eine Verbindung herstellen:* die Nummer 36 33 w.; erst wählen, wenn ein bestimmter Ton zu hören ist!

Wähler, der; -s, -: *jmd., der seine Stimme für eine Partei usw. abgeben darf:* die Mehrheit der Wähler hat sich für die Partei der Mitte entschieden.

wählerisch ⟨Adj.⟩: *nur schwer zufriedenzustellen; anspruchsvoll;* er ist im Essen sehr w.

Wahlkampf, der; -[e]s, Wahlkämpfe: *Zeit vor einer Wahl, in der die Parteien durch intensive Propaganda Wähler für sich zu gewinnen suchen.*

wahllos ⟨Adj.; nicht prädikativ⟩: *ohne Überlegung; planlos:* die Geschenke wurden w. verteilt.

Wahlspruch, der; -s, Wahlsprüche: *kurzer Spruch, den sich jmd. für sein Handeln gewählt hat.*

Wahn, der; -s: *falsche, trügerische Vorstellung; Einbildung:* er lebt in dem W., daß er krank sei.

wähnen, wähnte, hat gewähnt ⟨tr./rfl.⟩ (geh.): *fälschlich annehmen, glauben:* ich wähnte Klaus in Prag; er wähnte sich im Paradies *(er fühlte sich wie im Paradies).*

wahnsinnig ⟨Adj.⟩ (ugs.): a) *unsinnig, töricht, verrückt:* ein wahnsinniger Plan; bis du w.? b) *sehr [groß]:* ich habe einen wahnsinnigen Schreck bekommen; er fährt w. schnell.

wahr ⟨Adj.⟩: **1.** *mit dem wirklichen Geschehen übereinstimmend; wirklich; tatsächlich; nicht erfunden:* eine wahre Geschich-

te; *etwas wird w. (etwas trifft ein):* seine Vermutungen sind w. geworden; **etwas w. machen** *(etwas in die Tat umsetzen):* er machte seine Drohungen w. 2. ⟨nur attributiv⟩ *echt, recht, richtig:* das ist wahre Kunst; es ist ein wahres Wunder, daß ihm nichts passiert ist.

wahren, wahrte, hat gewahrt ⟨tr.⟩: *erhalten, schützen, verteidigen:* seine Interessen w.; er hat bei der Auseinandersetzung den Anstand gewahrt *(sich so verhalten, wie es der Anstand erfordert).*

während: **I.** ⟨Präp. mit Gen.⟩ *im [Verlauf von]:* er lebte w. des Krieges im Ausland. **II.** ⟨Konj.⟩ *zur gleichen Zeit:* **a)** ⟨temporal⟩ w. *(als)* ich schrieb, las er. **b)** ⟨adversativ⟩ w. ich arbeiten muß, gehst du spazieren *(ich muß arbeiten, und du kannst spazierengehen)!*

wahrhaben: ⟨in der Wendung⟩ etwas nicht w. wollen: *etwas bestreiten, etwas nicht eingestehen oder zugeben wollen:* er wollte nicht w., daß seine Freundin der Grund für die Reise war.

wahrhaftig ⟨Adverb⟩: *in der Tat, wirklich:* um ihn brauchst du dich w. nicht zu sorgen.

Wahrheit, die; -: *der Wirklichkeit entsprechende Darstellung, Schilderung; Übereinstimmung zwischen Gesagtem und Geschehenem oder Bestehendem, zwischen Gesagtem und Gedachtem:* das ist die W.; die W. erfahren; die W. sagen *(nicht lügen).*

wahrnehmbar ⟨Adj.⟩: *mit einem der Sinne erfaßbar; erkennbar:* die Geräusche sind hier kaum w.

wahrnehmen, nimmt wahr, nahm wahr; hat wahrgenommen ⟨tr.⟩: **1.** *mit den Sinnen erfassen; merken:* einen unangenehmen Geruch w. **2. a)** *nutzen,* jede Gelegenheit w., etwas zu erreichen. **b)** *berücksichtigen, vertreten:* seinen Vorteil, die Interessen seiner Firma w.

wahrscheinlich ⟨Adverb⟩: *möglicherweise, voraussichtlich:* er wird w. nicht kommen. *etwas ist w. (etwas ist zu erwarten):* es ist sehr w., daß er gewinnt.

Währung, die; -, -en: *Geld, das in einem Staat gesetzlich zum* Zahlungsmittel bestimmt ist: in welcher W. zahlen Sie?

Waise, die; -, -n: *minderjähriges Kind, das die Eltern verloren hat.*

Wald, der; -es, Wälder: *größeres Stück Gelände, das dicht mit Bäumen bewachsen ist.*

Wall, der; -s, Wälle: *längere [durch Anhäufen von Erde o. ä. entstandene] Erhebung im freien Gelände:* die Burg ist durch W. und Graben geschützt.

Walze, die; -, -n: *länglicher Körper, dessen Querschnitt die Form eines Kreises hat* (siehe Bild).

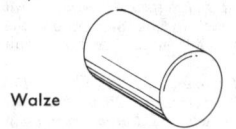

Walze

wälzen, wälzte, hat gewälzt ⟨tr.⟩: *drehend, rollend [fort]bewegen:* den Stein zur Seite w.; ⟨auch rfl.⟩ ich wälzte mich die ganze Nacht im Bett, weil ich nicht schlafen konnte; der Hund wälzt sich im Gras. *Probleme w. (über Probleme eingehend diskutieren, nachdenken);* Bücher w. *(in vielen Büchern nachschlagen, um über etwas Klarheit zu bekommen).*

Wand, die; -, Wände: *senkrecht stehende Fläche; seitliche Begrenzung eines Raumes:* an der W. hängt ein Bild. *in den eigenen vier Wänden (bei sich zu Hause);* jmdn. **an die W. drücken** *(sich selbst in den Vordergrund bringen, indem man einen anderen beiseite drängt);* **jmdn. an die W. stellen** *(jmdn. erschießen);* **mit dem Kopf durch die W. wollen** *(Unmögliches erzwingen wollen).*

Wandel, der; -s: *[sich allmählich vollziehende] Veränderung; Wechsel:* der W. in der Sprache.

wandeln, wandelte, ist/hat gewandelt: **1.** ⟨itr.⟩ (geh.) *gemächlich und gemessen gehen:* sie sind unter den Bäumen im Schatten gewandelt. **2.** ⟨rfl.⟩ *sich ändern:* seine Ansichten haben sich im Laufe der Zeit gewandelt.

Wanderer, der; -s, -: *jmd., der wandert.*

wandern, wanderte, ist gewandert ⟨itr.⟩: **1.** *eine größere Strecke über Land zur Erholung* zu Fuß gehen: er ist durch den Wald gewandert; bildl.: ihre Blicke wanderten von einem zum anderen; seine Gedanken wanderten in die Vergangenheit *(er dachte an die Vergangenheit).* **2.** (ugs.) *gegeben werden, gelangen:* der Ball wandert von Mann zu Mann; der Brief wanderte gleich in den Papierkorb; er wanderte für zwei Jahre ins Gefängnis. **Wanderung,** die; -, -en.

Wange, die; -, -n: *Teil des menschlichen Gesichts zwischen Auge, Nase und Ohr.*

wankelmütig ⟨Adj.⟩ (abwertend): *schwankend in der Stimmung, Gesinnung, Haltung:* ein wankelmütiger Mensch.

wanken, wankte, hat /ist gewankt ⟨itr.⟩: **a)** *schwankend gehen:* er ist durch die Straßen gewankt. **b)** *schwanken; unsicher, schwach sein:* der Mast ist gewankt und fiel schließlich um. *etwas ins Wanken bringen (etwas erschüttern oder in Frage stellen);* **etwas gerät ins Wanken** *(etwas wird erschüttert, gefährdet).* **nicht w. und weichen** *(sich nicht von der Stelle bewegen, keinen Schritt weggehen).*

wann ⟨Interrogativadverb⟩: *zu welchem Zeitpunkt:* w. kommst du?

Wanne, die; -, -n: *länglichovales Gefäß, bes. zum Baden.*

Wappen, das; -s, -: *graphisch besonders gestaltetes Abzeichen als Kennzeichen einer Person, Familie oder Körperschaft:* eine Fahne mit dem W. der Stadt.

wappnen, sich; wappnete sich; hat sich gewappnet: *sich auf etwas vorbereiten, einstellen:* sich mit Geduld für die Auseinandersetzung w. *gegen etwas gewappnet sein (auf etwas innerlich vorbereitet sein und die Kraft haben, es abzuwehren).*

Ware, die; -, -n: *Gegenstand, der in größerer Zahl zum Kauf angeboten [und als Sache des täglichen Lebens häufiger gekauft] wird:* die bestellten Waren sind noch nicht gekommen.

Warenhaus, das; -es, Warenhäuser: *Kaufhaus.*

warm, wärmer, wärmste ⟨Adj.⟩: **a)** *eine mäßig hohe und als angenehm empfundene Temperatur habend /Ggs. kalt/:* warmes Wasser; der Kaffee ist noch w.; mir ist w. *(ich friere nicht);* bildl.: warme *(angenehm wir-*

Wärme 414

kende) Farben. b) *die Kälte abhaltend; gegen Kälte schützend:* der Mantel ist sehr w.; sich w. anziehen. c) *herzliches Gefühl, Empfinden zeigend:* mit warmen Worten würdigte er die Verdienste des Mitarbeiters. *mit jmdm. nicht w. werden *(zu jmdm. kein herzliches Verhältnis finden)*.

Wärme, die; -: a) *hohe Temperatur, die aber noch nicht als heiß empfunden wird:* eine angenehme W.; heute wurden 30° W. gemessen. b) *Empfindung, Herzlichkeit:* mit großer W. von jmdm. sprechen.

wärmen, wärmte, hat gewärmt: a) ⟨tr.⟩ *warm machen, aufwärmen:* das Essen w.; ich habe mir die Hände am Ofen gewärmt. b) ⟨itr.⟩ *Wärme geben; warm halten:* Wolle wärmt.

warnen, warnte, hat gewarnt ⟨tr.⟩: a) *mit aller Deutlichkeit auf eine Gefahr, Schwierigkeit aufmerksam machen:* die Bevölkerung vor dem Betrüger w.; ich habe ihn mehrmals gewarnt *(ihm abgeraten)*, sich auf diesen Handel einzulassen; ⟨auch itr.⟩ die Polizei warnt vor dem Gebrauch dieser Lebensmittel; ⟨häufig im 1. Partizip⟩ warnend seine Stimme erheben. b) *jmdm. drohen, um ihn an einer Tat zu hindern:* ich warne dich [komm mir nicht zu nahe]! **Warnung,** die; -, -en.

warten, wartete, hat gewartet: I. 1. ⟨itr.⟩ *(jmdn./etwas) erwarten und deshalb an demselben Ort bleiben, bis er kommt oder etwas eintrifft:* ich habe schon eine Stunde [auf dich] gewartet; ich kann w. *(ich habe Zeit, ich kann mich gedulden)*. 2. ⟨itr.⟩ *einer Sache) mit Erwartung entgegensehen:* auf das Ergebnis der Untersuchung w. II. ⟨tr.⟩ *pflegen, betreuen:* die Maschine, das Auto regelmäßig w. [lassen].

Wärter, der; -s, -: *jmd., der Personen oder Tiere, die sich nicht frei bewegen können, beaufsichtigt oder betreut:* der W. im Gefängnis, im Zoo.

Wartung, die; -: *[von einer Firma übernommene] Instandhaltung von etwas durch entsprechende Pflege, regelmäßige Überprüfung und Ausführung notwendiger Reparaturen:* die W. des Aufzugs.

warum ⟨Interrogativadverb⟩: *aus welchem Grunde:* w. hast du das getan?

Warze, die; -, -n: *kleine runde Wucherung:* er hat eine W. an der Hand.

Wäsche, die; -: 1. *Teile der Bekleidung, die man unmittelbar auf dem Körper und unter der Kleidung trägt:* die W. wechseln. 2. a) *alle Dinge des täglichen Lebens, die aus Stoff bestehen und die gewaschen werden müssen:* W. waschen, bügeln; die W. ist noch nicht trocken. b) *das Waschen; Vorgang des Waschens:* der Pullover ist bei der W. eingelaufen.

waschen, wäscht, wusch, hat gewaschen ⟨tr./rfl.⟩: *(mit Wasser und Seife o. ä.) reinigen, säubern:* Wäsche, Strümpfe w.; ich wasche mich morgens und abends.

Wasser, das; -s: 1. *natürliche durchsichtige Flüssigkeit ohne Geruch und Farbe:* warmes W. 2. *Gewässer:* am W. liegen und sich sonnen. *(ugs.) **etwas fällt ins W.** *(etwas findet nicht statt)*; (ugs.) **das W. steht jmdm. bis zum/an den Hals** *(jmd. ist in großen [finanziellen] Schwierigkeiten)*; (abwertend) **jmdm. nicht das W. reichen [können]** *(sich mit jmds. Fähigkeit, Leistung nicht messen können)*; (ugs.) **mit allen Wassern gewaschen sein** *(durchtrieben, gerissen sein)*.

wasserdicht ⟨Adj.⟩: *kein Wasser durchlassend:* die Uhr ist w.

Wasserfall, der; -s, Wasserfälle: *über Felsen in die Tiefe stürzendes Wasser eines Baches oder Flusses.*

Wasserhahn, der; -s, Wasserhähne: *Vorrichtung am Ende einer Wasserleitung, mit der das Fließen des Wassers bewirkt oder verhindert wird* (siehe Bild).

Wasserhahn

Wasserleitung, die; -, -en: *Anlage aus Rohren, durch die Wasser fließt.*

wassern, wasserte, hat gewassert ⟨itr.⟩: *auf dem Wasser niedergehen /vom Flugzeug oder von Flugkörpern/:* das Flugzeug wasserte.

wässern, wässerte, hat gewässert ⟨tr.⟩: 1. *eine Zeitlang zu einem bestimmten Zweck ins Wasser legen:* Heringe w. (um das Salz herauszulösen). 2. *(Pflanzen) reichlich mit Wasser versorgen:* Bäume w.

Wasserspiegel, der; -s: *Oberfläche eines Meeres, Flusses, Sees o. ä.*

Wasserspülung, die; -, -en: *Vorrichtung beim WC, bei der durch einen kräftigen Strahl Wasser Schmutz beseitigt wird:* eine Toilette mit W.

Wasserstand, der; -[e]s, Wasserstände: *Höhe des Wasserspiegels:* den W. messen.

wäßrig ⟨Adj.; nicht adverbial⟩: *zu viel Wasser enthaltend:* die Kartoffeln sind dieses Jahr sehr w.; wäßriger Wein. *jmdm. **den Mund w. machen** *(jmdn. zum Genuß von etwas reizen)*.

waten, watete, ist gewatet ⟨itr.⟩: *mit stapfenden Schritten durch etwas gehen:* durch den Bach, Schlamm w.; wir sind bis an die Knöchel im Schmutz gewatet.

Watte, die; -: *aus weichen Fasern hergestelltes Material, das verschiedenartige Verwendung findet, z. B. um den Druck von etwas zu mildern oder zur kosmetischen Pflege:* W. auf die wunde Stelle legen; den Ring in W. packen. *(ironisch)* **jmdn. in W. packen** *(wegen jmds. übermäßiger Empfindlichkeit alles von ihm fernhalten wollen, um ihn zu schonen)*.

WC [ve:'tse:], das; -[s], -[s]: *Toilette mit Wasserspülung.*

weben, webte, hat gewebt ⟨tr./itr.⟩: *auf bestimmte Weise ein Gewebe herstellen:* mit der Hand gewebte Teppiche.

Wechsel, der; -s, -: 1. ⟨ohne Plural⟩ *[Ver]änderung, [Aus]tausch:* in der Führung der Partei vollzog sich ein W. 2. *schriftliche Verpflichtung zur Zahlung in einem bestimmten Zeitraum:* mit einem W. bezahlen.

wechseln, wechselte, hat gewechselt: 1. ⟨tr.⟩ a) *[aus]tauschen; durch Neues ersetzen:* die Wäsche, Wohnung w. b) *sich etwas/jmd. anderem zuwenden:* er hat die Stellung, den Beruf gewechselt. 2. ⟨itr.⟩ *sich ändern; sich ins Gegenteil umkehren:* seine Stimmung wechselt schnell; ⟨häufig im 1. Partizip⟩ er kämpfte mit wechselndem Erfolg. 3. ⟨tr./itr.⟩ *für einen größeren Betrag, meist einen Geldschein, mehrere kleinere Münzen oder Scheine im gleichen Wert geben:* jmdm. hundert Mark w.; bevor ich die Grenze überschreite, werde ich noch etwas Geld w. *(in eine andere Währung umtauschen).*

wechselseitig ⟨Adj.⟩: **1.** *gegenseitig:* wechselseitige Beziehungen. **2.** *abwechselnd von der einen und von der anderen Seite ausgehend:* wechselseitiges Lob.

wecken, weckte, hat geweckt ⟨tr.⟩: **1.** *wach machen:* wecke mich morgen früh um sechs Uhr! **2.** *hervorrufen:* schlummernde Kräfte, Interesse w.; alte Erinnerungen w. *(wieder ins Bewußtsein rufen).*

Wecker, der; -s, -: *Uhr, die zu einer gewünschten Zeit klingelt, um zu wecken.*

wedeln, wedelte, hat gewedelt ⟨itr.⟩: **1.** *hin und her bewegen; schwenken:* der Hund wedelte mit dem Schwanz. **2.** Schi *abwechselnd rhythmisch nach links oder rechts schwingen, um dadurch die Geschwindigkeit bei der Abfahrt zu verringern.*

weder: ⟨nur in der Verbindung⟩ weder ... noch /betont nachdrücklich, daß von den [zwei] genannten Möglichkeiten oder Personen keine eine Wirkung hat/: w. mir noch ihm gelang es, den Lehrer zu überzeugen.

weg ⟨Adverb⟩: *fort:* er ist schon lange w.; der Schlüssel ist w. *(nicht zu finden);* der Reiz an der Sache ist w. *(verloren);* er wohnt weit w. *(entfernt);* die Ware war schnell w. *(verkauft, vergriffen);* w. damit! **(ugs.)* w. sein [von jmdm./ etwas] *(begeistert sein [von jmdm./etwas]):* wir waren alle ganz w.

Weg, der; -es, -e: **1.** *oft nicht ausgebaute Strecke, die zum Gehen und zum Fahren dient:* ein steiler W.; dieser W. führt ins nächste Dorf. **sich auf den Weg machen (aufbrechen, losgehen);* jmdm. im Wege sein *(jmdm. hinderlich sein);* auf halbem Wege stehenbleiben *(etwas nicht vollenden);* etwas in die Wege leiten *(etwas vorbereiten und in Gang bringen);* etwas auf diplomatischem / privatem / legalem Weg erledigen *(etwas auf diplomatische/private/legale Art und Weise erledigen);* jmdm. nicht über den W. trauen *(gegenüber jmdm. sehr mißtrauisch sein);* seinen W. machen *(sicher und auf sich gestellt vorwärtskommen):* der Junge wird schon seinen W. machen; **jmdm./einer Sache aus dem W. gehen** *(jmdn./ etwas meiden);* jmdm. etwas in den W. legen *(jmdm. Schwierigkeiten machen);* eigene Wege gehen *(sich selbständig machen, selbständig entscheiden).* **2.** *Gang [um etwas zu erledigen]; Besorgung; Reise:* ich habe noch einige Wege zu machen, zu erledigen; mein erster W. war nach Hause. **jmdm. einen W. abnehmen (für jmdn. etwas erledigen und ihn dadurch entlasten).*

wegen ⟨Präp. mit Gen.⟩: *auf Grund, infolge; um ...willen:* /drückt den Grund, den Zweck aus/: w. seines verletzten Beines konnte er nicht starten; ⟨aber auch ohne Flexionsendung vor starken Substantiven im Singular, wenn sie ohne Artikel und ohne adjektivisches Attribut stehen; im Plural dann mit Dativ⟩ w. Umbau geschlossen; w. Geschäften war er verreist.

wegfallen, fällt weg, fiel weg, ist weggefallen ⟨itr.⟩: *entfallen, nicht mehr in Betracht kommen:* dieser Grund fällt jetzt weg; in letzter Zeit sind die großen Ausgaben weggefallen; das Programm war so groß, daß die letzten Punkte w. mußten.

weggehen, ging weg, ist weggegangen ⟨itr.⟩: *sich entfernen, fortgehen:* er ist vor einer halben Stunde weggegangen; bei dem Regen werde ich nicht mehr w. *(ausgehen, spazierengehen);* (ugs.) die Karten gingen rasend weg *(waren sehr schnell verkauft);* der Fleck an der Hose geht nicht mehr weg *(läßt sich gicht mehr entfernen).*

weglassen, läßt weg, ließ weg, hat weggelassen ⟨tr.⟩: **a)** *nicht berücksichtigen, nicht verwenden, auslassen:* diesen Abschnitt, das Bild werde ich w. **b)** (ugs.) *fortgehen lassen:* die Kinder haben die Eltern nicht weggelassen.

weglaufen, läuft weg, lief weg, ist weggelaufen ⟨itr.⟩: *[heimlich, ohne sich zu verabschieden] fortgehen:* aus Angst ist der Junge weggelaufen; plötzlich lief sie weg, ohne ein Wort zu sagen; ihm ist die Frau weggelaufen *(seine Frau hat ihn verlassen). *(ugs.)* etwas läuft nicht weg *(etwas hat Zeit, braucht nicht gleich erledigt zu werden).*

wegnehmen, nimmt weg, nahm weg, hat weggenommen ⟨tr.⟩: **a)** *von einer Stelle nehmen:* das oberste Buch w.; würden Sie bitte Ihre Sachen hier w.? **b)** *(etwas, was ein anderer hat) an sich nehmen:* der Vater nahm dem Kind den Ball weg; paß auf, daß dir nichts weggenommen *(gestohlen)* wird!; bildl.: der Vorhang nimmt viel Licht weg *(hält das Licht ab);* der Schrank nimmt viel Platz weg *(beansprucht, braucht viel Platz).*

Wegweiser, der; -s, -: *Schild, auf dem angegeben wird, wohin der Weg, die Straße führt:* auf den W. achten.

wegwerfen, wirft weg, warf weg, hat. weggeworfen ⟨tr.⟩ /vgl. wegwerfend/: *von sich werfen; fortschaffen, weil man nicht mehr daran interessiert ist, keine Verwendung mehr dafür hat, es nicht mehr gebrauchen kann:* abgetragene Kleider w.; im Wald keine brennenden Zigaretten w.!

wegwerfend ⟨Adj.; nicht prädikativ⟩: *verachtend, verächlich:* jmdn. w. behandeln; eine wegwerfende Handbewegung.

wehen, wehte, hat geweht: **a)** ⟨itr.⟩: *sich im Wind bewegen; flattern:* die Fahnen wehen im Wind. **b)** ⟨itr.⟩ *in stärkerer Bewegung sein [bezogen auf die Luft]/:* heute weht ein kalter Wind aus dem Osten; bildl.: jetzt weht ein anderer, frischer Wind *(jetzt herrscht hier eine neue, strengere Ordnung).* **c)** ⟨tr.⟩ *treiben:* der Wind wehte mir den Sand ins Gesicht.

wehleidig ⟨Adj.⟩ (abwertend): *schon bei kleinen Schmerzen jammernd; übertrieben empfindlich:* ein wehleidiger Mensch.

wehmütig ⟨Adj.⟩: *von verhaltener Trauer und stillem Schmerz erfüllt oder geprägt; traurig:* w. dachte er an diese Zeit; mit einem wehmütigen Lächeln sah er dem Vergnügen zu.

wehren, wehrte, hat gewehrt: **1.** ⟨rfl.⟩ *sich sträuben, widersetzen:* sich heftig gegen die Vorwürfe w. **2.** ⟨itr.⟩ (geh.) *etwas bekämpfen:* den feindlichen Umtrieben w.; wehret den Anfängen [damit sich das Übel nicht weiter ausbreiten kann]!

wehrlos ⟨Adj.⟩: *nicht fähig, sich zu wehren, sich zu verteidigen:* eine wehrlose Frau; wir waren völlig w. gegen diesen Vorwurf; den Feinden w. *(ohne Schutz, Hilfe)* ausgeliefert sein.

Weib, das; -es, -er: *Frau* /heute vorwiegend umgangssprachlich abwertend/: so ein dummes W.!

weibisch ⟨Adj.⟩ (abwertend): *nicht die charakteristischen Eigenschaften eines Mannes habend; zu weich; nicht männlich:* er wirkt sehr w.

weiblich ⟨Adj.⟩: 1. ⟨nicht adverbial⟩ *dem Geschlecht angehörig, das Nachkommen gebären kann:* die weiblichen Mitglieder der Familie. 2. *für eine Frau charakteristisch:* eine typisch weibliche Eigenschaft; eine sehr weibliche *(nicht strenge)* Mode. **Weiblichkeit**, die; -.

weich ⟨Adj.⟩: 1. a) *einem Druck leicht nachgebend, federnd:* ein weiches Polster. b) *nicht hart oder fest:* ein weicher Stoff 2. *leicht zu rühren; empfindsam:* er hat ein weiches Gemüt.

Weichbild, das; -es, -er: *Gebiet, innerhalb dessen sich eine Stadt ausdehnt:* sie näherten sich dem W. der Stadt.

Weiche, die; -, -n: *Vorrichtung an den Gleisen, mit deren Hilfe die Fahrtrichtung einer Eisenbahn oder Straßenbahn geändert werden kann* (siehe Bild): der Fahrer der Straßenbahn stellte die Weiche. *(ugs.)

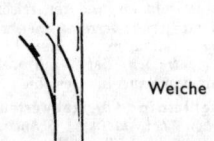

Weiche

(für etwas) die Weichen stellen *(einer Sache [bei ihrem Beginn] eine bestimmte Richtung geben):* die Partei stellte die Weichen für eine neue Politik.

weichen: I. wich, ist gewichen ⟨itr.⟩: a) *sich zurückziehen; weggehen:* sie wich nicht von dem Bett des Kranken; bildl.: die Angst wich von ihm *(verließ ihn).* b) *nachgeben, ausweichen:* vor dem Auto mußten sie zur Seite w.; die Mauer wich dem Druck des Wassers; bildl.: ihr anfänglicher Optimismus wich der Furcht. II. weichte, hat geweicht ⟨itr.⟩: *(in Wasser o. ä.) weich werden lassen:* die Erbsen müssen im Wasser w.

weichlich ⟨Adj.⟩: *ohne die nötige innere Festigkeit und Kraft; nicht männlich:* er ist ein sehr weichlicher Mensch.

Weide, die; -, -n: I. *[mit einem Zaun umgebene] Wiese für weidende Tiere:* Kühe grasen auf der W. II. /ein Baum/ (siehe Bild).

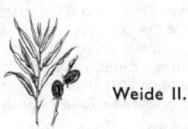

Weide II.

weiden, weidete, hat geweidet: 1. a) ⟨itr.⟩ *auf der Weide Gras fressen; grasen:* Kühe weideten auf der Wiese. b) ⟨tr.⟩ *grasen lassen:* der Junge weidete die Ziegen auf den Bergen. 2. ⟨rfl.⟩ a) *sich (an etwas) freuen, ergötzen:* er weidete sich an dem schönen Anblick. b) *(etwas) mitleidlos, schadenfroh betrachten:* er weidete sich an ihrer Unsicherheit.

weidlich ⟨Adverb⟩: *in einem kaum zu überbietenden Maße (einen Anlaß, eine Gelegenheit nutzend); tüchtig, sehr:* er hat seine Freiheit w. ausgenutzt.

Weidmann, der; -[e]s, Weidmänner (geh.): *Jäger:* er ist ein begeisterter W.

weigern, sich; weigerte sich, hat sich geweigert: *ablehnen (etwas Bestimmtes zu tun):* er weigerte sich, den Befehl auszuführen. **Weigerung**, die; -, -en.

Weiher, der; -s, -: *kleiner Teich:* das Dorf hat einen W.

Weihnachten, das (und als Plural: die); -, -: *Fest der Geburt Christi:* er will uns zu, (bes. südd.) an W. besuchen; fröhliche W.!

Weihnachtsbaum, der; -[e]s, Weihnachtsbäume (bes. nordd.): *Christbaum.*

weil ⟨Konj.⟩: *da* /leitet eine Begründung ein/: er kann nicht kommen, w. er keine Zeit hat.

Weile: ⟨in der Fügung⟩ eine W.: *kurze, einige Zeit:* nachdem er angeklopft hatte, dauerte es eine W., bis die Tür geöffnet wurde.

weilen, weilte, hat geweilt ⟨itr.⟩ (geh.): *sich (an einem bestimmten Ort) aufhalten:* sie weilten längere Zeit in dieser Stadt.

Wein, der; -[e]s, -e: a) *alkoholisches Getränk aus Weintrauben o. ä.:* sie tranken viel W. an diesem Abend. *jmdm. reinen/klaren W. einschenken *(jmdm. über etwas die volle Wahrheit sagen)*. b) ⟨ohne Plural⟩ *Weintrauben:* W. anbauen, lesen, keltern.

Weinbeere, die; -, -n: *einzelne Beere der Weintraube.*

Weinbrand, der; -[e]s, Weinbrände: *aus Wein hergestelltes Getränk mit hohem Gehalt an Alkohol.*

weinen, weinte, hat geweint ⟨itr.⟩: *Schmerz oder Trauer empfinden, wobei Tränen aus den Augen rinnen; Tränen vergießen:* sie weinte über den Tod ihres Kindes; ⟨auch tr.⟩ das Kind weinte bittere Tränen *(sehr heftig).*

Weingeist, der; -es: *eine [in alkoholischen Getränken enthaltene] brennend schmeckende Flüssigkeit.*

Weinlese, die; -, -n: *im Herbst stattfindende Ernte der Weintrauben.*

Weintraube, die; -, -n: /eine Frucht/ (siehe Bild).

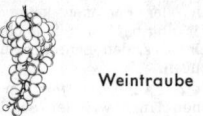

Weintraube

weise ⟨Adj.⟩: *von Weisheit zeugend; klug:* ein weiser Richter; er hat sehr w. gehandelt in seinem Amt.

Weise, die; -, -n: I. *Form, Art (in der etwas geschieht oder getan wird):* er ist auf geheimnisvolle W. verschwunden; die W., in der man ihn behandelte, war nicht sehr schön. *auf diese W. *(so; dadurch):* auf diese W. wirst du es nicht erreichen. II. *Melodie; anspruchsloses Musikstück:* die Kapelle spielte flotte Weisen.

weisen, wies, hat gewiesen: 1. a) ⟨tr.⟩ *zeigen:* er wies dem Fremden den Weg. b) ⟨itr.⟩ *(auf etwas) zeigen, deuten:* er wies mit der Hand auf ein Haus, das in der Ferne zu sehen war. 2. ⟨tr.⟩ *wegschicken:* er wies die lärmenden Kinder aus dem Haus; der Schüler wurde von der Schule gewiesen *(er durfte die Schule nicht mehr besuchen);* er hat den Vorschlag [weit] von sich gewiesen *(zurückgewiesen, abgelehnt).*

W̲e̲isheit, die; -, -en: **1.** ⟨ohne Plural⟩ *durch Alter und Erfahrung gewonnene innere Reife; Klugheit:* er ist ein Mensch von großer W. **2.** *Erkenntnis, Erfahrung, Lehre:* diese Sprüche enthalten viele Weisheiten.

weiß ⟨Adj.; nicht adverbial⟩: **a)** *von der Farbe des Schnees:* die Blüten des Kirschbaumes sind w. **b)** *blaß, bleich:* vor Angst war er ganz w. geworden.

w̲e̲ißen, weißte, hat geweißt ⟨tr.⟩: *tünchen, weiß machen:* die Decken der Zimmer müssen neu geweißt werden.

w̲e̲ißlich ⟨Adj.⟩: *in der Farbe fast weiß:* der Himmel hatte eine weißliche Färbung.

W̲e̲isung, die; -, -en: *Anordnung:* sie folgten den Weisungen des Chefs.

weit ⟨Adj.⟩: **1. a)** *von großer räumlicher Ausdehnung; ausgedehnt:* eine weite Ebene; der Himmel über dem Meer war unermeßlich w. **b)** *räumlich oder zeitlich ausgedehnt, entfernt:* er hatte einen weiten Weg zur Schule; man hat von hier aus einen weiten *(in die Ferne reichenden Blick);* bis zum nächsten Dorf war es sehr w.; der nächste Flughafen liegt w. weg von hier; sie tanzten bis w. in die Nacht; bildl.: seine bisherigen Ergebnisse sind noch w. von der Lösung des Problems entfernt *(eine Lösung des Problems ist noch lange nicht zu erwarten).* **2.** *nicht fest sitzend oder eng anliegend:* ein weiter Rock; die Schuhe sind ihm zu w. **3.** ⟨verstärkend bei Verben und Adjektiven im Komparativ⟩ *sehr, viel:* er war seinem Gegner w. überlegen; sein Haus ist w. schöner als das seines Bruders. * **bei weitem: a)** *weitaus:* dieses Kleid ist bei weitem das schönste. **b)** *längst:* er hat ihm bei weitem nicht alles erzählt; **von weitem** *(bereits aus großer Entfernung):* er sah ihn schon von weitem; **w. und breit: a)** *so weit, wie man sehen kann* /in Verbindung mit einer verneinten Aussage/: man sah w. und breit keinen Baum *(nirgends einen Baum).* **b)** *in der ganzen Umgebung:* er ist der beste Schütze w. und breit.

weit̲a̲us ⟨Adverb⟩: **a)** ⟨in Verbindung mit einem Komparativ⟩ *sehr viel:* er sang w. besser als die anderen. **b)** ⟨in Verbindung mit einem Superlativ⟩ *alles andere, alle anderen weit übertreffend:* sein Spiel war w. am besten.

W̲e̲ite, die; -, -n: **1. a)** *große räumliche Ausdehnung, Unendlichkeit:* die W. des Landes. des Meeres. **b)** *Ferne:* er blickte in die W. **2.** *Umfang, Größe:* der Rock muß in der W. geändert werden; die Öffnung des Gefäßes hat eine geringe W. **3.** *(bei einem Sprung, Wurf o. ä.) erreichte Entfernung:* beim ersten Sprung erreichte er eine W. von 7,50 m.

w̲e̲iter: I. ⟨Adj.; nur attributiv⟩ **a)** *sonstig, übrig:* haben Sie noch weitere Fragen?; alle weiteren Versuche scheiterten. **b)** *zusätzlich, neu:* wir warten auf weitere Nachrichten; eine weitere Schwierigkeit. * **ohne weiteres** *(ohne Bedenken, ohne zu zögern).* **II.** ⟨Adverb⟩ **1.** *außerdem, darüber hinaus, sonst:* er sagte, daß er w. nichts wisse; es gibt dort einen breiten, langen Strand, w. gibt es viele Möglichkeiten der Unterhaltung. **2.** *weiterhin; auch in der folgenden Zeit:* er versprach, w. für sie zu sorgen. **III.** ⟨zusammengesetzt mit bestimmten Verben⟩ /drückt aus, daß etwas Begonnenes fortgesetzt wird/: weiterbestehen, weitergehen, weiterlesen.

weiterbilden, sich; bildete sich weiter, hat sich weitergebildet: *seine Bildung, seine Kenntnisse erweitern:* er hat sich sein ganzes Leben lang bemüht, sich weiterzubilden. **W̲e̲iterbildung,** die; -.

w̲e̲itererzählen, erzählte weiter, hat weitererzählt: **a)** ⟨tr./ itr.⟩ *mit einer Erzählung fortfahren:* willst du [uns die Geschichte] nicht w.? **b)** ⟨tr.⟩ *anderen erzählen (was einem jmd. erzählt, anvertraut hat):* er muß immer alles gleich w.

w̲e̲iterhin ⟨Adverb⟩: **1.** *weiter; auch in der folgenden Zeit, in Zukunft:* sie lebten w. im Hause ihrer Eltern. **2.** *außerdem, darüber hinaus.* **3.** *fordern,* te er, daß man sofort mit der Arbeit beginnen solle.

w̲e̲itersagen, sagte weiter, hat weitergesagt ⟨tr.⟩: *(was einem mitgeteilt oder anvertraut wurde [in geschwätziger Weise])* *einem anderen sagen; weitererzählen:* was ich dir jetzt erzählt habe, sollst du nicht w.; sag es bitte weiter *(teile es den anderen mit),* daß wir morgen nicht zu arbeiten brauchen!

weitgehend, weiter gehend/ weitgehender, weitestgehend/ weitgehendst ⟨Adj.; nicht prädikativ⟩: *fast vollständig, vieles umfassend:* er hatte weitgehende Freiheit in seiner Arbeit; die Zustände hatten sich w. *(sehr)* gebessert.

weith̲i̲n ⟨Adverb⟩: **a)** *bis in große Entfernung; in einem großen Umkreis:* der Lärm war w. zu hören. **b)** *im allgemeinen, vielfach, oft:* dieser Künstler ist noch w. *(bei vielen)* unbekannt.

w̲e̲itläufig ⟨Adj.⟩: **1.** *groß und viel Raum bietend; ausgedehnt:* ein weitläufiges Gebäude; der Park war sehr w. **2.** *nicht unmittelbar; entfernt:* er ist ein weitläufiger Verwandter von ihm; die beiden sind nur w. verwandt. **W̲e̲itläufigkeit,** die; -.

w̲e̲itschweifig ⟨Adj.⟩ (abwertend): *ausführlich und umständlich:* seine Berichte sind immer sehr w. **W̲e̲itschweifigkeit,** die; -, -en.

w̲e̲itsichtig ⟨Adj.⟩: **a)** *nur entfernte Dinge gut sehend:* der Arzt hat festgestellt, daß ich w. bin. **b)** *klug das Zukünftige bedenkend:* er hat in diesem Fall sehr w. gehandelt.

W̲e̲izen, der; -s: /eine Getreideart/ (siehe Bild).

Weizen

welk ⟨Adj.⟩: *(durch einen Mangel an Feuchtigkeit) nicht mehr frisch; schlaff geworden:* eine welke Haut; die Blumen sind auf dem langen Weg w. geworden.

w̲e̲lken, welkte, hat gewelkt ⟨itr.⟩: *durch Mangel an Feuchtigkeit welk, schlaff werden:* die Blumen welkten, weil sie ver-

Welle

gessen hatte, ihnen Wasser zu geben.
Welle, die; -, -n: 1. *durch den Wind hervorgerufene Bewegung der Oberfläche des Wassers; Woge:* eine W. warf das Boot um; bildl.: Wellen der Begeisterung gingen durch den Saal, als der Sänger auftrat. 2. *Haare, die in geschwungener Form liegen:* sie ließ sich das Haar in Wellen legen.
wellig ⟨Adj.⟩: *die Form von Wellen aufweisend:* er hat welliges Haar; das Gelände ist w.
Welt, die; -, -en: 1. ⟨ohne Plural⟩ *(der Planet) Erde:* er hat eine Reise um die W. gemacht; dieser Künstler ist überall in der W. bekannt. * (geh.) **zur W. kommen** *(geboren werden);* (geh.) **zur W. bringen** *(gebären);* **etwas aus der W. schaffen** *(eine unangenehme Angelegenheit bereinigen; etwas endgültig beseitigen):* der Grund für ihren Streit ist endlich aus der W. geschafft. 2. ⟨ohne Plural⟩ *Universum, Weltall:* Theorien über die Entstehung der W. 3. ⟨ohne Plural⟩ *alle Menschen:* die W. hofft auf den Frieden. *alle W. *(jeder).* 4. *[Lebens]bereich, Sphäre:* die W. des Kindes; die W. der Technik, der Träume.
Weltall, das; -s: *der unendliche Raum, der alle Himmelskörper umschließt; Kosmos:* die Menschen beginnen das W. zu erobern.
weltberühmt ⟨Adj.⟩: *sehr berühmt; in der ganzen Welt bekannt:* er war als Sänger w.
Weltbild, das; -es, -er: *gesamtes Wissen eines einzelnen von der Welt und den Menschen sowie sein Urteil und seine Vorstellung von der Welt und den Menschen:* das W. Ulrichs von Türheim.
weltfremd ⟨Adj.⟩: *ohne Bezug zur Wirklichkeit; die Realitäten des Lebens nicht richtig einschätzend oder erkennend:* seine Ideen sind etwas w. **Weltfremdheit,** die; -.
weltlich ⟨Adj.⟩: *der Welt angehörend oder zugewandt; nicht geistlich oder kirchlich:* dieses Buch enthält weltliche und geistliche Lieder; er ist sehr w. eingestellt.
Weltmacht, die; -, Weltmächte: *Staat mit großer Macht in der Welt.*

Weltmeister, der; -s, -: *Sportler, der eine Weltmeisterschaft gewonnen hat.*
Weltraum, der; -s: *Raum außerhalb der Atmosphäre der Erde:* die Astronauten sind aus dem W. zurückgekehrt.
Wende, die; -: *Wendung, Umschwung; entscheidende Veränderung:* in seinem Schicksal trat eine unerwartete W. ein; an der W. *(am Ende)* des 19. Jahrhunderts.
Wendeltreppe, die; -, -n: *Treppe, deren einzelne Stufen um eine Achse angeordnet sind* (siehe Bild): auf die Spitze des Turmes führte eine W.

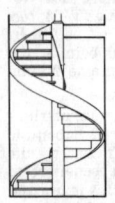

Wendeltreppe

wenden: I. wendete, hat gewendet: **a)** ⟨tr.⟩ *in eine andere Lage bringen; umdrehen:* sie wendete den Braten im Topf; die Bauern haben das Heu gewendet. **b)** ⟨itr.⟩ *in die entgegengesetzte Richtung bringen, drehen:* er konnte in der engen Straße [mit dem Wagen] nicht w. II. wendete/wandte, hat gewendet/gewandt ⟨itr./rfl.⟩: *(in einer bestimmten Richtung) drehen:* den Kopf zur Seite w.; als es klopfte, wandten sich ihre Augen zur Tür. * **sich an jmdn. w.** *(jmdn. in einer bestimmten Sache um Hilfe o. ä. bitten):* wenn sie den Weg nicht finden, müssen sie sich an die Polizei w.
Wendepunkt, der; -[e]s, -e: *Zeitpunkt, an dem für jmdn. oder etwas eine entscheidende Veränderung eintritt:* er war an einem W. in seinem Leben angelangt.
wendig ⟨Adj.⟩: *nicht adverbial⟩*: 1. *beweglich; nicht schwerfällig (in der Bewegung):* dieses Auto ist sehr w. 2. *flink; fähig, sich schnell an eine neue Situation anzupassen:* er ist ein wendiger Geschäftsmann. **Wendigkeit,** die; -.
Wendung, die; -, -en: 1. ⟨ohne Plural⟩ *das Wenden, Drehung:* durch eine schnelle W. nach der Seite entging der Fahrer dem

Hindernis. *etwas nimmt eine bestimmte W. *(etwas ändert sich in bestimmter Weise);* **eine W. tritt in/bei etwas ein** *(etwas ändert sich entscheidend);* **einer Sache eine bestimmte W. geben** *(etwas in eine bestimmte andere Richtung lenken):* dieses Ereignis gab seinem Leben eine neue W. 2. *aus mehreren Wörtern bestehende sprachliche Einheit:* sie gebrauchte in ihrem Brief eine W., die viele nicht kannten.
wenig ⟨Indefinitpronomen und unbestimmtes Zahlwort⟩: 1. **a) weniger, wenige, weniges;** /unflektiert/ **wenig** ⟨Singular⟩: *eine geringe Menge (von etwas); nicht viel:* man sah w. schönes Porzellan; mit wenigem Geld auskommen; er hat w. Schönes gesehen; er hat heute w. Zeit; das Kind hat w. gegessen; in dem Geschäft gefiel mir nur weniges; er hat mir geholfen; er hat mich nicht w. geärgert *(er hat mich sehr geärgert).* **b) wenige;** /unflektiert/ **wenig** ⟨Plural⟩: *eine geringe Anzahl (einzelner Personen oder Sachen):* die Arbeit weniger Menschen; es sind nur wenige mitgegangen; er hat es mit wenig[en] Worten erklärt. 2. ⟨unflektiert; vor einem Adjektiv⟩ *nicht sehr:* diese Handlung war w. schön. * **ein w.** *(etwas; ein bißchen):* sie nahm ein w. Zucker aus dem Gefäß.
wenigstens ⟨Adverb⟩: *zumindest, immerhin:* er sollte sich w. entschuldigen; gut, daß es w. nicht *(nicht auch noch)* regnet.
wenn ⟨Konj.⟩: 1. *falls; für den Fall, daß:* w. du willst, kannst du mit uns fahren. 2. *sobald:* w. die Ferien anfangen, verreisen wir. 3. *sooft:* [immer] w. er dieses Lied hört, erinnert er sich an ein Erlebnis in seiner Kindheit. 4. ⟨in Verbindung mit *auch*⟩ *obgleich, obwohl:* er gehorchte, w. es ihm auch schwerfiel. 5. ⟨in Wunschsätzen; in Verbindung mit *doch/nur*⟩ *ich wünschte, daß:* w. er doch endlich aufhören wollte zu schreien.
wenngleich ⟨Konj.⟩: *obgleich, wenn auch:* er gab sich große Mühe, w. ihm die Arbeit wenig Freude machte.
werben, wirbt, warb, hat geworben: **a)** ⟨tr.⟩ *(jmdn. für etwas Bestimmtes) zu gewinnen suchen:* seine Aufgabe ist es, Mitglieder, Käufer, Abonnenten

zu w. b) ⟨itr.⟩ *für etwas Reklame machen, andere zu interessieren suchen:* er wirbt für bestimmte Waren, für eine Partei. c) ⟨itr.⟩ *sich bemühen (um jmdn./etwas):* die Stadt wirbt um Besucher; er warb vergebens um das schöne Mädchen, das ihn nicht heiraten wollte. **Werbung,** die; -.

Werdegang, der; -s : *Gang der Ausbildung oder Entwicklung:* er beschreibt seinen W. in seinem Lebenslauf.

werden, wird, wurde, ist geworden/ ⟨nach vorangehendem 2. Partizip⟩ ist ... worden ⟨itr.⟩: **1. a)** ⟨werden + Artangabe⟩ *in einen bestimmten Zustand kommen; eine bestimmte Eigenschaft bekommen:* er wird alt, müde; das Wetter wird wieder besser. **b)** ⟨werden + Artangabe; unpersönlich⟩ *das Gefühl (von etwas) bekommen:* plötzlich wurde ihm übel, schwindlig. **2.** ⟨werden + Substantiv im Nominativ⟩ *drückt ein Verhältnis (Identität oder Zuordnung) aus, das zwischen dem Subjekt und dem zweiten Substantiv entsteht:* er wird Bäcker; sie wurde seine Frau. **3.** ⟨werden + Zeitangabe; unpersönlich⟩ *sich einem bestimmten Zeitpunkt nähern:* es wird Abend; es wird gleich 12 Uhr.

werfen, wirft, warf, hat geworfen: **1. a)** ⟨tr.⟩ *mit einem Schwung durch die Luft fliegen lassen; schleudern:* er hat den Ball 50 Meter weit geworfen; er warf alle Kleider von sich; bildl.: die lauten Gäste wurden aus dem Lokal geworfen *(wurden zum Verlassen des Lokals aufgefordert);* ⟨auch itr.⟩ er wirft gut. **b)** ⟨itr./rfl.⟩ *mit Schwung irgendwohin befördern; fallen lassen:* er hat das Papier einfach auf den Boden geworfen; er warf sich in einen Sessel; bildl.: er warf *(richtete)* einen Blick auf die Zeitung seines Nachbarn. **2.** ⟨tr.⟩ *gebären* /von bestimmten Säugetieren/: die Katze hat 3 Junge geworfen.

Werk, das; -[e]s, -e: **I. a)** *Tat, Arbeit:* ein mühevolles W.; ein W. der Barmherzigkeit; die Helfer haben ihr W. beendet. **b)** *etwas, was durch [künstlerische] Arbeit hervorgebracht wurde oder wird:* ein großes W. der Malerei; er kennt alle Werke dieses Dichters; ein großes W. schaffen. **II.** *Fabrik, Industriebetrieb:* in diesem W. werden bestimmte Flugzeugteile hergestellt. **III.** *Getriebe eines Apparates, einer Maschine o. ä.:* das W. der Uhr mußte durch ein neues ersetzt werden.

Werkstatt, die; -, Werkstätten: *Arbeitsraum eines Handwerkers:* der Schreiner arbeitet in seiner W.

Werktag, der; -s, -e: *jeder Tag einer Woche mit Ausnahme des Sonntags:* die Läden sind hier nur an Werktagen geöffnet.

werktags ⟨Adverb⟩: *an Werktagen; wochentags:* w. hat er wenig Zeit zum Lesen.

werktätig ⟨Adj.;⟩: *arbeitend; einen Beruf ausübend:* die werktätige Bevölkerung.

Werkzeug, das; -s, -e: **a)** *einzelnes Gerät, mit dessen Hilfe etwas bearbeitet oder hergestellt wird:* der Hammer ist ein W.; bildl.: er war als Spion ein W. der feindlichen Macht. **b)** ⟨ohne Plural⟩ *alle Geräte, die jmd. für seine Arbeit braucht:* die Handwerker haben ihr W. mitgebracht.

wert: ⟨in bestimmten Fügungen⟩ *etwas w. sein (einen bestimmten Wert haben; einen bestimmten Betrag in Geld entsprechen):* der Schmuck war 1 000 Mark w.; dieser Apparat ist nichts w. *(taugt nichts);* **einer Person oder Sache w. sein** *(einer Person oder Sache würdig sein):* seine Tat ist der Bewunderung w.; er war es nicht w. *(verdiente es nicht),* daß man sich um ihn bemühte.

Wert, der; -es, -e: **1. a)** *Preis, den etwas im Falle seines Verkaufs haben würde:* das Haus hat einen W. von 100 000 Mark; der W. des Schmuckes ist gering. **b)** ⟨Plural⟩ *Gegenstände oder Besitz, der sehr wertvoll ist:* der Krieg hat viele Werte zerstört. **2.** ⟨ohne Plural⟩ *Bedeutung; Wichtigkeit:* der künstlerische W. des Bildes; der W. dieser Entdeckung wurde erst später erkannt; seine Hilfe war uns von großem W. ***viel/großen/wenig W. auf etwas legen** *(jmdm. ist etwas sehr/ nicht sehr wichtig).* **3.** *[durch Messung gewonnene] Zahl; in Zahlen oder Zeichen ausgedrücktes Ergebnis einer Messung oder Untersuchung o. ä.:* die Werte von einer Skala, einem Meßgerät ablesen.

werten, wertete, hat gewertet ⟨tr.⟩: *einschätzen, bewerten, beurteilen:* seine Arbeit wurde niemals richtig gewertet.

wertlos ⟨Adj.⟩: *ohne Wert:* dieser Schmuck ist völlig w.

wertvoll ⟨Adj.⟩: **a)** *von großem Wert; kostbar:* wertvoller Schmuck. **b)** *von großem Nutzen; nützlich:* seine Hilfe war uns sehr w.

Wesen, das; -s, -: **1.** ⟨ohne Plural⟩ *(einem Menschen zugehörige, ihn charakterisierende) Art:* das Kind hat ein sehr freundliches W. **2.** ⟨ohne Plural⟩ *das Kennzeichnende; charakteristische Eigenschaft, wesentlichstes Merkmal:* zum W. der Demokratie gehört die Achtung der menschlichen Freiheit. **3.** *Lebewesen, Geschöpf:* der Mensch ist ein W., das mit Vernunft begabt ist.

wesentlich ⟨Adj.⟩: **a)** *bedeutsam, wichtig:* zwischen den beiden Methoden besteht ein wesentlicher Unterschied. **b)** ⟨verstärkend bei Adjektiven im Komparativ und bei Verben⟩ *sehr, viel:* er ist w. größer als sein Bruder; er hat sich nicht w. verändert.

weshalb ⟨Interrogativadverb⟩: *aus welchem Grunde; warum:* w. willst du nach Hause gehen?

Wespe, die; -, -n: /ein Insekt/ (siehe Bild).

Wespe

Weste, die; -, -n: /ein Kleidungsstück, das am Oberkörper getragen wird/ (siehe Bild): er trägt einen Anzug mit W.

Weste

Westen, der; -s: **1.** *Himmelsrichtung, in der die Sonne untergeht:* von, nach, im W. **2.** *der in dieser Richtung liegende Teil eines Gebietes:* der W. des Landes.

westlich: I. ⟨Adj.; nur attributiv⟩: 1. *im Westen liegend:* der westliche Teil des Landes. 2. *nach Westen gerichtet:* das Schiff steuert westlichen Kurs. II. ⟨Präp. mit Gen.⟩ *im Westen (von etwas):* die Autobahn verläuft w. der Stadt; ⟨auch als Adverb in Verbindung mit *von*⟩ w. von Mannheim.

Wettbewerb, der; -[e]s, -e: *Kampf, Wettstreit von mehreren Beteiligten um die beste Leistung, um eine führende Stellung o. ä.:* er bekam den ersten Preis in dem W. um die Gestaltung eines modernen Schwimmbades; unter den Firmen herrscht ein harter W. *(eine harte Konkurrenz).*

Wette, die; -, -n: *Vereinbarung zwischen zwei oder mehreren Personen, nach der derjenige, der in einer fraglichen Sache recht behält, einen vorher bestimmten Preis bekommt:* er hat die W. gewonnen. * **um die W. laufen/fahren** *(mit einem oder mehreren anderen zugleich laufen oder fahren, um festzustellen, wer am schnellsten ist).*

wetteifern, wetteiferte, hat gewetteifert ⟨itr.⟩: *sich zugleich mit einem oder mehreren anderen um etwas bemühen, etwas Bestimmtes zu erreichen suchen:* die beiden Hotels wetteiferten um die Gunst der Touristen.

wetten, wettete, hat gewettet ⟨itr.⟩: a) *mit einem oder mehreren anderen vereinbaren, daß derjenige, der in einer fraglichen Sache recht behält, einen vorher bestimmten Preis bekommt; eine Wette abschließen:* er wettete um einen Kasten Bier, daß diese Mannschaft gewinnen werde. b) *überzeugt, fast sicher sein:* ich wette, er kommt heute nicht.

Wetter, das; -s: 1. *wechselnde Erscheinungen von Sonne, Regen, Wind, Kälte, Wärme o. ä. auf der Erde:* heute ist sonniges W. *(heute scheint die Sonne);* das W. ändert sich. 2. *zur Explosion neigendes Gemisch von Luft, Gas und Dunst in Bergwerken:* schlagende W.

Wetterbericht, der; -[e]s, -e: *[täglich veröffentlicher] Bericht über die [voraussichtliche] Entwicklung des Wetters:* er hörte im Rundfunk den W.

wettern, wetterte, hat gewettert ⟨itr.⟩: *laut und heftig schimpfen:* er wetterte über die schlechten Straßen.

wetterwendisch ⟨Adj.; nicht adverbial⟩ (abwertend): *leicht seine Einstellung oder seine Meinung ändernd; launenhaft und daher unberechenbar:* er ist ein sehr wetterwendischer Mensch.

Wettkampf, der; -[e]s, Wettkämpfe: *Kampf um die beste Leistung im Sport:* im Stadion fand ein W. statt.

wettmachen, machte wett, hat wettgemacht ⟨tr.⟩: *(durch etwas anderes) ersetzen (und dadurch einen Ausgleich schaffen); ausgleichen:* er bemühte sich, seine geringere Begabung durch Fleiß wettzumachen.

Wettstreit, der; -[e]s, -e: *freundschaftlicher Kampf mehrerer um die beste Leistung o. ä.:* es gab bei diesem Spiel einen W. zwischen den Kindern.

wetzen, wetzte, hat gewetzt ⟨tr.⟩: *(durch Schleifen an einem harten Gegenstand) wieder schärfen, glätten:* der Fleischer wetzt sein Messer; der Vogel wetzt seinen Schnabel an einem Zweig.

wichtig ⟨Adj.⟩: *von einer bestimmten Bedeutung; bedeutsam:* eine wichtige Mitteilung; diese Arbeit ist mir nicht sehr w.; er hielt die Sache für sehr w. * (abwertend) **sich w. machen** *(angeben, sich aufspielen).* **Wichtigkeit**, die; -.

wickeln, wickelte, hat gewickelt: 1. ⟨tr.⟩ *durch eine drehende Bewegung [der Hand] (zu einem Knäuel o. ä.) schlingen:* sie wickelt die Wolle zu einem dicken Knäuel. 2. ⟨tr./rfl.⟩ *mit einer Hülle versehen; einpacken:* der Verkäufer wickelt das Paket in Papier; sie wickelt eine Binde um das verletzte Bein; als er zu frieren begann, wickelte er sich in seine Decke; der Säugling wird [in Windeln] gewickelt.

wider ⟨Präp. mit Akk.⟩ (geh.): *gegen /bezeichnet einen Gegensatz, Widerstand, eine Abneigung/:* das geschah w. meinen Willen; er handelte w. besseres Wissen *(obwohl er wußte, daß es nicht richtig war).*

widerfahren, widerfährt, widerfuhr, ist widerfahren ⟨itr.⟩ (geh.): *begegnen, zustoßen:* es ist ihm viel Leid in seinem Leben widerfahren.

Widerhall, der; -[e]s: *das Hallen eines Tones oder Geräuschs (bes. in großen leeren Räumen), Echo:* man hörte den W. seiner Schritte in dem Gewölbe. * **W. finden** *(mit Interesse oder Wohlwollen aufgenommen werden):* seine Vorschläge fanden keinen W.

widerlegen, widerlegte, hat widerlegt ⟨tr.⟩: *nachweisen, daß etwas nicht zutrifft:* es war nicht schwer, seine Behauptungen zu w.

widerlich ⟨Adj.⟩ (abwertend): a) *Widerwillen oder Ekel erregend:* ein widerlicher Geruch; diese Insekten sind w. b) *unerträglich:* ein widerlicher Mensch; er ist mir w. *(zuwider).*

widernatürlich ⟨Adj.⟩: *dem natürlichen Empfinden oder Verhalten entgegengesetzt; abartig:* sein Verhalten war w.

Widerrede, die; -, -n: *Widerspruch:* der Vater duldete keine W., er gehorchte ohne W. *(ohne Weigerung, ohne zu widersprechen).*

widerrufen, widerrief, hat widerrufen ⟨tr.⟩: *(eine eigene Aussage) für falsch oder für nicht gültig erklären:* der Angeklagte hat sein Geständnis w.; ⟨auch itr.⟩ der Angeklagte hat widerrufen.

Widersacher, der; -s, -(geh.): *persönlicher Gegner, Feind:* er hatte mehrere Widersacher in der eigenen Partei.

widersetzen, sich; widersetzte sich, hat sich widersetzt: *sich heftig weigern (etwas Bestimmtes zu tun), sich gegen jmdn./etwas wehren:* er widersetzte sich der Aufforderung, seinen Ausweis vorzuzeigen.

widersetzlich ⟨Adj.⟩: *leicht geneigt, sich gegen etwas zu wehren oder etwas, was gefordert wird, nicht zu tun:* der Junge ist sehr w. und darum schwer zu erziehen. **Widersetzlichkeit**, die; -.

widerspenstig ⟨Adj.⟩: *sich dem Willen eines anderen ungern, erst nach längerem Widerstand fügend; widersetzlich, ungehorsam:* ein widerspenstiges Kind; das Pferd ist sehr w. **Widerspenstigkeit**, die; -.

widerspiegeln, spiegelte wider, hat widergespiegelt: a) *erkennen lassen, zeigen:* sein Gesicht spiegelte seinen Zorn wider. b) ⟨rfl.⟩ *erkennbar werden, sich zeigen:* in dieser Dichtung spiegeln sich die politischen Verhältnisse der Zeit wider.

widersprechen, widerspricht, widersprach, hat widersprochen ⟨itr.⟩: **a)** *der Meinung, Äußerung eines anderen entgegentreten; jmds. Äußerung für unrichtig erklären:* er widersprach dem Redner heftig. **b)** *nicht übereinstimmen:* diese Entwicklung widerspricht den bisherigen Erfahrungen; ⟨auch rzp.⟩ die Darstellungen w. einander; ⟨häufig im 1. Partizip⟩ sie machten einander widersprechende Aussagen.

Widerspruch, der; -s, Widersprüche: **1.** *Äußerung, durch die man einer anderen Meinung o. ä. entgegentritt und sie zu widerlegen sucht:* sein W. war berechtigt; er verträgt keinen W. * **auf W. stoßen** *(keine Zustimmung finden).* **2.** *Gegensatz; etwas Unvereinbares, nicht Übereinstimmendes:* zwischen seinem Reden und Handeln besteht ein W. * **in W. stehen zu jmdm./etwas** *(mit jmdm./etwas nicht übereinstimmen).*

widersprüchlich ⟨Adj.⟩: *Widersprüche aufweisend; nicht übereinstimmend:* die Aussagen der Zeugen waren w. **Widersprüchlichkeit,** die; -.

Widerstand, der; -es, Widerstände: *Haltung oder Kraft, die einer anderen Absicht entgegensteht oder entgegenwirkt:* sein W. gegen diesen Plan war groß; er mußte innere Widerstände *(Hemmungen)* überwinden; beim Graben stieß er auf einen W. *(auf etwas Hartes).* ***auf W. stoßen/treffen** *(in seinen Bestrebungen oder Unternehmungen nicht unterstützt, sondern abgelehnt werden):* seine Wünsche stießen bei seinen Eltern auf W.; er traf mit seinen Plänen auf W. bei seinen Kameraden; **den Weg des geringsten Widerstandes gehen** *(bei der Verfolgung eines Zieles Schwierigkeiten zu umgehen suchen, die bequemste Möglichkeit wählen):* er ging den Weg des geringsten Widerstandes.

widerstandsfähig ⟨Adj.⟩: *gegen schädliche Einflüsse, Krankheitserreger u. ä. nicht empfindlich oder anfällig:* der Aufenthalt an der See hat die Kinder sehr w. gemacht; ein widerstandsfähiges Material. **Widerstandsfähigkeit,** die; -.

widerstandslos ⟨Adj.; nicht prädikativ⟩: *ohne Widerstand; ohne sich zu wehren:* der Dieb ließ sich w. verhaften.

widerstehen, widerstand, hat widerstanden ⟨itr.⟩: **1. a)** *standhalten:* die Häuser widerstanden dem heftigen Sturm. **b)** *der Versuchung, etwas Bestimmtes zu tun, nicht nachgeben:* er widerstand tapfer dem Alkohol. **2.** *gegen etwas einen Widerwillen haben und es darum nicht essen oder trinken wollen; widerliche, ablehnende Gefühle (in jmdm.) auslösen:* dieses Fett widersteht mir.

widerstreben, widerstrebte, hat widerstrebt ⟨itr.⟩: *zuwider sein, sich widersetzen, nicht mögen:* es widerstrebte ihm, über diese Angelegenheit zu sprechen; er widerstrebte den Forderungen, die man an ihn stellte; ⟨häufig im 1. Partizip⟩ er tut diese Arbeit nur sehr widerstrebend *(ungern).*

Widerstreit, der; -s: *Zwiespalt, in dem verschiedene Wünsche im Menschen gegeneinander kämpfen; innerer Konflikt:* er lebte in einem W. zwischen Pflicht und Neigung.

widerwärtig ⟨Adj.⟩ (abwertend): *abstoßend, heftigen Ekel erregend:* der schmutzige Raum bot einen widerwärtigen Anblick; die Angelegenheit war ihm w. *(sehr unangenehm).* **Widerwärtigkeit,** die; -, -en.

Widerwille, der; -ns: *heftige Abneigung, Ekel:* er hat einen Widerwillen gegen fettes Fleisch.

widerwillig ⟨Adj.; nicht prädikativ⟩: *Widerwillen zeigend; sehr ungern:* er macht diese Arbeit nur w.

widmen, widmete, hat gewidmet: **1.** ⟨tr.⟩ *(als Zeichen der Verehrung o. ä.) ein eigenes [künstlerisches] Werk durch eine Widmung für einen anderen bestimmen:* er widmete seine Sinfonien dem König. **2. a)** ⟨tr.⟩ *(auf etwas verwenden; (für etwas) gebrauchen:* er widmete seine freie Zeit der Malerei. **b)** ⟨rfl.⟩ *(jmds./einer Sache) annehmen; sich eingehend (mit jmdm./etwas) beschäftigen:* sie widmet sich ganz ihrem Haushalt; du mußt dich den Gästen w.

Widmung, die; -, -en: *persönliche, in ein Buch o. ä. geschrie-* bene *Worte, wodurch es jmdm. geschenkt, zugeeignet wird:* in dem Buch stand eine W. des Verfassers.

widrig ⟨Adj.; nicht adverbial⟩: *ungünstig:* widrige Winde; widrige Umstände. **Widrigkeit,** die; -, -en.

wie: I. ⟨Adverb⟩ **1.** /dient zur Kennzeichnung einer Frage/ **a)** *auf welche Art und Weise:* w. soll ich das machen?; w. komme ich von hier aus zum Bahnhof?; w. geht es Dir? **b)** *in welchem Maße:* w. warm war es heute?; w. oft spielst du Tennis? **2.** /drückt als Ausruf Erstaunen, Freude, Bedauern o. ä. aus/: w. dumm, daß du keine Zeit hast!; w. schön!; ⟨auch alleinstehend⟩ /drückt Erstaunen, Entrüstung u. ä. aus/: wie! Du willst doch mitgehen? **II.** ⟨Vergleichspartikel⟩ **1. a)** /nach einem Positiv/: er ist so groß w. ich. **b)** /in Vergleichssätzen/: Wilhelm ist ebenso groß, w. sein Bruder im gleichen Alter war. **c)** /dient der Aufzählung/: sie haben viele Tiere, w. Pferde, Schweine, Hühner usw.

wieder ⟨Adverb⟩: **1.** *erneut; noch einmal:* er ist in diesem Jahr w. nach Prag gefahren; er hat w. nach ihr gefragt. **2. a)** /drückt die Rückkehr in den früheren Zustand o. ä. aus/ *der junge Mann wurde w. freigelassen;* der umgefallene Stuhl wurde w. aufgestellt; er hob den Bleistift w. auf; er hat sich w. erholt. **b)** ⟨zusammengesetzt mit Verben⟩ *zurück:* wiederbekommen, wiederbringen, wiedergewinnen. ** **hin und w.** *(manchmal).*

Wiedergabe, die; -, -n: **a)** *Reproduktion:* eine gute W. eines Gemäldes von Picasso. **b)** *Darstellung:* es wurde eine exakte W. der Vorgänge gefordert. **c)** *Darbietung; Interpretation:* diese Schallplatte bietet eine vollendete W. einer Kantate von Bach.

wiedergeben, gibt wieder, gab wieder, hat wiedergegeben ⟨tr.⟩: **1.** *(dem Eigentümer) zurückgeben:* gib dem Kind sein Spielzeug wieder! **2. a)** *mit Worten darstellen, schildern:* er versuchte seine Eindrücke wiederzugeben. **b)** *vortragen, darbieten:* er hat die Lieder vollendet wiedergegeben.

wiedergutmachen, machte wieder gut, hat wiedergutgemacht ⟨tr.⟩: *ersetzen, erstatten; durch etwas (für einen Schaden o. ä., den man selbst verschuldet hat) einen Ausgleich schaffen; beseitigen:* er hat seinen Fehler wiedergutgemacht.

wiederholen: I. wiederholen, holte wieder, hat wiedergeholt ⟨tr.⟩: *wieder an den alten Platz, zu sich holen:* er wird [sich] sein Buch morgen w. **II.** wiederholen, wiederholte, hat wiederholt: **1.** ⟨tr.⟩ *noch einmal sagen oder tun:* er wiederholte seine Worte; die Untersuchung mußte wiederholt werden. **2.** ⟨rfl.⟩ *immer wieder von neuem geschehen oder eintreten:* diese seltsame Szene wiederholte sich mehrmals. **3.** ⟨tr.⟩ *dem Gedächtnis von neuem einprägen:* die Schüler wiederholten die Vokabeln.

wiederholt ⟨Adj.; nicht prädikativ⟩: *mehrmals, immer wieder:* er wurde w. aufgefordert, sich zu melden.

Wiederholung, die; -, -en: *das Wiederholen, das nochmalige Ausführen einer Handlung o. ä.:* es gibt für diese Prüfung nicht die Möglichkeit der W.

Wiederkehr, die; - (geh.): **1.** *das Zurückkommen; Rückkehr:* sie glauben an die W. Christi. **2.** *Wiederholung; das wiederholte Auftreten von etwas:* die häufige W. des gleichen Wortes in dem Text störte ihn.

wiederkehren, kehrte wieder, ist wiedergekehrt ⟨itr.⟩ (geh.): **1.** *zurückkommen, zurückkehren:* er ist von seiner Reise bis jetzt nicht wiedergekehrt; ⟨häufig im 1. Partizip⟩ bei wiederkehrendem Bewußtsein erkannte er seinen Retter. **2.** *sich wiederholen:* dieser Gedanke kehrt in dem Aufsatz häufig wieder; ⟨häufig im 1. Partizip⟩ ein immer wiederkehrendes Thema.

wiederkommen, kam wieder, ist wiedergekommen ⟨itr.⟩: **a)** *einen Ort (von dem man ausgegangen ist oder an dem man schon einmal war) wieder aufsuchen; zurückkommen:* er wollte in einer Woche w. **b)** (ugs.) *wieder auftreten:* der Ausschlag ist nach kurzer Zeit wiedergekommen.

wiedersehen, sieht wieder, sah wieder, hat wiedergesehen ⟨itr./rzp.⟩: *(nach einer Trennung) wieder begegnen:* ich habe Klaus nach acht Jahren in Berlin wiedergesehen; die Freunde sahen sich nach vielen Jahren wieder.

Wiedersehen, das; -s: *Begegnung, Treffen von zwei oder mehreren Menschen nach einer Trennung:* als alle Kinder wieder zu Hause waren, gab es ein fröhliches W. * **auf W.!** *(Grußformel beim Abschied).*

Wiege, die; -, -n: *Kinderbett (für einen Säugling), das in schaukelnde Bewegung gebracht werden kann (siehe Bild):* sie kauften für ihr Baby eine W.

Wiege

wiegen: I. wog, hat gewogen: **1.** ⟨tr./rfl.⟩ *das Gewicht (von jmdm./etwas) mit Hilfe einer Waage feststellen:* sie wog die Äpfel mit dem Korb; er hat sich heute gewogen und festgestellt, daß er zugenommen hat. **2.** ⟨itr.⟩ *ein bestimmtes Gewicht haben:* er wiegt 60 kg; bildl.: seine Worte wiegen nicht schwer *(sind nicht von großer Bedeutung).* **II.** wiegte, hat gewiegt: **a)** ⟨tr.⟩ *[in einer Wiege] schaukeln; in schaukelnde Bewegung bringen:* das kleine Mädchen wiegt seine Puppe in den Schlaf. **b)** ⟨itr.⟩ *langsam, schwingend hin und her bewegen:* er wiegte sorgenvoll den Kopf.

wiehern, wieherte, hat gewiehert ⟨itr.⟩: *ungleichmäßig laute, helle, schmetternde Töne erschallen lassen /vom Pferd/.*

Wiese, die; -, -n: *mit Gras bewachsene Fläche:* Kühe weideten auf der Wiese.

wieso ⟨Interrogativadverb⟩: *warum; aus welchem Grunde denn /klingt nachdrücklicher als die Frage:* warum?/: w. muß ich denn immer diese Arbeiten machen?

wieviel [auch: wie...] ⟨Interrogativadverb⟩: *welche Menge, welches Maß, welche Anzahl:* w. Mehl braucht man für diesen Kuchen?; w. Kinder haben Sie?

wild ⟨Adj.⟩: **I.** ⟨nicht adverbial⟩ *in der freien Natur lebend oder wachsend; nicht gezüchtet oder angebaut:* wilde Kaninchen; diese Pflanzen kommen nur w. vor; wilde *(auf einer niederen Stufe der Entwicklung stehende)* Völker. **II. a)** *ungestüm, sehr lebhaft, stürmisch:* die Kinder sind sehr w.; es herrschte ein wildes Durcheinander. **b)** *sehr zornig; heftig erregt:* der Gefangene schlug w. um sich.

Wild, das; -es: *Tiere, die gejagt werden dürfen:* sie fütterten das W. im Winter.

Wildnis, die; -, -se: *unbewohntes, nicht kultiviertes oder bebautes Land:* diese Region des Landes war lange Zeit eine W.; der Garten ist in ihrer langen Abwesenheit eine W. geworden *(ist völlig verwildert).*

Wildschwein, das; -s, -e: /ein Tier/ (siehe Bild).

Wille, der; -ns: *das Wollen; Fähigkeit des Menschen, sich für bestimmte Handlungen zu entscheiden:* er hat einen starken Willen; er hatte den festen Willen *(die feste Absicht),* sich zu bessern. * **aus freiem Willen** *(freiwillig, ohne Zwang);* **beim besten Willen nicht** *(unmöglich):* ich kann beim besten Willen nicht kommen.

Wildschwein

willen: ⟨nur in Verbindung mit um⟩ **um.... w.** ⟨Präp. mit Gen.⟩: *wegen; zum Nutzen (von jmdm./ etwas):* um ihrer Kinder w. haben sie auf vieles verzichtet.

willens: ⟨in der Fügung⟩ w. sein: *bereit sein (etwas zu tun):* er war w., uns zu helfen.

willfährig ⟨Adj.⟩ (abwertend): *ohne Bedenken, in würdeloser Weise bereit, zu tun, was ein anderer von einem fordert; gefügig:* er war mit in willfähriger Handlanger der Verbrecher.

willig ⟨Adj.⟩: *immer bereit, zu tun, was gefordert wird; guten Willen zeigend:* die Arbeiter zeigten sich sehr w.

willkommen ⟨Adj.⟩: *erfreulich, angenehm:* eine willkommene Nachricht; er ist uns immer ein willkommener *(gern gesehener)* Gast; du bist uns immer w. *(wir freuen uns immer über deinen Besuch).* ** **jmdn. w. heißen** *(als Gastgeber jmdn. bei seiner Ankunft begrüßen).*

Willkür, die; -: *Weise zu handeln, die ohne Rücksicht auf andere nur den eigenen Wünschen folgt:* sie waren der W. eines launischen Vorgesetzten ausgeliefert.

willkürlich ⟨Adj.⟩: **a)** *vom Willen oder Bewußtsein gesteuert:* man unterscheidet willkürliche und unwillkürliche Bewegungen. **b)** *nach eigenem Willen und ohne die Interessen anderer zu berücksichtigen:* er handelt immer sehr w.

wimmeln, wimmelte, hat gewimmelt ⟨itr.⟩: *sich in großer Zahl an einem bestimmten Ort bewegen oder dort vorhanden, anwesend sein:* im Schwimmbad wimmelte es von Kindern; die Straße wimmelte *(war voll)* von Menschen; der Aufsatz wimmelt von Fehlern *(hatte sehr viele Fehler).*

wimmern, wimmerte, hat gewimmert ⟨itr.⟩: *leise, klagend weinen:* das kranke Kind wimmerte.

Wimpel, der; -s, -: *kleine Fahne* (siehe Bild): die Jungen hatten bei der Wanderung einen W. bei sich.

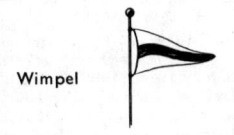

Wimpel

Wimper, die; -, -n: *Haar am Lid des Auges* (siehe Bild): das Kind hatte lange seidige Wimpern.

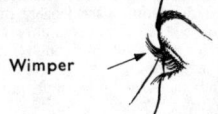

Wimper

Wind, der; -es, -e: *spürbare stärkere Bewegung der Luft:* auf den Bergen wehte ein heftiger W.; der W. kommt von Osten. *** bei W. und Wetter** *(auch bei schlechtem Wetter):* er macht bei W. und Wetter seinen täglichen Spaziergang; **etwas in den W. schlagen** *(etwas, bes. eine War-* *nung, nicht beachten);* **in den W. reden** *(etwas [Warnendes] sagen, ohne daß es jmd. beachtet);* (ugs.) **W. von etwas bekommen** *(etwas, was einem eigentlich nicht bekannt werden sollte, doch auf irgendeine Weise erfahren [und sich entsprechend verhalten]):* die Polizei hatte von dem Anschlag W. bekommen.

Windel, die; -, -n: *weiches Tuch aus Stoff oder Papier, mit dem man einen Säugling wickelt und das dazu dient, die Ausscheidungen aufzunehmen:* sie hat viele Windeln zu waschen.

winden, sich; wand sich, hat sich gewunden: **1.** *sich (vor Schmerzen) krümmen, sich hin und her werfen:* der Verletzte wand sich vor Schmerzen. **2.** *durch ausweichende Reden eine klare Antwort oder Entscheidung zu umgehen suchen:* er wand sich in langen Reden, um die unangenehme Sache zu verbergen.

windig ⟨Adj.; nicht adverbial⟩: *stärkere Bewegung der Luft aufweisend:* heute ist es sehr w. draußen.

Windung, die; -, -en: *Biegung; Krümmung in Form eines Bogens:* der Bach fließt in vielen Windungen durch das Tal.

Wink, der; -[e]s, -e: *durch eine Bewegung der Hand o. ä. gegebenes Zeichen (mit dem man etwas Bestimmtes ausdrückt):* auf einen W. des Gastes kam der Kellner herbei; bildl.: man hatte ihm den W. *(Rat)* gegeben, die Stadt schnell zu verlassen.

Winkel, der; -s, -: **1.** *geometrisches Gebilde aus zwei geraden Linien, die sich schneiden* (siehe Bild): die beiden Linien bilden einen W. von 60°. **2.** *Bezeichnung für verschiedene Geräte zum Zeichnen, Messen u. ä.* (siehe Bild): der Schüler benutzte zum Zeichnen einen W. **3.** *Ecke, die von zwei Wänden gebildet wird:* in einem W. des Zimmers stand ein Sessel. **4.** *Gegend, Stelle, Bereich:* wir wohnen in einem ganz abgelegenen W. der Stadt.

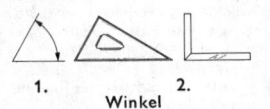

1.   2.
Winkel

winken, winkte, hat gewinkt ⟨itr.⟩: **1.** *mit einer oder mit wiederholten Bewegungen der Hand oder des Armes Zeichen geben, um etwas Bestimmtes auszudrücken:* die Kinder standen auf dem Bahnsteig und winkten, als die Mutter abreiste; der Gast winkte dem Kellner, weil er zahlen wollte. **2.** *(jmdn.) erwarten:* dem Finder winkte eine hohe Belohnung.

winseln, winselte, hat gewinselt ⟨itr.⟩: *in leisem Ton klagende, jammernde Laute hervorbringen:* der Hund winselte vor der Tür.

Winter, der; -s, -: *auf den Herbst folgende Jahreszeit, die im Kalender festgelegt ist auf die Zeit vom 22. Dezember bis 19. März.*

Winzer, der; -s, -: *jmd., der Wein anbaut.*

winzig ⟨Adj.; nicht adverbial⟩: *sehr klein:* das Haus hat winzige Fenster. **Winzigkeit,** die;-.

Wipfel, der; -s, -: *oberer Teil, Spitze (eines Baumes); Krone:* der Junge kletterte in den W. des Baumes.

Wippe, die; -, -n: /eine Art Schaukel/ (siehe Bild).

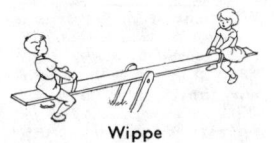

Wippe

wippen, wippte, hat gewippt ⟨itr.⟩: *kurze schaukelnde Bewegungen ausführen; (etwas) federnd auf und nieder bewegen:* der Junge wippte mit den Beinen.

Wirbel, der; -s, -: **1.** *schnelle drehende, kreisende Bewegung:* in dem Strom sind starke Wirbel. **2.** *Knochen der Wirbelsäule:* der fünfte W. ist beschädigt. **3.** *längeres, sehr schnelles Schlagen auf eine Trommel:* die Trommler empfingen den Minister mit einem W.

wirbeln, wirbelte, hat gewirbelt: **1.** ⟨itr./tr.⟩ *[sich] schnell und drehend, kreisend bewegen:* der Staub wirbelte in die Höhe; der Wind wirbelte den Schnee von den Bäumen. **2.** ⟨itr.⟩ *in einem Wirbel geschlagen werden:* die Trommeln wirbelten.

Wirbelsäule, die; -, -n: *aus einzelnen gelenkig miteinander verbundenen Knochen bestehende Achse des Skeletts von Menschen und bestimmten Tieren; Rückgrat:* ich habe mir die W. verletzt.

Wirbeltier, das; -s, -e: *Tier, das eine Wirbelsäule hat.*

wirken, wirkte, hat gewirkt: 1. ⟨itr.⟩ *arbeiten; tätig sein:* er hat hier als Arzt lange gewirkt. 2. ⟨itr.⟩ (geh.) *schaffen, leisten, hervorbringen:* er hat viel Gutes gewirkt. 3. ⟨itr.⟩ *Wirkung haben; Einfluß ausüben:* die Tabletten wirken [schnell]. 4. ⟨itr.⟩ a) *erscheinen; einen bestimmten Eindruck hervorrufen:* die Arbeit wirkt primitiv; ⟨häufig im 1. Partizip⟩ ein sympathisch wirkender Mensch. b) *zur Geltung kommen:* das Bild, die Farbe wirkt in diesem Raum nicht. 5. ⟨tr.⟩ *auf besondere Weise aus Fäden herstellen:* Teppiche w.; ⟨häufig im 2. Partizip⟩ mit der Hand gewirkte Stoffe.

wirklich: I. ⟨Adj.⟩ *in Wirklichkeit vorhanden, bestehend; real:* Szenen aus dem wirklichen Leben. II. ⟨Adverb⟩ *in der Tat, tatsächlich; bestimmt:* er kommt w.; das war eine w. gute Aufführung.

Wirklichkeit, die; -: *Zustand, wie man ihn tatsächlich antrifft, erlebt; Realität:* was er sagte, war von der W. weit entfernt.

wirksam ⟨Adj.⟩: *gewünschte Wirkung erzielend, mit Erfolg wirkend:* ein wirksames Mittel gegen Husten. **Wirksamkeit**, die; -.

Wirkung, die; -, -en: *Verhalten, das von jmdm./etwas bewirkt wird; Folge, Reaktion:* eine schnelle W. erkennen lassen; zwischen Ursache und W. unterscheiden; ohne W. bleiben. * mit W. vom ... *(von ... an* [gültig]).

wirkungslos ⟨Adj.⟩: *keine Wirkung habend; keine Reaktion hervorrufend:* alle Maßnahmen waren w.

wirr ⟨Adj.⟩: *[völlig] durcheinander; verwirrt; unklar:* die Haare hingen ihr w. ins Gesicht; ich bin ganz w. von dem Lärm.

Wirt, der; -[e]s, -e: *Inhaber, oder Pächter eines Restaurants.* * die Rechnung ohne den W. machen *(etwas tun oder zu tun beabsichtigen, ohne die entscheidende Person zu berücksichtigen),* die dem Vorhaben entgegensteht oder die Verwirklichung verhindert).

Wirtschaft, die; -, -en: 1. ⟨ohne Plural⟩ *alle Einrichtungen, Maßnahmen und Vorgänge, die mit der Produktion, dem Handel und dem Konsum von Waren, Gütern in Zusammenhang stehen:* die Entwicklung der W. beobachten; die freie W. *(wirtschaftliches System, das auf freien Wettbewerb und auf der Aktivität privater Unternehmen beruht).* 2. *Lokal, Gaststätte, Restaurant:* in die W. gehen. 3. (ugs.) *Unordnung, Durcheinander:* was ist denn das für eine W.!

wirtschaften, wirtschaftete, hat gewirtschaftet ⟨itr.⟩: *mit gegebenen Mitteln in bestimmter Weise umgehen und sie für die Verwendung einteilen:* in der Firma wurde schlecht gewirtschaftet; seine Frau muß sehr genau w., um mit dem Geld auszukommen.

wirtschaftlich ⟨Adj.⟩: a) ⟨nicht prädikativ⟩ *den Bereich der Wirtschaft betreffend; auf die Wirtschaft bezogen, sie betreffend:* die wirtschaftliche Lage, Entwicklung eines Staates. b) *finanziell günstig; rechnerisch; rationell; sparsam:* dieses Verfahren ist nicht w.; w. denken.

wischen, wischte, hat gewischt ⟨tr.⟩: a) *durch Streichen, Gleiten über etwas oder durch Reiben entfernen:* ich wischte' mir den Schweiß von der Stirn; den Staub von den Büchern w. b) *mit feuchtem Lappen säubern:* den Fußboden vor dem Einräumen der Möbel kurz w.

wissen, weiß, wußte, hat gewußt: 1. ⟨itr.⟩ *[genaue] Kenntnisse haben; kennen; informiert sein:* er weiß viel auf diesem Gebiet; ich weiß weder seinen Namen noch seine Adresse. 2. ⟨itr./tr.⟩ *sich erinnern; im Gedächtnis haben:* ich weiß nicht mehr, wo ich das gelesen habe. 3. ⟨itr.⟩ *sich (über etwas) im klaren sein; sich (einer Sache) sicher sein:* er weiß nicht, was er will; ich weiß wohl, welche Folgen dieser Entschluß für mich hat; ob er es wirklich ernst meint, weiß ich noch nicht. 4. ⟨w.+zu+Inf.⟩ *können:* er weiß sich zu benehmen.

Wissen, das; -s: *[umfangreiche, genaue] Kenntnisse:* er hat ein gründliches W.

Wissenschaft, die; -, -en: *durch Forschung für ein bestimmtes Gebiet erarbeitetes System von Erkenntnissen; systematisch entwickelte Methode, mit der ein fachlicher Bereich erforscht wird:* die medizinische W. * (ugs.) *etwas ist eine W. für sich (eine Sache ist sehr schwierig, kompliziert).*

wittern, witterte, hat gewittert ⟨tr.⟩: 1. *durch den Geruch wahrnehmen* /von Tieren/: der Hund wittert Wild. 2. *(Unangenehmes) ahnen, vermuten, kommen sehen:* Gefahr, Unheil, Verrat w.

Witterung, die; -: 1. *Art des Wetters:* warme, feuchte Witterung. 2. *das Aufspüren oder die Wahrnehmung durch den Geruch* /von Hunden oder vom Wild/: der Hund hat eine feine W.

Witwe, die; -, -n: *Ehefrau, deren Mann tot ist.*

Witwer, der; -s, -: *Ehemann, dessen Frau tot ist.*

Witz, der; -es, -e: *geistreicher Scherz; kurze Äußerung mit besonderer Pointe:* ein guter, politischer W.

witzig ⟨Adj.⟩: *spaßig, lustig:* eine witzige Bemerkung; der Hut sieht aber w. aus.

witzlos ⟨Adj.⟩ (ugs.): *ohne Sinn und ohne Reiz; der eigentlichen Arbeit nicht mehr entsprechend:* es ist ja w., bei diesem Wetter zu verreisen.

wo ⟨Adverb⟩: 1. ⟨interrogativ⟩ *an welchem Ort, an welcher Stelle:* w. wohnst du?; ich weiß nicht, w. man das kaufen kann. 2. ⟨relativ⟩ a) ⟨lokal⟩: *die Stelle, wo (an der) das Unglück passierte;* die Stadt, wo *(in der)* ich geboren wurde. b) ⟨temporal⟩ *an den Tagen, wo (an denen) kein Unterricht ist,* sind die Omnibusse leerer; die Zeit, wo *(in der)* es nichts zu kaufen gab, ist mir noch gut in Erinnerung. 3. ⟨indefinit⟩ (ugs.) *irgendwo:* das Buch muß doch wo liegen.

Woche, die; -, -n: *Zeitraum von sieben Tagen, bes. von Sonntag bis Sonnabend:* die dritte W. im Monat; er bekommt vier Wochen Urlaub.

Wochenende, das; -s, -n: *das Ende der Woche, an dem im allgemeinen nicht gearbeitet wird; bes. Samstag und Sonntag.*

Wochentag, der; -[e]s, -e: Werktag: das Geschäft ist an allen Wochentagen geöffnet.

wöchentlich ⟨Adj.; nicht prädikativ⟩: jede Woche: wir treffen uns w. zweimal, zweimal w.

wodurch ⟨Adverb⟩: durch welche Sache, durch welchen Umstand: 1. ⟨interrogativ⟩ w. wurde der Unfall verursacht?; ich weiß nicht, w. er zu diesem Beschluß veranlaßt wurde. 2. ⟨relativ⟩: der lange Regen führte zu großen Überschwemmungen, wodurch der Verkehr lahmgelegt wurde.

wofür ⟨Adverb⟩: für welche Sache, für welchen Zweck: 1. ⟨interrogativ⟩: w. brauchst du das Geld?; ich weiß nicht, wir uns entscheiden sollen. 2. ⟨relativ⟩ ich habe ihr einige neue Kleider gekauft, w. sie mir sehr dankbar war.

Woge, die; -, -n: große, mächtige Welle: die Wogen schlugen über dem Schiff zusammen; bildl.: die Wogen der Begeisterung gingen hoch.

woher ⟨Adverb⟩: von welcher Stelle; aus welchem Ort: 1. ⟨interrogativ⟩: w. kommst du?; ich weiß nicht, w. er seine Informationen hat. 2. ⟨relativ⟩ er soll wieder dorthin gehen, w. er gekommen ist.

wohin ⟨Adverb⟩: in welche Richtung; an welchen Ort: 1. ⟨interrogativ⟩: w. gehen wir?; ich weiß, w. er fährt. 2. ⟨relativ⟩ nirgends fanden wir Unterstützung, w. wir uns auch wandten.

wohl: I. ⟨Adverb⟩: 1. gut: dieser Plan ist w. überlegt; sich w. fühlen; jmdm. ist nicht w. * **jmdm. ist bei etwas nicht w.** (jmd. hat bei etwas Bedenken). 2. a) vermutlich, vielleicht, sicherlich: das ist w. das beste, was man tun kann; er wird w. noch kommen. b) etwa, ungefähr: es wird w. ein Jahr sein, daß ich dort war. II. ⟨Konj.; konzessiv⟩: zwar: w. nimmt er an der Veranstaltung teil, doch hat er im Grunde kein Interesse daran.

Wohl, das; -[e]s: Gedeihen, Wohlbefinden: für das W. der Familie sorgen. * **das leibliche W.** (das Essen und Trinken).

Wohlbefinden, das; -s: Zustand, in dem man sich wohl fühlt.

Wohlergehen, das; -s: Zustand, in dem man gesund und zufrieden ist.

Wohlgeruch, der; -s, Wohlgerüche: angenehm empfundener Geruch; Duft.

wohlhabend ⟨Adj.; nicht adverbial⟩: Vermögen habend, begütert: er ist ein wohlhabender Bürger.

Wohltat, die; -, -en: a) gute, helfende Tat; Unterstützung: jmdm. eine W. erweisen. b) ⟨ohne Plural⟩ etwas, was in einer bestimmten Situation als besonders angenehm in seiner Wirkung empfunden wird; Annehmlichkeit: der Regen ist bei der Hitze eine wahre W.

wohltätig ⟨Adj.⟩: Wohltaten erweisend; sozial: w. wirken.
Wohltätigkeit, die; -.

wohltuend ⟨Adj.⟩: angenehm [wirkend]: eine wohltuende Ruhe.

wohlweislich ⟨Adverb⟩: aus gutem Grund: er hat sich w. gehütet, gegen ihn etwas zu unternehmen.

Wohlwollen, das; -s: Geneigtheit, freundschaftliche Gesinnung; Zuneigung, Gunst: er genießt das W. des Direktors.

Wohnblock, der; -s, -s: Einheit von mehreren zusammenhängend und einheitlich gebauten Häusern mit Wohnungen.

wohnen, wohnte, hat gewohnt ⟨itr.⟩ a) seine Wohnung, seinen ständigen Wohnsitz haben: er wohnt jetzt in Mannheim. b) übernachten; Unterkunft haben: ich wohne im Hotel.

wohnlich ⟨Adj.⟩: (zum Wohnen) gemütlich, behaglich: ein w. eingerichtetes Zimmer.

Wohnsitz, der; -es, -e: Ort, in dem man wohnt und polizeilich gemeldet ist: er hat seinen ständigen W. in Mannheim; sein zweiter W. ist Wien.

Wohnung, die; -, -en: Einheit von mehreren Räumen als ständige Unterkunft für eine oder mehrere Personen.

Wohnwagen, der; -s, -: zum Wohnen eingerichteter Anhänger für Kraftfahrzeuge (siehe Bild).

wölben, seine Wohnung; hat sich gewölbt: sich in Form eines Bogens (über etwas) erstrecken: der Himmel wölbt sich über uns.
Wölbung, die; -, -en.

Wolf, der; -[e]s, Wölfe: I. /ein Raubtier/ (siehe Bild): **mit den Wölfen heulen** (sich der Meinung der Mehrheit anschließen, um nicht aufzufallen). II. /eine Maschine zum Zerkleinern/ er hat das Fleisch durch den W. gedreht.

Wolf

Wolke, die; -, -n: hoch in der Luft schwebender Dampf, der zu Tropfen oder Eiskristallen verdichtet (siehe Bild): eine W. steht am Himmel; Wolken bringen Regen. * (ugs.) **aus allen Wolken fallen** (von etwas völlig überrascht sein): er fiel aus allen Wolken, als er mich sah.

Wolke

Wolkenbruch, der; -s, Wolkenbrüche: plötzlich einsetzender, sehr heftiger Regen.

wolkig ⟨Adj.; nicht adverbial⟩: mit Wolken bedeckt: der Himmel ist w.

Wolle, die; -: 1. die krausen Haare des Schafes oder anderer Tiere: W. waschen, verarbeiten. * (ugs.) **sich in die W. geraten** (sich heftig streiten): die beiden sind sich schon wieder in die W. geraten. 2. aus den Haaren des Schafes gesponnene Faser: ein Pullover aus feiner W.

wollen, will, wollte, hat gewollt /(nach vorangehendem Inf.) hat ... wollen ⟨itr.⟩: 1. /drückt einen Wunsch oder eine Absicht aus/ a) wünschen, verlangen; fordern: ich will mein Recht; er will Geld [haben];

diese Pflanze will *(braucht)* trockenen Boden; ⟨oft im 2. Konjunktiv⟩ ich wollte, er käme zurück. **b)** *planen, die Absicht haben; mögen:* er will arbeiten; sie will zum Theater; ich will *(mag)* nichts davon wissen; er will es nicht gewesen sein *(er behauptet, er sei es nicht gewesen).* **2.** ⟨im 1. Konjunktiv⟩ /drückt eine höfliche Aufforderung oder einen frommen Wunsch aus/: man wolle die Vorschrift genau beachten!; Sie wollen sich bitte morgen bei mir melden; das wolle *(möge)* Gott verhüten! **3.** /drückt eine Notwendigkeit aus/: das will überlegt sein; Tanzen will gelernt sein. **4.** /hat nur umschreibende Funktion/: das will nichts bedeuten *(das bedeutet nichts);* die Arbeit will mir nicht schmecken *(schmeckt mir nicht).*

womit ⟨Pronominaladverb⟩: **1.** [nachdrücklich auch: womit] ⟨interrogativ⟩ *mit welcher Sache?, auf welche Weise?:* w. kann ich dir helfen? **2.** ⟨relativ⟩ *mit welcher (eben erwähnten) Sache, mit welchen (eben erwähnten) Worten u. ä.:* das Seil, w. er gefesselt war; er schätzt sie sehr, w. ich nicht sagen will, daß er sie liebt.

womöglich ⟨Adverb⟩: **a)** *wenn es möglich ist, möglichst:* ich möchte w. schon heute abreisen. **b)** *vielleicht [sogar]:* er ist w. schon da.

wonach ⟨Pronominaladverb⟩: **1.** [nachdrücklich auch: wonach] ⟨interrogativ⟩ *nach welcher Sache?:* w. suchst du? **2.** ⟨relativ⟩ **a)** *nach welcher (eben erwähnten) Sache:* das Buch, w. du fragst. **b)** *nach dessen/ deren Wortlaut:* der Bericht, wonach er verunglückt ist, trifft nicht zu.

Wonne, die; -, -n: *glückliche Freude; Gefühl des höchsten Vergnügens:* etwas mit W. genießen; die Wonnen des Sommers; es wäre mir eine wahre W., ihm richtig die Meinung zu sagen.

woran ⟨Pronominaladverb⟩: **1.** [nachdrücklich auch: woran] ⟨interrogativ⟩: **a)** *an welcher Sache?:* w. erkennst du ihn?; ich frage mich, w. das liegt *(warum das so ist).* **b)** *an welche Sache?:* w. denkst du? **2.** ⟨relativ⟩: **a)** *an welcher (eben er-* *wähnten) Sache:* das Bild, w. er arbeitet. **b)** *an welche (eben erwähnte) Sache:* das ist alles, w. ich mich erinnern kann.

worauf ⟨Pronominaladverb⟩: **1.** [nachdrücklich auch: worauf] ⟨interrogativ⟩: **a)** *auf welche Sache?:* w. kommt es hier an? **b)** *auf welcher Sache?:* w. liegst du? **2.** ⟨relativ⟩: **a)** *auf welche (eben erwähnte) Sache:* das Geld, w. ich warte. **b)** *auf welcher (eben erwähnten) Sache:* der Stuhl, w. er sitzt. **c)** *auf welchen (eben erwähnten) Vorgang folgend:* ich gab ihm den Brief, w. er das Zimmer verließ.

woraus ⟨Pronominaladverb⟩: **1.** [nachdrücklich auch: woraus] ⟨interrogativ⟩: *aus welcher Sache?; aus welchen Teilen?:* w. besteht dein Frühstück? **2.** ⟨relativ⟩ *aus welcher (eben erwähnten) Sache:* das Glas, w. er trinkt; er war sofort bereit, w. ich schließe, daß er schon Bescheid wußte.

Wort, das; -[e]s, Wörter und Worte: **1.** *kleinster selbständiger Teil einer Sprache, der eigene Bedeutung oder Funktion hat:* **a)** ⟨Plural: Wörter⟩ /als einzelnes Gebilde/: ein kurzes, langes W.; ein Satz von zehn Wörtern. *** W. für W.** *(jedes Wort für sich):* etwas W. für W. übersetzen. **b)** /als Träger eines Sinnes/: die Worte „Frieden" und „Freiheit" werden oft mißbraucht. **2.** ⟨Plural: Worte⟩ *Ausspruch, Äußerung:* ein W. von Goethe; das war ein mutiges W.; ⟨oft im Plural⟩ tröstende Worte sprechen; unnötige Worte machen. *** das W. ergreifen** *(in einer Versammlung sprechen);* **jmdm. ins W. fallen** *(jmdn. unterbrechen);* **sein W. halten** *(sein Versprechen halten).*

Wörterbuch, das; -[e]s, Wörterbücher: *meist nach dem Abc geordnetes Verzeichnis von Wörtern einer Sprache, das auch Erklärungen und die entsprechenden Wörter einer anderen Sprache enthält.*

wortkarg ⟨Adj.⟩: *wenig redend, einsilbig, schweigsam:* ein wortkarger Mann.

Wortlaut, der; -[e]s: *genauer Text; wörtlicher Inhalt:* ich kenne den W. des Vertrages nicht.

wörtlich ⟨Adj.⟩: *dem Wortlaut genau entsprechend:* eine wörtliche Übersetzung; so hat er w. gesagt.

wortlos ⟨Adj.⟩: *schweigend, ohne ein Wort zu sprechen:* er reichte mir w. die Hand.

Wortschatz, der; -es: **a)** *alle zu einer Sprache gehörenden Wörter.* **b)** *alle Wörter, die einem einzelnen zur Verfügung stehen:* sein W. ist nicht sehr groß.

Wortspiel, das; -[e]s, -e: *witzige Zusammenstellung gleich oder ähnlich klingender Wörter mit verschiedener Bedeutung.*

Wortwechsel, der; -s, -: *Streit mit Wörtern:* es kam zu einem heftigen W. zwischen ihnen.

worüber ⟨Pronominaladverb⟩: **1.** [nachdrücklich auch: worüber] ⟨interrogativ⟩ *über welche Sache?:* w. freust du dich so? **2.** ⟨relativ⟩ *über welche (eben erwähnte) Sache:* das Thema, w. er spricht.

worum ⟨Pronominaladverb⟩: **1.** [nachdrücklich auch: worum] ⟨interrogativ⟩ *um welche Sache?:* w. handelt es sich denn? **2.** ⟨relativ⟩ *um welche (eben erwähnte) Sache:* es gibt vieles, w. ich dich bitten könnte.

wozu ⟨Pronominaladverb⟩: **1.** [nachdrücklich auch: wozu] ⟨interrogativ⟩: **a)** *zu welchem Zweck?:* w. brauchst du das? **b)** *zu welcher Sache?:* w. gehört dieses Bild? **2.** ⟨relativ⟩ *zu welcher (eben genannten) Sache:* ich muß noch Briefe schreiben, w. ich gestern kein Zeit hatte.

Wrack, das; -s, -s: *[durch Zerstörung] unbrauchbar gewordenes Schiff, Flugzeug o. ä.:* ein W. liegt am Strand; bildl.: er ist nur noch ein W. *(ein durch Krankheit oder Alter hinfälliger Mensch).*

wringen, wrang, hat gewrungen ⟨tr.⟩: *windend drehen, zusammendrehen:* sie wringt die Wäsche *(dreht das Waschwasser heraus).*

Wucher, der; -s: *das Fordern zu hoher Zinsen oder Preise:* er treibt W.

Wucherer, der; -s, -: *jmd., der zu hohe Zinsen, Mieten u. a. verlangt.*

wuchern, wucherte, hat/ist gewuchert ⟨itr.⟩: **1.** *üppig und wild wachsen:* das Unkraut ist über den Weg gewuchert. **2.** *Wucher treiben:* er hat mit seinem Geld gewuchert.

Wucherung, die; -, -en: *krankhaft gewachsenes Gewebe im Körper; Geschwulst.*

Wuchs, der; -es: *Art, wie jmd./etwas gewachsen ist:* ein Baum, ein Mädchen von schlankem W.

Wucht, die; -: *kräftiger Schwung; volle Kraft, die sich aus einer Bewegung ergibt:* der Stein traf ihn mit voller W.; unter der W. seiner Schläge brach das Tor.

wuchtig ⟨Adj.⟩: a) *kraftvoll, gewaltig:* ein wuchtiger Schlag. b) *schwer, massig:* eine wuchtige Mauer.

wühlen, wühlte, hat gewühlt: a) ⟨itr.⟩ *(in etwas) mit beiden Händen oder Pfoten graben; (etwas) mit den Händen o. ä. durcheinanderbringen:* sie wühlte in ihrem Koffer; der Hund wühlte in der Erde. b) ⟨tr./rfl.⟩ *grabend bohren:* ein Loch w.; der Wurm wühlt sich durch die Erde.

Wulst, der; -es, Wülste: *länglich hervorstehende Stelle an einer Fläche o. ä.:* der Deckel hat einen W. am Rande.

wulstig ⟨Adj.; nicht adverbial⟩: *länglich und rund hervortretend:* wulstige Lippen.

wund ⟨Adj.; nicht adverbial⟩: *durch Reibung o. ä. an der Haut verletzt:* wunde Füße; das Kind ist ganz w. [vom Liegen]; er hat sich w. gelaufen. *der wunde Punkt (die schwierige, kritische Stelle einer Angelegenheit).

Wunde, die; -, -n: *Verletzung, die durch die Haut geht:* die W. blutet; bildl.: der Krieg hat dem Lande tiefe Wunden geschlagen *(große Schäden zugefügt).*

Wunder, das; -s, -: a) *außerordentlicher, Staunen erregender, den Erfahrungen oder den Naturgesetzen widersprechender Vorgang:* es ist ein W. geschehen; es war ein W., daß er gerettet wurde. * W. wirken *(überraschend gute Wirkung haben):* die Arznei hat W. gewirkt; * (ugs.) sein blaues W. erleben *(etwas erleben, was einen in Verwunderung, in Erstaunen versetzt, [unangenehm] überrascht.* b) *Gegenstand, den man bewundern muß:* diese Brücke ist ein W. der Technik.

wunderbar ⟨Adj.⟩: 1. a) *Bewunderung erregend, bezaubernd, herrlich:* ein wunderbarer Abend; sie sang w. b) *sehr gut, sehr schön, großartig:* sie hat sich w. erholt, ein wunderbares Essen. c) /verstärkend bei Adjektiven/ *sehr, außerordentlich:* die Blumen sind w. frisch. 2. *wie ein Wunder wirkend:* seine wunderbare Errettung. *ans Wunderbare grenzen (fast unerklärlich sein):* seine Fähigkeiten grenzen ans Wunderbare.

Wunderkind, das; -[e]s, -er: *Kind, das schon frühzeitig erstaunliche Fähigkeiten entwickelt:* der kleine Mozart war ein W.

wunderlich ⟨Adj.⟩: *in seinem Wesen und Verhalten sonderbar erscheinend:* ein wunderlicher alter Mann; sie ist w. geworden.

wundern, wunderte, hat gewundert: 1. ⟨itr.⟩ *jmds. Erwartungen nicht entsprechen; erstaunen, befremden:* es wundert mich, daß er nicht kommt. 2. ⟨rfl.⟩ *erstaunt, befremdet sein:* ich wunderte mich über seine klugen Antworten. *du wirst dich [noch] w. *(es kommt ganz anders, als du denkst).*

wundervoll ⟨Adj.⟩: *bezaubernd, herrlich:* wundervolle Blumen.

Wunsch, der; -es, Wünsche: 1. a) *[starkes] Verlangen, Streben:* er hat den W., Arzt zu werden. b) *Bitte:* einen W. aussprechen; er ist auf seinen W. [hin] versetzt worden; jmdm. einen W. erfüllen. 2. *Glückwunsch:* mit den besten Wünschen für das neue Jahr.

wünschen, wünschte, hat gewünscht ⟨tr.⟩: a) *etwas (für sich oder andere) gern haben wollen:* er wünscht sich ein Fahrrad zum Geburtstag; ich wünsche dir gutes Wetter für den Urlaub. b) ⟨w. + zu + Inf.⟩ *gern etwas tun wollen; ein Verlangen aussprechen, um etwas bitten:* er wünscht, seinem Beispiel zu folgen; er wünscht, um 6 Uhr geweckt zu werden; er wünscht, nach Hause gehen zu dürfen.

Würde, die; -, -n: 1. ⟨ohne Plural⟩ a) *achtunggebietender innerer Wert; hoher Rang:* die W. des Menschen achten. b) *Haltung, die durch das Bewußtsein vom eigenen Wert oder von einer geachteten Stellung, die man inne hat, bestimmt wird:* etwas mit W. ertragen; er fand es unter seiner W., ihr zu antworten. 2. *ehrenvoller Titel; hohe Stellung:* jmdm. eine akademische W. verleihen; er hat die höchsten Würden erreicht.

würdevoll ⟨Adj.⟩: *vom Bewußtsein seines Wertes oder der Bedeutung seiner Stellung getragen:* sich w. benehmen; würdevolle Haltung.

würdig ⟨Adj.⟩: 1. *Würde besitzend und zeigend:* ein würdiger Gelehrter; würdiges Auftreten. 2. *den erforderlichen Wert habend:* ein würdiger Nachfolger; (geh.) er war meines Vertrauens nicht w.

würdigen, würdigte, hat gewürdigt ⟨tr.⟩: 1. *nach seinem Wert beurteilen; anerkennen:* der Redner würdigte die Verdienste des Ministers; ich weiß deine Hilfe zu w. *(zu schätzen).* 2. *für wert halten:* er würdigte mich keines Blickes *(er hielt es nicht für nötig, mich anzusehen).*

Würdigung, die; -.

Wurf, der; -[e]s, Würfe: 1. *die Handlung des Werfens:* das war ein guter W. [mit dem Ball]. *einen glücklichen W. tun *(mit etwas Erfolg haben).* 2. *die auf einmal geborenen Jungen bestimmter Tiere:* ein W. Dackel, Schweine.

Würfel, der; -s, -: 1. /ein geometrischer Körper/ (siehe Bild). 2. a) *zum Spiel gebrauchter Stein, dessen Seiten 1 bis 6 Punkte tragen* (siehe Bild). * die W.

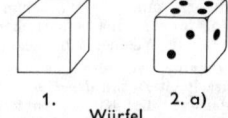

1.   2. a)
Würfel

sind gefallen *(die Entscheidung ist getroffen).* b) *Gegenstand mit der Form eines geometrischen Würfels:* ein W. Speck.

würfeln, würfelte, hat gewürfelt ⟨itr.⟩ /vgl. gewürfelt/: *mit Würfeln spielen:* sie würfelten darum, wer anfangen solle.

würgen, würgte, hat gewürgt 1. ⟨tr.⟩ *(jmdm.) die Kehle zusammendrücken:* er hat mich gewürgt. 2. ⟨itr.⟩ *etwas nicht schlucken können:* sie würgte an dem Bissen.

Wurm, der; -[e]s, Würmer: /ein kriechendes Tier von länglicher Form/ (siehe Bild S. 428): der W. krümmt sich. *(ugs.) da sitzt der W. drin *(das sieht nur äußerlich gut aus).*

Wurm

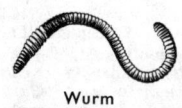

wurmen, wurmte, hat gewurmt ⟨itr.⟩ (ugs.): *(jmdm.) anhaltenden Ärger verursachen:* es wurmt mich, daß ich nicht eingeladen wurde.

Wurst, die; -, Würste: /Nahrungsmittel aus fein gehacktem Fleisch in einem Darm/ (siehe Bild): eine Scheibe W. * (ugs.) **das ist mir W.** *(das ist mir gleichgültig);* (ugs.) **es geht um die W.** *(es geht um die Entscheidung).*

Wurst

Würstchen, das; -s, -: *kleine, dünne Wurst, die in Wasser heiß gemacht wird:* Frankfurter W.

Wurzel, die; -, -n: 1. *Organ, mit dem sich Pflanzen in der Erde festhalten und ernähren:* Unkraut mit der W. ausziehen; bildl.: ein Übel an der W. packen *(es von Grund aus beseitigen wollen).* *Wurzeln schlagen *(festwachsen;* bildl.: *sich irgendwo eingewöhnen).* 2. *im Kiefer sitzender Teil des Zahnes:* der Zahnarzt muß die W. behandeln. 3. /ein mathematischer Wert/: die W. einer Zahl ziehen.

wurzeln, wurzelte, hat gewurzelt ⟨itr.⟩: *mit den Wurzeln festsitzen:* die Kiefer wurzelt auf einem Felsen; bildl.: jmd. wurzelt in der Heimat *(jmd. ist mit der Heimat eng verbunden).*

würzen, würzte, hat gewürzt ⟨tr.⟩: *mit Gewürzen u. a. schmackhaft machen:* eine Suppe w.; bildl.: er würzte seinen Vortrag mit Humor *(er streute humorvolle Bemerkungen ein).*

würzig ⟨Adj.⟩: *kräftig schmeckend oder duftend:* eine würzige Speise; würzige Luft.

Wust, der; -es: *Durcheinander, ungeordnete Menge:* ein W. von Papieren.

wüst ⟨Adj.⟩: 1. ⟨nicht adverbial⟩ *öde, nicht kultiviert:* eine wüste Gegend. 2. a) *wirr, verwahrlost:* im Zimmer herrschte eine wüste Unordnung; hier sieht es w. aus. b) *roh, verwildert, ausschweifend:* ein wüster Kerl; ein wüstes *(wildes)* Fest.

Wüste, die; -, -n: *trockenes, meist heißes Gebiet ohne Pflanzen:* die arabische W.

Wut, die; -: *heftiger, unbeherrscht ausbrechender Zorn:* er geriet in W.

wütend ⟨Adj.⟩: *von Zorn oder Haß sehr erregt:* er kam w. ins Zimmer; er schrie mit wütender Stimme.

X

x-beliebig ⟨Adj.; nur attributiv⟩: (ugs.) *irgendein; ganz gleichgültig, was für ein:* ein x-beliebiges Buch.

x-mal ⟨Adverb⟩: (ugs.) *unzählige Male:* das habe ich dir x-mal gesagt!

Z

Zacke, die; -, -n: *Spitze an einem Körper [innerhalb einer längeren Reihe]* (siehe Bild): die Zacken eines Geweihs; eine Z. des Rechens ist abgebrochen.

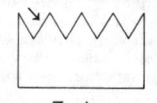

Zacke

zackig ⟨Adj.⟩: 1. ⟨nicht adverbial⟩ *viele Zacken, Spitzen habend:* zackige Felsen. 2. (ugs.) *stramm, schneidig; sich sportlich und energisch bewegend:* ein zackiger Soldat.

zaghaft ⟨Adj.⟩: *ohne Vertrauen auf das Gelingen dessen, was man unternimmt; unsicher, ängstlich:* z. klopfte er an die Tür des Direktors. **Zaghaftigkeit,** die; -.

zäh ⟨Adj.⟩: 1. a) *dehnbar und dabei so stark, daß es nicht leicht zerreißt:* seine Haut ist z. wie Leder. b) *(abwertend) schwerer zu zerkleinern oder zu kauen:* das Fleisch ist sehr z.; bildl.: die Angelegenheit geht nur z. *(langsam)* voran. 2. a) *körperlich ausdauernd, widerstandsfähig:* ein zäher Bursche. b) *beharrlich; mit verbissener Ausdauer an etwas festhaltend:* mit zähem Fleiß erreichte er sein Ziel.

zähflüssig ⟨Adj.⟩: *dick und dadurch nur langsam fließend:* ein zähflüssiger Brei.

Zahl, die; -, -en: 1. *aus Ziffern bestehende Angabe einer Menge, Größe o. ä.:* die Zahl 1000; den Wert einer Sendung in Zahlen angeben; zwei Zahlen addieren; eine gerade *(durch zwei teilbare)* Z. 2. *Summe von mehreren Personen, Dingen usw.; Anzahl:* die Z. der Mitglieder steigt ständig; die ungefähre Z. der Teilnehmer.

zahlen, zahlte, hat gezahlt ⟨tr./itr.⟩: *jmdm. Geld (für etwas) geben:* er zahlt jeden Monat die Miete; er rief den Kellner, um zu zahlen; der Betrieb zahlt gut *(zahlt hohe Löhne).*

zählen, zählte, hat gezählt: 1. ⟨itr.⟩ *die Zahlen der Reihe nach nennen:* von 1 bis 100 z. *nicht bis drei z. können (sehr dumm sein).* 2. ⟨tr.⟩ *die Anzahl von etwas feststellen:* die Äpfel z.; er zählte, wieviele Leute anwesend waren. 3. ⟨itr.⟩ *sich (auf jmdn./etwas) verlassen; (mit jmdm./etwas) rechnen:* du kannst auf mich, auf meine Hilfe z. 4. ⟨itr.⟩ *gelten; von Bedeutung sein:* hier zählt nur die Leistung. 5. ⟨itr.⟩ *zu etwas/jmdm. gehören:* er zählt fast schon zu unserer Familie; er zählt zum Adel. 6. ⟨tr.⟩ *für etwas halten, als etwas ansehen:* z. zählte ihn zu den größten Politikern. 7. ⟨itr.⟩ *betragen; die Größe, den Umfang, das Alter usw. haben:* das Dorf zählt 2000 Einwohner; er zählt 40 Jahre.

zahlenmäßig ⟨Adj.⟩: *der Zahl nach gerechnet:* die z. stärkste Klasse.

Zahlkarte, die; -, -n: *Formular für eine Zahlung auf ein Konto durch die Post.*

zahllos ⟨Adj.⟩: *sehr viele; unzählige:* zahllose Lichter; eine zahllose Menge.

zahlreich ⟨Adj.⟩: a) *viele:* er hat zahlreiche Briefe bekommen. b) *aus vielen Mitgliedern, Teilnehmern bestehend:* eine

zahlreiche Familie, Versammlung.
Zahlung, die; -, -en: *das Zahlen:* die Z. der Miete erfolgt monatlich. ***in Z. nehmen** (einen gebrauchten Gegenstand beim Kauf eines neuen mit dem Preis verrechnen):* der Händler hat das alte Auto in Z. genommen; **in Z. geben** *(beim Kauf eines neuen Gegenstandes den Preis teilweise mit einem alten gebrauchten Gegenstand begleichen):* er kauft sich ein neues Auto und gibt das alte in Z.
zahlungsfähig ⟨Adj.⟩: *in der Lage seiend, die fälligen Rechnungen zu bezahlen; genügend Mittel habend, den finanziellen Verpflichtungen nachzukommen:* ein zahlungsfähiger Kunde.
Zahlungsfähigkeit, die; -.
Zahlungsmittel, das; -s, -: *gesetzlich anerkanntes Mittel zum Zahlen, z. B. Geld, Scheck, Wechsel usw.*
zahlungsunfähig ⟨Adj.⟩: *nicht zahlungsfähig:* ihm wird nichts mehr geliefert, weil er z. zu sein scheint. **Zahlungsunfähigkeit,** die; -.
zahm ⟨Adj.⟩: **1. a)** *an den Menschen gewöhnt, nicht mehr wild [lebend]; gebändigt /von Tieren/:* ein zahmer Löwe. **b)** *willig, gefügig, gehorsam:* der Junge ist nach der Ermahnung recht z. geworden. **2.** *gemäßigt, mild, ohne besonderen Nachdruck:* seine Äußerungen waren sehr z.; eine zahme Kritik.
zähmen, zähmte, hat gezähmt ⟨tr.⟩: **1. a)** *an den Menschen gewöhnen; bändigen /von Tier/:* einen Löwen z. **b)** *gefügig, willig machen:* einen ausgelassenen Jungen z. **2.** *beherrschen:* die Ungeduld z.; ⟨auch rfl.⟩ er konnte sich nicht z. **Zähmung,** die; -.
Zahn, der; -[e]s, Zähne: **1.** *kleiner [scharfer] Knochen im Mund zum Zerkleinern von Speisen* (siehe Bild): die Zähne putzen. ***die Zähne zusammenbeißen** (tapfer einen Schmerz ertragen);* **sich** (Dativ) **an etwas die Zähne ausbeißen** *(mit Mühe etwas zu bewältigen suchen und damit nicht fertig werden);* **jmdm. die Zähne zeigen** *(gegen jmdn. Widerstand leisten).* **2.** *Zacke am Rand eines Gegenstandes innerhalb einer längeren Reihe* (siehe Bild): die Zähne der Briefmarke; bei seinem Kamm sind ein paar Zähne ausgebrochen.

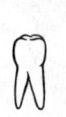

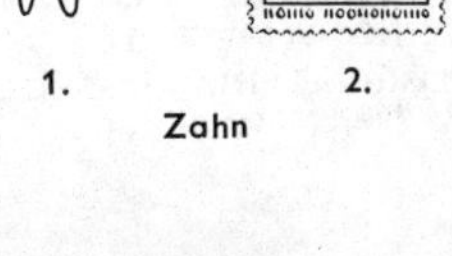

Zange, die; -, -n: */ein Werkzeug/* (siehe Bild). ***jmdn. in die Z. nehmen** (jmdn. mit genauen, immer wiederkehrenden Fragen so weit bringen, daß er keine ausweichende Antwort mehr geben kann).*

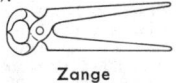

Zange

Zank, der; -[e]s: *mit lauten Beschimpfungen und Vorwürfen ausgetragener Streit:* ein gehässiger Z.; es gab dauernd Z. zwischen den beiden.
zanken, zankte, hat gezankt ⟨rzp.⟩: *sich in kleinlicher, gehässiger Weise streiten:* sie zankten sich ständig; ⟨auch itr.⟩ die Jungen zankten, wer der erste war.
zänkisch ⟨Adj.; nicht adverbial⟩: *streitsüchtig, oft zankend:* sie ist alt und z. geworden.
zappeln, zappelte, hat gezappelt ⟨itr.⟩: *sich [mit den Gliedmaßen] in kurzen, heftigen Stößen, Zuckungen bewegen:* er zappelte vor Ungeduld an Händen und Füßen; der Fisch zappelte an der Angel. ***jmdn. z. lassen** (jmdn., der auf eine Entscheidung, Nachricht o. ä. ungeduldig wartet, [absichtlich] in Ungewißheit lassen).*
zart ⟨Adj.⟩: **a)** *weich, fein:* zarte Seide; zartes Fleisch. **b)** ⟨nicht adverbial⟩ *leicht verletzbar; nicht widerstandsfähig:* eine zarte Blume; das Kind ist sehr klein und z. **c)** ⟨nicht adverbial⟩ *angenehm, sanft, mild auf die Sinne wirkend:* ein zartes *(nicht aufdringliches)* Rot; eine zarte *(lieblich klingende)* Melodie; ein zarter *(sanfter)* Hauch. **d)** *zärtlich, liebevoll:* eine zarte Berührung. **Zartheit,** die; -.
zärtlich ⟨Adj.⟩: **a)** *voll Liebe, Zuneigung, Gefühl (gegenüber jmdm.) handelnd:* ein zärtlicher Gatte; sie sorgte z. für ihn. **b)** *von Liebe, Zuneigung, Gefühl (für jmdn.) zeugend:* zärtliche Worte; er sah ihr z. in die Augen. **Zärtlichkeit,** die; -, -en.
Zauber, der; -s: **1.** *Handlung oder Zeichen, das eine übernatürliche Kraft, Wirkung hat:* die Alte wollte durch einen Z. die Krankheit heilen. **2.** *anziehende, unwiderstehliche Wirkung; Fluidum, das von der Erscheinung oder dem Verhalten einer Person ausgeht:* der Z. ihres Lächelns; der Z. der Jugend.
Zauberer, der; -s, -: **a)** *jmd., der angeblich durch übernatürliche Kräfte etwas bewirken kann:* in vielen Märchen gibt es Hexen und Zauberer. **b)** *jmd., der Kunststücke vorführt, die sich der Zuschauer nicht erklären kann:* der Z. zog plötzlich eine Taube aus dem Ärmel.
zauberhaft ⟨Adj.⟩: *bezaubernd, entzückend:* ein zauberhaftes Kleid.
zaubern, zauberte, hat gezaubert: **a)** ⟨tr.⟩ *durch Zauber hervorbringen:* er zauberte eine Schlange aus seinem Hut. **b)** ⟨itr.⟩ *Kunststücke vorführen, die für den Zuschauer unerklärlich sind:* du kannst wohl z.? ***nicht z. können** (etwas Unmögliches nicht leisten können):* gedulde dich doch ein wenig, ich kann ja nicht z. **b)** ⟨tr.⟩ *mit großem Können, mit Geschicklichkeit hervorbringen, so daß es an/in/auf etwas sichtbar wird:* der Maler zauberte eine Landschaft auf das Papier, an die Wand.
zaudern, zauderte, hat gezaudert ⟨itr.⟩: *aus Angst, Unschlüssigkeit o. ä. immer wieder zögern; sich nur langsam entschließen können:* er tat es, ohne zu z.
Zaum, der; -[e]s, Zäume: *aus Riemen bestehende Vorrichtung am Kopf eines Pferdes, mit der man es führen und lenken kann* (siehe Bild): dem Pferd einen Z. anlegen. ***im Z. halten** (beherrschen):* er konnte seinen Zorn nicht im Z. halten.

Zaun, der; -[e]s, Zäune: *aus Latten, Gittern o. ä. bestehende Vorrichtung, mit der ein Grundstück begrenzt wird* (siehe Bild): er errichtete um sein Haus einen Z.; ein lebender Z. *(eine*

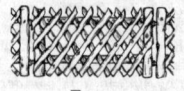

Zaun

Hecke). * **einen Streit/Zank/ Krieg vom Z. brechen** *(einen Streit/Zank/Krieg absichtlich verursachen).*

z. B.: *zum Beispiel.*

Zebrastreifen, der; -s, -: *durch schwarze und weiße Streifen auf der Fahrbahn gekennzeichnete Stelle, an der Fußgänger die Straße überqueren dürfen* (siehe Bild): über den Z. gehen.

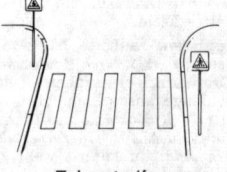

Zebrastreifen

Zeche, die; -, -n: **I.** *Preis für die in einem Gasthaus verzehrten Speisen und Getränke:* die Z. bezahlen. * (ugs.) **die Z. prellen** *(aus dem Gasthaus weggehen, ohne bezahlt zu haben).* **II.** *Bergwerk:* die Z. wurde stillgelegt.

zechen, zechte, hat gezecht ⟨itr.⟩: *mit anderen gemeinsam längere Zeit und ausgiebig Alkohol trinken:* sie zechten bis in den frühen Morgen.

Zeh, der; -[e]s, -en und **Zehe**, die; -, -n: *Glied am Ende des Fußes* (siehe Bild).

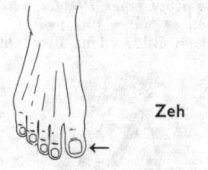

Zeh

zehren, zehrte, hat gezehrt ⟨itr.⟩: **1.** *schwach, mager machen:* Fieber zehrt; die harte Arbeit zehrt an seiner Gesundheit *(schädigt auf die Dauer seine Gesundheit)*. **2.** *sich er-*

nähren (von etwas); den Lebensunterhalt bestreiten (von etwas): er zehrt von den Vorräten, von seinen Ersparnissen. **3.** *an früher Erlebtes noch immer denken, sich daran freuen und daraus innere Kraft und Trost finden:* er zehrt von seinen Erinnerungen; von diesem Konzert zehrt er noch lange.

Zeichen, das; -s, -: **1.** *etwas Wahrnehmbares, was etwas ausdrücken soll:* er machte ein Z. an den Rand; der Dirigent gibt das Z. zum Einsatz; der Unterricht ist erst zu Ende, wenn das Z. ertönt. * **seines Zeichens** *(von Beruf):* er ist seines Zeichens Tischler. **2. a)** *etwas, was auf etwas hinweist oder aus dem man etwas schließen kann:* starkes Fieber war das erste Z. für seine Krankheit. **b)** *etwas, was etwas Zukünftiges ankündigt:* wenn die Vögel tief fliegen, ist das ein Z. für schlechtes Wetter.

zeichnen, zeichnete, hat gezeichnet: **1.** ⟨tr./itr.⟩ **a)** *mit einem Bleistift o. ä. in Strichen herstellen:* ein Porträt, eine Skizze z. **b)** *das Aussehen (von jmdm./etwas) mit Bleistift o. ä. in Strichen nachahmen:* einen Baum z.; nach der Natur z. **2.** ⟨tr.⟩ *kennzeichnen, markieren:* die Wäsche, einen Baum z. * **von etwas gekennzeichnet sein** *(so aussehen, daß man einen bestimmten Zustand an jmdm. erkennen kann):* er ist vom Unglück, vom Tode gezeichnet.

Zeichnung, die; -, -en.

zeigen, zeigte, hat gezeigt: **1.** ⟨itr.⟩ *durch eine Geste, Bewegung [mit der Hand] (auf jmdn./ etwas) aufmerksam machen, deuten:* er zeigte [mit dem Finger] auf das Haus. **2.** ⟨tr./rfl.⟩ *sehen lassen, vorführen:* er zeigte ihm seine Bücher; er zeigte sich nicht in der Öffentlichkeit; der Meister zeigte dem Lehrling, wie die Maschine funktioniert; sein Können z. *(beweisen).* **3.** ⟨tr.⟩ *(ein unwillkürliches, der Einstellung zu jmd. anderem) anmerken lassen, erkennen lassen:* er hat mir seinen Unwillen deutlich gezeigt. **4.** ⟨rfl.⟩ *deutlich werden, klar werden; sich herausstellen:* es zeigte sich, daß seine Berechnung falsch war. **5.** ⟨als Funktionsverb⟩ /drückt eine Eigenschaft, Fähigkeit oder ein Gefühl aus, das an jmdm. zu erkennen ist/: Begabung, Fleiß z. *(begabt, fleißig sein)*; Interesse

z. *(interessiert sein)*; Freude z. *(sich freuen).*

Zeiger, der; -s, -: *beweglicher Teil bei einer Uhr oder einem Instrument für Messungen, der die Zeit oder den gemessenen Wert angibt* (siehe Bild): die Z. richtig stellen.

Zeiger

Zeile, die; -, -n: **a)** *die in einer einzelnen waagrechten Linie stehenden Buchstaben:* auf der letzten Seite stehen nur drei Zeilen; er schickte ihr ein paar Zeilen *(eine kurze Mitteilung, einen kurzen Brief)*; zwei Zeilen *(einen Zwischenraum in der Breite von zwei Zeilen)* auslassen. * **zwischen den Zeilen lesen** *(auch das nicht ausdrücklich Gesagte zu verstehen versuchen).* **b)** *Reihe:* eine Z. von Häusern, Bäumen.

zeit: ⟨in der Wendung⟩ z. seines Lebens: *während des ganzen Lebens:* ich werde dir z. meines Lebens dankbar sein; er hat z. seines Lebens viel ertragen müssen.

Zeit, die; -, -en: **1.** ⟨ohne Plural⟩ *Ablauf der Stunden, Tage oder Jahre, als Ganzes gesehen:* die Z. vergeht schnell; er hat viel Z. für seine Kinder; er war lange Z. krank. * **Z. finden** *(Zeit haben);* **sich Z. lassen** *(sich nicht beeilen bei etwas; etwas in Ruhe tun);* **sich die Z. vertreiben** *(sich so beschäftigen, daß man keine Langeweile hat);* **jmdm. die Z. stehlen** *(jmdn. so beanspruchen, daß er von Wichtigerem abgehalten wird);* **mit der Z.** *(allmählich).* **2.** *Abschnitt in einer [historischen] Entwicklung; Epoche:* er lebte zur gleichen Z. wie Napoleon; nach dem Krieg gab es für die Bevölkerung schlechte Zeiten. * **zur Z.** *(gegenwärtig, jetzt);* **von Z. zu Z.** *(manchmal).* **3.** *bestimmter Punkt im Ablauf eines Tages, Jahres usw.:* wir vereinbarten eine bestimmte Z. für unser Treffen; die Z. für den Besuch ist jetzt ungünstig.

Zeitabschnitt, der; -[e]s, -e: *zeitlicher Abschnitt.*

Zeitalter, das; -s, -: *Abschnitt, Epoche in der Geschichte mit besonderer Prägung:* das Z. der Technik das Z. der Entdeckungen.

zeitgemäß ⟨Adj.⟩: *den Erfordernissen der Gegenwart entsprechend; modern:* seine Ansichten sind nicht mehr z.

Zeitgenosse, der; -n, -n: *jmd., der zur gleichen Zeit lebt, Mitmensch:* der Künstler war von den Zeitgenossen nicht richtig eingeschätzt worden; er war ein Z. Napoleons.

zeitig ⟨Adj.⟩: *früh:* er stand z. auf und ging noch vor dem Frühstück schwimmen.

zeitlich ⟨Adj.⟩: **1.** *die Zeit betreffend; im Hinblick auf die zur Verfügung stehende Zeit:* der Besuch des Museums war z. nicht mehr möglich. **2.** ⟨nicht attributiv⟩ *vergänglich:* die zeitlichen Güter.

zeitlos ⟨Adj.⟩: *nicht von der augenblicklichen Methode abhängig; in jede Zeit passend:* zeitlose Möbel.

Zeitmaß, das; -es, -e: *Einheit für die regelmäßige Aufeinanderfolge von Tönen, Bewegungen o. ä.*

Zeitnot: ⟨in den Wendungen⟩ **in Z. sein:** *zu wenig Zeit haben für etwas;* **in Z. geraten:** *in eine Lage geraten, durch die man zu wenig Zeit für etwas hat:* wegen der großen Schwierigkeiten, die zu überwinden waren, ist er in Z. geraten.

Zeitpunkt, der; -[e]s, -e: **a)** *bestimmter Punkt in einem zeitlichen Ablauf:* der Z. für die Verhandlungen steht noch nicht fest. **b)** *bestimmter Augenblick, der für ein Geschehen wichtig und entscheidend sein kann:* er hat den günstigen Z. verpaßt.

Zeitraum, der; -es, Zeiträume: *zeitlicher Abschnitt [in dem etwas besteht oder geschieht]:* das Reich bestand über riesige Zeiträume hin; in einem Z. von drei Monaten kamen über tausend Besucher in das Schloß; in einem bestimmten Z. muß die Arbeit fertig sein.

Zeitschrift, die; -, -en: *gedrucktes Heft, das regelmäßig, meist wöchentlich, monatlich oder viermal im Jahr erscheint:* eine Z. abonnieren, herausgeben.

Zeitung, die; -, -en: *täglich oder wöchentlich erscheinende gedruckte Blätter, die besonders die neuesten Nachrichten, Kommentare und Anzeigen bringen:* die Z. hat eine hohe Auflage; die Z. brachte die Meldung auf der ersten Seite.

Zeitvertreib, der; -s: *Beschäftigung zum Vergnügen oder Hobby:* er malt zum Z.

zeitweilig ⟨Adj.⟩: *nur für eine kurze Zeit; vorübergehend:* eine zeitweilige Abwesenheit; die Straße ist z. gesperrt.

zeitweise ⟨Adverb⟩: *manchmal; eine Zeitlang; nicht immer:* das Ufer ist z. überschwemmt.

Zelle, die; -, -n: **I.** *enger und sehr einfach eingerichteter Raum für Mönche oder Sträflinge:* in der Z. stand nur ein hartes Bett und ein Stuhl. **II.** *kleinste Einheit der Lebewesen, die selbständig zu leben fähig ist:* die Zellen wachsen, sterben ab. **III.** *kleine Gruppe innerhalb einer [politischen] Organisation, von der besonders starke Aktivität ausgeht:* in den Fabriken und an den Universitäten wurden Zellen gebildet.

Zelt, das; -[e]s, -e: *aus bestimmtem Stoff und Stangen errichtete vorübergehende Unterkunft (siehe Bild):* die Touristen schlugen am See ihr Z. auf. * **die Zelte abbrechen** *(sich von einem Ort entfernen).*

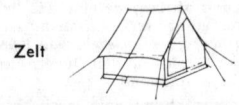

Zelt

zelten, zeltete, hat gezeltet ⟨itr.⟩: *im Zelt wohnen:* sie wollen im Urlaub z.

Zement, der; -[e]s, -e: *pulverförmiger Baustoff aus Mörtel und Beton, der an der Luft oder im Wasser hart wird.*

zementieren, zementierte, hat zementiert ⟨tr.⟩: *mit Zement ausfüllen:* er hat die Einfahrt zur Garage zementiert; bildl. (ugs.): *endgültig machen; so festlegen, daß es nicht mehr geändert werden kann:* es gibt Kräfte, die die augenblicklichen Zustände z. möchten. **Zementierung,** die; -.

zensieren, zensierte, hat zensiert ⟨tr.⟩: **a)** *[in der Schule] nach einem bestimmten System beurteilen:* der Lehrer zensierte den Aufsatz sehr streng. **b)** *im Hinblick auf Unerlaubtes kontrollieren:* das Buch, den Brief z. **Zensierung,** die; -, -en.

Zensur, die; -, -en: **1.** *Beurteilung einer Leistung in der Schule; Note:* der Schüler erhielt eine schlechte Z. für den Aufsatz. **2.** *[vom Staat angeordnete] Kontrolle von Büchern, Briefen o. ä., im Hinblick auf Unerlaubtes oder dem Staat Unerwünschtes:* das Buch über die Mißstände in der Regierung wurde von der Z. verboten.

Zentimeter [auch zen...], der, (auch:) das; -s, -: */Maß für die Länge;* sein Finger ist 5 cm lang.

Zentner, der; -s, -: *Gewicht:* **a)** *von 50 Kilogramm* (in Deutschland). **b)** *von 100 Kilogramm* (in Österreich und in der Schweiz).

zentral ⟨Adj.⟩: **a)** *sich im Mittelpunkt, Zentrum befindend; im Mittelpunkt, Zentrum [einer Stadt]:* ein Geschäft in zentraler Lage; das Haus ist z. gelegen. **b)** *von einem Mittelpunkt aus organisiert, geleitet:* eine zentrale Organisation, Stelle; der Staat wird z. regiert; die Daten werden z. ausgewertet. **c)** ⟨nur attributiv⟩ *sehr wichtig; von entscheidender Bedeutung:* ein zentrales Problem, eine zentrale Frage.

Zentrale, die; -, -n: *Zentrum, von dem aus etwas organisiert oder geleitet wird:* die Anordnungen wurden von der Z. ausgegeben; die Filialen des Z. geleitet.

Zentralheizung, die; -, -en: *Anlage, durch die ein ganzes Haus von einer Stelle aus geheizt werden kann.*

zentralisieren, zentralisierte, hat zentralisiert ⟨tr.⟩: **a)** *vereinigen, zusammenziehen:* wir müssen alle Kräfte z. **b)** *so organisieren, daß alles von einem Zentrum aus geleitet wird:* die Verwaltung wird zentralisiert. **Zentralisierung,** die; -.

Zentrum, das; -s, Zentren: **1.** *Mitte:* im Z. des Platzes steht ein Denkmal. **2.** *der innere, zentrale Teil einer Stadt:* er wohnt im Z. **3.** *Gruppe von Menschen, Institution o. ä., die bei etwas führend ist, von der etwas ausgeht:* das Z. der Revolution; das geistige Z. eines Landes.

Zepter, das; -s, -: *[verzierter] Stab als Sinnbild der Macht und Würde eines Herrschers* (siehe Bild): der König hielt das Z. in der Hand. * das Z. führen/ schwingen *(bestimmen, was geschieht):* sie schwingt das Z. im Hause.

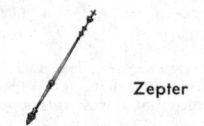

Zepter

zerbrechen, zerbricht, zerbrach, hat/ist zerbrochen: 1. ⟨tr.⟩ *(etwas) durch Drücken, Schlagen, Fallenlassen usw. in Stücke brechen; zerstören:* das Kind hat das Glas zerbrochen. 2. ⟨itr.⟩ *so fallen usw., daß etwas zerstört, entzwei ist:* das Glas ist zu Boden gefallen und zerbrochen. * an etwas z. *(etwas innerlich nicht bewältigen können, an etwas seelisch zugrunde gehen):* er ist an diesem Problem zerbrochen.

zerbrechlich ⟨Adj.; nicht adverbial⟩: *leicht zerbrechend:* das Glas ist z.

zerbröckeln, zerbröckelte, hat/ist zerbröckelt: 1. ⟨tr.⟩ *so zerdrücken, zerreiben, daß kleine Brocken entstehen:* er hat einen Klumpen Erde zerbröckelt. 2. ⟨itr.⟩ *in kleine Brocken zerfallen:* das Stück Kuchen ist zerbröckelt.

zerdrücken, zerdrückte, hat zerdrückt ⟨tr.⟩: *so drücken, daß es zerstört wird:* er zerdrückte ein Ei in seiner Hand.

Zeremonie, die; -, -n: *feierliche Handlung, die auf einer Tradition beruht:* der Rektor der Universität wurde in einer langen Z. in sein Amt eingeführt.

zerfahren ⟨Adj.⟩: 1. *durch Darüberfahren beschädigt, zerstören:* die Straße ist durch die schweren Lastautos ganz z. 2. *nicht konzentriert; dauernd zerstreut:* er ist sehr z. und gibt selten eine richtige Antwort.

Zerfall, der; -s: a) *das Zusammenbrechen, Einstürzen:* der Z. der Mauer, der Ruine. b) *Untergang:* der Z. des Römischen Reiches.

zerfallen, zerfällt, zerfiel, ist zerfallen ⟨itr.⟩: 1. *auseinanderbrechen, sich in die einzelnen Teile auflösen:* die alte Mauer zerfällt langsam; der Leib zerfällt nach dem Tode zu Staub. 2. *zugrunde gehen, untergehen:* das große Reich ist zerfallen. 3. *eingeteilt, gegliedert sein (in etwas):* das Buch zerfällt in drei Kapitel.

zergehen, zerging, ist zergangen ⟨itr.⟩: *aus dem festen Zustand in den flüssigen übergehen, schmelzen:* das Eis zergeht in der Sonne; das Fett in der Pfanne z. lassen.

zerkleinern, zerkleinerte, hat zerkleinert ⟨tr.⟩: *in kleinere Stücke teilen, aus etwas kleine Stücke machen:* das Holz mit dem Beil z.

zerknirscht ⟨Adj.⟩: *reumütig sich einer Schuld bewußt seiend:* z. hörte er die Vorwürfe an.

zerknüllen, zerknüllte, hat zerknüllt ⟨tr.⟩: *(ein Stück Papier oder Stoff) in der Hand zu einem Ball, Knäuel zusammendrücken:* wütend zerknüllte er den Brief; vor Aufregung zerknüllte er sein Taschentuch.

zerlegen, zerlegte, hat zerlegt ⟨tr.⟩: a) *(die einzelnen Bestandteile eines Gerätes, einer Maschine) auseinandernehmen:* die Uhr, das Fahrrad z. b) *[in Portionen] zerteilen* /von Speisen/: ein Huhn, den Braten z.

zermalmen, zermalmte, hat zermalmt ⟨tr.⟩: *vollständig zerdrücken, zerquetschen:* sein Körper wurde von den Rädern des Zuges zermalmt.

zermürben, zermürbte, hat zermürbt ⟨tr.⟩: *jmdn. durch längere Beeinflussung nachgiebig, mürbe machen; jmds. Widerstandskraft brechen:* der Gefangene wurde durch die ständigen Verhöre ganz zermürbt. **Zermürbung**, die; -.

zerquetschen, zerquetschte, hat zerquetscht ⟨tr.⟩: *etwas so stark drücken, daß es ganz platt oder zu Brei wird:* einen Apfel z.; sein Arm wurde bei dem Unfall zerquetscht.

zerreißen, zerriß, hat zerrissen: a) ⟨tr.⟩ *durch kräftiges Auseinanderziehen trennen; in mehrere Stücke zerteilen:* er zerreißt das Blatt Papier; einen Faden z.; bildl.: das Band der Freundschaft ist zerrissen. b) ⟨itr.⟩ *ein Loch, einen Riß bekommen* /von Kleidungsstücken, Tuch/: er hat sich die Strümpfe zerrissen; ⟨häufig im 2. Partizip⟩ die Hose ist zerrissen.

zerren, zerrte, hat gezerrt ⟨tr.⟩: *mit Gewalt ziehen;* er zerrte ihn ins Zimmer; ⟨auch itr.⟩ der Hund zerrt an der Leine.

Zerrung, die; -, -en: *zu starke Dehnung eines Muskels, einer Sehne o. ä.:* der Sportler mußte wegen einer Z. aus dem Wettkampf ausscheiden.

zerrüttet ⟨Adj.⟩: *[durch zu große Aufregung, Anstrengung, Belastung] in Unordnung gekommen, stark gestört:* eine zerrüttete Gesundheit, Ehe, Familie; er hat zerrüttete Nerven; er kommt aus zerrütteten Verhältnissen.

zerschlagen, zerschlägt, zerschlug, hat zerschlagen ⟨tr.⟩: *durch Schlagen oder Fallenlassen zerbrechen:* er hat einen Teller z. * etwas hat sich z. *(etwas, was bereits feststand, ist nicht zustande gekommen):* der Plan, die Verlobung hat sich z.

zerschmettern, zerschmetterte, hat zerschmettert ⟨tr.⟩: *mit großer Wucht zerschlagen:* er zerschmetterte vor Zorn eine Vase; ein herabstürzender Felsen hat seinen Schädel zerschmettert.

zerschneiden, zerschnitt, hat zerschnitten ⟨tr.⟩: *durch Schneiden in Stücke teilen:* ein Blatt Papier z.

zersetzen, zersetzte, hat zersetzt: 1. ⟨tr./rfl.⟩ *in die Bestandteile auflösen; im Gefüge locker werden; durch chemische Einwirkung o. ä. zerstört werden:* die Säure zersetzt das Metall; der Körper zersetzt sich nach dem Tod. 2. ⟨tr.⟩ *auf etwas so einwirken, daß die Einheit, Disziplin usw. gestört wird, Mißtrauen in einer bestehenden Ordnung entsteht; untergraben:* die ständige Propaganda zersetzt die Gesinnung der Bürger, den Staat; ⟨häufig im 1. Partizip⟩ zersetzende Strömungen, Schriften. **Zersetzung**, die; -.

zerstören, zerstörte, hat zerstört ⟨tr.⟩: *so stark beschädigen, daß es nicht mehr brauchbar ist; vernichten:* bei dem Erdbeben wurden viele Häuser zerstört. **Zerstörung**, die; -, -en.

zerstreuen, zerstreute, hat zerstreut /vgl. zerstreut/: 1.

⟨tr.⟩ *weit auseinanderstreuen:* der Wind zerstreut die Blätter. **2.** ⟨tr.⟩ *auseinandertreiben, trennen:* die Polizei versuchte, die Demonstranten zu z.; die Bewohner dieses Gebietes wurden im Krieg in die ganze Welt zerstreut *(kamen in verschiedene Teile der Welt).* **3.** ⟨rfl.⟩ *nach verschiedenen Richtungen auseinandergehen:* die Zuschauer zerstreuten sich nach dem Ende der Vorstellung. **4.** ⟨rfl.⟩ *sich unterhalten, vergnügen, entspannen:* er geht ins Kino, um sich zu z. **5.** ⟨tr.⟩ *(etwas) durch Argumente, Zureden beseitigen:* jmds. Zweifel, Bedenken z.

zerstreut ⟨Adj.⟩: **1.** *seine Gedanken nicht auf das gerichtet habend, worauf sie gerichtet sein sollten; nicht konzentriert:* er vergißt alles und ist oft z. **2.** *einzeln und weit voneinander entfernt liegend oder wohnend:* seine Verwandten sind im ganzen Land z.; z. liegende Häuser. **Zerstreutheit,** die; -.

zerteilen, zerteilte, hat zerteilt: **a)** ⟨tr.⟩ *(aus einem Ganzen) einzelne Teile herstellen; auseinandertrennen:* den Braten z.; der Wind zerteilt die Wolken. **b)** ⟨rfl.⟩ *auseinandergehen, sich teilen:* das Wasser zerteilt sich hinter dem Boot.

zertreten, zertritt, zertrat, hat zertreten ⟨tr.⟩: *durch Darauftreten zerstören oder töten:* einen Käfer, den Rasen z.

zertrümmern, zertrümmerte, hat zertrümmert ⟨tr.⟩: *in Stücke schlagen, vollständig zerstören:* bei der Schlägerei wurden die Möbel zertrümmert. **Zertrümmerung,** die; -.

Zerwürfnis, das; -ses, -se: *feindliche Stimmung, Abneigung gegen jmdn. wegen gegensätzlicher Meinungen:* Anlaß für das Z. war ein Streit um geliehenes Geld.

zerzaust ⟨Adj.⟩: *ungeordnet; wirr durcheinander* /von Haaren oder Federn/: ihre Haare sind vom Wind ganz z.

zetern, zeterte, hat gezetert ⟨itr.⟩ (abwertend): *laut und schrill schimpfen und jammern:* er zetert wie ein altes Weib.

Zettel, der; -s, -: *loses Blatt Papier:* etwas auf einem Z. notieren; einen Z. [mit einer Nachricht] an die Tür kleben.

Zeug, das; -s: **1.** (abwertend) **a)** *etwas nicht näher Bestimmtes,* meist Wertloses, z. B. *etwas, was man ißt, bei sich trägt o. ä.:* im Gasthaus bekam ich ein furchtbares Z. zu trinken; sie packte allerlei Z. in ihre Tasche; das alte Z. kauft dir doch niemand ab. **b)** *etwas Gesprochenes, Gelesenes o. ä., was wenig wert ist:* er träumte wirres Z.; er soll nicht immer sinnloses Z. reden. * *dummes Z. (Unsinn).* **2. a)** (ugs.) *Kleidung [und Ausrüstung]:* er hielt sein Z. in Ordnung. * *sich ins Z. legen (sich anstrengen, einsetzen für etwas);* **jmdm. am Z. flicken** *(an jmdm. dauernd etwas auszusetzen haben).* **b)** *Tuch, Stoff:* er trug einen Mantel aus dickem Z. **3.** ⟨in bestimmten Verwendungen⟩ *die nötigen Voraussetzungen, Fähigkeiten:* er hatte/besaß das Z. zu einem guten Arzt; in ihm steckt das Z. zu etwas; ich fühle das Z. in mir, die Aufgabe zu schaffen.

Zeuge, der; -n, -n: *jmd., der bei einem Ereignis anwesend war und darüber berichten kann:* er war Z. des Unfalls; er sagte als Z. vor Gericht aus.

zeugen, zeugte, hat gezeugt: **I.** ⟨tr.⟩ *durch Geschlechtskraft erschaffen; durch Befruchtung hervorbringen* /vom Mann/: ein Kind z. **II.** ⟨itr.⟩ *als Zeuge aussagen:* er war vor Gericht gegen ihn gezeugt. * *etwas zeugt von etwas (etwas zeigt etwas, läßt etwas erkennen):* seine Arbeit zeugt von großem Können.

Zeugnis, das; -ses, -se: **1.** *Schriftstück, auf dem die Leistungen in der Schule oder bei einer Prüfung bestätigt sind:* er hat nur gute Noten im Z. **2.** (geh.) *Aussage:* er legte vor Gericht ein Z. ab. **3.** *etwas, was für etwas als Beweis oder Beispiel gilt:* die alten Burgen sind wichtige Zeugnisse der Vergangenheit. **4.** *Gutachten:* ein ärztliches Z.

Zeugung, die; -, -en: *das Zeugen, Befruchtung.*

Ziege, die; -, -n: /ein Haustier/ (siehe Bild).

Ziege

Ziegel, der; -s, -: **a)** *Stein aus gebranntem Ton zum Bauen* (siehe Bild): in Norddeutschland baut man die Häuser weithin aus Ziegeln. **b)** *Stein aus gebranntem Ton zum Dachdecken* (siehe Bild): ein Dach mit Ziegeln decken.

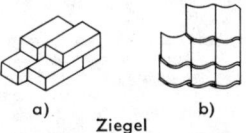

a) b)
Ziegel

ziehen, zog, hat/ist gezogen: **1.** ⟨tr.⟩ **a)** *[unter Anwendung von Kraft] hinter sich her bewegen:* das Pferd hat den Wagen gezogen. **b)** *etwas unter Anwendung von Kraft in, aus oder auf etwas in Richtung zu sich selbst bewegen:* er hat das Boot aus dem Wasser gezogen. * *etwas in den Schmutz z.* *schlechtmachen;* **die Aufmerksamkeit /das Interesse auf sich z.** *(erreichen, daß man beachtet wird, auffällt);* **nach sich z.** *(zur Folge haben):* der Bau der Fabrik zog große wirtschaftliche Veränderungen nach sich. **c)** *aus etwas herausnehmen:* das Portemonnaie z.; er hat ihm einen Zahn gezogen. **2.** ⟨itr.⟩ *sich in bestimmter Weise fortbewegen:* die Demonstranten sind zum Rathaus gezogen *(marschiert);* die Vögel ziehen *(fliegen)* nach Süden. * **gegen etwas zu Felde z.** *(etwas mit allen Mitteln bekämpfen).* **b)** *übersiedeln:* die Familie ist in eine andere Stadt gezogen. **3.** ⟨tr.⟩ *züchten:* Schweine, Hühner z. **4.** ⟨rfl.⟩ **a)** *verlaufen:* die Straße zieht sich in vielen Kurven auf den Berg. **b)** *sehr lange dauern; kein Ende zu nehmen scheinen:* die Feier hat sich in die Länge gezogen. **5.** ⟨itr.⟩ *von Luft, Wind durchströmt sein:* es hat im Zimmer so stark gezogen, daß er sich erkältete. **6.** ⟨als Funktionsverb⟩ einen Vergleich z. *(vergleichen);* einen Schluß aus etwas z. *(aus etwas schließen);* aus etwas Nutzen, Vorteil z. *(etwas so auswerten, daß man daraus einen Nutzen, Vorteil hat);* jmdn. zur Verantwortung z. *(jmdn. verantwortlich machen).*

Ziel, das; -[e]s, -e: **1.** *Punkt, Ort, den man erreichen will:* das Z. seiner Reise ist Paris; der

zielbewußt   434

Läufer ist am Z. angelangt. 2. *das, wonach man strebt, worauf eine Handlung oder Absicht gerichtet ist:* die soziale Sicherheit des Bürgers war das Z. seiner Politik.

zielbewußt ⟨Adj.⟩: *ausdauernd und energisch auf sein Ziel hinarbeitend:* er geht sehr z. an die Arbeit.

zielen, zielte, hat gezielt ⟨itr.⟩: 1. *(das, womit man schießt oder wirft) genau auf ein Ziel richten, um treffen zu können:* der Jäger zielt auf den Hasen. 2. *beabsichtigen; einen bestimmten Zweck verfolgen:* seine Bemühungen zielten auf eine Änderung der politischen Verhältnisse; worauf zielte seine Frage?

zielstrebig ⟨Adj.⟩: *zielbewußt.* **Zielstrebigkeit,** die; -.

ziemen, sich; ziemte sich, hat sich geziemt (geh.): *den üblichen Regeln von Sitte und Anstand entsprechen, sich gehören:* es ziemt sich nicht, zu sitzen, wenn ältere Leute stehen.

ziemlich: I. ⟨Adj.; nur attributiv⟩: *von großem, aber nicht übermäßig großem Ausmaß:* er hat ein ziemliches Vermögen; das Haus hat eine ziemliche Höhe. **II.** ⟨Adverb⟩ **a)** *sehr, aber nicht übermäßig; recht:* es ist z. kalt. **b)** *fast, beinah[e]:* er ist z. fertig; das ist z. gleich.

Zierde, die; -, -n: 1. ⟨ohne Plural⟩ *jmd., der oder etwas, was zum Ansehen, zur Schönheit von etwas in hohem Maß beiträgt:* sie ist eine Z. ihrer Klasse; der alte Dom ist eine Z. der Stadt. 2. *etwas, womit etwas verziert wird:* sein Orden steckt als Z. am Frack.

zieren, zierte, hat geziert: 1. ⟨tr.⟩ (geh.) *verzieren:* diese Schleife ziert ihr Haar. 2. ⟨rfl.⟩ *in unnatürlicher, gekünstelter Weise etwas ablehnen, was man eigentlich gern haben oder tun möchte:* sie zierte sich erst eine Weile, bevor sie den Kuchen nahm; zier dich nicht so!

zierlich ⟨Adj.⟩: *fein, zart:* ein zierlicher Körper, eine zierliche Schrift. **Zierlichkeit,** die; -.

Ziffer, die; -, -n: *schriftliches Zeichen für eine Zahl:* die Zahl 52 hat zwei Ziffern; die Summe in Worten und Ziffern eintragen.

Zigarette, die; -, -n: *kleine Rolle aus Tabak, von Papier umgeben* (siehe Bild): eine Z. rauchen.

Zigarette

Zigarre, die; -, -n: *Rolle aus Tabakblättern* (siehe Bild): eine Z. rauchen; eine starke Z.

Zigarre

Zimmer, das; -s, -: *Raum in einer Wohnung oder einem Haus:* er bewohnt ein Z. im dritten Stock; ein Z. mieten; eine Wohnung mit 3 Zimmern.

Zimmermann, der; -[e]s, Zimmerleute: *Handwerker, der bei Bauten die Teile aus Holz herstellt:* der Z. setzt den Dachstuhl auf.

zimperlich ⟨Adj.⟩ (abwertend): *übertrieben empfindlich:* sei nicht so z., es ist doch gar nicht so kalt; sie ist sehr z. (prüde), wenn man einen Witz erzählt. **Zimperlichkeit,** die; -.

Zinsen, die ⟨Plural⟩: *in Prozenten ausgedrückter Betrag, den jmd. für ein zeitweilig ausgeliehenes Kapital erhält:* er spart bei der Sparkasse und bekommt 3 Prozent Zinsen; er muß für sein Darlehen 6 Prozent Zinsen zahlen.

Zipfel, der; -s, -: *spitz zulaufendes Ende:* der Z. eines Kissens, einer Wurst.

zirka ⟨Adverb⟩: *ungefähr* (Abk.: ca.): er kommt in z. 3 Wochen.

Zirkel, der; -s, -: 1. *Gerät, mit dem man einen Kreis zeichnen kann* (siehe Bild). 2. *Gruppe von Personen mit bestimmten gemeinsamen Interessen:* die Künstler bildeten einen Z.

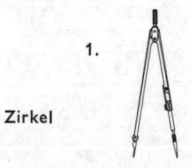

1.

Zirkel

Zirkus, der; -ses, -se: *Unternehmen, das Vorführungen von Tieren, Artisten, Clowns o. ä. in einem großen Zelt zeigt:* er ist Dompteur beim Z.

zischen, zischte, hat gezischt ⟨itr.⟩: *einen scharfen Laut hervorbringen, wie er beim Aussprechen eines s entsteht:* das Wasser zischt, wenn es auf eine heiße Platte kommt; die Schlange zischt; das Publikum zischte (*zeigte durch Zischen sein Mißfallen*).

Zitat, das; -s, -e: *Stelle aus dem Text eines Werkes, die wörtlich übernommen wird:* er schloß seinen Vortrag mit einem Z. aus Goethes „Faust".

zitieren, zitierte, hat zitiert ⟨tr.⟩: 1. *eine Stelle aus einem Werk [als Erklärung oder Beweis] wörtlich wiedergeben:* er zitiert oft Goethe. 2. ⟨mit näherer Bestimmung⟩ *(jmdn.) auffordern, in einer bestimmten Angelegenheit [zu einer Behörde] zu kommen:* er wurde vor Gericht zitiert.

Zitrone, die; -, -n: */eine Südfrucht/* (siehe Bild).

zittern, zitterte, hat gezittert ⟨itr.⟩: *sich in ganz kurzen, schnellen und unwillkürlichen Schwingungen hin und her bewegen:* er zitterte vor Angst; das Laub zittert im Wind.

Zitrone

zivil ⟨Adj.⟩: 1. *nicht militärisch:* der zivile Beruf des Offiziers ist Ingenieur; ein Flughafen für den zivilen Verkehr. 2. *mäßig, nicht übertrieben:* zivile Preise, Forderungen.

Zivilisation die; -: *die durch Technik und Wissenschaft gestaltete und verfeinerte Lebensweise* (im Gegensatz zur ursprünglich natürlichen oder primitiven): das Land hat eine alte Kultur. aber nur geringe Z.

Zivilist der; -en, -en: *jmd., der nicht zum Militär gehört:* der Zutritt zur Kaserne ist für Zivilisten gesperrt.

zögern, zögerte, hat gezögert ⟨itr.⟩: *vor einer Handlung oder Entscheidung unschlüssig warten:* er zögerte mit der Antwort; er gehorchte, ohne zu z.

Zögling, der; -s, -e: *jmd., der in einem Internat, Heim erzogen wird:* die Zöglinge fahren in den Ferien nach Hause.

Zoll, der; -s, Zölle: *Abgabe, die man für eine Ware beim Überschreiten der Grenze an den Staat zahlen muß:* wir mußten Z. zahlen, als wir mit Kaffee über die Grenze fuhren.

Zone, die; -, -n: a) *nach bestimmten Gesichtspunkten abgegrenztes Gebiet:* das Land wurde in vier Zonen eingeteilt. b) *Gebiet mit bestimmten [klimatischen] Eigenschaften:* das Klima der gemäßigten Z.; über 2 000 m Höhe beginnt die baumlose Z. c) *Entfernung, nach der die Gebühren bei der [Straßenbahn] oder beim Telefon berechnet werden:* innerhalb der ersten Z. kostet die Fahrt 50 Pfennig.

Zoo, der; -[s], -s: *öffentliche Einrichtung zur Haltung von [exotischen] Tieren in Gehegen, Gärten, Käfigen usw.:* die Kinder lachen über die Affen im Z.

Zopf, der; -[e]s, Zöpfe: *aus mehreren Teilen geflochtene Haarsträhne (siehe Bild):* das Mädchen hat lange Zöpfe.
* **ein alter Z.** *(eine längst überholte, veraltete Ansicht).*

Zopf

Zorn, der; -[e]s: *heftiger, leidenschaftlicher Unwille (gegen jmdn.); Wut:* er hatte einen furchtbaren Z. auf ihn; er gerät leicht in Z.

zornig ⟨Adj.⟩: *voll Zorn; durch Ärger, Wut über etwas/jmdn. erregt:* er schimpfte z.

Zote, die; -, -n (abwertend): *derber, obszöner Witz:* ich will solche Zoten nicht mehr hören.
z. T.: *zum Teil.*

zu: I. ⟨Präp. mit Dativ⟩ 1. /lokal/ a) ⟨auf die Frage: wohin?⟩ /drückt eine Bewegung bis an ein Ziel hin aus/: das Kind läuft zur Mutter; der Weg zum Bahnhof; ⟨oft zusammengesetzt mit Verben⟩ auf das Haus zufahren, zugehen. b) ⟨auf die Frage: wo?⟩ /bezeichnet einen Ort oder eine Lage/: zu Hause sein; zu Tisch sitzen; /in Verbindung mit Ortsnamen/: der Dom zu Köln. 2. /temporal/ ⟨auf die Frage: wann?⟩ /bezeichnet einen Zeitpunkt/: zu Mittag; zur rechten Zeit. 3. /drückt aus, daß etwas durch etwas erweitert wird, daß etwas hinzugefügt wird/: stelle das Buch zu den anderen; er nimmt Sahne zum Kuchen. 4. /drückt einen Zweck aus/ *zwecks, für:* Maßnahmen zur Verbesserung der Wirtschaft. 5. ⟨in Verbindung mit Zahlwörtern⟩ a) /bezeichnet ein Verhältnis/: die Mannschaft siegte mit drei zu zwei Toren. b) /bei der Nennung eines Preises/: er kaufte das Stück zu sechs Pfennig. c) *in einer Gemeinschaft von jmdm.:* wir gingen zu dritt *(wir gingen als Gruppe von drei Personen).* 6. /bezeichnet das Ergebnis eines Vorganges, einer Veränderung/: den Apfel zu Brei zerquetschen; er ist zum Dieb geworden; er wurde zum Direktor ernannt. II. ⟨Adverb⟩ *in höherem Maß, als es gut oder angemessen ist:* das Buch ist zu teuer; er fährt zu schnell. III. ⟨Konj. beim Inf.⟩ er hofft, pünktlich zu kommen; er hofft, pünktlich anzukommen; er hat Angst zu kommen; er nahm das Geld, ohne zu fragen; sie ging in die Stadt, um einzukaufen.

Zubehör, das; -s: *etwas, was (zu einem Haus, einer Maschine o. ä.) dazugehört:* eine Kamera mit allem Z.

zubereiten, bereitete zu, hat zubereitet ⟨tr.⟩: *[aus den einzelnen Bestandteilen] herstellen und zum Gebrauch fertigmachen* /von Speisen o. ä./: das Essen, Frühstück z.; eine Arznei z.

Zubereitung, die; -.

zubilligen, billigte zu, hat zugebilligt ⟨tr.⟩: *(etwas, worauf Anspruch erhoben wird) als berechtigt anerkennen und gewähren:* dem Volk wurde größere Freiheit zugebilligt. **Zubilligung,** die; -.

zubinden, band zu, hat zugebunden ⟨tr.⟩: *mit einem Band, einer Schnur verschließen:* er bindet den Sack mit einem Faden zu.

zubringen, brachte zu, hat zugebracht ⟨tr.⟩: *verbringen:* er brachte die ganzen Ferien auf dem Land zu.

Zucht, die; -: 1. *das Züchten:* die Z. von Pferden. 2. *straffe Unterordnung unter eine Obrigkeit oder Regel; strenge Ordnung, Disziplin:* in der Klasse herrscht keine Z.

züchten, züchtete, hat gezüchtet ⟨tr.⟩: *für die Vermehrung und Verbesserung der Art von Pflanzen oder Tieren sorgen, um daraus wirtschaftlichen Nutzen zu ziehen:* in dieser Gegend wird besonders Vieh gezüchtet; Rosen z.

Zuchthaus, das; -es, Zuchthäuser: *Gefängnis für Häftlinge, die zu schweren und langen Strafen verurteilt wurden:* der Mörder kam ins Z.

zucken, zuckte, hat gezuckt ⟨itr.⟩: *[unwillkürlich] eine schnelle und kurze Bewegung machen:* er hat ein nervöses Z. in den Beinen; der Fisch zuckt an der Angel.

zücken, zückte, hat gezückt ⟨tr.⟩: *[schnell] hervornehmen:* als der Präsident zu sprechen begann, zückten die Reporter ihre Bleistifte.

Zucker, der; -s: *Nahrungsmittel zum Süßen von Speisen:* er trinkt den Kaffee ohne Z.

Zuckung, die; -, -en: *unwillkürliche, kurze und schnelle Bewegung:* die letzten Zuckungen eines geschlachteten Tieres; er leidet an nervösen Zuckungen im Gesicht.

zudecken, deckte zu, hat zugedeckt ⟨tr.⟩: 1. *(mit etwas) bedecken:* die Mutter deckte das Kind mit einer Decke zu; bildl.: seine Worte wurden vom Geschrei der Menge zugedeckt *(übertönt).* 2. *verheimlichen, vertuschen:* der Minister wollte die Mißstände z.

zudem ⟨Konj.⟩: *außerdem:* es war sehr kalt, z. regnete es.

zudrehen, drehte zu, hat zugedreht: 1. ⟨tr.⟩ *durch Drehen (eines Hahnes o. ä.) verschließen:* die Heizung, das Wasser z. 2. ⟨tr./rfl.⟩ *sich zu jmdm. wenden:* er drehte sich mir zu; er dreht mir den Rücken zu *(stellte sich so, daß sein Rücken zu mir gewandt ist).*

zudringlich ⟨Adj.⟩: *durch zu große Vertraulichkeit lästig fallend:* dieser zudringliche Mensch erzählt mir immer private Dinge, die mich gar nicht interessieren. **Zudringlichkeit,** die; -.

zueinander ⟨Adverb⟩: *einer zum andern:* sie waren sehr freundlich z.; ⟨oft zusammengesetzt mit Verben⟩ zueinanderfinden, zueinanderstehen.

zuerkennen, erkannte zu/ (selten auch:) zuerkannte, hat zuerkannt ⟨tr.⟩: *durch einen Beschluß erklären, daß jmdm. etwas gebührt; gegeben werden soll:* ihm wurde ein hohe Belohnung zuerkannt.

zuerst ⟨Adverb⟩: **a)** *als erster, als erstes.* z. kam mein Bruder, dann folgten die andern. **b)** *am Anfang:* z. dachte ich, es würde mißlingen, dann ging aber alles gut.

Zufahrt, die; -, -en: *Straße, auf man bis direkt zu einem Gebäude, zu einer anderen Straße o. ä. fahren kann:* die Z. zu einem Haus, zur Autobahn.

Zufall, der; -s, Zufälle: *etwas, wofür keine Ursache, kein Zusammenhang, keine Gesetzmäßigkeit erkennbar ist:* es war ein Z., daß wir uns in Paris trafen; durch Z. erfuhr ich von seiner Heirat.

zufallen, fällt zu, fiel zu, ist zugefallen ⟨itr.⟩: **1.** *sich (von selbst) schnell schließen:* der Deckel, die Tür ist zugefallen. **2. a)** *[unverdient oder unerwartet] erlangen, zuteil werden:* sein Reichtum ist ihm nicht einfach zugefallen, sondern er hat hart gearbeitet; ihm ist die ganze Erbschaft zugefallen. **b)** *(jmdm.) aufgetragen werden:* ihm ist die Aufgabe zugefallen, die Rede zu halten.

zufällig ⟨Adj.⟩: *durch Zufall; auf Zufall beruhend:* ein zufälliges Zusammentreffen; er hat das Buch z. in einem Schaufenster gesehen.

zufassen, faßte zu, hat zugefaßt ⟨itr.⟩: **a)** *anfassen, (mit den Händen, Fingern) greifen:* sie faßte mit ihren Fingern vorsichtig zu. **b)** *mithelfen:* jetzt müssen alle z.!

zufliegen, flog zu, ist zugeflogen ⟨itr.⟩: **a)** *zu jmdm. fliegen:* ein Vogel ist ihm zugeflogen; bildl.: die Herzen fliegen ihr zu (sie ist sehr beliebt). **b)** *heftig zufallen, sich mit Krach schließen:* bei dem Wind ist die Tür zugeflogen. **c)** *ohne Mühe erlangen:* dem Jungen fliegt in der Schule alles zu *(er lernt sehr leicht);* ihm fliegen die Gedanken nur so zu.

Zuflucht, die; -, Zuflüchte: *Ort, an dem man in Sicherheit ist:* der Flüchtling fand in Amerika eine Z.; er gewährte seinem Freund [in seinem Haus] Z. * **Z. zu etwas nehmen** *(als letzte Möglichkeit zu etwas übergehen, greifen):* die Mannschaft nahm zu unfairen Methoden ihre Z. **Z. bei jmdm./etwas suchen** *(bei jmdm./etwas Trost suchen):* wenn sie traurig ist, sucht sie bei ihrem Freund, bei ihren Büchern Z.

Zufluß: **a)** der; Zuflusses, Zuflüsse: *ein Fluß, der in einen anderen mündet:* der Main ist eine Z. des Rheins. **b)** *das Einströmen, Eindringen:* der Z. ausländischen Kapitals in die heimische Wirtschaft.

zufolge ⟨Präp. mit Gen. oder Dativ⟩: *als Folge, auf Grund:* z. seines Wunsches /seinem Wunsch z. fuhren wir einen Tag später.

zufrieden ⟨Adj.⟩: **a)** *innerlich ausgeglichen und nichts anderes verlangend als man hat:* ein zufriedener Mensch; er dachte z. an die vergangenen Tage. **b)** *mit den gegebenen Verhältnissen, Leistungen o. ä. einverstanden; nichts auszusetzen habend:* der Lehrer ist mit seinen Schülern nicht z.; er ist mit der neuen Stellung nicht z. **Zufriedenheit**, die; -.

zufriedenstellen, stellte zufrieden, hat zufriedengestellt ⟨tr.⟩: *zufrieden machen:* der Wirt versuchte alles, um seine Gäste zufriedenzustellen; ⟨häufig im 1. Partizip⟩ seine Leistungen sind nicht zufriedenstellend.

zufrieren, fror zu, ist zugefroren ⟨itr.⟩: *von Eis ganz bedeckt werden:* der See ist zugefroren.

zufügen, fügte zu, hat zugefügt ⟨itr.⟩: *(etwas) tun, was für jmdn. von Nachteil ist, ihm schadet:* jmdm. ein Leid, Schaden z.

Zufuhr, die; -: *Versorgung (mit Gütern, Waren o. ä.):* die Z. von Lebensmitteln war unterbrochen; durch die Z. *(das Herannahen)* kalter Luft wird das Wetter schlechter.

Zug, der; -[e]s, Züge: **1.** *Lokomotive mit den dazugehörenden Wagen bei der Eisenbahn:* er fuhr mit dem letzten Z. nach Hause. **2.** *Kolonne, Gruppe:* der Z. der Flüchtlinge nahm kein Ende. **3.** *das Ziehen, Wandern:* der Z. der Vögel in den Süden. **4.** *Luftzug:* bei dem starken Z. hat er sich erkältet. **5. a)** *Schluck:* er tat einen kräftigen Z. aus der Flasche. * **etwas in vollen Zügen genießen** *(etwas voll und ganz genießen).* **b)** *das Einatmen der Luft, das Einziehen des Rauches:* er atmete in tiefen Zügen; er machte einen Z. aus seiner Pfeife. * (ugs.) **in den letzten Zügen liegen** *(im Sterben liegen).* **6.** *charakteristische Eigenart:* das ist ein sympathischer Z. an ihm. **7.** *typische Linien des Gesichts:* jugendliche, hagere Züge. **8.** *das Bewegen einer Figur beim Spiel:* er machte mit dem Springer einen falschen Z. * **zum Zuge kommen** *(die Möglichkeit bekommen, tätig zu werden, zu handeln):* die Jugend kommt jetzt überall zum Zuge. ** **etwas in großen Zügen darstellen** *(etwas nur in Umrissen, nicht in Einzelheiten berichten).*

Zugabe, die; -, -n: **a)** *etwas, was zusätzlich gegeben wird:* das Kind erhielt beim Einkauf ein Bonbon als Z. **b)** *zusätzliche Darbietung bei einer künstlerischen Veranstaltung:* der Sänger sang als Z. zwei Lieder von Schubert; die Zuhörer erzwangen mit ihrem Applaus mehrere Zugaben.

Zugang, der; -[e]s, Zugänge: **1. a)** *Eingang, Einfahrt:* der Z. zum Schloß ist gesperrt. **b)** *das Betreten, Hineingehen:* der Z. zum Garten ist verboten. **2.** *Fähigkeit, sich einzufühlen, etwas zu verstehen; Sinn (für etwas):* er hat keinen Z. zur modernen Malerei.

zugänglich ⟨Adj.⟩: **1. a)** *erreichbar:* er wohnt in einem schwer zugänglichen Dorf im Gebirge. **b)** *für den Zugang oder die Benutzung zur Verfügung stehend:* das Museum wurde der Öffentlichkeit z. gemacht; die Bücher sind für jeden z. **2.** *gegenüber anderen Menschen aufgeschlossen:* er ist vernünftigen Vorschlägen immer z.; ein schwer zugänglicher *(verschlossener)* Mensch. **Zugänglichkeit**, die; -.

zugeben, gibt zu, gab zu, hat zugegeben: **1.** *[nach längerem Zögern oder Leugnen] gestehen:* der Junge hat zugegeben, daß er das Fenster zerbrochen hat. 2. *erlauben:* der Vater wird es nie z., daß sie diese Reise unternimmt.

zugegen ⟨in der Verbindung⟩ z. sein: *anwesend sein:* er war bei der Feier nicht z.

zugehen, ging zu, ist zugegangen ⟨itr.⟩: 1. *in Richtung auf etwas gehen:* er ging auf das Haus zu. 2. *geschlossen werden können:* die Tür geht nicht zu. 3. *(an jmdn.) gesandt, zugestellt, überbracht werden:* der Brief geht Ihnen mit der Post zu. 4. *geschehen, sich ereignen:* wie ist das zugegangen?; bei dem Fest ging es fröhlich zu *(herrschte eine fröhliche Stimmung).*

zugehörig ⟨Adj.⟩: *zu jmdm./ etwas gehörend, dazugehörend:* ein Haus mit zugehörigem Garten kaufen.

Zugehörigkeit, die; -: *das Dazugehören (als Mitglied, Mitarbeiter o. ä.):* die Z. zu einem Verein.

Zügel, der; -s, -: *Riemen, mit dem das Pferd gelenkt wird* (siehe Bild): die Zügel [straff] anziehen; bildl.: die Zügel des Betriebes fest in der Hand haben *(den Betrieb energisch leiten).*

Zügel

zügellos ⟨Adj.⟩: *nicht von Vernunft und sittlicher Einsicht kontrolliert, hemmungslos:* ein zügelloses Treiben. **Zügellosigkeit,** die; -.

zügeln, zügelte, hat gezügelt ⟨tr.⟩: *zurückhalten, nicht frei gehen lassen:* sein Pferd z.; bildl.: sein Temperament, seine Leidenschaft z. *(beherrschen).*

Zugeständnis: ⟨in der Wendung⟩ jmdm. ein Z./Zugeständnisse machen: *jmdm. [in einer Sache] entgegenkommen:* die Arbeitgeber machten den Arbeitern bei den Lohnverhandlungen Zugeständnisse.

zugestehen, gestand zu, hat zugestanden ⟨tr.⟩: a) *einräumen, gewähren:* jmdm. ein Recht z. b) *zugeben:* ich muß ihm z., daß er korrekt gehandelt hat.

zugetan: ⟨in der Verbindung⟩ jmdm. z. sein: *für jmdn. freundliche, herzliche Gefühle haben:* sie war meiner Mutter sehr z.

zugig ⟨Adj.; nicht adverbial⟩: *der Zugluft ausgesetzt:* ein zugiger Korridor.

zügig ⟨Adj.⟩: *schnell und stetig; in einem Zuge:* die Arbeiten gehen z. voran; z. fahren.

zugkräftig ⟨Adj.⟩: *(das Publikum) anziehend, anreizend; attraktiv:* ein zugkräftiges Theaterstück; das Plakat war sehr z.

zugleich ⟨Adverb⟩: a) *im selben Augenblick, zur gleichen Zeit:* sie griffen beide z. nach dem Buch. b) *in gleicher Weise, ebenso, auch:* er wollte mich loben und z. ermahnen; er ist Dichter und Maler z. *(in einer Person).*

Zugluft, die; -: *stetig strömende kühle Luft:* in diesem Raum herrscht Z.

zugreifen, griff zu, hat zugegriffen ⟨itr.⟩: *schnell nehmen; anpacken:* bei diesem billigen Angebot muß man z.; wo es Arbeit gab, griff er zu; die Polizei hat zugegriffen *(den Verbrecher plötzlich verhaftet);* bitte greifen Sie zu! *(nehmen Sie sich bitte von dem Dargebotenen).*

zugrunde: ⟨in den Wendungen⟩ z. **gehen** *(vernichtet werden, untergehen, verderben);* z. **legen/ liegen** *(als Grundlage verwenden/ dienen);* jmdn./etwas z. **richten** *(jmdn./etwas vernichten, ins Verderben stürzen).*

Zugtier, das; -[e]s, -e: *Haustier, das einen Wagen o. ä. zieht.*

zugunsten ⟨Präp. mit Gen.⟩: *zum Vorteil von jmdm. oder etwas:* er hat z. seines Sohnes auf das Erbe verzichtet.

zugute: ⟨in den Wendungen⟩ jmdm. etwas z. **halten** *(jmdm. etwas als Entschuldigung o. ä. anrechnen);* man hielt ihm seine Jugend z.; **etwas kommt jmdm. z.** *(ist in bestimmten Lagen] nützlich):* es kam ihm z., daß er gut englisch sprach; der Ertrag der Sammlung kommt dem Altersheim z. *(ist für das Altersheim bestimmt).*

zuhalten, hielt zu, hielt zu, hat zugehalten: 1. ⟨tr.⟩ *[mit der Hand] verschließen:* eine Öffnung z.; sich die Ohren z. 2. ⟨itr.⟩ *in Richtung auf etwas*

zufahren: das Boot hielt auf den Dampfer zu.

zuhören, hört zu, hörte zu, hat zugehört ⟨itr.⟩: *seine Aufmerksamkeit auf Worte oder Töne richten; einer Rede, einem Konzert o. ä. folgen:* einem Redner z.; dem Klang einer Geige z.; bei einer Unterhaltung z.; hör zu! *(paß auf, was ich sage!).*

Zuhörer, der; -s, -: *jmd., der einer Rede, einem Konzert o. ä. zuhört.*

zukommen, kam zu, ist zugekommen ⟨itr., verneint und mit Dativ⟩: *zustehen, gebühren, passend sein [für jmdn.):* diese Frage kommt einem Angestellten nicht zu. ** jmdm. etwas z. **lassen** *(jmdm. etwas schenken, als Gabe gewähren).*

Zukunft, die; -: *die Zeit, die vor jmdm. liegt, die kommende, spätere Zeit:* die Z. voraussehen; du mußt an deine Z. *(an dein späteres [berufliches] Leben)* denken. * **keine Z. haben** *(keine günstige Entwicklung erwarten können):* dieses Handwerk hat keine Z.; **in Z.** *(künftig, von jetzt an);* ich will in Z. immer benachrichtigt werden.

zukünftig: I. ⟨Adj.; nur attributiv⟩: *in der Zukunft liegend, bestehend; künftig, später:* meine zukünftige Wohnung; damals lernte er seine zukünftige Frau kennen. **II.** ⟨Adverb⟩ *von heute an:* er verlangte von ihm, z. seinen Anweisungen nachzukommen.

zulassen, läßt zu, ließ zu, hat zugelassen ⟨tr.⟩: 1. *(etwas) dulden, erlauben:* ich kann es nicht z., daß er übergangen wird; die Gesetze lassen keine Ausnahme zu. 2. *(jmdn./etwas) in einer Funktion [amtlich] anerkennen:* einen Rechtsanwalt bei einem Gericht z.; ⟨häufig im 2. Partizip⟩ der Kraftwagen ist noch nicht [zum Verkehr] zugelassen.

zulässig ⟨Adj.; nicht adverbial⟩: *erlaubt, als vertretbar zugestanden:* die zulässige Geschwindigkeit; dieses Verfahren ist nicht z. **Zulässigkeit,** die; -.

Zulauf: ⟨in der Verbindung⟩ Z. **haben:** *von vielen Menschen besucht werden:* das neue Kaufhaus hat großen Z.

zulegen, legte zu, hat zugelegt: 1. ⟨tr.⟩ *annehmen, erwerben:* der Künstler hat sich einen

anderen Namen zugelegt; (ugs.) er hat sich ein Auto zugelegt *(gekauft).* **2.** ⟨itr.⟩ (ugs.) *sein Tempo steigern:* der Läufer hat tüchtig zugelegt.

zuleide: ⟨in der Wendung⟩ *jmdm. etwas z. tun: jmdm. einen Schaden, eine Verletzung zufügen; jmdm. kränken:* er kann niemandem etwas z. tun.

zuletzt ⟨Adverb⟩: **a)** *als letzter, als letztes:* mein Vater kam z.; daran habe ich erst z. gedacht. **b)** *schließlich, zum Schluß:* wir mußten z. doch umkehren; er arbeitete bis z. *(bis zum Ende; bis zu seinem Tode).* * *nicht zuletzt ([besonders] auch /hebt etwas als wichtig hervor/):* alle Leute und nicht z. die Kinder hatten ihn gern.

zuliebe ⟨Adverb⟩: *um (jmdm.) einen Gefallen zu tun; mit Rücksicht auf jmdn./etwas:* das tue ich nur meinem Vater z.; der Wahrheit z. muß ich dir widersprechen.

zum ⟨Verschmelzung von *zu* + *dem*⟩.

zumachen, machte zu, hat zugemacht ⟨tr.⟩: (ugs.) *schließen:* die Tür z.; die Jacke z. *(mit Knöpfen schließen);* ⟨auch itr.⟩ er hat zugemacht *(er hat sein Geschäft, Unternehmen aufgegeben).*

zumal: I. ⟨Adverb⟩: *besonders, vor allem:* unsere Straße wird z. gegen Abend viel von Autos befahren; ⟨häufig in Verbindung mit *da* und *wenn*⟩ sie hat zu Hause wenig zu tun, z. da sie eine Putzfrau hat. **II.** ⟨Konj.⟩ *besonders da, weil:* sie hat zu Hause wenig zu tun, z. sie eine Putzfrau hat.

zumindest ⟨Adverb⟩: *als wenigstes, auf jeden Fall:* ich kann z. verlangen, daß er mich anhört.

zumute: ⟨in der Wendung⟩ *jmdm. ist traurig / seltsam o. ä. z.: jmd. ist in traurigar, seltsamer o. ä. Stimmung.*

zumutbar ⟨Adj.⟩: *so beschaffen, daß es von jmdm. als Leistung erwartet werden kann:* zumutbare Steuern, Belastungen. **Zumutbarkeit,** die; -.

zumuten, mutete zu, hat zugemutet ⟨tr.⟩: *von jmdm. etwas verlangen, was er nicht nur oder schwer leisten oder ertragen kann:* er mutete uns zu, zwei Stunden zu stehen; das kannst du ihr nicht z. **Zumutung,** die; -, -en.

zunächst ⟨Adverb⟩: **a)** *zuerst, als erstes:* er ging z. nach Hause, dann ins Theater. **b)** *vorerst, einstweilen:* daran denke ich z. noch nicht.

Zunahme, die; -: *das Zunehmen; Vergrößerung, Vermehrung* /Ggs. Abnahme/: die Z. des Gewichtes; eine rasche Z. des Verkehrs.

Zuname, der; -ns, -n: *Familienname.*

zünden, zündete, hat gezündet: **1.** ⟨tr.⟩ *in Brand setzen, zur Explosion bringen:* eine Mine z.; ⟨auch itr.⟩ der Blitz hat gezündet *(etwas in Brand gesetzt).* **2.** ⟨itr.⟩ *Stimmung, Begeisterung hervorrufen:* dieser Vorschlag zündete sofort; ⟨häufig im 1. Partizip⟩ eine zündende Rede halten. **Zündung,** die; -.

zunehmen, nimmt zu, nahm zu, hat zugenommen ⟨itr.⟩: **a)** *größer, stärker werden, sich vermehren* /Ggs. abnehmen/: die Kälte nimmt zu; ⟨häufig im 1. Partizip⟩ zunehmende Schwierigkeiten; er gewann zunehmend an Einfluß. **b)** *sein Gewicht vergrößern* /Ggs. abnehmen/: ich habe [3 Pfund] zugenommen.

Zuneigung, die; -: *herzliches Gefühl des Wohlwollens; Anhänglichkeit; Sympathie* /Ggs. Abneigung/: sie faßte schnell Z. zu ihm; zu jmdm. Z. haben.

zünftig ⟨Adj.⟩: *der Art und Gewohnheit einer bestimmten Gruppe entsprechend:* ein zünftiger Sportler; in der zünftige Kleidung; in der Kneipe ging es z. zu *(so, wie man es dort erwarten muß).*

Zunge, die; -, -n: *fleischiges, bewegliches Organ im Munde* (siehe Bild): die Z. zeigen; sich auf die Z. beißen. * *etwas liegt jmdm. auf der Z. (jmd. ist nahe daran, etwas zu sagen, kann oder will es aber nicht sagen).*

Zunge

zunichte: ⟨in den Wendungen⟩ *etwas z. machen (etwas vereiteln, vernichten):* das Unwetter machte unsere Pläne z.; **z. werden** *(vereitelt werden, vergehen):* seine Hoffnungen wurden z.

zunutze: ⟨in der Wendung⟩ *sich etwas z. machen: Nutzen aus etwas ziehen, etwas ausnutzen:* sie macht sich seine Dummheit z.

zuordnen, ordnete zu, hat zugeordnet ⟨tr.⟩: *zu etwas Geordnetem hinzufügen:* etwas einer Gattung, einem System z. **Zuordnung,** die; -.

zupacken, packte zu, hat zugepackt ⟨itr.⟩: *schnell und fest zugreifen:* er packte zu und würgte ihn.

zupfen, zupfte, hat gezupft ⟨tr.⟩: *kurz und leicht ziehen:* jmdn. am Ärmel z.; die Saiten eines Instruments z.; ⟨auch itr.⟩ er zupfte nervös an seinem Bart.

zur ⟨Verschmelzung von *zu* + *der*⟩.

zuraten, rät zu, riet zu, hat zugeraten ⟨itr.⟩: *empfehlen, etwas zu tun* /Ggs. abraten/: er riet mir zu, diesen Wagen zu kaufen.

zurechtfinden, sich; fand sich zurecht, hat sich zurechtgefunden ⟨rfl.⟩: *von selbst den richtigen Weg, die richtige Lösung einer Aufgabe o. ä. finden; Zusammenhänge erkennen:* er fand sich in der Stadt schnell zurecht; er konnte sich im Leben nicht mehr z.

zurechtkommen, kommt zurecht, ist zurechtgekommen ⟨itr.⟩: **1.** *(mit etwas) fertig werden; (mit jmdm./etwas) richtig umgehen können:* ich komme mit der Maschine, mit meinem Kollegen nicht zurecht. **2.** *zur rechten Zeit kommen:* er kam gerade noch zurecht, ehe der Zug abfuhr.

zurechtlegen, legt zurecht, hat zurechtgelegt ⟨tr.⟩: **1.** *zum Gebrauch passend hinlegen:* er legte Hut und Mantel zurecht. **2.** *sich ausdenken:* er legte sich eine Ausrede zurecht.

zurechtmachen, machte zurecht, hat zurechtgemacht: **a)** ⟨tr.⟩ (ugs.) *für den Gebrauch vorbereiten:* den Salat, das Bett z. **b)** ⟨rfl.⟩ (ugs.) *sich frisieren, schminken usw.:* sie hat sich [zu sehr] zurechtgemacht.

zurechtweisen, wies zurecht, hat zurechtgewiesen ⟨tr.⟩: *(jmdn.) tadelnd auf Pflicht und Ordnung hinweisen:* er hat ihn streng zurechtgewiesen. **Zurechtweisung,** die; -, -en.

zureden, redete zu, hat zugeredet ⟨itr.⟩: *(jmdn.) durch Worte veranlassen wollen, etwas zu tun; (jmdn.) durch Reden beeinflussen:* wir haben ihm gut zugeredet, sich hinzulegen; alles Zureden half nichts.

zürnen, zürnte, hat gezürnt ⟨itr.⟩ (geh.): *(auf jmdn.) böse, zornig sein:* er zürnte mir wegen meiner Absage.

zurück ⟨Adverb⟩: 1. *wieder an den Ausgangspunkt, in umgekehrter Richtung:* wir wollen hin und z. mit der Bahn fahren. * **z. sein a)** *wiedergekommen sein:* ich bin um 7 Uhr heute abend z. **b)** (ugs.) *den erwarteten Stand noch nicht erreicht haben:* sie sind mit ihrem Pensum noch z. **2.** ⟨häufig zusammengesetzt mit Verben⟩: zurückgehen, zurückkommen.

zurückbleiben, blieb zurück, ist zurückgeblieben ⟨itr.⟩: **1.** *an einer Stelle bleiben:* mein Koffer blieb im Hotel zurück. **b)** *übrigbleiben:* von seinem Unfall blieb eine Schwäche zurück. **2.** *langsamer vorwärtskommen, sich langsamer als normal entwickeln:* das Kind ist geistig zurückgeblieben.

zurückblicken, blickte zurück, hat zurückgeblickt ⟨itr.⟩: **a)** *nach hinten blicken:* der Wanderer blickt zurück. **b)** *die Gedanken auf Vergangenes richten:* er blickt auf ein reiches Leben zurück.

zurückführen, führte zurück, hat zurückgeführt ⟨tr.⟩: **1.** *wieder an den Ausgangspunkt führen:* er führte uns ins Dorf zurück. **2.** *(etwas) als Folge von etwas erklären, aus etwas ableiten:* er führte den Unfall auf ein Versehen zurück.

zurückgehen, ging zurück, ist zurückgegangen ⟨itr.⟩: **1. a)** *in umgekehrter Richtung, wieder zum Ausgangspunkt gehen:* ins Haus z.; fünf Schritte z. **b)** *seinen Ursprung in jmdm./etwas haben:* diese Verordnung geht noch auf Napoleon zurück. **2.** *abnehmen, geringer werden:* das Fieber geht zurück.

zurückgezogen: ⟨in den Wendungen⟩ z. leben/ein zurückgezogenes Leben führen *(für sich, in der Stille leben).*

zurückhalten, hält zurück, hielt zurück, hat zurückgehalten: **1. a)** ⟨tr.⟩ *am Weglaufen hindern, festhalten:* er konnte das Kind gerade noch z. **b)** ⟨tr./itr.⟩ *(Gefühle, Meinungen o. ä.) nicht merken lassen:* er hielt seinen/mit seinem Ärger zurück; ⟨häufig im 1. Partizip⟩ er äußerte sich sehr zurückhaltend über das Buch. **2.** ⟨rfl.⟩ *sich mäßigen:* sich beim Trinken z. **Zurückhaltung,** die; -.

zurückkehren, kehrte zurück, ist zurückgekehrt ⟨itr.⟩: *wiederkommen:* nach Hause z.; er kehrte zu der früheren Methode zurück *(verwendete sie wieder).*

zurückkommen, kam zurück, ist zurückgekommen ⟨itr.⟩: **1.** *wiederkommen:* er kam nicht aus dem Kriege zurück. **2.** *einen Gedanken o. ä. wieder aufgreifen:* ich komme auf mein Angebot zurück.

zurücklegen, legte zurück, hat zurückgelegt ⟨tr.⟩: **1. a)** *wieder hinlegen, nach hinten legen:* den Hammer [in den Kasten] z. **b)** *beiseite legen; sparen:* eine Eintrittskarte für jmdn. z.; Geld [für etwas] z. **2.** *eine Strecke hinter sich bringen:* wir haben täglich 15 km zurückgelegt.

zurückliegen, lag zurück, hat zurückgelegen ⟨itr.⟩: *in der Vergangenheit geschehen sein:* das Ereignis liegt schon einige Jahre zurück.

zurückschrecken, schreckte oder schrak zurück, ist zurückgeschreckt ⟨itr.⟩: *nicht den Mut zu etwas haben:* so brutal er ist, vor einem Mord schreckt er doch zurück.

zurücksetzen, setzte zurück, hat zurückgesetzt ⟨tr.⟩: **1.** *wieder hinsetzen, nach hinten setzen:* einen Stein z. **2.** *benachteiligen:* du darfst ihn nicht so z. **Zurücksetzung,** die; -.

zurückstehen, stand zurück, hat zurückgestanden ⟨itr.⟩: *an Wert oder Leistung geringer sein:* er steht hinter seinen Kollegen zurück.

zurückstellen, stellte zurück, hat zurückgestellt ⟨tr.⟩: **1. a)** *wieder hinstellen:* ein Buch in den Schrank z. **b)** *reservieren:* Waren für einen Kunden z. **c)** *rückwärts bewegen:* die Zeiger einer Uhr z., die Uhr z. **2.** *auf etwas [vorläufig] verzichten:* seine Pläne, Bedenken z.

zurücktreten, tritt zurück, trat zurück, ist zurückgetreten ⟨itr.⟩: **1.** *nach hinten treten:* einen Schritt z. **2.** *eine Stellung, ein Amt aufgeben:* der Minister ist zurückgetreten.

zurückweisen, wies zurück, hat zurückgewiesen ⟨tr.⟩: *[schroff, entschieden] ablehnen, abwehren:* er wies mein Angebot zurück; eine Verleumdung z. **Zurückweisung,** die; -.

zurückziehen, zog zurück, hat zurückgezogen /vgl. zurückgezogen/: **1.** ⟨tr.⟩ **a)** *nach hinten, zur Seite ziehen:* den Vorhang z. **b)** *(etwas) rückgängig machen, (auf etwas) verzichten:* einen Antrag, Auftrag z. **2.** ⟨rfl.⟩ *sich [nach hinten] entfernen, sich absondern:* er zog sich in sein Zimmer z. **b)** *eine Arbeit o. ä. aufgeben:* er zog sich von den Geschäften zurück.

Zuruf, der; -[e]s, -e: **a)** ⟨ohne Plural⟩ *das Zurufen:* der Vorstand wurde durch Z. gewählt. **b)** *kurze, laute Äußerung oder Mitteilung:* anfeuernde, höhnische Zurufe.

zurufen, rief zu, hat zugerufen ⟨tr.⟩: *mit lauter Stimme mitteilen:* er rief mir zu, alles sei in Ordnung; jmdm. einen Gruß z.

Zusage, die; -, -n: **a)** *Versprechen:* jmdm. eine Z. machen; seine Zusagen einhalten. **b)** *zustimmende Antwort* /Ggs. Absage/: *auf unsere Einladung bekamen wir zahlreiche Zusagen.*

zusagen, sagte zu, hat zugesagt: **1. a)** ⟨tr.⟩ *versprechen:* er hat mir schnelle Hilfe zugesagt. **b)** ⟨itr.⟩ *ein Angebot, eine Einladung annehmen* /Ggs. absagen/: dein Bruder hat schon zugesagt. **2.** *passend, angenehm erscheinen; gefallen:* diese Wohnung sagt mir zu.

zusammen ⟨Adverb⟩: **a)** *einer mit einem anderen oder etwas mit etwas anderem; gemeinsam:* wir waren gestern abend noch lange z.; die Bände werden nur z. verkauft; ⟨häufig zusammengesetzt mit Verben⟩ zusammentreffen, zusammenfügen. **b)** *insgesamt:* alles z. kostet 10 Mark.

Zusammenarbeit, die; -: *gemeinsames Arbeiten, Wirken an der gleichen Sache, auf dem gleichen Gebiet:* durch Z. in der Forschung und Entwicklung wollen die Firmen Geld sparen.

zusammenbrechen, bricht zusammen, brach zusammen, ist zusammengebrochen ⟨itr.⟩:

Zusammenbruch

a) *einstürzen, auseinanderbrechen:* die Brücke brach unter der schweren Last zusammen; bildl.: die Firma brach zusammen *(machte Bankrott).* **b)** *vor Überanstrengung hinfallen; ohnmächtig werden:* der Mann brach aus Erschöpfung zusammen und war bewußtlos.

Zusammenbruch, der; -s: **a)** *das Zusammenbrechen; Ruin:* der wirtschaftliche Z.; der Staat stand vor dem Z. **b)** *völlige Erschöpfung; Ohnmacht; schwere gesundheitliche Schädigung:* die vielen Aufregungen führten bei ihm zu einem totalen Z.

zusammenfallen, fällt zusammen, fiel zusammen, ist zusammengefallen ⟨itr.⟩: **1.** *einstürzen:* die schön aufgebaute Dekoration fiel durch den starken Wind zusammen. **2.** *zur gleichen Zeit stattfinden:* die Geburtstage, Veranstaltungen fallen zusammen. **3.** *mager, körperlich schwach werden:* er fällt immer mehr zusammen.

zusammenfassen, faßte zusammen, hat zusammengefaßt ⟨tr.⟩: **1.** *miteinander verbinden, konzentrieren:* man wollte alle Gruppen, die das gleiche Ziel verfolgen, in diesem Verband zusammengefaßt. **2.** *zum Abschluß einer Rede, Diskussion o. ä. die Ausführungen [als Ergebnis] kurz und klar formulieren:* seine Gedanken, Ergebnisse in wenigen Sätzen z.; ⟨häufig im 1. Partizip⟩ zusammenfassend kann man sagen, daß ... **Zusammenfassung,** die; -, -en.

zusammengehören, gehörte zusammen, hat zusammengehört ⟨itr.⟩: *in enger Beziehung zueinander stehen; eine Einheit bilden:* diese drei Personen gehören zusammen; sie suchten alle zusammengehörenden Teile heraus.

zusammengehörig ⟨Adj.; nur attributiv⟩: *zusammengehörend:* alle zusammengehörigen Teile ordnen. **Zusammengehörigkeit,** die; -.

Zusammenhalt, der; -[e]s: *innere Verbundenheit:* die Mannschaft hat keinen Z.

zusammenhalten, hält zusammen, hielt zusammen, hat zusammengehalten: **1.** ⟨itr.⟩ *einander beistehen, verbunden sein:* wir wollen immer z. **2.** ⟨tr.⟩ *sparen, nicht ausgeben:* er hielt sein Vermögen nach Kräften z. **3.** ⟨tr.⟩ *beieinander halten:* der Lehrer konnte die Schüler bei dem Ausflug nur schwer z. **seine Gedanken z. (sich nicht verwirren lassen, sich konzentrieren)* **4.** ⟨tr.⟩ *vergleichend nebeneinander halten:* sie hat die beiden Stoffe zusammen gehalten.

Zusammenhang, der; -[e]s, Zusammenhänge: *innere Beziehung, Verbindung:* zwischen diesen Vorgängen besteht kein Z.; dieser Satz ist aus dem Z. *(aus dem dazugehörigen Text)* gerissen.

zusammenhängen, hing zusammen, hat zusammengehangen ⟨itr.⟩: **a)** *verbunden sein:* die beiden Teile hängen vorerst nur lose zusammen. **b)** *in Zusammenhang, Beziehung stehen:* mit der Frage der Abrüstung hängt die Frage der nationalen Sicherheit eng zusammen; ⟨häufig im 1. Partizip⟩ alle damit zusammenhängenden *(damit in Beziehung stehenden)* Fragen erörtern; etwas zusammenhängend *(im Zusammenhang)* berichten.

zusammenhanglos ⟨Adj.⟩: *ohne Zusammenhang:* eine völlig zusammenhanglose Darstellung.

zusammenkommen, kam zusammen, ist zusammengekommen ⟨itr.⟩: *sich treffen, sich versammeln:* wir werden im nächsten Monat wieder z.; bildl.: an diesem Tag kam alles zusammen *(ereignete sich bei mir sehr viel gleichzeitig);* bei der Sammlung kam viel Geld zusammen *(wurde viel Geld gespendet).*

Zusammenkunft, die; -, Zusammenkünfte: *Treffen, Versammlung; Sitzung:* der Termin für die nächste Z. liegt noch nicht fest.

zusammenlegen, legte zusammen, hat zusammengelegt: **1.** ⟨tr.⟩ *durch Falten, durch Übereinanderlegen, Übereinanderklappen ein kleineres Format geben:* Papier, Decken, Zelte z.; den Tisch kann man z. **2.** ⟨tr.⟩ *zusammenfassen, vereinigen; konzentrieren:* verschiedene Abteilungen, Ämter z.; Grundstücke z. **3.** ⟨tr./itr.⟩ *gemeinsam Geld geben; sich gemeinsam finanziell beteiligen:* wenn wir [Geld] z., können wir uns das Auto kaufen.

zusammennehmen, nimmt zusammen, nahm zusammen, hat zusammengenommen: **1.** ⟨tr.⟩ *konzentrieren:* alle seine Gedanken, Kräfte, den Verstand z. **2.** ⟨rfl.⟩ *sich beherrschen, acht geben:* er hat sich heute sehr zusammengenommen; nimm dich doch zusammen!

zusammenprallen, prallte zusammen, ist zusammengeprallt ⟨itr.⟩: *mit Kraft, Wucht aneinanderstoßen:* auf der Kreuzung sind zwei Autos zusammengeprallt.

zusammenrotten, sich; rottete sich zusammen, hat sich zusammengerottet ⟨itr.⟩: *sich in aufrührerischer Absicht spontan zusammenschließen:* Jugendliche und Studenten rotteten sich zusammen und stürmten das Rathaus.

zusammensacken, sackte zusammen, ist zusammengesackt ⟨itr.⟩ (ugs.): *kraftlos und schwer hinsinken, zusammenbrechen:* er ist unter dem Gewicht, in sich (Dativ) zusammengesackt.

zusammenschlagen, schlägt zusammen, schlug zusammen, hat/ist zusammengeschlagen: **1. a)** ⟨tr.⟩ *[kräftig] gegeneinanderschlagen:* er hat die Hacken, Absätze zusammengeschlagen. **b)** ⟨itr.⟩ *[über jmdn./etwas] hinwegsehen:* die Wellen sind über dem sinkenden Schiff zusammengeschlagen; bildl.: das Unglück schlägt über mir zusammen *(es ist so groß, daß es mich zu vernichten droht).* **die Hände über dem Kopf z. (entsetzt sein):* als sie ihr schmutziges Kind sah, schlug sie die Hände über dem Kopf zusammen. **2.** ⟨tr.⟩ *falten, zusammenlegen:* die Fahne, eine Zeitung z. **3.** ⟨tr.⟩ **a)** *zu Boden schlagen:* der Einbrecher hat ihn zusammengeschlagen. **b)** *zertrümmern, zerschlagen:* in seiner Wut schlug er alle Möbel zusammen.

zusammenschließen, sich; schloß sich zusammen, hat sich zusammengeschlossen: *sich vereinigen; künftig gemeinsam handeln, arbeiten:* in dem Verein wollen sich z.; die beiden Firmen haben sich zusammengeschlossen. **Zusammenschluß,** der; Zusammenschlusses, Zusammenschlüsse.

zusammensetzen, setzte zusammen, hat zusammengesetzt:

1. ⟨tr.⟩ *aneinanderfügen:* Steine zu einem Mosaik, bunte Platten zu einem Muster z. **b)** *zu einem Ganzen fügen:* eine Wand aus Platten, das Fahrrad aus den einzelnen Teilen z.; ⟨häufig im 2. Partizip⟩ zusammengesetzte Wörter, Verben. **2. a)** ⟨rzp.⟩ *sich zueinander-, nebeneinandersetzen:* wir wollen uns im Kino z. **b)** ⟨rfl.⟩ *bestehen (aus etwas):* die Uhr setzt sich aus vielen Teilen zusammen.

Zusammensetzung, die; -, -en: **1. a)** *zusammengesetzter Stoff:* eine explosive Z. **b)** *Bestandteile eines zusammengesetzten Stoffes:* die Z. dieses Parfüms ist mir unbekannt. **2.** *zusammengesetztes Wort:* Eisenbahn ist eine Z. aus Eisen und Bahn.

zusammenstellen, stellte zusammen, hat zusammengestellt ⟨tr.⟩: **a)** *an die gleiche Stelle setzen:* Stühle, Tische, Bretter z. **b)** *(eine Einheit, ein Ganzes) aus [ausgewählten] Teilen bilden, gestalten:* eine Ausstellung, eine Mannschaft, eine Speisekarte z.

Zusammenstellung, die; -, -en.

zusammenstoßen, stößt zusammen, stieß zusammen, ist zusammengestoßen ⟨itr.⟩: **a)** *aufeinanderprallen:* die Straßenbahn ist mit dem Bus zusammengestoßen. **b)** *sich treffen; eine gemeinsame Grenze haben:* die Linien stoßen in diesem Punkt zusammen; unsere Gärten stoßen zusammen. **c)** *sich streiten, eine Auseinandersetzung (mit jmdm.) haben:* ich bin heute mit ihm heftig zusammengestoßen.

zusammenzählen, zählte zusammen, hat zusammengezählt ⟨tr.⟩: *zu einer Summe zusammenrechnen; addieren:* die verschiedenen Beträge z.

zusammenziehen, zog zusammen, hat zusammengezogen: **a)** ⟨tr.⟩ *durch Ziehen verkleinern, enger machen, schließen:* das Loch im Strumpf z.; er zog die Augenbrauen zusammen; bildl.: Truppen z. *(konzentrieren);* Zahlen z. *(zusammenzählen, addieren);* der Anblick dieser Speisen zieht mir das Wasser im Munde zusammen *(löst einen großen Appetit danach aus);* ⟨auch rfl.⟩ ein Gewitter, ein Unheil zieht sich zusammen *(bildet sich, entsteht).*

b) ⟨rfl.⟩ *sich verkleinern, schließen:* die Wunde zieht sich zusammen; bei Kälte ziehen sich alle Körper zusammen. **c)** ⟨itr.⟩ *gemeinsam eine Wohnung beziehen:* sie ist mit ihrer Freundin zusammengezogen.

zusätzlich ⟨Adj.⟩: *hinzukommend, weiter; ergänzend:* es entstehen keine zusätzlichen Kosten; er gab ihm z. einen Gutschein für eine Reise.

zuschanzen, schanzte zu, hat zugeschanzt ⟨tr.⟩ (ugs.): *(jmdm. zu etwas) verhelfen:* er hat ihm diese Stellung zugeschanzt.

Zuschauer, der; -s, -: *Besucher einer Veranstaltung, bei der es etwas zu sehen gibt:* die Zuschauer waren von dem Fußballspiel enttäuscht.

zuschicken, schickte zu, hat zugeschickt ⟨tr.⟩: *(zu jmdm.) schicken; (jmdm.) zugehen lassen:* der Verlag schickte dem Verfasser drei Exemplare des Buches zu.

zuschlagen, schlägt zu, schlug zu, hat/ist zugeschlagen: **1. a)** ⟨tr.⟩ *einen Schlag (mit der Faust, einem Stock o. ä.) gegen jmdn. führen, zu schlagen beginnen:* er hatte sich auf ihn gestürzt und mit geballter Faust zugeschlagen; bildl.: der Feind hatte hart zugeschlagen. **b)** ⟨tr.⟩ *den Deckel (einer Kiste o. ä.) durch Schläge mit einem Werkzeug [und mit Nägeln o. ä.] festmachen und so die Kiste o. ä. schließen:* er hatte das Faß und die Kiste zugeschlagen. **c)** ⟨tr.⟩ *(Ball o. ä.) zu jmdm. schlagen; durch einen Schlag (zu jmdm.) abspielen:* sie hatte ihm beim Tennis den Ball immer sehr hart zugeschlagen. **2. a)** ⟨tr.⟩ *heftig und mit einem lauten Knall zumachen, schließen:* er hatte das Fenster zugeschlagen; ein Buch z. **b)** ⟨itr.⟩ *heftig mit einem lauten Knall zugehen, sich schließen:* die Tür schlug zu.

zuschließen, schloß zu, hat zugeschlossen ⟨tr.⟩: *mit einem Schloß o. ä. sichern; abschließen:* das Zimmer, den Koffer z.

zuschreiben, schrieb zu, hat zugeschrieben ⟨tr.⟩: *der Meinung sein, daß etwas jmdm./etwas zukommt:* das Verdienst an diesem Erfolg wird ihm zugeschrieben; einer Sache keine Bedeutung z.; dieses Bild wird Rembrandt zugeschrieben *(er gilt als der Schöpfer dieses Bildes);* du hast dir den Unfall selbst zuzuschreiben *(du bist selbst schuld an dem Unfall).*

Zuschuß, der; Zuschusses, Zuschüsse: *Betrag, der jmdm. zur Verfügung gestellt wird, um ihm bei der Finanzierung einer Sache zu helfen, finanzielle Hilfe:* für den Bau des Hauses erhielt er vom Staat einen Z.

zusehen, sieht zu, sah zu, hat zugesehen ⟨itr.⟩: **1.** *(einem Ereignis o. ä.) mit den Augen folgen; (jmdn./etwas) beobachten, betrachten:* jmdm. bei der Arbeit z.; er sah der Prügelei aus sicherer Entfernung zu. **2.** *[ab]warten; mit der Entscheidung zögern:* wir werden noch eine Weile zusehen, ehe wir eingreifen. **3.** *(für etwas) sorgen; (auf etwas) achtgeben:* sieh zu, daß du nicht fällst; ich werde zusehen *(mich darum bemühen),* daß ich pünktlich bin.

zusehends ⟨Adverb⟩: *wie man deutlich sieht; sichtlich, offenkundig; schnell:* er wird z. dicker.

zusetzen, setzte zu, hat zugesetzt: **1.** ⟨tr.⟩ *(etwas zu etwas) tun, mischen, hinzufügen:* Wasser [zum Wein] z. **2.** ⟨tr./itr.⟩ *(Geld) verlieren, einbüßen; mit Verlust arbeiten:* bei diesem Unternehmen hat er [viel Geld] zugesetzt; bildl.: (ugs.) du hast nichts zuzusetzen *(du bist so schlank, daß du im Falle einer Krankheit ganz mager würdest).* **3.** ⟨tr.⟩ *(jmdm.) hartnäckig zu überreden versuchen, bedrängen, bestürmen:* er hat mir so lange zugesetzt, bis ich versprach, zu kommen; die Krankheit setzt ihm bedenklich zu *(schwächt ihn sehr).*

zusichern, sicherte zu, hat zugesichert ⟨tr.⟩: *fest versprechen:* der Handwerker hat mir zugesichert, daß er heute kommen werde. **Zusicherung,** die; -, -en.

zuspielen, spielte zu, hat zugespielt: **a)** ⟨tr./itr.⟩ *(den Ball o. ä. zu einem anderen Spieler) schießen, werfen o. ä.:* er spielte [den Ball] dem Spieler zu, der vorm Tor stand. **b)** ⟨tr.⟩ *dafür sorgen, daß jmd. etwas bekommt; zukommen lassen:* er hatte dem Reporter die Nachricht von diesem Skandal zugespielt.

zuspitzen, sich; spitzte sich zu, hat sich zugespitzt: **1.** *ernster, bedrohlich werden; zu einer Ent-*

scheidung drängen: die Situation spitzte sich gefährlich zu. **Zuspitzung,** die; -, -en.
zusprechen, spricht zu, sprach zu, hat zugesprochen: 1. ⟨itr.⟩ *(in bestimmter Weise zu jmdm.) sprechen, (auf jmdn.) einreden:* jmdm. beruhigend z.; ⟨auch tr.⟩ *jmdm. Mut, Trost z. (jmdm. trösten).* 2. ⟨itr.⟩ *(etwas) reichlich und gern zu sich nehmen, genießen:* er sprach eifrig dem Bier zu. 3. ⟨tr.⟩ *erklären, daß etwas jmdm. gehört, daß etwas jmds. Eigentum ist; zuerkennen:* jmdm. das Erbe z.
Zuspruch, der; -[e]s: 1. *Trost, Ermunterung:* ein freundlicher Z. 2. a) *Besuch, Andrang:* das Lokal hatte mittags viel Z. b) *Zustimmung, Beliebtheit:* das Essen fand allgemein Z.
Zustand, der; -[e]s, Zustände: *Beschaffenheit, Lage, in der sich jmd./etwas befindet; Verfassung:* sein körperlicher Z. war gut; das Haus war in einem verwahrlosten Z.; ⟨nur im Plural⟩ sie hat wieder ihre Zustände *(ihre nervösen Anfälle)* bekommen.
zustande: ⟨in den Wendungen⟩ z. **bringen** *(verwirklichen und vollenden; erreichen, fertigbringen):* er hat nichts z. gebracht; z. **kommen** *(verwirklicht und vollendet, erreicht werden; gelingen):* es ist nicht viel z. gekommen.
zuständig ⟨Adj.; nicht adverbial⟩: *(für ein bestimmtes Sachgebiet) verantwortlich; kompetent:* er wurde an die zuständige Stelle verwiesen. **Zuständigkeit,** die; -, -en.
zustehen, stand zu, hat zugestanden ⟨itr.⟩: *(jmdm.) mit Recht gehören, zukommen; (jmds.) Recht sein:* ihm stehen im Jahr 20 Tage Urlaub zu *(er hat im Jahr auf 20 Tage Urlaub Anspruch);* es steht mir zu *(ich habe das Recht),* euch so zu fragen.
zustellen, stellte zu, hat zugestellt ⟨tr.⟩: 1. *durch etwas in den Weg Gestelltes versperren:* er stellte die Tür [mit einem Schrank] zu. 2. *(jmdm. einen Brief o. ä.) [durch die Post] übergeben, aushändigen [lassen]; zuschicken, zukommen lassen:* seinen Kunden einen Katalog z. **Zustellung,** die; -, -en.
zustimmen, stimmte zu, hat zugestimmt ⟨itr.⟩: *erklären, daß man die Meinung eines an-* deren teilt oder sein Vorhaben billigt: er stimmte ihm, dem Plan zu. **Zustimmung,** die; -.
zustoßen, stößt zu, stieß zu, hat/ist zugestoßen: 1. ⟨itr.⟩ *einen Stoß (mit einem Messer o. ä.) gegen jmdn. führen:* er hatte mit dem Messer zweimal zugestoßen. 2. ⟨tr.⟩ *durch einen Stoß mit dem Arm oder Fuß schließen, zumachen:* er hat die Tür zugestoßen. 3. ⟨itr.⟩ *geschehen, passieren, widerfahren:* ihm ist ein Unglück zugestoßen.
zuteil (geh.): ⟨in der Fügung⟩ z. werden *(gewährt, auferlegt werden):* ihm ist eine Gnade, ein schweres Los z. geworden; ihm wurde eine hohe Auszeichnung z. *(er erhielt eine hohe Auszeichnung).*
zuteilen, teilte zu, hat zugeteilt ⟨tr.⟩: a) *(an jmdn.) vergeben; (jmdm.) übertragen:* jmdm. eine Arbeit, einen Auftrag z.; man teilte ihn einer anderen Gruppe zu *(veranlaßte, daß er zu einer anderen Gruppe kam).* b) *in Teilen abgeben; (jmdm.) den ihm zukommenden Teil geben:* er teilte [ihnen] die Geschenke zu. **Zuteilung,** die; -, -en.
zutiefst ⟨Adverb⟩: *aufs tiefste; äußerst, sehr:* er war wegen dieser Bemerkung z. gekränkt.
zutragen, trägt zu, hat zugetragen: 1. ⟨tr.⟩ *(jmdm. von etwas) heimlich berichten; (jmdm.) heimlich zur Kenntnis bringen:* sie trägt ihm alles zu, was sie hört. 2. ⟨rfl.⟩ *als etwas Bedeutsames, Rätselhaftes in eine bestimmte Situation eintreten; sich ereignen:* es hatte sich etwas Seltsames zugetragen.
zuträglich ⟨Adj.; nicht adverbial⟩: *so beschaffen, daß man es gut verträgt; bekömmlich, förderlich:* die neblige Luft war ihr nicht z. **Zuträglichkeit,** die; -.
zutrauen, traute zu, hat zugetraut ⟨tr.⟩: a) *glauben, daß jmd. bestimmte Fähigkeiten, Eigenschaften o. ä. hat:* sie traute ihm einen solchen Geschmack nicht zu. b) *glauben, daß jmd. fähig, imstande ist, etwas Bestimmtes zu tun:* ich traue ihm nicht zu, daß er lügt. ich traue mir zu, diesen Plan durchzuführen.
Zutrauen, das; -s: *Vertrauen:* ich habe kein Z. mehr zu ihm.
zutraulich ⟨Adj.⟩: *ohne Scheu, Fremdheit und Ängstlichkeit;* *voll Vertrauen:* das Kind blickte ihn z. an.
zutreffen, trifft zu, traf zu, hat zugetroffen ⟨itr.⟩: *richtig sein, stimmen; den Sachverhalt genau treffen, den Tatsachen entsprechen:* seine Beschreibung traf genau zu; ⟨häufig im 1. Partizip⟩ eine zutreffende Bemerkung.
Zutritt, der; -[e]s: a) *das Eintreten, das Hineingehen:* Z. verboten! b) *Berechtigung zum Eintreten, zum Hineingehen:* er hat im Museum jederzeit Z.
Zutun: ⟨in der Wendung⟩ ohne jmds. Z.: *ohne daß jmd. etwas dazu tut oder getan hat:* er hat die Stellung nicht ohne Z. seines Freundes bekommen.
zuverlässig ⟨Adj.⟩: *so beschaffen, daß man sich darauf verlassen kann; verläßlich, vertrauenswürdig:* er ist ein zuverlässiger Arbeiter; er hat diese Nachricht aus zuverlässiger *(glaubwürdiger)* Quelle. **Zuverlässigkeit,** die; -.
Zuversicht, die; -: *festes Vertrauen (auf etwas zu erwartendes Gutes); hoffnungsvolle Überzeugung:* ich habe die frohe Z., daß wir eine Lösung finden werden.
zuversichtlich ⟨Adj.⟩: *mit Zuversicht (erfüllt); hoffnungsvoll:* er sprach sehr z. von der künftigen Entwicklung seiner Fabrik. **Zuversichtlichkeit,** die; -.
zuviel ⟨Indefinitpronomen⟩: *mehr als nötig; mehr als angemessen:* es ist z. Milch im Kaffee; es ist/wird ihm alles z. *(er kann nicht mehr alles schaffen).*
zuvor ⟨Adverb⟩: *zeitlich vorhergehend; davor; zuerst:* ich muß z. noch telefonieren; wir haben ihn nie z. gesehen; im Jahr z. hat er uns besucht.
zuvorkommen, kam zuvor, ist zuvorgekommen ⟨itr.⟩ /vgl. zuvorkommend/: a) *schneller sein (als eine andere Person, die das gleiche tun wollte):* ich wollte das Bild kaufen, aber ein anderer war mir zuvor; die Konkurrenz kam uns zuvor. b) *handeln, bevor etwas Erwartetes, Vermutetes eintrifft, geschieht:* allen Vorwürfen, einem Angriff z.
zuvorkommend ⟨Adj.⟩: *höflich, hilfsbereit, liebenswürdig:* er hat ein zuvorkommendes Wesen; jmdn. z. behandeln.

zuweilen ⟨Adverb⟩: *gelegentlich, manchmal:* er besucht uns z.

zuweisen, wies zu, hat zugewiesen ⟨tr.⟩: *übertragen, zuteilen, zur Verfügung stellen:* jmdm. eine Rolle, Aufgabe z.; den Instituten werden jährlich feste Beträge aus dem Etat zugewiesen; jmdm. einen Platz in der vierten Reihe z.; er wird der Abteilung für Presse und Werbung zugewiesen *(zugeordnet).*

zuwenden, wendete/wandte zu, hat zugewendet/zugewandt: **1.** ⟨rfl.⟩ *sich (zu jmdm./etwas) hinwenden; von einem bestimmten Augenblick an seine Aufmerksamkeit (auf jmdn./etwas) richten:* er wendete/wandte sich mit dieser Bemerkung seinem Freund zu; sie wendeten/wandten sich einem neuen Thema zu; ⟨auch itr.⟩ von diesem Zeitpunkt an wendete/wandte er sein Interesse der Chemie zu. **2.** ⟨tr.⟩ *(jmdm. etwas) zukommen lassen:* die ihm zugewendete/zugewandte Summe betrug 5 000 Mark. **Zuwendung,** die; -, -en.

zuwider ⟨in der Wendung⟩ jmdm. z. sein *(jmdm. unangenehm, widerwärtig sein; jmdm. widerstreben):* er ist mir z.; dieses Essen war ihm schon immer z.

zuwiderhandeln, handelte zuwider, hat zuwidergehandelt ⟨itr.⟩: *das Gegenteil von dem tun, was vorgeschrieben oder erlaubt ist:* dem Gesetz, einer Anordnung z.

zuziehen, zog zu, hat/ist zugezogen: **1.** ⟨tr.⟩ *durch Zusammenziehen schließen:* sie hat die Vorhänge zugezogen. **2.** ⟨tr.⟩ *als Helfer, Berater o. ä. hinzuziehen:* wir haben einen Arzt zugezogen. **3.** ⟨rfl.⟩ *[durch eigenes Verhalten, Verschulden] bekommen, auf sich ziehen:* er hat sich eine Krankheit, den Zorn des Chefs, die Kritik des Publikums zugezogen. **4.** ⟨itr.⟩ *seinen Wohnsitz an einen bestimmten Ort verlegen:* sie sind erst vor kurzer Zeit zugezogen.

zuzüglich ⟨Präp. mit Gen.⟩: *hinzukommend, unter Hinzurechnung (von etwas):* der Apparat kostet 200 Mark z. des Portos für den Versand; ⟨aber: ohne Flexionsendung vor starken Substantiven im Singular, wenn sie ohne Artikel und ohne adjektivisches Attribut stehen; im Plural mit Dativ⟩ z. Porto; z. Beträgen für Transporte.

Zwang, der; -[e]s: **1.** *zwingende Notwendigkeit, Pflicht:* es besteht kein Z. zur Teilnahme; unter dem Z. der Verhältnisse verkaufte er das Haus; etwas nur aus Z. tun. **2.** *psychologischer Druck; seelische Belastung, Hemmung:* unter einem moralischen, inneren Z. stehen, handeln; dem Z. erliegen; sich, seinen Gefühlen keinen Z. antun, auferlegen *(sich frei und ungezwungen benehmen, verhalten).*

zwanglos ⟨Adj.⟩: **a)** *ungezwungen; ohne gesellschaftliche Förmlichkeit:* sich z. benehmen; ein zwangloses Zusammensein. **b)** *unregelmäßig, nicht in fester Folge:* die Zeitschrift erscheint in zwangloser Folge.

zwangsläufig ⟨Adj.⟩: *notgedrungen, unabänderlich:* das ist die zwangsläufige Folge dieser Entscheidung; das führt z. zur Katastrophe.

zwar: 1. ⟨Adverb; in Verbindung mit „aber"⟩ zwar ... aber /leitet eine allgemeine Feststellung ein, der aber sogleich eine Einschränkung folgt/: der Wagen ist z. gut gepflegt, hat aber doch einige verrostete Stellen; z. war er dabei, aber angeblich hat er nichts gesehen. **2.** ⟨Konj.; in Verbindung mit vorangestelltem „und"⟩ und z. /leitet eine genauere oder verstärkende Angabe zu dem zuvor Gesagten ein/: er geht ins Krankenhaus, und z. sofort; rechne die Kosten aus, und z. genau.

Zweck, der; -[e]s, -e: *Ziel einer Handlung; Absicht:* welchen Z. verfolgst du damit?; das hat seinen Z. erfüllt; das hat doch alles keinen Z. *(das ist doch sinnlos);* das Geld ist für einen guten Z.

zwecklos ⟨Adj.⟩: *keinen Sinn, Zweck habend, keinen Erfolg versprechend:* ein zweckloses Unternehmen; alle Versuche, ihn von diesem Plan abzuhalten, sind z.

zweckmäßig ⟨Adj.⟩: *dem Zweck entsprechend, von ihm bestimmt; praktisch:* eine zweckmäßige Einrichtung; die Ausstattung des Wagens ist z.

zweideutig ⟨Adj.⟩: **1.** *doppeldeutig; unklar:* die Frage ist z. **2.** *anstößig, unanständig, schlüpfrig:* zweideutige Witze erzählen.

Zweifel, der; -s, -: *Bedenken; schwankende Ungewißheit, ob man etwas glauben soll oder ob etwas richtig ist:* Z. an der Richtigkeit seiner Aussage haben; keinen Z. [aufkommen] lassen. *im Z. sein (sich noch nicht entschieden haben [etwas Bestimmtes zu tun]):* ich bin im Z., ob ich den Vertrag unterschreibe; **ohne Z.** *(gewiß);* **etwas steht außer Z.** *(etwas kann nicht bezweifelt werden, ist ganz sicher).*

zweifelhaft ⟨Adj.⟩: **a)** *fraglich, unsicher:* es ist z., ob das Gesetz vom Parlament gebilligt wird; ein Werk von zweifelhaftem Wert. **b)** *bedenklich, fragwürdig, anrüchig:* seine Geschäfte erscheinen mir etwas z.; sein zweifelhafter Umgang hat ihn verändert.

zweifellos ⟨Adverb⟩: *ohne Zweifel; gewiß; bestimmt:* er hat z. recht; die Einrichtungen sind z. vorbildlich.

zweifeln, zweifelte, hat gezweifelt ⟨itr.⟩: *Zweifel haben, bekommen; unsicher sein, werden:* ich zweifle [noch], ob die Angaben stimmen; er zweifelt am Erfolg des Unternehmens.

Zweig, der; -[e]s, -e: *Teil des Baumes* (siehe Bild): er brach die dürren Zweige des Baumes ab; bild1.: ein Z. *(eine Fachrichtung)* der Naturwissenschaften; er entstammt einem Z. der königlichen Familie *(er entstammt einer Familie, die mit der königlichen Familie verwandt ist).* *(ugs.)* **auf keinen grünen Z. kommen** *(es zu nichts bringen):* er kam trotz aller Anstrengungen auf keinen grünen Z.

Zweig

Zweigstelle, die; -, -n: *Niederlassung, Filiale:* eine Z. eröffnen.

Zweikampf, der; -[e]s, Zweikämpfe: *Kampf zwischen zwei Personen; Duell:* die beiden Spieler lieferten sich spannende Zweikämpfe.

Zweitschrift, die; -, -en: *eine dem Original genau entsprechen-*

de zweite Aufzeichnung eines Textes; Kopie, Abschrift: eine Z. bei den Akten aufbewahren.

Zwetsche, die; -, -n: */eine Frucht/* (siehe Bild).

Zwetsche

Zwetschge, die; -, -n (südd., schweiz.): *Zwetsche.*

Zwetschke, die; -, -n (östr.): *Zwetsche.*

Zwiebel, die; -, -n: *Pflanze, die meist als Gewürz verwendet wird* (siehe Bild).

Zwiebel

zwielichtig ⟨Adj.⟩: *nicht zu durchschauen; Mißtrauen, Verdacht erregend:* er ist ein zwielichtiger Charakter; seine Haltung war etwas z.

Zwiespalt, der; -[e]s: *innere Uneinigkeit, Widersprüchlichkeit, Zerrissenheit:* in einen Z. geraten; der Z. zwischen Gefühl und Verstand.

zwiespältig ⟨Adj.⟩: *unsicher, schwankend; innerlich zerrissen:* etwas hinterläßt zwiespältige Gefühle; ein zwiespältiges Wesen. **Zwiespältigkeit,** die; -.

Zwietracht, die; -: *Uneinigkeit; Streit:* zwischen den beiden herrscht Z.; Z. säen.

Zwilling, der; -s, -e: *eines von zwei gleichzeitig im Mutterleib entwickelten Kindern:* die beiden Söhne sind Zwillinge.

zwingen, zwang, hat gezwungen ⟨tr.⟩: *nötigen; durch Drohung, Zwang veranlassen, etwas zu tun:* jmdn. zu einem Geständnis z.; sich zu nichts z. lassen; ⟨häufig im 1. Partizip⟩ es lagen zwingende *(wichtige, schwerwiegende)* Gründe vor; der Beweis ist nicht zwingend *(nicht überzeugend);* ⟨häufig im 2. Partizip⟩ eine gezwungene *(gekünstelte, unnatürliche)* Haltung, Freundlichkeit. *zu etwas gezwungen sein *(genötigt sein, etwas zu tun):* ich bin zu strengeren Maßnahmen gezwungen.

zwischen ⟨Präp. mit Dativ und Akk.⟩: **1.** ⟨Dativ⟩ */Lage/ ungefähr in der Mitte von; mitten in, mitten unter:* der Garten liegt z. dem Haus und dem Wald; ich saß z. zwei Gästen. **2.** ⟨Akk.⟩ */Richtung/ ungefähr in die Mitte von; mitten in, mitten hinein:* er stellte sich z. die beiden Damen; etwas z. die Bücher legen. **3.** ⟨Dativ⟩ */temporal/ innerhalb eines bestimmten Zeitraumes:* er will z. den Feiertagen Urlaub nehmen; der Arzt ist z. neun und zehn Uhr zu sprechen; sie ist z. 40 und 50 Jahre alt. **4.** ⟨Dativ⟩ */drückt eine bestehende Beziehung aus/:* z. ihm und seiner Frau bestehen seit einiger Zeit Spannungen; es bestehen große Unterschiede z. den verschiedenen Entwürfen.

zwischendurch ⟨Adverb⟩: *[gelegentlich] zwischen der einen und der nächsten Tätigkeit:* ich werde z. telefonieren.

Zwischenfall, der; -[e]s, Zwischenfälle: *kurzer, überraschender Vorgang, der den bisherigen Gang der Dinge unangenehm stört:* bei der Veranstaltung kam es zu schweren Zwischenfällen.

Zwischenraum, der; -[e]s, Zwischenräume: *freier Raum zwischen zwei Dingen:* er will den Z. zwischen den Schränken für Regale ausnutzen.

Zwist, der; -es, -e: *Uneinigkeit, Streit:* mit jmdm. in Z. geraten, leben.

zwitschern, zwitscherte, hat gezwitschert ⟨itr.⟩: *trillernde Töne von sich geben /von Vögeln/:* jeden Morgen z. die Vögel im Garten.

Zylinder, der; -s, -: **1.** *hoher Herrenhut, der zu feierlichen Anlässen oder zu Beerdigungen getragen wird* (siehe Bild). **2.** *röhrenförmiger Hohlkörper, in dem sich ein Kolben bewegt* (siehe Bild). **3.** */eine geometrische Figur/* (siehe Bild).

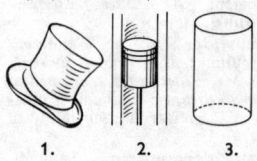

1.   2.   3.
Zylinder

zynisch ⟨Adj.⟩: *bissig, spöttisch, hämisch, verletzend, gemein:* ein zynischer Mensch; er hatte nur ein zynisches Lächeln übrig; jmdn. z. behandeln.

Übersicht über die in diesem Buch verwendeten sprachwissenschaftlichen Fachausdrücke

Adjektiv: Wort, das eine Eigenschaft oder ein Merkmal bezeichnet, das ausdrückt, wie jemand oder etwas ist, wie etwas vor sich geht oder geschieht; Eigenschaftswort, z. B. ein *großes* Haus; das Haus ist *groß;* er läuft *schnell.*

Adverb: Wort, das den Umstand des Ortes, der Zeit, der Art und Weise oder des Grundes näher bezeichnet, die räumlichen, zeitlichen usw. Beziehungen kennzeichnet; Umstandswort, z. B. ich komme *bald;* er läuft *sehr* schnell; das Buch *dort; hoffentlich* geht alles gut.

adverbial: von Adjektiven, die ein durch ein Verb ausgedrücktes Geschehen kennzeichnen; umstandswörtlich, z. B. die Rose *blüht schön.*

adversativ: einen Gegensatz kennzeichnend; entgegensetzend, z. B. er kommt nicht heute, *sondern* morgen.

Akkusativ: Fall, der mit ,,wen?" oder ,,was?" erfragt wird; Wenfall, z. B. ich grüße *den Lehrer* (wen grüße ich?); ich lese *ein Buch* (was lese ich?).

Aktiv: Blickrichtung beim Verb, bei der ein Geschehen in Hinblick auf den Täter, Urheber gesehen wird (Gegensatz: Passiv); Tätigkeitsform, z. B. Fritz *schlägt* den Hund; die Rose *blüht.*

Artangabe: Umstandsergänzung oder freie Umstandsangabe, die die Art und Weise (Qualität, Quantität, Intensität usw.) angibt und mit ,,wie?" (wieviel?, wie sehr? usw.) erfragt wird; Umstandsbestimmung, adverbiale Bestimmung der Art und Weise, z. B. Karl singt *laut;* er peinigte mich *bis aufs Blut;* die Figur ist *aus Holz.*

Artikel: Wort, das Geschlecht, Fall und Zahl eines Substantivs angibt; **bestimmter Artikel** (der, die, das), **unbestimmter Artikel** (ein).

attributiv: als nähere Bestimmung bei einem Substantiv stehend; beifügend, z. B. eine *schöne* Rose.

Bestimmungswort: voranstehender (untergeordneter) Teil eines zusammengesetzten Wortes, der das Grundwort näher bestimmt (Gegensatz: Grundwort), z. B. *Regen*schirm, *hand*gemalt.

Dativ: Fall, der mit ,,wem?" erfragt wird; Wemfall, z. B. das Buch gehört *mir* (wem gehört das Buch?).

Demonstrativpronomen: Pronomen, das auf etwas Bekanntes [nachdrücklich] hinweist; hinweisendes Fürwort, z. B. *dieses* Buch gefällt mir besser.

flektiert: je nach Fall, Geschlecht oder Zahl in der Wortform verändert; gebeugt (vgl. unflektiert).

final: den Zweck, eine Absicht kennzeichnend, z. B. er fährt zu einer Kur, *damit* er sich erholt.

Funktionsverb: Verb, das nur oder neben seinem Gebrauch als Vollverb in bestimmten Verbindungen mit Substantiven auftritt, in denen sein eigener Inhalt verblaßt ist und in denen es dann nur Teil eines festen Gefüges ist, z. B. in Gefahr *bringen* (gefährden), zum Einsatz *kommen* (eingesetzt werden), einen Kauf *tätigen* (etwas kaufen).

generalisierend: alle Exemplare einer Gruppe von Lebewesen oder Dingen, eine Gattung bezeichnend (Gegensatz: individualisierend), z. B. *der* Baum (= alle Bäume) ist eine Pflanze.

Genitiv: Fall, der mit ,,wessen?" erfragt wird; Wesfall, z. B. das Haus *des Vaters* (wessen Haus?).

Grundwort: nachstehender (übergeordneter) Teil eines zusammengesetzten Wortes, nach dem sich Wortart, Geschlecht und Zahl des ganzen Wortes richten (Gegensatz: Bestimmungswort), z. B. Regen*schirm,* hand*gemalt.*

Imperativ: Aussageweise des Verbs, die einen Befehl, eine Bitte, Aufforderung, Warnung o. ä. kennzeichnet; Befehlsform, z. B. *komme* schnell!

Indefinitpronomen: Pronomen, das eine Person, Sache oder Zahl in ganz allgemeiner und unbestimmter Weise bezeichnet; unbestimmtes Fürwort, z. B. *alle* waren gekommen; er hat *etwas* mitgebracht.

indeklinabel: zur Deklination nicht fähig; unbeugbar, z. B. ein *rosa* Kleid.

Indikativ: die allgemeine, normale und neutrale Art der Aussage des Verbs, die ein Geschehen oder Sein als tatsächlich oder wirklich hinstellt; Wirklichkeitsform, z. B. er *kommt* morgen.

individualisierend: einzelne Exemplare einer Gruppe, einer Gattung von Lebewesen oder Dingen bezeichnend (Gegensatz: generalisierend), z. B. *der* Baum im Garten trägt Früchte.

Infinitiv: Form des Verbs, die ein Sein oder Geschehen ohne Verbindung mit Person, Zahl usw. angibt; Nennform, z. B. kommen, laufen.

instrumental: das Mittel oder Werkzeug kennzeichnend (auf die Frage: womit?, wodurch?), z. B. er öffnete das Paket, *indem* er die Schnur zerschnitt.

Interjektion: Wort, das eine Empfindung, ein Begehren, eine Aufforderung ausdrückt oder mit dem ein Laut nachgeahmt wird; Empfindungswort, Ausrufewort, z. B. ach!, au!, hallo!, muh!

interrogativ: eine Frage kennzeichnend; fragend, z. B. *wofür* brauchst du das Geld?

Interrogativadverb: Adverb, das zur Kennzeichnung einer Frage verwendet wird; Frageumstandswort, z. B. *woher* kommst du?

Interrogativpronomen: Pronomen, das eine Frage kennzeichnet; Fragefürwort, z. B. *was hast du gesagt?*

intransitiv: zu einem persönlichen Passiv nicht fähig (weder transitiv, reflexiv noch reziprok); nicht zielend, z. B. ich arbeite.

Kardinalzahl: Zahlwort, das eine bestimmte Anzahl oder Menge bezeichnet; Grundzahl (vgl. Ordinalzahl), z. B. die Hand hat *fünf* Finger.

kausal: einen Grund oder eine Ursache kennzeichnend; begründend (auf die Frage: warum?), z. B. ich konnte nicht kommen, *weil ich krank war.*

Komparativ: Vergleichsform des Adjektivs, die die Ungleichheit zweier (oder mehrerer) Wesen feststellt; 1. Steigerungsstufe, z. B. Fritz ist *größer* als Lotte.

konditional: die Bedingung, unter der ein Geschehen eintritt, kennzeichnend; bedingend, z. B. ich komme, *wenn* ich Zeit habe.

Konjunktion: Wort, das zwischen Wörtern, Wortgruppen oder Sätzen eine (räumliche, zeitliche, kausale o. ä.) Beziehung kennzeichnet; Bindewort, z. B. er *und* sie; ich hoffe, *daß* es gelingt.

Konjunktiv: Aussageweise des Verbs, durch die der Aussage ein geringerer Sicherheitsgrad verliehen wird und die eine persönliche Stellungnahme des Sprechers zum Geltungsgrad der Aussage kennzeichnet; Möglichkeitsform. Der **1. Konjunktiv** (Konjunktiv Präsens) kennzeichnet besonders eine Bitte oder die mittelbare Wiedergabe, z. B. *hoffen* wir es; er sagte, er *komme.* Der **2. Konjunktiv** (Konjunktiv Präteritum) kennzeichnet einen irrealen Wunsch oder eine irreale Aussage, z. B. er *käme,* wenn er Zeit hätte; beinahe *hätte* ich ihn nicht *erkannt.*

konsekutiv: eine Folge kennzeichnend; folgernd, z. B. er sprach so laut, *daß* ihn alle hörten.

konzessiv: einen Umstand kennzeichnend, der einem Geschehen eigentlich entgegenwirkt, es aber nicht verhindert; einräumend, z. B. er ging spazieren, *obwohl* es regnete.

lokal: einen Ort kennzeichnend; räumlich (auf die Frage: wo?), z. B. die Stelle, *wo* das Unglück passierte.

männlich: Bezeichnung des Geschlechts, das bei Substantiven durch den Artikel „der", bei Pronomen durch die Form „er" gekennzeichnet sein kann, z. B. *der* Mann *(er)* ist berühmt.

modal: die Art und Weise kennzeichnend (auf die Frage: wie?), z. B. er tat, *als ob* nichts geschehen wäre.

Nominativ: Fall, der mit „wer?" erfragt wird; Werfall, z. B. *der Vater* kommt nach Hause (wer kommt nach Hause?).

Ordinalzahl: Zahlwort, das angibt, an welchem Punkt einer Reihenfolge oder Rangordnung eine Person oder Sache steht; Ordnungszahl (vgl. Kardinalzahl), z. B. er wohnt im *zweiten* Stock.

Partikel: Wort, das nicht gebeugt werden kann (Adverb, Präposition, Konjunktion).

Partizip: Form des Verbs, die eine Mittelstellung zwischen Verb und Adjektiv einnimmt; Mittelwort. **1. Partizip** (Partizip Präsens, Mittelwort der Gegenwart), z. B. der *lobende* Lehrer. **2. Partizip** (Partizip Perfekt, Mittelwort der Vergangenheit), z. B. der *gelobte* Schüler.

Passiv: Blickrichtung beim Verb, bei der das Geschehen im Vordergrund steht und der Täter, Urheber nicht oder nur nebenbei genannt wird (Gegensatz: Aktiv); Leideform, z. B. der Hund *wird geschlagen;* es *wurde* viel *gelacht.*

persönlich: in Verbindung mit allen Formen des Personalpronomens, zumindest aber in der 3. Person, oder eines entsprechenden Substantivs möglich (Gegensatz: unpersönlich), z. B. ich laufe, du läufst, der Motor (er) läuft.

Personalpronomen: Pronomen, das angibt, von welcher Person oder Sache die Rede ist, von der Person, die spricht (ich, wir), von der Person, die angesprochen wird (du, ihr) oder von der Person oder Sache, über die gesprochen wird (er, sie, es; sie); persönliches Fürwort, z. B. *ich* lese *es* (das Buch) *dir* vor.

Plural: Wortform, die das zwei- oder mehrmalige Vorkommen eines Wesens oder Dinges ausdrückt, die sich auf zwei oder mehrere Wesen oder Dinge bezieht (Gegensatz: Singular); Mehrzahl, z. B. *die Kinder* spielen.

Positiv: Vergleichsform des Adjektivs, die eine Eigenschaft einfach nennt oder die Gleichheit zweier (oder mehrerer) Wesen oder Dinge feststellt; Grundform, z. B. Fritz ist *groß;* Fritz ist so *groß* wie Lotte.

Possessivpronomen: Pronomen, das ein Besitz- oder Zugehörigkeitsverhältnis ausdrückt; besitzanzeigendes Fürwort, z. B. das ist *mein* Buch; *sein* Vater.

Prädikat: Teil des Satzes (Verb), der einen Zustand oder ein Geschehen ausdrückt oder aussagt, was mit dem Subjekt geschieht; Satzaussage, z. B. die Rosen *blühen.*

prädikativ: von Adjektiven, die in Verbindung mit dem Verb „sein" stehen; aussagend, z. B. die Rose *ist schön.*

Präposition: Wort, das in Verbindung mit einem anderen Wort, meist einem Substantiv, ein (räumliches, zeitliches, kausales o. ä.) Verhältnis kennzeichnet; Verhältniswort, z. B. er geht in das Zimmer; er tut es *aus* Liebe; er arbeitet *mit* dem Hammer.

präpositional: mit einer Präposition gebildet, z. B. präpositionales Attribut (meine Freude *über den Sieg*), präpositionales Objekt (Maria denkt *an ihre Schwester*).

Pronomen: Wort, das in einem Satz statt eines Substantivs stehen kann; Fürwort, z. B. *der Vater* kam nach Hause. *Er* brachte mir ein Buch mit.

Pronominaladverb: Adverb, das statt einer Fügung Präposition + Pronomen steht und aus den Adverbien *da, hier* oder *wo* und einer Präposition besteht, z. B. *darüber* (= über das) weiß ich nichts.

reflexiv: sich auf das Subjekt selbst beziehend; rückbezüglich, z. B. *ich* wasche *mich*.

Reflexivpronomen: Pronomen, das ausdrückt, daß sich das Geschehen auf das Subjekt selbst richtet und zurückbezieht; rückbezügliches Fürwort, z. B. *er* wäscht *sich*.

relativ: einen Bezug zu einem Wort des übergeordneten Satzes herstellend; bezüglich, z. B. er soll wieder *dorthin* gehen, *woher* er gekommen ist.

Relativpronomen: Pronomen, das den Bezug eines Gliedsatzes zu einem Substantiv oder Pronomen des übergeordneten Satzes herstellt; bezügliches Fürwort, z. B. das ist der Mann, *den* ich gestern gesehen habe.

reziprok: in wechselseitiger Beziehung zwischen zwei oder mehreren Subjekten; wechselbezüglich, z. B. sie rauften *sich, einander, sich gegenseitig* die Haare.

sächlich: Bezeichnung des Geschlechts, das bei Substantiven durch den Artikel „das", bei Pronomen durch die Form „es" gekennzeichnet sein kann, z. B. *das* Kind *(es)* ist lebhaft.

Singular: Wortform, die das einmalige Vorkommen eines Wesens oder Dinges ausdrückt, die sich auf ein einziges Wesen oder Ding bezieht (Gegensatz: Plural); Einzahl, z. B. *das Kind* spielt.

Subjekt: Teil des Satzes, der etwas Seiendes, Vorhandenes, über das im Satz etwas ausgesagt wird, benennt; Satzgegenstand, z. B. *die Rosen* blühen.

Substantiv: Wort, das ein Lebewesen, Ding oder einen Begriff u. ä. benennt; Nomen, Hauptwort, Dingwort, z. B. Vater, Stuhl, Schönheit, Freude, Drehung.

Superlativ: Vergleichsform des Adjektivs, die den höchsten Grad feststellt, der überhaupt oder innerhalb einer getroffenen Auswahl von zwei (oder mehreren) Wesen oder Dingen zu erreichen ist, z. B. Fritz ist der *größte* unter den Schülern; der Betrieb arbeitet mit *modernsten* Maschinen.

temporal: eine Zeitangabe kennzeichnend; zeitlich (auf die Frage: wann?), z. B. *als* er mich sah, kam er auf mich zu.

transitiv: ein Akkusativobjekt verlangend und zu einem persönlichen Passiv fähig; zielend, z. B. ich *schreibe* den Brief – der Brief *wird* von mir *geschrieben*.

unflektiert: in Fall, Geschlecht und Zahl nicht verändert; ungebeugt (Gegensatz: flektiert), z. B. flektiert: *welcher* kluge Mann, unflektiert: *welch* kluger Mann.

unpersönlich: nur in Verbindung mit „es" möglich (Gegensatz: persönlich), z. B. es schneit.

Verb: Wort, das ein Geschehen, einen Vorgang, Zustand oder eine Tätigkeit bezeichnet; Zeitwort, Tätigkeitswort, z. B. gehen, liegen, sich verändern.

Vergleichsform: Form des Adjektivs, manchmal auch des Adverbs (Positiv, Komparativ und Superlativ), durch die Beziehungen und Verhältnisse bestimmter Art zwischen zwei oder mehreren Wesen oder Dingen gekennzeichnet werden.

weiblich: Bezeichnung des Geschlechts, das bei Substantiven durch den Artikel „die", bei Pronomen durch die Form „sie" gekennzeichnet sein kann, z. B. *die* Frau *(sie)* ist schön.

Zahlwort: Wort, das eine Zahl bezeichnet, etwas zahlenmäßig näher bestimmt; Numerale; **bestimmte Zahlwörter** (z. B. eins, drei), **unbestimmte Zahlwörter** (z. B. manche, mehrere, viele).

Die im Wörterverzeichnis verwendeten Sonderzeichen der Internationalen Lautschrift

ã	nasales a	balancieren [balã'siːrən]	ø geschlossenes ö	Malheur [ma'løːr]
dʒ	dsch-Laut	Job [dʒɔb]	ʃ sch-Laut	Couch [kautʃ]
ɛ	offenes e	Camping ['kɛmpɪŋ]	ʊ offenes u	Couch [kautʃ]
ɛ̃	nasales [e]	Bassin [ba'sɛ̃ː]	v w-Laut	Waggon [va'gõː]
ə	Murmellaut	Blamage [bla'maːʒə]	y offenes ü	Ouverüre [uvɛr'tyːrə]
ŋ	ng-Laut	Gangster ['gɛŋstər]	z weicher s-Laut	Service [zɛr'viːs]
õ	nasales o	Bonbon [bõː'bõ]	ʒ sch-Laut („weich")	Loge ['loːʒə]
ɔ	offenes o	Chaos ['kaːɔs]		

' bedeutet: folgende Silbe ist betont
ː bedeutet: vorhergehender Vokal ist lang zu sprechen